U0921966

获 中国年鉴奖暨全国年鉴编纂质量综合一等奖
首届中国地方志年鉴奖一等奖

东莞年鉴

DONGGUAN YEARBOOK

2011（总第11卷）

中共东莞市委员会
东莞市人民政府 主办
东莞年鉴编委会 编纂

廣東省出版集團
广东人民出版社
·广州·

图书在版编目（CIP）数据

东莞年鉴.2011/东莞年鉴编委会编纂.
—广州：广东人民出版社，2011.9
ISBN 978-7-218-07313-2

Ⅰ.①东… Ⅱ.①东… Ⅲ.①东莞—2011—年鉴
Ⅳ.①Z526.53

中国版本图书馆CIP数据核字（2011）第190462号

东莞年鉴.2011

中共东莞市委员会 东莞市人民政府 主办
东莞年鉴编委会 编纂
地址：广东省东莞市鸿福路99号行政办事中心主楼13楼
邮编：523888
电话：0769-22831396
邮箱：szb@dg.gov.cn
网址：http://history.dg.gov.cn

出 版 人：金炳亮
责任编辑：余小华
封面设计：张德全
责任技编：黎碧霞

出版发行：广东人民出版社
地　　址：广州市大沙头四马路10号（邮政编码：510102）
电　　话：（020）83798714（总编室）
传　　真：（020）83780199
网　　址：http://www.gdpph.com

海外发行：香港经济导报社图书业务部
地址Add：香港轩尼诗道342号国华大厦10字楼
电话Tel：852-25738217转图书部
传真Fax：852-25738469
邮箱Email：eiasub@pacific.net.hk
网址http：//www.jdonline.com.hk
HONG KONG，MACAO，TAIWAN & OVERSEA GENERAL DISTRIBUTOR：
ECONOMIC INFORMATION & AGENCY，BOOKS DEPT
10/F，KUO WAH BUILDING，342 HENNESSY ROAD，HONGKONG

排　　版：东莞市正本电分制版有限公司
印　　刷：东莞市永晟印刷有限公司
书　　号：ISBN 978-7-218-07313-2
开　　本：899mm×1194mm 1/16
印　　张：47 **字　　数**：2160千
版　　次：2011年9月第1版 2011年9月第1次印刷
印　　数：1—3500册

国内定价：人民币230.00元
海外定价：港　币380.00元

编辑说明

一、《东莞年鉴》是根据《地方志工作条例》第八条和《广东省地方志工作规定》第八条“以县以上行政区域名称冠名的地方志书、地方综合年鉴，分别由本级人民政府负责地方志工作的机构按照规划组织编纂，其他组织和个人不得编纂”的规定，由东莞市地方志办公室组织编纂。

二、《东莞年鉴》于2001年创刊，每年出版一卷。2011年卷《东莞年鉴》主要记载2010年东莞市发生的大事、要事及基本情况，全面、系统、翔实地记述东莞市经济建设、社会建设等各行各业的发展历程，为社会各界提供地情资料，为了解东莞、研究东莞和科学决策提供参考资料，并为今后编修地方志奠定基础。

三、《东莞年鉴》2011年卷正文采用分类编辑法，以类目、分目、条目组成主体，条目为基本形式，其标题以黑体字加“【 】”表示。正文设“大事记、特载、东莞之最、总述、政治、莞港经贸合作、莞台合作、政法、地方军事、城建·环保、交通·邮电、园区经济、产业合作与转移、对口帮扶与支援、对外经济、工业·商业、农业·水利·气象、旅游业、财政·税务、金融业、经济管理、自然科学·社会科学、教育、文化、体育·卫生、社会生活、镇街、人物、社会经济统计资料、文件选录”等30个类目。

四、本卷年鉴采用彩色印刷，公共版彩页以“幸福东莞”为主题，正文配置内容丰富多彩的图片，形象生动、鲜明直观体现建设幸福东莞的风采，以达到年鉴图文并茂、精美活泼的效果，增强了信息量与观赏性。

五、本卷年鉴的统计数据采用法定计量单位，采用统计部门公布的数据。若与某些单位的数据不一致，使用时应以统计部门提供的数据为准。

六、本卷年鉴稿件作者署名，除在撰稿人员栏目中刊列外，“特载”等类目的作者在标题下方标明，彩页在每张图片下方标明，其他类目的作者则在条目文末标出。

七、本卷年鉴配以双重检索系统，前有目录，类目使用中英两种文字，方便国内外读者查阅，索引采用主题分析法编制，主题词按汉语拼音字母顺序排列，便于读者检索。

八、本卷年鉴随书配置多媒体光盘，内容包括编辑说明、正文阅读、图片专辑、东莞地图、视频欣赏、背景音乐等，采用多媒体检索技术，便于读者使用。

九、《东莞年鉴》的编纂工作在市委、市政府的领导下，得到全市各单位部门、各镇街的支持与配合，并依靠全市撰稿员共同参与而完成，在此谨致谢意。由于编辑水平有限，书中难免有疏漏或不当之处，敬请批评指正。

《东莞年鉴》编纂委员会（2011年1月20日东委办〔2011〕3号文）

名誉主任：刘志庚（市委书记、市人大常委会主任）
主　　任：李毓全（市委副书记、市长）
副 主 任：何嘉琪（市委常委、市委秘书长）
　　　　　吴道闻（市政府副市长）
　　　　　曲洪淇（市委副秘书长）
　　　　　金行中（市政府副秘书长）
委　　员：欧阳贵有（市委组织部副部长）
　　　　　叶泽驹（市委宣传部副部长）
　　　　　温少生（市委统战部副部长）
　　　　　卢锡光（市委政法委副书记）
　　　　　张俊阳（市发展和改革局局长）
　　　　　冼周恩（市经济和信息化局局长）
　　　　　杨晓棠（市教育局局长）
　　　　　何跃沛（市科学技术局局长）
　　　　　詹文光（市财政局局长）
　　　　　朱　川（市住房和城乡建设局局长）
　　　　　胡荏光（市农业局局长）
　　　　　陈志伟（市文化广电新闻出版局局长）
　　　　　吕琦元（市统计局局长）
　　　　　潘朝明（市地方志编纂办公室主任）

《东莞年鉴》编辑部

主　　编：吴道闻
执行主编：潘朝明　刘念宇
编　　辑：李文蔚　卢　敏　张德全　施雪芬　李俊玉
　　　　　胡晓静　刘　丹　李缙文　黄文挺　林　清
图片编辑：张德全
图片征集：黄文挺　霍向东　贺　平　史学民
编　　务：李　梅　萧静雯

《东莞年鉴》撰稿人员（按姓氏笔划为序）

丁云森　万金旺　马丽华　尹格娟　尹健清　尹家荣　方丽荷　王　茜　王　琼　王　慧　王文青　王永球
王颂辉　王雪萍　王道辉　王锦霞　邓曦彦　兰佳佳　冯　杰　卢宇雄　卢润志　叶　林　叶小云　叶凤娟
叶尧斌　叶宗校　叶春华　叶晓苑　叶积晃　叶福田　叶耀伦　田小兵　石文斌　石亚明　石志会　龙江波
伦美娃　刘　霞　刘丰华　刘文锋　刘长青　刘宇红　刘庆华　刘怀宇　刘芳娜　刘念宇　刘勋良　刘贺斌
刘晓明　刘康全　刘梦霞　刘碧峰　吕　林　吕飞飞　朱　宇　朱润科　朱清荣　江泽彬　何剑华　何春燕
何惠知　何超政　何熟珍　余宗良　吴九华　吴根旺　吴维彬　宋昌发　宋帝雄　张　晋　张应钦　张小凯
张旭健　张拔其　张林军　张昭峰　张敬东　李　平　李伟佳　李旭辉　李红艳　李泽林　李俊玉　李寒来
杨　荣　杨　莉　杨兴会　杨丽君　杨昌梧　沈玉洁　沈粤文　肖艾平　肖驰宇　肖锦全　邱　敬　邵　娟
陈　洋　陈少锋　陈先礼　陈佩珠　陈宝华　陈思映　陈柳平　陈柳金　陈夏丽　陈晓君　陈群弟　麦丽佳
麦惠澎　周　繁　周永坚　周伟焕　周宪平　易　平　林　郁　林　睿　林汉筠　林旭文　林祖军　林晓怡
林清荣　欧　薇　欧伟豪　罗旭林　罗志良　罗建锋　罗星亮　罗新强　罗德泉　郑远龙　郑标生　姚　远
姚双华　姚庆保　姚进洪　姜合萍　姜铁丰　施雪芬　柳景蛟　段晓慧　洪　纲　祝　春　祝俊峰　胡绪魁
胡德安　赵小克　赵国锋　钟少敏　钟金伟　钟锦漩　凌文通　唐三保　唐树权　唐晓艳　徐建平　秦智微
聂仲旗　莫庆才　莫国芬　袁　洪　袁沛霖　袁晓君　袁检文　郭富春　梁　杰　梁丽英　梁泽鹏　梁高鸿
盛斌林　黄　顿　黄玉珍　黄宇东　黄树彬　黄祖辉　黄贵新　黄健翔　黄晓静　黄素标　傅狮虎　喻运青
彭　玲　曾　新　曾少烘　曾铁荣　程玮斌　谢小伟　谢晓东　谢海燕　谢艳芳　鲁　宇　赖相辉　雷成虎
熊　瑜　熊肖芳　蔡子萍　蔡文学　蔡俊彬　蔡雪梅　蔡瑞芬　谭振东　潘伟强　潘朝明　潘路明　黎丽香
黎俊宁　黎清华　黎燕嫦　戴晓东　魏云青　魏桂钦

目　　录
CONTENTS

2010年大事记
CHRONICLE OF MAJOR EVENTS IN 2010

特　载
SPECIAL SECTION

东莞之最
NUMBER ONES OF DONGGUAN

总　述
DONGGUAN PROFILE

政　治
POLITICS

2011 东莞年鉴
DONGGUAN YEARBOOK

莞港经贸合作

THE ECONOMIC AND TRADE COOPERATION BETWEEN HONGKONG AND DONGGUAN

莞台合作

THE COOPERATION BETWEEN TAIWAN AND DONGGUAN

政　法

LEGAL SYSTEM

地方军事

LOCAL MILITARY AFFAIRS

城建 · 环保

URBAN CONSTRUCTION · ENVIRONMENTAL PROTECTION

交通・邮电

TRANSPORTATION・POSTS AND TELECOMMUNICATIONS

园区经济

ZONE ECONOMY

产业合作与转移

INDUSTRIAL COOPERATION AND TRANSFER

对口帮扶与支援

PARTNER ASSISTANCE

对外经济

FOREIGN ECONOMY

工业・商业

INDUSTRY・COMMERCE

农业·水利·气象

AGRICULTURE·WATER QUALITY·WEATHER

旅游业
TOURISM

财政·税务
FINANCE · TAXATION

金融业
BANKING

经济管理

ECONOMIC MANAGEMENT

自然科学·社会科学

NATURAL SCIENCE · SOCIAL SCIENCES

教　育

EDUCATION

文　化
CULTURE

体育・卫生
SPORTS・HEALTH

社会生活

SOCIAL LIFE

镇　街

URBAN AND TOWNSHIP

2011 东莞年鉴
DONGGUAN YEARBOOK

人 物

FIGURES

社会经济统计资料

SOCIAL AND ECONOMIC STATISTICS

文件选录

SELECTION OF DOCUMENTS

索 引

INDEX

图片专辑——幸福东莞

SPECIAL SELECTION OF PHOTOS —LIVE THE VIBRANCE

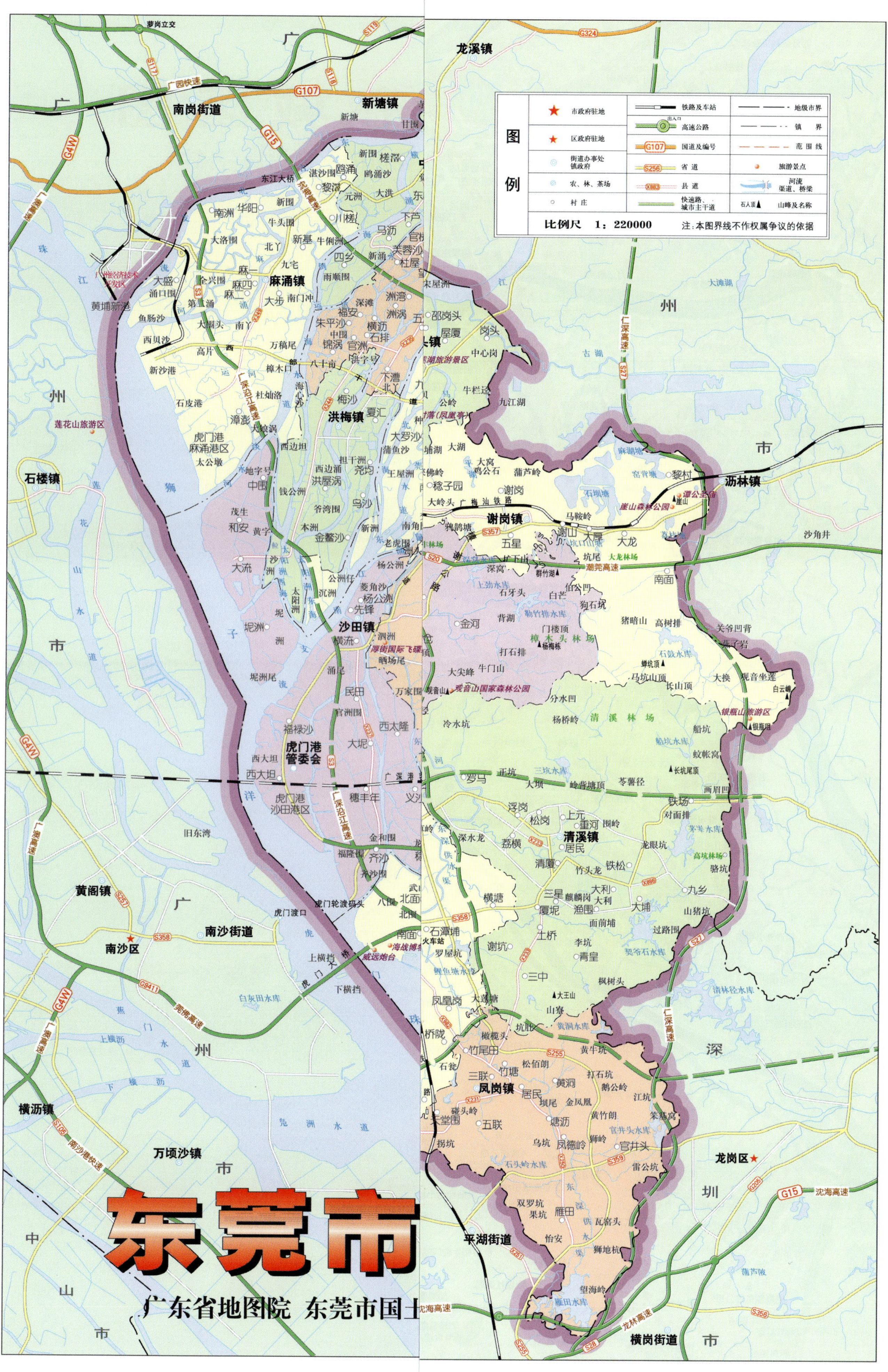

东莞市
广东省地图院 东莞市国土
图例
市政府驻地
区政府驻地
街道办事处 镇政府
农、林、茶场
村庄
铁路及车站
高速公路
国道及编号
省道
县道
快速路、城市主干道
地级市界
镇界
范围线
旅游景点
河流 渠道、桥梁
山峰及名称
比例尺 1：220000
注：本图界线不作权属争议的依据
南岗街道
新塘镇
麻涌镇
洪梅镇
沙田镇
虎门港管委会
谢岗镇
清溪镇
凤岗镇
沥林镇
龙溪镇
石楼镇
黄阁镇
南沙街道
南沙区
横沥镇
万顷沙镇
龙岗区
平湖街道
横岗街道

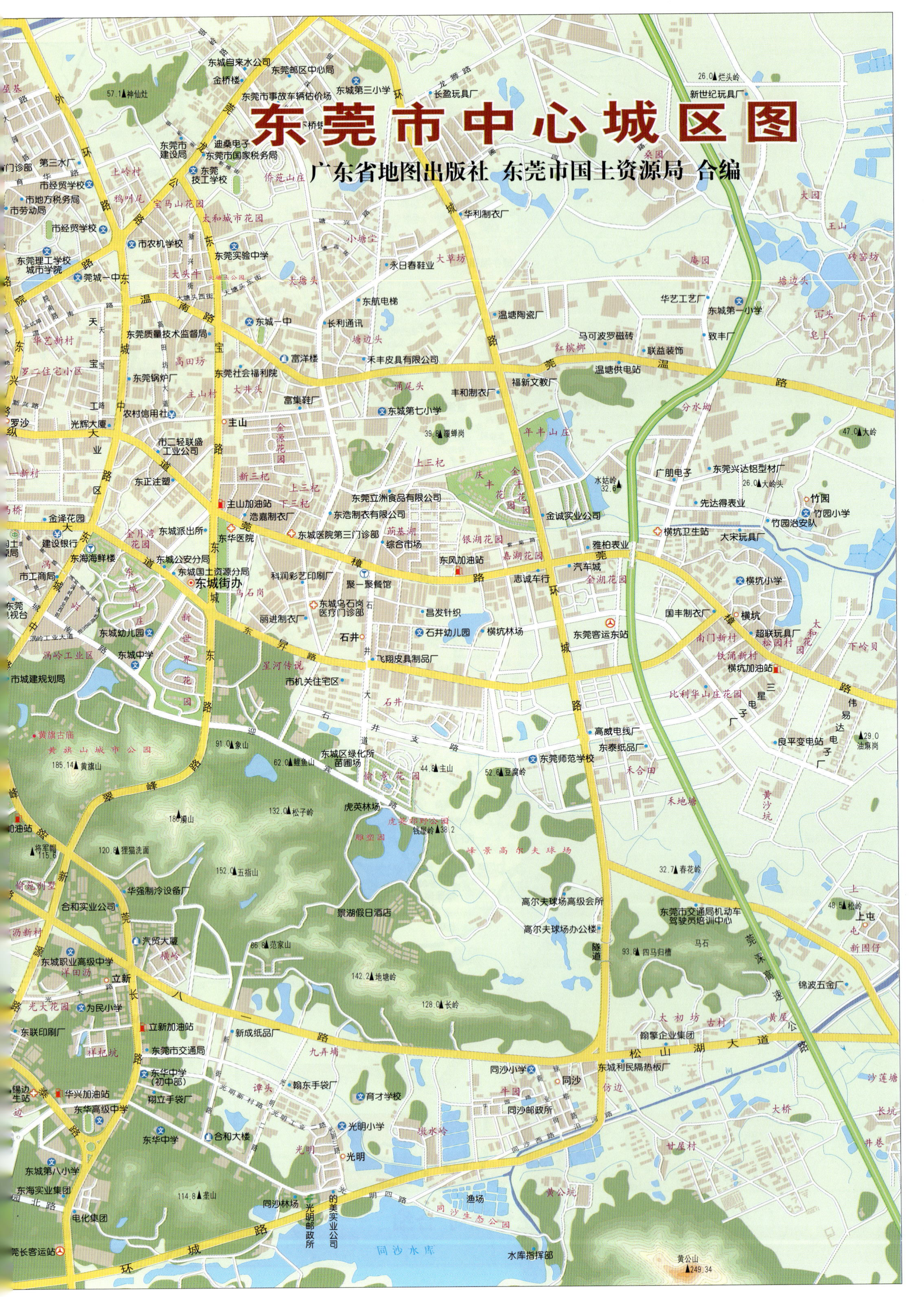
东莞市中心城区图
广东省地图出版社 东莞市国土资源局 合编
东城自来水公司
东莞邮区中心局
金桥楼
东城第三小学
东莞市事故车辆估价场
长盈玩具厂
57.1神仙灶
26.0烂头岭
新世纪玩具厂
迪桑电子
东莞市建设局
东莞市国家税务局
东莞技工学校
第三水厂
市经贸学校
市地方税务局
市劳动局
上岭村
鸦啊尾
宝马山花园
太和城市花园
侨苑山庄
华利制衣厂
市经贸学校
市农机学校
东莞实验中学
小塘宝
大草坊
永日春鞋业
东莞理工学校城市学院
莞城一中
大头丰
大塘头
东航电梯
温塘陶瓷厂
华艺工艺厂
东城第一小学
东城一中
长利通讯
塘边头
马可波罗磁砖
致丰厂
东莞质量技术监督局
华艺新村
高田坊
富洋楼
禾丰皮具有限公司
红槟榔
联益装饰
温塘供电站
东莞锅炉厂
东莞社会福利院
罗二住宅小区
福新文教厂
大井头
丰和制衣厂
涌尾头
分水坳
主山村
富集鞋厂
东城第七小学
农村信用社
光辉大厦
罗沙
主山
39.8覆蝉岗
年丰山庄
47.0大岭
市二轻联盛工业公司
金湾花园
上三杞
庆丰花园
金庄花园
广朗电子
东莞兴达铝型材厂
水牯岭32.6
新三杞
东正注塑
上三杞
26.0大岭头
竹园
竹园小学
主山加油站
下三杞
东莞立洲食品有限公司
先达得表业
浩嘉制衣厂
东浩制衣有限公司
金诚实业公司
竹园治安队
金泽花园
东城派出所
东城医院第三门诊部
荫基湖
横坑卫生站
大宋玩具厂
建设银行
金月湾花园
东华医院
综合市场
银湖花园
雅柏表业
东海海鲜楼
东城公安分局
东风加油站
嘉湖花园
东城国土资源分局
科润彩艺印刷厂
聚一聚餐馆
汽车城
志诚车行
金湖花园
横坑小学
市工商局
东城街办
乌石岗
东城乌石岗医疗门诊部
昌发针织
国丰制衣厂
横坑
丽进制衣厂
东城幼儿园
石井幼儿园
横坑林场
东莞客运东站
超联玩具厂
松园村
太和花园
石井
南门新村
铁涌新村
下岭贝
涡岭工业区
东城中学
飞翔皮具制品厂
横坑加油站
市城建规划局
星河传说
市机关住宅区
比利华山庄花园
三星电子厂
石井
高威电线厂
伟易达电子厂
黄旗古庙
黄旗山城市公园
东泰纸品厂
良平变电站
29.0油麻岗
91.0象山
东城区绿化所苗圃场
东莞师范学校
62.0鲤鱼山
44.8主山
52.6豆腐岭
禾合田
185.14黄旗山
旗峰路
132.0松子岭
虎英林场
禾地塘
黄沙坑
180周山
虎英郊野公园
钱壁岭38.2
雕塑园
峰景高尔夫球场
将军帽115.9
120.8狸猫洗面
152.0五指山
32.7春花岭
华强制冷设备厂
48.5松岭
合和实业公司
景湖假日酒店
高尔夫球场高级会所
东莞市交通局机动车驾驶员培训中心
上屯
新围仔
高尔夫球场办公楼
汽贸大厦
横岭
86.8范家山
93.8四马归槽
马石
东城职业高级中学
洋田沥
立新
142.2地塘岭
锦波五金厂
光大花园
为民小学
128.0长岭
太初坊
古村
黄屋
立新加油站
翰擎企业集团
东联印刷厂
新成纸品厂
九井塘
松山湖大道
祥和坑
东莞市交通局
东华中学(初中部)
同沙小学
东城利民隔热板厂
同沙
华兴加油站
翰东手袋厂
育才学校
沙莲塘
东华高级中学
翔立手袋厂
牛园
同沙邮政所
大桥
长坑
光明小学
坡水岭
甘屋村
东华中学
合和大楼
光明
井巷
东城第八小学
东海实业集团
114.8栗山
同沙林场
光明邮政所
美实业公司
渔场
黄公坑
同沙生态公园
电化集团
同沙水库
水库指挥部
东莞长客运站
环城路
黄公山249.34

领导关怀

2010年7月9日，中共中央政治局常委、全国政协主席贾庆林到东莞市考察。图为贾庆林（左三）在东莞宏威数码机械有限公司了解运营情况（张村城　摄）

2010年10月29日，中共中央政治局委员、国务院副总理张德江莅莞视察。图为张德江（前右三）在东莞永强汽车制造有限公司了解企业发展情况（东莞日报社供稿）

2010年1月23日，中共中央政治局委员、广东省委书记汪洋到东莞市调研。图为汪洋（中）在东莞爱铭数码电子有限公司与一线员工亲切交谈（张村城　摄）

2010年12月16日，国务院台湾事务办公室主任王毅（右二）莅莞考察（蓝业佐　摄）

2010年6月18日，中共广东省委副书记、省长黄华华莅莞调研。图为黄华华（右二）在第二届广东外商投资企业产品（内销）博览会参观展位与客商亲切交谈（郑家雄　摄）

2010年9月13日，广东省人大常委会主任欧广源莅莞调研。图为欧广源（右四）在了解石马河流域污染治理情况（蓝业佐　摄）

2010年10月14日，中共广东省委常委、常务副省长朱小丹莅莞调研。图为朱小丹（右三）在第十二届电博会上与参展客商亲切交谈（郑志波　曹雪琴　摄）

2010年2月6日，中共广东省委常委、副省长肖志恒莅莞调研。图为肖志恒（左二）在东莞市汽车总站了解春运情况（蓝业佐　摄）

2010年10月21日，中共广东省委常委、省公安厅厅长梁伟发莅莞检查亚运会安保工作。图为梁伟发（左一）在东城综治维稳中心检查信访情况（程永强　摄）

2010年11月26日，广东省副省长佟星莅莞调研。图为佟星（右三）出席第十届中国（长安）国际机械五金模具展览会

东莞◎看点

◎2010年，东莞市生产总值4246.25亿元，比上年增长10.3%；第一、二、三产业比例为0.4：51.4：48.2。来源于东莞市的财政收入785.10亿元，比上年增长25.1%；其中市财政一般预算收入277.84亿元，增长20.2%。进出口总额1213.38亿美元，增长28.8%；其中出口695.98亿美元，增长26.1%。年末金融机构各项人民币存款余额5943.39亿元，比年初增长19.2%。

◎2010年，东莞市全面关爱新莞人，将最低工资标准从每月770元提高至920元，推行居住证、评选190名优秀新莞人、招录9名新莞人为公务员、免费培训新莞人10.3万人次。

◎1月26日，东莞市提出整体宣传推介东莞，进一步提高城市知名度和美誉度。随后，围绕塑造东莞城市新形象，全市上下掀起大讨论热潮。7月，东莞市启动城市形象标识设计工作，并于12月向社会公布五套设计方案，广泛征求各界意见。

◎9月27日，东莞市公布《东莞市积分制入户暂行办法》和《东莞市积分制入户管理实施细则》，并确定2010年全市各镇街将提供1.24万个入户指标给全市新莞人及其随迁配偶、未成年子女。

◎5月，东莞市启动对口支援新疆生产建设兵团农

三师图木舒克市工作，首个对口支援项目——农三师图木舒克市50团团部小城镇建设项目11月28日竣工。

◎10月10日，东莞市对口援建映秀镇的任务提前一年完成，55个援建项目完工，11.15亿元援建资金100%到位。东莞市援建映秀镇的模式和成果得到上级领导的充分肯定和当地干部群众的高度评价。

◎10月25日，东莞市成功举办首届“东莞慈善日”活动，截至12月17日，市慈善会共接收社会各界捐款1.84亿元（包括认捐数）。

◎10月27日，国家环保部考核验收组经过为期3天的考核，同意通过东莞市创建国家环保模范城市的考核验收。

◎11月1日，《东莞市建设文化名城规划纲要(2011—2020年)》出台，明确东莞市将用10年左右时间，建设成全国公共文化服务名城、国家历史文化名城、全国现代文化产业名城和岭南文化精品名城，全面提升全民的文化素养和文化软实力。

◎11月10日，中共中央政治局委员、广东省委书记汪洋在《关于东莞市后危机时代致力加工贸易企业就地转型升级的情况报告》上作出批示：“很高兴看到东莞加工贸易企业转型升级取得了积极成效，积累了宝贵经验，希望继续努力，真正走出一条有竞争力、可持续发展的新路子”。

◎11月12—27日，广州亚运会举行，东莞市成功承办广州亚运会举重比赛。这是东莞市有史以来承办的最高级别的赛事，大大提升东莞市城市的知名度和城市品牌。

◎11月16日，全国加工贸易转型升级试点城市暨梯度转移重点承接地授牌大会在深圳市举行，东莞市成为全国仅有的两个“全国加工贸易转型升级试点城市”之一。

◎11月20日，松山湖科技产业园区正式升级为国家级高新技术产业开发区。

综　合　实　力

2010年10月30日，为期4天的第九届中国（大朗）国际毛织产品交易会开幕。首日吸引专业采购商近3万人次进场（郑志波　摄）

2010年11月3日，2010东莞国际科技合作周暨第四届中国（东莞）专利周开幕（郑林东　摄）

"十一五"时期，是综合实力稳步增强的五年。东莞市在极其困难的情况下，努力实现高基数上的平稳较快发展。全市生产总值五年增加2000亿元，财政总收入增长1.3倍，年度固定资产投资、社会消费品零售总额均突破1000亿元，各项存款余额突破6000亿元，出口总额稳居全国第四位。镇街平均可支配收入达到8.7亿元，村组平均可支配收入超3000万元。东莞市被列为全国改革开放18个典型地区之一。

2010年5月27日，2010年道滘镇30项重点工程项目启动暨东莞国际健康产业城奠基仪式在道滘镇举行。市领导刘志庚、李毓全、黄双福等出席动工仪式（郑琳东　摄）

松山湖科技产业园区

2010年11月20日，松山湖科技产业园区正式升级为国家级高新技术产业开发区。图为市委书记刘志庚(前右二）从科技部副部长李学勇手中接过牌匾

2010年4月22日，东莞台湾名品博览会在东莞国际会展中心开幕（东莞日报社供稿）

“十一五”时期东莞市主要经济指标

指标	单位	2006年		2007年		2008年		2009年		2010年	
		当年数	比上年增长（%）	当年数	比上年增长（%）	当年数	比上年增长（%）	当年数	比上年增长（%）	当年数	比上年增长（%）
生产总值	亿元	2627.98	19.2	3160.05	18.3	3703.60	14.0	3763.91	5.3	4246.25	10.3
工业增加值	亿元	1441.69	22.0	1681.83	15.0	1819.22	6.4	1741.53	-0.6	2100.82	17.7
全社会固定资产投资额	亿元	705.45	18.1	841.21	19.2	944.34	12.3	1094.08	15.9	1114.98	1.9
社会消费品零售总额	亿元	599.32	18.4	722.45	20.5	881.15	22.0	959.07	8.8	1108.06	15.9
出口总额	亿美元	473.76	15.8	602.32	27.1	655.37	8.8	551.69	-15.8	695.98	26.1
地方财政一般预算收入	亿元	128.94	24.0	186.45	44.6	209.22	12.2	231.16	10.5	277.84	20.2

2009年11月1—4日，第八届中国（大朗）国际毛织产品交易会在大朗镇召开

2010年9月30日，第二届中国国际影视动漫版权保护和贸易博览会在东莞国际会展中心开幕（曹永富　摄）

结构调整

“十一五”时期，是结构调整逐步加速的五年。东莞市解放思想，科学谋划，以深入发动强化共识，以激励政策明确导向，以罕见力度稳企扶企，以危机倒逼助推转型，结构调整明显加快。呈现出三大产业结构、内外经济结构、企业经营形态、产品市场结构优化，以及人均经济指标、自主创新能力、节能减排水平、产业集聚程度提升的良好态势。工业技改投资五年增长4倍，专利授权量跃居全省第二位。

省领导汪洋、黄华华等率团到东莞市考察转型升级情况

2010年11月16日，全国加工贸易转型升级试点城市暨梯度转移重点承接地授牌大会在深圳市举行。图为副市长江凌在授牌大会上接过牌匾（东莞日报社供稿）

2010年9月30日，广东省首个粤港澳文化创意产业实验园区在松山湖揭牌

逐步加速

2010年11月4日，省产业转移工业园招商推介会在东莞市召开（郑林东　摄）

2010年9月27日，举办东莞（韶关）产业转移工业园生物医药科技园招商推介会

2010年11月21日，中国电子信息产业集团有限公司与东莞市政府签署战略合作框架协议及备忘录

2010年12月16日，台资企业转型升级成果发表会在厚街镇举行（东莞日报社供稿）

2011年1月9日，省委、省政府在东莞市大朗镇召开全省专业镇转型升级现场会，总结全省专业镇发展情况

2010年3月，东莞长安村镇银行挂牌成立，并成为国内注册资金最多的一家村镇银行

2010年4月22日，东莞台湾名品博览会在东莞国际会展中心开幕（张德全　摄）

2010年7月11日，位于虎门港的东莞保税物流中心开业（东莞日报社供稿）

东莞市行政文化区全景

城 乡 环 境

2010年3月17日，绿道网建设动员大会召开，市领导刘志庚、李毓全等参加义务植树（郑家雄 摄）

2010年9月10日，市领导刘志庚、梁国英等踩单车体验南城绿道（蓝业佐 摄）

“十一五”时期，是城乡环境持续优化的五年。东莞市加强统筹，以城带乡，全社会投入2300多亿元推进城市建设，投入200多亿元治理水污染，建成数百宗工程防灾减灾，扎实推进“四清理”、“五整治”以及森林公园建设。城乡一体化程度更高，市中心区地位更加凸显，镇村形象更加靓丽，水环境明显好转，空气质量持续改善。先后获得全国绿化模范城市、国际花园城市、国家园林城市等荣誉。

2006年11月13日，副市长、代表团团长梁国英(左二)喜接“2006年国际花园城市”奖杯

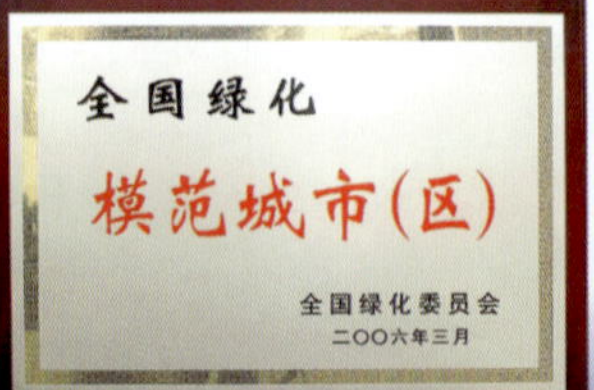

持续优化

东莞市中心广场

虎门镇

虎英公园

东莞大道（张德全　摄）

旗峰公园（张德全　摄）

鸿福路口

社会管理

2007年11月21日，市领导刘志庚、李毓全等在东城世博广场检查产品质量和食品安全（郑志波　吴　进　摄）

"十一五"时期，是社会管理全面提升的五年。东莞市强力打好"治摩"、"治吧"、整治出租屋、扫除黑诊所等战役，全面推进消防安全大排查、大整改、大培训、大建设，坚持开展民间纠纷调处、劳动争议调解、市镇领导接访等行动，建立健全维稳综治、安全生产、应急管理长效机制。各类事故指标、刑事案件和信访数量稳步下降，群众安全感明显增强，社会管理水平不断提升。获评全国社会治安综合治理优秀市。

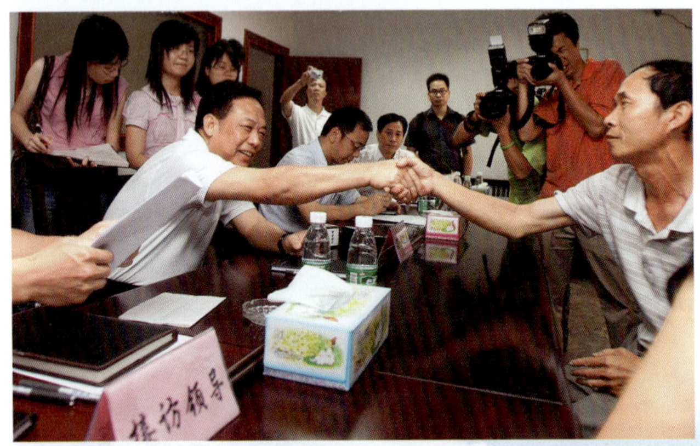

2008年7月16日，市长李毓全（左一）来到万江督导接访活动，与来访群众亲切握手（蓝业佐　摄）

2009年10月14日，市委副书记、市政法委书记黄双福带队视察中堂镇综治信访维稳中心建设工作

东城区

全 面 提 升

2009年9月24日，塘厦镇举行市镇领导干部“基层大接访”活动

大朗行政服务中心“一站式”服务大厅

2007年，东莞市回收摩托车以及查扣超标电动自行车（郑志波　摄）

2010年4月6日，厚街公安分局公开销毁“老虎机”（程永强　摄）

群众得到

2009年1月20日，东莞市举行迎接“全国文明城市”牌匾仪式（市文明办提供）

“十一五”时期，是群众得到更多实惠的五年。东莞市始终坚持民生为本，市财政累计投入453.4亿元用于发展社会事业，公办义务教育实现全免费，教育强镇和社区医疗卫生服务实现全覆盖，基本医疗和养老保险实现城乡统筹，公园和博物馆等实现免费开放。城市居民和农民收入稳步增长，最低工资和最低生活保障标准逐步提高。城乡公共服务更加完善，市民素质不断提升。东莞市进入全国文明城市行列。

大朗镇

更多实惠

2009年8月14日，道滘镇大罗沙社区卫生服务站和蔡白社区卫生服务站启用，这标志着该镇定点社区卫生服务机构基本完成“一个中心七站点”的建设，初步实现“小病在社区，大病到医院”的就医模式

北隅细村社区举办首次书画展

农民喜领社保卡

2009年，寮步镇建立城乡一体化社会养老保险体系

社区医疗爱心服务活动现场

对口帮扶成果突出

2010年11月18日，市委书记刘志庚率队深入云浮市郁南县走村访户，实地了解“规划到户、责任到人”工作进展

2010年11月11日，市长李毓全、副市长李小梅率队赴韶关市乳源县新村村调研指导扶贫开发“规划到户、责任到人”工作

2010年，东莞市积极做好援川、援疆、援藏等对口支援工作。四川汶川大地震重灾区映秀镇55个对口援建项目基本完工，投入援建资金9亿元，提前一年完成援建总体任务。完成对口援疆总体规划和4个专项规划，3个试点项目竣工。全市各界捐助1258.24万元支持西藏林芝经济社会发展建设。推进与韶关、云浮两市“规划到户、责任到人”扶贫开发，筹集帮扶资金2.2亿元，实现50.8%的贫困户脱贫。

2010年1月28—29日，副市长邓志广率东莞市代表团赴韶关市新丰县、乳源县慰问

2010年11月，副市长吴道闻率东莞市代表团赴新疆农三师图木舒克市开展援疆工作对接和考察，并为试点项目50团小城镇建设项目竣工剪彩

东莞市援建映秀镇安居房工程

成功承办 亚运会举重比赛

2010年10月17日，第16届亚运会火炬传递东莞站起跑仪式上，市委书记刘志庚（右）将火炬递给第一棒火炬手——篮球运动员杜锋（东莞日报社供稿）

东莞市是第16届亚运会的协办城市，举办举重赛事。作为中国人民共和国第一个世界纪录创造者陈镜开的故乡，东莞市石龙镇是中国举重冠军的摇篮和国家举重训练基地，先后涌现出陈镜开、曾国强、陈伟强等一批世界级举重运动健将，成立青少年举重培训班，数十次取得世界冠军、奥运冠军和打破世界纪录，还多次成功承办国际举重比赛，被誉为“举重之乡”。2010年11月12—27日，东莞成功承办第16届亚运会的举重比赛。

2010年10月17日，市长李毓全与游泳运动员张国英一起将火种收入圣火盆（东莞日报社供稿）

2010年10月17日，第16届亚运会火炬传递活动在东莞市举行，80名火炬手分别在东莞市虎门镇和东莞市区进行传递，传递线路全程8公里，图为“农民马王”李振强骑马穿过西城楼楼门（张村城 摄）

2010年11月8日，市领导刘志庚、吴道闻等视察亚运会举重场馆团队指挥中心（程永强 摄）

2010年11月17日，市委书记刘志庚观看女子举重69公斤级挺举比赛，并为获奖选手颁奖（东莞日报社供稿）

亚运会举重比赛现场（张德全 摄）

东莞市虎门港

2010年5月11日，市委书记、市人大常委会主任刘志庚（前排中）参观东莞保税物流中心

2010年9月29日，市委书记、市人大常委会主任刘志庚，市委副书记、市长李毓全主持召开虎门港现场办公会议，研究明确虎门港开发建设有关重要事项

2010年7月8日，虎门港与台湾基隆港签订两港对接合作协议，在更大范围、更广领域和更高层次上展开全面合作

2010年6月24日，虎门港与国家信息中心签订信息化建设规划战略合作框架协议，推进虎门港信息化建设

2010年5月11日，东莞市首个享有国家级特殊政策的园区——东莞保税物流中心举行开业典礼，东莞保税物流中心正式封关运作

管理委员会

2010年，虎门港集装箱码头箱量稳步增长

2010年3月31日，东莞至台湾的第一艘直航班轮从虎门港起航，驶向宝岛台湾，虎门港首条对台直航班轮航线开通

2010年，虎门港立沙岛石化码头吞吐量已达457万吨，比2009年翻一番，占全省同期液体化工品吞吐量的两成，立沙岛已成为华南重要石油化工原料储运中心

虎门港立沙岛石化基地仓储区

2010年，虎门港散杂货通过能力和各运输系统综合服务能力进一步提升，麻涌港区散杂货吞吐量达到1567万吨

位于麻涌港区的省储备粮东莞直属库项目

广东东莞生态产业

2010年6月9日，市委书记、市人大常委会主任刘志庚（左二）主持召开东莞生态园现场工作会

2010年6月9日，市委书记、市人大常委会主任刘志庚（左），副市长李小梅（右）为"广东东莞生态产业园区"揭牌

2010年7月20日，省经信委副主任毕志坚（右三）到东莞生态园调研

生态园大道

下沙湿地

园区管理委员会

2010年8月20日，市委常委、市纪委书记甄瑞潮（左）莅临东莞生态园作纪律教育专题讲座

2010年12月29日，副市长梁国英（右一）视察东莞生态园亮点工程沿线

2010年12月6日，副市长严小康（前右四）主持东莞生态园大道寒溪河大桥合龙仪式

2010年12月9日，东莞生态产业园区华东招商推介会在上海举行，现场签约“无线生态园”等5个项目，项目投资总额67.5亿元

大圳埔湿地

燕岭湿地

湿地生态修复前后对比

东莞市东江

2010年6月11日，副市长梁国英视察第四水厂

2010年9月3日，副市长李小梅、水务局局长刘伟全视察第六水厂

东莞市水务局新任局长张国平莅临东江水务有限公司检查工作

2010年东莞市举行第八届"世界水日"、第十三届"世界水周"宣传活动

水务有限公司

2010年10月17日，东江水务有限公司抢修队队长祁沛枝参加亚运会火炬传递

2010年11月16日，东莞市第六水厂C线管道工程通水仪式举行

24小时客服热线：96968

广东生益科技股份有限公司

SHENGYI TECHNOLOGY CO., LTD

中共中央政治局委员、广东省委书记汪洋视察广东生益科技股份有限公司（简称生益科技）

生益科技主导制定两项IEC国际标准颁布新闻发布会

生益科技松山湖厂区

生益科技万江厂区

子公司陕西生益科技有限公司

子公司苏州生益科技有限公司

生益科技管理团队

生益科技员工风采

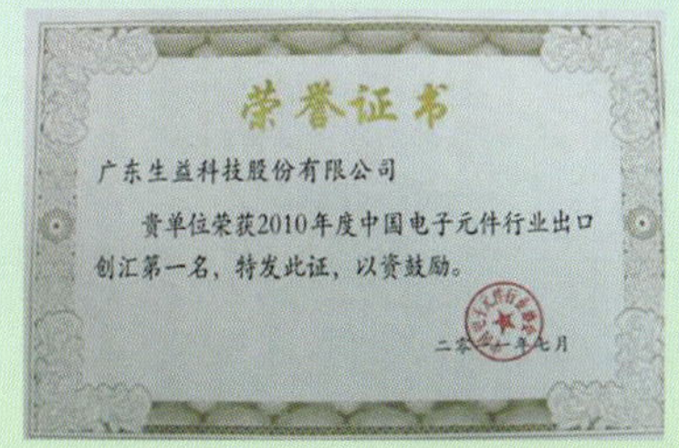

子公司连云港东海硅微粉有限责任公司

生益就在您身边

馬可波羅磁磚 品牌简介 >>>>>

马可波罗磁砖，中国千年陶艺与意大利宫庭装饰艺术的完美结合，被誉为“个性化装饰艺术全集”。品牌诞生于1996年底，是国内最早品牌化的建陶品牌，早期主要生产哑光、仿古、个性化产品，在“小市场、大份额”营销思路的指导下，占有极高的市场份额，享有仿古砖至尊品牌的美誉。截至2010年，产品扩展到内墙瓷片、瓷质抛光砖、瓷质亚光砖、瓷质波光砖、手工纹理装饰砖及马可波罗卫浴等种类，成为产品线最宽的建陶品牌之一，全面实践瓷砖时装化，成为多家设计院战略合作品牌。

马可波罗磁砖属唯美陶瓷旗下强势品牌，不仅在国内建立2000多家专卖店及100多家旗舰店，而且还拥有工装、家装、超市和电子商务等立体营销网络，产品远销东南亚、欧美等国家和地区，建有海外标准形象专卖店20家，开创国内自主品牌国际化的先河，为马可波罗瓷砖实现“强势终端、专业营销、行业三甲、世界品牌”的目标，迈出坚实的一步。

2002年，“马可波罗”磁砖被评为“广东省名牌产品”，2003年，荣获“中国建筑陶瓷知名品牌”称号和“国家免检产品”称号，2004年被评为“广东省著名商标”，2006年，世界生产力大会组委会颁发给马可波罗“世界市场中国（陶瓷）十大年度品牌”，2007年更是被国家商标局评为“中国驰名商标”，成为建陶行业内为数不多的品牌荣誉大满贯得主。从2004年起，马可波罗连续五年入围中国最具价值品牌500强，2010年品牌价值达到26.43亿元。

2007年，马可波罗在建陶行业内推出自主研发的原创设计——“中国印象”系列产品，将中国传统文化之精髓再现在瓷砖上，引导设计之风回归东方古韵，受到国内外同行业和设计界的广泛关注。

2008年，马可波罗“唯美八大家”提炼主流家居装饰风格，用最经典的瓷砖搭配方案告别建陶单品推介时代，进入瓷砖构筑的家居文化空间。

2009年，更推出建陶第四代产品“3G”石代，突破抛光砖光泽极限，精致体现0.5mm晶体透明质感，完美呈现原生态名贵石材肌理，启动家居瓷砖的“3G”石代。

2010年，马可波罗文化陶瓷以独具匠心的设计精神，取材世界名国名贵石材，精心研发出地理石新品，砖筑空间新时尚。

在东莞，马可波罗磁砖在莞城元岭路、罗沙新兴装饰城、愉景威尼斯广场、高埗、厚街、长安、常平、塘厦等地均设立专卖店。马可波罗瓷砖作为东莞本土品牌，不仅在网点布局上打造强势终端，而且同时发展家装、小区、超市、工程等多种渠道。在客户服务方面，马可波罗磁砖承诺免费上门服务、免费送货到家、现场铺贴指引等，让更多东莞消费者享受到马可波罗优秀的品质和优异的服务。

东莞大酒店、会展国际酒店、御景湾酒店、市人民医院、市中医院、市妇幼保健院、松山湖科学苑、市职业技术学校、第一国际、东莞市廉租房……等项目均大量采用马可波罗磁砖。

马可波罗磁砖——陶瓷中的世界名作！

地址：广东·东莞　　服务热线：86-0769-8846 3077　　www.marcopolo.com.cn

馬可波羅磁磚
陶瓷中的世界名作

1295·Y
·庄园休闲系列·

爱丽舍宫Ⅱ 壁布系列

微晶石
Microlite stone

家庭背景墙
Family Background Wall
【百福】

沃兰西木纹石

E石代·澳洲砂岩
E STONE-AGE AUSTRALIAN SANDSTONE

无线城市

我的掌上出行助理

中国移动通信集团广东有限公司东莞分公司在法律允许范围内保留对本广告的最终解释权。

下班时间哪条路塞车，一凭经验，二碰运气？
中国移动无线城市为您提供智能交通好帮手，实时路况随身看，
还有交通违章查询、航班信息查询、长途车票订购……
如同您的移动导航员，让您的交通出行更加便捷。
手机门户访问地址：wap.wxcs.cn/dg （可发WXCS到10086获取）

2011 东莞年鉴
DONGGUAN YEARBOOK

东莞市经济和信息化局

2011年7月23日，市经信局举行乔迁新址暨市民营经济发展服务局揭牌仪式举行

“十一五”时期，东莞市经济和信息化局以加快转变经济发展方式为主线，坚定不移调结构，全力以赴促转型，取得显著成效。2011年，东莞市经济和信息化局实施传统产业改造提升工程，实施新兴产业培育发展工程，实施现代服务产业壮大工程，狠抓节能降耗，狠抓招商引资，全力扶持民营经济，培育大企业大集团，推动信息化建设，发展物联网产业，积极扩内需促消费、加快创建样板市场、稳妥引导产业转移，加强宏观经济调控，努力推动全市经信工作跃上新台阶，为建设幸福东莞做出更大的贡献。

地址：东莞市南城区鸿福西路68号塞纳嘉园二楼
邮编：523888
电话：22223850
网址：http://dgetb.dg.gov.cn

2010年12月31日，东莞市创意产业园区挂牌仪式在东莞艺展中心举行

2010年12月2日，东莞品牌服装服饰（合肥）展销会在安徽国际会展中心开幕

推动产业转型升级 擦亮"东莞制造"品牌

2010年5月21日，2010广东东莞（北京）投资推介会在北京举行

2010年9月16日，全市工业经济暨战略性新兴产业发展工作会议召开

2010年6月中下旬，市经信局组织开展2010年东莞市节能宣传周活动

2010年11月15–19日，市整治农贸市场办公室验收组对样板市场的创建情况进行验收

2010年12月6日，"2010东莞市中小企业金融服务日暨第60期民营企业家面对面活动"在会展国际大酒店举行

东莞职业技术学院

2010年2月22日，原广东省省长、广东省职业教育协会名誉会长朱森林为东莞职业技术学院题写校名

2010年8月12日，市委常委、宣传部部长王道平（右）到东莞职业技术学院指导工作，听取学院党委书记朱益民（左）的介绍

2010年1月23日，广东省教育厅厅长罗伟其莅临东莞职业技术学院指导工作

2010年5月26日，市委常委、纪委书记甄瑞潮一行到东莞职业技术学院调研指导工作

2010年4月20日，市政协主席刘树基到东莞职业技术学院作专题报告

2010年10月14日，市委常委、组织部部长庞国梅（左二），副市长吴道闻（左一）到东莞职业技术学院调研

2010年11月18日，澳大利亚维多利亚大学考察团到东莞职业技术学院参观，并与学院领导合影

2010年11月4日，白俄罗斯专家到东莞职业技术学院参观考察，由学院副院长贺定修（左一）陪同

2010年3月26日，东莞职业技术学院与东莞移动公司签订战略合作框架协议，携手共建“无线校园”

2010年6月24日，东莞职业技术学院与虎门港管委会签订战略合作框架协议

2010年12月15日，东莞职业技术学院与22家珠三角优质企业签订校企合作框架协议

东莞职业技术学院别开生面的“校园开放日”活动

2011东莞年鉴
DONGGUAN YEARBOOK

墅质血统 一脉相承

110-130 m^2墅级洋房锋芒展世

墅质血统 望族名门

江南第一城3期望族，延续一个阶层与生俱来的贵气，具备人文居所的涵养、文化与名望，为家族传承更优异的智慧基因。于此，感受名门生活，为生活加冕，接力下一代。

环水大境 邻墅而居

望族，别墅区里的墅质洋房，开创壮阔环绕水系园林，与别墅为邻、比肩宏远球星的居住优势，让您直接分享超越一般社区的服务与品质，尊贵身份卓然彰显。

首层泛会所 大藏精品

江南第一城3期望族，架空层泛会所融园林为一体，内设各种健身器材，更有老人与儿童活动中心，黄发垂髫，怡然自乐。于此，大藏精品，礼遇名门望族。

雍容尺度 前所未有

江南第一城3期望族，36平米阔厅演绎非凡气度，270度转角大飘窗，5米阔厅，舒适之中显奢华，阳光、美景于此相互辉映；7米宽景阳台，领略主题园林大美景致。望族空间丰满自在，生活随心所欲。

装修后示意图

D1

四房两厅两卫

建筑面积约：128 m^2

户型方正实用，通风采光极佳，高层生活别有胜景；
超大入户花园，让您足不出户就可以享受雅致庭院生活；
5米开间大客厅，6.6米开间观景大阳台，园林美景尽收眼底；
特色空中庭院设计，可以自由设计成别具一格的书房；
主卧270度转角飘窗，望族气度，尽享生活奢华。

开发商：宏远地产 生活因我而变

销售热线 (0769) 2241 4888

项目地址：东莞南城区金丰路10号

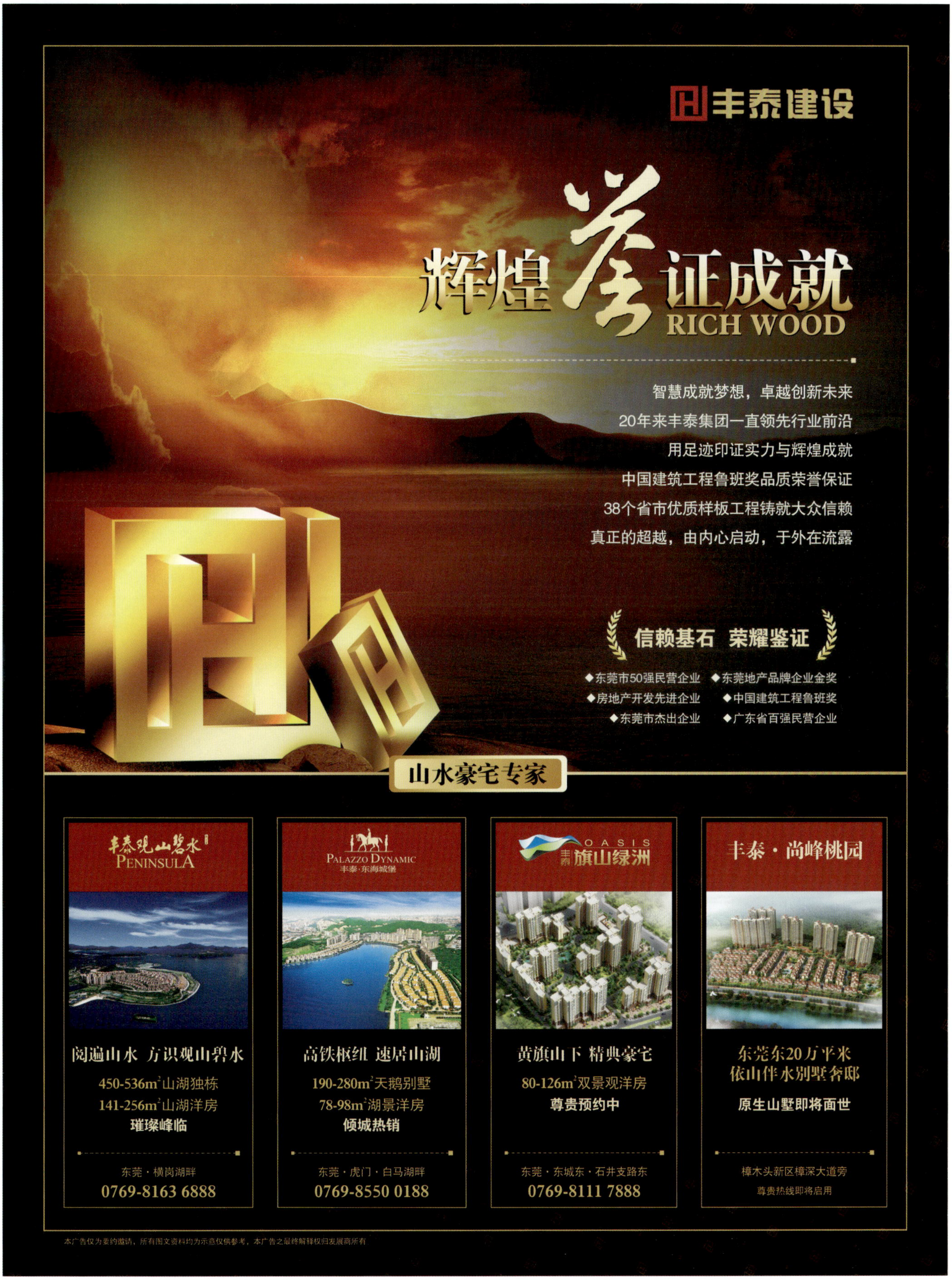

丰泰观山碧水
PENINSULA

PALAZZO DYNAMIC
丰泰·东海城堡

OASIS
丰泰旗山绿洲

东莞新奥燃气集团
Dongguan XinAo Gas Group

INTRODUCTION 东莞新奥燃气集团简介

东莞新奥燃气集团是由东莞市政府与新奥能源控股有限公司共同出资组建的中外合资企业，拥有政府授予的东莞市管道燃气三十年特许经营权，负责东莞市域四区二十八镇以及松山湖科技产业园区管道燃气的建设、运营及客户服务，承担天然气汽车加气业务。

经过八年的发展，东莞新奥已经成立1个子公司、1个分公司、23个镇区公司和分支机构，形成集团化的运作模式，业务覆盖东莞城区和绝大部分镇区。截至2010年，东莞市正在或即将使用天然气的居民已达30余万户，数百万的市民已经享受到天然气带来的清洁与便利。

东莞新奥燃气集团坚持“以人为本、事求卓越、和谐共生”的核心价值观，致力于清洁能源在东莞的使用和普及，努力成为政府放心、客户满意、社会认同、员工自豪，国内一流的清洁能源分销企业。

地址：东莞市东城区莞龙路柏州边段206号　电话：0769-88992299　网址：www.dg95158.com

2010年大事记

CHRONICLE OF MAJOR EVENTS IN 2010

- 汪洋盛赞东莞转型升级取得积极成效
- “科技东莞”资金提高到每年20亿元
- 新莞人通过积分入户东莞
- 东莞迅速防控基孔肯雅热疫情
- 东莞全面完成映秀恢复重建任务
- 东莞创建国家环保模范城市通过国家考核验收
- 东莞出台建设文化名城规划纲要
- 东莞成为全国加工贸易转型升级试点城市
- 东莞开展塑造城市形象大讨论
- 松山湖科技产业园区升级为国家级高新技术产业开发区
- 东莞成功承办亚运会举重比赛
- 东莞获评“中国全面小康特别贡献城市”
- 珠三角区域绿道东莞段全线贯通

南城区

编辑：黄文挺

1 月

1日 东莞市举行广东省居住证首发仪式，10名新莞人率先转“居住民”。

2日 由世界著名品牌大会主办机构世界品牌组织、和谐社会全球合作组织、美中经贸投资总商会联合推选的2009年度“世界特色魅力城市200强”全名单，在日本东京发布，东莞入选世界特色魅力城市200强。

3日 广东日之泉足球队夺得香港杯庆功会与日之泉集团公司17周年庆典在御烽酒店举行。市政协主席刘树基，副市长吴道闻出席活动。

5日 省委十届六次全会在广州召开。市委书记、市人大常委会主任刘志庚，市委副书记、市长李毓全等参加会议。

□ “2009中国城市十大风云首脑排行榜”，市委书记、市人大常委会主任刘志庚位列其中。

6日 2009年度全市国土资源管理工作总结表彰大会召开。副市长梁国英出席会议。

□ 东莞市技术与知识产权服务中心与北京连城资产评估公司，就东莞知识产权质押融资工作提供知识产权价值评估服务，签订全面、长久、紧密的合作协议。这标志着，东莞作为全国知识产权质押融资试点城市，知识产权质押融资进入实际操作阶段。

7日 市政府召开“三旧”改造工作业务培训会。副市长梁国英出席会议。

□ “2010年市预防职务犯罪工作暨总结表彰大会”召开。市委常委、市纪委书记、市预防职务犯罪工作领导小组组长甄瑞潮等出席会议。

□ 人力资源和社会保障部副部长胡晓义一行莅莞调研。省委常委、副省长肖志恒，市领导刘志庚、李毓全、李小梅等会见胡晓义一行。

□ 东莞市赤潮灾害应急预案在市行政办事中心进行演练。副市长李小梅参加演练的全过程。

8日 “关爱暖民心·服务筑和谐”新春关爱系列活动正式拉开大幕。市领导黄双福、崔建、王道平等参加启动仪式。

□ 高端茶文化品鉴会在大岭山帝京酒店举行。市政协主席刘树基，市委常委、秘书长何嘉琪，市政协副主席、市委统战部部长袁德和参加品鉴会。

10日 东莞潮商民营企业协会举行迎春座谈会。市委常委卢广海、副市长邓志广出席座谈会。

□ “世纪绿洲——东莞市摄影家协会2010年迎春联谊会暨厚街镇第二届摄影艺术节”在厚街举行。副市长李小梅，市政协副主席朱伍坤，省文联党组副书记、专职副主席廖曙辉等参加艺术节。

11日 甘肃省委常委、副省长刘永富率甘肃招商团到莞。市委书记、市人大常委会主任刘志庚，副市长邓志广会见刘永富一行。

□ 至13日，由映秀镇委书记廖军率领的映秀考察团到东莞市考察。市委书记、市人大常委会主任刘志庚会见考察团一行。

□ 市委常委、副市长江凌会见瑞士驻穗总领事聂伟。

□ 韶关市党政代表团到莞，与东莞市相关部门领导进行座谈。副市长邓志广出席会议。

12日 市第十四届人大常委会第二十二次会议召开。市领导刘志庚、张继雄、陈国辉、冯同恩、吕兢、李秀冰、周华驹等参加会议。

□ 全市工会工作总结表彰大会召开。市委常委、组织部部长庞国梅，市人大常委会副主任、市总工会主席张顺光出席大会。

□ 市绿化委员会扩大会议召开。副市长李小梅参加会议。

□ 市个协、市私协、市家具协会联合举办“2010新春团拜会”。市领导刘树基、冷晓明、邓志广等出席团拜会。

□ 国土资源部党组成员、国家土地副总督察甘藏春莅莞视察“三旧”改造项目。市委书记、市人大常委会主任刘志庚，副市长梁国英接待甘藏春。

□ 2010年市口岸单位春节慰问座谈会召开。市委副书记、市长李毓全，市委常委、副市长江凌等出席座谈会。

□ 黄埔海关新任关长、党组书记刘广平一行访莞。市委书记、市人大常委会主任刘志庚，市委常委、副市长江凌会见刘广平一行。

□ 东莞市历届政协委员联谊会2010年迎春茶话会举行。市政协主席刘树基，市政协副主席林明枢、刘发枝、游敏达、邝明子、朱伍坤、袁德和、周楚良等出席茶话会。

▲ **13日** 中共东莞市第十二届六次全会召开。市委书记、市人大常委会主任刘志庚，市委副书记、市长李毓全等参加会议。

□ 东莞市文学艺术界举行2009年度工作总结表彰大会。市政协主席刘树基、副市长严小康等出席表彰会。

□ 全省人口计生局长会议在洪梅镇召开。省政府副秘书长、省人口计生委主任张枫，副市长李小梅参加会议。

14日 全市政法工作暨维稳和综治工作表彰大会召开。市领导刘志庚、李毓全、黄双福等出席会议。

□ 省人大常委会委员、环资委主任委员劳应勋一行10人莅莞实地调研石马河污染情况并举行座谈会。市人大常委会副主任吕兢等出席座谈会。

□ 2010年全市物价工作会议召开。副市长邓志广出席会议。

15日 东莞市城乡一体化社会养老保险体系正式建立暨养老金首发仪式举行，农居民养老金从原来的人均每月231元提高到人均每月386元。

□ 由全国人大常委会副委员长华建敏带队、全国人大财经委副主任委员乌日图任组长的全国人大常委会执法检查组抵达东莞，对东莞市贯彻落实《台湾同胞投资保护法》情况进行执法检查。市领导刘志庚、李毓全、张继雄、江凌、张顺光等陪同华建敏一行进行执法检查。

□ 劳动模范和先进集体代表迎春座谈会召开。市领导刘志庚、李毓全、庞国梅、张顺光、邓志广出席座谈会。

□ 全市2009年城管工作总结表彰大会召开。副市长梁国英出席会议。

□ 全市2010年基础教育工作会议召开。市人大常委会副主任冯同恩、副市长吴道闻、市政协副主席朱伍坤等出席会议。

□ 全市2009年科技工作总结表彰大会召开。市委常委、常务副市长冷晓明，市人大常委会副主任冯同恩，市政协副主席朱伍坤参加会议。

□ 共青团东莞市十五届二次全委（扩大）会议召开。市委常委、组织部部长庞国梅出席会议。

□ 东莞市城建工程管理局召开2009年度总结表彰会。副市长梁国英出席会议。

18日 广西河池市党政代表团到东莞市考察。市委副书记、市长李毓全与河池市委副书记、市长谢志刚一行就相关问题进行会谈。

□ 国家、省两级安全生产电视电话会议召开。市委副书记、市长李毓全、副市长邓志广在东莞分会场参加会议。

□ 市委书记、市人大常委会主任刘志庚在市行政办事中心北楼群众来访接待室接待上访群众。

□ 市文联和广东三正集团承办的长篇小说《东江向东方》作品研讨会在塘厦举行。

19日至21日 市政协第十一届委员会第四次会议召开。市政协主席刘树基，市政协副主席林明枢、刘发枝、游敏达、邝明子、朱伍坤、袁德和、周楚良，秘书长黎锦辉在主席台前排就座。刘志庚、李毓全、黄双福、张继雄、冷晓明、何嘉琪、庞国梅、甄瑞潮、崔建、江凌、刘国辉等在主席台就座。

□ 市政协2010年春节茶话会举行。市领导刘志庚、李毓全、刘树基、黄双福等参加茶话会。

20日至22日 东莞市十四届人大五次会议召开。大会由市委书记、市人大常委会主任、大会主席团常务主席、大会执行主席刘志庚主持。市长李毓全代表市人民政府向大会作《政府工作报告》。

□ 市政协十一届十五次常委会议召开。市政协主席刘树基主持会议。市委常委、组织部部长庞国梅，市政协副主席林明枢、刘发枝、邝明子、朱伍坤、袁德和、周楚良等出席会议。

21日 "东莞总部经济发展论坛"在松山湖举行。东莞徐记食品有限公司等16家企业被认定为东莞首批总部企业。

22日 市领导刘志庚、李毓全、黄双福、崔建、张顺光、成洪波、林明枢等接见190名优秀新莞人。

□ "青春暖流·平安回家"启程仪式在南城汽车站广场举行。市委常委、组织部部长庞国梅出席启动仪式。

23日 省委书记汪洋到莞进行专题调研。省委常委、副省长肖志恒，市领导刘志庚、李小梅等陪同考察。

□ 国务院参事室主任、党组书记陈进玉一行，在省委常委、副省长肖志恒的陪同下到东莞市调研。市委书记、市人大常委会主任刘志庚，副市长邓志广向调研组汇报东莞发展的相关情况。

25日 全市民政工作总结表彰大会召开。副市长成洪波参加会议。

26日 市直媒体举行新春团拜会，市领导刘志庚、刘树基、王道平、冯同恩、严小康、朱伍坤等出席团拜会。

□ 全市宣传思想工作会议举行。市领导刘志庚、王道平、严小康等出席会议。

□ 市委副书记、市长李毓全到水乡片视察东莞市路网建设情况，并召开现场会，解决市重点公路工程建设项目存在的问题。副市长邓志广陪同视察并出席现场会。

□ 2010年市外商投资企业代表新春酒会举行，现场颁发市外资企业杰出贡献奖、市外资企业升级转型奖。市委书记、市人大常委会主任刘志庚，市委副书记、市长李毓全等市领导为34家获奖企业颁奖。市委常委、副市长江凌，市人大常委会副主任张顺光，市政协副主席刘发枝参加酒会。

□ 东莞台商子弟学校董事长叶宏灯一行10人拜会市委、市政府领导。市委书记、市人大常委会主任刘志庚会见叶宏灯一行。

□ 东莞市举行慰问全市军休干部迎春座谈会。市委副书记、政法委书记黄双福和副市长成洪波等参加座谈会。

27日 市委、市政府举行新闻媒体新春联谊会。市领导刘志庚、李毓全、王道平、严小康等出席新春联谊会。

□ 全市水利工作总结暨城乡水利防灾减灾工程建设表彰会议在市行政办事中心召开。市委副书记、市长李毓全，副市长李小梅参加会议。

□ 公安部消防局局长陈伟明少将到莞调研消防责任制落实情况及公安消防局调研队伍建设情况。市委书记、市人大常委会主任刘志庚，市委副书记、市长李毓全会见陈伟明一行，副市长成洪波陪同调研。

□ "2010年东莞市非公有制经济代表人士新春团拜会"在御景湾酒店举行。副市长邓志广主持团拜会。市领导黄双福、袁德和等出席团拜会。

□ 东莞市台胞台属2010年春节茶话会举行。市领导庞国梅、吴镇成、袁德和、钟淦泉等参加茶话会。

□ 全市司法行政工作总结表彰会议召开。市委副书记、政法委书记黄双福参加会议。

□ 市十二届纪律检查委员会第五次全体会议召开。市委书记、市人大常委会主任刘志庚，市委常委，市人大常委会、市政府、市政协党员负责同志等参加会议。市委常委、纪委书记甄瑞潮主持会议。

28日 首届"优秀新莞人"表彰晚会举行。副市长成洪波参加晚会。

□ 由中央纪委法规室组织召开的《被巡视地区、单位接受巡查监督的暂行规定》征求意见座谈会在莞举行。中央纪委法规室副主任侯觉非出席座谈会。省纪委副书记梁万里，市委副书记、政法委书记黄双福，市委常委、纪委书记甄瑞潮会见侯觉非及与会的代表。

□ 2009年度全市办公室系统总结表彰大会在中堂召开。市委常委、市委秘书长何嘉琪等参加会议。

□ 市区污水处理厂及截污管网工程（三期）督导会召开。市委常委、组织部部长庞国梅参加督导会。

□ 中国人民政治协商会议第十届广东省委员会第三次会议在省委礼堂开幕。市政协主席刘树基，市人大常委会副主任、九三学社东莞市委会主委吕兢，市政协副主席袁德和等出席会议。

29日 市残联举行年终总结表彰大会。广东省人大常委郭德勤，省残联理事长宋卓平，省残联副理事长康德成，副市长成洪波等出席会议。

□ 省十一届人大三次会议在广州白云国际会议中心开幕。市领导刘志庚、李毓全、张继雄等参加会议。

2　月

2日　全市文化广电新闻出版工作会议召开。市领导王道平、冯同恩、严小康、邝明子等出席会议。

□ 全市卫生工作会议召开。副市长吴道闻参加会议。

3日　东莞广播电视台、东莞广电网络传媒发展股份有限公司召开2009年度总结表彰大会。市委书记、市人大常委会主任刘志庚，南方广播影视传媒集团党委书记白玲，市委常委、宣传部部长王道平，副市长严小康等出席会议。

□ 东莞市举行2010年春节军政座谈会。市几套班子领导刘志庚、李毓全、刘树基、张继雄、冷晓明、何嘉琪、江凌等领导出席座谈会。

□ 东莞市第三届政府法律顾问出炉，市委副书记、市长李毓全，副市长成洪波出席聘用仪式。

□ 全省深化行政管理体制改革工作电视电话会议在广州召开，副市长李小梅在东莞分会场参加会议。

□ 市委书记、市人大常委会主任刘志庚和市委办、组织部、民政局、团市委、经信局、新莞人服务管理局有关负责人到麻涌镇麻四村农村党员萧汉和和低保家庭萧国柱家，以及麻涌敬老院进行走访慰问。

4日　2010年全市交通工作会议召开。副市长邓志广参加会议。

□ 全市公安机关总结表彰会议召开。市委书记、市人大常委会主任刘志庚，市委副书记、政法委书记黄双福，市委常委、市公安局局长崔建，市政协副主席林明枢参加会议。

□ 市委书记、市人大常委会主任刘志庚，市委副书记、市长李毓全，市政协主席刘树基，市委常委、副市长江凌等赴黄埔海关慰问。

□ 全市组织工作会议召开。市委书记、市人大常委会主任刘志庚，市委常委、组织部部长庞国梅出席会议并作讲话。

5日　袁崇焕纪念园交接暨挂牌仪式在纪念园内举行。市领导王道平、冯同恩、严小康出席挂牌仪式。

□ 2010年市直机关党建工作会议召开。市委常委、组织部部长庞国梅参加会议。

□ 全市安全生产工作总结表彰会议召开。市领导刘志庚、李毓全、吕兢、邓志广、周楚良等参加会议。

6日　省委常委、副省长肖志恒率省慰问组，在市委书记、市人大常委会主任刘志庚，副市长李小梅等的陪同下，到东莞市开展“送温暖、迎新春”——2010年“南粤春暖”慰问活动。

8日　全市“扫黄”、“禁赌”工作会议召开。市委书记、市人大常委会主任刘志庚，市委副书记、市长李毓全等几套班子领导参加会议。

□ 东莞市2010年春节联欢晚会在玉兰大剧院举行。刘志庚、李毓全、刘树基、黄双福、张继雄、庞国梅、崔建、江凌、王道平等市领导观看演出。

□ 东莞市委市政府举行2010年春节团拜会。市委书记、市人大常委会主任刘志庚在团拜会上致辞，市委副书记、市长李毓全主持。

□ 副省长宋海率由省直有关部门领导组成的省委、省政府“送温暖”慰问团，到东莞市进行慰问并和企业员工座谈，其间还视察市经济贸易学校、东莞理工学校。市领导刘志庚、庞国梅、张顺光、吴道闻等陪同慰问。

□ 东莞市委副书记、市长李毓全等市领导在市行政办事中心，会见由副政委张志国少将率领的驻港部队新春访问团一行。

9日　东莞市四套班子领导刘志庚、李毓全、刘树基、黄双福、张继雄等欢聚一堂，举行午宴欢送离任的3位市领导卢广海、陈国辉、游敏达。

10日　东莞市委书记、市人大常委会主任刘志庚在副市长邓志广陪同下，专程到南城汽车站、广深高速石鼓入口处检查春运工作，看望慰问旅客。

□ 省政府副秘书长刘晓捷带领慰问团在市委常委、副市长江凌的陪同下先后慰问东莞市金宝电子、生益科技和三星电机等3家外经贸企业。

21日　全省作风建设电视电话会议召开。市委副书记、市长李毓全，市委常委、市纪委书记甄瑞潮等市领导在东莞分会场参加会议。

22日　刘志庚、李毓全、刘树基、张继雄等市几套班子领导率200余人组成的视察团，视察南城艺展中心等7个城建亮点工程。

□ 省委常委、省政法委书记、省公安厅厅长梁伟发视察东莞市公安机关执法质量考评系统建设工作情况。市委副书记、政法委书记黄双福和市委常委、市公安局局长崔建等陪同视察。

23日　莞城举行中心小学、步步高小学、少年宫三项重点工程落成典礼。市政协主席刘树基，市人大常委会常务副主任张继雄，市委常委、常务副市长冷晓明，副市长吴道闻到场祝贺。

24日　泰国驻穗总领事平善努·素万纳琼首次礼节性拜访东莞市领导。市委常委、副市长江凌会见平善努一行。

25日　市政协在香港举行“东莞市政协历届港澳委员新春座谈会。”中央驻香港联络办公室副主任黎桂康，市政协主席刘树基，市政协副主席袁德和、钟淦泉等出席新春座谈会。

□ 东莞2010年度武装工作会议在市国防训练基地召开。市委书记、市人大常委会主任、东莞军分区党委第一书记刘志庚，市委常委、东莞军分区司令员刘国辉，东莞军分区政委刘卫芳，副市长成洪波等出席会议。

26日　市政府全体（扩大）会议召开。市领导李毓全、冷晓明、江凌、李小梅、梁国英、吴道闻、邓志广、严小康、成洪波等出席会议。

□ 2010首届洪梅花灯节开幕式举行。市领导王道平、冯同恩、严小康、朱伍坤等出席活动。

□ 省委书记汪洋率省绿道网调研组，考察东江大道和生态园绿道建设情况，并召开座谈会。市委书记、市人大常委会主任刘志庚，副市长梁国英等出席座谈会。

28日　四川省汶川县委副书记、县长张通荣率汶川党政代表到莞汇报映秀援建工作。市委副书记、市长李毓全会见张通荣一行。

3　月

1日　国务院发展研究中心原党组书记、副主任陈清泰和研究员吴敬琏率领的调研组来到莞开展“调整经济结构、转变发展方式”为题的专题调研。市委书记、市人大常委会主任刘志庚，市委常委、秘书长何嘉琪和副市长严小康等先后会见调研组一行并陪同调研。

▲ 市委书记、市人大常委会主任刘志庚，市委副书记、市长李毓全，市政协主席刘树基，市委副书记、政法委书记黄双福等市几套班子领导到东莞生态园下沙湿地公园参加义务植树活动。

□ 市委书记、市人大常委会主任刘志庚主持召开春节后第一次市党政领导班子联席会议。联席会议公布市委及其工作部门新闻发言人名单及电话等信息，标志着东莞市正式建立起党委新闻发言人制度，这在全省地市里尚属首例。

□ 全国森林草原防火工作电视电话会议召开。副市长李小梅在东莞分会场会议参加会议。

□ 市委书记、市人大常委会主任刘志庚到横沥镇进行经济调研。市政协主席刘树基，市委常委、纪委书记甄瑞潮一同调研。

2日 全国人大代表、市委副书记、市长李毓全等赴北京参加第十一届全国人民代表大会第三次会议。

□ 副市长成洪波率队到中堂镇调研平安社区创建工作，对全市平安社区的创建进度提出明确要求，并为该镇新添的两个平安社区揭牌。

□ 国家人口计生委副主任江帆，省人口计生委主任张枫莅莞调研。副市长李小梅陪同调研。

3日 全国人大代表、东莞市委副书记、市长李毓全接受中央电视台《焦点访谈》节目采访，介绍东莞对农民工进行职业技能培训的经验做法。

□ “喜迎百年 情融东莞”东莞市各界妇女隆重纪念“三八”国际妇女节100周年茶话会在宏远酒店举行。市委常委、组织部部长庞国梅，市人大常委会副主任李秀冰，市政协副主席周楚良出席茶话会。

□ 金融系统2010新春茶话会举行。市委书记、市人大常委会主任刘志庚，省金融办主任周高雄，市委常委、常务副市长冷晓明等出席会议。

□ 全省春耕生产电视电话会议在广州举行。副市长李小梅在东莞分会场参加会议。

4日 泉州市委书记徐钢率泉州市党政代表团到莞考察。市领导刘志庚、刘树基、黄双福、邓志广等会见代表团。

□ 2010年东莞市食品药品监管局工作会议召开。广东食品药品监管局局长陈元胜，副市长邓志广，市政协副主席朱伍坤参加会议。

□ 全省社会治安重点地区和突出问题排查整治工作电视电话会议召开。市委副书记、政法委书记黄双福在东莞分会场参加会议。

□ 全市人力资源工作会议召开。副市长李小梅参加会议。

□ 东莞市纪念“三八”国际劳动妇女节100周年暨表彰大会在玉兰大剧院举行。省妇联副主席杨建珍，市领导刘志庚、庞国梅、李秀冰、吴道闻等出席大会。

□ 2010年全市经济和信息化工作会议召开。市领导刘志庚、李秀冰、邓志广、袁德和等出席会议。

□ 全市外经贸工作会议召开。市领导刘志庚、江凌出席会议。

5日 2010东莞台协春茗联谊酒会举行。市政协主席刘树基，市委副书记、政法委书记黄双福，市委常委、副市长江凌等出席活动。

□ 庆祝“三八”国际劳动妇女节暨市总工会第五届女职工委员会第一次会议召开。市领导庞国梅、张顺光等出席会议。

□ 至24日，“迎百年妇运，展巾帼风采”东莞市纪念“三八”国际劳动妇女节100周年暨莞邑妇女风采展在东莞图书馆举行。市领导庞国梅、李小梅、吴道闻出席开幕式。

6日 在京参加全国两会的全国人大代表、市委副书记、市长李毓全接受省市媒体的联合采访。

8日 市委书记、市人大常委会主任刘志庚主持召开市党政领导班子联席会议，审议并原则通过资助1.1亿元由东莞检验检疫局拟组建国家级消费品安全检测重点实验室、国家级电器附件安全检测重点实验室、国家级食品接触材料检测重点实验室3个国家级重点实验室和4个省级的区域性中心实验室。

□ 由东莞银行股份有限公司和20多家具备实力的民营企业、乡镇企业等共同发起设立的长安村镇银行挂牌开业，银行注册资本3亿元，是东莞市首家村镇银行，也是全国注册资本最大的村镇银行。

9日 市委书记、市人大常委会主任刘志庚，副市长邓志广率团赴韶关市新丰县调研“规划到户、责任到人”工作。

□ 2010年市投资暨重点项目建设工作会议召开，公布158个重点项目的名单，计划完成投资267亿元。

□ 万江、石碣、凤岗三镇（街）举行“广东省文明镇（单位）”挂牌仪式。

□ 市政府十件实事工作总结表彰暨动员会议召开。市委常委、常务副市长冷晓明出席会议。

□ 市政协十一届十六次常委会议召开。市政协主席刘树基，市政协副主席林明枢、刘发枝、邝明子、朱伍坤、袁德和、周楚良、钟淦泉、张玉其，市政协秘书长梁近东等参加会议。

□ 东莞市卫生局下发《关于进一步维护乙肝表面抗原携带者公平入学、就业权利的通知》，开始对医院检查乙肝项目进行限制。这意味着东莞反乙肝歧视政策开始实施。

□ 中央电视台二套节目财经频道《今日观察》栏目对东莞松山湖进行专题新闻报道。介绍松山湖在产业升级、辐射带动、转变增长方式、招商引资等方面的成功经验，并盛赞松山湖已探索出中国经济发展新模式。

10日 市委书记、市人大常委会主任刘志庚，副市长邓志广率团深入到云浮市郁南县，调研“双到”对口帮扶工作。

□ 市人才资源局举行揭牌仪式。副市长李小梅参加揭牌仪式。

11日 市财政局和中国工商银行东莞分行在行政办事中心联合举行东莞市公务卡启动仪式。市委常委、常务副市长冷晓明，工行广东省分行副行长邢志盈等出席启动仪式。

□ 由广州市委副书记、政法委书记张桂芳率领的广州市政法工作考察团到莞调研社会管理方面的创新工作。市委副书记、政法委书记黄双福等接待考察团一行。

□ 全市林业工作暨春季造林绿化工作会议召开。市人大常委会副主任吕兢，副市长李小梅出席会议。

□ 市委常委、常务副市长冷晓明会见汇丰银行（中国）有限公司副总裁黄碧娟一行。

□ 2010年（第六届）中国道路照明论坛在莞召开。市委常委、常务副市长冷晓明参加论坛。

□ 全球最大的办公家具制造商——Steelcase，在常平镇投资1625万美元建成世楷家具（东莞）公司。厂房面积占地27000平方米，配备最新的4条生产线，拥有400名员工。该工厂是Steelcase在中国最大的生产基地。

□ 虎门港首条国际集装箱班轮航线—红海RS3航线正式延长。东莞的货物可以通过虎门港，直接海运至南非和西非。

12日 国家知识产权局批复，将东莞市列为“国家知识产权示范城市创建市”。

15日 市政府和香港贸促局在香港会议展览中心联合召开2010年在莞港企升级转型联席会议。市委常委、副市长江凌率市外经贸局、人力资源局负责人出席会议，并达成三大共识，帮助在莞港企就地升级转型。

□ 凤岗镇竹塘村精雅工艺厂设计制造的一款水晶浮雕象棋成为上海世博会的特许商品。

16日 省召开传达贯彻十一届全国人大三次会议和全国政协十一届三次会议精神电视电话会议。市领导刘志庚、李毓全、刘树基等市几套班子领导在东莞分会场参加会议。

□ 全市统计调查工作暨经济普查总结表彰会议召开。副市长成洪波出席会议。

□ 市第十四届人大常委会第二十三次会议召开，会议审议通过关于调整东莞市国民经济和社会发展第十一个五年规划纲要中人口自然增长率指标的议案，同意把人口自然增长率指标2006年至2010年平均增长从6.1‰调整至6.7‰。

□ 东莞市首批市级非物质文化遗产项目代表性传承人、东莞市首批市级“非遗”传承人产生第二批非物质文化遗产名录推荐名录产生。

□ 全球最大的硬盘驱动架生产企业福群集团（香港），与塘厦镇政府签订投资20亿港元的项目。

17日 省举行深入学习实践科学发展观活动总结大会。市领导刘志庚、李毓全、刘树基、黄双福、张继雄、何嘉琪、庞国梅、李小梅等出席东莞分会场会议。

□ 全国组织系统深入推进“讲党性、重品行、做表率”活动视频会议召开。市委常委、组织部部长庞国梅在东莞分会场收看视频会议。

□ 副市长梁国英赴6个镇和园区督导绿道建设，并正式敲定3个绿道示范段，分别是滨水绿道示范段、郊野绿道示范段、生态园绿道示范段。

□ “2010东莞台湾名品博览会”新闻发布会召开。市委常委、副市长江凌等参加发布会。

□ 东莞市举行学习《廉政准则》暨提高执行力教育活动报告会。市委副书记、市长李毓全，市委常委、纪委书记甄瑞潮等参加报告会。

18日 省委、省政府召开2010年全省人口和计划生育工作电视电话会议。市委书记、市人大常委会主任刘志庚，市委副书记、市长李毓全，市人大常委会副主任冯同恩，市政协副主席林明枢在东莞分会场参加会议。

□ 全市档案工作暨创建新农村建设档案工作示范市动员大会召开。副市长吴道闻参加会议。

19日 “东莞因你更美丽”东莞市女领导干部联谊活动举行。市领导刘树基、庞国梅、李秀冰、李小梅、周楚良等参加活动。

□ 由商务部副部长蒋耀平率领的调研组到莞调研企业转型升级方面的情况。市委副书记、市长李毓全，市委常委、副市长江凌陪同调研。

□ 位于长安的台资企业东莞劲胜公司通过证监会评审，将在深交所上市。由创业板发行审核委员会公告通过，这是东莞首家在大陆股票市场上市的台资企业。

21日 林芝第八届桃花文化旅游节在林芝县更章门巴族乡开幕。副市长李小梅，东莞援藏干部、林芝县委书记黄贵田出席开幕式。

22日 团中央书记处书记贺军科一行莅临东莞，针对“基于新型社会结构的共青团组织建设”主题开展为期四天的调研考察。市领导刘志庚、庞国梅会见贺军科一行。

□ 全市爱国卫生工作表彰大会举行，东莞再次获得“国家卫生城市”称号。副市长吴道闻出席会议。

□ 全市扶贫开发“双到”工作现场会在云浮市郁南县召开。副市长邓志广率全市各镇街有关负责人参加会议。

□ 东莞市公布：80周岁以上的户籍老人，当年起享受政府发放的生活津贴，具体标准是：80至89周岁老年人每人100元/月，90至99周岁每人200元/月，100周岁以上的每人300元/月。

▲ 23日 “东莞城市应急网”（http://www.dgemo.gov.cn/）正式开通。市委副书记、市长李毓全，省政府应急办主任纪家琪，市委副书记、政法委书记黄双福，副市长成洪波出席网站开通仪式。

□ 市政府廉政工作会议召开。市领导李毓全、甄瑞潮、江凌、梁国英、吴道闻、邓志广、严小康等出席会议。

□ 国家教育部副部长陈小娅一行到东莞，对松山湖中心小学、东莞中学松山湖学校进行考察。市委副书记、市长李毓全，副市长吴道闻等向陈小娅汇报东莞的教育发展现状。

□ 东莞本土最大的电子商务平台——“东莞国际商贸平台”开通。

24日 全市城市管理综合执法工作会议召开。副市长梁国英参加会议。

□ 市委书记、市人大常委会主任刘志庚到企石镇调研综治维稳、绿道网建设、“三旧”改造工作及企业发展情况。

□ 市委书记、市人大常委会主任刘志庚会见莅莞调研的国家电监会副主席王野平一行。

25日 省第十三届运动会东莞市体育代表团正式成立。市领导刘志庚、李毓全、冯同恩、吴道闻、邝明子等出席成立大会。

□ 全市“三旧”改造专项规划现场会召开。副市长梁国英参加现场会。

□ 副市长成洪波先后到横沥垃圾焚烧厂和中医院新院项目，现场视察和督导两个项目的进展。

□ 全市老干部工作会议召开。市委常委、组织部部长庞国梅参加会议。

□ 市委常委、秘书长何嘉琪到塘厦调研该镇综治信访维稳中心工作建设情况，并出席塘厦林村社区的“平安社区”揭牌仪式。

□ 省政府在东莞召开加工贸易转型升级现场办公会，听取情况、了解问题、解疑释惑。市委常委、副市长江凌等出席现场会。

□ 中船重工集团第725研究所，在黄江投资1亿元设立东莞双瑞钛业有限公司，从事钛金属民用产品和工业原料的研发生产，这是广东省第一家钛技术企业。

□ 广东省音乐家协会东莞（塘厦）创作基地暨“东八区”音乐创意园区的成立挂牌及签约仪式在塘厦镇举行。

26日 全市住房保障工作会议召开。副市长梁国英出席会议。

□ 东莞市经济和信息化局正式挂牌。副市长邓志广参加挂牌仪式。

□ 轻轨R2线试验段开工。副市长梁国英参加开工仪式。

28日 全省地方金融工作会议暨主任局长培训班在东莞召开。副省长宋海、省金融办主任周高雄、东莞市副市长邓志广，以及全省各地级以上市和部分县（市、区）金融工作部门的负责人等130多人参加会议。

□ 广东五芳斋食品有限公司在东莞市道滘镇大罗沙村举行开业典礼仪式。五芳斋集团是中华老字号企业、百年老店，全国最大的粽子产销商和食品制造业纳税百强。

30日 市委副书记、市长李毓全，副市长邓志广率团赴韶关市乳源县调研“规划到户、责任到人”工作。

□ 全市地名导向牌设置工程开工仪式启动，东莞市首个城市地名导向牌在鸿福路电信路口设立。副市长成洪波等为鸿福路口设置的导向牌揭幕。

□ 第三届广东省“人民满意的公务员”和“人民满意的公务员集体”颁奖仪式在广州举行。东莞市社会保障局获得“人民满意的公务员集体”称号，是东莞市直机关唯一获此荣誉的机关单位。

31日 全市新莞人服务管理工作会议召开。市领导刘志庚、黄双福、吕兢、成洪波、林明枢等出席会议。

□ 虎门港对台集装箱班轮航线开通，首个班次中午12时开出。江凌等领导共同启动班轮首航仪式。

□ 市委副书记、市长李毓全，副市长邓志广在云浮市政协主席招炳德等陪同下，率团深入云浮市云安县，调研“双到”对口帮扶工作。

□ 市委常委、副市长江凌会见澳大利亚新任驻穗总领事杜恪然。

□ 在东莞理工学院举行“广东省分布式能源系统重点实验室”启动仪式。这是东莞首个省级重点实验室。

4 月

1日 全省交通和电子监察工作电视电话会议召开。副市长李小梅在东莞分会场参加会议。

2日 500多名市民齐聚东纵纪念馆，举行东莞市传承东纵薪火唱诵活动。市委常委、宣传部部长王道平，副市长严小康，市政协副主席朱伍坤等出席活动。

□ 举行“关爱城市留守儿童，关注弱势群体安全”主题宣传活动启动仪式。副市长成洪波出席启动仪式。

□ 省委常委、副省长肖志恒一行莅莞，围绕东莞春节后企业招工难问题和扩权强镇试点工作进行调研。市委副书记、市长李毓全，副市长吴道闻陪同调研。

□ 省委书记汪洋在省委常委、常务副省长、广州市委书记朱小丹，省委常委、秘书长徐少华，市委书记、市人大常委会主任刘志庚等陪同下考察穗莞深城际轨道交通项目东江南支流大桥工地和莞惠城际轨道交通项目东莞新城中心站工地。

6日 东莞市召开手足口病疫情防治工作紧急会议。市领导刘志庚、李毓全、刘树基、黄双福、张继雄等市几套班子出席会议。

7日 市外商投资企业协会会长朱国基一行约60人拜访市委书记、市人大常委会主任刘志庚，市委常委、副市长江凌，并与市领导进行座谈。

□ 广东省人民政府和香港特别行政区政府在人民大会堂签署《粤港合作框架协议》，东莞市成为落实CEPA的重点城市。

8日 深莞惠三市党政领导在深圳龙岗共商推进珠江口东岸一体化发展大计，并就界河综合治理、边界道路建设等合作计划，达成共识并签署协议。省委副书记、深圳市委书记刘玉浦，省委常委、深圳市代市长王荣，东莞市委书记刘志庚，东莞市长李毓全，惠州市委书记黄业斌，惠州市长李汝求等领导及三市有关部门负责人出席会议。

□ 东莞台湾名品博览会在广州召开第二场新闻发布会。市委常委、副市长江凌，台北世界贸易中心副秘书长黄文荣分别代表主办单位出席，并进行现场推介。

□ 市委书记、市人大常委会主任刘志庚到凤岗镇就城建、环保、民生及综治信访等工作进行专题调研。

□ 全国人大财经委就东莞市城乡一体的就业和社保问题召开调研座谈会。全国人大常委会委员、财经委副主任委员乌日图，省人大常委会委员、财经委副主任委员方潮贵，市人大常委会副主任张顺光，副市长严小康等出席座谈会。

□ 在省文化厅党组书记、厅长方健宏的陪同下，国家文化部党组成员、副部长杨志今率国家文化部调研组莅莞考察。市委书记、市人大常委会主任刘志庚接待调研组一行。

9日 全国人大常委会委员、教科文卫委员会主任委员白克明率全国人大常委会科技进步法执法检查组赴松山湖考察。市委书记、市人大常委会主任刘志庚会见检查组一行。

□ 全市三防工作会议召开。市委副书记、市长李毓全，副市长李小梅出席会议。

□ 全市非公企业党建工作座谈会召开。市委书记、市人大常委会主任刘志庚，市委常委、组织部部长庞国梅参加座谈会。

□ 2010全国环保专项行动电视电话会议召开。副市长梁国英出席东莞分会场会议。

12日至13日 全国人大常委会副委员长、民建中央主席陈昌智率领民建中央考察团到莞，围绕“促进增长方式转变”专题进行调研。全国政协副秘书长、民建中央常务副主席马培华等参加调研。市领导张继雄、李秀冰、邓志广、周楚良、钟淦泉等接待考察团一行。

□ 市依法治市工作领导小组会议召开。刘志庚、李毓全、刘树基、黄双福、张继雄、何嘉琪、吴镇成等市领导参加会议。

13日 中国电子信息产业集团有限公司副总经理、党组成员聂玉春一行到莞考察投资环境。市委常委、副市长江凌，副

市长成洪波陪同考察。

□ 转型升级——台资企业品牌经验（东莞）研讨会在厚街举行。国台办经济局局长徐莽，省台办副主任张科，市委常委、副市长江凌等出席研讨会。

□ 全省纪检监察宣传教育工作座谈会在莞召开。省纪委副书记丘海，省纪委常委许泽红，市委常委、市纪委书记甄瑞潮出席会议。

14日 松山湖北京招商推介会在钓鱼台国宾馆举行，现场共签约33宗项目，总投资额92亿元。市委常委、常务副市长冷晓明参加推介会。

□ 省委常委、政法委书记、省公安厅厅长梁伟发一行到凤岗和寮步两镇，检查调研基层综治信访维稳工作站的建设情况。市委副书记、政法委书记黄双福，市委常委、市公安局局长崔建等陪同调研。

□ 由检查组组长、国家发改委地区经济司司长范恒山率领的国家督促检查组在副省长林木声的陪同下莅莞检查实施《珠三角改革发展规划纲要》情况。市委书记、市人大常委会主任刘志庚汇报东莞实施《纲要》情况，市领导李毓全、江凌、梁国英、吴道闻、邓志广、成洪波等出席汇报会。

15日至18日 第三届广东（东莞）模具制造·机械展览会举行。市领导刘志庚、庞国梅、李秀冰、邓志广、刘发枝等出席开幕式。

□ 全市道路安全秩序综合整治领导小组全体扩大会议召开。市委副书记、政法委书记黄双福，副市长邓志广参加会议。

□ 由国家12个部委组成的督促贯彻实施《珠三角改革发展规划纲要》检查组深入东莞市企业和园区评估检查。副省长林木声，市委副书记、市长李毓全，市委常委、副市长江凌等陪同评估检查。

□ 第二批东莞市环境友好企业表彰大会召开。副市长梁国英出席会议。

17日 东莞最高酒店虎门东方索菲特酒店正式启用。中央政府驻港联络办副主任黎桂康，市领导刘树基、张继雄、何嘉琪、钟淦泉等出席启动仪式。

19日至23日 由中共中央政治局委员、省委书记汪洋，省委副书记、省长黄华华等省领导率领的广东省党政代表团到江西学习考察。市委书记、市人大常委会主任刘志庚参加考察。

□ 市委副书记、市长李毓全在铂尔曼酒店会见由浙江省金华市委书记徐止平率领的金华市党政代表团一行，副市长严小康参加会见。

□ 市委副书记、市长李毓全在会展国际大酒店会见由龙岩市委副书记、市长黄晓炎率领的党政考察团。

20日 国家民委主任杨晶一行在副省长雷于蓝的陪同下，莅莞考察民族事务工作。市委副书记、市长李毓全，副市长严小康等接待杨晶一行。

21日 省第六次全国人口普查综合试点工作会议在寮步横坑村举行。省第六次人口普查领导小组副组长、省统计局局长幸晓维，市第六次人口普查领导小组组长、副市长成洪波出席会议。

□ 全市审计工作会议召开。副市长严小康参加会议。

□ 副市长李小梅率相关部门负责人到樟村新闸、东坑镇角社大围等防汛工程现场检查防汛工作。

22日至25日 2010东莞台湾名品博览会在东莞国际会展中心举行。22日，国台办常务副主任郑立中，广东省副省长、广州市市长万庆良，商务部海峡两岸经贸交流协会会长李水林，市委副书记、市长李毓全，市政协主席刘树基，市委常委、副市长江凌，市人大常委会副主任冯同恩等领导和台北世界贸易中心董事长王志刚等台湾商界代表出席开幕式。该次台博会有400家厂商参展，共设1100个展位，展出超过2万项台湾优质商品，4天展会累计进场34.56万人次，成交额19.40亿元。

23日 全市反腐倡廉制度建设年活动工作部署会召开。市委常委、市纪委书记甄瑞潮出席会议。

□ 2010“书香岭南”全民阅读活动东莞市第六届读书节启动。市委常委、宣传部部长王道平，副市长严小康参加启动仪式。

24日 东莞市5名全国劳模和先进工作者启动赴京参加27日在人民大会堂举行的全国劳模表彰大会。市委常委、组织部部长庞国梅，市人大常委会副主任、市总工会主席张顺光在市行政办事中心举行欢送仪式。

□ 由市文明办、团市委、市民政局主办“东莞市关爱空巢老人志愿服务行动”启动。市委常委、宣传部部长王道平，副市长严小康等出席活动。

25日 广东宏远东莞银行男子篮球队以4比1的总比分战胜新疆广汇队获得2009/2010赛季中国男子篮球职业联赛（CBA）总冠军。中共中央政治局委员、广东省委书记汪洋等领导到现场观看球赛，并在赛后慰问、鼓励夺冠全体成员。

26日 全市名牌带动战略工作会召开。市领导刘志庚、李毓全、张顺光、邓志广、袁德和等参加会议，并为获奖企业颁奖。

□ 东莞市党政领导班子联席会议讨论通过《东莞市居家养老服务实施方案》，60岁以上户籍老人可享居家养老服务。

□ 《中国城市竞争力蓝皮书》发布，东莞的人均住房保障面积为18平方米，居全省首位。

□ 市委常委、秘书长何嘉琪到东江与水库联网工程工地，实地了解项目进度，解决施工中遇到的问题。

▲ **27日** 全市知识产权工作会议暨专利奖励大会召开。出席会议的国家知识产权局专利管理司副司长曹东根代表国家知识产权局向市委副书记、市长李毓全颁授“国家知识产权示范城市创建市”牌匾。

□ 由市政府主办、市人力资源局承办的校企合作洽谈会在市会展国际大酒店举办。副市长李小梅参加洽谈会。

□ 市文明委成员（扩大）会议暨“讲文明、树新风、迎亚运、当好东道主”主题活动启动仪式举行。市领导刘志庚、王道平、李秀冰、梁国英、吴道闻、严小康等出席会议。

□ 全市简政强镇试点工作会议召开。刘志庚、黄双福、何嘉琪、庞国梅、甄瑞潮、崔建、李小梅等市领导出席会议。

28日 由南城街道办事处、广东宏远集团有限公司、东莞银行和东莞日报社主办，东莞报业文化传播有限公司承办的"辉煌6＋1"广东宏远篮球俱乐部东莞银行队庆功晚宴，在宏远酒店国际宴会厅举行。市委书记、市人大常委会主任刘志庚，市委副书记、市长李毓全等市领导，广东省体育局局长杨迺军等省体育局领导出席庆功晚宴。

□ 市委、市政府召开庆祝"五一"国际劳动节暨第七届劳动模范和先进集体表彰大会。刘志庚、李毓全、黄双福等市几套班子领导出席表彰大会。

□ 由共青团广东省委、广东电视台主办的广东青年纪念五四运动91周年暨"鲲鹏展翅"主题晚会在东莞长安镇文化广场举行。省委副书记刘玉浦，副省长雷于蓝，市委书记、市人大常委会主任刘志庚，团省委书记谭君铁和市领导庞国梅、李秀冰、吴道闻、袁德和等参加晚会。

□ 市委青年工作会议在市会议大厦主会场召开，会议专题研究和部署全市青年工作。市委书记、市人大常委会主任刘志庚出席会议并作重要讲话，市委副书记、市长李毓全主持会议。团省委书记谭君铁，市领导张继雄、庞国梅、甄瑞潮、吴道闻等出席会议。

29日 全市中职学校"校风建设年"活动动员大会在长安召开。副市长吴道闻出席会议。

□ 清溪森林公园正式对外开放。副市长梁国英和500多名当地居民参加盛大的开园仪式。

□ 市委副书记、市长李毓全深入环莞快速项目现场调研，了解工程进展情况，协调解决相关设计问题。

30日 主题为"我们是光荣的劳动者"的东莞市2010年庆五一国际劳动节文艺晚会，在南城新科电子厂宿舍广场举行。市领导王道平、张顺光、严小康出席晚会。

5 月

4日至6日 "第十一届中国东莞国际鞋展·鞋机展·手袋展（春季2010）"举行，展出面积达20000平方米，共有472家展商参展。

5日 国务院召开全国节能减排工作电视电话会议。市委副书记、市长李毓全，市委常委、常务副市长冷晓明，副市长梁国英、邓志广等出席东莞分会场会议。

□ 市委副书记、政法委书记黄双福，副市长吴道闻等到东莞中学、莞城中心小学、石碣镇中心小学和碣识学校等公、民办学校视察。

7日 市委书记、市人大常委会主任刘志庚，副市长李小梅一行先后走访莞城、东城等防洪排涝工作。

□ 东莞、韶关、云浮三市"双到"工作五项合作协议签约仪式在东莞市举行。副市长邓志广、云浮市委常委黄达辉参加签约仪式。

□ 全市集体林权制度改革工作会议召开。副市长李小梅出席会议。

□ 一场极为罕见的狂风暴雨突袭东莞。其中东城雨量最大，达203.9毫米；寮步大风刮得最猛，达10级；同沙水库超防限水位0.78米。来自东莞市保险行业协会统计数据显示，7—9日晚上的暴雨，造成全市约5100辆汽车遭水浸，约820家企业财产受损，预估赔付金额达1.2亿元。

□ 东莞骏林包装制品厂的合伙人拿到广东省第一个外商合伙企业的营业执照。

8日 市第八高级中学举行奠基仪式。该校选址樟木头镇观音山脚下，可提供2500个高中学位，基本解决山区片学生上高中难的问题。副市长吴道闻参加奠基仪式。

□ 央视财经频道策划的"新转变·中国行"珠三角经济发展问策会在长安镇举行。著名经济学家厉以宁，财政部财政科学研究所所长贾康，省政府副秘书长、省政府发展研究中心主任谢鹏飞，广东省社会科学院竞争力评估研究中心主任丁力，市委常委、副市长江凌等参加问策会。

□ 停办60载的茶园游会在茶山镇重新开幕。市领导王道平、严小康等出席开幕式。

□ 市委书记、市人大常委会主任刘志庚会见由云南省委常委、统战部部长黄毅带队的云南省民营经济考察团一行。

□ 国家科技部党组书记、副部长李学勇率队到莞调研科技创新发展情况，提出松山湖科技产业园区要加快升级为国家级高新区。市领导刘志庚、李毓全、冷晓明等接待李学勇一行。

□ 国务院第六次全国人口普查领导小组办公室主任、国家统计局副局长张为民一行在莞检查第六次全国人口普查工作进展情况。市第六次全国人口普查领导小组组长、副市长成洪波作工作汇报。

□ 第七届中国国际园林花卉博览会在济南闭幕，东莞参展园区"莞香园"荣获综合类金奖。副市长梁国英出席闭幕式暨颁奖典礼。

9日 市政协主席刘树基，市委副书记、政法委书记黄双福，市人大常委会副主任吴镇成，副市长邓志广等会见黑龙江省七台河市党政考察团。

11日 由省委组织部、省委老干部局组织成立的"省老干部转变经济发展方式专题研讨班"抵莞考察。市委书记、市人大常委会主任刘志庚，市委副书记、市长李毓全，市委常委、组织部部长庞国梅等会见研讨班的老干部。

□ 市委书记、市人大常委会主任刘志庚，市委常委、副市长江凌会见来访的台湾华新丽华集团董事长焦佑衡一行。

□ 东莞保税物流中心正式封关运作。作为东莞市首个拥有国家特殊政策的园区，封关后莞企每年可省10亿元成本。市委书记、市人大常委会主任刘志庚，市委常委、副市长江凌，副市长邓志广，黄埔海关副关长徐蔚葳等出席封关运作仪式。

□ 市委书记、市人大常委会主任刘志庚，市委常委、宣传部部长王道平会见浙江省委常委、宣传部部长茅临生一行。

□ 东莞市政府金融工作局挂牌运作。

12日 全国政协社会和法制委员会副主任、原劳动和社会保障部副部长王东进率全国政协调研组，到莞就医疗保险体系建设中的城乡统筹和制度完善有关情况进行调研。市政协主席刘树基、市政协副主席林明枢等接待王东进一行。

□ 广州军区副司令吕丁文中将率团莅莞检查亚运安保工作。广东省军区副司令倪增少将，市委副书记、市长李毓全，市委常委、东莞军分区司令刘国辉，东莞军分区政委刘卫芳，副市长吴道闻等领导陪同检查指导。

13日 全市防范和打击"黄赌毒"活动动员大会召开。市领导刘志庚、李毓全、黄双福、崔建、成洪波出席会议。

□ 全省贯彻落实《中国共产党党员领导干部廉洁从政若干准则》电视电话会议召开。市领导李毓全、刘树基、黄双福、张继雄等参加东莞分会场会议。

14日 市委书记、市人大常委会主任刘志庚率队视察市残疾人工作。市人大常委会常务副主任张继雄，市委常委、秘书长何嘉琪，副市长成洪波，市政协副主席袁德和参加视察活动。

▲ **16日** 市首届自强模范暨扶残助残先进集体和个人表彰大会在市会议大厦举行。市委副书记、市长李毓全，市委常委、市委秘书长何嘉琪，副市长成洪波等会见受表彰的代表，并参观残疾人招聘会、残疾人手工艺品展览。

17日 市委副书记、市长李毓全率市政协提案委员会、市"三旧"办、市财政局、市城乡规划局等部门，到东城视察"三旧"改造工作，先后考察新世博商贸中心区和讯通旧厂地块的项目改造情况，并在火炼树居委会召开座谈会。

□ 东莞市2009年节能目标责任评级考核汇报会召开。副市长邓志广出席考核汇报会。

□ 《人民日报》国内政治部副主任王苏宁率"转方式·调研行"采访组抵莞，探秘东莞"转方式"经验。市委书记、市人大常委会主任刘志庚接受专访。

□ 全省共青团基层组织建设暨"两新"组织团建工作会议在莞召开。团省委书记谭君铁，市委常委、组织部部长庞国梅等出席会议。

□ 国土资源部土地整理中心副主任巴特尔一行莅莞，对耕地保护责任目标履行情况进行检查。副市长梁国英向巴特尔一行介绍东莞履行耕地保护责任目标情况。

□ 《东莞市机关事业单位聘员管理试行办法》公布。对特别聘用的国内外具有较高声誉的专家学者将不再设置薪酬上限，采取一事一议的办法解决其薪酬和公用经费标准。普通聘员薪酬相应地分六个档次，最高13.69万元/年，最低2.52万元/年。

19日 市委书记、市人大常委会主任刘志庚率队赴河南安阳高新区，考察东莞市宏威数码机械有限公司在园区投建的新能光伏有限公司和凯瑞数码有限公司。

20日 市委书记、市人大常委会主任刘志庚率队赴河北省平山县西柏坡参观学习。

□ 市委书记、市人大常委会主任刘志庚率队抵京，会见华能集团副总经理张廷克，就项目合作进行交流和洽谈。

21日 东莞市庆"六一"暨"爱心父母"牵手困境儿童志愿行动表彰大会在市会议大厦举行。市领导李秀冰、吴道闻等出席会议。

□ 东莞（北京）投资推介会在北京饭店举行，共签约合作项目47宗，投资金额达437.86亿元，包括神华、华能、宝迪、奥克斯等在内的一批国内知名企业意向落户东莞。国家发改委重大项目稽查办司长马最良，市委书记、市人大常委会主任刘志庚，省政府副秘书长李红军，省经信委主任杨建初，副市长邓志广等出席推介会。

23日 莞产音乐剧《蝶》在"九艺节"广州主会场拉开演出序幕，接受"九艺节"文华奖评委和观众的现场检阅。广东省委常委、常务副省长朱小丹，省文化厅副厅长景李虎，东莞市委常委、宣传部部长王道平，副市长严小康现场观看演出。

□ 东莞资福寺重建奠基大典在同沙公园举行。广东省政协副主席、省妇联主席温兰子，市委书记、市人大常委会主任刘志庚，广东省民族宗教委副主任杨源兴，中国佛教协会副会长、广东省佛教协会会长明生大和尚，副市长严小康，市政协副主席钟淦泉等出席奠基仪式，并为资福寺奠基培土。

24日 在广州中山纪念堂举行的第十五届群星奖颁奖晚会上，东莞市获"突出贡献奖"，三个参赛节目获群星奖，"绚丽大舞台——东莞市文化广场千场文艺演出"获群星项目奖，大岭山文广中心杨继春获"群文之星"。文化部副部长杨志今、广东省副省长雷于蓝、东莞市副市长严小康出席颁奖晚会。

□ 省教育厅副巡视员王玉学率领由省教育厅、公安厅组成的督查组，在市委副书记、政法委书记黄双福等陪同下，视察东城八小、东城职中、光大爱弥儿外国语幼儿园，并听取校园安全防范工作汇报。

□全国政协经济委员会"着力扩大内需促进经济发展方式转变，发展战略性新兴产业"专题调研组到东莞市调研。市委书记、市人大常委会主任刘志庚，市政协主席刘树基，副市长邓志广，市政协副主席刘发枝等接待调研组一行。

□ 华南最大物流中心SPAR物流配送中心在东莞启用。

25日 市第十四届人大常委会第二十四次会议召开。市人大常委会常务副主任张继雄，副主任张顺光、冯同恩、吕兢、李秀冰、吴镇成等出席会议，副市长梁国英等列席会议。

□ "东莞制造"网正式上线。

□ 东莞首家聋哑人爱心餐厅——南城街道"铁树花"餐厅开业。

26日至28日 第三届中国（长安）国际饰品配件及加工机械展览会举行。副市长邓志广等出席开幕式。

27日 2010年道滘镇30项重点工程项目启动暨东莞国际健康产业城奠基仪式在道滘镇举行。市领导刘志庚、李毓全、黄双福、吕兢、林明枢等出席重点工程的启动仪式，一同为东莞国际健康产业城培土奠基。

□ 第一家从台湾直线入莞设立代表处的台资银行——玉山银行东莞代表处在南城华凯大厦正式挂牌。

□ 东莞首家茶超市——品普仓储式连锁茶超市开业。这种仓储式连锁茶超市由东莞市品普茶业有限公司所创，是一种以厂家直销的营销模式。

▲ **28日** 市委书记、市人大常委会主任刘志庚，市委副书记、市长李毓全分别率队到岭南学校、机关幼儿园、莞城建设小学、创新幼儿园走访慰问。

□ 全市事业单位岗位设置管理和人员聘用工作会议举行。这次制度改革的核心是组织引导事业单位因事设岗、按岗聘用、以岗定薪、合同管理，实现由身份管理向岗位管理、由固定用人向合同用人的转变。副市长成洪波参加会议。

□ 东莞最大的低碳能源项目签约落户。市委常委、常务副市长冷晓明出席签约仪式。

□ 东莞市残疾人企业家协会在东城街道桑园银岭路1号正式挂牌成立。市政协副主席张玉其到场祝贺。

31日 解放军总政治部副主任贾廷安抵莞视察亚运安保工作。副省长李容根，市委书记、市人大常委会主任刘志庚，市委常委、东莞军分区司令员刘国辉，副市长吴道闻陪同视察。市委副书记、市长李毓全参加会见。

□ 市委副书记、政法委书记黄双福率市民营经济考察团，启程前往汶川映秀镇参观考察。

6 月

1日 全市未成年人思想道德建设工作会议召开。市委常委、宣传部部长王道平，副市长吴道闻、严小康出席会议。

□ 市委举行欢送援藏干部和对口帮扶挂职干部座谈会。市委书记、市人大常委会主任刘志庚，市委常委、组织部部长庞国梅等出席座谈会。

□ 全省召开深化执行力建设工作电视电话会议。市委副书记、市长李毓全在东莞分会场参加会议。

□ 市委副书记、市长李毓全和副市长成洪波一行分别到厚街派出所、村委会、工厂调研广东省消防管理创新试点进展情况。

□ 东莞报业传媒集团成立。省委宣传部副部长、省广电局局长杨健，省新闻出版局副局长杨以凯等到会祝贺，市领导刘志庚、李毓全，王道平、刘树基、冯同恩、严小康等出席成立庆典。

□ 副市长梁国英率市直职能部门负责人，深入市属工程工地调研，检查十件实事和重大工程建设情况。

□ 至2日，全国工程建设领域项目信息公开和诚信体系建设试点工作（南部片区）座谈会在东莞市召开。市委书记、市人大常委会主任刘志庚，市委副书记、市长李毓全，市委常委、市纪委书记甄瑞潮接待与会的广东省委常委、省纪委书记朱明国，中央纪委监察部执法监察室副主任孙怀新等。

2日 省委副书记、省长黄华华率广东省党政考察团赴新疆喀什进行为期4天的考察，市委副书记、市长李毓全率30人的代表团随省考察团前往喀什。

□ 全国人大常委会委员、财经委副主任委员汪恕诚，全国人大财经委副主任委员储波，全国人大常委会委员、财经委副主任委员贺铿率领全国人大调研组一行，莅临东莞市开展“十二五”规划经济结构调整问题专题调研。市委书记、市人大常委会主任刘志庚接待调研组一行。市人大常委会副主任张顺光陪同调研。副市长严小康作汇报。

3日 500多名深莞惠三市青年齐聚东莞，举行2010年深莞惠环保联合行动。副市长梁国英、市政协副主席朱伍坤参加活动。

□ 市职业技能大赛开幕式在东城上桥220千伏板桥变电站举行。副市长成洪波出席开幕式。

□ 市委副书记、市长李毓全率东莞考察团先后到喀什艾提尕尔清真寺、高台民居、中西亚国际大巴扎、盘橐城、以纯喀什专卖店考察。副市长邓志广陪同考察。

4日 市委书记、市人大常委会主任刘志庚会见《香港商报》总编辑陈锡添一行，并重点介绍东莞应对金融危机、推进产业结构调整和转型发展的做法与成果。

□ 韶关市委书记徐建华率韶关市党政领导学习考察团，到东莞专题学习创建全国文明城市的做法和经验。市领导刘志庚、王道平、严小康等与考察团进行座谈，全面介绍有关情况。

□ “广东省援建农三师图木舒克市五十团团部小城镇建设项目奠基仪式”正式举行，这是东莞与农三师图木舒克市共同启动的首个对口支援项目。市委副书记、市长李毓全在广东省援建农三师图木舒克市五十团团部小城镇建设项目奠基仪式上致辞。

6日 副市长吴道闻带领高考巡视人员对市18个考场进行考前最后一次巡查。

7日 市委书记、市人大常委会主任刘志庚到寮步镇进行绿道和“三旧”改造专题调研。

8日 第三届广东“休渔放生节”东莞分会场活动在虎门镇举行，1168万尾鱼虾被放生珠江口水域。市政协主席刘树基、市人大常委会副主任吕兢、副市长李小梅参加放生活动。

□ 在万江街道举行“加强人文关怀，共促和谐发展”新莞人座谈会。副市长成洪波为新莞人现场答疑解惑，表示要多了解新莞人的诉求。

9日 九艺节东莞分会场工作总结表彰暨音乐剧《蝶》汇报演出晚会在玉兰大剧院举行。市政协主席刘树基，市委常委、宣传部部长王道平，市人大常委会副主任冯同恩，副市长严小康等出席晚会，并为在九艺节中获奖的剧目颁奖。

□ 东莞市召开综合应急救援队伍建设试点工作会。副市长成洪波参加会议。

□ 市领导刘志庚、庞国梅、严小康及有关部门和镇街领导，齐聚生态园管委会，举行“广东东莞生态产业园区”揭牌仪式，并召开“东莞生态产业园现场办公会”。

□ 副市长邓志广一行赴韶关南雄督查“双到”对口帮扶点工作进展，与南雄市领导就“双到”工作情况进行座谈，并视察谢岗镇对口帮扶的陂头镇工作进展。

10日 广西壮族自治区副主席、公安厅党委书记、厅长梁胜利率广西公安考察团到东莞考察公安机关信息化建设情况。市政协主席刘树基，副市长成洪波接待梁胜利一行。

11日 市政协召开十一届十七次常委会议，并组织视察市文化惠民工程。市政协主席刘树基，副市长严小康，市政协副主席林明枢、刘发枝、邝明子、朱伍坤、张玉其，市政协秘书长梁近东等出席会议。

12日 “我们的节日”东莞龙舟文化活动暨万江“东莞龙舟月”启动仪式在万江金鳌洲主题公园举行，随后2010年万江龙舟锦标赛开赛。

□ 省委、省政府召开广东省加快转变经济发展方式电视电话会议。市领导刘志庚、李毓全、刘树基、黄双福、张继雄、冷晓明、庞国梅、甄瑞潮、王道平等在东莞分会场参加会议。

□ 福建省政协副主席叶继革率队到东莞考察小城镇建设。市委书记、市人大常委会主任刘志庚，市政协主席刘树基，市政协副主席刘发枝等会见叶继革。

□ 省委政策研究室副主任张劲松率队到东莞进行“十二五”规划专项调研。市委书记、市人大常委会主任刘志庚与省“十二五”规划调研组进行座谈。

13日至17日 首届中国（道滘）美食文化节在东江边举

▲ 2010年6月13日，东莞市首个党代表工作室在长安镇揭牌，图为刘志庚在接待党员群众，倾听意见和建议 （蓝业佐 摄）

行。市领导黄双福、冯同恩、李小梅、邓志广、严小康、朱伍坤等出席开幕式。

□ 市安全生产委员会在道滘镇南城广场举行安全生产宣传咨询活动。副市长邓志广出席活动。

□ 在刘志庚、庞国梅等市领导的见证下，长安镇机关党代表工作室正式揭牌，标志着东莞市619个党代表工作室全面启用。市委副书记、市长李毓全在南城街道机关党代表工作室接待4名党员群众，就他们反映的医疗卫生、城市水浸、“三旧”改造、基层社区管理等多个问题进行深入了解和沟通。

16日 “2010华人华侨畅游东莞”欢迎晚宴暨旅游推介会举行。副市长成洪波出席晚宴暨推介会。

17日 市委召开市委常委会扩大会议，专题学习中央颁布的《党政领导干部选拔任用工作责任追究办法（试行）》等四项干部监督制度。市领导刘志庚、李毓全、庞国梅、黄双福、冷晓明、崔建、王道平、刘国辉等出席会议。

□ 全国强农惠农资金专项清查工作电视电话会议召开。市委常委、常务副市长冷晓明在东莞分会场参加会议。

□ 市委召开东莞市大规模培训干部动员大会。市委书记、市人大常委会主任刘志庚作动员部署。市委副书记、市长李毓全主持会议。

18日 围绕贯彻珠三角规划纲要，实施“三旧”改造，推动产业结构调整和转型升级，10名全国人大代表和省人大代表在东莞市开展专题调研。市人大常委会副主任吕兢、李秀冰，副市长梁国英等陪同调研。

□ 东莞对口支援新疆工作领导小组第一次会议召开。市领导李毓全、冷晓明、庞国梅、邓志广、刘发枝等参加会议。

□ 广东省2010年“安全生产南粤行”安全形势报告会在东莞举行。副市长邓志广主持报告会。

□ 市委书记、市人大常委会主任刘志庚在广东现代国际会展中心会见沃尔玛中国区副总裁傅希孟。

□ 至21日，第二届广东外商投资企业产品（内销）博览会在东莞市厚街镇广东现代国际展览中心举行，共签约5369个项目，总成交金额达539.3亿元，成交总额比上届外博会增长5.95%。副省长万庆良、商务部商贸服务司副司长王德生，省政协副主席徐尚武，市委书记、市人大常委会主任刘志庚，市委副书记、市长李毓全等领导出席开幕式。

19日 “龙腾东江庆端阳——2010年石龙镇‘聚龙宜居’龙舟邀请赛”举行。省人大常委会原副主任李近维，市领导刘树基、冷晓明、王道平、冯同恩、吴镇成、李小梅、吴道闻、严小康、刘发枝等出席活动。

□ 中央党校“地方行政体制改革”课题组到东莞调研。市领导刘志庚、黄双福、吴镇成、袁德和等会见调研组一行。

21日 由省住房与城乡建设厅巡视员刘锦红率领的复查组到东莞市，开展为期两天的“国家园林城市”首轮复检。副市长梁国英汇报巩固和发展创建成果工作情况。

22日 全市开展“广东扶贫济困日”活动工作会议召开。市委副书记、政法委书记黄双福，副市长邓志广、成洪波参加会议。

23日 市委书记、市人大常委会主任刘志庚到桥头视察荷花节的有关情况。

□ 第七届桥头荷花文化艺术节在桥头莲湖风景区开幕。市领导庞国梅、王道平、冯同恩、李小梅、严小康、钟淦泉等出席开幕式。

□ 省政府召开全省打假联席会议电视电话会议。副市长邓志广出席东莞分会场会议。

□ 全国双拥办副主任、总政治部群工办副主任李辉，率全国双拥检查组一行莅莞检查双拥工作。在樟木头镇举办双拥创建工作汇报会。副市长成洪波、东莞军分区政委刘卫芳参加汇报会。

24日 纪念中国共产党成立89周年暨深入开展创先争优活动座谈会召开。市领导刘志庚、黄双福、何嘉琪、庞国梅、崔建、王道平等出席会议。

□ 广东省公安厅副厅长郑东、广东省消防总队总队长雷盛武在副市长成洪波的陪同下，视察厚街“公共消防”理念的试点准备工作。

□ “十二五”规划编制工作会议召开。市委常委、常务副市长冷晓明出席会议。

□ 亚组委副主席、广东省副省长林木声等亚组委、省直单位有关领导一行莅莞，在副市长吴道闻的陪同下视察改造后的亚运会举重场馆东莞体育馆，随后与第16届亚运会东莞分赛区筹委会全体委员召开广州亚运会东莞协办城市工作座谈会。

25日 海关总署在虎门海战博物馆广场举行销毁毒品仪式，上千公斤毒品化为灰烬。海关总署署长盛光祖，省委常委、常务副省长朱小丹，市委书记、市人大常委会主任刘志庚等出席销毁毒品仪式。

□ 省委常委、宣传部部长林雄一行莅临长安东阳光集团公司，调研该公司创新药物科研团队的工作情况，重点了解该团队对广东创新环境的评价，以及对人才引进和人才工作条件的意见和建议。市委常委、常务副市长冷晓明，市委常委、宣传部部长王道平陪同调研。

26日 2010年天翼3G互联网手机交易会在东莞会展中心开幕。广东省政府副秘书长林英，省经信委副巡视员、广东3G产业发展联盟主席陆建生，市委书记、市人大常委会主任刘志庚，市委常委、常务副市长冷晓明，副市长邓志广等领导为交易会开幕剪彩。

27日 2010年麻涌镇龙舟锦标赛举行。省人大常委会原副主任方苞、李近维，市政协主席刘树基，市委副书记、政法委书记黄双福，市人大常委会常务副主任张继雄，市人大常委会副主任吕兢、李秀冰、吴镇成，副市长严小康，市政协副主席刘发枝、袁德和等现场观看龙舟比赛。

28日 市委书记、市人大常委会主任刘志庚率队启程赴美国、加拿大考察，重点参访美国OPPO公司、SML集团位于加拿大的公司，并就两企业在东莞长安的增资扩产进行深入洽谈，整个考察为期十天。

□ 第六届中国新疆喀什·中亚南亚商品交易会在喀什国

际会展中心开幕。副市长邓志广出席开幕式并参观东莞展厅。

29日 全省救灾复产电视电话会议召开。副市长梁国英在东莞分会场参加会议。

□ 东莞市汛期地质灾害隐患再排查紧急行动部署会议召开。副市长梁国英参加会议。

□ 副市长成洪波为乐雅社工服务中心、展能社工服务中心、普惠社工服务中心三家新成立的社工机构揭牌。

□ 省委副书记、省长黄华华率省首批创新科研团队调研组莅莞调研。省政协副主席、省政府秘书长徐尚武，市委副书记、政法委书记黄双福，市委常委、常务副市长冷晓明等陪同调研。

30日 东莞市“广东扶贫济困日”活动仪式在会议大厦正门广场举行。市委副书记、政法委书记黄双福作动员讲话，并宣布活动正式启动。市几套班子领导现场捐款。

□ 副市长成洪波率队赴云浮市罗定考察扶贫开发工作。

□ 副市长邓志广带队前往云浮市新兴县开展扶贫工作。

□ 市委副书记、政法委书记黄双福率市委督查室、市经协办、东城街道办负责人，到韶关新丰县扶贫慰问，并检查东城街道办对新丰龙江村的“双到”工作。

□ 市委书记、市人大常委会主任刘志庚一行在旧金山市侨领的陪同下，参观美国著名的斯坦福大学，随后参加在硅谷大学城举行的“东莞市市委访问团硅谷座谈会”。

7 月

1日 “颂歌献给党”东莞市庆祝中国共产党成立89周年暨首届东莞市合唱节闭幕式合唱音乐会在东城影剧院举行。市领导黄双福、庞国梅、王道平、张顺光、严小康等出席音乐会并为获奖单位颁奖。

□ 东莞市消防安全委员会在厚街嘉华酒店召开东莞市酒店行业消防安全“四个能力”建设现场会。副市长成洪波出席会议。

□ 省交通运输厅厅长何忠友率调研组莅莞视察了解有关交通项目的建设情况。副市长邓志广会见省交通运输厅调研组一行。

2日至3日 省国土资源厅副厅长杨俊波一行莅莞，就2009年度土地卫片执法情况展开检查。副市长梁国英、邓志广陪同检查。

▲ 2010年7月2日，李毓全市长为综合应急救援队队员授旗

（郑志波 摄）

□ 综合应急救援队伍成立大会举行。市委副书记、市长、应急委主任李毓全，市委副书记、政法委书记、应急委副主任黄双福，副市长、应急委副主任邓志广，副市长、应急委副主任成洪波等出席大会，并为16支专业救援队伍和13个镇街的救援大队授牌。

□ 学习《广东省突发事件应对条例》电视电话会议召开。副市长成洪波参加会议。

□ 东莞虎门电厂、信义超薄玻璃（东莞）公司“油改气”工程协议签字仪式暨虎门镇污染源在线监控中心启动仪式在虎门镇举行。副市长梁国英出席活动。

□ 召开老龄工作会议暨居家养老服务工作动员大会。副市长成洪波参加大会。

6日 澳门特别行政区行政长官崔世安率澳门经济财政司司长谭伯源、澳门行政长官办公室主任谭俊荣、澳门新闻局局长陈致平等一行9人到莞访问。市委副书记、市长李毓全与崔世安一行进行会谈。

□ 卫生部党组书记、副部长张茅专程到莞调研医改推进工作。副省长雷于蓝，省政协副主席、省卫生厅厅长姚志彬，市委副书记、市长李毓全，副市长吴道闻陪同调研。

7日 广东生益科技股份有限公司就两项无铅环保印制电路板国际标准的颁布召开新闻发布会。副市长梁国英等到场祝贺。

8日 全省质量强省工作电视电话会议召开。市委副书记、市长李毓全，副市长梁国英参加东莞分会场会议。

□ 第六次在莞日资企业政企联络会议在会展国际大酒店召开。日本驻广州总领事馆总领事田尻和宏，市委常委、副市长江凌，日本贸易振兴机构广州代表处所长横田光弘等参加此次会议。

□ 在副市长邓志广的见证下，市政府副秘书长、虎门港管委会常务副主任刘宁与台湾基隆港港务局局长王俊友签署两港对接合作协议 。

□ 东莞市对口支援新疆工作座谈会召开。市委常委、常务副市长冷晓明出席会议。

9日 中共中央政治局常委、全国政协主席贾庆林在汪洋、李毓全、刘树基等省市领导的陪同下到莞调研。

11日 全国妇联、联合国儿基会预防流动儿童拐卖项目检查组，在省妇联副主席徐春莲的陪同下，到东莞市检查指导“反拐”工作。副市长、市妇儿工委主任吴道闻等接待检查组一行。

12日 全市土地管理工作会议召开。市委副书记、市长李毓全，副市长梁国英参加会议。

□ 东莞市建设宜居城乡暨住房保障工作会议召开。市委副书记、市长李毓全，副市长梁国英参加会议。

13日 国家环保部副部长张力军一行莅莞视察环保设施建设情况。市委副书记、市长李毓全会见张力军一行，副市长梁国英陪同视察。

□ 全市节能减排工作会议召开。市委副书记、市长李毓全，副市长邓志广参加会议。

□ 全省加强社会治安综合治理工作电视电话会议召开。市领导刘志庚、黄双福、崔建等在东莞分会场参加会议。

14日 举行“十二五”主要污染物总量减排工作座谈会。环保部副部长张力军，市委副书记、市长李毓全，副市长梁国英等出席会议。

□ 全市领导干部会议召开。市领导刘志庚、李毓全等市几套班子领导出席会议。

□ 市委常委、常务副市长冷晓明在四川省汶川县映秀镇考察援建工作。

15日　市政协组织视察市供港蔬菜基地建设。市政协主席刘树基，市政协副主席刘发枝、周楚良、钟淦泉等参加视察。

□　全市推行居住证制度工作会议召开。副市长、市推居工作领导小组组长成洪波参加会议。

19日　市委书记、市人大常委会主任刘志庚，市委副书记、市长李毓全率市几套班子领导组成的市“八一”慰问拥军慰问团到市国防教育训练基地，慰问东莞军分区的全体官兵，并参加“经济建设与国防建设的关系”专题报告会。

20日　市委书记、市人大常委会主任刘志庚会见省人大常委会原副主任方苞，及广东省珠江文化研究会会长黄伟宗率领的专家组一行。

□　市人大常委会副主任吕兢、副市长邓志广、市政协副主席刘发枝一行赴韶关乳源、新丰两县考察东莞市“规划到户责任到人”帮扶工作进展情况。

□　全市宣传系统召开会议，传达贯彻省委十届七次全会精神和市委书记、市人大常委会主任刘志庚关于贯彻落实省委十届七次全会精神的重要讲话。

□　省妇联副主席徐春莲率广东省“五五”普法检查组莅莞对“五五”普法工作进行检查。市委副书记、政法委书记、市普法领导小组组长黄双福，市委常委、宣传部部长、市普法领导小组副组长王道平陪同检查。

□　省经济和信息化委员会副主任毕志坚同志一行5人，在副市长严小康等陪同下，到东莞生态园区调研园区建设情况，指导申报循环经济示范园区工作。

21日　市领导刘志庚、冯同恩、邓志广率市“八一”拥军慰问团到有“水兵摇篮”之称的海军沙角部队，向官兵们送上节日问候。

□　东莞城市形象调研项目座谈会召开。市委常委、宣传部部长王道平，副市长严小康出席座谈会。

□　市领导李毓全、吕兢、刘发枝率团到黄江司卫大队进行慰问。

□　举行全市扶贫开发“规划到户责任到人”工作现场会。市领导刘志庚、李毓全、吕兢、邓志广、刘发枝等出席会议。

□　由省纪委副书记梁万里率领的“廉洁办亚运”第二联合检查组视察亚运会东莞赛区相关工作。市委常委、市纪委书记甄瑞潮陪同视察。

23日　松山湖举行10项工程竣工暨22项工程动工庆典。市委书记、市人大常委会主任刘志庚，市委副书记、市长李毓全，市委常委、常务副市长冷晓明等出席庆典，并召开松山湖现场办公会。

□　市领导李毓全、崔建、江凌、冯同恩、刘发枝等率领市“八一”拥军慰问团走访慰问省军区首长和广大官兵。

□　市委书记、市人大常委会主任刘志庚率领市“八一”拥军慰问团到广州慰问广州军区的广大官兵。

25日　东莞市对口援疆的农三师图木舒克市考察团一行12人抵莞进行为期3天的对口支援工作对接及考察。市委副书记、市长李毓全接待考察团一行。副市长邓志广、市政府秘书长殷焕明参加会见。

26日　中国工程院党组副书记、院长周济莅莞调研产学研合作。市委书记、市人大常委会主任刘志庚会见周济一行。

□　市政府举办军队离退休干部“八一”座谈会。市委副书记、政法委书记黄双福，东莞军分区副政委喻清明大校等出席座谈会。

27日　省人大常委会副主任陈小川一行赴桥头、塘厦两镇，对石马河流域污染整治情况进行调研。市人大常委会常务副主任张继雄会见陈小川一行，市人大常委会副主任吕兢、副市长吴道闻陪同调研。

□　市第十四届人大常委会第二十五次会议举行。市人大常委会常务副主任张继雄，副主任张顺光、冯同恩、李秀冰、吴镇成等出席会议。副市长成洪波等列席会议。

28日　包括东森电视台在内的26家台湾主流媒体到莞采访，主要关注东莞的经济转型升级、台湾企业在莞生存状况等。市委常委、副市长江凌代表市委市政府接受台湾媒体的集体采访。

□　世博会广东活动周开幕。市委书记、市人大常委会主任刘志庚出席开幕式。

□　全省创新社会消防管理推进“防火墙”工程暨综合应急救援队伍建设现场会召开。市委副书记、市长李毓全，副市长成洪波出席会议。

29日　莞城烈军属、残疾军人、转业军人、复退军人代表“八一”座谈会举行。市委常委、宣传部部长王道平，市人大常委会副主任吴镇成，副市长成洪波，市政协副主席袁德和，东莞军分区副政委喻清明大校出席座谈会。

□　庆祝《东莞乡情》25周年暨《看东莞》创刊典礼在东莞会展国际大酒店举行。省侨办副主任、省新闻出版局副局长杨以凯，市委常委、副市长江凌，市委常委、宣传部部长王道平等出席典礼。

□　第11次市长办公会议上通过《东莞市生源地助学贷款管理暂行办法》，家庭人均月收入低于1000元的本土学生均可申请助学贷款，贷款最高额度为每人每学年1.5万元，贷款学生需6年内还清贷款。

30日　全市简政强镇工作会议召开。刘志庚、李毓全、黄双福、庞国梅、甄瑞潮、崔建、李小梅等市领导出席会议。

□　市委常委、组织部部长庞国梅，市委常委、市纪委书记甄瑞潮一行莅临市图书馆参观东莞市首届廉政公益平面广告展。

8　月

2日　省委常委、深圳市委书记王荣，深圳市市长许勤率深圳市考察团到莞考察市容环境整治情况。市委书记、市人大常委会主任刘志庚，副市长梁国英陪同考察。

□　广东省副省长林木声一行视察石马河污染治理情况。副市长梁国英陪同视察。

□　省委常委、副省长肖志恒率领省府办公厅、人保厅、总工会、团省委相关负责人莅莞调研，了解开展农民工积分制入户城镇的工作情况。市委书记、市人大常委会主任刘志庚向肖志恒一行介绍东莞的有关情况，副市长李小梅陪同调研。

3日　市委书记、市人大常委会主任刘志庚，市委常委、组织部部长庞国梅接待到莞出席全省关心下一代工作经验交流现场会的省关工委主任张帼英一行。

□　市人大常委会组织莞部分省人大代表在道滘粤晖园召开文化建设座谈会。市人大常委会常务副主任张继雄、市人大常委会副主任李秀冰出席会议。

□　石马河流域污染整治工作座谈会在深圳举行。副市长梁国英参加会议。

4日　全市平安社区创建暨综治信访维稳工作站（室）建设现场会召开。市委副书记、政法委书记黄双福，市人大常委会副主任吴镇成，副市长成洪波，市政协副主席林明枢出席会议。

□ 省委常委、组织部部长李玉妹一行莅莞视察。市委书记、市人大常委会主任刘志庚，市委常委、组织部部长庞国梅陪同视察。

□ 全省关心下一代工作经验交流会在莞召开。省委常委、组织部部长李玉妹，省关工委主任张帼英，市委书记、市人大常委会主任刘志庚，市委常委、组织部部长庞国梅，市委常委、宣传部部长王道平出席会议。

5日 2010年度打击传销工作联席会议召开。市委副书记、政法委书记、市打传领导小组组长黄双福，市委常委、市公安局局长、市打传领导小组副组长崔建，副市长、市打传领导小组副组长邓志广等出席会议。

□ 海洋综合开发规划编制工作会议。市委常委、常务副市长冷晓明出席会议召开。

6日 全市纪律教育学习月活动动员大会暨第八期领导干部"三纪"教育培训班在市会议大厦举行。刘志庚、刘树基、黄双福、张继雄等市几套班子领导出席大会。

□ 市重点项目工作领导小组（扩大）会议暨未开工重点建设项目剖析会议召开。市领导刘志庚、李毓全、冷晓明、梁国英、邓志广等参加会议。

7日 全国妇联书记处书记赵东花率全国妇联家庭教育工作调研组一行莅莞，就"如何把妇联建设成'坚强阵地和温暖之家'"、"如何整合家庭儿童工作"等问题开展调研。省妇联副主席杨健珍，市委常委、组织部部长庞国梅陪同调研。

8日 由中共中央政治局委员、广东省委书记汪洋率领的广东省党政考察团一行莅临林芝县布久乡仲果村检查指导。市委副书记、市长李毓全参加考察团。

9日 城市品牌形象战略规划汇报会举行。市领导刘志庚、王道平、严小康等出席汇报会。

□ 市几套班子领导刘志庚、刘树基、黄双福、张继雄、甄瑞潮、江凌、王道平等集中观看《算好"五笔账"，走好人生路》等两部党风廉政教育片，带头接受教育警示教育。

10日 东莞市村级体制改革专题汇报会召开。市委书记、市人大常委会主任刘志庚，副市长成洪波出席汇报会。

□ 东莞市举行争创全国双拥模范城"七连冠"暨非公组织与部队军民共建动员大会。市领导刘志庚、黄双福、成洪波，东莞军分区政委刘卫芳等出席会议。

11日 文化名城建设工作座谈会召开。市委书记、市人大常委会主任刘志庚，市委常委、宣传部部长王道平，副市长严小康出席会议。

□ 第二届动漫博览会动员大会召开。市委常委、宣传部部长王道平，副市长严小康等出席动员大会。

□ 全市民营经济工作会议召开。市领导刘志庚、冯同恩、邓志广、刘发枝等出席会议。

12日 省政府消防安全责任制落实情况检查组到东莞检查。副市长成洪波向检查组作汇报。

□ 政府十件实事之一——全市创建食品安全样板市场现场会在长安镇召开。副市长邓志广出席会议。

□ 东莞市控规委员会2010年第四次会议召开，审议《关于修订"三旧"改造引起的控规调整调整程序的方案》等18个项目。副市长梁国英参加会议。

□ 中纪委驻中国气象局纪检组组长、中国气象局党组成员刘实莅莞检查指导气象社区示范创建工作。市委书记、市人大常委会主任刘志庚，市委常委、市纪委书记甄瑞潮，副市长李小梅会见刘实一行。

□ 加强人文关怀改善用工环境工作会议召开，公布《东莞市加强人文关怀改善用工环境工作方案》。副市长李小梅出席会议。

□ 市委就文化产业发展规划纲要编制工作听取专题汇报。市领导刘志庚、王道平、严小康等出席会议。

□ 市运河整治工程建设现场督导会暨建设工作协调会召开。市委副书记、政法委书记黄双福，副市长梁国英等参加会议。

13日 市政协常委会视察"三旧"改造工作情况。市政协主席刘树基，市政协副主席林明枢、刘发枝、邝明子、朱伍坤、袁德和、周楚良、钟淦泉等参加视察。

□ 2010年安全生产专题报告会举行。中国安全生产科学研究院院长吴宗之，市领导刘志庚、黄双福、甄瑞潮、江凌、吕兢、邓志广、严小康、成洪波等出席报告会。

15日 首届中国（东莞·望牛墩）七夕风情文化节开幕。

16日 由市委副书记、市长李毓全率领的东莞交流团抵达台湾，开启为期一周的考察交流活动。市委常委、副市长江凌参加考察活动。

17日 全市组织系统开展创先争优活动工作会议召开。市委常委、组织部部长庞国梅，市委常委、市纪委书记甄瑞潮参加会议。

□ 副市长邓志广召集凤岗、谢岗两镇及市交通等部门负责人，就推进博深高速公路东莞段征地拆迁"收尾"工作举行督导汇报会。

□ 省政协副主席汤炳权率省政协重点提案东莞调研组到莞。市委书记、市人大常委会主任刘志庚，副市长梁国英，市政协副主席刘发枝等市领导接待汤炳权一行。

18日 市委书记、市人大常委会主任刘志庚率40余人组成的东莞市党政代表团赴有"中国和谐之城"称号的增城市，学习考察增城在主体功能区建设、统筹城乡综合配套改革、生态环境建设等方面的经验。市领导黄双福、梁国英、邓志广等参加学习考察活动。

□ 在东城文化中心举行文化援建映秀"十个一"活动启动暨报告文学作品集《莞香映秀》首发仪式。市委常委、宣传部部长王道平，副市长严小康等参加仪式。

19日 第二届中国国际影视动漫版权保护和贸易博览会招展工作协调会举行。省委宣传部副部长、省广播电影电视局局长杨健，南方广播影视传媒集团党委书记白玲，市委常委、宣传部部长王道平，副市长严小康出席会议。

□ 全市亚运安保工作会议召开。市领导刘志庚、黄双福、崔建、吴镇成、林明枢等出席会议。

21日 首届（2010）中国城市科学发展论坛在北京举行。东莞被评为"2010中国城市科学发展转变经济发展方式典范城市"。市委常委、常务副市长冷晓明代表东莞作《以产业升级为核心 推动东莞科学发展》为主题的发言，介绍东莞在转变经济发展方式中取得的经验和成就。

23日 中国人民银行广州分行党委书记、行长罗伯川一行到莞拜会市委书记、市人大常委会主任刘志庚，就加强深莞惠金融合作与发展，推进落实《珠江三角洲地区改革发展规划纲要》的各项工作进行商讨。

24日 广东省政府和市政府联合在广州召开第二届漫博会新闻发布会。省委宣传部副部长、广东省广播电影电视局局长杨健，南方影视传媒集团党委书记白玲，副市长严小康等出席新闻发布会。

□ 由省环保厅主办、市环保局承办的全省环保系统职工运动会在松山湖东莞理工学院体育馆举行。副省长林木声，市委副书记、市长李毓全等领导出席开幕式。

26日　云南省委常委、副省长李江一行7人莅莞考察经济社会发展情况。市领导李毓全、梁国英等陪同考察。

27日　市委书记、市人大常委会主任刘志庚视察东莞军分区搬迁工程建设项目。

□　全市深化医药卫生体制改革动员大会召开，部署深化医药卫生体制改革工作。市领导李毓全、冷晓明、吴道闻、邓志广、邝明子等出席会议。

28日　国家工信部党组成员、总工程师朱宏任率国务院节能减排工作督查组莅莞督查节能减排工作。副市长邓志广陪同督查。

▲ 至30日，“东莞市旅游文化节暨首届香市旅游文化节”在寮步镇举行。市领导刘树基、冷晓明、江凌、王道平、刘国辉、冯同恩、周楚良出席开幕式。

30日　全市领导干部会议召开，贯彻落实省委十届七次全会精神，回顾总结近年来文化新城建设情况，专题部署文化名城建设工作，全面拉开建设文化名城的序幕，标志着东莞文化发展迈入一个新阶段。市委书记、市人大常委会主任刘志庚作主题讲话，市委副书记、市长李毓全主持会议，刘树基、张继雄、庞国梅、甄瑞潮、崔建、江凌、王道平、李小梅、梁国英、吴道闻、严小康等市几套班子领导出席会议，市委常委、宣传部部长王道平宣读《关于表彰文化新城建设先进单位的决定》。

31日　第一次莞韩资企业政企联络会议召开。韩国驻广州总领事馆总领事金长焕，市委常委、副市长江凌等参加联络会议。

□　2010年语言文字工作委员会成员会议召开。副市长吴道闻等出席会议。

□　市人大常委会召开全市领导干部会议分组讨论会，就如何发挥人大职能推动文化名城建设出谋献策。会议由常务副主任张继雄主持，副主任冯同恩、吕兢、李秀冰、吴镇成等参加讨论会。

□　东莞首个家庭服务中心——白玉兰家庭服务中心启用仪式在东城东泰社区举行。省妇联巡视员杨洁芝，市委常委、组织部部长庞国梅等省市领导参加启动仪式。

□　2010年第三届东莞市特约研究员聘任仪式举行。市委书记、市人大常委会主任刘志庚，市委副书记、市长李毓全向19位学者颁发特约研究员聘书，市委常委、宣传部部长王道平主持仪式。

□　市委书记、市人大常委会主任刘志庚参加全市领导干部会议宣传文化战线组讨论，并就文化名城建设作重要讲话。

9　月

1日　第24届国际名家具（东莞）展览会开幕。副市长邓志广等出席开幕式。

□　大学生村官座谈会召开。市委常委、组织部部长庞国梅出席会议。

□　市社保局、广东医疗保险研究会、市社会保险协会联合举办“纪念东莞医疗保险制度改革十周年暨医疗保险学术研讨会”。市人大常委会副主任李秀冰，副市长李小梅，市政协副主席邝明子等出席研讨会。

□　省住房和城乡建设厅厅长房庆方莅莞考察绿道建设。副市长梁国英陪同考察。

□　广东省教育工作会议在广州召开。市领导刘志庚、张继雄、甄瑞潮、江凌、朱伍坤在东莞分会场出席大会，市领导李毓全、吴道闻在广州主会场出席大会。

2日　市内扶贫帮困“责任到单位，责任到人”工作会议召开。市委书记、市人大常委会主任刘志庚，市人大常委会副主任吕兢，副市长李小梅，市政协副主席刘发枝等出席会议。

□　新上任的副省长刘昆率省外经贸厅等部门负责人就加工贸易转型升级、招商引资、促进实际利用外资增长等工作莅莞调研。市委书记、市人大常委会主任刘志庚向刘昆一行介绍东莞招商引资等情况。

□　市委书记、市人大常委会主任刘志庚，市委常委、组织部部长庞国梅，副市长李小梅分别率团走访慰问部分抗日老战士。

3日　全市预防重特大交通事故工作现场会召开。副市长邓志广参加会议。

□　省政协副主席梁国聚率省政协调研组一行到莞召开座谈会，听取贯彻落实《中共中央关于加强人民政协工作的意见》的情况。

5日　海峡两岸宽能隙半导体研讨会在企石镇召开。市委常委、常务副市长冷晓明，工信部电子信息司副司长丁文武参加研讨会。

6日　市委副书记、市长李毓全接待到莞的省水利厅厅长黄柏青一行。

7日　国土资源部部长徐绍史、国土资源部土地利用管理司司长廖永林、国家土地督察广州局局长束伟星一行，在副省长林木声、省国土资源厅厅长招玉芳的陪同下，莅临市国土资源局视察土地监察实时巡查系统。市委书记、市人大常委会主任刘志庚，市委副书记、市长李毓全，副市长梁国英全程陪同并参加巡查系统演示汇报。

8日　在副市长梁国英的见证下，市城乡规划局正式挂牌成立。

□　副市长李小梅率市委办、市委政研室、市农业局、市财政局、市民政局有关负责人，到道滘检查该镇扶贫帮困工作，并看望两户贫困户，送上中秋慰问品。

9日　东莞市首届廉政公益平面广告大赛举行颁奖典礼。市委常委、市纪委书记甄瑞潮出席颁奖典礼。

10日至11日　全国政协副主席李金华在省政协副主席周天鸿的陪同下，率全国政协调研组，到东莞就贯彻落实《中共中央关于加强人民政协工作的意见》情况进行调研。市委书记、市人大常委会主任刘志庚，市委副书记、市长李毓全，市政协主席刘树基等接待李金华一行。

□ 为期3天的“2010虎门服装、电子信息名产品（郑州）展贸会在郑州国际会展中心开幕。市政协主席刘树基，广东省经济和信息化委员会副主任蔡勇，副市长邓志广等出席开幕仪式。

□ 市委书记、市人大常委会主任刘志庚，副市长梁国英一行前往南城、黄江等地督导绿道建设工作。

□ 副省长雷于蓝，市委书记、市人大常委会主任刘志庚，副市长吴道闻专程到东城医院，现场督导麻疹疫苗强化免疫活动。

□ 市委副书记、市长李毓全一行到麻涌中学新址调研，了解全市高中阶段学校布局调整工作情况。副市长吴道闻一同参加调研。

13日 省人大常委会主任欧广源、副主任陈小川率领的省人大代表石马河污染整治视察组，在副省长林木声等陪同下到东莞、深圳视察石马河污染整治情况。市委书记、市人大常委会主任刘志庚会见视察组。

□ “2010年东莞市外汇市场诚信宣传文化节”在塘厦花园街广场启动。国家外汇管理局广东分局副局长李思敏，市委常委、常务副市长冷晓明出席活动启动仪式。

14日 市委副书记，市长李毓全一行到厚街，先后走访金叶珠宝有限公司、兆生家具等4家民营企业并听取当地陈屋村村委对企业转型升级的看法意见。

15日 广东省学习贯彻《中华人民共和国行政监察法》专题报告会举行。市委常委、市纪委书记甄瑞潮，副市长成洪波在东莞分会场出席会议。

□ 2010年市政协、市委统战部“迎国庆、贺中秋”茶话会举行。市委书记、市人大常委会主任刘志庚，市委副书记、市长李毓全，市政协主席刘树基，市委副书记、政法委书记黄双福，市委常委、副市长江凌，市人大常委会副主任李秀冰，副市长成洪波，市政协副主席林明枢、刘发枝、朱伍坤、袁德和、周楚良、钟淦泉、张玉其等出席茶话会。

□ 市政协十一届十八次常委会议召开，专题议政促进来料加工企业转型升级。市政协主席刘树基，市政协副主席林明枢、刘发枝、朱伍坤、袁德和、周楚良、钟淦泉、张玉其等出席会议。

16日 惠州市副市长李选民率队到莞，出席“东莞（惠州）产业转移园开发建设工作联席会议”。副市长邓志广等相关负责人出席会议。

□ 全市工业经济暨战略性新兴产业发展工作会议召开。市委书记、市人大常委会主任刘志庚主持会议，市委副书记、市长李毓全等参加会议。

□ 2010年东莞市科学技术奖励大会暨推进LED产业发展工作会议召开。国家科技部高新司副司长胡世辉，省科技厅厅长李兴华，市委书记、市人大常委会主任刘志庚，市委副书记、市长李毓全，市政协主席刘树基，市委副书记、政法委书记黄双福，市人大常委会常务副主任张继雄，市委常委、常务副市长冷晓明，市委常委、副市长江凌出席大会。

17日 为期三天的2010谢岗登山节在银瓶山举行。市领导李秀冰、严小康、钟淦泉等出席开幕式。

□ “莞联—2010”东莞应对重（特）大突发公共事件军警民联合演习在市国防教育训练基地举行。广东省军区副司令员倪善滨少将，市领导刘志庚、李毓全、黄双福等参加演习活动。

□ 新疆生产建设兵团党委常委、副政委雪克来提·扎克尔率队到莞考察交流，随行的还有新疆生产建设兵团副秘书长郝佩祥，新疆生产建设兵团农三师图木舒克市党委常委、副师长王建新。市委书记、市人大常委会主任刘志庚，市委副书记、市长李毓全，市委副书记、政法委书记黄双福，市委常委、常务副市长冷晓明，副市长邓志广等接待雪克来提·扎克尔一行。

□ 华夏银行广州分行在东莞举办中小企业融资服务活动，重点推出“龙舟计划”助力中小企业融资。省政府副秘书长李捍东，市委常委、常务副市长冷晓明出席启动仪式。

21日 全省学习贯彻胡锦涛总书记重要讲话精神干部大会在广州召开。刘志庚、李毓全、刘树基等市几套领导班子在东莞分会场参加会议。

□ 东莞市“无线城市”建设暨《东莞信息化》期刊发行会议召开。副市长邓志广出席会议。

□ 市委书记、市人大常委会主任刘志庚会见保利房地产（集团）股份有限公司董事长宋广菊，听取保利计划在莞打造的“东莞宝山国际生态人居文化城”项目情况汇报。

□ 由省人大常委会委员、教科文卫委员会主任委员林惠俗率领省人大常委会调研组到莞调研职业教育工作。市委书记、市人大常委会主任刘志庚会见调研组。

25日 樟木头镇第七届小香港旅游文化节开幕式晚会举行。广东省文化厅副厅长杜佐祥、原湖北省军区司令员贾富坤，以及刘树基、江凌、王道平、刘国辉、冯同恩等市领导点燃开幕圣火。

□ 由市文广新局和东莞报业传媒集团等七家单位共同主办的东莞市第二届收藏文化联展，在东莞艺展中心开幕。市委常委、宣传部部长王道平，市人大常委会副主任冯同恩，副市长严小康，市政协副主席邝明子等市领导参加开幕式。

□ 省政府质量奖颁奖暨质量月现场宣传咨询活动在莞城文化广场举行。省政府副秘书长林英为5家获奖企业颁奖。省质监局局长赖天生、副市长邓志广等有关领导出席活动。

□ 市委书记、市人大常委会主任刘志庚，市委常委、常务副市长冷晓明到东莞市福地电子材料有限公司调研。

26日 市委常委会专题听取市中级人民法院、市检察院、市总工会、团市委、市妇联、市委党史研究室等六个部门的工作汇报。市委书记、市人大常委会主任刘志庚，市委副书记、市长李毓全等参加会议。

□ 市委书记、市人大常委会主任刘志庚，市委常委、副市长江凌会见美国《国际日报》报业集团董事主席兼社长熊德龙一行。

□ 东南亚华文媒体团到莞采访东莞亚运准备工作及东莞经济社会运行发展情况。市委书记、市人大常委会主任刘志庚，市委常委、宣传部部长王道平接见媒体团。

□ 全市“三旧”改造工作现场会在莞城召开。市委副书记、市长李毓全，副市长梁国英参加会议。莞城街道、厚街镇、大朗镇在会上作经验介绍。

27日 省政协副主席、省妇联主席温兰子莅莞调研第二期“珍爱生命　关爱女性”活动开展情况。市委常委、组织部部长庞国梅陪同调研。

□ 生益科技等15家企业，与黄埔海关签订《守法便利关企合作备忘录》，成为首批试点企业。市委常委、副市长江凌，黄埔海关关长刘广平，副关长赖树佳等出席发布会。

□ 智原科技股份有限公司董事长宣明智率台高科技企业考察团访莞。市委书记、市人大常委会主任刘志庚会见宣明智一行。

□ 第四届粤港台国际塑博会在樟木头塑胶原料市场开幕。中国塑料加工工业协会会长廖正品、广东省轻工业协会会长杨大行、广东省塑料工业协会会长符岸、副市长邓志广等启动开幕式。

□ 东莞市积分制入户工作会议召开。市委副书记、政法委书记黄双福参加会议。

28日 在市委书记、市人大常委会主任刘志庚的见证下，大朗求富路村村史馆和东莞图书馆大朗求富路分馆正式揭牌成立，并对外开放。

□ 第一批广东省战略性新兴产业基地“东莞薄膜太阳能光伏产业基地”和“东莞物联网产业基地”的揭牌仪式举行。广东省经济和信息化委员会副主任彭平，副市长邓志广等领导出席揭牌仪式。

□ “百名海外专家南粤行”的两名专家以及独联体的两家企业，分别与莞四家高新技术企业签订合作协议。市委常委、常务副市长冷晓明到场见证签约仪式并致辞。

□ 全市统一开展领导干部大接访活动，设点接待群众来访，集中解决群众反映强烈的热点、难点问题。市几套班子领导刘志庚、李毓全、刘树基等分赴大朗、东城、中堂等镇街督导接访活动，现场解决不少群众提出的问题。

□ 第六届广东国际啤酒节在东城体育公园开幕。市领导庞国梅、江凌、李秀冰、邓志广、张玉其等参加开幕式。

□ 广东省第十三届运动会东莞市体育代表团总结表彰大会举行。市委书记、市人大常委会主任刘志庚，市委副书记、市长李毓全，副市长吴道闻，市政协副主席邝明子等领导出席会议并颁奖。

□ 市第十四届人大常委会第二十六次会议举行。市人大常委会常务副主任张继雄，副主任张顺光、冯同恩、李秀冰、吴镇成等出席会议。市委常委、常务副市长冷晓明等列席会议。

29日 市委、市政府虎门港现场办公会召开。市领导刘志庚、李毓全、冷晓明、梁国英、邓志广等出席现场办公会。

□ 广东省广播电视网络股份有限公司东莞分公司举行揭牌仪式。省广电网络公司党委书记、董事长张健，副市长严小康共同为省广电网络公司东莞分公司揭牌。

□ “绽放的玉兰”东莞市文化艺术节庆祝新中国成立61周年文艺颁奖晚会在玉兰大剧院盛情“绽放”。市委常委、宣传部部长王道平，副市长严小康等领导出席晚会。

□ 中央文献研究室副主任李捷来莞调研，市委书记、市人大常委会主任刘志庚接待李捷一行。

30日 广东首个粤港澳文化创意产业实验园区在松山湖正式揭牌。中华文化促进会主席、中央电视台原党委书记、常务副台长于广华，省委常委、宣传部部长林雄，副省长雷于蓝，市委书记、市人大常委会主任刘志庚，市委副书记、市长李毓全，副市长严小康等领导参加揭牌仪式。

□ 由副市长邓志广带领的近100人的考察团参加在韶关召开的东莞（韶关）产业转移工业园建设工作联席会议和东莞（韶关）产业转移工业园招商引资工作会议。

□ 为期6天的第二届中国国际影视动漫版权保护和贸易博览会在东莞国际会展中心开幕。

10　月

2日 “动漫与衍生品合作模式”以及“国际动漫发展趋势对中国动漫的影响”高峰论坛在莞召开。市委常委、宣传部部长王道平，副市长严小康等市领导出席。

5日 全市基孔肯雅热防控工作会议召开。副市长吴道闻、市政协副主席邝明子出席会议。

□ 第二届中国绿博会在郑州闭幕，东莞园获“最佳质量奖”。

8日 副省长雷于蓝，省政协副主席、省卫生厅厅长姚志彬，市委副书记、市长李毓全，副市长吴道闻分别视察万江基孔肯雅热疫区及东莞市疾控中心。

□ 全省集体林权制度改革和森林防火工作电视电话会议举行。副市长李小梅在东莞分会场参加会议。

9日 由中组部举办的第四期中青年干部党性教育专题培训班在延安杨家岭旧址七大礼堂举行开班式。市委书记、市人大常委会主任刘志庚参加培训班学习。培训为期半月。

□ 东莞市医疗救济基金会第三届选举大会召开。副市长成洪波等参加大会 。

□ 广东省食品安全整顿督察组到莞进行专项督察。副市长邓志广向省督查组汇报东莞市的食品安全整顿工作。

11日 省委副书记、省长、省对口支援地震灾区灾后恢复重建工作领导小组组长黄华华率广东省党政代表团到汶川县水磨镇考察援建项目。市委副书记、市长李毓全参加考察活动。

□ 副市长吴道闻到高埗镇进行基孔肯雅热疫情防控督导。

12日 首届“东莞慈善日”暨2010年“敬老月”活动工作会议召开。市委常委、常务副市长冷晓明，市人大常委会副主任吴镇成，副市长成洪波，市政协副主席张玉其参加会议。

□ 至14日，第九届中国国际玩具、模型及婴儿用品展览会在上海新国际博览中心举行。东莞派出近100人的代表团参加，获得“玩具特色产区之星”称号。副市长邓志广、省经信委总经济师姚德洪等领导参加展会和签约仪式。

13日 东莞市社会组织工作委员会挂牌仪式在市行政办事中心举行。市委常委、组织部部长庞国梅参加仪式。

□ 由市儿童福利院和市社会福利院合并组建的东莞市社会福利中心正式揭牌成立。副市长成洪波出席仪式。

□ 至16日，“第四届广东东莞模具制造・机械展览会”在横沥镇举行。市领导庞国梅、邓志广、周楚良出席开幕式。

□ 广东省第一次全国水利普查暨水利秋冬明春大会战电视电话会议召开，副市长李小梅在东莞分会场参加会议。

□ 广东省实施《珠江三角洲地区改革发展规划纲要》实现“四年大发展”电视电话会议在广州召开。市委副书记、市长李毓全在东莞分会场参加会议并就贯彻省会议精神提出要求，市委常委、常务副市长冷晓明出席会议。

□ 全省工会基层组织建设工作会议在莞召开。省总工会常务副主席陈宗文，省总工巡视员、党组成员孔祥鸿，市人大常委会副主任、市总工会主席张顺光出席会议。

14日 第十二届东莞电博会在东莞国际会展中心开幕。省委常委、常务副省长朱小丹宣布展会开幕，国家工信部电子信息司司长肖华，市委副书记、市长李毓全分别致辞，市委常委、常务副市长冷晓明主持开幕典礼，市领导吴镇成、邓志广、刘发枝等出席开幕式。

□ 省发改委副巡视员林喜南率省节能减排督查工作组莅莞督查。副市长邓志广介绍节能减排工作情况。

15日 征兵工作大会召开。市委副书记、政法委书记黄双福，市委常委、东莞军分区司令员刘国辉，副市长成洪波等领导出席会议。

□ 石龙中学举行80华诞校庆庆典。中联办副主任黎桂康，市领导冯同恩、吴道闻、刘发枝等出席校庆典礼。

□ 蚊媒传染病防控工作会议举行。市委副书记、市长李毓全，副市长吴道闻出席会议。

□ 东莞市对外友好协会第二届理事会成立大会举行。市委常委、副市长江凌出席会议。

□ 东莞证券、梅州市政府和梅州当地的企业嘉和电器，分别签署梅州市资本市场合作协议、嘉和电器上市辅导协议。市委常委、常务副市长冷晓明，梅州市副市长叶胜坤出席签约仪式。

□ 首届东莞市政府质量奖颁奖暨质量强市工作会议召开。市委副书记、市长李毓全，副市长梁国英、邓志广等出席会议。

17日　亚运火炬传递活动东莞站起跑仪式在虎门海战博物馆广场举行，市委书记、市人大常委会主任刘志庚将火炬交到东莞站第一棒火炬手杜锋手中，并宣布第16届亚洲运动会火炬传递东莞站活动开始。第16届亚运会组委会火炬传递运行中心主任杨武，市领导李毓全、王道平、冯同恩、朱伍坤等出席传递活动。市委常委、宣传部部长王道平主持仪式。

18日　市委副书记、市长李毓全会见台湾苗栗农业考察团徐钦鸿一行。

□ 全市创建国家环保模范城市考核验收迎检动员大会召开。副市长梁国英出席大会。

□ 一年一度的“市镇人大代表活动日”活动在各镇街展开。市领导黄双福、张继雄、冯同恩、吕兢、李秀冰等分别参加部分镇街的调研活动。

19日　副省长、第16届亚洲运动会组委会副主席、省“三会”办主任林木声，广州市市长、第16届亚洲运动会组委会副主席、亚洲运动会总指挥部执行总指挥万庆良率员莅莞视察亚运场馆及城市运行工作。市委副书记、市长李毓全，副市长吴道闻陪同视察。

□ 第五届鲁迅文学奖揭晓，东莞作家王十月凭借中篇小说《国家订单》获得该届鲁迅文学奖中篇小说奖，这是东莞市获得的第一个鲁迅文学奖。

20日　东莞首届慈善日论坛举行。副市长成洪波出席论坛。

21日　全国双拥办副主任、军队人员支援广州亚运会协调小组办公室主任汤奋莅莞考察。市委副书记、市长李毓全接待汤奋一行。副市长成洪波陪同检查。

□ 由省消防总队政委牛跃光和公安部消防局法规标准处处长马恒等20余名专家组成的亚运消防安保专家组莅莞检查指导亚运消防安保工作。副市长、市消防安全委员会主任成洪波就亚运消防安保工作与专家组进行座谈。

□ 广东省委常委、政法委书记、公安厅厅长梁伟发莅莞视察亚运安保和综治信访维稳中心工作。市委副书记、市长李毓全就亚运安保问题与梁伟发一行进行交流。市委副书记、政法委书记黄双福，市委常委、市公安局局长崔建陪同视察。

□ 副市长严小康到凤岗镇考察2010年客侨文化节筹备情况，并就凤岗文化建设工作进行调研。

22日至30日　凤岗镇举行2010中国凤岗客侨文化节，9天16项客侨文化活动共吸引美国、英国、牙买加、新加坡等20多个国家和地区的华侨华人远涉重洋相聚凤岗参与盛会。

□ 市人大常委会检查《东莞市农村集体资产管理规定》执行情况。市人大常委会常务副主任张继雄，副主任张顺光、冯同恩、吕兢、李秀冰等参加检查。

25日　首届“东莞慈善日”，市委书记、市人大常委会主任刘志庚，市委副书记、市长李毓全率市几套班子领导，在行政办事中心参加“慈善一日捐”活动启动仪式，并带头捐出一天工资。全市捐款近1.8亿元。

□ 首届东莞慈善日晚会在玉兰大剧院举行，十大慈善人物上台领奖。市几套班子领导刘志庚、李毓全、刘树基、张继雄、甄瑞潮等出席晚会。

□ 首届东莞十大慈善人物和企业家代表座谈会召开。市委书记、市人大常委会主任刘志庚，市委副书记、市长李毓全，市政协主席刘树基，市人大常委会常务副主任张继雄，市委常委、常务副市长冷晓明，副市长成洪波，市政协副主席张玉其等参加座谈会。

26日　市委书记、市人大常委会主任刘志庚会见重返故里的赵泰来。副市长严小康参加会见。

□ 广东省粮食局副局长李敏带队到莞开展粮食安全责任届满前考核，并检查地方储备粮油计划落实情况。市委常委、常务副市长冷晓明出席汇报会。

□ 武警总部副司令员刘红军中将莅莞检查亚运安保工作。市委常委、市公安局局长崔建陪同检查。

□ 全省深入推进居住证制度工作电视电话会议举行。副市长、市推居工作领导小组组长成洪波在省主会场作经验发言。

□ 省人大常委会副主任陈小川率领省人大常委会调研组到莞督查。市人大常委会常务副主任张继雄，市人大常委会副主任吕兢等陪同调研组前往南城艺展中心、厚街标志片区考察，副市长邓志广在座谈会上汇报关于“三旧”改造工作情况。

□ 市政协十一届四十二次主席会议召开。市政协主席刘树基，副市长李小梅，市政协副主席林明枢、刘发枝、邝明子、朱伍坤、袁德和、钟淦泉、张玉其，市政协秘书长梁近东出席会议。

□ 首届“东莞慈善日”社区服务周在莞城东门广场正式启动，全市32镇街同步启动社区服务周活动。市委常委、组织部部长庞国梅，副市长成洪波等出席活动，并慰问莞城的单亲家庭和孤寡老人。

□ 市委副书记、市长李毓全赴中堂，对该镇民营企业的发展以及“三旧”改造进度进行调研。

27日　市人大常委会常务副主任张继雄率领人大常委会调研组，在副市长成洪波的陪同下开展消防工作调研。市人大常委会副主任李秀冰、吴镇成等参加调研。

□ 市委常委、常务副市长冷晓明会见出席采购洽谈会的伊拉克贸易部总采购中心主任哈迪·朱杜伊·阿卜杜拉一行，双方就此次采购洽谈会进行探讨。

□ 省人力资源和社会保障厅副厅长杨红山率省督查组莅莞开展“三法一例”执行情况专项检查。副市长李小梅等陪同检查。

□ 市青年联合会第五届委员会第一次全体会议在市会议大厦召开。市政协主席刘树基，市委常委、组织部部长庞国梅，团省委副书记、省青联副主席陈宏宇，副市长吴道闻出席开幕式。会后，市委书记、市人大常委会主任刘志庚与各界优秀青年代表座谈。

□ 创建国家环保模范城市考核验收情况通报会召开。市领导刘志庚、李毓全、王道平、吕兢、李小梅、梁国英、林明枢等出席通报会。

28日　2010年度全市卫星图片执法自查自纠工作会议召开。副市长梁国英出席会议。

□ 全国政协副主席、九三学社中央副主席王志珍，在市政协主席刘树基、市人大常委会副主任吕兢陪同下，参观考察虎门海战博物馆、威远炮台。

□ 市（县）人大常委会设立30周年纪念大会举行。刘志庚、李毓全、刘树基、张继雄等市几套班子领导，原省人大常委会副主任李近维，历届市（县）人大常委会领导王贺畴、李汉松、张群炎、傅照辉等参加纪念大会。

□ 安徽省委书记张宝顺，安徽省委副书记、省长王三运率安徽省党政代表团，到莞考察关于“腾笼换鸟”、推进产业升级情况。省委常委、副省长肖志恒，省委常委、宣传部部长林雄，市委书记、市人大常委会主任刘志庚，市委副书记、市长李毓全，市委常委、宣传部部长王道平等陪同考察。

□ 至29日，中共中央政治局委员、国务院副总理张德江率国务院考察团，在省委常委、常务副省长朱小丹，省委常委、秘书长徐少华陪同下，莅莞视察中小企业发展情况，深入家具、汽车、通信企业走访调研。市领导刘志庚、李毓全、冷晓明、邓志广陪同考察。

29日 市委书记、市人大常委会主任刘志庚会见率团到莞调研的团省委书记陈东一行。市委常委、组织部部长庞国梅参加座谈。

□ 人力资源和社会保障部副部长王晓初一行到莞考察企业专业技术人才和技能人才队伍的建设情况。副市长李小梅陪同调研。

30日 为期4天的第九届中国（大朗）国际毛织品交易会在大朗毛织贸易中心举行。全国人大常委、广东省人大常委会副主任王宁生，中国纺织工业协会副会长张延凯，市领导刘志庚、刘树基、张继雄、冷晓明、邓志广等出席开幕式。

31日 深圳、东莞、惠州首次联合举行以推进深莞惠一体化，打造具有世界竞争力都市圈为主题的“东岸论坛2010”。

11 月

1日 第六次全国人口普查登记正式启动。市委书记、市人大常委会主任刘志庚，市委副书记、市长李毓全带头接受人口普查登记。副市长成洪波带领市人口普查小组的普查员和普查指导员开始入户登记工作。

□ 省委书记汪洋一行视察广州亚运会、亚残会总指挥部主运行中心，并召开视频会议。市委常委、市公安局局长崔建，副市长吴道闻在东莞赛区指挥中心参加视频会议。

□ 全市依法行政工作会议举行，市委副书记、市长李毓全指出经济社会转型对依法行政要求更高。

□ 东莞市出台《东莞市建设文化名城规划纲要（2010—2020年）》，东莞将用10年左右时间,建设成全国公共文化服务名城、国家历史文化名城、全国现代文化产业名城和岭南文化精品名城，全面提升全民的文化素养和文化软实力。

□ 至2日，广东省市妇联主席工作会议东莞现场会召开。省政协副主席、省妇联主席温兰子率21个地级市妇联主席一行，视察市妇联白玉兰家庭服务中心、玛丽亚妇产医院，肯定东莞“12338”热线服务走在全省前列。市委常委、组织部部长庞国梅陪同视察。

2日 市委书记、市人大常委会主任刘志庚，市委常委、副市长江凌率市外经贸局、虎门镇负责人专程到北京，拜访CEC总经理刘烈宏等高层，深入沟通落实双方签署战略框架协议及备忘录有关事宜。

□ 共建暨南大学医学院附属东莞市太平人民医院签约仪式在虎门镇举行。暨南大学党委书记蒋述卓、副市长吴道闻等出席签约仪式。

□ 广东省开展国家低碳省试点工作启动大会在广州召开。市委副书记、市长李毓全出席启动大会。

□ 世界银行非洲国家高级官员考察团一行40多人来到东莞市长安职业高级中学、东莞市南博职业技术学校考察。

3日 2010沙田水文化节开幕式暨“水韵沙田”大型水上实景表演在沙田镇南环湖举行。市委副书记、市长李毓全，市政协主席刘树基，市委常委、宣传部部长王道平，副市长严小康及沙田镇委书记陈志明、镇长钟浩滔等出席开幕式。

□ 2010年东莞国际科技合作周暨第四届中国（东莞）专利周，在松山湖科技产业园区开幕，这场为期三天的活动，向外界呈现“科技东莞”的独特魅力。

□ 广东省委在广州举行全省依法治省工作先进单位和先进个人表彰大会。中共东莞市委被评为依法治省工作先进单位，市委常委、秘书长何嘉琪作为市委的代表上台领奖，东莞市还有3名个人获得依法治省先进个人的表彰。

4日 广东省产业转移工业园招商推介会在莞召开，副省长刘昆，省外经贸厅厅长梁耀文，省财政厅副厅长沈梅红，省经信委副巡视员孙鸵生，市委常委、副市长江凌等领导出席招商会。东莞市近400名企业界人士参加招商会。

6日 横沥镇政府在横沥文化广场举行2010牛墟风情节盛大开幕式晚会，为期3天的横沥百年牛墟风情节拉开帷幕。

□ 至8日，第十届大京九农副产品食品（常平）交易会在常平会展中心举行。

8日 市委书记、市人大常委会主任刘志庚，副市长吴道闻到市体育馆，视察亚运举重场馆的安保工作，亲身体验亚运安检通道，并向工作在第一线的工作人员送去慰问。

□ 东莞市庆祝第十一个记者节暨“安利杯”第三届东莞新闻奖颁奖典礼举行。

□ 中央文明办公布国家统计局2010年7月至9月，对全国117个城市公共文明指数和未成年人思想道德建设工作测评结果，在两项测评指标地级市排名中，东莞均位列第二位。

9日 新莞人金融综合服务合作框架协议签约仪式举行，计划在樟木头试点推广升级版新莞人金融服务卡，并于下年在全市推广。副市长成洪波出席仪式。

□ 东莞市首个个人慈善基金——刘柏权基金在常平镇挂牌，市民政局为该个人慈善基金组建进行现场授牌，宣告其正式成立。

□ 副市长梁国英督导检查绿道建设，东莞市绿道已经全线贯通，提前一个月完成省下达的目标任务。

10日 省委常委、省委统战部部长周镇宏一行莅莞，调研台资企业在莞发展情况。市委书记、市人大常委会主任刘志庚接待周镇宏一行，深入交流东莞台资经济发展情况。

□ 东莞市现代农业科技园举行启用仪式。该园区是首批市级农业产业园之一，以成为现代农业科技的创新“孵化器”为目标，年产值5000万元。副市长李小梅出席仪式并作讲话。

11日 全市纠风工作会议召开，传达全省纠风工作经验交流会精神，部署下一阶段的纠风工作。市委常委、市纪委书记甄瑞潮出席会议。

□ 市委副书记、市长李毓全一行到乳源调研“双到”工作。“东莞‘双到’工作乳源县瑶族新村”加建二层建设资金仪式也于当日举行，副市长李小梅代表东莞市委、市政府向该村捐赠100万元。

12日 市委常委、组织部部长庞国梅一行前往云浮市调研指导“双到”扶贫工作，考察部分对口援建项目。

□ 污水治理工程竣工验收工作动员大会举行。副市长梁国英出席会议。

□ 东莞市作家曾小春的儿童文学作品集《公元前的桃

花》获中国作家协会第八届全国优秀儿童文学奖，实现东莞市作家在此奖项上零的突破。

13日　青海省委副书记、省长骆惠宁莅莞考察。市领导刘志庚、李毓全、冷晓明等接待骆惠宁一行。

□　中宣部副部长、中央外宣办主任王晨一行莅莞参观考察。市委书记、市人大常委会主任刘志庚，市委常委、宣传部部长王道平接待王晨一行。

□　2010年广州亚运会开幕首日，市委副书记、政法委书记黄双福，市委常委、市公安局局长崔建视察市亚运安保工作，并慰问一线工作人员。

□　中央文献研究室主任冷溶一行到莞调研考察产业转型情况。省委党史研究室副主任叶文益，市政协主席刘树基等陪同调研。

□　至19日，第16届亚运会举重赛事在“举重之乡”东莞举行，比赛地点设在东莞市体育馆原篮球馆。东莞赛区产生15枚亚运金牌。

14日　由市委副书记、市长李毓全率领的东莞交流团启程，赴韩国、日本举办为期10天的巡回招商推介活动。

15日　东帝汶第一副总理若泽·路易斯·古特雷斯率东帝汶国家奥林匹克委员会成员，专程到莞观看东帝汶举重选手的比赛。市委书记、市人大常委会主任刘志庚，副市长吴道闻接待古特雷斯一行。

□　受省委书记汪洋、省长黄华华的邀请，来自深圳、惠州、东莞、河源的29名优秀农民工代表相聚东莞，并一起到市体育馆观看亚运举重比赛。副市长李小梅出席接见仪式。

□　四川省自贡市市委书记王海林率党政考察团到莞考察，专题学习东莞特别是松山湖的发展经验。市委书记、市人大常委会主任刘志庚，副市长严小康会见考察团一行。

□　市党政领导班子联席会议传达依法治省工作先进单位和先进个人表彰大会主要精神，并研究和原则通过在东莞市公共卫生与基层医疗事业单位实施绩效工资方案。

16日　东莞市作为全国唯一一个地级市代表，应邀参加在山东济南召开的全国深入推进构筑社会消防安全“防火墙”工程全面提高社会单位“四个能力”现场会。

□　国家商务部办公厅、人力资源和社会保障部办公厅、海关总署在深圳会展中心举行加工贸易转型升级试点城市暨第三批加工贸易梯度转移重点承接地授牌大会，东莞和苏州被授牌为“全国加工贸易转型升级试点城市”。这是全国范围内首次进行加工贸易转型升级试点城市评选。

□　至17日，市委书记、市人大常委会主任刘志庚率队赴云浮市调研“规划到人、责任到户”工作。在云浮市委书记王蒙徽等陪同下，深入东莞对口帮扶地郁南县走村访户，了解“双到”工作进展，并代表市委、市政府向郁南捐赠150万元扶贫资金。副市长邓志广参加调研。

□　东莞市组织近140人的商务团队，到惠州市龙门县参加东莞（惠州）产业转移工业园招商引资工作会议。副市长邓志广、惠州市副市长李选民等出席莞惠产业园建设工作联席会议、招商会以及捐赠仪式等。

□　由原国家体育总局副局长、现任中华全国体育总会副主席王钧等领导组成的国家体育总局老干团到莞参观考察。副市长吴道闻接待王钧一行。

□　至23日，“翰墨华光——中国历代名画及其真迹仿旧作品对比展”在岭南美术馆举行。市人大常委会副主任冯同恩、副市长严小康、市政协副主席邝明子等参加开幕式。

□　德国耶拿市市长阿尔伯希特·施罗特率代表团到访东莞。市委常委、副市长江凌会见代表团一行，双方就今后开展经贸、文化等方面合作进行交流。

□　省委常委、组织部部长李玉妹率省委组织部调研组到东莞进行组织工作专题调研活动，主持召开市级领导干部和组工干部、基层党员干部两场座谈会。市领导刘志庚、刘树基、黄双福、张继雄、庞国梅等参加座谈会。

17日　副省长林木声莅莞观看亚运会举重比赛，并对东莞承办亚运会举重赛事的运作情况表示肯定。副市长吴道闻陪同观看赛事。

□　市委组织部召开全市提高选人用人公信度示范单位创建活动动员暨座谈交流会。市委常委、市委组织部部长庞国梅参加交流会。

19日　第15届中国（虎门）国际服装交易会开幕典礼暨文艺晚会在虎门公园举行。

□　省委常委、政法委书记、省公安厅厅长梁伟发，省公安厅副厅长郑东一行，在市委副书记、政法委书记黄双福，市委常委、市公安局局长崔建等的陪同下，检查东莞亚运安保工作，慰问一线安保人员，并观看东莞赛区最后一场举重比赛。

□　社会工作发展研讨会召开，研究讨论一系列制度文件，探讨社工发展方向和前景。民政部社会工作司副司长甄炳亮，市委副书记、政法委书记黄双福，市委常委、市委组织部部长庞国梅，副市长成洪波等出席研讨会。

20日　东莞松山湖国家级高新技术产业开发区、肇庆国家级高新技术产业开发区授牌仪式在广州举行。市领导刘志庚、冷晓明代表东莞接受牌匾，标志着松山湖科技产业园区正式升级为国家级高新技术产业开发区。

□　至22日，由副市长邓志广、市委组织部副部长王建周和市经济协作办等部门相关负责人组成的考察团，赴新疆维吾尔自治区哈密地区伊吾县考察援建的“东莞桥”、“东莞生态绿化林”等项目，并看望慰问东莞的援疆干部。

▲ 21日　东莞松山湖台湾高科技园开园暨联胜项目启动仪式在东莞举行。省委书记汪洋出席仪式并宣布开园。省委常委、秘书长徐少华，副省长刘昆，国台办经济局局长徐莽，市委书记、市人大常委会主任刘志庚，省委副秘书长葛长伟，台湾联华电子公司荣誉副董事长、广东省人民政府顾问宣明智，以及市领导冷晓明、张顺光、钟淦泉等出席活动。

□　中国最大的国有IT企业中国电子信息产业集团（CEC）正式落子东莞。双方在松山湖举行战略合作框架协议暨合作备忘录签署仪式，CEC在虎门和松山湖共投资45亿元建设两项目。省委书记汪洋，省委常委、秘书长徐少华，副省长刘昆，市领导刘志庚、冷晓明、江凌等出席签约仪式，并一同会见CEC董事长熊群力。

22日 中国纺织工业协会在北京人民大会堂召开全国纺织产业集群工作会议，并正式授予茶山“中国品牌服装制造名镇”牌匾。这是全国第二个、广东省首个获此荣誉的镇区。

□ 石龙镇举行“国家火炬计划东莞石龙数码办公设备特色产业基地”授牌仪式暨“镇校联合培养研究生合作协议”签字仪式。副市长成洪波出席仪式。

23日 广州军区副政委兼军区空军政委王玉发中将一行到莞检查执行亚运空中安保情况并慰问空军部队。刘志庚、黄双福、刘国辉、吴道闻等市领导参加座谈会。

□ 至24日，市委常委、副市长江凌在市经协办对口帮扶科等有关负责人的陪同下，到位于罗定市大山深处的泗纶镇双德村，对大岭山镇在此开展的帮扶“双到”工作进行调研和指导。

24日 全市安全生产委员会工作会议召开。副市长邓志广参加会议。

□ 全市首次社会组织党建工作会议召开。市委常委、组织部部长庞国梅出席会议。

□ 全市食品药品监督站组建工作会议召开。副市长邓志广参加会议。

□ 省委宣传部副部长、省文明办主任顾作义一行到莞调研考察民营博物馆情况。市委常委、宣传部部长王道平等陪同调研。

□ 对口支援汶川县映秀镇恢复重建总结表彰大会举行，市对口支援映秀镇恢复重建工作小组等29个先进单位和陈林佐等78位先进个人受到表彰。

25日 全省非公有制经济组织创先争优活动座谈会在莞召开，座谈会由省创先争优活动领导小组副组长、省委宣传部副部长阎静萍主持。市创先争优活动领导小组组长、市委常委、组织部部长庞国梅，市政协副主席、市委统战部部长钟淦泉接待方乃纯、杨浩明一行。

□ 《广东省宗教事务条例》学习培训班举办，省民族宗教事务委员会副主任杨源兴，副市长严小康出席培训班。

□ 为期四天的“2010中国（塘厦）国际高尔夫运动用品博览会”在塘厦塘龙广场开幕，来自世界各地300家高尔夫运动用品企业，携带30多个类别近1000种产品参展。

□ 《东莞市长安镇志》首发式暨全市读志用志工作会在长安镇举行。广东省人民政府地方志办公室主任陈强，副市长吴道闻等出席首发式。

26日 为期4天的第十届中国（长安）国际机械五金模具展览会举行。

□ 副市长吴道闻率领部分市直单位、企业代表，抵达新疆生产建设兵团农三师图木舒克市进行考察调研。

□ 东莞儿童剧场2010项目启动仪式暨“东莞儿童剧场”“国际木偶、皮影艺术交流基地”“中国木偶、皮影艺术展示基地”挂牌仪式举行。市委常委、宣传部部长王道平，副市长严小康等出席仪式并揭牌。

27日 工信部副部长杨学山一行到莞调研。市委副书记、市长李毓全接待杨学山一行。

28日 东莞与农三师图木舒克市共同启动的首个对口支援项目——师市50团团部小城镇建设项目举行竣工典礼，11栋216套职工安居房交付给师市的职工代表。副市长吴道闻率领的东莞市政府及企业考察团一行出席剪彩仪式。

29日 市第十四届人大常委会第二十七次会议召开，会议听取和审议《关于东莞市开展财政支出绩效评价工作情况的报告》，并对市中级人民法院以及市人民检察院的人事任免进行审议。市人大常委会常务副主任张继雄，市人大常委会副主任张顺光、冯同恩、吕兢、李秀冰、吴镇成等参加会议。市委常委、常务副市长冷晓明等列席会议。

□ 市委副书记、市长李毓全会见香港嘉顿食品集团有限公司董事长兼行政总裁张尚羽一行。

□ 市委书记、市人大常委会主任刘志庚接待《求是》杂志社常务副总编刘润为。

□ 市委书记、市人大常委会主任刘志庚主持召开市党政领导班子联席会议，研究通过在物价持续上涨的压力下，对莞籍的低保对象、五保对象、优抚对象，一至四级困难残疾人（含已治愈麻风病人）、贫困归侨等五类人群共5.6万人，发放3个月临时物价补贴，每人每月补贴60元，一次性每人发放180元的补贴方案。

□ 《东莞市清溪镇志》举行首发仪式。

30日 市委书记、市人大常委会主任刘志庚会见何镜堂，并听取东莞市地名文化公园项目有关情况汇报。

□ 东莞市零售行业协会举行成立10周年庆祝大会。市委副书记、市长李毓全出席庆祝晚宴，副市长邓志广为庆祝会致辞。

□ 保利（东莞）投资有限公司分别与樟木头镇人民政府、樟木头林场签订《东莞保利生态城投资协议书》和《合作建设东莞保利生态城项目合同》。中国保利集团总经理张振高，市委书记、市人大常委会主任刘志庚等出席仪式。

□ 2010年市长约请市人大代表座谈会举行。市人大代表们围绕“三旧”改造、职业技术教育、青少年心理健康、建设却金亭碑廉政教育主题公园等53个热点问题,分别以现场发言或书面的形式提出建议。

□ 2010年市长会见市政协委员座谈会举行。市政协委员提出幼教工资待遇向公办中小学教师看齐、建立东莞篮球博物馆打造文化名城、建立工伤赔偿垫付机制等67份书面建议。

12 月

1日 全省村、社区“两委”换届选举工作电视电话会议举行。市委书记、市人大常委会主任刘志庚，市人大常委会常务副主任张继雄出席东莞分会场会议。

□ 副市长梁国英在东莞分会场参加全国学前教育工作电视电话会议。

□ 市委、市政府党员领导干部召开2010年度民主生活会。省委组织部副部长罗冀京莅临指导，市领导刘树基、张继雄及党代表、人大代表和政协委员各3名列席会议。

□ 亚组委广州市委市政府领导到莞慰问活动座谈会举行，亚组委为东莞在亚运期间作出的巨大贡献给予赞扬并表示感谢。副市长严小康出席会议。

□ 全市扶贫开发“规划到户责任到人”工作会议召开。副市长邓志广在会上对下阶段对外扶贫作部署

2日 应澳门特别行政区行政长官崔世安邀请，市委书记、市人大常委会主任刘志庚率团赴澳进行为期三天的访问和考察。市领导李毓全、黄双福、何嘉琪、江凌等参加考察。

□ 广东省发改委副主任张力军率领广东省医改办督导组到莞调研。副市长吴道闻陪同调研。

□ “东莞品牌服装服饰（合肥）展销会”在合肥开幕。

副市长邓志广、市政协副主席朱伍坤等参加开幕式。

□ 第八届东莞粤剧黄金周开幕式《衣锦荣归故乡行》——陈锦荣粤剧粤曲作品展演在玉兰大剧院举行。市政协主席刘树基、市人大常委会副主任冯同恩、副市长严小康等观看演出。

3日 第十九个"国际残疾人日,"东莞市举行第一部反映残疾人生活的纪实作品——《绽放的生命》首发仪式，市委书记、市人大常委会主任刘志庚为《绽放的生命》作序。

□ 2010年广东（东莞）农业良种示范展示会在石碣镇沙腰村开幕。市人大常委会副主任吕兢参加开幕仪式。该次展会有32个展位，共展出来自广州、深圳、北京、湖北、香港、台湾，以及东南亚等地的10大类530多个农作物优良新品种。

□ 全市知识产权保护与执法工作会议在市行政中心举行。会议公布《东莞市打击侵犯知识产权和制售假冒伪劣商品专项行动实施方案》。副市长梁国英出席会议并作讲话。

□ 首届世界生态安全大会在柬埔寨首都金边举行，塘厦荣膺"国际生态安全示范镇"称号。这是我国首个跨入"国际生态安全示范镇"行列的城镇。

4日 文化部教科司副司长王丰，中国舞蹈家协会副主席冯双白，市领导吴道闻、刘发枝共同为南方舞蹈职业技术学校揭牌。该校成为全国首个中等舞蹈学校教师培训基地。同时，该校也成为"中国艺术职业教育学会教学示范单位"。

□ 在莞城文化广场举办"12·4"全国法制宣传日暨"法治广东宣传教育周"大型普法活动。市委宣传部、市依法治市办、市司法局、市普法办等50个行政执法部门、单位现场普法。市人大常委会常务副主任张继雄参加活动。

4日至7日 全国电子系统"中国电子桑达杯"职工乒乓球赛在市体育馆举行。中国电子体育协会主席、原信息产业部副部长吕新奎，工业和信息化部信息化推进司副司长董宝青一行出席开幕式。市委常委、副市长江凌，副市长成洪波接待吕新奎、董宝青一行。

5日 东莞市"畅游绿道"万家同乐活动启动仪式举行。市领导庞国梅、王道平、梁国英和严小康共同推动启动杆，宣布"畅游绿道 万家同乐"活动正式启动。

□ 高埗镇第四届企业文化艺术节开幕仪式举行。市委常委、组织部部长庞国梅，市委常委、宣传部部长王道平，副市长严小康，高埗镇委书记李柏林等出席开幕式。

6日 全国人大常委会委员、全国人大财经委员会主任、中国食品工业协会会长石秀诗一行莅莞，在市人大常委会副主任张顺光、李秀冰，副市长邓志广等陪同下，对长安镇、道滘镇的食品企业进行考察。

□ "2010东莞市中小企业金融服务日暨第60期民营企业家面对面活动"举行。活动邀请凤凰卫视"财经名嘴"石齐平作题为《中国未来可持续增长前景分析》的专题演讲。市委书记、市人大常委会主任刘志庚会见石齐平。副市长邓志广等出席启动仪式。

□ 由求是《小康》杂志社主办的"第五届中国全面小康论坛"在北京闭幕，东莞被评为"2010中国全面小康特别贡献城市"，东莞籍世博会"中国馆之父"何镜堂等被评为"2010中国全面小康贡献人物"。

□ 新中国体育的开拓者、中国第一个打破世界纪录的运动员、来自东莞石龙的举重名将陈镜开因病在广州中山大学附属第一医院逝世，享年75岁。

6日至7日 省纪委副书记丘海率省检查组莅莞检查党风廉政建设责任制落实情况。市委书记、市人大常委会主任刘志庚作汇报，市委常委、市纪委书记甄瑞潮参加汇报会。

7日 2010全市关工委年终总结研讨会在市老干部活动中心召开。市委常委、组织部部长、市关工委名誉主任庞国梅，市关工委主任李汉松等出席会议。

8日 市委书记督办政协重点提案办理答复座谈会召开。市领导刘志庚、刘树基、李小梅、袁德和等参加座谈会。

□ 广东省第六届珠江三角洲地区与山区及东西两翼经济技术合作洽谈会在汕头举行。市委副书记、市长李毓全，副市长邓志广参加山洽会。

9日 2010中国（广东·东莞）青年志愿者赴塞舌尔服务队出征仪式在市行政办事中心举行。市委书记、市人大常委会主任刘志庚为援塞志愿者服务队授队旗，市委常委、组织部部长庞国梅，团省委副书记、省志愿者联合会会长曾颖如，副市长吴道闻，团中央中国青年志愿者协会副秘书长王晓辉出席仪式。

□ 为期两天的全省法院文化建设工作会议在长安召开，最高人民法院党组成员、政治部主任周泽民，广东省高级人民法院党组书记、院长郑鄂，广东省委宣传部副部长阎静萍以及东莞市委副书记、政法委书记黄双福等领导出席会议。

□ 国家信息化专家咨询委员会第一个镇级调研基地落户石龙镇。国家信息化专家咨询委员会副主任周宏仁、广东省经济和信息化委员会副主任邹生和东莞市副市长邓志广出席调研基地授牌仪式。

□ 市委常委、副市长江凌接受16家海外华文媒体采访。

10日 东莞市干部网络培训学院开通仪式在市委党校举行。市委书记、市人大常委会主任刘志庚，市委副书记、政法委书记、党校校长黄双福，市委常委、组织部部长庞国梅等参加开通仪式。

□ 东莞市第六次归侨侨眷代表大会在市会议大厦召开。中国侨联副主席王永乐，中国侨联副主席、广东省侨联党组书记、主席王荣宝，市领导刘志庚、刘树基、黄双福、何嘉琪、庞国梅等出席会议。

□ 历时半年多的"东莞市2010年廉政短文短语有奖征集活动"落下帷幕，最终30篇佳作获得奖项。市委常委、市纪委书记、市预防职务犯罪工作领导小组组长甄瑞潮出席颁奖仪式。

□ 东莞香江工商管理咨询有限公司——香港专业服务中心正式挂牌。

□ 东莞市2010 年冬征兵首批经严格体检和政审挑选的187名新兵，离莞奔赴南京军区。市委、市政府、东莞军分区在东莞东火车站举行新兵欢送大会。市委常委、军分区司令员刘国辉，副市长成洪波等出席欢送大会。

12日 在昆明召开的第三届中国绿色发展高层论坛上，东莞被评为"中国十佳绿色城市"。副市长梁国英领取奖项。

13日 市委书记、市人大常委会主任刘志庚到烈士钟桂龙、张运福的家，慰问"12·5"甘孜草原火灾中牺牲烈士的亲属。市委常委、东莞军分区司令员刘国辉，副市长成洪波等陪同慰问。

14日 省消防总队总队长雷盛武少将出席东莞市推进社会消防安全"防火墙"工程试点动员大会。市委副书记、市长李毓全会见雷盛武一行，副市长成洪波参会。

□ 商务部会同财政部、海关总署、税务总局、国研室等部门组成加工贸易联合调研组，在省外经贸厅领导的陪同下莅临东莞就国家制定"十二五"规划展开调研。

□ 广西崇左市市委副书记、市长黄克率领该市学习考察团一行40余人到莞考察松山湖高新技术产业园区的科研院所以及高科技企业。市委副书记、市长李毓全，副市长严小康，市政协副主席林明枢会见黄克一行。

□ 市委书记、市人大常委会主任刘志庚会见中国光大银行广州分行行长陈凯慧，广州分行副行长、东莞分行行长王康一行，并听取光大银行在东莞发展有关情况的介绍。

□ 《东莞市促进LED产业发展及应用示范的若干规定》正式出台，在未来5年，每年安排5亿元促进LED产业发展；公共技术性服务平台可获得1000万—5000万元的资助；重大LED产业化项目，每个项目资助不少于1亿元。

15日　由东莞报业传媒集团主办的“第六届东莞城市标志楼盘评选暨东莞地产年度风云榜”颁奖典礼在玉兰大剧院举行。市委常委、宣传部部长王道平，市人大常委会副主任冯同恩，副市长严小康，市政协副主席朱伍坤等市领导出席颁奖典礼。

□ 市委书记、市人大常委会主任刘志庚主持召开市党政领导班子联席会议，研究并原则通过《东莞市事业单位分类改革实施方案（送审稿）》。

□ “省内海关创先争优活动现场观摩会”在东莞海关举行。海关总署广东分署、黄埔海关、广州海关、深圳海关、拱北海关、汕头海关、江门海关、湛江海关等在内的省内直属海关政治思想办公室负责人，实地调研东莞海关创先争优活动开展情况。海关总署广东分署副主任陈建文、黄埔海关副关长曹灵孝出席会议。

□ 由市委组织部、市委宣传部和市委党校联合主办全市现代产业基础知识竞赛在市会议大厦开赛。

16日　国台办主任王毅在省委常委、省委统战部部长周镇宏等陪同下莅莞，出席17日举行的东莞市台商投资企业协会换届典礼暨十七周年庆典等有关活动。市领导刘志庚、黄双福、江凌、钟淦泉等接待王毅一行。

□ 由福建省委书记孙春兰、省长黄小晶带队的福建省党政代表团莅莞参观考察。省人大常委会主任欧广源，省委常委、秘书长徐少华，副省长刘昆以及市领导刘志庚、李毓全、刘树基等陪同考察。

□ “台资企业转型升级成果发表会”在莞举行。国台办经济局局长徐莽，省台办经济处副处长肖南，市委常委、副市长江凌，全国台企联会长郭山辉等出席。

□ 中华仲裁协会揭牌仪式在莞举行。这是该协会在大陆设立的第一个长期派驻人手的代表处。国台办经济局局长徐莽、市台商事务局局长游匡正、东莞台协第八届会长叶春荣等出席揭牌仪式。

□ 香港中华出入口商会会长李宗德率团到莞访问。市委常委、副市长江凌会见李宗德一行。

□ 东莞市召开生态节约型园林城市建设研讨会，园林绿化专家学者为推进东莞园林绿化事业建言献策。

□ 东莞宏威数码机械有限公司成功开发出国内第一条自主产权的全自动非晶硅薄膜太阳能电池整套生产线。

□ 虎门镇委、镇政府与东莞市地方志办公室联合召开《东莞市虎门镇志》首发式暨村志编修工作动员大会。

17日　市委书记、市人大常委会主刘志庚，市委常委、东莞军分区司令员刘国辉，东莞军分区政委刘卫芳等领导与东莞14名女兵座谈，欢送女兵入伍。

□ 东莞台协第八、九届会长交接典礼暨十七周年庆典在厚街现代展览中心举行。中共中央委员、中央台办、国台办主任王毅，中央政府驻香港联络办公室副主任黎桂康，中国国民党副主席蒋孝严，市领导刘志庚、李毓全、黄双福等出席典礼。

18日　由光明日报社和中共东莞市委共同主办的“第十二届中国国际新闻论坛年会”在东莞松山湖高新技术产业开发区举行。

□ 中宣部副部长、国务院新闻办主任王晨一行视察东莞市文化名城建设工作。市委常委、宣传部部长王道平全程陪同。

19日至22日　以省检察院副检察长欧名宇为组长的省综治检查考核组莅莞对东莞市2009—2010年度的社会治安综合治理工作和推进综治信访维稳中心平台建设工作情况进行检查考核。市委书记、市人大常委会主任刘志庚作汇报。

20日　市委、市政府在塘厦镇举行2010“京粤杯”元老高尔夫球友谊赛欢迎晚宴，国家体育总局原局长、中国高尔夫球协会主席袁伟民，市委书记、市人大常委会主任刘志庚，市人大常委会副主任李秀冰，副市长吴道闻，市政协副主席周楚良出席欢迎晚宴。

□ 市委书记、市人大常委会主任刘志庚会见中国新闻社副总编辑、中新网总裁孙永良一行。

21日　东莞市外商投资企业协会常平分会正式成立，龙昌国际控股有限公司总经理梁钟铭当选首届理事会会长。全国政协港澳台侨委员会副主任蔡东士，全国政协常委、中联办副主任黎佳康，市领导刘树基、冷晓明、邓志广等出席就职典礼。

□ 省委宣讲团分赴东莞市莞城、厚街、虎门、南城、望牛墩、石碣、长安、大朗、清溪、桥头等10镇街，就深入学习贯彻党的十七届五中全会精神作专题报告，各镇街组织领导班子成员、镇府机关工作人员、村（社区）两委干部、企事业单位负责人与会。

22日　东莞市举行依法治市先进表彰大会。市领导刘志庚、李毓全、刘树基等出席表彰大会。

□ 首届村（社区）“两委”干部学历提升班开学典礼在市会议大厦举行。市委常委、组织部部长庞国梅出席典礼并讲话。

□ 由柬埔寨发展委员会秘书长索克成达率领的柬埔寨高级考察团到莞，就改革开放及产业集群两大主题向东莞取经。市委常委、常务副市长冷晓明会见索克成达一行，双方举行中柬经济特区及产业集群发展经验分享研讨会。

□ 省政府挂牌督办火灾隐患重点地区整治验收组莅莞进行验收。副市长成洪波汇报整治工作。

23日　一年一度的“社保之夜”主题晚会在长安广场举行。国家人力资源和社会保障部宣传中心主任杨秀清，省人力资源和社会保障厅副厅长葛国兴，省社保基金管理局局长林白桦，市委常委、常务副市长冷晓明，市委常委、宣传部部长王道平，副市长李小梅、严小康出席晚会。

□ 第三届广东现代农业博览会在佛山顺德陈村花卉世界举行。在农业经贸合作项目签约仪式上，东莞市四个农业龙头企业签约金额超5亿元，副市长李小梅视察农业展览。

□ 2010年度全市人口和计划生育工作总结表彰会议召开。市委书记、市人大常委会主任刘志庚，市委副书记、市长李毓全，市人大常委会副主任李秀冰，副市长李小梅、市政协副主席林明枢出席会议。

▲ 2010年12月23日，在全市志愿服务表彰大会上，一批志愿服务先进集体和个人获得表彰　（蓝业佐　摄）

□ 由省人大常委会委员、省人大法制科委员会副主任委员李焕新带队的省人大法委、法工委调研小组莅莞，就《广东省道路交通安全条例（修订草案）》开展立法调研。市人大常委会副主任吴镇成接待李焕新一行。

□ 2010年度全市房产管理工作总结表彰大会召开。副市长梁国英参加会议。

□ 2010年全市志愿服务表彰大会举行。市领导黄双福、庞国梅、王道平、吴道闻等出席会议。

□ 至24日，由副市长邓志广牵头组成的市“双到”考评协调工作领导小组，陪同省扶贫开发“规划到户责任到人”工作考评组先后到东莞市对口扶贫的云浮市郁南县、新兴县两地考察。

24日 市人大常委会组织部分驻莞的全国、省人大代表到松山湖开展集中视察活动，了解东莞市建设文化名城情况。副市长严小康代表市政府向视察组作汇报。

26日 南海舰队沙角部队举行成立60周年暨江泽民题词“水兵摇篮”20周年庆祝活动。市委书记、市人大常委会主任刘志庚，南海舰队政委黄嘉祥，副市长成洪波等出席庆祝活动。

27日至30日 市委书记、市人大常委会主任刘志庚随省党政代表团赴琼参加学习考察。

□ 东莞市召开2010年度总结表彰大会。刘志庚、李毓全、刘树基、黄双福、张继雄等市几套班子领导出席大会。

28日 东莞市海外联谊会八届四次会员大会暨迎春联欢晚会举行。原省人大常委会副主任李近维，省委统战部常务副部长、广东海联会常务副会长蒋乐仪，市领导李毓全、刘树基、黄双福、袁德和、钟淦泉等出席大会。

□ 2010年东莞市新建博士后科研工作站授牌仪式暨博士后工作交流会举行。市委常委、组织部部长庞国梅，副市长李小梅等出席授牌仪式。

□ 市第十四届人大常委会第二十八次会议举行。市人大常委会常务副主任张继雄，副主任张顺光、冯同恩、吕兢、李秀冰、吴镇成等出席会议，市委常委、副市长江凌等列席会议。

□ 茶山“中国品牌服装制造名镇”挂牌仪式举行。中国服装协会专职副会长冯德虎，省服装行业协会会长刘岳屏，市委常委、组织部部长庞国梅，市人大常委会副主任吴镇成，市政协副主席、统战部部长钟淦泉等领导参加仪式。

□ 东莞市庆祝2011年元旦暨第七届青年舞蹈大赛颁奖晚会在东城影剧院举行。

□ 《东莞市奖励举报违法排放工业废水行为办法》修订草案经市长办公会议讨论通过，环保有奖举报制度将继续实行。市民举报违法排放工业废水，最高奖励将达8万元。

□ 东莞市慈善会“心希望”慈善基金成立，对珠三角五地市的患儿进行爱心救助，即日起接受报名，凡东莞及惠州、河源、汕尾、梅州0岁—18岁的贫困先天性心脏病患儿，有望获得来自东莞慈善组织的资助。

□ 中国（塘厦）第四届打工歌曲创作大赛闭幕。副市长严小康出席颁奖晚会。

□ 东莞市科技馆迎来开馆五周年庆典。市委常委、副市长冷晓明出席庆典。

□ 毛织特色产业转型升级问题协调会在大朗召开。市委常委、副市长江凌出席协调会。

□ 全市统战工作总结表彰会议召开。市委副书记、政法委书记黄双福，市政协副主席、市委统战部部长钟淦泉出席会议。

29日 东莞市社会工作试点总结暨发展推进大会召开。市领导黄双福、庞国梅、成洪波等参加会议。

□ 全市事业单位分类改革工作会议召开。副市长李小梅出席会议。

□ 东莞市检察机关2010年度总结表彰大会举行。市委副书记、政法委书记黄双福，市人大常委会副主任吴镇成，市政协副主席林明枢等出席会议。

30日 残工委工作会议和“十一五”残疾人工作总结表彰大会召开。省人大常委、省残联副主席郭德勤，省残联党组书记、理事长宋卓平，市委常委、秘书长何嘉琪，副市长、市残工委主任成洪波出席会议。

□ 落实《规划纲要》实现“四年大发展”工作会议召开。市委副书记、市长李毓全，市委常委、常务副市长冷晓明等参加会议。

□ 第七次东莞文学艺术界代表大会召开，广东省文联党组书记、专职副主席白洁，市政协主席刘树基，市委常委、宣传部部长王道平，市人大常委会副主任冯同恩出席大会闭幕式。

31日 市“十二五”规划专家咨询座谈会召开。市委常委、常务副市长冷晓明参加座谈会。

□ 中国双拥艺术团在樟木头镇宣告成立，并成功登台首演。市委常委、宣传部部长王道平，副市长成洪波等市领导出席“2011年庆元旦中国双拥艺术团成立暨首演晚会”。

□ 旗峰山艺术博物馆新年系列活动开幕。市委常委、宣传部部长王道平和副市长严小康出席开幕式。

□ 市委常委、常务副市长冷晓明率有关职能部门对中央驻莞金融管理部门及市部分金融机构进行年终决算慰问。

□ 东莞市创意产业园区挂牌仪式暨2010东莞首届葡萄酒文化艺术联展、墨翰东江源·赣南名家东莞书画展在东莞艺展中心举行。市委常委、宣传部部长王道平，副市长邓志广等出席开幕式和挂牌仪式。

□ 东莞社会经济发展研究会2010年年会在广州召开。原省人大常委会副主任方苞、李近维，原广东省政协副主席祁烽，原广州市政协主席、中国扶贫基金会副会长、广东省对外文化交流中心理事长陈开枝，市领导刘树基、邓志广等出席年会。

特载

SPECIAL SECTION

桥头镇

编辑：黄文挺

加快转型升级　建设幸福东莞

——2011年1月11日在市委十二届七次全会上的讲话（摘要）

东莞市委书记　刘志庚

▲ 市委书记刘志庚作主题报告

一、全面总结"十一五"和2010年工作

"十一五"时期是东莞应对多重挑战、经受严峻考验、取得辉煌成果的五年。五年来，市委团结带领全市各级党组织和广大干部群众，深入贯彻落实科学发展观，开拓创新，苦干实干，在积极应对国际金融危机等各种挑战中，加快推进经济社会双转型，坚定不移调整产业结构，经济社会得到长足发展。特别是2010年，既是"十一五"的收官之年，也是东莞在经历了金融危机冲击后全面复苏、稳定增长的一年。一年来，市委紧紧围绕科学发展这一主题，牢牢把握加快转变经济发展方式这条主线，团结带领全市广大干部群众，解放思想，锐意创新，经历了严峻复杂的考验，取得了令人鼓舞的成绩，圆满完成了"十一五"规划各项主要目标任务，为新一轮发展奠定了坚实的物质和精神基础。一年来，市委常委会主要抓了以下工作：

（一）注重谋全局，完善转型发展思路。在发展路径转型上，提出从招商引资、产业发展、科技创新、资源配置、体制机制等十个方面防止传统发展模式复归，得到汪洋书记的高度肯定。在产业发展转型上，重点扶持高端电子信息、LED、太阳能光伏、电动汽车四大战略性新兴产业。在空间转型上，确定了实施"三旧"改造，完成了约30万亩土地的专项规划和标图建库工作，启动改造地块3.4万亩。在驱动力转型上，确立了从文化新城向文化名城转变的目标，积极推动东莞从要素驱动转向创新和文化驱动。在干部转型上，实施大规模培训干部，市领导带头闭门读书，率队赴广州增城市学习考察，引导广大党员干部自觉学习、善于学习，为推动转型发展提供强有力的智力保障。

（二）注重攻难点，深入推进结构调整。我们始终把调结构作为经济工作的重点，切实转变经济发展方式，努力推动经济增长由量的扩张向质的提升转变。突出扶持重点。推出认定现代产业体系"四个30项目"、现代服务业"四个十大"项目、民营工业50强、服务业50强和一批总部企业等系列举措，深入推进外经贸"五个1000"工程，扶持3家企业成功上市，帮扶1250家来料加工企业转为"三资"或民营企业，东莞成为全国加工贸易转型升级试点城市。突出招大引强。对村一级引进符合产业结构调整的项目进行财政奖励，市领导亲自率团赴欧美、日韩、台湾、北京登门招商，荷兰皇家孚宝、中国电子集团等一大批高端高质高新项目落户东莞。加强内资引进，全市协议引进内资548亿元，实际引进内资180亿元。松山湖科技产业园区升级为国家级园区，台湾高科技园顺利开园，首批台湾高科技企业成功进驻。突出科技带动。将"科技东莞"资金提高到每年20亿元，设立促进战略性新兴产业发展专项资金，制定战略性新兴产业"五年倍增"计划，重点扶持四大战略性新兴产业。全市实现高新技术产业产值2579亿元，同比增长19.1%，薄膜太阳能光伏基地、物联网基地入选省第一批战略性新兴产业基地，科研创新团队数量居全省第三位。突出夯实载体。进一步完善科技东莞政策，深化产学研合作，推动企业加大研发和设立品牌，建成了东莞上海纳米技术研究院、新能源和汽车行业技术平台等一批国家级、省级工程研究中心、重点实验室和企业技术中心。积极开展科技金融结合试点，全市专利申请量同比增长18%，专利授权量增长70%，专利申请量和授权量均居全省第二位。突出拓展内销。成功举办首届台博会、第二届动漫展及外博会、电博会、东莞名特优产品展销活动、东莞外贸商品展销周，启动运作东莞保税物流中心，建立4家厂货直销中心，优化外企内销通道，推动莞货拓展国内市场。全市外资企业内销总额2050亿元，占内外销总额的30.9%。深入实施以旧换新、家电下乡等八大商贸促进工程，培育和引导旅游文化等消费，全社会消费品零售总额1108亿元，增长15.9%。突出确保增长。大力实施投资拉动，全面加快市内轨道交通R2线、虎门港、环莞快速二期、东莞大道延长线、篮球中心、东江水库联网工程等重点工程和优质产业项目建设，全市工业技改投资198.1亿元，增长28.2%。

（三）注重抓关键，努力提升城市品牌。以宣传营销塑造城市形象。深入开展城市形象宣传策划等系列活动，确立全新的城市形象定位、主题口号和城市标识，并广泛征求社会意见，进一步增强了城市的凝聚力、向心力和知名度、美誉度。以文化转型提升城市品质。制定实施文化名城建设规划纲要及配套政策，五年投入50亿元用于文化事业和文化产业发展，东莞作品首获鲁迅文学奖、全国优秀儿童文学奖，广东首个粤港澳文化创意产业实验园区落户东莞。以环境整治优化城市生态。加快东引运河污染治理，运河整治及景观工程积极推进，全市34项污水处理主体工程全面完工，29项污水处理工程投入运营。加快推进生态园治水、绿化等基础设施建设，园区生态修复初见成效，成功获批省级生态产业园区。积极推动绿道建设，珠三角绿道网东莞段225公里提前全线贯通。加快“三旧”改造步伐，全市启动改造地块174宗，落实“三旧”改造投资62亿元。加快高耗能、高污染企业的治理改造，关闭小火电机组和5万吨以下纸厂，预计2010年单位工业增加值能耗同比下降10.1%，每万元生产总值能耗下降2%，全面完成“十一五”节能减排任务，东莞创建国家环保模范城市通过国家考核验收，城市生态文明持续改善。以承办亚运彰显城市风采。加强亚运安保，开展扫除“黄赌毒”专项清查整治，强化社会治安、安全生产、信访维稳，认真办好测试赛和火炬传递，成功承办亚运举重比赛，全面展示富裕和谐文明东莞新形象。

（四）注重增活力，深入推进各项改革。着力在重点领域和关键环节积极探索、先行先试，努力构建有利于科学发展的体制机制。深化机构改革提效能。精简政府机构设置，分类改革事业单位，市政府工作部门从37个调整为32个。加快转变政府职能，开展第四轮行政审批制度改革，调整审批事项232项，出台协同突破跨部门审批难的意见，行政审批提质提效。完善管理体制强基层。在完成石龙、塘厦简政强镇试点改革的基础上，在全市11个中心镇和3个市属园区全面铺开简政强镇工作，下放管理权限542项，镇级社会管理和公共服务职能进一步强化，发展动力进一步增强。推进制度创新添活力。在全省率先建立市委及其组成部门新闻发言人制度，向媒体开放市党政领导班子联席会议及市长办公会，开通全省首个地级市干部网络培训学院。建立自然灾害人身保障金，实行新莞人积分制入户，在外来工中招录9名公务员。一系列制度创新为转型发展注入强大活力。强化区域合作促发展。深入实施珠三角《规划纲要》，探索建立深莞惠产业合作示范区，推进深莞惠一体化。加快莞韶、莞惠产业转移园开发建设，目前已引进项目225个，投资总额62.4亿元。投入9亿元提前一年完成援建汶川映秀镇任务，突出抓好云浮、韶关“双到”扶贫开发，扎实开展新疆农三师图木舒克市、广西河池、西藏林芝等支援工作，全面展示了东莞各级党委、政府和人民群众的无私大爱与奉献精神。

（五）注重惠民生，努力实现民富民安。不断加大民生事业投入，市财政支出116.4亿元用于民生事业，突出办好十件民生实事，推动发展成果普惠百姓，东莞被评为“中国十大最关爱民生的城市”。强力保民安。严厉打击违法犯罪，全年接报违法犯罪警情数下降2.4%，抢劫立案数下降25%，刑事案件破案宗数增长26.9%，人民群众安全感进一步增强。开展出租屋、交通违法、食品药品、消防隐患等专项整治行动，狠抓安全生产执法监察，创新社会消防安全管理，新建镇街应急避灾中心17个，全市各类事故宗数下降5.4%。深入开展领导干部“四访”活动，加强世博、亚运期间矛盾排查调处，全市受理群众信访总量下降23.4%。努力促民富。将最低工资标准从每月770元提高到920元。推广“村民车间”，促进户籍劳动力就业创业，本市农村劳动力新增转移就业1.8万人，户籍应届毕业生就业率达96%。深入实施新莞人培训工程，免费培训新莞人10.3万人次。开展五项专项大检查，严厉打击非法用工、欠薪逃匿等违法行为，为10.3万人追回劳动报酬2.1亿元。大力解民忧。实施职工、养老保险并轨，在全省率先建立城乡一体的社会养老保险体系，职工和农（居）民退休金分别增长了10.2%和44.8%。年内两次提高医保待遇，在全市4所医院开展公立医院改革试点，在383个社区门诊实行基本药物制度，“三院一中心”基本建成或顺利搬迁。建立最低生活保障自然增长机制，为60岁以上户籍老人提供居家养老服务，为80岁以上户籍老人发放高龄津贴，为2万多名困难残疾人提供3700万元现金补助。新招收近1.5万名新莞人子女入读公办学校。着力扶民困。设立“东莞慈善日”，筹集社会捐款1.76亿元。为5.6万困难群众发放春节慰问礼包和临时物价补贴。实施市内“双到”扶贫，扩大欠发达镇贴息贷款使用范围，继续对欠发达村实行社会管理和公共服务补贴，9个欠发达镇GDP增速达到16%，比全市平均水平快5.7个百分点；全年又有17条贫困村、1096户困难群众脱贫。

（六）注重强保障，扎实开展“创先争优”。坚持在加强学习中创先争优。大力推进学习型党组织建设，继续组织正职领导赴日本和新加坡培训，组织新任村书记和后备干部到知名高校学习，举办9期265场新技术新产业基础知识培训活动，在全市营造出崇尚学习的浓厚氛围。坚持在选配干部中创先争优。加大领导干部选配力度，公选7名扶贫挂职的副县（市）长；首次出台干部交流专项意见，对38名市管干部进行了交流；开展选人用人公信度示范单位创建活动，完成党组织班子公推直选试点工作。坚持在强化基层中创先争优。在省内率先设立619个党代表工作室，新设14个基层村级党委，公选4名村支书进入镇领导班子，统一招考200名大学生担任村官；成立市社会组织党工委，新组建“两新”党组织249个、“两新”组织网络党支部49个，基层党组织覆盖面日益扩大。坚持在勤政廉政中创先争优。认真贯彻落实《廉政准则》，全市共有667名市直单位领导干部和511名镇街领导干部对物业拥有及出租情况进行申报；全年立案查处违纪违法案件92宗，处分党员干部103人，挽回直接经济损失8470万元。开展万人评机关活动，组织有关部门负责人“交叉体验行政办事窗口服务”，建立重要事项重点项目落实情况考核问责制度，首次将十件民生实事纳入行政问责范围，对有关赌博案实施问责，各级机关作风明显改善。群众对我市党风廉政建设满意度达86%，在全国组织工作满意度民意调查中我市位居全省前列。

以上报告的是市委常委会一年来的主要工作。这些工作的开展和成绩的取得，是省委、省政府正确领导的结果，是全市各级党委政府、广大党员干部和全市人民共同奋斗的结果，是市人大、市政协、各民主党派、各社会团体和各界人士共同努力、大力支持的结果。在此，我代表市委常委会表示衷心的感谢！

在看到成绩的同时，我们也清醒地认识到工作中还存在一些问题和不足，主要表现在：经济增长方式转变步伐不够快，经济增长依靠资本投入、资源、能源消耗的格局未能根本改变；科技创新能力不够强，企业科技投入偏低、缺乏核心技术、缺乏自主品牌的问题依然突出；城乡、区域、经济社会发展不够平衡，尤其是区域发展不协调的问题比较突出；城乡居民收入实际增速与经济增长不同步，困难群体脱贫任务仍比较艰巨；党的建设有待加强，一些基层党组织和领导干部驾驭科学发展的能力不强，个别党员干部党性观念、理想信念和群众观念淡薄，违纪违法行为时有发生，等等。对这些问题，我们要高度重视，认真加以解决。

二、科学谋划“十二五”发展蓝图

“十二五”时期，是东莞科学发展、转型发展的关键时期。科学谋划“十二五”发展蓝图，对于东莞抓住和用好发展的重要战略机遇期，深入推进经济社会转型，全面建设更高水平小康社会，加快率先基本实现社会主义现代化具有十分重要的意义。

（一）深刻认识“十二五”发展形势

科学分析和准确判断形势，是我们把握全局、谋划“十二五”发展的重要前提。纵观新阶段的发展形势，“十二五”时期，东莞既面临难得的历史机遇，又面对严峻的困难挑战。未来五年，是东莞因势利导、乘势而上的战略机遇期。从国际上看，根据联合国《2011年世界经济形势与展望》报告，2011年世界经济将继续保持增长。从国内看，随着我国工业化、信息化、城镇化、市场化、国际化的推进，国内需求不断扩大，经济结构加快转型，体制活力显著增强，社会大局保持稳定，经济社会发展长期向好的基本态势没有改变。所有这些为我市“十二五”的开局发展提供了有利条件。未来五年，是区域合作的深化期和区域竞争的加剧期。随着国家批准实施一系列的区域发展规划，各省市你追我赶、竞相发展，使区域经济发展、招商引资的竞争空前加剧。如何在实施珠三角《规划纲要》和推进深莞惠一体的竞争合作中趋利避害，提升自我发展能力，是我们面临的重要挑战。未来五年，是东莞转型发展、攻坚突破的关键期。要在五年内解决我市产业发展层次偏低、创新能力不强、要素制约加剧等问题，从根本上扭转过度依赖低端产业、过度依赖低成本劳动力和资源环境消耗的经济增长方式，任务繁重，考验巨大。未来五年，是东莞社会矛盾的凸显期。改革开放30年超高速增长在创造经济奇迹的同时，也累积了大量的社会矛盾和问题，特别是随着各种利益主体多元化、表达公开化和利益差距扩大化，转型期的矛盾更多凸显，社会管理的复杂性、艰巨性进一步增强。面对“十二五”时期的新形势新任务新挑战，我们必须迅速把思想统一到中央十七届五中全会、中央经济工作会议和省委十届八次全会精神上来，切实增强机遇意识、忧患意识和创新意识，加快科学发展、转型发展、和谐发展，推动东莞在新的起点上实现更高水平的崛起。

（二）明确“十二五”发展总体要求

综合考虑未来发展趋势和条件，根据省委十届八次全会的精神，“十二五”时期我市经济社会发展的总体要求是：以科学发展为主题，以转变经济发展方式为主线，以“加快转型升级，建设幸福东莞”为核心，以推进产业结构调整为重点，以提高人民幸福感为目标，更加注重转型、创新、民生、生态，有效破解发展难题，朝着推动科学发展、促进社会和谐的方向前进，努力建设幸福东莞。幸福东莞不仅是物质上的满足，也包括生态文明、精神文化、安全保障、权利诉求、尊严体面、公平正义、民主法制追求的满足，是贯穿于整个“十二五”发展的核心价值。

具体来说，要坚持“六个发展”：即先行先试、转型发展，调整结构、创新发展，节能减排、绿色发展，统筹协调、和谐发展，以人为本、惠民发展，扩大开放、合作发展。

处理好“五个关系”：即处理好发展速度与发展方式、软实力与硬实力、经济增长与民生福祉、政府与市场、改革发展与稳定的关系。

实现“四个明显”：即结构调整取得明显突破，城市软实力明显提升，体制机制明显完善，人民幸福感明显增强。

（三）全面把握“十二五”发展主要任务

突出抓好以下六个方面的主要任务：

产业转型、经济素质双升级。改造提升优势传统产业，加快发展先进制造业和战略性新兴产业，大力发展现代服务业，推进加工贸易转型升级，推进产业结构调整实现根本性突破，基本形成结构合理、发展集聚、核心竞争力强的现代产业体系。

科技创新、体制创新双突破。深入实施“科技东莞”工程，全面整合科技创新资源，完善自主创新体系，强化企业创新主体地位，不断增强科技创新能力和产业综合竞争力，建成创新型城市。深入推进简政强镇改革，将中心镇建设成为优质产业集聚的新高地、城市功能集成的新平台；加快转变政府职能，推进法治服务型政府建设，创造与国际接轨的营商环境，以体制机制创新推动经济发展方式转变。

宜居环境、绿色发展双结合。加强节能减排和污染治理，倡导低碳发展方式，节能减排降耗的长效机制逐步完善，单位地区生产总值能耗、主要污染物排放量得到合理控制，生态环境和人居环境明显改善，可持续发展能力显著增强，初步建成资源节约型、环境友好型社会。

文化名城、市民素质双促进。按照文化名城建设的要求，加快文化基础设施、文化服务网络、特色文化产业、文化人才队伍建设，推出更多的文艺精品，打造“四个名城”。推进社会公德、职业道德、家庭美德、个人品德建设，广泛开展志愿者服务，切实促进市民文明习惯的养成和道德素质的提升。

区域发展、城乡统筹双协调。加大扶持欠发达镇村力度，实现区域均衡发展和共同富裕。按照城乡一体化的要求，促进公共资源在城乡之间均衡配置，逐步提高财政对镇街公共事业发展的支持力度。落实国家和省主体功能区规划，推进形成主体功能定位清晰，人口、经济、资源环境相协调的空间发展格局。

民生幸福、社会和谐双增强。实现创业就业更加充分，城乡居民收入普遍较快增长，社会保障体系更加完善，基本公共服务均等化率先实现，各项社会事业繁荣发展，民主法制更加健全，社会更加和谐稳定，人民群众幸福感明显增强。

三、扎实推动2011年各项工作高位起步

2011年是“十二五”发展的开局之年。全面做好各项工作，对于保持经济平稳快速发展和为“十二五”发展起好步、开好局具有重大意义。尤其要抓好以下八个方面的工作：

（一）在调整产业结构、转变发展方式上求突破。在保持经济稳定增长的同时，深入推进产业结构调整，着力建成一批产业调整亮点工程和现代产业体系工程，努力调优质量、调出品牌、调高效益，真正实现“风雨过后是彩虹”。一是加大招大引强选优的力度。进一步优化利用外资结构，突出引进先进制造业和现代服务业，加强与世界500强、大型央企及民营巨头合资合作，抓好已落户项目的延伸招商，加快在手项目推进速度，力争在引进关键部件、核心技术及地区总部、研发机构等方面实现新突破。抓住全球服务外包和高新技术加快扩散的机遇，着力引进总部型、研发型、技术密集型等价值链高端产业。二是加快新兴产业培育的进度。加大战略性新兴产业招

引力度，推动战略性新兴产业规模化发展，按照“市场主导、技术领先、重点突破、带动力强”的要求，抓紧出台战略性新兴产业发展总体规划和专项规划，完善产业扶持政策，谋划、引进、建设一批重大产业项目，积极培育发展节能环保、新一代信息技术、高端装备制造等产业，重点做大做强高端电子信息、电动汽车、半导体照明、太阳能光伏、生物医药等战略性新兴产业，争取更多企业列入省“100家骨干企业”和“100强项目”，培育形成若干个新的先导性、支柱性产业。三是加快加工贸易转型的速度。继续做好全国加工贸易转型升级试点工作，完善“一站式服务”平台，为企业度身制定转型方案，引进港台生产力提升辅导机构，鼓励加工贸易企业设立研发机构和创立品牌，促成一大批符合我市产业发展导向的重点来料加工企业转型升级。四是提高传统产业改造的深度。加快传统产业高技术化、品牌化、时尚化、绿色化、集聚化发展步伐，以技术创新、管理创新、整合资源为手段，鼓励传统产业企业提高生产工艺、技术装备、自主研发和设计水平，打造具有国际影响力的优势传统产业东莞品牌。积极利用数字技术和先进自动化技术改造提升装备制造业，大力发展新型特色专用装备制造业，发展汽车相关产业，培植专用特种整车生产。积极发展都市型工业，融入科技、创意、时尚和环保等元素，不断提高设计、品牌和营销等环节的附加值。五是拓展国际国内销售的广度。转变外贸增长方式，支持本地企业发展境外市外资源开发、生产加工、高科技研发，并购国内外知名品牌、优质资产及营销网络，提升出口产品在价值链中的位置。大力推动莞货开拓国内市场，推广内销“集中申报”模式，积极举办形式多样的莞货市外展销活动，资助企业和行业协会参加各类大型展会，推动生产企业与大型商家、电子商务平台对接，不断扩大东莞产品的市场占有率。

（二）在推动科技创新、优化增长动力上求突破。把科技创新作为新一轮经济增长的强劲引擎。一是激发企业创新活力。推进工业、科技、信息一体化，切实用好每年20亿元的科技专项资金，支持引导更多的企业增加技改投入，建立研发队伍和研发机构，成为科技创新的主体。加强科技金融结合，鼓励国内外各类创业基金、风险投资基金落户东莞、投资企业。深入实施专利、标准、品牌战略，打造一批掌握核心技术、站在产业前沿的创新型企业，培育一批具有国际国内竞争力的行业标准，培育一批拥有自主知识产权的知名品牌。二是完善创新载体建设。提升松山湖、虎门港、生态产业园的开发建设水平，加快长安新区开发，推动散裂中子源国家实验室项目建设，促进LED、物联网、云计算、太阳能光伏等新技术的研发应用。进一步完善研发公共服务平台，健全市镇科技创新服务体系，深入推进创新平台的功能延伸，不断创新服务管理机制，提高孵化器、加速器等创业机构的服务能力。争取更多国家级科研机构、科技基础设施和科技服务平台落户东莞。三是加快高端人才建设。实施人才强市战略，统筹推进以高层次人才、高技能人才、紧缺专门人才和实用人才为重点的各类人才队伍建设，实施领军人才引进培养、海外高层次人才吸纳集聚等重大人才工程，大力引进在国内外有影响、有权威的领军型人才和创新团队，加大劳动技能培训力度，不断强化科技人才、实用人才在创新驱动、转型发展中的保障和支撑作用。

（三）在创新体制机制、增强发展活力上求突破。围绕转型发展中的突出问题，聚焦重点领域和关键环节，努力形成有利于科学发展和经济发展方式转变的体制机制。深化行政管理体制改革。建立健全行政决策合法性审查机制，制定完善行政处罚裁量标准，继续实行行政审批绿色通道和行政问责制度，推进政府权责法制化。铺开简政强镇工作，抓好事权下放、财权配套、机构整合、人员调整，规范界定市镇两级政府、部门的行政决策权。进一步推进事业单位改革，探索更加高效的公共服务提供方式。推动金融创新发展。研究推动金融业发展、支持企业融资的政策措施，有重点地引进符合我市需要的各类金融机构进驻，不断创新金融产品和服务，加快建设金融强市。鼓励金融机构开展中小企业金融专项服务，推动小额贷款公司和村镇银行加快发展，大力引导和支持更多有条件的民营企业通过上市直接融资，推动民营经济转型。创新评价考核机制。结合主体功能区划分确定区域考核重点，明确区域发展导向。建立健全节约资源和保护环境的激励约束机制，实行镇街新上项目与节能减排完成情况相挂钩、与淘汰落后产能相结合，从体制机制上推动产业结构调整和发展方式转变。深化农村体制改革。大力推进村级体制改革综合试点与各项试点，切实加强农村集体资产管理，统筹发展用地和资金，集约建设发展项目，逐步建立健全“市、镇主导开发，市、镇、村三级分利”的发展模式，引导集体经济转型升级。

（四）在统筹城乡发展、促进区域协调上求突破。优化城市空间布局，加大统筹发展力度，加快形成城乡一体、区域一体的发展格局。推动城市中心建设。加快推进中央商务区、中央商贸区、中央生态休闲区三大标志性片区建设，抓紧推进市轨道交通R2线、南城总部经济片区、东城世博北片区等重点项目，加紧成熟社区建设步伐，进一步增强主城区高端要素集聚、科技创新、文化引领和综合服务功能。着力扶持镇村发展。调整市、镇、村财权和事权的划分，继续推行财政超收分成、行政管理和公共服务经费补贴、结对帮扶、贷款贴息、生态补偿、重大基础设施建设市镇分担等政策，切实减轻镇村经济负担。制定更加实在的市内产业转移政策，加大财政转移支付力度，推动欠发达镇村跟上全市发展步伐。建立支农投入稳定增长机制，以提高农村基本公共服务水平为重点，促进公共资源在城乡之间均衡配置，加快形成城乡一体化新格局。加快推进深莞惠一体。围绕基础设施、产业发展、环保生态、城市规划、公共服务等“五个一体化”，编制深莞惠区域协调发展总体规划，进一步加快相关合作协议的签订和合作项目的实施，推进深莞惠经济圈合作深度发展。深入实施CEPA协议，抓住当前莞台合作的良好机遇，进一步强化与港澳台的交流合作。全面加强扶贫帮困。进一步落实市内“双到”扶贫政策，千方百计解决被帮扶群众的实际困难，稳定提高贫困人口生活水平。继续做好对云浮、韶关两市“双到”扶贫开发，创新帮扶模式，破解脱贫难题，力争提前实现80%贫困户脱贫的目标。抓紧推进援疆各项工作，尽快启动一批民生项目和产业项目。加强莞惠、莞韶产业转移园建设，做好对广西河池、西藏林芝、重庆巫山的对口帮扶。

（五）在加强生态建设、提升宜居环境上求突破。环境建设是城市升级、产业升级的重要推动力。要加大环境改善力度，推进宜居城乡建设，提升城市功能品质。以科学规划为引领。启动城市总体规划修编工作，进一步调整完善城乡规划，更加注重集约发展和功能提升，形成集约化、人性化的城市空间。以基础设施为支撑。加快番莞高速东莞段、环莞快速路二期以及镇村联网路建设，启动市区廉租房二期、市民艺术中心、工人文化宫等工程，完成东江水库联网、东莞篮球中心、市中医院新院等工程，加强内涝整治，努力形成城乡一体的基础设施网络，提升城市综合承载能力。以名镇名村为重点。加快提升镇村城市化水平，进一步完善镇村垃圾处理、污水处理、环境卫生服务等设施，促进“半城市化地区”彻底城市化，集中力量打造一批名镇名村。以“三旧”改造为突破。制定年度实施计划，加强镇街项目审核，引导“三旧”改造向生产性项目、民生工程、公共配套设施、基础设施等领域推进。完善历史用地手续，加快已启动项目落地动工，扶持镇街启动旧村改造项目。提高工业用地容积率，引导节约集约用地。以生态环保为抓手。加强污水处理厂运营管理，加快垃圾处理厂和截污管网建设，加大内河涌和运河整治，强化水环境和固体废弃物治理，改善大气环境质量。加大环保执法力度，推进7个环保专业基地建设，强化循环经济政策和科技支持，探索建立清洁生产示范园区，推动企业节能减排。加大城乡环境整治力度，完善区域绿道配套设施，启动市镇两级绿道规划建设。

（六）在重视民本民生、改善人民生活上求突破。高度重视和努力改善民生，是各项工作的核心。要加大民生工程力度，千方百计解决民生问题，不断提升市民的生活质量和幸福感。着力推进就业创业。深入总结“创业东莞”政策，抓紧制定城乡统筹就业新政策，继续实施青年就业见习和培训计划，大力推广“村民车间”，帮助城乡失业人员、零就业家庭、高校毕业生、新莞人等群体实现充分就业，统筹解决“就业难”和“用工难”问题。着力增加居民收入。推行工资集体协商制度和集体合同，促进企业建立职工工资合理增长机制，适时调整最低工资标准，持续提高职工收入水平。推动农业土地经营权流转，促进农业生产经营向规模化、产业化发展，拓宽集体经济收入渠道，加快推进物业经济高级化，适度推行投资经营多元化，增加群众收入。着力完善社会保障。继续完善城乡一体的社保体系，落实低保标准自然增长机制，增加对特困低保家庭的生活补助，积极构建社会养老服务体系，进一步健全残疾人社会保障网络，提升助残服务水平。加强对事关民生的粮油、猪肉等副食品以及房地产等价格变动监测，努力保持价格总水平基本稳定。推进廉租房建设，不断扩大保障性住房的受惠群体。着力发展教卫事业。全面推进素质教育，提升基础教育，大力发展职业教育，加快高中和中职学校布局调整，扩大新莞人公办学位供给，提高民办教育水平，努力建设广东省教育现代化先进市。深化医药卫生体制改革，积极稳妥推进公立医院改革试点，加强医疗机构管理，健全基层医疗卫生服务体系。着力实施文化惠民。充分利用好每年10亿元的“文化东莞”专项资金，大力发展一批重点文化园区和企业，制定出台《东莞市文化人才“三个100工程”实施方案》，促进文化事业产业大繁荣。

（七）在推进社会建设、化解社会矛盾上求突破。社会建设既是“十二五”规划的重点工作，也是东莞发展的短板。要高度重视社会建设和管理，确保社会和谐稳定。强化治安管理。适应治安形势的新变化，加快建立步巡、摩托巡、车巡一体的多层次巡逻体系，重点打击入室抢劫、公交车盗窃等严重影响市民安全的犯罪活动。强化安全监管。突出抓好食品药品、交通运输、高层楼宇、建筑施工等重点行业领域安全监管，全面构筑社会消防安全“防火墙”工程，严防重特大安全事故发生。强化公共服务。着力推进慈善事业、民政基础设施建设、村级体制改革、社会救助体系建设、社区服务、社会主体培育等工作，通过推行政府购买服务、资金补贴、发展社会组织、建立社会工作人才队伍等途径，不断扩大公共服务的资源和能量。强化管理创新。深入推行积分制入学、入户和居住证制度，全面加强流动人口、出租屋等社会治安基础管理，鼓励各类社会组织参与社会管理和公共服务，不断提高新形势下社会建设水平。强化社区建设。将社区建设作为加强、创新社会管理的基本载体，优化社区干部配置，促进社区“政事”分离，搭建社区服务平台，充分调动社区居民、社会组织参与社区管理的积极性和主动性，努力创建“管理有序、服务完善、环境优美、治安良好、人际关系和谐”的新型现代化社区。强化利益协调。大力推进综治信访维稳中心建设，加强对各级社会矛盾的防控预警；建立不同利益群体的诉求表达机制和利益协调机制，促进新老莞人更好融合；积极预防和妥善处理各类突发事件，为全市经济社会发展创造和谐稳定的环境。

（八）在加强党的建设、提高执政能力上求突破。以加强党的执政能力和先进性建设为主线，为“十二五”良好开局提供坚强政治和组织保证。全面夯实基层基础。深入开展创先争优活动，充分发挥基层党组织战斗堡垒作用和党员干部的先锋模范作用。以纪念建党90周年为契机，加强党的优良传统教育，不断推进党的建设新的伟大工程。努力加强队伍建设。强化干部竞争择优机制，着力抓好镇村换届工作，加强市镇之间、部门之间干部交流，加大公开选拔力度，大胆选拔使用一批年富力强、有开拓精神、贯彻科学发展观态度坚决的新型领导干部。切实加强群众工作。牢固树立群众观念，更多地采用体验式、私访式、寻亲式、私谈式等方式深入到群众中去听取呼声、调查研究，切实解决群众最关心最直接最现实的利益问题，不断提高群众工作水平。不断改进工作作风。认真落实市委常委挂片督导、现场办公会等行之有效的抓落实举措，促进重点难点问题解决。继续开展“市民评机关”活动，健全机关作风暗访长效机制，着力解决工作态度差、流程不公开、审批难、时效长等突出问题。深入实行精文简会，全面落实“五个零增长、四个减半”，引导各级领导把更多的精力放在谋大事、抓发展上。深入推进反腐倡廉。认真贯彻落实《廉政准则》，坚持和完善纪律教育学习月活动，推进重点领域和关键环节反腐倡廉建设，坚决查办违纪违法案件，强化权力运行制约和监督，着力解决群众反映强烈的廉政问题，以优良党风凝聚党心民心，进一步营造和巩固风清气正的发展环境。

▲ 2011年1月11日，市委十二届七次全会在会议大厦召开
（蓝业佐　摄）

政府工作报告（摘要）

——2011年1月17日在东莞市第十四届人民代表大会第六次会议上

东莞市人民政府市长 李毓全

▲ 市长李毓全作政府工作报告

2010年及“十一五”时期工作回顾

刚刚过去的2010年，是我市继续巩固应对国际金融危机成果、加快转变经济发展方式的重要一年。面对有所好转但仍然复杂的外部形势，面对繁重艰巨的转型发展任务，面对深层矛盾日益凸显、利益深刻变动的社会格局，我们在上级和市委的坚强领导下，以科学发展观统领全局，全面实施珠三角规划纲要，突出以转变发展方式为主线，继续稳增长，加力调结构，积极优环境，全面强管理，锐意抓改革，着力保民生，推动经济社会在平稳发展的基础上加快转型，取得了扎实成效。东莞成为全国加工贸易转型升级试点城市，获评中国全面小康特别贡献城市、中国十佳绿色城市、中国十大最关爱民生的城市，创建国家环保模范城市通过了国家验收。具体体现在以下六个方面：

一、力保平稳增长，切实巩固了经济回升势头。紧紧抓住外部环境有所好转的时机，深入实施刺激经济增长的一系列政策措施，巩固应对金融危机的成果，保持了经济平稳较快增长。预计全市实现生产总值4246亿元，比上年增长10.3%，人均生产总值66344元，增长14.6%。来源于东莞的财政总收入785亿元，增长25.1%，其中市财政一般预算收入278亿元，增长20.2%。金融机构本外币各项存款余额6078亿元，比年初增长19.3%。坚持不懈帮扶企业。认真落实“六个10亿元”政策，加强用工、用电保障和融资、通关等服务，加快发展保税物流，开展人民币贸易结算试点业务。企业经营明显好转，外资企业关停外迁数比上年减少11%，增资扩产617宗，增加133宗。工业生产和出口均超过危机前的水平，全市规模以上工业增加值1813亿元，增长19%；进出口总额1213亿美元，增长28.8%，其中出口696亿美元，增长26.1%。坚持不懈扩大内需。落实领导挂钩督导和审批绿色通道等制度，加快重点基础设施和优质产业项目建设，完成固定资产投资1115亿元。实施八大商贸促进工程，培育和引导消费，社会零售总额1108亿元，增长15.9%。优化外企内销通道，成功举办外博会、台博会、动漫展等，开展莞货展销活动，筹建工厂直销中心，全市工业产品内销总额3537亿元，增长23.6%。坚持不懈扶持镇村。落实财政超收分成、公共管理支出补助、生态补偿等政策，对镇街统筹土地给予借款支持，实施市内“双到”扶贫。全年市财政共安排65亿元支持镇村建设，预计32个镇街可支配收入280.7亿元，村组两级可支配收入183亿元，分别增长14.8%和6.1%。城市居民人均可支配收入36350元，农村居民人均纯收入14254元，分别增长10%和9.1%。

二、加力调整结构，产业转型迈出了坚实步伐。把调整产业结构作为核心任务，推进经济发展方式有效转变。突出抓好外经贸“五个1000”专项工作。加快加工贸易转型升级，支持企业引进先进技术、优化生产模式、拓展内销市场，全年共受理1250家来料加工企业转型，新增外资企业研发机构150个，是历年总数的1.5倍。着力提高利用外资质量，积极组织赴美加、日韩台等地招商，主动拜访外企总部，邀请重点企业来莞考察，全年合同利用外资26亿美元，实际利用外资27.3亿美元，分别增长60.7%和5.3%。突出培育重点企业和新兴产业。认定现代产业体系“四个30项目”、商贸流通业“四个十大”项目、民营工业50强、服务业50强和首批总部企业等，实施重点扶持。推动3家企业成功上市。加快发展战略性新兴产业，薄膜太阳能光伏和物联网2个基地被列为全省战略性新兴产业基地。制定珠三角新兴物流城市发展规划。突出增强自主发展能力。完善科技东莞政策，深化产学研合作，开展质量强市活动，推动“两自”企业发展。全市工业企业技改投资198亿元，增长28.2%，专利授权量增长70%。新增省级产业集群升级示范区2个、国家高新技术企业91家、省民营科技企业126家、省级以上技术工程中心14个、企业博士后科研工作站5个、省级以上名牌名标56个，参与制修订各类技术标准37项，获批省创新科研团队3个。完善和落实民营经济扶持措施，加强内资引进，民营企业登记户数增长3.1%，实际引进内资176.2亿元，增长45.4%。突出加快园区开发建设。松山湖成功晋升国家级高新区，台湾高科技园开园，粤港澳文化创意产业实验园落户，工业产值和税收总额分别增长23.7%和53.9%。虎门港泊位码头建设加快，保税物流中心投入运行，对台直航航线正式通航。东莞生态园基础建设加快，生态修复初见成效，首次对外公开招商。长安新区用海申报、规划编制等工作扎实推进。基本建成7个农业产业园。突出推进节能降耗减排。落实企业主体责任，强化重点企业监管，加快高耗能、高污染企业的治理改造，淘汰落后产能，推广清洁生产，加强土地执法监察和闲置地处置。全市单位生产总值耗地、耗能分别下降8.3%和2%。预计二氧化硫和化学需氧量排放分别下降4.2%和3.7%。

三、统筹规划建设，持续改善了城乡环境。坚持规划先行、城乡统筹，推进环境整治，创建宜居城乡。着力抓好基础设施建设。环莞快速一期等39项市属重点工程竣工，市轨道交通R2线试验段等26项工程动工。完成3个市区内涝点整治和75个欠发达村老化水管改造。建成镇村联网路31条、110千伏及以上输变电工程21项、水利防灾减灾工程71宗、天然气管网131公里。着力抓好城乡环境整治。扎实推进绿道网建设，建成区域绿道225公里。加快森林公园设施配套，植树造林1800多公顷。全面完成在建污水处理厂主体工程，完成运河整治应急工程，全市污水处理能力大大提高，内河涌和水库污染治理有效加强。着力抓好“三旧”改造。出台土地出让金调整、容积率计算、拆迁补偿指引等配套文件，完成30万亩土地的专项规划和标图建库，各镇街编制了5年专项规划和年度实施计划，全市启动改造地块174宗、约3.4万亩。

四、强化社会管理，有效维护了安全稳定。落实综治维稳责任，促进了社会安定有序。加强治安综合治理。严厉打击恶性和多发性犯罪，大力开展扫黄禁赌等专项行动，深入整治治安重点区域和行业，加强巡逻防控与校园安保。新建省“六好”平安和谐社区41个，市平安社区218个，全年刑事案件破案宗数增长26.9%。加强安全防范工作。深入推进危险化学品、“三小”场所、出租屋、建筑安全、食品药品质量等专项整治，开展创新消防管理试点，落实挂牌督办任务，排查和整改了一批安全隐患。新建镇街应急避灾中心17个，建成食品安全样板市场67个，全市各类安全事故宗数、死亡人数分别下降3.2%和2.2%。加强市政交通管理。强化城管综合执法，深入整治城市“六乱”，加强市政设施、环卫绿化等管理养护。完善道路护栏设施和步行系统，完成一批交通隐患点的整治，严查酒后驾驶。发展公共交通，新增公交运力120辆、线路12条，更新出租车600辆，新建了一批首末站和候车亭，建成运河路自行车专用道示范工程。加强矛盾纠纷调解。完成镇街综治信访维稳中心和村（社区）综治工作站的建设，落实领导接访包案和带案下访等制度，群众信访总量下降23.4%，纠纷调处成功率达93%。加强劳动执法监察和劳资关系调解，劳资突发事件、欠薪逃匿案件分别下降3.4%和37 %。

五、办好民生实事，全面发展了社会事业。市财政用于民生事业支出116.4亿元，基本完成向市民承诺的十件实事。切实做好就业培训工作。加强就业服务，提高最低工资标准，推广“村民车间”模式，继续实施免费技能培训、工资差额补贴、岗位津贴等政策，全年共培训劳动力13.1万人次，发放就业补贴2.7亿元，户籍大学应届毕业生就业率96%，城镇登记失业率控制在2%以内。切实提高社会保障水平。两次调整医保待遇，最高支付额提至15万元，职工和农（居）民退休金分别增长10.2%和44.8%。建立低保标准自然增长机制，向困难人群发放临时物价补贴，发放高龄津贴，设立自然灾害人身保障金。加强住房保障工作，帮助2978户低收入家庭解决住房困难。开展“广东扶贫济困日”和首届“东莞慈善日”活动。积极做好残疾人康复、教育、就业服务。切实繁荣文化教育事业。出台文化名城建设规划纲要和若干政策，举办各级各类文化系列活动，新入选3项国家级非物质文化遗产，东莞文艺作品首获文华大奖，东莞作家首获鲁迅文学奖。加快学校布局调整，完成扩建新建6所中学。出台助学贷款和学历进修补助政策。新招收近1.5万名新莞人子女入读公办学校，设立民办学校扶持专项资金。高考每万户籍人口升大学人数居全省首位。切实推动医疗、体育等事业发展。完善社区卫生服务体系，加快市中医院新院等大型医疗机构建设，有效防控基孔肯雅热等疫情。广泛开展群众体育运动，成功承办第16届亚运会举重赛事，参加第13届省运会取得佳绩，宏远男篮第六次夺取全国联赛冠军。优化计生服务，开展第六次全国人口普查，人口自然增长率6.23‰。国防人防、拥军优属、科普法普、外事侨务、海洋渔业、工青妇幼、民族宗教、统计审计、气象测报、档案方志、志愿服务、打私等各项工作扎实推进。

六、深化各项改革，激发了体制机制活力。坚持先行先试，锐意改革创新，加强法治政府建设，提升行政服务效能。深化政府机构改革。完成部门“三定”方案，市政府工作部门从37个调整为32个，市直临时议事协调机构精简53%。深化事业单位改革。实施事业单位岗位设置和人员聘用制度，新进人员实行公开招考。深化镇村管理体制改革。推进石龙、塘厦简政强镇试点工作，扩大下放事项，优化机构设置，并在中心镇和市属园区铺开。村级体制改革试点工作稳步推进。基本完成集体林权改革。深化行政审批制度改革。开展第四轮清理工作，调整审批事项232项，精简32%。积极推进并联审批、网上审批和电子监察。深化户籍制度改革。实行积分制入户和居住证制度，近1.2万名新莞人获得积分入户资格。深化公共事业改革。推动医疗卫生事业改革，建立基本药物制度，确立4家公立医院改革试点。认真履行部省协议，推进民政工作改革，推行居家养老服务，开展社会工作试点。完成水务一体化管理以及农村公路养护改革。深化机关作风建设。加强廉政和执行力建设，将加工贸易转型等13项重要工作和十件实事纳入行政问责范围。落实重大行政决策程序和政务公开制度，市长办公会向媒体开放。深入开展财政绩效评价。实施大规模干部培训。继续开展市民评机关活动。深化区域合作发展。推进深莞惠一体化发展，制定“四年大发展”工作方案，三市在界河污染共治、交通对接、社会管理联动和社保卡互通等方面取得了积极进展。落实“双转移”战略，市财政投入1亿元推进莞韶、莞惠产业转移园区建设。投入援建资金9亿元，提前完成援建四川映秀任务。制定支援新疆农三师图木舒克市总体方案和规划，3个试点项目竣工。落实推进与云浮、韶关两市“双到”扶贫开发，筹集帮扶资金2.2亿元，帮助50.8%的贫困户实现了脱贫。捐赠甘肃玉树灾区6311万元，援助广西河池、西藏林芝、新疆伊吾等对口帮扶地区财物1986万元。

刚刚过去的2010年，也是实施“十一五”规划的最后一年。五年来，我们积极稳妥地推进经济社会双转型，较好地完成了“十一五”各项目标任务，经济社会发展取得了新的成就。

这五年，是综合实力稳步增强的五年。我们在极其困难的情况下，努力实现了高基数上的平稳较快发展。全市生产总值五年增加2000亿元，财政总收入增长1.3倍，年度固定资产投资、社会零售总额均突破1000亿元，各项存款余额突破6000亿元，出口总额稳居全国第四。镇街平均可支配收入达到8.7亿元，村组平均可支配收入超3000万元。东莞被列为全国改革开放18个典型地区之一。

这五年，是结构调整逐步加速的五年。我们解放思想，科学谋划，以深入发动强化共识，以激励政策明确导向，以罕见力度稳企扶企，以危机倒逼助推转型，结构调整明显加快。呈现出三大产业结构、内外经济结构、企业经营形态、产品市场结构优化，以及人均经济指标、自主创新能力、节能减排水平、产业集聚程度提升的良好态势。工业技改投资五年增长4倍，专利授权量跃居全省第二。

这五年，是城乡环境持续优化的五年。我们加强统筹，以城带乡，全社会投入2300多亿元推进城市建设，投入200多亿元治理水污染，建成数百宗工程防灾减灾，扎实推进“四清理”、“五整治”以及森林公园建设。城乡一体化程度更高，市中心区地位更加凸显，镇村形象更加靓丽，水环境明显好转，空气质量持续改善。先后获得了全国绿化模范城市、国际花园城市、国家园林城市等荣誉。

这五年，是社会管理全面提升的五年。我们强力打好“治摩”、“治吧”、整治出租屋、扫除黑诊所等战役，全面推进消防安全大排查、大整改、大培训、大建设，坚持开展民间纠纷调处、劳动争议调解、市镇领导接访等行动，建立健全维稳综治、安全生产、应急管理长效机制。各类事故指标、刑事案件和信访数量稳步下降，群众安全感明显增强，社会管理水平不断提升。东莞获评全国社会治安综合治理优秀市。

这五年，是群众得到更多实惠的五年。我们始终坚持民生为本，市财政累计投入453.4亿元用于发展社会事业，公办义务教育实现了全免费，教育强镇和社区医疗卫生服务实现了全覆盖，基本医疗和养老保险实现了城乡统筹，公园和博物馆等实现了免费开放。城市居民和农民收入稳步增长，最低工资和最低生活保障标准逐步提高。城乡公共服务更加完善，市民素质不断提升。东莞进入全国文明城市行列。

五年的发展令人鼓舞，奋斗的历程让人铭记。五年风雨兼程，五年春华秋实，我们在困难中保持了平稳发展，在危机中加快了转型步伐，在磨砺中经受了严峻考验，在奋进中坚定了信心决心，在实干中铸就了新的辉煌。这离不开上级和市委的坚强领导，离不开市人大、市政协与各民主党派的监督支持，离不开广大市民、新莞人和外来投资者以及驻莞部队的共同努力，离不开港澳台同胞、海外侨胞以及国际友人的关心帮助。在此，我们表示衷心的感谢！

五年的发展启示良多，积累的经验弥足珍贵。我们深切地体会到：必须强化转型才有出路的共识。只有深入践行科学发展观，切实转变发展方式，推动经济社会双转型，才能增强核心竞争力和抗风险能力。必须坚定制造业立市的方向。实体经济是持续发展的重要支撑，制造业是东莞经济的品牌和特色。只有坚定不移地建设现代制造业名城，才能强化产业依托，发挥比较优势。必须坚守强镇才能强市的理念。镇村是东莞的发展之基、实力所在、惠民所依，只有坚持不懈地做强镇域经济，才能筑牢全市发展根基。必须坚持实施环境取胜的战略。城乡一体、组团发展、绿色宽畅是东莞城市环境的独特优势，只有坚定生态宜居的发展定位，深入实施环境取胜战略，才能赢得主动。必须发扬实干创新发展的精神。实干铸就了东莞“海纳百川、厚德务实”的城市精神，培育了东莞人开拓创新的胆识和勇气，成就了东莞经济社会发展的领先地位。只有发扬实干精神，永不止步，永不懈怠，才能永葆活力，开创未来。

五年的发展攻坚克难，当前的问题仍有不少。我们清醒地看到：经济回升基础仍不牢固。尽管已基本走出金融危机的低谷，但部分经济指标与危机前比，与珠三角其他城市比，还存在一定差距。结构调整力度仍需加大。外向依赖、资源依赖程度还比较高，优质品牌企业还不够多、不够强，企业总体技术水平和自主创新能力有待进一步提升。环境资源压力仍然较大。土地、能源等资源制约突出，污染治理与环境保护力度仍需加大。均衡发展水平仍待提升。镇村之间发展不平衡，村组集体收不抵支现象有所增多。社会管理工作仍需加强。社会不稳定因素依然较多，治安管理、安全生产、信访矛盾、教育公平、医疗改革等仍然面临较大压力，近来物价的持续上涨也给群众生活造成了一定影响。政府服务效率仍待提高。机关作风有待深入改进，办事难等依然是群众反映强烈的问题之一。对此，我们将高度重视，积极应对，努力破解。

“十二五”时期奋斗目标和主要任务

“十二五”时期将是世界经济格局的复杂变革期，是全球新兴产业、新兴市场孕育发展的重大机遇期，是我国加快转变经济发展方式的攻坚期。对东莞来讲，这将是深入推进双转型、加快现代化建设的重要五年。虽然我们面临着外向依存度过高、先发优势弱化、企业成本上升、节能减排和人民币升值压力增大等挑战，中央货币政策收紧、积极财政政策力度减弱以及国内较大的通胀压力等，也将对东莞经济带来一定的影响。但与此同时，我们也拥有许多有利条件：外部经济环境有望逐步好转，我国城镇化建设加快，内需拉动效果逐步显现；全市发展基础扎实，政府和民间的创造力较强，推动转型发展的思想更加统一、目标更加明确、方法更加对头，东莞和谐的人文环境、舒适的城市环境、公平的市场环境以及完备的产业体系仍然受到客商信赖。因此，我们必须准确把握国内外的形势变化，增强机遇意识、忧患意识和创新意识，既要对困难有充分的估计和应对的准备，又要坚定信心决心，扬长避短，主动作为，努力推动东莞经济社会沿着科学发展的道路稳步前进。

“十二五”时期东莞发展的总体要求是，以科学发展为主题，以加快转变经济发展方式为主线，以“加快转型升级，建设幸福东莞”为核心，以产业结构调整升级和城市升级为重点，深入推进经济社会双转型，努力当好推动科学发展、促进社会和谐的排头兵。主要发展目标：生产总值年均增长8%，结构调整取得明显突破，城市软实力明显提升，体制机制明显完善，人民幸福感明显增强。

要实现上述目标，必须处理好发展速度与发展方式、硬实力与软实力、经济增长与民生福祉、政府与市场、改革发展与稳定的关系。必须坚持先行先试、转型发展，坚持调整结构、创新发展，坚持节能减排、绿色发展，坚持统筹协调、和谐发展，坚持以人为本、惠民发展，坚持扩大开放、合作发展。要重点在以下四大方面下功夫：

一、深入提升“东莞制造”品牌。毫不动摇加快产业结构调整，推动经济发展方式从资源主导、粗放增长向创新主导、

绿色低碳转变，从多轮驱动、零散发展向园区带动、集群发展转变，从外向依赖向内外并重转变。大力调整产业存量，深入开展全国加工贸易转型升级试点，改造提升传统产业，加大扶优扶强力度，促进现有企业做大做强。大力提升产业增量，提高利用内外资水平，实施战略性新兴产业五年倍增计划，努力实现以大补小、以优代劣。大力提高产业质量，加强科技创新和品牌建设，壮大民营经济，扩大内需市场，落实节能减排，实现高端化、本土化、集约化发展。大力强化产业服务，加快现代服务业发展，建设金融强市、珠三角新兴物流城市、会展休闲之都。大力优化产业布局，加快形成“一个核心区、三大经济带、五大产业集聚区”的产业空间布局，打造更多更高层次的产业集群。全面构建起先进制造业实力较强、现代服务业支撑有力、都市农业高效集约的现代产业体系，切实提高核心竞争力和抗风险能力。

二、深入打造生态宜居城市。对城市总体规划进行修编，按照“强核、宜居、内畅、外联”的思路，进一步完善城市格局、提升城市品位、塑造城市性格。坚持基础设施先行，以构建内聚外联的轨道交通为突破，完善一环六横六纵三连的高快速路网、四通八达的主干支次路网和便捷顺畅的公交体系，推动市民出行方式转变，建成市内半小时生活圈；以打造“智慧东莞”为方向，推进电信网、广播电视网、互联网三网融合，加快物联网发展，完善城乡全覆盖的水电气设施和通讯网络。坚持组团发展，大力提升以中央商务区、商贸区、生态休闲区为重点的市中心区建设，推进各镇标志性片区和成熟社区的建设，力争把主城区建设成为城市形象展示区、高级人才集聚区和成熟社区示范区，各个镇建设成为具有“小市富县”配套水平的城市支点。坚持环境取胜战略，突出以绿为魂、水气同治，深入推进环境整治，努力做到天更蓝、水更清、城更绿。坚持建管并重，大力推进城市管理精细化、数字化、社会化。努力争创国家生态城市。

三、深入推进文化名城建设。紧紧把握住提高人的素质这个核心要求，深化精神文明建设，发展文化教育事业，全面提升城市软实力。培育现代城市文明，弘扬“海纳百川、厚德务实”的城市精神，加强思想道德建设，建设学习型城市，形成良好社会风尚，践行社会主义核心价值观，巩固全国文明城市地位。加快教育事业改革发展，实施学前教育三年行动计划，推动义务教育优质均衡发展，提高普通高中教育水平，打造职业教育品牌特色，促进高等教育跨越发展、成人教育多元发展，努力建设全省推进教育现代化先进市、珠三角重要人力资源培训配置基地和人才高地。推进文化名城建设，打响东莞特色文化品牌，促进文化事业产业繁荣发展，初步建成全国公共文化服务名城、国家历史文化名城、全国现代文化产业名城、岭南文化精品名城。

四、深入建设和谐幸福家园。坚持发展民生社会事业，维护安定局面，增进社会和谐，不断提高市民幸福指数。推动公安护民，努力实现社会治安根本性好转，信访数量和安全生产事故逐年降低，预防和处置突发公共事件的能力切实提高，市民安全感显著增强，建成全国和谐劳动关系示范区。推动强镇富民，推动镇村集体经济增资减债，扶持欠发达地区加快发展，打造更多的名镇名村，进一步健全覆盖城乡的就业服务体系，以此为依托促进充分就业和自主创业，实现居民收入增长与经济发展同步。推动卫生健民，建立起比较完善的公共医疗卫生服务体系，看病难、看病贵问题得到明显缓解，人民健康水平不断提高。推动社保惠民，全市居民的参保面不断扩大，人人享有保障的目标基本实现。推动服务便民，建立现代社会工作制度，建成覆盖城乡的养老服务网络，建成10分钟公共服务圈，初步实现基本公共服务均等化。

2011年工作安排

2011年是“十二五”开局之年，做好今年政府工作，意义十分重大。综合考虑各方面因素，2011年全市发展的主要目标是：生产总值增长8.5%，市财政一般预算收入增长10%，固定资产投资总额增长9%、社会消费品零售总额增长14%、外贸出口总额增长8%，城市居民人均可支配收入和农民人均纯收入增长8%，单位生产总值能耗下降2.52%，城镇登记失业率、居民消费价格涨幅分别控制在3%以内和4%左右。

今年政府工作的总体要求是：全面贯彻中央十七届五中全会、中央经济工作会议、省委十届八次全会和市委十二届七次全会精神，坚持以科学发展为主题，以“加快转型升级，建设幸福东莞”为核心，认真落实国家宏观调控政策，着力调整产业结构、转变发展方式，着力增强内需拉动、力促平稳增长，着力加强建设管理、提升发展环境，着力办好社会事业、保障民生改善，巩固和扩大应对金融危机成果，促进经济社会又好又快发展，为“十二五”发展奠定坚实的基础。

围绕以上目标要求，今年要重点抓好以下九方面工作：

一、着力调整产业结构，加快构建现代产业体系

扎实推进产业结构调整，加快转变经济发展方式，不断提升经济发展质量。

加快加工贸易转型。抓好全国加工贸易转型升级试点工作，制定方案，争取政策支持，用好专项资金，加强转型服务，推动来料加工企业转“三资”或民营，支持企业向研发和销售环节拓展。加快发展保税物流，继续举行“莞货全国行”活动，加强与大型零售、电子商务机构的合作。改革加工贸易管理模式，推进外经贸、海关、企业三方联网管理。

加快传统产业改造升级。制定传统产业集群发展和转型升级的指导意见。坚持专业兴镇，扶持各镇集中精力发展1—2个优势传统产业。推广专业镇、专业市场与会展业联动发展模式，加强专业市场整合培育，办好各类知名展会。探索建立工业设计中心。加强“东莞老字号”宣传推介，扶持传统特色企业发展。

加快战略性新兴产业培育。制定战略性新兴产业发展规划及配套政策，重点推动半导体照明、高端新型电子信息、电动汽车、太阳能光伏四大产业发展。加快省市共建产业基地建设，争取电动汽车等产业纳入省级基地。加大新兴产业骨干企业的引进培育，实行用地用电优先保障，政府采购优先考虑，带动形成新兴产业集群。

加快现代服务产业发展。落实新兴物流城市实施意见，推动“一港三带六园区”的规划建设，加快海港航运、城市配送等发展。推进市金融商务区建设，深化区域金融合作，发展新型金融机构，促进地方金融改革创新。加快商业网点规划修编，整合完善西正、东纵、世博、鸿福、华南摩尔等商贸集聚区，提升主城区商业档次。发展旅游、设计、会计、法律等产业。

二、着力加强科技创新，不断提高自主发展能力

整合完善现有政策，五年投入100亿元，深入实施科技东莞工程，提升产业竞争力和自主发展能力。

积极培育“两自”企业。支持企业组建研发中心、重点实验室，资助重大科技专项、粤港招标项目和科技合作交流项目，提升企业技术创新水平。落实税收减免政策，引导企业加强技术改造。深入开展质量强市活动，扶持品牌经营，试行品牌质押，加强区域品牌培育与保护，支持企业参与行业标准制订。

加强创新平台建设。加快建设中科院信息技术研发中心等公共平台，支持半导体照明等行业以及茶山食品、沙田港口物流等专业镇创新平台建设，抓紧建设国家半导体光源产品质检中心、国家城市能源计量中心等检测平台。加强对已建平台的运营管理。落实人才引进政策，积极引进培育科技创新团队和领军人才，建立高层次人才列席重大会议制度。

深化产学研合作。设立产学研合作专项资金，推动科技金融结合，支持技术研发。建设一批产学研示范基地，组建太阳能、云计算、物联网等产学研联盟，加快散裂中子源与民用核技术产业基地建设。实施科技特派员计划，办好科技合作周，推动企业与高校院所交流对接。推进专利培育、知识产权优势企业认定工作，发展知识产权交易市场。

引导扶持民营经济发展。完善和落实扶持民营经济政策措施，选定一批成长型民营企业进行重点帮扶，引导民间资本投向先进制造业领域，加强技术引进消化吸收再创新。发挥行业协会和商会作用，支持兴建市民营大厦。

三、着力实施引优扶强，提升产业集约发展水平

充分发挥园区的产业集聚和辐射带动作用，加力引进和培育优质企业，不断壮大产业实力。

加大园区开发建设力度。加强松山湖招商推介，用好国家级园区优惠政策，完善各项配套，推动落户项目尽快投产。抓好虎门港二期市政工程及麻涌港区建设，建成东莞保税物流中心和虎门港数据中心，提升港口吞吐量。加快生态园基础设施建设，全面开展招商活动。完成长安新区总体规划编制，争取尽快进入开发阶段。制定镇街工业集聚区整合改造指导意见。

加大优质项目引进力度。完善招商引资目录，建立重大项目洽谈、决策快速反应机制，积极引进跨国企业、央企和大型民企。开展日韩台驻点招商，逐步建立政企高层沟通机制。完善用地指标分配机制，优先解决一批优质项目用地问题。加强对镇街招商的协调指导，鼓励合作引进大项目。

加大龙头企业培育力度。落实能源保障、办事优先等政策，大力扶持521家重点工业企业、现代产业体系“四个30项目”、商贸流通业“四个十大”项目、民营工业50强和服务业50强等。选定一批具备潜力的企业进行重点扶持，力争两年内培育主营业务收入超50亿元企业15家以上，超100亿元3家以上，并对实现目标的企业给予奖励。认定第四批上市后备企业，力争新增上市3—5家。

四、着力加快改旧建新，推动城乡环境持续优化

启动城市总体规划修编，以重点项目、“三旧”改造、环保工程等为抓手，深入推进城乡规划建设，进一步扩大投资拉动，完善城市功能，增创环境新优势。

推动交通项目建设全面提速。积极配合穗莞深、穗莞惠城际轨道交通工程，加快市轨道交通R2线建设，加强沿线土地规划统筹。推进东莞新火车站及其配套建设，加快东莞东站升级改造。建成广深沿江高速东莞段一期、虎门港支线一期、东莞大道延长线，加快从莞高速、深圳外环、博深高速、莞番高速东莞段和虎岗高速延长线、环莞快速二期、松山湖大道常平连接线，以及东江梨川、东平大桥等建设。完成中麻公路、S120石排至桥头段、S256南城至虎门段、S358长安至虎门段改造，抓紧石大公路、东部快速企石至桥头段改造，推进沿海公路、疏港大道等建设。

推动城市功能配套加快完善。加快中央商务区、商贸区、生态休闲区的规划建设，抓紧推进南城总部经济片区、东城中心片区、东莞火车站石龙茶山新片区等建设，建成广电中心、市中医院新院、篮球中心等项目，加快工人文化宫、市民艺术中心等项目，进一步增强主城区功能。继续完善城市水电气网络，推进水利防灾减灾工程，建成110千伏及以上输变电工程16项、天然气管网140公里、改造供水管网600公里。加快信息基础设施建设，提升城市信息化水平。

推动“三旧”改造取得突破。用好政策优惠期，加快解决历史用地手续问题。加强改造方向引导，注重开发产业性项目和公益性项目。实行领导挂钩督导，简化工作流程，推行并联审批和逾期同意制，加强政策宣传辅导，加快解决征地、拆迁、审批等难题。抓好试点建设，强化示范带动，推动已批项目加快开工建设。

推动环境整治工程深入实施。严格落实生态控制和耕地保护红线，研究分期实施生态保护区退果还林工程。编制全市绿道网总体规划，启动市级和社区绿道建设。加快黄旗山城市公园的建设和已建森林公园的配套，启动凤岗南门山、清溪山水天地等森林公园建设。加强社区绿化，新建一批乡村公园，创建一批宜居社区。加强污水处理厂运营管理，加快支次截污管网建设，推进运河及挂影洲中心涌综合整治。加快4座垃圾处理厂和7个环保专业基地建设。严格落实节能减排责任，加强排污监控和环境监测，实施清洁空气行动计划，推广节能技术和清洁生产，强化土地执法监察，盘活存量土地。

五、着力扶持镇村发展，切实增强基层活力

镇村是全市发展的重要基础，集体经济是东莞的特色和优势，必须促进镇村持续稳定发展，打造更多的名镇名村。

加力推进市内帮扶。改革市镇财政管理体制，通过提高分成、超收奖励、增加补助等措施，每年增加镇街财力约15亿元。出台激励村一级转型的财政政策。开展市内“双到”扶贫，继续实施原有扶贫贷款贴息、公共管理支出补助等措施，设立定点帮扶资金，延长借款期限，扩大使用范围，对所有基本农田实行生态补偿，实施用地收费返还。年内帮助60%的欠发达村和贫困户脱贫。

理顺镇村管理体制。深入推进简政强镇，推动中心镇和三大市属园区加快改革，用好下放事权。推进黄江、厚街村级体制改革试点。设立农村经济风险储备金，加强镇村集体资产和债权债务管理，出台农村干部薪酬管理办法，制定政经分账核算和集体经济多元化经营的指导意见，严控非生产性支出和超前分配。做好镇村（居）班子和农村股份经济组织换届工作。

发展现代都市农业。加快农业产业园建设，加强项目引进，打造精细农业示范区。推进标准化基本农田建设，促进农业用地集约和规模经营，培育农业龙头企业和专业合作社。开展科技下乡，落实农机购置补贴，推广先进装备，提高生产效益。加快渔区建设改造，稳定海洋渔业发展。

六、着力强化社会管理，维护和谐稳定局面

坚持防范与打击并重、服务与管理并举，不断提高社会管

理水平，努力维护社会稳定。

继续狠抓社会治安和安全生产。保持高压态势，加强治安复杂场所整治，严厉打击恶性犯罪和多发性犯罪，突出打击汽车抢劫、入室盗窃、黄赌毒等。推进“平安公交”建设，加强出租屋管理。探索推动巡警体制改革，强化公安信息化和执法规范化建设。加大安全宣教和隐患排查整治力度，实施消防“防火墙”工程，加快“三镇一港”化工园区建设。完善各级应急机构建设，建成市安全生产应急救援指挥中心，提高突发事件联合处置能力。

继续狠抓劳动监察执法和信访调解。加强人文关怀，改善用工环境。开展劳动监察网格化和网络化建设，提高劳动仲裁处理效率，严厉打击欠薪逃匿等行为。建成市人民来访接待厅，完善基层综治信访维稳机构，强化矛盾排查化解，落实领导接访包案和干部下访制度，妥善解决群众合理诉求。

继续狠抓市政交通和综合执法管理。增加公交运力和线路，加快完善公交站点和公共停车场建设，提升公交服务质量。加强交通疏导和执法值勤，加快交通拥堵点的改造，完善步行系统、自行车道以及视频监控、护栏设施。加强城乡内涝整治，修缮农村巷道和排污排水设施。探索生活垃圾分类收集处理，继续改进环卫保洁工作。加强城市管理综合执法，深入整治城市“六乱”，抓好流动商贩管理和违法建筑整治。

继续狠抓平安和谐社区建设。启动“幸福家园”社区服务体系建设，实施社区工作人员培训工程，打造社区优质服务示范点，继续抓好省“六好”平安和谐社区、市平安社区创建工作。加大社会工作力度，完善相关配套政策，建立政府购买公共服务制度。加快成熟社区建设，出台考核验收标准，推动社区功能配套加快完善。

七、着力发展各项事业，有效保障民生改善

坚持以人为本，大力改善民生，继续办好十件实事，推动社会事业发展，促进社会全面进步。

铸开文化名城建设。设立5年共50亿元的专项资金，出台配套政策。推进全国公共文化服务示范区建设，完善城乡文化设施，实施文化惠民工程。启动国家历史文化名城创建，加强非物质文化遗产保护，建设中国近代史主题公园。加快印刷、创意设计、现代传媒等行业发展。打造具有岭南文化特色的艺术精品。实施城市形象塑造和提升工程。力保蝉联全国文明城市。

提升教育发展水平。增加财政对教育的投入，提高公办中小学的生均经费标准。加大市镇财政对学前教育的支持力度，壮大公办幼儿园规模，提升民办发展水平，落实村（社区）和新建小区办园，提高幼师待遇，规范学前教育管理。完成10所高中学校新建扩建和职教城一期工程，落实省职业教育综合改革试验区各项工作，支持高等教育发展。

推进健康城市建设。深化医药卫生体制改革，完善基本医疗保障制度，实施基本药物制度，稳妥开展公立医院改革试点。健全基层医疗卫生服务体系，完善社区卫生服务功能，提高服务质量。加强重大传染病和职业病防控。强化食品药品安全监管，加大检测抽查力度。完善各项体育设施，推动群众体育和竞技体育蓬勃发展。继续做好人口计生工作。

做好就业社保等工作。鼓励开办“村民车间”，实施青年见习培训计划，开展农民工专场招聘，帮助市民充分就业创业。完善城乡一体社保体系，提高离退休人员基本养老金，将低保标准从400元提高到440元，实施低保动态管理，增加特困低保家庭生活补助。制定临时救助办法，探索为困难人群购买重大疾病保险，完善专项慈善基金运行机制。落实积分制入户和居住证制度，探索基本公共服务积分制管理。抓好“菜篮子”工程，加强物价管理，向困难群众发放临时物价补贴。加强住房保障，建设雅园新村二期。扎实开展双拥共建，争创全国双拥模范城“七连冠”。继续做好国防人防、科普法普、外事侨务、工青妇幼、民族宗教、统计审计、档案方志、气象、打私等工作。

八、着力落实规划纲要，积极扩大开放合作

深入实施珠三角规划纲要，积极落实内地与港澳台相关经贸合作协议，落实对口帮扶任务，推动区域合作与协调发展。

强化深莞惠一体化合作。共同编制深莞惠区域协调发展总体规划，论证建立产业合作示范区。加快跨界路网对接，优化跨界公交线路，推进车辆通行年票互通。加强界河联合整治，开展大气污染联合防治。加强水资源开发利用、流动人口服务管理、打击跨区域犯罪和处置突发事件的协作。推进职称鉴定和证书互认互通、医疗保险异地结算、养老保险无障碍转移，以及劳动监察、劳动仲裁合作。

强化与港澳台等交流合作。加强与香港、澳门在城市管理、金融、会展、旅游、教育、卫生等方面的合作，落实产业服务制度，促进在莞港资企业转型升级。加强与台湾高科技产业、现代农业等合作，推动松山湖台湾高科技园尽快形成规模效益，推进虎门港与高雄港、基隆港的合作。加强与东盟合作，开拓新兴市场。

强化对口援建与扶贫协作。落实援疆、援藏计划，抓紧启动一批民生项目。扎实推进与云浮、韶关两市“双到”扶贫开发，力争提前实现80%贫困户脱贫的目标。用好省市扶持资金，加强莞韶、莞惠产业转移园基础设施建设和招商引资。完成援建汶川映秀收尾工作。继续做好对广西河池等地的对口帮扶。

九、着力加强自身建设，打造廉洁高效政府

坚持依法行政，优化政府服务，狠抓工作落实，提高政府公信力和执行力。

进一步加强依法行政。认真执行人大决议，主动接受社会监督。落实重大行政决策程序规定，健全行政决策合法性审查机制，促进科学民主决策。制定行政处罚裁量标准，完善处罚程序，开展执法评议考核，进一步规范执法行为。推进电子政务建设，完善网络问政平台及政务信息共享平台。推动中心镇成立法制机构，提高依法行政水平。

进一步提升服务效能。深化行政审批制度改革，完善和落实重点项目并联审批、超时默认制度，推动一批群众常办事务上网审批。完善政府采购实施办法，加强财政资金绩效评价，全面推行市级财务核算信息集中监管改革，提高资金使用效率。推广“一站式服务”，严格执行首问责任、限时办结、责任追究等六项制度。加快事业单位分类改革。落实各项扶企制度，帮助解决好用工、用电、用地、融资等问题。

进一步改进机关作风。加强重大决策和重点工作的跟踪督查，落实现场办公和季度片会制度，促进难点问题解决。严格厉行节约，严控会议和庆典活动，建设全市视频会议系统。落实《廉政准则》，推进廉政建设和反腐败斗争，建设综合型纪检监察平台。健全明察暗访机制，坚决纠正不正之风。

名词注解：

“双到”扶贫：指扶贫开发“规划到户责任到人”。省委省政府提出，从2009年开始，用3年时间，对省内欠发达地区的贫困村、贫困户，通过“规划到户责任到人”进行帮扶，确保基本实现脱贫。其中我市承担韶关、云浮两地的帮扶任务。参照省的做法，我市对市内的欠发达村、低保困难户也开展“双到”扶贫。

外经贸“五个1000”专项工作：即推动1000家来料加工企业转变形态、推动1000家加工贸易企业拓展内销市场、推动1000家加工贸易企业提升生产力水平、拜访1000家目标引进企业（机构）、邀请1000家海外企业（机构）深入考察我市投资环境。

现代产业体系“四个30项目”：即30个战略性新兴产业项目、30个先进制造业项目、30个优势传统产业项目、30个现代服务业项目。

商贸流通业“四个十大”项目：即十大连锁经营企业、十大专业市场、十大物流企业和十大会展项目。

一个核心区、三大经济带、五大产业集聚区：一个核心区即中心城区建设现代产业核心区；三大经济带即以松山湖为龙头的园区经济带、以虎门港为依托的物流经济带、以主城区为核心的商贸经济带；五大产业集聚区即先进制造业集聚区、高新技术产业集聚区、现代服务业集聚区、临港产业集聚区、现代农业集聚区。

“强核、宜居、内畅、外联”：“强核”是指强化主城区和各镇中心区的城市功能；“宜居”是指营造生态宜居环境；“内畅”是指打造连接顺畅的市内交通网络；“外联”是指打通对外连接通道。

物流“一港三带六园区”：一港即虎门港物流基地；三带即西部沿海物流产业带、东部铁路物流产业带、中部城市物流产业带；六园区即东莞市保税物流园、立沙岛石化物流园、常平大京九物流园、石龙红海物流园、茶山铁路物流园、生态园城市配送物流园。

消防“防火墙”工程：全面加强消防建设，力争通过三年努力，形成政府部门、社会单位、群众共同参与的群防群控格局，推动消防安全环境明显改善，重特大尤其是群死群伤火灾事故有效遏制。

“三镇一港”化工园区：在谢岗、大岭山、清溪、虎门港建立危险化学品生产、储存、经营重点规划区域。

“幸福家园”社区服务体系：今年启动体系建设，到2015年基本建成，主要包括打造社区生活服务中心示范点、培育社区社会组织、培训社会建设人才、建立社区政务服务中心、建设物业管理型社区等。

2011年市政府十件实事

一、加强社会治安治理。严厉打击入室盗窃及路面“双抢”违法犯罪活动，全市社区警情同比下降12%、路面“双抢”警情下降10%；打造“平安公交”，全市50%以上公交企业成立内保机构，二级以上车站全部成立警务室，创建700台平安车厢、15个平安车站，全市公交治安警情下降15%。

二、建设一批学校。投入23亿元，建成市第六高级中学、市第七高级中学、市第八高级中学、市信息职业技术学校、石龙中学、万江中学、厚街专业技术学校、市卫生学校，完成市第五高级中学、长安职业高级中学扩建工程，基本完成职教城一期工程建设。

三、完善公共卫生服务。投入8亿元，全面实施建立居民健康档案、健康教育、免疫规划、传染病报告处理、儿童保健、孕产妇保健、老年人健康管理、高血压和糖尿病管理、重性精神疾病管理等9项基本公共卫生服务项目，实现基本公共卫生服务覆盖城乡居民；建成市中医院新院和广东医学院附属松山湖医院（市第二人民医院）并投入使用。

四、加大就业保障和扶贫力度。投入8亿元，实现城镇登记失业率控制在3%以内、东莞生源应届高校毕业生初次就业率达90%以上；将退休人员养老保险待遇提高10%以上；将低保标准从400元提高到440元；年内实现60%的欠发达村村组两级集体经营性年纯收入达到150万元，实现60%以上已结对帮扶的有劳动能力的低保户脱贫。

五、建设宜居社区和社区生活服务中心。投入2亿元，年内建成80个宜居社区（村），创建20个社区生活服务中心示范点。

六、整治市区内涝。投入8亿元，基本完成鸿福河和四环路宏远路段内涝整治工程，动工建设东纵路内涝整治工程。

七、保障食品安全。加强食品抽检，确保蔬菜农药残留检测合格率达97%以上、生猪“瘦肉精”残留检测合格率达99%以上、水产品药物残留检测合格率达95%以上、食品生产环节抽检合格率85%以上；新建30个食品安全样板市场；创建5条餐饮服务食品安全示范街。

八、建设城市绿道和森林公园。投入7亿元，建成260公里城市绿道，基本建成凤岗镇南门山和清溪镇山水天地两个森林公园，规划建设黄江镇黄牛埔、清泉，凤岗镇碧湖，寮步镇佛灵湖等4个森林公园。

九、治理垃圾填埋场、汽车尾气和工业锅炉。投入8000万元，整改塘厦、虎门、樟木头三座垃圾填埋场，实现无害化处理；治理营运客货车尾气，抽检达标率达78%以上，淘汰或改造工业锅炉400个，改善全市空气质量。

十、实施“文化惠民”工程。投入5亿元，实现全市镇街文化站全部达到省“特级文化站”标准；实现全市村（社区）公共文化服务设施达到“五个有”的标准；实现全市镇街24小时自助图书借阅全覆盖；组织“万场电影、千场演出、百场培训”到村（社区）、到企业。

▲ 2011年1月17日，市十四届人大六次会议在会议大厦开幕（蓝业佐　郑家雄　郑琳东　摄）

产业结构调整和转型升级取得阶段性成效

2008年3月，省委书记汪洋视察东莞市，要求“东莞把产业结构调整和产品转型升级作为贯彻落实科学发展观的核心任务”。省长黄华华也多次要求东莞加快产业结构调整步伐。2008年5月，东莞市召开产业结构调整和转型升级试点工作动员大会，正式拉开产业结构调整的序幕。截至2010年，东莞市产业结构调整和产品转型升级工作得到省委书记汪洋、省长黄华华以及媒体、社会各界的高度认同。特别是省委书记汪洋多次在不同场合肯定东莞市的产业结构调整工作，认为“东莞的产业结构调整和产品转型升级在困难的外部条件下取得了积极的成效，全市上下都付出了巨大的努力。已有的成绩是最好的教材。”省长黄华华也赞扬东莞“产业结构调整扎实推进、产业规模和层次明显提升，特别是技术创新取得历史性突破。”随着产业结构调整成效的日益显现，基层和企业也消除疑虑，得到实惠，产业结构调整的信心和决心不断增强。

一、结构调整认识

截至2010年，东莞坚持把统一思想作为调整产业结构的基础和前提，努力凝聚全社会结构调整的共识，想方设法破除各种思想观念阻碍。创造性地提出“四个不是而是”（即调整产业结构不是把外商赶走，而是想获得双赢;不是赶厂赶人，而是要把用人多、耗能大、污染严重的企业的生产环节转移到市外去；不是要一下子把整个人口数量降下来，而是要控制人口的增长势头，提高人口质量；不是政府用行政手段逼企业违心地调整，而是遵循经济规律，采取经济手段、法律手段和一定的行政手段进行引导。）和“四个忍得住”（即忍得住暂时的阵痛、忍得住暂时速度的放缓、忍得住暂时收入的减少、忍得住社会的非议。）的口号，要求各级干部牢固树立结构调整优于速度增长的理念，将发展理念、工作方式从经济高潮期的“高歌猛进、大干快上”，转变到经济调整期的“稳步发展、理性调整”上来；国际金融危机影响消除后，坚持“好了伤疤不忘痛”，以新技术新产业知识为重点对干部进行大规模培训，从招商引资、产业发展、科技创新、资源配置、体制机制等十个方面警惕传统意识复发、防止传统发展模式复归，切实把干部群众的思想认识统一到集中精力抓结构调整上来。基层干部群众和企业对产业结构调整的态度从最初的抵触、议论、怀疑、观望，转变为认识到产业结构调整是大势所趋并积极配合、主动推进，形成全市上下一心、步调一致抓调整的良好局面。

二、结构调整力度

截至2010年，东莞紧紧抓住产业结构调整和产品转型升级这个关键不放松，攻坚克难，扎实工作，推动结构调整取得突破性进展。

▲ 第12届中国东莞国际电脑资讯产品博览会在会展中心举行　　（林清　摄）

一是完善结构调整的政策机制。制定“1+26”产业结构调整政策体系，出台对太阳能光伏等产业核心技术的补贴奖励政策，资助每个省级专业镇3000万元支持其建设产业技术服务平台。建立“市镇主导开发、市镇村三级分利”的统筹发展模式，实施重大项目奖励、纳税返还等制度。加快村级体制改革试点，探索政务服务、村居自治、股份经营三分离，市财政每年拿出2.3亿多元对实力较薄弱的村（居）给予行政管理和公共服务经费补贴。将结构调整纳入党政领导班子落实科学发展观工作实绩年度考核评价范畴。将“科技东莞”工程资金提高到每年20亿元，大力实施“人才东莞”战略和“文化东莞”工程，为推动东莞从要素驱动全面转向创新驱动、人才驱动和文化驱动提供强有力的战略支撑。

二是明确结构调整的主攻方向。以扶优扶强、招大引强和培育新兴产业为主攻方向，推出培育扶持现代产业体系“四个30项目”、商贸流通业“四个十大”项目、民营工业50强、服务业50强、超百亿元企业和一批总部企业等系列举措，兴建8000多亩的松山湖台湾高科技园，引进荷兰皇家孚宝、新加坡港务集团、中国电子信息产业集团、中远船务、中粮集团、深圳华为等一大批国内外优质企业。设立5年共80亿元的战略性新兴产业专项资金，重点扶持高端新型电子信息、半导体照明、太阳能光伏、电动汽车四大战略性新兴产业，全市企业和产业的发展层次大大提升。

三是搭建结构调整的平台载体。连续举办电博会、两届动漫展、两届“台博会”和三届“外博会”，在全国大中城市举办东莞外贸商品展销周和东莞名特优产品展销会，与沃尔玛、阿里巴巴等共同搭建商贸合作平台和电子商务平台，设立4家厂货直销中心，支持台商成立“大麦客”，选取1000家企业进行“一对一”内销辅导，传统产业与创意产业的结合更加紧密，企业拓展国内市场的积极性不断增强。

四是创造结构调整的东莞模式。把推动加工贸易转型升级作为东莞产业结构调整的重中之重，率先在国内引进港台企业辅导机构，率先在全省推行“内销集中申报”，率先在全国建立来料加工企业不停产转三资企业的“无障碍通道”，积极推动加工贸易企业转变经营模式、优化企业形态、增加科技含量、提升产品层次、创立自主品牌、拓展国内市场。截至2010年，全市共有2871家来料加工企业成功转型，东莞成为全国加工贸易转型升级试点城市。

三、结构调整实践

截至2010年，全市上下凝心聚力，各出奇招，积极探索切合实际、各具特色的结构调整模式和路径。

一是创新技改提升之路。强化鼓励自主创新的体制机制和利益导向，支持企业增加技改投入、掌握核心技术，加快产品升级换代。大朗镇对企业购买电脑织机等先进设备实行定额补贴，毛织企业采用先进设备后效率提高三四倍，节省用工85%。三星电机等一大批企业通过淘汰转移低档产品，投入巨资更新设备和加大研发，从低成本、低附加值的劳动密集型企业转型为资本、技术密集型的高科技企业。

二是创新“三旧”改造之路。厚街镇寮厦社区实施旧厂改造、“退二进三”，迁出耗能高、污染大、效益低的老企业，将旧厂房改造成东莞最大鞋机、鞋材、皮料专业市场，转移劳动力4000多人，经济效益提升两成以上。南城街道引进高盛集团对3座旧厂及周边土地整合改造，成功打造出集研发、生产、产品展示、电子商务服务于一体的高盛科技园，园区年产值从3000万元升至13亿元，纳税从210万元升至9000万元，物业租金从每平方米8元提升到20-35元。

三是创新绿色发展之路。严把项目准入关，禁止引进耗能重、占地多、污染大、附加值低的企业，以节能减排倒逼结构调整。东莞生态产业园生态修复的经验受到省委书记汪洋等省领导的高度赞扬。

四是创新利益协调之路。凤岗镇在推动来料加工企业转“三资”过程中，由镇为村一级提供固化收益的指导方案，并通过镇一级率先向企业让利，平衡村级和转型企业利益，大大提高来料加工企业转型升级的积极性。

四、结构调整成效

截至2010年，东莞市经济增长方式发生明显改变，自主发展能力显著增强，产业结构调整取得阶段性成效。

一是产业结构优化。全市第三产业增加值占GDP比重从2007年的44.1%提高到2010年的48.7%，电子信息制造业增加值占规模以上工业增加值比重从37.4%提高到40%以上，高新技术产品产值占工业总产值比重从27.4%提高到30%以上，民营经济增加值占GDP比重从31.9%提高到36.2%。先进制造业的支柱地位更加巩固。

二是经营模式优化。全市自主设计经营（ODM）外资企业比重由2007年的23.5%提高到30.3%。全市出口300强企业基本上实现“设计+生产”的运作模式，ODM生产制造产品出口占全市加工贸易出口超过60%。

三是技术品牌优化。2008年以来，全市外资企业新增研发中心（机构）239家、地区总部3个，新增拥有自主品牌的加工贸易企业521家，省级企业技术中心从10家增至43家。全市拥有中国驰名商标24件、中国名牌产品18个。

四是企业结构优化。三资企业占外资企业比重从2008年的55.2%上升到2010年的67%，国家级高新技术企业从157家增加到336家；来料加工出口占进出口的比重由2007年底的37.1%下降到23.4%。

五是市场结构优化。全市外资企业内销总额从2008年的1674亿元增加到2010年的2054亿元，企业内销占内外销总额的比重从27.3%提高到30.9%，东莞的外贸依存度从208.1%下降为188.6%。

六是资源配置优化。与2007年相比，2010年全市单位GDP能耗降低12%，每万元生产总值耗电下降17.6%，每亿元生产总值消耗土地下降25.5%，每平方公里土地产出生产总值增长34.4%，东莞城市环境质量考核排名从全省第九位上升到第二位。（选摘自全市产业结构调整和转型升级工作会议讲话）

▲ 2010年4月13日，转型升级——台资企业品牌经验（东莞）研讨会在厚街镇举行

东莞加工贸易转型升级的探索与启示

▲ 2010年11月16日，全国加工贸易转型升级试点城市暨梯度转移重点承接地授牌大会在深圳市举行。图为副市长江凌在授牌大会上接过牌匾　　（曹雪琴/图）

2010年11月16日，全国加工贸易转型升级试点城市暨梯度转移重点承接地授牌大会在深圳举行，东莞成为全国仅有的两个“全国加工贸易转型升级试点城市”之一，这表明东莞在全国加工贸易发展格局中占有重要地位，东莞转型成果，全国有目共睹，更肩负着为全国加工贸易转型升级探索经验的重要使命，任重而道远。

产业结构调整是东莞市落实科学发展观、转变经济发展方式的核心任务。其中，加工贸易的转型升级又是产业结构调整工作的重中之重。从2008年8月东莞市被确定为全省加工贸易转型升级试点市以来，东莞已经摸索出一系列行之有效的措施，加工贸易转型升级呈现出“企业形态优化、技术结构优化、市场结构优化、经营模式优化”的良好态势。2010年，东莞全面推进双转型战略，加快产业结构调整，积极实施外经贸“五个1000”工程，实现技改、研发以及供应链拓展等方面的可喜突破，在全省率先实现来料加工企业不停产转型，累计帮扶1600多家来料加工企业转为“三资”或民营企业，约占总数的三成，ODM（原始设计制造商）生产制造产品出口占全市加工贸易出口超过60%，有988家加工贸易企业拥有自主品牌，内销总额增长34.4%，同时涌现出生益科技、多宝针织、品质电子等一批傲立潮头的标杆企业。东莞加工贸易已由单纯的劳动密集型发展到“劳动、资金、技术三密集”为主要形态，出口300强企业基本上实现“设计+生产”的运作模式。这一年，东莞克服金融危机影响，经济实现全面复苏，全年实现生产总值4246亿元，实现两位数的增长。省委书记汪洋对东莞双转型取得的显著成效曾六次给予高度评价。2010年11月10日，汪洋在《关于东莞市后危机时代致力加工贸易企业就地转型升级的情况报告》上作出批示：“很高兴看到东莞加工贸易企业转型升级取得了积极成效，积累了宝贵经验，希望继续努力，真正走出一条有竞争力、可持续发展的新路子”。16日，商务部副部长蒋耀平对东莞获得试点城市的资格这样评价：“东莞在加工贸易转型升级的政策力度很到位，很突出，形成了自己的经验，效果非常好，对全国的加工贸易转型升级来说，具有很好的借鉴和示范意义，此次将东莞列为试点城市，是希望东莞能继续为全国的加工贸易转型探索新经验。”

一、主要经验

后危机时代，经历了三十多年风调雨顺的东莞加工贸易企业，遭遇了前所未有的“成长烦恼”，资源吃紧、人民币升值、海外市场萎缩、贸易保护主义抬头，这些集中爆发的压力交织在一起，加速倒逼企业通过转型升级来消化成本，对比那些沿袭旧路勉强度日的企业，以生益科技、品质电子等为代表的一批加工贸易企业超前谋划，主动出击，借助研发、管理、创意等现代发展要素重新开拓疆土，从价值链低端逐步游向价值链高端，为全市加工贸易企业的转型发展提供可参的典型范本。

（一）转型，要靠超前理念激活潜能

思路决定出路。一场金融海啸，使东莞加工贸易企业唯利短视的传统理念遭受颠覆性的冲击，越来越多的企业意识到传统模式的山穷水尽，而进入到转型升级的行列中来，如果说倒逼转型只是企业在金融风暴下无奈的应景之举，那么依靠创新驱动向产业链高端攀升已成为当下加工贸易企业的一种自觉共识。2008年以来，东莞市已有1600多家不具备法人资格的来料加工企业转为法人企业，新增加工贸易高新技术企业184家，出口300强企业基本上实现 “设计+生产”的运作模式，ODM生产制造产品出口占全市加工贸易出口超过60%。行动与数据有力地证明了东莞加工贸易企业的思维转变，不少加工贸易企业的发展理念已比较超前，这其中不仅有泛蓝科技等新兴明星企业，更有东聚电子等老牌知名企业，这些富有远见的加工贸易企业，在危机到来甚至更早的时候就跳出单纯依赖代工赚取薄利的陈旧套路，他们前瞻性地关注和策划未来，重新定位发展方向和核心优势，通过开发新技术、新产品，深度挖掘和创造新的市场需求，不断强化产品的差异化和市场的定价权，进而找到适合自身的突破路径，使企业以崭新的形象实现行业晋位，更成为新时期东莞经济发展的中坚力量。

（二）转型，要靠先进工艺掌握主动

技术改造是加工贸易企业走出困境的一条必由之路，尤其对传统产业来说，实施生产工艺的更新换代，大幅提高生产效率，无异于给老迈的行业肌体注射一针强心剂。2009年东莞市企业更新改造投资首次突破200亿元，工业更新改造投资首次突破100亿元，分别同比增长2.5倍和1.5倍，总额和增速在珠三角各市都排名前列，技术改造已成为东莞市传统企业寻求突破的法宝利器。位于常平镇的东莞多宝针织服装有限公司就是一间从中初尝了甜头的企业，该企业产品主要销往美国市场，在美国占有较高的市场份额。在技术更新方面多宝针织有着自己独到眼光和心得，从2002年起，他们便陆续引进德国全自动电脑针织机1400余台，使企业设备处于全球领先水平，该企业已全面实现电脑全自动化生产，一名工人可同时操作8台织机，单位产量是之前手织机的15倍。同时，该企业还投入200多万元对生产流程、工艺分析等领域进行系统完善，大大降低单位

生产能耗，也降低企业生产成本，该企业的制造工艺水平保持世界同行业前列。正是由于多宝针织决策早，转型快，在传统行业发展疲软，不少企业主动压缩生产规模，谨慎接单的大背景下，该企业在国外市场上仍敢于拿较多的订单，保持良好的发展势头。

（三）转型，要靠强势研发抢占高点。

加工贸易企业转变的核心就是要掌握关键技术领域的知识产权。经历金融危机后，企业和政府都意识到，东莞市产业环节中技术创新的先天“贫血”已严重限制加工贸易的转型步伐，要摆脱外界“制造车间”的刻板印象，必须恶补研发环节长期存在的空白。在政府10亿元转型资金的刺激鼓励下， 2009年，代表着东莞创新能力的专利申请量和授权量一举跃升至全省第二，超过2000年之前的总和，新增外资企业研发中心近200家，企业创新热情一浪高过一浪，并已经有部分企业开始突出重围。位于松山湖科技产业园的广东生益科技股份有限公司无疑是其中的佼佼者，回首生益科技的发展历程，无不烙下“技术新则企业兴”的轨迹。该企业早在上世纪就成立由公司骨干技术人员和管理人员组成的技术委员会，每5年制定一次“技术发展纲要”，明确未来的研发方向和着力点，即便是在企业最困难的时候，生益科技也义无反顾地将6%以上的利润投入到研发创新中，而在产品环保化、短小化、高性能化等关键技术研发方面每年投入不少于1亿元，企业98%的产品为自主研发产品。而正是基于如此执著的努力，生益科技在金融危机后表现出愈发强劲的市场竞争力，2009年企业实现利润3.86亿元，比2008年增长256%，一跃成为全国最大、全球第三的覆铜板生产商。更为超前的是，在不断进行自主创新的同时，该企业还卓有远见地制定知识产权战略，为公司的安全经营、自由发展和国际竞争提供保障，最具代表意义的是上年该企业打赢广东第一宗在美国维权的知识产权大案，迫使世界覆铜板行业第一巨头美国埃索拉公司向国际贸易委员会主动撤诉。生益科技已提交国外专利申请10件，中国专利申请90多件，其中发明专利申请超过60%，近3年专利产品销售收入累计超过45亿元。

（四）转型，要靠创意产品撬动市场。

国内外先进企业的实践表明，新创意会衍生出无穷的新产品、新市场和创造财富的新机会，所以创意是工业化时代推动企业发展的重要原动力。危机后的东莞，不少有眼光的加工型企业已经开始试水创意经济，他们把创意、时尚等现代元素与传统产业优势融合在一起，找到以创意驱动产品提升的新路径，也使企业发展获得新动力。落户石龙的泛蓝科技有限公司就是凭借创意产品异军突起的一个典型。泛蓝科技2004年成立之初仅为一间家具代工企业，同质化恶性竞争等传统弊病一度让企业步履维艰。在困难面前，企业敏锐地发现跨行业的产业整合也能成为一种产品创新，并大胆的认定电子与家具的创意组合可以创造出一个新的产业。几年来，他们坚持以此为方向，不断探索具有时尚潮流气息的新产品，在全国率先提出智慧电子家具的概念，首创沙发音响产品，继而又马不停蹄地开发出音响椅、游戏椅、健康休闲椅等系列电子家具，极大丰富了产品的文化附加价值，产品远销北美、欧洲、东南亚、中东等多个国家和地区。与此同时，泛蓝科技顺势而为，在拥有拳头产品的前提下不断加大开拓自有品牌力度，自有品牌“AIV”销售网点遍布国内外，形成强大的销售网络。通过创意拉动产品升级，泛蓝科技已成功转型为一家拥有自主品牌、自有技术的电子家具制造商。在国际电子家具市场，泛蓝科技以超过60%的市场份额排在第一位，综合竞争力远超其他对手。

（五）转型，要靠人本管理凝聚士气。

后危机时代，企业经营者们越发感到原有的管理模式已不能适应新生代工人日益提高的尊严诉求，建立以人为本的企业管理模式，同样成为新时期加工贸易企业升级的迫切需要。在转变管理模式上，东莞长安品质电子制造厂做出很好的示范。投产8年来，品质电子厂坚持突出“关爱员工”这一主题，推行人性化管理，将“爱心”融于企业的经营理念：他们着力为员工提供舒适的生活环境，媲美花园的厂区由2000多名员工分8组合作设计，从构思到摆设完全由员工自己完成，四栋宿舍大楼艺术化地将楼身涂成红、蓝、紫 、绿四种颜色，分别以“软红香土、筚路蓝缕、紫气东来、绿野仙踪”冠名，平添一份文化韵味；他们着力为员工提供富足的精神生活，开展丰富的文体活动，营造健康向上的企业文化氛围；他们着力为员工搭建进步平台，由专人帮员工设计规划职业生涯，鼓励组织员工参加各种技能大赛。更为突出的是该企业不仅从大处着眼营造家的氛围，更从细微的生活小事着眼关爱员工，比如该企业有这样一个规定，员工家属来探亲，只要能证明家属关系，就可以在厂里免费吃住一个星期。这种人性化管理就像春雨润物一样，让员工感觉到浓浓情意，找到了一种主人翁的尊严，更使整个企业的生产效率、工作主动性与团队精神得到显著提升，有效促进企业发展。随着经济回暖，在加工贸易企业普遍又面临“招工难”尴尬的时候，品质电子厂却从没为找不到员工或员工不稳定而发愁，企业正是凭着这种先进的管理、优秀的员工以及持续不断的技术改良，发展成为世界顶级的引线框供应商，并先后荣获“东莞市青年文明社区”、“东莞市文化建设先进企业”等荣誉称号。

（六）转型，要靠延展链条拓宽空间。

长期以来，东莞市加工贸易企业被视为制造环节的代表，始终贴上 “低端”、“低附加值”等标签。然而经历金融危机洗礼后，不少企业已悄然从单一制造稳步向市场环节进军，东莞加工贸易的“微笑曲线”正向更宽广的领域展开。一方面，国内市场正成为企业转型释放产能的战略要地。不少企业在外需短期难以大幅反弹的情况下，采取内外销市场并举的全新策略，如东莞东聚电子电讯制品有限公司是东莞市一家大型加工贸易企业，头顶“世界第一碎纸机制造商”等系列光环，其产品远销欧美各地。然而，在金融危机影响下，企业欧美订单严重萎缩，2009年曾一度下降20%左右。在困境面前，东聚电子及时把眼光转向国内市场，在“外资企业产品内销”，“广货北上”等政府帮扶措施推动下，企业主动寻求与联想、海尔等国内知名企业合作，产品内销获得质的飞跃，2010年上半年，内销总额比去年同期增长170%。另方面，料件国产化也成为企业升级的一个可施之策。过去，东莞市加工贸易企业的零部件和原材料过度依赖进口，增值率极低，导致企业发展往往受制他人，金融危机后，不少企业已做出积极转变。位于石碣的东莞巨千家具有限公司就是这样的一家企业，他们的产品原料多为五金和玻璃件，材料成本占生产成本的80%以上，如何最大化降低采购成本、缩减采购流程，对于依靠控制成本增强竞争力的巨千家具来说，是最为头疼的环节。为此，该企业及时转变思路，不再采取“大进”的采购策略，代之以“进口与国内采购并重”的战略思维，超过6成的料件采购在国内完成，使企业在一个月内就可实现备料、生产和成品出口，国际接单能力大增，同时对国内相关的产业也形成明显的带动和辐射作用，使企业的产业合作能力和国际竞争力均得到明显的提升。

二、有益启示

生益科技、品质电子等企业在危机后的叠加压力下依然走出漂亮的转型之路，成绩得来实属不易，令人倍感鼓舞振奋。但客观来看，一批企业的华丽转身并不意味着东莞加工贸易整体的脱胎换骨。恰恰相反，绝大多数加工贸易企业除了要继续消化金融危机带来的不利影响外，还必须正视人口红利减弱的全新环境，更必须经受转型阵痛的严峻考验。路漫漫其修远矣，企业之难，政府感同身受，然而典型企业的成功让政府相信，经历了转型阵痛的蜕变，发展之路也必将更为宽广。在这个事关东莞市加工贸易发展大局的关键时刻，政府应与企业同担当、共进退。全市各级政府和有关部门应进一步提高认识，充分发挥东莞市产业基础稳固、文化包容等优势，努力克服各种不利因素，在工作中既服务企业发展，又助推企业提升，不断提高企业的发展水平和竞争能力，推动东莞市加工贸易实现更高层次迈进。

（一）推动转型，政府要比企业站得更高。

毫无疑问，加工贸易企业的逐利特质会局限他们对于自身调整的眼光和步伐，随着危机阴影日益远去，出口订单不断增多，淘汰落后压力逐渐减弱，以往那种依赖订单的传统模式很可能又会重新抬头。各级政府务必认清形势，巩固加工贸易转型升级的良好开局，通过政策调控等各种手段严防传统模式复归。同时，应从全球新一轮产业洗牌的大视角对加工贸易进行再定位，以“全国加工贸易转型升级试点城市”为契机，抓紧制定完善“十二五”时期加工贸易增长效益和质量的约束性指标体系，转变以承接发达经济体产业梯度转移为主的被动跟随模式，在产业统筹布局上切中要害，以更高更宽广的视野引导企业的转型升级。特别要意识到危机后是战略性新兴产业孕育和发展的重要阶段，把新兴产业发展纳入全市各镇街目标管理体系，科学制定实施新兴产业统计、监测、分析和发布制度，强化对新兴产业发展规模、重点项目、示范基地和创新平台等重点内容的考核，主动引领加工贸易企业投身战略性新兴产业发展。此外，还要看清金融危机推动全球绿色经济的兴起，以“低碳”化为目标，主动引导加工贸易开展国际低碳技术合作，大力发展绿色经济、循环经济和生态经济，创造绿色经济新优势。

（二）推动转型，政府要与企业贴得更近。

能否实现从“危机”到“机会”的嬗变，取决于企业和政府的共同努力。要加快推动加工贸易企业升级，政府服务就必须率先升级。从长远来看，政府应从直接扶持企业发展向建设完善的服务体系转变，形成既“贴身”做好各种行政服务，更“贴心”满足并引领企业升级需求的全新局面，打造出“零障碍、低成本、高效率”的东莞外向经济服务品牌。从近期来看，政府要突出抓好几项实际工作，要做好企业转型的“领航者”，积极为加工贸易企业度身制定转型方案，落实专人为转型企业提供业务指导；重点跟进资金、技术密集型来料加工企业，打消企业转型疑虑；组织小分队到境外企业总部推动总部经营决策转变，鼓励更多的加工贸易企业设立总部和研发机构。要做好企业转型的“推销员”，实施出口企业内销辅导计划，深入开展形式多样的外贸产品展销活动，扩大东莞外贸产品的影响力；构建“东莞制造”等网页专区，推动加工贸易企业应用电子商务开拓国内市场，为外资企业产品进入国内商贸流通领域搭建对接平台。要做好企业转型的“牵线人”，充分发挥“科技东莞”、“加工贸易升级转型”等专项资金的导向作用，创造条件让企业将境外研发机构逐步转入东莞，在东莞市设立国家设计中心，建设更多公共科技平台，为广大加工贸易企业提供产品研发设计等服务；加强与香港生产力促进局、台湾生产力中心等产业服务机构合作，在品牌认定、质量检测等方面引进更多知名专业机构，形成先进、实用、高效的生产服务格局。

（三）推动转型，政府要助企业行得更稳。

从“微笑曲线”的中端向两端提升，对于绝大多数加工贸易企业来说无疑是一个痛苦过程，与简单的加工装配相比，它需要大笔资金投入，更需要大量人才支撑和政策支持，为了能让企业毫无顾虑地释放升级潜力，政府要想方设法帮他们荡平前进障碍。人才、资金、土地历史遗留问题依然是东莞市加工贸易企业转型的三大“心病”。各级政府和部门要围绕这些突出问题，拿出具有特色和实效的办法来，切实解决企业的后顾之忧。要解人才之急，制定更具弹性人才引进和管理机制，鼓励企业以项目引进创新人才和创新团队，形成自由多元的人才“磁场”，同时鼓励加工贸易企业与职业技术学校联合建立人才基地，采取订单培养、定向招生、委托培训等多种形式，培养一批发展急需的技术人才、管理人才和高素质产业工人，为企业转型提供强有力的人才支撑。要破融资之冰，把加工贸易企业转型中遇到的 “融资难”放在更突出的位置，疏通融资渠道，用好用活10亿元“重点中小工业企业和加工贸易企业融资支持专项资金”，积极探索加工贸易风险投资基金等各种可行制度，形成政府引导，企业投入，金融、信贷、风投多元参与的投融资体系，推动有条件的加工贸易企业直接上市。要攻历史遗留问题之难，以镇街为单位，抓紧梳理分类好企业遇到的具体情况，第一时间给予企业明确答复和详尽解释，同时责成有关部门尽快出台解决各类历史遗留问题的操作细则，采取并联审批等各种方式进一步提高效率，加快对加工贸易企业已有土地房产的确权发证。

（四）推动转型，政府要为企业做得更细。

东莞加工贸易企业群体庞大，而政府资源有限，对于企业帮助不可能面面俱到，因此在扶持企业的过程中应当摈弃“撒葱花式”的普遍支持，做到因企而异，对企业进行分类支持。建议参考借鉴周边地区的经验做法，实施“加工贸易领军企业培育计划”，结合东莞市的产业布局特点，每2年选择一批重点骨干加工贸易企业、新兴产业优质企业以及部分成长型中小加工企业，改变以往以资金补贴为主的扶持方式,而是按照普惠制、先转先得的原则,集中有限资源,从强化融资服务、推动科技创新、拓宽营销渠道、提升发展能力等几大方面,给予计划内企业系统支持,使政府、社会和金融等资源形成合力,推动加工贸易领军企业快速发展，加快改善东莞市加工贸易企业“群龙无首”的尴尬局面。与此同时，加大力度建设各类公共服务平台，帮助企业解决融资、人才、就地不停产转型等共性问题,力求形成更好的营商环境，实现加工贸易企业整体发展的均衡兼顾。

（市委政研室　市外经贸局　市志办）

▲ 2010年11月10日，中共中央政治局委员，省委书记汪洋盛赞东莞转型升级取得积极成效

东莞全面完成映秀恢复重建任务

▲ 2010年11月24日，东莞市召开对口支援汶川县映秀镇恢复重建总结表彰大会

2010年11月24日，东莞市举行对口支援汶川县映秀镇恢复重建总结表彰大会，高度评价东莞援建映秀的模式和成绩，市对口支援映秀镇恢复重建工作小组等29个先进单位和陈林佐等78位先进个人受到表彰。对口支援映秀镇恢复重建是中央和省交给东莞市的一项光荣而艰巨的政治任务，过去两年，东莞市认真贯彻落实上级的统一部署，加强领导，精心组织，全面推进对口援建各项工作的开展，截至2010年9月30日，55个对口援建项目基本完工，总体实现中央提出的三年援建任务两年基本完成的目标。现将东莞市对口援建映秀镇的基本情况记述如下：

一、对口支援映秀镇的任务计划及完成情况

按照党中央、国务院和省委、省政府的部署和统一安排，东莞市对口援建映秀镇资金111519万元，其中省统筹资金21519万元，市财政统筹资金90000万元，包括市慈善会接收的捐款20163.28万元，市红十字会接收的捐款3820.62万元。援建项目55个，分为“资金补助”和“交钥匙”两种援建方式。其中“资金补助”项目19个，包括四个村一个社区安置房、农村供水、道路及公共服务设施等，投资45709.79万元，由映秀镇政府组织建设；“交钥匙”项目36个，包括安居房、卫生院、市政道路、桥梁、自来水厂、河堤、市场、震中纪念地、公园、广场等，投资65809.21万元，由市援建工作小组工程管理处组织建设。

从2008年8月7日市援建工作小组进驻汶川县映秀镇开展对口援建工作，到2010年9月底东莞市对口支援映秀镇恢复重建任务完成。两年多来，在党中央、国务院的坚强领导下，按照川粤两省省委、省政府的部署和市委、市政府的要求，在省工作组和市援建领导小组的指导下，与映秀干部群众一起，冒着余震、飞石、泥石流等危险，克服工作环境和生活条件差等困难，经受“8·14”特大山洪泥石流的考验，用两年时间完成对口援建任务，在一片废墟上建起一座充满藏羌特色和川西民居风格的温情小镇，向党和人民交出一份满意的答卷。

二、对口支援映秀镇的主要工作情况

（一）高度重视，全力支持对口援建工作。市委、市政府高度重视对口援建工作，成立领导小组及办公室，多次召开市党政班子联席会议、市长办公会议以及领导小组成员会议，研究部署对口支援工作。刘志庚书记、李毓全市长、刘树基主席、张继雄副主任等几套班子领导多次到映秀考察指导，冷晓明常务副市长还多次到映秀现场办公，给全体援建人员带来关怀和鼓励，极大地推进对口援建工作。映秀镇的重建牵动着东莞人民的心，市有关部门、镇街、企业、社团和个人积极向映秀捐钱捐物，价值2100多万元，为映秀镇的重建奉献爱心，贡献力量。市公安部门派出2批特遣队共78人，从2008年8月6日进驻映秀，历时5个月。市卫生部门派出6批卫生医疗队共49人，从2008年8月10日进驻映秀，历时17个月。公安特遣队和卫生医疗队克服当时身处一片废墟，没水没电和余震、飞石、泥石流不断等艰险恶劣条件，维护社会治安，指挥交通，提供医疗卫生服务，做好卫生防疫，培训医护人员，为映秀镇的稳定和恢复重建作出贡献，受到当地干部群众的高度赞扬。市援建办在后方统筹协调，市国土、规划、建设、水利、交通、城建、文广新、档案和监察、财政、审计等部门通过常驻、轮换等方式，安排专业技术人员100多人，先后开展国土地形测绘、规划设计、农房重建技术指导、项目建设管理、文化援建、审计监察、援建档案等重要工作，确保援建任务的顺利完成。市委宣传部对援建宣传工作很重视，东莞日报、东莞广播电视台等有关媒体深入映秀采访报道，营造良好的社会氛围。

（二）尊重科学，规划先行，绘制美好蓝图。认真贯彻落实温家宝总理、李克强副总理和汪洋书记、刘奇葆书记等领导对映秀重建规划的重要指示精神，按照“抗震减灾建筑博物馆”、“灾后重建示范区”等要求，用10个月的时间进行映秀镇的规划编制工作。同济大学规划设计研究院和东莞城建规划设计院为映秀镇的规划编制单位，邀请2位国际设计大师、6位国内建筑结构领域著名院士和20多所知名院校机构参与规划设计，召开有60多位国内外建筑、规划、抗震、生态环境等领域的知名专家学者参与的映秀镇灾后恢复重建国际研讨会。在规划设计中，把最安全的地段用来建学校等公共服务设施，把好的地块留给群众安居经商。大量应用成熟、先进的抗震防震技术材料，遵循“避让”、“抵抗”、“自救”相结合的防灾策略，建设完善的防灾减灾体系，塑造藏、羌、回、汉特色浓厚的城市风貌，打造5A旅游景区。集中了国内外专家学者智慧和先进理念的映秀镇重建规划于2009年底分别获得广东省和四川省城乡规划设计一等奖。

（三）和谐共建，民生优先，形成重建合力。牢记市委、市政府的重托，按照省工作组和市援建领导小组的要求，在当地党委、政府的领导下，以科学发展观为指导，做了大量的

调查研究，举办“莞映情”中秋文艺汇演和春节联欢活动，与映秀干部群众共同营造团结协作、和谐共建的氛围，为援建工作的展开打下良好的基础。积极开展暖冬行动，市民政部门组织捐赠价值354.37万元的冬衣、棉被等过冬物资，让群众温暖过冬，受到国务院督查组的充分肯定和好评。优先建设通村公路，实现高半山村民多年的梦想。还建立农房重建奖励机制，缓解群众缺乏资金的困难，有效调动村民重建的积极性，掀起农房建设高潮。到2009年9月，408户农房重建全部完成，村民住上新房，得到阿坝州委、州政府的肯定。在总体规划编制时，充分考虑群众的生计问题和长远发展，依托优美的自然山水和震中遗址发展旅游产业。在援建项目安排上，既严格按照国家和省的要求，又结合映秀的实际，优先安排民生项目和急需项目，用于民生项目的资金占对口援建资金的87.56%。

（四）抓住重点，统筹协调，建设精品工程。映秀镇是原址重建，按照规划，安置受灾群众的板房区和集镇废墟都是建设用地。为做好项目建设的准备，与镇党委、政府协商，对镇中心封控区的废墟提前进行清理，对集镇范围实施第二次过渡安置和封闭施工，从2009年6月3日到10日，板房区2000多户群众搬迁安置完成，到7月12日，需拆除的1986套板房全部拆除，为项目建设提供了用地，赢得了时间。为确保“交钥匙”项目的高效建设，市援建领导小组增设市援建工作小组工程管理处，由市城建工程管理局作为代建单位具体负责“交钥匙”项目的工程建设管理。城建局十分重视，全力以赴，派出精兵强将。工程管理处于2009年6月29日到位后，充分发挥建设管理经验丰富的优势，及时提出临时用水、用电、运输等施工保障问题，并对“交钥匙”项目进行公开招投标。至7月30日，所有中标单位全部进场。8月5日，“交钥匙”项目工程动工建设。映秀镇重建参与主体多、施工队伍多、作业面交叉多、协调难度大。为确保高效运转，市援建工作小组与汶川县、映秀镇联合成立映秀镇灾后恢复重建指挥部，设综合、技术、工程、财务、群众5个部，统筹推进各项工作，通过指挥部会议和现场办公会，有效地解决恢复重建中的矛盾和问题。在工程建设中，严格执行国家建设标准及技术规范，严把设计、施工、材料质量关，精心管理，攻坚克难，抢抓进度，建设精品工程，实现“三年任务两年完成”。

（五）完善制度，廉洁重建，打造阳光工程。按照省工作组和市援建领导小组的要求，建立健全工作制度，与省工作组签订《廉洁援建、廉洁重建责任书》，设立举报电话、信箱和电子邮箱，设置公开栏和重建项目公示牌，方便群众监督。完善工程财务管理制度，对援建资金实行专户管理和集中支付制度，设立“交钥匙”工程财务专责小组，加强内部管理和审核。所有“交钥匙”项目的资金，均通过市会计核算中心派驻城建工程管理局的基建工程会计委派科审核拨付；所有“资金补助”项目的资金，都经过市财政部门审核并直接拨入映秀镇政府的专户。市抗震救灾资金物资监督检查领导小组多次到映秀检查指导，省工作组和市审计、财政等部门主要领导带队到映秀检查资金物资管理使用情况。市审计局提早介入，派出审计组常驻映秀开展全程跟踪审计工作，及时发现问题，提出整改意见。2010年10月29日，中央检查组到映秀检查灾后重建工作，对东莞市廉洁重建，打造阳光工程和优质工程的做法给予充分肯定和好评。

（六）汇聚力量，积极开展全方位援建。在加强项目建设的同时，充分发挥东莞科教、人才、管理和机制优势，积极开展对文化、产业、教育培训等全方位支援，为映秀镇可持续发展提供持久动力。组织东莞市18家企业22人次参加汶川县2009年7月31日广州市举办的招商引资项目推介会。2009年7月，东莞市一批商会、企业家人士到映秀镇考察投资环境，有2个旅游产业配套项目与映秀镇签订投资意向书。先后派出200多名医疗卫生、防疫、公安和其他技术方面的人员赴映秀镇开展帮扶工作，组织市建设部门2名技术骨干到映秀镇开展为期4个月农房重建技术指导；组织映秀58名镇、村干部职工前往东莞市参观学习城市规划建设、市政管理、产业发展和社会主义新农村等方面的经验；安排4名技术管理人员到东莞跟班学习水厂管理经验。为帮助映秀镇加快精神家园重建，2009年7月，东莞市文广新局启动《“心系灾区　重建家园”东莞市文化援建映秀总体工作方案》，开展以“心系映秀　重建家园　文化援建 温暖心灵”为活动主题的“十个一”文化援建活动，具体包括援建一批书屋、组织一个展览、编辑一本画册、出版一本映秀文化手册、组织一次艺术采风、推出一张音乐专辑、举办一台专题晚会，创编一本纪实文学作品集、开展一次文化系统书画义卖、组织一次文化系统干部助学活动。

（七）抢险救灾，全力以赴，坚决完成任务。2010年8月14日，映秀突发特大泥石流灾害，造成巨大的生命财产损失。灾害发生后，刘志庚书记、李毓全市长迅速作出指示，省工作组陈茂辉等领导多次到映秀指导抢险救灾，冷晓明常务副市长等领导及时赶到映秀指导协调。在州县抢险救灾联合指挥部的统一指挥下，认真贯彻落实省委、省政府和市委、市政府主要领导的重要指示精神，全力配合当地开展抢险救灾工作。安全转移和临时安置“交钥匙”项目施工企业工人1338人，协助武警部队解救被困人员200多人。设立善后处理小组，妥善处置善后工作，协助施工企业渡过难关。协助武警官兵开展灾后清理工作，协助专家和专业机构开展受灾项目安全性评估和损失评估，制订复工和维修加固建设计划。在各方面的共同努力下，抢险救灾取得重大胜利。到9月4日，所有未完工项目全面复工；到9月7日，省工作组已统筹安排4000万元补助市援建受损项目。到9月底，援建任务按时完成。10月10日，广东省委、省政府和汶川县委、县政府在映秀镇隆重举行“广东省对口支援汶川县灾后恢复重建任务全面完成庆祝大会”，东莞援建映秀的模式和成果得到上级领导的充分肯定和当地干部群众的高度评价。

▲ 2010年10月10日，“广东省对口支援汶川县恢复重建任务全面完成”庆祝仪式在映秀镇举行。

“交钥匙”项目情况介绍

1．安居房。安居房共62栋597户，包括莞城居、长安居和秀坪居，建筑总面积为52382平方米，工程总投资为15222万元。安居房设计单位为同济大学建筑设计院和阿坝州建筑院，设计标准为抗震设防烈度8度，结构的抗震等级为二级，建筑风格为川西风格和羌寨风格。安居房建设中采用隔震橡胶垫、框架结构，柱下独立基础等成熟先进的抗震材料与技术。

2．映秀中心卫生院。卫生院总建筑面积3451.01平方米，其中地上建筑面积2882.86平方米，地下建筑面积445.06平方米，工程投资额1961.20万元。卫生院由华南理工大学建筑设计研究院设计，抗震设防烈度8度，采用框架—剪力墙结构形式、基础隔震技术、橡胶隔震支座等成熟先进的抗震材料与技术。按照适度超前的重建原则，新建卫生院设计床位数为30床，开设中西医门诊、中西药房、妇产科、口腔科、住院部、手术室、X光室、化验室、B超心电图室、预防接种室、计划生育手术室、康复理疗室等功能科室。

3．映秀综合市场。映秀镇综合市场为两层建筑，总建筑面积为2477.61平方米，高度11.64米，工程投资额907.35万元。综合市场担负着为全镇居民的基本生活提供食物原料保障的重要作用，包括商业步行内街、集中市场和临街商铺。该项目由中国建筑西南设计研究院设计，外观设计融入当地民族传统建筑元素，并采用钢框架结构体系，保证结构的抗震安全性。

4．汶川大地震震中纪念馆。震中纪念馆属于映秀镇新建的地震纪念项目，包括纪念馆和纪念陵园两部分。该项目用地面积25106平方米，其中纪念馆用地15859平方米，纪念陵园用地9247平方米。纪念馆的总建筑面积为5388平方米，占地面积为3955平方米，为2层半覆土建筑，建筑高度10.4米，项目总投资5488.96万元。纪念馆由华南理工大学建筑设计研究院设计，抗震设防烈度8度，采用框架结构、框架—抗震墙结构形式、阻尼消能减震器等成熟先进的抗震技术与材料。纪念馆将作为展示地震灾害、抢险救灾、灾后重建、人与自然、抗震技术等内容的教育场所，以及作为缅怀、感恩、寄托哀思的重要纪念场所，

5．映秀自来水厂。自来水厂设计供水规模为日供5000立方米，项目占地5335平方米，包括清水池、排泥池、预沉池、絮凝沉淀池、加药加氯间、综合楼、滤池、取水泵房等9个功能建筑，总建筑面积约1200平方米，工程投资额1491.46万元。该项目由北京市市政工程设计研究总院设计，采用预沉与常规处理工艺联合的净化工艺。

6．市政道路。市政道路包括映秀镇区19条道路，包括广东大道、东莞大道、映秀大道等7条次干道和支路5条、巷路7条，全长7.41公里，包括雨水管道7634米，污水管道4352米，给水管道3523米，电力电信管108084米，雨水方沟783米，工程总投资1961.20万元。市政道路由北京市市政工程设计研究总院设计，根据地质地理条件和地块分布合理调整布局，合理确定建设标准，市政管线设计采用柔性管材、柔性接口、整体式塑料检查井等成熟先进的抗震材料与技术，提高市政工程的防震减灾能力。

7．市政桥梁。市政桥梁包括渔子溪一桥、二桥、三桥共3座桥梁。其中渔子溪一桥上部结构为3孔25米预应力混凝土简支板桥，桥梁面积为1150平方米，工程投资额640万元；渔子溪二桥上部结构为3孔20米预应力混凝土简支板桥，桥梁面积为396平方米，工程投资额870万元；渔子溪三桥上部结构为6孔20米预应力混凝土简支板桥，桥梁面积为1639平方米，工程投资额425万元。三座桥梁的总桥梁面积为3185平方米，工程总投资额1935万元。市政桥梁由北京市市政工程设计研究总院设计，设计标准为“城—B级”，桥梁抗震设防C类，抗震设防烈度为8度，抗震设防烈度8度，桥梁结构的设计基准期为100年，按百年一遇洪水水位设计。所有桥梁均在桥台、桥墩盖梁处每片梁体设置纵向和横向橡胶垫块，作为缓冲装置。

▲映秀综合市场　（周运华　摄）

8．水利工程。水利工程包括渔子溪堤防工程和岷江右岸河堤加固改造工程。（1）渔子溪河堤。堤防总长2.7公里，其中左岸堤防长1.36公里，右岸堤防长1.34公里。堤防设计洪水标准为20年一遇，工程等别为Ⅳ，工程规模为4级。工程投资额10237.74万元。该项目由东莞市水利勘察设计院设计，堤防采用加筋土挡墙结构，并用土工格栅反包土工袋的全柔性封闭结构，外立面采用自嵌式挡土墙，兼顾外形美观与较好的抗震性能。（2）岷江右岸河堤。该项目堤线全长约2.1公里。其中新建堤防657.5米，加固改造堤防1434米。岷工程投资额6539.15万元。该项目由中国水电顾问集团北京勘测设计研究院设计。

9．映秀湾公园。该项目是结合映秀镇震后遗址建设的纪念公园，规划用地82466平方米，投资额2184万元。项目设计单位为深圳奥雅园林设计有限公司。公园主要包括客服中心区、停车场区、亲水活动区、中心集会区、小学遗址区、断裂带体验区、康体休闲活动区、主入口活动区、遗址纪念陵区、滨水休闲步道等功能及设施，建有“大爱之光”雕塑和东莞援建纪念碑，种植有香樟、银杏、小叶榕等植被，大爱的包容、四方的支援、爱与生命的融合与对拳拳生命的敬重在公园的功能分区中有着详尽的展现。公园在设计上还充分体现映秀作为现代抗震建筑博物馆和防灾减灾示范区的要求，如开阔的空间、较长的河岸和内部交通设计充分考虑震时疏散功能；中央雕塑设有备用电源；客服中心区可作为震时物资储备地；部分钢架结构构筑物可成为震时临时救护场所；休闲步道的景墙处可普及地震知识。

（市援建办　市志办）

▲映秀湾公园　（周运华　摄）

东莞市创建国家环保模范城市通过国家考核验收

▲ 2010年10月27日，东莞市创建国家环保模范城市考核验收情况通报会召开

2010年10月27日，国家环保部考核验收组经过为期3天的考核，同意通过东莞市创建国家环保模范城市的考核验收，东莞取得创模机制健全牢固、环保投入有效保障、环境设施城乡覆盖、污染防治全面加强、重点企业清洁生产加快推进、环境质量全面改善等六个方面的成效。这是东莞推进科学发展、促进经济社会双转型工作的一项重要举措和成果，也是东莞夺得的又一块含金量较高的"奖牌"。

从2002年东莞市提出创建国家环保模范城市的目标，到东莞"创模"通过国家考核验收，历经八年艰苦努力，在经济快速发展的同时，环境质量不断改善，基本达到国家环保模范城市"十一五"考核指标要求。

一、创模进展

八年来，以创模为抓手，东莞市全面加强环境保护和环境治理工作，城乡环境质量日益改善。市委、市政府高度重视创模工作，在机制、制度、组织、资金、人员等各方面为创模工作提供强有力的保障。

（一）主旨目标明确。

市委、市政府深刻认识到：作为一个地方政府，不仅要建一个经济强市给世人，更要留一个生态东莞给后代。从一开始，东莞市创模工作便紧紧围绕全市发展战略目标开展，并在创建过程中赋予创模新的内涵。市委、市政府提出以"建设宜居生态城市，打造和谐美好家园"为创模目标，以"为当代建一个经济强市，给后代留一个生态东莞"为创模理念，以"重在过程，造福百姓"为创模方针，围绕发展抓创模，抓好创模促发展。八年来，创模工作的扎实推进，推动东莞市经济社会持续健康发展，提升城市总体形象，先后获得"中国优秀旅游城市"、"中国最佳魅力城市"、"国家卫生城市"、"全国绿化模范城市"、"国际花园城市"、"国家园林城市"等荣誉称号，2008年东莞市又荣获"全国文明城市"称号，为创建国家环保模范城市奠定坚实的基础。

（二）保障体系健全。

2005年，在正式递交创建国家环保模范城市申请后，全面加强保障体系构建工作。一是加强组织领导。成立以市长为组长、34个职能部门一把手为成员的创模领导小组，并从各成员单位抽调41名业务骨干组建创模领导小组办公室，安排专门地点统一办公，统筹推进各项创模工作，已坚持4年多的时间。全市主要职能部门、镇（街）成立由一把手任组长的创模领导小组及办公室，通过一级抓一级，全市上下纵横联动，形成完整的创模管理网络，为创模提供坚实的组织基础。二是健全运行机制。东莞建立"市长挂帅、联合办公、有效协调、齐抓共管"的创模运行机制，制定《东莞市创建国家环境保护模范城市实施方案》、《东莞市创建国家环境保护模范城市部门职责分工》、《东莞市创建国家环境保护模范城市宣传方案》等一系列文件，分解创模各项任务，全市100多个部门（镇街）职责明确，任务落实，全体动员，集中力量打好创模攻坚战。三是加强责任考核。为保障创模工作高效运行，市政府与各成员部门、镇（街）、重点企业签订创模目标任务责任书，将创模工作纳入镇（街）年度考核内容，作为镇（街）领导班子年度工作量化考核"一票否决"的主要内容。四是加强督查督办。将创模重点工程作为市委、市政府年度重点工作，由市四套班子领导成员进行挂钩督办。市创模办建立工作例会、定期汇报、督查督办、考核评估等工作制度，按照一季一检查、一季一通报形式，对项目进展进行全面督办。

（三）资金足额到位。

为保障创模工作顺利实施，东莞市在加大财政投入的同时，积极创新思路，以环保产业化、市场化为方向，建立和完善多元化的环保投融资机制。2006—2009年，全市累计投入环境保护资金376亿元，其中城市环境基础设施建设就投入282亿元。2005年，东莞市以BOT投资模式新建的34家城市污水处理主体工程和固体废物焚烧发电厂，共吸引社会资金31.1亿元，在全国首开先河大规模进行环保基础设施BOT项目建设。与此同时，东莞市不断健全环境资源收费政策。按照"谁污染、谁交费"和"保本微利"的原则，制定完善城市生活污水、城市生活垃圾、医疗废物等处理处置收费政策，为大规模推进环保基础设施建设及市场化运营提供资金保障。如2006—2009年，东莞市共征收污水处理费39亿元，城市生活垃圾处理费10多亿元，医疗废物处理费也于2009年6月全面开征。

（四）指标全面完成。

通过八年的努力，东莞市已达到"十一五"国家环境保护模范城26项指标的考核要求。2009年12月6日，正式通过环境保护部专家组技术评估，并根据专家组意见迅速进行整改，2010年4月中旬，广东省环境保护厅对东莞市创模整改情况进行核查，并正式向环境保护部推荐考核验收。

二、创模措施

东莞有着特殊的城市、经济和人口结构，这给东莞市环境保护带来巨大压力，也对创模工作提出更高要求。面对困难与挑战，东莞市结合实际、开拓创新，走出一条颇具“东莞特色”的创模之路，为工业化、城市化快速发展的城市如何实现经济环境协调发展积累经验。具体措施包括五个方面：

（一）全覆盖治理城乡环境。

农村城市化是东莞城市的主要特点，在环境保护工作方面，东莞市以构筑大城市生态圈为着眼点，本着城乡统筹协调发展的原则，以城乡一体化的气魄推进环境保护工作。

1. 环保规划全覆盖。

2002年以来，东莞市先后投入近2000万元，编制14项环境保护规划。这些规划立足全市城乡范围，打破镇街之间的行政区划限制，综合考虑各镇街经济规模、发展趋势、人口分布、地理区位和资源禀赋等因素。规划内容既包括对大气、污水及固废垃圾等各类污染的全面治理，也包括对森林、水体、土壤等各类生态资源的全面保护。各镇（街）均以全市总体规划为依据，结合自身实际编制环保规划，与全市规划一起构成完整的规划体系，实现环保规划城乡全覆盖，为城乡一体的环境建设提供科学依据。

2. 环保设施全覆盖。

一是建立城乡生活污水集中处理系统。2002年以来，投入100多亿元，规划建设38座污水处理厂。已建成污水处理厂36座，其中二级污水处理厂35座，日处理污水208.5万吨，在建2座即将竣工；一级水质净化厂1座，处理能力260万吨/日。建成截污管网总长800多公里，配套次支管网工程全面启动，预计到2012年基本建成。二是建立城乡生活垃圾集中处理系统。实施《东莞市固体废物处理处置工程规划》，建成生活垃圾焚烧发电厂3座，处理能力3700吨/日，同步推进建立市、镇、村三级卫生保洁体系，对生活垃圾实行统一收集、运输和管理。三是建立城乡医疗垃圾集中处理系统。2009年6月建成日处理规模20吨的医疗废物处理中心，并同步推进医疗垃圾的统一收集、运输、付费等配套体系建设。四是建立城乡污泥收集处理系统。规划在望牛墩、黄江建设2家污泥处理厂，处理规模为2800吨/日（近期、远期各1400吨/日），黄江项目于2010年底完工。

3. 环境整治全覆盖。

在全市范围内集中开展城乡环境综合整治工程，有效改善环境景观和环境质量。一是整治内河涌污染。市政府制订实施东莞运河综合整治“1+5”方案（1个整体方案和5个专项方案），以生态修复为理念，按照“截污、清淤、活源、治堤”总体方针，全面推进东莞运河整治和生态修复工程。东莞运河主河道的路堤建设、河道清淤、景观整治、中央生态园、河道拓展、水闸改建、水面保洁、沿线垃圾清理等整治工程已全面启动。二是整治畜禽养殖业污染。2005年4月开始，动员全市力量开展清理畜禽养殖行动，对禁止养殖区内的畜禽养殖场全面清拆，对非禁止养殖区的养殖场进行规范管理，累计清拆养殖场16268家，清理生猪212.5万头、家禽754.5万羽，畜禽养殖业规模减小90%以上，削减的污染物排放相当于1500万人口的污染量。三是整治城乡人居环境。2005年，在全市范围内开展“四清理”行动（清理违法搭建、清理违法用地、清理无证照经营、清理畜禽养殖业），共清理违法搭建1612万平方米、清理违法用地17.3万亩、清理无证照经营11万户。2006年开始，又在全市范围内开展“五整治”行动（整治生态环境、整治环境卫生、整治旧村、整治农贸市场、整治“六乱”），为广大人民群众营造良好的生活居住环境。四是整治机动车排气污染。成立市机动车排气监督管理所和石碣、塘厦、虎门3个防治站（试点），建立市+镇的机动车排气监督管理体系；全面落实强制检测/维修制度，全面推行环保标志管理；2009年11月1日率先全省实现机动车排气简易工况法检测技术，全市20家检测机构更新升级检测设备81套（条）；投入413万元，建成机动车排气监管网络工程，实现环保、交警、交通等部门与各检测机构联网；全面实行国Ⅳ排放准入制度和国Ⅲ油品供应；建立黑烟车义务举报和定期媒体通报制度，加强停车场检测和道路检测，开展客运车、货运车和校车专项整治。

▲ 东莞市污水处理重点工程分布示意图

▲ 东莞市大气治理重点工程分布示意图

（二）全过程强化企业监管。

东莞市制造业总产值占规模以上工业总产值的90%，形成以电子信息、电气机械、纺织服装、家具、玩具、造纸及纸制品业、食品、化工等八大产业为支柱的产业集群和现代化工业体系。东莞市立足于强化职能，加强执法监察，通过严格审批、专项整治和创新管理对企业进行全过程的环境监管。

1. 强化三项环保限批政策。

一是健全排污总量限批政策。对超出排污总量的镇街，禁止建设除循环经济外的项目，新建项目必须通过产业结构调整、腾出环境容量后才批准建设。二是健全区域限批政策。禁止在东江沿岸、东莞运河中上游地区、水源保护区、禁止养殖区范围内新建水污染项目和化工类项目。三是健全产业限批政策。在全市范围内，严禁新建燃煤电厂、水泥、制革、造纸（不含卫生纸）项目，限制建设电镀（线路板）、漂染、洗水、印花项目。同时，全面提高项目准入门槛，把单位GDP能耗和单位GDP污染物排放强度能否达到国内、国际先进水平作为审批项目时的评审标准，坚决杜绝新建耗能高、污染重、危及安全生产、技术落后的项目。近4年来，东莞共拒批不符合产业政策、选址不宜等污染项目2436项，投资总额526亿元。

2．开展八项污染企业整治。

通过行政手段，强力整治污染企业，提升企业环保治理水平。一是整治采石场和砖厂。投入1.1亿元，关闭砖厂218家、采石场189家，实现两个行业的整体退出。同时，对采石场进行复绿，促进耕地保护，改善大气环境。二是整治水泥行业。市财政投入3.51亿元，关闭全市47家立窑水泥生产企业共70条立窑水泥生产线，削减水泥年生产能力693.6万吨，减少1.92万吨二氧化硫排放量和5119吨粉尘排放量。三是整治重点污染企业。对全市电镀、漂染、造纸、制革、洗水、印花等六大行业进行分类整治，共关闭“四纯两小”企业160家；推进建设7个环保专业基地，搬迁600多家企业配套污染生产车间。同时，对原地保留的300多家大型企业实行在线监控管理。四是整治造纸行业。对全市125家造纸企业要求采取生化处理、中水回用80%以上、配套锅炉建设脱硫设施、实行在线监控和清洁生产等五个方面措施进行全面整治。已关停30家，保留的95家造纸企业基本完成整改任务，年减少废水排放66万吨，产业水平大幅提升。五是整治二氧化硫。完成沙角电厂群10台机组（总装机容量388万千瓦）的脱硫工程建设，年削减二氧化硫9万多吨；关闭全市24家小火电企业（总装机容量93.5万千瓦），年削减二氧化硫3万多吨；完成88台30蒸吨以上锅炉、51台10蒸吨以上锅炉脱硫工程建设，总容量达9353蒸吨，年削减二氧化硫2万多吨。同时，大力鼓励企业使用天然气、电等清洁能源。建成年产500万吨水煤浆生产基地，引导使用水煤浆、生物质成型燃料等洁净能源。六是整治黑烟囱。督促冒黑烟企业必须采用清洁能源，完善除尘、脱硫、固硫设施或者采用清洁燃料进行改造，消除黑烟乱排乱放现象，已整治冒黑烟企业近500家。七是整治挥发性有机物。制订实施《东莞市油气回收综合治理工作方案》，全面启动储油库、加油站及油罐车油气回收综合治理工程。全市282家加油站、7家油库、114辆油罐车全部完成油气回收工作，切实减少挥发性有机物排放，改善大气环境。八是整治零散工业废水。对现有配套污染工序、废水排放量较小的企业，实行废水集中收集处理，规划在大岭山、茶山、塘厦及虎门4镇建设零散废水处理中心，分片区收集处理零散工业废水。大岭山、茶山、塘厦项目已建成投入使用。

▲ 沙角电厂

3．实施八项环境管理制度。

通过制度化方式，建立一套能够促使企业自觉治污、自觉承担社会环境责任的长效管理机制。一是环境信用管理制度。对570多家重点污染企业实行环境信用评价管理，并将信用评价结果通报银行、工商等职能部门，实行部门联动共管。二是违法行为公告制度。将企业环境违法行为在媒体上公告，并纳入信用评价体系，实行动态评级管理。三是环保设施委托运营制度。对大型线路板、电镀、漂染、造纸等企业，鼓励企业环保设施委托专业公司运营管理。对于经限期治理仍不能稳定达标排放的企业，强制实施委托运营管理。四是清洁生产制度。按照自愿性和强制性相结合的方式，鼓励、引导企业开展清洁生产，全市已有54家企业被认定为清洁生产企业，105家企业被纳入2010年度应实施清洁生产重点企业名单。五是限期削减制度。对COD年排放30吨、二氧化硫年排放200吨以上的重点企业，要求主要污染物排放量稳步削减。六是在线监控管理制度。对国控、省控及市重点污染企业实行环保设施在线监控（监测）管理，共有349家企业实现联网监控。七是污染企业档案管理制度。对800多家重点企业，按照“一源一档”要求，建立企业信息档案和污染物排放台账，全面健全企业排污档案管理。八是污染源信息化管理制度。着手建立污染源GPS定位系统、污染源地理信息系统，在此基础上，积极研究探索网格化管理模式，全面提高执法技术水平。

（三）全市域加强生态建设。

围绕建设宜居城市的战略目标，高起点规划、高效能投入、高标准建设，推动城市绿化由单一绿化向多层次绿化结构发展，2009年，城市建成区绿化覆盖率43.58%、人均公共绿地16.29平方米，营造良好的生活环境。

1．科学规划，健全生态管理机制。

制订出台《东莞市域生态控制线规划》，划定1103平方公里的生态绿线范围，其中林地面积605平方公里。严格遵循4：4：2的比例控制土地利用，即40%为规划建设用地，40%为生态用地，20%为限制建设用地。要求新区建设保证绿地率不低于35%，旧城区改造后的小区绿地不低于30%，城市新建、改建道路绿化用地要达到道路建设用地的20%以上。要求各城镇中心区至少建设2个以上、面积达100亩的公园；各社区至少建设1个以上、面积达到50亩的公园；各居民区、住宅小区、村民小组至少建设1个以上、面积达到30亩的公园。

2．规模造绿，拓展城市绿化空间。

一是实施森林公园建设工程。投入30.3亿元，建成总面积达347.3平方公里的大岭山、大屏嶂、水濂山、同沙、黄旗山和银瓶山等15个森林公园，森林覆盖率36.5%，森林生态效益总值49.7亿元，为城市构筑一道生态屏障。二是实施林业生态建设工程。投入6.3亿元，共营造混交林1.1万多公顷，种植乡土阔叶树品种50多种1400多万株，活立木蓄积量达241.4万立方米。三是实施城乡绿地工程。全市建成公园广场1644个，面积达5241公顷。公园广场星罗棋布，让市民走出家门就能“享绿”。四是实施道路绿线工程。全市主干道绿地率达42%，次干道绿地率达27%，道路绿化率达98.02%，营造人与自然和谐融洽的城市环境。2008年，东莞市率先全省建设城乡绿道。全市已投入5亿元，建成绿道205公里，绿化面积308公顷，成为珠三角绿道建设的典范。

3．严格管绿，提升生态文化水平。

一是健全管理政策。1999年率先在全省停止森林采伐。

2007年在省内率先建立生态补偿制度，对全市31.8万亩的非经济林林地，市财政给予每亩每年100元的补助，健全林地保护长效机制。二是加强珍稀动植物管理。颁布《东莞市古树名木保护管理办法》，核查登记3940株古树名木，建立4个古树主题公园；全市野生植物达2000多种，桫椤、苏铁蕨、穗花杉等珍稀濒危植物80多种，穿山甲、水獭、鸳鸯等野生动物82种，生物多样性得到有效保护。三是保护生态文化传承。建设和保护袁崇焕纪念园、蛋家文化广场、千年古秋枫主题公园和广东明清四大名园之一的可园公园等一批具有深厚历史文化底蕴的公园广场。开展以生态文化为主题的各项活动，如发动社会各界创作、收集与森林公园相关的民间典故、历史传说、诗歌等文学作品，本土传统文化和生态文化得到较好的保护和传承。四是广泛动员社会参与。全市有560家单位为“园林式单位”，义务植树运动持续深入开展，社会各界参与植树热情高涨，建立42个义务植树基地。仅2010年上半年，全市就参加义务植树84.76万人次，植树326万株。

（四）全民化推进社会参与。

东莞市劳动密集型产业聚集，形成独特的城市人口结构模式，户籍人口和外来人口的比例达到1∶4。结合人口多样化的特点，东莞市突出环境保护的社会性，把公众参与升华到增强国民意识的高度，鼓励、引导、支持公众参与环境保护。

1．构建三个评价体系。

坚持环保宣教进学校、进社区、进企业，普及环保宣传教育。一是生态乡镇（村）评价体系。近年来，东莞市各镇（街）以生态建设示范为载体，改善生态环境，提升乡镇形象。2008年以来，东莞市企石、塘厦、大岭山、石碣、寮步、石龙6个镇先后获得国家级生态乡镇称号，其中3个镇同时获得广东省生态示范镇称号。二是绿色社区（学校）评价体系。1998年以来，东莞市先后建立市级绿色学校、绿色社区评价体系，形成国家级、省级、市级三个阶梯层次的环保教育宣传评价机制，达到“教育一个市民、带动一个家庭、影响整个社会”的环保宣教目的。建成绿色学校393所，绿色社区60个。三是环境友好企业评价体系。在鼓励企业评选国家环境友好型企业的基础上，东莞市还建立起市级环境友好企业评价体系，激励企业努力推进节能减排、自觉维护环保法规。有69家企业获得东莞市环境友好企业称号，为企业环境管理工作起到很好的示范作用。

2．建立“三个监督制度”。

通过拓展监督方式，建立一套全社会共同参与监管的长效管理体系。一是有奖举报制度。2007年实施环境违法行为举报奖励制度，对公众举报环境违法行为进行奖励，额度为罚款的30%—80%，最高奖励可达8万元。二是社会环境监督员制度。2007年首次聘请103名社会各界人士为第一批社会环境监督员，义务协助参与环境监督工作。三是企业环境监督员制度。在16家重污染企业设置环境管理总监和企业环境监督员，协助开展企业环境保护和监督管理工作。

3．强化三个监督网络。

通过拓展渠道，构建覆盖面广的环境监督网络。一是强化环保热线建设管理。对12369环保热线实行专人接听、全天候24小时接诉，及时进行查处，切实维护群众环境权益。二是强化媒体监督。加强与本土媒体合作，为市民提供一个环保建言、环境信访的沟通平台。东莞广播电台专门设立“阳光热线”、“政协议政厅”等专栏，定期介绍环保热点、接受群众环保投诉。东莞电视台设立“一周环保连线”专栏，在“市民讲场”、“今日莞事”、“焦点关注”等栏目定期介绍环保动态。三是强化网络监督。东莞政府网、东莞环境保护网、东莞阳光网、东莞创模网均开辟市民投诉通道，全面畅通投诉渠道。

4．健全三个参与机制。

通过载体建设，畅通社会参与环保渠道，引导公众积极参与环保行动。一是健全环境质量公告制度。定期公布有关环境保护指标，及时发布环境污染事故、重大环境案件的查处情况，为公众参与创造条件。二是健全环境影响评价公众参与制度。对可能造成不良环境影响、涉及公众环境权益的发展规划和建设项目，采用听证会、论证会、座谈会或社会公示等形式，广泛听取社会各界的意见和建议，鼓励公众参与环境保护工作。三是健全环保实践公众参与制度。在全市中小学校建立300多个学校环保实践基地，组织成立20多万人的环保志愿者队伍，带动公众参与环保实践。

（五）全方位提升环保能力。

东莞市有着特殊的行政架构，1988年升级为地级市后，采取市直辖镇（街）的独特行政架构。东莞市下辖4个街道、28个镇，中间不设县或县级区，32个镇街均由市政府直接管理。独特的行政架构以及快速发展的经济实体，给环境管理带来严峻的挑战。东莞市结合自身的特点，积极创新，以跨越式的方式，全面加强环境管理和环境监督。具体表现为“五个体系”：

1．环境执法监察体系。

1992年，东莞市成立环境保护监理所，配备专职监理人员25名。2006年，环境监察机构通过国家一级标准化建设验收。2007年，全面推进执法监察管理体制改革，成立东莞市环境保护局环境监察分局，并全面扩充执法监察机构，执法监察人员编制由25名增加到150名。监察分局下设六支环境监察大队，分片区履行环境执法监察职能。

2．环境监测预警体系。

先后投入近3000万元，新建监测化验室和自动监测网络。监测化验室达到国家二级站（东部）标准，检测能力覆盖9大领域300多个项目，具备饮用水源水质109项全分析能力。建成领先全国的大气复合污染自动监测网络“7+1”系统（7个固定监测子站+1个流动监测子站）、水质自动监测网络“4+1”系统（4个固定监测子站+1个流动监测子站）、噪声自动监测网络“8+1”系统（8个固定监测子站+1个流动监测子站），建成环境质量监测中央控制中心，覆盖水、气、声的先进自动监测网络基本成型，走在全省前列。另外，为做好亚运环境质量监测工作，东莞市又投入300多万元，新建亚运场馆空气子站。

3．镇村环保管理体系。

2001年，东莞市率先全省改革镇一级环保机构。全市32个镇街均设置正科级的环保分局，实行标准化建设管理。同时，全市500多个村（社区）设立专职（或兼职）的环保管理员，协助环保分局开展环境管理工作，对本区域的环境状况进行就近管理。通过建立市、镇、村三级环境管理体系，构建覆盖全市的无隙环境管理网络。

4．环保产业管理体系。

2003年，率先全国在地级市成立环保产业促进中心（副处级），人员编制30人，全额财政拨款，挂靠市环保局管理，并从早期负责全市环保基础设施的规划、设计、招标、管理转移到环保产业发展、环保科技服务等方面。以产业促进中心为依托，通过一系列的制度创新，东莞市的环保基础设施建设及环保产业得到长足的发展。

5．环境技术支撑体系。

东莞巧借外脑，建立环保技术支撑体系，确保决策和措施的科学性。2003年，与中山大学合作设立专家顾问组，为污水

处理工程建设提供理论和技术支持，并成功组织BOT项目大规模运用的实践。2005年，聘请中国环境科学研究院为技术服务单位，设立驻莞专家组，对污水处理工程的设计、施工、监理、变更、材料和设备采购等重点环节进行全方位技术把关。2006年，聘请北京市政集团为技术服务单位，派出100多名工程技术人员，对污水处理工程的施工进行驻现场监管。同时，加强与清华大学、华中科技大学、英国财富控股集团、美国USAE公司等国内国际著名的高等学校、科研机构、投资机构的合作，广泛开展水体生态修复的技术合作和攻关，为环保管理工作提供高水平的技术支撑。

三、创模成效

创模重在过程，重在实效。东莞市通过创建国家环境保护模范城市，推动科学发展观念的树立，推动发展方式的转变，推动污染减排的落实，推动环境质量的改善，推动环保共识的形成，取得明显的成效。主要表现在六个方面：

（一）科学发展观念全面加强。

科学发展的根本内涵就是以人为本、和谐发展。面对经济快速发展带来的巨大环境压力，面对早期规划管理滞后导致的不少环境欠账，东莞市委、市政府迎难而上，在2002年提出创建国家环境保护模范城市的目标。八年来，东莞市秉承着“为当代建一个经济强市，给后代留一个生态东莞”的理念，坚持“重在过程，造福百姓”的宗旨，积极探索“社会型创模、减排型创模、生态型创模”的路子，构建具有东莞特色的环境保护机制，以壮士断臂、刮骨疗毒的决心和毅力，全方位加强环境保护和生态建设，为人民群众营造“天蓝、地绿、水清、气纯”的人居环境，推动经济社会与环境和谐发展。东莞市的创模过程是践行科学发展观的过程，通过创模增强科学发展观念，推进社会主义和谐社会建设。

（二）经济发展方式全面转变。

八年来，东莞市先后提出“三城”（制造业名城、生态绿城、文化新城）、“三创”（创新发展模式、创新发展环境、创新发展能力）和“双转型”（经济转型、社会转型）的发展思路，充分体现东莞经济发展理念的转变。围绕创模目标，东莞市制订实施一系列的产业结构调整措施，采用行政推动、撤并转型、财政补贴等方式，实现烟花爆竹、采石场、砖厂、水泥厂等行业整体退出，重污染行业得到有效治理，以及顶住压力全面清理畜禽养殖业，东莞的产业结构进一步得到优化。东莞的三产比例达到0.4：47.1：52.5，产业转型升级呈现光明前景。思路决定出路，发展观念的转变必将推动东莞生产方式、生活方式、消费方式的深刻变革，推动发展方式全面转变。

（三）污染减排任务全面完成。

东莞市是广东省污染减排的主战场，东莞市的GDP约占全省的10%，但根据国家和省的安排，“十一五”期间，东莞市的COD减排量占全省22%，二氧化硫的减排量占全省的56.7%。2005年以来，东莞市积极推进减排型创模，全面落实结构减排、工程减排、监管减排措施，污染减排取得明显成效。至2009年底，东莞市GDP达到3763亿元，全市二氧化硫排放量从20万吨减少到9.52万吨，削减率达52.4%；COD排放量从13.5万吨减少到10.87万吨，削减率达19.5%，呈现出经济总量上升、排污总量下降的良好发展态势。

（四）整体环境质量全面改善。

八年创模，东莞市环境质量不断改善。水环境方面：东江保持在地表水Ⅱ类水标准，是全国大江大河保持水质最好的河流之一；全市饮用水源水质达标率达到100%；东莞运河水质污染明显减轻，水质达到地表水Ⅳ－Ⅴ类，全面消除黑臭现象。大气环境方面：2009年，空气污染指数年均值为57，空气质量优良天数达361天，占全年的99.2%；全市酸雨强度（降水PH值）由最高值4.07（2005年）下降为5.03。声环境方面：2009年，市区主要交通干线的道路交通噪声昼间等效声级平均值为67.8分贝，市区区域环境噪声昼间等效声级平均值为55.8分贝，均达到国家环境质量标准。

（五）城市形象面貌全面改观。

“城不像城，村不像村”是八年前东莞的写照。通过创模，八年来，东莞市的城乡面貌发生翻天覆地的巨大变化，国际化的生态绿城基本建成，公园遍布，森林葱郁，绿草如茵，相继获得“全国绿化模范城市”、“国家园林城市”、“全国文明城市”等称号，荣获“国际花园城市”金奖，并入选全国最具幸福感城市50强，城市形象全面提升。这是广大群众完全可以耳闻目睹、切实感受的，也是创模给广大人民群众带来的最大实惠。

（六）社会环保共识全面增强。

环境保护是全社会共同的事业。八年来，东莞市结合特殊的人口结构，积极创新环保宣传理念、方式和措施，坚持以“政府为主导、全民齐参与、企业不缺位、城乡全到位”的创模机制，全力培育生态文化，取得明显成效。建立完善具有东莞特色的社区环保培育、学校环保教育、企业环保实践三方面互相结合、互相补充的宣传教育机制；建立有奖举报、环境监督员等制度，广泛发动社会群众参与，全面培育群众参与环保的积极性。“东莞环境有你的保护才美好”的创模主题广告深入民心，实现环境文化的有效覆盖，得到广大市民的认同和参与。

（市创模办　市志办）

▲　东莞大堤（莞城细村段）

东莞市2010年度先进单位名单

▲ 2010年12月27日，东莞市召开2010年度总结表彰大会，市领导刘志庚、李毓全等为先进集体和个人颁发奖牌

（蓝业佐　摄）

一、2010年度东莞市纳税前10名外资企业

1、东莞雀巢有限公司　43690万元
2、东莞徐记食品有限公司　40893万元
3、广东广合电力有限公司沙角发电厂C厂　31756万元
4、诺基亚通信有限公司东莞分公司　28256万元
5、中国移动通信集团广东有限公司东莞分公司　26898万元
6、广东加多宝饮料食品有限公司　19124万元
7、广东电力发展股份有限公司沙角A电厂　18755万元
8、东莞骏豪房地产开发有限公司　16963万元
9、东莞京滨汽车电喷装置有限公司　15062万元
10、广东欧珀移动通信有限公司　13603万元

二、2010年度东莞市纳税前10名民营企业

1、东莞农村商业银行股份有限公司　65721万元
2、东莞市新世纪房地产开发有限公司　26684万元
3、东莞市以纯集团有限公司　23574万元
4、东莞市桃源商住建造有限公司　23077万元
5、东莞市光大房地产开发有限公司　20531万元
6、东莞市银河废纸回收有限公司　10058万元
7、东莞市建安集团有限公司　9913万元
8、东莞市富盈房地产开发有限公司　8865万元
9、东莞市麻涌利南废纸回收有限公司　8548万元
10、广东众生药业股份有限公司　7547万元

三、2010年度东莞市实际出口前10名外资企业

1、东莞寮步铨讯电子厂　170911万美元
2、东莞清溪晶达电子制品厂　145335万美元
3、东莞黄江船井电机厂　119986万美元
4、东莞南城新科磁电制品厂　111411万美元
5、东莞航天电子有限公司　108823万美元
6、东莞黄江精成科技电子一厂　98262万美元
7、东莞东聚电子电讯制品有限公司　81080万美元
8、东莞创机电业制品有限公司　78208万美元
9、东莞三星电机有限公司　78065万美元
10、京瓷美达办公设备（东莞）有限公司　77377万美元

四、2010年度东莞市实际出口前10名民营企业

1、广东省东莞机械进出口有限公司　178474万美元
2、广东宏远集团有限公司　113556万美元
3、东莞市百业进出口有限公司　53753万美元
4、东莞市昌运仓储有限公司　48580万美元
5、东莞市鼎鑫贸易有限公司　42682万美元
6、广东省东莞丝绸进出口有限公司　37585万美元
7、广东省东莞轻工业品进出口有限公司　32950万美元
8、东莞市金马经贸有限公司　29077万美元
9、广东省东莞化工进出口有限公司　27296万美元
10、广东省东莞市东联进出口有限公司　25142万美元

五、2010年度市直机关先进单位22个（市纪委、市委办、市人大办、市府办、市政协办不参评）

市委组织部、市财政局、市委宣传部、市人力资源局、市教育局、市公安局、市社保局、市中级法院、市检察院、市机编办、团市委、市外经贸局、市直工委、市委政法委、松山湖管委会、市国土局、市发改局、市环保局、市经信局、市体育局、市审计局、市民政局

六、2010年度中央和省驻莞机关先进单位15个

东莞军分区、市地税局、市工商局、市国税局、中国移动通信集团广东有限公司东莞分公司、东莞供电局、东莞海关、市消防局、市气象局、市武警支队、市电信局、中国建设银行东莞分行、市质监局、市国安局、东莞检验检疫局

七、2010年度镇级领导班子落实科学发展观工作量化考核表彰名单

（一）综合总分一等奖：

甲类（前6名）：长安镇、东城街道、南城街道、虎门镇、塘厦镇、莞城街道

乙类（前7名）：寮步镇、大朗镇、大岭山镇、凤岗镇、清溪镇、石碣镇、石龙镇

丙类（前4名）：麻涌镇、茶山镇、沙田镇、中堂镇

（二）其余镇（街道）为综合总分二等奖

（三）经济发展单项奖：

甲类（前3名）：南城街道、长安镇、东城街道

乙类（前3名）：寮步镇、凤岗镇、清溪镇

丙类（前3名）：麻涌镇、中堂镇、沙田镇

（四）结构效益单项奖：

甲类（前3名）：莞城街道、东城街道、虎门镇

乙类（前3名）：凤岗镇、大朗镇、石碣镇

丙类（前3名）：道滘镇、沙田镇、望牛墩镇

（五）可持续发展单项奖：

甲类（前3名）：东城街道、长安镇、南城街道

乙类（前3名）：大岭山镇、黄江镇、凤岗镇

丙类（前3名）：麻涌镇、东坑镇、石排镇

（六）协调发展单项奖：

甲类（前3名）：莞城街道、厚街镇、虎门镇

乙类（前3名）：清溪镇、大岭山镇、万江街道

丙类（前3名）：茶山镇、望牛墩镇、洪梅镇

（七）社会发展单项奖：

甲类（前3名）：南城街道、东城街道、常平镇

乙类（前3名）：大朗镇、万江街道、寮步镇

丙类（前3名）：中堂镇、麻涌镇、茶山镇

（八）人的发展单项奖：

甲类（前3名）：南城街道、长安镇、莞城街道

乙类（前3名）：万江街道、寮步镇、大岭山镇

丙类（前3名）：茶山镇、中堂镇、麻涌镇

（九）社会安全单项奖：

甲类（前3名）：莞城街道、塘厦镇、东城街道

乙类（前3名）：石龙镇、万江街道、桥头镇

丙类（前3名）：麻涌镇、望牛墩镇、茶山镇

（十）市直主管部门满意度评价单项奖：

甲类（前3名）：长安镇、虎门镇、塘厦镇

乙类（前3名）：石龙镇、大朗镇、大岭山镇

丙类（前3名）：麻涌镇、茶山镇、望牛墩镇

（十一）主要指标单项前5名的镇（街道）

1. 生产总值

第1名	虎门镇	274.31亿元
第2名	长安镇	237.15亿元
第3名	东城街道	224.11亿元
第4名	南城街道	203.49亿元
第5名	厚街镇	198.17亿元

2. 各项税收总额（不含海关代征税）

第1名	东城街道	44.33亿元
第2名	南城街道	40.85亿元
第3名	长安镇	37.03亿元
第4名	虎门镇	34.04亿元
第5名	塘厦镇	28.98亿元

3. 常规性可支配财政收入

第1名	虎门镇	15.98亿元
第2名	南城街道	14.02亿元
第3名	东城街道	13.26亿元
第4名	长安镇	12.90亿元
第5名	塘厦镇	10.50亿元

4. 高新技术产品出口总额

第1名	黄江镇	33.00亿美元
第2名	清溪镇	32.28亿美元
第3名	长安镇	27.75亿美元
第4名	厚街镇	19.65亿美元
第5名	寮步镇	19.63亿美元

5. 实际利用外资额（含市外国内资金及境外资金）

第1名	凤岗镇	28.28亿元
第2名	寮步镇	26.08亿元
第3名	黄江镇	24.40亿元
第4名	大朗镇	23.45亿元
第5名	麻涌镇	22.78亿元

6. 当年每万元GDP能耗计划完成率

第1名	樟木头镇	111.77%
第2名	石龙镇	109.53%
第3名	茶山镇	104.88%
第4名	寮步镇	103.84%
第5名	石碣镇	103.44%

7. 社会安全指数

第1名	东城街道	130.60%
第2名	麻涌镇	124.54%
第3名	高埗镇	122.04%
第4名	望牛墩镇	120.08%
第5名	莞城街道	115.82%

8. 单位存量建设用地财政收入贡献度

第1名	莞城街道	6136万元/平方公里
第2名	石龙镇	5347万元/平方公里
第3名	南城街道	4073万元/平方公里
第4名	望牛墩镇	2508万元/平方公里
第5名	长安镇	2446万元/平方公里

9. 行业发展结构变动指数

第1名	南城街道	13.85%
第2名	沙田镇	12.65%
第3名	石碣镇	7.28%
第4名	企石镇	6.92%
第5名	黄江镇	6.36%

八、2010年度村级两委会工作实绩量化考核表彰名单

（一）2010年度村级两委会工作量化评比结果综合总分类（前50名）

中堂镇潢涌村、长安镇乌沙社区、长安镇锦厦社区、凤岗镇雁田村、长安镇沙头社区、塘厦镇林村社区、长安镇咸西社区、虎门镇大宁社区、长安镇霄边社区、虎门镇路东社区、长安镇上沙社区、虎门镇怀德社区、虎门镇龙眼社区、石碣镇桔洲村、寮步镇横坑村、大朗镇长塘社区、长安镇上角社区、长安镇厦边社区、虎门镇南栅社区、南城街道周溪社区、长安镇新安社区、南城街道新基社区、大朗镇大井头社区、厚街镇溪头村、凤岗镇官井头村、南城街道胜和社区、虎门镇北栅社区、长安镇厦岗社区、厚街镇珊美村、厚街镇宝屯村、石碣镇西南村、大岭山镇新塘村、塘厦镇清湖头社区、大岭山镇连平村、厚街镇涌口村、厚街镇三屯村、虎门镇沙角社区、塘厦镇石鼓社区、东城街道樟村社区、常平镇金美村、洪梅镇洪屋涡村、凤岗镇凤德岭村、道滘镇南城村、虎门镇居岐社区、虎门镇白沙社区、厚街镇白濠村、清溪镇荔横村、东坑镇塔江村、桥头镇邓屋村、大朗镇巷尾社区

（二）2010年度没有经济活动的社区居委会综合总分奖（社会公共管理主要项目得分＋专项奖励得分）（前5名）

虎门镇虎门寨社区、长安镇长盛社区、沙田镇横流社区、莞城街道罗沙社区、莞城街道市桥社区

（三）2010年度综合总分进步奖（当年未进入前50名的村（社区））（前10名）

寮步镇缪边村、寮步镇药勒村、石碣镇石碣村、塘厦镇莆心湖社区、常平镇塘角村、望牛墩镇五涌村、寮步镇陈家埔村、道滘镇昌平村、石排镇赤坎村、望牛墩镇望联村

（四）经济建设单项奖（前50名）

中堂镇潢涌村、长安镇乌沙社区、凤岗镇雁田村、长安镇锦厦社区、长安镇沙头社区、塘厦镇林村社区、虎门镇怀德社区、寮步镇横坑村、长安镇霄边社区、南城街道周溪社区、长

安镇咸西社区、大朗镇长塘社区、大朗镇大井头社区、厚街镇三屯村、虎门镇大宁社区、洪梅镇洪屋涡村、厚街镇溪头村、凤岗镇官井头村、长安镇新安社区、凤岗镇凤德岭村、东坑镇井美村、长安镇上沙社区、石碣镇桔洲村、厚街镇赤岭村、虎门镇博涌社区、东城街道温塘社区、塘厦镇清湖头社区、长安镇厦边社区、南城街道胜和社区、虎门镇南栅社区、长安镇上角社区、寮步镇陈家埔村、南城街道新基社区、东坑镇塔江村、虎门镇北栅社区、厚街镇宝屯村、寮步镇药勒村、厚街镇珊美村、大岭山镇新塘村、桥头镇邓屋村、石碣镇四甲村、虎门镇龙眼社区、东坑镇丁屋村、大岭山镇太公岭村、常平镇金美村、虎门镇路东社区、黄江镇星光村、高埗镇三联村、东城街道峡口社区、大朗镇巷尾社区

（五）村组可支配常规性收入总额（不含自有土地、物业转让纯收入）超3000万元奖（146个）

第1名	长安镇乌沙社区	29131万元
第2名	中堂镇潢涌村	28339万元
第3名	长安镇锦厦社区	27497万元
第4名	凤岗镇雁田村	18492万元
第5名	东城街道温塘社区	17835万元
第6名	长安镇沙头社区	16817万元
第7名	虎门镇南栅社区	16074万元
第8名	长安镇霄边社区	15526万元
第9名	东城街道主山社区	13555万元
第10名	虎门镇大宁社区	12632万元
第11名	虎门镇北栅社区	11940万元
第12名	寮步镇横坑村	10575万元
第13名	长安镇咸西社区	10549万元
第14名	厚街镇赤岭村	10546万元
第15名	厚街镇三屯村	10450万元
第16名	长安镇上沙社区	10440万元
第17名	塘厦镇林村社区	10311万元
第18名	虎门镇龙眼社区	10153万元
第19名	虎门镇路东社区	10035万元
第20名	虎门镇博涌社区	9883万元
第21名	长安镇新安社区	9445万元
第22名	虎门镇怀德社区	9427万元
第23名	厚街镇溪头村	9176万元
第24名	石碣镇石碣村	9134万元
第25名	长安镇厦边社区	8925万元
第26名	虎门镇虎门寨社区	8827万元
第27名	长安镇上角社区	8686万元
第28名	南城街道胜和社区	8473万元
第29名	厚街镇白濠村	8270万元
第30名	南城街道元美社区	8190万元
第31名	长安镇厦岗社区	8108万元
第32名	石龙镇西湖村	8070万元
第33名	大朗镇长塘社区	7862万元
第34名	虎门镇金洲社区	7320万元
第35名	凤岗镇官井头村	7191万元
第36名	茶山镇增埗村	7148万元
第37名	虎门镇沙角社区	6961万元
第38名	凤岗镇油甘埔村	6900万元
第39名	大朗镇大井头社区	6870万元
第40名	厚街镇新塘村	6689万元
第41名	石碣镇四甲村	6667万元
第42名	石碣镇水南村	6660万元
第43名	虎门镇白沙社区	6623万元
第44名	石碣镇西南村	6537万元
第45名	厚街镇涌口村	6502万元
第46名	常平镇金美村	6304万元
第47名	厚街镇宝屯村	6006万元
第48名	厚街镇河田村	5942万元
第49名	樟木头镇樟罗社区	5869万元
第50名	长安镇涌头社区	5825万元
第51名	厚街镇厚街村	5724万元
第52名	石碣镇桔洲村	5591万元
第53名	东城街道桑园社区	5588万元
第54名	东城街道牛山社区	5504万元
第55名	常平镇木棆村	5485万元
第56名	南城街道新基社区	5388万元
第57名	高埗镇冼沙村	5352万元
第58名	东城街道樟村社区	5292万元
第59名	东城街道堑头社区	5270万元
第60名	常平镇桥沥村	5174万元
第61名	黄江镇田美社区	5170万元
第62名	东城街道立新社区	5138万元
第63名	东城街道梨川社区	5124万元
第64名	大朗镇巷头社区	5105万元
第65名	寮步镇凫山村	5081万元
第66名	南城街道周溪社区	5035万元
第67名	厚街镇桥头村	5033万元
第68名	万江街道万江社区	4808万元
第69名	南城街道白马社区	4724万元
第70名	塘厦镇清湖头社区	4642万元
第71名	东城街道下桥社区	4604万元
第72名	塘厦镇诸佛岭社区	4490万元
第73名	清溪镇大利村	4470万元
第74名	东城街道石井社区	4448万元
第75名	万江街道金泰社区	4412万元
第76名	大岭山镇杨屋村	4396万元
第77名	桥头镇石水口村	4386万元
第78名	万江街道石美社区	4354万元
第79名	东城街道火炼树社区	4336万元
第80名	长安镇新民社区	4307万元
第81名	大岭山镇矮岭冚村	4269万元
第82名	厚街镇珊美村	4210万元
第83名	石碣镇刘屋村	4173万元
第84名	清溪镇三中村	4161万元
第85名	厚街镇寮厦村	4153万元
第86名	清溪镇荔横村	4136万元
第87名	樟木头镇石新社区	4117万元
第88名	塘厦镇石鼓社区	4076万元
第89名	东城街道同沙社区	3990万元
第90名	桥头镇邓屋村	3984万元
第91名	塘厦镇莲湖社区	3945万元
第92名	南城街道蛤地社区	3927万元
第93名	凤岗镇三联村	3917万元
第94名	厚街镇陈屋村	3913万元
第95名	常平镇板石村	3901万元
第96名	常平镇还珠沥村	3886万元
第97名	凤岗镇竹塘村	3863万元
第98名	高埗镇保安围村	3862万元

第99名	常平镇土塘村	3847万元
第100名	寮步镇西溪村	3844万元
第101名	厚街镇宝塘村	3830万元
第102名	常平镇朗贝村	3815万元
第103名	凤岗镇塘沥村	3802万元
第104名	清溪镇渔梁围村	3637万元
第105名	大岭山镇连平村	3635万元
第106名	常平镇袁山贝村	3632万元
第107名	麻涌镇漳澎村	3587万元
第108名	大岭山镇金桔村	3583万元
第109名	石碣镇横滘村	3550万元
第110名	茶山镇塘角村	3531万元
第111名	中堂镇槎滘村	3524万元
第112名	寮步镇石龙坑村	3509万元
第113名	道滘镇大岭丫村	3498万元
第114名	虎门镇镇口社区	3465万元
第115名	万江街道拔蛟窝社区	3450万元
第116名	凤岗镇五联村	3442万元
第117名	厚街镇汀山村	3438万元
第118名	道滘镇南丫村	3429万元
第119名	东城街道峡口社区	3401万元
第120名	高埗镇高埗村	3389万元
第121名	东坑镇初坑村	3385万元
第122名	桥头镇桥头社区	3369万元
第123名	寮步镇良边村	3360万元
第124名	桥头镇田新社区	3331万元
第125名	横沥镇月塘村	3328万元
第126名	凤岗镇凤德岭村	3250万元
第127名	桥头镇迳联社区	3204万元
第128名	东城街道周屋社区	3199万元
第129名	塘厦镇莆心湖社区	3199万元
第130名	万江街道小享社区	3172万元
第131名	麻涌镇麻二社区	3172万元
第132名	樟木头镇墟镇社区	3170万元
第133名	常平镇司马村	3163万元
第134名	寮步镇塘唇村	3153万元
第135名	寮步镇上屯村	3113万元
第136名	南城街道石鼓社区	3103万元
第137名	大朗镇水口村	3071万元
第138名	大朗镇求富路社区	3040万元
第139名	虎门镇赤岗社区	3035万元
第140名	虎门镇居岐社区	3022万元
第141名	南城街道亨美社区	3020万元
第142名	石排镇福隆村	3011万元
第143名	万江街道共联社区	3008万元
第144名	茶山镇南社村	3007万元
第145名	茶山镇京山村	3005万元
第146名	东城街道柏洲边社区	3000万元

（六）村组两级净资产超2亿元奖（131个）

第1名	凤岗镇雁田村	240072万元
第2名	中堂镇潢涌村	201389万元
第3名	长安镇乌沙社区	180391万元
第4名	长安镇锦厦社区	152165万元
第5名	长安镇霄边社区	129799万元
第6名	长安镇沙头社区	113429万元
第7名	东城街道温塘社区	111857万元
第8名	凤岗镇官井头村	95379万元
第9名	虎门镇龙眼社区	90153万元
第10名	南城街道新基社区	86437万元
第11名	虎门镇南栅社区	83688万元
第12名	石龙镇西湖村	80957万元
第13名	长安镇新安社区	77403万元
第14名	寮步镇横坑村	75552万元
第15名	长安镇上沙社区	73394万元
第16名	虎门镇大宁社区	70798万元
第17名	厚街镇三屯村	70066万元
第18名	塘厦镇林村社区	67905万元
第19名	东城街道主山社区	63411万元
第20名	长安镇咸西社区	60378万元
第21名	虎门镇路东社区	54980万元
第22名	厚街镇桥头村	54445万元
第23名	虎门镇怀德社区	51824万元
第24名	长安镇厦岗社区	51774万元
第25名	石碣镇石碣村	50826万元
第26名	大朗镇大井头社区	50196万元
第27名	大朗镇长塘社区	47378万元
第28名	长安镇厦边社区	45697万元
第29名	虎门镇北栅社区	44539万元
第30名	厚街镇涌口村	44076万元
第31名	厚街镇白濠村	43904万元
第32名	厚街镇新塘村	43254万元
第33名	南城街道胜和社区	41793万元
第34名	厚街镇溪头村	41569万元
第35名	南城街道篁村社区	40968万元
第36名	凤岗镇油甘埔村	40859万元
第37名	南城街道周溪社区	40627万元
第38名	南城街道西平社区	40438万元
第39名	虎门镇金洲社区	39329万元
第40名	石碣镇水南村	38961万元
第41名	东城街道牛山社区	38812万元
第42名	厚街镇赤岭村	38706万元
第43名	大朗镇巷头社区	38681万元
第44名	寮步镇凫山村	38532万元
第45名	石碣镇西南村	37249万元
第46名	寮步镇塘唇村	37128万元
第47名	虎门镇白沙社区	35732万元
第48名	东城街道鳌头社区	35253万元
第49名	茶山镇塘角村	34831万元
第50名	虎门镇沙角社区	33885万元
第51名	茶山镇超朗村	33837万元
第52名	长安镇上角社区	33648万元
第53名	厚街镇汀山村	33529万元
第54名	厚街镇厚街村	33245万元
第55名	寮步镇西溪村	33158万元
第56名	东城街道樟村社区	33134万元
第57名	长安镇涌头社区	32766万元
第58名	茶山镇增埗村	32518万元
第59名	万江街道石美社区	32447万元
第60名	南城街道白马社区	32162万元
第61名	常平镇金美村	32120万元
第62名	石碣镇桔洲村	32103万元
第63名	厚街镇河田村	31722万元

第64名	茶山镇南社村	31700万元
第65名	南城街道袁屋边社区	31496万元
第66名	万江街道万江社区	31313万元
第67名	寮步镇石步村	31283万元
第68名	樟木头镇樟罗社区	30575万元
第69名	东城街道同沙社区	30215万元
第70名	黄江镇田美社区	30146万元
第71名	东城街道立新社区	29908万元
第72名	虎门镇博涌社区	29523万元
第73名	塘厦镇诸佛岭社区	29211万元
第74名	东坑镇角社村	28723万元
第75名	寮步镇良边村	28720万元
第76名	石碣镇四甲村	28279万元
第77名	凤岗镇黄洞村	27931万元
第78名	塘厦镇莆心湖社区	27899万元
第79名	南城街道蛤地社区	27593万元
第80名	常平镇木棆村	27496万元
第81名	麻涌镇漳澎村	27272万元
第82名	东城街道桑园社区	26811万元
第83名	大朗镇蔡边村	26503万元
第84名	中堂镇槎滘村	26434万元
第85名	南城街道石鼓社区	26247万元
第86名	凤岗镇竹塘村	26130万元
第87名	东城街道石井社区	26021万元
第88名	石排镇福隆村	26004万元
第89名	桥头镇石水口村	25864万元
第90名	虎门镇虎门寨社区	25743万元
第91名	常平镇桥沥村	25716万元
第92名	中堂镇东泊社区	25466万元
第93名	常平镇还珠沥村	25001万元
第94名	南城街道水濂社区	24929万元
第95名	塘厦镇清湖头社区	24761万元
第96名	厚街镇珊美村	24676万元
第97名	常平镇土塘村	24664万元
第98名	清溪镇重河村	24516万元
第99名	塘厦镇石鼓社区	24438万元
第100名	南城街道亨美社区	24429万元
第101名	大岭山镇矮岭冚村	24407万元
第102名	东城街道梨川社区	24351万元
第103名	清溪镇大利村	23873万元
第104名	南城街道三元里社区	23211万元
第105名	大岭山镇杨屋村	22946万元
第106名	厚街镇寮厦村	22898万元
第107名	寮步镇上屯村	22610万元
第108名	大朗镇水口村	22583万元
第109名	万江街道坝头社区	22466万元
第110名	桥头镇桥头社区	22349万元
第111名	厚街镇宝屯村	22344万元
第112名	寮步镇富竹山村	22297万元
第113名	大岭山镇金桔村	21991万元
第114名	麻涌镇大盛村	21951万元
第115名	凤岗镇塘沥村	21812万元
第116名	万江街道牌楼基社区	21734万元
第117名	大朗镇巷尾社区	21631万元
第118名	大朗镇圣堂社区	21623万元
第119名	塘厦镇大坪社区	21567万元
第120名	大朗镇犀牛陂村	21435万元
第121名	樟木头镇石新社区	21419万元
第122名	道滘镇南丫村	21349万元
第123名	虎门镇南面社区	21279万元
第124名	长安镇新民社区	21066万元
第125名	石碣镇刘屋村	20900万元
第126名	常平镇九江水村	20604万元
第127名	万江街道谷涌社区	20570万元
第128名	东城街道周屋社区	20372万元
第129名	茶山镇横江村	20196万元
第130名	石排镇埔心村	20117万元
第131名	南城街道雅园社区	20108万元

九、2010年全市维护稳定和社会治安综合治理工作先进镇街25个

凤岗镇、茶山镇、虎门镇、寮步镇、塘厦镇、常平镇、长安镇、樟木头镇、厚街镇、清溪镇、石排镇、大岭山镇、大朗镇、东城街道、沙田镇、中堂镇、万江街道、横沥镇、黄江镇、莞城街道、麻涌镇、石龙镇、望牛墩镇、南城街道、石碣镇

十、党管武装先进单位和先进个人

1、党管武装先进单位（5个）：樟木头镇党委、大岭山镇党委、石排镇党委、厚街镇党委、望牛墩镇党委

2、党管武装先进个人（2名）：樟木头镇党委书记李满堂、大岭山镇党委书记梁荣业

十一、2010年度东莞市重点项目服务保障先进单位、重点项目建设管理先进单位、市先进重点建设项目、重点项目建设工作先进个人

1、市重点项目服务保障先进单位（10个）：市环保局、市财政局、市国土局、市城乡规划局、市外经贸局、市林业局、东莞海事局、市发改局、市海洋与渔业局、东莞供电局

2、市重点项目建设管理先进单位（10个）：市城乡规划局、洪梅镇、麻涌镇、大朗镇、市路桥总、市公路局、市城市综合管理局、市城建工程管理局、松山湖管委会、沙田镇

3、市先进重点建设项目（10个）：东莞绿道工程、洪梅钢材城工程、虎门港沙田港区7、8号泊位工程、松山湖台湾高科技园市政工程、S120石排～桥头路面大修工程、上九淀粉基树脂薄膜产业化工程、东莞中远造船二期工程、横沥垃圾焚烧发电厂二期工程、东莞篮球中心工程、塘厦理工学校扩建工程

4、重点项目建设工作先进个人（30名）：陈文胜、黄建强、徐涛义、林沛棠、刘怡、卢伟祺、羊少刚、任志飞、黎广明、林家瑜、倪佳翔、胡炽海、叶柱辉、刘书勤、卢柱洋、尹锦容、刘拓瑜、罗莎丽、荣哲、黄乐瑜、许松柏、刘铨、徐建文、何荣坚、叶美高、黄玉辉、谢伟庆、李林全、刘柱、肖广辉

（市委办）

东莞之最

NUMBER ONES OF DONGGUAN

- 全球城市综合竞争力居中国区地级市第一位
- 国内注册资本最大的村镇银行
- 国际化城市居全国地级市之首
- 创新能力居全省地级市第一位
- 高考录取率居全省第一位
- 全省首部镇级综合年鉴出版

四通八达的交通路网

编辑：潘朝明

东莞之最

【全球城市综合竞争力居中国区地级市第一位】2010年6月25日，《2009—2010年度全球城市竞争力报告》出炉，报告根据经济增长、跨国公司指数、使用绿色GDP规模等6大指标，编制全球500个城市的综合竞争力排名。东莞市在全球城市综合竞争力排名195位，居中国区地级市第一位。

【全球最大家具商落户东莞】2010年3月10日，全球最大办公家具制商——世楷家具，正式宣布将亚洲最大的工厂及研发机构转移到东莞市常平镇朗洲村。世楷家具于1912年成立于美国，该公司在亚洲共设有3家工厂，分别为中国东莞、马来西亚和日本，其中东莞厂将是其亚洲最大工厂，80%产品用于内销。

【全国率先培养“卓越工程师”院校】我国为打造未来的“卓越工程师”，启动了“卓越工程师教育培训计划”。东莞理工学院成为全国第一批、广东省仅有3所率先实施“卓越工程师教育培养计划”的高校之一。启动“卓越工程师教育培养计划”后，东莞理工学院计划每年招收320名学生进行培养，从2010年起在电子信息工程专业机器人、机械设计制造及其自动化、软件工程、应用化学专业化学工程与工艺方向等4个专业首先开展试点。

【全国最大的标签生产工厂】1988年香港SML集团在东莞市长安镇设立东兴商标织绣有限公司，占地面积9万多平方米，员工3000多人，主要生产织绣商标、纸牌商标及标签等，为国内外著名品牌提供标签，并被国家有关部门授予各类胸章、臂章、领章及帽徽的指定生产企业。2010年其出口值达3300多万元，是全国最大的标签生产工厂。

【国内注册资本最大的村镇银行】2010年3月9日，长安村镇银行在东莞市长安镇正式开业，该银行注册资本3亿元，成为全国注册资本最大的村镇银行。

【国内首部以电视人为题材的20集电视连续剧】2010年3月23日，由东莞广播电视台、东莞市康华投资集团有限公司、广东电视台联合摄制，国内首部以电视人为题材的20集电视连续剧，也是东莞广播电视台自己出品的第一部电视连续剧《电视台的故事》，在东莞电视台首播，该剧全部取景于东莞。

【全国首家会所式书院】2010年3月21日，明伦书院在东莞南城胜和广场正式成立，这是全国首家城市会所式书院，总投资超过100万元。明伦书院布置古典，内设孔圣堂、明伦堂、蒙正堂、茗道堂、养生堂、国学书房等，是面向企业董事长、总经理、政界领导等社会精英人群的高端国学推广机构。

【全国首创办公家具专卖店模式】2010年4月，东莞光润家具股份有限公司在河北省开张全国第一家办公家具专卖店，其模式以政府、事业单位及企业等大宗采购为主，改变传统的卖场形式。该企业为广州亚运会赞助3000多万元，为广州2010年亚运会独家家具赞助商和供应商。

【国内首个城市产业信息化公共服务平台】2010年5月26日，“东莞制造”——东莞市产业信息化公共服务平台正式开通运营。该平台包括电子杂志、信息发布、网上交易、行政管理系统等功能，是国内首个集政府功能、企业应用、产业对接、公共服务于一体的服务平台。

【全国第一套地级市植物志】2010年7月22日，东莞市人民政府在市图书馆举行《东莞植物志》、《东莞珍稀植物》、《东莞园林植物》首发仪式。这是我国第一套地级市植物志。这三部专著，是截至2010年对东莞植物资源记载得最基础、最翔实、最权威的植物论著，填补了东莞长期以来缺乏全面植物资料植物志的空白，开启了东莞植物世界的大门。

【国际化城市居全国地级市之首】2010年7月8日，中国城市竞争力研究会在香港举行发布会，东莞市以国际影响力大、开放度高、经济发达、制度健全、管理有序、综合服务能力强、城市具相当规模而名列中国国际化城市第12位，地级市之首。这次评选对象包括港澳台在内的全国295个地级以上市及374个县级市，评价指标包括城市国际影响指数、对外开放指数、城市经济指数、社会发展指数、城市规模指数等指标体系。

【全国首个反保险欺诈试点】2010年，中国保监会广东监管局决定选择东莞为全国首个反保险欺诈试点地区，并尝试建立与国际接轨的商业化反保险欺诈机构，并于2010年7月掀起一场剑指保险欺诈的“百日风暴”严打行动。东莞将首先建立由保险行业协会、各种保险机构，市、区公安司法机关参与的联合打击工作机制，共同建立信息共享平台，完善举报和举报奖励机制。

【获评“中国最关爱民生城市”】2010年7月23日，首届“中国城市民生建设调研成果发布会暨中国城市民生建设论坛”在北京人民大会堂举行。在调研评选的569个城市中，东莞市获十大“中国最关爱民生城市”，评分位居第二名。东莞市倾力民生建设，在保民安、促民富、解民忧、暖民心等方面的建设成效显著，民生领域支出年均增长

▲ 2010年3月，东莞长安村镇银行挂牌成立，并成为国内注册资金最多的一家村镇银行

▲ 2010年7月22日，东莞市政府在市图书馆举行《东莞植物志》、《东莞珍稀植物》、《东莞园林植物》首发式

24%，2009年达102.8亿元。

【国内最大小商品批发中心】 2010年7月28日，东莞市南城区重点商贸示范区、珠三角小商品城正式开工。该项目定名为“东莞市珠三角小商品城”，项目改造后将成为珠三角中部地区乃至全国最大的小商品集散地。新的批发城位于东莞刚刚公布的“南城总部经济中心”区——原宏成国际五金机电批发城所在地的小商品批发城。批发城设大陆首个台湾名品精品展示区。

【全国第一本商务侨刊】 2010年7月29日，庆祝《东莞乡情》25周年暨《看东莞》创刊典礼在东莞会展酒店举行。创刊25年发行到全球110个国家和地区的老侨刊《东莞乡情》正式更名为《看东莞》。作为全国第一本商务侨刊（月刊），该刊旨在创办全球视野、东莞特色、推介东莞、政经风范的新型侨刊。

【珠三角最大服装机械专业市场】 截至2010年，中国南派服装领头羊东莞市虎门镇拥有上规模的服装及其相关企业2000多家，大型服装市场23个。2010年7月30日，虎门国际服装机械城正式开业。该专业卖场建筑面积6.4万平方米，总投资1.6亿元，是珠三角最大的服装机械专业市场。服装企业、服装市场、面料市场、服装机械市场及其他的配套市场齐备，标志着虎门服装产业链更加完善。

【全国最大电子产品检测设备】 2010年8月19日，东莞市大朗镇信宝电子产品检测有限公司斥资1200万元，建成全国最大的电子产品检测电波暗室。该项目的建成使用，标志着我国企业的电子产品电磁兼容测试水平已达到国际领先水平，也为华南区域的企业提供了又一个快捷的本地化检测设备。

【中国“最牛”教育强镇】 从2010年8月25日起，东莞市石排镇4.2万户籍人口将实现从幼儿园到大学的全部免费教育。“石排模式”在全国的免费教育中尚属首例。石排镇早在2008年就启动普通高中阶段的免费教育，随后又在2009年启动幼儿园阶段免费教育，2010年8月25日启动大学免费教育。拥有石排镇户籍的全日制大专生、本科生、硕士生、博士生每年可分别领到4000元、6000元、8000元、1万元的教育补贴，石排镇的免费教育从9年延长到25年。

【中国作家第一村】 东莞市樟木头镇在大力发展经济的同时，注重文化建设，引进名作家，提供创作平台和优越环境。从2007年起，先后有15名国内知名作家聚居。2010年9月，在市文联和镇政府的推动下，以著名评论家雷达在樟木头镇御景花园住所为基地的“中国作家第一村”成立，成为岭南文化一道亮丽的风景线。

【全国首宗聚集性基孔肯雅热疫情】 2010年9月下旬至10月初，东莞市万江街道新村社区爆发伊蚊叮咬引起的全国首宗聚集性基孔肯雅热疫情，累计病例220例（其中确诊42例，疑似178例）。经治理，10月9日后疫情基本消除，无危重及死亡病例。基孔肯雅热病毒聚集性爆发，为全国提供治理经验，也向城乡结合部的环境卫生发出警告。

【拟建全国首个地名文化公园】 据《东莞日报》2010年12月1日报道，经听取建议和专家学者论证，并得到国家民政部地名研究所认可，东莞市委、市政府计划在城区黄旗山广场旁兴建全国首个地名文化公园，面积约10万平方米，以地名、人物、历史事件等为主体，凸显东莞历史文化和岭南特色，主要包括78块地名文化长廊、108块地名故事等内容。

【全国首个国际生态安全示范镇】 2010年12月3日，首届世界生态安全大会在柬埔寨首都金边举行。东莞市塘厦镇镇委书记叶锦河在会上领取全国首个“国际生态安全示范镇”。这是塘厦在全力推动经济发展的同时，高度重视自然生态保护和社会公共事业发展，大力实施绿色GDP工程、碧水蓝天工程、宜居绿地工程、和谐民生工程所取得的成果。塘厦镇绿化面积达2318.02公顷，人均绿化面积15.6平方米，达到国际水平。

【国内首家潮汐能发电基地】 2010年12月13日，在东莞市举行的“中美潮汐新能源报告会上”，东莞市百川新能源公司与美国绿色电力公司签订合作协议，在东莞组建国内首家专门研制新型海洋潮汐发电机的合资公司，其研发中心设在松山湖，生产基地设在虎门港，产品销往国内外。

【全国唯一品牌服装制造名镇】 2010年12月28日，中国服装协会、中国纺织工业协会在东莞市茶山镇举行授牌仪式，授予茶山镇“中国品牌服装制造名镇”牌匾，茶山镇成为全国唯一获此称号的镇区。截至2010年，茶山镇纺织服装及配套产业的企业有567家，拥有兔仔唛、雀太郎、硕士猫、格尔·马非等一批著名自主品牌，Levi’s、Bossini、kappa、迪士尼等国际品牌和真维斯、特步、361°等国内品牌均在茶山大规模生产加工。

【全国唯一拥有3家职业篮球俱乐部的城市】 截至2010年，东莞市拥有广东宏远华南虎俱乐部、东莞新世纪烈豹俱乐部、东莞柏宁篮球俱乐部等3家职业篮球俱乐部，是全国唯一拥有3家职业篮球俱乐部的城市。其中，华南虎俱乐部8年获七次全国总冠军，烈豹俱乐部获2011年全国男子职业篮球联赛第三名、女子篮球亚军，为东莞市这座“全国篮球城市”增添光彩。

【全国第一家职业篮球俱乐部】1993年12月18日，在东莞市宏远集团有限公司的主导及其董事长陈林的倡议下，全国第一家职业篮球俱乐部——广东宏远篮球俱乐部成立。次年全国男子篮球职业联赛开打。经过十多年的磨炼打造，中国篮协于2005年4月在北京召开“CBA俱乐部高层峰会”，确定新联赛的规则，与国际接轨，命名为“中国男子篮球职业联赛”，简称“CBA职业联赛”。中国男子篮球最高水平的比赛由此走上正规化、制度化的轨道。

【华南最大物流中心】2010年5月25日，全球最大的超级市场自愿连锁集团SPAR体系内35个国家的成员高层齐聚东莞，为广东嘉荣SPAR位于东莞市洪梅镇的物流中心开业剪彩。该物流中心总占地面积近14万平方米，划分为办公区、常温区、低温区、中央厨房和码头区等五大部分，为华南最大物流中心。

【法院人均结案数居全省之首】2010年1月14日东莞市中级人民法院通报，2009年东莞两级法院受理案件12.80万件，比2008年增加4.39万件，增幅达52.3%。法院结案率达96.43%，两级法院法官人均结案312.3件，居全省法院之首。

【“最牛”年会】2010年1月15日，外资企业“辉瑞制药”并购后的首次“中国区最大规模销售年会”在东莞厚街的广东现代国际展览中心召开。5000多人的大会场面极为壮观，100多台接待车齐齐出动。广东现代国际展览中心4500人主会场的大会服务，以及晚宴期间5000多份三明治的制作供应，由承办酒店之一嘉华酒店包揽，号称“创下了酒店业的历史之最”据东莞酒店业资深人士估计，此次年会为东莞酒店业带来上千万元的进帐。

【全省首推党委新闻发言人制度】2010年3月1日，东莞市党政领导班子联席会议召开，公布了市直党委工作部门新闻发言人名单及电话等信息，东莞成为在广东省首个建立起党委新闻发言人制度的地级市。

【广东首个医院禁烟的地级市】东莞市卫生局出台《2010年医疗卫生系统禁烟工作计划》，规定在全市公立医院内，不仅患者和家属不准抽烟，卫生系统工作人员也不准抽烟。2010年5月13日，东莞市医疗卫生系统禁烟大会举行，会议要求81所卫生机构在年底前全面禁烟，而卫生系统工作人员成为禁烟表率，率先戒烟。首批医疗机构禁烟工作正式启动，东莞市各医院的医务人员全面禁烟，东莞市成为广东第一个在医院推行全面禁烟的城市。

▲ 2010年9月30日，广东省首个粤港澳文化创意产业实验区在东莞松山湖正式挂牌成立

【高考录取率居全省第一位】2010年9月普通高考录取结束，东莞市共有2.45万人参加高考，共录取2万余人，录取率为95%。录取率在广东省21个地级以上市中名列第一位。

【广东首个粤港澳文化创意园区】2010年9月30日，广东省首个粤港澳文化创意产业实验区在东莞松山湖正式挂牌成立。该园区按照国家级标准，重点建设文化创意产业集聚展区、文化产业公共服务平台区、文化产业休闲旅游配套区、文化产业人才教育培训区和文化产业金融服务区等五大区域。

【创新能力居全省地级市第一位】2010年10月14日，《福布斯》中文版发布“2010中国大陆创新城市”排行榜，东莞市凭借在科学研究与试验发展的高比例投入、专利申请数、产业结构调整等方面的优势，排名全国第六位、全省地级市第一位。前5名的城市依次是深圳、上海、苏州、北京、吴江。

【全省地级市首个干部网络培训学院】2010年12月10日，东莞市干部网络培训学院在市委党校正式开通。该网络培训可供5000人同时在线学习交流、拍砖灌水，为全省地级市首个干部网络培训学院。

【全省首部镇级综合年鉴出版】2010年12月31日，广东省首部镇级综合年鉴《东莞大朗镇年鉴》正式出版发行。东莞市人民政府、大朗镇委镇政府当日举行的首发仪式。2010年卷《东莞大朗镇年鉴》由广东人民出版社出版，全书55万多字，近200张图片，全彩色印制，图文并茂。大朗镇决定以后每年出版一部年鉴。

【广东首个光电产业专业镇】截至2010年，东莞市企石镇把发展光电产业作为产业结构转型升级的战略重点和主攻方向，建设大型光电产业园区，使该镇光电产业相关的企业达80多家，形成产业链条，光电企业产值占全镇1/3。为此，企石镇连续4年举办国际性光电产业高峰论坛。2010年9月，广东省经信委授予企石镇“广东省首个光电产业专业镇”称号。

▲ 广东省首部镇级综合年鉴——《大朗年鉴》 （张德全　摄）

总述

DONGGUAN PROFILE

- 发展能力增强
- 城乡环境改善
- 现代市民意识培育
- 城市亲和力强化工程
- 民主法治建设
- 村（居）民自治
- 污染减排
- 现代标准农田建设
- 森林资源管护

东莞市旗峰公园

编辑：施雪芬

建置沿革

东莞于东晋咸和六年（公元331年）立县，初名宝安，隶属东官郡。唐至德二年（757年）更名东莞，县治从芜城（今宝安南头）移至到涌（今莞城）。南宋绍兴二十二年（1152年）分东莞的香山镇立香山县（今中山市）；明万历元年（1573年）将东莞守御千户所、编户五十六里立新安县（今深圳市宝安区），东莞地域随之缩小。清沿明制。民国期间，先后隶广东省粤海道、粤中行政区、第一行政区和第四行政区。

1949年10月17日，东莞全境解放。初期属东江行政区管辖。1950年3月，东莞县隶珠江专区。1952年，撤销珠江专区，东莞县隶粤中行政区。1956年2月，撤销粤中行政区，东莞县隶惠阳专区。1958年11月，东莞县曾短期隶广州市。1959年1月，撤销惠阳专区，东莞县划归佛山专区。1963年6月，复置惠阳专区，东莞县又隶惠阳专区。1985年9月，国务院批准撤销东莞县，设立东莞市（县级），仍属惠阳地区管辖。1988年1月7日，国务院批复将东莞市升格为地级市，直属广东省管辖。（刘念宇）

自然环境

【位置·范围·面积】东莞市位于广东省中南部，珠江口东岸，东江下游的珠江三角洲。因地处广州之东，境内盛产莞草而得名。介于东经113°31′—114°15′，北纬22°39′—23°09′。最东是清溪镇的银瓶嘴山，与惠州市惠阳区接壤；最北是中堂镇大坦乡，与广州市区和增城市、惠州市博罗县隔江为邻；最西是沙田镇西大坦西北的狮子洋中心航线，与广州市番禺区隔海交界；最南是凤岗镇雁田水库，与深圳市宝安区相连。毗邻港澳，处于广州至深圳经济走廊中间。西北距广州59公里，东南距深圳99公里，距香港140公里。东西长约70.45公里，南北宽约46.8公里，全市陆地面积2465平方公里，海域面积150平方公里。

【地质·地貌】东莞市地质构造上，位于北东东向罗浮山断裂带南部边缘的北东向博罗大断裂南西部、东莞断凹盆地中。地势东南高、西北低。地貌以丘陵台地、冲积平原为主，丘陵台地占44.5%，冲积平原占43.3%，山地占6.2%。东南部多山，尤以东部为最，山体庞大，分割强烈，集中成片，起伏较大，海拔多在200—600米，坡度30°左右，银瓶嘴山主峰高898.2米，是东莞市最高山峰；中南部低山丘陵成片，为丘陵台地区；东北部接近东江河滨，岗地发育，陆地和河谷平原分布其中，海拔30—80米之间，坡度小，地势起伏和缓，为易于积水的埔田区；西北部是东江冲积而成的三角洲平原，是地势低平、水网纵横的围田区；西南部是濒临珠江口的江河冲积平原，地势平坦而低陷，是受潮汐影响较大的沙咸田地区。

东莞市握东江和广州水道出海之咽喉，有海岸线115.94公里（含内航道），主航道岸线53公里，拥有深水良港——虎门港。

【河流】东莞市主要河流有东江、石马河、寒溪水。境内96%属东江流域，东江干流自东北角惠州市博罗县、惠阳区之间入境后，沿北部边境自东向西行至桥头新开河口；有发源于深圳市宝安区的石马河流入，至企石有企石河流入。至石龙分出南支流后，北干流续流至石滩，与来自广州增城市的支流汇流，经市境的大盛注入狮子洋；南支流斜向西南流经石碣、万江，在峡口接纳来自市境中部的寒溪水，峡口以下有3支较小的支流牛山水、蛤地水和小沙河，自东向西汇入，续流至泗盛注入狮子洋。北干流与南支流之间为东江三角洲的河网区。

【气候】东莞市属于亚热带季风气候，长夏无冬，光照充足，热量丰富，气候温暖，温度变幅小，雨量充沛，干湿季明显。2010年，年平均气温为22.5℃，比常年平均值偏高0.2℃；最冷为1月，最热为8月，高温（日最高气温≥35℃）日数5天。年极端最高温36.1℃（出现在2010年8月4日），年极端最低温1.9℃（出现在2010年12月17日）。2010年全年总雨量为2165毫米，较常年平均值偏多22%；其中汛期（4—9月）总雨量为1922.8毫米，比常年平均值偏多32%。（气象局供稿）

【矿产资源】东莞市内已知矿产有Ⅶ类19种，矿床点66处。其中，金属矿产Ⅲ类8种，矿床点34处：黑色金属矿产10处（铁矿点9处，钛铁矿1处），有色金属矿产23处（铜矿点4处、铅锌矿点4处、钨矿点10处、锡矿点4处、钛矿点1处），贵金属黄金矿化点1处。非金属矿产Ⅵ类11种32处：冶金辅助原料矿产9处（耐火粘土4处、泥炭土4处、石油1处），化工原料矿产14处（黄铁矿点6处、重晶石矿点3处、钾长石矿点4处、石盐矿点1处），建材非金属矿点3处（水泥灰岩2处、水泥粘土1处）。主要分布在东莞中部、南部和东部的山地、丘陵地带。矿产分布分散，无规律。

【动植物资源】东莞市野生动物种类繁多，主要分布于山区和丘陵地带，体型较大的野兽多栖息在东南山区，一般兽类出没于平川、丘陵。主要野生动物有：哺乳类、鸟类、鱼类（134种）、甲壳类和多种贝类、两栖、爬行类、昆虫类等。主要野生植物有：树类114种、竹类23种、内陆水域水生维管束植物48种，水果类40多种、野生药用植物89种。内陆水域中常见的浮游生物共8门110属。

【旅游资源】东莞是岭南古邑，东莞博物馆珍藏有村头遗址等新石器时代以来的出土文物，被誉为广东省历史文化名城。东莞是中国近代史的开篇地，虎门销烟揭开中国近代史第一页，存有中外闻名的林则徐销烟池、沙角炮台、威远炮台等抗英古战场遗址，建有鸦片战争博物馆、海战馆等爱国主义教育基地；东莞是东江人民抗日的根据地，大岭山抗日史实陈列馆、榴花抗日纪念亭吸引不少游客瞻仰。东莞又是改革开放的先行地，改革开放后，东莞迅速崛起为以现代制造业为特色的新兴工业城市。人文景观丰富，有宋代的黄旗古庙，明代的迎恩门楼、金鳌洲塔、榴花塔、袁崇焕故居，明清时期燕岭摩崖石刻，清代广东四大名园之一的可园等名胜。自然风景优美，有仙鹅湖、植物园、清溪山水天地以及珠江口滨海秀色、稻海蕉林、荔红荷香等景观。旅游、休闲度假设施完善，幽静、舒适、豪华的度假村点缀于秀水青山之间。荔枝、香蕉等新鲜水果四季不绝，虎门膏蟹、白沙油鸭、厚街腊肠、乌头鱼、水鸭、水鱼、“三蛇烩”等美食不胜枚举。

（刘念宇　施雪芬）

人口·民族·语言

【人口】2010年东莞市户籍人口为181.77万人，外来暂住人口为411.5万人，常住人口为822.02万人。全年出生人口为1.95万人，出生率为10.90‰；死

▲ 东莞市中心广场

亡人口为8367人，死亡率为4.67‰；人口自然增长率为6.23‰。

【民族】 据2000年第五次全国人口普查计，东莞市普查人口中，汉族人口625.99万人，占总人口的97.12%；少数民族人口18.58万人，占2.88%。

【语言】 东莞市境内流行粤方言和客方言。粤语区面积、人口均占全市的绝大部分，客方言主要通行在东南部与惠州、深圳相邻的丘陵地带，约占全市面积的18%。在32个镇街中，纯粤语镇街有石龙、长安、沙田、洪梅、道滘、麻涌、万江、中堂、望牛墩、石碣、高埗、大朗、寮步、茶山、企石、石排、常平、横沥、东坑、桥头等20个。兼有2种方言的镇街中，莞城、东城、南城、厚街、虎门、大岭山、塘厦、黄江、谢岗等9个镇街大部分甚至绝大部分讲粤方言；清溪、凤岗2个镇大部分讲客方言。全市仅樟木头是纯客方言镇。

（刘念宇　施雪芬）

行政区划

2002年，东莞市行政区划主要变更有：1月，莞城撤销1988年1月起分设的城内区、城外区街道办事处，合并设立莞城街道办事处。11月，万江区街道办事处（1987年10月设立）更名为万江街道办事处。另，2000年3月，东城街道办事处设立；2001年10月，南城街道办事处设立。至2010年底，行政区划情况见下表：

年末常住人口和户籍人口数

项目	单位	1978年	1980年	1985年	1990年	1995年	2000年	2005年	2006年	2007年	2008年	2009年	2010年
年末常住人口	万人				175.62	336.45	644.84	656.07	674.88	694.72	694.98	635.00	822.02
年末户籍人口	万人	111.23	112.7	120.85	131.85	143.65	152.61	165.65	168.31	171.26	174.87	178.73	181.77
#非农业人口	万人	18.49	19.83	25.49	30.87	35.38	39.61	65.84	70.42	73.67	76.80	81.46	92.09

2010年东莞市行政区划

镇（街道）	社区、村委会（个）	村委会名称	社区居民委员会（居民委员会）名称
莞 城	8		东正　市桥　北隅　西隅　罗沙　博厦　兴塘　创业
石 龙	10	西湖　忠维　林屋　蒲溪　新维　王屋洲　黄家山	中山东　中山西　兴龙
虎 门	30		虎门寨　东方　则徐　大宁　树田　白沙　沙角　怀德　博涌　镇口　村头　新联　九门寨　居岐　金洲　南面　北栅　小捷滘　北面　陈村　东风　武山沙　黄村　南栅　龙眼　宴岗　赤岗　路东　新湾　民泰
万 江	28		万江墟　万江　石美　莫屋　拔蛟窝　黄粘洲　蚬涌　谷涌　小享　滘联　上甲　新村　新谷涌　共联　水蛇涌　大莲塘　牌楼基　严屋　大汾　流涌尾　金泰　曲海　坝头　胜利　官桥滘　简沙洲　新和　新城

续上表

镇（街道）	社区、村委会（个）	村委会名称	社区居民委员会（居民委员会）名称
东 城	23		岗贝 花园新村 东泰 温塘 桑园 周屋 余屋 鳌峙塘 峡口 柏洲边 上桥 下桥 樟村 梨川 堑头 主山 石井 同沙 光明 牛山 立新 火炼树 星城
南 城	17		鸿福 宏远 胜和 元美 亨美 三元里 篁村 新基 周溪 袁屋边 白马 石鼓 蛤地 西平 雅园 水濂 新城
中 堂	20	潢涌 三涌 湛翠 凤冲 袁家涌 吴家涌 鹤田 中堂 一村 东向 蕉利 槎滘 下芦 马沥 四乡	中心 斗朗 红锋 东泊 江南
望牛墩	22	李屋 望东 扶涌 赤滘 五涌 下漕 上合 聚龙江 望联 洲湾 洲涡 杜屋 寮厦 芙蓉沙 官桥涌 横沥 福安 石排 官洲 朱平沙 锦涡	望牛墩
麻 涌	15	麻一 麻三 麻四 大步 东太 新基 川槎 鸥涌 华阳 南洲 大盛 漳澎 黎滘	麻涌 麻二
石 碣	15	石碣 唐洪 黄泗围 西南 单屋 梁家村 沙腰 刘屋 水南 四甲 鹤田厦 涌口 横滘 桔洲	城中
高 埗	19	冼沙 卢溪 宝莲 塘厦 草墩 护安围 保安围 三联 横滘头 低涌 朱磡 新联 欧邓 芦村 高埗 凌屋 上江城 下江城	新创
道 滘	14	南城 南丫 闸口 大鱼沙 小河 永庆 北永 昌平 厚德 九曲 大罗沙 大岭丫 蔡白	兴隆
沙 田	18	中围 和安 大流 泥洲 杨公洲 福禄沙 阁西 民田 先锋 西大坦 穗丰年 大泥 齐沙 稔洲 义沙 西太隆	横流 滨港
厚 街	23	厚街 珊美 宝屯 三屯 陈屋 赤岭 河田 寮厦 汀山 环冈 大迳 新围 桥头 南五 新塘 涌口 双岗 溪头 沙塘 宝塘 下汴 白濠	竹溪
长 安	13		长盛 涌头 霄边 咸西 锦厦 新安 乌沙 新民 沙头 上沙 厦岗 厦边 上角
洪 梅	10	洪屋涡 新庄 梅沙 氹涌 黎洲角 夏汇 尧均 乌沙 金鳌沙	洪梅
寮 步	30	西溪 凫山 石龙坑 石步 良边 富竹山 塘唇 向西 霞边 上屯 下岭贝 竹园 上底 药勒 刘屋巷 浮竹山 陈家埔 井巷 小坑 长坑	寮步 塘边 横坑 岭厦 新旧围 缪边 牛杨 泉塘 坑口 良平
大 朗	28	高英 洋乌 洋坑塘 松柏朗 黎贝岭 松木山 犀牛陂 水平 宝陂 石厦 杨涌 沙步 新马莲 佛子凹 蔡边 水口	大朗 佛新 巷头 屏山 竹山 巷尾 求富路 长塘 黄草朗 大井头 圣堂 长富
大岭山	24	太公岭 大塘朗 下高田 连平 鸡翅岭 马蹄岗 金桔 大沙 百花洞 大塘 水朗 杨屋 矮岭冚 颜屋 大片美 梅林 元岭 大岭 新塘 旧飞鹅 大环	大岭山 农场 领居
黄 江	14	社贝 鸡啼岗 袁屋围 合路 北岸 田心 龙见田 旧村 长龙 星光 大冚	新市 田美 三新
樟木头	9		圩镇 樟罗 百果洞 樟洋 石新 柏地 官仓 裕丰 金河
清 溪	21	浮岗 上元 清厦 铁松 铁场 谢坑 青皇 大埔 长山头 三中 九乡 三星 渔樑围 厦坭 大利 土桥 重河 松岗 罗马 荔横	清溪

续上表

镇（街道）	社区、村委会（个）	村委会名称	社区居民委员会（居民委员会）名称
塘　厦	22		塘厦　三局　林村　石潭埔　四村　振兴围　大坪　莆心湖　平山　诸佛岭　桥陇　龙背岭　石鼓　田心　横塘　蛟乙塘　凤凰岗　莲湖　沙湖　石马　清湖头　塘新
凤　岗	12	雁田　官井头　油甘埔　凤德岭　塘沥　黄洞　竹塘　竹尾田　三联　五联　天堂围	凤岗
常　平	33	岗梓　塘角　苏坑　袁山贝　金美　还珠沥　朗贝　桥沥　卢屋　九江水　朗洲　陈屋贝　司马　霞坑　漱旧　漱新　黄泥塘　元江元　横江厦　沙湖口　白石岗　松柏塘　上坑　木棆　下墟　板石　田尾　白花沥　桥梓　麦元　土塘	常平　新民
谢　岗	12	黎村　窑山　南面　大龙　大厚　赵林　稔子园　五星　曹乐　谢岗　谢山	泰园
桥　头	17	田头角　李屋　朗厦　岗头　屋厦　禾坑　邓屋　邵岗头　东江　山和　石水口	莲城　田新　桥头　大洲　迳联　岭头
横　沥	17	石涌　隔坑　半仙山　田头　田坑　横沥　村头　长巷　田饶步　六甲　村尾　水边　新四　山厦　月塘　张坑	恒泉
东　坑	16	东坑　坑美　角社　塔岗　黄麻岭　初坑　凤大　黄屋　寮边头　长安塘　新门楼　井美　彭屋　丁屋	草塘、骏达
企　石	20	铁岗　深巷　湖美　博夏　上洞　江边　旧围　清湖　东平　上截　下截　东山　莫屋　杨屋　新南　南坑　铁炉坑　企石　霞朗	宝石
石　排	19	石排　下沙　福隆　庙边王　沙角　黄家垦　赤坎　向西　水贝　田寮　横山　埔心　谷吓　塘尾　李家坊　田边　中坑　燕窝	太和
茶　山	18	上元　茶山　下朗　横江　增埗　卢边　寒溪水　南社　塘角　博头　冲美　粟边　孙屋　超朗　京山　刘黄	茶山圩　茶溪
松山湖	1		松山湖
虎门港	1		虎门港
合　计	599	383	216

（民政局供稿）

经济发展

【概况】2010年，东莞在上级和市委的坚强领导下，以科学发展观统领全局，全面实施珠三角规划纲要，突出以转变发展方式为主线，继续稳增长，给力调结构，积极优环境，全面强管理，锐意抓改革，着力保民生，推动经济社会在平稳发展的基础上加快转型，取得扎实成效。全市实现生产总值4246.25亿元，比上年增长10.3%。来源于东莞的财政总收入785.10亿元，增长25.1%，其中市财政一般预算收入277.84亿元，增长20.2%。金融机构本外币各项存款余额6077.87亿元，比年初增长19.3%。城市居民人均可支配收入36350元，农村居民人均纯收入20486元，分别增长10%和13.2%。金融机构各项人民币存款余额5943.39亿元，比年初增长19.2%。三大产业比例由上年底的0.4∶48.4∶51.2调整为0.4∶51.4∶48.2。东莞成为全国加工贸易转型升级试点城市，获评中国全面小康特别贡献城市、中国十佳绿色城市、中国十大最关爱民生的城市，创建国家环保模范城市通过国家验收。

【产业结构优化】2010年，东莞市生产总值（GDP）4246.25亿元，按可比价格计算，比上年增长10.3%。其中第一产业增加值16.64亿元，同比增长1.9%；第二产业增加值2183.18亿元，同比增长16.8%；第三产业增加值2046.43亿元，同比增长3.9%。三大产业比例为0.4∶51.4∶48.2。第一产业继续向产业化、规模化、品牌化方向发展。全年全市完成农业总产值28.31亿元，按可比价计算，比上年增长3.3%。其中种植业产值14.82亿元，同比下降1.6%，占总产值的52.3%；林业产值0.29亿元，同比增长14.7%，占1.0%；牧业产值5.55亿元，同比增长13.1%，占19.6%；渔业产值6.80亿元，同比增长5.7%，占24.0%。新增省级农业龙头企业家、市级农业龙头企业1家、新增农民专业合作组织4家。年末全市共有20家农业龙头企业和29家农民专业合作组织，其中省级以上龙头企业7家、国家级2家。年末全市共有广东省名牌产品（农业类）28个、无公害农产品49个、绿色食品44个、有机食品9个。第二产业结构逐步向重型化、高新化方向调整。全年全市规模以上工业增加值1812.86亿元，同比增长19.0%。其中，重工业增加值960.81亿元，同比增长20.1%，所占比重为53.0%；轻工业增加值852.05亿元，同比增长17.8%，占47.0%。大中型工业企业增加值1265.95亿元，占规模以上工业增加值的69.8%。规模以上工业实现利润总额274.87亿元，比上年增长66.3%；资产负债率为60.94%；工业经济综合效益指数为132.63，比上年上升15.43个点。全年规模以上八大支柱产业增加值1100.12亿元，比上年增长20.0%。其中通信设备、计算机及其他电子设备制造业增加值426.68亿元，同比增长22.5%。规模以上电子信息制造业增加值668.92亿元，同比增长22.6%；实现利润总额87.71亿元，同比增长89.9%。全年全市建筑业增加值82.37亿元，比上年下降2.9%。第三产业中的批发零售、金融、地产等行业稳步增长。全年全市批发和零售业增加值406.84亿元，比上年增长9.1%；住宿和餐饮业增加值147.82亿元，同比增长0.9%。全年全市金融业增加值165.44亿元，比上年增长4.5%。全年全市房地产业增加值288.36亿元，比上年下降1.1%。全年全市交通运输、仓储和邮政业增加值86.51亿元，比上年增长6.9%。全市有星级酒店97家，全市有旅行社54家，实现国际旅游外汇收入6.76亿美元，同比增长30.6%。国内旅游总收入191.32亿元，同比增长26.3%。

【内外型经济融合】 2010年，外资企业关停外迁数比上年减少11%，增资扩产617宗，增加133宗。全年受理1250家来料加工企业转型，新增外资企业研发机构150个，是历年总数的1.5倍。全年合同利用外资25.97亿美元，实际利用外资27.32亿美元，同比分别增长60.7%和5.3%。全年进出口总额1213.38亿美元，同比增长28.8%，其中出口695.98亿美元，同比增长26.1%。全市新签投资总额超1000万美元项目46宗，同比增加19宗；新签第三产业项目合同外资3.6亿美元，占全市的13.8%。2010年，民营企业登记户数同比增长3.1%，实际引进内资176.2亿元，同比增长45.4%。民营经济完成固定资产投资450.85亿元，同比增长4.5%；民营经济消费品零售额929.83亿元，同比增长15.9%；民营经济缴税总额261.05亿元，同比增长31.9%。全市工业产品内销总额3537亿元，同比增长23.6%。

【发展能力增强】 2010年，推动3家企业成功上市，薄膜太阳能光伏和物联网2个基地被列为全省战略性新兴产业基地。专利授权量同比增长57.9%。新增省级产业集群升级示范区2个、国家高新技术企业91家、省民营科技企业126家、省级以上技术工程中心14个、企业博士后科研工作站5个、省级以上名牌名标56个，参与制修订各类技术标准37项，获批省创新科研团队3个。全市单位生产总值耗地、耗能同比分别下降8.3%和2%。预计二氧化硫和化学需氧量排放同比分别下降4.2%和3.7%。

【城乡环境改善】 2010年，环莞快速一期等39项市属重点工程竣工，市轨道交通R2线试验段等26项工程动工。完成3个市区内涝点整治和75个欠发达村老化水管改造。建成镇村联网路31条、110千伏及以上输变电工程21项、水利防灾减灾工程71宗、天然气管网131公里。建成区域绿道225公里，植树造林1800多公顷。全面完成在建污水处理厂主体工程，完成运河整治应急工程。完成30万亩土地的专项规划和标图建库，各镇街编制5年专项规划和年度实施计划，全市启动改造地块174宗、约3.4万亩。

【区域发展协调】 2010年，松山湖成功晋升国家级高新区，台湾高科技园开园和粤港澳文化创意产业实验园落户。虎门港泊位码头建设加快，保税物流中心投入运行，对台直航航线正式通航。东莞生态园基础建设加快，生态修复初见成效，首次对外公开招商。长安新区用海申报、规划编制等工作扎实推进。基本建成7个农业产业园。2010年，全年市财政安排65亿元支持镇村建设，预计32个镇街可支配收入280.7亿元，村组两级可支配收入183亿元，同比分别增长14.8%和6.1%。全市32个镇街本级总资产1070.18亿元，净资产703.70亿元，分别比上年增长10.5%和10.3%；32个镇街税收总额511.94亿元，同比增长22.1%。村组两级集体总资产1230.91亿元，同比增长4.7%；净资产942.29亿元，同比增长5.3%。当年可支配财政收入超10亿元的镇街有6个，超亿元的村有20个，超5千万的村有69个，超千万的村有419个。

【人民生活提高】 2010年，年末全市户籍人口181.77万人。全年培训劳动力13.1万人次，发放就业补贴2.7亿元，户籍大学应届毕业生就业率96%，城镇登记失业率控制在2%以内。两次调整医保待遇，最高支付额提至15万元，职工和农（居）民退休金同比分别增长10.2%和44.8%。新招收近1.5万名新莞人子女入读公办学校，1.2万名新莞人获得积分入户资格。城市居民人均可支配收入36350元，农村居民人均纯收入20486元，同比分别增长10%和13.2%。全年城市居民人均消费性支出25733元，比上年增长6.0%。加强住房保障工作，帮助2978户低收入家庭解决住房困难。年末城市居民人均住房建筑面积58.58平方米。平均每百户农村居民家庭耐用消费品拥有量：移动电话268部，家用电脑104台，家用汽车57辆。　（黄素标）

精神文明建设

【概况】 2010年，东莞牢固树立“创建永无止境”的理念，以迎接全国公共文明指数测评为契机，按照“文明创建常态化、管理机制长效化、宣传教育持久化、监督检查日常化”的要求，深入推进创建全国文明城市工作。根据2010年中央文明办公布的全国公共文明指数测评结果，东莞的公共文明指数和未成年人思想道德建设工作排名靠前，位列地级市第2名。

【体制机制完善】 依靠制度推动创建。2010年4月27日，市委、市政府召开东莞市文明委成员（扩大）会议暨“讲文明、树新风、迎亚运、当好东道主”主题活动启动仪式。会议对迎接2010年全国公共文明指数测评进行全面的动员部署，全体参会人员观看《发现存在问题加大整改力度——迎接2010年全国公共文明指数测评专题汇报片》，分层分级落实责任，推进自查自纠工作。8月13日，由市委常委、宣传部长、市文明委副主任王道平，副市长、市文明委副主任梁国英组织召开“迎接全国公共文明指数测评工作会议”，通报迎检情况，明确迎检要求，动员4个街道和松山湖，以及市各有关职能部门，采取更加有力的措施，抓好补缺补差。市文明办（市创建办）加强协调督导，先后5次走访各街道、各考察点进行现场检查，协调整改存在问题。市文明办（市创建办）从4个街道和市文明委成员单位抽调人员，每天深入各街道开展巡查，以《巡查情况通报》的形式报送创建领导小组领导，并通报有关部门、镇（街道）。

依托基层扩大创建。面向各镇（街道）继续开展2010年东莞市公共文明指数测评工作。2010年测评按照“片内回避、交叉测评”的原则，从各镇（街道）抽调干部组成4个测评小组，采取“材料审核”、“实地考察”、“特色项目申报”三种方式，重点针对“市文明委部署的年度重点工作”、“镇（街）重点公共场所管理”、“镇（街）文明创建的工作特色和创新举措”三方面内容，对32个镇（街道）开展测评并在媒体公布结果，进一步推动各镇（街道）提高市民文明素质，提升社会管理水平。

发动社会支持创建。利用媒体资源以及各类社会宣传资源和文明创建公益宣传阵地，宣传“八荣八耻”、东莞城市精神、《东莞文明公约》和《东莞市民日常行为规范》等教育内容和行为规范，实现文明公益宣传进工厂、进社区、进村镇、进机关、进学校，把社会主义核心价值体系转化为具体行为要求，渗透到广大群众的日常生活中。注重拓展文明创建公益宣传新阵地，9月20日，东莞文明委公益宣传合作伙伴签约暨东莞市文明迎亚运“四上”（“礼仪知识上电视”、“公益宣传上电影”、“公共礼仪上窗口”、“文明出行上大巴”）活动启动，东莞移动、新奥燃气和东莞各大影院、旅行社、旅游客运公司等25家企业单位与市文明办签订协议，缔结为公益宣传合作伙伴关系。

【现代市民意识培育】 开展思想道德教育实践活动。2010年，市文明委开展“讲文明、树新风、迎亚运、当好东道主”主题教育实践活动，由文明委各成员单位、各镇（街道）具体组织实施礼仪知识普及、文明交通提升、整洁市容维护、公共场所守序、社会志愿服务“五大行动”，其中，市文明委重点推动开展10项专项活动。10月27日，“东莞市迎亚运·行业文明礼仪展示暨文明之星颁奖典礼”在东莞玉兰大剧院举行，展示窗口行业文明礼仪，为亚运营造文明和谐的社会氛围。开展“我们的节日”主题活动，利用春节、清明节、端午节、中秋节、重阳节等传统节日，以及青年节、党的生日、建军节、国庆节等革命纪念日，突出思想文化内涵，通过对东莞本土文化资源进行综合整理、系统开发和不断创新，组织开展“‘我们的节日’东莞市系列文化活动”。广泛宣传道德模范的感人事迹和崇高精神，组织道德模范巡讲活动，开展“我推荐、我评议身边好人”活动，建立健全帮扶生活困难道德模范的长效机制，出台《东莞市帮扶生活困难道德模范实施办法（暂行）》。

▲ 广场舞　（张超满　摄）

开展未成年人思想道德教育。建立健全由市文明办牵头，各有关部门参与的未成年人思想道德教育工作机制，建立健全学校、家庭、社会“三结合”的教育网络。6月1日，召开全市未成年人思想道德建设工作会议，贯彻全国、全省会议精神，深入部署落实未成年人思想道德建设工作。继续推动净化社会文化环境工作并取得显著成效。利用重大事件和市内各类平台，精心设计和组织开展青少年道德实践活动，坚持打造“做一个有道德的人”、“清明祭奠革命先烈”、“走进东莞文明”、“东纵小战士”、“书香校园”、“书信文化”、“阳光体育”、“18岁成人宣誓”、“手拉手”、“长安骄子计划”等特色品牌活动。抓好未成年人心理健康教育，推动市、镇两级心理咨询站、学校心理咨询室建设。莞城街道通过心理专家热线和现场辅导等方式专门设定“莞老师工作室”，常平镇成立未成年人心理健康教育领导小组并在该镇中小学设立心理健康教育机构，东坑镇在青少年群体中开展“让生命充满爱”主题活动等等，均收到良好的效果。

推动文明办网、文明上网。依托互联网行业协会，制定完善行业自律公约，加强自我教育、自我管理。组织基础运营商、接入服务商、内容提供商向社会公开承诺不制作、不传播有害信息，接受社会监督。实行有奖举报制度，鼓励群众举报网上淫秽色情等有害信息，依法依规进行查处。抓好网络从业人员思想道德教育，通过举办网络从业人员培训班等形式，对网络文化单位负责人、网络服务商、手机运营商、网站工作人员进行系统培训，提高他们的思想道德素质。在网民中开展网络道德教育，引导人们明是非、分美丑，文明上网、文明用网，自觉抵制不良信息。开展文明网站、文明频道、文明版主等创建活动，表彰恪守职业道德的网站单位。开展“网络文明使者”志愿服务活动，组织志愿者在网上传播文明。

【志愿服务活动】 健全志愿服务运行机制。2010年，在市志愿服务事业指导委员会的统筹指导下，建立由市文明办牵头，依托团委并协调民政、妇联、教育、政法、财政等有关部门的全市联动、横向互动协调工作机制。完善市、镇（街道）、社区（村）三级志愿服务组织体系，以《东莞市社区志愿服务站规范建设工作指引》为依托，从阵地建设、队伍建设、制度建设和活动建设等各方面指导全市各个社区（村）志愿服务站建设。完善志愿者注册登记制度，以《东莞市注册志愿者（义工）管理办法》为依托，对志愿者队伍实行规范化管理。截至2010年底，全市已建立志愿者服务中心35个，志愿者服务组织2000多个，注册志愿者20.5万人，达到占建成区常住人口总数的比例≥10%的目标。健全志愿者服务证书制度，定期表彰奖励志愿服务成绩突出的单位和个人，把开展志愿服务活动作为文明指数测评、创建文明村镇、创建文明单位的重要内容和考核指标。

组织重大社会志愿服务活动。以抓好亚运会东莞赛区志愿服务为契机，全面做好第16届亚运会东莞赛区志愿者招募、培训、管理工作。开展“迎接亚运会、创造新生活”主题志愿服务活动，组织志愿者广泛参与文明礼仪知识宣传普及、赛（会）场服务、改善环境面貌、维护公共秩序等志愿服务。开展“百万空巢老人关爱志愿服务行动”，依托社区（村），采取志愿者和社工联动、“多带一”结对帮扶2700名空巢老人的方式，为空巢老人排忧解难。

拓展志愿服务领域。弘扬志愿精神和志愿文化，推动形成关心、支持和参与志愿服务的良好氛围。打造“三车五行动”（“三车”即文化直通车、健康直通车、普法维权直通车，“五行动”即青春暖流行动、社区和谐行动、爱心助学行动、社会实践行动、环境保护行动）志愿服务品牌活动。文化部门通过生动感人的文艺作品和丰富多彩的文化活动，展现志愿者的良好风貌和高尚情操。探索和开展应急救援志愿服务活动，动员志愿者广泛普及防灾避险、疏散安置、急救技能等应急处置知识，参与重大自然灾害和突发事件的抢险救援、卫生防疫、群众安置、设施抢修和心理安抚等工作。

【城市亲和力强化工程】 打造“东莞城市暖流行动”品牌。2010年，市文明委继续开展以“社会和谐人人有责、和谐社会人人共享”为主题的“东莞城市暖流行动”，推进共建共享工程。以低保群众、生活困难群众、残疾人、未成年人和广大新莞人为重点群体，在春节前后、“五一”劳动节、中秋节前等，集中开展好慰问活动、“送温暖、献爱心”活动、扶危济困活动、便民服务活动。组织开展以增长知识、培养技能、提高能力、树立正确人生观和价值观为目的的各种主题教育实践活动，开展法制教育、科普教育、健康教育、公德教育、礼仪教育、感恩教育等。为社区、企事业单位、社会团体搭建沟通和交流的平台，为广大市民参与活动提供更丰富的载体和形式，促进不同阶层、不同群体之间的理解和包容。开发对外交流促进项目，通过开展物资援助、技术支持、文化关爱，动员社会各界和广大市民把温暖和关怀送给老少边穷和受灾地区，帮扶落后地区发展，改善困难群众生活。

推动开展城乡共建活动。按照城乡一体化要求，推动开展以城带乡、城乡共建精神文明。利用城市广场、文化中心、街心公园等场所，发挥东莞群众艺术馆、各镇（街道）文广中心的作用，组织开展东莞市首届合唱节，通过歌咏比赛的形式，把“爱国歌曲大家唱”活动长期开展下去，展示东莞市民热爱祖国、建设家乡、团结奋进的精神风貌。继续深入开展文化科技卫生“三下乡”活动，继续推进科教、文体、法律、卫生“四进社区”活动，组织好“全民健身日”、“科技活动周”、“相约健康社区行”等群众活动，形成团结和睦、相互关爱的邻里关系。（梁　杰）

附：2010年东莞市精神文明建设委员会办公室领导名录

主　任：李国全
副主任：王培琦

政治文明建设

【民主法治建设】 2010年，东莞市人大常委会对法律明确规定或“一府两院”提请的重大事项，根据市委中心工作的需要和东莞市的实际，及时列入议事日程，先后作出决议、决定9项，其中决定8项，决议1项。2010年东莞市经济延续2009年下半年企稳向好的发展态势，工业能耗和全社会用电量随之逐步增长，加上经济发展“适度重化”的趋势以及GDP增速放缓等因素，节能空间不断减小，常委会依法审议通过市政府《关于提请调整东莞市2010年单位生产总值能耗降低目标的议案》，保障东莞市经济社会发展以及产业结构调整和转型升级的步伐不受影响。常委会根据新修订的《广东省人口与计划生育条例》和东莞市的实际情况，审议通过关于调整东莞市国民经济和社会发展第十一个五年规划纲要中人口自然增长率指标的议案，同意把人口自然增长率指标2006年至2010年平均增长从6.1‰调整至6.7‰。此外，常委会还审议通过了市政府《关于提请审议设立“东莞慈善日”的议案》，将每年10月25日定为“东莞慈善日”，有效地促进和引导东莞市慈善事业发展。

2010年，东莞市推进民主法制建设。一是对《东莞市农村集体资产管理规定》在东莞市贯彻执行情况进行检查，营造重视农村集体资产管理的良好氛围；二是听取和审议市中级人民法院关于行政诉讼工作情况的报告，保障行政执法中的程序正义，提高行政执法水平；三是继续跟踪监督市人民法院、市区人民检察院分立一年后的运作情况，进一步强化对司法机关的监督；四是对东莞市实施《东莞市推动产业结构调整和转型升级实施“三旧”改造土地管理暂行办法》的情况进行调研，为“三旧”改造工作的重点环节提供法律支撑与政策指导，确保在有序推进“三旧”改造的同时，维护社会的和谐稳定。

【深化行政改革】 2010年，东莞坚持先行先试，锐意改革创新，加强法治政府建设，提升行政服务效能。深化政府机构改革。完成部门“三定”方案，市政府工作部门从37个调整为32个，市直临时议事协调机构精简53%。深化事业单位改革。实施事业单位岗位设置和人员聘用制度，新进人员实行公开招考。深化镇村管理体制改革。推进石龙、塘厦简政强镇试点工作，扩大下放事项，优化机构设置，并在中心镇和市属园区铺开。村级体制改革试点工作稳步推进。基本完成集体林权改革。深化行政审批制度改革。开展第四轮清理工作，调整审批事项232项，精简32%。积极推进并联审批、网上审批和电子监察。

【结构调整决策】 2010年2月，市府办印发《东莞市引进创新创业领军人才暂行办法》、《东莞市培养科技创新团队和领军人才暂行办法》；4月，市政府印发《东莞市知识产权战略纲要（2010—2015年）》，市府办印发《东莞市鼓励总部经济发展若干政策实施细则（试行）》、《东莞市实施技术标准战略工作实施方案》、《促进“东莞老字号”企业发展实施意见》、《东莞市创建国家知识产权示范城市工作方案》；5月，市府办印发《大力推进商标（品牌）战略的工作意见》；6月，市府办印发《东莞市50强民营工业企业和50强民营服务业企业认定暂行办法》、《东莞市科技金融结合试点市科技贷款风险准备金管理暂行办法》、《东莞市专利权质押贷款管理办法》、《东莞市专利资产评估及交易资助暂行办法》；7月，市政府印发《东莞市中小企业（内贸）电子商务应用专项资金管理暂行办法（试行）》；市府办印发《东莞市培育企业上市操作规程》；8月，市政府印发《关于认定东莞市第三批上市后备企业的通知》；9月，市政府印发《东莞市推动电动汽车关键技术及产业发展实施意见》、《关于开展质量强市活动的意见》；12月，市政府印发《东莞市促进LED产业发展及应用示范若干规定》，市府办印发《扶持“东莞老字号”企业发展实施办法》、《东莞市关于加快培育和发展大企业（集团）实施方案》、《关于建设珠三角新兴物流城市实施意见的通知》。

【参政议政】 2010年，全市多党合作事业主要工作机制、配套制度已基本成型，制度落实进一步科学化公开化具体化。鼓励支持发挥优势参政履职。一年来，市委统战部进一步拓宽渠道、创造条件，按照“党委出题、党派调研、政府采纳、部门落实”模式，围绕加快转型升级、推进战略性新兴产业、深莞惠一体化、建设文化名城等重大决策部署开展专题调研；市委首次在市管干部人选酝酿、提名阶段主动听取民主党派意见，增聘“四大员”加大党风廉政建设和行风的评议督查力度，民主监督力量明显加强、不断壮大，全市15个市直单位共聘请42多人次担任特约人员，推进党委政府科学决策、民主决策和依法治市。积极推动党外干部政治安排和实职安排。完善党外干部选拔培养、安排使用联席会议制度，及时更新全市党外后备干部信息库，3月举办一期党外后备干部培训班，建立健全与重点单位的沟通联系机制，将党外干部的跟踪考察延伸到各个环节。5月下旬通过公开选拔，市委决定派出市民建会员、农业局的一位主任科员到对口帮扶的云浮市郁南县挂职副县长。

【厂务公开】2010年，东莞市建立市厂务公开民主管理联席会议制度，召开全市厂务公开经验交流会，向全市推广桥头技研新阳公司工会开展厂务公开民主管理、加强职工人文关怀的成功经验。全市实行厂务公开的企业有15683家，公开率达85%。推动国有、集体企事业单位民主管理贯标工作，电信东莞分公司成为东莞市首家通过贯标认证单位。

【村（居）民自治】2010年，东莞市开展以“民主选举、民主决策、民主管理、民主监督”为主要内容的居民自治活动，社区居民自东莞管理、自东莞教育、自东莞服务的意识不断增强。村级体制改革试点。2010年，东莞市坚持以黄江、厚街为试点，成立市村级体制改革和社区服务体系建设专项调研组，通过召开座谈会、发放调查问卷、出外参观学习、组织专家研讨等方式，开展村级体制改革调研，明确全市村级体制改革工作思路。成立全市村级体制改革工作领导小组，负责统筹、规划、部署和协调全市村级体制改革重大事项，指导两试点镇制定具体的改革实施方案。农村党风廉政信息公开平台建设。2010年，东莞市在推广应用全市社区管理信息系统的基础上，与市纪委、市监察局联合建设“东莞市农村党风廉政信息公开平台”，指导、督促各村（社区）做好财务、村务、党务及人口信息录入工作，促进村务公开形式的信息化、网络化和规范化，保障村（居）民对村（社区）事务的知情权和监督权。

生态文明建设

【污染减排】2010年，东莞市对各镇（街）、管委会2009年度减排工作严格考核，对未通过考核的2个镇实行区域限批；制定《东莞市各镇街2010年主要污染物减排任务目标和项目》，全面落实年度工作职责。完成沙角C电厂1#、2#、3#3台机组脱硫工程建设，设计脱硫效率提高到95%以上；新投入运营污水厂12座，处理能力60万吨/日。全面实行电力企业燃煤含硫率月报及核查制度，对减排企业实行台账管理和每月巡检，开展在线监控数据有效性审核，配合环境保护部实施季度核查。2010年东莞市COD（化学需氧量）、二氧化硫排放总量将控制在10.47万吨和9.12万吨，对比2005年分别削减22.4%和54.4%，顺利完成2010年和“十一五”减排考核任务。

【绿色创建】2010年，东莞市有23所学校被评为绿色学校，15个社区被评为绿色社区，总数分别达到370所和60个；34家企业创建成为“市级环境友好企业”，累计达103家。寮步、石龙两镇创建国家级生态乡镇顺利通过省验收。

【现代标准农田建设】2010年，东莞继续加大现代标准农田建设力度，全市累计投入建设资金2151.89万元，其中市财政1026.61万元，镇村配套1125.28万元，分别在麻涌、中堂、虎门、望牛墩、道滘、万江、茶山、大岭山、寮步、厚街、常平和东城等12个镇街19个村委会（社区）建成标准农田6900亩。修筑机耕路15.4千米，建成主排灌渠7.3千米、支渠19.5千米，配套涵闸涵洞15个。

【渔业资源与海洋环境】2010年，东莞加大资源环境保护工作力度，编制实施《2010年海洋与渔业环境质量监测工作方案》。加强海洋生态环境质量监测网络建设。开展海洋环境质量监测，获得监测数据2058组，向社会发布《2009年东莞市海洋环境质量公报》。做好涉海工程环境损失赔偿工作，赔偿海洋与渔业资源环境损失300多万元。在虎门、石碣等镇开展5次渔业资源增殖放流活动，投放各类鱼虾苗1900多万尾。抓好黄唇鱼保护区及水生野生动物监督管理。黄唇鱼自然保护区加入“中国典型河口生物多样性保护与保护区网络建设示范项目”（PPG）的珠江口示范区建设网络，以通过创建海洋保护区网络和湿地修复等活动，形成一系列先进经验，建立示范效应。

【森林资源管护】2010年，东莞市采取多项措施有效保护森林资源，保障森林生态持续健康发展。一是坚决抓好林地和林木保护管理。严格执行《东莞市生态控制线管理规定》，切实加强1103平方公里生态绿线范围的林地保护，全年审批征占用林地项目104宗，面积163.04公顷，征占用林地审核率100%。二是狠抓森林防火安全。加大森林消防队伍和基础设施建设，切实加强野外火源管理，森林防火防控能力得到加强。全年共计开展8期森林防火知识培训和6期防火应急演练，培训防火队员1120人，全年发生一般森林火灾4宗，过火面积1.84公顷，为历年最少。新建花灯盏、大屏、爆石顶等通信基站6个，全市通信网络基站建设达30个，覆盖80%的森林公园和林区。三是加强林业有害生物预防和治理。开展松材线虫病、薇甘菊等有害生物的防治，全市各类林业有害生物防治面积3160公顷，清理疫木28.64万株，防治率达95.6%。实施古树名木管护工程，对古树名木进行病虫害监测和防治，加强古树迁移、修枝、清理等审批，开展长生树普查建档工作。四是加大林业行政执法力度。开展一系列严打整治专项行动，开展“创平安 迎亚运”、“2010年春季行动”等专项行动，严厉查处各类林业行政案件和森林违法犯罪案件102宗，收缴野生保护动物5856只。

【造林绿化】2010年，东莞市完成造林1829公顷，其中市属水源涵养林林相改造1442.38公顷，省属樟木头林场更新造林386.67公顷，种植乡土阔叶树135.9万株，完成计划任务的103%，抚育幼林2562.5公顷；营建农田林网53.56公里，完成计划任务100%；营造防火林带58.5公里，完成计划任务100%。经组织二次检查验收，造林成活率达97%以上，苗木长势良好。

▲ 市委书记刘志庚视察林业工作 （吴建明 摄）

政治

POLITICS

长安镇莲花山下

编辑：胡晓静　李文蔚

中国共产党东莞市委员会

【中共东莞市委十二届六次全会】 2010年1月13日在市会议大厦召开。65名市委委员、11名候补委员出席会议，市、镇（街）、村（社区）有关领导共1000多人列席会议。全会主要任务是传达贯彻党的十七届四中全会、中央经济工作会议、胡锦涛总书记视察广东重要讲话和省委十届六次全会精神，总结2009年工作，部署2010年工作。市委书记、市人大常委会主任刘志庚向全会报告工作，提出贯彻落实省委十届六次全会精神的总体意见，部署2010年第一季度工作。市委副书记、市长李毓全对全市经济工作进行总结部署。全会提出2010年工作总体要求：坚持“五个更加注重”，落实“五个扎实推进”，以转变发展方式为核心，以结构调整为主线，以内需拉动为支撑，以自主创新为动力，以深化改革为抓手，以宜居城市为载体，以改善民生为重点，切实加强党的建设，实现高水平崛起，努力当好广东推动科学发展、促进社会和谐的排头兵，再次领跑30年。全会还审议通过《中共东莞市委关于贯彻中央和省委加强和改进新形势下党的建设〈决定〉和〈实施意见〉的意见》。

【实施《珠江三角洲地区改革发展规划纲要》】 贯彻《规划纲要》实现“四年大发展”工作 2010年12月28日，市委、市政府印发《实施〈珠江三角洲地区改革发展规划纲要（2008—2020年）〉实现“四年大发展”工作方案》，要求以推动科学发展、促进社会和谐为主题，以加快转变经济发展方式为主线，以产业结构调整升级和城市升级为核心，突出提高自主创新能力，突出发展绿色经济，突出区域协调发展，突出深化重点领域改革，突出保障和改善民生，突出开放合作发展，推动东莞经济社会在平稳发展的基础上加快转型，着力提升东莞综合竞争力，率先建成全面小康社会，努力当好推动科学发展、促进社会和谐的排头兵。总体目标：到2012年，率先建成全面小康社会，全市经济社会双转型取得明显成效，科学发展的体制机制初步形成，自主创新能力、经济实力和国际竞争力显著增强，深莞惠一体化有效推进，基本公共服务水平显著提升，生态环境和人居环境明显改善，建设现代制造业名城、宜居生态城市、珠三角新兴物流城市和文化名城迈出坚实步伐。全市生产总值达到5000亿元，人均生产总值达到8万元；服务业增加值比重达到48%；城镇化水平达到87.5%；研发经费支出占地区生产总值比重达到1.3%，全员劳动生产率达到10.92万元/人，新增亿元地区生产总值所需新增建设用地较大幅度下降，确保完成省分解下达东莞的考核目标。

召开深莞惠一体化第四次联席会议 2010年4月8日，深莞惠一体化第四次联席会议在深圳召开，省委副书记、深圳市委书记刘玉浦，省委常委、深圳市代市长王荣，东莞市委书记刘志庚，东莞市长李毓全，惠州市委书记黄业斌，惠州市长李汝求等领导及三市有关部门负责人出席会议。会上，莞深惠三市签署《界河综合整治工作协议》、《加快推进交通运输一体化补充协议二》，进一步推动三市联合治理界河污染，推进道路等基础设施连接，增强三市合作与交流，提升珠江口东岸各市交通基础设施水平和环境竞争力，加快推动深莞惠三市经济社会实现又好又快发展。

▲ 2010年1月13日，中共东莞市委第十二届六次全会在市会议大厦召开

（郑志波　摄）

【防止传统发展模式复归】 2010年，中共中央政治局委员、广东省委书记汪洋在省委十届六次全会上强调，要防止经济形势好转时传统发展模式的复归。东莞市认真贯彻落实汪洋指示精神，增强危机意识不放松，刘志庚亲自撰文，要求从10个方面警惕传统意识复发，防止传统发展模式复归。一是从招商引资上防止传统模式复归。以汽车、电子信息、光电产业、现代服务业为重点着力引进大企业、大项目和产业链缺失项目，加强对台湾地区、欧、日、韩高科技企业的登门招商工作，加快松山湖台湾高科技产业园建设进度。二是从产业发展上防止传统模式复归。鼓励传统产业向集群化、品牌化转变，依托几大园区加快发展电子信息、装备制造等高水平的先进制造业，从根本上解决过去村村点火、户户冒烟式的生产力布局分散问题。三是从科技创新上防止传统模式复归，改变“撒胡椒面式”的科技资金资助方式，争取用5年左右时间在若干个关键领域实现技术领先。四是从资源配置上防止传统模式复归，实行资源配置向优质企业倾斜，进一步上调最低工资标准。五是从人才培养上防止传统模式复归，优先培育引进技能人才，通过积分制探索新莞人入户途径。六是从体制机制上防止传统模式复归，将产业结构调整情况纳入镇（街）领导班子工作实绩年度考核评价范畴，防止以GDP论英雄。七是从农村转型上防止传统模式复归，探索村（社区）政务服务中心、村居自治、股份公司经营“三分离”。加快村一级集体经济转型，加大“创业东莞”工程实施力度。八是从环保治理上防止传统模式复归。加快高污染、高能耗、低安全、低效益企业退出步伐，加快7个环保产业基地建设进度。九是从工作作风上防止传统模式复归，改变偏重市场自身调节、政府不管不问的“守夜人”角色，积极服务优质企业，促进加快转型。十是从节约开支上防止传统模式复归。

【建设文化名城】 2010年7月19日，东莞召开市党政领导班子联席会议，传达贯彻省委十届七次全会精神，研究制定文化强市政策措施，部署实施文化名城建设工作。组成9个调研组开展专题调研，先后几次召开座谈会听取各方意见，进行反复研究论证，最终确立建设文化名城的发展战略。8月30—31日，召开全市领导干部会议，进一步学习省委十届七次全会精神特别是汪洋重要讲话精神，印发《东莞市建设文化名城规划纲要（2011—2020年）》、《关于东莞市建设文化名城的若干政策》等政策文件，动员部署东莞文化名城建设工作。会议提出，建设具有东莞特色的文化名城的战略目标是：深入贯彻落实科学发展观，以实施文化名城战略为统领，以加快转变文化发展方式、提高文化科学化水平为主线，用10年左右时间，把东莞建设成为城市精神充分彰显、人文底蕴日益厚实、公共文化成熟完善、文化产业繁荣发展、文化精品不断涌现，文化事业强、文化产业强、文化影响力强、城市形象好的全国公共文化服务名城、国家历史文化名城、全国现代文化产业名城、岭南文化精品名城。

【绿道网规划建设】 2010年3月15日，市委、市政府印发《东莞市珠三角绿道网建设工作实施方案》，提出坚持先省后市、分步建设，市镇联动、形成合力，统筹规划、因地制宜，以人为本、兼顾产业，解放思想、增速提效，突出亮点、打造精品的原则，扎实推进绿道网建设，顺利实现“一年基本建成、两年全部到位、三年成熟完善”总体建设目标，力争使东莞成为全省绿道网建设排头兵。市绿道网建设分省、市两部分：一是珠三角绿道网东莞段，包括2号、3号、5号共3条经过东莞的珠三角区域绿道，主线总长168公里，支线总长29公里。二是市级绿道，总长91.3公里，分为滨水绿道环、都市绿道环和山林绿道环，作为珠三角区域绿道的完善和补充，是东莞山水城市空间格局的体现，更贴近居民，服务人群更广。

【简政强镇事权改革铺开】 2009年，东莞推进石龙镇和塘厦镇简政强镇试点改革取得重要进展。2010年，东莞进一步加大简政强镇力度，开展第二阶段的简政强镇事项下放工作。7月30日，召开全市简政强镇工作会议，部署在全市其他11个中心镇和3个市属园区推开简政强镇事权改革。主要工作：一是梳理下放成熟事权。共整理出运行条件相对成熟542项事权，作为第一批先行下放。二是规范统一机构设置。重新设置各中心镇党政机构，具体设3办7局，对虎门、长安、厚街、塘厦4个镇允许多设1个内设机构，市属三个园区机构设置在基本维持不变基础上作适当调整。三是整合精简事业单位。将原有的14个事业单位通过合并或合署形式整合为6个，取消镇属事业单位行政级别。四是推进机构人员下沉。将除国土和公安外的市管驻镇机构下放给中心镇（园区）管理，其中市直部门派出机构9个，事业单位2个。五是提高中层领导配备。明确11个中心镇的中层领导按试点镇的设置配备，同时镇属事业单位取消行政级别后，其正职领导可按副科级配备。六是建立健全监督机制。出台《东莞市简政强镇下放事权运行监督管理暂行办法》，对下放事权的监督主体、监督原则、监督方式、职责分工等方面进行详细规定。

【对口支援】 两年基本完成对口支援汶川县映秀镇工作　2010年，市委、市政府多次召开专门会议研究部署对口援建工作，市几套班子、部门和镇（街）领导先后1000多人次深入援助一线指挥指导援建工作；东莞共无偿投入援建资金11.15亿元，高质量、高标准完成包括安居房、市政道路和震中纪念馆等在内的55个援建项目，成功将映秀镇建设成为“全国灾后恢复重建样板”、“广东援建典范”、现代抗震建筑博物馆、“防震减灾示范区”、独具藏羌民族风情的精美小镇和5A级旅游景区，战胜“8·14”特大泥石流灾害，提前1年圆满完成对口支援映秀镇恢复重建的历史使命，确保中央“三年援建任务两年基本完成”目标实现。11月24日，召开东莞市对口支援汶川县映秀镇恢复重建总结表彰大会，市对口支援映秀镇恢复重建工作小组等29个先进单位和陈林佐等78位先进个人受到表彰。

对口支援新疆生产建设兵团农三师图木舒克市　2010年7月26日，市政府印发《东莞市对口支援新疆工作方案》，要求以坚持科学规划，有序推进，坚持全面支援，民生优先，坚持先易后难，分步实施，坚持协作共建，互利共赢，坚持全力以赴，讲求实效为原则，按照以改善民生目的，以产业发展为关键，以人才教育为支撑，以基础设施为先行，以政府、市场结合为动力的思路，全力做好对口支援各项工作，确保圆满完成任务，争当新时期对口支援兵团系统工作排头兵。工作期限：2011年至2020年。总体目标：从2011年开始，全面推进对口支援工作，力争至2015年，使农三师图木舒克市经济发展明显加快，经济实力明显增强，各族职工群众生活明显改善，团场城镇面貌明显改观，公共服务水平明显提高，基层组织建设明显加强，社会稳定明显巩固；至2020年，使农三师图木舒克市显著提高自我发展能力，最大程度地缩小与内地的差距，生产发展，生活富裕，生态良好，民族团结，社会稳定，确保实现全面建设小康社会的目标。

【市内扶贫帮困“责任到单位责任到人”】 2010年9月1日，市委、市政府印发《关于市内扶贫帮困“责任到单位责任到人”工作的实施意见》，实行市内扶贫帮困“责任到单位责任到人”工作。帮扶对象主要是9个经济欠发达镇和90个经济欠发达村，以及6661户有劳动能力的低保困难户。目标任务是从2010年开始，用2年左右时间，在原有帮扶措施基础上，通过落实帮扶责任、强化结对帮扶、加大政策扶持，切实提升欠发达镇、村和贫困群众发展能力，加快实现脱贫奔康。力争到2011年底，90个欠发达村村容村貌得到有效改变，集体经济收入显著增加，社会管理能力不断提高，基本达到脱贫标准；到2012年底，全市6661户有劳动能力的低保困难户中，80%以上困难户有相对稳定的工作和收入来源，家庭年人均纯收入达到最低生活保障线以上。具体安排是市直（中央、省属）单位和发达村（社区）定点帮扶欠发达村，市镇干部结对帮扶有劳动能力的低保困难户。此外，积极实施配套政策，包括：设立定点帮扶欠发达村专项资金；延长欠发达村扶贫贴息借款期限；扩大基本农田生态补偿范围；实施欠发达镇村用地收费返还；扩大欠发达镇贴息贷款使用范围。

【开展扫黄禁赌专项工作】 2010年2月8日，全市“扫黄”“禁赌”专项工作会议召开。刘志庚在会上指出，“扫黄”、“禁赌”事关东莞科学发展、和谐稳定大局，要以最鲜明的态度、最坚强的决心、最有力的措施，抓好“扫黄”、“禁赌”工作，保持东莞城市良好形象。3月30日，市委、市政府印发《东莞市关于进一步健全打击“涉黄”违法犯罪活动长效机制的意见》、《东莞市加强防范和打击赌博工作的意见》、《东莞市关于打击娱乐服务场所涉毒违法犯罪活动长效机制的意见》等文件，对工作目标、工作措施、工作机制、工作责任、工作要求作出明确要求。5月13日，全市防范和打击“黄赌毒”活动动员大会召开，刘志庚要求各镇（街）、部门以更有力的措施深入扫除“黄赌毒”，必须把扫除“黄赌毒”作为东莞整治社会治安的“第三部曲”，要像“打黑除恶”、“治摩禁电”一样，下大力气铲除“黄赌毒”问题，建立与东莞全国文明城市相适应的良好城市形象，确保亚运会期间社会政治和治安秩序稳定。

【研究宣传东莞形象】 2010年3月3日，“宣传推介东莞城市形象、促进高水平崛起”研讨会召开，来自市社科界80余专家学者出席研讨会，10多位专家学者为宣传推介东莞城市形象建言献策。8月9日，市委召开会议专题听取东莞市城市品牌形象报告及城市标识设计思路汇报，刘志庚强调，要把握和围绕东莞城市灵魂，充分发动各方讨论，深入分析城市形象存在的问题，努力重塑东莞形象。

【“创模”通过国家环保部考核验收】 2010年10月27日，东莞召开创模考核验收情况通报会，国家环保部污染防治司副巡视员、验收组组长汪键，市领导刘志庚、李毓全、王道平、吕兢、李小梅、梁国英、林明枢等出席通报会。会上通报，对照国家环境保护模范城市现行考核指标，东莞创模工作扎实，成效显著，各项指标基本达到考核要求，一致同意通过东莞创建国家环保模范城市的考核验收。刘志庚提出，各级党委、政府和各部门要以创模成功为新的起跑线、新的推动力，把持续创模作为推动科学发展、构建和谐东莞的重大战略举措，作为实现人民群众根本利益的“民心工程”，作为造福子孙后代的千秋大业，从零开始，目标不移、决心不改、力度不减、工作不松，在切实巩固已有成绩的基础上，继续扎实推进各项工作，努力走出一条效益优先、富民优先、生态优先、节约优先的发展新路，坚定不移地向着“适宜创业发展、适宜生活居住”的城市环境建设目标迈进。

【市委常委会听取法院、检察院、党史及工青妇工作汇报】 2010年9月26日，市委常委会听取市中级人民法院、市人民检察院、市委党史研究室及市总工会、团市委、市妇联的工作汇报。刘志庚指出，工青妇组织要努力当好联系群众、代表群众、服务群众的桥梁纽带，在调节社会关系、化解社会矛盾、凝聚各方力量上发挥独特作用；市委党史研究室要充分挖掘利用东莞丰富的党史资源，使党史工作更好地为资政育人服务，为打造文化名城服务，为建设社会主义核心价值体系服务，为推进党的建设新的伟大工程服务；各级人民法院和人民检察院要在保障大局、司法公正、工作创新、基层和队伍建设上下功夫，不断提升司法保障能力，努力为建设平安东莞、和谐东莞和法治东莞再立新功。

【重要会议】 全市领导干部会议 2010年7月14日在市行政办事中心召开。会议内容是总结部署半年工作，动员全市上下坚定信心，克难前行，狠抓落实，努力完成全年各项目标任务，促进东莞经济社会又好又快发展。李毓全总结上半年经济形势，并提出下半年经济工作的要求。刘志庚代表市委总结报告上半年工作，对下半年全市各项工作进行部署。会议要求认真分析当时宏观形势，积极应对，突出重点，继续坚持不懈地推进结构调整，继续坚持不懈地狠抓投资拉动，继续坚持不懈地深化各项改革，继续坚持不懈地营造优质环境，继续坚持不懈地改善社会民生，继续坚持不懈地加强党的建设，确保完成全年目标任务。

园区现场办公会 6月9日，东莞举行“广东东莞生态产业园区”揭牌仪式，并召开东莞生态产业园现场办公会。市领导刘志庚、庞国梅、严小康及有关部门和镇（街）领导参加。刘志庚强调，必须深化园区发展思路，坚持四项原则：一是坚持多整合、少竞争；二是坚持高起点、高标准；三是坚持生态主题、循环发展；四是坚持教育立园、人才立园。生态园管委会要承担起园区开发建设的主体责任，各相关镇要树立“一荣俱荣、一损俱损”的观念，与生态园管委会加强配合，抱团发展，并肩作战，合力推进各项工作。国土、规划、建设、环保、财政等部门要进一步解放思想，改进作风，本着“只为成事想办法，不为困难找借口”的精神，及时协调解决生态园建设过程中出现的各种矛盾和问题，为重大项目开辟“绿色通道”，确保园区建设顺利推进。

7月23日，全市召开松山湖现场办公会，会前举行松山湖10项工程竣工暨22项工程动工庆典仪式并视察松山湖台湾高科技园建设成果。刘志庚指出，松山湖要以现场会召开为动力，跳出松山湖看松山湖，进一步坚定发展方向，突出工作重点，加快工作进度，推进更好更快地发展。具体抓好几方面工作：突出一个核心，强化转型升级带动能力；强化一个重点，着力提高择商选资水平；营造一个环境，引得来留得住科技人才；凝成一股力量，形成园区建设强大合力。

9月29日，全市召开虎门港现场办公会议，研究讨论虎门港开发建设有关重要事项，协调解决建设过程中存在的问题。刘志庚、李毓全、冷晓明、梁国英、邓志广及有关部门负责人参加会议。刘志庚指出，虎门港要坚持长远化、差异化、一体化、可持续化等四大发展战略，要以实际行动，全力加快征地拆迁，全力加快港口建设，全力推进港口运营，全力拓展港口招商，全力强化港口保障，努力把虎门港打造成亿吨大港。

“十二五”规划编制工作会议

▲ 创建国家环保模范城市活动

2010年6月24日召开。会议内容是深入贯彻落实全省“十二五”规划编制工作会议精神，全面部署推进市“十二五”规划编制工作。会议提出，要以“加快转变经济发展方式”为主线，深入推进产业结构调整升级，推动加工贸易企业转型升级，把握好发展新能源、新材料、节能环保、文化创意等重点领域；要坚持以人为本，以改善民生为重点，大力推进社会建设，推进基本公共服务均等化，继续完善社会保障体系，切实保障公共安全；要以深莞惠、莞港澳台合作为重点，加快融入珠三角区域一体化，扩大对台经贸合作，扶持台资企业转型升级，推动开放水平的全方位提升；要以“先行先试”为核心，深化行政管理、社会管理、户口迁移等重要领域和关键环节的改革攻坚力度，着力解决东莞经济社会发展中的深层次矛盾和问题。

市委、市政府党员领导干部民主生活会 2010年12月1日召开。省委组织部副部长罗冀京莅临指导，市领导刘树基、张继雄及党代表、人大代表和政协委员各3名列席会议。会议围绕贯彻落实《廉政准则》、加强作风建设这一主题，总结反思一年多来市委、市政府领导班子及其成员作风建设的情况，深入查找剖析问题，开展批评与自我批评，并积极谋划整改思路。刘志庚，李毓全分别就市委、市政府领导班子及其个人工作作风存在的不足进行总结和剖析，其他党员领导干部也一一进行批评与自我批评。

市2010年度总结表彰大会 2010年12月27日举行，市几套班子领导出席大会。刘志庚发表重要讲话，李毓全主持大会，市委副书记、政法委书记黄双福宣读市委、市政府关于表彰2010年度全市先进单位的决定。刘志庚从转变方式、改革创新、宜居城市、改善民生、党的建设等5个方面全面总结2010年各项工作，提出2011年全市工作主要思路：坚持转型发展不动摇，坚持创新发展不停步，坚持绿色发展不懈怠，坚持惠民发展不松劲，坚持协调发展不畏难。

【省委十届六次全会东莞组讨论】 2010年1月5日，省委十届六次全会进行东莞组讨论。省委书记汪洋，省委常委、秘书长徐少华，市主要领导刘志庚、李毓全，13个中心镇党委书记及万江街道拔蛟窝社区负责人等参加分组讨论。汪洋发表重要讲话，寄望东莞抓住国际金融危机带来的脱胎换骨的机遇，下决心进行结构调整，做广东科学发展的“雄鹰”，实现高水平崛起，继续再领跑30年。刘志庚强调，贯彻省委全会精神，要坚定不移调结构，下死决心促转型，通过引进大项目调增量，推进加工贸易升级调存量，加大自主创新力度调质量，加大“三旧”改造力度和双转移、腾笼换鸟的力度，加大对结构调整先进典型的宣传推广力度，切实解决“不愿调、不会调”的问题。

▲ 2010年12月27日，东莞市召开2010年度总结表彰大会 （林 清 摄）

【学习考察活动】 市代表团赴河南、河北考察 2010年5月19—21日，刘志庚率代表团赴河南、河北考察，期间考察安阳市高新技术产业开发区，实地参观东莞市宏威数码机械有限公司在该开发区项目建设情况，并于21日参加在北京举行的广东东莞（北京）投资推介会。推介会共签约合作项目47宗，投资金额达437.86亿元，包括神华、华能、宝迪、奥克斯等在内的一批国内知名企业意向落户东莞。

市代表团赴美国、加拿大考察 2010年6月28日至7月7日，刘志庚率代表团赴美国、加拿大考察，重点参访美国OPPO公司、SML集团位于加拿大的公司，并就两企业在东莞长安的增资扩产进行深入洽谈。考察呈现“三个非常”的特点，即主题非常突出，目的是推介东莞、拜访企业、寻求合作；接触非常广泛，考察企业、拜访同乡、参观大学、对话精英，所到之处交流甚广；影响非常深远，既初步确定OPPO增资10亿元事宜，又搭起与各界合作新桥梁，更坚定美加外商投资、扎根东莞信心。

市代表团赴增城学习考察 2010年8月18日，刘志庚率40余人组成的东莞市党政代表团赴广州增城，学习考察增城在贯彻落实科学发展观，促进产业转型升级，建设现代产业体系，推进三大主体功能区建设，统筹城乡综合配套改革，体制机制创新，生态建设等方面的经验做法。省委常委、广州市委书记张广宁热情接见代表团一行。代表团实地考察增城新城区建设、“一河两岸”环境综合整治、公园化战略实施情况，以及增城创建全国科学发展示范市的情况，重点了解增城在节约集约利用土地，组团式、园区化发展先进制造业情况以及城镇化建设等方面情况。

市代表团赴澳门访问考察 2010年12月2—4日，刘志庚率东莞市代表团赴澳门，进行为期3天的访问和考察。代表团一行先后拜会外交部驻澳门特派员公署、中央驻澳门联络办公室、澳门特区行政长官崔世安及澳门运输工务司、澳门文化局等，会见澳门东莞同乡会的代表。通过访问和考察，进一步健全莞澳高层会晤机制，推动莞澳合作深入开展，深化莞澳双方在经济社会各个领域的交流与合作。

【东莞学习论坛】 2010年共举办5期（第28期至第32期）。第28期于1月26日举行，由国家统计局总经济师姚景源主讲，内容为中国宏观经济形势分析。第29期于6月22日举行，由上海社会科学院文化产业研究中心主任、研究员，国家发改委国际合作中心特约研究员花建作文化产业与提升城市综合竞争力的专题报告。第30期于8月24日举行，由清华大学新闻与传播学院教授、公共关系与战略传播研究所学术总监，清华大学城市品牌研究室主任范红就“东莞城市形象”问题作专题报告。第31期于11月16日举行，由国家财政部财政科学研究所研究员、财政部中国社科院宏

观经济运行与财政政策规划组副组长张鹏作报告，主题为“协调、平衡、共享——‘十二五’规划与财政政策调整思路”。第32期于12月29日举行，由中国人民大学教授，兼劳动人事学院副院长、中国社会保障研究中心主任，第十届、十一届全国人大常务委员会委员，国务院政府特殊津贴获得者，《社会保险法》的主要起草人郑功成主讲，内容是《社会保险法》与社会保障体系建设。

【市委中心组学习会】 2010年，市委中心组共进行19次专题学习，其中5期为参加东莞学习论坛报告会，其他14期分别为：1月25日，集中学习1月23日中共中央政治局委员、省委书记汪洋在东莞调研座谈时的讲话精神；3月2日，集中学习《中国共产党党员领导干部廉洁从政若干准则》；3月16日，集中学习全国“两会精神”；4月20日，集中学习研讨“三旧”改造工作经验和对策；5月10日，集中学习全省科学技术奖励大会暨国家技术创新工程广东试点工作动员大会精神；6月7日，集中学习省委省政府召开的珠三角地区贯彻落实《纲要》工作会议精神；6月17日，集中学习新产业新技术基本知识，研究探讨培育和发展适合东莞的战略性新兴产业；7月19日，集中学习省委十届七次全会精神；8月30日，集中学习贯彻中共中央政治局委员、省委书记汪洋就东莞产业转型升级试点工作所作的批示精神；8月31日，邀请省政府副秘书长、省政府发展研究中心主任谢鹏飞作“2010年国内外形势暨打造‘智慧东莞’”专题报告；9月21日，集中学习贯彻胡锦涛总书记在深圳经济特区建立30周年庆祝大会上的重要讲话精神；10月25日，专题学习党的十七届五中全会精神；11月5日，召开专题读书会，专题学习《贸易战争》、《世界大趋势与未来十年中国面临的挑战》、《政府的本分》、《毛泽东箴言》4本书；12月13日，专题学习贯彻中央经济工作会议精神。

【市党政领导班子联席会议】 2010年，市党政领导班子联席会议共召开29次，集体学习中央、省的有关指示精神，讨论全市有关镇（街）、单位的请示、报告，分析研究东莞经济社会发展问题和工作思路，研究部署全市有关方面工作等。

2010年1月19日，市委、市政府印发《关于进一步加强媒体服务管理的工作意见》，规定市委、市政府举办的预先确定可以公开报道的重大会议、重大活动，均可邀请市内外媒体参与采访报道。从3月1日起，市党政领导班子联席会议正式向新闻媒体开放。（何剑华）

附：2010年中共东莞市委领导名录

市委书记：刘志庚
市委副书记：李毓全　黄双福
市委常委：刘志庚　李毓全　黄双福
　　　　　冷晓明　何嘉琪　庞国梅
　　　　　甄瑞潮　崔　建　江　凌
　　　　　王道平　刘国辉

附：2010年中共东莞市委秘书长、副秘书长名录

市委秘书长（兼）：何嘉琪
市委副秘书长：潘新潮
　　　　　　　吴镇成（任至2月）
　　　　　　　温淦荣　谢国文
　　　　　　　黎桥根　张国平
　　　　　　　卢贯纪（任至12月）
　　　　　　　吴小峰
　　　　　　　蔡家华（4月到任）
　　　　　　　曲洪淇
　　　　　　　谢小薇（4月到任）

附：2010年中共东莞市委办主任、副主任名录

市委办主任（兼）：潘新潮
市委办副主任：谢小薇（任至4月）
　　　　　　　安连天　黄宇富

组织工作

【概况】 截至2010年，东莞市共有党的基层组织6550个（含镇街“两新”组织党组织），其中党委142个，总支部344个，支部6064个。全市“两新”组织党组织共2860个，其中党委24个，总支部69个，支部2767个。东莞市共有党员128687名（含党组织关系在莞的“两新”组织党员3738名），其中女党员33788人，占26.26%；35岁及以下党员56914人，占44.23%；36岁至45岁党员26205人，46岁至54岁党员13458人，55岁至59岁党员7798人，60岁以上党员24312人，占18.89%。大专以上学历70190人，占54.54%，其中研究生以上学历3587人；中专及以下党员58497人。农村党员83458人，占全市党员总数的64.85%。“两新”组织共有党员26979人，其中流动党员14473人。

【深入推进创先争优活动】 2010年，市委组织部坚持把开展创先争优活动作为党的建设一项重要的经常性工作，市委提出围绕引领发展、维护和谐、转变作风、建强组织创先争优的总体要求。市委组织部坚持把党委领导与系统指导紧密结合起来，全面建立领导干部创先争优联系点，开展专题调研、接见党员群众、参加和指导民主生活会、专题督导等专题活动。细化“五个好”、“五带头”标准，筹划创新村（社区）“党建特色示范区”、“机关党建百佳”、“两新”组织“双星双创”（创建“星级党组织”，创评“党员之星”）等创先争优载体；在省内率先设立覆盖全市机关、企事业单位、镇村的619个党代表工作室，将全市4549名党代表统一安排驻党代表工作室，为领导干部带头创先争优和党代表发挥作用创造平台，收集意见建议4763条，解决突出问题1911件。推进全市各行各业党组织开展创先争优具体标准讨论活动，以标准讨论引领“对标定位行动”，对照标准找不足，对照典型查差距，确立针对性较强的“先进”和“优秀”具体标准。中央创先办编发2期简报专题介绍东莞“建立党代表工作室，构建创先争优新阵地”、“东莞市委组织部带头创先争优建设学习型党组织和党员队伍”的经验。

【完善选人用人科学机制】 2010年，市委组织部深入贯彻中央下发的领导班子建设规划纲要、深化干部人事制度改革规划纲要以及省两个实施意见。探索初始提名方式，积极推进首次就重要职位人选提名召开市委全委（扩大）会议进行推荐，在人选酝酿、提名阶段主动听取各民主党派意见。加大竞争性选拔力度，首创“主评委组+代表评委组”公选方式，开展公推遴选处级优秀干部到关键岗位挂职锻炼、公选村书记进镇（街）班子、选派“双到”扶贫挂职副县（市）长和援疆援藏干部等9批次竞争性选拔干部工作，共选拔39人。大力推进干部交流，出台《关于进一步做好干部交流工作的意见》，一年来交流市管干部38名。加大女干部、少数民族干部和党外干部培养选拔力度，专门安排名额面向党外干部公选对口帮扶挂职副县（市）长，在援疆援藏干部的选派中对女干部、党外干部、少数民族干部给予适当倾斜照顾。全年共提拔处级女干部、党外干部、少数民族干部24名。全年办理干部任免390人次，其中市委管理干部344人次，市委委托组织部管理干部46人次。

【拓展干部培训教育渠道】 2010年，市委组织部继续举办正职领导日本培训班、新加坡培训班，继续组织各单位、镇（街）副职领导到国内名校学习，圆满完成“十一五”期间领导干部全员系统培训工程。组织召开全市大规模干部培训动员大会，制定出台《关于适应加快转变经济发展方式要求大规模培训干部的实施意见》，全年举办现代产业基础知识等各类市级培训班90多期，参训达8149人次，带动全市各级开展培训24804人次，基本实现应训人员、培训内容、施训机构、管理考核“四个全覆盖”。开展干部信息能力提升培训，参训干部中9562人通过考试，通过率达97%。

【加大干部管理监督力度】 2010年，市委组织部坚持把提高群众的满意度和公信度作为衡量尺度，构建四项干部监督制度专责落实机制，市委带头举行市委常委会（扩大）四项干部监督制度学习会进行专题学习，构建专责落实机制，将四项监督制度的有关要求层层分解落实。全市各级共召开四项监督制度专题学习会900多次，发放学习资料1.3万多份，参加自我测试1.2万多人，宣传报道460多次。推行镇街实行“一报告两评议”制度，率先在镇（街）一级推行“一报告两评议”制度。开展选人用人公信度示范单位创建活动，丰富示范创建内容，创新有效措施，探索完善选人用人长效机制，推进创建活动扎实有效开展。健全完善干部监督管理机制，坚持市管干部“两集中一反馈”任前谈话、派员列席下一级党委（党组）讨论干部会议等制度。建立干部选拔任用工作全程记实档案，完善案件举报、受理、查处工作机制，规范实名举报查核结果反馈办法。

【提升揽才励才工作水平】 2010年，市委组织部深入落实人才强市战略各项工作，突出抓好科技领军人才和科技创新团队的引进培养。制定《市人才工作协调小组各成员单位职责分工及运行规则》，建立市人才工作协调小组成员单位联络员制度。专程学习考察长三角先进地区人才工作经验，形成专题调研报告，集中骨干力量，认真编制《东莞市“十二五”人才发展规划》，为开好全市人才工作会议做好各项准备。制定出台创新创业领军人才、科技创新团队评审办法，首次面向海内外引进6名创新创业领军人才；做好向省申报首批创新创业领军团队工作，东莞3个团队入选，占全省1/4；为5家企业成功申请设立博士后科研工作站；创新基层推荐、媒体宣传、专家打分、社会投票、人才工作协调小组评审的评选机制，选拔15名拔尖人才，扩大拔尖人才社会影响力。积极推荐人才参加“首届南粤功勋奖和南粤创新奖”评选表彰活动和中央第六批“千人计划”评选活动。

【推进基层党建工作创新】 2010年，市委组织部始终把抓基层、打基础摆在党建重心位置来抓。继续优化基层组织设置，适应农村体制深化改革、新型社区建设加快推进的新要求，在新型社区新建党组织10个，新成立村级基层党委13个（目前全市村级基层党委达31个），增强基层党组织的战斗力、凝聚力。加强农村干部素质建设，组织新任村书记和后备干部到人民大学学习；实施村（社区）“两委”干部学历提升计划，着力改变农村“两委”干部文化学历偏低状况，全市共有152个村（社区）242名农村干部参加学历提升班学习。统一招聘200名大学生村官，通过召开全市大学生村官座谈会，组织到市委党校全员培训，成立大学生村官网络支部，全面加强对大学生村官教育培养和管理服务。推进互助共建，组织574个市、镇（街）机关，企事业单位与全市村（社区）开展结对共建。专程前往四川映秀镇协调开展“党建牵手”活动，制作反映东莞市对口援建汶川县映秀镇工作情况的专题片——《莞香映秀》。抓好向“双到”定点帮扶村选派驻村干部工作。创新组织生活模式，积极探索构建党味浓、载体活、吸引力强的主题式组织生活新模式，形成《关于在全市基层党组织开展主题式党的组织生活的意见（征求意见稿）》。不断加大“两新”组织党建工作推进力度。成立市社会组织工委，进一步细化工作职责，确保“两新”组织党的建设各项工作有序有效开展。在49个不同类型的“两新”党组织开展公推直选试点工作，在竞争性提名、答辩式介绍、“二合一”组合选举等方面进行有益探索。突破地域、单位限制，组建49个“两新”组织网络党支部，创新党组织设置方式，深化拓展流动党员教育管理模式；加大在100人以上非公企业和30人以上社会组织中组建党组织工作力度，新组建“两新”组织党组织249个，确保“应建尽建”组建率100%。李源潮批示：“广东东莞非公企业党建的经验很好。”汪洋批示：“东莞非公企业党建工作开展得有声有色，值得总结推广。”

【加强组工队伍自身建设】 2010年，市委组织部以创建“学习型”组织部门和“学习型”组工干部为目标，完善组织系统深入推进“讲党性、重品行、作表率”活动的措施。带头创先争优，开展“部长听心声”谈心谈话、结对帮扶献爱心、组工干部下基层调研等活动，引导组工干部围绕服务大局、改革创新、狠抓落实、改进作风带头创先争优。创办“党员讲堂”，市委组织部机关率先创办“党员讲堂”，部领导带头为机关党员上党课。举办“组织工作业务培训班”、“廉政纪律教育”等不同主题的“组工干部学习论坛”4期。开展主题党日活动，积极开展“知党史、感党恩、忧党事、为党劳”主题党日活动，组织开展“服务结构调整、促进三旧改造”党建调研、“体验特警纪律”、“走进创业园区”等系列活动，以主题鲜明、载体新颖、紧贴工作实际的学习教育活动，激励广大组工干部进一步增强党性观念、创新意识和工作能力，努力打造眼界宽、思路宽、胸襟宽的高素质组工干部队伍。党员远程教育工作、组工信息宣传、干部档案、党内统计、机关信息化以及后勤服务工作都取得新进步。2010年，在全市市直机关部门年度考核评比中，市委组织部（包括市老干局、市企工委、市社会工委）继2004年以来连续第七年荣获第一名。许多市直机关和镇街的组织人事部门也受到各级表彰。（赵国锋）

附：2010年中共东莞市委组织部领导名录

部　长：庞国梅

副部长：游其晃　欧阳贵有　喻丽君　王建周

宣传思想

【概况】 2010年，全市宣传思想战线在市委正确领导下，严格按照年初宣传思想工作会议的整体部署，紧紧围绕营造高水平崛起的舆论氛围这一中心任务，真抓实干、奋力进取、改革创新，理论武装、新闻舆论、文明创建、文化发展等各项工作呈现出整体推进、重点突出、亮点纷呈的良好格局，为东莞加快经济发展方式转变提供强有力的思想保证、舆论支持、精神动力和文化支撑。

【理论宣传】 推进学习型党组织建设。

2010年，市委宣传部根据中央和省委部署，以市委名义下发《关于推进建设学习型党组织的实施意见》，成立东莞市建设学习型党组织工作协调小组及办公室。编印《东莞市建设学习型党组织工作》简报，及时反映各镇（街）、各部门好经验、好做法。策划制定《关于市领导学习的安排方案》，开展市级领导干部读书专题学习活动，带动各镇（街）、各部门领导干部读书学习风气形成。充分发挥东莞学习论坛、东莞群众论坛阵地作用，围绕“转变经济发展方式，推动科学发展”主题，邀请专家作“中国宏观经济形势分析”、“文化产业与提升城市综合竞争力”、“东莞城市形象塑造与传播”等5期学习论坛；围绕落实《珠三角规划纲要》，举办5期群众论坛，把形势政策宣传教育与广纳民智紧密结合起来，推动《纲要》工作落实。精心组织党的十七届五中全会、省委十届七次全会精神宣讲，普及党的理论创新成果。继续探索网络的平台作用，开设“东莞市干部网络培训学院”，推广“网络学习天地”学习服务系统，为市党员干部理论学习活动开展提供较好平台。各镇（街）、各部门参照市的做法，创办和完善各具特色的平台，大兴读书学习之风。

社科理论研究及成果。2010年，市社科联统筹和规范全市课题研究，举办东莞市立项课题签约会，推出“东莞经济社会双转型战略深化细化研究”、“东莞发展战略性新兴产业研究”、“东莞文化名城的定位及建设路径研究”等40项课题成果。公开出版《东莞双转型理论与实践》、《2010年东莞城市发展报告》、《思考力——东莞经济社会发展研究2010》等学术书籍。市社科院推荐的《基于公共文化服务能力提升的广东文化强省建设研究》获广东社会科学学术年会大会一等奖，同时还有2篇文章获三等奖。《东莞宗族文化传承与古村落保护研究》课题获广东省哲学社会科学2010年度地方历史文化特色项目立项。市委宣传部理论科牵头撰写的《建设学习型党组织　提高科学发展能力》一文入选《党建》杂志10月份专辑。

党史工作。2010年，《中国改革开放的一个精彩而生动的缩影——东莞奇迹·东莞特色·东莞经验》获中央党史研究室颁发的“党的十七大以来全国党史部门党史优秀成果奖”论文类三等奖。党史研究室主任陈立平获“全国党史系统先进工作者”荣誉称号。完成党史正本《中国共产党东莞历史》（第一卷），撰写《中国共产党东莞历史》（第二卷），编辑《东莞土地改革运动史料选编》、《中国共产党东莞历史大事记》（1919—2011）2本党史著作共150万字。完成全市革命遗址普查和第二批市级中共党史教育基地认定工作。

【舆论引导】新闻发布工作制度化、规范化、专业化建设。2010年3月，东莞市在全省地市里率先建立党委新闻发言人制度，市委宣传部联合市委组织部、市纪委等部门先后召开多场新闻发布会，开创全省先河；全市32个镇（街）党委也相应设立新闻发言人和新闻助理。以两办名义印发《东莞市关于进一步加强媒体服务管理的工作意见》和《东莞市关于进一步完善和规范新闻发布和新闻发言人制度的工作意见》，进一步健全新闻发布工作机制。精心策划重大专题新闻发布，围绕市委、市政府各阶段中心工作和重大活动，召开重大专题新闻发布会18场，为东莞调结构转方式促转型营造良好舆论氛围。加强新闻发布业务培训交流，通过召开新闻发言人工作座谈会、举办新闻发言人培训班等方式，提升市新闻发言人队伍新闻发布水平和舆论引导能力。

主题宣传、城市形象宣传。2010年，市委宣传部围绕加快发展方式转变、深化产业结构调整等主题及第二届中国国际动漫展、第二届广东外博会等重大活动，邀请《人民日报》、中央电视台等近百家中央、省及境外主流媒体来莞采访，推出一系列有影响有深度的重点报道，并组织市内媒体力量开展分阶段、有侧重的典型宣传。借助广州亚运会举重赛事在莞举办之契机，组织开展了东南亚国家华文媒体采访团东莞行、“全国重点网络媒体广州亚运行”东莞参观采访等活动；整合全市外宣领导小组成员单位力量，策划开展科威特主流媒体访莞、“台湾·广东周”活动、2010年中国国际新闻论坛等大型对外宣传活动，充分利用活动平台对外宣传东莞。邀请清华大学城市品牌研究室开展东莞城市品牌形象发展规划项目，深入开展城市形象宣传策划等系列活动，借助专业力量，提炼城市品牌。

壮大宣传阵地，加强媒体服务管理。2010年，成功组建东莞报业传媒集团，出版《看东莞》杂志，《东莞日报》手机报用户突破15万户。东莞广播电视台收视率稳步提升，东莞电台、东莞电视台收视率和市场份额稳居东莞地区前列；东莞阳光网日均浏览量达400万人次，在全国分类网站中跃居全省第一、全国前五。“今日东莞”英文网在全国地级市中排名第六位，在广东排名第一位；东莞时间网、人民网东莞频道、新华网东莞频道等点击率不断攀升，有效拓展网络宣传阵地。围绕市委、市政府“善待媒体、善管媒体、善用媒体”原则，切实做好媒体日常沟通管理工作，规范媒体采编人员在莞新闻采编工作，加强媒体服务管理，妥善做好社会热点问题舆论引导和突发事件新闻处理工作，营造和谐稳定的社会舆论环境。成立市网络文化建设和管理领导小组，组建东莞市网络文化协会，建立覆盖全市的社会舆情信息报送和网上舆论引导网络，完善舆情信息工作机制和互联网宣传管理工作机制。

【文化发展】高起点规划布局文化名城。2010年，市委宣传部、市委政策研究室、市文化广电新闻出版局、市财政局等12个部门组成9个专题调研组，赴珠三角及市32个镇（街）进行调研，形成《关于实施文化名城战略的调研报告》总报告和《东莞市文化产业发展状况与对策调研报告》等8个分报告。省委十届七次全会召开之后，市委宣传部在前期调研基础上，起草《东莞市建设文化名城规划纲要（2011—2020年）》和《东莞市建设文化名城的若干政策（试行）》等文件。8月，市委决定，从2011年起市财政连续5年每年安排10亿元用于文化名城建设，力争用10年时间把东莞建设成为全国公共文化服务名城、国家历史文化名城、全国现代文化产业名城、岭南文化精品名城。

推进文化惠民工程。2010年，整合全市节庆文化资源，隆重推出“我们的节日”东莞市系列文化活动，先后举办大型文化活动20项，其中包括东莞龙舟文化节、洪梅花灯节、东坑卖身节等具有浓郁地方特色的节庆文化活动，参与人数超过1000万人次。策划开展“文化暖流行动”巡回演出100多场，“共享文化阳光”巡演活动18场，为企业员工提供贴近、便利的文化服务。举办2010年“走进东莞文明”活动，参与人数45万人次。举办东莞第六届读书节，推出各类读书活动497项。加大农村电影放映工程和农家书屋工程建设力度，完成农村电影公益放映7500多场，完成农家书屋建设119家。深入推进第三次全国文物普查，全市新发现文物730处。积极开展非物质文化遗产项目申报评定工作，“木鱼歌”、“赛龙舟”、樟木头麒麟舞等3个项目自成功入选国家级第三批非物质文化遗产名录。

精心组织文化精品创作。2010年，顺利承办第九届中国艺术节“文华奖”剧目各项演出活动和大地情深——群星奖音乐决赛，莞产音乐剧《蝶》获“文华大奖特别奖”，群众艺术作品舞蹈《绣》获“群星奖”舞蹈奖，女声独唱《梦·乡情》获“群星奖”音乐奖，木鱼歌说唱《三个萝卜一个坑》获“群星奖”曲艺奖等，获奖数量和获奖质量均居全省前列。作家王十月的中篇小说《国家订单》获第五届全国鲁迅文学奖，曾小春的小说集《公元前的桃花》获第八届全国优秀儿童文学奖，文学创作获得历史性突破。莞城文化周末少年合唱团荣获第十届中国国际合唱节比赛金奖，大岭山之歌合唱团获第十届中国合唱节暨第二届星海国际合唱节混声组银奖。

加快推进文化产业发展。2010年，成功举办第二届中国国际影视动漫版权保护和贸易博览会，共吸引来自海内外参展企业506家，入场观众超过60万人次，签约成交项目125个，总金额达127亿元。推动全省首个粤港澳文化创意产业实验园区落户东莞，成功引进100多个文化创意产业项目入驻。增强市属新闻单位活力，东莞报业传媒集团全年广告收入达1.4亿元，同比增长12.3%；东莞广播电视台广告收入3.13亿元，同比增长1.63%；推进数字电视整体转换达到148.4万户，整转速度在全国名列前茅，成为省广电网络股份公司最大股东。举办东莞市第二届收藏文化联展，邀请央视《寻宝》栏目走进东莞，东莞艺术品收藏业影响力不断扩大，南城艺展中心全年创造3000万元收入。“永正图书”成功出版图书37种，实现从“销售图书”向“创造图书”升级。寮步镇香市文化产业项目，塘厦镇东八区原创音乐园区，凤岗镇婚庆文化产业园建设全面铺开，取得初步成效；东城街道儿童剧基地、清溪镇“虹虹动漫”动画作品及文具系列呼之欲出，市文化产业涉足领域得到拓展。积极开展“扫黄打非”专项整治、文化市场“清无”专项整治、净化文化市场环境专项整治等专项行动，进一步规范文化市场秩序。

（梁　杰）

附：2010年市委宣传部领导名录

部　长：王道平
副部长：叶泽驹　黄贵田　李翠青　胡毅峰
纪检组长：萧庆强

市文明办（创建办）

主　任：李国全
副主任：王培琦

统一战线

【“三促进一保持”系列行动】2010年，全市统一战线按照上级统战部门和市委的决策部署，抓住转变方式、调整结构这条主线，突出以改革创新为动力、以宜居城市为载体、以改善民生为根本、以党的建设为保障5个方面，继续将开展“三促进一保持”系列行动作为全年统战工作的“头号任务”，认真组织“回头看”、总结经验、巩固成果，进一步解放思想，开阔视野，紧贴后金融危机时期新形势，着眼加快转型升级、落实《珠江三角洲地区改革发展规划纲要》、实现“平安和谐亚运”、打造“科技东莞”、推进“三旧”改造、建设文化名城等新任务、新要求，策划部署5大板块13个新项目，把“系列行动”不断持续引向深入。据不完全统计，全市统战部门全年举办座谈讲座200多场1.5万多人次参加；组织外出参观考察50多次800多人次参与，达成合作意向5项；协助企业解决生产困难350多宗；协助调处各种社会矛盾50多宗。

【调研信息宣传】2010年，市委统战部推进调研信息工作，取得突出成绩。调查研究方面，全年高质量完成《加强我市港澳乡亲社团建设的思考》、《我市民主党派组织发展情况的调研》、《非公有制经济在促进转变经济发展方式中作用》等专题调研，为上级统战部门和市委提出针对性、操作性较强的决策建议。统战信息工作方面，基本建成覆盖统战各领域的信息收集网络，建立信息采用奖励机制。全年上报各类信息100多条，被省委统战部采用41条，中央统战部采用或领导批示的8条，全省排第三名，被省委统战部评为“2010年度全省统战信息工作一等奖”。统战宣传方面，加强与新闻宣传单位联系沟通，不断拓展统战宣传效果；进行“东莞统一战线”网站改造升级，加强网络统战宣传工作，着力抓好网络统战的探索。

【文化统战】2010年，市委统战部注重发挥市海外联谊会书画院优势，以中华文化为纽带，拓展与海内外联系交流。全年举办书画展3场、笔会5场，接待国内外书画家100多人次，并首次联合有关部门在香港举办书画展；探索文化统战新载体，成功推动市委拨款500万拍摄电视连续剧《蒋光鼐将军》，筹备纪念辛亥革命100周年系列纪念活动，推进东莞“广东省统战基地”评选挂牌，挖掘统战历史名人、推介东莞文化，为东莞统战工作注入更新活力、营造更为平和氛围，塑造东莞统战文化新形象，为东莞文化名城建设做出新贡献。

【民主党派和党外知识分子工作】进一步巩固夯实共同思想政治基础。2010年5、10月，市委统战部多层次、分步骤、有重点地引导市各民主党派、无党派人士开展树立和践行社会主义核心价值体系活动，结合凸显党派特色的“学与行”主题践行活动开展，围绕搞好政治交接这一主题，协助民主党派与时俱进地加强自身建设。活动开展后，各民主党派积极策划创新、突出抓好“三学”（学理论、学传统、学典型）、巩固共同思想基础。7月，举办民主党派负责人暑期座谈会、调研课题研讨会、学习交流会及工作通报会、定期组织民主党派专职干部集中学习等全面系统地开展“学理论”，有效凝聚、强化建设中国特色社会主义的政治共识，进一步坚定党外人士的理想信念；11月，组织新党员参观惠州市邓演达故居、定期温习《章程》、回顾历程等开展“学传统”，深化对多党合作事业的理解共识，增强继承和发扬优良传统的荣誉感使命感。贯彻新《规程》促推“三化”建设。6月，《中共广东省委政治协商规程（试行）》颁布后，市委统战部协助和组织各镇（街）、市各民主党派及市知识界人士联谊会抓住贯彻落实《规程》契机，围绕探索完善党同各民主党派和无党派人士合作共事的政治协商工作机制、参政议政、民主监督等8大工作机制，全力推进制度化、规范化建设，全市多党合作事业主要工作机制、配套制度基本成型，制度落实进一步科学化、公开化、具体化。鼓励支持发挥优势参政履职。2010年，市委统战部拓宽渠道、创造条件，按照“党委出题、党派调研、政府采纳、部门落实”模式，围绕加快转型升级、推进战略性新兴产业、深莞惠一体化、建设文化名城等重大决策部署开展专题调研；市委首次在市管干部人选酝酿、提名阶段主动听取民主党派意见，增聘“四大员”加大党风廉政建设和行风评议督查力度，民主监督力量明显加强、不断壮大，全市15个市直单位共聘请42人次担任特约人员，有力推进党委政府科学决策、民主决策和依法治市。积极推动党外干部政治安排和实职安排。完善党外干部选拔培养、安排使用联席会议制度，年初及时更新全市党外后备干部信息库，3月份举办1期党外后备干部培训班，建立健全与重点单位的沟通联系机制，将党外干部跟踪考察延伸到各个环节。5月，通过公开选拔、全面考察、层层遴选，市委决定派出市民建会员、农业局主任科员魏宇翔到对口帮扶的云浮市郁南县挂职副县长。

【非公有制经济领域统战】 加强学习教育，提高非公有制经济人士综合素质。2010年，市委统战部全力推进非公经济组织创先争优活动试点工作，编发《活动简报》6期，举办培训班50多期，讲座、座谈会150多班次，共有5228人次参与。东莞创先争优经验得到省非公创先争优办充分肯定，在东莞召开的“全省非公有制经济组织创先争优活动座谈会”上，东莞作经验介绍。加大新的社会阶层人士工作力度，在5、6月举办2期“两新”组织统战工作培训班，有力拓展非公经济代表人士统战工作新途径。开展帮助引导，积极推动非公人士参与光彩事业。引导非公经济人士更好地履行社会责任，开展扶贫慈善活动。组织发动民营企业参与回报社会“感恩”行动，结对帮扶228名老革命、老模范、老党员、老统战“四老”人员；组织民营企业家赴汶川映秀援建灾区、对口帮扶西藏林芝开展经贸考察和献爱心捐赠活动；广泛发动统一战线成员为青海玉树抗震救灾、首届“广东扶贫济困日”、“东莞慈善日”、帮扶解决农村住房困难户等踊跃募捐。据不完全统计，全年共筹得捐赠善款近1.5亿元。加强工作指导，切实抓好工商联自身建设。加强对工商联工作指导，强化牢固党组在市工商联、商会组织中的核心领导地位；注重把好人选关，先后组织力量深入镇（街）一线调研、全面考察300多名执委常委，摸清底数，为下年换届奠定基础；主动加强与有关职能部门沟通协调，统一将市各级商会组织每届时间调整为5年，与市人大、政协换届同步，为工商联参政议政提供便利；11月中下旬后，着力抓好全国加强和改进工商联工作电视电话会议精神的传达学习，理清工作思路，力推市工商联工作实现新跨越。

【港澳台海外统战】 积极推动镇街香港同乡社团建设。2010年，市委统战部把组建镇（街）香港同乡社团作为开展港澳海外统战的重要抓手，周密部署，稳步推进，取得突出成绩。中堂、厚街等10多个镇（街）筹备工作基本到位，将在2011年初举行成立典礼。对于已有香港同乡会组织的镇（街），则把加强制度化、常态化建设作为重点。不断扩大联系层面、扩展联谊层次。创新联谊内容，活跃联谊形式。做好“请进来”工作，利用春节、中秋节等传统节庆和龙舟节、荔枝节等特色节庆时机，邀请港澳台、海外代表人士及社团参观交流、座谈联谊。全年接待来莞参观访问100多批5000多人次；积极“走出去”，先后组团访港、访澳、访台及海外乡亲社团20多批100多人次。（姚进洪）

附：2010年中共东莞市委统战部领导名录

部　长：袁德和（任至2月）
　　　　钟淦泉（2月到任）
副部长：张灿炎　卢寿维　许守干
　　　　温少生

政策研究

【概况】 2010年，市委政研室紧紧围绕东莞“推进经济社会双转型　建设富强和谐新东莞”的发展战略和工作思路，突出加快转变经济发展方式工作要求，强化调研业务主功能，不断完善工作机制，圆满完成市委、市政府以及上级业务部门交给的各项工作任务，有效推动全市决策研究工作全面进步。共完成各类文字材料170多篇，超过百万字。其中：上报和编发《决策参考》28期，《决策参考》（增刊）17期；《东莞调研》19期;《学习参阅》24期；编发《省市情资讯》9期，《电传内参》48期，《每日文摘》90期；及时编发扩权强镇与中心镇调整设置问题协调会《会议纪要》以及关于增设厚街等镇为省级中心镇方案。先后结集出版《东莞转型》——人民出版社公开出版、《关注东莞　研究东莞》（综合篇）、《谋事之基　成事之道——2009重要调研成果》、《领导干部研究文集》等4本书。省、市领导在上报材料上批示共80多件、次。其中：省委书记汪洋等省领导批示4次，市委书记刘志庚批示58次，其他市领导批示27次。全年被市委、市政府采纳并形成工作决议、方案、措施的材料近10份，如《关于加快培育大型民营企业集团的调研报告》等；被中央政策研究室主办的《学习与研究》、省委政策研究室主办的《广东调研》、《情况与建议》等省以上刊物采用的文稿有：《整旧立新　破茧化蝶——东莞市艺展中心“三旧”改造的经验与启示》等14篇。

【对策研究取得新成效】 2010年，市委政研室围绕加快转变经济发展方式这一中心任务，深入开展调研，形成多份有分量的调研报告、工作方案和政策文本。一是开展加快传统产业转型升级调研，代拟《东莞市委关于贯彻汪洋书记的批示精神　加快传统产业转型升级的情况报告》，此报告呈报省委并省委书记汪洋。8月25日，汪洋批示：“思路正确，措施具体，望认真抓落实，早日见成效。”二是开展镇（街）产业转型升级经验总结调研，形成《凤岗镇着力推动加工贸易转型升级的做法与启示》、《厚街镇因势利导　主动作为　力推产业结构调整和转型升级》、《东坑镇转变经济发展方式的经验与启示》等报告。三是牵头制定东莞市建设文化名城的政策文件。会同市财政局、市文广新局起草《关于东莞市建设文化名城的若干政策（试行）》文件。四是开展加工贸易企业转型升级经验总结调研。会同市外经贸局开展加工贸易转型升级企业总结调研，形成《后危机时代东莞加工贸易企业就地转型升级的体会与启示》及《关于东莞市后危机时代致力加工贸易企业就地转型升级的情况报告》，五是起草加工贸易转型升级试点城市工作方案及政策建议。牵头会同市外经贸局、市人力资源局制定《东莞市加工贸易转型升级试点工作方案》（代拟稿）和《加工贸易转型升级试点城市先行先试政策建议》（代拟稿），后者即387条政策诉求。

【热点研究取得新成果】 2010年，市委政研室紧密关注经济社会运行中焦点、难点问题，主动破题，深入研究，为东莞经济社会双转型保驾护航。一是开展东莞战略性新兴产业发展调研。认真分析国内外战略性新兴产业发展态势，结合东莞实际，撰写《关于我市发展战略性新兴产业的基本思路与对策建议》。二是开展农村集体经济可持续发展调研。会同市农业局开展专题调研，形成《转变发展方式　振兴村级经济——关于推进我市农村集体经济可持续发展的调研报告》。三是开展莞香文化产业发展调研，撰写《关于我市大力发展莞香文化产业的思考和建议》。四是开展富士康和广本事件对市外资企业发展影响的调研。会同市外经贸局和市人力资源局开展专题调研，形成《关于富士康和广本事件对我市外资企业发展影响的调研报告》。五是开展关于实施东莞工业设计提升工程调研，形成《关于实施东莞工业设计提升工程的调研报告》。

【战略研究取得新突破】2010年，市委政研室进一步强化与各大智库对接，积极借脑融智，启动多领域战略课题研究，为市领导提供具有前瞻性的决策参考。协助有关镇（街）和市直部门开展战略性课题研究。一是开展加快发展物联网打造“智慧东莞”战略研究。委托广东省府发展研究中心开展专题研究，最终形成《加快发展物联网　着力打造“智慧东莞”》研究报告。二是开展低碳经济战略研究。委托广东省府发展研究中心开展战略研究，最终形成《东莞发展低碳经济研究报告》。三是开展东莞镇域竞争力评估研究。委托省社科院区域与企业竞争力研究中心开展课题研究，形成《东莞镇域竞争力评估研究报告》。四是协助镇（街）、部门开展重大战略研究。组织业务骨干组成调研组，协助清溪、凤岗镇编制国民经济社会发展“十二五”规划纲要。联系广东省社会科学院产业经济研究所，协助道滘镇、生态园开展产业发展规划研究；联系市特约研究员协助市外经贸局开展外经贸“十二五”发展规划研究。

【多维联动取得新进展】2010年，市委政研室加强多维联动，拓宽“上下配合、横向联合、内外结合”大调研路子，合作研究成果丰硕。一是密切配合上级部门开展专题调研。先后配合省委办公厅、省委政研室开展“关于我省重点发展的战略性新兴产业专题调研”、“省‘十二五’规划建议专题调研”、“广东省先进制造业专题调研”等多个调研课题，撰写一批高质量调研汇报材料。全程协助著名社会学家、中国当代社会研究中心主席田森在莞开展调研。二是携手市直部门联合开展调研。分别携手市外经贸局、市文广新局、市民营办、市教育局等部门开展专题调研，形成《关于当前我市招商引资形势分析和对策建议》、《关于申报国家历史文化名城的调研报告》、《关于加快培育大型民营企业集团的建议》（浓缩版）、《关于加快培育大型民营企业集团的调研报告》（主报告）、《关于进一步促进我市中小学生健康成长的调研报告》等系列调研报告。携手市财政局办理刘志庚“8·17”批示件，形成《关于办理志庚书记“8·17”批示件的情况汇报》。派出1名室领导和1名科长，全程跟进由市委常委、市委组织部部长庞国梅和副市长李小梅带队的市人才工作考察团，先后赴江苏省苏州、无锡市学习考察人才工作，代拟《关于赴苏州、无锡学习考察人才工作的报告》，该报告获市领导高度肯定与赞扬。先后派员参与编制市“十二五”规划建议，以及“中共东莞市委东莞市人民政府关于推进教育改革发展加快实现教育现代化的决定”、“东莞市医药卫生体制改革近期重点实施方案”等重要政策文件制定，发挥参谋助手作用。三是携手镇（街）开展“三旧”改造典型总结调研。会同南城街道、长安镇党政办开展“三旧”改造典型总结调研，形成《长安镇推进“三旧”改造的经验与启示》、《整旧立新　破茧化蝶——南城区艺展中心“三旧”改造的经验与启示》总结报告。其中《整旧立新　破茧化蝶——南城区艺展中心“三旧”改造的经验与启示》，引起省领导高度重视。

【综合服务取得新提高】2010年，市委政研室围绕市委、市政府核心工作，突出“以智辅政”意识，优化服务平台，政研服务水平有了更大提升。一是业务培训平台再上新台阶。4月，举办全市调研业务讲座，邀请广东省政府发展研究中心副主任李惠武、广东省政府发展研究中心副主任汪一洋、暨南大学经济学院教授封小云前来授课，获得学员们一致好评。二是决策服务平台再上新台阶。4月，主持召开全市调研工作座谈会。8月，承办市特约研究员会议。会议分为报告会和研讨会两部分。在报告会部分，中央财经领导小组办公室经贸局局长张松涛，省政府副秘书长、省政府发展研究中心主任谢鹏飞分别就当时经济形势和打造“智慧东莞”作专题报告。在研讨会部分，参会特约研究员围绕加快东莞经济发展方式转变这一主题，从产业转型、人才强市、政策创新、战略性新兴产业培育等领域积极建言献策。会后，整理专题报告和研讨会录音，形成《关于当前国内外形势》、《打造“智慧”东莞　实现新一轮科学发展》、《转变发展方式　打造“智慧”东莞——2010年东莞市特约研究员会议观点综述》等3份具有重要参考价值的报告。三是交流研究平台再上新台阶。办好6个刊物：《决策参考》刊登的每篇文章都紧密围绕市主要领导意图以及东莞热点难点问题，进行深度剖析、建言献策，成为市各级党政决策阶层必读核心刊物。《决策参考》增刊刊登国内具有重要参考价值的文献和资料，提升刊物决策服务领域和价值；《东莞调研》作为全市调研工作者学习交流重要平台，2010年增设《点评转型》等一批新栏目，覆盖面更广、深度更深，进一步提升政策性、实效性、可读性；《学习参阅》、《每日文摘》，深度挖掘和整理编选国内外一些前沿、高端资料，为全市党员干部提供一个理论学习园地。《电传内参》等刊物视野更宽，取材更广，时效更强。出好《东莞转型》等4本丛书：在高质量出好《关注东莞　研究东莞（综合编）》、《谋事之基　成事之道——2009重要调研成果》、《领导干部研究文集》等传统书目基础上，重点编撰由人民出版社公开出版的《东莞转型》一书，社会反响热烈。（黄素标）

附：2010年东莞市委政策研究室主要领导名录

主　任：温淦荣

副主任：刘锦明　卢汉彪

市委督查

【概况】2010年，市委督查室紧紧围绕市委决策部署，充分行使督查、调研、协调、反馈职能，创新方法，讲求实效，全力推动市委中心工作贯彻落实。全年共完成市委全会、季度领导干部会议等全市性会议的任务分解和季度反馈；承办中央、省、市领导批示106件；组织统筹市委常委挂片督导现场会、市属园区现场会15次；撰写调研报告4篇、《工作落实动态》71期；向省委办公厅报送《东莞市督查专报》19篇，16篇被采用，5篇获得省领导批示，其中《东莞市三个“1000”深入推进加工贸易转型升级》等2篇获得省委书记汪洋批示肯定。

【决策督查】2010年，市委督查室以情况反馈表为工作平台，拓展督查事项，整合反馈内容，按季度进行督办反馈。一是实施重点工作督查反馈“一表制”。在以往将市委全会、季度工作会议作为决策督查主要内容基础上，将市委重要专项工作会议决定事项、市委市政府问责事项一并纳入《市委全会及季度重点工作完成情况表》，按季度督办反馈各项工作进展情况。全年共编制《市委重要决策部署工作完成情况表》4套，涉及事项69项。二是精简《市党政领导班子联席会议决定重大事项跟踪落实情况表》。将涉及市政府十件实事、市重点项目等已有具体部门负责跟进督查事项，涉及财政拨款、设计招标等一次性决定告知事项，以及市财政投资额较小项目剔除不列为督查反馈事项，使《情况表》重点突出。全年共编制《市党政领导班子联席会议决定重大事项落实情况表》4期，涉及事项122宗。

【统筹市领导挂钩督导】2010年，市委督查室全年共统筹组织市委常委挂片督导现场会12次、参与组织市属园区现场会3次，共议决事项189宗。主要做法：一是坚持制度保障。制定实施《市委常委挂片督导工作方案》和《关于进一步提升市委常委挂片督导工作绩效的补充通知》，推动常委挂片督导常规化、分管副市长或副秘书长参会制度化。总结形成《市领导督导工作现场会组织工作细则》，确保现场会组织统筹工作有章可循、规范高效。二是坚持绩效优先。坚持“四个一批”，做好会前准备，确保现场会议题集中、会议高效。即调研核实情况，会前筛选一批；开展督查协调，会前协商一批；多方征求意见，达成共识一批；实施分类处理，会上议决一批。三是坚持会后督查。严谨拟写纪要，明确责任单位，定期对议决事项进行督查反馈，并将生态园收地拆迁、农民公寓建设、截污管网建设等问题纳入市问责范畴狠抓督查落实，推动现场会决定事项的进展。

【批示办理】2010年，市委督查室共办理领导批示106件，召开协调会4次，撰写办理报告56份。一是重视舆情回应，降低负面影响。全年承办网络舆情类领导批示13件，中央、省、市领导先后批示42次，涉及刑拘顺德网络作者、医保费问题、防艾报道、血铅事件、“推普废粤”、基孔肯雅热疫情等内容。该类事件具有网络传播速度快、各级领导批示多、协调办理时间紧等显著特点。对此，市委督查室采取来件即办、牵头协调、限时上报办法，在最短时间内对上、对外通报情况，降低事件负面影响。二是围绕民生热点，协调解决问题。针对“三院一中心”搬迁困难问题，先后到财政局、卫生局、城建局、发改局及各工程使用单位进行座谈调研，梳理问题、分析原因、提出对策，并于9月25日召开协调会，研究解决困难问题，落实工作责任，规定完成时限，促使疾控中心2010年9月底完成搬迁；人民医院、妇幼保健院于次年5月完成搬迁。

【督查调研】2010年，市委督查室紧扣重点难点，开展督查调研，深入查摆情况，向市领导提供参考建议，推动工作深入开展。先后对企业招工难、“三院一中心”建设搬迁等工作开展督查调研4次，撰写调研报告4篇，均获市领导批示。

【专项工作】2010年，市委督查室配合中办、省委办和市有关单位开展绿道建设、残保金征收、“双到”工作、省委全会决策部署落实、农民工迁徙等专题督导或调研活动8次；配合市纪委、监察局开展问责工作，做好年初选定问责事项、年中增补问责事项、对问责事项进展情况进行季度汇总核实和反馈、协商问责标准和工作流程、参与年终问责调研等；配合做好市委书记督办政协重点提案服务工作，做好提案筛选、制定方案、筹备召开办理工作座谈会和办结工作答复座谈会等；配合市委领导落实“市委政治协商规程督办落实联席会议制度”，召开工作协调会、商定相关工作制度。　（聂仲旗）

附：2010年中共东莞市委督查室领导名录

主　任：彭碧玲

副主任：黎汝庆　蔡国威（6月到任）

机构编制

【政府机构改革】2010年，东莞市继续实施政府机构改革，并完成改革任务，审定并印发市政府所有工作部门“三定”方案。转变政府职能。大力推进政企分开、政资分开、政事分开、政府与市场中介组织分开，将涉及6个政府部门共9项职能移交给事业单位或社会组织行使。整合领域相同、对象相近、业务相似的职能，在农业农村、工业化和信息化、城乡交通运输、城市建设规划、人力资源、水务等6个方面实行综合管理。适应公共服务和社会管理需要，强化政府职能74项，新增政府职能18项。推进第四轮行政审批事项调整，共取消232项审批事项，使行政审批事项精简32%。优化机构设置。将市政府工作部门从37个调整为32个，综合设置经济和信息化局、人力资源局、住房和城乡建设局、交通运输局、水务局等5大部门。对426个市直议事协调机构进行精简，保留181个（党群系统41个，政府系统140个），暂保留19个（党群系统3个，政府系统16个），撤销226个（党群系统31个，政府系统195个）。理顺权责关系。按照一件事原则上由一个部门管理的思路，合理界定全市32个部门职责，共理顺部门间职责关系34项，整合相同或相近职能40项，建立市直部门间协调机制28项，建立地方政府与垂直管理部门协调配合机制或争议磋商机制12项。

【简政强镇事权改革】2010年，按照市委、市政府部署，市简政强镇工作领导小组继续推进简政强镇事权改革，基本完成石龙镇、塘厦镇试点工作，并于7月推开到其他11个中心镇和3个市属园区。

试点工作情况。一是推动事权下放。通过直接放权、委托放权、调整派驻机构管理体制、内部调整放权等4种方式，将35个市直部门的575项事权下放给试点镇行使，基本赋予试点镇县一级经济社会管理权限。二是调整机构设置。石龙镇10个党政机构调整为3办6局，事业单位由13个整合为7个，并组建经济发展改革委员会、城市规划建设委员会、人口与社会事务委员会等3个议事协调机构，负责统筹处理相关领域重要事务。塘厦镇10个党政机构调整为3办7局，事业单位由14个整合为7个。三是创新管理模式。将除国土和公安外的市直部门派驻机构下放给2个试点镇管理，改革中下放的派出机构和事业单位有人力资源分局、社保分局、交通分局、文化市场执法分队、粮所、人力资源服务中心、社保基金管理中心和医院。三是给予经费补贴。市财政分别给予石龙镇和塘厦镇1500万元、2000万元试点经费补贴。

推开工作情况。一是确定下放的事权。对试点镇行使下放事权情况进行梳理，整理出运行条件相对成熟的541项事权，确定下放给11个中心镇行使，参照下放给3个园区行使。二是统一机构设置。印发11个中心镇的机构改革方案。三是推动相关机构下放管理。参照试点做法，将5个市直部门的派出机构和3个事业单位的人、财、物全部下放给中心镇管理。四是建立健全监管机制。出台《东莞市简强镇下放事权运行监督管理暂行办法》，加强对行使下放权力监管。

【事业单位分类改革】2010年底，东莞市制定出台《东莞市事业单位分类改革实施方案》，并于12月29日召开全市事业单位分类改革工作会议，启动事业单位分类改革工作，将全市事业单位分成行政类、公益类、经营服务类3个类别。

【机构编制管理】2010年，根据省编办的要求，市机构编制委员会办公室对机构编制实名制管理系统进行第四次完善，推进机构编制实名制管理。

【事业单位登记管理】2010年，市事业单位登记管理局共办理事业单位法人设立登记34宗，变更登记168宗，年检969家，注销登记14宗，重新设立登记23宗，补领证书8宗，核发事业单位法人证书247套。（刘康全）

附：2010年东莞市机构编制委员会办公室领导名录

机构编制委员会办公室主任：祁达洪
机构编制委员会办公室副主任：莫达兴
王子健（11月到任）
事业单位登记管理局局长：
黎慧琴（7月到任）

中共东莞市直属机关工作委员会

【概况】2010年，中共东莞市直属机关工作委员会（简称"市直工委"）内设办公室、组织科、宣教科3个职能科室和市直机关武装部及市直纪工委。截至年底，共管理党委51个，党总支部72个，党支部917个，党员21033人。

【"机关大学堂"学习品牌深入人心】2010年，市直工委发挥"机关大学堂"品牌在创建学习型党组织中的引领作用，打造"先锋讲坛"、"人文党校"、"互动空间"、"学习超市"等系列子品牌。一是"先锋讲坛"品牌备受关注。着眼于打造"机关大学堂"的龙头子品牌，选择机关干部普遍关心的人际沟通、心理健康、易经养生、经济热点等4个主题，邀请中国科学院博士生导师时勘等知名学者来莞授课。二是"人文党校"品牌日趋成熟。加强对新党员和入党积极分子的需求、动机、自省等思想生成演变环节综合分析，探索菜单式选学、互动式交流、主题式实践等教学新模式，科学规范入学教育、纪律约束、考核评价等学风整肃举措，全年共培训入党积极分子833名、新党员691名，综合满意率分别达到97%和95.7%。三是部门学习品牌稳步提升。在抓好现有重点品牌同时，重抓机关学习资源合理配置、学习理念融合统一、亮点特色总结提升，引导市直党组织创树"党员学堂"、"博学·尚法"等一批学习品牌。

【完成公推直选试点工作】2010年，市直工委起草《市直机关党组织公推直选试点方案》，在任期届满的市直党组织中，分层次选择1个党委、4个党总支、5个党支部作为公推直选试点单位。7月，市直工委召开专题会议进行动员部署。组成3个联络小组，针对相关单位队伍结构、工作基础等实际，指导从候选人酝酿到大会选举具体环节。试点工作于8月底基本结束，市直工委认真做好试点成果转化工作，对原则要求、具体程序、保障机制等进行系统总结，为全面推行公推直选打下良好基础。

【"机关党建百佳"创建活动】2010年初，市直工委下发《关于开展第二批"机关党建百佳"创建工作的通知》，要求市直单位党组织围绕机关党建重点领域和具体环节做好申报创建工作。各创建单位把创建工作与业务工作及党的其他工作有机结合，使创建活动真正成为服务中心、建设队伍的强劲动力。年中，市直工委召开创建工作交流会，推广部分品牌和创建单位特色做法。年底，在对72个申报品牌严格验收和综合评审的基础上，命名授牌26个，并建议上级对通过验收的品牌予以适度奖励，扩大创建影响。

【初步构建市直机关服务体系】2010年，为进一步转变机关作风、增强机关活力，围绕服务中心、服务机关、服务党员干部的主旨，市直工委把构建机关党员志愿服务体系摆在突出位置。一是建立法律、卫生、书法、摄影4支服务队伍。6月30日，市直工委召开4支队伍成立大会，市委常委、市委组织部部长庞国梅出席会议并讲话。截至年底，4支队伍有队员400多名，举办"艺术进机关"作品展示、"健康进机关"专家义诊等3次大型服务活动以及200余次小型服务活动。二是建立机关党代表工作室服务队伍。组建330余人机关党代表工作室志愿服务队伍，分批协助驻室代表做好接访工作。

【党务信息化工程】2010年，市直工委以东莞党建网机关党建频道升级改版为切入点，完成主页面和"网络学堂"、"互动社区"、"党务公开"、"创先争优"等栏目规划设计，收集整理电子文档3千余篇、与相关网站后台管理员、博主、话题活跃者深入交流近千次，为机关党建频道崭新亮相奠定坚实基础。充分发挥现有信息交流渠道作用，《机关党建》全年出刊41期。

【"双八"教育引导】2010年，市直工委在认真落实经常性教育引导制度同时，推动"双八"教育引导深入开展。5月，召开"双八"教育引导专题研讨会，针对机关干部队伍中带普遍性、前瞻性问题，交流工作经验，分析问题症结，研究改进措施。9月，市直工委、市直纪工委举办市直机关"学习·事业·人生"主题演讲比赛。比赛分初赛、复赛、决赛3个环节进行，前后经历2个多月，比赛选手、现场观众人数达6000余人，挖掘一批颇具演讲潜质的好苗子，总结出诸多教育引导方面鲜活经验，促进机关党员干部自我教育、自我提升。

【提升民兵分队应急能力】2010年，市直武装部努力加强民兵应急分队建设。上半年，重点对民兵队伍优化组合，考察吸收一批思想、身体、业务全面过硬的党员干部充实应急分队。下半年，以亚运安保为契机，组织180余名应急队员进行"2010—安保集结"系列训练。通过实弹射击训练、队列行进训练、装备集中点验、应急技术演练、军事素质考评等，有效提高民兵应急分队的机动力、突击力和协作力。

【推进"先锋机关"工程】2010年，市直工委将"先锋机关"工程与创先争优活动统筹结合，下发《关于在市直机关党组织和党员中深入开展创先争优活动的实施方案》，开展"服务亚运当先锋"、基层体验等6项主题实践行动。8月，召开专职副书记座谈会，对创先争优活动进行再动员、再部署。9月，下发《市直机关"百优"标兵评选活动实施方案》，经过严格推荐、资格审核、分类投票等程序，确定本年度百优标兵人选40人，树立一批过得硬、信得过、契合机关特点的典型标杆。

【加强机关党务干部队伍建设】2010年，市直工委抓好党务干部队伍自身建设，重视完善激励约束机制，健全年度重点工作量化考评制度、党组织书记定期汇报制度、党务干部培训制度、党建信息交流反馈制度等，评选表彰60个先进单位、92名先进个人。（盛斌林）

附：2010年中共东莞市直属机关工作委员会领导名录

书　记：欧阳贵有
副书记：李　砺　邵宏武　殷炯棠

老干部管理与服务

【概况】东莞市委老干部局是负责全市老干部管理的工作机构，隶属市委组织部，内设办公室、生活福利科、离退休干部管理科3个科室，市老干部活动中心是老干部局下属正科级事业单位。2010年，东莞市共有市属离休干部420人，易地安置离休干部39人，省属单位离休干部44人，转制企业副处级以上退休干部107人，建国前参加工作的老工人50人。

【老干部政治待遇落实】开设老干部“学习论坛”。2010年，市委老干部局每季度组织260名老干部进行1次专题学习，邀请省委党校教授或专家学者作政治、经济、党建、养生等专题讲座。抓好报刊订阅工作。全市为离退休干部征订《秋光》4150份，订阅《东莞日报》、《南方日报》、《广州日报》等各种报纸杂志2330份。抓好离退休党支部建设。全市各级组织人事部门坚持每月定期召集支委开会，听取意见，通报工作，解释政策，全年共为90个离退休支部提供党员活动经费183万元。4月，举办全市离退休干部党支部书记学习培训班，103名离退休党支部书记和支委参加培训。5月，组织转制企业38名离退休支部支委去韶山参观学习。做好工作通报和意见征求工作。春节、中秋节，市委老干部局召开老领导、老同志座谈会，邀请市委书记刘志庚、市长李毓全亲自向老领导通报工作情况。11月，受市委常委、组织部部长庞国梅委托，市委老干部局登门拜访李近维、郑锦滔、洪钢等老领导，召开部分老同志座谈会，认真听取他们对市委、市政府的工作意见。刘志庚对老同志的意见十分重视，于12月17日在《关于老领导老同志对市委市政府工作建议的报告》亲自批示：提出的不少意见建议很中肯，可将老领导老同志意见印发给有关部门并提落实意见。抓好老干部外出学习参观。2010年，全市共组织离退休干部参观学习500多次。其中老干部局组织离退休干部参观广州香江野生动物世界、广汽丰田汽车有限公司，与东莞科技馆联合举办“感受城市巨变，体验科技魅力”离退休干部走进东莞科技馆活动。12月，组织副厅以上老领导参观东莞城市绿道建设。

【老干部生活待遇落实】离休干部离休费按时足额发放。2010年，市委老干部局通过问卷调查、上门走访等多种形式认真做好离休费发放跟踪落实工作，做到离休费无错发、无漏发。离休干部医疗费在社保规定范围内实报实销。市委老干部局全年共为全市323名离休干部报销医疗费680万元，各镇（街）所属单位离休干部由镇（街）财政负责实报实销。调研各镇（街）和企事业单位离休干部的离休费和医疗费报销情况。根据市差额拨款事业单位和未改制企业离休干部与行政机关离休干部的离休费不持平问题，向市委提交《关于差额拨款事业单位及未改制企业离休干部统一移交老干部局管理的请示》。抓好短期休养和老年保健。5月，组织全市41名副厅级以上老领导到市人民医院进行体检；8月，组织全市102名副处级以上离休干部到从化进行为期1周短期休养活动。全市共举办老干部义诊和老年人常见疾病健康专题讲座15次。走访慰问老干部，帮助老干部排忧解难。2010年，各镇（街）、各单位走访慰问离退休干部2556人次，为离退休干部做好事实事595件，发放探病慰问和困难补助136万多元。7月，开展“进百家门、问百家事”走访老干部活动，市委老干部局走访慰问126户居住在城区的离退休老干部。健全已故企业离休干部配偶困难补助制度，全年为58名已故企业离休干部配偶提供生活补助19万元。积极开展生日集体祝寿活动。7月，市委老干部局为202名年满80周岁以上的离休干部举办集体生日会，全市共为360名年满80周岁以上离退休干部祝寿，并送去生日蛋糕和慰问金。

【老干部活动场所】2010年，全市各镇（街）、各单位有老干部活动中心（站、室）354个，为老干部活动场地建设提供经费800多万元，每天有2.6万名老同志参加活动。全年组织开展老年文娱体育健身活动296次，参加老同志

真诚关爱，全心全意服务老干部

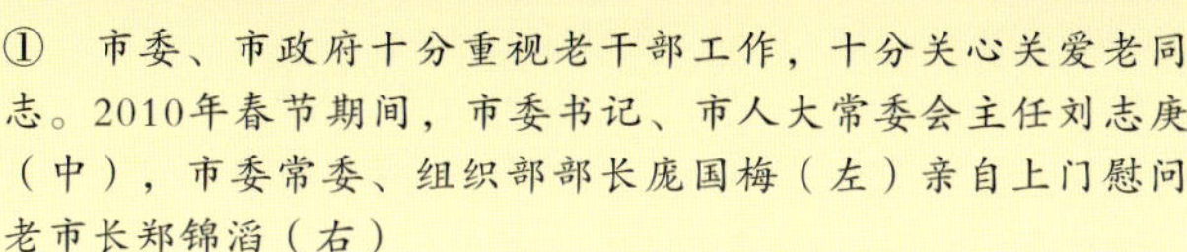

① 市委、市政府十分重视老干部工作，十分关心关爱老同志。2010年春节期间，市委书记、市人大常委会主任刘志庚（中），市委常委、组织部部长庞国梅（左）亲自上门慰问老市长郑锦滔（右）

② 2010年春节期间，市委副书记、市长李毓全（中），市委常委、市委秘书长何嘉琪（右）亲自登门拜访市人大原副主任祝裕辉（左）

① 2010年8月5日，全省关心下一代工作经验交流现场会在东莞召开，省委常委、组织部部长李玉妹（右二），省关工委主任张帼英（右三），省关工委名誉主任方苞（右一）、李近维（左二）以及市领导刘志庚（左三）、庞国梅、王道平等出席会议

② 2010年10月29日，在中共广东省委老干部局主办的广东省老干部工作政策业务知识竞赛决赛上，东莞市委老干部局代表队荣获决赛第一名。图为省委组织部副部长、老干部局局长许光超（右三）为东莞代表队颁奖并合影留念

③ 2010年7月2日，市委老干部局在会展国际大酒店举办80岁以上离休干部生日集体祝寿会。图为市委常委、组织部部长庞国梅为老寿星祝寿词

有5.2万人次。2010年，市老干部活动中心积极组织老干部开展各种展览、文艺表演、体育比赛等活动共40多场次；积极组织老干部参加省老年人运动会，东莞老年人代表队荣获2金3银等10块奖牌；组织老同志参加“夕阳秀”第十届全国中老年艺术节，荣获牡丹金奖、菊花金奖。

【老干部大学】 2010年，老干部大学坚持“老有所学、老有所教、老有所乐、老有所为”办学宗旨，建设一支安教、乐教、善教的教师队伍，以现代老年教育理念贯彻无压力教学，合理开设教学科目，按需施教，形成“宽松详和、学教为乐”校风。市老干部大学开设17门课程，41个教学班，有教师23人，在校学员1400人次，新增中医保健等3个教学班。

【关工委工作】 2010年，东莞市在指导大学生参加暑期社会实践、开展青少年思想道德和理想信念教育、关爱“四失”青少年等一系列关爱活动中取得很好成绩，尤其是大学生社会实践活动得到中央、省关工委高度肯定。中共中央政治局常委李长春于8月1日在市关工委工作汇报材料上批示：“东莞市关工委连续多年利用暑期组织大学生参加社会实践，有效协助院校加强和改进大学生思想政治教育的经验很好，教育部门可总结推广一下，在光明日报、教育报可宣传他们的经验。”中共中央政治局委员、国务委员刘延东也于8月6日批示：“落实长春同志批示精神，解决院校发挥好关工委的作用进一步加强和改进大学生思想政治工作。”8月4—6日，在东莞市召开的全省关心下一代工作经验交流现场会上，省委常委、组织部部长李玉妹，省关工委主任张帼英对东莞开展的大学生暑期社会实践活动给予高度评价。9月7—9日，市关工委常务副主任傅泽铭代表东莞市关工委，在全国关工委于长春召开的中国关工委宣传工作会议上发言，系统地介绍市大学生社会实践活动经验，大会全文印发东莞经验材料。《光明日报》发表题为《补好社会实践这一课》的报道和题为《东莞“名片”，值得推广》的评论员文章，向全国介绍推荐东莞大学生社会实践活动经验。市关工委还荣获全国关工先进单位，傅泽铭、廖浩荣获全国关工工作先进个人称号。

【老干部工作队伍建设】 2010年，省委老干部局举办全省老干部工作政策业务知识竞赛，市委老干部局组织全市老干部工作者学习老干部工作政策业务知识，收回全省老干部工作政策业务知识竞赛测验试卷181份。同时由刘毅然、庾少锋、方倩茵等3名比赛选手组成东莞代表队赴省参加比赛，取得全省知识竞赛第一名。2010年，中组部老干部局举办老干部工作征文比赛，市委老干部局鼓励各镇（街）、各单位认真选择老干部工作调研课题，踊跃投稿，撰写一批有质量调研论文。（洪　纲）

附：2010年东莞市委老干部局主要领导名录

局　长：陈柏南（任至2月）
　　　　黄程垵（2月到任）
副局长：叶小林（2月到任）

东莞报业

【东莞报业发展实现新跨越】 2010年是东莞报业进行体制改革的第5年，也是报业发展关键之年。6月1日，在《东莞日报》创刊24周年之际，东莞报业传媒集团正式宣告成立。集团旗下拥有东莞日报、东莞时报、东莞时间网、东莞手机报、《看东莞》杂志等5个子媒，以及印务公司、万家通报刊发行物流公司、报业文化传播公司、捷报泉食品有限公司、广东经济出版社东莞编辑出版中心、日报广告公司、时报广告公司、时间数字传媒发展有限公司等8家经营性公司，集团员工1200多人，文化传播能力、资源整合能力、市场开拓能力和综合竞争能力大大增强，东莞报业发展实现新跨越。东莞报业广告经营保持稳步增长发展势头，全年广告收入1.4亿元，同比增长12.3%，经营总收入2.15亿元，同比增长17.5%。广告收入总量和增幅均领跑珠三角地市报业，品牌影响和行业地位进一步确立。

【新闻策划报道取得新成效】 2010年，东莞报业传媒集团始终坚持把正确引导舆论放在报社工作首位，时刻牢记“政治家办报”的指导思想，围绕市委、市政府中心工作，坚持团结稳定鼓劲、正面宣传为主方针，唱响主旋律，打好主动仗，不断创新新闻宣传报道方式方法，集中采编优势力量，精心进行策划组织。《东莞日报》、《东莞时报》围绕中央、省委的大政方针和市委、市政府决策部署，以转型升级为宣传主线，重点围绕结构调整这一重大任务、招商引资这一重大抓手、改革创新这一重大动力、文化名城这一重大战略、宜居城市这一重大载体、责任担当这一重大使命、改善民生这一重大课题，策划组织24个主题新闻宣传战役，为东莞推进科学发展造势鼓劲。

【东莞报业品牌树立新形象】 2010年，东莞报业传媒集团顺应现代传媒发展趋势，以省级大报要求来谋划和推动东莞报业的发展，跨媒体、跨领域、跨业态拓展。一是与广东经济出版社合作成立东莞编辑出版中心。截至2010年，完成或已签约图书出版9本（套），发行干部培训书籍7000套，出版发行收入突破100万元。二是与市外事侨务局合作承办《看东莞》杂志，让《东莞乡情》成为具有全球视野、东莞特色、政经风范的新型侨刊，发行量由原来的0.5万份增加到1.5万份，影响力大幅提升。三是与东莞移动公司合作开拓手机报业务。东莞日报手机报收费订户突破15万户，跻身全国地市手机报用户量前三甲。东莞报业传媒集团在不断丰富新闻产品门类同时，注重优化新闻产品质量。5月31日，《东莞日报》进行第五次改版，进一步强化报纸政经形态，设置政经、产经、财经3大类经济新闻，使内容结构更符合政经主流大报特征。3月26日，《东莞时报》进行第二次优化升级，成为一份视角独到、感观舒适、文字轻松、题材新鲜、焦点精准的杂志型都市早报，获得在中国主流人群中影响力极大的“中国娇子新锐榜年度报纸提名奖”。

【东莞报业多元拓展迈出新步伐】 2010年，东莞报业传媒集团依托丰富的政府资源和平台优势，依靠平面媒体固有的创意策划和整合营销能力，通过活动来创品牌，先后策划举办购车节暨汽车嘉年华、城市标志楼盘评选、东莞城建黄金十年、诚信服务品牌评选、教育培训机构评选、社区行、东莞年度文学奖、年度传媒大奖、发现东莞之旅、“冲破传统”论坛等活动。主动介入镇（街）文化节庆活动，先后策划承办茶山茶园游会、首届中国（道滘）美食文化节、寮步香市文化节、第七届桥头荷花文化艺术节、石排文化艺术节、首届“东莞慈善日”等活动。据统计，报社全年策划组织各类活动280多场。

（张　晋）

附：2010年东莞报业传媒集团领导名录

社长、总编辑、党组书记：陆世强
副社长、党组成员：张海廷
副社长、党组成员：黎树根
副社长、党组成员：谭军波
副社长、党组成员：曾平治

党史研究

【党史资料征编】 2010年，市委党史研究室先后到广东省档案馆、广州农民运动讲习所旧址纪念馆、佛山市档案馆、中山市档案馆、江门市档案馆等单位，征集新民主主义革命时期和社会主义建设时期档案资料和文献资料近1000份；完成《中国共产党东莞历史》（第一卷）第五稿修改定稿；写出《中国共产党东莞历史》（第二卷）征求意见稿；编辑《东莞土地改革运动史料选编》，共62万字，于11月由中共党史出版社公开出版。

【开展东莞市革命遗址普查】 2010年4月，根据中央和省委党史研究室部署，市委党史研究室启动新中国成立以来第一次革命遗址普查工作。东莞市成立革命遗址普查工作领导小组，由市委常委、宣传部部长王道平任组长，市委党史研究室负责组织和指导各镇（街道）普查工作，全市参与普查的工作人员共有155人。截至12月，基本完成全市革命遗址普查任务。据统计，普查共核定革命遗址建筑总面积（不包括无法测定总面积的战斗遗址及部分已损毁的遗址）14万平方米，征集文字资料10多万字、图片资料400多张。普查对象182处，其中与中共党史主题有关的革命遗址159处，其他革命遗址23处，遗址总数较2004年调查到的74处增加了1倍多。

【党史宣传教育阵地建设】 2010年，东莞市开展第二批市级中共党史教育基地评选工作，确定东莞人民公园、榴花公园、梅塘烈士公园、松山公园、李任之革命史料陈列馆为第二批市级中共党史教育基地。继续办好《东莞党史》期刊，2010年共编辑出版2期约12万字。做好东莞阳光网“东莞党史”网页维护和内容更新工作，巩固党史学习、教育和宣传的载体。

【制定《中共东莞市委党史研究室工作手册》】 2010年，市委党史研究室组织编写《中共东莞市委党史研究室工作手册》，内容包括工作规则、规章制度、文秘档案管理三大部分25项具体内容，成为全室工作人员工作基本要求和准则，为党史工作科学发展提供有力的制度保障,是广东省地级市党史部门第一份较为系统的党史工作手册。

【党史工作获得新荣誉】 2010年3月，市委党史研究室组织撰写的《中国改革开放的一个精彩而生动的缩影——东莞奇迹·东莞特色·东莞经验》获中央党史研究室颁发“党的十七大以来全国党史部门党史优秀成果奖”论文类三等奖。7月，室主任陈立平被国家人力资源和社会保障部、中共中央党史研究室联合授予“全国党史系统先进工作者”荣誉称号。陈立平出席7月21日中共中央在北京召开的全国党史工作会议，受到大会表彰，并与其他与会先进集体代表和先进工作者一起受到胡锦涛等中央领导同志亲切接见和合影留念。（蔡瑞芬）

附：2010年中共东莞市委党史研究室领导名录

主　任：陈立平
副主任：林俊强

本土就是主流 贴近就是力量

东莞报业传媒集团成立

2010年6月1日，在《东莞日报》创刊24周年之际，报社举行东莞报业传媒集团成立典礼。来自各界的400多位嘉宾出席成立典礼，同庆这一东莞新闻发展及文化产业史上具有里程碑意义的大事。广东省委宣传部副部长、省广电局局长杨健，省新闻出版局副局长杨以凯等到会祝贺，市委书记、市人大常委会主任刘志庚发表书面讲话，市委副书记、市长李毓全宣布东莞报业传媒集团成立，市领导刘树基、冯同恩、严小康等出席。市委常委、宣传部部长王道平主持典礼。

典礼上，杨健、杨以凯、李毓全、刘树基、王道平、冯同恩、严小康等省市领导走上台，以一种特别的方式——“巨型活字印刷”，“写”下“东莞报业传媒集团”八个大字。

《东莞日报》第五次改版

2010年5月31日，《东莞日报》进行第五次改版，进一步强化报纸的政经形态，设置政经、产经、财经三大类经济新闻，使内容结构更符合政经主流大报的特征。

广东经济出版社东莞编辑出版中心挂牌

2010年5月14日，广东经济出版社与东莞日报社合作成立广东经济出版社东莞编辑出版中心，东莞日报社作为控股方，负责人员组成和选题策划，广东经济出版社将负责相关人员的培训和出版资源的整合。2010年，广东经济出版社东莞编辑出版中心完成或已签约图书出版9本（套），发行干部培训书籍7000套，出版发行收入突破100万元。

《东莞时报》第二次优化升级

2010年3月26日，《东莞时报》进行第二次优化升级，成为一份视角独到、感观舒适、文字轻松、题材新鲜、焦点精准的杂志型都市早报，获得在中国主流人群中影响力极大的“中国娇子新锐榜年度报纸提名奖”。

“捷报泉”山泉水进入千家万户

2010年1月6日，东莞日报社在报业大厦三楼大会议室举行东莞市捷报泉食品有限公司开业仪式，这是报社实施集团化战略和多元化经营的又一项重要举措。报社经营业务正式进入饮用水市场，实现集团资源的有效利用，拓宽集团的经营项目，做大集团的品牌影响，形成集团的市场竞争优势。目前该公司开局良好，运营顺畅，市场开拓有力。

《看东莞》杂志创办

《看东莞》于2010年7月22日创刊，其前身是有着25年历史的《东莞乡情》，是东莞唯一拥有公开刊号的杂志。《看东莞》致力成为一份具有全球视野、东莞特色、政经风范的新型侨刊，以政经新闻为主打，发型力覆盖110多个国家和地区，读者囊括莞籍侨胞、在莞侨商以及本地政商界精英。

党校工作

【干部培训轮训】2010年，中共东莞市委党校（东莞市行政学院、东莞市社会主义学院）完成计划内主体班84期6362人次，包括市直处级领导干部883人次，镇（街）领导干部1130人次，科级干部223人次，一般干部4126人次。三校培训分别为：党校主体班次30期2481人，包括市直单位处级领导干部能力建设轮训班7期365人次，镇（街）领导干部能力建设轮训班4期211人次，科级干部轮训班2期84人次，市直中青年干部培训班1期43人次，镇（街）中青年干部培训班1期27人次，专业技术拔尖人才班1期25人次；市管干部深入贯彻科学发展观、加快转变经济发展方式专题研讨班3期1150人次，处级干部信息化培训班5期118人次，镇（街）党政副职领导信息化培训班4期169人次，大学生“村官”培训班2期289人次。行政学院主体班次47期3662人次，包括正科级公务员任职培训班4期117人次，副科级公务员任职培训班4期161人次，公务员初任培训班3期363人次，军转干部岗前培训班1期110人次，人力资源管理培训班2期131人次，公共服务专题研讨班4期115人次，加快转变经济发展方式专题研讨班2期57人次，语言表达能力专题研讨班4期108人次，公共应急管理专题研讨班4期130人次，韶关对口培训班6期228人次，人力资源局基层分局后备干部培训班1期24人次，警校新警培训班2期350人次，加快转变经济发展方式课程培训班10期1768人次。市社会主义学院主体班次7期219人次，包括民主党派领导班子后备干部培训班1期45人次，党外干部培训班1期32人次，“两新”组织统战工作者培训班2期51人次，民主党派领导班子培训班1期17人次，市民主党派专职干部培训班1期14人次，无党派人士主题教育活动1期60人次。其中“两新”组织统战工作者是新安排的培训对象。

【教学改革】2010年，市委党校坚持以中国特色社会主义理论体系武装干部，着眼于提高学员的素质和能力，抓住东莞在加快转变经济发展方式和产业结构调整中的理论热点和实践难点问题，开发出一批“精”、“新”、“近”、“实”的课程。据统计，全年在主体班当中编制双转型、产业调整升级等系列性专题237个，比去年增加36.2%；新专题96个，新课率达40.5%。处级、镇（街）轮训班以运用所学理论研究重大现实问题、指导工作实践为主，所设课程坚持理论联系实际，针对东莞转变经济发展方式等重大实践问题和具体案例，进行解剖分析，师生共同研讨，互相启发，由表及里，深入浅出，从而梳理出经验与对策，给力信心与思路。

市委党校坚持“请进来”教学方式，继续办好“领导报告会”、“知名专家讲座”、“行业专家对话学员”等项目，黄双福、庞国梅等市领导亲自作培训班开班动员；刘树基、黄双福、庞国梅、甄瑞潮、刘卫芳、梁国英、潘新潮、卢耀昆、安玉红、王怀超、王东京、王公龙等市领导、相关部门领导和

中共东莞市委党校

2010年12月10日，市委书记、市人大常委会主任刘志庚，市委副书记、党校校长黄双福，市委常委、组织部部长庞国梅共同出席东莞市干部网络培训学院开通仪式

知名学者139人次为学员作报告。坚持"走出去"方式，继续推行"党校+高校"办学模式，与北京大学、清华大学、人民大学、浙江大学、香港理工大学、厦门大学、武汉大学、西北大学等联合培训，全年安排35个班次1441人次外出高校学习，为历年来与高校合作面最广年份，收效显著。

市委党校为适应干部培训新需求，增强课堂吸引力，不断深化教学组织管理方式和教学方法改革。轮训班规模保持在45人左右，专题研讨班规模保持在30人左右，研究型、小班型教学成为常态。继续加大运用案例式、研讨式、辩论式、模拟式、现场教学等新教学方式力度。全年在各班次开设4场案例分析会、3场专题辩论会和15场专题论坛。为推进学习型党组织建设，组织学员开展读书交流活动，让学员通过读书活动撰写读书体会，由教师点评，并将读书活动纳入学员考核成绩。加大信息化教学力度，网络学院试运行阶段，在公务员初任班次进行网上教学、在线答疑和研讨，丰富教学手段，为网络学院铺开大规模培训提供经验启示。

【网络教育】2010年，市委党校坚持开发现代教学手段，根据中央《2010—2020年干部教育培训改革纲要》"加快建设干部教育网络培训平台"和市委书记刘志庚"市委党校力争在2010年开办运行网络学院"指示，先后到深圳市委党校、华南师范大学、大连市委党校调研，形成网络学院建设方案。经过紧张工作，在5个月时间完成网络学院的组织、技术、教学、管理等各项筹备工作，建成在全国、全省都具有领先水平的干部培训网络学院，并于12月10日举行东莞市干部培训网络学院开通仪式。网络学院开通后，暂处在试运行阶段，可同时容纳150人同时在线学习，2011年底可实现2500人同时在线学习，2015年将实现5000人同时在线学习，最终将成为覆盖全市2万多名公务员，并延伸到企业干部、村（社区）干部的统一规范、快速便捷的培训网络平台。

【理论研究】2010年，市委党校共取得科研成果112项，公开发表专著和论文49项，其中省级期刊公开发表论文和专著28项，国家级期刊发表论文和专著12项。在市委党校完成的科研成果中，有一批得到学术理论界和市委、市政府相关部门较高评价。《农村党组织书记公推直选研究》被全国人大复印资料《中国共产党》全文转载，《论"家庭暴力"的法律界定》获国家民政部"全国婚姻家庭研讨会"优秀论文奖。市委党校承担的市委组织部和市人力资源局委托的4项"十二五"规划课题，为市委、市政府决策提供重要的科学依据，得到高度评价，真正体现市委党校工作为市委、市政府决策的"思想库"作用。

【理论宣讲】2010年，为配合市委中心工作，发挥党校理论优势，扩大党校社会影响，市委党校组织教师到镇（街）或市直单位围绕"贯彻落实科学发展观，加快转变经济发展方式"主题，开展"送理论下乡"活动。"周日党课"成功举办39期，听众人数达9520人次，比2009年增加3期3210人次。全年校内举办8期，听课人数3346人次；校外举办31期，听课人数6174人次。在"周日党课"开办100期之际，黄双福来校出席活动，并为500多名基层一线的党员主讲题为《大力推进学习型党组织建设》党课；在"七·一"前夕，庞国梅来党校为第93期"周日党课"主讲《从时代观谈共产党员的先进性》，受到广大党员欢迎。设立在市委党校的东莞市反腐倡廉和预防职务犯罪教育基地共接待市直、镇（街）机关事业单位及市大中型企业63批次3150人次参观教育。

（张林军）

附：2010年中共东莞市委党校领导名录

校　长：黄双福
常务副校长：杨靖波
副校长：赵卫华　张惠玲
校务委员：达蕃钦　张小聪　冯　洁
副调研员：何合发

① 2010年9月26日，市委副书记、党校校长黄双福参加"周日党课"第100期专题讲座暨联络员座谈会

② 2010年4月26日，市委常委、组织部部长庞国梅参加2010年镇（街）中青年干部培训班读书交流会

信　访

【概况】2010年，东莞市信访局受理群众信访总量11344件次，同比下降23.4%，信访秩序进一步好转。全国“两会”、上海世博会和广州亚运会期间，全市没有发生群众进京到沪及到亚运场馆非正常上访事件，受到上级领导表扬。

【全国信访局长电视电话会议】2010年1月29日，全国信访局长电视电话会议召开，东莞市委常委、秘书长何嘉琪，副市长吴道闻，市加强信访工作和维护社会稳定协调领导小组成员单位、市信访局有关领导，以及各镇（街）分管领导及信访办主任在东莞分会场收看会议。何嘉琪对贯彻会议精神作工作部署。

【全国“两会”期间信访】2010年，全国“两会”期间，东莞市成立信访维稳工作临时领导小组，下设信息指挥、排查稳控、应急劝返、驻京工作4个专项组，在全市开展矛盾纠纷排查化解活动，并从市信访局、市委维稳办、市公安局及部分镇（街）抽调12人组成工作组驻京工作，实现会议期间全市零群众进京非正常上访目标。

【国家信访局来莞调研】2010年4月15日，国家信访局办公室主任徐业安一行6人，在省信访局调研处副处长苏佐怀陪同下，深入东莞市就防范新生代农民工参与维权性群体事件课题进行调研。市信访局、市人力资源局、市总工会、市新莞人服务管理局、东城街道有关部门、企业和新生代农民工代表参加调研座谈会。

【上海世博会期间信访】2010年，上海世博会期间，东莞市扎实开展矛盾纠纷排查调处活动，从市信访局、市委维稳办、市公安局和部分镇（街道）抽调人员组成工作组，分批派驻上海工作，实现世博会期间全市零群众到沪上访目标。

【涉及土地的信访问题座谈会】2010年6月13日，副市长梁国英主持召开涉及土地的信访问题座谈会，市信访局、市国土资源局和9个涉及土地信访问题较为突出镇（街）主要负责人、分管信访和国土的领导及国土分局长参加会议。会议通报上半年涉及土地的信访形势，明确工作要求，强化责任追究。

【开展“四访”活动】2010年，东莞市在中秋、国庆和广州亚运会期间组织开展“基层接访、带案下访、上门探访和基层巡访”四访活动，其中9月28日，全市统一开展领导干部大接访活动，市领导和各镇（街）主要领导193人参与接访，共接访群众312批873人次，在察民情、解积案、纾民困方面取得明显成效。

【国家信访局来莞检查指导】2010年10月15日，中央联席办副主任、国家信访局党组副书记、副局长王石奇一行5人，深入东莞市检查指导亚运场馆筹备及信访维稳分流工作站的工作，市政府副市长吴道闻，市委副秘书长、市信访局局长谢国文等汇报并陪同检查。

【全省信访维稳工作电视电话会议】2010年11月4日，全省信访维稳工作电视电话会议在广州召开，市委书记刘志庚，市委常委、秘书长何嘉琪，副市长吴道闻，市加强信访工作和维护社会稳定协调领导小组成员单位有关领导，各镇（街）党委书记、镇长（办事处主任）、分管信访工作领导、信访办主任在东莞分会场收看会议。刘志庚就贯彻会议精神做好亚运期间信访维稳工作作部署。

【广州亚运会期间信访】2010年，广州亚运会期间，东莞市专门成立信访维稳工作领导小组，下设协调指挥、现场处置、排查稳控、劝返接访、驻穗工作5个专项组，集中开展矛盾纠纷排查调处活动，设立亚运举重（东莞）赛场信访维稳分流工作站，派出6人工作组驻穗做好上访人员劝返处置工作，实现“平安亚运”目标。（曾轶荣）

附：2010年东莞市信访局领导名录

局　长：谢国文

副局长：袁润标　黎雪琴　黄荣峰

保密工作

【保密工作会议】2010年3月12日，中共东莞市委保密委员会召开全体成员会议。会议传达全省保密委（办）主任保密局长会议精神，总结2009年保密工作情况并报告市3G移动通信保密工作情况，审议2010年工作要点、研究布置2010年工作任务。市委副书记、市委保密委员会主任黄双福强调要认清形势增强保密工作责任意识、与时俱进创新保密管理方式、持之以恒抓好保密工作日常落实。

3月17日，召开全市保密工作会议，全市各镇（街）、各单位保密领导小组负责同志、保密员400多人参会。市国家保密局局长祁日光布置2010工作任务，具体抓好制度创新、检查创新、技术创新、教育创新4项工作。市委常委、秘书长、市委保密委员会副主任何嘉琪出席会议并讲话。

【党政机关保密检查】2010年4月26日至11月15日，由市委副秘书长卢贯纪和15名市委保密委员会委员带队督导，邀请市保密技术专家参与，开展4轮全市性党政机关保密检查，主要检查办公计算机及网络、涉密载体的保密管理、涉密文件收发、保密要害部门部位、政府信息公开保密审查工作和日常工作开展情况。共检查18个市领导办公室，抽查48个市直、省属单位和14个镇（街），办公计算机2052台，涉密文件400份，保密要害部门部位70个。

【保密工作量化考核机制】2010年4月22日，市国家保密局细化工作任务，制定2010年保密工作量化考核办法。该管理标准分15大类50项，明确考核内容及评分标准。2010年，市国家保密局依照保密工作目标管理考评标准，经市委保密委员会同意，评选出桥头镇党政办公室等68个保密工作先进单位和赖树良等68名保密先进工作者。

【重大涉密活动保密管理】2010年，市保密技术检查中心为市委、市政府、有关职能部门重大涉密会议提供场所环境检查、技术设备安装等服务保障，共13次。10月，广州亚运会召开前夕，市国家保密局召开涉亚单位保密工作座谈会，布置广州亚运举重比赛期间各项保密工作，并对涉亚单位开展保密检查和指导，确保实现零泄密目标。市国家保密局积极协调，配合教育、公安、卫生、人事、司法等部门，投入力量，做好高考、中考、医考、公务员招考和司法考试保密监督管理和服务，加强考试试卷运送、保管、交接等环节保密管理和试卷保密室安全措施的落实。

【定密制度】2010年，市国家保密局建

▲ 2010年12月4日，东莞市保密局在"12·4"全国法制宣传日开展《保密法》现场咨询活动 （刘润平 摄）

立定密工作责任制和定密责任人制度，规范承办、审核、审批定密的程序和权限。全市已有129个市直和省属单位确定定密责任人。

【调试优化】 2010年4月，市国家保密局以市行政办事中心为试点，开展保密会议（活动）场所移动通信干扰与信号调试优化工作（简称调试优化工作）。在调试优化过程中，市国家保密局指导保密会议移动通信干扰器的正确安装和规范使用，检查保密会议场所的干扰器与移动通信小区基站信号强度和干扰情况，保证各种涉密信息设备与无线发射装置的安全警戒距离达到不少于20米的国家标准。11月，按时保质完成全市调试优化工作。

【学习宣传新修订《保密法》活动】 2010年4月29日，《保密法》修订通过，10月1日正式实施。7月，市委保密委员会印发《关于在"纪律教育学习月"活动中开展保密纪律教育和保密宣传教育的通知》，在8—10月结合纪律教育学习月开展"保密宣传教育月"活动，学习贯彻新《保密法》。活动期间，市国家保密局制作新《保密法》（图文本）共1.5万本，免费派发；制作新《保密法》学习宣传知识展示板96幅供给各单位、各镇（街）巡回展示，全年有2万多人观看展览；制作一组《保密宣传计算机屏保》，提供给各级保密组织使用。组织各单位参与广东省"筑牢保密防线"金城杯首届书法、摄影比赛，共选送271幅书法、摄影作品参加比赛，其中有6幅作品获奖，市保密局获优秀组织奖。学习活动期间，全市征订国家保密局编印的《保密技术防范常识》9100本，《保密法》（修订版）6334本、《保密法释义》2899本、《保密法宣传挂图》830套、《保密工作》杂志2090份。8月初，东莞市成立学习新《保密法》领导小组，何嘉琪任组长，卢贯纪为副组长，领导小组下设办公室在市国家保密局。8月20日，东莞市召开全市学习贯彻新修订《保密法》动员大会。会议传达中央、省关于开展新《保密法》学习宣传活动文件精神，全面部署学习宣传新《保密法》工作。何嘉琪作动员讲话，祁日光对新《保密法》作解读。近500人参加会议。9月8日，市委书记刘志庚主持召开今年第21次市党政领导班子联席会议，黄双福传达省委保密委全体（扩大）会议暨学习贯彻新《保密法》动员会精神。9月29日，东莞市召开市委保密委员会全体会议，学习省委保密委会议精神、新《保密法》。12月4日，市保密局在"12·4"全国法制宣传日大型现场法律咨询活动中，宣传新《保密法》，现场派发保密法宣传资料2000多份、展出宣传展板96幅。 （魏云青）

附：2010年东莞市国家保密局领导名录

局　长：祁日光

副局长：袁鸣春

东莞市人民代表大会常务委员会

【东莞市第十四届人民代表大会第五次会议】 于2010年1月20—22日在市会议大厦举行。会议听取、审议和批准东莞市人民政府工作报告；审查和批准东莞市2009年国民经济和社会发展计划执行情况的报告与2010年国民经济和社会发展计划；审查和批准东莞市2009年市级预算执行情况的报告和2010年市级预算；听取、审议和批准东莞市人民代表大会常务委员会、东莞市中级人民法院和东莞市人民检察院的工作报告；补选市人大常委会部分组成人员。大会继续设立旁听席，接受40名社会各个阶层人士旁听会议，并召开旁听人员座谈会。

【依法治市】 2010年，市人大常委会大力推进依法治市，为东莞现代化建设创造良好法治环境。市依法治市工作领导小组办公室工作扎实开展。2010年，东莞市委被广东省委评为广东省依法治省先进单位；12月22日，全市依法治市工作先进单位和先进个人表彰大会召开，总结情况，表彰先进。市人大常委会指导市依法治市办编印图文并茂的《法治东莞》画册，继续做好《依法治市》刊物的编写。指导市依法治市办制订《法治东莞建设五年规划（2011—2015年）》（征求意见稿），明确东莞法治建设的方向和重点。推进民主法治建设。对《东莞市农村集体资产管理规定》在全市贯彻执行情况进行检查，营造重视农村集体资产管理良好氛围；听取和审议市中级人民法院关于行政诉讼工作情况报告，保障行政执法中程序正义，提高行政执法水平；继续跟踪监督市人民法院、市区人民检察院分立1年后的运作情况，强化对司法机关的监督；对全市实施《东莞市推动产业结构调整和转型升级实施"三旧"改造土地管理暂行办法》情况进行调研，为"三旧"改造工作重点环节提供法律支撑与政策指导，维护社会和谐稳定。加强领导干部法制教育。指导市依法治市办举办"第六期法治东莞讲坛"，为全市依法治市工作者和处级以上领导干部开办题为"法制社会的心理基础"法律讲座，推进廉勤建设；分3期组织镇（街）和市直单位依法治市工作联络员学习培训，提高联络员业务素质和工作水平。坚持依法普法。全力做好省五五普法总结验收工作，为创建法治东莞营造良好法治氛围；多渠道全方位开展法制宣传教育工作，创新普法形式，抓好法制宣传阵地建设，结合"亚运安保"工作，继续打造品牌普法活动。

【监督工作】 2010年，市人大常委会听取和审议专项工作报告8项，进行专题调研7项，组织视察检查3次。专题调研。市人大常委会围绕中心、着眼民生，抓住影响和制约科学发展的重点问题开展专题调研。配合全市全面铺开“三旧”改造工作，对全市实施《东莞市推动产业结构调整和转型升级实施“三旧”改造土地管理暂行办法》情况进行调研，研究分析全市“三旧”改造工作存在困难和问题，提出“要实行政府引导，市场运作为主的策略”等5项建议，为市委决策提供有益参考；为探寻保障城市供水安全和质量等方面工作新思路、新举措，深入东江源进行水资源状况考察，了解东江源保护情况和沿线水利工程建设情况，实地考察深圳、惠州等地水库以及市茅輋水库、横岗水库和水濂山水库，组织有关部门负责人和专家，召开水资源保护调研座谈会，广泛听取对市水资源开发利用和保护工作的意见和建议，形成调查报告；为摸清市土地承包经营权流转现状，分析土地流转制约因素，对市农村集体土地流转情况进行专题调研，并形成调研报告提出推进土地流转和规模经营意见建议，为市委决策提供参考；前往中山市中心组团垃圾综合处理基地学习考察，汲取中山市的先进经验，广泛征求有关职能部门和全市各镇街意见，形成专题调研报告。听取和审议专项工作报告。2010年常委会共召开7次常委会会议，听取和审议专项工作报告8项。听取和审议市2009年社会保险基金预决算、市2009年本级预算执行和其他财政收支的审计、市2009年决算草案和2010年上半年预算执行等情况的专项工作报告；听取和审议市开展财政支出绩效评价工作情况报告，督促政府提高财政资金使用效益和管理水平，对资金使用科学合理。组织视察。对市食品安全工作进行专项视察，将视察与人大代表约见市长活动结合起来，组织有关代表参与食品安全调研、视察，拓宽听取代表建议渠道，邀请专家提出意见和建议，创新并实现“一项工作，两个内容；两项工作，一种形式”监督方式，增强人大监督力度，推动政府制定《关于办理市人大常委会视察全市食品安全工作暨代表约见市长活动意见建议的实施方案》，全面提升市食品安全监管效能和保障水平。开展执法检查。开展对《东莞市农村集体资产管理规定》执行情况的检查工作，前往厚街镇寮厦村和万江街道牌楼基社区，实地检查村两委会议和监事会活动记录簿、合同兑现登记簿、询证函、财务账目等有关资料，了解村（社区）收支管理、股东分红、债权债务管理等情况，检查组还参观厚街鸿运鞋材广场，详细了解寮厦村调整产业结构，实现农村集体资产增值保值的成功模式，指出存在问题，提出建设性意见，形成执法检查报告送交市政府。组织评议。对市污水处理设施建设情况进行评议，评议工作组深入实地考察调研、召开相关职能部门和专家座谈会，听取各方意见和建议，督促市政府科学处理污水，抓紧相关工作落实。加强跟踪监督。2010年，市人大常委会重点对“四院一中心一卫校”建设情况、高中阶段学校布局调整情况、农业产业园建设情况和东江与水库联网供水水源工程建设情况进行跟踪监督。通过召开专题督办会，实地视察，个别走访，了解进程，征询意见，提出建议，督促有关部门加快建设和交接进程，推进工程建设，跟踪监督效果明显。信访工作紧贴民生。坚持和完善市人大常委会领导接访日制度和人大常委会组成人员约见上访人制度，注重疏导教育与解决实际问题相结合，2010年，常委会信访电总量为1488件次，办结1451件次，办结率为97.5%。

【讨论决定重大事项】2010年，市人大常委会对法律明确规定或“一府两院”提请的重大事项，根据市委中心工作需要和实际，及时列入议事日程，先后作出决定8项，决议1项。依法审议通过市政府《关于提请调整东莞市2010年单位生产总值能耗降低目标的议案》，保障市经济社会发展以及产业结构调整和转型升级步伐不受影响。根据新修订《广东省人口与计划生育条例》和实际情况，审议通过关于调整东莞市国民经济和社会发展第十一个五年规划纲要中人口自然增长率指标的议案，同意把人口自然增长率指标2006年至2010年平均增长从6.1‰调整至6.7‰。审议通过市政府《关于提请审议设立“东莞慈善日”的议案》，将每年10月25日定为“东莞慈善日”。

【依法进行人事任免】2010年，市人大常委会坚持党管干部原则与人大依法任免有机统一，细化人事任免程序，坚持任前通报常委会党组、任前演说、颁发任命书等制度，增强拟任人员法治意识和自觉接受人大监督意识。2010年，市人大常委会共依法任命干部160名，其中：人大系列25名，政府系列5名，法院系列101名，检察院系列29名；共免职干部93名，其中：人大系列22名，政府系列6名，法院系列62名，检察院系列3名。共任命人民陪审员90名，免去人民陪审员3名。

【开展代表工作】2010年，市人大常委会努力做好服务，丰富代表闭会期间活动内容，拓宽代表活动平台。市长约请代表活动不断深化。坚持每年第四季度召开1次市长约请市人大代表座谈会，结合视察市食品安全工作举行小型代表约见市长活动，使代表直接参与监督，就社会热点、难点问题及时提出意见和建议。协助东莞的全国、省人大代表积极议政。协助上级人大组织代表开展活动，加强与全国、省人大代表沟通，组织代表列席常委会会议，参加视察检查等活动，围绕市实施“三旧”改造，推动产业结构调整和转型升级情况及市建设文化名城情况进行集中视察、开展专题调研，让代表掌握社情民意，为东莞经济社会发展出谋划策。“市镇人大代表活动日”活动全面铺开。组织开展东莞第六个代表活动日活动，组织代表围绕贯彻落实转变发展方式，推进经济社会双转型情况；实施《珠江三角洲地区改革发展规划纲要》情况；市属、镇（街）重点项目建设情况；人民群众关心的其他热点、难点问题开展集中学习、视察、调研、听汇报、座谈、代表自由走访等多种形式活动，就经济社会发展提出意见和建议。组织代表当政议政。根据工作安排和有关单位要求，配合落实部分履职能力较强、有相关专业知识或来自不同层面的代表列席常委会会议，参加常委会组织的检查、调研、视察及法院、检察院组织的相关活动，推荐市人大代表担任市检察院人民监督员，参加东莞市《规划纲要》群众论坛、承办单位办理建议座谈会、“市民评机关”、食品安全大家行等活动，发挥代表应有作用。强化履职保障。切实做好代表服务工作，为代表知情知政、参政议政创造条件，定期给代表寄发文件、政情资料等；发放代表补贴，为代表履职提供保障；密切与代表联系，修订市人大常委会领导分组联系市人大代表工作方案，加强市人大常委会领导与代表联系；关心代表工作和生活，为代表寄送生日贺卡、发送贺年短信等。

【督办代表议案和建议】2010年，市人大常委会及时做好代表议案和建议交办工作，加强调查研究，协调有关部门，联系沟通人大代表，跟踪代表议案和建议的办理进度和办理情况，促进办理落实。着力提高办理议案的质量。为进一步推进产业结构调整升级，市十四届五次会议继续将《认清形势 坚定信心推进企业转型升级的议案》作为大会议案。市人大常委会加大督办力度，注重办理议案质量，定期了解办理动态，及时提出督办意见和建议；与市府督查室开展来料加工企业转变形态专项督查工作，加快推进企业转型升级；听取和审议市政府关于办理议案的情况报告。着力提高重点建议的办理效果。市人大常委会确定5件重点督办代表建议，办理满意率达100%。《关于开发凤岗古今资源，打造客侨文化之乡的建议》是重点建议之一，市人大常委会深入凤岗镇黄洞村了解情况，实地视察镇村文化设施，分析研究市客侨文化及其发展趋势，联系市文化部门，就保护文物文化和代表建议办理情况进行交流，促使市政府及有关部门与凤岗镇达成共识，通过召开现场督办研讨会，督促市有关部门加强对凤岗镇打造客侨文化之乡的指导和帮扶力度，促使镇级加大财政投入力度，完善规划设计，有效保护和推动凤岗客侨文化传承和发展。

【指导基层人大】 2010年，东莞市基层人大贯彻落实科学发展观，坚持和完善人民代表大会制度，围绕转变经济发展方式、经济社会双转型、“调结构、保增长”发展大局，依法履行职责，基层人大工作各项活动扎实、有序开展。加强业务指导。市人大常委会指导各镇人大依法开好人代会，规范会议程序，提高会议质量；指导基层人大依法开展闭会期间各项活动，充分发挥镇人大代表作用。加强沟通交流。市人大常委会于3月、11月召开全市基层人大工作座谈会，研究部署工作，总结交流经验。加强干部培训。市人大常委会组织基层人大干部举办全市基层人大干部培训班，通过集中学习培训，学员们加深理论与实践对接思考，进一步提高基层人大干部的自身素质和综合水平，推动人大工作的深入开展。

【纪念东莞市（县）人大常委会设立30周年大会】 2010年，东莞市（县）人大常委会设立30年。东莞市委组织召开纪念东莞市（县）人大常委会设立30周年大会，市委书记、市人大常委会主任刘志庚出席大会并作重要讲话，全面总结东莞市（县）人大常委会设立30年以来的实践经验，进一步明确新形势下加强和改进人大工作的指导思想、主要任务和总体要求。东莞市人大常委会机关制作《纪念东莞市（县）人大常委会设立30周年》画展，全面展示东莞30年来人大制度建设的丰硕成果和人大履职工作的生动实践。 （邓曦彦）

附：2010年东莞市人大常委会及其机关领导名录

市人大常委会主任：刘志庚
市人大常委会常务副主任：张继雄
市人大常委会副主任：张顺光　冯同恩
吕　兢　李秀冰
吴镇成
市人大常委会秘书长：陈柏南
市人大常委会副秘书长：李卫忠
叶国志　刘智勇　林儒森
市人大常委会办公室主任：李卫忠
市人大常委会办公室副主任：梁　燕

市人大常委会各工作委员会主任、副主任

法制工作委员会主任：陈锡稳
财政经济工作委员会主任：梁帝祺
城建环境与资源保护工作委员会主任：
殷计祥
教科文卫华侨外事工作委员会主任：
谭素红
选举联络人事任免工作委员会主任：
喻丽君（3月到任）
农村农业工作委员会主任：
何肖弟（任至3月）
农村农业工作委员会主任：
祁　伟（3月到任）
法制工作委员会副主任：殷国群　江　流
财政经济工作委员会副主任：叶绍波
卢晓航（9月到任）
城建环境与资源保护工作委员会副主任：
廖志文　王业宽
教科文卫华侨外事工作委员会副主任：
张云华　刘学高
选举联络人事任免工作委员会副主任：
莫广华（任至3月）
选举联络人事任免工作委员会副主任：
何念瑶（3月到任）　伍志鸿
农村农业工作委员会副主任：
李雄华（3月到任）
杨　敏（9月到任）
市依法治市工作领导小组办公室主任：
刘洪芳（任至2月）
严继宗（2月到任）
市依法治市工作领导小组办公室副主任：
陈俊荣

东莞市人民政府

【市政府全体（扩大）会议】 2010年2月26日，东莞市政府全体（扩大）会议召开，会议主要内容：学习贯彻落实省委十届六次全会、市委十二届六次全会和市十四届人大五次会议精神，明确政府年度抓落实的重点、责任和措施。

【市长办公会议】 2010年，东莞市政府召开市长办公会议19次，讨论有关事项354项，主要包括：审议《关于鼓励总部经济发展若干政策的实施细则（试行）》；审议《市轨道交通有限公司管理费用监管方案》；研究2010年市政府十件实事备选项目问题；研究实施东莞市主干道路车辆行驶秩序监测管理系统建设项目问题；审定《东莞市政府投资市属非经营性项目代建管理暂行办法》；审定《东莞市鼓励高层次专业人才学历进修补助资金管理试行办法》；研究东莞市农村公路管理养护体制改革工作问题；研究变更东城街道与南城街道行政区域界线问题；研究落实2010年市政府主要工作任务和十件实事问题；研究上报2009年东莞市引进技术消化

▲ 2010年1月20日，东莞市第十四届人民代表大会第五次会议在会议大厦召开
（郑林东　摄）

吸收资金项目安排计划问题；研究上报2009年东莞市技术改造和技术创新专项资金项目安排计划问题；审议《市长办公会议向媒体开放操作办法》；研究进一步明确东莞市食品安全监管职责问题；研究东莞展览馆免费开放问题；研究改革东莞市生活垃圾处理费计收方式和调整收费标准问题；审议《东莞市民办学校扶持专项资金使用管理办法（试行）》；审议《东莞市事业单位岗位设置和人员聘用工作实施方案》；研究设立东莞市"慈善日"问题；研究进一步完善工程项目前期手续"绿色通道"操作办法问题；审议《东莞市综合应急救援队伍建设试点工作方案》；研究东江水务有限公司供水价格问题；研究妥善解决中小学聘用合同制教师和已备案试用教师入编问题；审议《关于建设珠三角新兴物流城市的实施意见》；研究建设东莞市委市政府总值班室综合业务系统问题；审议《东莞市轨道交通与常规公交衔接规划》；审议《东莞市节约能源"十二五"规划》；研究开展首届"东莞慈善日"活动问题；审议《关于整治"三小"场所和出租屋安全隐患的通告》；审议《东莞市医药卫生体制改革近期工作重点实施方案（2009—2011年）》；研究提高东莞市五保供养标准问题；审议《东莞市对口支援新疆总体规划和专项规划》；审定首届东莞"十大慈善人物"及提名奖名单问题；研究调整东江水务有限公司供水价格问题；研究使用失业保险基金建设市人力资源局高技能人才培训应用服务平台问题；研究实施《东莞市社会保险药品目录、诊疗项目及服务设施范围（2011年版）》问题。

【全市性重要专项会议】 2010年，东莞市政府召开全市性重要专项会议主要有：全市水利工作总结表彰大会；市政府廉政工作会议；"三旧"改造试点工作座谈会；全市知识产权工作暨专利表彰大会；全市三防工作会议；全市科技金融结合工作会议；全市民政工作总结表彰会议；首届"东莞慈善日"暨2010年东莞市"敬老月"活动工作会议；全市新莞人服务管理工作会议；全市推行居住证制度工作会议；全市基础教育工作会议；全市卫生工作会议；全市地方志工作会议；全市档案工作暨创建全国社会主义新农村建设档案工作示范市动员大会；全市体育工作会议；全市简政强镇试点工作会议；全市集体林权制度改革工作会议；全市事业单位岗位设置管理和人员聘用工作会议；全市基孔肯雅热防控工作会议；全市森林防火和集体林权制度改革工作会议；全市蚊媒传染病防控工作会议；全市深化医药卫生体制改革动员大会；全市事业单位分类改革工作会议；全市污水治理工程验收现场会议；东莞市地质灾害防治工作会议；亚运环境安全保障工作会议；全市扶贫开发"规划到户责任到人"工作现场会；全市建设宜居城乡工作会议；全市节能减排工作会议；全市土地管理工作会议；市政府质量奖颁奖暨质量强市工作会议；第16届亚运会东莞赛区食品安全保障工作会议；全市住房保障工作会议；全市交通工作会议；第十三届省运会东莞体育代表团总结表彰大会；全市依法行政工作会议；市重点项目工作领导小组全体会议；全市落实《规划纲要》实现"四年大发展"工作会议。

【重要政事活动】 2010年，东莞市政府举行的重要政事活动主要有：东莞市食品药品监督管理体制改革交接工作仪式；东莞市城乡一体化社会养老保险体系正式建立暨养老金首发仪式；东莞市绿道网建设启动仪式；东莞市轨道交通R2线试验段开工仪式；东莞台湾名品博览会；保税物流中心开业典礼仪式；第二届广东外商投资企业产品（内销）博览会；"台湾·广东周"东莞分团系列活动；第二届中国国际影视动漫版权保护和贸易博览会；第十二届中国东莞国际电脑资讯产品博览会；第16届亚运会火炬传递东莞站活动；首届"东莞慈善日"一日捐活动；东莞市创建国家环保模范城市通过国家考核验收；第十届老龄人运动会；东莞国际科技合作周暨第四届中国（东莞）专利周；第16届亚运会东莞分赛区举重项目比赛。

【市政府工作会议】 2010年，东莞市政府召开并形成会议纪要的工作会议共179次，研究部署主要事项：研究调整同沙水库保护区界线问题；研究东莞职业技术学院办学经费问题；研究来料转三资过程中的税务问题；研究寮步美尔顿项目问题；研究东莞生态园重点项目建设问题；研究东引运河综合整治工程东城段拆迁户安置房建设问题；研究保税物流中心封关运作问题；研究职教城规划建设问题；研究"云计算"产业发展问题；研究生态园及周边镇截污管网建设问题；研究全市高中阶段学校布局调整校舍建设问题；研究优质大项目快速落地机制问题；研究石龙新火车站征地拆迁问题；研究市属重点工程督导问题；研究职院二期工程问题；研究城际轨道交通建设问题；研究"四院一中心一学校"建设问题；研究防汛工作；研究进一步加快财政投资建设问题；研究职教城市政建设问题；研究莞城市桥河内涝整治工程建设问题；研究保障企业用电问题；研究东莞市绿道网建设工作；研究东莞金融商务区工作；研究轨道交通建设工作；研究绿道沿线砂场清理工作；研究城际轨道交通建设工作；研究虎门高速公路问题；研究海昌煤码头二期工程问题；研究沿江高速公路虎门段征地拆迁问题；研究博深高速公路征地拆迁问题；研究石排本地人居住中心建设问题；研究广深铁路东莞站迁建工程问题；研究洪梅轨道交枢纽站及规划建设问题；研究轨道交通三大站点站前广场建设问题；研究对口支援新疆工作；研究番莞高速东延问题；研究推进2010年市政府十件实事相关工程项目问题。

【重要决策】 经济增长。2月，市府办印发《东莞市2010年扶持共建产业转移工业园工作方案》；3月，市府办印发《2010年外经贸五个"1000"专项工作实施方案》、《东莞市2010年重点建设项目和重点预备项目计划名单》；6月，市府办印发《关于进一步完善工程项目前期手续"绿色通道"操作办法的通知》；7月，市政府印发《关于认定2010—2012年东莞市工业商贸龙头企业的决定》；8月，市府办印发《东莞市商贸流通重点企业（项目）认定办法》；9月，市府办印发《东莞市现代物流业发展规划（2010—2020）》；10月，市政府印发《东莞松山湖科技产业园区引进项目优惠暂行办法》；11月，市政府印发《东莞市重点项目建设工作考评表彰实行办法》，市府办印发《关于认定东莞市2010—2011年商贸流通重点企业（项目）的通知》。

结构调整。2月，市府办印发《东莞市引进创新创业领军人才暂行办法》、《东莞市培养科技创新团队和领军人才暂行办法》；4月，市政府印发《东莞市知识产权战略纲要（2010—2015年）》，市府办印发《东莞市鼓励总部经济发展若干政策实施细则（试行）》、《东莞市实施技术标准战略工作实施方案》、《促进"东莞老字号"企业发展实施意见》、《东莞市创建国家知识产权示范城市工作方案》；5月，市府办印发《大力推进商标（品牌）战略的工作意见》；6月，市府办印发《东莞市50强民营工业企业和50强民营服务业企业认定暂行办法》、《东莞市科技金融结合试点市科技贷款风险准备金管理暂行办法》、《东莞市专利权质押贷款管理办法》、《东莞市专利资产评估及交易资助暂行办法》；7月，市政府印发《东莞市中小企业（内贸）电子商务应用专项资金管理暂行办法（试行）》；市府办印发《东莞市培育企业上市操作规程》；8月，市政府印发《关于认定东莞市第三批上市后备企业的通知》；9月，市政府印发《东莞市推动电动汽车关键技术及产业发展实施意见》、《关于开展质量强市活动的意见》；12月，市政府印发《东莞市促进LED产业发展及应用示范若干规定》，市府办印发《扶持“东莞老字号”企业发展实施办法》、《东莞市关于加快培育和发展大企业（集团）实施方案》、《关于建设珠三角新兴物流城市实施意见的通知》。

城市建设。3月，市府办印发《东莞市采石场整治复绿工程实施意见》、《东莞市保障2010年第16届亚运会空气质量措施方案》、《东莞市2010年第16届广州亚运会水环境质量保障工作方案》；4月，市府办印发《关于批转市国土资源局〈关于做好2010年建设项目用地安排的意见〉的通知》；5月，市府办印发《关于加快“三旧”改造地块标图建库工作的通知》、《关于进一步规范镇街工程开发项目和“三旧”改造等工作有关问题的通知》；6月，市府办印发《东莞市东江水质保护工作实施方案》、《东莞市汛期地质灾害隐患再排查紧急行动方案》；7月，市府办印发《东莞市宜居城乡建设工作实施方案》、《关于进一步规范占用道路施工行为的通知》；12月，市府办印发《关于加强开发建设项目水土保持方案申报审批工作的意见》。

社会管理。2月，市政府印发《关于调整社会养老保险单位费率的通知》；5月，市府办印发《东莞市出租屋消防安全管理办法》、《东莞市出租屋租赁登记备案程序规定》、《东莞市个人出租屋税收征收管理实施办法》、《东莞市出租屋租住人员计划生育服务管理实施细则》、《东莞市出租屋及租住人员规费财务收支管理实施细则》及《东莞市出租屋管理员管理办法》；6月，市府办印发《东莞市生活垃圾处理费征收使用方案》；8月，市政府印发《关于整治“三小”场所和出租屋安全隐患的通告》，市府办印发《东莞市消防安全委员会工作制度》、《东莞市消防安全委员会成员单位职责》、《东莞市镇街领导包片挂点督导消防工作管理规定》、《东莞市加强人文关怀改善用工环境工作方案》；9月，市府办印发《东莞市“迎亚运、备冬防”火灾隐患排查整治工作方案》；10月，市政府印发《东莞市建设文化名城的若干政策（试行）》；11月，市府办印发《关于开展年度镇街消防安全责任制落实工作检查考核的通知》。

民生民计。1月，市政府印发《东莞市新莞人子女接受义务教育暂行办法》，市府办印发《东莞市最低生活保障对象基本医疗救助暂行办法》、《关于改善新莞人居住条件的指导意见》；3月，市政府印发《关于调整和完善残疾人就业保障金征收工作有关问题的通知》，市府办印发《东莞市减免困难群众殡葬基本服务三项事业性收费实施方案》；4月，市府办印发《东莞市80周岁以上高龄老人生活津贴发放方案》、《关于进一步加快我市中小学校舍安全工程实施进度的意见》；5月，市府办印发《东莞市居家养老服务实施方案（试行）》、《东莞市民办学校扶持专项资金使用管理办法（试行）》；7月，市府办印发《东莞市困难残疾人家庭无障碍工程改造实施方案》、《东莞市实施公共卫生服务项目市镇财政补助方案（试行）》；8月，市政府印发《关于完善住房困难家庭危房、泥砖房修葺补助政策的通知》，市府办印发《首届“东莞慈善日”系列活动实施方案》、《2010年东莞市“敬老月”活动方案》；11月，市政府印发《东莞市农贸市场升级改造实施办法》。

改革创新。2月，市府办印发《东莞市国家基本药物制度近期实施方案（2009—2011年）》；4月，市政府印发《东莞市机关事业单位聘员管理试行办法》；5月，市政府印发《东莞市事业单位岗位设置和人员聘用工作实施方案》；8月，市政府印发《东莞市医药卫生体制改革近期重点实施方案（2009—2011年）》；9月，市政府印发《2010年东莞市积分制入户工作实施方案》、《东莞市简政强镇下放事权运行监督管理暂行办法》；10月，市府办印发《2010年东莞市积分制入户工作督导方案》；12月，市政府印发《东莞市实施〈珠三角规划纲要〉实现“四年大发展”工作方案》，市府办印发《东莞市事业单位分类改革实施方案》、《关于全面推行财务核算信息集中监管改革的通知》。

政府建设。1月，市政府印发《关于加快推进我市法治政府建设的意见》；3月，市府办印发《关于开展“体验一次办事服务”活动的实施方案》；7月，市府办印发《关于进一步加强行政规范性文件统一发布工作的通知》、《东莞市行政执法工作评议考核方案》；8月，市政府印发《东莞市政府行政规范性文件评估清理办法》，市府办印发《东莞市2010年“市民评机关”活动工作方案》。

【十件实事】2010年，市政府继续为市民办好十件实事。创建一批平安社区方面，全年，共创建218“平安社区”，完成年度目标145%，截至2010年，全市累计有555个社区（村）获得“平安社区”称号，占全市社区总数的93%，社区治安实现根本性好转。提高养老和医疗保险待遇方面，2010年1月起，全市符合条件的农保参保人以社区（村）为单位并入职工基本养老保险，正式建立起“统一制度、统一标准、统一管理、统一基金调剂使用”的社会养老保险制度，全年共支付养老金18.73亿元，同比增长28%，13.84万名原农（居）民退休人员人均养老金由331元调升至385元；社会基本医疗保险参保人连续参保缴费满3年以上，可享受最高15万元基本医疗保险待遇，基本养老金和社会基本医疗保险待遇调整顺利完成，全年共支付医保待遇29.99亿元，同比增长12%，0.12万人享受10万元以上医保待遇。建设一批学校方面，塘厦理工学校、塘厦中学、东城高级中学、厚街中学、麻涌中学和威远职业高级中学等6所学校扩建新建工作基本完成；市第八中学、市第六中学、市信息职业技术学校、万江中学、石龙中学、厚街专业技术学校、市第七高级中学、市第五高级中学、长安职业高级中学、东莞卫校等10所学校扩建新建工作启动，建设进度均达到年度目标。改善困难家庭住房方面，全年共完成2978户低收入困难家庭的廉租住房保障，完成年度目标124%。改造农村老化水管方面，纳入改造范围的75个村提前2个月完成并通过验收，共改造老化水管1290千米，完成年度目标103%。促进城乡就业方面，完成城乡劳动力资助性技能培训1.48万人次，完成年度目标118%；全年1.11万名东莞生源应届普通高校毕业生成功实现就业，就业率达96%，超过年度目标6个百分点，困难家庭和零就业家庭应届毕业生全部实现就业。建成一批样板市场方面，全年建成并验收通过67个样板市场，完成年度目标105%，截至2010年，全市建成样板市场105个，约占全市农贸市场总数20%。整治市区内涝方面，南城雀巢片区、莞城街道市桥河系统和东城街道下桥河系统3个内涝点整

治工程全部完工。推进运河整治方面，塘板水闸扩建工程、樟村水闸扩建工程全面完工；梅塘水扩河工程完成总工程量95%；运河峡口至新基堤路及景观整治工程，大王洲桥至新基段全面完成，大王洲桥至峡口段完成总工程量78%。改善交通出行条件方面，全市全年新增公交运力120辆，完成年度目标120%；市区、跨镇和镇内公汽三级网络不断优化，公交服务质量明显提高；9.2公里的运河路自行车专用道示范工程提前1个半月完成并交付使用。（市府办）

附：2010年东莞市人民政府领导名录

市　长：李毓全

副市长：冷晓明　江　凌　李小梅　梁国英　吴道闻　邓志广　严小康　成洪波

市长助理：陈林佐　黄庆辉（挂职，12月到任）　王炜东（挂职，12月到任）

副厅级干部：殷焕明（4月到任）

市政府秘书长、副秘书长

秘书长：殷焕明（任至7月）　梁海卫（7月到任）

副秘书长：朱益民（任至4月）　陈建枝　刘裕昌　任新合　刘　宁　莫淦泉　郭惠良　陈　波　刘学聪　冼冠华（挂职）　金行中（4月到任）　邹　联（12月到任）　黎达潮　朱斌华　张永忠　黄福泉（4月到任）　覃　春（挂职，12月到任）

附：2010年东莞市人民政府办公室副主任

黄福泉（任至4月）　邓　涛　朱默河（8月到任）　叶冠强（8月到任）

政府法制

【组织指导和协调依法行政】2010年1月，市政府成立由市长担任组长、常务副市长和分管政府法制工作的副市长、市政府秘书长担任副组长、办公室设在市法制局的东莞市依法行政领导小组，加强对全市深入推进依法行政、建设法治政府各项工作的研究、规划、部署、督促和指导。市政府下发市法制局起草的《关于加快推进我市法治政府建设的意见》，提出下一阶段深入推进依法行政、加快法治政府建设的16项措施。11月，市政府召开全市依法行政工作会议，总结近年来全市依法行政工作经验，对建设法治政府的工作任务进行研究和部署。

【法律事务】2010年，市法制局审核把关的市政府合同草案、涉法事务处理建议及提出法律审查意见的政策文件共217件。内容包括“三旧”改造审批流程和改造方案、重点工程建设简易招标、地下公共人防工程建设、创新创业领军团队和人才培养、城际轨道交通项目拆迁补偿、推进市财政投资建设项目建设、产业转移园建设资金管理、民办学校资金扶持、培育和发展大企业、机动车环保标志限行、轨道交通R2线项目并联审批、路桥年票征收、石龙车站出资建设协议、管道燃气特许经营、驻日韩台招商协议、新莞人入户优惠、施工企业信用管理、大学生助学贷款措施、珠三角绿道网管理标准、购买社会工作服务等涉及地方经济发展和社会稳定的重大事项，保障政府各项政策的制定、措施的出台和重大合同的签订在法制轨道上运行。2010年，市法制局审查市政府土地权属争议行政裁决案件1件、行政强制措施案件2件、环保限期治理案件3件。

【聘请第三届市政府法律顾问】2010年，结合东莞经济社会发展需求，市法制局提请市政府聘请国内知名知识产权法专家、中南财经政法大学校长吴汉东等4人为第三届市政府法律顾问，于2月举行第三届市政府法律顾问聘任仪式。

【完善重大决策程序】2010年1月，市政府印发市法制局起草的《东莞市重大行政决策程序规定》，进一步规范行政决策事项和决策权限，完善行政决策程序规则和责任制度，初步形成科学化、民主化、规范化的重大行政决策机制。

【推动简政强镇开展】2010年，市法制局依法审查简政强镇事权改革工作方案、委托协议等，确保各部门下放给试点镇的575项以及下放给其他中心镇的542项权力合法规范，推动简政强镇工作顺利开展；协助石龙、塘厦2个简政强镇试点镇设立法制机构，提高镇一级依法行政水平；协调为简政强镇试点镇215名执法人员解决执法证问题，破解执法力量不足难题。

【做好“较大的市”申请跟踪】2010年，市法制局积极与国务院法制办、省法制办联系，加强汇报，并组织工作人员、市政府法律顾问等共同撰写《东莞市申请“较大的市”研究报告》，为申请“较大的市”提供理论支持。

【加强规范性文件管理】2010年，市法制局共主办市政府规范性文件16件，备案审查镇（街）规范性文件561件，前置审查部门规范性文件7件，并进一步完善规范性文件管理相关制度。强化统一发布。上半年，在联合市监察局、行政服务办对全市规范性文件统一发布情况进行检查基础上，提请市政府出台《关于进一步加强行政规范性文件统一发布工作的通知》，明确统一发布的载体、工作职责和时限、考核方式等，建立部门规范性文件统一编号制度。强化清理评估。草拟并提请市政府出台《东莞市政府行政规范性文件评估清理办法》，明确规定市政府规范性文件评估清理工

▲ 聘请第三届市政府法律顾问

作的主体、范围、程序、标准等内容，指导市环保局对2份市政府规范性文件进行评估。强化意见听取。1月，和东莞阳光网合作建立“东莞市政府规范性文件网络征求意见平台”，在网络媒体创新建立开放式意见交流中心吸引众多网友参与，如《东莞市新莞人子女接受义务教育暂行办法（征求意见稿）》吸引超过4万人次关注，有1245位网友参与对草案的修改讨论。2010年，共在该网络平台发布征求意见稿9份。强化备案审查。完善备案情况通报制度，实施电子化备案，镇（街）文件备案管理日益规范。9月，在广东省法制办举办的地级以上市规范性文件审查科（处）长工作会议上就镇（街）规范性文件备案经验做法作专题介绍发言，受到肯定。

【行政执法监督】 2010年，市法制局以规范行政行为为重点，加强行政执法监督工作，提高行政机关及其工作人员依法行政、依法办事的观念、能力和水平。开展规范行政处罚自由裁量权工作。在借鉴佛山、中山、福州、长沙等地开展规范行政处罚自由裁量权工作经验和做法的基础上，市法制局草拟并报请市政府下发《东莞市规范行政处罚自由裁量权工作实施方案》，组织行政执法部门确定规范自由裁量权工作的机构和人员、对带有自由裁量权内容的执法依据进行梳理，将初步的行政处罚自由裁量标准上报市法制局审查。预计2011年6月前完成审查工作，将自由裁量标准对外公开并执行。开展年度行政执法评议。在借鉴湖南、广州等多个省市实践经验基础上，经征求相关部门意见，市法制局修改完善并报请市政府下发《东莞市行政执法工作评议考核方案》，在第四季度组织有关部门对35个市直行政执法部门的2010年度行政执法工作开展评议考核。梳理行政执法职权。针对市政府新一轮机构改革后行政执法主体变更的实际，对市政府机构改革后46个行政执法主体职权进行界定，梳理4899项行政执法职权。报请市政府同意后发布公告，将职权依据及内容在市政府网站予以公布，供社会公众查询和监督。强化重大处罚备案审查。全年审查行政部门重大行政处罚案件备案7670宗。培训和办证。全年培训3564名执法人员，办理行政执法证 2515个。

【行政复议应诉】 2010年，市法制局收到向市政府提出的行政复议申请284宗，运用和解、调解、听证、实地调查等方式办理行政复议案件，提高办案质量和效率，化解行政争议，维护社会和谐稳定。其中，通过和解、调解等方式结案的复议案件，占结案总数的21%；采取实地调查或者听证方式审理的案件，占结案总数的26%。2010年，市法制局代理以市政府为被告的行政诉讼案件21宗，代理以市政府作为被申请人的行政复议案件4宗，依法、及时提交行政复议答复和行政应诉答辩材料，协助上级部门与法院进行案件调查核实工作，尊重上级部门和法院提出的案件处理意见，有效化解社会矛盾。2010年是《行政诉讼法》实施20周年，市法制局加强行政应诉指导，将宣传纪念活动和历年开展的行政应诉培训工作相结合，邀请广州市中级人民法院行政法专家为市属多个部门及镇（街）负责应诉工作的同志进行应诉工作培训。2010年，市法制局被省依法治省办和省法制办评为“全省行政复议应诉工作先进单位”，一名工作人员被评为“全省行政复议应诉工作先进个人”。（张拔其）

附：2010年东莞市法制局领导名录

局　长：郭瑞华

副局长：陈鸿钧　余小莉（9月到任）

市政府督查

【政务督查】 2010年，市政府督查室紧紧围绕市委市政府中心工作，主动作为，统筹协调，全力推动工作落实。一是强化工作手段。重点强化5个手段：强化任务分解手段。对《政府工作报告》确定的市政府十件实事和主要工作任务进行分解细化，明确年度目标、责任单位和具体责任人。强化跟踪督办手段。组织开展市区内涝整治、老化水管改造等10多项专项督查，推动相关工作落实。强化定期反馈手段。分别按月度、季度反馈市政府十件实事工作、主要工作任务落实情况，及时反馈市长办公会议决定事项和市政府领导批示指示事项落实。强化公开通报手段。通过中国东莞门户网和东莞日报政务公开栏，对市政府十件实事和主要工作任务定期向社会公开通报，接受社会监督。强化考核问责手段。将十件实事纳入镇（街）领导班子年度工作实绩量化考核，并纳入市委、市政府工作问责范围。二是优化服务水平。优先办理市领导批示事项，全年共办理领导批示48件，较好地解决一批领导关心、社会关注的热点、难点问题。配合开展工作督导，协助市领导对省属重点项目建设、市属重点项目建设、“三旧”改造、水利防灾减灾工程建设、基孔肯雅热防控、扶贫开发“双到”、“双拥”模范城创建和积分制入户等多项工作开展督导，并形成《督查情况》、《督办信息》等专题汇报和信息120期，取得较好成效。三是紧抓十件实事落实。加快工程报建审批，协调将十件实事涉及的工程建设项目全部纳入“绿色通道”，加快施工报建手续。重点解决难点问题，如牵头协调加快莞城市桥河排涝站建设，用49天完成市卫生局原大楼相关单位搬迁，2周完成大楼拆除工作，在年底前顺利完成排涝站建设。盯紧后进项目，多次现场督导运河整治工程、部分学校建设等，协调推动实事项目落实。经多方努力，2010年市政府十件实事，9件全面完成，1件基本完成，为历年最好。同时，加强十件实事宣传，协调新闻媒体全年组织40多篇次报道，并策划编印《2010年市政府十件实事成果剪影》。四是深化督查调研。牵头开展工作落实专题调研，开展2011年十件实事征集和论证走访调研，参与协同突破跨部门审批难问题、制订“科技东莞”相关政策等重大政策调研。

【承办人大政协相关工作】 2010年，市政府督查室作为市政府对口承办市人大、市政协相关事宜的工作机构，完成大量办文、办会、协调和调研等工作。全年共组织办理人大议案、建议、意见和政协提案共571件，其中办理“两会”议案、建议、提案和旁听人员意见453件，市长约请人大代表、会见政协委员座谈会建议118件。全部建议提案在规定期限内办理完毕，办理结果均以书面形式回复代表委员，实现办结率、沟通率和满意率三个100%。一是建立市委市政府主要领导督办建议提案工作机制。落实分别由市委书记和市长督办1件重点提案。对市长督办“三旧”改造重点提案，牵头制定办理方案，协调开展工作调研，并做好跟踪、督办和反馈，取得实效。二是落实市政府分管领导领办建议提案制度。协助领办12件重点建议提案副市长制定办理方案，协调各主办单位落实责任，加强重点建议提案的办理，效果良好。三是加强情况反馈和学习交流。全年刊发《建议提案办理工作》简报12期，介绍建议提案办理情况，推广办理经验做法。（张旭健）

附：2010年市政府督查室领导名录：

主　任：梁杰钊

副主任：曾　鸣　肖必良（6月到任）

地方金融管理

【概况】2010年，东莞市委、市政府高度重视金融业的发展，积极发挥金融在构建现代产业体系和推动产业结构转型升级中的核心作用，金融业在东莞经济发展布局中的地位显著提升，有力地促进东莞经济持续快速协调发展。东莞金融生态环境指数位列广东各城市前列，金融总量位居全省第四，比起“十五”末，其存贷款规模、银行业利润等指标均翻了一番。2010年，全市各项存款余额6077.87亿元，银行业拨备前利润总额120.52亿元，不良贷款比例仅为1.34%，在防范和化解金融风险方面取得显著成效。保险业实现保费收入159.72亿元，首次跃居全省地级市第一。辖内证券营业网点的股票成交金额累计10978.14亿元。2010年，东莞市政府再次获得广东省“金融稳定奖”，东莞银行、东莞农商行、东莞证券分别获得广东省“金融创新奖”。

【统筹金融发展】2010年，《珠三角地区改革发展规划纲要》的颁布实施，赋予广东金融改革创新和进一步深化粤港澳金融合作先行先试的责任和权利。东莞市委市政府高度重视和支持金融发展工作，2010年着手编制十二五金融发展规划的工作，明确东莞金融业未来一段时期的发展目标和工作任务。开展《“十二五”期间推动与深化东莞-台湾金融交流合作研究》课题研究，争取成

① 东莞市人民政府金融工作局挂牌成立
② 市委常委、常务副市长冷晓明出席东莞上市企业搜于特在深交所敲钟仪式
③ 全市新型经济金融组织发展工作座谈会举行
④ 反保险欺诈工作会议举行
⑤ 召开东莞市融资性担保公司规范整顿动员会议
⑥ 东莞长安村镇银行正式挂牌成立

为粤台金融合作先行先试地区，提升莞台金融合作层次。同时，加快东莞金融商务区和松山湖金融改革创新服务区建设，为东莞的产业结构升级和城市化水平提升提供有力支持。2010年松山湖金融改革创新服务区建设已初具成效，引导设立6家股权投资基金、2家资产管理公司和1家小额贷款公司，引进20多家金融和中介服务机构；启动打造金融外包服务区、推进科技金融试点、专利权质押贷款融资试点等各项工作，正积极申报设立“新三板”（非上市股份公司股份报价转让系统）试点。

【解决中小企业融资困难】 2010年，市委、市政府明确提出要继续加大金融对经济增长的支持力度。市政府继续实施10亿元融资支持计划，通过财政贴息和风险补偿等措施，提高金融机构支持中小企业的积极性，增强企业扎根东莞发展信心。融资支持计划已实施2年，截至2010年，各金融机构累计为全市2317家重点企业发放贷款1852亿元，市财政累计发放贴息2.39亿元；其中2010年当年累计为1986家重点企业发放贷款960亿元，切实帮助企业缓解融资困难，实现转型升级。通过一系列政策和措施的实施，东莞的存贷比例也在自1997年后13年来首次重上60%关口，中小企业贷款的增长占比领先全国和全省平均水平。同时，市政府支持金融机构在重点园区、上市企业及后备企业、科技企业等方面优选重点企业，研究设立中小企业集合债、集合票据或集合信托计划等创新金融产品，开辟新的融资渠道。

【加大金融创新力度】 2010年，市政府致力于推进金融对外开放，培育多元化金融机构体系，加大金融服务和金融产品创新，优化民营经济发展环境，构建与东莞经济社会发展相适应的金融服务体系。一是2010年推动引进平安银行、华夏银行、国信证券、珠江期货、湘财证券、第一创业证券等10多家金融机构进驻，台资金融机构玉山银行在东莞开设代表处。二是大力推进科技金融结合试点工作。推动东莞成为全国首个开展知识产权质押融资试点工作城市，出台《东莞市科技金融结合试点市科技贷款风险准备金管理暂行办法》、《东莞市专利权质押贷款管理办法》等有关政策措施，设立5000万元科技融资风险补偿准备金，对缓解高新技术企业融资难问题起到积极作用。三是积极推动跨境贸易人民币结算试点、信贷担保创新、物流金融创新等工作。制定《关于创新担保方式，支持东莞经济发展指导意见》、《关于金融支持物流业发展的指导意见》，依托各镇（街）特色经济和园区经济，充分发挥金融支持产业转型的核心作用。2010年底，跨境贸易人民币结算业务规模超128亿元。

【打造东莞上市板块】 2010年，市政府充分发挥东莞市发展和利用资本市场工作领导小组的重要作用，积极发动各职能部门、各镇（街）的形成合力，加快培育上市后备企业，加大对企业改制的扶持，有效解决企业上市中遇到困难和问题，努力打造东莞上市板块。2010年，东莞市成功推动劲胜股份、搜于特、星河生物3家企业在国内IPO。东莞国内上市企业增至9家，总量跨入全省前五的行列。截至2010年，全市评审认定上市后备企业36家，企业上市的梯次结构已初步形成。同时，正积极申报在松山湖高新区设立“新三板”试点。

【打造地方金融品牌】 2010年，市政府继续稳步推进地方金融改革发展，着力打造地方金融品牌，大力发展各类新型金融组织。2010年，推动设立东莞首家村镇银行——长安村镇银行，成为全国注册资本规模最大、实力最强的村镇银行之一。全市设立小额贷款公司共11家，数量居全省之首（不含深圳），截至2010年，累计发放贷款31亿元，对促进中小企业融资和农村金融服务起到重要作用。稳步推进全市融资性担保全行业规范整顿工作，43家已登记确认的融资性担保公司累计为中小企业提供担保额达361亿元。推动新设立外商信用担保公司，为外资企业开辟新的融资渠道。同时，进一步提升市法人金融机构核心竞争力。推动东莞银行加紧上市步伐，完成改制上市各项准备工作；积极实施全国战略布局，在广州、深圳、惠州、长沙等地相继开设分行，并发起设立重庆开县、广西灵山村镇银行及东莞长安村镇银行。改制后的东莞农村商业银行，进一步完善法人治理结构，构建现代金融企业制度，成为东莞辖内网点最多、市场份额最大的金融机构。截至2010年，已在惠州发起设立仲恺东盈村镇银行，并就加强东莞与云浮、兴宁等地关于农村金融合作事宜进行前期调研。东莞证券已发展成为A类的全国性综合类证券公司，在全国设立30多个分支机构。2010又相继在梅州、惠州等地设立办事处。并和东莞农商行成为东莞上市后备企业。东莞信托公司加大金融创新，在非金融类股权投资、PE业务、信托项目基金化、集体资产管理等方面均作出有益探索，通过支持基础设施、重点项目建设及各镇区经济发展，为市产业升级、城市建设、平衡镇区经济发展差异发挥积极作用。

【抓好金融稳定】 积极推动构建良好金融生态。2010年，市政府和金融管理部门通力合作，在服务地方经济、强化宏观调控、抓好金融监管、优化金融服务等方面做了大量工作，召开三来一补企业转型外汇管理问题协调会、推动新型经济金融组织发展座谈会，开展银行业公众教育服务日活动和迎亚运金融服务查访，深入推进反洗钱、整治银行卡违法犯罪工作，实现有效调控、监管和服务。工作机制不断优化。健全和落实全市金融机构联席会议、市反洗钱联席会议、市金融债权管理领导小组会议等制度，不断优化金融发展环境。全市各镇（街）高度重视金融发展工作。积极引导和鼓励辖内金融机构扶持中小企业发展，有效维护金融债权管理，促进当地金融稳定。各行业协会充分发挥自律规范作用。如保险行业协会拟定《东莞市反保险欺诈工作方案》、《代理制保险营销员参加社会保险暂行规定》等，推动东莞成为全国首个反保险欺诈工作试点城市。防范金融风险，切实维护金融稳定。市政府及时处理多家企业与保险公司理赔纠纷等问题；妥善处理少数企业涉嫌非法集资、涉嫌非法经营活动。

（唐树权）

附：2010年东莞市人民政府金融工作局领导名录

局　长：叶浩鹏

副局长：刘凯文

应急管理

【开展突发事件应急体系建设“十一五”规划评估】 2010年是东莞市突发事件应急体系建设“十一五”规划收官之年。“十一五”期间，各镇（街）、各有关单位按规划要求加强推进应急预案、基层应急管理、监测预警、信息与指挥、应急队伍、应急物资、紧急运输和应急通信、恢复重建、科技支撑、培训演练、应急管理示范、应急经费保障等12方面工作，市民政、水务、卫生、林业、环保、安监、地震、气象等部门重点加强具有量化指标任务的工作力度，基本达到指标要求，初步建成全市协同有序的突发事件应急管理体系。

【开通应急管理专门网站】2010年3月23日，市政府正式开通应急管理专门网站“东莞城市应急网”。网站是市应急管理工作的交流平台和宣教培训重要阵地，设置理论研究、培训中心、市民服务、政务管理、信息中心等5大模块，共超过50个子栏目。网站开通号码为“106-350-123-999”短信应急服务，接受市内各类突发事件信息、预警信息、隐患情况的报告，以及提供应急知识咨询等服务。网站拥有简体中文版、繁体中文版、英文版、日文版、韩文版和手机版等多个版本，满足不同媒介使用及在莞工作生活不同人群需要。

【建设应急救援队伍体系】2010年，为提高应对和处置突发事件能力，减少突发事件造成危害，东莞市建设市镇村三级综合救援队伍及各类突发事件专业应急救援队伍，初步形成全市应急救援队伍体系。一是组建综合应急救援力量。7月，东莞市正式依托东莞市公安消防支队机关、特勤一中队、二中队和战勤保障大队为主体组建不少于100人的“东莞市综合应急救援支队”，归市应急委领导和指挥，由市政府分管消防工作的副市长担任第一政委，市公安消防支队支队长、政委分别担任支队长、政委，日常事务由市公安消防支队负责。二是参照市建制先行在虎门、塘厦、常平、长安、大朗、厚街、大岭山等13个镇（街）试点成立镇街综合应急救援大队，随后在全市推广；同时，完善指挥调度、预警联动、培训演练、激励保障、督查考核等机制，加大相关设施建设和保障装备投入，加强综合应急救援队伍与专业救援队伍之间协调联动，确保“召之即来，来之能战，战之能胜”。三是充实基层应急救援分队力量。各镇（街）根据实际情况推动成立各村（居）应急救援分队，构建纵横互通、目标一致的应急管理队伍体系。四是整合专业救援队伍力量。重点加大对交通安全、环境事件、地质灾害、海洋与渔业、森林防火、建筑安全、医疗卫生等16支专业队伍的组织和培训力度，进一步构建全市综专结合应急救援队伍体系。

【妥善做好突发事件处置】2010年，东莞市突发事件应对能力得到明显提升，妥善应对强台风“凡亚比”、多场特大暴雨洪涝等自然灾害，成功处置“1·6”虎门镇火灾、“10·16”万江加州花园爆炸等事故，有效防控基孔肯雅热、登革热、甲型H1N1流感等疫情，及时化解东道物流公司事件、大岭山台升家具劳资纠纷等，有力保障亚运火炬传递、广州亚运会东莞赛区的安保工作，切实维护东莞和谐稳定。

（黄树彬）

附：2010年东莞市政府应急管理办公室领导名录

主　任：张勇军

反走私综合治理

【概况】2010年，海关、边防等缉私职能部门在东莞市共查获走私案件364宗，同比上升117%；案值3.2亿元，同比下降38%。查获主要物品：塑料6149吨，成品油1240吨，纺织原料527吨，橡胶611吨，医疗仪器22套。捣毁地下“红油”脱色加工场16个，销毁“三无”走私船16艘。市两级人民法院共受理一审走私案件51宗105人，结案48宗100人。

【打击走私联合行动和专项斗争】2010年，市打私办组织开展5次打击走私联合行动和专项行动。一是元旦、春节期间打击走私联合行动，行动为期2个月，全市共出动缉私检查人员5230人次，查获走私案件49宗，案值824万元。二是打击成品油走私专项行动，从5月1日至7月1日，全市共出动执法、检查人员3120人次，检查油库、油站320多家，共查获涉嫌走私“红油”案6宗136吨，案值91万元，查扣粤港澳流动渔船5艘。三是在4月15日至6月30日，组织部分职能部门开展打击粤港澳流动渔船走私成品油专项行动。四是在9月15日至10月15日，在全市范围内开展打击“水客”走私及中秋、国庆节期间打击走私专项行动，全市共出动执法人员970人次，查获走私案件25宗，案值288万元。五是在12月份开展打击走私汽车专项行动，组织黄江、大朗、常平镇开展打击走私汽车清查整顿行动，查获3辆走私进口汽车。

【反走私综合治理】2010年，市打私办组织缉私职能部门和各镇街召开3次打私工作例会及反走私季度分析会。每月与海关缉私部门召开1次反走私信息交流会。创办“反走私博学堂”讲座学习活动。3月31日，市打私办联合市外经贸局、东莞海关缉私分局及东城街道办事处等，在东城召开反走私与外贸政策法规宣讲会。开展2010年度镇（街）反走私综合治理检查考核，30个镇（街）（含松山湖管委会）被评为较好，3个镇（街）被评为一般。

【贯彻实施《广东省反走私综合治理工作规定》】2010年5月1日，省政府颁布实施《广东省反走私综合治理工作规定》（以下简称《规定》）。5月4日，市打私办在《东莞日报》全文刊登《规定》。5月26日，市打私办举办学习《规定》培训班，全市32个镇（街）及有关反走私工作部门领导及干部共110人参加学习。编印1万多本《规定》漫画版发至各镇（街）。按照省统一要求，在市打私办建立反走私缉私行动督查队，在不增加人员编制条件下，安排打私办调研协调科5名干部为督查队员，负责对全市重大走私案件、走私无主货物案件协调查处工作。在市公安边防支队支持下，以新湾派出所海上报警点为据点，由16名边防干警和治安队员为成员，建立第一支海岸反走私巡防督查队，负责虎门沿海及沿岸反走私巡查工作。探索涉嫌走私无主货物处理办法，加强对走私贩私无主货物的依法打击力度。

【加强海边防基础设施建设和协调管理】2010年，市海防办深化“双基”建设，在上级和有关部门、虎门镇大力支持下，精心选址，抓好虎门海防码头建设，为新建的公边318艇提前安营扎寨，提升海上执法硬件保障。继续发挥虎门新湾派出所反走私监控站作用，对虎门沿海地带实行治安人员动态巡逻与视频静态监控相结合，增强重点地区打击和防范威慑力。筹备新的反走私和海防视频监控站建设，努力形成从东宝河到麻涌沿海连线成网的电子监控网络。建立主要海防职能部门参加的海防工作“双月”协调会制度，增强海防部门工作协调和沟通。

（祝　春）

附：2010年东莞市人民政府打击走私综合治理办公室领导名录

主　任：郭惠良

副主任：邱　崧　叶冠强（任至8月）

尹雪瑛（8月到任）

人力资源

【概况】2010年，新组建的东莞市人力资源局完成机构和人员整合，内设机构为19个，其中公务员办公室、劳动监察支队和劳动人事争议仲裁院为副处级机构，同时对接省人力资源和社会保障厅的机构设置，增设综合规划科、专业技术人员管理科、事业单位人事管理科、对外交流合作科、信息科、行政服务科等新科室，切实加强人力资源各项工作的统筹力度。原属市人事局、市劳动局管理的事业单位划归市人力资源局管理。2010年，市人力资源局被市委、市政府评为2010年度市直机关先进单位。

【就业】2010年，市人力资源局把促进城乡就业作为首要民生工程，多措并举实现促进就业与企业用工需求有效对接，全面完成市政府年度十件实事目标任务。

城乡居民就业。深入实施“创业东莞”工程，推动城乡居民实现自主创业、充分就业，全市城镇登记失业率控制在1.7%，完成“十一五”规划目标。抓好资助性技能培训，共组织开展户籍劳动力资助性技能培训1.47万人次。开展“青年就业见习训练”和“青年就业培训计划”，提供各种管理类、技术类岗位2600多个，提高户籍青年就业技能。组建“村民车间”459个，安置属地劳动力1.7万人。开展“就业服务日”活动与“再就业援助月”活动，提供就业岗位6.2万个，为2.5万人次城乡登记失业人员提供就业服务，服务率达100%。发放“创业东莞”各项就业补贴资金2.66亿元，惠及49万人次。

毕业生创新就业。落实2010高校毕业生就业推进行动，实施岗位拓展、创业引领、素质提升、就业服务与援助四项就业计划，开发基层社会管理和公共服务岗位1654个，通过选聘村官、挂职锻炼等方式到村（社区）就业毕业生546人；举办创业培训班和就业指导培训班57期，培训1.03万人次；举行东莞生源普通高校应届毕业生供需见面会46场，提供就业岗位4.1万个。东莞生源应届高校毕业生报到总人数11574人，已成功实现就业11113人，就业率达96.02%。

市外人力资源就业。举办“2010东莞校企合作洽谈会”，促成参会企业与学校建立定向式（订单式）培训1561宗，签订长期合作协议1168份。启动“春风行动”，组织做好有序流动工作，春节前发布8万多条岗位信息，春节后组织举办100多场现场招聘会，入场求职达40多万人次。结合“南粤春暖”就

人才优先、服务转型升级，民生为本、助力幸福东莞

① 2010年3月10日，东莞市人力资源局举行揭牌仪式

② 2010年5月，东莞市人力资源局局长游其晃指导广东省技工教育成果展东莞展厅工作

③ 东莞市人力资源局长安分局、东莞市人力资源局信访科分别获评全国、全省人力资源和社会保障系统2008—2010年度优质服务窗口

业服务月活动，组织900多家企业赴省内外举办劳务对接招聘会，输入劳动力3.8万人。全年办理7000名外国人及台港澳人员就业登记，办理外商常驻代表机构中方雇员证1724人。

农村劳动力转移就业。以落实“双转移”工作为目标，组织省内农村劳动力资助性培训2.37万人次，东莞农村劳动力新增转移就业1.79万人，接收粤东西北地区输入劳动力5.2万人，圆满完成省下达任务指标。

【人才】2010年，市人力资源局围绕人才强市战略的实施，以高层次人才和创新型人才队伍建设为重点，进一步优化人才结构，为经济社会双转型提供人才保障和智力支持。

高层次人才引进培养。贯彻落实领军人才引进培养实施意见，出台配套暂行办法，启动首批科技创新团队和领军人才引进培养工作，成功引进6名创新创业领军人才，落实培养资助9个科技创新团队、20名领军人才和46名领军后备人才。华中科技大学东莞研究院、东阳光药业有限公司、中镓半导体科技有限公司等3个团队入选2010年全省首批12个创新科研团队。突出本土培育，鼓励东莞户籍专业人才到国内外著名大学进修硕士研究生或以上学历，评选出18名莞籍专业人才为资助对象。

人才载体建设。新增5家企业博士后科研工作站，全市设立博士后科研工作站达14家，累计招收博士后27人，在站博士后22人。东莞市留学人员创业园成功升级为省部共建国家级创业园，留创园和博创园新引进项目24个，涵括电子信息、新能源、科技投资等高新科技和现代服务领域，新增注册资金1.02亿元，新引进博士11名，硕士5名，累计引进博士145人、硕士163人。协助组织“百名海外专家南粤行”东莞考察活动，赴省外举办专场招聘，组团参加北京国际科技产业博览会、中国海外学子辽宁（大连）创业周等国内大型招才引智活动，有效促进专家、企业、科研机构和高等院校等对接交流。配合推动职教城项目建设，首期工程进入初步设计审查、概算审核阶段，完成信息化项目和高训中心、技师学院设备购置招标工作。

人才服务体系建设。充分发挥人才市场在人才资源配置中的基础性作用，新增人才中介服务机构7家，全市总数达145家。全年通过人才市场引进人才近8.4万人。加强人才评价与激励，着力优化服务，积极营造爱才、聚才、用才的良好环境。做好人才入户工作，1202人（含随迁家属）通过企业人才入户政策落户东莞。发放624.9万元人才发展专项资金，完成53项资格考试相关考务工作，受理申报专业技术资格评审5636人，考核认定专业技术资格3668人。为120人办理特聘人才工作证，历年累计发证2711人。

技能人才队伍建设。深入实施“新莞人培训”工程，全年完成鉴定合格7.06万人，同比增长12.1%，完成全年目标131%，发放资助性培训鉴定补贴765.71万元。举办历年规模最大、规格最高的全市职业技能大赛，发动14万人参加岗位练兵，组织3153人参加镇街初赛，1242人参加市级决赛；组织191人参

① 东莞市2010年新建博士后科研工作站授牌仪式暨博士后工作交流会召开
② 2010年3月27日，东莞市高校毕业生供需见面会举行
③ 2010年东莞校企合作洽谈会举行

加省级总决赛，共有12人获奖。组织职业资格统一鉴定考试，促进高技能人才培养，全市完成各类职业技能鉴定10.4万人次，组织参加全国、全省及市级统一鉴定考试总人数达2.04万人次，同比增加14.2%。推进技工教育发展，全市3所技工学校完成招生4436人，完成招生计划106%，发放国家助学金869.55万元，惠及在校学生8777人次。办理144家民办职业培训学校年审，新批准设立13家民办职业培训学校。

【人事管理】2010年，市人力资源局围绕机制创新，统筹推进各项行政管理体制改革，优化人事管理，提升行政效能。

事业单位人事制度改革。按照“先入轨后完善”的工作思路，全面启动事业单位岗位设置和人员聘用工作。全市纳入岗位设置和人员聘用的事业单位1101个，应设置岗位总数5.1万个，全部岗位已完成备案核准。落实事业单位新进人员公开招聘制度，全年审核事业单位公开招聘方案25份，招聘事业单位工作人员439名。做好机关事业单位聘用人员管理工作，会同市编办、市财政局等有关部门，制定《东莞市机关事业单位聘员管理试行办法》、《关于东莞市机关事业单位聘用人员转为普通聘员的通知》，为机关事业单位7946名聘员办理转聘审核、登记。

工资改革。继续深入推进义务教育学校实施绩效工资工作，规范市直属学校津贴补贴发放。稳妥推进公共卫生与基层医疗卫生事业单位绩效工资实施，会同市财政局、市卫生局制定《东莞市公共卫生与基层医疗卫生事业单位绩效工资实施方案》。

公务员队伍建设。组织开发公务员管理系统，推进公务员信息化、科学化管理。完成2010年考试录用公务员工作，统一考试录用公务员607人；配合市委组织部，从农村基层和外来务工人员中选拔乡镇领导干部、基层公务员共17人。提升公务员职业道德素质，在全市各级机关全面开展公务员行为规范和职业道德教育实践活动。加强公务员队伍培训，全年举办各类公务员培训班46期，培训3432人次。

军转干部安置维稳。积极推进“双考”改革，组织“双向选择”见面会，做好146名军队转业干部安置工作，完成省下达的任务。加强军转干部维稳工作，切实解决企业军转干部生活困难问题，维护市企业军转干部队伍整体稳定。

【和谐劳动关系构建】2010年，市人力资源局以加强人文关怀、改善用工环境为工作主线，突出做好基础性工作，全市人力资源信访量、受理仲裁案件、劳资突发事件以及欠薪逃匿案件分别同比下降31.1%、9.37%、5.6%和37.1%，劳动关系总体和谐稳定。

加强主动防控。以处置和防控突发事件为重点，积极化解劳资矛盾，有效防范深圳富士康、南海本田事件连带效应。召开构建和谐劳动关系专题务虚会，将工作从被动应对向主动防范、有效处置转变，妥善处置个别企业在转型升级过程中出现的劳资问题。

加强信访工作。围绕“平安亚运”目标，全面排查隐患，集中化解矛盾，亚运期间全市没有发生影响重大的信访案件。市、镇（街）、村（社区）三级

① 新莞人培训
② 东莞市户籍劳动力参加“创业东莞”工程的资助性技能培训
③ 2010年东莞市职业技能大赛

联动，以首访调解和基层接访为重点，推动信访工作重心下移、关口前移，有效促进劳资矛盾调处化解。全年接待人力资源信访3.64万宗，其中集体访1231批，同比下降58.97%，受理调处首访案件3.38万宗，97.17%信访案件在首访得到妥善处理。实现全市12333电话咨询服务系统互联互通，全年接听、收录群众来电约68.5万次。

加强监察监控。开展工资支付、劳动力市场整治、劳动合同签订、整治非法用工打击违法犯罪、劳务派遣用工情况、“三法一例”执行情况等6项专项大检查，检查各类用人单位2.1万家次，为10.34万人追回劳动报酬2.1亿元。对12家严重违法企业、劳务派遣机构以及150家非法劳务派遣机构作出社会公布。开展用人单位劳动守法情况分类监控管理工作，建立企业守法情况分类监控管理系统，全市已录入系统企业8664家，对365家C类企业（守法情况较差）进行重点监控。

加强仲裁调解。挂牌成立市劳动人事争议仲裁院和33个镇街仲裁庭。对全市村一级1470名调解员进行大轮训，提高基层调处化解劳资矛盾能力。全年受理劳动争议案件13.84万宗，结案率为98.97%，超额完成省90%的目标，其中村（社区）劳动服务站调解收案12.57万宗，占全市总案数90.8%。

加强宣传教育。举办加强人文关怀现场主题咨询活动、和谐劳动关系先进经验巡回宣讲会，组织各类普法宣讲会205场次，派发普法宣传资料49.3万份。深入开展最低工资标准政策宣讲，编制《东莞市调整企业职工最低工资标准解读》、《调整指引》等资料下发企业。开展“送法上门”、“送法进厂”等活动，推进劳动法律法规“进企业、进社区”。

加强人文关怀。坚持以政策引导为手段，引导企业合理提高工资水平，严格执行最低工资标准政策，最低工资标准从770元/月提高至920元/月，保障员工合法工资权益。制定发布《东莞市2010年度劳动力市场工资指导价位》，引导企业建立工资合理增长机制。推进积分制入户城镇工作，配合制定和实施积分制入户政策，完成1.6万申请人的证书、合同等审核工作，全市共有13267名农民工取得入户城镇资格。

（黎燕嫦　谢艳芳）

附：2010年主要领导名录

党组书记、局长：游其晃

党组成员、副局长：陈汉驰　李沛森　黄慧屏　黄　薇　卢耀昆　吴柏安

党组成员、纪检组长：宁　康

党组成员、公务员办公室主任：韩柏森

① 东莞市人力资源系统中层干部学习培训拓展训练

② 东莞市人力资源局组织30名优秀农民工代表观看亚运会举重比赛

外事侨务港澳

【礼宾接待】2010年，东莞市外事局共接待国内外各类团组276批，8972人次。外国官方重要团组包括：英国首位华人市长——伦敦红桥区市长陈德樑一行访莞；柬埔寨人民党青年干部考察团来莞考察政治思想工作经验；非洲5国民间友好代表团来莞考察；德国耶拿市市长阿尔伯希特·施罗特率代表团一行来莞考察；微软公司亚洲区中小企业及合作伙伴事业部副总裁Chris Atkinson来莞拜访市领导；柬埔寨高级考察团来莞进行产业集群考察等。11月13—19日，市外事局圆满完成亚运东莞分赛区外事贵宾团组的接待，包括伊朗副总统赛义德鲁、东帝汶第一副总理古特雷斯、吉尔吉斯斯坦体育部长，印尼体育部长，印尼驻广州总领事、OCA副主席、美洲举联主席、亚洲举联主席、韩国NOC主席、泰国NOC主席、蒙古NOC主席及秘书长、土库曼斯坦NOC主席、尼泊尔NOC秘书长等。

【签证审批】强化审批管理。2010年5月，为完善东莞市因公出访审批管理工作，市外事局向全市有关单位印发《关于加强全市因公出国（境）管理工作的意见》。全年共完成外国人入境审批3449批5005人次，办理因公赴港澳2664批4704人次。全面推广APEC商务旅行卡。为扩大APEC商务旅行卡在全市影响力，方便东莞企业开拓海外市场，2010年，市外事局制定《东莞市民营企业人员APEC商务旅行卡申办和管理的实施细则》。5月11日，与市中小企业局联合举办全市民营企业APEC商务旅行卡专办员业务培训班；6月25日，举办“APEC商务旅行卡推介会暨授卡仪式”。全年共计办理商务旅行卡67批107人次。

【城市推介】高球外交。2010年4月24日，市外事局主办的2010东莞“外事杯”高尔夫球邀请赛开杆。外交部驻港澳公署官员，日本、韩国、泰国、印尼、巴基斯坦等国驻穗总领馆官员及在莞外资企业代表共80多人参加比赛，取得联谊与宣传双赢效果。侨刊改版升级。7月29日，市外事局举办庆祝《东莞乡情》25周年暨《看东莞》创刊典礼，宣布与东莞报业传媒集团成为战略合作伙伴，把《东莞乡情》改版升级为《看东莞》。改版后的《看东莞》以“知行合一，品读东莞”为办刊理念，全力打造一份全球视野、东莞特色、政经风范的新型侨刊。2010海外华侨华人青年才俊聚东莞。12月7—13日，“2010海外华侨华人青年才俊聚东莞”系列活动成功举办，海外华裔青年代表团、美国商贸考察团、香港专业人士代表团、马来西亚东安会馆联合会青年代表团等200多位海外华裔青年才俊应邀参加。由法国《欧洲时报》、日本《东方时报》、《千岛日报》、匈牙利《新导报》等来自10个国家和地区的16家海外华文媒体组成的“海外华文媒体采风团”应邀在活动期间来莞进行为期4天采访考察。

【莞港澳合作】莞港澳高层互访。2010年，为深化莞港澳合作，市外事局精心安排，积极推动莞港澳高层互访。7月6日，澳门特别行政区行政长官崔世安一行访莞，是崔世安为进一步了解广东《珠江三角洲地区改革发展规划纲要（2008—2020）》的落实情况以及珠三角地区落实“先行先试”政策经验的广东系列访问的首站。12月2日，市委书记、市人大常委会主任刘志庚率团赴澳门访问，先后拜会澳门特别行政区行政长官崔世安、中央驻澳门联络办公室、外交部驻澳门特派员公署、澳门运输工务司、澳门社会文化司等。完善莞港澳合作工作机制。2010年，市外事局牵头成立“东莞市加强港澳合作协调领导小组”，9月14日召开领导小组工作会议，分析莞港澳合作形势，并对以后工作做总体安排和具体部署，为推动莞港澳重点政策、重点合作项目落实，促进莞港澳在经贸、科技、教育、文化、卫生、环保等领域交流与合作奠定基础。协助成立香港专业服务中心。12月10日，由香港专业人士组建的广东省首家香港专业服务中心——东莞香江工商管理咨询有限公司正式挂牌成立，中心以公司模式运营，通过发挥香港服务业人才优势，在金融、法律、会计等方面为在莞企业提供“专业港式服务”，促进双方专业界合作，加快企业转型升级。

【友城友协】友城友协往来。2010年，市外事局大力实施“友城拓展战略”和“友城推介战略”，接待日本神奈川县日中友好协会常任理事田中誉士夫一行、泰中文化经济协会代表团、日本拓殖大学考察团等团组来莞访问并随全国友协访欧文化代表团前往法国、德国、瑞士进行文化交流。友协第二届理事会成立。10月15日，市友协第二届理事会成立大会召开。会议审议通过第一届理事会工作报告，聘请市委常委、副市长江凌、市人大常委会副主任张顺光、原市政协副主席黄发、原市政协副主席游敏达为第二届理事会名誉会长；选举市外事局局长蒋小莺为会长。日本神奈川县日中友好协会副会长田中誉士夫、英国红桥区市长陈德樑等18名海外、港澳人士出任社团名誉理事。

【涉外安全管理】2010年，市外事局共协助处理领事探监、外国公民在莞各类犯罪事件、外国公民在莞正常及非正常死亡、外资企业中外员工冲突及经济纠纷等涉外安全案（事）件160宗。7月，市外事局涉外安全科正式成立，并于当月召开亚运涉外安全研习班。东城、南城等11个镇街及相关部门代表参加了此次研习班。（唐晓艳）

附：2010年东莞市外事局领导名录

局　长：蒋小莺
副局长：谢玉华　陈国良
　　　　张福应（6月到任）
纪检组长：何妙娟（11月到任）

侨　联

【东莞市第六次归侨侨眷代表大会】于2010年12月10日在东莞市会议大厦召开，来自海外和港澳地区以及全市各地700多名代表和特邀代表参加大会，中国侨联副主席王永乐、中国侨联副主席、省侨联主席王荣宝到会祝贺；大会审议并通过东莞市侨联主席曾民盛代表东莞市侨联第五届委员会所作《发挥优势 凝聚侨力 为实现我市经济社会双转型贡献力量》工作报告，大会聘请市委副书记黄双福等9人为市侨联荣誉主席，聘请尹才榜等61人为市侨联顾问；大会选举产生市侨联第六届委员会委员71人、常委35人；曾民盛当选市侨联第六届委员会主席，祁树基当选为副主席，梁佳沂、梁麟和程超辉当选为兼职副主席，邓林基当选为秘书长。

【为经济建设服务】引资方面，2010年，据不完全统计，全市各级侨联直接或间接引进（增资扩产）项目70多宗，金额上亿元，协助或牵线接受捐赠社会福利共9000多万元；引智方面，市侨联筹备重组成立“东莞市侨联留学人员联谊会”，设立“东莞市留学人员QQ群”；3月，市侨联、市博促会、樟木头镇人民政府联合组织留学人员、侨商、侨联干部近百人赴韶关乳源一六镇开展扶贫献爱心活动，向贫困学生捐献善款；下半年，每月组织1次核心留学人员聚会，分别在松山湖、塘厦、石龙等地召集100多人次聚会；重视自主创业留学人员发展状况，深入留学人员企业走访调研。

【为侨服务】 2010年，全市侨联系统共处理来信280多件、接待来访400多人次，协助党政机关及有关部门解决36多件涉侨案件。参政议政，做好侨界两会代表推荐工作。英国侨商温容兴、加拿大东莞（美洲）总商会会长叶建伦、苏里南东莞同乡会会长张丰年，被推荐成为特聘市政协委员；侨界人大代表和政协委员参政议政、发挥民主监督作用，反映侨界关心问题，市侨联与横沥镇侨联联合提交“关于让早期未入户侨胞享受与户籍人口同等医保待遇的建议”提案；各级侨联重视扶贫救困工作，开展“献爱心、送温暖”、“侨心助学”、“动员侨界积极参与慈善活动捐款捐物献爱心”等活动。春节前，市侨联到横沥、企石、莞城、中堂等镇（街），与当地侨联一起慰问100多户困难归侨、港澳属；4月，市侨联专门组织各镇（街）侨联干部代表赴四川汶川映秀镇灾区实地考察，了解和掌握侨、港胞向灾区捐赠项目建设落实和进展情况，加大支持灾区重建力度。

【宣传联络】 2010年，各级市侨联接待来访、来参观的海外华人华侨社团首长、港澳台同胞及上级侨联领导和兄弟市侨联等1万多人次。其中，市侨联先后接待法属皆因、英国、美国、牙买加、苏里南、加拿大、新加坡、新西兰、法国、日本、荷兰、马来西亚等国的莞籍社团首长及乡亲，台北高雄广东同乡会和台北市高雷同乡会参访团，牙买加众议院议长德尔罗伊·卓寻根团等500多人次；各级侨联积极参加各项交流联谊活动1000多人次。5月，市侨联领导赴意大利参加社团活动，受到佛罗伦萨副会长吴锋雷盛情接待。11月4—13日，市侨联领导率长安粤剧团赴法国参加“亲情中华·国际华人粤剧曲艺文化节”交流演出活动，配合中国侨联和广东省侨联开展海外“亲情中华”文化活动。

（潘伟强）

附：2010年东莞市侨联领导名录

主　席：曾民盛
副主席：祁树基　梁佳沂（兼）
　　　　王惠棋（兼）（任至12月）
　　　　梁　麟（兼）（12月到任）
　　　　程超辉（兼）（12月到任）
秘书长：祁树基（任至12月）
　　　　邓林基（12月到任）

接　待

【概况】 2010年，市接待办在市委、市政府正确领导下，顺利完成各项接待任务，有效发挥接待办的工作职能。全年接待内宾、重要港澳台侨客人共531批34995人次。其中，中央领导18批，省部级领导233批345人，部队领导60批，地、县级领导280批16042人次。来莞的党和国家领导人有：一级警卫1批：全国政协主席贾庆林；二级警卫11批：中共中央政治局委员、副总理张德江，中共中央政治局委员、广东省委书记汪洋（来莞7次），全国人大副委员长华建敏、陈昌智，全国人大常委会原副委员长田纪云；三级警卫6批：全国政协副主席阿不来提·阿不都热西提，王志珍，李金华，全国政协原副主席赵南起，安徽省委书记张宝顺率队的党政代表团，国家卫生部党组书记、副部长张茅率队的医改调研组。

【赴外考察和大型会议】 完成市代表团赴外活动后勤工作。2010年，市领导率队的赴外考察活动，市接待办均全程随团工作服务。重要活动有：5月，市委书记刘志庚率队赴河南、河北考察及召开东莞（北京）投资推介会；市长李毓全率队赴新疆与农三师图木舒克市开展对口支援工作对接活动；8月，李毓全率队赴台湾考察；11月，刘志庚率队赴北京拜访中国电子集团高层；12月，刘志庚率队赴澳门回访交流活动等。完成在莞举办的大型会务活动。2010年，市接待办介入和协助接待市举行的大型活动、会议持续增多，重要活动有：第二届中国国际动漫展，东莞台湾名品博览会，第九届中国艺术节，第二届广东省外博会，第十一届电博会，松山湖台湾高科技园开园暨联胜项目启动仪式等。

【协助完成广州亚运会东莞举重赛事礼宾接待】 2010年，市接待办是亚运会东莞分赛区协调委员会成员单位，牵头负责东莞分赛区筹委会礼宾工作。市接待办贯彻落实亚组委和市委、市政府指示精神，成立市接待办亚运工作小组，围绕礼宾接待、嘉宾协调、VIP室布置等工作重点，全力配合东莞亚组委完成交办工作。据统计，全年由市接待办接待的亚运安保检查、场馆建设、运行筹备、后勤保障的检查组、督导组等共35批；参与亚运圣火东莞传递活动、举行亚运测试赛、演练赛4次；比赛期间，协助接待来莞观赛外宾51批，210人次，接待外宾包括伊朗副总统赛义德鲁、东帝汶第一副总理古特雷斯等；接待上级领导6批；落实颁奖嘉宾15场30人次，协调市领导刘志庚、黄双福、庞国梅、崔建、吴道闻等参与颁奖，为东莞成功举办亚运举重赛事提供坚实可靠礼宾服务保障。由于成绩突出，市接待办被评为广东省“广州亚运会、亚残运会先进集体”。

【东莞大酒店建设情况】 牵头负责，统筹协调。截至2010年，东莞大酒店各个项目进展基本达到要求，建筑土建总包工程进入收尾施工，各单体安装工程已全面进行，整个工程已完成合同额约95%。扎实推进，解决问题。一是积极协调国土、规划、城建和二期发展商等单位，确保东莞大酒店建设工作顺利开展。二是积极发挥参谋和助手作用，为市分管领导决策提供依据。三是牵头负责，精心组织赴国内接待基地考察，向兄弟省市同行取经学习接待基地建设和经营管理经验；召开6次现场办公会议，促进问题解决。提交报告，加快进度。组织撰写《关于东莞大酒店建设的情况报告》，提交市委、市政府联席会议讨论。联席会议明确接待基地的国际酒店管理公司，接待基地文化艺术品工程策划、评审、定价、采购工作方向以及接待基地空调工程、厨房工程实施方案。

（袁检文）

附：2010年东莞市委、市政府接待办领导名录

主　任：吴小峰
副主任：刘庆佐　尹志雄（任至8月）
　　　　李　刚

档　案

【创建全国社会主义新农村建设档案工作示范市】 2010年，市政府成立以副市长吴道闻为组长的创建活动领导小组，印发《东莞市创建全国社会主义新农村建设档案工作示范市实施方案》。确定大朗、塘厦、长安、中堂等4个示范镇以及64个示范村（社区）开展示范创建。全市32个镇（街）综合档案室100%实现省级档案综合管理标准，其中省特级有26个，占81%；全市591个村、社区100%实现省一级以上档案工作目标管理认定任务。开展市、镇、村、家庭4个档案信息资源共享平台建设，推动市、镇、村（社区）、家庭4级档案信息资源利用共享，把档案服务送到百姓身边，截至2010年，全市通过网络和手机点击利用超过30万人次。全市32个镇（街）全部建立公众网站，并可通过东莞视窗、东莞农业信息网、东莞市农村党风廉政信息公开平台等网站查阅利用公共档案信息，市民足不出户就可以上网建立家庭档案。大朗镇档案馆自建馆以来，通过公众网站点击数近15万人次，基本实现开放档案和政府信息公开文件到镇、到村、到户。100%村（社区）重新修订文件材料归档范围和保管期限表并通过市档案局审批。

【档案行政管理】 2010年，机关档案工作深入开展，全年有44个单位实现档案工作目标管理认定，全市共有414个机关、企事业单位实现省一级以上档案综合目标管理；全市100%副处以上单位及32个镇（街）重新修订文件材料归档范围和保管期限表并严格实施，把更多与民生有关的文件纳入归档范围并为群众提供利用。推动出租屋档案管理工作，与市新莞人服务管理局联合印发《关于印发〈东莞市出租屋档案管理暂行办法〉的通知》，并在长安设立实现新莞人服务管理中心档案规范化管理试点。重点建设项目档案工作稳步推进，完成深圳龙华至东莞大岭山高速高路（东莞段）工程项目档案专项验收工作。转制企业档案处置工作、民营企业档案等工作也得到全面加强。

【档案法制建设】 2010年，市档案局（馆）进一步建立健全网上档案行政审批制度。坚持每年组织档案执法检查，解决影响档案事业发展问题，共向4个单位发出档案行政执法监督检查通知书，收到明显效果。制定并组织实施《东莞市名人档案管理办法》、《东莞市出租屋档案管理暂行办法》，不断完善与档案法律法规相配套规范性文件。

【档案馆事业】 2010年6月，市档案馆新馆大楼顺利封顶，预计可于2011年落成投入使用。全年市档案馆共接收文书档案及专门档案7300卷又8.4万件，实物档案70件；基本完成机构改革单位档案接收工作。截至2010年，市档案馆馆藏纸质档案共13.5万多卷又23.3万多件，是“十五”末的2倍。名人档案工作有新进展，先后在北京、广州举办2次东莞市名人档案捐赠仪式；完成第一批共139位入库名人移送档案资料整理工作，共整理名人纸质档案2200多件、实物声像档案2300多件。档案利用服务效果显著，市档案馆全年共提供利用档案4221卷又3209件，复印档案资料1万多页，充分发挥市档案馆作为市政府信息公开查阅点作用。市财政共投入77万元用于民国档案抢救工作，全年共抢救整理民国档案404卷共43万页，著录数据共1.23万条。历年共抢救民国档案1757卷，著录数据8.67万条，占馆藏民国档案数量的50%。

【档案公共服务活动】 2010年，市档案局（馆）主动挖掘、开发档案资源，以编印《东莞档案资政参考》等方式，为领导决策提供及时有效参考信息。通过“九艺节”、“亚运会”等档案工作，努力探索重大活动档案工作模式，确保档案工作更好地服务大局。市档案局、市档案学会联合举办首批家庭档案示范户图片展，受到社会各界和群众欢迎和好评。

【档案信息化建设】 2010年，市档案局（馆）完善修订《东莞市档案信息化建设规划（2010—2014年）》，并通过市政府审批。加强全市数字档案馆（室）建设，指导各镇（街）和各机关单位建立数字档案室，争取加快采用信息技术，提高远程服务能力。积极推广“东莞电子档案馆管理平台目录中心”使用，以全市档案资源整合为目标，在上年建成全市电子档案馆管理平台目录中心基础上，继续开展目录数据库扩容工作。全年共在线接收58个全宗单位的目录数据103.41万条，历年接收133个全宗单位共222批次报送的目录总共有220.83万条。继续开展馆藏档案数字化工作，全年共开展档案全文数字化17.7万页，档案目录数字化著录32.25万条，以数字化带动档案整理、利用等工作开展。

【东莞市档案事业发展“十二五”规划】 2010年，市档案局（馆）在认真总结东莞市档案事业发展“十一五”规划基础上，完成《东莞市档案事业发展“十二五”规划》编制工作。档案工作被写进《东莞市国民经济和社会发展“十二五”规划》中。　（黄晓静）

附：2010年东莞市档案局领导名录

局（馆）长：成洪生

副局（馆）长：陈美婵　夏闻生

地方志

【概况】 2010年，东莞市地方志编纂办公室（简称“市志办”）累计完成超过2000万字的文字撰写编审任务。完成《东莞市志（1979—2000）》300万字的初稿编写、评议和初审工作；编纂出版《东莞年鉴》2010年卷，共约206万字；审核出版8本镇街志、8本部门专业志、4本村志和1本镇街综合年鉴；完成10部志书的终审，8部志书的复审，9部志书的初审和9部志书的总纂工作；启动《东莞篮球志》和地情丛书《东莞与台湾》的编写工作；着手开展方志馆建设调研。《东莞年鉴》2009年卷分别在全国地方志系统第二届年鉴评奖和广东省第一届年鉴质量奖评比中获评为一等奖和特等奖，综合评分在全国地级市（含副省级城市）中居第五名、在全省地级市中居第一名。12月23日，东莞市委书记、市人大常委会主任刘志庚在获悉《东莞年鉴》获奖喜讯后，作出重要批示，肯定市志办工作，并对全市地方志工作提出更高要求。

【第二轮新方志编修】 《东莞市志（1979—2000）》完成总纂、初审。2010年，市志办完成《东莞市志（1979—2000）》初稿总纂工作。6月18日，《东莞市志（1979—2000）》志稿评议会举行。广东省政府地方志办公室主任陈强，东莞市副市长吴道闻，市政府副秘书长金行中，广州、深圳、中山、惠州及山东泰安、湖北武汉的领导、专家对市志初稿提出许多修改意见和建议。6—12月，市志办到市统计局、市城建局、市经信局和广铁集团等单位调研，为市志部分漏缺的章节寻查素材，以客观、真实的历史资料为依据，改写市志中“房屋建设、旧城改造和新区建设、商品经营、铁路”等部分的稿件。市志办专家再次对市志初稿进行严格细致的修改，形成初审稿。12月21日，东莞市地方志书审查委员会在市行政办事中心召开《东莞市志（1979—2000）》初审会议。与会委员通过认真讨论，对部分内容进行纠错与补遗，指出部分错别字和人名、地名错误问题，并对图片、凡例、人物、文化、教育、政党、经济、社会团体等部类和保密等问题提出建议和意见。

镇村志、部门志编修。2010年，市

志办审核出版8本镇街志、8本部门专业志和4本村志。继续推进村志编修工作，其中长安镇上沙村同时启动村志和族谱编修工作；12月16日，虎门镇召开村志编修工作动员大会，全面铺开村志编修工作，并选择金洲、南栅、北栅、怀德、虎门寨和博涌六个社区作为编修村志的试点单位，以承包的形式与市志办签订编修协议，镇财政给予每个试点社区5万元经济支持。

2010年东莞市二轮修志编纂出版志书情况

镇街志

东莞市大朗镇志	广东人民出版社	2010年1月
东莞市寮步镇志	中华书局	2010年1月
东莞市洪梅镇志	广东人民出版社	2010年3月
东莞市茶山镇志	岭南美术出版社	2010年7月
东莞市虎门镇志	广东人民出版社	2010年8月
东莞市横沥镇志	岭南美术出版社	2010年10月
东莞市石碣镇志	中华书局	2010年12月
东莞市万江区志	中华书局	2010年12月

部门专业志

东莞市交通志	岭南美术出版社	2010年4月
东莞珍稀植物	华中科技大学出版社	2010年5月
东莞园林植物	华中科技大学出版社	2010年5月
东莞植物志	华中科技大学出版社	2010年6月
东莞市水利志（1988—2004）	中华书局	2010年6月
东莞市劳动志	岭南美术出版社	2010年7月
东莞市军事志（1381—2005年）		2010年12月
东莞市统计志	中华书局	2010年12月

村志

东莞市塘厦镇蛟乙塘村志		2010年1月
东莞市中堂镇潢涌村志	岭南美术出版社	2010年1月
东莞市凤岗镇五联村志	岭南美术出版社	2010年2月
东莞市万江区新和社区下塘村志《下塘春秋》		2010年8月

《东莞市篮球志》策划编修。由市志办主任潘朝明亲自谋划的《东莞市篮球志》，于2010年4月25日广东东莞银行（广东宏远）队第6次获中国男子篮球职业联赛（CBA）总冠军后正式启动。8月24日，第十二次市长办公会议讨论市志办的请示，决定由市志办主办，市体育局、南城街道办、宏远集团等单位协办开展《东莞市篮球志》编修工作。9月2日，市府办召开《东莞市篮球志》编修工作会议，市政府副秘书长金行中出席会议，并具体布置编修工作任务。会后，市志办赴南城街道办、大朗镇、常平镇、厚街镇、宏远集团等单位进行资料收集工作，务求以最真实、丰富、系统的文字记录东莞篮球发展历程和其瞩目成就。

【年鉴】《东莞年鉴》2010卷编纂出版。2010年8月，由东莞市委、市政府主办，东莞市地方志编纂办公室承办的大型资料年刊《东莞年鉴》2010年卷出版发行。该书重点记载2009年东莞市发生的大事、要事及东莞人民面对国际金融危机带来的严重冲击，以科学发展观为指导，以实施《珠江三角洲地区改革发展规划纲要》为动力，加快推进经济社会双转型，着力保增长、扩内需、调结构、强管理、惠民生的奋斗历程。全书首次采用彩色印刷，专题彩页以“转型东莞”为主题，以形象生动、鲜明亮丽的图片展现东莞的实力与风采。

《珠三角城市群年鉴》组稿工作。2010年6月2日，《珠三角城市群年鉴》第一次全体会议在广州市召开。东莞市政府副秘书长金行中、市志办主任潘朝明出席会议。大会要求珠三角九市通力合作，共同编纂《珠三角城市群年鉴》，反映各市贯彻落实《珠江三角洲地区改革发展规划纲要》的主要措施，记载珠三角新的发展机遇。市志办迅速组织人员，落实会议精神，形成包括大事记、合作交流和东莞市概况在内的3部分文稿共11.7万字和50余张图片，经东莞市委书记刘志庚批示后上报。

国情书和省情书供稿。2010年，市志办承担向《广东年鉴》、《中国城市年鉴》、《中华人民共和国年鉴》供稿的任务。4月，选取东莞经济社会发展中的大事、要事和代表性图片，向省提交1万余字的文稿和15张图片；12月，向中国城市发展研究会提交4000余字的文稿和30张图片。认真完成各项供稿工作，在省情书和国情书上介绍东莞、宣传东莞。

《东莞大朗镇年鉴》编纂出版。2010年12月31日，广东省首部镇级综合年鉴——《东莞大朗镇年鉴》出版发行。该书由广东人民出版社出版，共55万多字，近200张图片，全彩色印刷。重点记载2009年大朗镇经济、政治、文化和社会各事业的大事、要事和基本情况，是大朗的百科全书。

《东莞年鉴》发行创新。2010年5月28日，东莞市人民政府驻北京联络处和北京东莞建设研究会在北京市政协会议中心联合主办2010年北京高校莞籍毕业生欢送会。在会上，为加深在京约百名莞籍毕业生对东莞的自然、经济、政治、文化和社会各项事业的基本情况的认识，了解家乡、热爱家乡、建设家乡，主办方发给每人一本《东莞年鉴》（2009卷）和东莞地情丛书等共约200本书，并在年鉴内封上赠言“青春飞扬，情系家乡”，勉励广大莞籍毕业生积极投身于国家最需要的地方，支持家乡的建设发展，实现自己的人生价值。

【全市地方志工作会议】2010年3月9日，东莞市政府在行政办事中心召开2010年全市地方志工作会议。会上，东莞市副市长吴道闻就进一步组织开展好全市地方志工作强调：一要强化法律意识，深入贯彻落实地方志工作法规；二要抓好第二轮修志工作，按时按质完成工作任务；三要精益求精，做好《东莞年鉴》编纂工作；四要夯实基础，启动地方志资料年报工作。市志办主任潘朝明总结2009年全市的地方志工作，并布置2010年全市地方志工作的主要任务：继续深入贯彻落实地方志工作法规；按时按质完成二轮修志工作；高质量编纂出版《东莞年鉴》2010卷；启动地方志资料年报工作；编写地情丛书《东莞与台湾》；开展读志用志工作；组织开展不同形式的交流培训活动。

【依法修志检查调研】 2010年4月，市志办结合二轮修志的实际情况，分两个小组，用一个月时间开展依法修志检查调研。重点检查新成立的单位部门，向其宣传依法修志观念及介绍地方志书“资政、存史、教化”的重要功能，以使其从建立之初就妥善保存好珍贵的文字、数据、图片等资料。先后走访东莞生态园、市产业转移合作办公室、保险协会、东莞高级职业技术学院及环保局、工商局、大岭山等。通过检查调研，促成一些单位重新启动志书编修，全面建立地方志资料年报制度。

【《东莞与台湾》启动编纂】 2010年，为彰显东莞的地方特色和时代特色、记载莞台两地的交往历史和为祖国统一大业留下发展轨迹与光辉篇章，在市志办主任潘朝明精心策划下，经东莞市委、市政府批准，市志办启动编纂地情丛书《东莞与台湾》。7至8月，市志办到市台湾事务局、市外经贸局等单位调研莞台交流的历史和现状。8月17日，发出《关于征集〈东莞与台湾〉文稿的通知》，启动编修工作。同时，利用东莞市地方志代表团赴台交流学习的机会，搜集素材，紧锣密鼓进行组稿工作。

【读志用志】 高规格大规模召开全市读志用志工作现场会。2010年11月25日，东莞市政府结合《东莞市长安镇志》首发式在长安镇举办全市读志用志工作会议。广东省政府地方志办公室主任陈强，东莞市副市长吴道闻，市政府副秘书长金行中，中央、省属、市直单位及各镇街分管地方志的领导，长安镇有关领导，镇机关、各单位办公室主任等共370人参加会议。会议强调：一是镇街志或者部门专业志必须保证印刷数量，镇街志必须印刷3000册以上，部门专业志印刷2000册以上，其中本单位封存100本，送市志办封存200本；二是镇街及部门出版志书后，必须举办首发式；三是镇街志、部门志出版纸质书时，应同时制作电子书籍；四是全市各镇街、单位要形成良好的读志用志氛围。会上，凤岗镇油甘埔村、大朗镇、教育局分别介绍读志用志经验做法。广东省人民政府地方志办公室主任陈强发表讲话，指出以市政府名义召开读志用志现场会在全省是第一次，说明东莞地方志工作重点逐渐由编修向开发利用转移，并对东莞市地方志工作提出两点要求：一是要抓紧全面完成镇街志编修，积极开展镇街年鉴编纂工作，积极推动村志编修工作；二是要推动读志用志工作的开展，为政府决策服务，为经济发展服务，为编写乡土教材服务。

举办各种志书首发式。举办志书首发式，既是政务公开的要求，也是读志用志的有效方式。2010年，市志办大力支持、协助出版志书的镇街举办志书首发式。其中，《东莞市凤岗镇志》首发式于1月28日举行，《东莞市东坑镇志》首发式于4月2日举行，《东莞市大朗镇志》首发式于5月11日举行，《东莞市茶山镇志》首发式暨总结表彰大会于8月31日举行，横沥镇结合牛墟风情文化节举办《东莞市横沥镇志》首发式，长安镇结合模具节举行《东莞市长安镇志》首发式，《东莞市虎门镇志》首发式及虎门镇村志编修工作动员大会于12月16日举行。举办志书首发式为读志用志工作迈出坚实的第一步。 （李俊玉）

① 2010年3月9日，全市地方志工作会议在市行政办事中心召开
② 第二轮修志成果展
③ 2010年11月25日，《东莞市长安镇志》首发式暨全市读志用志工作会议在长安镇举行
④ 2010年12月16日，《东莞市虎门镇志》首发式暨村志编修工作会议在虎门镇召开

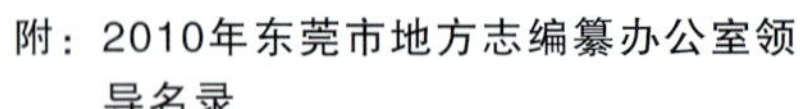

附：2010年东莞市地方志编纂办公室领导名录

主　任：潘朝明
副主任：李文蔚

机关事务管理

【机构改革】 2010年6月，经东莞市党政领导班子联席会议审议通过，市编委东机编[2010]104号文正式批复同意东莞市机关事务管理局升格为正处级单位。11月，根据市相关要求和部署，市机关事务管理局顺利完成市政府采购中心、机关幼儿园岗位设置改革工作。

【服务全市大局】 2010年，市机关事务管理局按照市委、市政府工作要求和部署，协调有关部门推进市行政办事中心二期规划、设计和报建手续办理等工作；协助市财政局在市直机关全面推进财务核算信息集中监管改革和公务卡结算改革；强化车辆保障，圆满完成东莞创建国家环保模范城市国检、第二届动漫节、第十六届亚运会等重大用车任务；根据省、市要求，协助推进市应急平台、信访大厅改造建设工作；开展市内扶贫工作，对对口帮扶村茶山镇孙屋村村集体和困难户实际援助资金约5.8万元，制定落实30万元专项扶贫资金使用计划。

【强化后勤保障】 2010年，市机关事务管理局加大市行政办事中心大楼基础工程改造维护力度，完成迎宾厅、接待室和北楼会议厅地毯更换、设备维护、天花改造工程，组织实施天面补漏和北楼加建办公室等工程，协调市城建局完成停车库补漏工作。完善机关干部住宅小区配套设施，完成智能化系统升级、配电设施、消防自动报警系统改造等工程。推进政府采购工作，全年采购金额超过3亿元，与财政预算对比节约8%。提升幼教服务质量，推进特色教育并成功举办庆祝六一儿童节暨机关幼儿园建园60周年庆典活动。建立健全安全保卫管理制度，提升安全管理能力，圆满完成亚运期间机关安保工作任务，有效处理各类信访突发事件，做好机关幼儿园校园安全工作。

【公共机构节能监管】 2010年，市机关事务管理局强力推进公共机构节能管理工作，成功举办全市能源资源消耗统计培训讲座，牵头开展“绿色办公，低碳生活”为主题的公共机构节能宣传周活动，配合国务院机关事务管理局开展“十二五”公共机构节能规划和合同能源管理试行办法调研工作，开展全市公共机构节能专项监察，配合开展2009年镇街节能考核工作，宣传推广节能工作，深入掌握相关信息，推动各项节能措施落实。 （黎俊宁）

附：2010年东莞市机关事务管理局领导名录

局　长：黄伟青

副局长：卢福华　张树林

东莞市机关事务管理局

① 2010年4月30日，原副市长张顺彩，市政府秘书长殷焕明，市体育局、市妇联等领导参加市机关干部住宅小区“健康生活，文明社区”系列主题活动

② 2010年12月10日，市委常委、秘书长何嘉琪到市行政办事中心视频监控室视察

③ 2010年6月11日，市公安消防局领导到市机关干部住宅小区检查消防安全工作

④ 2010年6月22日，市机关事务管理局举办东莞市公共机构资源能源消耗统计培训班

经济协作

【概况】 2010年，东莞市经协办以韶关市、云浮市的扶贫开发“规划到户责任到人”工作为重点，全面推进东莞对外扶贫和区域协作工作，完成对口帮扶河池等地区扶贫工作任务，促进省内外区域协作间的合作发展，切实维护社会安全稳定，取得较好成效。共协调全市筹集扶贫开发“规划到户责任到人”帮扶资金2.17亿元，已到位资金1.20亿元，帮助8249户贫困户达到扶贫开发“双到”脱贫标准，脱贫率50.83%。落实省外对口帮扶资金约1985.84万元；接待内地经贸、扶贫考察团130批1638人次，外出参加区域协作交流、对外帮扶活动55批209人次。

【扶贫开发“规划到户责任到人”】 2010年，市经协办作为东莞市负责扶贫开发“规划到户责任到人”工作的职能部门，精心部署，组织全面启动，协调落实，积极推进“双到”工作。根据省委、省政府扶贫开发“规划到户责任到人”工作部署，东莞市从2009年起，用3年时间对口帮扶韶关市新丰、乳源、南雄3县（市），云浮市罗定、云安、新兴、郁南4县（市），共120条贫困村、24814户贫困户、109459人贫困人口，要求通过“一村一策、一户一法”帮扶，确保80%以上被帮扶贫困户年人均纯收入达到2500元以上，基本实现稳定脱贫，被帮扶贫困村基本改变落后面貌。2010年，东莞市共落实帮扶项目约2.95万个，其中集体经济项目332个；基础设施项目1623个，扶持发展贫困户经济项目约2.76万个，劳动技能培训约2.61万人次，劳务输出4876人；危房改造1237户；资助贫困子女读书1295人。

东莞市人民政府经济协作办公室

① 2010年3月9—10日，市委书记、市人大常委会主任刘志庚（一排右二）、副市长邓志广率市委办、市府办、市财政局、市经协办等部门领导及企业家代表，赴韶关市新丰县和云浮市郁南县调研扶贫开发“规划到户、责任到人”工作。期间，举行9个项目的捐赠、奠基和竣工剪彩仪式，涉及帮扶资金764万元。（图为市委书记、市人大常委会主任刘志庚与当地领导共同为东莞市个体私营企业协会捐赠的“东莞个体私营企业协会实训大楼”奠基。）

② 2010年11月11日，市委副书记、市长李毓全（一排右三），副市长李小梅（一排右二）率队赴由东莞市黄江镇帮扶的韶关市乳源县新村村调研指导扶贫开发“规划到户、责任到人”工作。（图为市委副书记、市长李毓全视察黄江镇在新村村实施的整村推进项目“东莞市瑶族新村”。）

落实责任。市经协办着重在建立责任制方面调查研究，积极向市委市政府建言献策，推动扶贫开发“双到”工作落实四级责任。第一，参照省委常委挂钩联系被帮扶市做法，建议和草拟方案，落实14名市领导分别挂钩联系7个县（市）12个贫困村；第二，协助组织部公开选拔7名挂职干部到对口帮扶县（市）挂职副县（市）长，专责统筹协调“双到”工作；第三，明确由32个镇（街）书记、镇长（主任）带头任扶村责任人，落实主要负责人承担帮扶责任；第四，督促镇（街）在编干部职工、村委干部与贫困户挂扶对接，落实扶户责任人到个人。2010年，全市各级

① 2010年4月，副市长邓志广（右四）率市政府副秘书长刘学聪（右三）等组成的党政代表团赴湖北省麻城市参加大京九经济协作带第十二届市长联席会议，共同探讨开展大京九区域旅游合作

② 2010年3月，市经协办组织30个各地政府驻莞办事机构负责人到石排镇开展考察交流活动。加强镇街与驻莞办事机构及其派出地政府的合作联系，探讨在人力资源等方面的合作新模式

③ 2010年3月22日，副市长邓志广（一排左二）、市政府副秘书长刘学聪（一排左一）率领市直相关部门及32个镇“双到”工作的分管领导、工作组组长80多人到云浮市郁南县召开东莞市扶贫开发“规划到户、责任到人”工作现场会

④ 2010年1月25—27日，市委常委、市委秘书长何嘉琪（一排右一）率市春节慰问团赴广西河池市进行春节慰问，并代表东莞市向河池市赠送2010年对口帮扶资金670万元，春节慰问金30万元

领导干部到村到户5.3万人次，全部完成挂扶责任人对接帮扶。

调研督导。市经协办从调研着手，以督促和指导为手段，促进扶贫开发“双到”工作按省的要求落实。开展实地督查：随市领导或组织协调有关部门赴“双到”工作挂钩帮扶的韶关、云浮市调研督查，检查建档立卡、电脑资料录入等工作共28次，确保工作进度和完成质量。开展网上督查：专人负责网上信息录入工作，定期全面排查各任务镇（街）对口帮扶贫困村、贫困户网上扶贫信息登记录入情况。开展年度考评：在省考评扶贫开发“双到”工作前，牵头抽调市委组织部、市监察局等8个部门人员组成2个考评组对全市32个镇（街）扶贫开发“规划到户责任到人”工作进行实地考评。开展业务指导：组织举办扶贫业务培训班、召开工作座谈会，提高驻村工作组等扶贫工作人员的业务知识水平。针对年度考评中发现的问题，组织2个小组分赴韶关、云浮市督促市挂点帮扶的镇（街）分管领导和驻村工作组对照《考评办法》中的成效指标进行整改。

推广典型。市经协办协调各有关部门在解决好危房改造、子女教育、安全饮水、交通道路等基本生产生活困难的基础上，以提高贫困村、贫困户自我发展能力为核心，以增加贫困群众收入为重点，抓好示范典型推广经验，积极探索扶贫新路子。一是抓示范点创建。市领导挂帅，市经协办牵头会同乳源和郁南县扶贫办共同指导石排、黄江等镇（街）按照“可行、可信、可学”原则帮扶郁南县大地村和乳源县新村村等贫困村，建设为全市“双到”工作示范村，积极探索“金融扶贫”、“产业扶贫”等做法。二是召开现场会总结推广经验。及时组织示范村总结经验，组织全市32个镇（街）和有关市直部门赴韶关市乳源县、云浮市郁南县召开“双到”工作现场会2次，将“金融扶贫”、“产业扶贫”等扶贫模式在全市推广，带动全市“双到”工作开展。2010年，全市落实25家企业参与产业扶贫，设立23个农产品产销联项目，落实扶持发展集体经济项目332个，协助郁南县率先实现金融扶贫100%全覆盖，并将金融扶贫经验推广到镇（街）“双到”帮扶中；共动员168家企业设立扶贫岗位，劳务输出4876人，共培训2.61万人次；将符合条件的贫困户纳入最低生活保障，贫困户全部参加农村合作医疗，资助贫困家庭子女读书1295人；实施修建道路、饮水工程、农田水利、医疗、教育、文化等改善生产生活条件项目98项，帮助1237户贫困户完成危房改造。三是及时交流先进帮扶经验。市经协办与韶关市、云浮市及7个县（市）扶贫办建立以工作动态信息交流制度，及时收集帮扶双方各镇（街）开展工作情况，印发扶贫开发“规划到户责任到人”工作动态共39期至各镇（街）工作领导小组和驻村工作组。

完善机制。经市经协办建议，市委市政府建立“双到”工作问责、实地督查、定期汇报、年度考核和干部激励等5项制度；定期到定点帮扶村实地检查督促工作，督促各镇（街）定期向市委市政府汇报“双到”工作进展情况，年底对各镇（街）“双到”工作进行全面考评，成绩纳入镇（街）领导班子政绩年度考核。积极谋划和推动区域间供需对接与优势互补，在“双到”工作中探索建立长效、互利、可持续帮扶模式，东莞分别与韶关、云浮市签订5项合作协议，在蔬菜及生猪产销联建、劳务、旅游和供销等方面进行区域合作，为帮扶单位落实帮扶措施提供政策支持。

社会帮扶。市经协办广泛发动社会力量参与扶贫开发，在全社会筹募、统筹扶贫资金，2010年已落实到位的企业及个人帮扶资金共3628.24万元。积极协调市个体私营企业协会参与到扶贫开发“双到”工作中，向新丰、郁南县职业技术学校和新丰县龙江村王灿光小学捐资441万元；协助组织“广东扶贫济困日”活动，协调活动捐款1.1亿元资金分配方案，起草制定《东莞市“广东扶贫济困日”活动捐款资金使用办法》；参与协调市“爱心包裹”活动，将部分“爱心包裹”定向捐赠给韶关市乳源县。

【对外帮扶】交流互访促进扶贫工作开展。2010年，市经协办共组织或参与省市领导带队赴广西河池、西藏林芝、重庆巫山、新疆伊吾等对口帮扶地区开展考察共7批56人次。共接待对口帮扶地区党政考察团来访86批928人次。落实资金确保项目开展。协调落实对口帮扶资金任务，完成划拨东莞市的“双到”工作市财政1800万元帮扶资金，全年对口帮扶广西河池市670万元，韶关新丰、乳源各703万元及支持重庆巫山县2009年度项目150万元帮扶资金。下达给结对帮扶镇（街）对口援建广西河池市15所希望学校，完成每所30万元资金任务。援助西藏林芝121.25万元用于购买办公设备。

【区域协作联系】2010年，市经协办围绕“大京九市长联席会议”、“泛珠三角区域合作”等主题做好参加区域协作活动的协调服务与来访接待工作，协助、组织由副市长邓志广带队参加的大京九经济协作带第十二届市长联席会议、第六届中国新疆哈什·中亚南亚商品交易会等区域协作活动4批36次；组织接待兄弟省市来莞参观考察团共44批710人次。向镇（街）、商会、协会、各地政府驻莞办事机构等开展调研活动，形成《关于内地来莞举行招商推介会的情况报告》；协助掌握市区域协作方面最新动态和资源动向，为领导决策提供数据资料参考。

【协调驻莞机构】建立镇（街）、驻莞办事机构和市经协办三方沟通机制。2010年，市经协办通过组织“中秋联谊活动”、“党日活动”、“交流座谈会”等活动召集驻莞办事机构主要负责人相互沟通，交流工作经验，共同谋划合作发展。赴东城、南城、莞城、万江、石龙、石排、石碣、常平8个镇（街）进行走访座谈，会同驻莞办事机构所在镇（街）对辖区内驻莞办事机构开展调研；召开“石排镇与各地政府驻莞办事机构交流座谈会”，组织开展驻莞办事机构党总支全体党员开展主题为“扶贫济困党旗红、共建和谐当先锋”活动和“东莞市经协办2010年迎国庆·贺中秋”联谊晚宴。及时了解驻莞办事机构工作情况和存在问题，征求意见和建议，为驻莞办事机构与镇（街）、企业提供沟通平台，发挥驻莞办事机构引进人力资源和维护社会稳定方面作用。据不完全统计，2010年，29家驻莞办事机构共协调719批3.2万人次来莞及珠三角地区工作；处理各类纠纷共232宗994人次；向当地政府反馈各类信息共2648条；为当地招商引资6宗（数额约8.6亿元）；接待当地省、市、县领导共604批3075人次。推动驻莞办事机构与东莞人才中介开展合作。针对近年来部分企业存在招工难问题，动员驻莞办事机构与广东智通人才连锁股份有限公司合作，协助广东智通人才连锁股份有限公司与天柱县人民政府达成天柱县人力资源转移合作意向，引进人力资源，为东莞产业转型升级服务。（尹健清）

附：2010年东莞市人民政府经济协作办公室领导名录

主　任：叶松柏

副主任：陈　俊

行政审批制度改革与行政服务管理

【审批制度改革】完成全市第四轮行政审批项目清理工作，公布《东莞市人民政府第四轮行政审批事项调整目录》。2010年，市审改办有序推进全市第四轮行政审批项目清理工作，先后组织市监察局、市发改局、市机编办、市法制局等会审成员单位对各单位报送审批事项进行3次会审，按照清理标准，对全市行政审批事项进行规范和清理，取消一批不适合东莞经济社会发展要求的行政审批事项,制定《东莞市人民政府第四轮行政审批事项调整目录（草案）》（简称《目录》）。7月29日，市政府同意该《目录》，以政府令形式向社会公布。根据《目录》，全市保留行政审批事项共489项，其中，行政许可事项348项，非行政许可事项141项；决定取消行政审批事项38项；决定转移管理行政审批事项2项。

参与网上审批系统建设工作，研究推进网上审批。2010年4月，市政府秘书长殷焕明主持召开“推行网上行政审批工作协调会”，会议对全市推进网上行政审批工作现状、难点、分工及今后工作思路等问题进行研究。截至2010年，全市已完成网上办事服务平台一期、二期建设，初步实现网上行政审批功能。

【政务公开】抓好两大公开载体建设。2010年9月，为纪念《东莞日报》政务公布版创刊10周年，市行政服务管理办联合东莞日报社举行读者见面会、阳光政务高峰论坛、阳光十年专版等一系列纪念活动，全面回顾和总结东莞政务公开工作历程和成绩。2010年，共刊登145期《东莞日报》政务公布版；对《东莞市人民政府公报》网络版进行升级改造；编印12期《东莞市人民政府公报》。强化政务公开考核监督。联同市监察局制定《东莞市政务信息公开电子监察绩效测评实施细则（试行）》，7月开始对全市32个镇街、57个单位政务信息公开工作实行电子监察，监察结果每季度公布一次。开展全市政务信息公开考核，制发《2010年全市政务信息公开考核方案》，10月11—15日，由市政务公开领导小组成员单位、市人大、市政协等单位组成6个考核小组，重点对全市32个镇街和43个单位进行实地考核。做好年终全市办公室工作目标管理考核中政务公开内容考核。

【政府信息公开】《2009年政府信息公开年度报告》编制工作。2010年2月9日，《2009年政府信息公开年度报告》在市政府信息公开门户网站公布。政府信息依申请公开工作。2010年，全市共收到61宗政府信息依申请公开申请，涉及工商、财政、交通、城建等方面内容，并依时转发至各有关部门办理和答复。市政府信息公开门户网站建设工作。市政府信息公开门户网站，优化栏目结构，及时更新信息，完善和强化网站功能，扩大公开范围。做好各镇街、各有关单位政府信息公开门户网站维护和协调工作。

【业务调研和交流】组织开展“体验一次办事服务”活动。2010年3月19—31日，根据市纪委《贯彻落实省委办公厅转发省纪委〈关于深化作风建设提高执行力的意见〉实施办法》，市行政服务管理办组织市公安局、市人力资源局、市社会保障局等15个单位，开展“体验一次办事服务”活动。活动采取分组、交叉形式，组织体验人员到其他部门行政服务大厅（办事窗口）体验办事服务。各单位共派出80多人参加此次活动。开展政务信息公开和窗口服务调研。5—6月，市行政服务管理办先后赴长安镇、麻涌镇、市公安局、市财政局等单位进行政务信息公开工作调研。11月，联同市机关事务局、市电子政务办到39个单位对进驻市行政办事中心二期行政服务大厅需求进行调研，了解各单位行政审批事项、审批人员、窗口设置情况等。编发《东莞市行政服务工作简报》。围绕工作难点、热点问题，选取有代表性的经验材料，汇编整理，印发至各镇街和各单位。开展对外学习交流活动。6月，组织有关镇街和部门人员分别赴重庆、大连，参加全国行政服务中心服务举措创新经验交流会。9月，赴湛江参加广东省市级政务（行政）服务机构第二届联席会议。1月、11月，分别就建设工程项目协同审批系统和行政服务中心建设，赴珠海、江门调研学习。

（李　平）

附：2010年东莞市政府审批制度改革领导小组办公室领导名录

主　任：殷焕明（任至12月）
梁海卫（12月到任）
副主任：刘汉森

2010年东莞市行政服务管理办公室领导名录

主　任：刘汉森

中国人民政治协商会议东莞市委员会

【政协东莞市委十一届四次全体会议】于2010年1月19—21日在东莞市会议大厦召开。市委、市人大、市政府、市纪委、东莞军分区、市中级人民法院、市人民检察院主要领导出席会议。会议邀请市各民主党派、各人民团体以及社会各界人士参加大会旁听。市政协主席刘树基作政协东莞市第十一届委员会常务

▲ 2010年1月19日，中国人民政治协商会议东莞市第十一届委员会第四次全体会议在市会议大厦举行

（蓝业佐　郑家雄　郑琳东　摄）

委员会工作报告，市政协副主席游敏达作政协东莞市第十一届委员会常务委员会关于十一届三次会议以来提案工作情况报告。大会表彰市政协十一届三次会议以来21件优秀提案、23件表扬提案和15个办理提案先进单位。全体市政协委员列席市人大十四届五次会议开幕大会，听取市政府工作报告及有关报告。

会议审议通过市政协十一届四次会议议程、日程，通过选举办法和监票人员名单。会议审议通过市政协十一届四次会议关于接受游敏达、黎锦辉辞职请求的决定。选举钟淦泉、张玉其为政协东莞市第十一届委员会副主席，选举梁近东为政协东莞市第十一届委员会秘书长，选举钟新力、刘树勋为政协东莞市第十一届委员会常务委员。刘树基为新当选市政协副主席、秘书长、常务委员颁发当选证书。大会审议通过十一届四次会议期间提案征集情况报告，通过市政协十一届四次会议决议。

【市政协常务委员会会议】市政协十一届十五次常委会议。于2010年1月20日举行。刘树基主持会议。会议听取市委常委、组织部部长庞国梅关于提名推荐增补选市政协副主席、秘书长、常委人选建议名单情况的说明，审议通过增补市政协副主席、秘书长、常委人选建议名单，审议市政协十一届四次会议决议（草案）、选举办法（草案）、监票人员名单（草案）。委员分组讨论市政府工作报告和有关报告，并酝酿以上草案。

市政协十一届十六次常委会议。于3月9日召开。刘树基主持会议。会议审议通过《2010年市政协常委会工作要点》和《2010年政协东莞市第十一届委员会常务委员会和专门委员会工作计划》，并组织与会人员参观广东宏远篮球俱乐部。

市政协十一届十七次常委会议。于6月11日召开，组织视察市文化惠民工程。刘树基主持会议。副市长严小康应邀到会通报市实施文化惠民工程情况。会后，常委会分成3个视察组，分赴南城、长安，塘厦、大朗，莞城、茶山等镇（街），了解市文化惠民工程建设情况，并提出积极意见和建议。

市政协十一届十八次常委会议。于9月15日召开，就东莞推动来料加工企业转型升级工作进行专题议政。刘树基主持会议。市委常委、副市长江凌到会通报推动市来料加工企业转型升级工作进展情况，5个调研组、工商联和委员代表分别发言，客观分析当前阻碍市来料加工企业转型升级存在的主要问题，对推动这项工作提出意见和建议。市政府副秘书长郭惠良及相关单位负责人应邀出席会议听取情况。

市政协十一届十九次常委会议。于12月29日召开。刘树基主持会议。市中级人民法院院长何碧霞通报2010年市中级人民法院工作情况。市政府副秘书长刘裕昌就《政府工作报告》作起草情况说明。市政协秘书长梁近东就市政协常委会工作报告和常委会关于十一届四次会议以来提案工作情况报告起草情况作说明，会议讨论通过2个报告并确定报告人。会议审议通过市政协十一届五次会议议程（草案）、日程及相关材料。市委统战部副部长许守干在会上就部分委员辞职和增补市十一届政协委员情况作说明。会议同意冯妹、钱爱勤、张瑞波、何伟光辞职请求，协商通过增补莫布兴、张月忠、叶春、梁全、杨志钦、陈柱杰、刘学东为市政协第十一届委员会委员。

【专门委员会工作】提案委员会。2010年，提案委员会共收到提案306件，立案290件。其中，各民主党派提案63件，专委会提案5件，政协小组提案21件，有16件转为意见处理。提案委员会认真贯彻《广东省政协提案办理工作规程》(试行)及黄龙云在省政协主席会议督办提案工作座谈会上讲话精神，探索提高工作质量的措施和办法。从源头抓起，提高提案质量。征集提案线索，编印参考提纲，引导委员精心选题。编印《优秀提案及答复选编》，发挥优秀提案示范导向作用。严把立案关，先对提案进行初审，再利用提案动态管理系统进行个人审查，最后对拟不立案提案进行集中讨论。主动作为，加强工作合力。与市委、市政府召开秘书长会议，共同研究提案办理工作。邀请市委、市政府督查室参与党政主要领导督办重点提案推荐工作。将征集到的提案分送相关专委会审查，提高提案审查效率。多层督办，增强办理实效。市政协正副主席审定重点提案办理方案，督办重点提案。领办副市长全程参与重点提案督办工作。各承办单位健全督办提案工作责任制，将提案办理列入单位年度考核先进标准。会同市政府督查室对答复事项进行“回头看”督查落实。加强学习，提高服务水平。组织委员赴茂名、阳江、新疆等地学习先进经验。完善提案工作网络平台。编印《重要提案摘报》报送领导决策参考。制定《政协东莞市委员会重点提案的确定、办理和督办暂行办法》，推进提案工作制度化建设。

经济委员会。2010年，经济委员会先后视察轨道交通R2线、莞城温南路车站和市轨道交通有限公司，听取市轨道办、市轨道交通有限公司情况介绍，就推动市轨道交通建设提出意见和建议。前往中大科教网络科技有限公司、广东盛世商朝集团有限公司视察，了解市电子商务平台建设情况，听取经信局和南城街道办事处情况介绍，对推进电子商务发展提出7条意见和建议。增强履职能力，注重将发现的热点、难点问题转化为社情民意。在参观市疾控中心时，了解到工作人员在防控甲流期间体力严重透支等问题，形成《关于解决疾控中心整体搬迁难题，打好甲流防控持久战的建议》，专报分管副市长，有效推动问题解决。创新工作方式，组织委员到海关召开主任会议，学习海关通关改革情况及先进经验。全年共有23名委员撰写提案26件，撰写集体提案3件，承办2期周末访谈节目。

教科文卫体和文史委员会。2010年，教科文卫体和文史委员会就“健全医疗救助体系，解决医疗欠费问题”专题组织调研，向50多家医院发放调查表格，走访多家公立、民营医院，深入了解全市医院病人欠费情况，就相关问题提出意见和建议，并以《政协委员重要建议专报》形式报送市委，供领导决策参考。密切关注民生热点，做好提案督办工作和市长会见政协委员座谈会组织工作。为助推文化名城建设贡献力量，做好《东莞名家文库》丛书征集和编辑工作，联合举办“翰墨华光·中国历代名画及其真迹仿旧作品对比展”，协助举办“黄松坚陶塑艺术展”等各种书画展览，编辑《东莞考古发现与研究》、《东莞音字典》、《张英口述回忆录》等书稿，出版《东莞历代地图选》（修订本）、《蒋建国画集》等文史资料，为东莞建设文化名城营造良好氛围。

社会法制和人口资源环境委员会。2010年，社会法制和人口资源环境委员会组织视察机动车尾气污染情况，先后走访市交警支队、环保局、交通局等部门，通过实地视察、召开座谈会听取意见和建议，形成专题报告。其中“逐渐过渡，分步分类治理”的建议得到领导及相关部门肯定。加强界别交流，密切关注新莞人社会状况，召开市政协委员约见优秀新莞人座谈会，听取新莞人代表对市经济社会发展意见和建议，相关职能部门就教育、医疗、入户等热点问题进行回应和解答。联合职能部门，召开广州亚运食品安全保障工作座谈会，就加强市亚运食品安全工作开展探讨，报送《关于加强亚运食品安全保障工作的建议》，督促相关职能部门加强日常监管及执行重大任务力度。发挥专委会人才优势，广泛参与对口职能部门法规征求意见及法制宣传教育等工作。

港澳台侨外事委员会。2010年，港澳台侨外事委员会组织视察“创品牌 促转型”情况，先后视察广东玉兰装饰材料有限公司和徐记食品有限公司，联合职能部门召开座谈会，听取情况通报，并就更好地实施名牌带动战略提出意见和建议。注重收集社情民意，走访市侨联，调研东莞开展留学人员及侨商工作方面情况，并提出意见和建议，报送《关于进一步做好我市侨联工作的建议》。扩大联谊交流，联合市海外联谊会举办大型“港澳代表人士座谈会”，增进共识，加深情谊。召开座谈会，了解委员企业经营中遇到的问题和困难，形成情况报告，报送市委、市政府领导审阅。前往市台办和市侨联等部门，学习对台、侨务政策，增强工作主动性，提高服务针对性。

【座谈及访谈】2010年，市长会见政协委员座谈会在御景湾酒店举行。刘树基主持会议。市委副书记、市长李毓全，市委常委、常务副市长冷晓明，市委常委、副市长江凌，副市长梁国英、邓志广，市政府秘书长梁海卫、副秘书长刘裕昌，市政协领导，市政协部分常委、委员，市各民主党派、工商联负责人及相关部门主要负责人出席会议。市政协委员向大会提交书面意见和建议共67篇，13位委员发言。与会市长、副市长以及职能部门主要负责人听取意见和建议，并对有关问题作回应。李毓全通报全市经济社会发展情况，并作重要讲话。

周末访谈节目。2010年，市政协先后围绕“加强汽车尾气污染监督与管理”、“扶持小区业委会建设”、“推进人才入户”等内容播出21期节目，邀请职能部门有关负责人及民主党派成员、政协委员100多人次参加访谈节目，就系列热点问题进行分析和解读。

政协迎春茶话会。于2010年1月19日在会展国际大酒店举行。刘树基在会上通报2009年工作情况。市委书记、市人大常委会主任刘志庚在会上通报上年全市经济社会发展情况。市委副书记、市长李毓全，市委副书记黄双福，市人大常委会副主任吕兢，市人民政府副市长成洪波，东莞军分区政治部主任管林海，市纪委副书记吴才华以及驻莞省政协委员应邀出席会议。市政协领导以及全体委员，历届正副主席、专职常委、正副秘书长，历届政协委员联谊会理事出席茶话会。

港澳委员新春座谈会。于2010年2月25日在香港举行。刘树基通报2009年东莞经济社会发展情况、政协工作情况，展望2010年发展形势，感谢港澳同胞为推动东莞经济社会建设及各项公益事业发展作出的重要贡献。中央政府驻港联络办副主任黎桂康，市政协副主席袁德和、钟淦泉，市政协秘书长梁近东，港澳台侨外事委员会主任刘树勋、副主任何淦洪，部分原市政协领导及历届港澳委员出席座谈会。

“迎国庆、贺中秋”茶话会。9月15日，市政协、市委统战部2010年“迎国庆、贺中秋”茶话会在东莞会展国际大酒店举行。钟淦泉主持会议，刘树基讲话。市委副书记、政法委书记黄双福代表市委、市政府通报东莞2010年以来经济社会发展的情况。市政协常委、九三学社东莞市委副主委王旭珍代表市各民主党派在茶话会上发言。

【调研视察】视察综合执法工作。2010年4月，市政协组织视察市城市管理综合执法工作。视察组前往市城市管理综合执法局和大岭山分局、虎门分局听取情况汇报，了解城市综合执法工作概况，针对存在问题提出理顺执法建制、强化专项整治、加强队伍管理等建议。

视察文化惠民工程。6月，市政协常委会组织前往6个镇（街）视察文化惠民工程，召开座谈会了解基本情况。针对存在主要问题和困难，提出创建国家历史文化名城、加快发展文化产业、提升文化发展动力、重视历史文化遗产挖掘保护和利用、巩固和发展文化公益事业等5条建议。

视察蔬菜基地建设。7月，针对市供港蔬菜质量被诬蔑情况，市政协会同农业局、东莞出入境检验检疫局、石碣镇政府等部门实地视察润丰国际蔬菜交易中心、沙腰供港蔬菜生产基地。以事实和数据反击供港蔬菜有问题的诬蔑言论，维护供港蔬菜信誉，消除市民对蔬菜质量疑虑，并就“如何加强我市无公害蔬菜和供港蔬菜基地建设，确保供港蔬菜安全”交换意见。

推动来料加工企业转型升级专题议政。7—8月，市政协常委会以专委会为基础，分成5个小组先后前往11个镇（街），召集12个职能部门，专门就来料加工企业转型升级情况进行调研。9月，市政协常委会召开专题议政会，各专门委员会、市工商联和委员代表分别发言，相关职能部门应邀到会听取意见和建议。

视察“三旧”改造情况。8月，市政协常委会对市“三旧”改造工作开展专题视察。常委会在听取副市长吴道闻情况通报后，分成5个小组分别前往东城、厚街、虎门、寮步、常平5个镇（街）进行实地视察，听取情况介绍并座谈交流意见建议。视察报告提出注重规划先行，强化政策支撑，坚持以人为本等建议，大部分建议在“三旧”改造实际工作中得到体现和落实。

市政协领导开展商务考察。8月14—19日，市政协领导不断拓宽联络联谊和对外交往的渠道，会同市私营企业协会和市个体劳动者协会考察团赴甘肃省兰州市进行商务考察活动，促进东莞与甘肃省经济合作和技术交流，形成资源互补和产业互促的良好开端。

【检查《意见》落实情况】省政协调研组检查落实情况。2010年9月2—3日，广东省政协副主席、党组副书记梁国聚率省政协第二检查小组来莞，就东莞贯彻落实《意见》情况开展调研检查。检查组在莞分别召开“市委、市政府、市政协和市直有关单位座谈会”和“市各民主党派、工商联负责人和政协委员代表座谈会”，市委常委、市委宣传部部长王道平，市人民政府副市长李小梅，其他与会单位相关负责人，以及部分市政协委员作情况介绍。

全国政协调研组检查落实情况。9月10—12日，全国政协副主席李金华率全国调研组来莞，检查东莞贯彻落实《中共中央关于加强人民政协工作的意见》的情况。市政协主席刘树基，市委副书记、政法委书记黄双福，以及委员代表分别汇报有关情况。李金华副主席充分肯定东莞贯彻落实《意见》情况，视察组一行还参观市展览馆、松山湖科技产业园区和华中科技大学东莞研究院。

【书画展览】黄松坚陶塑艺术展。2010年9月，市政协联合佛山市文联在岭南美术馆举办“黄松坚陶塑艺术展”。展览让市民充分分享黄松坚的陶塑艺术创作成果，并藉此机会加强与知名莞籍人士之间联系和沟通，为东莞建设文化名城营造良好气氛。

翰墨华光·中国历代名画及其真迹仿旧作品对比展。10月，市政协联合中国文物报社、东莞新扬古画仿真有限公司举办“翰墨华光·中国历代名画及其真迹仿旧作品对比展”，展出南京博物院、云南省博物馆各10件国家一级馆藏文物，以及100幅按历代名画原作尺寸复制的仿旧作品，展品水平高，非常具有艺术价值。

【党组理论学习中心组学习】2010年3月2日，市政协党组学习中心组学习贯彻《中国共产党党员领导干部廉洁从政若干准则》（以下简称《廉政准则》）以及贺国强在全国贯彻《廉政准则》电视电话会议上的讲话精神。5月25日，组织学习中共中央政治局委员、广东省委书记汪洋在全省贯彻落实《廉政准则》电视电话会议上的讲话和市委书记刘志庚会议上所作的典型发言。6月25日，组织学习《中共广东省委政治协商规程（试行）》。8月23日，组织观看纪律教育专题片《法槌下的疯狂——郭生贵贪污受贿案警示录》、《月季花开——优秀共产党员杨静娟剪影》。（莫庆才）

附：2010年政协东莞市十一届委员会及其机关领导名录

政协主席、副主席

主　席：刘树基

副主席：林明枢　刘发枝　邝明子　朱伍坤　袁德和　周楚良　钟淦泉　张玉其

政协秘书长、副秘书长

秘书长：梁近东

副秘书长：冉红宇　吕小华　吴润玲

政协办公室主任、副主任

主　任：冉红宇

副主任：黄桥法

提案委员会主任、副主任

主　任：莫淑华

副主任：赫喜华　欧阳贵有　李　勇　余　毅　朱益民　温淦荣　叶松柏　陈锐康　许守干　陈建国　梁建新

经济委员会主任、副主任

主　任：张盛昌

副主任：洪晓杨　陈广钊　吕琦元　刘伟全　袁志强　方茂明　欧阳南江　梁经昌　叶浩鹏　王庆华　卢寿维　何锦成　陈　刚　林　平

教科文卫体和文史委员会主任、副主任

主　任：丁林枝

副主任：李炳球　蔡一平　李光霞　邹　联　陆世强　蔡建勋　吴美良　杨晓棠　黄永贵

社会法制和人口资源环境委员会主任、副主任

主　任：李福友

副主任：刘　虹　张灿炎　彭启尧　何镜清　吴才华　李泽林　陈　波　袁绍东　徐诠清　黄　钢　梁应昌　管林海

港澳台侨外事委员会主任、副主任

主　任：刘树勋

副主任：何淦洪　卢治邦　蒋小莺　温少生　戴松林　梁　麟　王国强　曾民盛　游匡正　黄冠球

广东省政协第十届委员会委员：

刘树基　袁德和　叶惠全　张玉其　陈　熹　李光霞　陈锡康　吕　兢　麦照平　李胜堆　陈伟洪　陈焕全　黎俊东　黄宇东　章　俊　陈万培

中共东莞市纪律检查委员会

【重要会议】2010年1月8日，全市农村基层党风廉政建设工作会议召开，会议听取市农村基层党风廉政建设工作联席会议成员单位工作汇报，并对有关工作进行部署。1月27日，中国共产党东莞市第十二届纪律检查委员会第五次全体会议召开，会议传达贯彻中央纪委十七届五次全会、省纪委十届四次全会精神，总结2009年全市党风廉政建设和反腐败工作情况，部署2010年工作任务。3月1日，东莞市几套领导班子学习贯彻《中国共产党党员领导干部廉洁从政若干准则》会议举行，会议传达贺国强在贯彻实施《中国共产党党员领导干部廉洁从政若干准则》电视电话会议的主要精神，组织学习《廉政准则》。3月4日，市纪委召开2010年落实党风廉政建设和反腐败专项工作任务暨行风评议动员大会，研究落实2010年党风廉政建设和反腐败专项工作任务，动员部署开展民主评议行风活动。3月9日，市纪委召开全市纪检监察信息工作座谈会，总结交流2009年全市纪检监察信息工作情况，研究部署2010年工作。4月12—13日，全省纪检监察宣传教育工作座谈会在东莞召开，会议传达全国纪检监察宣传教育工作座谈会精神，总结2009年工作，研究部署2010年全省纪检监察宣传教育工作。4月17日，东莞市学习《廉政准则》暨提高执行力教育活动报告会举行，邀请中央纪委政策法规研究室处长陈萍萍来莞作《廉政准则》辅导报告。4月23日，全市反腐倡廉制度建设年活动工作部署会召开，对开展反腐倡廉制度建设年活动进行部署。5月13日，全市工程建设领域项目信息公开和诚信体系建设试点工作会议召开，会议传达中央和省有关会议精神，部署了我市工程建设领域项目信息公开和诚信体系建设试点工作。6月1—2日，全国工程建设领域项目信息公开和诚信体系建设试点工作座谈会在东莞召开。7月13日，全市纪检监察工作会议召开，会议总结上半年工作，研究部署第三季度工作。8月6日，全市纪律教育学习月活动动员大会暨第八期领导干部“三纪”教育培训班举行，邀请省纪委副书记丘海作辅导报告。10月14日，东莞市2010年“市民评机关”工作会议召开，对“市民评机关”活动进行布置。11月11日，全市纠风工作会议召开，会议传达全省纠风工作会议精神，对下一阶段工作进行部署。12月3日，全市创建农村基层党风廉政建设示范点活动总结表彰会召开，会议对长安镇锦厦社区等39个村（社区）进行授牌。

【履行监督检查职能】2010年，全市各级纪检监察机关紧紧围绕保障和促进科学发展谋划工作，保证了中央、省、市重大决策的贯彻落实。抓好重大决策部署执行情况监督检查，重点督促扩大内需、促进经济增长、加快经济发展方式转变、《珠江三角洲地区改革发展规划纲要》等重大政策措施的贯彻落实。国家安排市新增中央投资16个项目均已全部开工，其中7个项目已完工。围绕“三旧”改造、“十件实事”、简政强镇等重要部署开展监督检查，制定《2010年工作落实问责办法》，印发《关于在“三旧”改造中加强预防腐败和职务犯罪工作的意见》，推进全市中心工作。加强对映秀抗震救灾资金、对口援疆资金和“廉洁办亚运”工作的监督检查，确保项目建设和资金使用管理严格规范。

【加强干部作风建设】2010年，市委、市政府高度重视作风建设和执行力建设，建立市委常委挂片督导工作制度，安排市几套班子领导督导市镇158项重点项目。市纪委、市监察局深入开展提高执行力活动，抓好以“五个一”为内容的学习教育，组织机关作风明察暗访，运用信息化手段加强对行政执行的监察，纳入电子监察范围的审批业务提前办结率达99%，开展“市民评机关”，对经信、科技系统政风行风进行民主评议，发挥“阳光热线”监督作用，对11名工作不力的领导干部进行问责。严格管理公务出国（境）、公务用车、公款接待事项，进一步规范小汽车定编工作。深入推进基层党风廉政建设，切实加强村务公开民主管理，建立健全信息反馈、村务公开责任追究、议事决策等制度，全市596个村（社区）共公开信息3.8万多条。扎实推进农村基层财务管理，出台农村集体固定资产和建设工程管理意见、农村干部薪酬管理办法。强化对村（社区）两委干部的监督管理，认真落实廉政承诺、廉政谈话、述职述廉、民主评议等制度。组织开展创建农村基层党风廉政建设示范点活动，分2批评选出68个示范点，有力推进基层党风廉政建设。

【查处违纪违法案件】认真贯彻从严治党方针，加大案件查处力度。2010年，全市纪检监察机关共受理群众来信来访、电话举报1133件次；立案查处违纪违法案件92宗，其中要案3宗；结案82宗，处分党员干部103人，其中处级干部3人；为国家和集体挽回直接经济损失6805万元。注重发挥办案的治本功能。建立健全“一案双报告”制度，坚持以案促教，加强警示教育，力争达到查处一案、教育一片的良好效果。深入剖析发案的深层次原因，指导推动发案单位及其业务主管单位加强管理，建章立制，堵塞漏洞。加强案件管理和审理。制定《办案安全工作暂行规定》等文件。进一步充实办案工作力量，加强对派驻机构、镇街纪委办案工作指导。积极组织办案人员参加省纪委“想定作业”办案业务培训，有效提高办案人员业务水平，全市组织参训工作及测试结果成效明显，得到省纪委好评。严把案件审理关，对近4年来处分决定执行情况进行全面检查。认真落实省纪委部署的对口帮扶工作任务。扎实做好粤桥山庄安全管理、服务保障工作，得到中央纪委和省纪委充分肯定。

【纠正损害群众利益不正之风】2010年，全市纪检监察机关查处骗取、冒领社保待遇案件7宗；确保814万元惠农补贴发放到位；纠正农村集体资产管理违规行为239宗；查处民办学校违规收取补课费行为8宗；查处食品药品安全问题3121件；纠正公路“三乱”行为16宗；深化“小金库”专项治理；切实纠正医疗购销和医疗服务中的不正之风，网上集中阳光采购药品19.7亿元，降价27.4%，占医院用药95.6%。开展工程建设领域突出问题专项治理，建立新增项目动态管理和滚动排查机制，抓好项目信息公开和诚信体系建设试点，得到中央纪委和省纪委充分肯定。

【源头防治腐败】2010年，市纪委、市监察局大力推进制度创新，认真开展“制度建设年”活动，对反腐倡廉制度进行全面清理完善，完成《东莞市反腐倡廉建设制度汇编》。坚持用制度管人，配合有关部门深化干部人事制度改革。坚持用制度管财，完善和规范财政转移支付制度，健全财政绩效评价体系，推进市直部门预算信息公开，完善实时在线财政预算监督系统。坚持用制度管权，推进第四轮行政审批制度改革，比第三轮精简32%。深化简政强镇试点工作，向试点镇下放575项市级管理权限。规范行政处罚自由裁量权。坚持用制度管事，完善集中代建管理制度和运作机制，探索财政投资项目“廉优共建工程”做法，继续打造市工程代建制亮点品牌。率先在全省开展廉政风险预警防控机制建设，以国土、规划、财政等8个部门“一岗一预防”试点活动为抓手，全面排查权力运行风险点，加强岗位自律，强化廉政风险管理。

【党风廉政宣传教育】2010年，市纪委、市监察局认真学习贯彻《廉政准则》，市几套领导班子举行专题学习会，组织市纪委监察局领导到全市32个镇街和部分市直单位宣讲《廉政准则》，发动党员干部群众参与《廉政准则》网上答题活动。东莞市学习贯彻《廉政准则》情况得到省纪委主要领导的充分肯定，并在全省会议上作经验介绍。深入开展纪律教育学习月活动，举办全市领导干部“三纪”教育培训班，邀请省纪委领导来莞作辅导报告。市党政领导班子成员共有39人次到基层讲廉政党课。积极开展廉政文化“一镇（街）一品牌”活动。各镇街依托本地历史人文景观及文化工作优势，通过创建廉政主题园区、打造廉政文化长廊、创作廉政戏剧书画等多种形式，使创建活动有声有色。积极打造反腐倡廉系列教育基地，更新完善市委党校教育基地，筹建青少年廉洁修身教育基地。举办全市廉政公益广告大赛及获奖作品展览，共有30多万人次入场参观。举办廉政短文短语网上征集活动，吸引近50万网民关注和参与。

【对领导干部的监督】2010年，市纪委、市监察局落实《广东省党风廉政建设第一责任人述责暂行办法》，要求各镇街党委、政府（办事处）和市直各单位第一责任人每年进行一次书面述责、每届开展一次口头述责。加强对领导干部特别是“一把手”的监督，落实领导干部报告个人有关事项和对配偶子女均已移居国（境）外的国家工作人员加强管理等制度，共有667名市直单位领导干部和511名镇街领导干部申报拥有物业及物业出租情况。加强领导干部操办婚庆事宜管理，共有15名领导干部进行事前报告备案。落实党政领导班子民主生活会制度。严格执行“三谈两述”制度，进行领导干部任前廉政谈话1873人次，领导干部述职述廉3685人次，诫勉谈话256人次，纪委负责人同下级党政主要负责人谈话612人次。　（黄贵新）

附：2010年中共东莞市纪律检查委员会领导名录

纪委书记：甄瑞湖

纪委副书记：莫布兴
　　洪讲厚（任至9月）
　　陈锦洪　吴才华

纪委常委：甄瑞湖　莫布兴　洪讲厚
　　陈锦洪　吴才华　罗乐英
　　叶柏茂　何念瑶（任至2月）
　　何植尧　卢淑贤　袁丽群
　　罗暖培（2月到任）

2010年东莞市监察局领导名录

局长：莫布兴

副局长：罗乐英　罗暖培（任至2月）
　　夏显辉　叶沛森（2月到任）

中国国民党革命委员会东莞市委员会

【概况】2010年，中国国民党革命委员会东莞市委员会（简称民革东莞市委会）有党员82人，设5个支部委员会，1个小组。党员界别分布为：医疗卫生21人，占26%；普通教育14人，占17%；高等教育11人，占13%；文化艺术7人，占9%；新阶层人士6人，占7%；其他界别23人，占28%。党员平均年龄约45.5岁。有75人具有中高级职称，占总人数92%。担任市人大常委1人；市政协委员6人（其中常委2人）；市特约“十员”4人。

【参政议政】2010年"两会"期间，民革东莞市委会提交政协提案10件，全部立案；党员中的人大代表提交建议3个，政协委员提交个人提案6件。其中《关于加快建设快捷舒适智能交通，改善公交服务的建议》被列为全市5个重点督办提案之一，1件提案被评为年度优秀提案，1件提案被评为年度表扬提案。5月和11月，民革东莞市委会召开参政议政工作会议，分别部署和落实参政议政课题选定、调研及成果转化等工作。8月，副主委李恒带队与民革惠州市委会前往东江源头联合开展东江水源保护专题调研；10月，副主委何环珠带队前往梅州、茂名等地深入开展"加快东西两翼文化发展，促进文化强省建设"专题调研，并形成调研报告报民革广东省委会作为提案提交省政协。在借助提案形式参政议政的同时，民革东莞市委会、人大代表、政协委员充分借助"周末访谈"、调研座谈、协商会等参政议政渠道建诤言献良策。承办《周末访谈》2期；在市长会见市政协委员座谈会上，提交《树东莞文化之魂，建历史文化之城》发言材料；在全国政协和省政协调研组莅莞调研座谈会及市政府工作报告征求意见会上，副主委李恒等政协委员提出的多个建议受到各级领导的高度评价并予以采纳；在市人事安排协商会等会议上，主委余毅提出的意见受市委、市政府重视和采纳。

【思想建设】2010年，4月，民革东莞市委会组织全体党员前往湖南衡阳开展"牢记历史，振兴中华"学习教育活动。活动后党员撰写了《往事并不如烟》、《缅怀抗日英烈，传承民族精神》等学习感受；民革东莞市委会虎门支部开展"缅怀抗日名将，弘扬民族精神"活动，组织全体党员前往抗日名将蒋光鼐故居参观学习；5—7月，民革东莞市委会组织开展海峡两岸"民族心，中华情"青少年征文演讲比赛东莞赛区选拔活动，在澳门举行的决赛中取得优异成绩；8月，举办干部学习班，邀请民革广东省委会秘书长潘莎莎为大家作学习和践行社会主义核心价值体系辅导报告；6—12月，撰写、报送先进基层组织、基层组织工作先进个人、学习和践行社会主义核心价值体系先进基层组织、先进个人等先进材料，在学习和践行社会主义核心价值体系征文活动和民革中央举行的画展作品征集活动中报送3篇文稿和3幅画作。此外，召开民革东莞市委会（扩大）会议学习全国"两会"、中共十七届五中全会、民革十一届四中全会、中共广东省委十届七次全会、民革广东省委会十一届四次全会、东莞市"两会"、市民主党派负责人暑期座谈会等重要会议精神；给全体党员征订《团结报》，为党员提供更多了解方针政策和民革工作的渠道。

【社会服务】2010年，党员吴飞以企业家代表身份在东莞扶贫启动日上捐款20万元；党员张超、李志珍等参与省妇联"爱心父母"活动，资助贫困儿童；党员张汉钳多年来坚持做慈善，向贫困地区和困难人员捐资捐物。

【党员荣誉】2010年，民革东莞市委会人民医院支部被授予"民革广东省基层组织工作先进组织"荣誉称号，唐承富、沈晨光被授予"民革广东省基层组织工作先进个人"荣誉称号；民革东莞市委会虎门支部荣获民革广东省委会"学习和践行社会主义核心价值体系先进组织"称号，李恒、刘蕾荣获民革广东省委会"学习和践行社会主义核心价值体系先进个人"称号；何环珠被评为民革广东省参政议政先进个人；刘蕾被评为民革广东省优秀女党员。

（黎丽香）

附：2009年民革东莞市委会领导名录

主　委：余　毅

副主委：何环珠　李　恒

中国民主同盟东莞市委员会

【概况】中国民主同盟东莞市委员会（简称民盟东莞市委）成立于1991年7月5日。截至2010年，有盟员191人，全年新发展盟员9人，转入盟员1人，去世1人。盟员中教育界122人，占64%；医卫界17人，占9%，其他界别占27%。盟员中90%具有高、中级职称，其中正高职称4人，副高职称88人，中级职称80人；有市政协副主席1人，市政协常委2人，政协委员8人，市人大常委1人，市各类特约人员、青年委员等8人次；成立参政议政工作小组，下设社会法制与农村工作委员会、经济与资源环境委员会、科教文卫体委员会。

【参政议政】2010年，民盟东莞市委向政协十一届四次会议提交集体提案13篇，委员个人提案28篇。向市政协十一届三次会议提交的《关于东莞科技与金融结合对策的建议》获市政协优秀提案奖，《关于尽快解决玉兰中学周围污水黑臭污染问题，保障师生身心健康的建议》获市政协表扬提案奖；委员个人提案《关于加快东莞企业自主创新的建议》获市政协优秀提案奖，《关于节约市政开支一些建议》获市政协表扬提案奖。在市长会见政协委员座谈会上，副主委汤瑞刚作《关于挖掘、传承、发展莞香文化的几点建议》发言。承办《东莞人才入户问题》和《学校路段交通拥堵问题》两期《周末访谈》节目。向市政协、市委统战部提交《东莞民盟信息》22期。

【思想组织建设】2010年4月，民盟东莞市委在市科技馆举办《当今的中国改革和参政党的任务》专题讲座。7月，组织各支部主委、参政议政积极分子等骨干盟员赴广西考察学习。8月，在市委统战部组织下，机关专干赴党校参加学习培训。制定《民盟东莞市委基层组织工作量化考核办法（新）》、《全盟活动经费操作方案》、《民盟东莞市委各专委会工作规则（试行）》，实现盟务工作的制度化管理和规范化运作。2010年，全盟11个支部有8个支部先后完成换届工作。

【社会服务】2010年，民盟东莞市委莞中支部赴佛冈捐资助学；民盟东莞市委参加民盟中央在广东新华教育学院召开的"农村教育烛光行动"调研座谈会；参加东莞市"广东扶贫济困日"活动；联合民盟广东省委中山大学北校区总支和法律支部的专家盟员，组成20多人的专家团在大岭山镇开展法律、医疗义务咨询活动；被民盟广东省委授予"机关建设工作优等奖"；副主委汤瑞刚被民盟广东省委评为"先进个人"；王雪萍被民盟广东省委评为"优秀盟务工作者"；杨志红荣获2010年全国中老年合唱节银奖；李云霞荣获全国优秀指导教师奖。（王雪萍　蔡子萍　肖驰宇）

附：2010年市民盟东莞市委会领导名录

主　委：朱伍坤

副主委：李奎山　程发良　汤瑞刚

中国民主建国会东莞市委员会

【概况】2010年，中国民主建国会东莞市委员会（简称市民建）有成员74人，其中博士8人、硕士10人，平均年龄49岁；现有4个基层支部，2个工作委员会；会员中有民建广东省委会委员2人，有市十一届政协副主席1人、常委2人、委员5人，市“特约四员”10人次。

【自身建设】2010年，市民建组织不断稳固发展，新成立经济一支部、经济二支部，增加会员5名；在“纪念民建成立65周年征文活动”中，市民建有3篇作品被评为优秀，获“广东民建征文活动优秀组织奖”；委员孙国兰文章《创新与完善民建会内监督机制探析》获“民建中央优秀研究成果二等奖”，其他会员的3篇文章获“广东民建统一战线理论研究二等奖”，市民建获“广东民建理论研究优秀组织奖”。

【参政议政】2010年，市民建向政协东莞市十一届四次会议提交8件集体提案、6件委员提案，内容涉及园区经济发展、人才培养等热点难点问题，其中“科学规划松山湖园区发展，打造成中国硅谷的建议”被列为5件主席督办重点提案之一，集体提案“大力发展金融产业，推动东莞产业结构调整和转型升级”和委员提案“加快产权证的办理速度，救助中小企业过冬”被评为优秀提案，“关于组建东莞市信用再担保公司的建议”被评为表扬提案；在市长会见政协委员座谈会上作题为“全面开展城市品牌建设工作快速、稳健推动产业转型升级”书面发言。4人次参加3期东莞电台议政节目《周末访谈》，主题涉及如何推动我市产业优化升级等；向省民建提交7份课题应标申请书，占全省六分之一，其中《珠三角地区电子商务发展现状与相关扶持政策研究》中标；市民建被评为“广东民建参政议政工作先进集体”，主委周楚良被评为“广东民建参政议政优秀个人”。

【社会服务】2010年7月，市民建主办“2010年东莞市科普志愿者培训讲座”，对全市400多名科普志愿者进行培训；10月，主办“爱护人民币、反假人民币、创和谐诚信，迎广州亚运”公益宣传活动，超过1000名市民参加；弘扬民建扶贫帮困的光荣传统，在抗旱救灾中，市民建会员以各种方式捐款捐物达40万余元；在东莞慈善日活动中，副主委何思模名下企业捐赠1000万元和资助困难家庭23万元，退休主委陈广钊捐赠100万元。据不完全统计，市民建会员以及会员企业全年共培训转移农村劳动力3000人次，帮助再就业3500人次，资助贫困学生350人次。（罗建锋　叶尧斌）

附：2010年民建东莞市委会主要领导名录

主　委：周楚良

副主委：何思模　邓立虎

中国民主促进会东莞市委员会

【概况】2010年，中国民主促进会东莞市委员会（简称东莞民进）有会员95人，全年新发展9人，从广州调进1人，平均年龄46岁；会员中有教育界70人，政府及党派机关8人，法律界4人，文化艺术界3人，医卫界2人，私营经济6人，公有经济1人，其他1人；大学以上学历占80%，其中博士有4名。具有中高级职称人数占76%；有市政协委员7人（其中常委2人），市人大常委1人。

【参政议政】2010年，东莞民进向市政协十一届四次会议提交集体提案6篇，个人提案19篇，其中集体提案《大力发展基于3G的移动信息服务，促进东莞产业转型》被市政协评为优秀提案，集体提案《关于建立政府、媒体、公众有效互动平台的建议》和个人提案《思考钱学森之问，建议政府更新教育理念和改变学校评估标准，把保护学生身心健康放在首位》被市政协评为表扬提案；陈丽敏代表东莞民进参加2010年市长会见市政协委员座谈会；南城支部和东城支部分别参与两期《周末访谈》节目，就加强转基因食品监管和东莞市高中教育优质均衡发展等问题进行探讨；4月，民进中央调研组到东莞就“代课人员问题”和“完善制度环境，推进文化‘走出去’战略”进行调研；11月，市委委员占少云带队就《东莞与中山、苏州教育发展比较研究》课题前往中山调研。

【社会服务】2010年7月，东莞民进组织20多人到云浮郁南县进行扶贫助学活动，向郁南捐赠900多册图书和100台学习机；8月，与郁南教育局签订为期三年的帮扶协议；11月，邀请郁南在莞学习的十二位中小学校长到松山湖参观交流，詹少云、沈凌、万忠、甘霖几位老师到郁南支教。

【交流活动】2010年4月，民进中山市委会来莞交流，双方就民主党派工作和机关建设，特别是调研等参政议政问题进行交流和探讨；9月，惠州民进组织部分会员到东莞理工学院城市学院参观学习，两地民进会员进行羽毛球和乒乓球友谊赛，加强互动，加深友谊。

（黎清华）

附：2010年中国民主促进会东莞市委员会领导名录

主　委：梁佳沂

中国农工民主党东莞市委员会

【概况】2010年，中国农工民主党东莞市委员会（简称农工党市委会）有党员133人，年内新发展11人。有农工党省委委员1人，省政协委员1人，市人大代表1人（常委），市政协委员8人（常委2人），市特约人员6人。顺利完成人民医院支部委员会、城区医卫支部、城区科教支部、石龙支部换届工作；成立虎门支部（镇区第三支部）。

【参政议政】2010年，农工党市委会向政协十一届四次会议提交集体提案6件，党员政协委员提交个人提案6件。《关于切实加强中小学生心理健康教育的建议》被列为市政协主席督办重点提案。向市政协十一届三次会议提交的《关于加快第一资源开发，为我市科学发展提供人才支撑的建议》获市政协优秀提案奖，《关于实现东莞“人人享有职业卫生保健”的建议》获市政协表扬提案奖。在市长会见政协委员座谈会上，市政协委员、农工党市委会委员彭晓云作《加快发展创新性生物医药产业，抢占战略性新兴产业发展制高点》发言。在市长约见人大代表座谈会上，副主委袁明杰提出《关于尽快解决市医患纠纷调处中心机构设置的建议》。党员汪莹参加东莞电台议政节目《周末访谈》，主题为“高考：青春的洗礼——2010高考心理恳谈”，为广大考生及家长提供咨询服务。

【社会服务】2010年，农工党市委会与市图书馆联合举办健康知识讲座《痔疮的预防与治疗》；组织党员在《东莞政协》杂志上撰写、刊登医学科普文章；在“八一”建军节，樟木头支部开展拥军义诊活动，为樟木头宝山部队的战士们送医送药，有240余人次接受诊治；先后两次组织市人民医院的农工党员医疗专家参加大岭山社区卫生服务中心举行的义诊活动。农工党东莞市人民医院支部委员会被农工党中央评为2007—2009年度社会服务工作先进基层组织。

【党员风采】2010年，谢广中科研成果《足趾游离移植拇、手指末节部分再造的解剖及临床研究》获2009年东莞市科学技术进步奖一等奖；孔伶莉的论文获全国中小学生心理健康工作研讨会三等奖；东莞市永信家具制造有限公司董事长曾旭辉旗下的“玉庭家具”品牌被认定为“广东省著名商标”；陈静完成东莞市首例利用邻近扩张皮瓣修复乳腺癌根治术中胸壁软组织大面积缺损手术；李琦创作歌曲《红歌悠悠唱》入选省少儿花会决赛获银奖；王芳举办并主持国家级继续教育项目《在变革中提升护理服务的内涵》；苏顺清主持省级继续教育项目《慢性难治性溃疡的治疗新进展》。（杨　莉）

附：2010年中国农工民主党东莞市委员会领导名录

主　委：李光霞

副主委：赫喜华　袁明杰

中国致公党东莞市委员会筹备小组

【概况】2010年，中国致公党东莞市委员会筹备小组有成员74人，全年新发展党员9人。成立东莞理工学院支部委员会和第二至第五支部委员会。黄蔚然被评为致公党中央“基层组织建设年先进个人”，东莞理工学院支部委员会被评为致公党广东省“基层组织建设年先进集体”，殷毓德被评为致公党广东省“基层组织建设年先进个人”。

【参政议政】2010年，在市政协十一届四次会议上提交《关于尽快成立医疗纠纷调处机构的建议》等19件提案，其中党派提案6件，党员政协委员个人提案13件。其中《关于整治公共汽车尾气问题的建议》被评为2010年度政协优秀提案，《关于进一步推进我市依法维护侨益工作的建议》被评为2010年度政协表扬提案。在市长会见市政协委员座谈会上，提交发言稿2篇，黄蔚然作《增加公办幼儿园　缓解入园难问题》发言。刘学中在旁听人员代表座谈会上作《在我市各中、小学校设立心理保健医生的建议》发言。阮雪玲在省十一届人大三次会议上提出3份个人建议。吴志滔在市十四届人大五次会议旁听人员代表座谈会上就加强东莞市民间文艺发展等问题提出建议。承办东莞电台《周末访谈》节目一期，就“防止内涝，减少损失”主题，联同市城市管理局、市气象局进行探讨。

【联谊交流】2010年，大溪地、澳洲洪门致公代表团约30人在致公党广东省委会副主委吴毅等陪同下来莞参观访问；美国洪门致公总堂代表团一行6人来莞参观访；黄蔚然为菲律宾中国洪门致公堂总部宿务支部成立110周年庆典活动题书法贺词；戴松林、阮雪玲参加东莞市第六届归侨侨眷代表大会，分别当选为市侨联第六届委员会顾问和常委；参加致公党中央举办的海外联络工作培训班。

【社会服务】组织抗震救灾捐款活动，共捐得善款14300元，通过伍觉天基金会捐给玉树灾区；黎平协助失聪人士创办东莞首家失聪人士创业餐厅“铁树花”；刘依朴多次与东莞市展能LP19团队到全国各贫困地区开展扶贫济困活动。

【党员成绩】2010年，何为在东莞市长安图书馆举行“何为书画展”；黎平建立“枕头博物馆”，宣传东莞本土文化；曾明了创作小说《继续推石头上山吧，亲爱的人》、《突然之间》；左远志发表EI（工程索引）、ISTP（科技会议录索引）收录论文3篇；阮雪玲获评为2010年度中山大学医科优秀临床教学管理工作者。（王文青）

附：2010年致公党东莞市委员会筹备小组领导名录

组　长：戴松林

副组长：陈树良

九三学社东莞市委员会

【概况】2010年，九三学社东莞市委员会（简称九三学社东莞市委会）共有社员99人，平均年龄52岁；有市人大常委1人（副主任）、市政协常委2人、市政协委员4人；担任特约监督人员7人，市青联常委1人，市第二人民法院人民陪审员1人。

【参政议政】2010年“两会”期间，九三学社东莞市委会围绕东莞“经济社会双转型”战略向市政协十一届四次会议提交《加强政府引导，健康推进“三旧”改造》、《科学制订积分制“改革”，加快人才入户步伐》、《加大科技东莞工程实施力度　引领东莞新一轮产业转型升级》、《改进科技平台投入与管理，更好地带动产业转型升级》、《加快现有垃圾焚烧设施升级改造》等提案10件。《加强政府引导、健康推进“三旧改造”》一案被确定为市长督办重点提案。委员个人提交《深入完善首问和一次性告知制度》、《推动政府办公信息共享提高行政效率》、《加强城市二次供水管理》等提案15件。九三学社东莞市委会向政协十一届三次会议提交的《以节水型社会建设为契机，积极推动水务体制改革的建议》被评为优秀提案，《引导企业积极参与科技平台运作，充分发挥科技平台的核心作用》被评为表扬提案。

【社员成绩】2010年，王旭珍主持专业镇建设项目获广东省“双提升”专业示范镇称号，主持“寮步光电数码专业镇共性技术创新与服务平台建设”项目，被评为广东省粤港关键领域重点突破招标项目，获省市资助600万元，参与“面向现代信息业的云计算发展生态环境研究”项目获广东省立项；杜鑫静负责可园中学科技教育，指导学生获得第25届广东省青少年科技创新大赛两项二等奖和第八届“广东省少年儿童发明奖”比赛一项三等奖；田君作为“硅酸铝短纤维增强镁基复合材料的高温蠕变与断裂机理研究（项目号码“10151170003000002）”项目主持人，获得2010年广东省自然科学基金项目资助；李君久科研项目“微创治疗小儿疝”达到国内领先水平；罗瑞彬获“广东电网公司亚运会及亚残会保供电特殊贡献者”称号。

【社会服务】2010年5月，九三学社东莞市委会与东莞市质量监督检测中心、东莞市生产力促进中心、中国产学研合作促进会投融资工作委员会、东莞产业支援联盟、东莞市清洁生产科技中心、前进国际顾问有限公司（台湾）、亚颂科技股份有限公司（台湾）共同签署《关于共同推动低碳经济工作的合作协议书》，与台湾企业合力推动低碳经济在产业界运用，借鉴台湾碳足迹的经验推进低碳发展。理工学院支社向学院统战部报送的“促进低碳经济发展，倡导低碳生活”方案在理工学院统一战线开展的“爱岗敬业、自主创新、服务社会主题实践活动”中受到省及学院两级表彰。在西南地区干旱和青海玉树地震灾难发生后，九三学社东莞市委会发出捐赠倡议，开展捐款活动。（鲁　宇）

附：2011年九三学社东莞市委会领导名录

主　委：吕　兢

副主委：何镜清　王旭珍

总工会

【开展争先创优建功立业活动】2010年，东莞市各级工会以行业性劳动竞赛和创建“工人先锋号”为载体，开展形式多样的技能竞赛、合理化建议、技术革新、节能减排活动，引导广大职工为提高企业自主创新能力、促进产业转型升级作贡献。塘厦镇总工会举办职业技能大赛和工业设计大赛，组织先进制造业、现代服务业等七大类28个工种的2万多职工积极参与；虎门镇总工会举办服装技能比武，激励服装从业人员学习技能、钻研业务、提高技艺；中国移动东莞分公司、东莞市邮政局、沙角A电厂、沙角C电厂等工会结合自身行业特点，举办形式多样的职业技能竞赛活动。全年全市职工取得技术创新成果2151项，开展技术攻关343项、推广新技术168项。光润家具股份有限公司包装工段等7个班组被省总工会授予“工人先锋号”光荣称号。

【深入推进职工文化建设】2010年，东莞市各级工会充分发挥工会“大学校”作用，利用虎门、石龙职工技能培训中心，积极开展财务会计、电脑、英语、服装、电工、叉车、家政等实用技术培训。深化“创建学习型组织、争做知识型职工”活动，全市80%已建工会企业开展“创争”活动，有效加强职工思想道德素养和科学文化素质。推进职工书屋建设三年计划，企业新建职工书屋111家，东莞市被评为省职工书屋建设标兵单位。加快市工人文化宫建设，筹建过程中克服许多困难，工人文化宫被确认为2010年全市重点建设项目。举办职工书画摄影比赛、读书节活动、趣味运动会活动，丰富广大职工的业余文化生活。

【大力弘扬劳模精神】2010年4月，召开东莞市第七届劳模表彰大会，表彰77名劳动模范、23名先进工作者和100个先进集体；产生全国劳动模范3名，全国先进工作者2名，省“五一”劳动奖章6名。完成市劳模协会第三届理事会换届选举工作，健全培养、选树、表彰、关心劳模的长效机制。利用东莞日报、东莞电视台、阳光网、工会公众网等加大对劳模的宣传力度，营造“工人伟大、劳动光荣”的社会氛围。

【加大源头维权参与力度】2010年，东莞市各级工会利用工会“12351”职工维权热线，对职工反映较集中的问题，及时向市、镇街人力资源、社会保障等部门反馈，并跟进落实。坚持职工信访周报制度，全年受理职工投诉咨询2304宗，来访357批412人次，信访办结率达100%。加强与市人力资源局、企业家协会的联系沟通，选取10家企业作为工资集体协商试点单位，以点带面推进工资集体协商工作。成立市、镇街两级工会维护稳定工作领导小组，制定应急调处预案，一旦出现群体性劳资纠纷，工会迅速介入，维护职工合法权益。建立职工群体性事件日报制度，坚持每日向省总工会报告。全年参与处置30人以上职工群体性事件共71宗，涉及职工9130人，较好地维护了职工权益和社会稳定。

【建立健全工会维权服务体系】2011年，东莞市各级工会坚持劳动用工检查制度，协助有关部门开展工资支付执法专项检查，对违反劳动用工法律法规的企业，及时提出工会的意见，并督促整改。健全职工法律援助制度，实行特聘律师每月30号到市总工会信访室坐班，免费为职工提供法律咨询和援助。成立市工会法律服务律师团，扩大工会法律援助队伍，拓展工会法律援助服务对象。抓好劳动保护培训，对3000多名工会劳动保护监督员进行轮训，提高职工劳动保护意识；开展“安康杯”竞赛活动，增强职工安全生产自觉性，全市“安康杯”参赛企业1955家，参赛职工达73万人，长安集团等6个单位荣获全国“安康杯”竞赛优胜企业。

【积极拓宽维权工作载体】2010年，东莞市各级工会打造好“员工满意企业”这一具有东莞特色的工会维权品牌。全市开展的企业有10168家，评为满意企业并挂牌的有6852家。签订集体合同，从区域性、行业性集体合同向单个企业集体合同转变，全市签订集体合同企业21938家，覆盖313万职工，引导劳资双方友好合作，共建和谐。以纯集团有限公司等8个企业被评为广东省和谐劳动关系先进企业。厂务公开民主管理工作卓有成效，建立《东莞市厂务公开民主管理联席会议制度》，召开全市厂务公开经验交流会，向全市推广桥头技研新阳公司工会开展厂务公开民主管理、加强职工人文关怀的成功经验。全市实行厂务公开的企业有15683家，公开率达85%。推动国有、集体企事业单位厂务公开民主管理贯标（借鉴ISO9000标准建立厂务公开民主管理质量管理体系）工作，电信东莞分公司成为东莞市首家通过贯标认证单位。

【规范工会帮扶中心运作】2010年，东莞市各级工会积极争取党委政府对工会帮扶工作的支持。2010年，市财政拨给市困难职工帮扶中心专项资金140万元，32个镇街财政也逐步设立专项帮扶资金，为帮扶困难提供有力保障。为更加规范工会帮扶中心的运作，市、镇街两级工会对困难职工电子档案实行动态管理，全面掌握困难职工状况。开展帮扶资源需求统计，合理发放帮扶资金。严格执行帮扶专用资金使用规定，确保专款专用、每一笔资金都落到困难职工手上。

【积极开展品牌帮扶活动】2010年，东莞市各级工会落实好省、市元旦春节“送温暖”系列慰问活动。召开形式多样的座谈会和落户慰问活动，为企业送上一批体育器材和各种慰问品。举办“送清凉”、“共享和谐·与法同行”活动，送去防暑降温用品和法律宣传资料。开展“金秋助学”活动，为241名困难职工子女提供助学资助。开展工伤探视活动，探视工伤职工871人，发放慰问金26.2万元，使216名职工的工伤待遇得到落实。开展“心手相连、爱在东莞”女职工健康援助行动，免费为10231名女职工提供健康体检。积极发动职工参加医疗互助保险，全市参与职工医疗互助保障计划2162人，参加女工安康保险6910人。

【坚持抓好工会组建】2010年，省总工会在东莞市召开全省工会基层组织建设工作会议，提出开展“广普查、深组建、全覆盖”集中行动。全年全市新发展工会组织2157家，新发展会员28万多人，全市已建工会组织25446家，工会会员303.8万人；其中世界500强在莞经营机构104家，已建立工会组织98家。东莞市总工会以组建行业工会和专业市场工会为突破口，探索适应新形势的工会组建方式和入会模式。中堂镇造纸行业、虎门镇服装行业、厚街镇广告行业、长安镇五金行业、大朗镇社区卫生服务中心等组建工会联合会，并形成规模和亮点。

【坚持发挥工会组织作用】2010年，东莞市各级工会按照“边组建，边巩固提高，边发挥作用”的原则，加强各级工会的规范化建设。顺利完成局（总公司）从工会到工联会建制工作。配合市委、市政府简政强镇改革，对石龙、塘厦2个试点镇、11个中心镇以及3个市属园区下放工会法人资格登记审批权。推进合格职工之家创建工作，新验收合格职工之家1248家，5个基层工会荣获“全国模范职工之家”称号，4个基层工会荣获“全国模范职工小家”称号。全市评为合格职工之家10747家，较好地激发基层工会活力。

【工会各项事业进一步发展】2010年，东莞市各级工会坚持统筹兼顾，促进工会其他各项事业取得新进展。加强工会调研工作，就职工思想状况、厂务公开民主管理、新生代农民工问题、“员工满意企业”活动、工资集体协商工作等开展专项调研活动，为工作开展提供依据。选举产生新一届市女职工委员会，加强对女职工工作的领导。调试运行工会组织建设、职工帮扶、劳模管理、信息统计等多个工会业务管理系统，提高工会信息化办公水平。加强工会信息工作，《东莞工会信息》和工会公众网及时报道每个时期工会工作的亮点，为社会各界了解工会、各级工会交流提供平台。做好工会经费收缴工作，健全工会审计审查制度，使工会经费收得及时，用得合理。组队参加第四届全省职工运动会，取得优异成绩。举办“我们是光荣的劳动者”庆“五一”文艺晚会、庆“五一”职工书画摄影活动，职工文体活动异彩纷呈。积极配合香港工联东莞咨询服务中心开展工作，为在莞工作和生活的香港同胞提供各种帮助和服务。在2010年度全市工会工作考评中，虎门镇总工会等100个单位评为全市工会工作先进单位，塘厦镇总工会等12个单位评为全市工会组建工作先进单位，叶隐笑等107名同志评为工会工作先进个人。（郭富春）

附：2010年东莞市总工会领导名录

主　席：张顺光
常务副主席：马凤彪
副主席：黎卓荣　李红昌　何志雄

市妇联

【女性素质工程】2010年，东莞市妇联组织在全市开展各类教育培训3260期，培训教育妇女38.5万人次。东莞市万江街道妇女健身站、企石镇妇女健身长廊被评为全国妇女健身示范站点。全市分别有近21万名和10.5万名妇女接受妇科病普查和“两癌”检查。参与全省“珍爱生命·关爱女性——广东妇女病免费检查与医疗救治爱心行动”，全市共有23270名妇女接受免费体检，1990名妇女接受救治。

【妇女创业就业】2010年，全市建有“村民车间”等灵活就业场所761个，安置2.4万名妇女就业。出台《关于开展妇女创业资金小额贷款工作的通知》，在财政免息、加强激励等方面取得突破，为97名妇女提供小额贷款，贷款金额达492万元。

【“巾帼建功”活动】2010年，东莞市社会保障局东城分局、莞城中心小学、中国联合网络通信有限公司东莞市分公司新时空营业厅被评为全国“巾帼文明岗”；东城区立新社区、东莞体育运动学校被评为广东省“三八红旗集体”；东莞市社会保障局东坑分局等29个单位被评为广东省“巾帼文明岗”。市委常委、组织部部长庞国梅被评为“全国三八红旗手”；万江街道办事处副主任、妇联主席黄顺明被评为全国巾帼建功标兵；南城区党委委员、区妇联主席、区人大联络委副主任张小燕被评为全国巾帼建功活动先进工作者；市妇联党组书记、主席黄慧红等5人被评为广东省“三八红旗手”。东莞市莞城步步高小学等90个单位被评为东莞市“巾帼文明岗”；东莞市人力资源局莞城分局汪泓等78名同志被评为东莞市“巾帼文明岗”创建工作先进个人。

【妇女法制宣传】2010年，市妇联联合市综治办等部门，开展反家庭暴力系列宣传活动。全市全年开展妇女法律咨询活动335场次，讲座411场次，约30万人次参与，派发宣传资料33万份。

【家庭文化建设】2010年，市妇联配合东莞第六届读书节活动，以妇联干部岗位读书征文、“低碳家庭·时尚生活”读书征文、知识竞赛和评选表彰“学习之家”等为主要内容，在全市开展“家庭学习月”活动，评选出2010东莞“学习之家”85户。开展广场文化活动2600多场，带动118万城乡妇女群众参与。东莞市被评为全国创建学习型家庭示范城市；东城东泰社区被评为全国创建学习型家庭示范社区；莞城岑诒立家庭被评为第七届全国五好文明家庭标兵；东城邓有佳家庭被评为第七届全国五好文明家庭；凤岗镇李玉婵家庭、石龙镇陈小华家庭被评为全国低碳生活创新明星；虎门第三中学王政家庭被评为第五届广东“优秀书香之家”；厚街医院麻醉科主任韩全国、莞城博厦社区残疾人康复协会专职委员邓惠仪等13人被评为广东百名好父亲、好母亲。

【家庭教育】2010年，全市创建市级示范性家长学校43所。开展“家庭道德教育宣传月活动”，举办家教知识讲座、报告会1500多场，开展亲子活动900多场，有82万家长和学生参与。顺利完成《东莞市家庭教育工作“十一五”规划》终期评估。全市建有各类家长学校1522所，公办学校家长学校办校率达96.6%。

【打造公共服务新品牌】2010年，市妇联成立市妇联社会工作试点工作领导小组，制定《东莞市妇联社会工作试点工作方案》、《妇女维权社工管理办法》，汇编《东莞市妇联白玉兰家庭服务中心管理及服务制度》，设置社会工

▲ 2010年8月31日，东莞市妇联白玉兰家庭服务中心（东泰社区）启用

作拓展办公室。2010年，在东城街道东泰社区成立首个白玉兰家庭服务中心，为社区居民提供专业社工服务。白玉兰家庭服务中心模式逐步向全市各镇街推广，东坑镇成立第二个白玉兰家庭服务中心。市妇联被评为东莞市社会工作试点先进单位。

【妇女工作社会化】 2010年，市妇联召开东莞市妇女儿童发展规划全面达标工作会议；联合财政、卫生等部门，深入开展"降消"、免费婚检、免费孕检等工作；推动把婚前医学检查工作纳入《东莞市镇街领导班子落实科学发展观工作实绩年度分类考核方案》，开展全市婚检集中宣传日活动，全市婚检率达23.48%；与市第二人民法院联合出台《关于联合处理涉及妇女儿童合法权益案件的意见》，成立家事审判合议庭，审议家事案件462宗。市妇联在全国、全省妇女维权维稳工作会议上作经验介绍，被评为全国维护妇女儿童权益先进集体。

【广东省妇女维权与信息服务站（东莞站）】 2010年，市妇联加强广东省妇女维权与信息服务站（东莞站）及分站点的管理，派驻10名专业社工，组建专家顾问团和专业志愿者队伍，为广大群众提供个案、小组、社区等专业服务1000多次，受益群众达10万多人。全市各镇街开通12338妇女维权热线，开设妇女维权与信息服务网页，开展网络论坛，网页日点击量突破5万人次，累计点击量达1732万人次。全市妇联系统处理妇女信访案件3369宗，办结率在98%以上。

【防拐、反拐】 2010年，市妇联承接联合国儿童基金会、全国妇联预防流动儿童拐卖的试点项目，建立寮步镇石龙坑村"防拐"工作站，开展社区"防拐"工作。逐步形成妇联、公安、社区等部门联动的"防拐"工作格局，儿童拐卖案发率与2009年同比下降80%。市妇联在全国《拐卖受害者回归及重建生活》论坛上作经验介绍。

【援助困境妇女儿童】 2010年，市妇联联合市经信局等部门开展"温暖东莞·感恩母亲"家电下乡活动，为100名单亲特困母亲免费更换一台新家电，慰问单亲特困母亲家庭3250户，扶助资金达300多万元，组织百名单亲特困母亲春游香港；举行东莞市庆"六一"暨"爱心父母"牵手困境儿童志愿行动表彰大会；开展"爱心父母大联盟"行动，动员3737名社会热心人士与4220名困境儿童结对助学、助困、助教；联合广东狮子会实施"爱心父母大联盟——扶志助飞"项目，联合金叶珠宝集团实施"爱心父母大联盟——金叶助学东莞行"项目。市妇联荣获广东省"爱心父母"牵手困境儿童志愿行动"优秀组织奖"。组织全市各级妇联为青海玉树、甘肃舟曲、茂名、阳江等地的自然灾害捐款捐物，共募集救灾善款和物资300万元。

【关爱新莞人妇女儿童】 2010年，市妇联依托325所新莞人妇女学校，开展宣传教育活动近1300场次，把法律、卫生等知识送到23万新莞人女工身边；深入工厂企业建立"东莞妇女书屋"11所，累计33所；到企石镇捷讯橡胶有限公司举行2010年新莞人女工迎春联欢活动；在多个企业建立"阳光女工减压工作坊"；召开关爱留守儿童安全教育宣传工作会议，举行湖南省邵阳县农村留守儿童与在莞务工父母"亲情见面"活动。

【纪念"三八"妇女节100周年】 2010年，市妇联围绕"莞邑半边天·百年谱新篇"的主题，隆重庆祝"三八"国际劳动妇女节100周年；举办纪念表彰大会，莞邑妇女风采展等10多项大型活动，表彰100名各界妇女先进典型和支持妇女事业发展的优秀人物；组织5万多名妇女参加"春游粤港"、"莞人游东莞"系列活动；市妇联荣获"春游粤港，三八同乐"最佳组织奖。

【妇联干部队伍建设】 2010年，市妇联指导各镇街做好镇级妇联换届工作，各镇街于2010年11月底前全部顺利产生新一届妇联领导班子；切实做好女性进村、社区"两委"前期准备工作；积极推进"两新"组织妇女工作；举办各类专题培训班，继续抽调镇街妇联干部到市妇联跟班学习；汇编妇联工作画册《莞邑芳华》、《2010年市妇联调研报告集》；寮步镇被评为全国妇联基层组织建设示范镇；虎门镇村头社区居委会、长安镇乌沙社区居委会、万江街道拔蛟窝社区居委会被评为全国妇联基层组织建设示范社区；石排镇赤坎村委会被评为全国妇联基层组织建设示范村。

【联谊交流】 2010年，市妇联通过组团参加澳门妇女联谊会体育节活动、港澳妇女同乡会联谊活动、市女企业家协会及各分会联谊活动等方式加强与各界妇女团体以及港澳台地区妇女的联系，积极为广大妇女搭建事业合作、文化交流与情感沟通的平台。 （龙江波）

附：2010年东莞市妇联领导名录

主　席：黄慧红
副主席：叶丽云　卢　英　安玉红
副主席（兼）：黄伟青　林辉芳
　　　　　　李红昌

团市委

【概况】2010年，东莞市有共青团员277467人，占全市14—28周岁青年总数的32%；有基层团委192个，其中一级团委80个（镇街团委32个，厂局团委28个，市属一级学校团委20个），二级团委112个（学校团委81个，“两新”（新经济和新社会）组织团组织24个，村（社区）团委7个）；基层团总支839个，团支部7871个；推优3135人，推优入党2318人。

【中共东莞市委青年工作会议】于2010年4月28日召开，各镇街党委书记、市直机关事业单位主要负责人、市属学校校长及相关团干部、青年代表共1300多人参加会议。会议专题研究和部署今后一个时期全市的青年工作。市委书记、市人大常委会主任刘志庚，团省委书记谭君铁出席会议并作重要讲话。会上印发《中共东莞市委 东莞市人民政府关于进一步加强和改进共青团和青年工作的意见》和《中共东莞市委组织部 共青团东莞市委关于进一步加强东莞市团干部队伍建设的意见》，对东莞市党建带团建先进单位、2009年度青年文明工程先进单位和优秀个人进行表彰。

【共青团东莞市十五届二次全委（扩大）会议】于2010年1月15日召开，深入学习贯彻党的十七届四中全会和市委十二届六次全会精神，总结市第十五次团代会以来的工作，部署2010年重点工作。团市委委员、候补委员，各镇街团委书记、副书记、专职团干和市第十五次团代会部分代表，厂局、学校团委书记以及市直机关各团总支部书记共250多人参加会议。

【“两新”组织团建工作】围绕团省委下达给东莞市2010年新建2500家非公经济组织团组织的任务，加大“两新”组织团建工作力度，于4月成立共青团东莞市“两新”组织工作委员会；积极争取省、市经费支持，整合64万工作经费支持镇街“两新”组织团建工作；及时分解落实团建任务，实施团市委书记班子分片督导制度，编印工作简报总结先进经验做法；发挥青企协作用，组织会员企业批量成立团支部。10月，提前超额完成团省委下达的“两新”组织团建任务。2010年，全市新建“两新”团组织3674个，其中非公企业团组织3143个；2010年末，全市共有“两新”团组织4643个，其中非公企业团组织3874个，新社会组织团组织769个。

【团组织格局创新】2010年，团市委推选南城、寮步、厚街和长安4个镇街作为试点镇街率先开展组织格局创新工作，采取编制内和编制外相结合的方式，把热爱党、对共青团和青年工作有热情、

共青团东莞市委员会

① 2010年12月9日，市委书记、市人大常委会主任刘志庚与15名援助塞舌尔志愿者亲切握手
② 市委副书记、市委政法委书记黄双福向志愿服务先进代表颁奖
③ 市委常委、组织部部长庞国梅慰问新莞人员工

① 副市长吴道闻向会亲学生赠送爱心书包
② 2010年4月28日，中共东莞市委青年工作会议召开
③ “跨越”——广东青年纪念五四运动91周年暨“鲲鹏展翅”主题晚会在莞举办
④ 第16届亚运会东莞赛区志愿者上岗宣誓

有一定影响力的青年代表、青年能人吸收充实到镇街团委的领导班子中来，加强镇街团委工作力量，4个镇街根据实际情况分别选聘5—7名团委编制外副书记。

【“两进三同”活动】 2010年11月15日，团市委下发《团东莞市委开展“两进三同”活动实施方案》。11—12月，团市委机关开展为期5个工作日的“走进基层、走进青年”、与青年“同劳动、同学习、同生活”活动，机关领导干部带头分组蹲点“两新”企业、农村社区以及学校、青年车间、廉租公寓等具有典型意义的青年工作领域，发放近1000份调查问卷，开展30多次小范围深度交流。全市各镇街根据实际情况开展“两进三同”活动。

【东莞市青年联合会第五届委员会第一次全体会议】 于2010年10月27日召开。东莞市青年联合会第五届委员会有286名委员，会议选举产生市青联第五届委员会主席、副主席和常委。陈慧贞当选为市青联主席，王炜东等14人当选为市青联副主席，王绍基等55人当选为市青联常委。

【青年对外交流】 2010年3月25—26日，以德国青年部国际青年政策处处长乌维·芬克提姆为团长的德国青年代表团一行5人来莞交流访问。3月30日，香港浸会大学地理系师生一行20多人来莞参观交流。5月21日，“相约中国镇·共建两地情”——第六届澳门青年爱国校园文化节启动仪式在石排中学运动场举行。5月21日，台湾嘉义国际青年商会会长刘南宏率代表团一行10人来莞开展友好交流访问活动。6月25日，台湾高雄市西子湾国际青年商会会长吕德宪率代表团一行9人来莞开展友好交流访问活动。11月20日，80多名团员学生赴广州参加“一起来，更精彩”——穗港澳台两岸四地青少年同根同心喜迎亚运活动。

【“共青团与人大代表、政协委员面对面”活动】 于2010年1月15日举行。活动以“青少年健康成长”为主题，邀请市政协副主席、人民医院院长邝明子等人大代表和政协委员与30名共青团代表就互联网与青少年健康成长、社工志愿者培训、青少年心理辅导、医疗卫生保健、教育体制等问题进行探讨。

【援助塞舌尔志愿服务】 2010年6月23日，经2010年第13次市党政领导班子联席会议研究，同意承接2010年中国青年志愿者海外服务计划塞舌尔项目，由团市委、市卫生局、市教育局、市住房和城乡建设局、市国土资源局和市志协共同组织实施。6—8月，经过公开招募、笔试、面试、考察、体检、上报审定等环节，最终从199名报名者中遴选出15名志愿者赴塞舌尔进行为期一年的志愿服务。

【第16届亚运会东莞赛区志愿服务】 2009年12月8日，第16届亚运会东莞赛区开始招募赛会志愿者和城市志愿者。2010年3—11月，全市开展“迎接亚运会，创造新生活”主题志愿服务活动2000多次，在各镇街广场、宾馆酒店、交通站场、服务窗口等地统一建立110个城市志愿服务站和微笑服务示范岗，组织5000多名城市志愿者轮流上岗，累计服务超过3万小时。4—11月，对1400多名赛会志愿者申请人进行测试、面试，并通过培训考核、背景审核、公益实践，严格选拔出210名赛会志愿者。10月17日，选拔800多名志愿者服务亚运火炬东莞传递活动。11月7日，举行第16届亚运会东莞赛区志愿者上岗宣誓暨东莞亚运志愿者团队临时团委成立仪式。11月13—19日赛事期间，210名赛会志愿者在16个领域全身心投入工作，累计服务1.5万小时，为举重赛事的成功举办提供人力保障；抽调95名城市志愿者骨干引导观众文明排队、有序入场，协助组织2.1万名文明观众进场加油助威。

【2010年东莞市志愿服务表彰大会】 于2010年12月23日召开。市志协会长陈慧贞作2010年志愿服务工作总结发言。本次大会增设志愿服务先进典型发言和传达学习《广东省志愿服务条例》环节，共555个先进集体和个人获得表彰。

【志愿服务】 拓展服务项目。2010年1月30日—2月13日春运期间，组织280

多名志愿者到东莞东火车站开展志愿服务，服务总时数达3185小时，提供咨询服务12万人次。9月30日—10月5日，组织460人次志愿者服务第二届中国国际影视动漫版权保护和贸易博览会10多项基本服务和突发工作，为市民和客商累计提供服务近3600小时。12月，联合市文明办、市志协开展"奉献爱心送温暖，创先争优我行动"主题志愿服务活动，组织7000多名志愿者对全市2700多名空巢老人实现全覆盖。夯实基层力量。27个镇街建立发展志愿服务事业指导委员会，11个镇街出台《关于进一步发展志愿服务事业的意见》，32个镇街志愿服务中心基本配备专职人员、专职场所和专项经费。市直机关成立法律、卫生、书法和摄影4支服务队伍。新莞人服务管理局成立市关爱新莞人志愿服务总队。全市村（社区）志愿服务站基本覆盖，"两新"组织志愿服务队伍快速增长，长安镇2010年建立116支"两新"组织志愿服务队。志愿者培训和星级志愿者认证工作进入常规化，东城街道2010年举办志愿者培训60多期，培训1000多人。深化项目运作。石龙镇实施"志愿龙城"伙伴计划；万江街道发展关爱新莞人子女成长营、慈善农夫等10类志愿服务基地，覆盖街道内15个社区；莞城街道通过企业冠名、商业赞助等方式，拓展资金筹措渠道；市公安局开展"一小时义务交警"志愿活动。基层自主策划、长期实施的20个项目获省级财政"志愿服务专项资金"资助。

【"青春暖流"系列活动】 2010年，团市委联合市新莞人服务管理局、市文明办等6个单位开展"青春暖流"活动，向600名符合资格的新莞人免费发放春运车票活动，为近5000人次新莞人举办免费新春专场电影活动。1月22日，团市委联合有关部门在南城汽车客运站举办"青春暖流，平安回家"启程仪式，同场还举办"青春在转型中闪光，暖流在莞邑中涌动"文艺汇演和志愿服务集市。

【广东青年纪念五四运动91周年暨"鲲鹏展翅"主题晚会】 2010年4月28日，由团省委、广东电视台主办，市委、市政府协办，团市委，长安镇委、镇政府承办的广东青年纪念五四运动91周年暨"鲲鹏展翅"主题晚会在长安镇文化广场隆重举行。省委副书记刘玉浦、副省长雷于蓝、市委书记刘志庚、团省委书记谭君铁等领导出席晚会，5000多名新莞人青年员工观看晚会。

【第七届东莞青年欢乐节】 2010年4月30日—5月4日，团市委联合松山湖管委会等7个部门在松山湖创意生活城举办第七届东莞青年欢乐节暨东莞市"两新"组织青年体育文化艺术节，围绕"青春·时尚·动感·品味"的主题，共举行7大类型29项活动，包括亚运志愿者招募行动、世博盛典系列活动、全市青年联谊晚会、青年运动竞技活动、青年休闲娱乐活动及文化体验活动，吸引近万人次学生、"两新"组织青年员工踊跃参与。

【大学生创业（社会）实践行动】 2010年7—8月，团市委联合市关工委、市学联开展东莞市大学生创业（社会）实践行动。全市共有19300多名大学生参加创业（社会）实践行动，比2009年增加4000多人；共有680多个实践基地提供3600多个岗位，分别增加110个和500多个；共有5300多人参加岗位实践体验。联合中国移动东莞分公司、市学联举办"型动创造未来——MM百万青年创业计划"进校园活动，探索运用互联网、手机等新媒体手段，为青年学生打造一个零门槛、零成本、零风险的网络创业平台。创作第一本以大学生创业(社会)实践行动为主题的本土原创漫画书《走过盛夏》。举办2010东莞市大学生"我至TOP"流行音乐歌唱大赛。

【第二届东莞市中学生校际辩论赛】 2010年3—4月，团市委联合市教育局、东莞广播电视台、市学联举办第二届东莞市中学生校际辩论赛。比赛采取单淘汰制，分为预赛、初赛、复赛、半决赛、决赛共5轮31场比赛，吸引全市31所中学近500名学生团员参赛。活动期间推出主题曲"一起出发"，邀请中山大学辩论队进行辩论表演，《东莞新闻》、《今日莞事》、《焦点关注》等栏目先后播出16段辩论赛新闻短片，东莞电视台新闻综合频道和东莞阳光网对本次大赛的半决赛和决赛进行全程直播，吸引超过30万市民通过电视或网站观看比赛，超过160万人次点击浏览大赛官方网站。

【东莞市优秀中职毕业生报告会】 2010年6月22日，团市委联合市教育局、市学联举办东莞市优秀中职毕业生报告会。邀请东莞市职业技术学校毕业生、东莞市瑞田装饰广告设计有限公司总裁陈栩杰等3位代表亲身讲述其就业创业经历，为在校中职生树立先进榜样。

【爱心助学】 2010年4月，组织动员各界青少年踊跃为抗旱救灾奉献爱心，共收到青少年捐赠善款524.1万元。4月19日，组织机关、基层团干部赴广西河池市开展"南粤甘泉"东莞青少年抗旱救灾爱心捐助活动，与团河池市委共同签订《东莞——河池共青团抗旱救灾志愿项目合作意向书》，向河池市转交首笔抗旱救灾善款100万元支票及赠送爱心饮用水100吨；余下善款分别用于在河池灾区援建5所东莞希望小学、设立东莞市青少年爱心奖学金和购买学生用品。11月7日，联合市少工委、中国移动东莞分公司、东莞阳光网举办"创新广东·第三届希望工程南粤会亲——东莞会亲"活动，活动前期面向社会征集爱心家庭，共有100多个爱心家庭和热心人士报名参加，募集捐助款12.8万元。

【十八岁成人教育活动】 2010年10月，团市委联合市教育局、市学联深入开展东莞市十八岁成人教育活动。10月20日，举行东莞市十八岁成人教育系列活动之东莞市中学生2010年成人礼，全市高中学校领导、团委负责人以及东莞中学松山湖学校师生、家长共约1200人参加活动。

【青少年军事夏令营活动】 2010年7月29日—8月1日，联合东莞广播电视台、东莞军分区政治部、市教育局、市关工委、市文明办、市学联举办2010"重走东纵路"东莞青少年军事夏令营活动。来自全市12所高中的96名东纵小战士在五天四夜里横跨7个镇街，接受"投身革命定向比赛"等10大竞技项目挑战，感受"国庆阅兵式训练项目"等5大体验项目，并走进"东纵纪念馆"等8大爱国主义教育基地。

【少先队】 2010年6月1日，团市委举办2010年东莞市"六一"关爱新莞人子女手拉手活动。6月1日—2日，中国少年先锋队第六次全国代表大会在北京召开，新莞人子女代表、东莞市光明小学少先队员段正文同学作为东莞唯一的少先队员代表参加会议并获得总书记胡锦涛亲切接见，与总书记胡锦涛牵手共同游览科技馆。10月14日，举行东莞市庆祝中国少年先锋队建队61周年暨"红领巾迎亚运"主题队日活动，举办《东莞少年》"红领巾迎亚运征文比赛"。

（叶凤娟）

附：2010年共青团东莞市委领导名录

书　记：陈慧贞

副书记：叶淦奎　李　纲　何学文

工商联

【概况】 截至2010年，东莞市工商联（总商会）共有镇街商会32个，行业商会1个，会员3991名，有12个基层商会建立党支部，251个会员企业建立党组织，564个企业建立工会组织。有3家会员企业成功上市。会员中担任全国人大代表1人，省人大代表3人，省政协委员12人，省工商联常委12人，执委8人，市人大代表26人，市政协委员73人，市工商联执常委320人。有100名以上企业家获得市以上表彰。会员企业中有中国名牌产品13个，中国驰名商标9个，国家免检产品34个，广东省名牌产品、著名商标160个。市50强民营企业中会员企业占32家，50家优秀民营企业会员企业占41家。东莞市9家登上广东省企业百强榜的企业有8家是工商联会员企业。

【参政议政】 2010年，市工商联的人大代表、政协委员分别向各级人大、政协提出议案37份，提案27份；市工商联及各基层商会向各级党政部门提出建议40份，其中被采纳或引起重视的有30份，报送情况反映、专题信息150份，较好地履行参政议政职能。

【商会实力增强】 2010年，市工商联基层组织建设不断加强。会员队伍不断壮大，共发展会员278个。商会制度化、规范化、科学化水平不断提高，东坑商会荣获“全省县级工商联组织建设成绩突出单位”奖。商会文化进一步活跃，先后成立东莞市工商联（总商会）常平商会艺术团、麒麟醒狮团、东莞市工商联（总商会）大朗商会篮球队、东莞市工商联（总商会）大朗商会歌舞团、东莞市工商联（总商会）高尔夫球队，东莞市工商联（总商会）东坑商会曲艺团等文化艺术、体育组织，开展丰富多彩的文体活动，活跃商会和企业文化。其中，常平商会艺术团在2010年第二届新粤商大会文艺汇演中荣获银奖。

【为会员服务办实事】 2010年，市工商联与基层商会联合举办培训班50个，参加人数达1861人次，举办学习会、座谈会93次，参加人数2214人次，举办讲座、研讨会59次，参加人数1153人次。维护会员合法权益，协助会员解决经济纠纷53起，涉及金额2358万元；协助会员申报民营科技企业45个、科技项目86个；协助18个企业申请自营进出口权；为会员企业办理出国出境证照112人次；为会员企业融资7亿元。通过《东莞民企》、《情况简报》和东莞商会网，及时向东莞市委、市政府和会员企业反映工作情况，提供经济信息，推介企业发展经验。

【开展社会公益活动】 2010年，市工商联积极发动基层商会、会员参与光彩事业、扶贫、社会教育基金、文化体育、拥军等各项社会公益活动。全年发动数百家会员企业，捐赠金额超过1.4亿元，仅首届“东莞慈善日”就发动企业家捐款1.047亿元。认真组织开展市内扶贫帮困工作，重点组织民营企业家开展对全市农村住房困难户的帮扶工作。

【军民共建】 2010年，市工商联积极发动基层商会和会员企业开展非公经济组织与部队军民共建工作。继市工商联与市边防检查站签订共建公约以来，有22个镇街商会和31家会员企业与驻莞部队签订共建公约，建立健全共建机制，开展丰富多彩、形式多样的共建活动，较好地完成市委市政府部署的发动非公经济组织与部队开展军民共建工作任务。

【对外交流】 2010年，市工商联进一步加强与国内外工商界的联系，广泛开展交流活动。全年市工商联及各基层商会共出访组团51个，出访人数988人次；接待国内外、境内外访问团4个，50人次；与25个工商社团建立友好联系；组织参加各种商务考察、贸易洽谈、展销会等各种经贸活动211人次；组织前往韶关产业转移园等地考察，共签订各种投资项目、合作协议18个；协助政府招商引资，引进项目25个。

【评选第三届和谐会员企业】 2010年，市工商联注重教育引导企业家树立尊重员工、以人为本、人文管理的理念，重视和谐企业文化建设。开展第三届和谐会员企业评选表彰活动，评出108名和谐会员企业，利用评选表彰平台，树立典型，营造争创和谐的文化氛围，发挥工商联在构建和谐劳资关系中的作用。（李红艳）

附：2010年工商联领导名录

主　席：张玉其
党组书记、副主席：卢寿维
副主席兼秘书长、党组成员：何伟光
副主席、党组成员：梁德堂

驻穗联络

【信访】 2010年，驻穗办推动信访工作“三到位”：信访信息掌握到位、大规模信访处理及时到位、后续跟踪协调处理到位。协助处理东莞市群众越级到省上访的接待、接访、疏导、劝返工作；配合做好省十一届人大三次会议、省政协十届三次会议及省委十届六次、七次全会的驻会信访工作；承担广州亚运会期间东莞市驻穗信访工作组具体工作；编撰《信访专报》。

【协作】 2010年，驻穗办协助市有关部门开展招商引资工作。配合东莞市5月赴京招商工作，通过天津驻穗办协调天津市政府配合组织天津商会赴京参加东莞市北京招商会；协助石排镇组织32个驻穗机构赴该镇考察；及时收集东莞市企业用工紧缺情况，向四川、江西、河南等劳动力输出大省驻穗办提供相关信息；参加广州博览会、亚运广州巡城、广州天河区沙东新城社会主义新农村建设调研等活动。

【信息工作】 2010年，驻穗办搜集各地产经动态，向市报送《广州信息》26期85条，市委办《工作交流》刊发10条，市委政研室《东莞调研》刊发3条。在穗广泛宣传东莞市发展成就，向广州市协作办和全国驻穗机构信息协会报送《东莞信息》54期579条、采用245条。

【会务接待】 2010年，驻穗办接待东莞市领导和有关人员来穗公务、会议、学习537人次。省“两会”及省委十届六次、七次全会期间，驻穗办协助做好与会代表、委员等的会务后勤服务工作。

【承担研究会日常运作】 东莞社会经济发展研究会（以下简称研究会）办公室设在驻穗办。2010年，协助举办2009年年会；优化研究会成员结构，吸收31名中青年骨干专家入会；协助市档案局对入选东莞市名人库的48名研究会会员个人档案资料采集以及在穗举行“名人证书”授予活动；协助研究会开展联络、联谊、咨询、服务等工作24项；协助举办2010年年会，省市有关领导及研究会会员逾400人参加年会谊。（赵小克）

附：2010年东莞市人民政府驻广州办事处领导名录

副主任：司　琪

驻京联络

【概况】东莞市人民政府驻北京联络处（以下称“驻京联络处”）是市派驻北京的办事机构，于1991年7月24日经北京市人民政府批准设立。2009年，市根据产业结构调整和转型升级发展需要，决定进一步强化驻京联络处职能，在政府机构改革中保留该机构，并经省政府及省机编办批复，将驻京联络处定为正处级行政单位，直属市政府管理。2010年，国务院全面规范清理驻北京办事机构，根据国办发〔2010〕8号文要求，市政府积极向省政府申请保留市驻京联络处，获省政府及北京发改委核准，东莞市人民政府驻北京联络处最终得以保留。市驻京联络处的主要职能是：负责加强与中央各部门的联系和协调，收集、交流、提供有关信息，开展招商引资和经济协助活动；负责联络、团结、发动莞籍旅京人士为家乡建设服务，协助承办“东莞建设研究会”事务；协助市有关部门在北京办理事项；负责市领导和有关部门赴京公干人员接待；协助有关部门协调处理市越级到京上访事件；承办市委市政府交办的其他事项。驻京联络处内设综合科、信息科两个机构，行政编制8名。2010年12月15日，驻京联络处办公楼正式启用。

【招商引资与经济协助】2010年，驻京联络处结合市经济社会双转型及建设文化名城等发展思路，发挥在京信息优势，把招商引资和经济协助放在突出位置做好做实，先后协调多个项目，其中有3个项目取得阶段性成果。一是与中国工程物理研究院（简称中物院）合作。10月，由驻京联络处牵头，会同市三大园区及科技局、财政局、经信局、大岭山镇等单位赴四川绵阳中物院进行为期3天的考察，就合作建设技术转移平台等6个项目进行洽谈。其中，大岭山镇与中物院签订合作框架协议。二是与台湾两岸生技与医材工作小组及世针联秘书处合作。市政府就该项目专门成立由常务副市长冷晓明任组长的领导小组，加强与台湾生技与医药产业的交流。三是协调赵泰来博士向市捐赠一批艺术藏品。为配合东莞市打造“文化名城”发展战略，驻京联络处积极协调，促成英籍华人、收藏家赵泰来博士来莞考察并得到市人大常委会主任、市委书记刘志庚的接见。市为此成立“赵泰来捐赠艺术藏品协调领导小组”，具体协调有关捐赠事宜。

【政务接待】驻京联络处充分利用自身地域优势和人脉优势，为市进京办事人员创造便利。如2010东莞（北京）投资推介会和拜访有关央企以及咨询申请“较大的市”、协调市举行亚运会举重项目事项、申报“国家环保模范城市”、商议公开发行《东莞转型》等，联络处都积极配合，做好后勤保障、服务协调、联络传递等工作。2010年，驻京联络处共接待中央部委及来莞人士，赴京公干、培训或考察的有关领导及部门人员，前来开展各项交流活动的有关行业协会（商会）、社区、企业相关人员共423批2859人次。

【城市宣传】驻京联络处十分注重东莞城市形象的推广。2010年，联络处加强与中央媒体的合作，发挥其正面宣传作用，营造良好的舆论氛围。一是与《小康》杂志社合作开通“中国小康网东莞频道”。每天刊出多条东莞动态，被新浪、腾讯等门户网站广泛转载，在正面宣传东莞方面发挥重要作用。12月，在《小康》杂志社主办的“第五届中国全面小康论坛”上，驻京联络处协助东莞市上报材料，东莞成功获评“中国全面小康特别贡献城市”。二是协助市委做好对人民日报等中央媒体的信息报送工作。其中，《广东东莞十项措施防传统发展模式复归》、《广东东莞倾力打造“四大特色文化名城”》等两条信息被人民日报采用并刊发至省部级内参，引起较大反响。

① 2010年5月21日，市委书记、市人大常委会主任刘志庚一行赴京考察驻京物业
② 两会期间，全国人大代表、市长李毓全慰问北京东莞建设研究会在京莞籍老同志

【信访维稳】2010年，驻京联络处协助省、市信访部门做好在京信访协助工作。一方面，充实信访工作人员，落实专人负责，科学安排值班，建立“领导带班、干部值班”的值班制度。另一方

面，密切与省驻京办、省驻京信访工作组、市信访局以及镇街的联系，确保日常沟通顺畅，处理上访事件时能上下联动、协调一致。2010年，驻京联络处共妥善处理信访事件12起，其中未形成上访9起，正常上访2起，非正常上访1起2人次。在9月北京举行的广东省驻京信访工作会议上，东莞市驻京信访工作受到省表扬。

【凝聚莞人】驻京联络处以关注家乡、热爱家乡、服务家乡为主题，团结在京莞籍乡亲、莞籍企业，让身在北京的莞人感受家乡的关爱、政府的支持。2010年，驻京联络处协助北京东莞建设研究会开展各项工作，全年共参加建设研究会组织的各类活动近10次，包括年会、小组联谊会、大学生灯光会、纪念袁崇焕大将军的扫墓活动等。2010年建设研究会的换届选举，驻京联络处从资金到人员都予以大力支持。驻京联络处积极弘扬莞籍人士在京打拼的奋斗精神，联合东莞电视台、建设研究会完成“东莞人在北京”的专题宣传片第一辑的摄制和播放，社会反响热烈，东莞中学借此作为激励在校学生努力学习的教育材料。

【成立北京东莞商会】2010年上半年，驻京联络处先后对187家在京莞籍企业进行初步摸底并与他们进行沟通，9月初，专门组织成立北京东莞商会筹备小组，策划筹建方案，提供筹建经费，与省驻京办、省商会沟通联络，争取北京社团办的支持。北京东莞商会于12月14日正式成立，拥有会员50余家，会员遍布莞籍人士在京的各个行业。（梁　馨）

附：2010年东莞市人民政府驻北京联络处领导名录

主　任（兼）：刘学聪
副主任（聘）：殷　云

①　2010年9月4日，市政协主席刘树基考察参观驻京物业，对驻京物业的选址及装修情况给予充分肯定
②③　2010年12月15日，东莞市人民政府驻北京联络处办公楼启用及北京广东企业商会东莞分会成立揭牌仪式举行，广东省人民政府副秘书长兼省驻京办主任李红军、东莞市人民政府副市长邓志广、东莞市副秘书长兼驻京联络处主任刘学聪等领导和嘉宾出席仪式并合影留念

莞港经贸合作

THE ECONOMIC AND TRADE COOPERATION BETWEEN HONGKONG AND DONGGUAN

- 在莞港企转型升级联系会议
- 莞港合作开拓国际市场
- 莞港联合提升企业生产力
- 莞港联合推动来料加工企业转变形态

麻涌镇新沙港

编辑：胡晓静

莞港经贸合作

【概况】 东莞与香港历史同源、地缘相近、人文互通，两地经贸合作源远流长，关系密切。1978年，东莞与港商合作开办全国第一宗来料加工项目——太平手袋厂。港资企业在东莞主要从事电子通信设备制造、纺织服装、塑料制品、玩具、金属制品等行业。截至2010年，东莞累计吸收港资项目8444宗，占全市外商投资项目的60.2%，合同吸收港资393.9亿美元，占全市合同利用外资总额的62.0%；实际利用港资271.0亿美元，占全市实际利用外资总额的50.0%。其中，投资总额超1000万美元的港资企业有550家，涉及的总投资金额200亿美元，投资总额超亿美元的有21家，其中包括伟易达集团、新科集团、理文造纸集团等。

【莞港经贸往来】 2010年，东莞新签港资项目515宗，同比增加134宗，占全市外商投资项目的59.3%，合同吸收港资13.76亿美元，同比增长49.38%，占全市合同利用外资总额的53.0%；实际利用港资14.85亿美元，同比增长6.55%，占全市实际利用外资总额的54.4%。其中，新签或增资超过1000万美元的港资企业有39家，投资总额13.0亿美元，占全市新增投资总额的48.0%。新签港资服务业项目64宗，合同利用港资1.4亿美元。截至2010年，东莞共设立CEPA项目下服务贸易项目13宗，全部来自香港，累计投资总额7829万美元，注册资本3658万美元，主要涉及仓储、企业管理服务、咨询、交通运输、广告和零售等行业。2010年，东莞与香港外贸进出口226.8亿美元，同比增长26.6%，占全市的进出口总额的18.7%。其中，对香港出口219.8亿美元，同比增长25.9%，占全市出口总额的31.6%。东莞出口300强企业中，港资企业有110家，出口总额122.0亿美元，占出口300强企业出口总额的30.0%。

【在莞港资企业转型升级联席会议】 2010年3月15日和12月22日，东莞市政府与香港驻粤办、香港贸易发展局、香港四大商会（香港工业总会、香港总商会、香港中华总商会、香港中华厂商联合会）在香港举办2次在莞港企升级转型联席会议，组织相关职能部门解读政府扶持企业升级转型的政策和优惠措施，同时听取商会组织对政府帮扶措施的诉求。东莞市副市长江凌，东莞市外经贸局、黄埔海关、人力资源局、国税局等部门负责人出席会议。

【莞港合作开拓国际市场】 2010年，东莞与香港贸易发展局合作组织东莞企业参加44场国内外展览会，在重要展览会上设立东莞品牌产品专区，提高企业产品知名度。6月25日，东莞市外经贸局联合香港商务及经济发展局、香港贸易发展局、香港设计中心在虎门举办“服装设计与品牌营销策略研讨会”，汇聚香港服装设计精英，为东莞服装制造企业提供最新服装设计思想和潮流信息，搭建服装企业与香港知名设计公司合作平台。

【莞港联合提升企业生产力】 2009年，东莞市外经贸局与香港生产力促进局签署《推动在莞港资企业升级转型合作框架协议》，延伸香港“升转一站通服务计划”，为在莞港企提供生产力提升基本评估、深入评估、专项辅导等服务。截至2010年，累计为120家港资企业提供转型升级专业评估和辅导。2010年11月23日，东莞市外经贸局联合《东莞日报》、香港生产力促进局在松山湖共同举办“冲破传统——东莞加工贸易转型升级先锋论坛（第六期）——莞港合作提升生产力”会议。

【莞港联合推动来料加工企业转变形态】 2010年1月22日，东莞市外经贸局联合香港罗兵咸永道会计师事务所、东莞海关、东莞市国税局、东莞市外管局在东莞举办来料加工企业转型后香港公司税务安排研讨会，全市150家重点来料加工企业高级管理人员、财务人员及32个镇街外经办主任共350人参加研讨会。12月21日，东莞市外经贸局联合香港华人会计师公会、黄埔海关、东莞市国税局在香港会议展览中心演讲厅举办“港资企业于东莞从来料加工转为三资企业之安排及税务细则之讲座”，介绍东莞推动来料加工企业转变形态的最新政策、税务处理和海关操作等问题，近250名香港会计师参加讲座。

（杨　荣　王颂辉　刘晓明）

东莞市投资总额前30名港资企业

单位：万美元

序号	企业名称	行业名称	经营范围
1	东莞时力科技电子厂	电子元件及组件制造	软线路板半成品，线芯擢片半成品，电脑磁头，磁臂组合，喷墨打印头，磁盘，激光打印头，光盘头，硬盘驱动器、电子及电脑周边零部件等
2	广东理文造纸有限公司	机制纸及纸板制造	生产和销售高档纸及纸板（新闻纸除外）。
3	东莞海龙纸业有限公司	其他纸制品制造	生产和销售高档纸及纸板（新闻纸除外），在境内组织收购生产所需废纸作原料自用。
4	东莞天龙纸业有限公司	其他纸制品制造	生产和销售高档纸及纸板（新闻纸除外）。
5	东莞玖龙纸业有限公司	机制纸及纸板制造	生产和销售高档纸和纸板（新闻纸除外），在境内组织收购生产所需废纸作原料自用。
6	东莞德永佳纺织制衣有限公司	棉、化纤纺织加工	生产和销售高档织物面料的织染及后整理加工（含高档染整布、高档色布、高档针织胚布、高档染整色纱等产品和织前生产工序）。设立研发中心，从事针织布、色纱的研究和开发。
7	东莞地龙纸业有限公司	机制纸及纸板制造	生产和销售高档纸及纸板（新闻纸除外）。
8	广东虎门大桥有限公司	公路管理与养护	共同建设、经营和管理虎门大桥及有关配套设施与桥下铺项目。在大桥工程沿线经营停车场、机动车维修站、客货汽车站、快餐店、餐厅、广告、公共汽车、加油站项目（另行报批）。

续上表

序号	企业名称	行业名称	经营范围
9	东莞生益电子有限公司	电子元件及组件制造	生产和销售新型电子元器件（新型机电元件：多层印刷电路板），从事非配额许可证、非专营商品的收购及出口业务。
10	东莞美维电路有限公司	电子元件及组件制造	生产和销售新型电子元器件（新型机电元件：多层印刷电路板，高密度互连积层板：多层、高密度印刷电路板）。
11	东莞建晖纸业有限公司	机制纸及纸板制造	生产和销售高档纸（新闻纸除外），废纸收购（限公司自用）。
12	东莞理文造纸厂有限公司	其他纸制品制造	生产和销售纸及纸制品（不含卫生纸，生产所需原材料的废纸在国内采购）。
13	东莞厚街爱高电子总厂	其他电子设备制造	收录放机.
14	东莞伟易达电子厂	玩具制造	电子玩具、数码相机、填充玩具
15	东莞发展控股股份有限公司	电子元件及组件制造	东莞高速公路的投资、建设、经营。
16	广东生益科技股份有限公司	电子元件及组件制造	生产销售覆铜板和粘结片、印制线路板、陶瓷电子元件、液晶产品、电子级玻璃布、环氧树脂、铜箔、电子用挠性材料、显示材料、封装材料、绝缘材料，自有房屋出租。从事非配额许可证管理、非专营商品的收购出口业务。提供产品服务、技术服务、咨询服务、加工服务和佣金代理
17	东莞清溪晶达电子制品厂	电子器件制造	电子制品 塑胶 五金制品 移动电话
18	东莞中电新能源热电有限公司	电力供应	天然气发电站的建设、经营。
19	东莞虎门电厂	火力发电	生产和销售电能。
20	东莞冠亚环岗湖商住区建造有限公司	房屋工程建筑	兴建环岗湖商住区、商品零售。
21	东莞凤岗三和盛科技电子厂	其他电子设备制造	计算机及周边设备、仪器、仪表、音响器材、通讯器材、塑胶制品、集成线路板贴装
22	东莞创纪房地产开发有限公司	房地产开发经营	在东莞市石龙镇方正东路东南侧地块从事“石龙奕翠园商住区”的开发、兴建、销售、出租及其物业管理（涉限项目除外）。
23	东莞深赤湾港务有限公司	其他仓储	公用码头的建设、经营、货物仓储（不含危险品）及配套服务。
24	前锋数码技术（东莞）有限公司	记录媒介的复制	生产和销售可录光盘。
25	华润雪花啤酒（广东）有限公司	啤酒制造	生产和销售啤酒及副产物。
26	东莞晶威光电科技有限公司	光电子器件及其他电子器件制造	生产和销售发光效率50lm/W以上高亮度发光二极管（LED单晶棒、LED蓝宝石衬底、LED发光二极管晶粒）、发光效率50lm/W以上发光二极管外延片（蓝光）、发光效率50lm/W以上且功率200mW以上白色发光管，设立研发中心：从事LED相关产品、技术的研究、开发。
27	东莞王氏港建电子有限公司	其他电工器材制造	生产和销售电视游戏机（不含电视机）、万用摇控器、电子日记本、图文传真机、电子保安设备、镭射组合音响、车用无线对讲机、电话机、安全气囊及其他汽车电子设备系统，数字音、视频编解码设备（数字音频放大器），电子专用设备、测试仪器（移动检测系统、电表集中控制器、ATM
28	东莞新能源科技有限公司	电池制造	生产和销售高技术绿色电池（锂离子电池、燃料电池），并提供上述产品的售后服务。
29	深南电（东莞）唯美电力有限公司	其他能源发电	天然气发电站的建设、经营。
30	东莞深能源樟洋电力有限公司	火力发电	天然气发电站的建设、经营。

莞台合作

THE COOPERATION BETWEEN TAIWAN AND DONGGUAN

厚街镇康乐南路

莞台合作

【概况】2010年，在两岸签订经济合作框架协议（ECFA）的利好背景下，东莞市深入贯彻落实“稳增长、调结构、促转型”各项工作部署，积极推动台资企业转型升级，扩大深化莞台经贸合作交流，加强台资企业融资服务，全市台商投资经营呈现“稳定增长、结构优化、转型深入”的积极态势。全年新签台商投资项目258宗，同比增长203.15%；合同利用台资8.06亿美元，同比增长115.89%，实际利用台资8.23亿美元，同比增长2.36%；台资企业进出口额460.94亿美元，占全市外资企业进出口总额38%，其中出口274.72亿美元，同比增长31.1%，进口186.22亿美元，同比增长36.7%。寮步铨讯电子厂年出口额超17亿美元，是全市出口最大的外资企业，黄江精成科技电子厂和石碣东聚电子厂是全市出口额前十强外资企业；东城徐记食品公司年纳税额超4亿元，是全市纳税额前十强和全国纳税前一百强外资企业。截至2010年，全市累计引进台资企业6000多家，正在经营4200多家，合同利用台资161.39亿美元，实际利用台资140.76亿美元，投资总额超千万美元的台资企业270多家。

【华建敏来莞开展《台湾同胞投资保护法》执法检查】2010年1月15—16日，全国人大常委会副委员长华建敏率全国人大常委会执法检查组来莞开展《台湾同胞投资保护法》执法检查。检查组主要听取东莞市委、市政府及相关部门的工作汇报，实地考察台资企业,与台商代表座谈，并向广东省政府反馈执法检查的初步意见。省政府副省长万庆良和市领导刘志庚、李毓全、张继雄、江凌、张顺光等分别参加汇报会或参访活动。华建敏充分肯定东莞市台胞投资权益保护工作取得的成绩和广大台商多年来对大陆经济社会发展作出的贡献，表示将高度重视并要求有关部门跟进处理台商反映的意见和建议，在修订《台湾同胞投资保护法》时考虑予以采纳。

【王毅在莞提出两岸关系发展三个关键词】2010年12月16—17日，国台办主任王毅在省委常委周镇宏和省台办主任陈国兴陪同下来莞出席东莞市台商投资企业协会第八、九届会长交接典礼暨十七周年庆典系列活动，东莞台商大厦封顶仪式，东莞“大麦客”商都成立典礼以及东莞台商子弟学校10周年校庆等。市领导刘志庚、李毓全、黄双福、江凌、邓志广、钟淦泉等分别会见。17日，王毅在东莞台商协会庆典晚宴讲话中提出两岸关系和平发展三个关键词：有序发展、稳定发展、良性发展，并指出将继续按照先易后难、先经后政的基本思路，循序渐进地推进两岸关系，认真贯彻落实两岸经济合作框架协议（ECFA），不失时机地启动ECFA的后续商谈，争取尽快签署两岸投资保障协议，并大力开展文化、教育等各个领域的交流与合作，始终保持两岸关系发展的正确方向和不断向前的势头，要相互释放善意，相互展示诚意，加强两岸良性互动，实现两岸同胞互利共赢。

【周镇宏来莞调研对台工作】2010年11月10日，广东省委常委、省委统战部部长周镇宏在省台办主任陈国兴陪同下，莅莞调研对台工作。东莞市委书记、市人大常委会主任刘志庚热情接待，并汇报东莞台资企业发展及莞台交流情况。周镇宏充分肯定东莞市在促进台资企业转型升级方面所做的工作，并指出东莞台胞众多、台资企业聚集，在粤台经贸文化交流中具有重要作用。东莞市大胆创新，通过各种方式帮助台资企业克服国际金融危机影响、加速转型升级，并积极开展各项对台交流，积累了许多好经验。周镇宏与叶春荣等20多位台商代表举行座谈，并称赞东莞市台商协会是全国“最有活力、最有实力、最有作为”的台资企业协会，不仅广泛维系台商、服务会员，积极沟通政府与企业，而且全力配合东莞市委、市政府工作，帮助台资企业转型升级、开拓内销市场，为粤台经贸文化交流作出重要贡献。

【“2010年东莞台湾名品博览会”举办】2010年4月22—25日，东莞市政府与台北世界贸易中心联合主办的“2010年东莞台湾名品博览会”在东莞国际会展中心举行。此次博览会设置展位1100个，其中东莞台商企业展位600个，台湾本土企业展位500个；有400多家厂商参展，东莞和台湾各占一半；展出超过2万项台湾优质商品及服务。吸引约34.6万人次参观采购，创造的总商机达19.4亿元人民币。有效促进莞台经贸文化交流，推动台资企业开拓内销市场，为市台商协会“大麦客”公司的成功运营打下基础。

【台湾继续成为东莞市亚洲招商引资工作重点地区】2010年9月1日，东莞市下发《关于继续把台湾地区作为我市亚洲招商引资工作重点问题的通知》。通知指出台湾地区工业企业规模大、研发实力强、投资积极活跃，很多在莞台企在台湾很有影响力；要求继续把台湾地区作为东莞市亚洲招商引资工作的重点，注重引导莞企与台企相互嫁接，带动本土企业发展，大力推动已签订投资协议的项目尽快落实，进一步做好对在莞台资企业的服务工作。

【松山湖台湾高科技园开园】2010年11月21日，松山湖台湾高科技园开园暨联胜项目启动仪式在松山湖举行，中共中央政治局委员、广东省委书记汪洋，省委常委、省委秘书长徐少华，副省长刘昆，国台办经济局局长徐莽，省台办主任陈国兴，以及市领导刘志庚、冷晓明、江凌等出席。汪洋会见第三批台湾高科技企业考察团，亲自为东莞推介投资环境和产业优势，鼓励台商抓住机遇到松山湖投资发展高科技项目。

当天，联胜液晶显示器项目和台湾洲磊科技LED项目同时启动，前者由手机用面板市场占有率连续两年居全球第一的台湾胜华科技投资，后者是广东省最大的LED投资项目。其中联胜液晶显示器项目占地475亩，总建筑面积超过57万平方米，首期投资37亿元，总投资达160亿元，计划开发厚度为0.7毫米、重量为87克的第三代触控面板。

【虎门港加强对台港口合作】2010年3月31日，虎门港沙田港区对台直航正式开通，为东莞企业提供周班服务。沿线挂靠港口主要有基隆、台中、高雄等。经该航线，东莞货物2天可直达台湾，企业物流成本降低15%—30%。7月8日，东莞市副市长邓志广率团赴台考察，促使虎门港与台湾基隆港签署两港对接合作协议，双方就保税物流中心和自由贸易区等九大方面展开对接合作，促进两地港口双向货物快速流转，实现产业联动和资源共享。

【台资企业转型升级诊断辅导进展顺利】截至2010年，东莞市台商协会转型升级联合服务处诊断企业360家，深度辅导86家。企业获利平均增加7%，用工减少10%，产量平均提高13%，减少经营成本与加快资金流动等带来的直接效益达7亿多元。200多家参加东莞台湾名品博览会的企业在半年内实现内销5.3亿多元，接受辅导的企业内销额新增13.7

亿元，内销新增共19亿元，占全市台资企业内销新增额的10%，创税新增近4亿元。12月16日，台资企业转型升级辅导成果发表会举行，展示台企接受辅导后在开展内销、技术改进、创新产品等方面取得的良好成效。市领导刘志庚、李毓全、黄双福、江凌、钟淦泉等参观成果展览并给予高度肯定。成果发表会使更多企业了解转型升级辅导的内容、形式、作用和效果，并积极参与转型升级诊断辅导计划，加快企业转型升级步伐。国台办经济局、全国台企联均表示东莞市对台资企业转型升级作出有益探索，要在全国推广东莞经验和做法。

【台湾玉山银行东莞代表处成立】2010年5月27日，台湾玉山银行东莞代表处举行揭幕典礼，成为继富邦银行（香港）之后第二家在东莞成立代表处的台资银行。东莞市委常委、常务副市长冷晓明和玉山银行董事长曾国烈等领导嘉宾出席。玉山银行成立于1992年，在台湾有分行122家，并在美国洛杉矶、中国香港和越南等地设立分行或代表处。玉山银行在服务中小企业融资方面富于经验，将为东莞中小企业提供融资、资金流管理等相关服务。

【东莞劲胜精密组件股份有限公司在深交所创业板上市】2010年5月20日，东莞劲胜精密组件股份有限公司通过中国证监会评审，正式在深交所创业板挂牌上市，成为首家在大陆创业板上市的台资企业。该公司创立于2003年，位于长安镇上角村，注册资本7500万元人民币，公司董事长为台湾同胞王九全。主营业务为消费电子领域精密模具及精密结构件的研发、设计、生产及销售等。

【“转型升级——台资企业品牌经验研讨会”在莞举办】2010年4月13日，全国台湾同胞投资企业联谊会在莞举办“转型升级——台资企业品牌经验研讨会”。皇冠企业集团、晋亿实业股份有限公司、威盛电子、艾美特电器(深圳)有限公司、东莞徐记食品有限公司等负责人分别就品牌建设、经营模式和发展方向等专题与参会的300多位台资企业负责人分享经验。国台办经济局局长徐莽要求台商主动顺应经济发展趋势，加大创建自有品牌力度，积极开拓大陆内销市场。

【“东莞台资企业专场招聘会”在鄂举办】2010年5月22—23日，东莞市在湖北武汉、荆州等地举办“东莞台资企业专场招聘会”。台达电子、国巨电子、富港电子等30多家知名台资企业参会，提供近千个高薪岗位，吸引5000多人前来应聘，参会企业均反映效果良好。此次招聘会有效引进台资企业发展高新技术和现代服务业所需要的人才，较好地协助台资企业解决高端人才紧缺问题。

【在莞台湾居民可自愿参加社会保险】2010年7月1日起，在东莞市就业的台湾居民可自愿参加社会保险，险种涵括社会基本养老保险、社会基本医疗保险、失业保险和工伤保险等。

【莞台交流蓬勃发展】2010年，莞台各项交流持续频繁热络，呈现出全方位、多层次、机制化的特点。莞台交流规模持续扩大，全年赴台交流600多人次，企业员工赴台培训、商务1000多人次，接待台湾来莞交流500多人次，经东莞各口岸出入境的台胞超过20万人次。交流领域继续拓宽，党政、教育、环保、青少年、新兴产业、农业、港口、客家文化、城市管理等领域交流活跃，经贸交流主轴突出。交流层面不断深入，东莞市委书记刘志庚多次在莞接待台湾政商界知名人士；市长李毓全、市委常委江凌率团赴台参加“台湾·广东周”活动并取得丰硕成果；市领导黄双福、冷晓明、李小梅、梁国英、邓志广分别率团赴台交流考察，促进莞台在党务、科技、农业、环保、港务等方面交流合作；松山湖、虎门港和多个镇街组团赴台考察招商，跟踪落实投资项目。莞台在农业、港口、媒体、青年等领域的交流机制逐步完善。高层交流频繁，吴伯雄、江丙坤、蒋孝严、曾永权、王志刚等台湾政商界知名人士，分别在台接待东莞市领导或来莞参访交流。交流有效加强莞台间人员互动，增进两地民众情感沟通。

李毓全率队赴台参加“台湾·广东周”。2010年8月16—22日，广东省政府组织代表团赴台开展“台湾·广东周”系列活动，市领导李毓全、江凌率东莞市分团参加。活动期间，东莞分团访问台达集团、光宝集团、金宝集团、华新丽华集团、宝成集团、胜华集团、联电集团、台升集团等8家高科技龙头企业，玉山金控、富邦金控等2家金融机构，以及台湾电机电子工业公会、生产力中心、物流协会、桃园职训中心等4家产业服务机构；拜见中国国民党荣誉主席吴伯雄、海基会董事长江丙坤等知名人士；参观基隆、苗栗和桃园等县市以及新竹科技园、高雄港等园区。此次活动扩大莞台经贸合作，促成商品采购11项共78.88亿元，引资增资项目20个共31.28亿元；签订《东莞市与苗栗县农业合作意向书》，着力加强资源、技术、资金、人才、市场等方面合作，促进与苗栗农业对接；增进莞台两地党务和民间交流，加强东莞市对台宣传推介，坚定台商转型升级信心。

莞台农业交流合作。2010年9月19日，苗栗县农会代表来莞考察农业，参观市农业产业示范园区，并与东莞相关企业代表商讨合作事宜。10月12日，台湾苗栗县农会理事长郭明宪一行来莞与金开喜公司签署合作协议，加强农业种植、农产品深加工及农产品物流展销等方面合作。11月19日，东莞市副市长李小梅率农业交流团赴台，实地考察苗栗、彰化、南投等地农业，进一步深化落实两地农业合作项目，东坑金开喜农业公司与苗栗县农会签订代销农产品协议。

莞台两地高端茶文化品鉴会。2010年1月8日，东莞市在大岭山镇举办首届莞台两地高端茶文化品鉴会。此次品鉴会邀请莞台两地30多家茶商参展，共有200多名来自两岸的茶文化爱好者参加活动，为促进莞台两地茶文化的交流和融合搭建良好平台。

樟木头客家文化赴台交流。2010年9月10—16日，樟木头镇组织东莞市首个客家文化交流团赴台交流，实地考察苗栗县农会及大湖乡农会、苑里镇农会，参观将军牛奶制品厂（县农会自办企业）、大湖乡草莓园区，并与苗栗县农会理事长郭明宪等沟通交流，双方在客家文化交流、农业合作等方面达成多项共识。

莞台青少年交流。2010年5月21日，台湾嘉义国际青年商会会长刘南宏一行来莞交流访问，参观考察台资企业和松山湖高科技园区。6月25日，台湾高雄市西子湾国际青年商会会长吕德宪一行来莞参访交流，与东莞市青年联合会代表、青年企业家代表就如何通过交流促进两地青年互相了解、互相合作进行座谈交流。10月27日，东莞市青年联合会举行第五届委员会第一次全体会议，林子凯、林宪聪、陈佳君、李美英等4名台湾籍青年首次以特邀委员身份出席。4名特邀委员都是在莞投资、扎根发展的台商二代，积极投身社会事业发展，关心两岸青年合作交流，在台商青年中有较高威信和影响。

台湾民意代表来莞参访交流。2010年5月，台湾前“立法委员”赵良燕率高雄县基层民意参访团来莞参观考察，并参访东莞台商子弟学校。赵良燕认为台商子弟学校凝聚两岸无数爱心与包容，使台商在大陆享受到家庭团圆的天伦之乐，并表示十分感谢东莞各级部门对学校的帮助和支持；承诺回到台湾后会向教育部门呼吁，增加对东莞台商子弟学校的补助。9月7日，台湾“立法委员”赖士葆一行来莞，考察东莞市在节能减碳及绿色能源方面的经验及做法。

【中华台北举重代表团来莞参加第16届亚运会举重比赛】 2010年11月13—19日，中华台北举重代表团来莞参加第16届亚洲运动会举重比赛，共派出10名运动员分别参加7个项目的角逐，最终获2枚铜牌，分别是：陈苇绫在女子48公斤级决赛中以总成绩191公斤获得铜牌，王雅珍在女子69公斤级决赛中以总成绩233公斤获得铜牌。

【郭山辉当选全国台企联第二届会长】 2010年4月17日，全国台湾同胞投资企业联谊会（简称“全国台企联”）第二届选举会议在北京召开，会议投票选举东莞台商协会辅导会长、台升家具公司董事长郭山辉为全国台企联第二届会长，东莞台商协会前会长、全国台企联首任会长张汉文当选荣誉会长，东莞台商协会会长叶春荣当选常务副会长。郭山辉表示，在任期内将力邀更多台资企业成为全国台企联会员，致力维护台商在大陆的合法权益，积极推动两岸经贸互动，为两岸关系和平发展贡献力量。

【对台宣传】 2010年，东莞市积极创新对台宣传手段，形式多样，效果显著。在《莞台两地新闻合作意向书》的基础上，建立莞台新闻媒体交流合作机制，推动莞台新闻媒体在新闻采访、栏目互换等方面开展合作；借助东莞台湾名品博览会、“台湾·广东周”等大型活动开展入岛宣传，营造良好舆论环境，推介东莞投资环境和展现台商扎根发展的积极氛围，提升东莞在台美誉度；请台湾媒体刊登专版或制作专题片连续报道活动情况，组织台湾主流媒体来莞采访报道投资环境、建设成就和风土人情，进一步树立东莞在台湾的正面形象。

【对台工作领导小组调整】 2010年9月7日，东莞市下发《关于调整市委对台工作领导小组成员的通知》。调整后，市委书记、市人大常委会主任刘志庚任组长，市领导黄双福、江凌、刘国辉、钟淦泉等任副组长，成员增设市经信局、市委党校、松山湖管委会和虎门港管委会等单位，小组办公室设在市委台办，办公室主任由市委台办主任游匡正兼任。

【松山湖管委会台湾事务局设立】 2010年7月23日，东莞市委、市政府在松山湖现场办公会上决定，在松山湖科技教育局设立专门科室，挂松山湖台湾事务局牌子，人员由松山湖管委会内部调整，待时机成熟再考虑单独设立台湾事务局。松山湖设立台湾事务局负责跟进具体项目、开展对台招商引资、推进台湾高科技园建设、服务园区内台资企业发展等工作。

【全市对台联络员工作会议召开】 2010年12月21日，全市对台联络员工作会议在东坑镇召开，市委台办主任游匡正和副主任陈锡辉、胡国勇及全市对台联络员共90余人参会。会议传达新形势下中央对台工作方针政策和国台办主任王毅来莞考察时的重要指示精神，总结2010年全市对台工作情况，部署2011年全市对台工作任务。东坑镇介绍开展对台工作的情况及经验。会议表彰2010年度全市对台工作先进个人，发放《东莞市对台工作业务手册（2010年版）》、《东莞市赴台湾交流总结材料汇编（2010年下半年）》、《2010年东莞市对台调研材料汇编》等资料，要求对台联络员认真学习、深入贯彻会议精神，不断完善对台服务，优化投资环境，提高素质能力，推动东莞对台工作全面进步。

【东莞市台商投资企业协会】 2010年，东莞市台商投资企业协会有3200多家会员企业和32个镇街分会。该会是全国规模最大、结构最完善、影响力最大的台商协会之一，被国台办主任王毅誉为“天下第一台协”。9月18日，市台商协会举行换届选举，虎门台德兴钢材公司董事长谢庆源当选第九届会长，黄江乔丰徽章礼品有限公司董事长林志猛当选监事长，翟所领、赵金和等9名台商当选常务副会长，吴益祯等24名台商当选副会长。谢庆源表示，新一届协会会务干部将紧紧围绕市委、市政府中心工作，进一步深化产业转型升级、加强人才培训、促进莞台经贸文化融入和推动会务工作信息化进程。

【东莞市台胞台属联谊会】 2010年，东莞市台胞台属联谊会大力发展各年龄层会员，着力招收青少年会员，重点加强莞台青少年之间的交流工作；积极把握两岸经济合作新机遇，充分发挥会员企业资源优势，帮扶企业经营和发展；加强与台北市东莞同乡会及海内外爱国社团联系，不断密切莞籍台湾同胞与家乡的情感联系，促进两地人民交流互访。截至2010年，有会员240多人。

【台北市东莞同乡会】 台北市东莞同乡会会员以随国民党集团去台的军公教人员为主，遍及全台湾并主要集中在台北市。台北东莞同乡会与东莞市台胞台属联谊会联系紧密，连续多年组团回莞参观、访友、寻根，加深莞台同胞的乡情乡谊。同乡会理事长郑安国，曾多次返回虎门镇白沙村寻根祭祖。截至2010年，有会员500多名。

【东莞台商大厦封顶】 2010年12月，东莞台商大厦封顶。大厦位于市中心区域东莞大道东侧火炼树区位，由东莞台商集资逾10亿元人民币兴建。2005年奠基，占地约2.7万平方米，建筑面积28万平方米，大厦地下4层、地上68层，总高达289米，为东莞第一高楼。国台办主任王毅出席台商大厦封顶仪式时表示，台商在东莞奋力打拼多年，为东莞发展做出巨大贡献，台商大厦的建立，向海峡两岸发出明确信息：东莞台商要在东莞深深扎根，并以此为总部，不断发展壮大。

【东莞台商子弟学校】 2010年，东莞台商子弟学校有学生1900多人。12月17日，学校十周年校庆典礼举行，国台办主任王毅、中国国民党副主席蒋孝严、中央驻港联络办副主任黎桂康、省委常委周镇宏和市委常委、副市长江凌等出席。王毅充分肯定学校成立10年取得的成绩，称其是一所充满神奇、充满温馨、充满责任感、充满希望的学校，并勉励同学们要为中华民族的复兴而共同努力。

附：2010年中共东莞市委台湾工作办公室、东莞市人民政府台湾事务局领导名录

主　任（局长）：游匡正
副主任（副局长）：陈锡辉　胡国勇

东莞台商子弟学校

学校董事长叶宏灯出席学生成年礼

校长陈金妆与中学部学生合照

小学部学生参加学校生命力营地课程

东莞台商子弟学校（台校）创立于2000年9月，由广东省教育厅直接管理，举办者是东莞市台商投资企业协会（市台协），创办人是时任市台协会长、现任学校董事长叶宏灯。这是一所公益性学校，建校资金由台商企业、潢涌村等社会各界人士捐助，所收学费全部用回学校日常运营及未来发展，学校董事会负责监督、管理社会公共财产。创办宗旨是培育优质子弟、增进家庭和谐、开展社会公益活动、助推两岸文化交流；办学理念是“全人教育、温馨校园、终身学习”；经营策略是“策略联盟、科技信息、知识管理”。以台湾教育模式办学，前任校长吴灿阳，现任校长陈金妆，师资来自两岸（台湾约占70%）及外国，使用经广东省教育厅、省台办审查核准的台版教材，学历两岸承认。台校是一所包括幼儿园、小学、初中、高中的全日制住宿型学校，2010年有学生1950人。

台校致力于品格第一、均衡发展、教书育人的工作。历年高中毕业生98%升上两岸的大学，其中大多数进入台湾的大学，其中台湾大学、清华大学、交通大学、成功大学、科技大学、淡江大学等；进入大陆大学的有北京大学、清华大学、浙江大学、复旦大学、中山大学、厦门大学等。

这所由海峡两岸爱心人士共同孕育出来的学校，是两岸文化教育交流的一个平台，是联系两岸中华儿女情感的一个纽带，培育的是中华民族融合的种子。台校的建立，客观上优化东莞和珠三角的台商投资环境，为广东经济发展作出一定贡献。台校从筹备、建校到发展，一路得到两岸及广大社会热心人士的支持与帮助。为总结和呈现十年办学成果，并表达对各界厚爱的感谢，台校于2010年12月17日举办创校十周年庆祝大会。出席大会的除台校2200多位师生及1500多位家长外，还有来自两岸四地600多位嘉宾及多个团体，参加人数达4300人。国务院台湾事务办公室主任王毅，国民党副主席蒋孝严在大会上发表讲话、肯定台校的办学成绩和表达对学校、对全体师生的殷切期望。校庆充满“我们都是一家人”的温馨喜庆气氛，充分展现出台校校训“自强不息，厚德载物”的精神。

校庆期间，台校陪同台湾地区教育主管部门负责人参观亚运会相关场馆、大学城和学校；安排台湾教授何福田到东莞实验中学作“三适连环教育”演讲；组织台湾地区实践大学53位学生与广东外语艺术职业学院以及本校学生进行大型艺术交流活动，带领实践大学的师生参观东莞中学和东莞市政建设。

十周年校庆大会

政法

LEGAL SYSTEM

- 预防化解矛盾纠纷
- 构建多元调解机制
- 两级法院审结案件数连续第四年居全省法院首位
- 第二市区人民检察院获“全国先进基层检察院”称号
- 亚运安保

西城楼 （何德和 摄）

编辑：刘 丹

政法综治

【概况】2010年，全市各级政法部门按照中央深入推进三项重点工作的部署，紧紧围绕全市中心工作，以亚运维稳安保为重点，沉着应对复杂多变的国内外环境，进一步解放思想，迎难而上，严打违法犯罪，高调“扫黄禁赌”，狠抓重点整治，圆满完成政法工作各项任务。全市政法综治工作得到省的充分肯定，东莞市被确定为2009—2010年度省社会治安综合治理优秀市，并再次获得广东省社会治安综合治理“长安杯”称号。

【突出亚运安保】2010年，全市各部门、各镇（街道）充分发挥职能优势，广泛应用先进科技手段，多渠道全面收集各类情报信息，深入开展反颠覆、反渗透、反策反、反邪教、反恐怖斗争，切实维护国家安全。尤其是承办亚运赛事的南城街道及周边地区，火炬传递、运动员转场交通沿线镇（街道）全面动员，狠抓落实，形成领导高度重视、各级层层动员、各界广泛参与的局面，构筑了以社会面防控圈、比赛场馆安保圈、转场交通保障线为重点的“两圈一线”，按照“严之又严、细之又细、实之又实”要求，共投入安保工作人员12万人次，社会面巡逻防控警力4.2万人次，圆满完成亚运安保任务。

【预防化解矛盾纠纷】2010年，全市各级政法机关及时开展专项调研，加强应急处突演练，成功化解90多宗因劳资纠纷引发的群体性事件，化解30多宗因征地拆迁引发的群体性事件；针对退伍军人、“寻子联盟”、出租车司机等特殊利益群体反复到有关部门上访的情况，公安、安全等相关部门加强联动，依法合理落实政策，做好解释疏导工作，落实敏感节点的稳控措施，防止敌对势力、境外媒体插手利用。多次召开涉疆涉少数民族维稳工作会议，传达上级涉疆涉少数民族维稳工作精神，组织开展涉疆涉彝维稳工作调研，掌握第一手情况，制定有针对性的工作措施，坚决落实敏感节点的稳控，妥善处置了新疆“7·5”文化衫等多宗涉疆涉少数民族案事件。

【构建多元调解机制】2010年，全市人民调解组织共调解民间纠纷15239宗，调解成功14973宗，调解率100%，调解成功率98%；两级法院受理一审民商事案件以调撤方式结案40163件，调撤率68.1%，同比上升10.9%；通过诉调对接方式调解案件18621件，同比增加9883件；加强法院与交警部门合作，设立全省首家“交通事故巡回法庭”，开创了诉调对接工作的新局面。

【化解涉法涉诉信访案件】2010年，全市各级政法机关突出抓好涉法涉诉信访积案清理、案件评查和办案安全防范检查工作，进一步强化党委政法委执法监督工作职能。全年清理中央、省交办涉法涉诉信访积案151宗，有效化解144宗，书面承诺息诉率95.4%，居全省第一；充分发挥司法及涉法涉诉信访救助资金在化解“骨头”信访积案中的重要作用，全年共办理救助案件144宗，发放救助资金248.9万元，救助286人，在推进矛盾化解和促进社会和谐方面发挥了积极作用。

【综治信访维稳平台建设】2010年，全市各级政法机关将加强综治信访维稳中心、站（室）建设作为夯实综治基层基础的第一抓手，始终坚持高标准、高速度、高质量，始终坚持抓基础、抓规范、抓服务，始终坚持重整合、重督导、重实效，精心打造东莞亮点，综治信访维稳工作平台在调处和化解矛盾纠纷方面作用不断凸显，得到省充分肯定。全市33个综治信访维稳中心、597个村（社区）工作站、132个规模企业（工业园区）工作室全部建成投入使用；各中心、站（室）全年共受理群众诉求19599宗，成功调处18228宗，调处率为93%；全市镇（街道）到市越级上访的批次和人数同比分别下降27.5%和26.8%，为完善集排查、调解各类矛盾纠纷于一体的大综治工作格局和确保亚运平安打下了坚实基础。

【保持严打态势】2010年，全市公安机关组织开展“粤安10”、“创平安、迎亚运”等一系列专项行动，进一步增强打击力度。破获刑事案件18303宗，同比上升26.87%，抓获犯罪嫌疑人14520人，刑事拘留12537人、行政拘留18328人；两级检察院共审查批捕6308件10210人，审查起诉5830件9694人；两级法院共审结刑事案件6388件，结案率99.1%，判处罪犯9114人。

【持续开展重点整治】2010年，全市各级政法机关针对群众反映强烈的治安重点地区和多发性突出治安问题，认真开展专项整治工作。开展重点地区和突出治安问题排查8017次，整治重点地区1881个、突出问题4257个。其中，为确保校园安全，全市各中小学引进专职保安人员4800多名，配备各种安保装备3096套，安装视频监控点8628个。全市共出动各种力量86641人次，排查学校及幼儿园22278间次，对361个重点地段（部位）、257个突出问题进行了整治。

【扫除“黄赌毒”】为加强规范管理，突出打击实效，2010年，市委市政府出台《关于进一步健全打击“涉黄”违法犯罪活动长效机制的意见》、《加强防范和打击赌博工作的意见》和《进一步健全打击娱乐服务场所涉毒违法犯罪活动长效机制的意见》，从制度层面确保整治成效。开展禁赌扫黄“曙光”系列行动，高调打击涉赌涉黄违法犯罪，查处涉赌案件10408宗，同比下降65.77%，查处卖淫嫖娼案件659宗，同比上升37%，缴获赌博用游戏机11349台。继续严厉打击毒品违法犯罪活动，共侦破毒品案件553宗，抓获涉毒犯罪嫌疑人846名，缴获冰毒51.5千克和其他大量毒品及易制毒化学品，共查处娱乐场所及其他公共服务场所291间，责令停业整顿17间；对全市1924家物流、寄递业货品收寄网点进行了禁毒检查，清查取缔无证照营业网点20余家。

【优化社会环境】2010年，东莞市两级法院共审结劳动争议案件24813件，有效保障了劳动者的权益和企业的生存发展；审结人身损害、婚姻家庭等案件15984件，依法保护了公民的人身权和财产权；审结知识产权案件753件，有力促进了企业的自主创新；审结涉外民商事案件1825件，切实优化了外商投资环境；严厉打击破坏市场经济秩序的犯罪活动，加大知识产权的保护力度，市检察院在国家知识产权局等8部委联合开展的2010年世博会知识产权保护专项行动中，被评为全国先进集体。

【提供优质服务】2010年，全市组织各类出租屋清查整治行动1302次，排查消防、治安等各类隐患出租屋3.7万多栋（套），采集出租屋信息29.7万栋（套），录入租住人员信息448万条；积极推行居住证制度，受理居住证362万多份，制发居住证352万多张；稳妥推进新莞人积分制入户工作，受理16489人，完成审核5872人。

【加强社会管理】2010年，全市完成532个社区（村）的兼职消防队建设，配备队员5366名，器材装备6000余件，全面构筑社会消防安全“防火墙”；公安机关工作绩效自动考、执法质量全程考、督察监察全面考“三考合一”和消防部门网上办理业务两项创新成果，在全国公安机关社会管理创新工作座谈会上作经验介绍，获得广泛好评。

【开展教育活动】2010年，全市政法系统坚持开展时事政治教育、专项主题教育，引导政法干警自觉围绕中心任务，廉政高效履职。制定《关于进一步加强全市政法系统党风廉政建设和反腐败工作的意见》，从全局和长远高度指导政法队伍反腐倡廉建设。积极落实上级统一部署的《廉政准则》学习活动、纪律教育月活动、加强作风建设提高执行力活动，市委副书记、政法委书记黄双福亲自为政法委机关全体党员上廉政教育课，引导政法干警树立正确的政绩观、权力观、金钱观和人生观，筑牢拒腐防变的思想防线。

【开展专项治理】2010年，全市公安机关开展纪律作风、警车和涉案车辆违规问题专项治理活动，加强警风建设，开展诫勉谈话67人次，查处民警违法违纪案件17宗28人。检察机关以贯彻落实省人大《关于加强人民检察院对诉讼活动的法律监督工作的决定》为契机，进一步推进诉讼监督工作，工作取得新进展。审判机关开展司法作风检查、违规收费及违规管理涉案款物专项检查活动，两级法院共收到信访投诉203件，与上年同比下降7.3%，没有发现涉及法院干警违法违纪的信访投诉。

【开展规范建设】2010年，全市公安机关不断强化公正廉洁执法，规范执法行为，减少执法过错；检察机关积极推进案件管理规范化建设，建立集立案、查询、监督于一体的执法办案管理系统，落实“阳光检务”，不断加强对侦查、审判、刑罚执行等活动的监督；审判机关建立健全任前谈话、任中谈话、廉政账户、廉政档案、重大事项报告等各项廉政规章制度，建立常态化、规范化的内部监督机制。（张应钦）

附：2010年东莞市委政法委领导名录

市委副书记、政法委书记：黄双福

政法委副书记：卢锡光　杨天泰

杜淦洪　苏云太

▲ 东莞市中心广场

审　判

【概况】2010年，东莞市两级法院认真履行宪法和法律赋予的职责，全年共受理各类案件117443件，审结各类案件113811件，结案率为96.91%，未结案件数减少了20.46%；诉讼标的额132.83亿元。其中，中院受理各类案件14030件，审结13580件，结案率为96.79%。两级法院法官人均结案287.4件，是全省法院法官人均结案99.59件的2.89倍，连续第四年居全省法院第一位。

【民商事审判】2010年，东莞市两级法院通过加强审判力量、完善繁简分流和快速处理机制、建立健全多元化纠纷解决机制等措施，妥善化解了一大批事关民生的案件。两级法院共受理各类民商事案件69649件，审结67477件，结案率为96.88%；未结案件数减少15.94%。其中，审结劳动争议案件24813件；审结人身损害、婚姻家庭、医疗纠纷和其他涉及民生的各类案件15984件；审结知识产权案件753件；审结涉外民商事案件1825件。

【刑事审判】2010年，东莞市两级法院正确适用法律和宽严相济刑事政策，启动量刑规范化建设，规范量刑标准。大力开展刑事附带民事案件和解工作，保护被害人的合法权益，适度扩大未成年人犯罪非监禁刑适用。两级法院共受理刑事案件6448件，审结刑事犯罪案件6388件，结案率为99.1%，判处罪犯9114人。其中，判处五年以上有期徒刑至死刑的罪犯2506人。首次在全省法院系统公开开庭审理服刑人员减刑案件，全年共办理减刑假释案件2683件。

【行政审判】2010年，东莞市两级法院共受理各类行政诉讼案件445件，审结435件，结案率为97.75%。积极探索行政诉讼案件协调和解工作机制，在审结的行政诉讼案件中，行政相对人与行政机关和解后撤诉的案件有98件，占一审行政案件的34.75%。

【案件执行】2010年，东莞市两级法院通过加大执行力度，开展集中清理执行积案和见证执行活动，成功执结一批“骨头”案件。两级法院共受理执行案件37876件，执结案件36490件，执结率为96.34%；未结案件数下降27.89%。执行到位金额43.48亿元，比上年度提高13.31%。其中，执行和解结案9433宗，和解金额15亿元；移送主动执行案件10347宗，结案10077宗，执结标的金额5.9亿元。加大对拒不履行判决义务的打击力度，两级法院共责令被执行人申报财产19109件，调查控制财产35773件，

东莞市中级人民法院

2010年12月9日，最高人民法院政治部主任周泽民莅临东莞市中级人民法院检查指导工作

① 2010年6月10日，举办中国女法官协会部分理事及中基层法院女院长座谈会
② 2010年5月22日，东莞市中级人民法院承办全国行政审判工作座谈会。图为最高人民法院副院长江必新及省委、市委领导出席会议
③ 2010年8月21日，海峡两岸司法实务研讨会在东莞举行

公开曝光381人，限制被执行人出境49人，司法拘留179人。

【调解工作成绩突出】 2010年，东莞市两级法院高度重视调解工作，采取有力措施，提高调撤率，推动诉讼调解水平不断提高。两级法院特别是基层法院把调解作为处理民商事案件的首选结案方式和基本工作方法，把调解贯穿于立案、审判和执行的各个环节，总结和推广各种有效的调解新方式。召开两级法院调解工作现场会，交流总结调解工作经验，邀请香港“诉讼和解中心”的专家到法院授课，提高法官的调解能力。通过拓宽立案调解的案件范围，规范调解程序，并将其推广到各基层法院，使立案阶段的调撤率大幅度提高。两级法院在立案阶段全年共调撤案件9761件。推动诉调对接持续创新，加强与行政机关、行业协会的密切联系，建立比较完善的诉调对接机制。两级法院全年共通过诉调对接方式调解案件18621件，司法确认22062件，分别比上年增加9883件和12692件，取得良好的法律效果和社会效果。

【服务大局能力得到加强】 2010年，东莞市两级法院不断强化司法工作的服务职能，扩展能动司法领域，支持、配合党委政府和有关部门的工作，有效提升司法的社会效益。特别是对事关社会和谐稳定的重大案件，竭尽全力配合党委政府妥善处理。如在雅邦、雅新两电子有限公司破产案中，需遣散工人1760余人。为稳定工人情绪，防止事态激化，积极筹划遣散工人所需经费，与当地党委政府、劳动、公安等部门紧密配合，派出数十名干警到场为工人发放工资，做调解说服工作，确保遣散的有序进行。全年两级法院与有关部门密切配合，主动介入、参与处置事关社会稳定的群体性劳动争议纠纷案件50余次。加强与基层党委政府的司法协作。如中院行政庭与法制局、相关行政执法机关召开联席会议，研究解决行政执法、行政复议和行政诉讼中出现的新问题，先后走访行政部门、镇街政府13个，对走访单位提出的相关执法问题给予法律建议。第二人民法院先后与厚街、长安、大岭山、沙田、虎门等镇街政府签订协议，共同成立司法协作体系协调小组，依托“镇街综治信访维稳中心”的建设，共建信息互通、诉调对接和协调配合三大机制，将司法关口前移，推动了基层的综治维稳和矛盾纠纷化解工作。高度重视司法宣传工作，成立“法律志愿者服务基地”，开展如“活力基层、和谐社区”等法律志愿服务活动；主动派法官下社区、进企业走访调研，提供司法建议；与新闻媒体联合开设《法官说案》等法制宣传栏目，开展经常性的普法教育。全年两级法院与新闻媒体联合制作节目或报道达1000余篇（次）。

【工作方式方法不断创新】 2010年，东莞市两级法院立足本职工作，积极创新工作方式方法，规范工作流程，提升工作的质量和效果，得到上级法院、党委政府和社会各界的好评。如两级法院努力探索立案调解与速裁工作合理结合

① 2010年6月4日，中级人民法院举办党务、纪检监察干部培训班
② 2010年11月10日，中级人民法院在东莞监狱巡回法庭开展工作
③ 2010年9月29日，中级人民法院组织召开《行政诉讼法》实施二十周年座谈会

的工作流程，将诉前调解、立案调解及速裁工作整合成有机整体，成效显著。中院全年在立案阶段速裁案件450件，第二法院通过速裁方式结案2054件。

【队伍素质进一步提高】两级法院深入开展“人民法官为人民”主题实践活动，以党建带队建，把增强干警的大局意识和群众工作能力作为核心工作来抓。两级法院共有64个集体和114名个人受到市级以上表彰奖励。

深入推进学习型法院建设。按照“构建学习型法院，培养专家型法官”的建院目标，两级法院继续加强队伍的教育培训工作。两级法院先后举办新录用干警岗前培训班、《侵权责任法》理解与适用讲座、法官核心价值观及司法能力提升研修班等16期专项培训，共培训干警2657人次。加大对图书室、阅览室等学习场所的投入，营造良好的学习环境。创办“旗峰法律讲坛”，开展“法律沙龙”、“法官论坛”等专题实务研讨会，先后邀请梁慧星、朱苏力、赵刚等专家学者来法院讲学，提高法官的业务能力。精心组织“海峡两岸司法实务研讨会”、“全国法院行政审判工作会议”，研讨解决审判工作中的疑难问题。各基层法院还先后制定《法院文化建设规划》，确定院训、院徽，不断丰富文化载体，举办文化艺术节，开展各自有特色的文艺活动。第一、第二人民法院分别被省法院列为文化建设示范单位。省法院对东莞开展学习型法院的做法表示高度肯定。

多渠道增加干警对社情民意的了解。中级法院为了提高干警的群众观念和群众工作能力，先后已有23名中层领导干部到镇街挂职锻炼，上下级法院法官双向挂职锻炼，新进人员到信访窗口接受锻炼等措施，切实增强法官的基层工作能力。为纠正部分“80后”干警价值观和人生观存在某些偏差，分批每次还选派10名年轻法官到贵州铜仁的山区法院进行跨省体验，让他们深入学习山区法院干警扎根艰苦环境，不辞辛劳努力工作的敬业精神。

狠抓司法廉政建设。加强廉政文化建设，在两级法院开展“廉政文化宣传周”、“纪律教育学习月”活动，组织“廉政知识竞赛”、“廉政演讲比赛”、“廉政文化板报展”，集中观看廉政教育专题片，提高队伍的廉洁自律意识。落实任前谈话、任中谈话、廉政账户、廉政档案、重大事项报告、“五个严禁”等各项廉政规章制度，建立常态化、规范化的内部监督机制。完善案件质量监督管理机制，对发回重审、改判等可能有质量问题的案件进行重点监督，对质量有差错的案件进行评析，并提出整改意见和建议。结合法院工作实际，开展司法作风检查、违规收费及违规管理涉案款物专项检查活动。全年两级法院共收到信访投诉203件，与上年同比下降7.3%。投诉案件中没有发现法院干警违法违纪的现象。（段晓慧）

附：2010年东莞市中级人民法院领导名录

院　长：何碧霞

副院长：叶柳东　黄锡明　陈树良　林辉芳

东莞市第一

2009年12月30日，第一法院寮步法庭举行揭牌仪式

2010年3月12日，第一法院成立广东省首家交通事故巡回法庭

2010年7月2日，第一法院设立的东莞市首家劳动争议巡回法庭在东城综治维稳中心正式挂牌成立

2010年5月28日，第一法院首宗知识产权案件开庭，院长陈斯任审判长

2010年5月24日，第一法院厦门大学综合素能培训班举行结业典礼

人民法院

2010年8月6日，第一法院“旗峰法律讲坛”邀请中国人民大学副校长、党委副书记、中国法学会副会长王利明教授为全院干警主讲《侵权责任法适用中的疑难问题》

2010年10月13日，省高级法院党组副书记、副院长凌祁漫（右六）一行由市中级法院院长何碧霞（右一）、第一法院院长陈斯（右七）陪同到第一法院视察交通事故巡回法庭

2010年12月8日，第一法院举行首期“社区法官助理”聘任仪式。图为第一法院党组书记、院长陈斯（左）为社区法官助理颁发聘书

2011年1月12日，最高人民法院新闻办组织的“媒体眼中的人民法官”中央媒体采访团对第一法院执行局副局长刘晓宇法官进行跟踪采访

2011年1月21日，第一法院举行2010年度“闪亮天平、奉献人生”颁奖典礼，市人大常委会副主任吴镇成、市中级法院院长何碧霞、原市人大常委会副主任陈国辉、市委政法委副书记苏云太、市人大法工委主任陈锡稳、市人大依法治市办主任严继宗、市中级法院副院长黄锡明等领导应邀出席典礼并为获奖者颁奖

东莞市第二人民法院

2010年12月9日，最高人民法院政治部主任周泽民、省高级法院院长郑鄂、省委宣传部副部长阎静萍等领导现场视察第二法院文化建设工作并给予高度评价。图为周泽民（右三）、郑鄂（右二）视察该院内部网络建设

2010年，东莞市第二人民法院共审结各类案件24065件，结案率达96.15%，一线法官人均结案353.89件。在圆满完成审判执行工作的同时，第二法院还在文化建设、审判管理、改革创新等方面取得骄人的成绩，创新推出青年法官导师制度、电子送达、未成年刑事审判“四会面”制度、“2+1”陪审模式、“345”司法公开模式等举措，被评为“全省法院首批文化建设示范单位”和“全省优秀法院”，成为全省家事审判合议庭试点法院、全国百家“司法公开示范法院”之一和最高人民法院确定的全国八家“多元纠纷解决机制改革试点单位”之一。

2010年12月10日，第二法院院长陈葵在全省法院文化建设工作会议上向全省法院介绍工作经验

2010年4月9日，第二法院举行家事审判合议庭试点工作启动仪式。该院是广东法院七个试点单位之一

第二法院致力于“学习型”法院建设，引导干警不断实现自我超越。图为2010年7月31日，上海明德学习型组织研究所专家为该院干警现场授课

2010年3月9日，第二法院与长安镇签订司法协作意见，双方建立常态化、制度化的司法协作体系

2010年7月至10月，第二法院邀请香港和解中心举办四期高级和解课程培训，受培训人员覆盖全院干警、人民调解员和人民陪审员

2010年7月15日，第二法院成立交通事故厚街巡回法庭，为群众提供更贴心司法服务

2010年8月4日，第二法院院长陈葵参加全国法院系统调解培训班，并以“转型社会中司法ADR的构建”为题进行授课

2010年11月8日，第二法院对以刘召阳、刘冰洋为首的黑社会性质组织犯罪案进行一审开庭审理。这是自1997年《刑法》新设“组织、领导、参加黑社会性质组织罪”后，东莞基层法院审理的第一宗黑社会性质组织犯罪案件

2010年7月30日，第二法院举行法官集体宣誓仪式，增强法官职业尊荣和责任意识

东莞市第三人民法院

2010年3月25日，市委副书记、政法委书记黄双福在东莞市中级法院院长何碧霞、塘厦镇委书记叶锦河、镇长方灿芬的陪同下到第三法院视察

9月8日，市依法治市办主任严继宗莅临第三法院指导工作

3月26日，第三法院驻清溪镇诉调对接工作室揭牌

8月18日，第三法院举办"法鹰论坛"，特邀东莞市人民政府法律顾问陈国辉授课

3月3日，第三法院邀请礼仪专家杨金波授课

5月25日，第三法院举行见证执行行动

2010年6月28日，第三法院机关党委举行晚会庆祝党的生日

11月18日，第三法院太极队在后花园练习

检 察

【刑事检察】 2010年，东莞市检察机关围绕创建“平安亚运”，严厉打击各类严重刑事犯罪。紧紧抓住容易引发社会矛盾的源头性、根本性问题，严厉打击危害社会公共安全的暴力犯罪、黑恶势力犯罪、黄赌毒犯罪和危害人民群众生命健康的食品安全犯罪。全年共受理批捕案件6632件10772人，经审查，批准逮捕6308件10210人，同比分别下降3.7%和3.9%；受理移送审查起诉6553件11292人，经审查，提起公诉5830件9694人，同比分别下降5.9%和6.1%。依法办理了刘某阳等14人黑社会性质组织犯罪案和潘某斌等13人特大武装制造、贩卖毒品案等一批社会影响重大的案件，有力震慑了犯罪，提升了人民群众的公共安全感。

严厉打击破坏市场经济秩序的犯罪活动，共办理此类案件157件313人，同比分别上升14.6%和19.1%。办理偷逃税款1100多万元的汇百利公司等走私普通货物案和涉案金额高达1.69亿元的肖某宏等16人伪造货币案等一批案件；加大知识产权的保护力度，批捕侵犯知识产权案件14件24人，起诉11件18人。2010年，最高人民检察院在东莞召开的现场会上，推广东莞检察院的做法。东莞市检察院在国家知识产权局等八部委联合开展的2010年世博会知识产权保护专项行动中，被评为全国先进集体。

加强诉讼监督。重点加大对群众反映强烈的有案不立、立案不当等问题的监督力度，要求侦查机关说明不立案理由案件17件，监督侦查机关立案8件，纠正不当立案7件；对不构成犯罪和证据不足的，决定不批准逮捕378人，不起诉52人；依法纠正侦查机关在刑事立案、侦查活动中的违法取证、滥用强制措施等违法行为5件，保护了当事人的合法权益；加大追诉的工作力度，通过对2007年以来的追诉漏犯工作进行专项检查，依法监督侦查机关追捕漏犯62人，追诉漏犯42人。共出庭支持公诉和出席民事行政再审法庭3790件。通过开展刑事审判法律监督专项检查活动，着重纠正重罪轻判、轻罪重判和有罪判无罪等问题。

【反贪污贿赂、反渎职侵权】 2010年，东莞市检察机关共受理贪污贿赂案件线索53件60人，立案侦查22件29人，查办人数上升7.4%，挽回经济损失1214.4万元。查办10万元以上案件13件14人，百万元以上案件8件14人，要案3件3人，大要案占案件总数的95.5%。移送审查起诉率100%，有罪判决率100%。立案查处了人民群众反映强烈、与市政民生密切相关的土地、工程建设等领域的一批案件，如查办东莞某高校物管办原主任唐某志在基建工程中涉嫌受贿一案。对所办案件按照“一案一建议”的原则，及时发出检察建议书，督促发案单位切实弥补漏洞，加强整改。

全年共受理渎职侵权案件线索31件，立案侦查4件6人，立案查处人数上升20%，立案侦查了某拆迁办原主任王某乐在“三旧”改造中，收受贿赂，纵容杨某荣假冒中标公司承包工程等一批案件。积极介入各类重大责任事故调查25件，对存在的安全隐患和监管漏洞发出整改建议26份，督促落实整改措施。

【预防职务犯罪】 2010年，东莞市检察机关与市纪委联合提请市委发布《关于在“三旧”改造中加强预防腐败和职务犯罪工作的意见》，针对“三旧”改造易发职务犯罪的敏感环节，制定工作指引，为全市“三旧”改造的阳光推进提供司法保障。在中国散裂中子源、市篮球中心、从莞高速公路等重点工程中，建立“预防职务犯罪工作联系点”，制定切实可行的制度、技术预防措施，为实现“工程优质、干部廉洁”提供保障。以法制宣讲团为载体，深入社区、工厂和镇村举办各种主题的法制宣传活动156场，受教群众达6万多人次；与市纪委联合开展市廉政短文短语征集、首届廉政公益平面广告大赛等多项活动。预防职务犯罪工作在全省检察系统连续3年考核第一，成为全省检察机关的楷模。

【民事行政检察】 2010年，东莞市检察机关共受理民事、行政申诉案件161件，立案49件，提请抗诉17件，结案处理17件。积极拓宽民行检察职能，探索以公益诉讼的方式保护社会公共利益和避免国有资产流失，取得较好效果。

【监所检察】 2010年，东莞市检察机关共审查提请减刑案件2815件、假释案件11件、暂予监外执行案件30件，提出不同意减刑、暂予监外执行10件，向办案单位发出超期羁押预警6384人次，针对发现的安全隐患提出46条检察建议；探索出庭监督减刑假释案件，出庭参与对18人减刑假释案件的开庭审理；积极参与社区矫正工作，对全市2009年以来接收的402名社区矫正人员进行排查，加强对监外执行的监督。

【控告检察】 2010年，东莞市检察机关共受理各类举报、控告和申诉信访1129件，其中来访671批，来信458件，为群众解决实际困难和问题89件，群众对接访工作的评议满意率保持100%。认真落实环粤“护城河”信访工作协调会的部署，专门成立迎亚运涉检信访维稳百日专项行动领导小组。针对2010年被害人申请抗诉案件大幅上升的情况，加大对被害人亲属释法说理和心理疏导等工作的力度，有效维护司法裁判的权威。

【刑事申诉检察】 2010年，东莞市检察机关共受理刑事申诉案件33件，立案复查12件。提出、提请抗诉12件，改判9件，如市检察院提出抗诉的吴某辉抢劫案，广东省高院依法将其刑罚从无期徒刑改判为死刑。

【检察技术】 2010年，东莞市检察机关共受理并办结法医检验27宗，其中尸体检验17宗，伤残鉴定10宗，完成涉案文证审查343宗，参加执行死刑法医临场监督6次32人。积极推进信息化建设及应用，为提高办公办案效率提供有效保障。

（石亚明）

附：2010年东莞市人民检察院领导名录

检察长：黄文艾

副检察长：曾广华　鲁　罡　尹小茹　陈少钢

▲ 东莞市第二市区人民检察院获“全国先进基层检察院”称号

公 安

【概况】2010年，全市公安机关以“平安亚运”为主线，以“社会矛盾化解、社会管理创新、公正廉洁执法”3项工作和“信息化建设、执法规范化建设、和谐警民关系建设”3项建设为重点，全警动员，全力以赴，全面落实打防管控措施，圆满完成广州亚运会安保任务，为维护东莞社会稳定作出积极贡献。

【“粤安10”专项行动】根据省公安厅统一部署，全市公安机关从2009年12月至2010年3月，组织开展“粤安10”专项行动，以系列性、团伙性、跨区域流窜犯罪为主攻方向，严厉打击入室盗抢、拉人上车抢劫、电话诈骗、盗抢销汽车等群众反应强烈的侵财犯罪活动；对集贸市场、车站周边等敏感、重点地区的治安进行整治，消除各类治安隐患。

遏制刑事犯罪高发势头。共立刑事案件7144起，同比下降16.9%；破案3078起，同比上升39%，打掉犯罪团伙137个，抓获犯罪嫌疑人3885名。其中，立“两抢一盗”案件5385起，同比下降23.6%，破案2129起，同比上升37.5%。

推进治安重点地区整治。共出动警力97806人次，开展大规模整治行动480次，整治重点地区299个，检查整顿娱乐服务场所4821间，出租屋45万间；查处治安案件9703宗，其中涉黄案件200起527人，涉赌案件3119起5519人；端掉非法烟花爆竹窝点2个，收缴非法烟花爆竹192.8万头。

消除交通、消防安全隐患。交警部门共出动警力113819人次，检查车辆592545辆，查处交通违法134090宗，发放宣传资料584283份；消防部门派出检查组960个2871人次，检查场所3263个，发现整改消防隐患4425处，临时查封各类场所24家。

保障重点场所安全。共检查银行金融场所120处、单位财务室823个，发现、整改隐患20处。完成大型安全保卫活动103次，参加活动32.8万人次，投入安保警力32635人次，有效预防群死群伤重特大治安灾害事故的发生。

【社会管理创新】2010年，全市公安机关以全国公安机关社会管理创新广东座谈会为契机，按照“围绕平安抓创新，抓好创新促平安”的工作思路，坚持以信息化建设为突破口，积极探索与社会

莞邑卫士，忠诚为民

① 公安部党委委员、中央防范办主任、广州亚运会、亚残运会安保工作协调小组组长李东生莅临亚运会东莞赛区场馆安保指挥部检查指导亚运安保工作
② 省委常委、政法委书记、公安厅长梁伟发莅临亚运会东莞赛场检查指导亚运安保工作
③ 市委书记、市人大常委会主任刘志庚莅临亚运会东莞赛区场馆安保指挥部检查指导亚运安保工作

① 市委副书记、市长李毓全现场指导亚运安保工作
② 市委副书记、政法委书记黄双福坐镇设在交警支队的运动员转场指挥部指导亚运安保工作
③ 市委常委、亚运安保总指挥、公安局长崔建莅临亚运会东莞赛场检查指导亚运安保工作

主义市场经济体制相适应的公安社会管理体系，强力推进社会管理创新工作。

流动人口服务管理。探索出租屋“旅业式”管理，推行以居住证为载体的“一证通”制度，办理流动人口居住登记362万多人，制发居住证352万多张，超额完成省下达任务；探索创新外国人管理，在东城街道同沙社区新世界花园建立东莞市首个外国人融入社区示范点。

交通、消防、特种行业管理。继续巩固“治摩”成果，排查整治交通隐患，建立完善交通事故快速处理机制，改善交通秩序；全面构筑社会消防安全“防火墙”，提高消防救援能力；加强对二手交易、废旧物资回收、机动车修理、娱乐服务场所等行业管理，落实管理责任制和责任追究制度。

“虚拟社会”管理。开展网络警务室、虚拟警察报警岗亭建设，构建现实社会与虚拟社会有机结合的治安防控体系。

网上业务办理。以“东莞警察网”为载体，完善网上办理流程，拓展网上受理审批、交费、咨询监督等服务措施，开通网上服务36项。

警民网络互动。利用网络微博等新型媒介，加强警察公共关系建设，网上信访办结率达100%，网络问政专区网民信息答复率达100%。

“工作执法一网考”工作。创新队伍管理手段，全市所有派出所均落实工作绩效自动考、执法质量全程考、督察监察全面考的“三考合一”和实现“一网考”考核结果与经济奖励、评先评优、提拔晋升挂钩“三挂钩”。东莞市公安机关社会管理创新工作成效突出，其中大朗公安分局“三考合一”和消防支队网上办理业务两项创新成果，在全国公安机关社会管理创新工作座谈会上作经验介绍，受到国务委员、公安部长孟建柱肯定；在全省公安机关社会管理创新工作汇报会（珠三角片）上，东莞公安局获网上考核二等奖。

【亚运安保】2010年，全市公安机关以“平安亚运”为目标，将亚运安保工作作为中心来抓，精心组织，积极筹备，圆满完成了广州亚运会期间的各项安全保卫工作。制定《第十六届广州亚运会东莞赛区安全保卫工作总体方案》，严密制定东莞赛区安保力量规划，共规划121830名安保工作人员工作岗位。全面落实举重场馆安全维护工作，督导协助完成场馆改建、施工技术人员审查、出入口守护、施工材料查验、视频监控以及改建施工资料封存等工作。完成场馆安保规划，将举重场馆划分为比赛区、混合采访区、观众区等三个功能区，场馆外围划分为前、后两院，并设定各安保岗位的具体位置和具体任务。根据安检防爆任务需要，确定安检器材的种类、数量以及性能参数，合理购置、租赁安检器材和防爆设备，并根据场馆封闭线出入口设置情况建设安检帐篷，将安检器材和防爆设备配置到位。进行安检队伍专业训练，分三期组织对152名安检人员进行分门别类的专业培训工作。组织制定《2010年亚运会火炬传递活动东莞站安全保卫工作总体方案》，针对火炬传递过程中安保工作关键点，认真落实各项安保措施，确保火炬传递活动安全顺利进行。在亚运举重比赛安保工作期间，遵循“外圈保内圈、内圈保核心”的思路，加强环穗环莞安保圈公安检查站的督导，加大全市16个治安检查站尤其是中堂、石碣检查站查缉力度，实行24小时全天候执勤，筑牢环赛区安保管控圈，确保外围安保工作落实到位。在场馆内部，市公安局科学部署警力，并在场馆内及封闭线外共设置97个视频监控点，实现场馆内无盲区覆盖；在场馆出入口设18道安检门和3个车检通道，投入安检人员153名，严格执行安检制度，杜绝违禁物品入场；增设缓冲区和增派警力维持秩序，维持安检口秩序；在场馆周边设立约5万平方米封闭区域，采用铁网进行物理隔离，派驻175名武警24小时站岗看守；在场馆及住地外围布置80名警力加强巡逻和对可疑人员、车辆进行盘查；先后4次完成对场馆可直视的商铺、办公楼、住户、出租屋等建筑物的普查工作。

【严厉打击刑事犯罪】 2010年，全市公安机关进一步提高侦查破案能力和执法办案水平，严厉打击各类刑事犯罪活动。全年共立刑事案件36330起，同比上升9.8%，实际破案17681起（其中破年内案15674起），同比上升24.9%，抓获犯罪嫌疑人14927名。强力侦破命案等严重暴力案件，全年共立命案294起，破案267起，破案数居全省第一，破案率达到92.9%，创历年最高水平。重拳打击多发性侵财犯罪活动，全市共立盗窃、抢夺、抢劫等3类案件27530宗，同比上升8.5%，破案11693宗，同比上升33.8%，其中破入室盗窃案4182起，同比上升72.5%，先后成功侦破公安部督办的东坑“4·29”持枪抢劫金店案、塘厦“12·2”抢劫280万元案、黄江“5·14”盗抢货柜车团伙案、莞城系列盗窃日产汽车案、石碣系列盗窃起亚汽车案等一批大要案件。同时，积极开展打击电信诈骗专项行动，市公安局专门成立打击电信诈骗专业队，全年共破电信诈骗案114起，抓获犯罪嫌疑人170名，打掉团伙12个。深入推进反拐专项斗争，对拐卖儿童案件实行专案专办，用最硬的措施破现案、攻积案，全年共立拐卖儿童案件9宗，同比下降59%，破13宗（其中现案7宗，积案6宗），成功解救被拐儿童11名。认真落实《协助查找失踪儿童快速反应联动工作机制》，全年共为群众找回走失儿童637名。

【重点整治】 2010年，东莞市东坑镇因“黄赌毒”问题突出，被省综治委列为全省社会治安重点整治地区之一。为做好整治工作，东坑公安分局在镇党委、政府领导下，会同综治、工商、文化、劳动、消防等职能部门进行联合整治。采取“追幕后黑手、堵经营源头”相结合，对查获的“黄赌毒”案件进行认真审查，采取顺藤摸瓜、以案带案方式，揪出幕后老板、幕后黑手，从根本上堵塞“黄赌毒”的源头。经过一年的集中整治，该镇社会治安形势明显好转，社会风气有效净化，人民群众文明素质明显提升，实现了省规定的“当地人民群众安全感达到90%以上”目标，被评为社会治安重点整治工作一等奖，顺利摘掉社会治安重点整治地区的帽子。

【禁赌扫黄】 2010年，东莞市将扫黄禁赌工作从单纯部门行为上升为政府行为，形成“党委政府领导、以公安为主力、综治职能部门齐抓共管”的禁赌扫黄工作新格局，强力推进扫黄禁赌工作，取得显著成效。全年共破获涉赌涉黄案件10221宗（其中涉黄案件1068宗、赌博案件9153宗），依法处理违法人员19420人（其中刑事拘留596人，劳动教养124人，收容教育194人，治安拘留6886人，行政罚款11620人），打掉涉赌涉黄团伙792个，缴获赌博“老虎机”20000多台，缴获赌资396万元人民币，捣毁赌博窝点1426个，查处涉黄场所755间次。经过集中整治，社会面上“黄赌”现象得到强力扫除，东莞铁腕扫黄禁赌形象深入人心，有力地维护了党委政府的公信力。

【校园和周边地区专项整治】 2010年，全市公安机关开展校园和周边地区专项整治工作，确保校园及周边地区治安、交通秩序稳定。开展治安专项整治行动。联合教育、工商、综合执法、卫生等职能部门，对辖区学校和幼儿园周边200米范围内的重点场所进行深入细致的摸查和逐一梳理，对变相非法经营的网吧，游戏机室，售卖色情、暴力书刊和音像制品的店铺及时依法处理。至当年9月，共排查校园周边重点场所2195间，有效净化了校园周边环境。指导学校、幼儿园做好校园内保工作。指导督促辖区学校、幼儿园落实安全管理工作“一把手负责制”，并要求配齐保安人员，规模在1000人以下的学校，配备保安人员人数不得低于5人（幼儿园不得低于3人），1000人以上的学校和幼儿园，保安人员人数不得低于学生人数的5‰；各校区保安人员必须配足长棍（可为叉状），短棍、催泪喷雾剂、防割手套、头盔、盾牌、强光手电、对讲机等安保装备；指导建立健全各项安全保卫规章制度，如门卫查验制度、值班巡查制度及各种突发事件应急预案。建立健全校园及周边地区视频监控网络。督促各学校在校门前安装不少于1个视频监控摄像头并与110报警系统联网，指导学校在内部重点部位安装监控摄像头，并安排专门人员进行监控。维护校园周边道路交通秩序安全畅通。各交警大队对校园周边交通安全标志情况进行摸底排查，及时对被遮挡、损坏的交通标志牌进行维护；在学校上、放学期间，加派警力维持学校出入口路段的道路交通秩序，并采用电子抓拍、流动测速仪测速等方式严查严处乱停车、超速、压双实线转弯等交通违法行为，保证校园周边道路安全、有序、畅通；主动联合教育、交通等职能部门对校车安全性能、校车及其驾驶人日常安全管理进行督促、检查，并组织警力在校车通行路段严查严处校车交通违法行为，重点整治无牌无证、假牌假证、套牌套证和报废车辆作为校车上路行驶的现象，以及校车严重超载、超速行为。整治期间，全市交警部门共出动警力19125人次，出动警车3195辆次，检查校车8651辆次，查处校园周边交通违法行为1559宗。

【治安管理】 2010年，全市公安机关严格落实各项治安管理责任和安全监管职责，全年圆满完成大型群众性活动安全保卫150宗，确保了外博会、九艺节、台博会等重要活动安全、顺利、有序进行。严格特种行业治安管理，全年共办理《特种行业许可证》99份。规范旅馆业管理，全年共查处取缔无证照经营旅业12间，查处违法经营旅馆业48间，行政处罚涉案人员57名。坚决落实旅业实名登记制度，大力整治规范旅馆业信息系统数据录入工作，利用旅馆业治安管理信息系统抓获在逃人员398人。严格按照《娱乐场所管理条例》及《娱乐场所治安管理办法》的有关要求，对全市娱乐场所硬件设施等情况逐一进行检查，指导监督娱乐场所进行规范整改，并给予办理备案手续。积极会同工商、经贸、交通、供销等职能部门，切实加强对废旧金属收购、报废机动车回收和拆解、机动车维修、金银珠宝饰品回收和加工等行业治安管理，堵塞违法犯罪分子销赃窝赃渠道。全面强化对涉爆单位的安全监管，组织开展涉爆单位安全检查6次，整治安全隐患2处。全面推广使用《广东省剧毒化学品治安管理信息系统》，实现剧毒化学品行政许可和日常监管信息化。并对全市200多间剧毒化学品从业单位进行全面检查，培训从业人员安全知识和安全技术操作1000多人次。

【户政管理】 2010年，全市共办理户口迁移39157人，其中市外迁入28534人，迁出市外6651人，市内迁移3972人；签发居民身份证91143张，签发临时身份证18243张。完满完成第六次全国人口普查户口整顿工作，通过户口整顿，登记常住人口市内跨镇街人户分离170930人，解决户口待定人员落户1333人，查处应销未注销人员3037人，清理纠正身份证重号222个。根据市有关部署，积极参与积分制入户办法起草工作的调研、修订等工作，明确公安部门在市积分制入户工作中的职责，审核申请人在莞连续居住年限、违法犯罪记录，办理积分制入户手续等。推广市内户口迁移“一站式”办理业务，共办理市内“一站式”

迁移5584人次。向各级政府部门、其他社会团体和群众等提供有关人口信息的查询服务，全年共查询人口信息8022人次。按时保质地完成一年一度人口统计年报工作，2010年全市户籍人口1817709人（530497户），其中农业人口896789人，非农业人口920920人。

【流动人口管理】 2010年，全市有暂住人口411.5万人，其中男性201.1万人，女性210.4万人。其中广东（本市除外）、湖南、四川、湖北、河南、广西、江西等7个省（区）暂住人口为315万人，约占总人数的76.6%；务工、务农、经商、服务4种行业暂住人口为391.2万人，约占总人数的95.1%；长安、虎门、厚街、塘厦、清溪、常平、东城、黄江等8个镇街的暂住人口约为215.8万人，约占总人数的52.5%。为做好暂住人员的服务和管理工作，根据省有关部署，全市大力推行居住证制度。按照“便于办证、便于管理”的原则，依托34个公安分局、114个派出所和627个警务室，设置了38个后台制证点、476个居住证受理网点，方便暂住人员申请办理居住证。全市登记新莞人信息388.8万条，受理居住证362.6万份，制发居住证352.5万张，初步建立全市流动人口信息库。同时，认真贯彻落实《广东省流动人口服务管理条例》赋予居住证持证人的相关公共服务措施，为持证人办理港

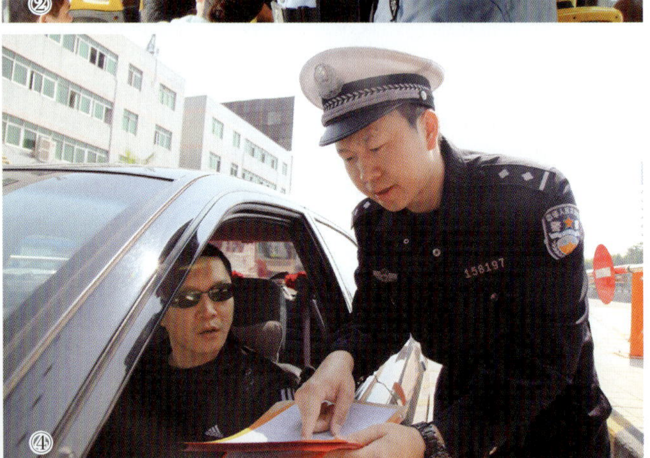

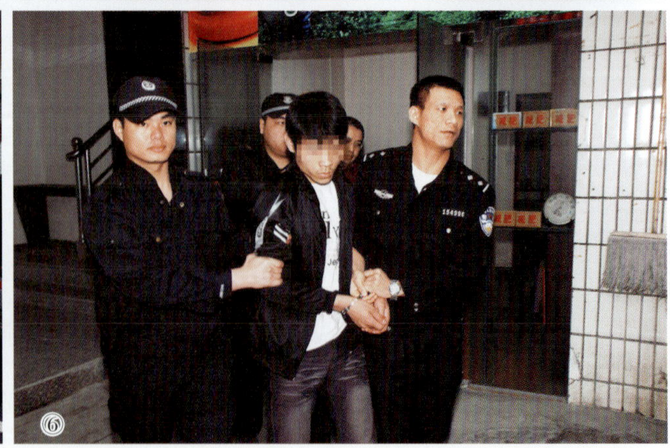

① 亚运安保巡查
② 在亚运期间，公交分局安排警力在市区重点线路执行上车巡查任务
③ 亚运安检
④ 中堂交警在执勤点向过往司机派发亚运限行宣传资料
⑤ 打击赌博专项整治
⑥ 严厉打击违法犯罪

澳商务签注4076人次，申领驾驶证4.7万人，注册机动车7.3万辆。

【出入境管理】2010年，东莞公安出入境管理部门通过设立群众办事首接引导员，开通语音电话咨询服务平台，推出“e点通”自助受理机，继续落实网上电话申请、上门服务等各项便民利民措施，不断提升服务质量和水平，全年共办理各类出入国（境）证件、签注1073208人次。同时，切实加强外国人管理，进一步健全完善外管分工配合机制，加大外国人住宿登记管理力度，全市外国人住宿登记“三率”（登记率、及时率、准确率）均在95%以上，常住外国人登记率达100%；查处“三非”（非法入境、非法居留、非法务工）境外人员1206人次（台湾居民661人次，外国人545人次）。充分依托技术手段，有效维护出入境管理秩序，启用人脸识别查控系统，通过该系统查获骗取出入境证件21人次。严厉打击骗取出入境证件行为，查处台胞证及签注非法代办点3家，治安拘留2人，罚款3人。

【道路交通安全管理】2010年，全市各级交警部门以实现“平安东莞、平安亚运”为目标，全力以赴预防交通事故。

建立健全“政府主导、部门主管、企业主体”的责任体系，并联合交通、安监、教育部门，开展2次交通安全大检查，检查运输企业1446个，营运客车2633辆，危险化学品车辆156辆，校车866辆，排查治理道路交通安全隐患135处。

严格落实各项事故预防工作措施，确保全市道路交通事故总体保持平稳下降态势。全年共发生交通事故4872宗，造成526人死亡、5355人受伤，经济损失639万元，同比分别下降3.28%、3.49%、3.76%、4.77%，死亡人数减少19人。

坚持不懈开展专项整治，道路交通秩序进一步好转。采取异地互查、错时夜查、集中清查的方式，针对校车、摩托车、客运车辆等重点车辆以及酒后驾驶、涉牌涉证、超载超速等重点违法行为，开展一系列的专项整治行动。全年共查处交通违法50多万起，其中查处酒后驾驶488起，查扣涉牌涉证机动车9585辆，行政拘留1277人。

圆满完成亚运交通安保任务。全市交警队伍紧紧围绕“平安亚运”总体目标，圆满完成火炬传递、运动员跨市转场等交通安保任务，确保万无一失。

深入实施“文明交通行动计划”，加大交通安全宣传力度，全年共出动宣传车4300多辆次，动用社会宣传人9.6万余人次，印刷宣传单130多万份，印制宣传挂图3600多套，举行交通安全宣传图版展览5200多场，宣讲团共授课786个课时，与电台联办节目58次，举办大型交通安全宣传咨询活动330多次，发布公益广告220余条，开辟宣传栏53个。

【机动车和驾驶员管理】2010年，全市各级交警部门继续抓好机动车和驾驶员管理。拓宽服务领域，创新服务措施。设立6个机动车登记服务站，将核发机动车检验合格标志和接收机动车驾驶人身体条件证明业务下放到樟木头、南城、长安交警大队办理，试点开通驾驶人提交身体条件证明“一站式”服务，开通“东莞市公安局交通警察支队兴业交通管理综合服务站”，设置残疾人无障碍通道，方便残疾人办理各项车管业务。创新工作思路，提高工作效率。规范机动车查验工作流程、完善驾驶人预约和考试工作流程、升级机动车驾驶证业务管理系统、利用科技手段提高机动车相片采集和打印时间、开发“机动车查验拍摄管理系统”对机动车查验表数据实行网上实时传输、试行车管业务预录入系统等。开展专项行动，落实工作任务。全年顺利完成校车标牌核发、非法中介整治、亚运安保、机动车号牌固封装置换发等专项工作任务。全年共办理机动车注册登记144230辆，转移登记71866辆，抵押登记28109辆，变更登记15967辆，注销登记1648辆，核发机动车检验合格标志470294辆；办理初学、增驾驾驶人219966人，驾驶证换证167390个，驾驶证补发16352个，驾驶证注销3333个，接收驾驶人年度体检表165382份。全市机动车驾驶人达到1287738人，同比增长12.5%；机动车保有量达到1347524辆（其中：汽车920766辆，摩托车423766辆），同比增长6.2%。

【廉政建设】2010年，全市公安机关深入贯彻执行《廉政准则》和《公安机关人民警察纪律条令》，组织全市民警开展廉政宣誓、签订《廉洁从警承诺书》；并编写《东莞市公安机关民警违反“五条禁令”案例汇编》，拍摄《血的教训—东莞市公安机关民警违反“五条禁令”警示教育片》，全面开展警示教育。开展机关作风建设专项整顿活动，以“警民零距离、齐心保平安”为主题，开展全警“大走访”、全警“大征求”、“警民相约”互动、“大规范”、“大整改”、“大宣传”活动，进一步改进警队作风，提高窗口服务水平和办事效率。同时，积极开展“粤警清风”廉政美术书画摄影比赛、廉政演讲、廉政征文等活动，营造浓厚的廉政文化氛围。

【从优待警】2010年，全市公安机关在坚持政治建警、素质强警、从严治警的同时，强化从优待警各项措施，大力做实“警心”工程，提升警队凝聚力，激发民警工作热情。组织开展功模休养活动，全年共组织70名功模民警赴外地休养；认真做好春节慰问活动，共对革命烈士、因公牺牲民警家属以及因公受伤民警等102名人员进行慰问，并发放慰问金；积极申请省、市见义勇为基金会抚恤慰问金，全年共为10名因公受伤民警申请到慰问金5.05万元；组织举办12场心理健康专题讲座，主要涉及民警压力与情绪调节、婚姻家庭、子女教育等知识，10月22日专门召开“与压力共舞 迎平安亚运”心理健康知识讲座电视电话会议，组织全市数千名民警收看收听，并派发《警察心理健康常识》等宣传书籍；丰富警营文化活动，组织开办全市“金盾杯”足球赛、机关趣味运动会等活动，并组织民警积极参加全国公安系统游泳（救生）比赛、全省公安机关足球赛、市公务员网球比赛、市公务员羽毛球比赛、市直机关合唱比赛、市直机关“学习·事业·人生”主题演讲比赛等活动，并取得优异成绩。

【立功创模】2010年，全市公安系统共有19个集体立集体二等功，101个集体立集体三等功，59个集体受嘉奖；1人被评二级英雄模范，4人荣获个人一等功，58人荣获个人二等功，708人荣获个人三等功，2544人荣获个人嘉奖。同时，成功申报“全国先进工作者”1名。

（李泽林　李寒来）

附：2010年东莞市公安局领导名录

党委书记、局长：崔　建
党委副书记、副局长：利焕祥
党委委员、副局长：
李泽林　梁建柱　李伟雄　卢伟琪
陈昌盛（3月到位挂职）
黄天云（2月到任）
党委委员、政治处主任：刘沛雄
党委委员、指挥中心主任：何澄彪
党委委员：张绍培
党委委员、纪委书记：叶沃昌
党委委员、交警支队支队长：
唐耀文（3月到任党委委员）
党委委员、刑警支队支队长：
李灼华（3月到任党委委员）

东莞市公安局交通警察支队

公安部副部长李东生到广深高速公路东莞石鼓入口亚运执勤点视察

2010年，全市交警部门围绕亚运安保的工作中心，深入贯彻省市关于“平安亚运”的工作部署，在队伍建设上谋发展，在事故预防上求突破，在执法质量上下功夫，在交通宣传上做文章，着力解决影响交通安全的突出问题，为东莞市社会经济发展和人民群众生产生活创造良好的道路交通环境。2010年全市共发生交通事故4872宗，造成526人死亡、5355人受伤，经济损失639万元，同比分别下降3.28%、3.49%、3.76%、4.77%，死亡人数减少19人，交通事故连续第九年全面下降。

10月11日，公安部交管局副局长王金彪在省厅交管局副局长邓正雨的陪同下，到东莞市检查指导亚运交通安保工作

省委常委、政法委书记、公安厅厅长梁伟发来莞慰问东莞交警

市委书记刘志庚到亚运前沿指挥部检查

11月13日，市委副书记、政法委书记黄双福坐镇亚运转场指挥部指挥协调亚运安保工作

消　防

【概况】2010年，全市公安消防队伍紧紧围绕“平安东莞、平安亚运”总目标，以全省创新社会消防安全管理暨执法规范化建设、社会综合应急救援试点工作为抓手，全面推进“防火墙”工程建设，大力加强综合应急救援能力，圆满完成以亚运消防安保为中心的防火、灭火和应急救援各项任务，确保了社会面火灾形势和队伍管理“两个稳定”。全年消防部队共接警出动4487起，出动车辆10988辆，出动警力57150人，抢救被困人员1555人，疏散被困人员14710人，抢救财产价值441163.4万元。全市公安消防队伍涌现出一大批先进单位和个人，市公安消防支队先后被公安部消防局和省公安厅消防总队评为亚运消防安保先进支队，4个集体被公安部消防局评为先进基层单位，5个集体被省公安厅消防总队评为先进基层单位，3个集体荣立集体三等功；1人被消防总队评为“南粤十佳消防卫士”，9人被消防总队评为优秀团职领导干部，34人被消防总队评为优秀警官，158人次被评为先进个人，101名官兵荣获个人三等功。

【消防监督】2010年，东莞市消防支队在全市开展创新社会消防管理试点工作，推动市、镇（街）两级政府全部成

东莞市公安消防支队（消防局）

① 2011年4月12日，副省长刘昆莅莞观看“防火墙”工程试点工作成果

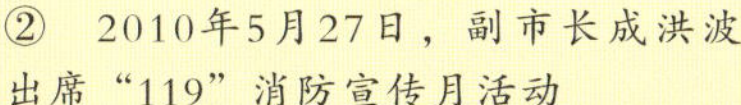

② 2010年5月27日，副市长成洪波出席“119”消防宣传月活动

③ 2011年4月12日，广东省第九次消防安全责任人会议暨深入推进社会消防安全“防火墙”工程东莞现场会召开

立消防安全委员会和火灾隐患整治办公室，全市598个村、社区全部建成防火巡查服务队和兼职消防队；进一步完善党政领导包片挂点督导责任制、消防安全工作目标管理责任制和消防安全综合考评机制，实现了政府纵向督导的标准化；推动社会单位落实消防安全主体责任，明确单位的消防安全职责以及各类人员的消防安全职责，落实单位横向管理的标准化；广泛深入地开展建设消防设施、火灾隐患重点地区、“三小”场所和出租屋等一系列专项整治，进一步规范整治工作标准。全年共检查各类场所39332间，发现存在隐患单位18114间，隐患30760处，整改12982间，整改率达71.6%，关停查封了206间存在重大火灾隐患的经营场所。

【消防宣传】 2010年，为加强消防安全宣传，市公安消防部门依托主流新闻媒体，定期刊发消防主题信息，全年在各类报刊组织新闻报道369次，在东莞广播电视台播发消息149条次、播放广告49640条次，通过移动通信网络发送手机短息超过1亿条。设计推出东莞消防卡通形象——“安安队长”，并在厚街镇兴建集互动媒体技术、虚拟真实场景体验于一体的全国首个镇级消防教育培训基地；全市通过各种途径共培训各类人员约24万人，消防志愿者人数达9707人，全市消防宣教覆盖面得到全面扩大。

（朱润科）

附：2010年消防支队（消防局）领导名录

支队长：高树武

政　委：崔　勇

① 2010年7月2日，东莞市综合应急救援队伍成立大会召开

② 2010年11月1日，全市公安消防部队亚运安保临战誓师动员大会召开

③ 东城小学“防火墙”工程试点成果

④ 消防铁军之百米梯次进攻操

⑤ 消防铁军之攻坚技巧

⑥ 消防铁军之疏散物资救援操

边　防

【概况】 2010年，全市公安边防队伍以“平安亚运”为目标，进一步强化管控、维稳工作，全年出动警力2800人次、船艇160艘次，查获走私红油案件42宗，捣毁地下红油加工厂2个，缴获红油655吨，案值360多万元，被市委、市政府评为“2010年度打私先进单位”。辖区全年发刑事案件24宗，破10宗，发案率下降4%，破案率上升11%；查获毒品案件3宗，缴获K粉等毒品8.2千克，毒资142万元；先后7次累计遣返“三非”（非法入境、非法居留、非法务工）越南人239人。积极推行海上警务前移工作，建立2个海上临时执勤点，实行全海域警戒封控，有效防止不法分子潜入潜出。继续推进爱民固边战略，积极开展大走访活动，全年累计走访群众21243户52390人，为群众做好事289件，排查消除各类隐患32处；同时，32名民警兼任辖区73家厂企法制副厂长，8名民警兼任学校法制副校长，深入工厂、校园宣讲安全知识。积极应对台风、暴雨等各类自然灾害，参与救助82次，救助群众273人，海上救助遇险群众32人，找回走失儿童26人，成功化解矛盾纠纷87起；举办8期渔船民科技转产培训班，65位渔民通过转产培训实现再就业；开展“人文关怀进工厂”、“人文关怀进社区”活动，共有1.5万人接受心理疏导，消除不稳定因素。

【部队建设】 2010年，市公安边防支队继续加强队伍管理，扎实开展党建月和创先争优活动，取得丰硕成果，其中新湾边防派出所党支部连续四年被省边防总队评为先进党支部，太平水上边防派出所连续三年被省边防总队评为基层建设先进单位，2个单位被评为东莞市“青年文明号”。同时，组织一线民警全员参加公安机关“战训合一”培训，选派

边海防线上的忠诚卫士

① 2010年7月12日，东莞市公安边防支队政委杜彦华（左二）和东莞市司法局副局长吴敏（左三）等共同为东莞市公安边防部队法律援助站成立揭牌

② 东莞市公安边防支队成功创建两个东莞市“青年文明号”，图为2010年5月4日虎门水上边防检查站“青年文明号”揭牌仪式

28名新任职民警到地方优秀公安派出所跟班学习；组织官兵开展执法资格考试，合格率达100%。市公安边防部门涌现出一大批先进单位和个人，其中市公安边防支队被市委、市政府评为“2010年度打私先进单位”，虎门边防派出所被省边防总队评为执法示范单位，3人荣立个人二等功，1人评为全省优秀人民警察，1人被省边防总队评为执法标兵；梁勇因参与维和工作被联合国授予“和平勋章”，并被共青团广东省委授予“五四青年奖章”。（陈思映）

附：2010年公安边防支队领导名录

政　委：杜彦华

① 东莞市公安边防支队积极支援全市公安机关维护“春运”期间社会治安稳定

② 东莞市公安边防支队累计7次共遣返“三非”越南人239人，有效维护东莞市经济社会发展

③ 2010年亚运会期间，东莞市公安边防支队派出精兵支援虎门公安分局开展“创平安，迎亚运”治安联防

④ 2010年亚运会安保工作中，东莞市公安边防支队强化海上管控，创造亚运会期间东莞海域治安环境“零纠纷、零发案、零事故”的稳定局面

司法行政

【概况】 2010年，东莞市司法局行政设置分为局机关、5个直属机构、32个派出机构，另外还负责管理和指导115家律师事务所、32家法律服务所以及13家司法鉴定机构。

【普法教育】 2010年，东莞市司法局围绕“社会矛盾化解、社会管理创新、公正廉洁执法”3项重点工作和市委市政府“调结构、保增长、促改革、惠民生”的中心工作，深入开展法制宣传教育。

全力做好省“五五”普法总结验收工作。根据上级部署和要求，狠抓落实迎接省验工作。组建9个验收小组，对32个镇街及市工商局、市安监局等18个部门、单位进行自查验收，对全市“五五”普法工作情况进行综合、全面的摸底、检阅；在分析验收结果、总结典型经验的基础上，积极查漏补缺，完善全市“五五”普法工作的各项台账、资料，在7月份的省“五五”普法检查验收中，受到省检查组的充分肯定。

多渠道全方位开展法制宣传教育工作。抓好经常性法制宣传教育。全年投入普法经费170万元，编印各类法制宣传资料近200万份（册），建立12米法制宣传长栏122个，制作、展出大型法制宣传挂图90多套，组织法制宣讲团深入全市学校、工厂、企业举办“法治广东 和谐东莞”各类讲座69场次；组织领导干部学法讲座、培训159场次，策划举办法律知识竞赛、文艺演出、法律咨询等法制宣传活动305次；在全市普及《宪法》、《行政许可法》、《公务员法》、《道路交通安全法》等60多部法律法规。继续打造品牌普法活动。开展“12·4”全国法制宣传日暨“法制广东宣传教育周”大型法制宣传活动，全市有关单位、部门及各镇街积极参与，开展形式多样、内容丰富的系列宣传活动，黄江、横沥、东城、塘厦、石龙、东坑、凤岗、麻涌、道滘、大岭山、寮步等镇街工作开展富有特色，如塘厦在全镇22个社区开展法制宣传挂图巡展，黄江镇举办大型法制文艺演出，石龙镇举办进校进村系列普法，突出对构建社会主义和谐社会目标和“五五”普法规划目标任务的宣传，取得良好的宣传效果。

充分履行司法行政职能，营造和谐稳定社会环境

① 2010年10月20日，省司法厅厅长陈伟雄（右二）莅莞指导亚运安保工作

② 2010年12月4日，副市长成洪波到全市“12·4”全国法制宣传日大型活动现场指导普法工作

【公证】 公证队伍进一步壮大，公证服务水平进一步提升。2010年，全市有3家公证处，公证人员95人，其中公证员18人。顺利完成上年度公证工作考核，进一步发展公证队伍，组织人员参加各类培训，积极参加珠三角地区公证区域合作。不断加强公证协会职能，健全协会组织机构和工作机制，推进网上管理平台和联网办证平台建设，加快信息化脚步；加强与省内外公证协会的联系，积极开展行业交流与合作。不断提升公证业务水平和服务能力，各公证处着力抓好自身建设，建立健全内部管理制度，严格各项工作制度的贯彻落实；加大业务开拓力度，促进公证业务在建筑施工合同、赋予强制执行效力的债权文书等领域的发展。同时，采取多种形式，借助各种平台，加大公证宣传力度。全年，全市共办结各类公证48296件，同比增长18%。

【律师服务】 2010年，东莞市司法局狠抓律师所规范化建设，贯彻落实全市律师事务所考核评价体系，加强律师执业监督，全年共受理和调查律师投诉案件31宗。强化素质教育培训，组织2期市律师事务所负责人高校培训班，举办19次讲座及3期自由港沙龙活动。加大对律师代理重大群体性敏感案件的指导监督，全年共接收各类敏感案件（含10人以上劳动争议案件）报告备案65宗。积极发挥律师的维稳作用，引导律师服务政府中心工作，成立东莞市工会法律律师服务团，为工会组织和职工提供公益法律服务，促进企业依法经营，依法处理劳动纠纷，构建和谐劳资关系。组织律师参与市政府信访接待工作，全年共组织66名律师接待信访群众195批712人次，解决一批涉法上访案件。2010年，全市共有律师事务所116家，执业律师1366名。全市律师共担任常年法律顾问2752家、办理各类法律事务36423件。

【法律服务稽查】 2010年，东莞市司法局加大镇街法律服务市场管理领导小组组建力度。至年底，全市32个镇街均完成组织建设，并按要求在年内自行组织一次辖区内法律服务市场清查活动。全市清查法律（咨询）服务机构120家，发出限期整改通知书35份，立案处理14件，责令撤销无证照从事法律（咨询）服务的机构9家，拆除各类违法违规法律（咨询）服务广告41副，销毁非法广告单一批。

【法律援助】 2010年，东莞市法律援助处继续坚持“为民、利民、便民”服务宗旨，加强弱势群体维权工作。狠抓法援案件办理质量。开展“法律援助百案旁听”活动，通过旁听案件庭审，了解承办人员的庭前准备、庭审纪律、庭审表现和办案水平，加强监督管理，确保办案质量。推进特殊群体法律援助工作。开展法律拥军优属工作，实地了解东莞市涉军法律事务服务站的工作开展情况和军人军属的法律援助需求，成立

① 2010年12月，市司法局党总支委员会在研究工作

② 2010年12月17日，广东康怡司法鉴定中心主办“2010司法鉴定发展论坛”

③ 2010年7月20日，东莞市“五五”普法工作接受省检查组的验收

"东莞边防部队法律援助工作站"和"东莞市涉军法律事务服务站"；大力开展"夕阳幸福工程·法律援助在行动"等活动。加大法援宣传力度。不定期到镇街开展"法援直通车"，组织全市司法所以"纪念国务院《法律援助条例》颁布实施7周年暨《广东省法律援助条例》实施11周年宣传活动"为主题，开展声势浩大、形式多样的法律援助宣传活动。市法援处全年共接待来访群众8868人次；接听"12348"法律服务专线7893人次；受理法律援助案件2329宗；代写法律文书427份。

【基层法律服务】2010年，全市各司法所和法律服务所充分发挥作用，积极为镇街政府、村（居）、企事业单位和基层群众提供优质高效便捷的法律服务。2010年共为镇委、镇政府提供法律意见、合同审查2000多件，担任常年法律顾问724家，解答法律咨询37351人次，代理民事诉讼1090件，代理非诉讼法律事务1549件，见证4597件，避免或挽回经济损失约2.51亿元。

【人民调解】2010年，全市司法行政系统各级职能部门服从大局，积极配合、密切协作、主动作为，特别是在综治信访维稳中心、工作站（室）建设和矛盾纠纷化解等日常工作开展中，切实发挥司法所基础性地位作用。全年受理调解民间纠纷13853宗（其中司法所独立受理调解4183宗，司法所联合其他部门受理调解9670宗），调解成功13438宗，调解率为100%，调解成功率为97%；共接待群众来访、咨询37351人次，及时化解了大量矛盾纠纷，有力地维护社会稳定。

积极开展"迎亚运 保平安"人民调解专项活动。活动期间，全市镇、村（居、社区）、企业调委会共调处各类矛盾纠纷15239宗，调解成功14973宗，调解率100%，调解成功率98%，为广州亚运的成功举办营造良好的社会环境。此外，加大全市调解队伍的培训力度，组织全市人民调解主任轮训，共举办培训班7期，培训人员1312人，范围涉及全市32个镇街、1300多个村（居）、社区和企业调解组织。

【社区矫正和帮教安置】2010年，东莞市司法局着力加强对"两类人员"的管控跟踪，切实掌握全市社区服刑人员和刑释解教人员底数。对"两类人员"建立监管帮教机制，通过因人施教等方法，抓好"两类人员"的跟踪管理与日常帮教。在全市组织24名社工在东城、南城等12个镇街司法所进行社会工作试点，充分利用社工专业优势和辅助作用，协助开展亚运安保"两类人员"帮教管控。全市累计接收社区服刑人员296名，在册服刑人员228名。

在亚运会、亚残会前后，各基层司法所积极发挥所在镇街综治信访维稳中心、村（居、社区）综治工作站、企业（工业园区）综治工作室等平台协同作战职能，深化资源整合，贯彻六联机制，大力开展联合行动。充分利用公安派出所、警务室，村（居、社区）委会、治保会，镇村社区矫正、安置帮教和志愿者2支工作队伍，在全市范围内对重点人员深入开展拉网式、地毯式反复排查，确保全市"两类人员"及时衔接、及时帮教，不脱管、不漏管。同时，积极发挥综治信访维稳中心平台协调作用，主动加强与法庭、派出所、社会事务办、社保、劳动、村（居、社区）、治保会等部门的沟通协调，及时掌握"两类人员"动态，积极协调解决生活困难的"两类人员"在生活救助、培训、就业等方面的需求，有效地促进了"两类人员"思想稳定与行为改造，预防和减少了重新违法犯罪。

【司法鉴定】2010年，东莞市司法局继续推进司法鉴定规范化管理，通过开展司法鉴定机构检查活动，促进司法鉴定机构规范化建设；通过开展司法鉴定机构能力验证和认证认可工作以及案件评查工作，促进机构建立有效的质量管理体系。同时积极开展司法鉴定援助工作，制定《东莞市司法鉴定援助暂行办法》和《东莞市司法鉴定援助经费使用办法》，理顺司法鉴定援助的申请、审查程序。2010年全市共有司法鉴定机构13家，司法鉴定人155人，全年司法鉴定业务量达8482宗。

【国家司法考试】2010年，东莞市司法局精心组织国家司法考试。通过完善考试保密安全和组织机构建设，强化服务意识，出台便民措施，改进考试报名流程，做好考务保障，确保考试的顺利进行。东莞考区报名人数再创历年新高，共有2044名考生报名，比去年增长1.44%；308人通过，合格率达15.07%。

（陈 洋）

附：2010年东莞市司法局领导名录

局　长：彭启尧

副局长：吴　敏　赖鸿就　孔庆威　严继宗（任至2月）

① 2010年8月31日，东莞市工会法律服务律师团成立

② 2010年9月，各镇街先后举办大型法律援助宣传活动，图为长安镇活动现场

东莞市公证处

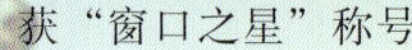

获“窗口之星”称号

创“党建百佳”检查组来检查工作

“党建百佳”挂牌

2010年东莞市公证处具体开展以下几个方面的工作：

一、围绕政府中心工作，继续做好为重大经济建设服务工作。紧紧围绕政府中心工作，寻求发挥公证职能作用的切入点，充分发挥公证对民商事行为进行间接、适度干预的优势，为国家和地方重点工程和项目建设服务，积极参与到政府采购、建筑工程招投标以及土地拍卖等工作中，切实保证各项工作的公开、公平、公正。同时，围绕政府宏观调控的一系列重大经济政策和措施，主动研究并及时提出法律服务的意见和建议，努力促进和保障政策措施的落实，为加强和改善宏观调控、保持经济平稳较快发展提供服务和保障。继续对市委、市政府举办的各类公益活动实行免费公证。

二、围绕群众最关心、最直接、最现实的问题，切实做到推动公证工作贴近群众、方便群众、服务群众，为群众办实事、解难事、做好事。积极办理涉及人民群众自身利益的相关公证，如遗嘱、继承、证据保全、拆迁补偿、涉房委托等各类公证事项。

三、进一步强化规范化建设，认真开展考核、评价工作。重申制度规范并严格落实，进一步把公证人员业务与敬业精神、公证质量、服务态度、组织纪律等有机结合起来，对于工作中存在的问题，及时下发整改通知，严格执行奖惩措施，做到赏罚分明，以保证优良的工作作风，树立良好的社会形象。

四、进一步做好办公环境的建设。公布公证办理流程图，使前来办理公证的当事人有了明晰的指引，同时设立咨询台，安排公证员在每日在前台值班接受咨询，审查办理公证所需资料，及时避免当事人盲目等待、排队、插队现象，营造出舒适、和谐、有序的工作环境。

五、继续做实做好档案的管理服务工作。完善档案管理工作，努力提高档案管理水平，并顺利通过评审的省一级档案综合管理单位的评审，成为“省一级档案综合管理单位”。

六、严把质量关，保证每份公证书的质量。强化对办证质量的监督，做好公证质量检查和投诉处理工作。坚持每年组织一次公证质量检查活动，采取自查、交叉检查等形式，查找存在的问题，研究制定整改措施，对疑难问题及时讨论，统一思路，提高公证文书的质量。

获评“省一级档案综合管理单位”

获司法行政系统拔河比赛冠军

东莞市常平公证处

东莞市常平公证处成立于2006年8月，2010年有工作人员45人，业务执业范围包括东莞市凤岗、清溪、塘厦、樟木头、谢岗、黄江、常平、大朗、东坑、横沥、企石、桥头等12个镇。

东莞市常平公证处办公设施完善，拥有1000多平方米的园林式办证大楼，在宽敞明亮的办证大厅里安装电子显示屏、政务公开栏、排队叫号机。办证流程依托计算机信息化平台，规范公证的受理、办理、出证、归档等各个流程，大大缩短办证的时间，提高工作效率，方便群众。东莞市常平公证处多年来屡次获得“司法行政工作先进单位”称号。

公证作为一项国际通行的预防性法律制度，具有降低风险、排除隐患、事前预防的独特作用，为其他法律制度所不能替代。东莞市常平公证处从成立起一直秉承着“职业化、规范化和团队精神”的宗旨，将提供专业的公证法律服务作为生存发展之道，在家事法律事务、金融、房地产、公司事务、证据保全等公证业务中起到预防纠纷、定纷止息的作用，对社会和谐、经济发展起到巨大的推动作用。

常平公证处公证大楼

常平公证处工作人员热情接待咨询群众

2010年6月30日，中国公证协会领导前来常平公证处考察公证服务“三农”和公证机构独立法人地位情况

2010年8月28日，常平公证处积极开展“共建和谐社会　公证伴你同行”的公证咨询宣传活动

2010年10月25日，常平公证处开展“东莞慈善一日捐”活动

东莞市虎门公证处

东莞市虎门公证处成立于2008年11月，2010年有工作人员20人，业务辖区范围包括虎门、长安、厚街、沙田等4个镇。

2010年，虎门公证处共受理各类公证事项8043件，比上年同期增长53.76%，其中：国内公证6913件（包括涉港、澳、台公证事项）、涉外公证1130件,接待法律咨询近16086人次，公证业务得到业务辖区内越来越多群众的接受和肯定。

虎门公证处坚持以拓展促进服务，以规范保证质量，以诚信赢得信誉的工作思路，以加强行业自律为重点，紧紧围绕“学好理论、强化素质、做好服务”的工作思路，务实创新，扎实工作，积极发挥公证工作证明、监督、服务、沟通的职能作用，为构建“和谐平安东莞”，促进服务地经济发展提供优质高效的公证法律服务。

虎门公证处工作人员热情接待咨询群众

2010年11月10日，虎门公证处开展“东莞慈善一日捐”活动

2010年8月30日，虎门公证处举办法律宣传活动，图为工作人员为群众提供法律咨询

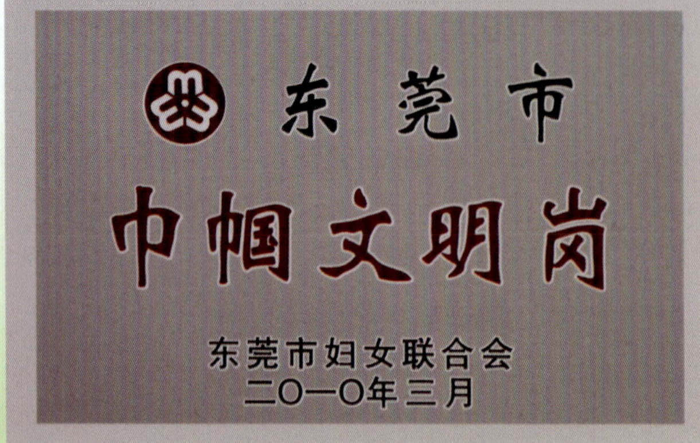

2010年3月，虎门公证处被市妇联授予“东莞市巾帼文明岗”称号

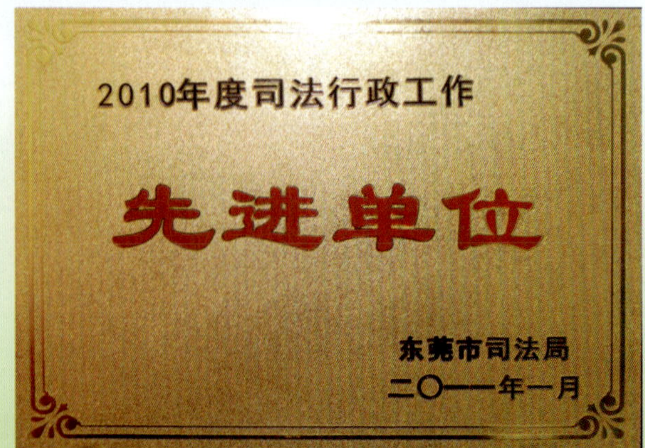

虎门公证处被评为2010年度司法行政工作先进单位

地方军事

LOCAL MILITARY AFFAIRS

- 战备
- 执行亚运安保任务
- 人防工程建设

樟木头镇

东莞军分区

【概况】2010年，东莞军分区围绕“抓好大教育、建设大武装、带好大队伍、搞好大活动、做好大保障”的工作思路，各项建设呈现稳步发展、全面提高。军分区被省军区评为“广州亚运会残运会支援工作先进单位”、“军事训练先进单位”、“新闻宣传工作标兵单位”。

【战备】2010年，东莞军分区认真学习贯彻新颁布的《战备工作条例》，狠抓经常性战备制度落实，深入开展反恐维稳、应急动员、参战支前等问题研究。着力抓好应急通信建设，有效提高“动中通”、“应急通”能力。抓好国防工程维护管理，清溪镇武装部被省军区评为国防工程管理先进单位。

【军事训练】2010年，东莞军分区以迎接省军区检查评估和军事训练考核为契机，大抓首长机关军事训练，6月份在省军区组织的军事训练考核中，取得所有课目全优，总成绩列全省21个军分区（警备区）第一名的好成绩。同时以贯彻落实新《大纲》为契机，狠抓民兵训练落实，各专业均按《民兵训练大纲》规定的内容组织训练，合格率达98%。

【执行亚运安保任务】2010年，东莞军分区为贯彻落实省委、省政府和省军区部署的任务与要求，以亚运安保为背景，9月17日开展“莞联—2010”军警民联合演习活动，是东莞市近年来组织的实兵演习中，动员规模最大、处置情况最多、参演力量最全的一次，有效锻炼了军警民联防指挥机构的决策指挥能力。中央电视台一、四、七和新闻频道、《解放军报》及其他省市主要媒体都对这次演习活动进行了专题报道。亚运安保期间，组织南城、莞城、东城、万江武装部215名应急队员24小时备勤，成为城区和比赛场馆附近应急维稳的主要力量；设立2个军车检查站，组织城市警备分队开展赛区城市警备工作，实现军人军车“零违纪违章、零事故纠纷”目标；组织虎门等6个武装部执行海防管控及机动增援任务，各项任务完成良好。

【国防动员】2010年，东莞军分区组织全市新一轮国防动员潜力核查，充实完善动员潜力数据库。围绕亚运安保准备，重点抓好民兵应急分队、防化救援分队和装备技术保障大队的组织整顿。在市科技局成立科技装备动员办公室，使科技装备动员工作落到实处。适应征兵工作改革需要，加大高学历青年征集力度，完成635名新兵的征集任务，其中高中以上学历达88%，大专以上学历达15%，女兵100%为在校大学生。

【党委班子建设】2010年，东莞军分区适应地方扩权强镇行政体制改革要求，增补13名中心镇武装部部长任军分区党

为东莞经济社会双转型保驾护航

① 2011年4月26日，广州军区副司令员邢书成莅莞视察东莞军分区新营区建设情况
② 2011年4月19日，广东省军区司令员刘联华莅莞视察东莞市国防教育训练基地
③ 2011年5月6日，在宣布中央军委关于东莞军分区司令员调整命令大会上，广东省军区副司令员李欣剑宣读由中央军委主席胡锦涛签署的关于东莞军分区司令员调整命令，市委书记、东莞军分区党委第一书记刘志庚等参加会议

委委员，有效强化了党委对基层武装工作的领导。以市委、市政府名义联合评出5个党管武装先进单位，2名先进个人，并在全市工作总结表彰大会上进行表彰，有力地推动了党管武装工作落实。

【主题教育】2010年，东莞军分区深入推动创建和培育活动，深入开展“周学一下午、月读一本书、每季一讲评、半年一考核、年终一典型”活动，形成党委统揽、领导带头、全员学习的良好氛围。扎实抓好民兵核心价值观教育，在大岭山镇武装部抓教育试点，召开核心价值观教育动员部署会，使近万名基干民兵接受到核心价值观的系统教育。分两次邀请国防大学徐焰教授和孟祥青教授作专题辅导，保质保量地完成了6个专题的理论学习。

【“双拥”共建】2010年，东莞军分区积极开展争创全国“双拥”模范城“七连冠”活动，协调召开市委常委议军会议，通过“落实中央8号文件，调整军转干部工资待遇”等7个议题，受到广泛好评。协调东莞驻军召开创建“双拥”模范城座谈会，专题研究拥政爱民工作。大力推进樟木头镇党委书记李满堂的典型宣传工作，联合市双拥办、市国防教育办开展全民国防知识竞赛活动，有效强化了大国防、大武装意识。

【后勤和装备保障】2010年，东莞军分区按照新大纲要求，组织一期军交运输、油料保障和卫生救护三个专业的后勤骨干训练。大力开展岗位练兵活动，5名骨干参加省军区岗位练兵比武竞赛，其中指挥专业取得训练标兵的好成绩。深入贯彻总部、军区关于后勤改革的指示精神，落实社会化保障和物资集中采购工作改革。按时间节点推进训练基地宿舍楼和新营区建设。积极协调为部队官兵和过往老首长搞好接待保障。扎实抓装备仓库技术整治，有效提高了装备安全管理水平。

【安全管理教育】2010年，东莞军分区以贯彻新条令为契机，以支援支持亚运为抓手，认真抓好部队安全稳定工作。贯彻落实军区“桂林集训”精神，全面开展大发动、大排查、大整治、大检查，全年共进行4次大项安全隐患排查，及时消除安全隐患。广泛开展“迎亚运、严军纪、树形象、做贡献”教育整治活动，严格按照“严于平时、高于平时”的要求，实施全封闭式管理，保持了安全稳定的良好局面。

【“四个基本”建设】2010年，东莞军分区围绕省军区提出的“三期八年工程”目标，军分区党委始终保持清醒头脑，采取有力措施，坚持固强补弱，全力推进达标任务完成。分区7名常委建立分片包干、挂钩负责制，落实抓建责任。加强检查督促力度，全年省军区、军分区分别组织两次集中检查考评，有力推动全市民兵营连如期达标。

（杨兴会）

附：2010年东莞军分区领导名录

党委第一书记（兼）：刘志庚
司令员：刘国辉
政治委员：刘卫芳
副司令员：李建军
副政治委员：喻清明
参谋长：黄汉光
政治部主任：
　　管林海（任至10月）
　　叶　春（10月到任）
后勤部部长：秦桂清
副参谋长：李钰伟

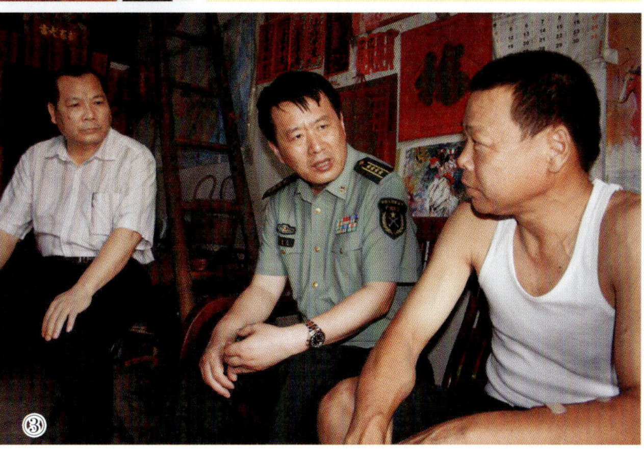

① 2010年11月1日，副市长成洪波、东莞军分区政委刘卫芳看望应征入伍青年
② 2011年6月14日，东莞军分区司令员李庆文（中）在军地联防部署会议上讲话
③ 2011年6月21日，东莞军分区司令员李庆文（中）看望贫困户，并想方设法为贫困户解决实际困难

武警支队

【概况】2010年，东莞市武警支队着眼"建设现代化武警"目标，紧紧围绕亚运安保、执勤管理、正常工作"三条战线"，扎实推进工作落实，部队经受住复杂形势和艰巨任务的严峻考验，高标准实现"两个确保"（确保担负任务圆满完成，确保部队内部安全稳定），部队建设呈现出平稳发展、整体提高的良好态势。先后被总部、总队评为"安全工作"、"亚运安保"、"党风廉政建设"、"百日强化大练兵"先进单位和按纲建队"先进支队"。

党委班子建设坚强有力。支队党委始终坚持把建设"学习型"、"先进型"党委作为抓班子的着眼点，把增强学习力、研究力、凝聚力、公信力作为建班子的切入点，班子成员自觉形成一门心思谋发展、一种声音抓建设、一股力量破难题的良好氛围，得到官兵普遍认可和总队党委机关高度评价。党委班子测评好票率达98%以上，武警报头版头条报道支队风气建设成果。

思想政治工作扎实有效。支队坚持理论抓灌输、行为抓引导、任务抓保障、环境抓熏陶，深入开展主题教育和以"崇尚先进、拒腐防变"为主要内容的经常性教育，增进官兵对核心价值观的理论认同，筑牢官兵思想道德行为法律"四道防线"。亚运安保任务政治工作绩效明显。年内，3篇经验性文章被总队转发，主题书画创作和文艺调演获总队4个三等奖，政治处被总队评为"先进政治处"。

中心任务完成出色。精心组织亚运安保勤务，治理执勤隐患15处，固定目标绝对安全；圆满完成警卫、春运执勤、武装押解等临时勤务169起，成功处置万江区迷信诈骗团伙事件。在担负亚运安保任务中，二中队荣立集体三等功，五中队被评为先进单位，1名干警荣立二等功、22名干警荣立三等功。

现代化建设稳步推进。推进现代化建设的思想认识统一，建设力度加大。严格落实支队制定的《推进现代化建设总体规划》和《正规化信息化建设方案》，投入123万元，完成支队作战指挥中心和一、二中队作战勤务值班室信息化升级改造，高标准建设350兆数字集群通信系统和指纹门禁系统，增配执勤运兵车，购置亚运安保装备器材，现代化建设迈出实质性步伐。

基层建设整体提升。学习培训成效明显，创先争优活动扎实推进，基层组织功能得到充分发挥。基础设施和政治环境逐步规范，基层建设的全面性、规范性和实效性明显增强。参加总队《纲要》知识竞赛获三等奖。教导队、一中队、五中队分别被总队评为"先进教导队"、"先进中队"，一中队党支部、五中队团支部分别被总队表彰为"先进党支部"、"先进团支部"。

部队内部安全稳定。认真贯彻落实条令条例、总部依法从严治警集训精神和正规化管理"两个规定"，部队正规化建设水平有新的提高。扎实开展百日安全竞赛活动和专项教育整顿，严格落实封闭式管理、日常检查督查等制度，深入抓好倾向性问题治理和重大安全问题防范，官兵安全发展理念见言见行。支队被总部表彰为"连续5年以上'三无'单位"。

保障能力明显增强。2010年，东莞市武警支队围绕"面向基层，加强管理，提高效益，服务中心"，亚运安保后勤保障高质高效。训练基地建设稳步推进，圆满完成总部总队各类培训19批次。扎实搞好机关绿化美化和道路改造。经费物资、车辆枪弹、基础设施管理规范。卫生防病和计划生育工作得到加强。后勤战备建设和应急保障能力明显提升。支队军械库被总队评为"红旗军械仓库"。

【圆满完成亚运安保任务】2010年，东莞市武警支队担负亚运安保任务以来，贯彻总队党委、首长的决策部署，坚持把亚运安保作为首要的重大政治任务，按照"一切工作往前赶、往细里抓、往实里做"的要求，突出能力抓队伍、严格标准抓建设、着眼一流抓保障，组织领导坚强有力，勤务部署严谨周密，政治工作细致入微，部队管理正规，各项保障有力，圆满完成第16届亚运会东莞赛区的安全保卫任务，受到国家亚运安保协调小组、总部总队首长、东莞市亚运筹委会和市公安局领导的充分肯定，赢得了社会各界的广泛赞誉。国家亚运安保协调小组和总部杨副参谋长分别给予支队"好用、管用、有用"和"最好的受检单位"高度评价。

【首长视察指导】4月8日，武警部队副司令员息中朝、副参谋长潘昌杰率总部训练部副部长李勇刚等一行5人，在总队总队长何宏成、参谋长白海滨等领导陪同下，莅临东莞训练基地视察指导工作，充分肯定东莞训练基地全面建设取得的成绩。

8月9日，总部参谋长牛志忠中将在总队长何宏成、参谋长白海滨等领导陪同下，亲临总队东莞训练基地视察指导。首长就如何围绕明年总部现代化建设试点，抓好训练基地信息化建设、正规化建设和基础设施建设，切实发挥基地功能作用作了重要指示，要求各级要主动作为、科学筹划、精心准备、抓紧实施，确保试点工作顺利进行。

10月26日，武警部队副司令员刘红军率工作组在广东总队副总队长吴庭富、副政委王维城和东莞市委常委、市公安局局长崔建陪同下，专程到广州亚运会东莞分赛区视察亚运安保工作，并深入部队看望参勤官兵。

11月17日，亚运安保协调组组长、公安部副部长李东生在广东省公安厅副厅长张永强陪同下，专程到亚运会东莞赛区检查指导亚运安保工作，并看望担负亚运安保的武警官兵。

11月18日，原武警部队司令员周玉书视察支队机关。首长对支队的全面建设给予高度评价，并勉励支队官兵牢记各级领导嘱托、发扬优良传统，在支队党委的坚强领导下圆满完成各项任务，为驻地经济社会发展和维护社会稳定做出更大贡献。

2010年1月7日，东莞市武警支队长刘教清率领65名官兵，圆满完成配合公安机关担负抓捕万江区曲海村迷信诈骗团伙的外围封控和警戒任务，有效整治湖南省宜章籍违法犯罪人员长年盘踞的黑点，打击社会犯罪，净化社会治安环境。

2010年4月1日，东莞市武警支队参谋长田成勇率领81名官兵协助公安机关，对东莞市横沥镇常怡路周边出租屋进行集中清查整治，抓捕一批违法违规嫌疑人聚居的黑点，有效打击社会犯罪、净化社会治安环境。（姜铁丰）

附：2010年东莞市武警支队领导名录

党委第一书记、第一政治委员：崔　建
书记、政治委员：曾凡荣
副书记、支队长：刘教清
委员、副支队长兼训练基地主任：
　李瑞泽
副支队长：曾国强
副政治委员：赵　斌
副政治委员兼政治处主任：吴建民
副政治委员兼训练基地政委：曾　勇
参谋长：田成勇
后勤处处长：陈远华

人民防空

【概况】 2010年，市人防办加强信息化条件下人防体系能力建设，不断增强市场经济条件下人防发展活力，在推进人防科学发展上迈出了更加坚实的步伐。市人防办被评为全省人民防空先进单位、全省人防建设目标管理考核达标先进单位、全省人防工程建设“调结构、强管理、重质量、增效益”活动先进单位，办党组书记、主任陈艾戈先后被评为全国、全省人防先进个人。

【指挥通信建设】 2010年，市人防办始终坚持军事斗争准备龙头地位不动摇，按照往前赶、往实里抓的应急准备要求，狠抓人防组织指挥体系和信息化体系建设，有效拓展和深化了军事斗争人防应急准备。抓101工程和应急指挥中心的补缺提档。为保证人防战备指挥所和应急指挥中心始终处于良好的战备状态，市人防办按照战术技术要求，认真抓好其设备设施的完善，通过补缺提档，逐渐满足了功能，提升了档次。抓防空警报建设。市人防办先后在厚街、中堂、谢岗等8个镇新装固定防空警报器56台，新设中继站2个，完成警报总控制设备的搬迁和调试工作，并于11月20日成功组织全市第9次防空警报试鸣活动。抓人防专业队训练、演练。为圆满完成亚运安保任务，市人防办按照军事部门的统一部署，于9、10月份组织7支人防专业队200多人参加“莞联—2010”处置大规模公共突发事件军警民联合演习；按市反恐怖工作协调小组的安排，1月份又组织人防专业队参加亚运安保反恐演练。通过训练、演练、增强队伍的素质，提高快速反应能力和遂行任务的能力。

【人防工程建设】 2010年，市人防办为确保人防建设融合城市建设的需要，狠抓“结建”政策法规的落实，坚持依法建设、依法管理。加大依法行政的力度。认真落实《人民防空法》要求，加大人防工程建设的监督管理，提高人防工程的报建率，全市累计受理自建防空地下室面积40万平方米，收取人防易地建设费3000多万元，完成竣工面积8万平方米。加大地下空间开发利用的力度。市人防办认真拓展平战结合新领域，主动参与地下空间开发利用的调研和相关文件的起草工作，积极推进全国最大公共人防工程项目落户虎门镇（该工程位于虎门镇滨海大道地下，建筑面积为70

平时服务　急时应急　战时应战

① 省人防办主任江泓莅莞检查指导人防工作

② 省、市人防办领导检查指导虎门公共人防工程建设

万平方米，总投资为56亿元，现已开工建设）。同时，还积极参与莞惠城际交通干线及东莞市轻轨R1、R2线等地下交通干线“结建”人防工程的工作。

【机关自身建设】2010年，是新中国人民防空创立60周年。市人防办按照国务院、中央军委关于人民防空建设的新要求，以打造人民防空行业文化为主线，精心培育人民防空机关的价值观念，积极推进人民防空部门职能转变，继续深入开展人民防空机关的“准军事化”建设，全面提高人员整体素质，为实现人民防空事业科学发展、完成好新形势下的人民防空使命任务奠定坚实基础。一是抓队伍建设。按照“政治坚定、业务精湛、纪律严明、作风过硬、廉洁高效”的要求，抓思想，抓工作，抓学习，抓制度，全面提高干部职工的素质。二是抓“五型”机关建设。通过加强服务型机关、和谐型机关、创新型机关、廉洁型机关和节约型机关，进一步强化干部职工的责任意识，提升服务质量。三是抓机关“准军事化”建设。以建设一个坚强有力的领导班子、培养一支全面过硬的干部队伍、制定一套科学严谨的工作规范、营造一个文明和谐的内外环境为总体目标，营造有利于发展的领导环境、法制环境、社会环境，树立了良好的机关形象。市人防办在市民评机关活动中取得了综合总分第八名的好成绩。（叶春华）

附：2010年东莞市人民防空办公室领导名录

主　任：陈艾戈
副主任：周建子　刘俊廷

① 副市长梁国英检查警报系统建设情况
② 防空试鸣指挥现场
③ 人防专业队演练

城建·环保

URBAN CONSTRUCTION · ENVIRONMENTAL PROTECTION

- 超额完成珠三角区域绿道网（东莞段）工程年度建设任务
- 建筑市场管理
- 地震应急救援管理
- 完成援建映秀镇“交钥匙”工程建设
- 住房公积金提取使用
- 推进生活垃圾无害化处理
- 力推供水管网改造
- 亚运保供电
- 创建国家环保模范城市通过考核验收

茶山镇

编辑：李俊玉

城市规划

【"三区"规划设计】2010年，东莞市城乡规划局积极开展"三区"（中央商务区、中央商贸区和中央休闲区）规划设计工作，顺利开展中央商务区城市设计国际竞赛，确定优胜方案及设计单位，启动成果深化工作。完成中央商贸区和中央休闲区第二轮设计方案，开始进入成果制作阶段。

【珠三角区域绿道网（东莞段）工程】2010年，按照广东省委、省政府"一年基本建成、两年全部到位、三年成熟完善"的要求，东莞市成立绿道网建设领导小组，下设办公室，设在市城乡规划局，负责绿道网建设的综合协调、指导等工作。全年建成区域绿道225公里，超额完成省下达的197公里的年度建设任务，提前实现省提出"一年基本建成"的阶段性目标，并按照绿化、路径、驿站和标识系统4个100%的目标全面高质量完成。全市区域绿道直接建设费用8亿多元，新增绿化面积450万平方米，新建

东莞市城乡规划局

① 2010年2月26日，中共中央政治局委员、广东省委书记汪洋到东莞市调研绿道规划建设工作

② 2010年9月8日，东莞市城乡规划局正式挂牌

③ 2010年8月12日，东莞市城乡规划局组织"东莞市中央商务核心区城市设计国际竞赛发布会"

绿道畅通桥梁15座、驿站26个，安装绿道内部标识牌2000多个、外围指示牌200多个，串联沿线旅游景点及兴趣点200多个。

【城市功能设施规划】 2010年，东莞市城乡规划局承接东莞大酒店、黄旗山城市公园、植物园、城市规划展览馆、网球中心、东莞市卫生学校新校、市民文化艺术中心及工人文化宫等10多项城市功能配套项目的规划设计工作，各项目稳步推进。加快推进东莞东站改扩建、石龙火车站迁建等项目，组织完成东部快速路段（企石—桥头段）完善改造工程、环莞路二期、环莞远期、东莞大道延长线、环城路—泰新路跨线桥、松山湖大道延长线康丰路段、环城路—西南路跨线桥、S120生态景观工程、万道

① 2010年4月19日，东莞市城乡规划局召开第四次"三旧"改造工作座谈会
② 2010年4月21日，东莞市城乡规划局召开提高项目审批效率工作会议
③ 2010年6月13日，东莞市城乡规划局召开成熟社区建设工作座谈会
④ 2010年11月23日，东莞市城乡规划局到横沥镇张坑村扶贫座谈
⑤ 2010年8月19日，东莞市城乡规划局举行"爱心父母"与万江区困境儿童暑假见面交流会

路—泰新路跨线桥、学院路人行天桥、莞长路人行天桥等一批基础设施的规划设计工作。

【"三旧"改造】 2010年，东莞市城乡规划局积极开展"三旧"（旧城镇、旧厂房、旧村庄）改造工作。一是加快规划，8月11日，《东莞市"三旧"改造专项规划及年度实施计划（2010—2015）》顺利通过省建设厅组织的备案审查。全市32个镇街的"三旧"改造专项规划完成技术审查。二是完善标准，细化制定《关于确定"三旧"改造项目容积率和实施"拆三留一"的指导意见》、《"三旧"改造单元规划编制和审查管理规定》等规范性文件。三是加强指导，通过实地调研、座谈等形式，了解各镇开展"三旧"改造单元规划工作的实际情况和存在困难，并及时解疑。全年举行五次"三旧"改造政策培训班，达到"主动沟通，统一标准，加强指导"的预期目标。

【简政强镇】 2010年，东莞市城乡规划局制定《东莞市城乡规划局简政强镇试点工作方案》及《关于印发〈东莞市城乡规划局扩大松山湖科技产业园规划管理权限工作实施方案（试行）〉的通知》，对塘厦镇、石龙镇及松山湖科技产业园实行简政强镇试点工作。同时，市城乡规划局通过跟班学习、业务培训讲座、督促检查等形式加强业务培训指导工作。

① 省立区域绿道3号线（东莞段）滨水特色绿道
② 省立区域绿道5号线（东莞段）现代园区特色绿道

【对口援建】 汶川映秀灾后重建工作全面完成。2010年，东莞市城乡规划局顺利全面完成东莞"交钥匙"援建项目的规划设计技术协调工作。

启动新疆援建工作。2010年，东莞市城乡规划局先后5次、合计派出31人次到农三师图木舒克市进行实地考察和工作对接，编制完成《广东省对口援疆城乡建设专项规划（2011—2020）》的东莞市部分，修改完善后作为广东省未来十年援疆的工作计划表。50团的试点项目2.7公里市政道路工程、216套廉租房和职工文化教育培训中心全部竣工完成；启动市域及团场规划项目的编制，基本完成年度计划。

【规划编制】 推行"地块包装"制度。"地块包装"指在土地出让前，由市城乡规划局组织，土地出让方委托规划设计单位根据拟出让地块的现状环境特征、上位规划要求，通过意向性方案比较验证，综合提炼形成地块的规划控制要素，作为核发《建设用地规划批准书》或《建设项目选址意见书》、出具规划设计条件的重要参考依据。规划控制要素包括用地性质、功能、强度、空间、形态、环境、交通、市政等方面。2010年，东莞市城乡规划局坚持试点先行、逐步推广的原则，在2009年试点工作基础上，不断积累经验，完善相关政策、规划内容和深度标准。4月1日，在全市各镇街正式全面开展"地块包装"工作，推进东莞市城市规划的精细化管理，进一步提升城市空间品质，特别是重点地段的规划管理。全年审查通过18个"地块包装"项目。

推动新一轮城镇总体规划修编。2010年，东莞市城乡规划局组织指导寮步镇、沙田镇总体规划上报市城市规划委员会；组织指导大朗镇、塘厦镇召开总体规划专家评审会；组织完成虎门镇总体规划技术审查；完成大朗镇、茶山镇、塘厦镇总体规划方案初审，以及望牛墩镇、麻涌镇总体规划修编前期研究的审查；指导黄江镇、樟木头镇、谢岗镇、常平镇、洪梅镇启动总体规划修编。

加大专项规划编制力度。2010年，东莞市城乡规划局组织编制《东莞市密度分区研究》、《东莞市轨道交通会展中心站国际竞赛成果深化》等多个规划研究。上报审批通过《东莞市区综合交通规划》，完成《东莞市区自行车专用道近期实施规划》专家评审。编制《东莞市区停车位配建指标修正项目建议书》、《东莞市区道路交通指路系统改善方案项目建议书》等研究报告。

【规划管理】创新管理思路。2010年，东莞市城乡规划局不断理顺组织架构，调整充实人手，强化科室联动管理。规划编制科专责控制性详细规划编制管理和审查工作，有效加强控制性详细规划编制的前期介入指导和后期监督检查。在规划编制科增加3名技术人才，并对总工室、报建科和重大项目办的职能分工进行整合，完成从审批管理向过程管理的初步转变。启动《东莞城市规划管理创新探索》课题研究，对城市规划管理体制进行梳理、分析和完善，深入探索新形势下城市规划管理的模式和机制。

完善管理制度。2010年，东莞市城乡规划局完善技术规范，编印《东莞市城市规划管理技术规定》、《东莞市城乡规划局业务管理文件汇编（二）》，启动《东莞市城乡规划局管理手册2010》的修编，把制度建设从内部行政管理扩展到业务技术规范，从实体流程延伸到程序性管理，构建起指引清晰、流程严密、运作规范的管理框架。实施诚信管理，出台《东莞市城乡规划设计市场诚信管理暂行规定》，明确规划设计活动的流程指引和制度约束，对规划设计单位建立统一的备案管理和信用等级评定，规范城乡规划设计行为，提高城乡规划设计质量。明确工作流程，不断完善总体规划、控制性详细规划（简称“控规”）、生态控制线调整的管理程序及要求。全年审查控规58个，处理控规调整业务115宗，提高城市化质量，处理生态线调整业务19宗，“三旧”改造方案审查236份，已建房屋补办房地产权手续79份。

提高业务效率。2010年，东莞市城乡规划局核发《建设项目选址意见书》189份、《建设用地规划批准书》575份、《建设用地规划许可证》306份、《建设工程规划许可证》1706份，办理国土一书三方案66份、小区方案189份、建筑方案审批316份、规划核实212份、批次报批122份；交通影响评价120宗、建设项目方案电子报批503宗、日照分析编制及校核280宗、网上规划公示2766份，规划方案现场公示215宗，完成放验线428宗，跟踪管理752宗，现状图测绘142宗，竣工图测绘214宗。窗口收件6953份，上报《规划动态》18期，办理回复网上咨询240条，收到信访案件41宗、处理41宗。

【政府服务环境建设】信息化建设工作进一步加强。2010年，东莞市城乡规划局开展市镇规划资源共享平台设计，使市规划局和各镇街规划所的业务人员能快捷地归档规划资料及查找所需资料，提高业务人员工作效率。开展东莞市生态控制线遥感动态监测平台建设项目。启动东莞市区地下管线普查二期工程。完善规划成果库的建设。基本完成存档控制性详细规划的整理入库工作，并开始进行单体方案及施工图的规整入库。完成简政强镇试点镇的办公联网系统，为下放规划审批业务提供管理和监察。建立电子报批规整信用管理制度，完善网上报送系统，组织电子报批规整培训工作，提高电子报批指标校核效率。完成重点工程项目图档协同管理系统的方案设计和采购工作，提高信息传递、信息共享的效率。继续推进城市仿真系统的建设，为城市规划、建筑方案评审提供可视化的管理工具。建立信息公开网上申报系统，并调整网上规划公示系统，对接市信息公开电子监察系统。

“数字城建档案馆”进一步完善。2010年，东莞市城乡规划局推进“东莞市数字城建档案馆”管理系统的二期建设，完善系统的查询、统计等各项功能，增设电子文件的电子签章和地图查档功能。建立城建档案异地容灾系统，实现档案数据的异地备份。继续开展城建档案数字资源建设，对规划管理类的馆藏档案、馆藏重要录像资料进行数字化加工，实现网上查档、远程查档。在全市城建档案管理单位推广应用“东莞市数字城建档案馆”管理系统，为全市城建档案管理单位提供档案信息管理平台。

【规划课题研究】2010年，东莞市城乡规划局组织开展《东莞市三大经济带核心功能与空间布局研究》、《东莞“十二五”城镇化发展规划》、《石龙火车站站点地区规划研究》、《虎门白沙火车站站点地区规划研究》、《东莞市城市空间格局发展演变及“十二五”空间整合对策研究》和《东莞市地下管线管理办法》等多个课题的调查研究和技术文件的撰写工作，其中《东莞市城市空间格局发展演变及“十二五”空间整合对策研究》、《基于遥感影像的东莞市生态控制线动态监测与预警研究》和《市政规划辅助设计、审核与建库一体化研究与系统开发》3个课题被列入“住房和城乡建设部2010年科学技术项目”，获得建设部专家的认可。“东莞市地下综合管线信息系统”项目获得东莞市科学技术进步奖三等奖，项目成果得到进一步肯定。配合区域合作工作，完成《环珠江口宜居湾区建设重点行动计划》的基础资料收集，牵头组织各中心镇编制《十二五基础设施完善规划》，继续推进深莞惠一体化，配合做好“珠江东岸论坛2010”的有关工作。

【“阳光规划”】认真办理议案提案。2010年，东莞市城乡规划局收到市人大建议和政协提案45份，包括市长会见人大代表建议13份，两会建议提案30份和旁听人员意见2份，其中主办22份、会办23份。专门召开会议进行研究部署，提高认识，增强责任感，领导主抓，分工督办，对承办的建议提案进行认真解读、深入调研、多方论证和规范答复，在规定时限内完成工作任务。

全面推行规划公示制度。2010年，东莞市城乡规划局采用建设项目现场公示、固定公示栏公示、规划局网站公示等方式，对建设项目规划方案进行批前、批后公示，公布监督电话，制定《东莞市城乡规划局批前公示意见收集及处理制度》，着力加强公示后信息采集与意见反馈工作，真正将规划公示制度落到实处。

开展《信访条例》系列宣传活动。2010年，东莞市城乡规划局开展《信访条例》宣传月活动，利用电子橱窗、网站等形式广泛宣传《信访条例》，开展《信访条例》学习测试活动。5月27日，召开《信访条例》实施五周年座谈会，进一步巩固宣传和学习成果，提高信访工作人员依法规范群众上访秩序和正确处置异常上访的能力，促进群众依法上访、有序上访、切实维护各项工作的正常秩序。

【东莞市城市规划委员会】2010年，东莞市城乡规划局召开规划委员会会议6次，其中控制性详细规划（简称“控规”）委员会会议5次，总体规划（简称“总规”）委员会会议1次，发送会议资料66份次、办理规委会发文99份。审议项目包括《桥头镇石水口片区控制性详细规划》、《大岭山镇大塘片区控制性详细规划》、《凤岗镇中心区控制性详细规划调整》等64个控规项目以及控规调整项目、《东莞市沙田镇总体规划》等2个总规项目。（谢晓东）

附：2010年东莞市城乡规划局领导名录

局　长：欧阳南江

副局长：卢沛超　黄宇东　陈　巡

总规划师：陈志军

纪检组长：吴汉成

国土资源管理

【“三旧”改造】2010年，东莞市国土资源局把“三旧”（旧城镇、旧厂房、旧村庄）改造见成效作为全年首要任务，抽调9名干部到市“三旧办”工作，成立确权登记、土地监察、规划审核、用地审查、土地交易、税费审查、信息入库、政策宣传等8个小组跟踪办理“三旧”改造相关工作。

建立全力推进的组织领导机制。2010年，东莞市委书记刘志庚多次做出重要批示，市长李毓全亲自组织多次座谈会、现场会和专题调研，副市长梁国英兼任市“三旧办”主任亲抓亲管，市人大、市政协将“三旧”改造列为重点议案、提案，市、镇两级成立党政主要领导挂帅的“三旧”改造领导小组，组建专职办公室，形成市委市政府统筹规划、镇街具体推进、部门密切配合、全力推进“三旧”改造的工作机制。

建立互利共赢的政策推动机制。2010年，东莞市出台《东莞市“三旧”改造项目确定容积率和实施“拆三留一”等问题的意见》、《东莞市“三旧”改造房屋拆迁补偿安置工作指导意见》、《东莞市房屋拆迁估价工作指引（试行）》等配套文件，明确容积率、拆迁补偿方式、补偿标准以及市场评估等环节操作规范。

建立科学改造的规划控制机制。2010年，东莞市明确近期启动改造3万亩、中期改造10—15万亩、远期改造30万亩的实施步骤，完成全市“三旧”改造专项规划和年度实施计划编制。

建立试点带动的示范引导机制。2010年，东莞市集中力量推动产业转型升级7个试点镇的改造工作，对全市“三旧”改造进行示范引导。全市共标图建库地块2294宗，面积27万亩；全年启动改造项目174宗，面积3.4万亩。国

提效率　优服务　严执法　保廉洁

① 2010年9月7日，国土资源部部长徐绍史（前排左五）一行由广东省副省长林木声（前排左四），省国土资源厅厅长招玉芳（前排右四）等陪同莅临东莞市国土资源局视察，市委书记、市人大常委会主任刘志庚（前排右五），市委副书记、市长李毓全（前排左三），副市长梁国英（前排右二）等全程陪同

② 2010年9月7日，国土资源部部长徐绍史（前左）莅临东莞市国土资源局调研，省市领导陪同

③ 2010年9月7日，国土资源部部长徐绍史（左）视察土地执法动态巡查系统，现场连线工作人员

④ 2010年1月12日，国家土地副总督察甘藏春（前排左三）莅莞视察

① 2010年5月14日，国土资源部总规划师胡存智（左）莅莞调研
② 2010年9月10日，国土资源部执法监察局局长李建勤（前排中）莅莞调研
③ 2010年5月14日，广东省国土资源厅厅长招玉芳（前排中）莅莞视察

土资源部部长徐绍史、广东省国土资源厅厅长招玉芳等部、省领导，省、市两级人大、政协专门视察东莞市“三旧”改造工作，对东莞市做法和成效给予充分肯定。

【保障发展】 提前谋划求主动。2010年，东莞市国土资源局提前预测形势，提出全年新增指标只能优先保障市重点项目、镇街一般项目必须靠消化存量土地解决的用地指标分配原则，87项市属重点工程和58项预备重点项目用地指标基本得到保障。

务实创新找突破。2010年，东莞市国土资源局全力拓展用地空间，化解用地指标难题，成功争取省2次追加东莞市用地指标。增设批后监管科，出台政策促进盘活存量土地，全年盘活存量土地5300多亩。完成增划5%基本农田的规划修编任务，提高土地利用总体规划可操作性和项目选址的灵活性。

迎难而上抓落实。2010年，东莞市国土资源局分类逐宗建立重点项目、预备项目、省属项目、先行用地项目的台账，实行党组成员、科室负责人包片、包镇、包项目和分局属地负责。成立加快用地报批协调小组、已动工项目用地报批督导小组和4个重点项目用地服务跟踪督导组，设置4名驻厅联络员。局党组召开5次用地报批工作研究会，党组成员积极参加重点项目督导会议，协调解决用地问题。全年向省申报建设用地60批次，取得省批复45批次。

【保护红线】 落实共同责任抓监管。2010年，东莞市政府召开全市土地管理工作会议，对各镇街土地管理工作情况进行考核奖惩。相关镇街认真整改违法用地，相关部门配合查处，形成齐抓共管的机制。全市立案查处土地违法案件180宗，罚款3398万元，移送司法机关追究刑事责任2宗3人。

强化动态巡查抓预防。2010年，东莞市国土资源局完善土地监察实时巡查系统功能，严格执行动态巡查和“日报告”、“零报告”制度，通过交叉检查、夜间巡查、节日督查等，全力把违法用地行为遏制在萌芽状态。

提前自查自纠抓主动。2010年，东莞市国土资源局在全市组织开展2010年度卫片执法自查自纠，通过“补办一批、拆除一批、复耕复绿一批”，最大限度减少违法用地总量。

积极调处信访抓稳定。2010年，东莞市国土资源局开展“两会”维稳、亚运维稳和基层大接访，召开部分镇街信访座谈会，排查出17宗重大信访案件，采取领导包镇包案形式，逐宗落实化解矛盾。全年受理群众信访385件次，办结379件次，办结率为98.4%。全市用地秩序持续好转，违法用地同比大幅度下降，2009年度卫片执法检查顺利通过部和省的验收。

【绩效提升】2010年，东莞市国土资源局组织开展“绩效提升年”活动，明确全年工作任务，建立工作台账，每季度通报督导。

推进地籍管理和产权改革。2010年，东莞市国土资源局开展农村土地产权制度改革与建设试点，探索实施集体土地抵押登记，建立土地登记、房产登记查封信息互通，规范地籍档案公开查询。全年办理各类土地抵押登记375宗、抵押金额167.28亿元，完成土地使用权登记3.5万宗，整理地籍档案资料10.3万份，受理土地登记资料公开查询2412批次。

推进矿产管理和地灾防治。2010年，东莞市国土资源局按期完成全市矿业权实地核查工作，完成全市123家已关闭采石场的复绿设计，第一批57家采石场进入复绿施工招标阶段。全年排查出地质灾害点362处，治理重要地质灾害点38处。举办防治地质灾害培训，组织大规模应急演练，防灾视频监控系统通过验收。获评“全市安全生产先进单位”。

推进财务管理和依法行政。2010年，东莞市国土资源局加强对基层分局财务管理监督检查，完善全系统财务管理规章制度，认真编制年度预算，加强财务核算。规范简政强镇国土审批事项下放工作，认真做好国土资源行政诉讼和复议工作，加强与司法、法制部门沟通，规范国土资源行政行为，顺利通过省、市两级“五五”普法检查验收，获评“东莞市依法治市工作先进单位”。

推进土地市场和宏观调控。2010年，东莞市国土资源局积极参与房地产宏观调控，认真编制年度经营性用地计划，规范编制地块出让方案，严格制定土地出让条件。全年一级市场推出地块214宗，成交200宗，成交面积9670亩。二级市场办理地块转让201宗，面积4282亩。探索“市镇主导开发，三级分利”的土地统筹开发模式，加强入库土地管理。

推进测绘和信息化建设。2010年，东莞市国土资源局推广测绘成果应用，加快数字城市空间框架建设，完成基础地理空间信息共享平台建设，编制完成《东莞市基础测绘“十二五”规划》，完成133平方公里1∶500地形图修补测和11个镇街地图更新。升级完善电子政务系统，服务好用地审批、“三旧”改造、执法监察、政务公开和数字城市建设，编制完成《东莞市国土资源信息化“十二五”规划》。（喻运青）

① 2010年7月12日，全市土地管理工作会议召开

② 2010年10月28日，全市卫片执法自查自纠工作会议召开

③ 2010年4月9日，落实全年土地管理重点工作会议召开

④ 2010年5月14日，全市国土资源系统党风廉政建设工作会议召开

⑤ 2010年3月10日，全市国土资源系统“绩效提升年”活动动员大会召开

附：2010年东莞市国土资源局领导名录

局　长：刘润荣
副局长：陈润池　邓耀桃　叶绍焜
执法监察大队长：李小莲
副调研员：林沛棠

东莞市土地储备中心

储备土地实施围墙封闭管理

加强储备土地的日常管理

东莞市土地储备中心通过定期巡查，对储备土地被非法侵占、使用以及乱倒垃圾、淤泥等现象做到早发现、早处理，力求既管好政府储备土地，又美化城市环境。另外，对仍在耕种的土地实行收地和整理，根据各地块的具体情况，采用平整后局部绿化、建造封闭围墙等方式加强管理，力争把权属争议、利益争议化解在土地使用前，力争做到每宗在库储备土地随时可以“净地出库”。

为市属重点项目用地提供优质服务

东莞市土地储备中心为配合各项市属重点工程的推进，根据市政府有关文件精神，为项目用地提供交通状况良好、周边环境适宜的储备土地，做好项目用地相关服务工作，确保市属重点工程顺利推进。市土地储备中心为城市公共设施和市属重点工程项目提供土地近4000亩。

滨江体育公园

海关大厦

东莞市区廉租房住宅小区

城市建设

【建筑市场管理】2010年，东莞市住房和城乡建设局继续构建企业信用管理体系，坚持实行“实名制”、核对社保信息、指模到位确认、视频远程监控等管理措施，严厉打击假章、假证、假签名等虚假行为，实行良好行为加分、不良行为扣分机制，建立企业信用分值动态监管平台，依据信用情况进行差异化管理，奖优罚劣，建筑业信用管理体系基本建立，初步发挥市场动态监管作用，企业诚信经营意识和责任意识进一步提高。

严格管理企业市场行为和施工现场行为。2010年，东莞市住房和城乡建设局累计对77家勘察设计企业、2家审图机构、484家施工企业、84家监理企业进行不良行为扣分处理，全年在建设网上公示的企业和个人不良行为记录达2948条。其中15家企业受到“两年内不得入莞承接业务”的处理，10家企业因信用分值低于80分被注销手册，22家企业自行申请注销手册、撤出东莞。在质量常规监督中发出整改通知书378份，局部停工通知书62份，不良行为扣分通知书194份。对安全生产违法违规行为和存在一般安全隐患的工程，签发限期整改通知书745份；对存在重大安全隐患的工程签发暂时停工通知书113份，签发扣分通知书1508份。

实行施工、监理企业信用手册差异化管理。2010年，东莞市住房和城乡建设局根据企业“手册有效期限”内的信用分值、在莞承接工程业务登记情况，对企业在新的“手册有效期限”内的管理人员到位指模确认间隔时间作出调整。对信用分值高的实施较长间隔时间，对信用分值低的实施较短间隔时间。对优质、诚信企业在事项办理、年检复查、质量安全监督甚至招标投标方面提供优惠措施。对诚信度不高、不履约企业则提高保证金额度、加大检查监督力度，把有限的人力、物力重点放在信用分值不高企业的检查监督上。

积极推进清欠工作。2010年，东莞市住房和城乡建设局受理拖欠工人工资案件35宗，涉案金额1500万元；合同纠纷协调案件4宗，涉案金额1732.4万元。项目工人工资纠纷、合同纠纷较去年明显减少，案件宗数同比下降70%，涉及金额下降56%。对恶意拖欠工程款、工资款的企业，进行网上公示，企业合同履约、工人工资支付意识明显增强。

严厉查处违法违规行为。2010年，东莞市住房和城乡建设局按照《在建违法建筑处理办法》、《查处违法建筑责

规范建筑市场秩序，确保工程质量安全

① 2010年9月3日，东莞市2010年住房保障工作目标责任任务完成情况汇报会召开。广东省督查组组长陈天翼，组员张华、余厚蜀、钟冠群，东莞市人民政府副秘书长黎达潮、市住建局局长朱川、市住房保障领导小组成员、32个镇街和3个管委会的分管领导出席会议

② 2010年11月4日，广东省住建厅组织的省宜居社区考评组在东城新世纪星城社区进行实地考核测评

③ 2010年3月26日，东莞市轨道交通R2线试验段工程开工仪式在温南路盛世东方广场举行。副市长梁国英、市政府副秘书长黎达潮、市住建局局长朱川，市轨道公司总经理陈波、中铁二局董事长唐志成共同启动开工按钮

任追究办法》要求，加大对违法建筑的立案查处力度。全年立案行政处罚63个，作出处罚决定55个，查处一批违法建筑和安全生产违规案件，罚款额逾690万元。出台制止强行施工应急预案及联动处理工作机制，对施工现场存在较大安全隐患或违法违规行为，拒不按要求整改强行违法施工的，对责任单位实施扣分、暂停业务等措施，约束不法行为，防范工地安全事故。

完善制度，规范招标投标行为。2010年，东莞市住房和城乡建设局构建覆盖市和镇街的“1网运行”的“招标投标e网通”全过程电子化信息系统，为工程交易各方和行政监督部门提供招投标全程服务，初步形成“流程化管理、节点控制、无缝对接、自动识别、阳光高效”的东莞招标投标服务特色。进一步拓宽电子标书招投标的使用范围，自2010年11月1日起，所有公开招标的三级房建和市政工程施工招标项目实行电子标书制度。市建设工程交易中心全年办理招标登记475项，投标439项，施工类招标项目预算总额171.3亿元，中标总额150.3亿元，平均下浮率12.27%，较上年减少3.33个百分点，中标价格合理回升。

【工程质量安全和安全监督】 2010年，东莞市住房和城乡建设局受理施工报建1215项，建筑面积1321.4万平方米，工程造价203.3亿元。28项工程被评为东莞市优良样板工程，其中8项工程被评为广东省优良样板工程；51个项目被评为东莞市安全生产、文明施工优良样板（简称“双优”）工地，15个工地被评为广东省“双优”工地，4项工程获得广东省金匠奖。

狠抓安全生产工作。2010年，东莞市住房和城乡建设局以防范重特大事故为中心，以严格依法监管、强化安全生产责任制、加大执法查处力度为手段，以预防建筑起重机械伤害、施工坍塌和高处坠落等三类事故为重点，全面排查和消除建筑施工安全隐患，深化专项治理，推动建设工程各方主体安全生产责任制的落实，严格执行施工现场安全技术措施，全市建设工程质量安全生产形势持续稳定，无较大等级及以上安全事故发生。

推动住宅工程质量通病防治和建筑施工安全标准化建设。2010年，东莞市住房和城乡建设局组织技术专家和专业机构编制完成《东莞市建筑施工安全标准化图集》和《东莞市住宅工程质量通病防治手册》两套图册。10月，全市推进住宅工程质量通病防治暨建筑施工安全标准化工作动员大会召开，两套图册作为地方性规范正式发布。会议布置图册宣传培训和贯彻实施工作，配套制定不良行为扣分标准。组织各镇街规划建设办、有关施工企业、监理企业、房地产企业参观建筑工程施工安全标准化示范工地和住宅工程质量通病防治现场观摩会，取得良好效果。全年完成《东莞市建筑工程施工安全标准化图集》培训6763人，《东莞市住宅工程质量通病防治手册》培训2564人。

全面落实视频监控管理制度。2010年，东莞市住房和城乡建设局继续落实视频监控管理制度，加大视频监控实时检查频率，重点检查人员到位情况、重大危险源情况、停工情况和视频使用情况，规范工程建设各方主体的安全生产行为，提高监管效率。全市完成454项工程1735个摄像头设备的安装，有254项在建工地使用739个视频监控摄像头进行实时监控。全年通过视频监控系统检查工程555项，发出不良行为扣分通知书59份，有效遏制各项违法违规行为。

加强勘察设计管理。2010年，东莞市住房和城乡建设局严格执行“先勘察，后设计”的基本建设程序，认真开展勘察现场质量专项检查工作。加强施工图质量管理，持续开展施工图设计文件质量专项检查工作。加强施工图使用管理，有效遏制违反基本建设程序建设尤其是使用未经审查合格的施工图进行施工的现象。通过施工图审查、事故处理、质量监督检查等及时发现问题，邀请勘察设计人员和市民群众做行风监督员，严厉处罚私刻出图章和注册师章等违法行为。积极开展设计评优，首次采用公众咨询与专家评选相结合，扩大优秀项目评选范围，推动技术创新与技术进步。2010年，广东省住建厅开展在建工程施工图设计文件质量检查，东莞市74个受检项目未发现有重大危及公共利益、公众安全的质量问题，也没有违反强条、强标的情况。在2010年东莞市住房和城乡建设局组织的施工图设计文件日常质量抽查中，246个项目一次性审查合格率达96%。

加强质量常规监督。2010年，东莞市住房和城乡建设局受理质量监督总建筑面积1327万平方米，工程造价195.86亿元，较上年增长95%。进一步强化地基基础专项检测、分部验收资料审查、工程竣工技术资料审查、监督报告签发等工作，加大质量巡查力度，进一步规范预拌混凝土质量监督工作程序。全面实施在莞检测机构备案登记管理制度，落实检测机构人员信息登记管理、检测报告与工程项目信息准确对应、监控检测数据的采集和报告签发等措施，加强地基基础检测管理，规范检测派单流程。全年备案各类检测报告4673件。建立工程建设单位、监理单位、施工单位、检测机构和预拌混凝土生产企业信息沟通平台系统，实现企业所上报数据与“东莞市建设工程质量监督管理信息系统”内部数据的交换和共享。

① 东莞市建筑工程施工安全标准化图集（封面）
② 东莞市住宅工程质量通病防治手册（封面）

【房地产市场监管】2010年，东莞市住房和城乡建设局核发商品房预售许可证255份，核准预售面积482.71万平方米，45921套；其中住宅435.5万平方米，42457套。受理商品房现售备案88宗，核发现售备案证书60份，面积59.42万平方米，14084套；其中住宅类现售备案11.99万平方米，1415套。办理商品房预售款事项1202次，预售款收存监管率达100%。

实行商品房预售款使用差异化管理。2010年，东莞市住房和城乡建设局要求预售商品房预购人、监管银行和房地产开发企业必须严格按规定要求办理预售款收存的相关业务。从10月1日起，对全市商品房预售款按开发企业信誉监管（A级）、常规监管（B级）和特别监管（C级）三个等级实施差异化监管。采取A、B两级预付预售款、后核实预售款用途（工程、税费情况），C级先核实预售款用途、后付预售款的监管模式。

实施商品房销售方案备案制度。2010年5月，东莞市住房和城乡建设局制定新的《东莞市商品房销售方案》样式版本，要求房地产开发企业办理商品房预售许可或现售备案时，均须办理《东莞市商品房销售方案》备案后公示于销售现场，供购房人查阅。商品房销售方案备案制度的实施，是东莞市商品房销售现场信息披露管理工作的补充。

【住房保障】2010年7月15日，东莞市住房保障职能由市房管局移交给市住房和城乡建设局。8月27日，东莞市政府下发通知对市住房保障工作领导小组进行调整，领导小组下设办公室，设于市住建局，负责开展住房保障日常工作及相关业务。各镇街根据实际情况相应保持或者调整住房保障业务部门，通过继续由房管所负责或者调整到由规划建设办负责的方式，完成业务移交。

2010年，全市完成2978户低收入困难家庭的廉租住房保障，其中完成房屋修葺1778户、租赁补贴1071户、实物配租125户、租金核减4户，超额完成全年住房保障工作目标，并同时完成东莞市住房保障工作3年规划目标任务。11月，启动东莞市2011年住房困难家庭情况调查活动，将人均月收入1100元以下的住房困难家庭、超面积危房和泥砖房家庭、放弃住房保障家庭纳入调查范围。确定租赁补贴、租金核减、实物配租和房屋修葺等4种保障方式，解决困难群众实际住房问题，满足不同群体的住房保障需要。加强市属廉租房住宅小区的各项建设手续办理工作，通过电视、报纸、网络、张贴等多种媒体和方式重点宣传市属廉租房住宅小区的有关政策，积极接受困难群众申请，严格进行审批，做好三级公示，为该小区租售和入住创造条件。

【宜居城乡建设】2010年5月，东莞市成立全市宜居城乡建设工作领导小组，由市住建局组建领导小组办公室，负责开展宜居城乡建设日常工作。组织召开全市建设宜居城乡工作会议，配合开展创建宜居城乡工作绩效专家满意度调查，召开全市宜居城乡建设工作座谈会。确定莞城街道罗沙社区等10个社区作为推荐对象参评广东省宜居社区。配合做好首次全省创建宜居城乡绩效考核工作，东莞市创建实绩、组织保障、专家满意度3项指标得分排名均为全省靠前，总分全省第一。

举办全市第五期整治旧村工作培训班，开展最后一批84个村（社区）整治旧村督导及考核工作，对前几年完成整治考核的村（社区）进行回访抽查，督促落实长效管理机制。2010年10月，全市32个镇街、581个村（社区）全面完成整治旧村工作。开展整治的各村（社区）基础设施更臻完善，人居环境、村容村貌得到实质性的提升和改善，环境变得更加整洁、优美、舒适，特别是一批“脏、乱、差”严重、环境恶劣的廉租村经过全面整治，环境面貌焕然一新，整治成效喜人。

【建筑节能】2010年，东莞市住房和城乡建设局重点加强建筑节能标准在施工、检测、验收全过程的监管，逐步建立对新建建筑从设计、施工图审查、施工、监理、质量监督、验收到房屋销售等环节的闭合式建筑节能监管体系。截至2010年，预收新墙材基金项目382个，建筑面积1158万平方米；核退新墙材基金项目182个，建筑面积752万平方米。全年累计完成既有建筑节能改造面积约72.2万平方米。全市80.4%的医院、50%的学校、34.2%的宾馆酒店、16%的工厂宿舍采用太阳能热水（辅助空气能热泵热水）或空气能热泵热水系统，完成安装使用太阳能集热板11.5万平方米。全市新墙材使用率超过90%。对202栋政府机关办公建筑及大型公共建筑电耗情况进行公示，对其中15栋能耗较高的大型公共建筑和政府办公建筑进行能源审计，根据审计结果提出节能改造方案建议。组织完成建筑能耗统计和既有建筑能耗监测平台总数据后台中心的建设，试点建设市建设工程交易中心办公楼、长安镇天虹商场等2栋公共建筑的能耗监测系统，实现对能耗的分类计量和实时数据监控。坚持在建筑中开发利用可再生能源，发挥东莞光、热资源优势，向在建建筑推广太阳能光热（辅助空气能热泵热水）、太阳能光伏照明等技术。

【优化行政办事环境】2010年，东莞市住房和城乡建设局不断完善业务流转系统，简化收件程序、提高收件速度；启用排队取号机并实行取号实名制，维护办事大厅秩序，改善办事环境；优化业务划分方式，让大部分工作人员可以办理所有业务，实现业务的均衡分摊，提高整体工作效能；建立和完善岗位责任制，开展绩效考评，提高工作人员的工作积极性；开通重点工程绿色通道和简易业务快速通道，分类疏导业务，优先保障重点工程办事等。全年受理业务42476项，同比增长76%。

【轨道交通建设】2010年，东莞市轨道办继续开展轨道交通建设协调工作。全年组织轨道办工作会议50余次，及时并有效解决东莞市轨道交通及莞惠、佛莞、穗莞深等珠三角城际轨道交通在前期规划设计、征地拆迁和工程实施等方面的问题，保证市轨道交通与珠三角城际轨道交通顺利建设；积极协助市轨道交通R2线工程可行性研究的上报审批，并于2010年12月取得国家发改委批复；协助组织R2线工程初步设计审查，为R2线全面动工建设打好基础；参与东莞市轨道交通有关政策文件的编制，及时开展R1、R3线工程可行性研究项目，启动R1、R3线建设的必要文件编制，充分做好工程实施的前期准备工作。截至2010年，城际轨道穗莞深线、莞惠线土建工程全面开工；市轨道交通R2线地下段基本全部确定施工单位，其中6个标段进场。（吴维彬）

附：2010年东莞市住房和城乡建设局领导名录

局　长：朱　川
副局长：方毓佳　黎小成　许　斌
　　　　韩金田
调研员：傅晓炜
纪检组长：颜志勇
总工程师：祁志强
副调研员：冯敏治
副处级纪检监察员：李达荣

防震减灾

【概况】 截至2010年，东莞市建成1个地震综合观测台站，1个地震信息实时数据接收系统，1个前兆综合观测系统，8个强震台站，8个群测群防点，具有对辖区及周边1.5级以上地震监测能力。2010年，东莞市加强建设工程抗震设防要求管理，确保学校、医院新扩改建设工程抗震设防要求落实。及时处置11月19日深圳市里氏2.8级地震对东莞的影响，做好2010年广州亚运会地震安全保障工作。东莞市地震局认真策划"十二五"规划，在全市首个完成专项规划编制工作。

【防震减灾"十一五"规划重点项目建设】 组织石龙—厚街、南坑—虎门断裂探测与地震危险性评价项目实施。2010年4月8日，东莞市地震局、广东省地震局、广东省工程防震研究院与中山大学联合召开"东莞市地震地质（断裂活动性）研讨会"，为继续开展"断裂探测项目"提供指导性意见。4月29日，东莞市地震局组织广东省地震局、中国地震局地质研究所、中国地震局地球物理勘探中心、广东省工程防震研究院、广东省地震工程勘测中心、市财政局、市发改局、市住房与城乡建设局参加该项目"2009年度专题验收暨2010年度专题实施方案"评审会。会议通过2009年完成的"浅层人工地震纵波反射探测"、"浅层人工地震横波反射探测"、"断层活动性地震地质调查"三个专题的验收以及"2010年度专题实施计划"评审意见。6月，追加"水域浅层地震探测"专题。7月至10月，在企石镇和虎门镇开展的100米深钻孔探测，成功钻到断裂带，为断裂项目取得确凿证据，保障项目顺利开展。

开展农居地震安全示范工程。2010年，东莞市确定虎门龙眼、长安上沙沙溪新苑东苑、厚街桥头村南社小组、麻涌新基、沙田立沙农民公寓安置新区、塘厦林村、黄江田心、清溪荔横横湖新村等8个村居按照抗御相当于当地区地震基本烈度地震的能力建设地震安全农居示范村，并建立抗震示范亭和地震知识宣传栏，设置防灾应急避险场所，制定防震应急预案，组织对居民防震减灾科普宣传、培训及应急演练。

东莞市地震局

①② 2010年10月19日，中国地震局副局长阴朝民、广东省地震局局长黄剑涛一行到东莞检查亚运地震安保工作

③④ 寮步镇岭厦等10个村居开展农居地震安全示范工程

① 2010年8月17日，东莞市防震减灾“十二五”规划论证评审会召开

② 2010年7月至10月，在企石、虎门开展的100米深钻孔探测成功钻到断裂带

③ 2010年7月2日，地震专业应急救援队伍成立

【地震监测】 2010年，东莞市地震局坚持执行日、周、月地震监测资料收集管理制度，保障微观地震监测与宏观观测信息的连续、完整，共处理设备故障23次。4月2日，向市建设局、林业局、公安局、规划局、国土局，虎门镇政府、公安分局，大岭山森林公园管理处等部门发出《关于做好虎门地震综合观测站保护工作的函》，划定观测站保护范围，并请有关单位在日常工作中协助做好保护工作。按年度计划完成6期虎门跨断层测量工作。加强对群测群防网业务指导，对全市32个镇街和松山湖管委会防震减灾助理员进行定期更新备案，组织业务技能培训，部署各项报告任务，并根据需要添置更新相关设备。

【建设工程抗震设防管理】 2010年7月29日，东莞市将“重要工程抗震设防要求备案”调整为“建设工程抗震设防要求备案”的非行政许可的行政审批事项。

2010年，市地震局对新投资建设的学校、医院项目进行严格把关，为市人民政府办公室、市卫生局、市教育局、镇街政府等部门提供抗震设防技术咨询，做好答疑等服务工作，为卫生学校、可园中学、万江中学等建设工程执行抗震设防要求明确具体意见。

5月12日，校安工程抗震设防要求会议召开。市地震局、市教育局和市建设局明确，鉴定和加固补强改造校舍工程执行重点设防类抗震设防标准。7月，专项督查长安、厚街、虎门等镇校安工程建设情况。

【地震应急救援管理】 加强预案体系建设。2010年，东莞市地震局组织《东莞市地震应急预案》修订工作，11月12日由东莞市人民政府印发。4月，市地震局向各镇街下发《关于加强突发事件专项预案建设的函》，要求镇街做好《地震应急预案》收集及归档备案工作，明确社区、学校、医院、工厂企业等单位按照《中华人民共和国防震减灾法》规定制定本单位地震应急预案。

开展地震应急平台建设。2010年，东莞市将地震应急平台项目建设经费纳入年度财政预算。8月完成建设项目方案审批，11月24日招标确认中标单位，12月8日签订技术开发合同，随后开展建设工作。地震应急平台建成后，将实现东莞市地震监测系统数据集成与处理，与省地震局、市应急平台互联互通，数据交换与共享、预警预测、异地会商等功能。

地震突发事件处置。2010年3月4日，台湾发生里氏6.7级地震，东莞市多个镇街有震感。市地震局及时处置，做好民众咨询、稳定社会工作。

11月19日14时42分，在深圳市宝安区与南山区交界处（北纬22.5°，东经113.9°）发生里氏2.8级地震，震中距离东莞市城区57.9公里，东莞市多个镇街有明显震感。市地震局14时48分核实地震三要素后电话报告市人民政府值班室、市亚运场馆指挥部，并通过“东莞市地震局信息网”向社会公众公布及答复市民来电询问震情和关心的问题。15时10分形成《震情速报》发至市政府各部门及各镇街政府。15时20分通过新闻媒体发布准确的地震信息，并请媒体协助澄清互联网上“东莞发生里氏4.1级地震，震中位置位于大岭山镇”的地震谣传。

加强应急救援队伍建设。2010年7月2日，东莞市地震专业应急救援队伍成立，承担市内地震专业应急救援任务。11月4日，全市地震工作业务培训班举行，部署2010年广州亚运会期间东莞赛区地震应急保障任务，各镇街地震助理员、群测群防观测员、地震应急救援专业队队员共57人参加。

开展应急演练。2010年11月5日，东莞市地震现场应急工作队携带应急装备参加在佛山市举办的珠三角野外地震应急联合演练。模拟在佛山市三水区发生4.7级地震，演练工作人员第一时间在野外架设流动地震仪，上网、电话核实震情信息，卫星电话通报震情，对讲机呼叫联络，GPS定位，开通无线局域网，传输影像图片，QQ群发布地震信息并向指挥中心汇报。此次演练东莞市工作人员准备充分、响应迅速，完成联合演练任务；并针对演练中出现的现场装备不足问题，及时购置太阳能发电设备、工作帐篷、应急包、地质罗盘等一批应急装备，进一步完善地震现场工作条件。

【亚运会地震安全保障】 2010年5月，东莞市制定《2010广州亚运会期间东莞赛区地震应急专项预案》，报广东省地震局备案；6月，利用省地震应急指挥技术系统生成模拟5.0至6.5级地震对策和救灾需求报告；7月，形成《2010广州亚运会期间东莞赛区地震应急专项预案操作办法》、《2010广州亚运会期间东莞赛区地震应急操作程序》和制订《2010广州亚运会期间地震应急保障模拟演练和培训计划》。10月19日，中国地震局副局长阴朝民、省地震局局长黄剑涛一行到东莞检查亚运地震安保工作，东莞市人民政府副市长梁国英、副秘书长黎达潮、市建设局局长朱川、市体育局副局长朱伟光等全程陪同。阴朝民检查东莞市体育馆亚运举重赛事比赛场馆地震安保工作，对东莞市防震减灾和亚运地震安保工作给予充分肯定，指出“东莞防震减灾工作领导重视、成效显著，亚运安保工作措施到位、准备充分”。

11月10日，东莞市启动亚运东莞赛区地震安全保障工作，建立领导带班的24小时值班制度；分别于11月10日、17日、24日开展地震趋势会商会，提出东莞地区地震趋势意见；严格执行每日宏观异常、前兆异常、台网（站）运行状况零报告制度；要求宏观观测人员按时、地震助理员及时上报宏观异常现象；做好亚运期间4市（广州、东莞、佛山、汕尾）的信息互通。

11月19日，正值东莞比赛场馆举行重要赛事，深圳市发生里氏2.8级地震，引起东莞市明显震感。市地震局与比赛场馆指挥部严格按照《2010广州亚运会期间东莞赛区地震应急专项预案操作办法》和《2010广州亚运会期间东莞赛区地震应急操作程序》紧张有序地进行地震应急处置，场馆方面没有出现恐慌，比赛正常进行。

【防震减灾宣传教育】 2010年，东莞市将“地震应急管理培训课程”列入“公共应急管理专题研讨班”固定课程。5月10日，向各镇街城建办、宣教办，松山湖管委会科教局，市直属学校下发《关于做好防震减灾宣传教育工作的通知》，要求结合安全教育周，大力开展防震减灾科普教育工作，并切实落实应急疏散演练。5月12日，《东莞日报》以“第二个防灾减灾日”为主版整版刊登《人类防御地震灾害中可以有所作为》专题文章。加大面向新莞人防震减灾宣传力度，积极联系市新莞人服务管理局，向村（社区）一级新莞人服务管理站印发一批防震减灾宣传资料。

全年有41所中小学校获得市防震减灾科普教育学校认定。11月，东莞市道滘镇四联小学获得广东省防震减灾科普教育基地认定。

【防震减灾“十二五”事业发展规划制定】 2010年8月17日，东莞市防震减灾“十二五”规划论证评审会召开，省地震局、省地震监测中心、省工程防震研究院和市地震局等单位的领导、专家、代表共13人参加会议。会议通过规划和重点项目可行性报告论证评审。8月31日，《东莞市防震减灾“十二五”规划》作为全市首个完成专项规划编制正式报送市发展和改革局。

【规范行政处罚自由裁量权】 2010年，东莞市地震局完成行政处罚事项目录、《东莞市地震局行政处罚裁量标准》、《东莞市地震局行政处罚程序制度》和《东莞市地震局行政处罚自由裁量公开制度》上报工作。　（黄宇东）

附：2010年东莞市地震局领导名录

局　长：盘绍凤

副局长：陈伟东

城建工程管理

【概况】 2010年，东莞市城建工程管理局（简称市城建局）承建工程94项，完成投资约34亿元，其中环莞快速（一期）、环城路至广深高速石鼓连接线、塘厦中学扩建、运河路自行车示范道等29项工程完工；环莞快速（二期）、运河整治A段、黄旗山城市公园等22项工程开工。东莞篮球中心被评为广东省“双优”（安全生产、文明施工优良样板）工地，东莞市人民医院新院值班配套用房工程获得市级“双优”工地。2010年，市城建局在重点项目建设管理、支援映秀灾后恢复重建、党建、安全生产、预防职务犯罪、妇女等工作方面分别获得全市先进称号。

【创新工程管理】 实行大项目组管理。2010年，东莞市城建工程管理局在总结以往项目管理经验的基础上，改革项目组设置，实行大项目组制。按照每个工程科项目组不多于4个的原则，将项目组精简为16个，配套完善项目组长管理制度。通过改革，进一步强化项目管理统筹，提高工程管理效率。

强化质量管理。2010年，东莞市城建工程管理局坚持从源头抓起，严把设计关口，设计质量有效提高，设计错漏、工程变更数量明显减少。狠抓现场管理，通过合同检查、视频监控及指纹考勤等手段，严格抓好监理、施工管理人员监管，确保现场管理人员到岗到位、履职尽责。强化质量监管，全年进行300多次质量安全专项检查，建立质量问题台账，实行限期销号整改，确保质量过硬，全年未发生一起质量安全事故。

提升信息化管理。2010年，东莞市城建工程管理局全面运行信息综合管理系统，整合信息管理、视频监控和指纹考勤等系统，初步实现网上办公、网上审批、网上监督，有效提升工作效率。建立电子财专会议系统，实现财专会议无纸化。

【给力工程建设】 关键环节突破。2010年，东莞市城建工程管理局着力优化前期管理，进一步理顺施工图管理责任，出图时间、质量均得到加强；加大对外协调，缩短办理社保、请款审批、保函办理、质监安监介入等环节的时间，开标至动工整个过程由3—4个月缩减至1个多月。注重沟通解难，积极调动镇街的能动性，合力推进征地拆迁，环城路至广深高速石鼓连接线、东江与水库联网供水水源、运河综合整治等工程的征地

东莞市城建工程管理局

① 市委副书记、市长李毓全，副市长梁国英视察东引运河整治工程
② 2010年11月29日，东莞市城建局援建映秀“交钥匙”工程完工庆祝大会（黄曦曙 摄）
③ 映秀全景图

①

②

③

④

⑤

⑥

⑦

① 援建映秀“交钥匙”工程二台山安居房
② 新建的市区廉租房
③ 东城高级中学扩建
④ 厚街中学扩建
⑤ 塘厦理工学校扩建校舍工程
⑥ 塘厦中学扩建工程
⑦ 环城路—广深高速公路石鼓连接线

拆迁难题得到解决。

重点工程攻坚。2010年，东莞市城建工程管理局负责组织实施市政府“十件实事”工程6项、市领导挂钩督导工程17项、重点工程16项。为加快重点工程建设，实行领导包干负责制，局领导每人挂钩负责几个重点项目，明确第一责任人和直接责任人，抢抓进度，全力突击，重点攻坚，有力加快工程建设，保证东城高级中学扩建、塘厦中学扩建、塘厦理工学校扩建校舍、厚街中学扩建校舍等4所学校扩建，以及环莞快速（一期）、“三院一中心”（市人民医院新院、市妇幼保健院新院、市第三人民医院和市疾病预防控制中心）等工程按期完工。

严格督查问责。2010年，东莞市城建工程管理局积极主动联系市委、市政府督查室，通过督查反馈、工程专报等形式，定期汇报情况，反映问题，借力解难。强化内部督查，对十件实事工程实行半月一报，市重点项目每月一报；对重点事项，通过实行《急重工作交办单》等形式进行重点跟踪督办，保证各项工作落实到位。严格考核和问责，对各科室的计划节点进展情况实行月考核及年终考核，促进工作落实。

【援建映秀镇“交钥匙”工程建设】2010年，东莞市城建工程管理局优质高效完成援建映秀镇“交钥匙”工程建设任务。市城建局及援建工程管理处获得市援建先进工作单位，17人获市援建工作先进个人，3人获汶川县荣誉市民称号，援建工程管理处获得汶川县对口援建先进单位。

抢抓工程进度。2010年，东莞市城建工程管理局根据中央“三年援建两年完成”的目标要求，通过科学组织，提前谋划，交叉作业、日夜施工，较好克服施工场地狭窄、交通运输困难、供水供电不足、清障难度大等困难，确保工程按期完工，其中市政工程于2010年12月完工，房建工程于2010年11月完工，水利工程于2010年10月完工。

经受泥石流灾害考验。2010年8月14日凌晨,由于持续降雨，映秀镇突发特大泥石流，阻断岷江，约70万平方米泥石流变道冲向映秀新城，造成东莞市对口援建映秀镇“交钥匙”工程自来水厂、枫香树村安居房、岷江河堤及部分市政道路严重受损，施工单位遭受重大人员伤亡。面对灾情，全体援建人员强忍悲痛，第一时间投身抢险救灾，全力协助当地政府和企业妥善处理善后工作，精心组织复工，工程建设于2010年9月初全面恢复，2010年10月初基本完工。

严格质量监管。2010年，东莞市城建工程管理局坚持质量第一，精心管理，精细施工，严格按照8级抗震标准建设，实行质量“样板制”、监理旁站制、设计驻场服务制等，确保质量过硬。根据映秀羌族民居特点，对装修用材精挑细选，努力使工程更加体现民族特色。整个施工期间未发生一起质量安全事故，特别是经受住“8·14”特大泥石流灾害的考验，工程质量深受专家和群众的好评。震中纪念馆获得“四川省结构优秀奖”。

【重点工程建设】“三院一中心”顺利移交。2010年，东莞市人民医院新院、市妇幼保健院新院、市第三人民医院和市疾病预防控制中心于12月全部移交给使用单位进行设备安装调试。

塘厦中学扩建工程完工。工程位于塘厦中学校内，建筑面积17215平方米，主要建设宿舍楼、教学楼、实验楼等，投资概算4003.6万元，于2009年6月动工，2010年5月完工。

东城高级中学扩建工程完工。工程位于东城高级中学校内，建筑面积约6055平方米，主要建设学生宿舍、教学楼、食堂等，投资概算1352.34万元，于2009年7月动工，2010年5月完工。

塘厦理工学校扩建校舍工程完工。工程位于塘厦理工校内，总建筑面积29478.5平方米，主要建设宿舍楼、实训楼、实验楼、体育馆等，投资概算7246万元，于2009年6月动工，2010年9月完工。

厚街中学扩建校舍工程完工。工程位于厚街中学校内，总建筑面积9050平方米，主要建设宿舍楼，投资概算2153.03万元，于2010年3月动工，2010年9月完工。

沙田中学增建学生宿舍工程完工。工程位于沙田中学校内，建筑面积2857平方米，投资概算545.62万元，于2010年5月动工，2010年12月完工。

运河路自行车专用道示范工程完工。工程西起坝头一桥，东至红荔桥，全长8781.556米，投资概算2039.21万元，于2010年7月动工，2010年10月完工。

广深高速石鼓连接线通车。工程北起环城路南环立交、西南至广深高速石鼓立交收费站，全长5.35公里，投资概算5.55亿元，于2006年1月动工，2010年10月完工通车。

环莞快速路（一期）通车。工程从广深高速石鼓连接线至博览大道，长3.4公里，投资概算约3.1亿元，于2006年12月动工，2010年10月通车。

市游泳运动管理中心完工。工程位于东城街道牛山钟屋围（东莞体育运动学校北侧），建筑面积约12664平方米，投资概算约4847万元（不含征地、青苗补偿费），于2009年5月动工，2010年4月完工。

角美粮食储备库完工。工程位于虎门港开发区内的角美地带，占地76000平方米，建筑面积约17000平方米，投资概算7049.45万元，于2007年7月动工，2010年10月完工。

市区人民检察院办案技术楼完工。工程位于南城街道科技大道与五环路交界，建筑面积27118平方米，投资概算11118.34万元，于2007年9月动工，2010年8月完工。

残疾康复中心综合楼完工。工程位于五环路桑园路残疾人联合会大院内，建筑面积13000平方米，投资概算4298.97万元，于2009年2月动工，2010年9月完工。

公安局行动技术刑事技术支队办公楼完工。工程位于东莞大道与四环路交叉点西南侧，建筑面积18999平方米，投资概算9035.93万元，于2008年6月动工，2010年10月完工。

市人民医院新院值班配套用房完工。工程位于道滘镇大备湾村，总建筑面积9909平方米，投资概算约2800万元，于2010年2月动工，2010年11月完工。

东莞职业技术学院（二期一标）完工。工程位于东莞市松山湖科技产业园区大学路旁，占地830亩，建筑面积30.2万平方米，总投资概算10.49亿元，分两期建设，其中一期于2008年9月完工。二期主要建设学生宿舍、学生食堂、培训楼、体育馆等，其中二期一标总建筑面积约52700平方米，投资约1.04亿元，于2010年3月动工，2010年8月完工。

市区廉租房（一期）完工。工程位于环城路旁，总建筑面积约21万平方米，包括3栋廉租房846户、9栋经济适用房1792户、区内及周边三条市政道路等，总投资约5.17亿元，于2007年10月动工，2010年12月完工。（郑标生）

附：2010年东莞市城建工程管理局领导名录

局　长：丁海潮

副局长：黄贺权　李天海　朱利民　丁加兴

纪检组长：钟发枝

住房公积金管理

【概况】 2010年，东莞市新增住房公积金缴存人数10.49万人（扣除销户人数），同比增长3倍；归集资金40.54亿元，同比增长14.33%；年末缴存总人数57.01万人，归集总额172.32亿元，归集余额93.03亿元。发放个人住房贷款3846笔、11.88亿元，同比分别下降42.35%、41.38%；年末个贷率66.38%，逾期率0.016%，资金使用率81.85%，年末累计发放贷款31767笔、89.40亿元，贷款余额61.76亿元。住房公积金提取总量继续增长，全年提取资金23.24万人次、23.19亿元，同比增长14.77%、15.32%，其中住房类提取17.46亿元；年末累计提取资金79.29亿元。全年实现增值收益1.01亿元，同比减少16.52%；为城市廉租房建设提供补充资金8387万元，历年累计提供廉租房建设补充资金3.37亿元。

【住房公积金归集管理】 住房公积金缴存扩面年度任务量化分解。2010年，“推动住房公积金事业稳步发展”在东莞市政府工作报告中列为年度主要工作内容，要求全年新增开户缴存人数15万人。围绕指标，东莞市首次把扩面任务量化分解到32个镇街，印发扩面工作指导意见，督导镇街协力推进扩面。大部分镇街认真制定宣传方案，选择并报送重点扩面企业名单，开展公安系统“四员”（治安员、交通协管员、公安文职人员及保安员）缴存排查及催缴，利用各种媒体开展政策宣传，较好完成年度扩面任务。

宣传执法情况。2010年，东莞市投入100万元专项经费，通过电视、广播、户外广告等多种形式开展政策宣传；先后在25个镇街召开覆盖机关企事业单位、社区（村）、社会团体的大型公积金政策宣讲会；深入280多家企业进行执法催缴。全年新增开户缴存人数21.48万人（不扣除销户人数），超过市政府下达的任务指标。

缴存基数调整。2010年，东莞市按照《转发建设部等三部门关于住房公积金管理若干具体问题指导意见的通知》精神及市统计局公布的“2009年东莞市城镇在岗职工年平均工资42585元”的标准，将2010年度住房公积金缴存基数上限调整为17744元，月缴存额（个人+单位）上限调整为7098元。

缴存账户清理。2010年，东莞市针对缴存账户中存在的停缴、欠缴等问

住房公积金，圆您住房梦！

① 2010年11月18日，国家住房公积金管理专项治理检查组在广东省住房和城乡建设厅相关领导陪同下，到东莞市检查住房公积金管理专项治理工作

② 2010年7月30日，广东省住房公积金考核小组到东莞市开展2009年度住房公积金管理考核工作。东莞市住房公积金管理中心年度考核居全省综合排名第四

③ 2010年4月8日，东莞市住房公积金管理委员会召开二届四次会议

题，专门开展公积金账户清理工作。对清查出来的非正常缴存账户进行分类汇总，查明非正常缴存的原因，并按照先“理”后“清”的原则，有针对性地采取催缴、销户等措施进行清理，进一步规范住房公积金缴存账户管理。

【住房公积金提取使用】推行跨行还贷委托提取业务。2010年，东莞市开发住房公积金跨行还贷委托提取系统，推出跨行还贷委托提取业务。职工在市内任何一家住房公积金贷款承办银行申请住房公积金贷款，都能办理自动划扣住房公积金用于还贷业务，免去半年提取一次的不便。

推出住房公积金贷款担保业务。2010年，东莞市推行住房公积金贷款阶段性担保业务。在申请人完成房产抵押登记手续前，通过申请人支付手续费、担保公司全责担保的形式规避风险、提前放贷，公积金放款时间由常规程序下的2个月内缩减至1周内，进一步提高住房公积金贷款尤其是二手房贷款的放款效率。

深入推进珠三角互贷业务。2010年，东莞市积极推行珠三角城市公积金互贷服务。全年为市内缴存职工申请异地公积金贷款出具缴存证明113人次，为在东莞市购房的异地缴存职工发放公积金贷款123笔、3552万元。进一步加强与惠州市联系，共同商讨增强互贷合作，初步与惠州市达成建设“莞惠公积金信息共享系统”的共识。

加强对贷款业务代办机构的监管。2010年，东莞市修订律师事务所备案规定，重新对住房公积金贷款业务代办律师事务所及其律师进行备案登记，增强对代办律师事务所的业务监管。面向缴存单位及职工广泛征求意见，对代办银行公积金管理服务中存在的问题进行汇总梳理并与银行进行交涉，要求落实整改措施提升服务水平，加强对受委托银行的监管。

【住房公积金服务措施】下放审批权限。2010年，东莞市住房公积金管理中心把提取、转移公积金及相关证明的出具审批权限下放到常平、虎门和塘厦三镇办事处，重大事故、疾病和法院判决偿还债务提取审批权限由分管领导审批下放至科室、办事处直接审批，离退休、外市户口职工离职提取全部委托建设银行审批，进一步方便职工办事。

简化办事程序。2010年，东莞市提取住房公积金窗口使用电脑扫描原件的方式建立个人提取档案，取消收取复印件的做法；外地户口职工离职销户及离退休职工提取住房公积金不再收取《提取住房公积金委托书》；购买已确权商品房者允许在未取得《房地产权证》前凭相关资料申请住房公积金贷款。

深化网上预审。2010年，东莞市进一步升级住房公积金业务管理系统和公积金中心网站功能，在补缴、调整比例（基数）网上预审的基础上，实现贷款网上预审，贷款代办律师事务所可在线提交住房公积金贷款申请，由市住房公积金管理中心预审通过后直接办理，减少因资料不足、条件不符等问题导致市民多次奔走的不便。

改善服务质量。2010年，东莞市住房公积金管理中心在办事大厅增设住房公积金贷款业务窗口，播放轻音乐，更新窗口业务指引，增设住房公积金政务公开栏、政策宣传栏及行政办事服务满意度评价意见箱；修订《东莞市住房公积金贷款业务指南》及《东莞市住房公积金提取业务指南》，放置在公积金办事窗口及楼盘销售中心；认真处理信访咨询，全年处理各种渠道的信访事件75宗，回复网上咨询留言3478条，处理回复率达100%。

【住房公积金监管】接受管委会监管。2010年4月8日，东莞市住房公积金管理委员会召开二届四次会议，听取2009年度住房公积金管理工作汇报，研究部署2010年工作目标和计划，审议通过《东莞市住房公积金2009年执行情况及2010年预算草案的报告》、《2009年度东莞市住房公积金缴存使用情况公布》及《2010年度住房公积金归集使用计划》。

开展住房公积金管理专项治理。2010年，东莞市严格落实“控高保低”（住房公积金月缴存额不得高于东莞市每年公布的月缴存额上限，缴存比例不得低于职工上年度月平均工资的5%）政策，规范住房公积金缴存管理；开展公积金贷款抵押前放贷服务清查，对超期未办完抵押登记等问题进行严厉整改；加大力度催收逾期贷款，逾期率得到有效控制。11月18日，由国家财政部综合司副司长申明带队的国家住房公积金管理专项治理检查组一行4人，在广东省住房和城乡建设厅住房公积金监管处处长余云枢、省财政厅综合处副处长云峰陪同下，到东莞市检查住房公积金管理专项治理工作，对东莞市给予高度肯定。（陈晓君）

附：2010年东莞市住房公积金管理中心领导名录

主　任：秦庆祖

副主任：温远军　李庆星　邓文森

① 2010年3月26日，2010年市住房公积金工作会议召开，首次把住房公积金扩面任务量化分解到各镇街

② 2010年，东莞市住房公积金管理中心在高埗等25个镇街召开住房公积金政策宣讲会

③ 2010年5月25日，南京市住房公积金管理中心一行到东莞市住房公积金管理中心参观交流

城市管理综合执法

【概况】2010年，东莞市城市管理综合执法局按照《关于调整市城市管理综合执法局机构编制的通知》精神，内设科室在原有办公室、综合科、政策法规科和直属分局的基础上，增设人事监察科、宣教信息科、拆迁管理科和拆迁协调仲裁科等4个职能科室；在直属分局内设执法一大队、执法二大队和执法三大队，为副科级建制，分别明确工作职责和辖区范围。

2010年，东莞市城市管理综合执法局先后获得“2010年度食品安全工作先进单位”、“维护稳定工作先进集体”、“清理无证照经营工作先进单位”等称号，直属分局陈旭阳被广东省人民政府评为第三届广东省“人民满意的公务员”。

【城市“六乱”整治】2010年，东莞市城市管理综合执法局查处城市“六乱”（乱扔吐、乱堆放、乱拉挂、乱张贴、乱搭建、乱摆卖）行为12.5万多宗。其中教育、纠正、立案处理流动商贩乱摆卖11.9万宗；查处乱搭建，乱拉挂，乱破坏公共设施、城市绿化，焚烧杂物等行为5900多宗，处罚34.6万元。印发宣传资料18万多份，在广泛宣传教育的基础上，采取切实可行的措施，对城市“六乱”存在的突出问题进行专项整治，收效较大。

流动商贩整治。2010年，东莞市城市管理综合执法局遵循“疏堵结合、管而不死、活而不乱”的原则抓好流动商贩管理，坚持人性化执法，较好地解决城市“脸皮”和摊贩“肚皮”的问题。在执法实践中，积极探索尝试流动商贩管理长效机制。莞城执法分局针对在执法中时常遇到群体性的流动商贩抗法问题，建立与当地公安民警联合执法机制，对乱摆卖的流动商贩进行专项整治，较好解决执法抗法问题；厚街执法分局针对该镇厚街广场、康乐南路时常有200多档流动商贩乱摆卖的问题，由当地政府牵头，组织该镇综合执法、公安、交通、交警部门和属地社区共同抽调人员，集中力量进行为期一个多月的专项整治，流动商贩乱摆卖行为得到有效控制。

违章广告查处。2010年，东莞市城

东莞市城市管理综合执法局

① 广东省机构编制委员会办公室副巡视员周晓梅到东莞市城市管理综合执法局调研
② 市政协主席刘树基等领导到市城市管理综合执法局检查工作
③ 副市长梁国英参加2010年度全市城市管理综合执法工作总结表彰会

① 执法人员参加法律培训
② 执法宣传进社区
③ 执法人员耐心教育劝导乱摆卖摊贩
④ 拆迁工作新闻发布会

市管理综合执法局组织中心区执法分局对未经审批的户外广告、灯箱、灯杆旗进行统一专项整治，查处违章广告1061宗，除60宗经审查可补办手续外，其余的全部拆除，维护东莞市中心区靓丽的市容环境。大岭山执法分局用半年时间对全镇的违章广告进行专项整治，拆除各种违章广告1999宗，使镇容镇貌有效改善，得到当地干部群众好评和市有关领导肯定。

焚烧杂物治理。2010年，东莞市城市管理综合执法局对乱焚烧杂物行为进行全面清理、专项整治，查处乱焚烧杂物行为483宗，为东莞空气质量达到亚运会的标准要求作出贡献。

【重点执法】 2010年，东莞市城市管理综合执法局开展对房屋抢建、重点工程拆迁、无证照生产经营食品、非法行医、生活噪音和泥头车污染路面等违法违规行为进行重点查处。全年受理投诉信访13861件，查处违法建筑行为2647宗,查处无证照生产经营食品行为3287宗、非法行医420宗、生活噪音3741宗、泥头车污染路面2065宗，罚款733.5万元。

违法建筑查处。2010年，东莞市城市管理综合执法局进一步完善违法建筑日常巡查机制，加大巡查力度，做到早

发现、早查处，基本上发现一宗，从源头上处理一宗。据统计，全年全市从源头上查处违法建设行为941宗，面积43.7万平方米，经教育自行拆除296宗，组织拆除645宗，有效控制新违法建设行为。

拆迁管理工作。2010年，为保障国家、省、市重点工程建设，东莞市调集大量人力做好拆迁有关工作。虎门广深港高铁轨道建设是国家的重点工程，由于有67户群众不接受拆迁赔偿，严重影响工程建设。东莞市城市管理综合执法局虎门分局接受该工程的拆迁任务后，组织40多名执法人员进驻该镇白沙村，与当地干部经过一个多月做思想工作，64户群众愿意接受拆迁补偿安置，对剩下的3家"钉子户"房屋实施强拆，保障国家重点工程建设顺利进行；寮步镇政府为保证省、市、镇重点工程建设，由镇政府牵头组织执法分局等有关部门抽调人力，做大量的拆迁补偿工作，愿意接受拆迁补偿自动拆除的有1492户，对剩下2家"钉子户"经市政府批准实行强拆，确保重点工程建设按时完成。

无证照食品查处。2010年，东莞市城市管理综合执法局组织开展对无证照生产、经营28种食品和制假、售假食品不法行为进行查处。全年查处无证照生产、经营食品违规行为3287宗，案值87.7万元，罚款45.3万元，其中经审查符合条件允许补办证照的3081宗，其余206宗全部取缔。对制假、售假食品行为依法从严查处，取缔制假、售假食品172宗，保障广大人民群众的食品安全。

【简政强镇】2010年，东莞市城市管理综合执法局按照市委、市政府关于推进简政强镇工作的要求，参照石龙、塘厦2个试点镇的做法，于12月底将人事权和全部执法事权下放到虎门、厚街、长安等11个中心镇政府，并签订委托放权协议书。在这次简政强镇工作中，市城管综合执法局是全市下放事权最多、最彻底的单位之一，受到市有关领导好评。

【长效化管理模式】2010年，东莞市城市管理综合执法局积极探索试行长效化管理模式，力求破解执法难题。

流动商贩规范化管理模式。2010年，东莞市城市管理综合执法局按照"三限两规"（限定经营场地、限定经营范围、限定经营人数，规范场地要求、规范经营行为）管理模式，对流动商贩实行规范化管理，效果较好。为进一步完善流动商贩规范化管理模式，与东莞理工学院城市学院"东莞社情研究中心"对流动商贩规范化管理进行联合调研，初步拟出对流动商贩进行"五统一分"（由政府统筹规划分类摆卖场地、统一实行登记申报准入制度、统一实行市场化管理、统一制定分类收费标准、统一规范违规管理，分由属地政府组织实施）规范化管理方案。

拆迁工作规范化管理模式。2010年，东莞市城市管理综合执法局为规范房屋拆迁补偿管理和寻求解决"钉子户"拆迁问题的有效办法，新成立拆迁管理科和拆迁协调仲裁科，做了大量调研工作，出台房屋评估、拆迁、补偿安置管理等一系列指导性文件，为拆迁工作实行规范化管理打下基础。

分局设立警务室管理模式。2010年，东莞市城市管理综合执法局厚街分局通过积极与当地公安分局协调，经镇政府同意，在该分局设立公安警务室，配置民警10多名，待办公室装修好后正式派驻执法。塘厦执法分局积极筹划，计划在该分局设立公安警务室，并经镇政府同意。（陈柳金）

附：2010年东莞市城市管理综合执法局领导名录

局　长：赖源顺

副局长：刘永潮　林树辉　莫志强　郭显领

副调研员：赖淦平　刘锦波

东莞市城市管理综合执法局陈旭阳被广东省人民政府评为第三届广东省"人民满意的公务员"

城市综合管理

【概况】2010年，东莞市市容环卫管理水平不断提高，创建“国家卫生镇”、“东莞市市容环境优美村（社区）”活动不断深入开展，环卫基础设施进一步完善，环境卫生整治成果进一步巩固。全市生活垃圾无害化处理水平有新突破，市区生活垃圾无害化处理率达100%，城镇生活垃圾无害化处理率达48.08%。市政桥梁设施不断完善，学院路与莞长路两座人行天桥建设工程完成，市政管养质量进一步提升。园林绿化管养水平不断提高，创建“国家园林城镇”和“广东省园林城镇”活动有序开展，城市建成区绿化覆盖率达44.31%，人均公园绿地面积达16.40平方米。天然气管网工程不断推进，新建LNG管网131公里，全年天然气供气总量2.84亿立方米。城乡一体化的环卫保洁、园林绿化市场化、监理制覆盖面达65%以上。全年全市征收污水处理费9.92亿元。

东莞市城市综合管理局

① 东莞人民公园一景——“凤篁煮茗”
② 东莞市东江河堤一角
③ 东莞市学院路人行天桥
④ 东莞标志性片区——中心广场

【生活垃圾无害化处理】 推进垃圾处理厂筹建。2010年，东莞市成立垃圾处理宣传工作组，负责垃圾处理宣传引导，多次组织专家人员深入有关镇村召开专题答疑会，解答群众疑难问题。制定实施《东莞市生活垃圾处理工作宣传方案》，通过制作“西游新记”宣传片、电台“新新生活”栏目、设置“管博士”专栏等形式，加大宣传力度，实现“电视有图像、广播有声音、报纸有文章”的立体式宣传。扎实开展垃圾处理厂的前期筹建工作，清溪、虎门、麻涌、常平4座垃圾处理厂先后完成垃圾量调查、工艺技术路线研讨、招标文件编制等工作，其中清溪、虎门、麻涌3座垃圾处理厂开展环评工作。厚街垃圾处理厂二期工程于2010年下半年全面投产。

加强对垃圾处理厂监管。2010年，东莞市督促市区、横沥、厚街垃圾处理厂按时保质完成全年生产任务。制定实施《垃圾处理厂驻厂监督员工作方案》，实行“一人一厂驻厂监督制”，落实专人负责对现有垃圾处理厂的日常运营、烟气排放、运营成本、安全生产4个方面进行监督。通过建立规范、科学的驻厂监督员监督机制，进一步加强对全市垃圾处理厂的监管，促进垃圾处理厂规范化、标准化运营。

实施垃圾填埋场整治。2010年，东莞市完成《东莞市生活垃圾填埋场综合整治工作方案》，采取“分批整治、试点先行”的做法，深入推进运河沿线垃圾填埋场综合整治。组织专业技术人员对垃圾填埋场进行调研，完成《关于东莞市生活垃圾填埋场选址建设的报告》，规划在厚街镇、谢岗镇和清溪镇新建3座垃圾卫生填埋场，主要处理垃圾处理厂产生的灰渣和飞灰。

推动垃圾处理收费改革。2010年，东莞市制定实施《东莞市生活垃圾处理收费改革方案》，调整后的生活垃圾处理费随水费征收，大大提高污水处理费和垃圾处理费征收率。制定下发《东莞市生活垃圾处理费征收使用方案》和《垃圾处理费使用管理细则》，加大垃圾处理收费改革宣传力度。

【城市市容环境】 市域环卫规划编制。2010年，东莞市落实规划编制单位根据专家评审意见，对《东莞市域环境卫生专项规划（2010—2020）》进行完善修改。经反复征求相关职能部门意见，通过不断讨论和修改完善文本，规划于2011年1月获市政府批准实施。

创建“市容环境优美村（社区）”。2010年，东莞市有230个村（社区）申报“创优”，“创优”热情高涨。其中共有227个村（社区）顺利通过考核验收，成为“市容环境优美村（社区）”。

做好创建迎检工作。2010年，东莞市做好各项环境卫生整治工作，加大保洁力度、加强巡查监督，营造优美、整洁的城市环境，迎接“国家园林城

① 东莞市樟木头天然气门站一角
② 高埗草墩村公共厕所
③ 万江街道霸螺园公交站
④ 厚街垃圾焚烧处理厂二期工程
⑤ 东莞市主干道路之一——东莞大道

市”、“全国文明城市”、“国家环保模范城市”的检查和亚运会筹备工作。

强化市容环卫日常管理。2010年，东莞市组织环卫保洁监理单位通过明查暗访等形式，对市直管道路、东江、运河水面进行现场考查，考查结果形成报告，并就考查中发现的问题向保洁单位提出整改意见，要求必须严格按合同要求落实保洁工作。同时要求环卫保洁单位对路面、沙井、明暗渠、水体、绿地及环卫设施等人流密集的公共场所加强保洁和灭蚊，做好除“四害”（苍蝇、蚊子、老鼠、蟑螂）工作。

【城市园林绿化】绿化景观升级。2010年，东莞市进行东莞大道、石鼓出口站场、中心广场绿化景观升级改造方案设计，其中中心广场、东莞大道升级改造方案实施；市工商局、石鼓出口站场绿化升级改造工程完成；北环、莞深高速连接线和望牛墩连接线绿化养护招标和移交工作完成。

绿化专项活动。2010年，东莞市参加第七届中国国际园林花卉博览会闭幕式，展园“莞香园”获得室外展园综合金奖、设计大奖、施工大奖、建筑小品大奖、植物配置大奖、优秀组织奖等多个奖项。3月12日植树节，在元美公园组织“绿化莞邑大地，建设宜居城乡”植树活动。较好完成2010年东莞迎春花市和节日市区摆花工作。

园林绿化指导。2010年，东莞市督促各镇街做好绿化管理工作，抓紧时机进行补苗、换苗、绿化修剪和加强病虫害防治。指导沙田、石碣、寮步等镇开展创建“广东省园林城镇”工作。督促各镇街上报绿地系统规划实施计划。抓好园林企业资质升级、申报工作，指导3家园林企业申报一级资质，新增具有二级资质园林绿化企业3家，具有三级资质园林绿化企业23家。

【燃气安全供给】2010年，东莞市稳步推进天然气高压管网二期工程建设，樟木头天然气门站完成竣工验收，高中压管网建设完成131公里。开展全市燃气安全管理工作大检查，进一步提高燃气安全防范意识，提升燃气管理工作水平。围绕“安全发展、预防为主”的主题，组织开展“安全生产月”活动，全面开展检查、宣传、演练、培训等系列活动，确保燃气行业安全生产。推广应用燃气安全网络监控系统，全市新安装33套，累计安装396套，有效保障燃气行业运营安全。

【城市管理机制】2010年，东莞市落实《东莞市域环境卫生专项规划》、《东莞市城市绿地系统规划》及《东莞市域燃气专项规划修编》，督促各镇街做好环卫专项规划、绿地规划的实施及燃气专项规划的编制工作。修订《东莞市公园管理办法》、《东莞市城市绿化管理办法》、《东莞市市容环境卫生管理规定》等，完成《东莞市行道树绿化建设指引》、《东莞市珠三角绿道网管理标准（送审稿）》和《东莞市珠三角绿道网监理工作指引（送审稿）》，使城市管理各项工作的开展有法可依、有章可循。东城、大岭山、石排等镇街完善一系列城市管理规章制度，健全城市管理长效机制。

【市政管理】城市桥梁管养。2010年，东莞市完成学院路与莞长路两座人行天桥工程建设，有效解决学校周边交通拥堵问题，保障在校学生安全出行，为市区人行设施建设创造试点经验。落实市城市综合管理局直管160座城市桥梁经常性检测、定期检测和日常维修工作，并完成其中30座城市桥梁的特殊检测评估。开展城市桥梁安全生产专项检查，针对坝新人行天桥等4座城市桥梁，及时开展城市桥梁加固维修应急工程。成功应对万江大桥船撞桥梁突发事件，妥善做好桥梁应急检测、安全评估、限高设施建设和索赔等工作。建立健全城市桥梁养护考核制度，制定考核标准和相关监管措施。按照《城市桥梁养护技术规范》的要求，切实做好“一桥一档”城市桥梁档案建设。

市政维修养护。2010年，东莞市加大市政道路巡查力度，要求养护单位每天上报巡查情况给监理单位，监理单位每周汇总上报给市城市综合管理局；抓好现场施工质量，严格按照国家相关规范对各作业工地进行抽检，对不符合规范要求的作业点及时整改；落实竣工验收制度，采用集中验收的方式严把质量关。全年市直管道路沥青维修量约为207609平方米、路沿石2634米、人行道砖24098平方米，修复沙井2737套、雨水井2078套。特别是在东莞市各项创建迎检活动中，对市区道路市政设施进行全面检查，有效保障道路行车安全，市区道路环境景观得到较大改善。

道路照明养护。2010年，东莞市路灯及照明设施养护管理模式采用市场化监理制，通过公开招标确定路灯养护单位及监理单位，由监理单位对养护单位的日常工作进行全程监控，并对养护效果进行现场打分。考评分数与养护单位实际经济效益挂钩，从而促进养护单位的工作积极性，提高管理水平。为保证照明设施的照明效果及清洁，全年翻新路灯及景观灯饰46337套次，清洗路灯及景观灯饰126730套次。对市中心广场灯饰、水泵等老化设施进行更换，全年维修小跨灯、大跨灯、草坪灯250多套，保证市中心广场灯饰的总体效果。

户外广告管理。2010年，东莞市认真落实广告的审批监管，对申报件进行现场踏勘，严格按照相关法律、法规、设置标准等进行审批，做到不积压、不超时审批。对审批的户外广告进行整理、分类建档，并针对设置现状进行分析。加强对大型广告牌的日常巡查，对东江大道等使用一定年限的大型广告T牌进行检测和加固工作，有效消除安全隐患。对市区影响市容市貌的“破、残、乱”广告招牌进行全面整治，进一步规范户外广告设置。

公交站亭站牌管理。2010年，东莞市加强对市区公交站亭站牌巡查，及时清理“牛皮癣”和维修损坏的站亭、站牌，降低市民投诉率，为市民打造一个舒适的候车环境。为使公交上落站设施覆盖环城路以内的全部区域，组织开展第三期站亭建设。截至2010年，市区累计建成公交站亭829个、站牌981个、候车椅1230张，有效缓解市区交通压力，方便市民出行。

公交枢纽站和首末站建设。2010年，根据东莞市政府的工作布置，市城市综合管理局负责公交枢纽站、首末站、维修保养场等公交基础设施的设计、勘探、工程预算工作；属地镇街负责征地拆迁以及实施建设、管养工作。全年由属地落实用地的站点共32个，勘察设计工作全部完成并获市政府批准移交属地实施建设、管养工作。根据统计，移交给属地实施的站点完成工程建设的有27座（其中东城11座，南城7座，万江7座，莞城1座，寮步1座），因场地问题工程建设暂缓的有5座（其中东城3座，南城2座）。 （陈佩珠）

附：2010年东莞市城市综合管理局领导名录

局　长：钟耀祥
副局长：萧细流　陈旭坚　吴育新
　　　　邓浩森
纪检组长：刘运梅（任至6月）
　　　　　翟洪辉（10月到任）
总工程师：陈烁钊

房产管理

【概况】2010年5月，根据《关于成立东莞市专项维修资金管理中心的批复》，东莞市住宅专项维修资金管理中心成立，为正科级事业单位，属东莞市房产管理局管理。7月15日，根据《关于印发东莞市房产管理局机构编制方案的通知》，住房保障工作职能由市房管局移交给市住房和城乡建设局。

2010年，东莞市房产管理局被评为广东省住房和城乡建设系统精神文明建设先进单位、市政府十件实事工作先进单位、部门决算工作先进单位和部门统计调查工作先进单位，同时在党建、信访、档案、办文、计生、预算管理等工作方面均获得市级先进称号。

【房地产权登记发证】2010年，东莞市房产登记户数为97315户，同比下降5.14%；房地产权证发证数为117338份，同比下降5.91%。

【房地产交易】2010年，东莞市办理商品房和二手房交易88516宗，交易面积1040.71万平方米，交易金额452.12亿元。其中商品房交易61209宗，同比下降15.71%；交易面积652.18万平方米，同比下降20.85%；交易金额356.86亿元，同比下降14.20%；二手房交易27307宗，同比增长45.56%；交易面积388.53万平方米，同比增长55.44%；交易金额95.26亿元，同比增长41.91%。办理商品房备案53305宗，同比下降11.48%；面积537.39万平方米，同比下降14.16%；金额391.28亿元，同比增长0.48%。按揭37543宗，同比下降3.48%；面积402.51万平方米，同比下降2%；贷款金额202.09亿元，同比增长19.75%。

2010年9月1日，存量房网上交易系统在东莞市全市范围启用，市内所有商品房交易业务实现全部在网上进行。该系统使二手房交易过程更加规范和透明，提高办事效率。没有资质备案及没取得入网许可、违规经营的中介经纪机构将不能登入系统进行二手房交易代理，进一步净化东莞市房地产经纪市场。截至2010年，东莞市存量房交易系统申请入网的中介机构440家，实施网上挂牌2834户，网上签约15046份，网上办证14388份。

【房产抵押登记】2010年，东莞市办理抵押登记55120宗，同比下降11.07%；抵押房产建筑面积为2369.92万平方米，同比下降22.48%；抵押金额为707.45亿元，同比下降2.05%。

【物业管理】2010年，东莞市对185家房地产经纪机构进行登记备案，办理房地产经纪机构资质年审122家、房地产经纪人年审803人；核发《物业管理企业资质证书》106本，其中三级资质81本，暂定三级资质25本；对14个业主委员会、207份物业管理委托合同进行备案登记。

建立健全制度。2010年，东莞市推行物业委托合同备案制度。所有新销售的商品房在办理预售证前都要先办理物业管理委托合同备案。对没有实行物业委托合同备案的楼盘，建设部门不予发放预售许可证。5月，发出《关于做好成立业主委员会指导和协助工作的通知》，明确镇街房管所、社会事务办、社区在成立业主委员会各个环节中的职责分工。6月，出台《物业服务收费管理实施细则》，明确东莞市物业服务收费的标准，对减少物业服务收费方面的纠纷起到积极作用。

物业管理示范项目评比。2010年，东莞市评出万科运河东1号、金地格林小城、新华南MALL（A区、J区）、上东国际（一期）、碧水天源、中央豪门（一、二期）、正龙豪园、万盛广场、加州阳光花园、凯蓝公馆（虎门1号）、凯伦花园、东莞市行政办事中心和会议大厦、东莞市科学技术博物馆、东莞市图书馆为"2010年度东莞市物业管理示范住宅小区（大厦）"。万科·松山湖1号花园、丰泰东海山庄、佳兆业·水岸山城、蓝山锦湾花苑（一期）获得"2010年度广东省物业管理示范项目"称号。

专项维修资金专题论坛。2010年，东莞市围绕专项维修资金征缴办法、在征缴过程中存在的困难、专项维修资金如何使用及处理在使用过程中遇到的问题等3个议题展开探讨，进一步加深东莞市物业管理人员对维修资金相关政策法规及操作程序的认识。

【中介管理】2010年，东莞市办理中介机构备案登记185宗、年审换证122宗、备案证变更19宗、经纪人资格证变更633份、经纪人上岗证803份。开办5期新经纪人培训班，651人参加；开办3期房地产经纪人继续教育培训班，319人参加；开办4期存量房网上交易培训，484人参加。办理二手房交易资金监管36宗，涉及总金额为1678.18万元，有效保障交易资金安全。

【住宅专项维修资金征缴】2010年6月30日，东莞市出台《关于做好住宅专项维修资金使用工作的通知（试行）》，明确规范住宅专项维修资金使用范围、使用程序和申请步骤，完善住宅专项维修资金管理专户的报表报送和对账等监管措施，切实加强对专户资金的监控，保障资金的安全；通过印发宣传手册、宣传海报、播放公益广告等形式有效加强住宅专项维修资金政策宣传工作。截至2010年，全市归集住宅专项维修资金达10.23亿元。

重点对各镇街应由发展商缴存住宅专项维修资金情况和物业公司（或发展商）已代收代管维修资金的情况进行全面调查摸底，针对不同情况制定不同的追缴方案，督促各镇街加大维修资金的追缴和监管工作力度。截至2010年，追缴住宅专项维修资金1.3亿。

开发住宅专项维修资金管理系统，实现市房管局、东莞银行与各镇街房管所之间的三方业务流程处理电子化，简化人工审核环节，实现对维修资金征缴情况的实时监管，便于房管部门实时掌握辖区内各楼盘、各物业的维修资金征缴情况。

开发东莞市住宅专项维修资金公众信息网。自2010年6月起，业主可以通过网站查询了解维修资金账户的缴存、使用和余额等情况。

【房地产评估】2010年，东莞市对11家房地产价格评估机构进行资质初审，其中暂定三级1家，暂定三级升三级1家，三级重新核定8家，三级升二级1家。

【信息化建设】公众信息网站改版升级。2010年，东莞市两次对市房产管理局公众信息网进行改版,市民可以通过网站了解东莞市房产相关政策法规、知识、业务办事流程、行业动态等，并通过网站进行表格下载、房源查询和业务办理等。东莞市房产管理局公众信息网实时公布商品房预（销）售项目情况和存量房网上交易情况以及东莞市预（销）售商品房和存量房的总套数、可销售套数、户型、用途和面积等，并新增公布房价。

东莞市网上预（销）售备案系统全面升级。2010年，东莞市网上预（销）售备案系统升级后安全性加强，网速加快，操作起来更加方便简单，效率大大提高。从2006年8月开始使用系统至2010年12月31日，有注册房地产开发企业

280家、银行233家，注册用户1466个，实施网上备案楼盘4384个，累计网上签约216426份，其中网上办理按揭145113份。2010年，网上签约49955份，其中网上办理按揭33583份。东莞市的商品房基本实现网上销售。这有利于数据采集、分析和统计，为市政府制定和出台各项房地产市场相关政策提供必要依据。

新业务系统开发。2010年，东莞市开发房产三维GIS（Geographic Information System）地理信息系统，将GIS与虚拟现实技术相结合，建立集三维场景展示、网络发布、楼盘信息查询和分析评估为一体的房地产三维GIS系统，从而有效地对东莞市房地产市场进行科学管理和监控，解决房地产管理手段滞后和房地产市场快速发展之间的突出矛盾，真正实现"以图管房"。2010年3月，制定《东莞房产三维GIS平台技术方案》，并顺利通过国家住建部现场答辩和专家评审，同意立项开发。

开发房产数据异地容灾系统，避免因地震、火灾、水灾等灾害，造成房产数据丢失，确保房产数据安全。2010年完成系统设备及开发公司的招标工作。

开发东莞市房产管理局综合平台，将各科室相互独立的业务系统进行整合，实现各科室的信息资源共享和无纸化办公。截至2010年，东莞市房产管理局综合平台完成部分功能模块。

【住房保障】 2010年，东莞市廉租住房保障户数任务2404户，经济适用住房保障户数任务139户。东莞市将解决2400户城乡低收入困难家庭的住房问题列为市政府"十件实事"之一，并纳入行政问责范围。2010年2月26—28日，启动市属廉租房、经济适用房小区首批住房租售工作，按照摇号、看房以及选房和签约三个阶段进行，有156户家庭选房并签订意向书，其中廉租房93户（包括80平方米户型33套，60平方米户型52套，40平方米户型8套），经济适用房63户（包括80平方米户型23套，60平方米户型40套）。4月，东莞市政府与各镇街签订住房保障目标责任书，明确各镇街任务目标和责任。

【房改】 2010年，东莞市核准发放住房津贴3468人，发放金额3760.87万元；核准发放住房差额津贴27人，发放金额97.06万元；核准补办购买房改房34套，面积2685.96平方米，售房款173.03万元。 （张敬东）

附：2010年东莞市房产管理局领导名录

局　长：张伟华
副局长：熊裕新　谢卫东　唐建强
纪检组长：叶焕洪

城市供水

【概况】 2010年，东莞市东江水务有限公司（简称"东江水务"）根据东莞市实行机构改革的要求，由原属东莞市城市管理局管理划归新成立的东莞市水务局管理。

2010年，东江水务日最高供水量达272.5万立方米，全年供水量为84352万立方米（含原水4220万立方米），基本满足东江水务管网所覆盖的23个镇街的供水需求。

2010年，东江水务被评为"全国供排水行业东西部对口支援工作先进单位"、"东莞市2010年度安全生产先进单位"、"2010年度东莞市工会工作先进单位"，获得东莞市水务系统"2010年度全市供水标兵企业"称号，被东莞市人民政府国有资产监督管理委员会评为"2010年度财务报表工作先进单位"。

【落实安全生产责任制】 2010年5月，东江水务与东莞市水务局签订《安全生产责任书》，明确企业安全生产第一责任人和直接责任人。2010年7月，东江水务与下属各水厂、子公司层层签订《安全生产责任书》，进一步落实安全生产责任制。

2010年，东江水务实行不定期组织员工学习安全手册及进行考核、加强在建工程项目安全生产主体责任、强化特种设备持证上岗制度、定期组织消防演练和泄氯演习、对企业重大危险源与特种设备安全进行整治等一系列措施，保证企业的安全生产和安全供水。

【完善应急机制】 2010年，东江水务修订《东莞市东江水务有限公司突发事件应急预案》。5月7日，受特大暴雨突袭影响，东江沿线多个水闸排涝，原水水质受到严重污染，东江水务即时启动东江排涝应急处理预案，将处于下游的第二水厂停产，第三、四水厂减产并降压供水，让处于上游的第六水厂增加供水，降低排涝对供水水质的影响，充分发挥供水应急机制的作用。

【保障亚运供水安全】 在2010年广州亚运会期间，东江水务将"保障供水，服务亚运"作为中心工作，积极配合和参与上级有关部门组织的反恐演练、供水保障等应急演练，全面整改水厂安全保卫工作，加大高锰酸钾、活性炭等应急物资的储备。改造簪花路北侧的市政供水管道，实现对会展国际大酒店（运动员驻地）的双回路供水，定期监测比赛场地、运动员驻地和周边重点酒店水质，保障供水安全，为亚运会期间东莞赛区赛事的顺利开展作出贡献。

【节能降耗】 2010年，东江水务下属各水厂大力推进节能降耗工作，运用经济调度、优化机组运行调配、调整工艺参数以及改造水厂和加压站的设备等手段，全年节省约770万度电。通过进一步规范水厂设备的维修管理，全年设备送外维修费用同比下降29.88%。

【调整供水价格】 2010年，东江水务向东莞市物价局申请调整水价。9月28日，水价调整方案在水价听证会上顺利通过。经2010年第16次市长办公会议决定，从2010年12月1日起，东江水务供水价格由0.985元/立方米统一调整为1.15元/立方米。

【"96968"供水客服热线】 截至2010年，东江水务24小时供水客户服务热线"96968"累计完成各类业务49971次，其中咨询与解答32148次、投诉与处理1783次、回访与业务联系16040次。随着"96968"热线的进一步宣传推广，咨询话务量呈倍增上升趋势，逐渐得到市民的认知和认同，工作效率和服务水平逐步提高。

【加快实施供水一张网战略】 2010年8月，东江水务与东莞松山湖科技产业园区管理委员会签订松山湖给水系统资产移交协议，接收松山湖园区给水管网系统。12月13日，进驻虎门港，接管虎门港港区供水运营业务。

【力推管网改造】 2010年6月，莞城花园新村小（片）区等16个示范小（片）区的管网改造工程全面竣工，累计更换各口径管道长度200000米、新型水表23330个，受益用户近24000户，投资约人民币5000万元。经调研统计，用户对管网改造后的供水压力状况满意率达95%，对水质状况满意率达91%；截至年底，新装管网在水质、水压等方面基本实现零投诉，取得较好的改造成效。莞城育兴路、百坑大街片区等管网改造工作完成，累计更换各口径管道长度达

18000米，受益用户近3900户。

2010年，东江水务承担3项市人大督查小组交办的工程任务：南城元美等社区的供水管网改造及连通工程、东城牛山社区管网改造工程以及第一教师村住宅区管网改造工程。截至年底，完成南城元美等社区的供水部分管网改造及主配水管连通工程、东城牛山社区部分管网改造工程，第一教师村住宅区的管网改造进场施工。

【重点供水工程建设】第六水厂优质水与八一路交水点工程。该工程于2009年11月20日动工，2010年1月9日完成停水碰口施工，顺利实现东莞市东江自来水有限公司（简称“东江自来水公司”）和东莞市东城自来水公司（简称“东城水司”）八一路范围供水管网的连通。

第六水厂优质水与鸿福西路供水联通口工程。2010年5月7日，东江水务与东城水司开通鸿福西路与东莞大道交汇处的供水联通口，增加第六水厂优质水向市区的供水量。

第六水厂C线管道工程。该工程于2010年10月31日完工，11月10日正式向长安镇供水。C线管道工程通水后，东江水务通过A、B、C三条管线调度生产，向长安镇的供水能力每日可超过50万立方米，能有效缓解其用水紧张局面。实现多个市级水厂主供水管道的联合调度，提升全市供水应急处理的能力。

东莞大道延长线供水干管工程。该工程于2010年陆续开展，截至年底，累计完成管道敷设748米，占全长的13.85%。

虎门长安联络线给水管道工程。该工程于2010年7月开始进场施工，截至年底，完成约1000米，占全长的90.9%。

第六水厂厂区建设工程。综合楼土建工程在2010年基本完成合同内工程量；厂外鳌峙塘村配套排涝工程在2010年汛期前完工并投入使用。

【水专项课题科研】2010年，东江水务完成所承担的国家“十一五”水专项课题研究工作中的20种污染物的应急研究。其中，“自来水厂应急净化处理技术及工艺体系研究与示范”课题的研究，确定碱性高锰酸钾氧化法和颗粒活性炭吸附法为去除铊的有效方法。此方法在2010年10月18日的北江中上游河段铊超标事件中发挥重要作用。作为国家“水体污染控制与治理”科技重大专项珠江三角洲项目的重要配套设施，水专项中试基地在建设中。

2010年9月10日，中国工程院院士、哈尔滨工业大学教授李圭白前往东江水务第二水厂的“十一五”水专项科研基地视察指导工作。

【“世界水日”宣传活动】2010年3月22日，由东莞市水务局主办、东江水务承办的“世界水日”大型宣传活动在莞城文化广场举行。活动以“严格水资源管理，保障可持续发展”为主题。现场摆设市第六水厂深度处理工艺、管网改造基本情况及日常生活饮用自来水常见问题等宣传海报，展示改造供水管网的实物，设置现场用水咨询、水质咨询及问卷调查等，并通过派发宣传单的方式，向市民倡导“科学用水，节约用水”的观念，使市民进一步认识东莞市的供水现状和供水管网改造的必要性、迫切性和保护水资源的重要性，增强节约用水的意识。（周永坚　邵　娟）

附：2010年东莞市东江水务有限公司领导名录

董事长：罗沛强

总经理：黎泽钧

副总经理：唐　旭　唐展鹏

城市供气

【概况】截至2010年，东莞市建成储气能力近80万立方米的储配站3座，城市门站2座，压缩天然气汽车加气站13座，管道日供气能力达400万立方米；铺设高中压燃气管网1000多公里，基本覆盖东莞市32个镇街以及松山湖科技产业园区；发展天然气民用户超过30万户，工商业用户1000余户。

【安全运营】2010年，东莞新奥燃气有限公司通过总经理挂牌督办的安全管理考核手段，加强安全检查和隐患治理等安全管理要项的落实；通过全员安全培训考核和应急演练，提高员工安全管理意识和技能水平；通过建立健全安全管理机构和三级安全绩效核查体系，将安全管理落实到各管理层、落实到全员。11月，东莞新奥HSE（健康、安全和环境）管理体系成功通过北京中油HSE认证中心的再认证审核。全年未发生安全生产责任事故，保证“三个零”（零责任事故、零环境损害、零人身伤害）目标的实现。

【客户服务】2010年，东莞新奥燃气有限公司客户服务信息化系统CCS（客户关怀与服务）与CRM（客户关系管理）全面上线，推动客户服务工作从粗放式向精细化转型。编写与推广《客户服务体系手册》，服务改进直通车践行与服务质量提升月活动，有效提高与改善全员服务意识和服务态度。完成年度客户服务各项关键绩效指标法指标，并在服务体系推广实施效果评估中取得新奥能源控股前五名。

【工程建设】2010年，东莞市高压管网二期工程建设进入高峰期。在确保常规燃气管网建设的同时，完成虎门电厂专线和连接谢岗门站至长安方向共计40余公里大管网建设，既保障虎门电厂顺利用气，也为西南部区域经营权落地、大型用户开发提供有利条件。

在场站建设方面，完成虎门电厂调压站和高埗门站建设，全力推进谢岗门站，厚街、长安、塘厦调压站等项目前期手续的办理，为接收西二线气源奠定基础。

加气站方面，2010年3月，《东莞市天然气汽车加气站专项规划》出台。全年完成4座加气站的建设投运，7座加气站的储备，取得8座已储备加气站的规划确认指标，为规模化经营奠定基础。

【管理提升】2010年，东莞新奥燃气有限公司区域管理模式有效实施，降低管理费用，提高工作效率。初步建立区域客服手册、物资管理模式、运营管理模式和安全抢维体系，促进安全、运营、服务管理等职能在区域管理中发挥更大的管控和服务支持作用。

先后完成CRM（客户关系管理）项目、PM（工厂维护）和HSE（健康、安全和环境）项目、气量输配远传系统项目、灾备中心建设项目的切换上线，实现东莞区域统一管理工具及财务业务一体化的目标。加大信息化培训力度，研发出“一套课件、一套视频、一套操作指引卡”的应知应会培训课件，提升全员操作水平和熟练程度，促进全面信息化有效落地和管理效率提升。

（刘怀宇）

附：2010年东莞新奥燃气有限公司领导名录

董事长：李志荣

总经理：侯黎明

副总经理：陈仲新　刘　柱　鲁统山　张韶武

总会计师：张景宽

总经理助理：李明华

城市供电

【概况】 2010年，东莞市完成供电量556.89亿千瓦时，同比增长13.92%，综合电压合格率99.46%，城市供电可靠率99.94%，农村供电可靠率99.86%。截至2010年，全市有用电客户190.28万户，全市用户装变总容量3447.62万千伏安；东莞电网有110千伏及以上变电站143座、主变465台、总容量5006.9万千伏安、输电线路3580.11千米。

2010年，东莞供电局被南方电网公司、广东电网公司等上级单位授予“迎峰度夏先进集体”和“安全生产先进单位”等称号，被市委、市政府授予“中央和省驻莞机关先进单位”，被全国总工会授予“全国模范职工之家”称号，并被广东电网公司表彰为“亚运会和亚残运会保供电突出贡献单位”。

【亚运保供电】 2010年，东莞供电局统

东莞供电局

① 2010年3月24日，国家电监会副主席王野平（前排右二）一行在东莞城区配电营业部营业厅实地调研（龚琳 摄）
② 2010年8月5日，南方电网公司副总经理祁达才（前排右二）莅临东莞调研电网基建、物资管理工作（龚琳 摄）
③ 2010年10月21日，广东电网公司总经理赖佳栋（左三）来莞调研亚运期间东莞体育馆电力供应工作（龚琳 摄）
④ 2010年5月15日，500千伏水乡变电站竣工投产，广东电网公司副总经理于俊岭（左二）莅临指导（龚琳 摄）
⑤2010年12月24日，南方电网公司安全监察部副主任佀蜀明（左）为东莞供电局授予安全生产风险管理体系“三钻”等级证书（龚琳 摄）

① 2010年12月4日，东莞供电局主办"低碳生活 科学用电"大型广场活动启动仪式（龚琳 摄）

② 2010年7月11日，东莞供电局反事故实战演练迎亚运场景（龚琳 摄）

③ 2010年11月17日，东莞供电局应急保供电队伍24小时在亚运举重场馆进行技术巡护和在岗职守，确保供电万无一失（龚琳 摄）

筹谋划、科学安排，以前所未有的高规格、高标准落实好亚运保供电每一项工作。统筹安排6402万元专项资金，用于涉亚15项技改项目和18项修理项目并按时完成。切实抓好保电设备的隐患排查、缺陷处理、检修维护等工作，组织开展调度大楼停电、比赛场馆反事故等应急演练，有力保障电网安全可靠和电力有序供应。组建变电、输电、配电、通信等各专业共320人的9支应急救援队伍，选派19名生产技术人员援助广州供电局，组织674名安保支援人员和42名武警进驻重要生产场所，扎实推进信访维稳、新闻宣传、品牌推广和后勤保障等工作。在亚运会和亚残运会期间，日均投入保电工作人员3200人，应急指挥中心全面启动24小时值班制，完成历时最长、任务最重、范围最广的保供电任务。

【安全生产】2010年，东莞供电局全面推进安全生产管理规范化建设，有力推动170个安全生产风险管理体系暨规范化管理标准落地运转，安全生产风险管理体系建设达到3钻水平。持续开展电网风险评估，不断强化电网风险发布与控制的全过程管理，将综合停电作为控制电网运行风险的重要环节，制定实施确保电网安全运行的10项措施及45项重点工作，有效防范电网风险。认真落实迎峰度夏和防风防汛的各项措施，有效应对"康森"、"灿都"等台风自然灾害，确保汛期全市电力可靠供应。建成并启用应急指挥中心及应用平台，实现与广东电网公司数据互联互通，整体应急能力增强。组织开展生产及作业现场安全督查25080次，查处纠正违章31起，实现施工过程"零事故"。截至2010年12月31日，东莞供电局连续安全运行1220天，取得3个百日无考核事故记录。

【电网建设】2010年，东莞供电局顺利完成《东莞"十二五"电网规划修编》等编制工作，并经市政府同意纳入东莞城市总体规划；完成《东莞市2010—2015年电动汽车充电设施规划》的编制工作。市政府将10千伏及以上电网工程纳入市重点工程项目，并按照绿色通道加快建设进度。明确输变电工程项目前期工作7大环节共69个阶段的工期，有效加快电网规划建设步伐。深入开展电网建设规范化管理年活动及"安全、优质、文明"样板工程创建活动，建立工程建设第三方督查机制，查找出251项问题并全部落实整改。加大物资质量控制力度，完成10个产品类别、324个样品的抽检工作，切实把好物资质量关。大力推进"数字大物流、智能大配送"体系建设，全面开展广东电网公司仓库规划与配送网络优化项目试点工作，保证工程建设顺利开展。东莞电网结构进一步

① 2010年11月17日，东莞武警支队42名官兵进驻东莞供电局重点供电场所，实行24小时巡逻和武装守卫（龚琳 摄）
② 2010年11月17日，亚运会及亚残运会期间，东莞供电局变电运行人员加强设备监盘，确保电力设施安全可靠运行（龚琳 摄）

完善，配网可转供电率由2009年的19%提高到2010年的36%，供电可靠性和供电能力大大增强。

2010年，东莞供电局全年累计完成电网建设投资36.01亿元，完成年度调整计划的106.33%，投产110千伏及以上输变电工程22项、主变容量572.5万千伏安、输电线路352千米。500千伏水乡输变电工程、500千伏蒙荆输变电工程配套线路（东莞段）两项重点工程均于6月中旬提前竣工投产。110千伏畔山变电站被广东电网公司评为“2010年度‘安全、优质、文明’样板工程”。

【供电服务】 2010年，东莞供电局通过进一步细化需求侧管理，强化预警信号，有效保证全市电力有序有效供应。大力推行综合停电精细化管理，建立统一规范、分级负责、高效运作的客户停电时间统计体系，并通过南方电网公司网级达标评审，努力减少客户停电时间。加强带电作业，全年开展带电作业844次，减少客户停电时间77169时户。主动开展客户服务“双满意”课题研究，创造性地提出外部客户与内部员工“双满意”理论。全力做好亚运期间客户服务工作，城区营业厅被评为南网A级营业厅。认真落实客户经理制等措施，扎实推进“一站妥”、免填单、业扩报装无纸化等工作，全方位提升客户服务水平，第三方客户满意度达74分。深化“绿色行动”，大力推广专业节能诊断和合同能源管理，并邀请奥运冠军冼东妹等社会知名人士宣传“低碳生活”，节能减排成效显著。完成用电营销等3大主营业务流程在日常工作中的固化，加大业务班等8个专业班组的标准化建设力度，建立统一规范的组织架构、业务流程和管理标准，农电单位标准化班组建设工作迈上新台阶。稳步推进农电体制改革工作，按时完成农电资产清查工作，为下阶段农电资产接收打好基础。

2010年，全市最高统调负荷达1039.46万千瓦，同比增长8.13%，东莞成为全国第6个负荷突破1000万千瓦的城市；全年实增用电户数45111户，实增报装容量175.03万千伏安，同比增长29.98%；城市用户平均停电时间5.12小时，同比下降5.73小时；农村用户平均停电时间12.24小时，同比下降7.97小时。

【企业管理】 2010年，东莞供电局全面承接执行广东电网公司下发的生产类作业表单401份，自行补充编制变电检修类作业表单42份、试验类作业表单25份；顺利完成508个流程的固化应用工作，并梳理出经营管理风险点283个，将433项风险管控措施植入流程模板，有力推动管理“一体化、规范化”进程。独创性搭建“量体裁衣”式的供电可靠性指标分解模型，实行指标动态监控，全年用户平均停电时间（全口径）为11.4小时，比2009年下降7.76小时。创建内外联动的电网建设新模式，在500千伏水乡变电站建设中率先采用厂家、施工单位、监理单位和验收单位“四方验收”新方法，使该站最终以零缺陷状态提前45天投产。500千伏水乡变电站是中国南方电网公司首个使用150万千伏安容量变压器的变电站，也是国内首座使用最大额定电流的220千伏GIS（六氟化硫封闭式组合电器）设备的变电站，创造出南方电网乃至全国多项第一。

【信息化建设】 2010年，东莞供电局全面完成主营业务系统V2.0的建设与实用化工作，营配一体化系统在基层全面推广应用。完成文档安全管理系统、IT集中运行监控系统等5个涉亚项目的建设，建成1600信息服务中心；建立符合ISO 27001和ISO 20000标准的信息安全及信息服务管理体系，并通过中国合格评定国家认可委员会和中国信息安全认证中心的外部审核。2010年，该局在广东电网公司信息化水平评价中获得93.1分，全省排名第四，达到国资委A级水平。

（欧伟豪）

附：2010年东莞供电局领导名录

党委书记、副局长：祁寿枝
局长、党委副书记：
罗 辑（任至5月）
副局长：佟 才 刘毅忠 李铭钧
许国强
李春华（8月到任）
纪委书记：张伦恺
工会主席：麦志伟
调研员：卢永昌

环境保护

【概况】2010年，东莞市环境保护局完成机构改革工作。按照《东莞市环境保护局主要职责内设机构和人员编制规定》，市环保局内设机构由原来的9个调整为10个，分别为办公室、人事科、规划与生态科、政策法规科、污染物排放总量控制科、项目审批科、项目验收科、水气环境与废物管理科、辐射与科技标准科和环境监察分局；将生活污水和水域水污染治理职责划给市水务局；增加权限内的水污染物排放许可证审批和发放，参与反生化、反核和辐射恐怖袭击2项职责。全面落实东莞市委、市政府简政强镇的统一部署，向石龙、塘厦2试点镇进一步下放26项环保管理权限，向虎门、麻涌、石碣、厚街、长安、寮步、大朗、樟木头、凤岗、常平、桥头等11个中心镇新增下放21项环保管理权限。制定实施《东莞市村（社区）环保协管员管理办法》，大力推进村级环保协管员队伍建设。

2010年，东莞市环境保护局较好完成年度目标任务，被评为“全国环境保护系统档案管理工作先进集体”、“广东省特级档案管理达标单位”、“市直机关先进单位”、“人大议案、政协提案办理先进单位”和“市重点项目服务保障先进单位”。

【环境质量】2010年，东莞市环境质量持续好转。市区空气质量保持良好，空气质量优良天数达357天。对比2005年，酸雨频率下降12.6%，降水PH均值由4.07提升为5.11。地表水东莞运河水质由劣Ⅴ类改善为Ⅳ－Ⅴ类，全面消除黑臭现象，达到景观用水功能目标。城市集中式饮用水源以及东莞市近岸海域水质达标率为100%。市区声环境质量保持良好。

【国家环保模范城市创建】2010年，东莞市全力以赴推进创建国家环境保护模范城市。根据2009年12月国家环保部创模技术评估要求，迅速制定创模技术评估整改工作方案，全面开展技术评估整改工作。4月17—18日，东莞市顺利通过广东省环保厅对技术评估整改工作的核查。7月13—14日，国家环境保护部副部长张力军莅莞调研环保工作，市环保局及时展示创模工作成效，得到部领导肯定和支持。10月25—27日，国家环境保护部考核验收组对东莞创模工作进行实地考核验收，一致同意东莞市创建国家环保模范城市通过考核验收，考核结果认为：东莞市创模工作扎实，成效显著，档案资料齐全、规范，内容丰富，数据详实可靠，各项指标均达到考核要求。

【污染减排】2010年，东莞市持续深化污染减排工作。严格考核各镇街、管委会2009年度减排工作，对未通过考核的2个镇实行区域限批；制定《东莞市各镇街2010年主要污染物减排任务目标和项目》，全面落实年度工作职责。完成沙角C电厂1#、2#、3#3台机组脱硫工程建设，设计脱硫效率提高到95%以上；

创建环保模范城市　打造宜居生态东莞

2010年10月27日，东莞市通过“创模”考核验收

① 2010年7月13日，环保部副部长张力军莅莞调研工作
② 2010年10月12日，推动实施《东莞市清洁空气行动计划》
③ 2010年8月24日，广东省环保系统第三届职工运动会在莞举行
④ 2010年6月3日，2010年深莞惠环保联合行动在莞举行

新投入运营污水厂12座，处理能力60万吨/日。全面实行电力企业燃煤含硫率月报及核查制度，对减排企业实行台账管理和每月巡检，开展在线监控数据有效性审核，配合国家环境保护部实施季度核查。2010年，东莞市COD（化学需氧量）、二氧化硫排放总量分别为10.32万吨和9.07万吨，对比2005年分别削减23.56%和54.65%，顺利完成2010年和“十一五”减排考核任务。

【亚运环境质量保障】 完善组织保障体系。2010年，东莞市组织成立市保障广州亚运会环境质量领导小组和工作指挥部，制定实施《东莞市2010年第16届广州亚运会水环境质量保障工作方案》、《东莞市保障2010年第16届广州亚运会空气质量措施方案》、《2010年第16届亚运会空气质量保障极端不利气象条件东莞市应急预案》、《东莞市保障2010年亚运会环境质量应急预案》及空气质量监测预案、督查工作方案和监察细则、部门行动方案（预案）等10多个文件。

落实保障措施。2010年，东莞市投入419万元建成市亚运场馆空气自动监测站，配置监测仪器13台（套），监测项目包括挥发性有机物等11类46项指标。在全市范围内开展打击露天焚烧行动、建筑工地整治、重点区域环境整治等专项行动，加强水面、路面保洁，开展环境安全隐患大排查，对重点企业实行“一对一”监管，对重点水域实行加密监测，对全市放射源应用单位实行“每日零事故上报”制度，确保亚运期间水、气环境质量和环境安全，比赛场馆空气污染指数（API）全部达到亚运环境质量保障目标要求，相关工作得到广东省环保厅充分肯定和表彰。

开展应急演练。2010年，东莞市开展亚运会期间环境应急监测演练、核与辐射事故应急处置演练，联合广州市开展饮用水源事故应急演习。

【环保工程】 2010年，东莞市持续推进环保基础设施工程建设，着力提升环保治污能力。推进全市新规划的34项污水处理工程建设，建成33项，配套截污主干管工程完成86%。推动横沥、厚街、市区3座垃圾焚烧发电厂改造扩建，其中横沥、厚街2家扩建工程接近完工，市区厂改造工程启动。投入1.2亿元建成樟村水质净化厂污泥初级处置项目，投入3.9亿元基本建成黄江污泥处理项目。进

一步完善医疗废物收运体系、应急预案和费用征管办法，全市1026家医疗机构的医疗废物实行集中收运处置，累计处理6259吨。同沙水库尾水排放、截污管网、垃圾渗滤液处理等3项工程完成招标工作并进入施工阶段。大岭山、塘厦、茶山3个零散废水处理站投入运营，一批工业企业签约纳入集中处理。完成麻涌、中堂、虎门、长安、沙田、大朗、常平7个环保专业基地环评审批。

【环境整治】 大气污染治理。2010年8月18日，东莞市印发实施《东莞市清洁空气行动计划》，作为未来10年东莞大气环境治理的纲领性文件。开展高污染锅炉淘汰整治工作，投入1.3亿元作为补助专项资金，对燃煤小型锅炉实施淘汰改造。开展挥发性有机物污染整治，建立挥发性有机物排放重点监管企业名录，实施达标治理。完成全市292家加油站、8家油库、114辆油罐车油气回收治理。加强机动车排污防治，累计对78万辆汽车核发环保检验合格标志，抽检车辆5419辆，达标率77.4%，完成12035辆客运车和校车专项治理，投入245万元配置遥感检测车，投入212万元建成机动车排气监控网络二期工程，从9月15日起在市区体育路、东莞大道、胜和路、石竹路、鸿福路等5路段推行机动车环保限行管理。开展二噁英重点污染行业更新调查。

水污染治理。2010年，东莞市制定实施《东莞市东江水质保护工作实施方案》、《石马河污染综合整治方案》和《东莞市潼湖水系区域污染综合整治方案》，大力推动内河涌污染治理。制定实施《东莞市重金属污染防治工作实施方案》，全面推进重金属污染治理，并启动全市土壤污染调查工作。

跨界河流整治。2010年，东莞市分别做好省人大、省政府、省政协和香港地区人大代表等4次石马河流域整治调研工作，以确定深圳和惠州2市分工和限期目标，全力推动跨界河流污染治理。

【环境监管】 环保专项行动。2010年，东莞市组织开展整治违法排污企业保障群众健康环保专项行动、第五届环境安全月、化学品行业专项检查、重金属行业专项检查、石马河流域重污染企业专项检查、畜禽养殖业专项检查等多项环保专项整治行动；加大环保日常执法监管，累计出动执法人员68277人次，检查企业24490家。

企业环境监管。2010年，东莞市开征排污单位1148户，入库金额10226万元。626家重点污染企业纳入信用管理范围，对10家重污染企业进行环保挂牌督办，352家企业实行污染物排放在线监控（监测）。对5个重金属行业、7个产能过剩行业和21个重点行业共605家企业实行清洁生产审核，首批32家完成第一轮清洁生产审核。完成8家企业危险废物规范化管理试点工作，完成危险废物市内转移备案2498家次，跨市转移审批206家次。审批进口限制类废物的企业41家，经国家批准进口废塑料24.03万吨、废五金38000吨、废不锈钢900吨、废纸173.8万吨、有毒化学品49.05吨。完成放射源在线监控主控平台的安装和调试，对全市263家辐射源单位进行全面核查。审批核技术应用项目78项，“三同时”（同时设计、同时施工、同时投产使用）验收72家，审批输变电项目16个，初审移动通信基站项目6个，初审广播电视发射台项目1个，实现新建项目手续齐全，不欠新账。

环境信访。2010年，东莞市开展环境基层大接访活动，实行重大信访案件领导包案，主动解决群众关心的环境问题。全年立案受理环境信访投诉16716宗，办结16161宗，办结率为96.7%。

【环保管理】 行政许可管理。2010年，东莞市制定实施《关于进一步简化建设项目环保审批程序的通知》、《关于进一步规范排污许可证管理的通知》、《关于进一步加强建设项目环境保护竣工验收管理的通知》等规范性文件，全面规范环保行政许可业务。全市完成项目环境影响评价审批9599项，包括环境影响报告书项目138项、环境影响报告表项目4777项、环境影响登记表项目1628项、变更等其他项目3056项，拒批污染和选址不宜项目551项；完成企业“三同时”（同时设计、同时施工、同时投产使用）验收5319家；核发排污许可证1694份。大力解决历史遗留环保问题，推动医疗机构补办环评1116家，补办企业“三同时”验收3099家。

行政处罚管理。2010年，东莞市成立环保行政处罚案件审理委员会，制订行政处罚案件审理办法、环境违法行为现场查处指引等规范文件，全面落实调查和处罚分开制度，共处罚违法行为775宗，处罚金额2626.8万元；后督察环境违法案件586宗，强制执行369宗。

环保市场管理。2010年，东莞市制定加强环保产业市场管理政策，全面加强对环评单位、环境工程设计和承包单位、运营单位的管理，落实备案制度，着力规范环保市场秩序，对3家单位进行警告处分。

【环保能力建设】 环保规划编制和科研。2010年，东莞市启动“十二五”环境保护和生态建设规划编制工作，完成典型乡镇饮用水源地调查、垃圾焚烧处理专题调研、饮用水源地基础环境调查及评估等课题研究。

环境监测。2010年，东莞市建成东莞运河、虎门入海河口2座水质自动监测站，涵盖水、气、声综合数据分析的市环境质量自动监测监控中心投入运行。9月18—19日，市环保监测站顺利通过实验室认可和计量认证扩项评审，通过扩项，监测能力覆盖水和废水，海水，环境空气及污染废气，室内空气，噪声，辐射，机动车排放污染物，土壤、底质、固体废弃物，燃料等9个领域279个项目，并具备地表水源109项全分析能力。2010年，市环保监测站环境质量自动监测监控系统被授予“2010年国家重点环保实用技术示范工程”，实验室被评定为“东莞市重点实验室”和“东莞市科普教育基地”。

环保信息化建设。2010年8月，东莞市环保局环境综合管理信息系统一期工程顺利通过专家验收；9月1日，环保政务网门户、建设项目管理及排污许可证管理系统、总量控制管理系统和污染源信息动态管理系统等4个子系统上线运行。系统二期工程完成立项。

【绿色创建】 2010年，东莞市有23所学校被评为绿色学校，15个社区被评为绿色社区，总数分别达到393所和60个；34家企业创建成为“市级环境友好企业”，累计达103家。寮步、石龙2镇创建国家级生态乡镇顺利通过广东省验收。

【环境宣传】 2010年，东莞市开展“6·5”世界环境日、深莞惠环保联合行动、污染减排进镇街巡回、第四届环保开放日等系列环保宣教活动。编印环保宣传手册（工业锅炉整治）1万多份并派送到企业，全年各大媒体刊发环保新闻报道300多篇，推动社会环保意识进一步增强。

（吴根旺）

附：2010年东莞市环境保护局领导名录

局　长：袁绍东
副局长：刘国军　赖以坚
　　　　杨亲焕（任至11月）　莫练初
　　　　张溥栋　香杰新（8月到任）
纪检组长：吴永恒（8月到任）
总工程师：戴松林

东莞市环境保护监测站

东莞市环境保护监测站成立于1982年4月，是参照公务员管理的社会公益性科学技术事业单位。主要承担全市环境质量监测、污染源监测和环境应急监测等职能。截至2010年，有在职人员93人，专业技术人员占总人数80%以上。

2010年，实验室面积3800平方米，拥有各类先进仪器设备300多台（套），检测项目达9类300多项，具备地表水109项全分析能力，是广东省第一个按新标准通过国家二级站标准化能力建设验收的监测站。建成的“7+1”大气自动监测网络、“8+1”噪声自动监测网络和“4+1”水质自动监测网络，构成“东莞市环境质量自动监控与管理系统”，被评为“国家重点环保实用技术示范工程”。

该站曾承担国家和省部级科技项目5项，市级科技项目16项，获广东省科技进步一等奖1项、三等奖1项，省环保科技一等奖1项、三等奖4项，市科技进步一等奖3项、二等奖3项、三等奖5项，取得国家专利1项。先后被评为“广东省环境监测先进集体”、“广东省环境监测优质实验室”，获得广东省首届监测技术比武理论考核一等奖、省环保系统总量减排监测技术比武操作技能二等奖和团体二等奖、广州亚运保障监测技术比武暨全国环境监测技术人员大比武选拔赛团体三等奖。2010年，该站被授予东莞市科普教育基地、东莞市重点实验室、东莞市科技创新团队、团省委青年就业创业见习基地、广东工业大学校外实习基地和东莞理工学院教学实习基地等。

国家环境监测总站站长罗毅考察大气自动监测站

副市长梁国英考察环保监测站实验室

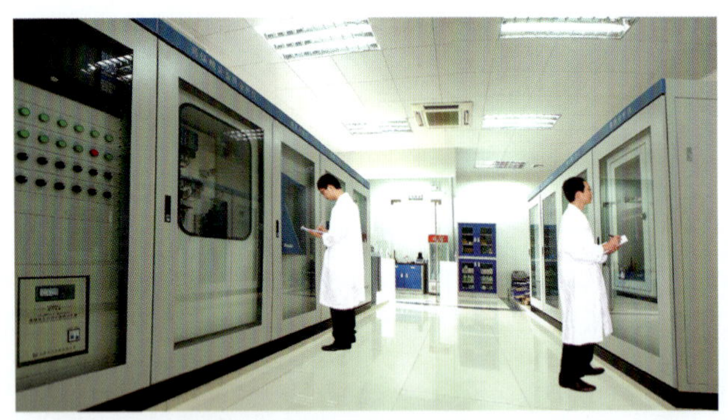
东江饮用水源水质自动监测站

环境突发事件应急监测

监测技术人员登山比赛

·

交通·邮电

TRANSPORTATION · POSTS AND TELECOMMUNICATIONS

- 交通建设完成投资99.34亿元
- 东深公路塘厦段新建跨线桥完工通车
- 《R2线工程可行性研究》获批
- “亚运”水上安保完成
- 邮政体制改革基本到位

东江大桥

编辑：卢　敏

交通运输

【概况】 2010年，东莞市交通运输局以科学发展观为指导，进一步解放思想，围绕建设交通现代化目标，坚定信心、抢抓机遇、力促发展。在交通规划编制、基础设施建设、行业监管、公共交通发展等方面，取得显著的成绩。

全市累计完成交通建设投资99.34亿元，增长19.76%，其中，公路建设投入81.1亿元，港口建设投入12.8亿元，公交建设投入5.31亿元，航道建设投入1349万元。港口货物吞吐量完成5653.14万吨，同比增长60.14%。集装箱完成49.03万TEU（英尺），同比增长33.71%。2010年，全市完成公路、水路客运量7.74亿人次，旅客周转量129.1亿人/公里，货运量9313万吨，货物周转量109.0亿吨/公里，同比分别增长5.6%、22.5%、6.6%、7.3%。先后获得市第十四届人民代表大会常务委员会先进承

东莞市交通运输局

① 2010年8月19日，农村公路管养体制改革工作会议召开
② 虎岗高速公路虎门港支线一期工程
③ 虎门港新沙南作业区

办单位、统计调查工作先进单位、全市安全生产先进单位等称号。

【交通规划编制】2010年，市交通局进一步完善交通发展思路。适应珠三角交通一体化和综合交通运输发展趋势，及时调整交通规划建设的目标和方向，全面开展《深莞国家公路运输组合枢纽规划》、《东莞市综合交通运输体系规划》、《东莞市综合交通运输体系发展十二五规划》、《深莞惠三市交通运输一体化规划》、《轨道交通与常规公交衔接规划》和《石龙、茶山、石排三镇区域交通路网整合规划》等交通规划的筹备和编制工作。

【基础设施建设】2010年，市交通运输局促进公路水路协调发展。以高快速公路为骨架，连通镇村路网，构筑干支相连、四通八达的一体化路网。园洲至石龙公路东莞段、虎岗高速新联互通北上广州方向匝道、东深公路塘厦段跨线桥如期建成通车；龙凤大道东莞段、沙河大桥、广深沿江高速东莞段、博深高速东莞段、虎岗高速虎门港支线一期以及从莞高速东莞段（含清溪支线）先期动工工程东江大桥进展顺利，已分别完成95%、53%、87.6%、23.8%、69.8%和12.3%；建成镇村联网路31条、114公里；深圳外环高速、番莞高速沙田至寮步段、东宝河大桥、东平东江大桥等项目加快推进。同时，积极推进港口码头建设，码头工程固定资产投入累计12亿元；沙田港区5#、6#泊位项目已完成初步验收；新沙南作业区2#、3#泊位工程、广东南粤物流储运中心码头、沙角B电厂改造煤码头和沙角C电厂改造煤码头正在试运行；东洲国际油气化工码头、海湾（一期）石油化工项目已完成码头主体工程；沙田港区二期工程、立沙岛（阳鸿）液体化工项目和国际食品产业园开发有限公司粮油专用码头项目、海昌5万吨级煤炭码头（二期）工程等4个项目正加紧施工。另外，加强交通工程质量监督，对103个交通建设项目实施质量监督，其中公路项目96个、水运项目7个。年内全市35个项目通过交工验收，5个项目通过竣工质量鉴定，工程质量合格率100%。

【道路改造整治】2010年，市交通运输局提高路网通行能力。中麻公路路面大修、S120石排至桥头段路面大修、S256篁村至虎门及S358虎门至长安段路面大修已分别完成84%、43.6%和25.7%；横岗中桥拆除重建工程提前完成，下芦大桥、大王洲大桥等桥梁抢险工程顺利完工；白鹭大桥拆除重建工程稳步推进；主干道路交通堵塞点改造工程、石大公路路面大修等项目招投标工作施工招标工作进展顺利；全市道路标志标识专项整治全面铺开，已完成莞深、虎岗高速的国家高速公路网相关标志更换工作，以及高速公路入口两公里外城市道路和县道的国家高速公路网相关标志更换工作，市道路交通标志标线专项整治领导小组办公室完成了S120石排至桥头段大修、S120中麻公路大修、东莞大道延长线、X244望沙公路以及高埗、东城、虎门、生态园等镇街和园区的有关道路标志标线整治项目审查工作；开展迎国检路政专项整治，对东莞市高速公路、国

广深沿江高速公路官田互通。广深沿江高速公路是继广深高速公路之后又一条南北向重要交通通道，全长97公里，截至2010年项目东莞段已完成累计投资额的91%，广州至虎门威远段计划于2011年6月建成通车，力争2012年底全线通车

道、省道、县道公路两侧的违法广告标牌和违法建筑物、构筑物进行清理；逐步推进农村公路养护体制改革，实现管理与养护相分离。

【道路运输行业发展】 2010年是东莞市道路运输行业深入推进发展年。一是顺利完成2010年市政府十件实事中新增公交运力100辆的任务。全年新增公交运力120辆。其中新增小巴运力100辆，新增小巴线路11条；新增10辆全新的12米高档豪华城巴车辆投放到C1路线，强化亚运场馆的运输保障；新增城巴线路1条，开通新涌医院分院至新涌医院的城巴线路（58路）；新增镇内公汽10辆。更新了485辆符合绿标标准的市内公交客车，加快了公交车的升级换代步伐。二是不断完善核心城区、跨镇及跨市公交网络。优化调整5条城巴线路、1条小巴线路及1条旅游专线，完善了莞城新河北路、南城凯旋国际、南城步行街首末站、寮步香市动物园和百业五金电子城、道滘粤晖园、松山湖创意生活城等地区的公交配套，增加了7条市区公交线路的停靠站点；完成43条跨镇公交线路的优化调整，进一步扩大跨镇公交的覆盖面；对6条跨镇公交线路完成了公交化运营的改造，按照规定的线路、站点、班次和服务时间运营。根据市民出行实际，共延长20条公交班线服务时间；新增中堂车站至增城新塘汽车客运站、石碣车站至增城石滩、塘厦车站至深圳观兰车站，凤岗车站至深圳观兰车站4条市际公交化班线，投入运力18辆，方便了三市群众的公交出行。三是切实提升公交服务水平。共出动750多人次对全市2018辆客车、5170辆出租车的经营服务状况进行检查，对226辆违规车辆及其驾驶员进行停班和培训学习，同时还开展“迎亚运，创文明”检查活动，对全市公交车、客运站场进行检查。全市公交服务质量得到了进一步提升，在亚运期间的总体运行情况安全、平稳、有序。翔运、港龙、龙威3家出租车企业荣获省文明出租车企业称号。四是创新管理手段，促进行业健康发展。开发应用了全市检测机构与管理部门电子信息联网系统，实现车辆检测数据实时上传功能，强化了管理部门对运输车辆的检测技术数据监控力度。通过省运政系统和东莞市检测机构联网系统随机抽取新入户车辆，核对车型和检测记录，严格落实燃料消耗量限值标准，促进营运车辆节能减排。确定以市长安一辉运输有限公司为牵头企业，市永鑫物流有限公司为合作企业，采取企业联合运作的方式推广东莞市甩挂运输试点项目。充分发挥危运行业协会作用，加大对东莞市危运企业的安全监管力度，共检查了东莞市危运企业57家次，并对存在较大安全隐患的4家企业发出了整改通知书，企业已完成整改并通过验收。对全市的驾校报名点数量进行调控，要求所有驾校报名点实行“亮证”经营管理，同时还根据驾校的培训能力控制招收学员数量，规定每台教练车每月最多只能招收6名学员，以保证培训学时，提高培训质量。通过采取上述措施加强对东莞市驾培行业的宏观调控，进一步规范了驾培机构的经营行为，大大降低教学质量投诉率。

【运输市场监管】 2010年，市交通运输

S256东莞南城路段

局强化交通管理力度。一是加强出租车行业监管。把好公共的士投放和从业人员的准入关；投放860辆新公共的士；根据《广东省出租汽车管理办法》，结合东莞市实际，修改《东莞市出租小汽车管理规定》；设计东莞市出租车顶灯样式，进一步提升行业整体形象，出租车顶灯设计获得全国出租车首个外观设计专利。二是开展运输专项整治。全年共出动执法人员18633人次，先后开展迎亚运客运市场整治、出租车专项整治、维修行业整治等专项整治活动，查处违法行为21830宗，其中运政案件21376宗，路政案件442宗，水路案件12宗。

（卢宇雄）

附：2010年东莞市交通运输局领导名录

局　长：韩任海

副局长：孔繁斌　叶伟雄　周全岱

梁国胜（任至9月）

卢慎芳（9月到任）

纪检组长：欧富海

① 常虎高速公路

② 东莞市与周边城市已开通4条公交化班线，分别是石排车站至博罗园洲车站和石龙车站至博罗石湾车站，塘厦车站至观澜车站和凤岗车站至观澜车站，其中与深圳公交班线共配置公交车辆16辆，日均运送旅客约9200人。图为深莞1线

③ 东莞市各主要学校的公交线路及配套设施日益完善，公共交通逐渐成为学生上学、放学的主要出行工具（摄于2010年12月）

④ 2010年，东莞市更新600多辆出租车

路桥建设

【概况】2010年，东莞市公路桥梁开发建设总公司获得“省‘十一五’高速公路建设贡献突出单位”，“市重点项目建设管理先进单位”、“市安全生产先进单位”以及市直机关党建工作量化考评、督查、档案、企业决算、财务报表、统计、工会、妇女、计划生育等工作的先进单位等称号，S120石排至桥头段路面大修工程获得“市先进重点建设项目”，常虎高速大岭山收费站获得“省青年文明号”，莞深高速林村收费站获得“省工人先锋号”、大朗收费站获得“全国模范职工小家”等荣誉称号。

【路桥建设】2010年，东莞市公路桥梁开发建设总公司承担25个在建筹建项目，总投资约270亿元，完成投资32亿元。东深公路塘厦段新建跨线桥于5月10

东莞市公路桥梁开发建设总公司

① 2010年1月26日，市委副书记、市长李毓全（右二）检查中麻公路大修工程

② 2010年8月20日，莞深高速、常虎高速公路红线内绿化景观改造工程全面完工。图为绿化改造后的常虎高速公路莞深互通立交

日建成通车，虎岗高速虎门港支线一期北上广州方向于9月28日完工通车；从莞高速东莞段先期工程东江大桥扎实推进，走马岗隧道、观音山隧道等控制性工程于11月底动工建设；东莞大道延长线、中麻公路和S120石排至桥头段路面大修等在建工程扎实推进；东江梨川大桥、石大公路路面大修、东部快速路企石至桥头段升级改造、深圳外环高速东莞段、常虎高速虎门港支线二期等筹建项目前期设计、报批等工作有序开展；新增项目常虎高速延长线、镇街联网路29号路、东江东平大桥等项目与前期工作单位做好交接，并开展前期工作。

按照省交通运输厅部署，推行高速公路“双标管理”（标准化管理、标杆管理），从施工工序、程序、技术交底、工艺、质量控制进一步规范施工技术管理；出台《文明施工实施细则》、《公路工程建设安全生产管理办法》（修订）等工程管理制度。在此基础上，编辑出版《工程建设管理制度汇编》，进一步规范工程管理，同时，加强监督检查，强化工程外观质量，对人行道、混凝土外观、钢筋加工、绿化施工等提出具体要求，抓好落实，工程内外质量得到明显提升。

东深公路塘厦段新建跨线桥完工通车。东深公路（省道S255线）塘厦段新建跨线桥位于东深公路K31+189处，与省道S358惠庙线交会，原为平交口，东深公路改造工程通车后，交通量日益增大，为减轻该路口交通压力，塘厦镇请求在该处增设跨线桥，建议采用东深公路上跨省道S358方案，并报请市政府批复同意。该跨线桥，全长约1.2公里，其

2010年7月1日，省交通运输厅厅长何忠友（右二）检查虎岗高速公路虎门港支线一期工程

中高架桥桥梁全长约486米，主跨45米，采用一级公路设计标准，设计速度采用80公里/小时，路基宽度39.0米，双向8车道，其中主线双向4车道，辅道双向4车道，沥青混凝土路面，核定工程总投资为5122.68万元。工程于2010年5月10日完工通车。该新建跨线桥建成通车，完善了塘厦镇路网结构，改善了当地的交通环境。

虎岗高速虎门港支线一期北上广州方向完工通车。虎岗高速虎门港支线一期，起点位于虎门镇，起点处设置新联互通与广深高速及S256线相连，沿白坑水库南岸向东行，经虎门镇二马、三马、四马以及马城以南、远丰以北，经大岭山林场场部北，穿大岭山之松山、大婆山，于花灯盏水库北岸接虎岗高速主线，全长11.571公里，采用四车道高速公路标准，路基宽度28米，设隧道二处（石洞一、二号），大桥、中桥11座，互通立交2处（新联、连升），投资约14.8亿元。2010年9月28日，虎岗高速虎门港支线一期主线（K1+623.8～K11+115.6）及新联互通北上广州方向匝道通车，虎岗高速谢岗至虎门方向车辆经该路段转广深高速北上广州，缓解了广深高速五点梅至虎门新联段通行压力。

东莞大道延长线沿线绿道完工。东莞大道延长线段绿道工程属广东珠三角绿道3号线（西段），位于东莞大道延长线北侧，起于北海河人行桥西端，终点接东莞水道边道滘镇规划沿江路，支线终点位于工业大道码洲滘桥端，全长2.954公里，属郊野型绿道，绿道设计宽度为5米，最大纵坡为1.2%，路面8339平方米，绿化面积28858平方米。因受东莞大道延长线软基处理影响，分两期实施，一期为临时绿道，2010年10月30日完成；二期工程待东莞大道延长线软基和管线施工完成后完善。

北王公路道路交通标志标线专项整治工程完工。东莞市政府决定开展东莞市道路交通标志标线专项整治，并由市交通局牵头以北王公路改造工程作为创建样板路试点路段，市路桥总公司会同设计院进行方案设计，经评审后由市路桥总公司组织实施。工程合同价714万元，2008年11月开工，12月25日基本完工。按照市交通局初步验收意见，作为全市样板工程，做进一步调整完善。调

① 2010年8月3日，市委第二十督导组组长、副市长邓志广（左二）主持召开督导协调会，督导东江梨川大桥工程建设

② 2010年9月28日，虎岗高速公路虎门港支线一期主线（K1+623.8～K11+115.6）及新联互通北上广州方向匝道通车。图为刚刚完工的高速公路路面

整完善工程合同价为183万元，2010年2月25日开工，4月15日完工。

莞深高速、常虎高速红线内绿化景观改造工程完工。根据《东莞市整治生态环境工作实施方案》“在高速路等道路沿线两旁大面积植树绿化，形成交通绿廊”的精神和市领导批示，由市路桥总公司属下公司分别出资，对莞深高速、常虎高速沿线红线内绿化景观进行改造。景观改造工程根据高速公路两侧现状，应用借景、开敞、点缀和遮蔽等处理方法，采用自然式的种植方式，体现以生态、韵律为主的“绿韵高速，生态归真”的设计主题。

莞深高速为K0+000—K47+100段（47.1公里）公路红线内两侧绿化带和6个互通立交区（大坪、塘厦、大朗、寮步、管理中心和莞龙互通立交）的绿化改造，共种植乔木22439棵、灌木28906棵、大叶油草15.62万平方米、攀缘植物83835株、色带9036株，袋苗（蜘蛛兰、蟛蜞菊）10275平方米，工程投资 1060万元，2010年5月10日开工，8月20日完工。

常虎高速为YK5+614.316—K46+900段（约42公里）红线范围内公路两侧绿化带和7个互通立交区（东深路、常平、莞樟、莞深、松山湖、大岭山和五点梅互通立交）绿化改造，共种植乔木13241棵，灌木23863棵，大叶油草10.62万平方米，工程投资892万元，2010年5月3日开工，8月10日完工。

国家高速公路网命名编号工程完工。国家高速公路网命名编号工作是交通运输部2010年的重点工作。根据交通运输部、省交通运输厅有关国家高速公路网、广东省高速公路网命名和编号规则的有关规定，莞深高速是国家高速公路网G94（珠三角环线高速）的一段，长52.818公里；龙林高速为省网高速公路，编号为S22，长9.1公里；虎岗高速莞深立交至虎门树田段，为国家高速公路网G9411（莞佛高速）的一段，长24.717公里；虎岗高速谢岗与惠州交界处至莞深立交段，为省网高速公路S20（潮莞高速）的一段，长31.485公里。国家高速公路网命名编号工作的实施，对规范高速公路管理、更好地服务人民群众安全便捷出行具有重要意义。

莞深高速限速提高工程完工。莞深高速原设计方案为平原微丘区双向六车道高速公路标准，计算行车速度100公里/小时。莞深高速大修工程2008年5月完工后，路况和通行能力提高，社会群众提出提高限速标准的要求。根据省交通运输厅《关于印发公路限速问题研讨会议纪要的通知》等文件精神，按照“以人为本、安全至上、全时保障、经济有效”的理念，采用“分车道、分车型、分路段”的限速方案，对交通安全设施现有或可能出现的黑点路段进行改善，并根据互通立交多的实际进行针对性设计。市交通运输局批复限速施工图设计文件。莞深高速K19+700-K52+818段（常虎立交至石碣段）为限速提高路段，其中内侧最高限速100—120公里/小时，限行车型为小型车；中间最高限速90—120公里/小时，限行车型为小型车；外侧最高限速60—100公里/小时，限行车型为大型车。工程于2010年8月25日开工，10月10日完工。莞深高速限速提高工程实施，对更好地满足群众出行需要，提高公路的通行能力和服务水平，具有重要意义。

公路科研成果显著。结合路桥建设实际，积极开展公路科研课题研究，转化应用技术成果。从莞高速开展桥梁

① 2010年3月24日，东莞市从莞高速公路发展有限公司举行临时党支部揭牌暨预防职务犯罪工作启动仪式，市人民检察院副检察长曾广华（右二）出席

② 按照国家高速公路网编号规则，莞深高速公路为G94、龙林高速公路为S22，虎岗高速公路谢岗与惠州交界处至莞深立交段为S20、莞深立交至虎门树田段为G9411。图为莞深高速公路新交通标志牌

③ 市交通工程质量监督站在检测市道路交通标志标线专项整治样板路试点路段——北王公路的交通标志牌

① 2010年4月20日，市委第十二督导组组长、市人大常委会副主任张顺光（左二）现场督导东莞大道延长线工程

② 2010年5月26日，市委第十四督导组组长、市人大常委会副主任冯同恩现场督导S120石排至桥头段大修工程

景观研究、隧道科研课题研究，并与广东万维博通信息技术公司联合开发基于SOA架构的重点工程档案智能管理平台，获得2010年省现代信息服务业发展专项资金扶持项目配套财政资金150万元。S120石排至桥头段大修下穿通道防排水研究、平面交叉路口路面课题，东部快速桩网复合地基课题通过验收。中麻公路大修应用“外掺式高模量沥青混凝土技术”，通过提高沥青路面模量，提升沥青路面高温抗车辙性能，降低路面厚度，节省路面投资和全寿命成本，《中国公路》杂志予以报道推广。莞深高速与环城路共线段东江大桥“双层公路钢桁桥施工力学行为与安装技术研究”分别获得中国公路学会、全国钢结构协会的科学技术奖。

【收费运营】 2010年，东莞市公路桥梁开发建设总公司按照“抓服务，树形象”的理念，结合国家高速公路网命名编号工程开展、交通标志标牌整治以及高速公路红线内绿化改造、莞深高速限速提高、增设ETC不停车收费车道、2010年全国干线公路养护管理检查、整治冲卡逃费等工作，启动莞深高速和虎岗高速服务区建设，开展高速公路运营服务质量年活动，深化文明创建活动，运营服务水平不断提高。

节假日保畅通工作。针对节假日车流量大，部分公路、收费站拥堵问题，省委省政府高度重视节假日期间公路保畅通工作。按照省交通运输厅部署，总结以往节假日保畅通有效经验，通过建立联动工作机制、及时发布路况信息指引车辆及各收费站配足人手、开足车道、增设临时道口、复式收费、互借车道等方式提高通行能力。虎岗高速在车流量较大的大岭山等收费站加装5套复式收费、在常平站等3个收费站各改造一条出口ETC车道；莞深高速建设7条无人发卡车道和电子不停车收费车道，按照省高速公路联网工作部署，撤除与梅观高速相接的黎光主线收费站，通行能力进一步提高。“五一”、“国庆”等节假日各收费站安全顺畅，未出现严重的拥堵现象。

年票费欠费集中追缴。针对路桥通行年票费存在大量车辆欠费问题，根据市政府部署，在市有关部门配合下，自2010年9月开展了年票费欠费集中追缴工作。市路桥收费所对年票收费系统全面升级，增加与交警、交通、邮政部门的数据交换功能，在车管所设立年票业务咨询点，开展路桥收费政策、年票业务办理等问题现场咨询，从9月13日起每周两次在《东莞日报》四连版公布欠费车辆名单，印制13万份《年票办理提示》通过《东莞日报》向群众派发，开通手机、固话年票宣传彩铃，制作25条年票宣传横幅在各收费站悬挂。在东莞电台、电视台，翡翠台连续播放宣传片，提醒车主及时缴纳路桥年票费。在公布欠费车辆名单基础上，通过邮局向欠费车辆发送年票费催缴通知书10万份。年票费欠费集中追缴工作深入开展，提高了年票费征收率，对促进东莞市公路事业发展具有重要意义。

东莞控股开展资本经营工作。东莞控股积极推进以高速公路为主业，有限多元化发展战略，促进国有资产保值增值。东莞控股与东莞信托合作，设立“泰信1号”信托计划，融资1.3亿元，利率下降18.93%；发行国内债券市场首只可选择信用增进的短期融资券5亿元，利率下降35.22%，节约费用765万元；出资4000万元，作为主发起人成立东莞市松山湖小额贷款股份有限公司，持股20%；2010年实现净利润3.52亿元，同比增长21.19%，获得“广东省雇主责任示范企业”、“广东上市公司最具竞争力10强”等称号。 （姚庆保）

附：2010年东莞市公路桥梁开发建设总公司领导名录

总经理：尹锦容
副总经理：黄锡培 王启波 郭旭东
钟冠星（任至7月）
梁翼区（9月到任）
纪委书记：邓旭文
总工程师：黄健超（6月到任）
党委委员：叶卓祺

轨道交通建设

【概况】 2010年是东莞市轨道交通有限公司全面强化基础管理、全力推进工程建设的第一个完整年。全力推进《R2线工程可行性研究报告》报批、勘察设计、前期准备、招标管理、工程建设、安全管理和公司基础建设等各项工作。配合市轨道办组织完成《东莞市轨道交通网络规划》（2014—2020年）中间成果编制，配合市府办开展市轨道交通可持续发展研究，完成各项配套政策的编制。

【轨道交通工程建设】 《R2线工程可行性研究报告》获批。2010年12月17日，国家发改委正式批复了《东莞市城市快速轨道交通R2线（东莞火车站—东莞虎门站段）工程可行性研究报告》，同意东莞市建设轨道交通R2线，标志着该线路已全部完成国家立项程序，全线全面开工建设正式获得“开工许可”。

基础设计工作。针对R2线沿线岩层结构、地质风险等问题，按照“精确勘察、精心设计、科学设计”的要求，严格落实《设计质量控制办法》和《勘察设计总承包考核办法》，全面开展R2线工程初勘、详勘工作。截至12月31日，R2线全线初勘作业全部完成，初勘岩土工程勘察报告已通过专家审查并完成勘察报告最终稿。

线网规划工作。为了使轨道交通尽早实现网络化运营，集聚客流，实现“内聚外联”功能与目标，公司配合市轨道办进行网络规划（调整）及第二轮建设规划编制工作。8月完成中间成果

东莞市轨道交通有限公司

① 2010年3月26日，轨道交通R2线试验段开工
② 2010年12月21日，轨道交通R2线东城车辆段开工
③ 2010年12月23日，轨道交通有限公司开展“爱党、爱东莞、爱东莞轨道”爱国主义教育活动，活动人员在虎门海战博物馆前合影

报告，9月征求沿线镇街和市有关部门意见，10月组织召开中间成果专家咨询会。同时，配合市轨道办开展线网客流预测、环评、沿线土地利用研究等前期支撑性文件编制，梳理R1、R3线工可前期研究项目。

前期工作。在市轨道交通建设工作协调小组的领导下，在各有关镇街轨道交通建设协调小组的支持下，制定了《前期工作指引》，形成了属地包干的“茶山模式”，并总结推广。

工点建设工作。2010年3月26日，2304标R2线试验段天宝站举行开工仪式，拉开了R2线工程建设的序幕。2010年7月28日，2301标石龙过轨段开工。2010年12月21日，2314标车辆段±0.00以下工程开工。

质量安全监管工作。3月，与市安监局、安监站、质监站等部门确定工作联系机制和联系人。8月，市安监站、质监站在2304标项目部进行了安全、质量监督交底。9月，公司在“东莞市建设工程质量监督管理信息系统”的账号正式开通。

公司全面加强安全文明施工管理，在督促施工、监理单位履行质量安全管理职责的同时，坚持每月对R2线安全文明施工情况进行监督检查和评分考核。

【轨道交通可持续发展研究】2010年，在市有关部门的指导下，基于东莞市城市总体规划，轨道公司研究各条线路沿线土地综合开发利用，探寻合适的开发模式和科学的发展途径，配合开展轨道交通可持续发展专题研究。8月，市府办牵头先后两次来公司进行调研，完善《东莞市轨道交通开发运营配套政策调研总体方案》和《东莞市轨道交通专项调研基本思路》。公司全力配合完成可持续发展配套的相关文件编写。

同时，公司认真组织开展5年发展战略规划研究，并按照审慎的商业原则，开展车站附属资源以及车站层拓展空间的规划、立项和设计，努力实现资源综合开发利用。（宋昌发）

附：2010年东莞市轨道交通有限公司领导名录

总经理：陈　波

副总经理：吴俊泉　张艳平

总工程师：胡文伟

① 天宝站工程施工现场

② 2011年1月5日，轨道交通有限公司召开2010年度工作总结会

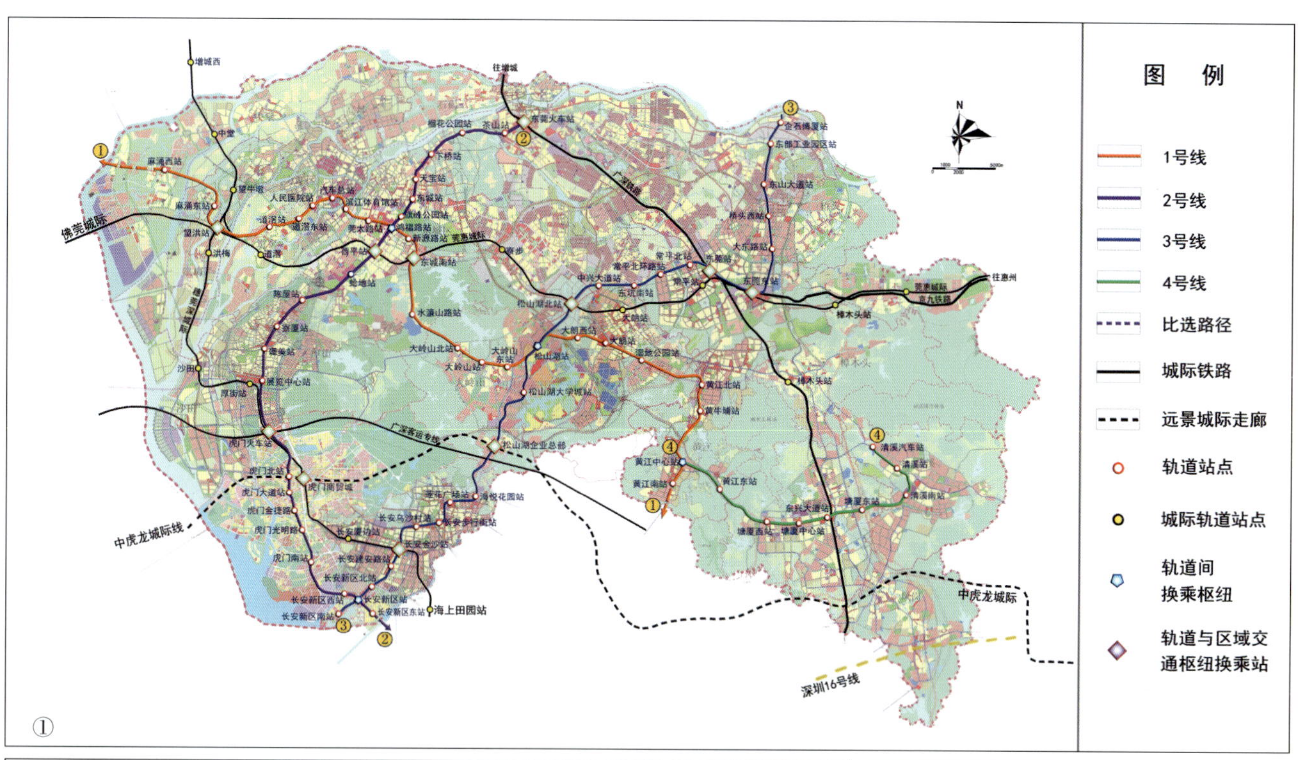

① 东莞市轨道交通网络规划调整方案图

② 轨道交通R2线平、纵断面图

公路养护管理

【概况】 2010年，东莞市公路管理局被省公路局评为“全省公路系统勤政廉政先进单位”，被市委、市政府评为“市重点项目建设管理先进单位”，被市评为“预防职务犯罪工作先进单位”和“内部审计工作先进单位”；路桥收费所被省公路局评为“路桥收费工作先进单位”和“节假日保畅通工作先进单位”；企石养护所被省总工会授予“广东省工人先锋号”，工程管理科、企石养护所被市授予“青年文明号”，三杞养护所被市妇联评为“三八红旗集体”。清溪养护所的赖洪海被评为“广东百名好父亲”，总工程师梁建成获得省交通运输厅颁发的“增援茂名抗击超强台风抢修水毁公路表现突出奖”，局副调研员、省道256、358大修工程项目处主任林家瑜被市评为“重点项目建设管理先进个人”，路桥收费管理所所

努力提高公路科学化建设管理水平，积极为东莞经济社会转型发展服务

① 2011年1月26日，副市长邓志广（右二）到省道256、358大修工程一线督导工程建设
② 2010年4月21日，市公路管理局召开“迎国检 抓落实”工作会议，部署落实迎接2010年全国干线公路大检查工作
③ 2010年11月5日，市公路管理局组织召开“迎亚运 保畅通”工作会议，部署相关工作
④ 2010年6月28日，市公路管理局组织公路自然灾害应急抢险演练
⑤ 市公路管理局依法维护路产路权，图为路政人员整装待发

①

②

③

④

⑤

① 市公路管理局管养的国道107东莞东城路段
② 省道358大修工程完成主车道施工的长安厦边路段

长吴图发被评为“广东省广州亚运会亚残运会先进个人”，公路养护一线职工李锡波、杨岸初、钟柏球、黄松森被市政府评为“环卫（绿化）先进个人”。此外，该局派员参加省公路局组织的“迎亚运”太极拳比赛等活动均获得优异成绩。

【路桥建设】 2010年，由东莞市公路管理局负责组织实施的市属重点项目——省道256、358东莞段路面大修工程，第一标8公里路段已于年初实现主线8车道双向通车。第二批4个标段（主要是下穿隧道和立交桥工程）已完成招标工作，全面动工建设。市公路管理局负责的另一市属重点项目——市主干公路交通堵塞点改造工程（共12个点，投资估算6.68亿元），前期各项筹建工作按计划稳步推进。工程监理标和第一批5个施工标的招标工作已完成。2010年，市公路管理局还完成了省道358虎门轮渡路的维修改造工程和4项桥梁加固及公路排水系统改造工程的部分施工任务。

【公路养护】 2010年，为迎接交通运输部的全国干线公路养护管理大检查（简称“国检”），东莞市公路管理局全面加强对迎检工作的组织领导和检查督促，进一步加大投入，重点做好国省道的规范化管理和公路、桥梁的预防性养护及维修工作，仅2010年，就组织实施各类小维修工程230余项，使优良路里程保持在90%以上。在规范化管理方面，公路养护、工程管理等部门严格按照《2010年全国干线公路养护与管理检查方案》的有关标准要求，并借鉴兄弟单位的经验做法，有力地促进迎国检工作的深入落实，得到了省交通运输厅、省公路管理局的肯定。

在积极做好迎“国检”准备工作工程中，市公路管理局机械材料站以提高养护机械的技术保障能力为目标，热心服务基层养护一线，有力地保障公路养护工作的正常开展。此外，在广州亚运会和亚残运会期间，市公路管理局围绕如何做好“迎亚运 保畅通”工作，组织开展国省道公路安全保畅通隐患排查整治行动，为亚运火炬传递及亚运会的

市重点项目——省道256、358东莞段大修工程平面示意图

省道256、358东莞段大修工程

省道256、358东莞段大修工程由省道256南城至虎门段及省道358长安至虎门段组成，线路总长33公里，总投资规模16.4亿元。工程项目路线贯穿厚街、虎门、长安三镇，全线按城市主干道路标准设计大修，设计为双向八车道改性沥青混凝土路面，时速80公里/小时，是东莞市重点工程项目之一。工程主要是在原有公路基础上实施改造（由双向六车道扩为八车道）、增加立交和封闭部分路口、改造升级市政配套设施，加强与其它交通路网及站点的联络衔接，以优化交通网络，加大通行能力。工程建成后，对改善区域投资环境，促进沿线经济社会发展具有重要意义。①

① 市重点建设项目——省道256、358东莞段大修工程

② 市公路管理局管养的省道358东莞塘厦大屏嶂森林公园路段

成功举办做出应有的贡献。

【路政管理】2010年，围绕迎“国检”这项中心工作，东莞市公路管理局路政管理部门加大对国省道公路日常巡查的力度，协调维修损坏路产72宗，报送市交通行政综合执法局的违法案件共98宗。路政部门对每个许可事项都进行严格审核把关，依法依规实施许可审批。积极与工程部门沟通，对所有涉及公路技术的许可项目实行并联审批，提高许可的办理效能。为创建路政快速办理通道，对由镇区负责管养的人行道及路灯、绿化等附属设施的改造维修，以及对施工时间短、工期要求紧的供水、供电、通信等已许可项目的抢（维）修都采取快速办理程序，并签订相关责任协议书。一年来，及时快速地完成了58宗路政许可审批事项。按照“国检”评分标准和东莞市道路标志标线专项整治工作部署，市公路管理局结合国、省道公路的实际情况，共组织整改或新增公路标志638块、示警桩2607支、黄闪灯19盏、限高龙门架2套，更换护栏4225.1米，翻新增划公路标线约12.8万平方米，有效地保障国省道公路安全畅通。

【规费征收】2010年，东莞市公路管理局进一步加强了路桥收费管理工作，路桥收费所（站）将抓收费和保畅通工作贯穿于迎“国检”工作的全过程，通过完善收费设施（由省局路桥管理中心投入约400万元完成电脑收费及监控系统升级改造），落实规章制度，规范内部管理，倡导文明服务，保证收费与畅通两不误、两促进，全年收取路桥通行费5200多万元，完成省局下达年度计划的116.6%（增收700多万元），被省公路管理局评为“路桥收费工作先进单位”和“节假日保畅通工作先进单位”。

（万金旺）

附：2010年东莞市公路管理局领导名录

党组书记、局长：方茂明

党组成员、副局长：吴润敏　王玉坤　罗伟强

党组成员、纪检组长：叶继胜

党组成员、总工程师：梁建成

铁　路

【概况】2010年，东莞境内共有广深准高速铁路、广梅汕铁路、京九铁路等铁路线路3条，总长度79公里。

广深准高速铁路在东莞境内段长56公里，其中常平以上段与广梅汕铁路共线，常平以下与京九铁路共线；广梅汕铁路在东莞境内长度约43公里，其中常平以下至东莞市谢岗、惠州市沥林间23公里，常平以上与广深准高速铁路共线；京九铁路在东莞境内长度约59公里，其中常平以上与广梅汕铁路共线，常平以下与广深准高速铁路共线。

主要车站有东莞火车站、东莞东火车站、石龙火车站、樟木头火车站等。2010年，东莞地区主要火车站货物发送量累计79.80万吨，旅客发送量累计1349.32万人。（广州铁路集团公司　广梅汕铁路有限责任公司）

2010年东莞地区主要火车站客货运输发送量

车站名称	货物发送量（吨）	旅客发送量（人）
合计	797975	13493222
东莞火车站	397994	3766180
石龙火车站	284447	2816015
樟木头火车站	63161	2210683
茶山火车站	32916	
东莞东火车站	19457	4700344

▲ 东莞火车站

海事管理

【概况】2010年，东莞辖区进出港船舶23.3万艘次，其中外国籍船舶2471艘次。货物运输量突破1亿吨，其中危险货物1189万吨，集装箱78.2万标箱，客运量44.4万人次。全年辖区水上交通事故3宗，沉船0艘，死亡2人，直接经济损失243万元，四项指标保持平稳。2010年，东莞海事局被广东海事局评为“亚运安保先进集体”，东莞市“2010年春运工作先进单位”、“2010年度市重点项目服务保障先进单位”和“2010年安全生产先进单位”等荣誉称号。

【海事执法巡查】2010年，东莞海事局制定年度巡航工作计划，提出总体工作任务及数据指标，明确工作要求和措施，启用新的巡航记录，细化检查内容。不定期与渔政、交通、兄弟海事等部门开展联合执法。加大午间、夜间等特殊时段，三大河口、临时监管水域等重点水域，以及高速客船、渡口渡船等重点船舶的执法检查力度。2010年，东莞海事局共检查船舶10670艘次，查获违章船舶1171艘次，实施行政处罚393宗，强制25宗，辖区安全形势持续稳定。

【应急体系建设】2010年，东莞海事局编制《水上交通安全应急手册》，启动《东莞市处置船舶污染事故应急预案》的修编工作，与海洋与渔业局等单位签订安全监管工作备忘录，建立水上安全管理及共同应急处置的工作机制。加强重大节假日、重大活动、防热带气旋期间值班工作，保证水上突发险情得到快速、有效处置，成功处置“10·10船舶触碰万江大桥”等事故险情。2010年，东莞海事局共接警72宗，进行水上搜救57次，救助船舶68艘次，救助人员571人，救助成功率达99.1%。

【亚运水上安保】2010年，东莞海事局以亚运安保为工作主线，制定《广州亚运水上安保管控工作实施方案》。通过制作板报、派发宣传单张、新闻媒体报道等加大安全宣传力度，营造良好的亚运安全氛围。加强与广东海事局和东莞市政府相关部门的沟通联系，认真开展亚运安保管控工作，成立广州亚运东莞应急指挥分中心和3个亚运水上监控点，牵头组织公安、交通、渔政等部门500多人次参与水上管控工作，查处违章船舶171艘次。圆满完成了亚运东莞核心管制区及环穗管制区的水上交通安全管控任务，保障2212艘船舶安全入穗。

【服务地方经济】2010年，东莞海事局实行“5+2”工作制，保障东江南特大桥合龙、海昌煤码头二期等项目顺利进行，东洲国际码头、沙角B、C电厂码头改扩建工程顺利完工，深赤湾码头顺利投产。大力支持码头开放，海昌、深赤湾等码头顺利通过口岸开放验收，完成东洲国际码头对外开放验收前期工作，辖区一类口岸开放码头达到21个。保障中远船务、深赤湾码头、海昌码头、九丰码头等大型船舶安全靠泊。建立与东莞出入境检验检疫部门的联席协作机制，口岸通关环境进一步优化。

【船舶船员管理】2010年，东莞海事局开展对航运公司及船舶的审核发证工作，完成审核工作量106.5人/天。开展航运公司安全管理督查27家，航运公司安全管理监督检查逐步常态化，航运公司安全管理主体责任进一步落实。组织实施各类船员考试29期共1024人次，发放船员服务簿613本。开展2次船舶安检质量评估，进一步提高安检水平。完成PSC检查60艘次，海船安检168艘次，河船安检1124艘次，船员实操检查41人次，滞留船舶31艘，保障船舶安全航行技术条件。

【危险货物监管和防止污染管理】2010年，东莞海事局建立与东莞检验检疫部门的危险货物监管联动执法机制，完成交通运输部课题“滚装船舶载运危险货物车辆积载与隔离技术要求”行业

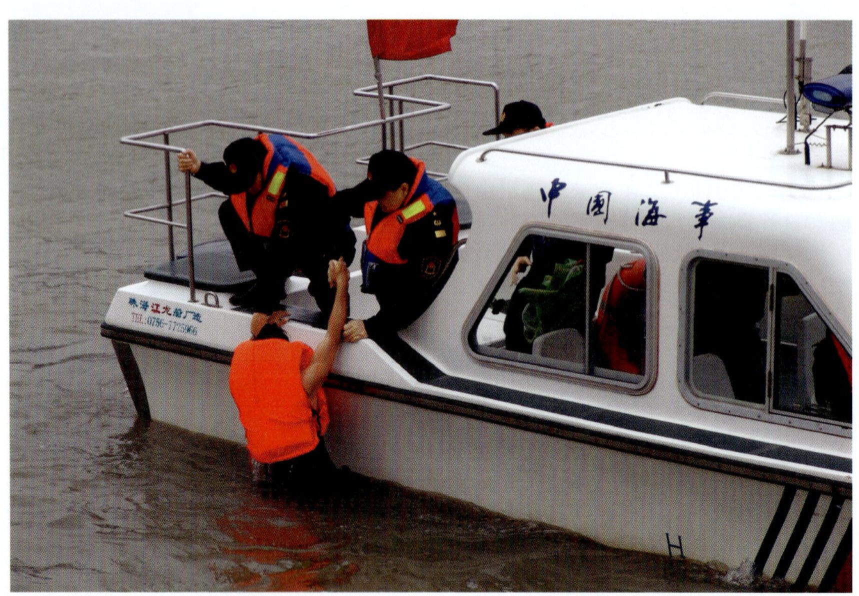

▲ 海事执法人员救助落水人员

推荐性标准的研究，危险货物两员全部实施信誉分类管理，做好新《防污条例》的宣贯工作，推动中海油等一批重点码头工程环境风险评估和船舶油污损害保险工作。

【严把船舶检验关】 2010年，东莞海事局加强对建造船舶开工条件、现场施工人员资质的检查，开展船厂外包工程质量管理评定工作，全面完成营运船舶实船吨位复核工作任务，做好船舶节能减排降耗等低碳技术的推广工作，完善船检人员工作评估考核机制，做好对36艘亚运用趸船和保洁船的建造检验工作。检验船舶898艘次，检验总吨82.5万吨，功率39.7万千瓦，完成审图77套。

【基础设施建设】 2010年，东莞海事局完成局机关办公楼产权证办理，虎门港VTS中心工可和初设获得部海事局批准，进入设备采购招标阶段。石龙海事处业务用房工程完成了决算审计和固定资产结转工作，石龙海巡码头建成交付使用。麻涌海事处浮码头工程选址已得到麻涌镇政府和部海事局的批准同意。

【党建工作】 2010年，东莞海事局建立局领导创先争优活动基层联系点，党员述诺评诺和领导点评活动，继续开展机关“党建百佳”创建活动、品牌支部创建活动、与泥洲村结对帮扶活动和党建示范点创建活动；首次在副处级海事处领导班子中召开民主生活会，营造了团结和谐共事的良好氛围；开展建局十周年征文活动，评选了局成立以来的十件大事，制作十周年专题介绍片和画册。2010年，东莞海事局被广东海事局评为“学习杨庆文先进集体”、“创建安全畅通文明航线先进单位”，“五个贴心服务”党建品牌荣获广东海事局“党建创新成果奖”，局机关党委被授予“东莞市固本强基工程市级示范点标兵”等。 （林旭文）

附：2010年东莞海事局领导名录

局　长：羊少刚
党组书记：王之侠
副局长：罗锡均　欧阳锦强
纪检组长：马　娟

航道管理

【概况】 广东省东莞航道局隶属于广东省航道局，负责东莞市辖区及跨周边城市内河航道、航标维护、建设和管理；负责辖区内与通航有关的拦河、跨（过）河、临河建筑物通航标准和技术要求及水上水下施工作业的审批等工作。2010年，内设办公室、航道管理科、计划财务科3个正科级科室，下设1个正科级直属单位东莞航标与测绘所，属公益二类事业单位，正科级，原航道工程与测量队建制归并到航标与测绘所。东莞航道局实现年度总体目标是辖区维护管理664公里航道安全畅通，辖区航道维护水深年通航保证率100%，各类航标维护正常率均达100%。

【航道维护管理】 2010年，东莞航道局养护巡查航道21697公里，扫床、探测航道47次，打捞不明船主沉船3艘，实施倒运海南水道、大汾南水道、谷涌水道、太平水道、寮厦水道和横沥涌6条航道专项测量，完成原航政码头港池疏浚，辖区航道维护水深年通航保证率100%。

【航标维护管理】 2010年，东莞航道局维护航标675座，标灯1035盏，全年完成航标维护工程量累计20.1万座·天，全年航标维护正常率达100%。在航标日常管理中，处理各种航标被撞、被盗事故93宗。在航标技术改造方面，洪屋涡水道7座杆型航标改造为塔型航标，助航作用得到改善。

【安全生产】 2010年，东莞航道局重点抓好3项工作，一是抓责任落实，强化安全生产责任制。与下属单位签订《安全生产管理责任书》，明确安全生产目标、责任和工作要求，做到安全生产责任层层分解、层层落实，具体到岗位。二是抓隐患排查，防患于未然，组织开展重点时段、重点站船安全生产检查，发现隐患18处，及时整改。三是抓培训演练，提高应变能力，开展全局性安全培训2期98人次，开展安全生产演练2期35人次，通过培训和演练，干部职工的安全管理技能和安全意识全面提高。

【依法治航】 2010年，东莞航道局办理拦河、跨（过）河、临河建筑物审批55项，办理水上水下施工许可66项，处理违章施工36宗。出动监管人员150人次，监管水上水下施工河段70处，制止违章施工行为50次，向交通综合执法局移交违法案件12宗，依法行政工作总体平稳，没有出现投诉现象，东莞水运资源得到保护。

【职工教育培训】 2010年，东莞航道局开展业务培训7期288人次，开展航道技能训练6期42人次。以“省长杯”船舶甲板操作工竞赛为主线，深入开展教育培训工作，抓好船舶甲板操作工技能培训和演练，通过系统学习培训，职工业务水平得到提高，通过演练，职工业务技能得到提高，综合业务能力全面提升，在参加“省长杯”船舶甲板操作工竞赛取得全省团体第六名，其中队员冯鸿俊进入全省个人前十强。 （叶宗校）

附：2010年东莞航道局领导名录

党组书记：王海林
局　长：陈天锦
副局长：邹德华　张惠斌
工会主席：李长忠

东莞发展控股股份有限公司

DONGGUAN DEVELOPMENT （HOLDINGS） CO.,LTD

东莞发展控股股份有限公司是东莞市属国有控股的上市公司（证券代码000828），主营业务为东莞市高速公路的投资、建设和经营，注册资本10.39亿元，其中控股股东东莞市公路桥梁开发建设总公司占41.54%。截至2010年，总资产42.02亿元，净资产30.14亿元。莞深高速公路和龙林高速公路是公司所属经营路产，共55.7公里。

2010年，所属路产累计实现收费车流量3,920.78万辆，通行费收入6.25亿元，同比增长分别为21.78%、35.90%。实现营业利润4.16亿元，净利润3.52亿元，分别同比增长27.08%、21.19%，贡献税收9,200万元。获“广东省文明单位”、2010年度广东上市公司最具竞争力10强企业、东莞市企业景气调查“2004—2009年度先进单位”、广东省2010年度保畅通工作先进集体、路桥系统“先进单位”等称号。

“十二五”期间，围绕“资产经营”和“资本运营”两条主线，进入发展跨越期。2007年收购虎门大桥股份，实现从“路”到“桥”的发展；2008年入股东莞证券，2009年入股东莞信托、长安村镇银行，2010年发起设立松山湖小额贷款公司，实现向金融业的拓展，迈向路桥与金融“双引擎”发展之道。

积极推进适度多元化发展战略，深化“向管理要效益”的经营理念，着力打造“控股型、效益型”企业，为东莞经济发展做贡献。

① 2005年12月29日，市委常委、常务副市长冷晓明（左二）在深交所为“莞深收益计划”敲钟开售

② 2007年4月27日，东莞发展控股股份有限公司董事长尹锦容在成功发行5.5亿元短期融资券庆典上致辞

③ 2010年3月18日，东莞发展控股股份有限公司喜挂省“文明单位”、市“文化建设标兵企业”牌匾

④ 2010年11月1日，莞深高速公路常虎立交以北通行速度提升为120公里／小时（图为车速标志牌）

⑤ 东莞发展控股股份有限公司获省“2010广东上市公司最具竞争力10强”称号

中国邮政

【概况】 2010年，东莞邮政3大板块（邮政、邮政储蓄银行、邮政速递物流公司）全年合计实现收入10.8亿元，同比增长20.8%。其中邮政企业累计实现收入6.31亿元，同比增长18.3%。速递物流公司实现收入2.22亿元，同比增长11.3%；邮储银行实现自营收入2.27亿元，同比增长40.7%。实现函件妥投率达到99.4%以上，投递及时率达到99%以上，用户征询函满意度达96分以上。获得“全国邮政纪检监察先进集体”、“全国模范职工之家”、“广东省群众体育先进单位”等荣誉称号。

2010年通过邮政渠道流通的实物邮件量达1.64亿件，其中信函1.5亿件，包裹160万件，特快1156万件；通过邮政汇出汇票1278万张，汇出资金达281亿元；邮政储蓄异地存取交易量达599万笔，资金达101亿元；邮政储蓄转账业务交易量427笔，交易金额达228亿元。全市营业网点平均每天接待用户近10万人，另外为1万多用户提供上门服务。2010年，全市邮政储蓄余额成功突破200亿元，全市个金存款全年净增46亿元。

【邮政体制改革基本到位】 根据中国邮政集团公司和广东省邮政公司对速递物流专业化改革的总体部署，广东省邮政速递物流有限公司东莞分公司于2010年6月29日正式挂牌成立。邮政体制改革3大板块（邮政、邮政储蓄银行、邮政速递物流公司）格局正式形成。2010年，全局上下开展“高举邮政大旗，共享全网资源，共创美好未来”主题教育活动。

【营业网建设能力提升】 2010年，全市共新增14个代理金融网点。按照“网点分类、客户分层、功能分区、业务分流”的思路，对网点进行改造、扩建、迁移和新建，设置自助服务区、贵宾室、理财室、现金室等功能区，加快了网点服务升级。2010年“改、扩、迁、建”的网点共30个，其中新建网点20个，7个自助银行已投入使用。

【客户服务端信息化步伐加快】 2010年，全市邮政共布设ATM机890台，存取款一体机220台，自助汇款机249台。全市自助服务终端交易量占到全部金融业务交易量的80%，极大地便利了用户。

【确定中小企业服务战略】 2010年，结合东莞超千万的外来人口、金融服务需求量大的现状，邮政扬长避短，走与商业银行差异化的发展道路，以中小企

政府的好帮手　企业的好伙伴　用户的贴心人

东莞邮政全年新增储蓄网点14个，有力提升邮政服务社会的水平

业代发工资为切入点，拓展公司、信贷等一揽子金融服务。2010年全年新增代发工资人数6.54万人，代发工资金额1.08亿元。

【邮政传媒品牌启航】2010年，东莞邮政确立以传媒的理念看待直邮、发展直邮的工作思路，初步确立了以数据库商函（含账单广告）为核心竞争力的精准媒体产品、以封片卡为载体的文化传播媒体产品、以无名址广告、生活快递系列产品为扩展的大众媒体产品的立体化媒体经营格局，为直邮发展转型指明方向。

“东莞制造展销项目”拓展内销市场。“东莞制造展销”具体是指采用政府牵头、企业参与、邮政寄递的方式，编辑《东莞制造展销》报纸或杂志或册子，包括宣传东莞的政策、众多企业的品牌宣传和产品宣传，通过邮政通达全球的投递网络，寄递给历届各类参展商、采购商、全国的经销商、大型的零售商和本地的零售商以及内地的政府相关职能部门。“东莞制造展销”是服务地方经济发展的一项战略业务。该战略获得市政府及相关部门领导认同，受到中小企业的普遍欢迎。2010年被纳入第三届外博会拓展内销的重要渠道。

【基础能力进一步完善】2010年，邮政全面完成对邮政编码的调整和修订、邮件封发清单无纸化及邮运路单无纸化交接工作；实现大宗函件出口分拣前置处理，账单投递时限缩短。开展内部处理流程优化，在大城区成立个性化投递队伍，镇区设立转频次投递作业模式，投递进小区成效显著。全市建设了74个双色信筒。东莞市政府出台《东莞市信报箱设置管理办法》，为推动信报箱建设提供了法律保障。

【员工职业化塑造】2010年，东莞市邮政局组织员工参加各类培训班，培训覆盖面100%。2010年，东莞市邮政局荣获广东省职工职业技能大赛邮政业务营销员工种竞赛团体一等奖，荣获广东省邮政系统太极拳比赛一等奖，荣获广东直邮知识竞赛一等奖，员工职业化素质得到本质上的提升。投送分局金敏当选“东莞市优秀新莞人”，代表新莞人传递第十六届广州亚运会圣火。认真开展扶贫帮困“责任到单位、责任到人”扶贫开发工作，做好洪梅镇氹涌村对点扶贫工作。（石志会）

附：2010年东莞市邮政局领导名录

党组书记、局长：陈明志

党组成员：王毅燕　辛永宏

党组成员、副局长：马志雄　王宇斌

① 为了永久铭记第16届亚洲运动会举重项目在东莞体育馆举办的辉煌时刻，东莞市邮政局于2010年11月12日运动会开幕首日面向全城免费发行《第16届亚洲运动会举重项目及竞赛场馆》纪念封一套两枚。发行量为1万套

② 东莞市邮政局投递员金敏当选第16届亚运会火炬手，成为全市唯一一个新莞人火炬手代表

③ 东莞邮政金融存款余额突破200亿元暨当年净增突破50亿元表彰大会举行

中国电信

【概况】中国电信股份有限公司东莞分公司（以下简称东莞分公司）是中国电信股份有限公司的分支机构，主要经营固定电话、移动通信、互联网接入及应用、数据通信、视讯服务、国际及港澳台通信等综合信息服务，同时肩负着党政专网通信、应急通信、战备通信和抗洪救灾通信保障等重任。2010年，在市委市政府的正确领导下，东莞分公司紧抓经济回暖的发展机遇，继续深入推进聚焦客户的信息化创新战略，深化全业务融合和差异化发展策略，实现全业务有效益规模发展，成为“广东省战略性新兴产业基地·东莞物联网产业”首家挂牌单位，公司总经理杨一鸣荣获“第十届广东省丁颖科技奖”，并被评为“2010年度全省企业安全生产工作先进个人”。

【打造精品通信网络】2010年，东莞分公司大力推进光纤网络战略转型，加大东莞“光网城市”建设力度，实施基础网络光纤化，推进光纤到户，建设高速宽带接入网络，同时结合宽带提速和线路整治工程，实现了光纤100%通达全市所有行政村和绝大部分自然村，同时全市基本实现4M网速以上、大部分区域实现12M网速的宽带接入能力，实现用户整体上网接入速率的稳步提升，有效满足东莞“环保、低碳、和谐、智能型”社会和经济发展的高带宽需求和互联网

宽带东莞·光网城市

① 2010年6月26—27日，中国电信“2010年天翼3G互联网手机交易会”在东莞国际会展中心召开，广东省及东莞市人民政府、中国电信集团公司领导，高通公司CEO，以及数百家终端厂商、芯片公司、设计公司、配件厂商，全国上千家终端经销商，齐聚东莞，共享盛会

② 2010年11月29—30日，由工业和信息化部批准，国际电信联盟、工业和信息化部指导，中国互联网协会、人民邮电报社（集团）与中国电信广东公司联合主办的“第九届中国信息港论坛”在东莞召开。原信息产业部部长，工业和信息化部、人民邮电报社、广东省及东莞市人民政府领导，电信运营企业集团高管、知名专家学者等约450人出席论坛，探讨信息通信业的发展趋势和对策，推动信息通信业创新发展

应用需求。同时，以提升用户使用感知为核心，继续加大CDMA移动网络的建设和优化力度，重点增强CDMA网络和WIFI网络的广度和深度覆盖，有效提升用户移动通信和无线上网感知。此外，还积极配合市亚运办，认真落实亚组委的部署和要求，投入大量资金和人员，扎实做好东莞分赛区比赛场馆和非比赛场馆的通信设施建设及通信保障工作，确保亚运会期间通信网络的安全畅通。

【服务信息化成效显著】 2010年，东莞分公司按照市委市政府关于"加快转型升级，建设幸福东莞"的战略部署，依托中国电信覆盖最全、用户最多、质量最好的光纤数据网络和天翼3G无线网络，积极推进"智慧城市、幸福东莞"的建设，推广政务e通、物流e通、平安校园、酒店数码e房、信誉通、税务e通、数字医院、环保监控等行业信息化应用，将"智慧城市、幸福东莞"建设覆盖到城市建设的方方面面。全年先后为徐福记、东莞证券、晋越国际速递公司、添添聚源味等知名企业提供行业应用服务，进一步提升东莞企业的信息化水平。同时，进一步深化有线宽带、3G网络和WIFI网络的融合，推出"天翼宽带"大带宽融合业务，为用户带来更高的上网速率、更多的接入方式、更丰富的网络应用。

东莞分公司进一步发挥信息化建设的主力军作用，加大物联网投入，成为"广东省战略性新兴产业基地·东莞物联网产业"首家挂牌单位；密切配合中国电信集团公司在东莞举办"天翼3G互联网手机交易会"，配合做好由国际电信联盟、工信部指导，人民邮电报社与中国电信广东公司联合主办的"第九届中国信息港论坛"。这两次盛会有效推动东莞信息产业的发展，提升"东莞制造"品牌影响力。

【客户服务工作迈上台阶】 2010年，东莞分公司结合全业务运营，以客户为中心，以客户感知为导向，以精确管理为抓手，构建了一体化全业务客户服务与维系体系，全面落实全业务服务标准，开展服务短板攻坚与客户聆听活动，同时进一步完善网上营业厅、10000号功能和服务范围，建立VIP客户经理客户维系执行规定场景动作和总经理服务热线，提升客户服务水平。 （何超政）

附：2010年中国电信股份有限公司东莞分公司领导名录

总经理、党组书记：杨一鸣

副总经理：黄　杰　刘志斌　王　震　李亚斌　梁伟杰　陈志超（5月到任）

工会主席、纪检组长（兼）：梁伟杰

① 2010年9月28日，中国电信东莞分公司举行"广东省战略性新兴产业基地·东莞物联网产业基地"挂牌仪式，成为东莞首家物联网产业基地挂牌单位。广东省经济和信息化委员会、东莞市人民政府、东莞市经济和信息化局以及中国电信东莞分公司领导出席仪式

② 2010年4月19日，中国电信东莞分公司举行"情系玉树　大爱无疆——抗震救灾员工捐款活动"。全体员工充分发扬"一方有难，八方支援"的优良传统，踊跃捐款，现场共捐赠爱心善款逾30万元

中国移动

【无线城市平台“四大创新”成效显著】产业合作模式创新　2010年，中国移动通信集团广东有限公司东莞分公司（简称“东莞移动”）于3月成立全省首个推动地方无线产业发展的民间协会组织——东莞无线产业促进会，推动整个产业链的协同发展。

平台建设创新　以“无线政务”、“无线产业”、“无线生活”3大模块为核心，构建统一的无线城市平台及客户端+WAP（无线应用协议）+WEB（超文本传输协议）3大门户，并进行2次改版完善，让市民更方便快捷地感受无线城市带来的美好体验。

内容建设创新　以“无线政务”和“便民服务”为核心，打造“政务之窗、便民服务、商家优惠、旅游东莞、时事新闻、掌上娱乐、东莞制造”栏目，近300项无线城市信息化应用，其中民生服务类应用上百项，智慧健康管理平台、新莞人服务平台、无线镇区WAP门户、积分制入户WAP门户、市税务局WAP门户、校园安全监控系统、社保查询应用、一卡通应用、物联网应用等多项公共服务广受好评。

网络建设创新　利用自主创新技术，形成完善的“EDGE（增强型数据速率GSM演进技术）+TD（中国提出的第三代移动通信标准，时分同步的码分多址技术）+WLAN（无线局域网络）”的无线城市接入网络，较好地满足市民随时随地高速上网需求。

2010年，无线城市平台承载应用达295项，客户端适配数量达265个，累计访问量达241万人次，无线城市门户实现26个政府单位WAP网站上挂，无线城市产业促进会会员单位扩展到63个。

【e卡通项目建设取得重大突破】行业信息化　2010年，东莞移动研发“公交一卡通”“校园一卡通”等系列产品，以及医院“视频探视”、手机电影票、“手机支付”等应用。教育行业“e卡通”已形成“智能卡”、“校安通”、“校园卫士”等校园安全类应用，覆盖学校近80%。其中，在东莞光明中学小学、虎门外国语学校等20所学校开通校园一卡通，实现一张IC卡完成学校内部一条龙消费管理等功能；与市卫生局合作推广医疗行业“e卡通”，实现预约挂号、社区健康档案管理，累计覆盖221家医院；公交“e卡通”成功在石排镇、樟木头镇应用，覆盖公交200余辆。

民生服务　与新莞人服务管理局、金融服务机构合作推出“新莞人金融服务卡”，在樟木头镇选取5个厂区开展试点。该卡融身份识别、新莞人积分、公共交通、特约商户小额支付、票务预订、工资到账查询、跨行跨省汇款等业务。

【亚运安全、通信、服务保障】亚运安全保障　2010年东莞移动通过“全员动起来、全场所覆盖、全设施检测、全过程控制”亚运保障管理，实施多项措施加强内外部安全防护，完成亚运保障培训演练227场，检查物理站点415个，发现并整改隐患94处，整改率100%；此外还对120个服务厅、4个机房、2119个基站、909个微蜂窝的室外线路及其他设施、防盗网、通信杆开展系列的专项检测和整改；通过“提升亚运通信网络保障三大场所安保级别”行动，严格执行亚运安防管理办法相关要求。

亚运通信保障　派出500人的亚运保障团队，应急通信车2台次，应急抢修车辆18车次进行现场应急保障。亚运期间，全网以及亚运场馆区域网络运行稳定，各项网络指标均在正常范围内，亚运区域无网络投诉。全网网元负荷均低于60%，忙时长途和网间接通率均在95%以上，无拥塞、无限呼、无网络故障发生确保亚运服务保障高效运营。

亚运服务保障　组成现场服务团队，在东莞体育馆和东莞会展酒店通信服务点受理业务咨询及办理3000人次，实现“0”投诉的目标。　（刘梦霞）

附：2010年中国移动通信集团广东有限公司东莞分公司领导名录

总经理、党委书记：温乃粘
副总经理：谢惠仪　黄友检（2月到任）
　　　　　李远忠（2月到任）
　　　　　严德生（2月到任）
总经理助理：
　贺文良（任至2月）
　李远忠（任至2月）
　严德生（任至2月）

中国联通

【3G、宽带业务大步发展】2010年，中国联合网络通信有限公司东莞市分公司（简称东莞联通公司）2G用户稳步提升，3G、宽带用户高速发展，尤其宽带用户数较上年同期翻一番，实现高速规模发展。全年主营业务收入13.5亿元，同比增长22.25%，远远高于东莞通信行业水平，是唯一一家收入增长率同比为正的运营商。在主要工作方面，一是加强销售渠道建设。2010年，在全市范围内建设3G沃店和沃专区专柜，为市民便捷的体验3G服务提供强有力的支撑。二是打造精品网络。力争以最快速度建设成“网络领先、业务领先、服务领先”的3G精品网络。在全速打造3G网络的同时，继续深耕原有2G网络。三是为提高用户了解3G、体验3G、学习3G，东莞联通以营业厅或沃店为固定活动场所，按照3G手机应用内容划分为iPhone应用、生活应用、娱乐应用、工作与学习应用四种基地类型，开展3G玩家俱乐部活动，得到用户的积极响应。

【助推东莞转型升级】2010年，东莞联通公司关注政府重点工作，积极助推东莞转型升级。一是积极参与无线城市的基础设施建设。充分发挥WCDMA网络优势，积极配合市委、市政府按照“政府引导、运营商参与、市场运作”的方式，全面推进东莞无线城市建设。二是积极履行对政府的投资承诺，将中国联通南方科研基地落户东莞松山湖高新区，投资达10亿元。三是在公安、应急、消防、城市管理、环保等部门率先进行无线应用试点，实现“无纸、无字”政务办公，提高政府办事效率。四是亮相电博会，演绎WCDMA的丰富应用。五是为农业信息中心、农科信息网等农村服务提供者提供高速、灵活、多渠道、易操作的农村信息服务。截至2010年，东莞联通相继完成供电局电力无线抄表、公交移动视频监控、交警无线电子警察、太平洋保险远程定损、广东发展银行无线ATM、生益科技移动OA、《南方都市报》移动采编、海关无线查验等系统应用。

【亚运会通信保障】2010年，东莞联通公司为做好亚运会通信保障服务，专门成立亚运工作领导小组，指导、制定和检查涉亚各项工作。开展“亚运有沃更精彩”系列活动。制定亚运突发安全事件应急处置预案，开展亚运会安全大检查、亚运会火炬传递通信保障等工作。成立亚运网络专项优化小组，开展比赛场馆内外及周边区域的片区精细化优化工作，确保场馆周边网络信号得到提升。　（尹格娟）

附：2010年中国联合网络通信有限公司东莞市分公司领导名录

党委书记兼总经理：袁　健
副总经理：张新强　胡卫红　苏爱国
　　　　　冯华骏

园区经济

ZONE ECONOMY

- 松山湖台湾高科技产业园开园
- 松山湖科技产业园区升级为国家高新技术产业开发区
- 虎门港港口经营步入正轨
- 虎门港集团公司完成发展战略研究
- 《东莞生态产业园产业发展规划》编制完成
- 东莞生态园被批准为省级园区

国家级高新技术产业开发区——松山湖科技产业园区

编辑：李缙文

松山湖高新技术产业开发区

【概况】东莞松山湖高新技术产业开发区（简称松山湖）于2001年11月经广东省人民政府批准设立，2010年9月经国务院批准升级为国家高新技术产业开发区。松山湖位于大朗、大岭山、寮步3镇交汇处，地处东莞几何中心，拥有8平方公里的淡水湖和14平方公里的生态绿地，规划控制面积达72平方公里，分为北部高科技产业区、中部教育研发区、东部台湾高科技园区和南部国际总部研发区等4个区。2010年，松山湖地区生产总值达100亿元，同比增长23.5%；实现工业总产值266亿元，增长23.7%；税收收入达18亿元，增长53.9%；可支配财政收入10.6亿元，增长47.8%。全年共引进150个优质项目，协议引资390亿元。

松山湖相继被授予“中国最具发展潜力的高新技术产业开发区”、“跨国公司最佳投资开发区”、“信息产业国家高技术产业基地”、“国家火炬创新创业园”、“国际企业创新园”、“中国青年留学人员创业基地”、“部省共建国家级留学人员创业园”等称号。

① 2010年7月9日，中共中央政治局常委、全国政协主席贾庆林考察松山湖自主创新情况（图为视察东莞华中科技大学制造工程研究院）

② 2010年10月29日，中共中央政治局委员、国务院副总理张德江视察松山湖

③ 2010年11月20日，松山湖获评国家级高新技术产业区

2010年9月26日，经国务院批准，东莞松山湖科技产业园区升级为国家高新技术产业开发区，并于同年11月20日获国务院授牌。

【台湾高科技园区开园】2010年11月21日，台湾高科技园区开园。台湾高科技园区位于松山湖东部，由中共中央政治局委员、广东省委书记汪洋倡导成立，规划面积近6.8平方公里，是松山湖引进台湾高端产业项目的主题园区，分为先进IT制造与LED光电区（占地103公顷）、大型晶圆及面板制造业区（占地172公顷）、研发与配套区（占地96公顷）3个功能片区，重点引进台湾电子信息产业高端环节，包括IC设计、新型面板、LED等相关行业的龙头企业和研发平台，以及新能源、新材料等新兴产业。自2009年10月底开工到2010年6月主要市政基础设施全面完工。开园首日，总投资逾百亿元、首期投资37亿元的东莞联胜液晶显示器有限公司项目启动。松山湖还成立松山湖台湾事务局，专门服务于台湾高科技企业。

【科技创新】落实科技政策。2010年，修订完善《东莞松山湖科技发展专项资金管理暂行办法》及其实施细则，完成2批项目的审核和资金下拨，共发放4000多万元。完善松山湖科技发展专项资金科技活动补贴备案及审核流程。举办科技政策宣讲会、项目申报经验交流会和知识产权管理培训等活动。全年共组织230个科技项目、70多家科技类企业及公共平台参加各类项目申报。

人才与团队建设。2010年，松山湖引进以李泽湘为带头人的运动控制与先进装备制造技术国际研究团队、以黄铠为带头人的云计算产业研究团队和以惠宏襄为带头人的代谢医学研发团队。成功引进陈友斌为国家“千人计划”领军人才，园区内国家“千人计划”领军人才达到2名。东莞华中科技大学制造工程研究院运动控制与先进制备技术国际研究团队、广东东阳光药业有限公司东阳光创新药物科研团队等2个团队入选省首批创新科研团队。完成“首届南粤功勋奖和南粤创新奖”评选的资料申报工

① 2010年11月21日，中共中央政治局委员、广东省委书记汪洋出席松山湖台湾高科技园开园暨联胜项目启动仪式

② 2010年6月28日，省长黄华华考察东莞华中科技大学制造工程研究院

③ 2010年11月2日，松山湖园区获评国际科技合作基地，图为科技部国际合作司司长靳晓明为松山湖工委书记陈建枝授牌

④ 2010年1月10日，南方医科大学松山湖实验动物科技园启用

⑤ 2010年1月4日，“胜华科技”落户松山湖签约仪式（左为“胜华科技”董事长黄显雄，右为松山湖工委书记陈建枝）

作，共有华中工研院、新能源两家入围东莞市上报名单。完成东莞市第8批专业技术拔尖人才的申报、考察工作，共有王瑜辉等8名拔尖人才入选，占全市总数的50%。着力引进和培育科技创新团队和创新创业领军人才，环境友好功能材料团队、机械装备团队、节能环保创新团队、代谢医学创新团队、网络与信息安全创新团队等4个团队入选东莞市培养科技创新团队，占全市入选人数近一半；陈雷霆等5人入选市科技领军人才，占全市入选人数的四分之一，刘鹏等14名领军人才得到专家推荐成为市科技领军后备人才。李涛等2人入选市2010年引进创新创业领军人才名单。完成博士后工作站的申报工作，共有新能源等3个博士后工作站获批，占全市总数的60%。博士后科研工作站与清华大学博士后流动站联合招收2名博士后人员。引进博士人才11名，硕士5名，其中留学人员8名。

创新载体建设。松山湖科技产业园区和东莞康达机电有限公司获评“国家级国际科技合作基地”。广东省分布式能源系统重点实验室于2010年3月31日在东莞理工学院揭牌，成立东莞首个省级重点实验室，为东莞理工学院搭建一个新的节能减排科技创新平台。东莞华中科技大学制造工程研究院东莞物联网产业基地获批“省首批战略性新兴产业基地”。组建国云科技股份有限公司，逐步开展市场化运营。广东华南工业设计院创新平台建设项目顺利通过市验收，成为首个通过验收的创新平台。建成启用南方医科大学实验动物基地、东莞电子科技大学电子信息工程研究院、东莞中山大学研究院和上海大学纳米研究院等研发基地。

产学研交流合作。2010年，松山湖开展3次产学研合作考察活动，组织科研平台和企业赴北京、西安、长春、哈尔滨、上海等城市开展产学研交流合作，东莞市中鼎检测有限公司、东莞华纳新材料科技有限公司、东莞龙行航空飞行器有限公司等园区企业分别于哈尔滨工业大学、哈尔滨工程大学等高校达成合作协议或意向。成功申报为国家级“国际科技合作基地”和广东省产学研合作

① 2010年9月30日，粤港澳文化创意产业实验园区揭牌

② 2010年4月14日，松山湖2010北京推介会举行

① 2010年7月23日，宋涛篮球夏令营结业
② 2010年5月1日，绿道和公共自行车系统启用
③ 2010年5月27日，松山湖首届校园文化艺术节声乐专场举办
④ 2010年11月21日，松山湖教育慈善晚会暨国家高新区升级庆祝活动举办

示范基地。南方医科大学主办的“2010国际小型猪”学术论坛在松山湖学术交流中心成功举行。广东医学院与国际华人骨研究学会携手共建骨质疏松创新药物联合研究中心，促进国内骨质疏松基础研究进入更高水平、高层次的研究领域。认定了第一批松山湖产业支援服务机构。推动生益科技、大普通信、雨林木风等8家企业成立企业科技协会。

自主创新能力提升。2010年，园区申请各类专利913件，同比增长143%，专利授权总数339件，同比增长41%。开展并完成园区第一次科技创新能力普查统计和企业近3年的专利基础资料统计工作，全面把握园区科技创新能力情况。成功引进华进、华南公司等商标专利代理机构。万科住宅产业化研究基地的太阳能光伏建筑一体化项目被列入建设部2010年太阳能光电建筑应用示范项目。“生益科技”列入国家企事业知识产权试点企业，东莞广州中医药大学中医药数理工程研究院列入省知识产权试点事业单位，“生益科技”、“广电院”列入省知识产权优势企业，“洛贝电子”列入省知识产权示范企业。世博会首次使用华中科技大学生产的LED屏机械控制及多媒体展示项目。华中科技大学工程制造研究院在2010深圳国际物联网技术与应用博览会展出国内首套全自动封装设置。海丽商贸有限公司研发出新型耐磨剂。“生益科技”主导制定的两项无铅环保印刷电路板标准成功获得国际电工委员会（IEC）的认可和发布，打破印制电路板行业产品国际标准全部由欧、美、日垄断的局面，实现东莞市标准化工作在国际标准上零的突破。生益科技股份有限公司获“2010年中国电子信息百强企业”称号和“2010年中国电子元件百强企业”第四名。华南工业设计院Aqua Tail闪存盘获德国“2010—2011年IF产品设计奖”。

【择商选资】2010年，松山湖先后4次赴台招商，组织北欧和美国生物医药招商活动。举办北京、深圳大型招商推介

① 东莞电子科技大学电子信息工程研究院
② 东莞中山大学研究院
③ 松山湖实验小学全景图
④ 松山湖全景

会以及上海产学研合作研讨会和产业合作高峰论坛、“中国首届创新药物与仿制药研发及评估国际化进程论坛”等论坛，参加“深圳国际集成电路研讨会暨展览会”、“首届中国国际动漫版权保护和贸易博览会”等专业展会。成功引进“亿浪微电”、“芯研”等多家台湾IC设计公司，以及正大集团、中国电子集团和中国联通等世界500强企业和大型央企；“海洋王照明”、“荣迪信息”将总部整体迁入园区；中晶半导体科技、中能加速器科技等高科技企业总部纷纷进驻。引入“广东中能”、“乐普泰”、“长盈精密”等15个带研发中心项目；引进“亨通光电”、“江苏华灿”等国内电子通讯龙头企业；引进“海洋王”、“万润科技”等知名LED企业；“万润科技”等7家企业已进入上市辅导期或计划在2年内上市。

【金融服务】 2010年，松山湖引进中国工商银行松山湖支行，园区内银行机构达到7家。聚集一批创投基金机构，并引入东证锦信投资有限公司、莞泰律师事务所等金融服务机构。

启动专利权质押贷款融资项目和政府引导基金项目；由松山湖控股公司参股，东莞发展控股、东莞园林绿化公司等发起人共同筹建的松山湖小额贷款公司于8月成立。

松山湖金融改革创新服务区和金融服务外包产业园两大金融服务产业载体项目挂牌落户松山湖。松山湖金融改革创新服务区优先承接省市金融创新试点，聚集金融机构、服务机构打造投融资一体化服务平台；金融服务外包产业园引进数据处理、票据整理、支付清算等金融服务外包业务，由深圳联合金融集团和志鸿科技联合打造的重量级金融服务外包项目“粤港金融服务外包基地”已举行动工奠基仪式。

【园区建设】 2010年，松山湖建成80公里主干交通绿道网和40公里滨湖区绿道，投资近3亿元、总长达122公里的东莞松山湖绿道系统将全线贯通，成东莞最长绿道。全面完成松山湖北湖沿岸夜景和园区主要景观节点夜景的亮化工程。完成台湾高科技园道路绿化工程，新增绿地25万平方米，改善松山湖南部滨湖沿线生态景观。万科松山湖1号花园成功创建市绿色社区。在松山湖举行的“2010中国建筑文化与人居环境论坛”上，松山湖总部1号（和堂）项目获“2010中国生态宜居最佳示范楼盘”奖，松山湖科技管委会获得“2010中国绿色低碳景观规划金奖”，松山湖工委书记陈建枝获“中国建筑文化创新贡献人物奖”。

推出公共自行车交通系统，设立14个租赁服务点；开通园区往返深圳南山、广州天河的“人才巴士”，调整园区公交线路，新增一批公交停靠站；建成科技人才公寓等人才配套住房2691套，出租率达98.5%；政法大楼建成启用；松湖广场建成并投入使用，户外大型文化设施进一步完善。全年启动建设工程165项，投资总额52亿元，完工86项，完成率超52%。严抓工程管理，完善招投标前中后全程监管制度，全年共节省资金2.57亿元。松山湖台湾高科技园区市政工程被评为“市先进重点建设项目”，园区获2010年度“市重点项目建设管理先进单位”称号。

【园区管理】 规划工作开展。2010年，松山湖建立园区三维仿真管理系统，深入探索精细化规划管理。顺利完成全部规划编制工作，合理调整滨湖区等重点区域规划。完成中心区西北片区、中心区总部片区、中心区西南片区、金多港片区等4个片区的城市设计和中心区整体形象规划研究的编制工作。启动南部地区城市设计及控制性详细规划。

土地管理加强。制定《关于加强松山湖招商项目用地管理规定》以及《〈用地管理规定〉的补充规定》。积极保障用地，新增173公顷建设用地指标，出让63宗土地，面积239公顷，实现土地收益27.4亿元。

环境保护力度增强。开展重点污染源专项检查和二氧化硫专项预防整治等活专项活动，加强对松山湖、月荷湖水体的环境监察，完成南湖外来垃圾拦除工程，开展犀牛陂截污工程。园区节能降耗考核蝉联全市第一，被评为“2009年度东莞市节能先进地区”。广东生益科技股份有限公司、东莞新能源科技有限公司、广东易事特电源股份有限公司等3家园区企业获得“节能先进单位”称号。金威啤酒（东莞）有限公司被授予“东莞市环境友好企业”称号。协助“生益科技”、“聚信科技”等重点企业纳入全市保用电名单。

企业服务优化。协助生益等11家企业申请各项专项资金超过1000万元。协助易事特等公司获得省级称号1家次、市级称号18家次。为企业办理各类证件412件次，走访企业28家共32次，上门为企业解决各类问题67件次，促成12个项目投产。协助“生益科技”、“广东东邦”等企业申报国家发改委产业化专项共6项。松山湖控股公司实现利税1.63亿元，资产总额达32.8亿元。松山湖高新技术创业服务中心被评为广东省小企业创业基地。

人才服务增强。推出高层次人才优惠商品房政策，举办人才联谊活动和人才招聘活动，解决高级人才配偶就业问题。申请市博士人才安家补贴10人，协助“生益”、“新能源”等2家企业成功申请市30万博士站人才基金。成立松山湖劳动就业服务站，公共就业服务功能进一步扩展。在松山湖创意生活城举办以“为您就业导航，助您择业成功”为主题的首场大规模公益性现场招聘会。完成办理人才调动手续89人次，大中专研究生博士等毕业生接收手续386人，档案人事合同代理425人，职称申报及登记42人，学历学位验证115人，特聘工作证办理及年审15人次。完成了47户近100人的积分制入户。开辟职称评审（认定）绿色通道。

【教育·文化】 2010年，松山湖实验小学建成并开学，青少年活动中心建成并运营，开展免费素质教育，设立松山湖教育发展专项资金，“学在松湖”已成品牌。开展创模工作，创建南方外国语学校、东莞中学松山湖学校等2所绿色学校。松山湖中心小学的《教育生态平衡理论下的小学科学课堂教学的实践与研究》、《人本主义教育理论在科学课教学中的应用与研究》等2个科学教育成果在中国教育学会科学教育分会2009年教育活动评比中获一等奖；《时间在流逝》课例获二等奖。文体活动丰富多彩。成功承办日本原版舞台剧《哆啦A梦——到处都是四次元口袋》演出活动，哆啦A梦走进松山湖。举办“激情松湖--创意仲夏啤酒节”、芭比娃娃总决赛和“牵手松山湖”之仲夏夜之梦等特色活动。协助举办第二届中国国际影视动漫版权保护和贸易博览会分会场系列文化活动和2010东莞市大学生“我至TOP”流行音乐歌唱大赛高校组初赛。成功举办国家高新区挂牌慈善晚会、首届滑水节等一系列大型群众文体活动和首届校园文化艺术节，并举办中国建筑文化与人居环境论坛、中国国际新闻论坛年会、湖畔沙龙、“深圳市名企知识产权经理人沙龙暨东莞市科企知识产权代表联谊会”等文化活动。 （潘路明）

附：2010年东莞松山湖高新技术产业开发区管理委员会领导名录

主　任：冷晓明

常务副主任、工委书记：陈建枝

虎门港

▲ 虎门港沙田港区7号、8号泊位

【概况】 虎门港位于珠江出海口东岸和广州港出海航道要冲，珠三角经济区中心位置，是国家一类口岸，广东省重要港口之一。该港拥有珠江口53公里有条件成规模开发的深水岸线，海域面积79平方公里，航道水深-13米，规划控制区32平方公里。根据虎门港总体布局规划，虎门港划分为麻涌、沙田、沙角、长安和内河等5大港区。重点发展西大坦集装箱作业区、立沙岛石化基地、新沙南散杂货作业区、西大坦物流基地、虎门港中心服务区等5大区域。虎门港作为综合型港口，致力于打造以信息化为中心的现代物流主体，建设集装箱、石化、煤炭、粮食、汽车5大运输系统，具备装卸储运、中转换装、物流中心、临港产业、区港联动、商贸服务、汽车滚装、信息服务、休闲旅游9项功能。

【港口运营步入正轨】 港口吞吐量大幅增长。2010年立沙岛石化码头吞吐量达457万吨；散杂货通过能力和各运输系统综合服务能力进一步提升，麻涌港区散杂货吞吐量达到1567万吨。沙田港区5号、6号泊位集装箱吞吐量约5.5万标箱，同比增长超过800%。

东莞保税物流中心封关运作。2010年5月，东莞保税物流中心正式封关运作。截至12月底，已有5家企业入驻，另有3家企业申请入驻。进出中心的总业务量达到2291票，货值总额达1.13亿美元，并实现单日进出货物总值400多万美元，覆盖东莞上千家企业。口岸通关效率达到国内大型成熟园区水平。

沙田港区开辟新航线。沙田港区5号、6号泊位首条集装箱班轮航线——太平船务红海线于3月份延伸至西非、南非，实现东莞货物直通西非、南非的目标。首条对台直航航线也于3月底由台湾台塑船公司开辟，并与高雄港合作延伸，推动码头市场份额的提升以及对台经贸活动的发展。此外，该项目危险货物集装箱港口作业申报通过相关职能部门的验收审批，并于5月份获准试运行。

【港口建设持续推进】 市政配套加快完善。2010年，虎门港继续加强工程建设力度，确保各项重要工程按计划推进。在市政工程建设方面，西大坦港区二期市政配套工程累计完成投资约1.32亿元，约占合同总价的38.9%；立沙岛石化基地二期市政配套工程累计完成投资1.3亿元，约占合同总价的30.4%。在公共配套工程建设方面，完成虎门港水上危险品应急中心、立沙岛消防特勤站完成前期各项工作。

企业项目加快建设。海湾一期、启

▲ 虎门港新沙南作业区

盈快件中心项目已启动竣工验收手续办理工作；阳鸿项目已完成74个储罐建设，约占总数的80%，并完成部分配套设施建设；省粮项目已完成一期22万吨储罐工程和1万吨食用油储罐工程；启盈物流已完成2个仓库建设；海昌二期项目已正式动工建设。截至2010年底，虎门港已投产项目7个、投产深水码头8个，在建项目15个，在建深水码头8个。

加大码头项目申报力度。为加快形成港口整体规模，发挥港口效益，虎门港继续加大码头项目报批工作力度。2010年，麻涌港区4号、5号泊位等项目获得批复，使虎门港获国家、省有关部门核准的深水码头泊位增至24个。此外，虎门港进一步推进沙田港区9号、10号泊位申报，项目可行性报告及通航安全论证报告已报有关部门审批；安全预评价报告、环评报告大纲及报告书正在进一步完善。

【招商选资与品牌推广】注重大项目招商。2010年，虎门港主动与益海嘉里公司等10多家大型龙头企业以及相关物流企业进行实质性合作洽谈，为扩大下一轮招商成果奠定基础。全年新增投资项目3个，总投资额42.5亿元；累计引进项目41个，累计总投资额343.5亿元；在谈项目16个，其中3家为世界500强企业，涉及投资金额192.6亿元。

注重港口品牌推广。为进一步加大对外宣传推介力度，加强招商引资步伐，虎门港充分利用2010东莞（北京）投资推介会、湛江“海博会”等大型推介活动，宣传虎门港投资环境、招商政策和招商方向。同时，虎门港携手国家安监总局研究中心、中国石化协会分别承办了第五届中国化工园区安全发展高级研讨会、中国石油和化工行业物流发展论坛，使全国石化行业聚焦虎门港立沙岛，为虎门港石化产业招商创造更多机会；同时也为虎门港加快实现石化基地安全环保一体化发展提供交流平台。

【差异化发展步伐加快】打造“智慧虎门港”。2010年，虎门港正式提出打造“智慧虎门港”的发展目标，成立信息化办公室，并委托国家信息中心编制《虎门港信息化发展规划》，力争通过大力发展依托港口的信息产业，构建大宗商品电子交易平台、珠江物流网，探索云计算，开展电子口岸试点工作，推动港口产业与信息产业的融合发展，优化港口功能定位和产业体系。

建立战略合作关系。与中国石化协会建立战略合作关系，双方在技术咨询、招商引资以及产业信息交流等方面展开合作，并共同在虎门港成立华南精细化工研究所。与台湾基隆港、高雄港签订战略合作框架协议，在货物中转、码头合作等方面进行对接，实现优势互补、合作共赢。与东莞市钢材流通行业协会的6家钢材企业签订战略合作协议，共同致力于在虎门港建立华南较大、较有特色的钢材市场基地。与东莞职业技术学院就加强物流人才建设等展开合作。截至2010年底，虎门港战略合作伙伴已达13家，涵盖先进港口、科研院校、协会机构、金融机构、通信集团等。

【虎门港集团公司】2010年，虎门港集团公司完成发展战略研究，进一步明确发展方向和发展思路。在项目建设方面，启动东莞保税物流中心一期仓储1号、2号仓库建设，截至12月底，已累计完成投资约3151.5万元，占合同总价的58.6%。沙田港区7号、8号泊位工程全

▲ 位于虎门港沙田港区西大坦作业区物流基地的东莞保税物流中心

▲ 虎门港沙田港区5号、6号泊位

年完成投资4.41亿元，累计完成投资7.85亿元，主体工程建设基本完工。企业总部大厦、职工过渡房、冷冻仓、钢材交易市场、精细化工园起步区、立沙岛公用码头整合等10多个项目全面加快推进。在信息化建设方面，虎门港集团公司的“广东省东莞市虎门港港口物流云公共服务平台”、“基于物联网技术的港口智能化建设示范工程”两个项目，双双中标“2010年粤港关键领域重点突破项目（东莞专项）招标项目”。在拓宽融资渠道方面，虎门港集团公司与12家金融机构搭建融资合作平台，新增招行、建行、东莞银行、工行以及农商行等金融授信约15.9亿元。（王　琼）

附：2010年虎门港管委会领导名录

管委会主任：邓志广

管委会常务副主任：刘　宁

东莞生态产业园区

【概况】 东莞生态产业园区（简称东莞生态园）位于寮步、东坑、企石、横沥、石排和茶山6镇汇合处，园区面积约31平方公里，规划控制面积65平方公里。园区定位为“以城市湿地为特色、发展高端产业及配套服务业的循环经济和生态产业示范园区”。2010年园区投资规模已超100亿元，各项工作全面铺开。随着园区的开发建设，园区市政配套设施基本完善，生态环境和水治理成效明显，辐射带动作用初现。

【园区规划】 2010年，东莞生态园在进一步完善专项规划和专题研究上报审批工作的基础上，加强与周边镇的规划协调，重点抓好《东坑、横沥片区控规》和《生态园中心区控规》等9项规划编制，其中《东莞生态园旅游专项规划》等3项规划已通过审批、备案，其他规划也已通过专家评审，形成最终成果或中间成果报相关部门审查。规划上实现园区市政基础设施与周边镇的全面对接，为园区与周边区域的协调发展，提供科学的指导。

【土地统筹】 2010年，东莞生态园共收回土地2884公顷，完成任务的96%，其中空地完成98%；清拆简易建筑物48万平方米，完成任务的99%；拆迁工业厂房等永久建筑物23万平方米，完成任务的68%。东坑角社村、横沥月塘村、茶山超朗、石排福隆4村整村搬迁农民安置房建设，已完成设计方案和初步的搬迁方案，个别镇已启动建筑物的丈量工作和进入施工图审查阶段。

【工程建设】 2010年，东莞生态园相继启动道路、治水、绿化工程33项，总投资规模约43.76亿元，已完成约78.3%。建立一水系、两排渠、三排站、三湿地和截污管网、污水处理厂的区域性治水工程体系。东园大道、生态园大道等园区主干道即将通车，其他道路工程也正抓紧推进。

【生态修复】 2010年，东莞生态园完成28个垃圾填埋场共175万立方米垃圾的清理，并通过外部截污、内部清淤、扩渠、污水处理、循环补水、挖湖连塘等措施，利用湿地生态系统的生物群落恢复、污水生物处理、自然水面恢复、防洪等多项生态功能，实现水生态环境明显改善。园区排涝标准已从原来农业排涝提升到城市排涝，水质已从原来的劣Ⅴ类提高到Ⅳ类，重塑一个具有参与城市循环经济体系的多功能绿色水系。随着园区路网、绿道工程相继完工，区域资源加速流动互通，逐渐呈现出“滩、荡、湾、塘、涧、湖、渠”多样的生态环境特色。

【园区绿道】 2010年，东莞生态园独具生态特色的生态园省绿道5号线全长24.39km已全面完成，涵盖生态型绿道、郊野型绿道、都市型绿道等3种绿道类型，园区绿道独具岭南生态湿地特色，同时也是东莞绿道建设3个示范段之一。园区绿道与岭南生态景观巧妙地融合到一起，以湿地体验和滨水休闲为主要特点，用绿道将园区主要景点串联起来，从北往南途径燕岭湿地公园、南畲朗排渠、南社明清古村落、塘尾古村落、中央水系生态岛群、月湖公园、大圳埔排渠、大圳埔湿地公园等8大景点，沿线景点历史与现代并存，人文与自然合一。

【招商引资】 2010年，东莞生态园编制《东莞生态产业园产业发展规划》，初步确定东莞生态产业园将以高端产业为切入点，以抢占发展制高点，重点发展新型电子信息、高端装备制造、新兴高新技术、现代服务和休闲旅游等5大产业，其中核心是优先发展新型电子信息、高端装备制造、新兴高新技术相关的先进制造业。启动东坑、横沥片区市政基础设施及三通一平建设，加快打造招商选资平台。成功举办华东招商推介会，与普洛斯投资管理（中国）有限公司等5家企业签订合作协议，协议金额达67.5亿元。有40多批次的投资客商前往东莞生态园考察，多个项目提交了入园申请。

【机构组建】 2010年，东莞生态园经省人民政府批准为省级园区。广东东莞生态产业园区管委会经省机编办批准成为东莞市政府派出机构。先后组建生态园国土分局、公用事业服务中心，质监站、规划所等机构，并不断完善各项规章管理制度。（余宗良）

附：2010年东莞生态园管委会领导名录

主　任：严小康

常务副主任：莫淦泉

副主任：方德佳　尹沛通

▲ 龙岗大道

产业合作与转移

INDUSTRIAL COOPERATION AND TRANSFER

大朗镇

编辑：施雪芬

产业合作与转移

【产业合作办公室】东莞市产业合作办公室于2010年1月成立，是直属市人民政府管理的正处级事业单位，内设综合协调处、韶关工作处和惠州工作处，主要负责东莞（韶关）产业转移工业园（简称“莞韶产业园”）、东莞（惠州）产业转移工业园（简称“莞惠产业园”）的开发建设和招商引资的协调工作。

【莞韶、莞惠产业园基础建设】2010年，莞韶产业园完成固定资产投资30.2亿元，累计投资53.6亿元，其中基础设施投资10.3亿元，累计投资29.8亿元。完成扩征地291.49公顷；完成园区道路、管网、供水、供电、路灯建设15.8公里。2010年，莞惠产业园累计投入各类基础设施建设资金9亿元，完成平整土方约220万立方米。

【莞韶、莞惠产业园产业转移】2010年，莞韶产业园完成工业总产值86.4亿元，同比增长39.2%；完成工业增加值19.5亿元，同比增长28.3%；完成固定资产投资30.2亿元，同比增长55.3%；实际到位资金32.4亿元，同比增长93.6%；外贸出口2.7亿美元，同比增长20%；完成税收3.7亿元，同比增长25.4%。2010年，莞惠产业园完成工业总产值15.7亿元，同比增长48.1%，工业增加值3.8亿元，同比增长23.3%，实现税收1.4亿元，同比增长32.3%。8月，省政府考评15个省级示范性园区2009年度产业转移目标责任，莞韶产业园综合得分排第二名。11月，莞韶产业园被评为机械装备专业性产业转移工业园，作为省八个专业性产业园之一，并在省专业性竞争扶持资金评审中成功竞得1亿元扶持资金。

【莞韶、莞惠产业园共建机制】截至2010年，东莞市与韶关、惠州市分别成立东莞（韶关）、东莞（惠州）产业转移工业园领导小组，由东莞、韶关和惠州三市市委书记分别担任组长；建立联席会议制度;市政府主要领导及分管领导不定期召开会议，专题研究园区开发建设问题。其中，2010年东莞市产业合作办公室组织东莞、韶关和惠州三市分管领导，筹备召开联席会议共7次，协调解决两个园区开发建设中遇到的具体问题20多个。

【莞韶、莞惠产业园宣传推介】2010年，东莞市产业合作办公室印发简报9期、在《东莞日报》等报刊出专版3次、印刷制作7种宣传小册子、多媒体光盘及多次组织媒体赴莞韶、莞惠产业园采访，宣传园区投资环境及优惠政策，在莞深高速东莞路段、东莞大道、107国道等常年设立广告牌，推介园区，提高园区影响力和知名度。

【莞韶、莞惠产业园招商引资推介会】2010年，东莞市产业合作办公室共组织召开6场投资推介会，近百家东莞企业和600多人参加，达成投资协议30多宗，涉及金额25亿元。组织220多家商会、行业协会和企业到园区考察，达成合作协议210个，涉及金额180多亿元。

（叶永康）

【镇街产业转移工业园选介】*东莞石碣（兴宁）产业转移工业园。*东莞石碣（兴宁）产业转移工业园，由兴宁市人民政府与东莞市石碣镇人民政府共同兴建，于2005年7月规划，2006年9月被广东省政府认定为省产业转移工业园。园区位于兴宁市城区西北部，距市区5公里。园区明确以机电、汽车零配件和新移动、新能源和新医药产业为重点。园区分为南、北两区，总体规划400公顷。截至2010年，投入1亿多元，其中石碣镇投入4000万元，开发面积达206.67公顷。动工建设日处理3000吨的园区污水

▲ 东莞（惠州）产业转移工业园管委会

▲ 2010年9月27日，东莞（韶关）产业园生物医药科技园举办推介会

处理厂、自来水供水管网、叶塘22万伏变电站等工程。实施园区移动通讯TD-SCDMA网络扩容建设工程，完成全长近4公里的兴合线园区段绿化工程。园区有进园项目35家，投资额达28.5亿元，其中投资亿元以上项目有6家，已投产项目21家，在建13家，筹建1家。2010年实现园区工业产值9.4亿元，同比增长60.3%；工业增加值2.9亿元，同比增长43.5%；出口产值1850万美元，同比增长48.2%；税收2508万元，同比增长38%，解决就业6200多人。（雷成虎）

大朗（信宜）产业转移工业园。2005年5月，大朗镇与信宜签订协议，联手共建东莞大朗（信宜）产业转移园。2006年9月，经省政府认定，东莞大朗（信宜）产业转移园总规划面积666.67公顷，主导产业为毛纺织、家具制造等。东莞大朗（信宜）产业转移园按能源供应区、特色资源加工区、毛纺织产业区、加工装配区等产业特征分区建设，计划投入基础设施建设12亿元。2010年，东莞大朗（信宜）产业转移工业园开发建设133.33公顷，入园企业28家，建成投产企业18家，实现产值10.2亿元，税收3100多万元。其中，东莞兴锋毛纺织有限公司等4家企业共同出资注册成立“信东联合发展有限公司”，开展毛纺织产业加工区基础设施的建设。2010年，毛纺织加工区投资8000多万元，开发面积70多公顷，基本完成基础设施建设，完成区内56米主干道、38米大道及两旁的下水道铺设及道路绿化工作，完善供电、供水、通讯等设施。（刘贺斌）

东坑（乐昌）产业转移工业园。2005年6月，东坑镇与乐昌市签订共建产业转移合作协议书。2006年9月，东莞东坑（乐昌）产业转移工业园经省政府批准认定为省产业转移工业园。产业转移园距乐昌市区约5公里。截至2010年，园区总规划面积为897.5公顷，其中工业用地586.5公顷，规划分四期开发建设，首期规划面积为111.5公顷，第二期规划已进行基础设施建设。规划分为纺织服装工业区、机械铸造工业区、家具工业区和钟表工业区四大区域。

截至2010年，完成首期征地170公顷，平整土地120公顷。架设输电线路5.6公里，铺设供水网管9.3公里，硬化园区主次干道3.8公里，建成园区排水渠8.7公里。园区污水处理厂已动工建设。

截至2010年，累计签订投资协议（含意向）项目数30个，投资额23.66亿元。其中，签订正式协议项目27个，合同总投资规模21.64亿元。2010年，完成工业总产值5.8亿元，工业增加值1.2亿元，税收2094万元，安置当地劳动力3760人。建成投产项目14个，在建项目7个。（谢婉章）

长安（阳春）产业转移工业园。东莞长安（阳春）产业转移工业园位于广东省阳春市春江路，2007年被认定为省级产业转移工业园。规划占地面积678.8公顷，截至2010年投入资金6亿多元，开发土地面积450多公顷。园区已建成投产企业35家，在建企业22家，签约企业12家，配套建设各种水电、交通、通讯等设施，建有1座11万伏输变电站和3.8公里长的主干道，基础设施建设基本完成。园区产业定位为以电子电器、机械、服装、家具为主要发展方向，其中以电子电器、机械、服装为主导产业。园区按照“总体规划、分步实施”的原则，走集聚型、节约型的发展路子，承接相关产业转移项目。（肖丈平）

大岭山（南雄）产业转移工业园。大岭山（南雄）产业转移工业园地处韶关南雄市西南部，新国道323线贯穿整个园区，与韶赣高速公路出入口、韶赣铁路规划南雄火车站相邻，1小时车程即可到达赣州机场。2005年7月，大岭山镇与南雄市举行共建产业转移工业园暨招商项目签约仪式，明确开始共建产业转移园。南雄园区总体规划面积404.73公顷。以精细化工为主导产业，根据规划，园区可容纳企业100多家，企业全面建成投产后，预计年工业总产值可达100亿元，年创税8亿元。园区的征地和基础设施建设基本完成趋完善。自2008年底至2010年，南雄市依托该转移园大力引进精细化工产业，园区一期258.67公顷土地的招商引资工作全面完成。截至2010年，进入园区的精细化工及其配套企业有90多家，总投资40多亿元。2010年3月，经省人民政府同意，园区被认定为广东省产业转移工业园，成为全省最年轻的产业转移园。2010年，实现工业增加值2亿元，同比增长192.31%，占南雄市工业增加值的34.1%；完成工业税收5330.8万元，同比增长12.48%，占南雄市工业税收的13.0%；主导产业工业总产值9.8亿元，占园区工业总产值的84.01%。2010年，园区在招商导向上以培育精细化工特色产业、形成产业集群为重点。新引入项目33个，投资总额20.25亿元，同比增长26.17%，其中实际利用外资1803万美元，同比增长10.21%。（姚双华）

附：2010年东莞市产业合作办公室领导名录

主　任：叶锦锐

▲ 东莞长安（阳春）产业转移工业园

① 东莞市产业转移工业园分布图
② 东莞东坑（乐昌）产业转移工业园
③ 省政协视察团考察东莞东坑（乐昌）产业转移园座谈会

对口帮扶与支援

PARTNER ASSISTANCE

- 市内扶贫帮困“责任到单位、责任到人”
- 映秀恢复重建
- 对口支援新疆
- 对口支援西藏林芝县

东莞市援建映秀镇安居房工程

编辑：施雪芬

对口帮扶与支援

【市内扶贫工作】 从2002年起，东莞市启动以欠发达村为对象的市内扶贫工作。2010年9月，市委市政府启动高目标、大力度的市内扶贫，把帮扶对象由欠发达镇村扩展到有劳动能力的低保困难户，提出用2年左右时间，实现欠发达镇经济实力明显增强，欠发达村基本达到脱贫标准，有劳动能力的低保困难户80%以上家庭年人均纯收入达到最低生活保障线以上。

市内扶贫“双到”工作会议召开 2010年9月2日，市委、市政府召集市直（中央、省驻莞）有关单位和镇（街道）主要领导、分管领导及相关人员，召开全市市内扶贫帮困“责任到单位责任到人”工作会议。市委书记刘志庚要求要以治标与治本相结合、输血与造血相结合、扶贫与扶志相结合、扶贫与助困相结合实施市内扶贫。帮助落后地区发展镇村集体经济，做大做强优势产业，培育战略新兴产业，强化基础设施建设，整治优化发展环境，减少公共管理支出；加大人力、物力、财力、项目的投入，帮助落后地区调整结构，提升产业，开发项目；激发帮扶对象解放思想，转变观念，对有劳动能力的困难户进行技能培训，提供扶贫资金，帮助推荐就业，使其通过自力更生实现脱贫。副市长李小梅提出要通过落实帮扶主体，强化结对责任，创新扶贫方式，实行动态管理，统筹镇村和社会参与，完善组织、协作和督导机制，以促进市内扶贫取得实效。

结对帮扶 东莞实施市内扶贫帮困“责任到单位责任到人”工作，是以各有关部门、镇街、经济发达村（社区）以及市镇有关单位干部为帮扶主体，欠发达镇村和有劳动能力低保困难户为对象，实行“一对一”或“多对一”结对帮扶。2010年10月，东莞成立市内扶贫“双到”工作领导小组及办公室，领导小组组长由副市长李小梅担任，成员单位包括市农业局、教育局、民政局、财政局、人力资源局、社保局、国土局、住房和城乡建设局、交通运输局、水务局、卫生局、供电局、残联等13个单位。同时，90个市直（中央和省属）帮扶单位和32个镇街相应成立市内扶贫工作领导小组及日常工作机构。市镇将帮扶任务具体落实到单位和干部，市五套领导班子成员挂钩联系镇街；90个市直（中央、省属）单位和90个发达村（社区）以“二帮一”的形式定点帮扶90个欠发达村（社区）；8554名市镇干部以“一对一”或“多对一”的方式结对帮扶全市5692户低保困难户。其中有正常劳动能力的低保困难户4078户，家庭人口20019人，占全市户籍人口的1.1%。

市内扶贫政策出台 2010年9月，市委市政府出台《中共东莞市委东莞市人民政府关于市内扶贫帮困“责任到单位责任到人”工作的实施意见》，提出通过落实帮扶责任、强化结对帮扶、加大政策扶持，切实提升欠发达村和贫困群众发展能力，加快实现脱贫奔康。

① 2010年11月18日，市委书记刘志庚率队深入云浮市郁南县走村访户，实地了解“双到”工作进展

② 2010年11月11日，市长李毓全、副市长李小梅率队赴韶关市乳源县新村村调研指导扶贫开发“规划到户、责任到人”工作

③ 2010年11月，副市长吴道闻率东莞市代表团赴新疆农三师图木舒克市开展援疆工作对接和考察，并为试点项目50团小城镇建设项目竣工剪彩

2010年起，加大政策帮扶力度，在原有对欠发达镇村教育、卫生、社保、公共管理、基础设施建设等方面扶持的基础上，新增市内扶贫配套政策，包括设立定点帮扶欠发达村专项资金，每年为90个市直（中央、省属）帮扶单位安排2700万元，专项用于帮助欠发达村提高发展能力，帮助低保户解决生产生活问题；延长欠发达村扶贫贴息借款期限，免息期统一由原定的3年延长至6年，期满后还清全部借款；扩大基本农田生态补偿范围，从原来超出平均分摊比例的基本农田扩大到全市42万亩基本农田，补助标准保持每年每亩500元；实施欠发达镇村用地收费返还，欠发达镇及其辖内的欠发达村享受每镇3000亩用地收费返还，非欠发达镇的欠发达村享受每村300亩用地收费返还；扩大欠发达镇贴息贷款使用范围，除建设扶贫工业基地外，还可以用于土地统筹和生产经营性项目开发建设等方面。

帮扶进展 2010年，各帮扶单位集中组织干部到受帮扶村走访累计293次，市直帮扶单位领导班子成员走访帮扶对象累计956人次，全市接受结对帮扶的困难户累计受访1.5万户次。各市直帮扶单位、镇街以及帮扶干部个人，共投入市内扶贫帮扶资金和物资价值5190万元，为24个欠发达村启动帮扶项目33个。全年市财政为欠发达镇发放扶贫贷款4.15

① 2010年10月20日，副市长邓志广率市党政考察团一行11人赴西藏林芝考察对口支援工作，看望援藏干部，捐赠援藏资金。图为林芝县工作汇报会暨东莞援藏资金捐赠仪式现场
② 东莞市援建映秀镇安居房工程

亿元，支付利息3679万元，帮助镇街统筹土地和建设基础设施一批；为14个欠发达村提供扶持借款5400万元，帮助发展经营性项目10个，增加收入600万元；发放定点帮扶欠发达村专项资金2700万元；为经济排名靠后的285个村（社区）发放公共管理支出补助2.37亿元。9个欠发达镇全年生产总值470亿元，各项税收总额61.9亿元，可支配财政收入35.4亿元，比2009年分别增长16.5%、23.6%、9.5%，各欠发达镇主要经济指标的增速均超过全市平均水平。90个欠发达村的村组两级总资产、净资产分别为73.8亿元、46.8亿元，比2009年分别增长11.3%、12.3%；欠发达村总资产、净资产的增速均为全市平均水平的2倍多；资产负债率36.6%，下降0.4个百分点。

【市外省内扶贫工作】 根据省委、省政府扶贫开发“规划到户责任到人”工作部署，东莞市从2009年起，用3年时间对口帮扶韶关市新丰、乳源、南雄3县（市），云浮市罗定、云安、新兴、郁南4县（市），共120条贫困村、24814户贫困户、109459人贫困人口，要求通过“一村一策、一户一法”的帮扶，确保有80%以上被帮扶的贫困户年人均纯收入达到2500元以上，基本实现稳定脱贫，被帮扶的贫困村基本改变落后面貌。2010年共落实帮扶项目29537个，其中集体经济项目332个；基础设施项目1623个，扶持发展贫困户经济项目27582个，劳动技能培训26149人次，劳务输出4876人；危房改造1237户；资助贫困子女读书1295人。

【映秀恢复重建】 2010年9月，东莞市对口支援映秀镇恢复重建任务完成。援建工作从2008年8月开始，东莞市投入对口援建映秀镇资金111519万元，其中省统筹资金21519万元，市财政统筹资金90000万元，包括市慈善会接收的捐款20163.28万元，市红十字会接收的捐款3820.62万元。援建项目55个，分为“资金补助”和“交钥匙”两种援建方式。其中“交钥匙”工程由市援建工作小组工程管理处组织建设，共36个项目，总投资65809.21万元。建成安居房62栋597户52382平方米，中心卫生院1所3451.01平方米，综合市场1座2477.61平方米，震中纪念馆1座5388平方米，自来水厂1座、日供水5000立方米，市政道路19条、全长7.41公里，市政桥梁3座，修建防洪河堤4.8公里，基本建成占地面积82466平方米的映秀湾公园；“资金补助”项目19个，由映秀镇政府组织建设，总投资45709.79万元，建成农村永久性住房408户，安置房1478套，8个村卫生站、7个行政村公共服务设施用房及农村供水、公路等配套设施。

【对口支援新疆】 2010年5月，东莞启动对口支援新疆生产建设兵团农三师图木舒克市工作。全年实施援建试点建设项目3个，包括：一、50团小城镇项目，建成职工住房及配套216套，小城镇道路2.77公里，完成面积5500平方米的职工教育文化培训活动中心主体建设；二、49团温室大棚项目，建成温室50座、大棚100个（每个长80米×宽15米）；三、41团东江花园小区住房建设补助项目，计划建设职工住房250户，六层砖混结构，完成二层主体。此外，东莞市海外联谊会和东莞市凤岗嘉辉塑胶五金制品厂分别向农三师图木舒克市高级中学捐赠30万元和40万元。2010年6月，东莞市组织制药、食品加工、能源开发等行业的22家知名企业参加第六届新疆喀什·中亚南亚商品交易会，达成合作项目3个，合计23.12亿元。

【对口支援西藏林芝县】 2010年，根据省委、省政府的对口支援安排，东莞市采取“政府主导、部门支持、社会参与”的模式，通过派出援藏干部、拨付援藏经费、发动社会捐款等方式，继续从农业、旅游、文化、医疗、培训等多个方面对口支援林芝县。援助资金及物资折价688.5万元，其中市财政支持援藏项目资金123.5万元，社会捐赠资金565万元，主要建设有林芝县职工食堂改造、布久乡小学学生宿舍楼、林芝县政府大门改造、百巴镇敬老院新建及附属工程、林芝县更章门巴民族乡小学宿舍楼等5个项目。同时，东莞市通过组织考察活动、借助媒体力量等推介林芝县，进一步增强社会各界对林芝县的了解，营造积极支持林芝县发展的良好氛围。2010年林芝县发展态势良好，全县国内生产总值预计完成27.3亿元，同比增长18%；财政收入预计完成4400万元，同比增长21.61%；农牧民人均纯收入达到6050元，同比增长9.4%。

2010年7月，举行东莞市与农三师图特木舒克市对口支援工作对接座谈会

对外经济

FOREIGN ECONOMY

- 五个“1000”专项工作
- 加工贸易转型升级
- 与CEC项目签署合作备忘录
- 东莞台湾名品博览会
- 2010年上海世博会“城市最佳实践区”案例展示

旗峰路

编辑：施雪芬

对外贸易经济合作

【概况】东莞市对外贸易经济合作局是主管全市对外贸易经济合作的正处级市人民政府组成部门。2010年内设办公室、综合科、加工贸易科、产业发展科、外资管理科、国际贸易科、对外经济促进科、通关物流科、信息技术科、政策法规科、财务审计科、人事教育科等12个科室。直属单位有东莞市外商投资促进中心（副处级）和东莞市外商投资咨询服务中心（正科级）。2010年，东莞被评为全国加工贸易转型升级试点城市。截至2010年，全市拥有外商投资企业14026家，累计合同吸收外资635.3亿美元，实际利用外资541.7亿美元。

【利用外资】2010年，东莞市实际利用外资27.32亿美元，同比增长5.31%；合同吸收外资25.97亿美元（含增减资），同比增长60.71%。2010年东莞市获全省吸收外商直接投资综合奖特等奖，外商投资、加工贸易内销一等奖，外经工作二等奖、吸收世界500强跨国公司投资二等奖和服务外包先进市三等奖。

先进制造业吸收外资增幅较快。2010年，全市新签制造业项目732宗，同比增加267宗，合同吸收外资22.2亿美元，同比增长62.9%。其中，专用设备制造业合同吸收外资1.9亿美元，同比增长209.2%；通信设备、计算机及其他电子设备制造业合同吸收外资6.7亿美元，同比增长80.4%。

新签大项目平均投资规模增大。2010年，全市新签或增资投资总额超千万美元项目88宗，同比增加41宗；项目投资总额27.1亿美元，同比增长135.6%；平均投资规模超过3000万美元，同比增长25.9%。

世界500强企业在莞投资增加。2010年，全市引进世界500强企业投资项目9宗，同比增加4宗，投资总额2.98亿美元，同比增长187.7%，合同外资增资1.39亿美元，同比增长217.8%。其中，新签项目2宗，投资总额1.06亿美元，合同吸收外资3703万美元。

日韩台投资增幅较大。2010年，全市新签日韩台项目314宗，同比增加154宗。合同吸收日韩台投资10.27亿美元，同比增长96.4%。

外资企业自主创新能力提升。2010年，全市新增外资研发中心（机构）150家，同比增加66家。截至2010年，经外经贸部门批准设立的外资研发中心（机

五个“1000”深入推进加工贸易转型升级

① 2010年11月21日，中国电子信息产业集团有限公司与东莞市人民政府签署战略合作框架协议及备忘录

② 2010年11月16日，国家商务部、人力资源和社会保障部、海关总署联合授予东莞市“加工贸易转型升级试点城市”称号

① 2010年8月16—22日，市委副书记、市长李毓全，副市长江凌带队开展“台湾·广东周”系列活动，图为参观台达电子集团总部展览厅

② 2010年3月19日，市外经贸局与《东莞日报》联合举办首场“冲破传统——东莞加工贸易转型升级先锋论坛”。图为市外经贸局局长黄冠球致辞

③ 2010年3月25日，全省第二次加工贸易转型升级工作现场会在东莞市召开

④ 2010年5月24日—6月2日，副市长江凌带队开展日韩经贸系列活动，图为在日本举办东莞市转型升级政策说明会

构）有248家，其中独立法人研发机构6家。新增外商投资的服务外包企业20家，同比增加14家。新设立外商投资地区总部1家。

【外贸进出口】 2010年，东莞市外贸进出口总值1213.3亿美元，同比增长28.8%，其中出口696.0亿美元，同比增长26.1%，进口517.3亿美元，同比增长32.7%。2010年，东莞市获全省进出口综合奖特等奖、一般贸易出口一等奖。

贸易方式优化，一般贸易快速增长。2010年，全市一般贸易进出口170.9亿美元，同比增长66.3%，占全市外贸进出口的14.1%，比2009年提高3.2个百分点。其中，一般贸易出口95.4亿美元，同比增长66.9%；一般贸易进口75.5亿美元，同比增长65.6%。

贸易主体优化，民营企业较快增长。2010年，全市新开展加工贸易业务的民营企业432家，全市民营企业进出口225.3亿美元，同比增长37.1%，占全市进出口的18.6%，比2009年提高1.1个百分点。其中，民营企业出口128.5亿美元，同比增长33.6%；进口96.7亿美元，同比增长42.0%。大企业趋向做大做强，2010年全市出口300强企业出口406.5亿美元，占全市出口58.4%，同比增长27.4%。

出口市场多元化，新兴市场快速增长。2010年，香港、美国、欧盟以及日本依次列东莞市出口贸易伙伴的前4位，分别出口219.8亿美元、179.8亿美元、115.6亿美元和60.9亿美元，分别增长25.9%、20.4%、24.4%和29.7%。新兴市场方面，东莞市对东盟地区出口27.7亿美元，同比增长55.7%；对非洲地区出口4.3亿美元，同比增长45.0%；对拉美地区出口17.5亿美元，同比增长32.1%。

销售市场兼顾内外，外资企业内销快速发展。2010年，全市外商投资企业国内销售总额2054亿元，同比增长33.0%，占内外销总额的30.9%，比2009年提高1.5个百分点。

【台资企业】 2010年，东莞市新签台资项目258宗，合同吸收台资8.06亿美元，同比增长115.89%。其中新签合同外资超1000万美元的台资项目11宗，增资超1000万美元的台资项目15宗。截至2010年，东莞市已投产的台商投资企业有4278家，占全市已投产外商投资企业总数的30.5%，主要涉及电子电器、机械、纺织服装、食品、塑胶五金、化工等行业，累计合同吸收台资161.4亿美元，占全市累计合同吸收外资的25.4%；累计实际利用台资140.8亿美元，占全市累计实际利用外资的26.0%。

【五个“1000”专项工作】2010年，外经贸五个“1000”专项工作是深入实施外源型经济转型升级“三大核心工程”和《东莞市推进加工贸易转型升级工作方案》的重要举措，是加快推进加工贸易转型升级，提高利用外资质量水平的重要手段。五个“1000”包括：推动1000家符合东莞产业发展导向的来料加工企业转变形态、推动1000家有内销潜力的加工贸易企业拓展内销市场份额、推动1000家加工贸易企业提升生产力水平、拜访1000家目标引进企业（机构）、邀请1000家海外企业（机构）深入考察东莞投资环境，其中前3个事项是2010年工作落实问责事项。全年推动1250家“非法人”来料加工企业实现转型，超过问责目标750家，完成率250%；新增内销业务和内销业务增长企业1693家，超过问责目标693家，完成率169%；推动420家企业实现引进先进技术和生产设备，超过问责目标120家，完成率140%；新增364家企业由OEM（原始设备制造商）向ODM（原始设计制造商）经营模式转变，超过问责目标164家，完成率182%；新设研发中心或内设机构150个，超过问责目标50家，完成率150%；拜访目标引进企业（机构）1635家，超过年度目标635家；邀请1425家目标企业或机构深入考察东莞，超过年度目标425家。

【加工贸易转型升级专题调研】2010年3月19日，国家商务部副部长蒋耀平一行莅莞调研东莞市推进加工贸易转型升级情况。东莞市市长李毓全、副市长江凌热情接待蒋耀平一行。在广东省外经贸厅厅长梁耀文、东莞市副市长江凌的陪同下，调研组一行参观松山湖科技产业园区及相关企业，并与东莞市外经贸局、市外商协会、台商协会以及部分加工贸易企业代表进行座谈，详细了解东莞市企业转型升级以及用工、订单等相关情况。

3月31日，海关总署副署长孙毅彪一行6人抵莞，就东莞市加工贸易和海关保税监管情况开展调研。调研组一行深入寮步车检场进场通道、监控中心、查验台等相关设施进行考察，了解车检场运行情况，视察车检场的软件和硬件配套设施，并在东莞伟易达集团有限公司召开调研座谈会。东莞市副市长江凌，副秘书长郭惠良，市外经贸局、口岸局、国税局、黄埔海关、东莞海关等部门负责人，以及市外商协会、台商协会和10家企业代表参加会议。

9月2日，广东省副省长刘昆率省直有关部门负责人抵莞就加工贸易转型升级、招商引资、促进实际利用外资增长等外经贸工作进行调研。调研组在东莞市副市长江凌、市外经贸局局长等陪同下到广东生益科技股份有限公司、寮步铨讯电子厂、三星电机有限公司进行实地考察。

9月21日，由海关总署广东分署和广东省外经贸厅联合主办、东莞市外经贸局承办的“加工贸易转型升级专题研讨会”在松山湖凯悦酒店召开。会议由海关总署广东分署副主任何力和省外经贸厅副厅长吴军主持。出席会议的有海关总署、广东省府发展研究中心、省经信委、广州市外经贸局、深圳市科技工贸和信息化委员会、广东国际战略研究院、中国综合开发研究院、黄埔海关、广州海关、深圳海关、广东省物流行业协会等11个部门、协会领导共47人。

12月13—14日，国家商务部政研室主任李荣灿率由商务部、财政部、海关总署、税务总局、国研室等部门组成的加工贸易联合调研组，在广东省外经贸厅有关领导的陪同下莅莞，就东莞加工贸易转型升级的现状及政策等内容进行调研，东莞市副市长江凌，市外经贸局局长等接待联合调研组一行，并陪同调研组分别参观南城新科磁电制品有限公司、东莞三星电机有限公司和广东生益科技股份有限公司等3家企业。

【加工贸易转型升级现场会】2010年3月25日，广东省政府在东莞伟易达卫星设备有限公司召开全省加工贸易转型升级现场会。会议由广东省副省长万庆良主持，东莞市副市长江凌，市直有关部门及20家企业代表出席现场会。东莞市副市长江凌汇报东莞推进加工贸易转型升级工作的最新进展情况，并反映当前加工贸易转型升级遇到的政策障碍。

【东莞加工贸易转型升级先锋论坛】2010年3月19日，东莞市外经贸局联合东莞日报社在东莞华宝鞋业有限公司举办首场“冲破传统—东莞加工贸易转型升级先锋论坛”。东莞市委常委、宣传部部长王道平等领导应邀出席论坛并致辞。先锋论坛全年共举办6场，旨在凝聚官方、媒体、行业和民间智慧，破解后危机时代传统产业发展之困，为行业突破谋求良机，为转型升级添智献力。围绕鞋业产业转型、利用沃尔玛开展内销、外博会、来料加工转三资、企业上市及生产力提升辅导等主题，向1200多家企业现场推广典型企业经验。

【来料加工企业转型升级专题议政】2010年9月15日，东莞市政协十一届十八次常委会议在市政协大楼召开，会议对东莞市推动来料加工企业转型升级进行专题议政。东莞市政协主席刘树基，副主席刘发枝、朱伍坤、袁德和、周楚良、张玉其，秘书长梁近东，以及市政协委员、各职能部门和镇街负责人等约150人出席会议。会上，东莞市副市长江凌代表市政府就推动来料加工企业转变形态的工作进展情况作通报。市政协提案委员会、经济委员会、教科文卫体和文史委员会、社会法制和人口资源环境委员会、港澳台侨外事委员会等代表分别汇报来料加工企业转型的调研情况，分析企业转型过程中遇到的问题和工作建议。

【招商推介与经贸系列活动】2010年5月24日—6月2日，东莞市副市长江凌率市外经贸、海关、财政、国税、人力资源、外事等部门赴韩国、日本两地开展经贸活动。先后举办18场经贸活动，拜访韩国三星SMD株式会社、韩国钨珍株式会社、韩松LCD株式会社、日本TDK株式会社以及日本京瓷美达株式会社等5家大型电子生产制造企业，现场解决企业在东莞投资经营遇到的实际问题，鼓励企业增资扩产及带动上下游配套企业落户东莞。

8月16—22日，东莞市市长李毓全、副市长江凌及市政府办公室、组织、宣传、台办、外经、经信、农业、科技、旅游、检验检疫、松山湖等相关部门和东城、大朗、长安等镇街的负责人一行54人，组成东莞市分团赴台参加以“合作之旅、乡情之旅”为主题的“台湾·广东周”系列活动。东莞市分团拜访台达、光宝、金宝、华新丽华、宝成、胜华、联电、台升等8家重点台资企业的在台总部，拜访玉山金控、富邦金控、电电公会、生产力中心、物流协会、桃园职训中心等多家金融和产业服务机构。活动引进项目8宗，涉及金额5162万美元；增资项目20宗，涉及金额4.6亿美元。

11月14—23日，东莞市市长李毓全率市政府办、市外经贸局、茶山镇、黄江镇等单位有关人员一行组成东莞市政府交流团，赴日本、韩国开展巡回招商推介系列活动，先后拜访三星、普光等2家韩国

① 2010年6月18日，在东莞市举办的第二届广东外商投资企业产品（内销）博览会开幕

② 2010年3月31日，海关总署副署长孙毅彪一行莅莞调研加工贸易转型升级情况

企业，以及TDK、日立化成、先锋、奥泰斯、电产、京瓷等6家日本企业，进一步加强与企业总部高层的沟通联系。

【与CEC项目签署合作备忘录】 2010年11月21日，中国电子信息产业集团有限公司（CEC）与东莞市政府在松山湖凯悦酒店举行战略合作框架协议及备忘录签署仪式。中央政治局委员、广东省委书记汪洋，广东省委常委、秘书长、办公厅主任徐少华，副省长刘昆，中国电子信息产业集团董事长熊群力，副总经理聂玉春、赖伟德，东莞市委书记、市人大常委会主任刘志庚等出席签署仪式。

【第二届广东省外商投资企业产品（内销）博览会】 2010年6月18—21日，由广东省政府主办的第二届广东省外商投资企业产品（内销）博览会在东莞市广东现代国际展览中心举行。商务部商贸服务司副司长王德生、国家质检总局产品质量监督司司长刘卓慧、国家发改委对外经济研究所所长张燕生、广东省省长黄华华、副省长万庆良、省政协副主席徐尚武等领导出席开幕式。此届外博会有1058家企业参加，展位数2351个，展出面积5万平方米，展品涉及家电电子、玩具礼品、食品饮品等八大类近万种终端优质消费品，其中东莞市参展企业406家，展位数997个，分别占总数的38%和42%。有8400多家1万多名专业采购商与会采购，累计参展、观展、采购人员超过12万人次。签约5369个项目，总成交额达539.3亿元，签约项目和成交总额分别比首届增长10.0%和6.0%，其中东莞市成交123.6亿元，占总成交额的22.9%。

【第二届东莞外贸商品展销周】 2010年11月5日，东莞市政府与沃尔玛中国联合举办的“第二届东莞外贸商品展销周”活动在东莞、南京、昆明、厦门、深圳、北京、上海、杭州、武汉、佛山、重庆、宁波、大连、长沙、福州和成都等16个城市的30家沃尔玛购物广场同时拉开帷幕。参加此次展销活动的东莞企业有193家，以港、台资企业为主，产品涵盖电子、玩具、食品、家居日用品等行业，均在沃尔玛购物广场内以主通道“堆头陈列”与“货架陈列”的形式展销。

【组织参加107、108届广交会】 2010年，东莞市参加第107、108届广交会的筹备、组织及管理工作，由市外商投资促进中心负责，使东莞更多企业通过广交会平台“走出去”开拓国际市场。参加第107、108届广交会的企业各有176家，出口成交额分别达3.85亿美元和4.16亿美元，分别同比增长12%和8%。

【开拓国际市场工作会议】 2010年12月2—3日，广东省2011年开拓国际市场工作会议在东莞市召开。广东省外经贸厅厅长梁耀文到会并作讲话，副厅长朱泽南对广东省开拓国际市场工作情况作总结，并提出2011年开拓国际市场工作的要求。会议邀请国家发改委研究所所长张燕生讲授“后金融危机时代国际国内形势暨广东转变外贸发展方式”，150多人参加讲座。

【外商联络小组协调会】 2010年，东莞市外商联络小组协调会每月举办一次，全年举办11次。由市外商投资企业协会、台商投资企业协会在会前分别收集和提交需要协调解决的问题，涉及问题的职能部门在会上解答，事后书面反馈。同时，由市有关职能部门宣讲最新政策法规和扶持措施。2010年，协调解决实际问题50多个。

【日韩政企联络会议】 2010年7月8日，第六次在莞日资企业政企联络会议在东莞会展国际大酒店召开，东莞市副市长江凌、日本驻广州总领事馆总领事田尻和宏、日本贸易振兴机构广州代表处所长横田光弘、东莞市外经贸局、外事局、国税局、东莞海关、外汇管理局、人力资源局等11个职能部门的负责人以及62家在莞日资企业代表近100人参会。

8月31日，东莞市第一次在莞韩资企业政企联络会议在东莞会展国际大酒店召开。东莞市副市长江凌、韩国驻广州总领事馆总领事金长焕、大韩贸易投资振兴公社广州贸易馆馆长玉永在、东莞市外经贸局、外事局、公安局、东莞海关、人力资源局等9个职能部门的相关领导以及100家在莞韩资企业代表参会。

（杨　荣　王颂辉　刘晓明）

附：2010年东莞市对外贸易经济合作局领导名录

局　长：黄冠球

副局长：方见波　蔡　康　周伟森　叶国柱

纪检组长：黄朝东

附：2010年东莞市外商投资促进中心领导名录

主　任：曾育辉

2010年世界500强企业在莞投资情况

单位：万美元

序号	企业名称	投资方式	设立时间	所属镇街	所属跨国公司名称
1	东莞雀巢有限公司	外资	1988.1	南城区	雀巢（瑞士）Nestle'
2	东莞南城新科磁电制品厂	来料加工	1988.10	南城区	日本东京电气化学工业公司（TDK）
3	东莞市桥头安迅电子厂	来料加工	1990.9	桥头镇	美国保德信人寿保险 Prudential finanical
4	东莞兴宝化工有限公司	合资	1992.10	沙田镇	伊藤忠（日本）Itochu
5	东莞石龙粤龙光学制品厂	来料加工	1992.3	石龙镇	京瓷（日本）Kyocera
6	东莞三星电机有限公司	外资	1992.7	寮步镇	三星（韩国）Samsung
7	东莞麦当劳食品有限公司	合资	1993.4	城区等	麦当劳（美国）McDonald's
8	东莞力达电机有限公司	外资	1993.6	塘厦镇	通用电气（美国）General Electric
9	东莞汇勋电器制品有限公司	外资	1993.6	塘厦镇	通用电气（美国）General Electric
10	东莞住商益安金属制品有限公司	合资	1993.7	沙田镇	住友商事（日本）Sumitomo
11	东莞川电钢板制品有限公司	外资	1994.1	长安镇	川铁商事（日本）Kawasho
12	东莞杜邦电子材料有限公司	外资	1994.3	南城区	杜邦（美国）E.I.Du Pontde Nemours
13	东莞大华汽车维修服务有限公司	合资	1994.7	南城区	怡和（香港）Jardine Matheson
14	金霸王（中国）有限公司	合资	1994.7	南城区	美国吉列公司
15	三井高科技电子（东莞）有限公司	外资	1994.8	长安镇	三井（日本）Mitsui
16	国民淀粉化学（广东）有限公司	外资	1994.9	虎门镇	帝国化学（英国）Imperial Chemical Industries（ICI）
17	东莞日技金属加工有限公司	外资	1995.11	常平镇	住友商事 Sumitomo（日本）
18	东莞宝田化工有限公司	合资	1995.12	沙田镇	伊藤忠（日本）Itochu
19	东莞华强三洋电子有限公司	合资	1995.12	塘厦镇	三洋电机（日本）Sanyo Electric
20	诺基亚首信通信有限公司东莞公司	合资	1995.5	南城区	诺基亚（芬兰）Nokia
21	东莞铁和金属制品有限公司	外资	1995.6	南城区	新日铁（日本）Nippon Steel
22	可口可乐装瓶商生产（东莞）有限公司	合资	1995.7	南城区	Coca-Cola （美国）
23	东莞石龙京瓷光学有限公司	合资	1995.8	石龙镇	京瓷（日本）Kyocera
24	东莞华强三洋马达有限公司	合资	1996.12	塘厦镇	三洋电机（日本）Sanyo Electric
25	东莞佳汇视讯电子厂	来料加工	1996.12	大岭山镇	皇家飞利浦电子（荷兰）Royal Philips Electronics 伟创力（新加坡）Flextronics International
26	东莞时力科技电子厂	来料加工	1997.1	长安镇	日本东京电气化学工业公司（TDK）
27	罗门哈斯电子材料（东莞）有限公司	外资	1997.12	东城区	罗门哈斯Rohm and Hass
28	东莞喜威液化石油气有限公司	合资	1997.6	经贸总	SHV Holdings（荷兰）
29	东莞百音电子有限公司	外资	1998.6	南城区	先锋电子（中国）投资有限公司
30	东莞石龙粤龙办公设备制造厂	来料加工	1999	石龙镇	京瓷（日本）Kyocera
31	广东福地日合偏光器件有限公司	合资	1999.7	南城区	丸红商事（日本）MaruBeni
32	东莞佳汇电子厂	来料加工	1999.8	大岭山镇	皇家飞利浦电子（荷兰）Royal Philips Electronics 伟创力（新加坡）Flextronics International
33	恩智浦半导体广东有限公司	外资	2000.1	黄江镇	皇家飞利浦电子（荷兰）Royal Philips Electronics
34	先锋高科技（东莞）有限公司	合资	2000.11	寮步镇	日本先锋株式会社
35	最上（东莞）电子有限公司	外资	2000.2	塘厦镇	日本先锋公司
36	阿克苏诺贝尔涂料（东莞）有限公司	外资	2000.4	大岭山镇	阿克苏·诺贝尔（荷兰）Akzo Nobel
37	东莞清溪三清半导体厂	来料加工	2000.5	清溪镇	三洋电机（日本）Sanyo Electric
38	东莞肯德基有限公司	外资	2000.8	城区等	百事公司（美国）Pepsi co.
39	先锋信泰（东莞）光学有限公司	合资	2000.8	长安镇	（日本）十和田电机株式会社
40	东莞三星视界有限公司	外资	2001.11	厚街镇	三星电子（韩国）Samsung Electronics
41	东莞新长桥塑料有限公司	外资	2001.12	沙田镇	三菱商事株式会社

续上表

序号	企业名称	投资方式	设立时间	所属镇街	所属跨国公司名称
42	京瓷美达办公设备（东莞）有限公司	合资	2001.12	石龙镇	京瓷（日本）Kyocera
43	东莞大岭山双叶机械厂	来料加工	2001.4	大岭山镇	丰田通商（日本） Toyota Tsusho
44	东莞石龙京粤光学制品厂	来料加工	2001.5	石龙镇	京瓷（日本）Kyocera
45	洪梅富士通电装电子厂	来料加工	2001.9	洪梅镇	富士通（日本）Fujitsu
46	东莞石龙粤龙电磁离合器厂	来料加工	2001.9	石龙镇	京瓷（日本）Kyocera
47	东莞百悦电子有限公司	合资	2002.2	南城区	日本先锋公司
48	东莞沃尔玛百货有限公司	合资	2002.6	城区	沃尔玛（美国）Wal-Mart Stores
49	日立化成工业（东莞）有限公司	外资	2002.6	茶山镇	日立化成工业株式会社
50	泰科电子（东莞）有限公司	外资	2002.6	厚街镇	美国泰科国际
51	三井高科技（广东）有限公司	外资	2002.8	长安镇	三井（日本）Mitsui
52	东莞能率科技有限公司	外资	2003.12	寮步镇	佳能（日本）Canon
53	东莞新科技术研究开发有限公司	外资	2003.12	南城区	日本东京电气化学工业公司（TDK）
54	日立蓄电池（东莞）有限公司	外资	2003.5	茶山镇	日立（日本）Hitachi
55	麦德龙物业管理（东莞）有限公司	外资	2003.5	万江区	麦德龙Metro（德国）
56	东莞长安新科磁电制品厂	来料加工	2004.4	长安镇	日本东京电气化学工业公司（TDK）
57	日立金属（东莞）特殊钢有限公司	外资	2004.5	茶山镇	日立（日本）Hitachi
58	日立粉末冶金（东莞）有限公司	外资	2004.6	茶山镇	日立（日本）Hitachi
59	东莞百安居装饰建材有限公司	外资	2005.1	万江区	kingfisher（英国翠丰集团）
60	东莞住矿电子浆料有限公司	合资	2005.12	松山湖	住友商事（日本） Sumitomo
61	东莞马士基集装箱工业有限公司	外资	2005.5	麻涌镇	马士基集团A.P.Moller-Maersk Group
62	爱思开钢铁（东莞）有限公司	外资	2005.7	寮步镇	鲜京sk
63	东莞家乐福商业有限公司	外资	2006.11	东城区	家乐福（法国）Carrefour
64	东莞贝盈激光仪器有限公司	外资	2006.11	樟木头镇	德国博世
65	杰斯比塑料（东莞）有限公司	外资	2006.12	松山湖	伊藤忠（日本）Itochu
66	东莞杜邦华佳高性能涂料有限公司	合资	2006.5	万江区	杜邦（美国）E.I.Du Pontde Nemours
67	东莞永佳中通汽车服务有限公司	合资	2006.8	厚街镇	丰田通商（日本）Toyota Tsusho
68	东莞三星钢材加工有限公司	外资	2006.9	大朗镇	三星物产
69	柯尼卡美能达商用科技（东莞）有限公司	外资	2007.11	石龙镇	日本柯美
70	日铁商事（东莞）经济咨询有限公司	外资	2007.11	南城区	日本新日铁
71	东莞京瓷置业有限公司	外资	2007.11	石龙镇	日本京瓷
72	东莞伟创力实业有限公司	外资	2007.12	机械公司	伟创力（新加坡）Flextronics International
73	东莞大朗庞巴迪动力产品厂	来料加工	2007.4	大朗镇	加拿大庞巴迪
74	欧图（东莞）企业管理咨询有限公司	外资	2007.7	万江区	德国奥托集团
75	东莞三星道达尔工程塑料有限公司	外资	2008.5	大岭山镇	韩国三星　法国道尔顿total
76	沃尔玛（东莞）商业零售有限公司	外资	2009.2	莞城街道	沃尔玛
77	京瓷爱克（东莞）电子有限公司	外资	2009.7	石龙镇	京瓷（日本）Kyocera
78	东莞汉莎产品技术咨询服务有限公司	外资	2009.9	寮步镇	德国奥托集团
79	东莞乐艾电子科技有限公司	外资	2010.9	松山湖	韩国LG（乐金）

贸易促进

【概况】2010年，东莞市贸促会党支部到期换届实行“公推直选”，产生新一届支部委员会，委员平均年龄为37岁，均为本科学历。市贸促会先后开展“服务政企　当好桥梁”的党建品牌创建和“贸促学习论坛”等活动。

【出证认证】2010年，市贸促会签发一般原产地证26943份，同比上升19%；出具国际商事证明书1657份，认证外贸单据45份，代办领事认证436份，网上签证986份。

【来访接待】2010年，市贸促会接待境内外来访团体20个，300人次。其中包括澳门企业家代表团一行、外国名誉领事来访团、东南欧驻穗领事馆领事来访团一行、世界和谐基金会代表一行、伊拉克政府采购团一行等。

【组织企业参加国内外交流、洽谈会、展览会】2010年，市贸促会组织东莞企业代表先后参加“2010大连中日贸易投资展示洽谈会”、“广东—马来西亚双边企业家交流会”、“2010年中国东莞经济峰会”、“韩国投资推介会”、“第四届中国—拉美企业家高峰会广州推介会”等7场专题活动和“2010台湾国际茶业博览会”、“香港珠宝首饰展览会”、“第十五届澳门国际贸易投资展览会”、“第二届中国（无锡）新能源大会暨太阳能展览会”4场专业展览会。

【展览会举办】主办“第三届东莞国际茶业博览会”。5月15—18日，市贸促会主办的“第三届东莞国际茶业博览会”在东莞国际会展中心举行。展会展览面积1万多平方米，有100多家国内知名茶商参展，近8万人次进场参观，成交额超过2千万元。当届“茶博会”具有两大亮点：一是首创“老茶、藏家展示交易区”，旨在促进茶商、藏家相互之间的交流与老茶的流通与贸易；二是在整个中国茶行业中率先推出“将东莞打造成为普洱茶陈化地”的新概念。

承办“2010年东莞台湾名品博览会”。6月22—25日，由市人民政府与台北世界贸易中心联合主办，市台湾事务局、市外经贸局、市贸促会和市台商投资企业协会共同承办的“2010年东莞台湾名品博览会”（以下简称“台博会”）在东莞国际会展中心举行。有400家莞台两地台湾企业参展，使用1100个摊位（东莞台资企业约600个，台湾本土企业约500个），展览面积2万平方米，

打造一流贸促机构，为企业国际化经营提供全方位的优质服务

① 2010年4月13日，由中国贸促会和市贸促会举办的“东莞——东南欧经贸合作论坛”在东莞举行
② 2010年4月22日，由市贸促会参与承办的“2010年东莞台湾名品博览会”在东莞国际会展中心开幕
③ 2010年6月21日，世界和谐基金会执行主席刘藩一行来访市贸促会
④ 2010年6月21日，市贸促会与世界和谐基金会在莞联合举办“联合国采购入门交流研讨会”

① 2010年9月8日，由市贸促会主办的“高峰论坛之品牌论剑”在莞成功举行

② 2010年10月7日，东莞以“东莞松山湖——城市绿色发展的成功典范”为主题，参加2010年上海世博会“城市最佳实践区”第三类案例展示

③ 2010年10月28日，由中国贸促会和市贸促会举办的“第四届中国—伊拉克商品采购洽谈会”在莞举行。会上，市贸促会与伊拉克代表签署合作协议

④ 2010年12月13日，市贸促会组织东莞企业赴埃及首都开罗举办“2010中国商品贸易交流会（开罗）”

展出超过2万项台湾优质商品及服务。为方便采购商参观，展览按产品类别规划10大展区展出。展会4天累计参观人次为34.56万人次（其中专业采购商6080人，消费大众339520人），成交额超过19亿元。当届“台博会”旨在推动台资企业转型升级：一是利用台湾产品在大陆消费市场形象良好的契机，以台湾名品为号召，透过展会及各项活动宣传协助台商建立自有品牌，实现台资企业的转型升级；二是推动台湾商品集体品牌的宣传，以帮助东莞台商建立联营批发大卖场，拓展内销市场；三是致力于东莞乃至全国大中型城市的投资环境宣传和推介。

【专题研讨会、洽谈会举办】 “东莞—东南欧经贸合作论坛”。2010年4月13日，由中国贸促会主办、市贸促会承办的“东莞—东南欧经贸合作论坛”在东莞会展国际酒店举行。中国贸促会副秘书长兼会务部部长于晓东、市政府副秘书长郭惠良、中国国际商会副秘书长林舜杰和东莞有关部门的领导以及近40名来自东莞各行业的企业代表出席论坛。东南欧国家驻华使馆的大使、参赞和专家分别向与会企业代表详细介绍有关东南欧的经济、投资、法律情况，讲解该市场经济贸易和投资政策的最新变化，以及分析东南欧的投资潜力和未来的贸易合作发展方向。

“联合国采购入门交流研讨会”。2010年6月21日，由市贸促会和世界和谐基金会联合主办的“联合国采购入门交流研讨会”在市贸促会多媒体会议室举行。世界和谐基金会执行主席刘藩、联合国采购局总顾问帕玛利、世界和谐基金会副主席朱帝等出席研讨会并发表讲话。市家具行业协会、市电子行业协会、市玩具协会、市纺织服装行业协会、市外贸行业协会以及东莞市多家企业近50名代表参会。

“2010中国制造高峰论坛之品牌论剑”。2010年9月8日，由市贸促会主办的“2010中国制造高峰论坛之品牌论剑”在东莞会议大厦举行。论坛上，著名策划人叶茂中与近千名东莞企业及业界人士共同探讨如何塑造品牌。通过对“真功夫”、“361度”、“柒牌男装”、“安踏”等成功企业产品的广告展示和分析讲解，结合广告、营销、传播和品牌建设的理论研究，向企业讲授品牌策划、品牌打造、品牌创意等方面的知识。

“第四届中国—伊拉克商品采购洽谈会”。2010年10月28日，由中国贸促会和市贸促会举办的“第四届中国—伊拉克商品采购洽谈会”在东莞国际会展酒店举行，30名东莞企业代表参会。市贸促会与伊拉克贸易部总采购中心现场签署合作备忘录。

“国家实施自贸协定政策企业巡讲会”。2010年11月30日—12月2日，市贸促会在莞城、凤岗和长安连续举办3场“国家实施自贸协定政策企业巡讲会”。邀请广东省贸促会法律部和黄埔海关关税处的相关负责人就中国已实施的优惠贸易安排、自贸区原产地规则以及企业如何充分利用好优惠贸易政策、优惠原产地证申办流程和实务操作的内容进行授课。600多名来自东莞各镇街外经贸部门及企业的代表参会。

“2010中国·商品贸易交流会（开罗）”。2010年12月12—18日，市贸促会组织15家东莞企业赴埃及举办“2010中国·商品贸易交流会（开罗）”。交流会将举办境外展览、考察新兴市场和投资环境有效结合起来，是东莞首次由政府部门组织东莞企业到国外参加其主办的展览活动。中国驻埃及大使馆经济商务参赞处主任李满生，埃及联合商会、埃及联合商会外事关系处和埃及投资局的相关负责人及埃及各行业采购商参加开幕式。

【参与2010年上海世博会“城市最佳实践区”案例展示】 2010年10月7—12日，上海世博会东莞案例展示在世博园“城市最佳实践区”城市未来馆三楼案例报告厅举行，展示主题为“东莞松山湖：绿色发展的成功典范”，展示方向是展现东莞如何通过松山湖实现非区域中心的传统制造业城市的可持续发展。市贸促会及松山湖管委会的有关领导出席东莞案例展示揭幕仪式，并全程参加东莞案例展示相关推广活动。

东莞参与“城市最佳实践区”的展示理念集中在“低碳”和“绿色”，通过展示告诉世界，东莞的产业由低端走向高端、环境污染问题得到逐步解决、生态环境一天比一天好，通过展示让世界认识新的东莞，新的松山湖。案例展示分两大部分，第一部分为“绿色东莞的崛起”，分别从“东莞——引领绿色城市发展新风范”、“新东莞，新经济”、“海纳百川，厚德务实”、“人人参与，绿色东莞”、“莞邑文化，岭南特色”等5个方面进行展示；第二部分为“松山湖——城市绿色发展的成功典范”，分别从“城市绿色发展的理念”、“绿色产业，低碳范本”、“松湖烟雨，生态绿洲”、“绿色生活、幸福松湖”、“绿色科技，创业乐园”、“松湖花海，世外桃源”、“松湖烟雨，在水一方”、“日啖荔枝三百颗，不辞常做松湖人”等8个方面进行展示。案例展示期间，中外游客前来参观，相关专家也来访探讨和交流如何更好实践城市的发展。（谢海燕）

附：2010年中国国际贸易促进委员会东莞市委员会领导名录

会　长：李文峰

副会长：莫锦志　周雪华（11月到任）

口　岸

【概况】东莞市口岸局是代表东莞市人民政府规划、建设、管理东莞口岸和协调处理口岸问题的职能部门，内设办公室、业务、工程管理、人事、财务5个科室，市纪委派驻监察室，下设太平、沙田、凤岗、常平、长安、寮步、麻涌7个正科级口岸分局，下辖东莞市口岸车检场管理服务中心（副处级）、东莞市口岸建设发展有限公司（正科级）两个事业单位。

截至2010年，东莞市建成和开通7个口岸。其中虎门港口岸和东莞铁路（客运）口岸为一类口岸，二类口岸5个（太平、沙田、莞城、麻涌、中堂进出口货物装卸点）。纳入口岸管理的进出境货运车辆检查场4个（凤岗、长安、寮步、虎门〈临时〉车检场），其中凤岗车检场是全国最繁忙的二线车检场。

驻东莞口岸的检查检验单位有：东莞海关、太平海关、黄埔海关驻凤岗办事处、黄埔海关驻长安办事处、黄埔海关驻沙田办事处、黄埔海关驻常平办事处、新沙海关、东莞出入境检验检疫局、东莞边防检查站、东莞海事局、广州海事局沙角海事处。

在东莞口岸配置的经营服务机构有：外轮代理、外轮理货、中国银行、港澳客运公司、航运公司、外贸进出口公司和庞大的报关服务业。东莞口岸初步形成客、货运兼有，水路、公路、铁路多通道，检查检验和经营服务机构齐全，人员、货物、交通工具进出境比较方便快捷的口岸网络，成为东莞市投资环境的重要组成部分。

2010年经东莞市口岸入出境人员76万人次，进出境货运车辆186.2万辆次，进出口货物2350万吨（其中水运口岸1253万吨，陆路口岸1097万吨），进出境列车7280车次，入出境船舶18164艘次。东莞水运口岸进出境货运量首次超过陆路口岸，货物通关模式由过去陆路口岸占主导地位转变为水运口岸占主导地位，港口经济一路飘红。2010年东莞市口岸局连续5年获“广东省口岸大通关建设”一等奖。

【口岸建设】2010年，市口岸局科学制定《东莞市第十二个五年口岸发展规划》。口岸基建工程建设进展顺利，2010年市财政批复的口岸基建项目有41项，总投资规模5.26亿元，全年实施预算安排2.34亿元。其中寮步车检场二期工程、黄埔海关驻凤岗办事处增建集体宿舍等9项工程完工，累计完成投资金额6950万元；沙田车检场和凤岗海关施封

东莞市口岸局

2010年12月30日，东莞市口岸局新办公大楼正式启用。省政府口岸办公室主任邬公权，市委常委、副市长江凌，市政府副秘书长郭惠良，市口岸局局长郭水共同为新办公大楼启用揭牌

① 2010年5月11日，省政府口岸办公室主任邬公权一行到东洲国际石化码头检查指导对外开放工作

② 2010年3月31日，海关总署副署长孙毅彪一行到寮步车检场调研。市委常委、副市长江凌，市政府副秘书长郭惠良，市口岸局、外经贸局、黄埔海关、东莞海关等部门负责人陪同考察

③ 2010年10月21日，东莞铁路（客运）口岸举行迎亚运突发事件应急处置联合演练，市口岸局、海关、检验检疫、边检、火车站等5个部门共96人参加演练

区工程正式批复立项，投资规模分别为2.6亿元和2857万元。虎门港（太平）客运口岸搬迁工程可行性研究报告基本完成，码头环评、海洋环评、海域使用论证、防洪论证等论证报告由相关专业单位进行编制，进入收尾阶段。

【口岸对外开放】 2010年，虎门港口岸扩大对外开放范围，海昌煤炭码头、深赤湾码头分别于2月8日和9月13日正式对外开放。东莞保税物流中心（B型）于5月11日正式封关运作；虎门港口岸于3月31日顺利开通首条对台直航班轮航线；帮助东洲国际石化码头等申报码头完成对外开放所需设施的设计规划建设工作。

【口岸协调管理】 2010年，市口岸局重点做好东莞市口岸安全生产工作和省“三会”东莞口岸安保工作，启动东莞市口岸工作领导小组，全面负责东莞口岸迎亚运工作的协调和领导，确保口岸安全畅通。制定《关于东莞市对二类口岸进行整合清理的处理方案》，对东莞市二类口岸按照“四不原则”，以就近并入和撤销的方法进行处理，截至2010年,省政府已经同意方案，上报国家口岸办待确认。召开跨境运输协会司机代表座谈会，维护口岸通关秩序和社会稳定。积极调研，对国家口岸管理办公室《口岸管理条例（征求意见稿）》提出修改意见。

【服务企业】 2010年，东莞市口岸局继续按照市委、市政府的精神减免口岸收费5700万元。协调驻莞查验单位，帮助深赤湾码头、海昌码头在试营业期间试靠大型运糖船和大型煤船，确保安全顺利靠泊；保障中远船务麻涌公司建造的“亚尼斯”和“珀斯”大型散货船等船舶顺利下水交船，打造华南船舶制造重镇；确保虎门港开港以来最大散货船“普克巴克”号货轮（载重约7.6万吨）能够顺利进入虎门港口岸安全靠泊，帮助企业解决生产经营实际困难。协助驻莞查验单位落实各项扶持外贸出口和加工贸易转型的优惠政策。

【文明口岸活动开展】 2010年，市口岸局继续在驻莞查验单位推行义务廉政监督员工作制度；开展口岸大通关建设；继续推进口岸单位政务公开工作；推进驻莞查验单位依法行政工作；完善便民措施，提供优质服务；开展丰富多彩的文体活动，增强队伍的活力和凝聚力，连续第7年组织“共植口岸林”活动。2010年，东莞市局沙田分局收费组获“广东省青年文明号”，东莞市局工会沙田分会获“全国模范职工小家”称号。（唐三保）

附：2010年东莞市口岸局领导名录

局　长：郭　水

副局长：莫国源　姜　伟　袁沛洪　刘国新

纪检组长：翟肖如

海　关

【概况】2010年，东莞片区海关按照海关总署“进一步优化海关监管和服务，为实现经济平稳较快发展作出新贡献”的总体部署，结合黄埔海关“稳定队伍，夯实基础，改革创新，优化提升”的工作主题，整体工作稳中有进，多项工作取得突出成效：东莞海关荣获中央和省驻莞机关先进单位，常平办事处获省直机关“文明单位”称号，东莞海关、常平办事处分别有科室获评广东省“巾帼文明岗”和“青年文明号”。截至2010年，东莞地区设7个隶属关、办事处，分别是东莞海关（业务辖区包括东莞市莞城、东城、南城、万江、寮步镇等16个镇街和松山湖科技产业园）、太平海关（管辖范围包括虎门、厚街两镇）、新沙海关（负责监管广州港新沙港区各码头、虎门港麻涌作业区各码头及虎门港新沙南作业区各码头）、驻凤岗办事处（负责凤岗、清溪、塘厦、黄江、大朗、寮步、常平、东坑、桥头、谢岗、樟木头等11个镇企业进出口货物监管及凤岗、清溪、塘厦、谢岗和樟木头等5镇加工贸易保税业务）、驻常平办事处（辖区包括东莞市常平镇、横沥镇、企石镇、桥头镇、东坑镇）、驻长安办事处（主要办理长安、厚街、大岭山和沙田等4个镇加工贸易企业进出境货运车辆及其所载进出口货物的报关、验放等业务及长安和大岭山2个镇的加工贸易和企业监管业务）、驻沙田办事处（监管区域包括11个码头、1个保税物流中心及4个保税仓库和1个出口监管仓），均隶属于黄埔海关。

【海关业务建设】促进转型升级。2010年，东莞地区海关优化内销服务水平。完善内销预归类预审价、“集中申报”、“网上拍卖”模式，推行内销信息化管理，实现内销管理电子化、审核无纸化，引导企业开拓国内市场，2010年全市外资企业内销约占内外销总额的三分之一。促进企业转型。进一步完善工作机制，优化作业模式，落实转型企业在办理注册、结转、备案、核销等业务的便利措施，最大限度地减少转型给企业生产经营带来的影响，全市已累计1250家来料加工企业办理转型手续。支持企业解决历史遗留问题。争取政策支持，将自查申报时限延期至2010年12月31日，依法加快进行溢余料件处理和自查补税结案进程，为2000多家企业办理自查申报手续，补税金额逾亿元。认真研究讨论东莞市加工贸易转型升级试点城市先行先试政策建议，参与“试点城

稳定队伍　夯实基础　改革创新　优化提升

2010年12月6日，海关总署副署长、广东分署主任吕滨到东莞海关调研指导创先争优工作

① 东莞海关荣获省、市“巾帼文明岗”揭牌
② 东莞海关分类通关业务协调员走访企业
③ 2010年10月21日，黄埔海关常平办事处参加东莞铁路口岸部门亚运安保联合演习
④ “6·26”国际禁毒日销毁毒品仪式（东莞虎门）
⑤ 新沙口岸验放进出口汽车

市优化通关环境”调研活动，就联网监管、陆运通关、加贸内销、分类管理等进行积极探索，努力用足用好先行先试政策。

支持保税物流发展。2010年，东莞地区海关创新保税物流监管模式，帮助企业实现物料零库存、物流集约化、车间与仓库无缝对接，既能享受保税监管降低企业经营成本的实惠，又能减少保税监管诸多环节审批造成的不便。2010年4月，与华为公司签订“守法便利”合作备忘录，探索实施“保税物流＋一般贸易”的监管模式，帮助企业更好地适应国际国内市场，应用信息化手段，实现海关“管得住”、企业“通得快”的目标，改革成效大大超出企业的预期。

深化海关改革。试行分类通关改革。2010年，东莞地区海关在海运分类通关改革的基础上，深化“以企业为单元”的分类通关改革，对诚信企业实施提高管理权限、落实分类通关守法便利9项措施、设立“海关事务协调员”，2010年在莞试点企业QP系统（快速通关系统）全部安装到位、单证暂存仓库全部验收、单证暂存模式全部实现，单证暂存共计6947份。82%以上的报关单通过“低风险快速放行”，大大降低企业通关成本。推进加贸“三方联网”。2010年10月18日“三方联网”系统试点运行，成功核发首份“三方联网”电子化手册，是全国海关首个上线运行的“三方联网”系统，实现地方政府外经部门、海关和企业之间加工贸易备案数据的实时交互，外经部门与海关之间加工贸易监管数据的共享，方便企业运作，提高海关管理效能。打造“阳光通关”。驻莞海关单位将政务公开工作与业务改革同步设计、同步实施，启用“12360”服务热线，完善政务公开信息发布平台，在沟通机制、公开渠道、公开内容上下力气，不断推进与地方政府、企业的良性互动。2010年12月东莞海关被总署命名为全国海关政务公开示范点。

协调关区统一执法。2009年，东莞地区各海关单位按照黄埔海关党组的决策部署，围绕“提升区域内海关执法的统一性”，积极探索，密切配合，在保持现行领导体制不变的情况下，运用制度和机制的办法来实现区域内的统一执法。2010年6月，建立东莞地区海关联系配合机制，东莞地区7个隶属海关每个季度作为轮值单位轮流组织召开关长联席会议，截止2010年，已召开2次关长联席会、1次专题协调会、2次联络员会议，妥善处理多个业务问题，形成问题共商、规范执法的工作机制，密切与地方党政及社会有关方面联系，取得良好效果。

【亚运安保】2010年，东莞地区海关借鉴奥运安保经验，制订突发事件应急处置预案，开展实地演练，强化监管人员应急处置能力；打造亚运物资通关绿色通道，在现场设置“亚运专窗”，保证亚运物资及时通关；对核辐射物质、监控化学品、易制毒化学品、卫星电视地面接收设施等各类重点监控物品加大查验力度，查获一批仿真枪配件、小型低空慢速飞行器、易制毒、易燃化学品等“涉亚”管制物品，为“平安亚运”做出贡献，海关总署副署长鲁培军亲临海关现场检查指导并给予肯定。常平办事处旅检现场查获的土沉香走私案被媒体广泛报道，太平海关旅检亚运安保监管和演练工作受到中央电视台采访报道，取得良好社会反响。

【打私】2010年，打私工作与海关其他工作一同部署、一同落实，很好地发挥海关缉私警察打击走私“主力军”作用和业务现场的基础性作用，提高海关“大监管”的整体效能。2010年，按照上级部署，针对特殊商品和行业，开展多次专项行动，保持打击走私的高压态势。同时，海关大力开展“红包”综合整治，加强行风建设，挤压非法中介活动空间，倡导和营造廉洁健康的通关环境，共同维护公平贸易秩序。协助海关总署顺利完成“6·26”国际禁毒日销毁毒品仪式的现场组织工作，受到各级领导的一致好评。东莞海关缉私分局被海关总署缉私局命名为全国海关缉私部门执法示范单位。（吕飞飞）

附：2010年东莞海关领导名录

关　长：王庆华

副关长兼东莞海关缉私分局局长：

李文龙

副关长：林少涛（任至8月）　黄　舸

陈祖林　毛明曦（8月到任）

汤　勇（8月到任）

特派员：黄志平（任至10月）

邓伟民（10月到任）

2010年太平海关领导名录

关　长：俞熙方（任至4月）

陈　平（5月到任）

副关长兼太平海关缉私分局局长：

陈　平（任至5月）

金石磊（8月到任）

副关长：郑　忠　林　臻　杨　朴

毛明曦（任至8月）

特派员：刘　锋（任至10月）

2010年新沙海关领导名录

关　长：李　刚

副关长兼新沙海关缉私分局局长：

邓志平

副关长：单城新　庄文庆（8月到任）

汤　勇（任至8月）　徐亚平

特派员：王苏林

2010年黄埔海关驻凤岗办事处领导名录

主　任：王　强（任至7月）

张家珍（8月到任）

副主任兼驻凤岗办事处缉私分局局长：

朱伟建

副主任：罗益建　王茂盛　张学敬

特派员：邓伟民（任至8月）

张　佳（8月到任）

2010年黄埔海关驻常平办事处领导名录

主　任：曾海瑛

副主任：欧阳再良　吴　锋　吴加林

特派员：谢海群

2010年黄埔海关驻长安办事处领导名录

主　任：武　刚（任至4月）

刘　义（4月到任）

副主任兼长安缉私分局局长：师　众

副主任：谢安政　尹敬仁　刘湘怀

特派员：周泽升

2010年黄埔海关驻沙田办事处领导名录

主　任：武　非

副主任：宋海剑　倪小祥　周婉虹

特派员：魏沛生

检验检疫

【概况】2010年，东莞检验检疫局检验检疫出入境货物139.6万批，货值388.9亿美元；检疫出入境交通工具14831艘次；检疫集装箱169.5万标箱；监测体检10154人次，发现各类疾病病例1023例；签发普惠制产地证17.4万份、一般原产地证15.9万份、区域性优惠原产地证书2万份；完成解除监管设备323批、外商投资财产鉴定10批次；检出1980批不合格进出口货物，货物总值15879万美元。

2010年，东莞检验检疫局被国家质检总局评为2010年度“质检政务信息工作先进单位”；被东莞市人民政府评为“东莞市先进集体”、“中央和省属驻莞机关先进单位”、“东莞市2010年度食品安全工作先进单位”、“2009—2010年度预防职务犯罪先进单位”、“人口和计划生育工作先进单位”；东莞检验检疫机关党委党建品牌“先锋示范岗”被东莞市委组织部、东莞市委创争办和东莞市直工委评为“市直机关党建百佳”，机关党委被评为东莞市直机关党建工作量化考评先进单位；被东莞市口岸局评为2010年度“口岸信息工作先进单位”、“口岸信息投稿先进单位”，被东莞市妇联评为2010年度“中央和省属驻莞单位妇女工作先进单位”，被东莞市总工会评为“东莞市工会工作先进单位”；检务科、凤岗办事处被国家质检总局评为2010年度全国检验检疫系统“文明服务窗口”，太平办事处、检务科被广东检验检疫局评为2008—2010年度“检务先进集体”，办公室获得全市保密工作先进单位称号；科技项目《食品生产过程质量信息电子自动采集实时监控系统》获东莞市科学技术进步奖一等奖。

【质量提升】2010年，东莞检验检疫局将“质量提升活动”作为各项工作的主线，在12家重点企业召开质量分析会，举办7场专家解读进出口产品质量知识活动，组织3次质量提升示范会，约249家企业、380名企业负责人及质量管理人员参加；组织免费培训35次，培训企业558家。引导企业开展“质量标杆管理”、“质量对比提升”、“质量管理标杆”，选取26家企业作为“质量标杆管理”试点企业；开展检测机构

抓质量、保安全、促发展、强质检
实施以质取胜战略，建设和谐幸福东莞

① 2010年1月27日，国家质检总局副局长魏传忠（左四）一行在广东检验检疫局局长李延辉（前左一）的陪同下，到东莞检验检疫局检查指导工作

② 2010年11月14日，台北体育观光团从太平入境，东莞检验检疫局引导该团成员进入亚运专门通道，迅速完成相关的检疫查验与放行

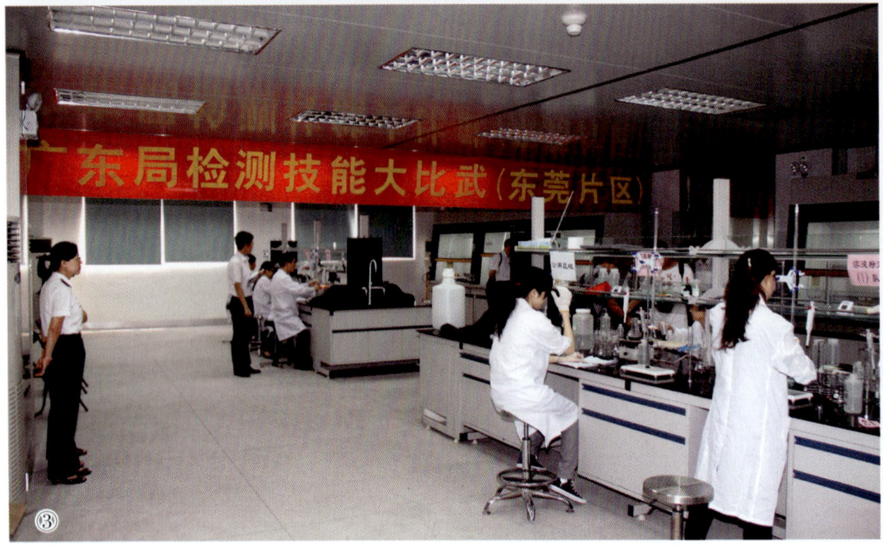

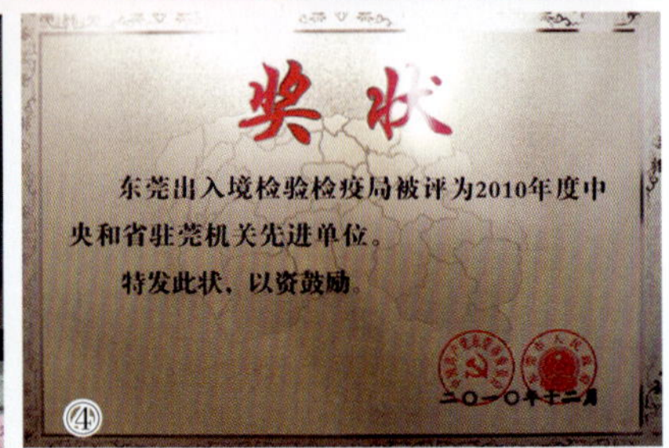
奖状

东莞出入境检验检疫局被评为2010年度中央和省驻莞机关先进单位。

特发此状，以资鼓励。

二〇一〇年十二月

整顿活动，开展ISO/IEC17025:2008和ISO9001:2008标准和内审员培训，参加认监委及国内外权威机构组织的能力验证和广东检验检疫局实验室间比对试验活动。稳步推进出口商品分类管理合格评定工作，2010年完成辖区内90%以上出口工业品生产企业的分类评审，评定出口工业品生产企业3300多家，其中二类企业2093家，三类企业1151家，向广东检验检疫局推荐一类企业81家。

【大质量工作机制】 2010年4月，与东莞海事局签订关于加强进出境船舶与货物监管合作备忘录，在进出境船舶与货物监管联动执法机制、海运危险货物管理以及疫病疫情防控合作等方面加强联合执法合作。联合海关、工商、公安等部门开展打击侵犯知识产权和制售假冒伪劣商品专项行动取得阶段性成效；8月，与苏州检验检疫局签署《关于落实苏粤更紧密检验检疫工作合作机制全面推进两大建设合作备忘录》，推动两局联合发展，深化莞苏两局工作交流与经验共享；与东莞辖区内全部进出口企业签订产品质量责任承诺书，对机电、服装、玩具、鞋类、木制品、食品接触材料、日用陶瓷等类出口产品，通过实行以“质量符合性声明”替代传统“厂检单”的做法，促使企业牢固树立“企业是产品质量的第一责任人”的责任意识。

【助推升级转型】 服务东莞企业扩大出口市场。东莞检验检疫局对出口非洲的产品实施实施装运前检验工作，提前对企业开展政策信息和技术宣传指导与支持，优先安排现场检验工作，尽量缩短检验周期，提高企业通关速度。2010年，东莞地区出口非洲货物749批，是2009年同期的3.8倍。

支持东莞会展经济发展。配合东莞市做好首届“台博会”以及第二届“外博会”的相关工作，简化展品进口检验检疫手续及展后退运出境检验检疫手续，设立绿色通道为参展商提供优质、快速的通关服务，派驻现场工作小组负责现场监管以及受理相关检验检疫手续咨询。

提高实验室检测服务水平。响应东莞市政府提出的“便民利民”号召和质

① 2010年10月21日，东莞市在市体育馆举行大规模“平安亚运”检验式反恐实战演练。东莞检验检疫局在此次实战演练中反应迅速，参演队员展现良好的检验检疫形象，受到上级领导的好评。（图为省委常委、政法委书记、公安厅厅长梁伟发与东莞检验检疫局参演队员亲切握手）

② 2010年10月24日，东莞检验检疫局综合实验大楼项目举行开工典礼，党组成员、基建领导小组成员参加

③ 2010年9月9日，由广东检验检疫各分支局的技术人员参加的广东检验检疫局（东莞片区）检测技能现场比武在东莞检验检疫局石排检测基地举行

④ 2010年12月27日，东莞检验检疫局获2010年度“中央和省驻莞机关先进单位”称号

⑤ 2010年10月26日，东莞检验检疫局沙田办事处对一批原产巴布亚新几内亚船运散装黄桐木原木实施表层检疫时截获巨型林木钻蛀性害虫幼虫。此林木钻蛀性害虫幼虫长度约为10厘米，宽度约2厘米，是东莞检验检疫局首次截获如此巨型钻蛀性害虫幼虫

检总局“质量提升服务进万企”活动要求，免费为送检企业提供上门收取检测样品和检测完成后上门发放检测报告的快递服务。

帮扶出口300强企业以及民营企业。优先为300强企业办理合同电子备案，开辟300强企业合同核销专用窗口，提供现场核销服务；改进和优化直通放行工作机制，扩大出口货物直通放行范围，2010年东莞检验检疫局直通放行出口货物达20.3万批。

【服务亚运】专门制定通关服务措施。东莞检验检疫局明确亚运会检验检疫工作的具体要求，出台多项细化措施，设立亚运报检专用窗口，提供“每周5+2、每天24小时全天候无障碍预约检验检疫服务”。

加强口岸反恐工作。成立口岸突发公共卫生应急处理领导小组、核辐射、生物类突发事件、化学品突发事件应急处理领导小组和专家技术小组，完善各口岸相关检测及防护设备的配置，先后参与东莞铁路客运口岸核生化突发事件应急处置联合演练、东莞市“平安亚运”检验式反恐实战演练，提高应对和处置突发事件的能力。

强化口岸卫生检疫工作。严格做好口岸食品、饮用水卫生监督工作。加强室内空气质量和微小气候监测，开展公共场所集中空调通风系统军团菌检测，特别针对出入境人员登革热、基孔肯雅热等重点传染病加强防控。

有序开展动植物检验检疫检疫工作。组织对东莞赛区亚运场馆周围环境开展地中海实蝇、桔小实蝇、瓜实蝇、红火蚁等外来有害生物的监测工作，将监测结果及时通报东莞亚组委；派出技术骨干入驻亚运马术场馆执行亚运马匹检疫任务。

支持亚运志愿服务。选派年轻骨干支持亚运会东莞赛区志愿服务工作，4名员工入选亚运会赛事志愿者，12名员工入选亚运会城市志愿者。

【依法把关】加强进口敏感、大宗资源类商品的检验监管和出口敏感商品的质量安全监管。2010年，东莞检验检疫局检出环保项目不合格的进口废物原料3批、重量63.4吨、货值4.3万美元；加强进口旧机电产品的检验监管，检验进口旧机电产品1138批，检出一次检验不合格可整改旧机电248批，一次检验不合格不准进口旧机电3批，检出以旧充新设备4批，对以旧充新设备均作退运处理；加强对棉花进口商宣传登记管理制度和质量信用评估管理制度，2010年东莞口岸进口棉花从2009年的“零业务”增长到60批次、2144吨。

严防外来有害生物及有毒物质传入。从进境植物及其产品截获疫情疫病和有毒有害物质8287批次。

进出口食品安全监管。检出不合格进出口工业食品18批，上报进出口食品、化妆品检验检疫不合格、风险预警信息43条；检验检疫供港澳动物及动物源性食品5037批，货值9496.61万美元，供港蔬菜4.2万批、重量32.58万吨、货值3381.07万美元，确保供港澳食品的质量安全和稳定供应。

口岸卫生检疫工作。查验出入境人员80.6万人次，排查37例有相关症状的旅客；检疫交通工具11141航次，检疫进出境集装箱169.5万标箱，健康检查10154人次，发现病例1023例。

维护东莞外经贸正常秩序。东莞检验检疫局联合公安部门开展打击伪造买卖检验检疫收费收据专项行动，打掉辖区内制假贩假窝点2个，查获伪造检验检疫收费收据1305份，金额达68万元，查出受害企业18家，对涉嫌买卖假收据的2名涉案人员移交公安机关提起公诉；3月，开展打击骗取买卖证单稽查行动取得重大成效，查获以虚报出口显示器骗取检验检疫出境货物通关单的货物710批，对涉案的3家代理报检企业分别作出撤销和暂停报检注册登记和罚款的行政处罚，对涉案的2名报检人员作出撤销报检从业注册的行政处罚；受理行政处罚案件961宗。采取集中行动，协助广东检验检疫局检管处对东莞地区4家第三方检验鉴定机构进行年审的现场核查，对非法第三方检验鉴定机构进行严厉打击。

认证监管工作效能提升。2010年，新办出口质量许可证企业（含复查换证及更改）191家和食品卫生注册登记证书（含复查换证及更改）企业45家，东莞有出口食品获证企业106家，出口质量许可证企业563家；对辖区内366家出口企业开展管理体系认证有效性检查，涉及证书415份，涉及发证机构57家，同时对东莞地区认证活动的基本情况进行全面摸底，为规范认证市场提供有力支持；按照广东检验检疫局三年轮查一遍的要求，完成辖区内18家食品企业的食品农产品管理体系认证有效性检查；组织11个评审组对辖区内466家出口玩具生产企业进行全面的监督检查，将其与分类管理、风险评估、日常监管等工作结合开展，完成416家企业的日常监管、416家企业产品的风险评估以及403家企业的分类管理，实现一次下厂完成多项工作。

【科技兴检】强化实验室技术保障能力建设。2010年3月8日，东莞市委、市政府召开联席会议审议并通过资助东莞检验检疫局组建七大检测实验室的决议，资助金额达1.1亿元。已落实实验室建设用地选址，制定七大实验室规划设计方案并邀请专家论证。加强实验室建设，开展实验室开放集中展示活动，完成国家质检总局、广东检验检疫局关于实验室开放集中展示月活动的各项任务。组织检测技能大比武（东莞片区）活动，4个项目的比赛东莞检验检疫局获得3个第一、1个第二、总分第一的好成绩，组织东莞片区代表队在广东检验检疫局决赛上获得团体二等奖，东莞检验检疫局两位同志获得“个人优胜奖”。

科研攻关和科研应用工作水平进一步提高。组织申报2010年行业标准8项，科技计划项目15项，有6项科技计划项目和1项行业标准制订计划获得相关单位的立项；有6项分别由国家质检总局、广东检验检疫局、东莞市立项的科技项目通过科技成果鉴定，完成粤港关键领域重点突破项目《电子标签在粤港进出口商品质量监管中的关键技术研究及应用》的研发工作，有1项科技成果获得东莞市科技进步一等奖。

【基础建设】2010年6月25日，东莞检验检疫局举行新综合实验大楼奠基仪式，新大楼项目占地面积2.5万平方米，建筑面积4.2万平方米，项目总投资1.593亿元。5月，东莞检验检疫局寮步办事处二期查验设施投入使用，新建成的查验设施包括查验台20个、检疫处理区1个和查验区6000多平方米；凤岗办办公楼扩建工程3月完工并交付使用，新办公楼建筑面积达4045平方米；长安车检场查验设施12月投入使用，新增7个检验检疫专用查验台。（蔡雪梅）

附：2010年东莞检验检疫局领导名录

党组书记、局长：詹少彤

党组成员、副局长：钟其浪　兰　敏　卓汉涛

党组成员、纪检组长：何荣桢

工业·商业

INDUSTRY · COMMERCE

- 区域经济协调发展
- 内外源经济同步发展
- 商业布局不断优化
- 对民营经济扶持力度加大
- 创建食品安全样板市场
- 培育战略性新兴产业
- 推动技术进步
- 实施名牌带动战略
- 产业集群升级示范区总量居全省第二位

东城商业步行街

编辑：李缙文

工 业

【概况】 2010年，是东莞市巩固应对金融危机成果，加快转变经济发展方式的一年，全市经济实现由恢复性增长向平稳较快增长转变，经济运行质量和效益明显改善。全年完成生产总值（GDP）4246.25亿元，同比增长10.3%；全市工业总产值8749.66亿元，增长18.6%；规模以上工业增加值1812.86亿元，增长19%；社会消费品零售总额1108.06亿元，增长15.9%；全社会固定资产投资1114.98亿元，增长1.9%；外贸进出口总额1213.38亿美元，增长28.8%，其中出口695.98亿美元，增长26.1%。

工业经济回升。在市场开拓有效开展、出口迅速回升等积极因素及各级政府扩内需、调结构等政策合力推动下，巩固工业经济的回升势头。2010年，完成规模以上工业总产值7716.77亿元，同比增长19.2%；规模以上工业增加值1812.86亿元，同比增长19%。上半年工业生产一直保持快速回升的态势，一季度增长14.8%，二季度累计增速达到24%，三季度基本保持二季度增速，四季度开始在同期基数较高基础上理性回归，略有放缓，全年走势呈现“前渐高后趋平”的特点。与全省及周边部分城市相比，东莞市增速比全省快1.4个百分点，在珠三角九市中排名第五，略快于广州、深圳、珠海和中山。

产业结构优化。八大支柱产业作为东莞市工业的重要支撑力量，增势良好，好于全市平均水平，全年完成规模以上工业增加值1100.12亿元，同比增长20%，比全市平均水平快1个百分点，拉动全市规模以上工业增加值增长12个百分点，对规模以上工业增长的贡献率达63.2%。占全市规模以上工业比重为60.7%，比上年同期提高0.5个百分点。其中电子信息、电气机械两大优势支柱产业增速较快，分别为22.5%和22.9%。八大支柱产业中，电子信息、电气机械工业总产值分别超过2000亿元和1000亿元，纺织服装超过500亿元。

区域经济协调发展。2010年，全市各片区工业经济增长情况普遍较为理想，从总量看，有5个片区产值超千亿，其中城镇片、沿海片和水乡片总量居前三位，占全市规模以上工业比重分别为18.1%、17.5%和15.4%，水乡片的麻涌、沿海片的洪梅等镇街充分发挥其后发优势，利用其优越的地理位置，引进大型、优质项目，发展特色产业，有效带动本片区经济的发展。从增速看，沿海片、丘陵片和埔田片等片区增长较快，规模以上工业总产值增速分别比全市平均水平快5.8、5.4和4.6个百分点，与上年相比，占全市规模以上工业的比重分别提高了0.8、0.5和0.4个百分点，埔田片的企石、东坑工业增速在全市排前两名，高达43.5%和38.6%。

经济效益改善。虽然受原材料价格上涨、用工成本提高、人民币升值等因素的影响，但东莞市企业经营效益仍有大幅改善，一方面是企业订单充足，销售情况良好，另一方面企业转型升级初见成效，产品附加值不断提高，利润实现较大幅度增长。2010年，全市规模以上工业企业实现利润274.87亿元，同比增长66.3%，比同期的规模以上工业企业销售收入增速（24.8%）快41.5个百分点，平均销售利润率为3.7%，比上年提高0.9个百分点。企业更注重从量的扩张向质的提升转变，盈利能力不断增强。

内外源经济同步发展。2010年，东莞市民营经济完成增加值1536.47亿元，同比增长13.1%，占全市GDP的36.2%，比上年提高了1个百分点；规模以上民营工业企业实现增加值265.52亿元，增长20.8%，比全市平均水平快1.8个百分点，占全市工业比重为14.6%，比上年同期提高0.4个百分点。随着国际市场需求回暖，外贸出口恢复情况良好，带动外向型工业企业生产销售快速增长，2010年全市规模以上外向型工业企业实现增加值1384亿元，同比增长19%，增速比上年同期快28.3个百分点。

【八大支柱产业】 2010年，八大支柱产业（通信设备、计算机及其他电子制造业、电气机械制造业、纺织服装业、家具制造业、玩具制造业、造纸及纸制品业、食品饮料制造业、化工制造业）增加值达1100.12亿元，占规模以上工业增加值比重60.7%。其中，通信设备、计算机及其他电子制造业426.68亿元，占规模以上工业增加值比重23.5%；电气机械及仪器仪表制造业242.24亿元，占规模以上工业增加值比重13.4%；纺织服装鞋帽制造业147.88亿元，占规模以上工业增加值比重8.2%；造纸及纸制品业99.11亿元；家具制造业44.93亿元；玩具制造业27.96亿元；食品饮料制造业58.61亿；化工制品制造业52.71亿元。

通讯设备、计算机及其他电子制造业。2010年，东莞市规模以上通讯设备、计算机及其他电子制造业实现工业总产值2120.18亿元，同比上升23.1%，占全市规模以上工业总产值的27.5%。实现工业增加值426.68亿元，同比上升22.5%，比全市增速低3.88个百分点，占全市规模以上工业增加值的21.5%。

电气机械制造业。2010年，东莞市规模以上电气机械制造业实现工业总产值1059.74亿元，同比上升22.2%，占全市规模以上工业总产值的13.7%，实现工业增加值242.24亿元，同比上升22.9%。

纺织服装业。2010年，东莞市规模以上纺织服装业实现工业总产值528.99亿元，同比上升14.7%，占全市规模以上工业总产值的6.9%。实现工业增加值147.88亿元，同比增长14.6%。

家具制造业。2010年，东莞市规模以上家具制造业实现工业总产值181.9亿元，同比上升12.4%，占全市规模以上工业总产值的2.36%。实现工业增加值44.93亿元，同比上升12.2%。

玩具制造业。2010年，东莞市规模以上玩具制造业实现工业总产值83.37亿元，同比上升17.6%，占全市规模以上工

▲ 大朗镇“毛织”一条街

业总产值的1.1%。实现工业增加值126.1亿元，同比增长0.7%。

食品饮料制造业。2010年，东莞市规模以上食品饮料制造业实现工业总产值215.5亿元，同比上升15.1%，占全市规模以上工业总产值的2.8%。实现工业增加值58.61亿元，同比增长16.8%。

造纸及纸制品业。2010年，东莞市规模以上造纸及纸制品业实现工业总产值438.61亿元，同比上升17.1%，占全市规模以上工业总产值的5.7%。实现工业增加值99.11亿元，同比上升18.9%。形成以麻涌、中堂为中心的造纸产业集群。

化工制品制造业。2010年，东莞市规模以上化工制品制造业实现工业总产值190.07亿元，同比上升15.1%，占全市规模以上工业总产值的2.5%。实现工业增加值52.71亿元，同比增长16.1%。

商贸流通业

【概况】 2010年，东莞市商贸业平稳发展，市场销售畅旺。在"家电下乡、以旧换新、汽车下乡"等一系列政策刺激下和各镇（街）举行的一系列促消费商贸活动带动下，全年实现社会消费品零售总额1108.06亿元，增长15.9%，其中批零贸易和住宿餐饮业分别实现营业额1005.53亿元和102.53亿元，同比增长16.6%和9.1%。

商业布局不断优化。2010年，"一主八副"商业中心（以莞城、东城、南城、万江为核心的商业主中心和松山湖、虎门、常平、厚街、塘厦、长安、樟木头、石龙八个商业副中心）实现社会消费品零售总额766.5亿元，占全市比重近七成。其中，主中心消费水平升级加快，引领高端消费市场快速发展，4个街道全年消费总额为361.6亿元，占全市总额的32.6%，比上年提高1.4个百分点。八个副中心全年消费总额达404.9亿元，占全市比重36.5%。随着天虹、家乐福、沃尔玛等商业零售巨头布点加快，对周边镇街的辐射力不断加强，带动区域商业全面升级。

政策催生消费热点。2010年，"家电下乡"和"以旧换新"产品对家电市场拉动贡献比较突出，两项业务的销售额占全市限额以上企业家电销售总额的35%以上，其中时尚、国美、苏宁3大家电销售连锁企业的两项业务销售额超过10亿元，占其全部家电销售总额43%，直接拉动其销售金额同比增长约30%；在国家对1.6L车型的节能补贴、汽车下乡等政策及商家一系列促销活动刺激下，汽车销售同比大幅上涨，全市限额以上汽车类商品实现销售收入197.78亿元，同比增长30.1%；其中汽车消费中心区寮步国际汽车城全年销售收入109亿元，同比增长50%。

促消费活动成效显著。各镇街充分利用节假日及黄金周良机，精心策划形式各样的促消费活动，有效带动消费增长。如南城举办的欢乐消费节拉动重点行业的消费，当月汽车、家电、百货商品销售增幅均在50%以上；为期7天的"2010第九届东莞美食节"共吸引54万人次游客前来品尝各地美食，人数比上届增长近20%，参展商营业额达2500多万元；在厚街举办的"第十届广东国际汽车展示交易会"共吸引近21万名观众进场参观，现场售出车辆7560台，意向成交客户突破万人。此外，东城的"国际啤酒节"、石龙的"商贸活动节"、桥头的"荷花节"等一系列活动，也带动了消费增长。

商贸企业布点扩张。随着城市化进程不断加快，商业地产发展迅猛，本土和国际的一些知名商贸企业加快布点扩张，抢占市场，也促成新商圈不断涌现。如吉之岛进驻汇一城，吸引大批消费者，销售额超过预期三成，并且迅速带动周边各种商贸业态的发展，人流较以往明显增加。此外，沃尔玛、家乐福、彩怡百货、国美等企业在南城西平连设新店，海雅百货、乐购等企业也将进驻，配合周边社区陆续落成，交通设施不断完善，已经初步形成较大规模消费市场，西平商圈迅速崛起。

中小企业与民营经济

【概况】 至2010年底，东莞市民营登记注册户数已达49.28万户，比上年末增长3.1%；登记注册资金达1535.36亿元，增长45.9%。民营经济增加值达1536.47亿元，同比增长13.1%，占全市生产总值36.2%；民营缴税总额261.05亿元，增长31.9%，占全市总税收的37.9%。规模以上民营工业总产值（当年价）1195.19亿元，同比增长21.4%，占全市完成规模以上工业总产值（当年价）的15.5%。民营固定资产投资额达到450.85亿元，同比增长4.5%，占全社会固定资产投资额的40.4%。全市民营进出口总额为225.26亿美元，同比增长37.1%，占全市进出口总额的18%。

加大扶持力度。发挥10亿融资支持计划的作用，发动企业申报各级财政资金扶持项目164项，向各类企业发放贴息资金。制定印发《中共东莞市委、东莞市人民政府关于促进我市民营经济发展上水平的实施意见》，出台《东莞市关于应对金融危机冲击、扶持民营经济发展的若干政策》的相关实施细则以及《东莞市鼓励民间投资产业导向目录（2010本）》。

为企业排忧解难。举办两次东莞市民营企业排忧解难协调会。就鼓励总部经济发展、促进"东莞老字号"企业发展、居住证办理作了政策宣讲，请有关专家分析中国未来可持续增长前景，邀请数十家金融机构为企业提供现场服务。

完善服务平台。完善担保和融资平台，解决企业供血问题。发放《广东省中小企业信用担保机构备案证》；发动担保机构申报国家中小企业发展专项和中小企业信用担保业务补助项目，召开

▲ 鸿福路商业圈 （张超满 摄）

"东莞市中小企业融资座谈会"及信用担保机构工作会议。引导民营企业东莞市搜于特服装股份有限公司和广东星河生物科技股份有限公司成功上市。起草并印发《东莞市中小企业服务机构示范单位认定暂行办法》及《东莞市中小企业服务机构示范单位评分标准》，认定28家机构为"2009年东莞市中小企业服务机构示范单位"，推选15个项目认定省级各类服务示范单位。举办2010东莞市中小企业金融服务日活动。

发挥典型示范作用。组织召开全市民营经济工作会议，表彰13个2009年度东莞市推动民营经济发展先进单位、2009年度东莞市50强民营工业企业和50强民营服务业企业。起草《东莞市"十佳"民营企业创业者评选暂行办法》。组织民营企业申报2008—2009年度省百强民企。实施企业家素质提升工程，为企业成长提供智力保障。利用"东莞民营企业家面对面"和"东莞民营企业家课堂"，邀请国内知名专家、学者来莞为民营企业指点迷津、分析形势。截至2010年，已举办61期面对面活动，23期走进高等院校的企业家课堂和近80人参加的中山大学EMBA学历班学习，共培训企业家及高管人员近2万人次。

开展经贸交流活动。2010年，东莞市承办广东省中小企业信息化普及之旅（东莞站）活动。组织企业参加第七届中博会；组织企业赴武汉、西安、满州里、台湾等地区及韩国等地开展经贸交流；组织东莞市五金模具协会的会员企业参加第六届APEC中小企业技术交流暨展览会；协助组织企业参加"台湾·广东周"活动；根据东莞市支援新疆工作安排，组织企业参加市援疆办组织的有关经贸交流活动。

市场经济秩序

【生猪屠宰管理】2010年，东莞市经贸部门实行治标与治本相结合、突出重点与全面推进相结合、专项整治与强化日常监管相结合，加强对生猪屠宰的监管

生猪产销联建工作。一是制定政策措施。制定《关于进一步规范生猪屠宰经营秩序有关问题的通知》等系列政策措施，为加强生猪供莞基地管理，推动生猪产销联建工作提供良好的政策指引。二是认定供莞基地。与产区签订合作协议，在产地管理部门筛选推荐的基础上，市生猪产销联建工作协调小组通过严格审定、现场考核、对外公示等程序，先后认定六批生猪定点供莞基地，为东莞市生猪稳定供应提供可靠保障。三是实施供应商批发制度并督促从基地采购生猪。督促各镇（街）选择若干个有资质供应商并与其签订《保障生猪供应和质量安全合作协议书》，实施供应商集中采购批发制度，实现全市生猪集中采购。四是加强供莞基地动态管理。协调小组不定期召开会议，及时了解生猪产区的养殖信息、市场行情，通报产销联建工作等情况。加强对生猪产地养殖场生猪药物残留的抽检，狠抓屠宰环节基地生猪检测，及时跟踪基地生猪质量情况，遇问题按有关政策规定进行妥善处理。五是开展产销对接试点工作。在条件相对成熟的博罗、增城等地开展生猪产销对接工作，要求其供莞生猪必须来自基地并持有"两证两标"，各镇（街）要对其生猪开辟"绿色通道"，从而加快基地生猪入市步伐。六是开展帮扶工作。联同相关部门对新丰县等7个或部分对口帮扶县纳入东莞市定点生猪供莞基地工作，组织赴韶关和云浮市进行生猪产销对接，与帮扶产地签订《安全优质生猪产销联建协议书》，对待审供莞基地猪场进行实地考察认证。

生猪屠宰专项整治。组织各镇（街）经贸办主任和食品公司经理多次召开生猪屠宰管理工作会议，并联合其他部门多次开展工作专项整治督查和"回头看"活动，加强整治工作的督促和落实。加强生猪屠宰加工环节的监管。一方面，加强定点屠宰场的管理力度，督促各镇（街）定点屠宰场按照政策法规的要求完善软、硬件建设，配置符合国家卫生标准的待宰间、屠宰间、急宰间、病畜隔离间、检验检疫室、无害化处理设施、污染物处理设施等硬件设备，建立健全生猪定点屠宰厂管理、屠宰车间卫生、肉品卫生管理、肉品召回、肉品品质检验等制度，做好生猪进厂、生猪产品出厂、病死猪及肉品无害化处理登记台账等档案管理工作，实现病害肉无害化处理率100%，出厂肉品检验合格率100%。另一方面，严厉打击私屠滥宰违法行为。各镇（街）充分发挥肉食品市场管理领导小组及稽查队的作用，通过加强日常巡查和开展专项行动等方式，严厉打击私屠滥宰等违法行为。加强生猪肉品流通和消费环节的管理。各镇（街）对辖区内生猪肉品流通和消费环节的主要单位进行全面检查，包括农贸市场、商场超市、酒楼食肆、工厂、学校、幼儿园集体食堂等，加强与肉品经营者和单位负责人的沟通与指导，督促其要持证、亮证经营，并尽快建立健全索证索票和台账登记制度，促使自觉销售和使用来自定点屠宰企业的猪肉。建立相关整治工作制度。市、镇（街）两级经信部门都建立起举报投诉、工作报告与通报、新闻舆论宣传监督和生猪屠宰管理培训等相关工作制度，推动了专项整治的顺利开展。

肉品安全信息化建设。为做好应用肉品安全信息化监管系统的工作，印发《关于做好应用肉品安全信息化监管系统有关准备工作的通知》和《东莞市肉品安全信息化监管系统镇街实施程序及费用安排说明》，并组织镇（街）分片召开了座谈会，对实施系统有关问题进行说明和布置，加强系统实施工作的业务指导。该系统已正式实施并完成二期升级，全市32个定点屠宰场已能全面使用系统打印《广东省畜产品检验证明》并按时上报数据，450个市场、超市和用肉单位正常使用系统复核票据和上报数据。通过建立肉品安全信息化监管平台，以信息化技术应用为手段，将生猪进场、检疫、定点屠宰以及肉品流通、消费、监管等环节连接起来，实现了对生猪从供莞基地进入定点屠宰场到肉品进入终端消费的整个流程的全面、动态监管。此外，建立综合行业信息监管中心，配置LED大型视频监控、网络数据传输设备，管理人员可随时掌握生猪屠宰数据资料，从而更加有效加强对生猪屠宰行业的管理力度。

【酒类市场管理】严把市场准入和备案关。2010年，东莞市根据《广东省酒类专卖管理条例》的规定，认真做好酒类经营许可证的核发和年检工作。在此基础上，开展对酒类生产经营企业主体资格、经营范围、经营条件和经营地址等的清理工作，依法查处无证照生产经营行为，规范完善酒类许可证申办程序，建立全市酒类生产、经营企业基本情况档案。

加强酒类管理制度建设。实施酒类流通随附单制度。要求酒类批发企业进货时必须索取《随附单》，出货时必须开具《随附单》，要单随货走；酒类零售企业必须索取《随附单》，要一货一单，从而逐步实现酒类商品自出厂到销售终端全过程流通信息的可追溯性。推行放心酒贴标工程。鼓励酒类经营企业积极参与酒类贴标工作，这对规范酒类流通市场秩序、维护消费者合法权益、培育和保护酒类企业名牌名标具有积极意义。

加强酒类管理力度。通过多种途径加强酒类管理的宣传和培训力度。通过

派发资料及媒体宣传等形式，大力宣传酒类管理法律法规知识，报道守法诚信经营行为，并对制售假冒伪劣酒品违法活动予以曝光。举办酒品现场咨询展示活动，现场向群众宣传酒类法规及真假酒鉴别知识，提高群众的酒类消费安全意识和真假酒识别水平。东莞市经济和信息化局（简称市经信局）联合相关部门多次举办镇（街）酒类行政执法培训班，提高基层酒类管理人员依法行政水平。

【食品安全样板市场】2010年，东莞市成功创建67个食品安全样板市场，累计投入资金1.27亿元，改造面积31.75万平方米，食品安全样板市场总数达105个，超额完成这件被列为市政府十件实事之一的工作任务。莞城细村市场等18个样板市场在创建工作中成绩突出，获“食品安全先进样板市场”称号，莞城金沙肉菜市场等49个市场获“食品安全达标样板市场”称号。

市场档次升级。一是硬件明显升级。地面和排水设施实用美观；“三鸟”档实行销售和屠宰分离；熟食档位设立了预进间和售卖间；猪肉、蔬菜、水产品和豆制品等档位硬件设施达到准超市标准。二是形象明显提升。商品划行归类，布局整齐划一，门类标志牌明晰醒目；场务公示和食品安全宣传得到加强，安装食品安全电子显示屏；设置大型食品安全宣传户外广告牌，营造良好的市场宣传氛围。三是环境明显改善。分区域落实卫生保洁责任，卫生保洁工作明显加强；场内通道畅通，杜绝乱摆卖、乱搭建、乱张贴等情况。四是服务水平明显提高。场内设置专门的咨询服务台和公秤，设有消费者投诉箱，公示投诉电话号码，方便群众参与市场管理监督，更好地确保公平、公正和安心消费。

管理水平提高。一是落实经营主体责任制。市场管理机构与每一位经营户都签订了食品质量安全责任书及食品安全承诺书，并设立详细的经营户档案，对台账、票据、经营证照进行统一管理，确保食品质量安全责任落实到户到人。二是严抓食品安全监管。市场内部安装食品安全查询系统并投入使用，对各类商品建立完整规范的电子台账，运用电子信息平台对流通环节食品进行监管。三是严控食品准入关口。全面实施食品质量安全市场准入制度，建立完善日常巡查制度，严格把好市场食品安全质量关。四是实施不合格产品退市制度。配备蔬菜检测设备与人员，每天对销售蔬菜进行农药残留检测，被抽检不合格的立即退市并销毁，并予以公示。

经营秩序规范。样板市场的证照管理已经实现“两个100%”，即持证持照经营率和亮证亮照经营率均达到100%。市场内无销售假冒伪劣商品的不法经营行为。经营户自觉使用定期经质监局检定合格的计量器具，场内短斤缺两、欺行霸市现象大为减少。场内商品明码标价，经营诚信水平得到大幅度提升。经过各职能部门联合整治，市场内外占道经营现象已基本绝迹，无牌无证经营、流动摊贩等现象得到有效遏制。

亮点工程涌现。升级改造后的食品安全样板市场涌现出不少亮点工程，为市民提供了准超市式的良好环境和公平无欺的交易氛围，受到越来越多市民的关注和支持。莞城街道将金沙肉菜市场和金沙综合市场两个市场合并，改造面积约3万平方米，投入改造资金约1800万元，改造档位1030个，改造后的市场拥有4台扶手电梯、100多个监控摄像头、1个120平方米的检测中心，让群众拥有超市式的购物享受。长安镇沙头南区市场制定门前“三包”考核方案，设立专项奖励基金，每月进行考核评比。对工作落实较好的商户每月奖励50元，对工作不到位的商户限令及时整改。樟木头镇综合市场，月成交额从改造前的450万元增加到改造后的550万元左右，市场收益升幅超过25%。

【拍卖行业管理】2010年，东莞市依法做好拍卖企业的设立、变更和年审工作，对有问题的企业予以整改处理，有效落实拍卖行政许可和企业年度监督核查制度。市经信局建立综合行业信息监管中心，通过远程视频图像数据传输，可实现对拍卖中心的实时监控。加强拍卖行业的扶持力度。多次组织全市拍卖企业召开座谈会，就行业管理和发展等加强沟通指导。同时，聘请暨南大学对东莞市拍卖行业开展专题调研，对拍卖行业的发展现状和市场竞争力进行调查摸底，分析论证优劣势和存在问题，旨在找出切合实际的发展思路和对策。

【典当行业管理】2010年，东莞市对14家独立法人典当企业及2家分支机构进行现场检查，主要检查其遵守经营规则情况和资金使用情况，对不符合要求的企业发出《整改意见通知书》，并于8月底完成整改验收。8月，在东莞市达鑫创富中心举办东莞市典当行业第二期培训班，培训内容主要是民品（包括钻石翡翠、金银首饰、名表等）和机动车的评估鉴定技巧及风险防范。全市22家独立法人典当企业、2家分支机构业务人员共37人参加培训。10月，组织部分典当企业管理人员，到武汉市湖北经济学院职业技术学院进行典当专业人才交流对接，并参观考察湖北福金典当有限公司、湖北聚义典当有限公司等典当企业，学习典当行业先进管理经验。

【治乱减负】2010年，东莞市根据广东省减轻企业负担联席会议《关于贯彻落实2010年减轻企业负担专项治理工作部署的通知》，制定并印发《东莞市2010年减轻企业负担专项治理工作方案》，明确提出2010年度减轻企业负担专项治理工作的指导思想、目标任务以及实施步骤等。在完成《东莞市企业总体负担状况》调研报告的基础上，根据省减负办《转发工业和信息化部关于做好减轻企业负担工作指导意见的通知》的要求，撰写《关于报送东莞市2010年减轻企业负担实施措施的报告》上报省减负办。上半年，根据市委办《关于印发〈东莞市2010年第二季度重点工作安排表〉的通知》的要求，开展主要针对电子信息制造业和纺织服装业2个行业的乱收费、乱罚款、乱摊派行为的专项调查，选取部分电子信息制造业和纺织服装业产值较大的镇街实地检查，形成专题报告。下半年，按照省政府工作部署，报请市政府同意增加市发改委、市民政局、市国资委等6个单位为市减轻企业负担联席会议成员单位；制定《2010年东莞市减负检查工作方案》，牵头组织21个成员单位开展年度负情况专项检查，着力治理各镇街不合法不合理涉企收费项目，降低过高的收费标准，规范行业协会、市场中介组织涉企服务和收费行为，杜绝向企业乱收费和各种摊派行为。

产业转型升级

【培育战略性新兴产业】2010年，东莞市加强统筹协调，推动成立市促进战略性新兴产业发展领导小组；组织召开全市工业经济暨战略性新兴产业发展工作会议，提出重点发展高端新型电子信息、半导体照明、太阳能光伏、电动汽车等4大战略性新兴产业；编制高端新型电子信息、薄膜太阳能光伏两个专项发展规划；推荐薄膜太阳能光伏和物联网2个基地成功入选“第一批广东省战略性新兴产业基地”。协助5家企业的项目列入省战略性新兴产业发展专项资金竞争性分配扶持项目及基地计划；2家企业被评为“广东省战略新兴产业骨干企业”，8家企业被评为“广东省战略新兴产业骨干培育企业”。

【发展现代服务】2010年，东莞市制订《2010—2020现代物流业和批发业发展规划》；认定商贸流通业“四个十大”项目；计划安排2083.7万元市财政资金扶持17个重点商贸项目；推进东莞工厂直销中心筹建工作，加快内销平台建设。

【扶持优质项目】2010年，东莞市制订《加快培育和发展大企业（集团）的实施方案》、《鼓励总部经济发展若干政策的实施细则》；成功推荐15个项目入选为省现代产业500强项目；认定首批总部企业、2010—2012年全市工业商贸龙头企业、现代产业体系“四个30”项目，实施重点扶持。

【推进产业转移】2010年，东莞市落实产业和劳动力双转移战略，市财政投入1亿元加快建设莞韶、莞惠产业转移园。莞韶、大岭山（南雄）、凤岗（惠东）产业转移园分别入选全省专业性产业转移园并获得省财政1亿元资金扶持。

【推动技术进步】2010年，东莞市全市共核准、备案企业技术改造投资项目170个，位居全省第三位，预算总投资约52亿元；受理申办进口设备免税技术改造项目60个，进口设备2681台（套），享受减免税额9135万元。推荐上报国家技术进步项目5个，省级技术进步项目127个，其中省企业技术中心产业结构调整专项17个，省建设现代产业体系技术改造和技术创新滚动计划项目45个，省战略性新兴产业发展专项36个，省中小企业自主创新和转型升级项目17个，粤港招标及技改招标项目12个；计划安排1.15亿元市财政资金扶持100个重点项目实施技术改造和创新；认定第三批市级企业技术中心14家，新增省级以上企业技术中心8家。市经信局会同市科技局举办2010年“东莞杯”国际工业设计大赛，协助9件作品进入省长杯工业设计大赛终评阶段，3件作品最终获奖。

【实施名牌带动战略】2010年，东莞市制订《东莞市培育发展名牌指导目录》（2010年版）、《东莞市扶持“东莞老字号”企业发展实施办法》。组织认定8家企业为第一批“东莞老字号”；举办

▲ 长安五金模具发展论坛

“品牌东莞”高峰论坛等系列活动；发布名牌户外公益广告近3000平方米；全年新增中国驰名商标1件，省著名商标25件，省名牌产品25个、有机产品2个，绿色食品3个，无公害农产品2个。

【提升产业集群】2010年，市经信局制订《东莞市重点扶持发展产业集群工作方案》。中堂再生纸品产业集群和石碣电子产业集群获认定为第五批省产业集群升级示范区。至2010年，全市共有9个省产业集群升级示范区（其他七个省产业集群升级示范区是：石龙镇电子信息产业集群、大朗镇毛织产业集群、虎门服装产业集群、长安五金模具产业集群、大岭山家具产业集群、厚街鞋业产业集群和常平光电产业集群），总量位居全省第二。

【促进“两化”融合】提请市政府同意设立现代信息服务业发展专项资金，从2010年起连续5年，每年安排3000万元用于资助现代信息服务业发展。推荐12个企业项目入选广东省“两化融合”（信息化和工业化融合）4个100示范工程项目；推荐石龙镇入选第一批“广东省省级信息化和工业化融合示范试验区”；启动“两化融合”系列推广活动，推进“无线城市”建设。

电力能源

【概况】2010年，随着东莞市经济实现全面复苏，社会能源需求呈现前高后平态势，用电需求快速增长，电力供应持续偏紧，成品油市场稳中有升，天然气、煤炭等能源供应市场运行状况稳定。

电力 全市累计完成供电量556.89亿千瓦时，同比增长13.92%，累计全社会用电量562亿千瓦时，同比增长13.4%。全市累计完成售电量543.66亿千瓦时，同比增长13.7%。其中农排（含农业）售电量1.02亿千瓦时，同比增长9.6%；工业售电量435.57亿千瓦时，同比增长15.8%；商业售电量48.86亿千瓦时，同比增长4.9%；城乡居民生活售电量58.21亿千瓦时，同比增长6.6%。

成品油 全市成品油需求平稳增加，除11月受全国柴油供应紧张形势影响，柴油供应出现偏紧情况外，全市成品油供应基本满足市场需要。全年批发企业累计完成销售量95.29万吨，同比增长11.1%，其中柴油49.8万吨，汽油45.49万吨。全年全市成品油零售量为166.72万吨，同比增长14%，其中柴油69.93万吨，同比增长31.9%，汽油96.79万吨，同比增长3.8%，中石化、中石油（含中油BP）两大集团系统加油站零售量为110.62万吨，占市场销售总量的66.4%，同比增长14.9%，其中柴油52.93万吨，汽油57.69万吨；系统外社会加油站零售量为56.10万吨，占市场销售总量的33.7%，同比增长12.3%，其中柴油17万吨，汽油39.1万吨。

其他能源 全市使用天然气的汽车5160辆，12月份车用天然气销售量为482.46万立方米，比去年同期增长66.3%；全年累计车用天然气销售量为5402.5万立方米，同比增长165.5%。煤炭经营企业全年累计购进量约607.97万吨，同比增长63.4%；销售量约587.11万

吨，同比增长62.5%。

【节能减排】 2010年，东莞市单位GDP能耗为0.691标准煤/万元，同比下降2%。开展对各镇街和重点耗能企业的年度节能考核，严格落实节能目标责任制；组织召开全市节能减排工作会议，举办“节能宣传周”活动，营造全社会支持节能、参与节能的氛围；加强监测督导，认真贯彻节能预警各项措施，狠抓重点耗能企业节能监管。同时持续推进清洁生产，开展两批自愿性清洁生产审核验收工作；落实财政激励政策，安排近1800万元资助45个节能与清洁生产项目；加快推进水煤浆和天然气等清洁能源的应用步伐，推广财政补贴高效照明产品80万只。

无线电管理

【概况】 2010年，东莞市无线电管理已形成由5个固定监测站（包括莞城中心站、虎门站、樟木头站、石排站、常平站），5个小型站（包括麻涌站、沙田站、松山湖站、塘厦站、石龙站），以及1个移动监测站组成的无线电监测网。并具备各类便携式监测设备，如PR100测向接收机、EB200测向接收机、H600手持频谱仪、安立手持频谱仪以及综合发生器、电磁辐射仪等检测设备20多套，干扰压制器2套。

【无线电频谱监测】 2010年，对东莞市无线电频谱实施连续监测，努力形成固定监测与移动监测相结合以固定监测为主，定时监测与不定时监测相结合以定时监测为主，日常监测与重点监测相结合以日常监测为主的监测新机制，各站每月监测时间保持在400小时20天以上，并呈逐年增加态势。

【无线电设备检测】 “十一五”期间，东莞市无线电管理机构完成各类无线电设备检测任务900宗，其中检测个人、企业、单位的手持对讲机、移动车载台、业余电台等无线电设备695宗1827台，抽检电信运营商基站25宗308座，完成群众投诉类环境电磁辐射检测任务180宗，发放检测报告619份。

【无线电安全保障】 每逢“元旦”、“春运”、“春节”、“两会”、“五一”、“十一”等重大节假日、重大事件、重大活动期间，东莞市无线电管理机构安排工作人员24小时值班监测，开展无线电安全保障工作，启用中心站及镇、街监测站点对辖区内无线电波进行监测监听，确保公安、航空、广播、电视、三防、水运等重要通信频率不受干扰。2010年，完成第16届广州亚运会东莞赛区的无线电安全保障工作。

工商领域行业协会管理

【概况】 2010年，归口市经信局管理和业务指导的工商领域行业社团组织共有45家，商领域民办非企业单位8家，其中22家为我局业务主管，涵盖电子信息、纺织、制鞋、食品、家具、机械、模具、塑胶、汽车、医药、石油化工、玩具、能源、零售、会展、物流、证券、饮食、美容、工业设计、信用担保等行业。通过贯彻落实新的行业协会管理职能，加强与行业协会的沟通联系，强化业务指导职能，不断提升行业协会的服务水平和作用。一方面，加强行业协会的行业自律。指导社团组织和行业协会加强自律建设，建立规范运作、诚信执业、信息公开、自律保障等机制，纠正行业协会利用行政权力强制入会、摊派会费、制定服务、搭车收费等违法违规服务和收费行为。另一方面，加强对工商领域行业协会的业务指导，尤其加快推动行业服务平台建设。支持行业协会开展行业服务工作。此外，为加快制定培育扶持政策，发挥行业协会重要作用，召开制定培育和扶持行业协会的发展政策座谈会，与有关行业协会就如何强化政策扶持作用，特别是加大财政支持力度，支持协会加强自身建设和积极开展行业服务等方面进行了座谈和交流，进一步了解行业协会的需求，为相关部门制定扶持协会发展政策提供建议。 （罗星亮）

附：2010年东莞市经济和信息化局领导名录

局长、党组书记：陈桂明（任至9月）
冼周恩（9月到任）
副局长、党组副书记：梁经昌
副局长：罗 斌 叶葆华 侯小平
刘炯贤 刘国康（任至10月）
黄 怡
纪检组长：丁颂庆
副调研员：廖汝林 张炳林
副处级纪检监察员：钱炽希（4月到任）

东糖集团有限公司

【概况】 东糖集团有限公司（简称东糖集团）是由始建于1935年的广东省东莞糖厂转制设立的民营企业；拥有37个全资、控股子公司；是一个跨行业、跨地区的大型企业集团。以制糖、制浆造纸、生物工程和热电为四大主导产业，拥有广东东莞、中山，广西南宁、来宾、百色、崇左、桂林，山西大同，云南石屏、建水等生产基地。

2010年，东糖集团跟踪行业发展趋势，不失时机地把握扩张机遇，团结一心，克服困难，实现经营业绩、资产规模的快速增长，全年实现销售收入52亿元，利税15亿多元。

是年，东糖集团在“中国轻工业制糖行业十强企业”榜上排行第二，再次获“广东省百强民营企业”、“东莞市50强民营企业”称号，再次被认定为东莞市“工业龙头企业”，“东糖”商号被认定为“东莞老字号”，被省工商行政管理局授予“连续二十二年守合同重信用企业”称号。

【投资与发展】 2010年，东糖集团收购日榨1.7万吨甘蔗和年产15万吨蔗渣纸浆生产能力的广西冠桂糖业有限公司70%股权；收购日榨3000吨的原桂林五洲制糖有限公司全部股权，公司的更名注册工作也已办理完毕；分别通过股权收购、项目合作等方式进入房地产行业；参股组建来宾市东糖仁德房地产开发有限公司，参股东莞市民盈集团股份有限公司和东莞市邦联实业投资有限公司，收购东莞市康华广场有限公司。

【技术改造】 广西来宾东糖桂宝有限公司异地搬迁扩建至日榨甘蔗7000吨技改工程，于2010年12月完工投产，主要生产一级白砂糖。山西大同东糖公司实施的甜菜糖生产污水处理工程技改项目，日处理水量达到6000吨，通过技改基本能按国家标准达标排放，并节约大量生产用水。东莞市制糖厂有限公司实施东线甲糖自动筛第一、第二期技改项目，第一期4台自动筛技改项目在7月底完成，8月投入使用，第二期3台自动筛技改项目正在进行中。 （姜合萍）

附：2010年东糖集团有限公司领导人名录

董事长：陈尧燊
总 裁：李锦生

广东唯美陶瓷有限公司

【概况】广东唯美陶瓷有限公司（简称唯美公司）创始于1988年，总部位于东莞市，是国内最具规模的建筑陶瓷制造商和销售商之一。产品涵盖室内地砖、室内墙砖、室外地砖、室外墙砖、产品配件5大系列，上千个花色品种。旗下品牌“马可波罗”在业界享有较高知名度。该公司通过ISO9001：2000国际质量管理体系认证，位列中国工业企业500强和中国建材行业百强企业，为广东省高新技术企业和省民营科技企业。下辖4个子公司和3个制造工业园。多次被评为广东省、东莞市“产品质量信得过企业”。与意大利、西班牙、德国等多家国际知名公司保持长期紧密的合作，生产技术始终保持国际领先水平。

在国内房地产市场，唯美公司与万科、恒大、绿城、招商、华润、中信、珠江、雅居乐、富力等房地产企业建立战略合作关系。在东莞，与新世纪、宏远、富盈、光大、联华等房地产企业充分合作，共进共赢，互惠互利。北京奥运会7大比赛场、上海世博会6个国家场馆、广州亚运村、深圳大运中心体育场、广州国际演艺中心、广州西塔、广佛地铁、南沙体育馆、华南理工大学体育馆、东莞大酒店、东莞会展国际酒店、东莞市人民医院、松山湖科学苑等，都采用唯美公司产品。

唯美公司产品曾获“中国名牌产品”和“国家免检产品”称号；“马可波罗”被国家商标局评为“中国驰名商标”。2010年，“马可波罗”品牌获由易居中国、新浪乐居与中国房地产信息集团联合颁发的“2009年度家居行业杰出贡献奖”；“马可波罗”连续8年入围中国最具品牌价值500强，品牌价值达50.26亿元。

【党建与企业文化】2010年，唯美公司注重党建和企业文化建设，党总支部运用先进文化指引企业文化建设取得显著成效。唯美公司党总支部被广东省委授予“广东省先进基层党组织”，中央电视台、中央人民广播电台多次宣传报道唯美公司先进事迹。董事长黄建平先后被评为“广东省优秀民营企业家”、“省优秀中国特色社会主义建设者”，获“广东省五一劳动奖章”。

唯美公司不断改善员工工作、生活和身心发展条件，让员工感受到体面劳动和有尊严地生活。同时设立文化中心，让员工参与文娱、体育、健身活动；设立爱心基金，帮助员工解决特殊困难等。（王　慧）

附：2010年广东唯美陶瓷有限公司领导名录

董事长：黄建平

广东生益科技股份有限公司

【概况】广东生益科技股份有限公司（简称生益科技）是创建于1985年的中外合资企业。公司总部位于东莞松山湖高新技术产业开发区，在全国拥有4家全资或合资控股子公司，是中国大陆最大的覆铜板专业生产企业及全球前四大覆铜板企业之一，是中国覆铜板行业协会理事长单位、中国印制电路行业协会副理事长单位。

生益科技于1998年在上海证券交易所发行上市，截至2010年，是国内覆铜板行业唯一一家上市企业，也是东莞早期的上市公司之一。2010年，营业收入54亿多元，利润6.59亿元，每股收益0.56元。1994—2010年，覆铜板在产量、产值、销售收入、出口创汇、利税等方面均名列中国覆铜板行业第一。

生益科技相继获“中国工业企业综合评价最优500家企业”、“中国大陆最大的覆铜板专业生产厂家”、“商务部重点扶持中国出口名牌企业”、“国家高新技术企业”、“国家认定企业技术中心”、“全国模范劳动关系和谐企业”、“中国电子元件百强企业”及“中国企业综合实力500强”等称号，企业的“SL”商标于2009年被评为中国驰名商标。该公司总经理先后被评为福布斯“最佳上市企业老板”、“中国电子电路行业杰出人物”、“中国覆铜板行业著名企业家”、“广东省优秀企业家”及“东莞市科学技术荣誉市长奖——企业家奖”等称号。

【品牌战略推进】生益科技实施品牌推进战略，生产销售覆铜板和粘结片。至2010年，产品有阻燃型环氧玻璃布覆铜板（含UV板、高Tg板、高CTI板、低CTE板、Anti-CAF板、高频板、环保板、高密度互连用板、高导热板等）、多层板用系列半固化片、复合基材环氧覆铜板（CEM—3，CEM—1）及挠性覆铜板等。产品主要供制作单、双面线路板及高多层线路板，广泛用于计算机、通讯设备、手机、汽车电子、数码家电等各种高档数字电子产品中，也是航空、航天、能源、医疗等行业电子产品必不可少的基础材料。企业产品达到国际先进水平，大部分产品填补了国内空白，其中某些产品曾应用在神舟五号、神州六号和神州七号飞船等顶尖科技产品中。生益科技成为国内同行业中品种全、规格多、产量大、品质高、供货及时的专业覆铜板生产厂家，是东莞本土在国际市场上最具竞争力的专业现代化制造企业之一。在中国同行中率先通过国际质量管理体系（ISO/TS16949）、环境管理体系（ISO14001）、信息安全管理体系（ISO/IEC27001）、测量管理体系（ISO10012）四大体系认证，产品达到众多国际标准如美国UL、日本JET，英国BSI，德国VDE水平及SONY绿色伙伴等认证。公司构建基于SAP ERP系统的企业物流、资金流和信息流统一的信息平台。生益科技的客户遍及亚洲、欧洲、美洲等区域，终端客户有诺基亚、摩托罗拉、苹果、西门子、博世、索尼、丰田、思科、三星、任天堂及联想、华为、中兴通讯、长虹、海尔等国内外知名企业。

【研发实力增强】生益科技于1994年建立企业研发机构，至2010年，总投资达2亿元，并通过“国家认定企业技术中心”的认定，是东莞市唯一一家拥有国家级企业研究开发中心的企业，也是国内唯一拥有国家级研发机构的覆铜板企业。培养一批国内覆铜板行业的研发精英，其中技术总顾问辜信实获“电子电路行业终生成就奖”和“推动中国印制电路技术杰出贡献奖”，总工程师、技术总监苏晓声获市长奖，研发工程师茹敬宏先后获广东省五一劳动奖章、全国五一劳动奖章。生益科技具有强大的自主创新能力，开发出8个系列54个产品，多个产品填补国内空白，获授权专利84件。生益科技先后多次承担国家、省、市级科技计划项目，其中包括“863”计划3项、科技部支撑计划2项、信息产业部电子基金项目2项、发改委产业化专项2项，同时获得国家、省级重点新产品、免检产品、名牌产品、国产先进技术产品、替代进口产品等42项，是东莞市主导制定国际标准的企业。（赖相辉）

附：2010年广东生益科技股份有限公司领导名录

董事长：李　锦

总经理：刘述峰

东莞市供销合作联社

【概况】2010年，东莞市供销社系统以科学发展观为指导，坚持以经济建设为中心、发展为第一要务，围绕市供销合作联社“一年打基础、三年一大步、五年新跨越”的工作目标，以及“整合资源，联合发展”这一主线，整合和改造全系统的经营网络，推进基层社和社有企业建设，打造特色支柱产业，采取有效措施克服金融危机的不利影响，巩固经济回升的好势头。全年实现销售总额45亿元，同比增长3.3%；利润总额3500万元，增长15%；上缴各项税费3575万元，增长10.3%。

【经济实力增强】2010年，虎门、长安供销社，通过优化结构，规模经营、资本运营等措施，继续保持在全市供销系统的领先地位。虎门供销社开始在全市开设家电连锁卖场，拓展家电零售业务，全年家电销售4亿多元，同比增长22%，成为全国唯一一家入选“全国供销社系统百强企业”的基层社。茶山、凤岗、常平、东城、沙田等供销社拓展销售渠道，在日用消费品销售方面继续保持优势。塘厦、清溪、大岭山、东坑等供销社，通过盘活资产、扩大销售，异军突起，发展势头良好。寮步、黄江、石碣、万江等供销社理顺历史债务，挖潜增效，逐步向优质社靠拢。樟木头、谢岗、厚街、横沥等供销社在经营上迈出新步伐。中堂、大朗等供销社清还集资款，化解历史债务，扫清发展障碍。

【企业管理规范】2010年，东莞市供销系统加强制度建设，重点规范财务管理，从财务制度执行监督、统筹资金运作和监管等方面入手，狠抓基层社财务管理的基础工作，压缩项目开支，科学利用政策，提高资金周转率，大幅降低运营成本，有效降低经营风险。加大企业内部审计力度，对洪梅供销社等进行离任经济责任审计。此外，市供销合作联社还制定薪酬分配方案报批制度，建立健全激励机制的同时，加强对基层社资金使用的监管。

【商贸服务发展】2010年，由市供销合作联社牵头，凤岗等7个供销社出资与省社新供销商贸连锁股份有限公司对接，组建“东莞新供销愉康连锁超市有限公司”，实行强强联合，资源共享，重新整合东莞市供销系统日用消费品零售商业。通过开设直营店、发展加盟店以及开展批发贸易业务等在东莞地区开展日用消费品业务，全面提升市供销系统在流通经营市场领域的地位和影响力。莞香情土特产商贸有限公司加大产品研发和推广销售力度，新开发冬瓜干、石榴

整合资源、联合发展，打造全新供销合作联社

2010年11月，中华全国供销合作总社党组书记、理事会主任李成玉（前排中）一行到东莞市长安供销社考察

茶、“莞香八宝”等10多种特色新品，拥有各类土特产品20多种。全年销售贺年礼盒3.3万盒，中秋月饼7万盒。

【再生资源经营】 2010年，以东供再生资源公司为龙头带动，全面推进再生资源交易中心经营管理模式，开创全市再生资源产业发展的新局面。南城、茶山已经投入运营；万江、洪梅基本完成建设；清溪已经签订合同，即将动工；松山湖、常平等已达成意向；企石、桥头、沙田等正在加快洽谈。同时完善废品回收参考价格公示、再生资源回收管理沟通协调等制度和工作机制，全面开展再生资源回收经营场所数据库建设和申报汽车拆解和工业废料深加工业务。

【重点项目开发】 2010年，由东供实业投资有限公司牵头，加快对系统内一批重点、亮点工程项目的开发。市东供商贸大厦已理顺产权问题，正在办理土地证和报建手续；沙田供销社业务楼二期基本完成建设，首层招商已经完成；东投公司还为长安、常平、万江、沙田等单位提供5200多万元的中、短期资金周转，解决系统内短期资金拆借问题。长安供销社愉康广场完成招商，2011年初投入使用；凤岗供销社商厦建设完成过半；黄江供销社地块纳入镇政府改造规划，正加快规划报建；大岭山供销社加紧对原商场地块的重建工作；清溪、樟木头、东坑、南城、中堂、石碣、厚街、大朗、石排等基层社结合城市规划对属下物业资产进行升级改造和开发利用，确保物业的保值增值。

【产业升级转型】 2010年，樟木头和大岭山两个放心食品加工试点基地加强质量管理和生产运营，实现产量和效益的增加。樟木头供销社以放心食品加工试点基地为平台，增加设备、生产线，参与食品生产，推出自有品牌的豆米制品，实现从管理到生产的转变。市供销合作联社加快对华盛食品厂的调整升级，筹划在东坑农业生态园开辟食品加工基地；东投公司与金开喜集团等企业洽谈生猪屠宰、冷鲜肉配送等业务。为加大对龙头企业和重点项目的扶持力度，市供销合作联社还申报各级专项扶持资金。长安供销社的“愉康广场日用消费品现代经营网络建设”项目和塘厦供销社的“再生资源回收分拣加工中心升级改造”项目分别获得2010年中央“新网工程”专项资金50万元、40万元。市东供再生资源回收公司“南城交易中心分拣加工升级改造”项目获得省级扶持供销社专项资金50万元；2010年市级扶持供销社专项资金150万元也已落实到位。全系统共获得中央、省、市各类发展专项资金累计290万元。

【“菜篮子”工程】 2010年，市果菜公司以农民专业合作社为组织纽带，利用东莞仅有的农业用地，投资开发水果、蔬菜种植基地，在帮助农民增产增收、扩大就业的同时，大力发展“绿色经济”。麻涌500亩的番石榴种植基地已经收成；谢岗300多亩蔬菜种植基地申报2010年国家农业综合开发产业化经营项目，计划新建面积5100平方米的配送中心，年销售蔬菜2万吨。东坑为民阴菜专业合作社依托现代农业产业园，扩大阴菜种植规模。沙田盈港水产品专业合作社通过质量检测和办理QS产品质量认证，带动水产养殖户加工鱼干虾干等水产品的规模不断加大。同时拓展配送业务，打造流动的“放心菜篮子”。市果菜公司配合“双到”对口帮扶工作，成立农副产品配送公司，与云浮、韶关等地合作，收购新鲜优质的蔬菜、水果、肉类等农副产品向机关、企事业单位等配送，打造健康放心的“菜篮子”。

（莫志良）

附：2010年东莞市供销合作联社领导名录

主　任：彭日东

副主任：叶加胜　王锦绣　李福新

纪检组长：田为华

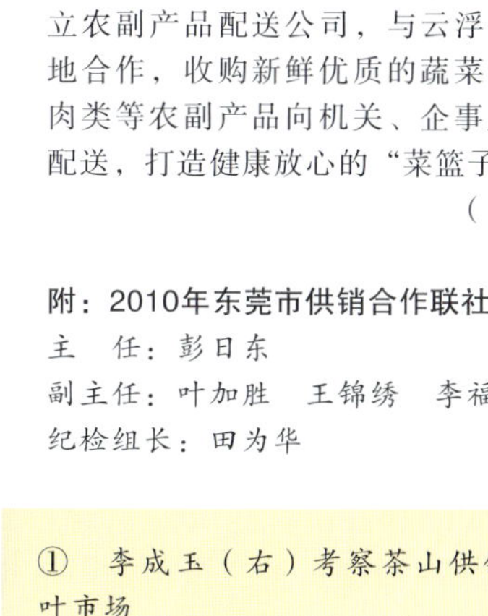

① 李成玉（右）考察茶山供销社茶叶市场

② 李成玉（左四）与虎门供销社粤华家电公司员工交谈

烟草专卖

【概况】 广东省东莞市烟草专卖局、广东烟草东莞市有限公司成立于1988年10月，主要职能是根据《中华人民共和国烟草专卖法》及其实施条例的规定在东莞市范围内从事烟草专卖品批发业务，并依法对东莞市卷烟流通市场实施监管。至2010年，该局（公司）机构设置包括办公室、专卖监督管理办公室、人事劳资科、监察科、审计派驻办、安全保卫科、营销管理中心、物流配送中心、财务管理中心、信息中心等10个部门和7个分局，有干部员工762人。全市卷烟销售网络共有卷烟零售户23419户。

【经济运行】 2010年，东莞市烟草专卖局（公司）围绕烟草行业“卷烟上水平”中心工作，按照控制总量、稍紧平衡的原则，加大调控力度，强化计划执行，使企业经济运行保持良好发展态势，品牌培育取得显著成效，卷烟营销水平稳步提升。全年共销售卷烟30.37万箱，销售收入57.62亿元，实现税利13.26亿元。

【专卖管理】 2010年，东莞市烟草专卖局（公司）大力加强卷烟专卖管理，有效地维护辖区卷烟市场经营秩序。一是深入推进卷烟打假工作，成立东莞市卷烟打假机动队，加大排查宣传力度，深入开展打击卷烟制、售假网络案件工作。二是加大市场监管力度，深入推进联合监管和联合执法工作，开展清理卷烟市场“百日行动”和各类专项整治行动，不断提升辖区卷烟市场净化率。全年全市共查处涉假烟案件1111宗，查获假、私、非烟共计5615.48万支，总案值达2300万元。其中查处涉假烟案件519宗，查获假烟2377.96万支，抓获制售假分子29人，判刑8人，涉烟刑事案件案值共686.6万元。

【企业管理】 2010年，东莞市烟草专卖局（公司）以提升企业运营效率和管理水平为目标，通过加快落实卷烟配送中心和综合业务用房建设用地、全面启动分局机构设置和职能配置调整工作、大力推进现代企业管理各项工作、扎实开展科技创新工作、深入落实办事公开民主管理工作和切实加强领导班子与干部队伍建设、深入推进党风廉政建设、大力开展企业文化建设等几项措施，着力加强现代企业管理软、硬件建设，为企业长远发展打下坚实基础。 （林晓怡）

附：2010年东莞市烟草专卖局（公司）领导名录

党组书记、局长、总经理：管伟华
党组成员、副局长、纪检组长：汪　利
党组成员、副局长：张东军

东莞市烟草专卖局（公司）

① 2010年8月13日，东莞市烟草专卖局（公司）组织全体党员前往韶关市原中共广东省委驻地旧址瑶坑村开展“访红色胜地、寻革命足迹”主题党日活动

② 2010年9月28日，东莞市烟草专卖局在东莞市厚街镇固体废品处理厂公开销毁假冒伪劣卷烟

③ 2010年11月22日，东莞市烟草专卖局（公司）召开全市卷烟销售网络建设工作会议暨“532”、“461”知名品牌培育动员会

④ 2010年12月4日，东莞市烟草专卖局联合广东省烟草专卖局在莞城文化广场开展“12·4”法制宣传日活动

食盐专卖

【概况】东莞市盐务局是市政府盐业行政主管部门，负责全市盐业行政管理和盐政执法工作，正处级建制，隶属于广东省盐务局，内设办公室、盐政科（稽查大队），下属6个执法大队。东莞盐业总公司是具有独立法人资格的国有食盐专营企业，为广东盐业集团有限公司的全资子公司，设办公室、经营部、财务部、党群部、配送部，在各镇街共设立食盐零售店1105个。局、公司为一套班子、两块牌子、职能分设、合署办公。

东莞盐业总公司拥有1.15万平方米的仓储设施，全自动化小包装食盐生产线5条，年生产能力达4万吨，配备年运输能力达10万吨的盐产品配送中心，实现生产、销售全过程标准化、规范化、卫生化，加碘盐产品质量合格率达100%。

【食盐销售】2010年，东莞盐业经济运行总体情况良好，各类品种盐销售再创新高。全年总销售盐产品6.95万吨，与上年相比，增长6.6%；食盐销售5.56万吨，增长7.5%。其中，小包装食盐销售4.07万吨，增长1.74%；食品加工用盐销售1.49万吨，增长27.41%。

9月，虎门分公司搬迁到厚街祥鸿农批城，更名为祥鸿配送部。在厚街镇试点，采取由市场推荐、经村委会确认再由盐务局核准的形式，设立了第一批40个食盐专卖店。改进全市盐业经营工作和服务质量，加强渠道建设，开展集体用盐单位食盐使用情况大检查，做好集体食堂直销直配，加强多品种食盐销售。

【盐政执法】2010年，东莞市盐务局通过加强执法队伍建设，加强节假日和专项整治检查，加大大案要案的查处力度，进一步规范盐政办案程序，完善执法检查机制和信息报送制度，加大一般程序的罚款力度，开展莞深惠三市联合执法检查，实行对捣毁具备自动化生产规模的假盐制作窝点的中队进行奖励等多种措施和手段，进一步打击制售假冒伪劣食盐违法行为。全年出动执法人员1.05万（次），检查市场2175个（次）、检查店档和用盐单位1.4万个（次）、捣毁地下加工点15个，共查处违章盐500.13吨，其中小包装假冒食盐85.77吨；查案625宗（其中一般程序103宗，简易程序522宗），结案632宗（其中一般程序110宗，简易程序522宗）；罚款9.5万元。2010年，东莞市盐务局被市评为食品安全、打假先进单位。

（马丽华）

▲“3·15”活动现场给居民介绍识别假盐知识

附：2010年东莞市盐务局（东莞盐业总公司）领导名录

局　长（总经理）：陈耀嘉

副局长（副总经理）：欧柏根　陈焕济

中国石油化工股份有限公司广东东莞石油分公司

【概况】中国石油化工股份有限公司广东东莞石油分公司（简称东莞石油分公司）是中国石油化工股份有限公司属下国有企业。在职员工2000多人，下辖10个零售管理片区，拥有在营陆上加油站135座、水上加油站5座、“易捷”便利店115座，分布在东莞市31个镇街和主要水道。同时还在部分镇街设立10个油品经营部，为终端用油客户提供油品配送服务。拥有寮步、威远2座在营油库，总库容9.5万立方米，均由计算机系统调控，实现油品装卸、计量自动化。此外，有油罐车32辆，设调度中心对油罐车进行统一调度指挥。

【经营项目】2010年，东莞石油分公司主要经营项目包括：国三标准0#柴油、93#汽油、97#汽油的直销、批发与零售；工业柴油批发与直销；长城牌润滑油批发、直销与零售；中国石化加油IC卡销售；“易捷”便利店商品销售等。东莞石油分公司成品油销售总量超过100万吨，在东莞成品油市场的占有率50%以上。

（江泽彬）

附：2010年中国石油化工股份有限公司广东东莞石油分公司领导名录

总经理：赵忠武

党委书记：吴征燃

副经理：袁怀忠　陈少雄　王海

▲莞城草塘小区　（市林业局供）

农业·水利·气象

AGRICULTURE · WATER QUALITY WEATHER

- 农业产业园建成启用
- 市内“双到”扶贫全面铺开
- 加强与台湾农业交流合作
- 启动农业对口援疆
- 海洋与渔业产业结构调整
- 落实支渔惠渔政策
- 森林公园建设
- 集体林权制度改革
- 污水处理设施建设
- 内河涌综合整治
- 东江与水库联网供水水源工程
- 主要气候事件

矗立在东江边的金鳌洲塔

编辑：黄文挺

农 业

【概况】2010年，东莞市加强农业基础设施建设，抓好农产品质量安全管理，加大市内扶贫帮困工作力度，加强农村集体经济运行监管，农业农村经济平稳运行，农民收入持续增长。全年农业总产值28.31亿元，比上年增加3.3%；农民人均纯收入20486元，增长13.2%。

【种植业】2010年，全市农作物播种面积24617公顷，比上年减少99公顷；种植业产值14.82亿元，增长12.36%。粮食播种面积2795公顷，比上年增加34公顷，总产1.25万吨，总产增加600吨。蔬菜总播种面积20041公顷，总产39.29万吨，产量减少0.74万吨，面积减少377公顷。水果总面积11369公顷，减少450公顷，其中荔枝6676公顷，香（大）蕉3161公顷，龙眼1056公顷，其他水果305公顷；水果总产7.55万吨，减少1.6万吨，其中香蕉6.02万吨，荔枝0.83万吨，龙眼0.22万吨，其他水果0.3万吨。

【畜牧业】2010年，东莞畜牧业生产和养殖效益相对平稳，畜牧业总产值5.5亿元。生猪存栏17.49万头，减少4.88%，生猪出栏33.64万头，增加19.8%；三鸟年末存栏170.03万只，减少11%，出栏590.59万只，增加2.5%；肉类总产量2.88万吨，增加13.25%。

【农业产业化经营有效提升】2010年，东莞市继续培育扶持农业产业化经营组织，为农业龙头企业发放贷款贴息966万元，为农民专业合作组织落实中央、省和市三级扶持资金160万元。新培育发展省级农业龙头企业1家，市级农业龙头企业1家，农民专业合作社4家。全市共有20家农业龙头企业和30家农民专业合作组织，其中省级以上龙头企业7家，国家级龙头企业2家。农业龙头企业销售收入39.14亿元，市场交易额95.9亿元，总资产36.36亿元。全市农业产业化经营组织辐射带动农户12.32万户，其中市内农户1.75万户；帮助农户增收2.36亿元，户均增收1900多元。

【农业产业园建成启用】2010年，东莞农业产业园建设取得新进展，市级农业产业园数量增加至14个，总规划面积5.5万亩。新增东城樟村大王洲农业产业园、东城温塘都市农业示范园、谢岗现代生态农业产业园、横沥农业产业园等4个园区为第三批市级农业产业园，清溪生态农业产业园二期列入市级农业产业园范围。市现代农业科技园、东坑、清溪（一期）、桥头、中堂、大朗、寮步7个园区基本建成，其中市现代农业科技园、东坑2个园区分别于10月、11月正式开园启用。市、镇两级财政共投入农业产业园建设资金7000多万元，新建成园区主干道路13公里、桥梁0.17公里、标准农田1750亩、标准鱼塘830亩、温室大棚2.4万平方米、农田林网23公里、供电设施5座，安装自动化灌溉设施390亩，建成并投产运营的园区面积1.1万亩，年产值1.5亿元。园区招商引资力度加大，各园区新引进农业生产经营合作项目9个，协议引资3.7亿元。其中东坑农业园引入东莞市金开喜集团公司投资经营，协议投资额3亿元，计划发展优质蔬菜、台湾水果的种植及加工物流项目；桥头农业园引入了深圳市东华苗圃场有限公司投资经营，协议投资2000万元，计划发展名木苗圃、优质蔬菜、休闲渔业等项目。

【市内“双到”扶贫全面铺开】2010年9月，东莞市召开市内扶贫帮困“责任到单位责任到人”工作会议，市内扶贫帮困“责任到单位责任到人”工作全面铺开。参照省“规划到户、责任到人”扶贫开发方式，全市90个市直（中央、省属）单位和经济发达村（社区）以“二帮一”的形式，定点帮扶90个欠发达村（社区）；市镇干部以“一对一”或“多对一”的方式结对帮扶有劳动能力的低保困难户，确保每户困难户与1名以上干部结对子。市财政为欠发达镇发放扶贫贷款4.15亿元，支付利息3679万元，全市有8554名市、镇干部参与结对帮扶，结对帮扶的困难户共5692户，市镇两级分别建立欠发达村和有劳动能力低保困难户的帮扶档案。9个欠发达镇全年生产总值470亿元，各项税收总额61.9亿元，可支配财政收入35.4亿元，分别增长16.5%、23.6%、9.5%，各欠发达镇主要经济指标的增速均超过全市平均水平。90个欠发达村的村组两级总资产、净资产分别为73.8亿元、46.8亿元，分别增长11.3%、12.3%；欠发达村总资产、净资产的增速均为全市平均水平的2倍多；资产负债率36.6%，下降0.4%。

【现代标准农田建设稳步实施】2010年，东莞继续加大现代标准农田建设力度，累计投入建设资金2151.89万元，其中市财政拨款1026.61万元，镇村配套1125.28万元，分别在麻涌、中堂、虎门、望牛墩、道滘、万江、茶山、大岭山、寮步、厚街、常平和东城12个镇街19个村委会（社区）建成标准农田6900亩。共修筑机耕路15.4千米，建成主排灌渠7.3千米、支渠19.5千米，配套涵闸涵洞15个。

【土地流转和规模经营有效推进】2010年东莞制定出台《东莞市农村土地承包经营权流转和规模经营试点奖励办法（试行）》，对符合办法规定的土地流转双方，在流转合同期内进行一次性奖励。土地流出方为农户的，奖励标准为每亩奖励200元，流出方为村组集体的，奖励标准为每亩100元；土地流入方奖励标准为每亩100元。在麻涌、谢岗、中堂、石排、洪梅和沙田6镇16个村开展土地流转和规模经营试点工作，市财政共向土地流转流出流入双方发放奖励资金179.72万元。通过开展土地流转和规模经营试点、实施财政奖励政策等措施，土地流转和规模经营有效推进，农业规模经营率30.9%。

【农产品质量安全监管有力】2010年，东莞继续深化农产品质量安全监督管理，完善制度建设，深化产销联建，特别是开展上海世博会、广州亚运会农产品安全专项保障行动，较好地完成了各项工作任务，主要食用农产品检测合格率继续提高，蔬菜农药残留、生猪瘦肉精及莱克多巴胺残留检测合格率分别达到98.6%、99.9%、99.4%，农产品质量安全状况处于历史最高水平。查处违法经营案件23宗，责令延迟上市蔬菜500多亩，销毁不合格蔬菜55.5吨，无害化处理不合格生猪579头。从11月份开始，东莞全面实施食用农产品标识管理和市场准入制度，对生产经营的食用农产品附加标识。农产品生产企业、农批市场、超市及样板市场共370家单位均基本按照要求对生产销售的食用农产品附加标识，质量安全可追溯体系继续得到完

善。农产品产销合作稳步推进，认定供莞蔬菜基地18家3.76万亩、第六批供莞生猪基地21家，年供应能力分别为18.4万吨和85万头；认定2010—2011年度活猪储备基地20个，储备量3.2万头，市场供应安全有效。

【动植物疫病防控卓有成效】2010年，东莞开展动植物疫病防控工作，完成亚运安保任务。动物疫病防控方面，先后开展口蹄疫、高致病性猪蓝耳病、高致病性禽流感、狂犬病等动物疫病集中免疫行动，共组织免疫生猪118.21万头、家禽343.54万羽、犬猫7.04万只；生猪口蹄疫、高致病性猪蓝耳病、猪瘟及禽流感等强制免疫项目的免疫密度超过100%。植物疫病防控方面，重点抓好亚运场馆周边防控工作，范围包括市体育中心、会展酒店、市中心广场和松山湖管委会绿地的防控工作。共投入红火蚁防控资金610万元、防控药剂40吨，出动2.9万人开展集中扑杀行动，红火蚁种群密度出现较大幅度下降，无发生重大伤人事件。

【组织参加全国执业兽医资格考试】2010年，中国首次举办执业兽医资格考试。东莞成立执业兽医资格考试领导小组，下设办公室、综合组、资格审核组、宣传培训组、后勤保障组和应急处理组等，全方位保障首次执业兽医考试有序进行。东莞报考人员有89名通过资格审核，现场审核准确率达100%，实际参考的78名考生，有16名取得执业兽医师资格、26名取得执业助理兽医师资格。

【加强村级动物防疫员队伍建设】东莞不断加强基层动物防疫体系建设。2010年5月10日，东莞出台《转发市农业局关于加强村级动物防疫员队伍建设的意见》，把村级动物防疫员队伍建设纳入动物防疫体系建设的整体规划。大朗、莞城、麻涌、虎门、清溪等23个镇街均印发了村动物防疫员队伍建设方案，其中桥头、莞城等9个镇街全面完成队伍建设工作。农业部门加强村级动物防疫员职业资格证书培训，举办村级动物防疫员培训班18期，累计培训453人，基本实现百分百持证上岗。此外，组织乡村兽医登记，初步建立乡村兽医数据库。

【实施兽药GSP】农业部于2010年3月1日颁布实施《兽药经营质量管理规范》（兽药GSP）。东莞认真组织开展兽药GSP实施工作，组织镇街与企业签订兽药经营质量管理规范责任书，面向企业做好兽药GSP相关业务培训，并组建由11名检查员组成的兽药GSP检查员库。11月份全省兽药GSP现场验收观摩会后，东莞兽药GSP试点企业——喜牧动物药品公司及其横沥分公司验收为首批兽药GSP合格企业。全市共8家企业通过兽药GSP验收。

【加强农机安全监管】2010年，东莞通过开展无牌无证拖拉机联合执法专项整治行动，全面提升拖拉机安全监管水平。全年出动执法人员474人，检查拖拉机424台，查处无牌无证拖拉机118台，派发宣传教育资料1431份。同时建立农机安全生产监管责任人制度，落实监管责任人523人，其中镇级责任人32人，村级责任人491人。

【加强应急演练】2010年，东莞出台《东莞市重大动物疫情应急演练实施方案》，9月15日和10月28日，先后在塘厦镇、谢岗镇举办"2010年东莞市市镇两级突发重大动物疫情联合应急演练"。这是东莞市首次举办跨市镇两级、跨部门的重大动物疫情联合应急演练。

【推进设施农业建设】东莞市不断加大设施农业建设力度，市农业局成立由市农技管理办、市农科中心等10位技术人员组成设施农业建设专家指导组，为东莞设施农业发展提供建议和技术支持，对设施农业技术的推广运用提供技术咨询和指导。2010年东莞设施农业面积12446亩，增加6300亩，增长1.03倍，其中温室大棚3416亩，各种类型节水灌溉面积7417亩。此外，公布首批16个设施农业示范基地名单，基地建设面积达6096亩，主要分布于石碣、虎门等12个镇街。示范基地设施类型以温室大棚和节水喷灌为主，主要种植蔬菜、花卉、水果和食用菌等作物。通过基地的示范带动作用，以点带面，进一步推动全市设施农业发展。

【农产品质量工程继续推进】东莞继续加大农业名牌带动战略实施力度，大力推进"无公害食品行动计划"和农产品质量工程。2010年，东莞市瑞丹生物科技有限公司的瑞丹牌蛹虫草子实体、东莞市东骏长和木业有限公司的骏丰牌细木工板2个产品新增为省级农业类名牌产品，东莞市永益食品有限公司的凤球唛番茄沙司、广东绿卡实业有限公司的绿卡牌无公害中华鳖等9个产品有效期满，通过复评审。有8个生产基地通过无公害产地认定，2个产品通过绿色食品认证、1个产品通过有机产品认证，延续了东莞市每年均新增一批省名牌产品及"三品"认证产品的良好态势。拥有省级农业类名牌产品28个（含水产、林业），无公害产地24个、无公害农产品54个、绿色食品38个，有机产品11个。

【农业科研推广力度加大】2010年，东莞加大农业科研和技术推广力度，开展国家、省、市农业科研项目41项，获得市级以上农业科技奖励11项，建设试验示范基地20个。组织农业科技下乡活动285次，举办各类农业培训班199期，出动科技人员1245人，派发宣传资料7.2万份，赠送种苗、农药、肥料、疫苗等生产资料以及扶持示范基地建设资金共计66万元，受益农民2.21万人；免费向基层单位、村干部、种养大户、农业行业学（协）会派发《广东农村实用技术》9600份。

【农业信息化不断提高】东莞市大力推进农业信息化建设，通过完善东莞农业信息网，建设农村信息服务点，加强信息员队伍建设等措施，促进农业信息网络进一步向基层延伸。继2006年、2008年、2009年之后，2010年东莞农业信息网第四次获得"中国农业网站百强"称号。网站全年发布新闻信息12064条，平均每天更新约33条；在14个农批市场设立信息收集点，发布粮油、果蔬、家禽、水产等农产品价格行情达10万多条。东莞"农信通"手机短信服务群体不断扩大，发展"农信通"用户群4大类共7000人。与广东移动东莞分公司开发建设了农业局手机无线应用协议（WAP）网站，并于4月开通启用。

【举办第一届优质荔枝品评活动】6月26日，第一届东莞优质荔枝品评活动在市植物园举行，省农业厅、华南农业大学、市科协、市农业局、市城市管

东莞市农业局

① 2010年9月2日，全市市内扶贫帮困“责任到单位、责任到人”工作会议召开

② 2010年11月10日，东莞市现代农业科技园启用仪式

③ 望牛墩奥运蔬菜种植基地喷灌设施

④ 石碣镇沙腰蔬菜生产基地

⑤ 2010年12月3日，广东（东莞）农业良种示范展示会召开，展出茄果类、甘蓝类、瓜类、白菜类、绿叶菜类、根菜类、玉米类等十大类530多个农作物优良新品

理局、市农技管理办等单位负责人和专家出席活动，全市共有45个荔枝单株参评，共评出“糯米糍”、“桂味”和“其他品种”3个项目的金荔奖一等奖3名，金荔奖二等奖6名，金荔奖三等奖9名。其中金荔一等奖分别由大岭山镇连平村的李寿华、厚街镇大迳村黄志强以及樟木头镇蔡国新夺得。

【加强与台湾农业交流合作】 8月16—20日，市委副书记、市长李毓全，市委常委、副市长江凌率领东莞经贸文化交流团参加“台湾·广东周”活动。农业局副局长罗其芳参加了交流活动，并于20日与台湾苗栗县农会理事长郭明宪签订《东莞市与苗栗县农业合作意向书》，两地在农业资源、技术、资金、人才、市场等方面加强协作。在10月12日举行的东坑农业园开园仪式上，东坑农业园承包商金开喜集团与苗栗县农会签署农业合作意向书，11月30日，双方在台湾正式签订合作协议，在农产品深加工、农产品物流展销、农业技术研发等方面进行深入合作，标志着双方的农业项目合作进入实质性操作阶段，也预示着莞台两地农业交流合作取得了新进展、新成果。

【启动农业对口援疆】 2010年6月，东莞市农业局对口支援新疆生产建设兵团农三师图木舒克市工作领导小组成立，正式启动农业对口支援工作。主要开展农三师图木舒克市49团温室大棚试点项目、编制支援农三师图木舒克市农业产业发展规划以及开展农业合作交流等。农三师图木舒克市49团温室大棚试点项目于11月20日全面完成建设，总投资628.3万元，建成温室50座，总面积约5.5万平方米，大棚15座，总面积约1.8万平方米，并于28日举行项目竣工仪式；《东莞市对口支援农三师图木舒克市农业产业发展规划》编制完成并已提交上级有关部门审定；6月下旬、9月上旬东莞对口援疆工作组先后两次赴农三师图木舒克市，开展工作对接交流，协商规划编修、跟踪试点项目等事项。12月27日，农三师农业局到东莞市回访，考察东莞设施农业及农业产业化发展情况，就农业对口支援工作进行研究磋商。

【农村集体经济呈现升势】 2010年，东莞农村集体经济回暖迹象明显，收入重现升势。全市集体总资产1228.2亿元，增长4.66%；净资产936.05亿元，增长5.15%；资产负债率为23.79%，降低0.35%；两级经营总收入143.38亿元，增长5.35%；经营纯收入76.93亿元，增长6.37%，集体收入实现恢复性增长。出台《关于加强农村（社区）集体经济组织固定资产和建设工程管理的意见》，起草《东莞市农村干部薪酬管理办法（试行）》，实行管理制度落实情况定期报告制度，开展重大事项审查、土地款管理、合同管理和责任追究等四项制度执行情况交叉检查。共审查重大事项12799宗，通过12541宗，呈审金额175亿元，其中土地款呈审51.5亿元，通过51亿元。

【农村集体经济审计不断加强】 2010年，东莞加强农村集体经济审计，完成571个村、417个村小组干部的任期经济责任审计，完成174个村小组的常规审计，完成22项财政支农资金项目的审计调查和7宗信访案件的调查处理。农村干部违规责任追究力度不断加大。累计追究处理违反集体资产管理行为405宗，其中责令改正267宗，通报批评85宗，扣减干部报酬52宗，扣减报酬总额107.4万元，涉及干部266人；移送公安机关处理1宗，涉及1人，金额54.6万元。

（刘　霞）

附：2010年东莞市农业局领导名录

局　长：胡莅光

副局长：李小帆　林炎隆　布润泉　罗其芳

市委农办副主任：尹国强

纪检组长：陈素平

总兽医师：卢炽根

海洋与渔业

【概况】 东莞市海域面积97平方公里，集中分布于狮子洋、伶仃洋。海岸线长97.2公里，拥有海岸线的主要有长安、虎门、沙田、麻涌等6个镇。拥有威远岛、坭洲岛、木棉山岛、沙口涌岛、虾缯排5个海岛，海岛岸线长34.58公里，海岛面积24.13平方公里。

2010年，全市海洋经济总产值534亿元，增长13%，渔业经济总产值24.8亿元，增长3.5%；水产品总产量76836吨，增长10%；水产品总产值79395万元，增长12%；全年渔业捕捞产量13301吨，产值11358万元。据抽样调查，捕捞渔民人均收入约为6380元，同比增长5%。纯渔业社区（村）3个，分别是虎门新湾社区、沙田先锋村、中堂红锋社区，登记在册的作业捕捞船只539艘，主功率约6.6万千瓦。拥有农业部确定的渔港4个，分别是新湾渔港、新渔村渔港、先锋渔港、红峰渔港，其中新湾渔港是广东省群众性一级渔港。

【海洋综合管理】 2010年，东莞市加强海洋综合管理基础工作，发布《东莞市海域使用规划》，编制《东莞市海洋事业发展规划》和《东莞市海域资源资产化管理研究报告》等规划；大力支持和加快省、市重点项目海域使用审核，积极配合虎门港建设做好虎门港长安港区建设项目报批工作，全年完成6个重大用海项目的审核和40多个用海项目年审缴款工作，海域使用金征收率达100%；加大海域使用动态监管工作的力度，加强对海域使用权属信息的管理，加强围填海项目动态监管与跟踪监测工作，加强围填海项目的视频监控系统建设，完善海洋基础地理数据库建设，海域使用动态监管工作成效显著。

【海洋与渔业产业结构调整】 2010年，东莞市渔业结构调整步伐加快，优势特色产业迅速发展，重点发展龟鳖类、河口咸淡水鱼类、水产苗种3大优势产业，扶持发展尖塘鳢、罗非鱼等特色产业，逐步形成龟鳖类养殖区、河口咸淡水鱼类、水产苗种生产养殖功能区，促进水产养殖区域布局的优化、养殖结构的调整。推进石排、横沥、虎门等镇休闲渔场和观赏鱼示范基地建设，观赏鱼特色养殖发展势头良好，全年出口观赏鱼约3500万尾，产值超过1.5亿元人民币。全年繁育乌龟种苗约600万只、中华鳖种苗约1000万只、黄喉拟水龟种苗约5万只，取得较好的经济效益。推行健康养殖模式，培育发展南方特种水产研究所和广东绿卡实业有限公司两家企业申报国家无公害水产品生产示范基地。颁布实施《东莞市养殖水域滩涂规划》，完成4305本水域滩涂养殖证，占应发证面积的91.4%。

▲ 休渔"三防"演习

▲ 渔政执法

【落实支渔惠渔政策】 2010年，东莞市强化渔港基础设施，完成先锋渔港码头包括工程勘测、设计、三通一平、水上作业围垦、码头平台建设等，投入资金370万元，初步建成其中的2个码头。同时，积极争取省3类渔港建设奖励资金200万元用于渔港建设；落实国家渔业柴油补助政策，全市渔业柴油补助资金约5505万元；减免渔船涉渔收费，共落实减免涉渔渔船564艘，减免收费金额115万元；关注伏季休渔困难户的生活，共发放生产生活补助资金200多万元。

【水产品质量安全监管】 2010年，东莞市围绕迎世博会和亚运会，加强水产品质量安全保障体系建设。加大水产品质量安全执法检查力度，定期对养殖场、市场和种苗场进行违禁药物使用、塘头档案和持证生产专项整治检查，共出动执法人员332人次，车辆72辆次，检查32个镇（街）的62个规模养殖场、32个农贸市场和3个水产品批发市场。加强对重要养殖场和水产品批发市场药残检测，抽检水产品565批次，合格率95.8%。开展水产养殖环境和养殖水源监测,抓好水产养殖病害测报和防疫工作，编制月报12期，预报10期，有效地预防和控制了水生动物疫病的发生和流行。积极推进水产品标识工作，全市水产品批发市场已100%实行标识管理。

【渔业资源与海洋环境】 2010年，东莞市加大资源环境保护工作力度，编制《2010年海洋与渔业环境质量监测工作方案》并组织实施。加强海洋生态环境质量监测网络建设。开展海洋环境质量监测，获得监测数据2058组，向社会发布《2009年东莞市海洋环境质量公报》。做好涉海工程环境损失赔偿工作，赔偿海洋与渔业资源环境损失300多万元。在虎门、石碣等镇开展5次渔业资源增殖放流活动，共投放各类鱼虾苗1900多万尾。抓好黄唇鱼保护区及水生野生动物监督管理。黄唇鱼自然保护区加入"中国典型河口生物多样性保护与保护区网络建设示范项目"（PPG）的珠江口示范区建设网络，通过创建海洋保护区网络和湿地修复等活动，建立示范效应。

【渔业科技推广】 2010年，东莞市加强科技创新攻关，实施养殖主导品种选育，开展《中华乌龟种苗繁育及产业化关键技术的研究》、《富贵猫鱼的驯化和繁育技术研究》、《东江野生鱼类资源调查与保护利用》和《尖塘鳢的杂交育种研究》等科研攻关。以渔业科技下乡和渔业标准化示范区建设为抓手，开展养殖池塘底充氧、节水保水、危害分析与关键控制点（HACCP）、农业良好规范（GAP）等一批健康高效安全环保的渔业生产技术的推广应用，提升渔业科技发展水平。启动建设水生生物病害检验检疫体系，推进渔业科技入户示范工程建设，完善水产养殖病害测报，实施渔业科技专题培训，举办各类水产技术培训班18期，培训渔民1300多人次。

【渔业安全生产】 2010年，东莞市为建立渔业安全生产长效管理机制，加强渔业安全监管，从基础和基层管理入手，加强渔业安全监管体系建设，健全渔业安全生产制度，深化安全生产教育，开展渔业安全生产执法行动。推进渔船通信指挥系统船载终端、渔船进出港身份识别系统（IC卡系统）以及电子渔船避碰系统（AIS系统）3项保障渔业生产安全项目建设。全年渔船检验率和渔业船员持证上岗率达到100%，没有发生重大渔业安全事故，实现休渔"十二连胜"。

【海洋与渔业执法】 2010年，市海洋与渔业执法部门以建设"文明执法窗口"为突破口，强化服务意识，深化法治理念，组织开展"护渔2010"、"2010海盾"行动，规范海洋开发秩序，加大渔场执法和海洋监察执法力度，开展海洋工程建设项目专项执法和养殖用海、码头用海、倾废用海、围填海等用海项目检查。全年出动渔政执法船921艘次，车辆25辆次，执法人员3172人次，开展专项行动9次，联合行动4次，检查各类渔船917艘次，查获渔业违法案件54宗，结案49宗，清理迷魂阵2130米；共出动海监船艇198艘次，出动车辆85辆次，对岸线巡查39次，检查用海项目52个，开展专项行动61次，联合行动11次，出动执法人员1132人次，查获违法用海行为11宗。全市海域开发利用走上了有序、有度、有偿的健康轨道。　（袁晓君）

附：2010年东莞市海洋与渔业局领导名录

局　长：张月忠

副局长：叶玉培　江日年

林业

【概况】2010年，东莞市林业用地面积60660公顷，森林覆盖率36.7%，林地绿化率98.7%，林木绿化率39%，活立木总蓄积量255.8万立方米，森林生态效益达51.3亿元。

【“十一五”主要成就】2006—2010年，东莞市坚持以科学发展观统领全局，围绕“建设宜居生态城市”的战略目标，抢抓机遇，深化改革，开拓创新，建成开放了303平方公里的6大森林公园，实施国有林场和森林公园“场园合一”改革，开创了全省国营林场转为财政核拨事业单位的先河，首次建立了农村非经济林每年每亩100元补贴的林业生态补偿机制，成功创建了“全国绿化模范城市”、“广东省林业生态市”。

【森林公园建设】2010年，东莞市把森林公园建设作为林业生态发展的重要抓手，着力加快森林公园建设步伐，不断优化生态旅游环境。

完善配套服务设施。重点完成了大岭山、大屏嶂、银瓶山3大森林公园的供水、供电、消防、广播等配套系统，新建银瓶山“紫烟阁”、“翠云亭”等景区，并于4月29日全面开放银瓶山森林公园清溪片区。升级改造了大屏嶂观音髻半山步道、竹径步道，建成清风台、好望阁等观景平台7座以及一批休息台椅、厕所、凉亭等服务设施。6大森林公园全年游客总数达1500多万人次，其中大岭山、大屏嶂、银瓶山、水濂山等4大森林公园首次被评为“广东省森林生态旅游示范基地”。

绿道网建设。全面完成省立绿道主线段31.5公里建设，建成大岭山森林公园4.7公里环湖自行车支线段绿道，安装绿道标识系统117套，建成绿道驿站6处，改造绿道两旁绿化面积17.3公顷，完成市委、市政府提出年内实现绿道游径、绿化、标识、驿站“四个百分百”建设的任务。

黄旗山城市公园林相改造工程。按照“生态优先、兼顾景观效果”的原则，通过高标准设计、严要求施工，完成黄旗山城市公园一期林相改造主体工程36.7公顷，种植樟树、莞香、格木等乔灌木3.5万株，全面完成二期林相改造工程规划设计，有效提升了公园景观效果和生态质量。

镇村森林公园建设。为引导和扶持全市森林公园建设，市政府出台了镇村森林公园建设补贴政策，对符合条件的镇村森林公园，市财政按照镇街经济综合实力档次给予补贴。

【造林绿化】2010年，东莞市切实加强造林绿化工作的领导，坚持科学造林、科技兴林，突出生态工程质量，确保做到“责任落实到位、技术指导到位、种

发展现代林业，建设生态东莞

2010年4月22日，省林业局局长张育文视察谢岗镇南面村林改试点工作

苗调运到位、督查督办到位”，有力地推动了全市造林绿化工作的顺利开展，高质量完成全年绿化任务。全市完成造林1829公顷，其中市属水源涵养林林相改造1442.38公顷，省属樟木头林场更新造林386.67公顷，种植乡土阔叶树135.9万株，完成计划任务的103%，抚育幼林2562.5公顷；营建农田林网53.56公里，完成计划任务100%；营造防火林带58.5公里，完成计划任务100%。经组织二次检查验收，造林成活率达97%以上，苗木长势良好。

【全民义务植树】 2010年，东莞市积极开展全民义务植树，通过新闻媒体报道、播放公益广告、悬挂宣传横幅、发布倡议书等各种有效途径，营造浓厚的植绿、护绿、爱绿氛围，增强了全社会参与植树绿化的自觉性和主动性。3月1日，市委书记、市人大常委会主任刘志庚、市长李毓全等市几套班子领导带领部队官兵、机关干部和学校师生等共

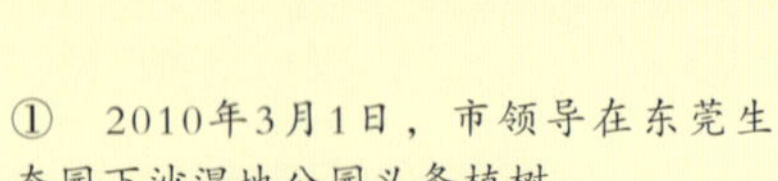

① 2010年3月1日，市领导在东莞生态园下沙湿地公园义务植树

② 副市长李小梅检查森林防火工作

③ 大屏嶂森林公园绿道

600多人，在东莞生态园下沙湿地公园参加植树活动，种植麻楝、木棉等1300多株。各镇街、机关、团体、企事业单位和社会各界人士响应，采取捐资出力、捐资代植和义务种植等形式，大力开展以营造主题林为主要内容的形式多样的全民义务植树活动。各镇街以珠三角绿道网建设为契机，组织绿道沿线植绿、补绿和增绿为主题的义务植树活动，同时结合环境整治、三旧改造、创建绿化模范社区（村）、林业生态文明万村绿大行动等活动，科学规划义务植树点，积极组织适龄公民开展义务植树活动。全市参加义务植树85.3万人次，植树329万株，新建包括2个来莞领导嘉宾植树基地在内的30个义务植树基地，5844人参与认建认养活动，认养绿地30.9公顷、树木10.9万株，认养金额32.8万元，义务植树尽责率达94%。

【城乡绿化】 2010年，东莞市以实现“城市园林化、郊区森林化、道路林荫化、庭院花园化”为目标，全面开展道路、厂区、公园、小区、农田绿化建设规划，优化城乡绿化布局，构筑城乡融合、城乡一体化的人居生态环境。开展“建设林业生态文明万村绿大行动”，全市32个镇（街）共投入1695.9万元创建林业生态文明村，建成“林业生态文明村”52个，闲置地绿化84.2公顷，道路补绿110.9公里。升级改造莞深高速和常虎高速绿化景观工程，完成两条高速主干道总绿化里程89.1公里，绿化面积达107.9万平方米。开展绿化美化争先创优活动，共评出25家“东莞市园林式单位”、6个“东莞市绿化模范社区（村）”，有效提升城乡绿化美化水平。

【林业科技】 东莞市以“科技兴林、注重创新”为宗旨，着力抓好林业科研技术和应用。2010年先后组织开展“东莞地带性顶极森林群落的恢复与重建技术的研究”、“东莞水源涵养林树种选择及造林模式研究”等21个科研课题研究，其中“人为干扰对风水林群落树种组成及多样性的影响”等3篇学术论文分别获得市科协年度优秀科技论文一、二、三等奖，“粤引无核荔枝”获得“东莞首届优质荔枝品评活动”金荔奖三等奖。加大林业科研推广力度，市林业局联合市科学馆、市科协共同举办“东莞珍稀濒危植物保护和利用论坛”、“东莞森林碳汇的现状与前景”等学术论坛，在大岭山森林公园开展“赏珍贵树种，行健康绿道，倡低碳生活”主题科普活动，并派发《广东省珍贵树种栽培技术》等科普宣传单张，广泛普及林业科学知识，营造了浓厚的林业学术氛围，增强了市民保护生态意识。

【森林资源管护】 2010年，东莞市执行全省森林资源保护和发展目标责任制，采取多项措施有效保护森林资源，保障森林生态持续健康发展。一是抓好林地和林木保护管理。严格执行《东莞市生态控制线管理规定》，加强1103平方公里生态绿线范围的林地保护，审批征占用林地项目104宗，面积163.04公顷，征占用林地审核率100%。二是狠抓森林防火安全。加大森林消防队伍和基础设施建设，加强野外火源管理，森林防火防控能力得到提高。开展8期森林防火知识培训和6期防火应急演练，培训防火队员1120人；新建花灯盏、大屏、爆石顶等通信基站6个，通信网络基站建设达30个，覆盖80%的森林公园和林区。全年发生一般森林火灾4宗，过火面积1.84公顷，为历年最少。三是加强林业有害生物预防和治理。开展松材线虫病、薇甘菊等有害生物的防治，各类林业有害生物防治面积3160公顷，清理疫木28.64万株，防治率达95.6%。实施古树名木管护工程，对古树名木进行病虫害监测和防治，加强古树迁移、修枝、清理等审批，开展长生树普查建档工作。四是加大林业行政执法力度。开展一系列严打整治专项行动和“创平安 迎亚运”、“2010年春季行动”等专项行动，查处各类林业行政案件和森林违法犯罪案件102宗，收缴野生保护动物5856只。

【集体林权制度改革】 2010年，东莞市按照“明晰产权、规模经营、生态补偿、按股分利”的林改方针，坚持走东莞特色的林改之路，全面铺开集体林权制度改革。全市43420公顷（65.13万亩）集体林地全部纳入集体林权制度改革范畴，涉及24个镇（街）、316个村、1580个村民小组。全市完成林改总面积64.8万亩的勘界确权工作，发放林地所有权证2400本、林地使用权证4983本、集体山林股份权益证书12万本，涉及林地面积分别为64万亩、63.7万亩、58万亩，发证率分别达98.8%、98.3%和91.2%，全面完成了明晰产权的主体改革工作，并形成林改“统一管理、统一经营、集体承包、股份合作”4种形式，增加了广大农民收益，部分村实现由“零分红”到“有分红”的历史性突破，达到“农民得实惠、生态得保护、林业得发展”的林改目标，得到上级部门、社会各界特别是农民群众的普遍支持和赞扬，成为全省唯一荣获“林改先进典型”的地级市。

【简政强镇事权改革】 按照“依法放权、权责一致、提高效能、协调监管”的原则，2010年，东莞市将木材经营许可证核发（年加工木材能力5000立方米以下的项目）、林权证核发、驯养繁殖三有野生动物许可证核发、临时占用林地审批（使用林地面积2公顷以下，使用期限不得超过2年）、木材运输证核发5项林业部门职能下放给石龙、塘厦、松山湖等17个中心镇（园区），下放事项审批时限平均缩短3个工作日以上，提升了政府机关行政效能，提高了群众办事效率。

【绿博会参展】 按照全国绿委《关于举办第二届中国绿化博览会的通知》精神，2010年，东莞市政府组团赴郑州参展，市林业局从组织、人员、措施、监管4方面抓好落实，完成各项参展工作任务。东莞园凭借景点主题突出、植物地域特色明显、制作精良且管理精细等优势，在94个室外展园中荣获“银奖”和“最佳质量奖”。参展期间，东莞园受到游客和媒体的普遍关注，日均客流量达1万人次，总客流量10万人次。中国新闻网、河南电视台、《郑州日报》等多家主流媒体对东莞园进行专题报道，给予高度评价。

【生态文化】 2010年，东莞市林业局首次出版发行《东莞植物志》、《东莞珍稀植物》、《东莞园林植物》等3本专著，成为较早拥有植物志的地级市。专著特邀中国科学院华南植物园共同合作，全面系统地调查、采集、鉴定了东莞植物种类，收录东莞各地常见野生维管植物1630种，突出重点地介绍了珍稀植物和园林植物，既全面展示了东莞的植物概况，又为东莞的经济发展、植物研究、生态环境保护及生物多样性保育提供大量资料和实践依据。尤其是《东莞植物志》作为中国第一部地级市植物志，是介绍东莞植物资源最基础、最详实、最权威的植物学资料，为林业科学研究提供了客观参考，更为市民认识植物、了解大自然提供了重要的学术工具。 （刘宇红）

附：2010年东莞市林业局领导名录

局　长：罗松茂（任至12月）
　　　　胡炽海（12月到任）
副局长：詹惠航　林映鹏

水　利

【概况】东莞市水务局是东莞市人民政府主管全市水行政职能部门，除承担原水利局的全部职能外，市城市管理局供水、用水、节水、排水管理的职责，以及市环境保护局污水处理的职责整合划入市水务局。市水务局内设12个科室，市防汛防旱防风办公室、市水库移民办公室挂靠市水务局。原直属市水利局管理的事业单位和市污水治理中心、市水质监测中心、东江水务有限公司、市区污水处理厂和樟村水质净化厂划归市水务局管理。

【水利设施建设】在水库建设方面，2010年全市已建成中型水库7座，小（一）型水库45座，小（二）水库66座，总库容3.84亿立方米。经过历时5年共3批次的全市城乡水利防灾减灾工程建设（总投资34亿元，共395宗），共建成排涝工程85宗，水闸工程86宗，加固海堤212.33公里，江堤312.97公里；增加排灌装机194台，新增装机容量7.4万千瓦，改善灌溉面积14.74万亩，整治内涝面积为400万亩，加固后的江堤达到五十年一遇的防洪标准，其中东莞大堤达到一百年一遇的防洪标准；加固后的海堤达到五十年一遇的防御标准。

【供水设施建设】2010年，全市供水企业107家，水厂124座，总供水能力超过700万吨/日，供水企业隶属于市、镇、村3级管理，供水系统由市属集中供水、镇街供水与农村供水3大子系统组成。其中市东江水务有限公司所属的5座水厂供水能力达303万吨/日，服务范围包括市区、长安等23个镇街；镇属供水企业31家，水厂44座，供水能力361万吨/日；村级供水企业75家，水厂75座。2010年全市供水总量达16.56亿立方米。

【排水设施建设】市政府不断加大财政投入，市区范围先后完成莞城二中排涝泵站、市区道路下水道清淤等工程建设，2010年继续实施市区内涝整治应急工程，先后完成东莞大道蛤地路口、环城路莞樟隧道、南城雀巢片区等共15个内涝点的整治，新建排水管道、箱涵共约3800米，并建成松山湖大道东部快速、莞城市桥河及东城下桥河等排涝泵站，应急一、二期工程总投资超1.7亿元。

【污水处理设施建设】2010年，全市37家生活污水处理厂已全部建成，其中投入运营的项目有35家，总处理能力221.5万吨/日，全年共处理污水超6.31亿吨，年削减耗氧量（COD）超过9万吨，生活污水处理率达77.3%，基本实现生活污水集中处理城乡全覆盖。全市各镇街35项截污主干管工程总里程867.96公里，已基本建成项目24项，累计完成管道里程755.43公里，占总里程的87.3%。

【“三防”工作】2010年，东莞市受台风影响较小，江河水情相对平稳，未出现流域性大洪水。年累计降雨量比多年同期平均值偏多，降雨时空分布不均匀，局部地区短历时降雨量大，部分地区突破历史记录，短历时强降雨造成局部区域内涝。灾情的主要特点是成灾速度快，持续时间与降雨时间基本一致，受灾损失大。造成较大影响的是“5·7”暴雨，受灾镇街19个，受灾人口2.72万人，倒塌房屋15间，因灾失踪人口1人，直接经济总损失2.79亿元。在三防工作中，各有关部门和镇街坚持以人为本，超前部署，科学决策，精心调度，启动防风应急Ⅳ级响应1次，派出督导组3次，最大程度地减轻洪涝干旱台风灾害损失。

【十件实事涉水工程建设】2010年，市水务局狠抓落实，全面完成3件市政府实事。一是老化水管改造提前完成。全市欠发达村老化水管改造工程，涉及18个镇街和75个欠发达村，实际投入1.2亿元，完成工程量1290千米，于9月份全面完工。二是市区内涝整治工程如期完成。市区内涝整治工程包含南城街道雀巢片区、莞城街道市桥河系统、东城街道下桥河系统内涝整治工程3个项目。市水务局负责项目勘察设计等前期工作，南城、莞城及东城街道办分别负责实施。3个项目于12月底全部完成。三是运河整治应急工程基本完成。塘板水闸扩建工程和樟村水闸扩建工程已完工。合埔市陂一梅塘水汇入口段堤防建设及扩河工程因受前期征地拆迁等难题影响，造成进度滞后，在副市长李小梅多次督导的推动下，相关难点问题已基本得到化解，项目主体建设任务基本完成，可满足行洪要求。

【水政水资源管理】2010年，全市水务系统多形式、全方位开展水法律法规宣传教育活动，加大水行政执法力度，加强规费的征收和管理，营造良好的水事秩序。共查处水事违法行为22宗，其中立案查处3宗，共处罚款8万元。征收水利规费102597万元，其中堤围防护费99984万元。加强重要水库的水质监测工作，定期对东江和10个主要水源水库进行常规水质监测。加强取用水管理，组织开展全市水资源分配工作，《东莞市水资源分配方案（报批稿）》已完成，《东莞市用水定额》及管理办法也正在编制中。

【水库移民后期扶持】东莞市2009年度移民房屋改造项目计划正在逐步进行，其他基础项目设施已完成50%，剩余部分项目正在抓紧实施。2010年水库移民专项资金项目计划经1月20日召开的市第十四届人民代表大会第五次会议批准，现正抓紧组织实施，其中已完成项目7宗，正在组织实施项目10宗。

【水务规划】2010年，除做好运河综合整治和东江与水库联网水源等工程的前期规划设计工作外，完成了东莞市流域综合规划修编报告。为更好指导全市水利工程建设，积极组织各镇街开展防洪排涝规划编制工作，2010年全年共审查通过6宗规划，并组织召开10宗规划的专家评审会。基本完成《全市主要水库水资源优化调度规划》编制工作，《东莞市水务发展“十二五”规划》总报告及3个子专题完成初稿。

【节水型社会建设】为贯彻落实国家、省有关节约型社会建设的相关工作要求，2010年东莞市以“开源、节流、治污”为指导，通过加强规划、建立机构、健全制度、完善改造、加大水污染治理等措施，全面启动节水型社会建设工作。《东莞市节水型社会建设规划》已编制完成，并经市政府审核同意，于9月份得到省水利厅的批复。通过开展各类节水型社会建设主题实践活动，广泛宣传东莞市水资源紧缺的情况及节水基本知识，引导各镇街、单位进行节水型器具、节水设施改造，营造全社会共同关注、支持和参与节水型社会建设的良好氛围。

【内河涌综合整治】2010年，全面加快完成东引运河、寒溪水流域，石马河流域，挂影洲中心涌流域三个流域综合整治规划设计的收尾工作。挂影洲中心涌流域干流河道整治规划及实施计划已上报市政府；石马河流域支流规划及干流水系规划、现状调查报告和综合整治报告已通过专家评审。各项工程前期设计

东莞市水务局

① 2010年5月7日，市委书记、市人大常委会主任刘志庚在副市长李小梅、市政府副秘书长张永忠和市水务局局长刘伟全的陪同下，亲临温塘大围排站抢险点实地察看了解受灾情况，慰问受灾群众和正在全力抢险的干部职工

② 东江与水库联网应急工程莲花山遂道工地

③ 2011年1月14日，2010年度全市水务工作会议召开，副市长李小梅出席并讲话

④ 东莞市市区污水处理厂

⑤ 高埗排站

工作正按实施计划推进，东引运河清淤疏浚工程（职教城段）方案报批及施工图设计工作已完成。

【东江与水库联网供水水源工程】 东江与水库联网供水水源工程充分利用现有境内蓄水工程，通过工程措施将东江与水库衔接、境内水库联网，形成既相对独立又互为补充的多水源供水格局，提高应对突发事件的能力。至2010年，联网水源一期工程土建部分已完成过半。 （吴九华）

附：2010年东莞市水务局领导名录

局　长：刘伟全

副局长：陶　谨　张国麟　倪佳翔　凌荣长　邓伟斌

气　象

【概况】2010年东莞市天气气候主要特点是：年总降水量偏多，呈现春夏偏多，秋冬偏少特点；年平均气温正常略偏高，年日照时数偏少。全年总降水量为2165毫米，比常年平均值（1780毫米）偏多22%；年平均气温22.5℃，比常年平均值22.3℃略偏高0.2℃；全年日照总时数为1699.7小时，与常年平均值1919.7小时相比偏少220小时；年雷暴日为78天，比常年平均值76天多2天。年内主要的天气气候事件为：年初阴雨寒冷持续时间长，初春“回南”天气严重，多雾天和返潮天气，入汛后强降水频次高，盛夏高温时间长，秋后持续晴朗少雨，年末寒潮入侵。

【主要气候事件】低温阴雨。由于受北方冷空气频繁南下影响，2月12—20日，东莞持续9天出现阴雨寒冷天气，日平均气温低于12℃，其中16—19日的日平均气温为6—8℃，日最低气温在5—6℃，期间伴有雨。这次低温阴雨天气过程具有持续时间长、降水较频繁和昼夜温差小的特点，在历史同期比较少见。持续长时间的低温阴雨，不但影响了春节人们的生活及节假日活动，对蔬菜、花卉等作物生产也有一定的影响。

“回南”天。2月21—27日，受偏东到偏南气流影响，东莞出现明显的“回南”天气，室内墙壁、地板等潮湿出水，衣被湿润，“返潮”严重。长达7天的“回南”天气使食品、衣物、家具等物品发霉。

暴雨。4月29日开汛，较常年同期偏晚。入汛后出现15次强降水过程，其中4月1次，5月5次，6月4次，7月1次，9月4次。多次降水过程呈现降水强度大、局部水浸严重的特点，其中，“5·7”大暴雨强度历史罕见：5月6日夜间到7日的大暴雨过程，雨强强、降水时间集中、影响范围大、造成影响严重。这次过程具有“3个历史罕见”的特点：（1）短时雨量之多历史罕见。6小时内先后出现2轮强降雨，全市100个自动监测站中总雨量超过100毫米的有67个（分布在26个镇街），超过150毫米的有32个，其中最大降雨超过200毫米。（2）雨强之大历史罕见。全市100个自动监测站中时雨量超过100毫米的有35个（分布在14

东莞市气象局

① 2010年2月9日，广东省气象局局长余勇，副局长林献民，东莞市人民政府副市长李小梅等领导共同为东莞市气象局被人保部和中国气象局联合表彰为“全国气象系统先进集体”揭牌

② 2010年4月2日，东莞市人民政府在虎门镇龙眼社区召开安全气象社区（村）示范单位创建工作现场总结会，龙眼等11个试点社区成为东莞市首批“安全气象社区（村）示范单位”

① 2010年8月12日，市委书记、市人大常委会主任刘志庚，市委常委、纪委书记甄瑞潮，副市长李小梅等领导会见中央纪委驻中国气象局纪检组组长、中国气象局党组成员刘实

② 2010年8月24日，东莞市气象局与中国移动通信集团广东有限公司东莞分公司举行战略合作框架协议签署仪式

③ 2010年10月26日，"东莞创新论坛"第16期"东莞市常见气象灾害与社区防御措施"论坛在市科技馆举行

④ 11月13—19日，广州亚运会举重比赛在东莞市体育馆举行，东莞气象应急观测指挥车进驻东莞市体育馆，全力做好现场气象保障服务

个镇街），1小时最大降雨量超过170毫米，创历史新极值。（3）短时灾害之多历史罕见。这次大暴雨伴随雷雨大风天气，除了强降水带来城市内涝之外，雷电、大风等灾害性天气同时出现，加重了损失的程度，据媒体报道，有地方被雷击起火，多处大树被吹断，路灯被吹倒，引起部分社区断电。"6·24"大暴雨雨强强、时段集中：6月24日下午到傍晚，东莞中、北部出现突发性的强降水，期间伴有强雷暴及6—7级短时雷雨大风。降水主要集中在下午4—6时，有13个镇街的时降水量超过50毫米，寮步镇记录到1小时最大降雨量达到110.6毫米；有13个镇街的3小时降水量超过100毫米，最强为石龙镇，3小时降水量高达147毫米。由于强降水出现在下班的高峰时间，水浸街使得城区部分道路交通中断。据调查，该次暴雨天气产生内涝、影响交通，大城区36处路口中断，是全年影响交通最严重的一次；多处地方水浸，部分镇街要出动皮艇和冲锋舟救人；有40多辆车被水浸，同时寮步镇一高压电线被闪电击断。

热带气旋 2010年台风姗姗来迟，比常年同期偏迟约一个月，主要出现在后汛期的7月及9月。7月"灿都"、9月"狮子山"和"凡亚比"共3个热带气旋先后影响东莞，主要带来降水，缓解高温天气。"灿都"带来大雨到暴雨：2010年第3号台风"灿都"于7月22日13时45分在吴川市吴阳镇沿海地区登陆。受"灿都"环流影响，22日东莞大部分地区出现大雨到暴雨，最大降雨在寮步为62.7毫米；平均风力达4到5级，阵风6级，部分镇街阵风达到8级。"狮子山"带来暴雨到大暴雨：2010年第6号热带风暴"狮子山"于9月2日6时50分在福建漳浦古雷镇沿海地区登陆，之后移入广东省，强度减弱。受"狮子山"减弱后的低压环流影响，东莞出现暴雨到大暴雨。从3日8时到4日8时，有27个镇街降雨量超过50毫米，18个镇街降雨量超过100毫米，2个镇街降雨量超过200毫米，分别为麻涌235.5毫米，沙田208.2毫米。"凡亚比"给东部镇街带来大暴雨：2010年第11号热带气旋"凡亚比"在台湾登陆后，又于9月20日7时在福建省漳浦县沿海登陆，之后进入广东省。受"凡亚比"影响，东莞东部镇街普降大暴雨。从20日8时到21日8时，共有10个镇街降雨超过50毫米，6个镇街降雨超过100毫米，最大降雨出现在清溪，达209.1毫米。

雷暴 2010年雷暴日数为78天，与常年平均值76天接近。初雷日是2月7

日，偏早，终雷日是10月15日，偏迟。雷暴日数最多为8月，达18天，其次是9月为16天，5月、7月分别为12天、10天。年内雷暴强度强，据不完全统计，共发生42宗雷击事件，直接经济损失达133.5万元。5月10日凌晨6时10分许，东城牛山某工厂突遭雷击起火，火焰达10多米高，火势迅速蔓延，导致仓库内近万平方米的成品和半成品化为灰烬，损失惨重。

高温。2010年东莞国家基本气象站全年记录到高温（≥35℃）日数为5天，比上年少9天，7月1天，8月3天，9月1天。7月高温预警信号持续生效时间达15天，最高气温为35.2℃，出现在7月5日。8月高温天气较为频繁，上旬前期，受副热带高压和南海热带低压外围下沉气流影响出现持续炎热高温天气，4日和5日东莞国家基本气象站都录得超过36℃的高温，其中4日最高气温为36.1℃，为2010年最高气温；上旬末至中旬初又受热带风暴“电母”的外围下沉气流影响，东莞国家基本气象站最高气温接近35℃，自动监测站最高气温普遍在35℃以上；下旬后期受干燥的偏北气流及热带风暴“狮子山”外围下沉气流的影响，8月31日最高气温达35℃。

寒潮。12月中旬受近年来最强寒潮的影响，东莞出现剧烈的降温天气。据气象监测网的记录，12月15日起寒潮主体南下影响东莞，气温急剧下降，日降温幅度超过10℃；16日气温在5.5—10.3℃之间，日平均气温仅为6.6℃，天气异常寒冷；17日早晨在强冷空气及晴空辐射降温的作用下，全市气温继续走低，最低气温在1—3℃之间，东莞国家基本气象站录得最低气温为1.9℃，是2006年以来的日最低气温；18日清晨气温有所回升，但早晨7时前后在部分地方的草叶、土块、树枝上可看到白霜，也为近年来罕见。

【气象现代化建设】 2010年，东莞市进一步完善了精细化预报预警服务系统，建成分镇街分灾种的灾情管理系统，对GPS/MET（基于全球定位系统的水汽监测站）水汽资料进行初步统计分析应用。围绕东莞建设新兴物流城市的发展定位，规划在全市主要高速公路上建设9个交通气象能见度观测站，年内已完成3个点建设。初步完成专业气象服务网站建设，为全市的物流交通提供专业气象服务。东莞市气象天文科普馆工程有序推进，办理了绿色通道手续，与东南大学建筑设计研究院深圳分院签订设计合同，完成地质勘探工作，并编制布展方案招标文件。清溪气候指标站和松山湖气候指标站工程已完成设计图纸审查，并报建设局备案，取得了施工许可证。

【决策气象服务和重大活动保障】 东莞市气象局全力做好预报预警服务工作，进一步转变服务方式，坚持面向决策、面向生产、面向民生，提高服务的主动性、针对性和精细化水平。全年共发布预警信号87次，其中台风预警5次，暴雨预警36次（红色2次），雷雨大风预警15次，高温预警11次（橙色2次），寒冷预警11次（橙色2次），大雾预警8次，森林火险预警4次；发布重大气象信息快报143期，专报6期，重大活动保障专报255期，天气报告47期；向决策短信用户发布决策短信183次。2010年市气象局正式成为东莞市春运工作领导小组成员单位，先后为春运、“九艺节”、高中考、龙舟赛、亚运会火炬东莞站传递和举重比赛等重大活动提供气象保障服务。完成东莞轨道交通R2线雷击风险评估工作。

【公共气象服务】 安全气象社区（村）示范单位创建工作。4月2日，虎门龙眼等11个安全气象社区（村）示范单位通过验收并挂牌，标志着创建工作顺利完成。东莞市气象局加强对安全气象社区的“一对一”贴身服务，对重大灾害性天气过程，安排专人跟踪服务，在防御和应对2010年汛期重大灾害性天气过程中取得显著成效。

健全公共气象服务机构。东莞市气象灾害监测预警保障中心经市机构编制委员会批准成立，为东莞市气象局直属的正科级事业单位，核定事业编制9名，人员经费开支由市财政核拨。该中心的成立，将加强对安全气象社区（村）示范单位创建工作的组织管理，完善“政府主导、部门联动、社会参与”的气象防灾防御机制。

【气象科普宣传】 2010年，东莞市通过气象灾害应急知识宣传教育月、5·12防灾减灾日、6·13安全生产咨询日和12·4法制宣传日等活动，大力宣传气象科普和法律法规知识。全市第2个气象灾害应急知识宣传教育月在市、镇、村广泛开展十大主题活动，推动气象应急科普知识走进基层、走进企业、走进学校、走进社会、走进家庭。印发《气象安全手册》、《防雷安全手册》、《气候变化及其对东莞的影响》及预警信号知识小册子等气象科普宣传资料60000本，宣传漫画20000张。举办“东莞创新论坛”第16期“东莞市常见气象灾害与社区防御措施”论坛。

【年度荣誉】 2010年度，东莞市气象局被市委市政府评为“2010年度中央和省驻莞机关先进单位”、“2010年度全市部门统计调查工作先进单位”、“安全生产先进集体”、“春运工作先进单位”等。东莞市气象局“安全气象社区（村）示范单位创建工作”获得2010年度广东省气象部门“创新项目特别奖”。东莞市气象局党支部被市直工委授予“2010年度机关党建工作量化考评先进单位”。 （何春燕）

2010年东莞市气象资料

雨量（毫米）	2165
平均气温（℃）	22.5
日照时数（小时）	1699.7
暴雨日数（日）	12
热带气旋（个）	3
低温（日）	1
高温（日）	5
霜日（日）	2

注：所有数据除特别注明者外，均来源于东莞国家基本气象站。

附：2010年东莞市气象局领导名录

党组书记、局长：贯天清（任至4月）
肖永彪（4月到任）
党组副书记、副局长：陈明先
党组成员、纪检组长：陈润全

旅游业

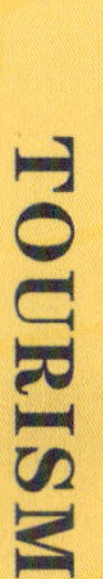

- 东莞市主要旅游景点
- 东莞市旅行社
- 东莞市主要酒店

中国历史文化名村——南社村

编辑：黄文挺

旅　游

【概况】2010年，东莞市旅游业稳步发展，A级景区5家，其中4A景区3家；星级酒店97家，其中五星级酒店22家、四星级酒店25家；旅行社54家，其中出境游组团社9家，普通旅行社41家，非法人分公司4家；全年接待游客人数2251万人次，增长10.52%；旅游总收入191.32亿元，增长26.29%。

【城市营销】媒介宣传。2010年，东莞市编制《东莞国际旅游营销规划（2010—2014）》，在北京西客站出站口巨型广告屏上播放东莞城市旅游形象宣传片，在广深高速虎门树田段树立为期1年的城市旅游形象宣传T型广告牌，在玉兰大剧院播放城市旅游形象宣传片，在东莞4条主干道的公交广告灯箱上张贴东莞节庆活动、旅游景点、旅游线路的宣传画，在大型城市广告牌上悬挂2010东莞旅游文化节预告海报，在《南方日报》、《南方都市报》、《凤凰周刊》等国内外品牌传媒、主流媒体宣传推介东莞的特色旅游活动、优势旅游资源和优质的酒店服务，在国内外各类旅游交易会上发放东莞市旅游形象宣传片和《东莞旅游指南》等宣传资料。

网站建设。2010年，东莞市完成“中国·东莞”旅游网站的官方域名注册及备案，做好网站服务器的托管，加强网站的硬件建设，及时、准确地更新网站政务信息，加强东莞旅游文化节等节庆活动的网络宣传，协助网易制作广东省国际旅游文化节网络专题，与中国移动东莞分公司合作开发建立“中国·东莞”旅游政务网手机网站，完成东莞市景点分布图的基本设计，全力打

东莞市旅游局

① 2010年6月17日，组织华人华侨畅游东莞

② 在2010东莞旅游文化节中，8月28日，东莞市举行“对口城市与东莞旅游共精彩”欢迎晚宴

③ 2010年9月28日，东莞旅游文化节开幕

造全新“中国·东莞”旅游网。

展会推介。参加国内旅游展销会。2010年，东莞市组织旅游企业先后参加3月25—27日在广州举行的“2010年广州国际旅游展览会”，4月6—12日在西安举行的“第十四届中国东西部合作与投资贸易洽谈会”，4月23—25日在重庆举行的“2010年重庆中国国内旅游交易会”，6月25—27日在北京举行的“北京国际旅游博览会暨北方旅游交易会”，6月26日在长春举行的“第四届中国长春消夏节”，10月23日在湖南张家界举行的“首届中国国际文化旅游节”，11月17日在上海举行的“中国国际旅游交易会”。参加国（境）外旅游展览会。组织有关人员随国家旅游局促销团参加1月20—24日在西班牙马德里举行的“国际旅游展会”，3月17—19日在俄罗斯莫斯科举行的“国际旅游展会”，3月15—18日在美国迈阿密举行的“世界邮轮博览会”，6月10—13日在香港国际会议展览中心举行的“2010年香港国际旅游展览会”并召开专项旅游推介会，9月16日在

① 2010年11月15日，东莞市旅游局和河池市旅游局举行座谈会并签署旅游合作协议

② 2010年12月29日，东莞市旅游协会换届，图为第二届当选会员留影

③ 2010东莞市饭店业服务技能大赛举行

④ 2010年12月18日，市政府副秘书长郭惠良为万车互游深莞惠车队授旗

法国举行的“法国国际旅游展览会”，11月8日在英国举行的“伦敦国际旅游展览会”。

【行业建设】全市旅游工作会议。2010年3月5日，市旅游局召开全市旅游工作会议，重点布置2010年旅游工作：一是贯彻落实《国务院加快发展旅游业的意见》精神，推动国民旅游休闲计划深入实施；二是加大城市宣传，规划旅游发展；三是整合节庆资源，打造旅游品牌；四是加强区域协作，拓展旅游市场；五是加强行业建设，提高服务水平。

旅游统计。2010年1月6日，召开全市旅游统计工作会议暨举办全市旅游统计业务培训班，升级旅游统计直报系统，高标准、严要求完成旅游统计任务。完成2009年度全市旅行社统计调查、2009年度旅游统计年报和国际国内游客抽样调查工作，及时整理统计上半年、全年及“十一”旅游黄金周旅游数据。东莞市旅游局被评为2010年度部门统计调查工作先进单位。

旅行社。2010年，东莞市规范旅行社管理，完成2009年度全市旅行社统计调查工作；办理旅行社质量保证金存储、清退工作和旅行社责任险统保工作；做好出境游服务工作，提供优质服务；加强导游员年检、教育培训和资格考试工作，有411人参加导游继续教育培训和年检，有462名考生参加广东省2010年度全国导游人员资格考试（登记申领

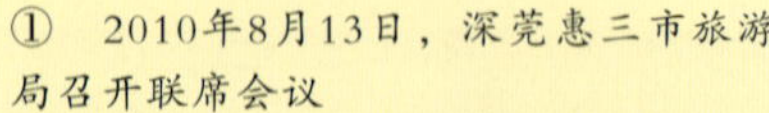

① 2010年8月13日，深莞惠三市旅游局召开联席会议

② 2010年9月28日，东莞旅游文化节开幕。图为开幕式上市旅游局局长梁少虾作讲话

的导游员达到1025名），邀请行业专家为初级导游员授课，组织300多名旅游企业管理人员和一线工作人员参加市应急救护培训；举办2010年东莞市职业技能大赛；组织导游员参加2010年广东省职业技能大赛导游人员职业技能大赛，5名专业组选手全部晋级省导游大赛决赛，获得优秀组织奖；严格审核旅行社的设立申请，新设立东莞市风华旅行社、环宇旅行社、华南旅行社；6月18—21日，东莞康辉旅行社、东莞国际旅行社、东莞青年旅行社3家旅行社顺利完成第二届“广东省外资企业产品（内销）博览会”在莞举办期间相关政府人员、采购商的住宿、餐饮和交通等方面的接待工作。

星级饭店。加强饭店行业管理，提升饭店行业综合竞争力，饭店星级评定、星级饭店年度复核工作稳步推进，饭店行业环保节能减排工作进一步落实。2010年，东莞市五星级饭店规模不断壮大，桥头三正半山酒店、悦莱花园酒店被评定为五星级饭店；星级饭店复核工作顺利开展，年度复核72家星级饭店（其中五星15家、四星15家、三星27家、二星14家、一星1家），重新评定16家星级饭店（其中五星2家、四星9家、三星5家）。

景区。2010年，松山湖景区、广东观音山国家森林公园、鸦片战争博物馆等4A旅游景区和2A旅游景区冠和博物馆顺利通过复评；圣心糕点博物馆获评国家3A级旅游景区；科学技术博物馆、新华南MALL欢笑天地创建国家级4A旅游景区工作顺利通过国检；鸦片战争博物馆获评“广东省红色旅游示范基地”称号；金威啤酒（东莞）有限公司、东莞勤上光电股份有限公司、广东众生药业股份有限公司、东莞宏威数码机械有限公司4家企业获评“广东省工业旅游示范基地”称号；可园博物馆、广东东江纵队纪念馆、南社明清古建筑群、鸦片战争博物馆获评“广东省文化旅游示范单位”称号，大屏障森林公园、大岭山森林公园、银瓶山森林公园、水濂山森林公园获评“广东省森林生态旅游示范基地”称号。

【安全监察】2010年，东莞市加大旅游安全工作督察，消除各种安全隐患，开展旅游格式合同备案工作，召开全市旅游质监暨旅游安全工作会议、安全生产调研会、东莞市酒店行业消防安全“四个能力”建设达标活动隐患整治专项工作会议，着力查处违法违规经营行为，依法严厉打击低价恶性竞争，及时受理和妥善处理旅游投诉，制定、修改和完善《东莞市旅游质量监督管理所旅游投诉受理、处理规程》、《东莞市旅游局划拨旅行社质量保证金理赔规程》等。围绕安全生产开展系列检查活动。下发开展“迎亚运、保安全”安全生产大检查的通知，对涉亚运酒店、旅行社、景区、景点进行安全检查。对10家涉嫌违规经营行为的旅行社及旅行社营业点进行查处，共受理有效投诉81起，其中投诉旅行社73起、投诉酒店5起、投诉景区3起，投诉结案率100%。

【节庆活动】2010东莞饭店业服务技能大赛。4月28—30日，东莞市旅游局、东莞市人力资源局和东莞市旅游饭店协会在大朗镇帝豪花园酒店联合举办“2010东莞市饭店业服务技能大赛”。该大赛有27个高星级酒店代表队、共212名选手参赛，获大赛单项一、二等奖的非莞籍选手可得到东莞市企业人才入户政策支持入户东莞。大赛的前4名获奖选手组成东莞代表队参加全省饭店服务技能比赛，取得3个二等奖，1个三等奖和最优秀组织奖的优异成绩。

2010华人华侨畅游东莞活动。为配合省旅游局开展“2010华人华侨旅游年”主题活动，东莞市旅游局与市外事侨务局6月16—18日联合举办“2010华人华侨畅游东莞”系列活动，来自马来西亚、美国、英国、新加坡、香港等10个国家和地区的15个华人团体、嘉宾近300人应邀出席活动。

2010东莞旅游文化节。8月28日，东莞市旅游局和寮步镇政府以“走进欢乐城镇，感受风情东莞”为主题口号共同主办了2010东莞旅游文化节暨寮步镇香市旅游文化节开幕式，该届旅游文化节包括主题活动和欢乐节庆活动共10大项77个活动。在此期间，各镇街节庆赛事活动异彩纷呈，南城的东莞美食节，茶山的茶园游会，常平的第七届“欢乐常平”商贸旅游文化节、美食节，道滘的首届“中国·道滘”美食文化节，凤岗的2010“中国·凤岗”客侨文化节，横沥的首届百年牛墟风情节，麻涌的水乡文化体育艺术节，企石的庙会，桥头的第七届桥头荷花文化艺术节，沙田的水文化节，石龙的龙舟旅游文化节，松山湖的荔枝节、啤酒节、国际滑水节，塘厦的第二届“高博会”，望牛墩的七夕文化风情节，樟木头的第七届小香港旅游文化节，中堂的第二届“中国·东莞中堂”龙舟文化节。

参与2010中国广东国际旅游文化节活动。2010年，东莞市继续以分会场的形式参与此项活动，邀请500名嘉宾出席9月27号举办的开幕式，设计制作花车参与巡游，组织部分镇街和旅游企业参与广东国际旅游展览会，组织新闻媒体报道采访，获得省国际旅游文化节组委会颁发的广东国际旅游展览会最佳组织奖、最佳展位奖和花车设计二等奖等荣誉。

【区域合作】深莞惠旅游合作。《深莞惠三地旅游紧密合作框架协议》签订以来，深莞惠三地旅游局加强联系和合作。2010年12月18日举办“万车互游深莞惠”自驾游活动启动仪式暨东莞首发团活动，组织60台自驾车前往深圳和惠州参加活动，接待来自惠州和深圳共60台自驾车的游客，该活动得到东莞广播电视台和东莞日报等媒体的专题报道和宣传。

莞粤港旅游合作。《粤港合作框架协议》为促进粤港旅游合作发展提供东莞良好的政策支撑，也为东莞市加强与香港的旅游合作提供良好的发展机遇。根据《粤港合作框架协议》2010年重点工作安排，实施2010年旅游宣传推介计划，组织旅游企业参加香港举办的国际旅游展会等相关推介会及各种旅游节庆活动；借助2010年华人华侨畅游东莞活动，邀请东莞籍华人华侨和香港旅游业界知名人士，通过参观、联谊等活动，向外界展示东莞的新面貌。

与对口援建对象的旅游合作。2010年，东莞市加强与对口援建城市、单位的旅游合作工作。11月15日与河池市举行“东莞—河池两市旅游联谊座谈会”，并签订“东莞—河池旅游合作框架协议”；与韶关市、云浮市分别签订了旅游合作协议书；与深圳、广州、韶关、佛山、清远、长沙、武汉等11个武广高铁和广深高铁沿线城市共同签署了《丹霞山宣言》，宣布成立武广高铁沿线城市“旅游联盟”；编制《2011—2015年东莞市旅游局援建图木舒克市旅游专项规划》，提出编制规划、客源输送、营销推广、招商引资、人员培训等方面的内容；邀请广西河池市，西藏林芝县，韶关南雄市、乳源县、新丰县，云浮罗定市、郁南县、新兴县等城市主管旅游的领导参加2010东莞旅游文化节举办期间开展的“与东莞旅游共精彩旅游展示会”活动。（钟金伟）

附：2010年东莞市旅游局领导名录

局　长：梁少虾

副局长：李耀辉　余建民　李亚鹏

东莞市主要旅游景点

名称	地址	电话对外	传真	邮编
鸦片战争博物馆	虎门镇解放路88号	85512065	85527770	523900
威远炮台	虎门镇威远岛	85527154	85527770	523910
沙角炮台	虎门镇沙角	85563429	85527770	523936
海战博物馆	虎门镇威远岛	85500322	85507115	523910
可园博物馆	城区可园路32号	22223600	22227013	523017
东莞展览馆	新城市中心区鸿福大道97号	22834001	22834008	523888
东莞市科学技术博物馆（周一闭馆）	市新城市中心区元美中路2号	22835268	22835269	523075
松山湖生态景区	松山湖管委会A3五楼	22890176	22890769	523808
隐贤山庄	常平镇丽城大道6号	83398888	83395787	523565
观音山森林公园	樟木头镇石新区	87799666	87708666	523635
冠和博物馆	樟木头镇莞惠大道中心广场商场三楼	86269189	86267388	523618
旗峰公园	莞城旗峰路	22461655	22461595	523000
东莞人民公园	莞城向阳路1号	22225792	22221792	523000
东莞植物园	南城绿色路99号	22985793	22985793	523086
虎英郊野公园	东城迎宾大道	22663531	22610787	523129
榴花公园	东城峡口	22690577	22014800	523008
袁崇焕纪念园	石碣镇水南村委会	86300160	86303212	523306
华南MALL	万江区万道路三元盈晖大厦	88778866	88778856	523043
南社村古建筑群	茶山镇南社村	86403588	86408882	523380
蒋光鼐故居	虎门镇南栅村	85561504	85225988	523000
粤晖园	道滘镇粤晖路1号	88388888	88387126　88386688	523186
广东东江纵队纪念馆	大岭山镇大王岭村	85651000	85655236	523820
水濂山森林公园	南城水濂社区	22678983	22678983	523085
大岭山森林公园	大岭山镇花灯盏路附近	85551004	85551141	523820
银屏山森林公园	谢岗镇南面村	87761291	87761291	523590
大屏嶂森林公园	塘厦镇大坪林坪路1号	87289927	87289920	523722
金威啤酒	松山湖科技产业园区北部工业园	22898003	22898000	523808
塘尾明清古建筑群	石排镇塘尾村	86651703	86651798	523330
森晖自然博物馆	可园博厦九坊	22227588	22247331	523019
圣心糕点博物馆	茶山镇工业园B区	86414332	86646029	523380
唯美陶瓷博物馆	高埗镇北王路	88463333	88463238-2680	523270
蚝岗博物馆	南城胜和社区蚝岗路	22459922	22479933	523070
松山湖光雕世界	松山湖园区红棉大道绵绣山河	22488666	22000977	523808
同沙生态公园	东城南部107国道旁同沙水库	22626006	22675898	523110
观澜湖高尔夫球会	塘厦镇大屏嶂森林公园	87288888	82089183	523722
广东现代国际展览中心	厚街镇家具大道旁	85981880	85981788	523960
东莞生态园	石排龙岗大道生态园管委会	26262680	26262600	523668
将军馆	樟木头镇大地影剧院三楼	82339663	87796968	523620
东莞香市动物园	寮步镇药勒管理区	82819988	82819903	523400

东莞市旅行社

序号	旅行社名称	经营地址	电话	传真	网址
1	东莞市国际旅行社	莞城东城大道188号新华大厦三楼	22458168	22473428	www.dits.com
2	东莞市中国旅行社	南城元美路华凯广场A栋二层	22008888	22111111	www.dgcts.com
3	广东国泰国际旅行社	莞城新芬路66号	22088888	22229068	www.gtits.com.cn
4	东莞康辉国际旅行社	南城鸿福广场A座3楼	22488666	22001666	www.dgcct.com
5	东莞市腾龙假日国际旅行社	东城区东城中心A2区A二层19号商铺	23362888	23361488	www.tl0769.com
6	东莞市景鸿国际旅行社	东城区东城南路联和大厦8楼	22313888	22326555	http://tour.genhom.com/
7	东莞市四海国际旅行社	莞城东城大道东平街223号景怡酒店一楼	22339888	22339998	www.dgshgj.com
8	东莞市东华国际旅行社	东城东路5号东华大厦1—2楼	22663333	22623333	
9	东莞市青年国际旅行社	莞城新芬路42号	22239388	22228961	www.anyt.cn
10	东莞市泰平旅行社	虎门镇龙泉商业广场七楼	85223236	85112748	www.tp888.com
11	东莞市丰行旅行社	莞城罗沙路126号金沙大厦6楼	22388888	22388880	
12	东莞市讯通旅行社	莞城莞太大道5号讯通大厦6楼	22020555	22498698	www.dg1010.com
13	东莞市阳光旅行社	南城簪花路8号华凯豪庭活力中心	22825888	22825885	www.dg-sun.com
14	东莞市明珠旅行社	南城莞太路8号商务大楼五楼	22335888	22300700	www.dgmzts.com
15	东莞市南湖旅行社	莞城南城路南城大厦十楼1002室	22112222	22115355	
16	东莞市南方观光旅行社	莞城莞太路口创业新村6号楼	22502388	22508366	
17	东莞市华夏旅行社	南城元岭路4号	22386666	22385828	www.dghuaxia.com
18	东莞市广之旅旅行社	莞城东城西路39号鸿福大厦A区第三层313室	22480230	22500948	www.gzl.com.cn
19	东莞市君达假期旅行社	东城东城大道世博广场K区303	23135678	23133456	
20	东莞市开心假日旅行社	南城莞太大道7号之1—2楼	22036666	21993289	www.hhtsdg.com
21	东莞市幸福假期旅行社	莞城金牛路八达花园商铺B3区一层04号	22100222	22117708	www.dghappy99.net
22	东莞市新华旅行社	虎门镇连升中路17号新华旅游大厦	85126622	85569977	
23	东莞市金运旅行社	南城体育路未来大厦5楼	89973333	89973332	www.dgjinyun.com
24	东莞市金旅假期旅行社	厚街镇深水坑路嘉逸楼1—2楼	85087788	85087000	www.zwy128.com
25	东莞市名界旅行社	东城花园新村花园路194号之二	22612068	22612038	www.mj51.com
26	东莞市南方阳光商务旅行社	虎门镇港口路12号新丰大厦	85183777	85128525	www.efly965568.com
27	东莞市文康旅行社	长安镇长中路22号	81768999	81768867	www.969678.cn
28	东莞市欢泰旅行社	虎门镇太沙路81号地铺	85044444	85198388	www.dghuantai.com
29	东莞市东行天下旅行社	东城旗峰路国泰大厦大堂内一号商铺	22026666	22026668	www.22026666.com
30	东莞市畅游天地旅行社	莞城莞太大道36号城区工业园联丰楼101、401	23012888	22116234	
31	东莞市永泰旅行社	莞城东纵路2号地王商务中心1206—08室	22416888	22428155	http://www.dgwintime.cn
32	东莞市优游旅行社	东城新世界花园东城支路5号A铺	22336999	22337999	www.dgyoyo.com
33	东莞市会通旅行社	南城莞太路胜和路段21号美佳大厦一楼A202a室	22880005	23394436	www.myjcts.com
34	东莞市天马旅行社	常平镇常东路华美酒店一楼	81099118	81099116	www.dgtmt.com
35	东莞市松山湖旅行社	松山湖管委会A3一楼	22890769	22897688	
36	东莞市宏途旅行社	莞城金牛路八达花园（香港街）A5区23号	23090909	23039053	www.dgyou.com
37	东莞市金泰旅行社	虎门镇人民南路91号之十	85199981	85199986	
38	东莞市江南假期旅行社	常平镇沿河东三路18号威盛商务大厦三楼	81182668	82209855	www.vip2668.com

续上表

序号	旅行社名称	经营地址	电话	传真	网址
39	东莞市康泰旅行社	长安镇乌沙环南路4号之一	89995666	89990060	www.ktly.net
40	东莞市飞马旅行社	东城东升路中C6—C9号二楼	23107566	23107522	www.4wfma.com
41	东莞市捷旅旅行社	莞城金牛路八达花园维港2座首层4号铺	22886628	23366538	www.0769jl.com
42	东莞市车游天下旅行社	南城胜和体育路3号体育中心体育馆东面首层北段2号A铺	23392222	23390668	www.mtc616.com
43	东莞市益生旅行社	长安镇长盛东路52号	82388238	82383666	www.dgyst.com
44	东莞市瑞翔旅行社	东城东城中路辉煌大厦D区7楼	88998666	88991234	http://www.88997777.com
45	东莞市友好旅行社	虎门镇连升路552号新裕大厦首层	85118289	85119289	www.dgcyyh.com
46	东莞市潮流假期旅行社	莞城旗峰路168号金峰堡大厦商场1层	22025188	22025818	www.dgcljq.com
47	广东中旅（东莞）旅行社	南城簪花路华凯豪庭C座首层C33号（东莞东荣商务酒店一楼）	23188777	23096188	www.dgcts.com
48	东莞市风华旅行社	东城石井莞樟路宝城花园12号1—3楼	22010355	22013477	www.22010355.com
49	东莞市环宇旅行社	南城金色华庭新霞阁109—1铺	22888358	22888658	www.0769hyly.com
50	东莞市华南旅行社	南城新城市中心区簪花路18号	22486428	22453913	
51	广州广之旅国际旅行社东莞分公司	莞城东城西路39号右侧鸿福大厦A313	22480230	22500948	www.gzl.com.cn
52	深圳中国国际旅行社东莞分公司	莞城新芬路42号之二	22388000	22100202	www.eachtravel.com
53	广东省中国旅行社东莞分公司	莞城东城大道东平街223号景怡酒店一楼	22339888	22339998	www.dgcts.com
54	广东国旅东莞分公司	南城鸿福路200号第一国际财富中心写字楼C栋906单元	81569999	21681777	www.citsgd.com.cn

东莞市主要酒店

序号	酒　店	星级	电　话	传　真	邮　编	地　址	网址及电子邮箱
1	银城酒店	五星	22828888	22818228	523070	东莞市莞太大道48号	www.hotelsilverland.com silverland@china.com
2	樟木头三正半山酒店	五星	87799333	87793456	523631	樟木头镇石新大道	www.hotelgoodview.com info@hotelgoodview.com
3	凤岗金凯悦大酒店	五星	87759888	87759388	523690	凤岗镇凤深大道158号	www.gladdenhotels.com
4	龙泉国际大酒店	五星	85188688	85113855	523907	虎门镇连升路金洲段	www.lungchuenhotel.com user@lungchuenhotel.com
5	豪门大饭店	五星	85117888	85111445	523907	虎门镇虎门大道	www.gnhotel.com gnhotel@gnhotel.com
6	嘉华大酒店	五星	85928888	85923888	523949	厚街镇家具大道1号	www.regalpalacehotel.com nifo@regalpalacehotel.com
7	富盈酒店	五星	85888888	85888889	523940	厚街镇赤岭路段	www.cinesehotel.com htlmgr@cinesehotel.com
8	索菲特御景湾酒店	五星	22698888	22696666	523129	东城区迎宾路8号	www.rlagoon-dg.com rlh@rlagoon-dg.com
9	莲花山庄	五星	85538388	85538662	523846	长安镇莲花山	www.lotusvillas.com webmaster@lotusvillas.com
10	长安海悦花园大酒店	五星	85318888	85539788	523840	长安镇霄边管理区二环路	www.haiyatt.com finance@haiyatt.com
11	长安国际酒店	五星	85333333	85332222	523843	长安镇锦绣路1号	www.parkviewhotel.com.cn pv@parkviewhotel.com.cn
12	石龙金凯悦大酒店	五星	86188888	86181991	523325	石龙镇莞龙路西湖路段	www.gladdenhotels.com eo-sl@gladdenhotels.com
13	喜来登大酒店	五星	85988888	85899887	523962	厚街镇S256省道莞太路段	www.sheraton.com/dongguan dongguan.sheraton@sheraton.com
14	新都会怡景酒店	五星	87883888	87925439	523712	塘厦镇环市东路6号	www.dghotel.com info@metropolitan-ykhotel.com

续上表

序号	酒　店	星级	电　话	传　真	邮　编	地　址	网址及电子邮箱
15	太子酒店	五星	83363333	83364422	523749	黄江镇江北路32号	www.crownprincehotel.com rsvn@crownprincehotel.com
16	塘厦三正半山酒店	五星	87299333	87299999	523710	塘厦镇迎宾大道	www.goodviewhotel.com info@goodviewhotel.com
17	汇华国际饭店	五星	83938888	83028288	523560	常平镇常平大道2号	www.huihuahotel.com.cn huihua@huihuahotel.com.cn
18	帝豪花园酒店	五星	83122222	83138228	523788	大朗镇美景中路769号	www.royalgardenhotel.com.cn
19	丰泰花园酒店	五星	85708888	85239028	523900	虎门镇S358省道大板地路段	www.richwoodgardenhotel.com sales@richwoodgardenhotel.com
20	华尔登国际酒店	五星	81028888	81023333	523538	桥头镇广场路3号	
21	桥头三正半山酒店	五星	83341868	83342222	523520	桥头镇碧莲路	www.resortlouslaske.com info@resortlouslaske.com
22	悦莱花园酒店	五星	81118888	81112288	523400	寮步镇香市路8号	www.yuelaigardenhotel.com
23	寮步金凯悦大酒店	四星	83326328	83327888	523400	寮步镇教育路1号	www.gladdenhotels.com liaobu@gladdenhotels.com
24	文华大酒店	四星	85911111	85592666	523949	厚街镇莞太路新塘路段	www.manwah-hotel.com
25	珊瑚大酒店	四星	85826888	85813988	523962	厚街镇S256省道莞太路段	
26	东莞宾馆	四星	22222222	22227255	523005	莞城区东正路11号	www.dongguanhotel.com dghotel@dongguanhotel.com
27	江龙大酒店	四星	85838888	85812788	523962	厚街镇S256省道莞太路段	www.jianglonghotel.com jlhotel@163.net
28	新都会酒店	四星	87713333	87717833	523625	樟木头镇维多利商业大道38号	www.dghotel.com info@dghotel.com
29	君爵酒店	四星	22288888	22288889	523040	万江区石美广深路段	www.hotel-dynasty.com dynasty@hotel-dynasty.com
30	宏远酒店	四星	22418888	22814630	523070	南城区宏远路1号	www.winnerway-hotel.com info@winnerway-hotel.com
31	汇美酒店	四星	83918888	83818288	523560	常平镇中元路9号	www.dghuimeihotel.com huimei@dghuimeihotel.com
32	花园酒店	四星	87799888	87180208	523618	樟木头镇南城广场	www.dggardenhotel.com hyhotel@126.com
33	长安酒店	四星	85532388	85532482	523841	长安镇中心S358省道旁	www.changan-hotel.com
34	司马假日酒店	四星	83391888	83392332	523570	常平镇司马管理区	www.cimaholidayhotel.com webmaster@cimaholidayhotel.com
35	新世纪酒店	四星	83338888	83336668	523560	常平镇常平大道8号	www.xl-nchotel.com pc@xl-nchotel.com
36	梵尔赛酒店	四星	83816888	83813888	523560	常平镇下墟工业区	www.versailleshotel.com.cn
37	厚街海悦花园大酒店	四星	85885888	85831837	523962	厚街镇厚街大道东	www.haiyatthoujie.com haiyatt@haiyatthoujie.com
38	汇源华美达酒店	四星	85244888	85244333	523907	虎门镇虎门大道	www.shhotel.com.cn springharbour@shhotel.com.cn
39	业丰大酒店	四星	83113888	83103928	523770	大朗镇莞樟路金朗大道23号	www.grandharvesthotel.com dgdl@grandharvesthotel.com
40	万盈酒店	四星	88828888	88825888	523130	麻涌镇麻涌大道	www.cinesehotel.com mchtl@cinesehotel.com
41	中汇文华酒店	四星	88788888	88788333	523270	高埗镇振兴路	www.dgcmhotel.com dgcmhotel@dgcmhotel.com
42	方中假日酒店	四星	86866666	86868686	523399	茶山镇茶山大道西28号	www.fzsunshine.com hotel@fzsunshine.com
43	半岛酒店	四星	83988888	83988999	523562	常平镇北环路	www.3S3C.com.net peninsulahotel@21cn.com
44	华禧酒店	四星	85383888	85338118	523869	长安镇S358省道上沙路段	www.huaxihotel.com huaxi@huaxihotel.com
45	嘉辉会酒店	四星	87563388	87553444	523709	凤岗镇官井头嘉辉路	www.castfasthotel.com exe@castfasthotel.com

续上表

序号	酒 店	星级	电 话	传 真	邮 编	地 址	网址及电子邮箱
46	美怡登酒店	四星	83028888	83028889	523560	常平镇中元路	www.miratonhotel.com
47	石龙宾馆	三星	86613333	86617617	523326	石龙镇绿化中路2号	www.shilonghotel.com zhihui@shilonghotel.com
48	广彩城酒店	三星	22402088	22404196	523077	南城区莞太路	www.gcc-hotel.com guangcai@gcc-hotel.com
49	石碣豪华大酒店	三星	86633333	86634679	523290	石碣镇新城区	
50	金湖粤海酒店	三星	87869888	87869399	523710	塘厦镇塘厦大道南99号	www.gdhhotels.com 067@gdhhotels.com
51	莲城酒店	三星	85536888	85534688	523847	长安镇莲峰路接一环路口	www.lc-hotel.com lc@lc-hotel.com
52	乌沙大酒店	三星	85548888	85549988	523850	长安镇乌沙环东路228号	www.wushahotel.com wushahotel@wushahotel.com
53	黄江假日酒店	三星	83362888	83362036	523750	黄江镇黄江大道3号	
54	西湖大酒店	三星	22822888	22822788	523083	南城区西平板岭	www.xihuhotel.com sales@xihuhotel.com
55	明苑大酒店	三星	85122918	85105138	523918	虎门镇金龙大道南	www.my-hotel.cn dongguan@my-hotel.cn
56	盛御酒店	三星	86111888	86110128	523325	石龙镇西湖大道1号	www.gdtravel.com
57	篁胜酒店	三星	22463888	22317688	523009	南城区体育路11号	www.kingwinhotel.com huangsheng@kingwinhotel.com
58	宝石大酒店	三星	86662188	86662328	523500	企石镇振华路1号	www.gem-hotel.com gem@gem-hotel.com
59	恒丰酒店	三星	83343333	83346333	523520	桥头镇恒丰新村2号	www.hengfenhotel.com hf@hengfenghotel.com
60	金岛山庄	三星	87729018	87729020	523710	塘厦镇128工业区	www.jindao-hotel.com
61	绿洲酒店	三星	88832788	88839668	523170	道滘镇振兴路156号	
62	沙头酒店	三星	85418888	85543888	523863	长安镇沙头管理区	
63	华通城大酒店	三星	86732288	86722228	523511	企石镇湖滨南路	www.wahtong-hotel.com www@wahtong-hotel.com
64	丰田酒店	三星	87771199	87772970	523699	凤岗镇雁田管理区怡安路	
65	丽江酒店	三星	88872888	88873333	523270	高埗镇捷达工业村13座	
66	嘉福海港酒店	三星	88682888	88682718	523981	沙田镇中心区港口大道17号	www.jiafuhotel.com.cn jiafuhotel@china.com
67	中明酒店	三星	88883368	88811767	523220	中堂镇新兴路1号	zmhotel@163.net
68	乐怡酒店	三星	85823888	85823928	523962	厚街镇康乐北路	www.dgleyi-hotel.com leyi@dgleyi-hotel.com
69	御烽酒店	三星	22186888	22705950	523042	万江区107国道拔蛟窝路段	
70	莱莉雅酒店	三星	87507888	87507999	523690	凤岗镇永盛商业大街中银大厦	
71	东逸酒店	三星	85396388	85396288	523847	长安镇莲峰路103号	www.dongyihotel.net dy@dongyihotel.net
72	鸿茂酒店	三星	83508888	83508888	523560	常平镇常黄路	
73	四季酒店	三星	88566666	88556899	523196	望牛墩镇新电城A8座	www.dgsj.com dgsj@168.com
74	宏信假日酒店	三星	87363888	87380688	523658	清溪镇香芒西路	
75	美景湾酒店	三星	83739888	83731888	523460	横沥镇沿江路1号	
76	天鹅湖酒店	三星	83338388	83903833	523562	常平镇天鹅湖路8号	
77	富豪酒店	三星	83998888	83330348	523579	常平镇金美路256号	
78	中青旅山水设计师酒店	三星	21988888	21981213	523129	东城区东纵大道189号	
79	亚都酒店	三星	85343888	85344228	523800	长安镇长中路	

续上表

序号	酒　店	星级	电　话	传　真	邮　编	地　址	网址及电子邮箱
80	金沙亚都酒店	三星	85413888	85393999	523861	长安镇靖海中路36号	
81	金澳花园酒店	二星	22496966	22466751	523008	东城大道金澳花园A座	
82	耀豪酒店	二星	88865333	88863588	523981	沙田镇中心区	
83	银星酒店	二星	83987333	83987717	523560	常平镇木抡大道9号	
84	雄狮大酒店	二星	83911540	83811997	523560	常平镇振兴路1号	
85	盈丰酒店	二星	83333333	83332988	523560	常平镇振兴路中段	
86	新港大酒店	二星	83331000	83989991	523560	常平镇新市一街6号	
87	悦华大酒店	二星	83336888	83336688	523560	常平镇东兴路275号	
88	海霞酒店	二星	83815222	83815111	523573	常平镇板石霞村路段	
89	昇平酒店	二星	83812888	83818318	523560	常平镇中元街	
90	冠城酒店	二星	83337788	83337733	523560	常平镇中元街常平广场	www.dgcphotel.com
91	龙源大酒店	二星	85551028	85558039	523925	虎门镇S358省道北栅路段	
92	恒安酒店	二星	88682066 88868868	88682066	523981	沙田镇横流中心区	
93	海月酒店	二星	85926888	85939936	523947	厚街镇涌口海月公园侧	www.huaweigroup.com
94	悦凯酒店	一星	83398808	83913856	523560	常平镇东元东路28号	
95	裕元花园酒店		83636666	83636333	523758	黄江镇莞樟路	www.windsorchina.com info@windsorchina.com
96	东城国际酒店		22688888	22683333	523110	东城区东城东路3号	www.dcgj-hotel.com hotel@dcgj-hotel.com
97	汇景酒店		88848888	88849999	523160	洪梅镇迎宾大道1号	www.grandviewhotel.com huijinghotel@163.com
98	华泰酒店		83758888	83751388	523560	常平镇常平大道3号	www.cpht.com cphthotel@163.com
99	南北花园酒店		86018888	86018181	523290	石碣镇明珠中路	www.nanbeigardenhotel.com
100	清溪万豪酒店		87898888	87893333	523660	清溪镇聚富新村	whjd6628@163.com
101	帝豪假日酒店		85788888	85781234	523820	大岭山镇广发路1号	www.dijinghotel.cn dj@dijinghotel.cn
102	松山湖凯悦酒店		22891234	22898666	523808	松山湖科技产业园区中心区沁园路	
103	会展国际大酒店		22889999	22880077	523071	新城区中心会展北路	
104	银丰假日酒店		22766666	22661111	523119	东城环城东路桑园路段	
105	东莞山庄		22300000	22334890	523000	莞城区莞太路	
106	中凯国际酒店		83868888	83866666	523450	东坑镇东坑大道北8号	
107	丽城假日酒店		83398888	83397893	523560	常平镇隐贤山庄大道8号	www.laishing.com laishing@laishing.com
108	厚街国际大酒店		85088888	81268888	523962	厚街镇东风路与S256省道交汇处	www.regalpalacehotels.com/dongguan/international
109	凯景酒店		88883333	88881111	523220	中堂镇潢涌凯景大道一号	www.triumphal-view-hotel.com
110	天悦酒店		81812222	81813333	523290	石碣镇崇焕路18号	www.d-empire.com.cn
111	欧亚国际酒店		82838888	83555300	523573	常平镇常东路8号（嘉骏中心）	www.dgeahotel.com
112	东莞富盈假日酒店		86388888	86388889	523290	石碣镇东风中路1号	www.holidayinn.com.cn

财政·税务

FINANCE · TAXATION

- 财政收入达785.1亿元
- 国家税收达439.43亿元
- 地方税收达393.43亿元

东莞大道与长泰路交汇处

编辑：潘朝明

财　政

【概况】 东莞市财政局是市人民政府组成部门，正处级行政单位，主管财政收支、财政政策、财务管理、财政监督和行政事业资产及政府资源性资产监督管理等工作。2010年，市财政局内设16个职能科室，下辖直属分局、市会计核算中心（含国库集中支付中心）、市财政投资审核办公室、市财政局票据监管中心、市财政局信息中心、市政府物业管理中心、松山湖财政分局、虎门港财政分局、生态园财政分局、市注册会计师协会、松山湖会计核算中心、松山湖财政投资审核中心等12个直属单位。截至2010年年底，共有在职在编人员246人。

2010年来源于东莞的财政收入785.1亿元，比上年增长25.1%，其中：上划中央424.9亿元，增长30.0%；上划省82.4亿元，增长18.0%；市一般预算收入277.8亿元，增长20.2%。市一般预算收入加上预算外收入4.5亿元，基金预算收入46.5亿元，地方政府性债券转贷收入1.7亿元，上级税收返还、上级补助收入、上年结余、其他调入资金等112.2亿元，市2010年可支配财力为442.7亿元，比预算增加70.8亿元。市财政支出340.4亿元，比预算增支17.3亿元；省追加支出26.6亿元；专项上解（含出口退税超基数市负担7.5%部分）17.2亿元；地方政府性债券转贷支出1.7亿元。收支相抵，结余56.8亿元（其中：一般预算结余35.9亿元，基金预算结余20.9亿元）。

【确保各项重点支出需要】 2010年，东莞市各级财政部门坚定信心、迎难而上，切实做好组织收入的各项工作。一是强化收入形势监测，依法加强各项收入征管，挖掘增收潜力，保持财政收入稳定增长。市一般预算收入277.8亿元中，市国税部门、地税部门以及财政部门组织的收入分别达74.4亿元、120.6亿元和82.8亿元，分别增长23%、19%和19.5%。耕地占用税和契税的征管职能也于年底由财政部门划转至地方税务部门。二是继续牢固树立过紧日子的思想，坚持厉行节约，一般性的项目支出预算原则上按“零增长”控制，晚会、展览、庆典、活动、公款出国（境）、车辆购置及运行费用、公务接待费、用电、用油、用水等上级要求严格控制和压缩的支出，2010年支出不超过2009年压减后的规模，集中财力保障重点项目和民生支出需要。

【帮扶企业转型升级】 2010年，东莞市“科技东莞”专项资金支出10亿元。主要用于散裂中子源项目、东莞中山大学研究院、东莞上海大学纳米技术研究院等科技创新服务平台建设。支持企业科技研发、申报专利和培育名牌名标。拓宽科技型中小企业融资渠道，支持专利权质押贷款业务。大力发展装备制造业和支持企业技术更新改造，增强东莞市经济核心竞争力。

“创业东莞”专项资金支出10亿元。通过实施就业培训、发放岗位补贴和职业学校建设，帮助提升劳动者综合素质和专业技能。其中：发放大中专毕业生企业岗位津贴、技能人才奖励、就业技能培训补贴以及社会保险缴费补贴等2.3亿元，49万人次受惠；发放创业小额贷款5000万元，帮助约750名户籍人员自主创业等。

转型升级专项资金支出10.2亿元。推动“三来一补”就地转型升级，促进东莞市外源型经济稳步增长。引入台湾、香港等地区专业辅导机构，对企业参与转型升级辅导给予资助。引导和鼓励企业应用电子商务平台，参加境内外展览，开拓国内外市场。设立“先销后税”担保金3000万元，为加工贸易企业内销“先销后税”集中申报提供反担保，构建良好的营运环境。对年缴堤围防护费超2万元的制造业企业返还50%作研发基金，支持企业加大研发力度，提升产品竞争力。

支持中小企业融资支出2.2亿元。通过提取贷款风险补偿金、发放企业贷款贴息，激励银行和担保机构加大对东莞市中小企业的信贷支持，2010年共帮助1010家企业获得新增贷款175.2亿元。该计划自2008年10月实施以来累计支出7.2亿元，共帮助1404家重点企业获得新增贷款356.0亿元，较好地缓解了中小企业融资难问题，对提振企业信心、拉动经济回升发挥了积极作用。

继续落实企业各项减负政策。实施阶段性降低医疗保险和工伤保险缴费费率，其中医疗保险单位缴费费率下调5%，工伤保险费率下调20%；残疾人就业保障金征收率从1.5%下调为0.8%，减轻企业负担约4.9亿元。允许困难企业在一定期限内缓缴社会保险费，减轻困难企业的资金压力。

帮助企业开拓市场。投入8245万元，健全商品流通网络体系，支持举办首届台博会、第二届动漫展及外博会、电博会，在上海、西安、合肥等市开展形式多样的东莞名特优产品展销活动，优化外企内销通道，推动莞货拓展国内市场。

【加大对镇村转移支付力度】 2010年，东莞市通过财政转移支付，加大对镇村的支持力度。2010年拨付镇街补助经费65.0亿元，比上年增加19.3亿元。其中：拨付10.0亿元，补助镇街初中、小学教育经费；拨付3.9亿元，对镇街财政超收实行奖励分成；拨付3.5亿元，帮助镇村建成31条联网公路，完成71项水利工程建设；拨付2.4亿元，对经济综合实力排名靠后的285个村（社区）公共管理支出给予补助；拨付1.7亿元，加大生态补偿力度，将基本农田补助范围从原来超出全市平均分摊比例部分扩大到各村实有基本农田，补助标准为每年每亩500元，对非经济林每年每亩补助100元，较好地补偿村因承担农林地生态保护任务而减少的经济收入；拨付4443万元，对欠发达镇提供扶贫贷款贴息补助；拨付4019万元，完成75个欠发达村约1290公里老化水管改造；拨付3500万元，对石龙镇、塘厦镇“简政强镇”试点工作给予补助。

【着力保障和改善民生】 2010年，市财政用于社保、教育、医疗卫生、就业、扶贫等方面各项民生支出116.4亿元，比上年增加13.4亿元，有力保障了东莞市各项民生事业持续发展，使东莞市基本公共服务实现了城乡一体，均等化水平进一步提高。

建立城乡一体的社会保险体系。2010年社会保障支出28.0亿元，比上年增长34.9%，其中：市财政投入8.6亿元，推动农居民与职工养老保险并轨，近14万名有缴费记录的原农保退休人员基本养老金从人均266元/月提高到385元/月，正在参保的46万名原农保人员参加全市统一的职工社会养老保险，在全省率先建立城乡一体的社会养老保险体系；投入1.4亿元，用于城乡一体的社会基本医疗保险缴费补助，2010年1月起社会基本医疗保险年度最高支付限额从10万元提高到15万元，社区门诊医疗报销比例从60%提高到70%，全市约600万名参保人享受到较高水平的医疗保障。

促进教育事业均衡发展。2010年总投资32.5亿元，推进新建9所、扩建13所高中以及职教城建设。其中投入2.8亿元，完成塘厦理工学校、东城高级中学和厚街中学等扩建工程并投入使用；投入4728万元，对全市3万多名中职学校一、二年级学生发放每人每年1500元的国家助学金；投入1428万元，对39所市直学校进行校舍安全排查鉴定和加固补强，对全市238所学校进行地震安全评估；出台生源地助学贷款政策，本市户籍家庭经济困难学生就读全日制高校，可申请最高每人每学年1.5万元的助学贷款，贷款利息由市财政全额负担，帮助困难家庭学生圆大学梦；对莞籍人才到国内外著名大学攻读硕士或博士给予学费和生活费补助，为东莞市经济社会可持续发展培养高端人才。

完善公共卫生服务体系。投入4156万元，支持全市社区卫生服务中心（站）信息化建设，免费开展建立居民健康档案、健康教育、免疫规划等基本公共卫生服务；筹集2.1亿元，支持市人民医院、市中医院、市疾控中心等“四院一中心”工程建设，努力为市民提供良好的就医环境。

加大对社会弱势群体帮扶力度。投入4123万元，向全市3.4万名低保对象发放最低生活保障金；投入5306万元，向全市2.9万名低保和低收入家庭在读子女发放助学金和学校寄宿生活补贴；投入2620万元，向全市3.4万户低保优抚家庭赠送春节慰问礼包；投入2490万元，建立高龄老人生活津贴制度，向全市3.9万名户籍80周岁以上老人发放每人每月100至300元的政府津贴；投入1025万元，为低保对象、五保对象等困难群众共5.6万人发放3个月，每人180元的临时物价补贴，切实保障困难群众的基本生活水平；投入1365万元，购买182个社工岗位服务，推进东莞市社会工作试点；累计支出3.8亿元，建成2638套廉租房和经济适用房，有效改善困难群众住房条件。

承办亚运会举重赛事。累计投入8715万元，用于亚运会分赛场场馆建设，安全保卫、竞赛器材购置以及赛事期间各项支出，圆满完成亚运赛事组织和服务工作。通过承办亚运会项目，进一步完善东莞市文体设施，提升重大公共活动安全管理水平。

扎实推进绿道网建设。投入2.2亿元，推动珠三角区域绿道（东莞段）225公里全线贯通，加快生态园、森林公园内绿道网建设，为市民运动、休闲营造良好的生态环境，让健身、休闲融入市民生活。

落实各项对口帮扶政策。拨付2.7亿元，圆满完成对口支援映秀重建工作；拨付2076万元，用于对口帮扶韶关新丰县、乳源县及广西河池市；拨付1800万元，用于全省“规划到户、责任到人”扶贫开发，全面完成上级下达的各项帮扶任务。

【推进财政科学化精细化管理】 2010年，东莞市一是深化预算管理改革，加强部门预算与政府采购、资产管理、绩效评价以及国库集中收付的有效衔接，提高预算编制水平。二是开展预算单位公务卡结算改革，完成试点并在全市331家市直预算单位推广，有效减少单位现金使用量，提高公务开支透明度。三是强化财政监督职能，加强财政专项资金跟踪问效，追回违规资金1705万元。全面开展对社会团体、国有及国有控股企业的“小金库”专项治理工作，查处“小金库”7个，收回账外资金704万元。四是加强政府物业管理，全年市直行政事业单位经营性资产收益3.1亿元。规范招租渠道，通过公开竞价成功招租185处政府物业，租金收入较原水平增幅42.7%，提高了政府物业的使用效益。五是深入开展绩效评价工作，逐步建立预算绩效评价体系，自绩效评价工作开展4年来，共促进83个单位完善项目管理，减少财政支出7.6亿元。2010年专题向市人大常委会报告财政支出绩效评价工作，充分听取和吸纳社会各界的意见和建议。六是优化用款计划审批程序，减少业务科审批环节，大大提高审批效率；取消集中支付采购监管科的“会签”环节，取消预算单位报送合同、发票等审核资料；调整支付方式标准，单项物品、服务实行直接支付方式的限额由10万元提高至50万元；货物类公开招标数额标准从50万元提高至80万元；改进了基建资金拨付流程，取消了部分基建核算专户，做到随时请款、随时审核支付。七是充分发挥政府采购政策性功能，加大政府采购对节能、环保、自主创新等产品的支持力度；加快财政投资项目前期服务的政府采购进度，勘察、设计、监理、可行性研究、环境影响评估等服务实行协议供货；牵头组织社会采购代理机构、镇街、法律顾问等，草拟了操作性较强的《东莞市政府采购实施办法》；稳步推进广东省电子政府采购平台，选取公检法单位作为第一批试点。八是率先实施会计从业资格专业知识无纸化考试推展工作，安排参加无纸化考试的考生比例达到48.8%；相继推出网络培训和高层次专题讲座培训，全年参加继续教育人数达到13.16万人次；试点建立“会计信息咨询台子机”，扩大东莞市会计信息咨询服务平台的覆盖范围；更新会计信息服务平台外网网站，实现了东莞市会计信息系统的全方位动态管理。九是积极做好“金财工程”应用支撑平台试点建设工作，形成了《东莞市财政局财政业务基础数据规范》；做好信息系统“管用分离”工作，引入电子认证公司专人驻点服务模式；推进财政纵向专网的全面应用，将公文传输、预算数据报表、基建数据报表及企业报表等涉密程度较高的信息资料纳入纵向网传输；开展财政信息一体化建设的前期调研工作，形成实施方案；对财政门户网站进行升级改造，增设政务信息公开栏目，实现与“东莞市政府信息公开平台”的对接。（刘长青）

▲ 同沙生态公园

附：2010年东莞市财政局领导名录

党组书记、局长：詹文光

党组成员、副局长：陈锐康　王锐江　叶树平　李长福　谢　涛

党组成员、会计核算中心主任：王　标

党组成员、纪检组长：莫桂冰（9月到任）

国家税务

【概况】 2010年，东莞市国税局机关共设13个行政科室、7个直属机构和3个事业单位；下设33个派出机构，其中正科级建制的分局27个，副科级建制的分局6个。全系统在职在编干部职工有784人，管辖全市纳税户24.7万户。负责征收管理的税种有增值税、消费税、企业所得税、储蓄存款利息所得个人所得税、车辆购置税、城建税。

【税收收入再上新台阶】 2010年，东莞市国税局抓住东莞经济企稳回暖的良好态势，加大组织收入力度，努力提高收入质量，实现税收收入与经济同步协调增长。全年共组织工商税收收入439.43亿元，同比增收100.96亿元，增长29.83%，收入规模首次突破400亿元大关。其中，国内税收收入343.34亿元，增长25.28%；海关代征税收收入96.09亿元，同比增长49.17%。国税税收形成市财政收入74.44亿元，增长22.4%，完成市级收入计划的110.08%。

大力加强税源监控。严密监控收入进度，按季度、月度分析税源变化和分局收入情况，开展2010年税收调查，将310户年纳税额500万元以上企业纳入重点税源监控范围，每旬跟踪重点税源的异常变动，及时测算税收变化。针对省级收入较慢的情况，专门发文布置并深入分局调研，研究加快组织省级收入的措施。同时，积极向省国税局争取免抵调库指标，合理安排免抵调库办理，全年共办理免抵调库73亿元，增长2.35%。

继续深化数据分析。开展全市征管状况分析，组织各分局对重复登记的非正常户进行清理，并加大非正常户认定和管理力度，全年共公告非正常户200户；结合税收票证管理和税款缴库专项检查，大力清理欠税，全年共清缴2282万元。制定税收征管状况分析应用方案，在对原有综合查询应用平台和辅助系统二期的查询指标进行整合归并的基础上，重新开发征管信息数据综合应用平台，有助于解决以往存在的数据口径不一致、自主查询不便等问题。

全面清理漏征漏管。从2010年3月起，联合工商、地税和协管力量全面展开清理行动，对全市10万多业户开展调查摸底，采取"地毯式"巡查、逐户催办、"驻点"办证等措施，提高清理效率和质量，并按照政策规定灵活运用市场代征、核定未达起征点、按次申报等手段缓解后续管理压力。同时，加强与工商、协管等部门的信息交换共享，形成防范漏征漏管的管理机制，在年底完成首次税务与组织机构代码信息共享推广工作，进一步拓展与其他部门的信息共享渠道。

【征管水平得到新提高】 2010年，东莞市国税局按照科学化、精细化管理的要求，围绕征管薄弱环节，采取有针对性的措施，努力提升税收征管能力，促进征管工作水平不断提高。

东莞市国家税务局

常平国税分局获评全国税务系统先进集体

① 2010年12月，国家税务总局总会计师汪康（右二）到市国税局调研
② 2010年9月，邀请市委副秘书长潘新潮授课

强化各税种管理。狠抓增值税超标小规模纳税人认定工作，全年新认定一般纳税人超过1.2万户，全市一般纳税人比例达到21.6%。认真抓好一般纳税人认定后续管理，进一步加强抵扣凭证的审核检查，跟踪商贸企业辅导期“先比对，后扣税”执行情况，开展存根联滞留票核查工作，降低专用发票虚开风险。加强企业所得税征管，顺利完成2009年度汇算清缴工作，共汇缴企业5.04万户，汇缴应纳税额4.52亿元，企业亏损面下降到6.4%，同比下降8.2个百分点。继续加大房地产企业实地检查力度，全年共完成38户房地产企业的核查，调增应纳税所得额4.65亿元，入库税额（含滞纳金）1.63亿元。对2009年增值税全部销售收入与企业所得税营业收入存在差异的重点风险纳税人进行专项核查，处理企业1602户、补缴税款445.51万元。认真做好关联交易同期资料管理工作，强化关联交易税收管理，135家企业主动调整2008年度关联交易利润7.72亿元，补缴企业所得税3540万元。加强非居民企业所得税扣缴管理，成功扣缴115户未设立固定场所但构成常设机构的派遣劳务型非居民企业所得税，入库税款1025.8万余元。

探索税源专业化管理。坚持推进“以评促管”，突出规模大、异常明显企业的监控，全年共完成纳税评估4925户，入库税款3.17亿元。开展税源专业管理试点，选取石碣、谢岗分局先行先试，按重点税源、一般税源、小型税源科学划分税源类型，制定相应的专业管理模式，为其他分局进行专业化管理改革积累经验。拓展税务协管工作职责和范围，探索税务协管管理模式进一步发展的路径。

加强查管互动。一方面，对在纳税评估、实地调查等工作中发现的案件线索，及时移交稽查部门立案查处，加大稽查工作力度。全年共立案检查224户并全部查结，查补收入4062.91万元。另一方面，加强稽查信息反馈，畅通查管信息沟通渠道，提醒征管部门注意涉税违法动向，做好防范预防措施。在此基础上，正式出台查管互动工作实施办法，为不断提升查管互动质效、推进以查促管提供制度保障。

【依法治税取得新进步】 2010年，东莞市国税局严格落实国家税收政策，大力开展打击涉税违法活动，推进法治税收进一步走向深入。

落实税收优惠政策。认真执行增值税转型政策，抓好固定资产抵扣办理，全年共为全市1.30万户企业办理固定资产进项税额抵扣37.45亿元，企业户数同比增长44%，抵扣税额同比净增21.65亿元，大幅增长1.4倍。细化企业所得税减免税指引，办理过渡期税收优惠、高新技术企业、研发费用加计扣除等各类税收优惠12.2亿元，为132户企业审批2009年度资产损失税前扣除3.13亿元。落实出口退税政策，开展出口退税业务提醒、简化重点企业退税流程、实现全市500强出口企业当月申报当月退税、成功推广税库银电子退库系统，提高退税效率，全年累计办理出口退（免）税205.05亿元，增长27.9%。

发挥稽查职能作用。大力查处接受虚开增值税专用发票的违法案件，在全市范围内深入开展税收专项检查，重点规范房地产及建筑安装、交通运输等行业管理，全年稽查查补入库收入4.61亿元。继续保持打击发票违法犯罪的高压态势，完善举报渠道，着重打击发票非法印制窝点和整治发票“买方市场”。全年共查处发票违法案件408宗，捣毁发票非法印制窝点10个，收缴假发票284万份以及各类制假工具一大批。强化执法刚性，对部分拒不履行纳税义务的“钉子户”采取查封、拍卖货物等强制措施，并向法院提起3宗欠税的非诉行政执行申请，首次采用阻止出境的强制手段，限制了3户恶意走逃欠税企业的法人代表出境，捍卫税法尊严。

积极预防执法风险。及时纠正基层执法存在的问题，规范日常执法行为，进一步提高执法质量。特别对存在较大风险隐患的门前代开增值税专用发票工作进行专题调研，加强对门前代开行为的监控，降低管理风险。积极推进内控机制建设，出台实施办法详细说明了机关100个风险环节的具体表现和风险防范措施。经过上下共同努力，全系统执法管理漏洞明显减少，并赢得了首宗行政诉讼的胜诉。

【部门形象实现新提升】2010年，东莞市国税局坚持把优化纳税服务贯彻税收工作始终，充分运用信息化手段提高办税效率，减轻纳税人办税负担，改进机关工作作风，努力树立高效优质的服务形象。

坚持改进办税服务。继续拓展网上办税功能，全面实行网上抄报税、代开发票网上预录入和普通发票网上验旧功能，深入推进网上申报、网上抄报税、网上认证等申报业务，提高网上办税项目的使用效率，全市增值税一般纳税人网上申报率稳占95%以上，小规模纳税人达到90%以上。延伸服务平台，将办税厅部分事务性工作下放至各个协管站。通过以上两项措施，结合整合窗口业务、放宽发票购票权限等，有效分流了上门办税人群，基本解决了征收期前台“排长队”问题。同时，规范办税服务厅建设，建立值班长制度和应急处理机制，优化办税服务功能区域，充实办税硬件设施，制定全市统一的涉税文书填写模板，为纳税人提供清晰的操作指引；全面开展普通发票换版工作，将普通发票种类减并至8类17种，并逐步推行机具开票，减轻纳税人购票负担，方便查询真伪。

加大税收宣传力度。组织开展第19个税收宣传月活动，组织基层分局举办大型户外宣传活动，在省级税收宣传教育基地道滘济川中学开展“今天我是导税员”等一系列活动，参加市广播电视台“阳光热线”直播节目，联合地税局共同举办全市“直通车”企业政策宣讲会。主动深入企业开展送税法上门服务，重点就企业关心的出口退税、来料加工企业升级转型等相关税收政策进行宣讲和辅导。充分借助新闻媒体开展税收宣传，在《中国税务报》、《东莞日报》、《南方日报》等主流媒体发布各类新闻稿28次，利用市府短信平台发送涉税提醒信息，借助中介机构力量免费为纳税人提供税收政策辅导和网络培训。组织拍摄税收公益公告，在东莞电视台和各镇区广电站播放。开发“税企通”平台并在部分分局试点使用，为税企交流提供更方便快捷的渠道。

进一步加强作风建设。深入开展公务员行为规范和职业道德教育实践活动，严肃作风纪律。抓好纪律教育学习月活动，加强廉政教育。强化纪检监察工作，制定纪检监察信息工作暂行办法，开展纪检监察工作情况检查，推广应用税务纪检监察管理信息系统，促进党风廉政建设深入开展。在部分分局试点安装办税服务厅视频监控系统，对窗口人员进行实时监督，督促改进工作效率和服务态度。积极参与政风行风评议、“市民评国税”等活动，开展廉政

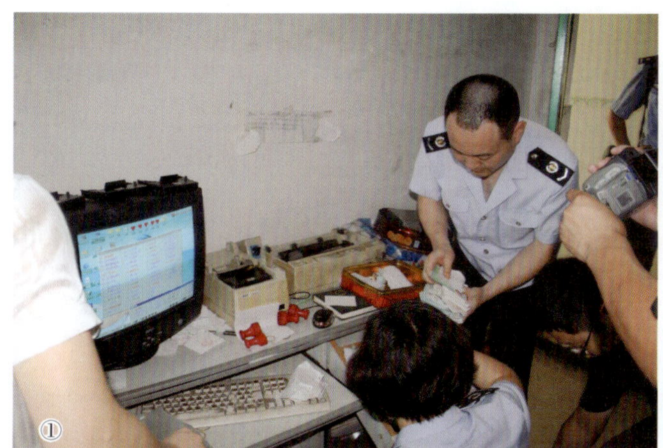

① 2010年8月，税警联动捣毁黄江一制售假发票窝点
② 沃尔玛公司向市国税局赠锦旗
③ 组织开展主题为“税收·发展·民生”的第19个税收宣传月活动
④ 2010年4月，组织税收宣传教育基地——道滘济川中学学生开展“今天我是导税员”活动

完成规范化建设后的办税服务厅

回访，主动听取各方意见，改进工作不足。从各镇街反馈情况看，基层各分局普遍受到好评，在进行了排名的镇街中有10个分局以第一名通过考评；在有1.67万人次参与的“市民评国税”活动中，纳税人对市国税局的总体满意率达到93.67%。

【干部队伍焕发新气象】 2010年，东莞市国税局以“十二五”规划编制为重点，结合培训、交流、文体活动等工作，增强队伍凝聚力和团队意识，营造了和谐稳定的工作氛围。

抓好干部培养。以编制“十二五”规划为契机，引导干部职工深入思考国税发展，积极建言献策，统一队伍思想。加强领导干部梯队建设，先后开展了部分领导干部岗位轮换、非领导职务配备、副处级后备干部集中调整等工作，全年共提拔了2位副调研员、11位副科级领导干部、25位科级非领导干部和77位股级干部，对26位科级领导干部、80位股级干部和10位一般人员进行了岗位轮换。大力拓展培训工作，注意根据不同干部的需求开展有针对性的培训，如开展正科级领导干部领导力创新培训并召开学习心得交流会，进行青年干部职业生涯规划并举办演讲比赛，组织办税服务厅人员开展纳税服务全员培训等，增强培训效果。

规范内部管理。对因私出国（境）管理、干部考勤等制度进行修订完善，完成对全市国税系统派遣员工的问卷调查和实地调研，研究改进管理措施。严格财务管理，认真开展“小金库”专项治理工作，按照上级部署进行公务卡改革，出台医疗及困难补助办法，结合领导干部轮岗情况及时开展离任审计。加强上下交流反馈，对内网进行改版升级，扩充信息容量，为各部门、分局展示工作亮点、反映问题建议、交流经验成绩提供更大的平台。

活跃党群文化。继续加强党组织建设，进行党建垂直管理后的首次直属机关委员会换届选举及各支部换届，创办党建刊物，组织“国税先锋党员”评选、新党员入党宣誓仪式等“七一”党建系列活动，进一步发挥党建带队作用。充分利用工青妇等群团组织，定期开展摄影采风、书画鉴赏、太极拳、木兰扇、登山等活动，举办新春文艺表演、“三八”妇女节和“六一”亲子联欢活动，召开全系统体育运动会，并积极参与“东莞慈善日”等捐款捐物活动，打造健康向上的国税文化。

（欧　薇）

附：2010年东莞市国税局领导名单

党组书记、局长：利巨强
党组成员、副局长：刘　丹
党组成员、副局长：祁　雄
党组成员、副局长：杜志康
党组成员、副局长：傅平辉
党组成员、总经济师：谭岳华
党组成员、纪检组长：邓进强
党组成员、总会计师：邝照东

地方税务

【概况】东莞市地方税务局（以下简称市地税局）为广东省地方税务局领导的直属机构，内设10个科室，设立1个直属行政单位（稽查局，副处级单位，内设6个正科级机构）和2个事业单位，下设33个税务分局。截至2010年，全系统共有在编干部职工881人，其中，大学本科以上学历745人，占84.56%；大专学历122人，占13.85%；党员589人，占66.7%。主要负责营业税、企业所得税、个人所得税、房产税、资源税、车船税、城市维护建设税、城镇土地使用税、土地增值税、印花税等10个税种的征管和社会保险费、教育费附加、文化事业建设费、堤围防护费、残疾人就业保障金、水资源费（个别镇街）等6项规费的征收工作。

2010年，市地税局以组织收入为中心，以促进经济发展方式加快转变为主线，充分发挥地方税收职能作用，服务服从经济社会发展大局，圆满完成各项工作任务，连续第九年被东莞市委、市政府评为中央、省属驻莞机构先进单位。截至2010年，全市共有地方税务登记户33.69万户，其中内资企业9.74万户，外商投资企业1.05万户，个体工商户22.56万户，其他3348户。

【组织收入】2010年，市地税局共组织各项税费收入393.43亿元，增长19.9%，增收65.17亿元。其中，税收收入249.29亿元，增长19.3%；社会保险费收入128.44亿元，增长19.5%，征缴率达99.91%；堤围防护费、残疾人就业保障金、教育费附加、文化事业建设费等其他收入15.7亿元，为加快东莞经济发展方式转变提供坚实的财力保障。

税源监控。密切关注经济运行状况，加强税源调查分析，着重分析加快经济发展方式转变背景下税源变化状况，实施分局重点税源纳税情况直报制度，每月对各分局上报的税收预测情况进行量化统计和考核，提高税收预测的准确性。

税收征管。深化纳税评估，重点对印花税、星级酒店业、交通运输业等税种或行业开展专项纳税评估工作，全年评估业户达2.11万户。进一步加强非居民企业税收管理，全年通过售付汇环节累计征收非居民企业所得税和营业税3.61亿元，增长67.2%。规范土地转让税收征管工作，全年委托国土部门代征土地转让相关税费1.73亿元，增长85%。做好企业所得税预缴、年度汇算清缴和后续管理工作。加强对高收入人群个人所

充分发挥地方税收职能作用
促进经济发展方式加快转变

2010年2月26日，市地税局大岭山分局举行“市文明标兵单位”挂牌仪式

得税纳税情况控管，受理年所得12万元以上个人所得税自行纳税申报31257人，增长11%；通过个人工薪所得与企业的工资费用支出比对查补个人所得税；加强个人转让限售股所得的征管。认真做好对涉外企业及个人开征城建税和教育费附加工作。

规费征收。积极实施残疾人就业保障金地税征收，规范完善工作流程，开发新的残保金征收系统，确保征缴工作顺利开展。与市社保局共同制定《东莞市社会保险费欠费管理操作规程》，加强社保费欠费管理，申请法院强制执行的欠费户数165户，涉及欠费金额1551.25万元。与市水务局、财政局、物价局等部门共同研究调整堤围防护费征收和管理相关政策，进一步加强堤围防护费的征管。

【依法治税】2010年，市地税局坚持对内全面规范税收执法行为，对外大力整顿税收秩序，不折不扣落实税收政策，为促进东莞经济发展方式加快转型升级营造公平法治的税收环境。

税收执法。将税收执法检查日常化，全年共对9个基层分局实施执法检查。认真应对行政复议和重大投诉，有效维护了征缴双方的合法权益。向东莞两级法院申请强制执行或参与财产分配案件8宗，涉及税款2255万元。

整顿税收秩序。开展五大行业税收专项检查，继续开展股改限售股（“大小非”）减持税收专项检查工作，加大对已立案案件清理力度，推进反避税工作，稽查局全年查补入库税款、滞纳金及罚款3.52亿元。创新税警协作机制，成立联合执法办公室，有效遏制假发票

① 2010年9月28日，市地税局党组书记、局长刘茂坤（左）对望牛墩困难户进行慰问帮扶

② 2010年4月7日，市地税局在莞城分局举办首次“东莞地税开放日”活动

③ 2010年6月21日，市地税局召开会议布置落实残疾人就业保障金地税征收工作

④ 2010年9月9日，市地税局积极开展内部业务培训，提高队伍素质

泛滥势头，全年共捣毁10个制售假发票窝点和4个非法销售假发票摊点，查获假发票和假财政专用票据共275多万份。

税收调控。落实促进产业升级、扶持企业发展、下岗工人再就业和残疾人就业等税收优惠政策，对符合条件纳税人申请办理的税收优惠政策事项及时受理、及时审批、及时退库，全年共为符合政策的纳税人办理各项减免税达11.4亿元，进一步减轻纳税人的负担，促进产业结构调整和企业转型升级。

【税收管理】2010年，市地税局坚持深化改革，继续开拓创新，通过科学管理挖掘税收潜力，促进税收征管质效不断提升。

税源管理。实施税源管理新模式，优化征管资源配置，强化重点税源管理。积极推广应用建安、房地产业税源控管系统，对建安、房地产项目税收建立"以数控税"和"以票管税"相结合的新型管理模式。进一步完善税务协管工作，加强与国税、工商等部门数据衔接，全市已纳入税务协管并已办理地税登记的零星税源户共18.59万户，全年征收地税收入8.85亿元，增长18.3%。

发票改革。加大在线开发票推广力度，做好旅店业、饮食业、娱乐业发票在线系统上线工作，全年累计开通各类发票在线用户11345户，开出电子发票567万份，开票金额739亿元，开票份数和开票金额均居全省前列。及时做好发票票种简并工作，分阶段实行发票换版，实现由"以票控税"转变为"信息管税"。

信息化建设。继续推广应用网上办税系统，截至2010年底，全市共开通网上办税114990户，实际使用111180户。做好大集中系统等信息系统的运行监控、数据维护和系统升级工作，做好残疾人就业保障金新征收系统、涉税证明开具管理系统、发票违章举报信息系统等市一级信息系统项目的建设开发，整合车船税数据和优化车船模块，进一步推进税收科学化、精细化和专业化管理。

行政管理。做好全省地税系统统一工作平台上线试点工作，提高机关工作效率。进一步落实厉行节约的各项规定，控制公务用车、会议、公务接待等方面的费用。开展全系统固定资产清查工作，提高财务管理水平和资产使用效益。

【纳税服务】2010年，市地税局坚持立足纳税人需求，全面整合纳税服务资源，不断提高税法遵从度，积极构建和谐税收征纳关系。一方面，优化纳税服务平台建设，加快新型办税服务厅建设步伐，简化办税程序和手续，做好"12366"纳税服务热线系统上线工作，开展"纳税服务满意度和服务需求"调查，完善畅通网站、短信、局长接访日等沟通渠道，全年共受理咨询反映等事项2万余宗，全部及时办结。建立健全信访管理工作办法，认真处理维稳信访工作。另一方面，大力开展税收宣传，改版《地税与你》电视专栏，结合各时期地税工作动态进行宣传；举办纳税人培训班集中宣讲和解读税收政策，全年共举办各类宣传培训266场次，参加者达3万余人次。

① 2010年10月28日，市地税局开展网上在线访谈活动，为纳税人解疑释难
② 2010年4月14日，市地税局道滘分局组织税收宣传教育基地学生开展"今天我是导税员"实践活动
③ 2010年5月29日，市地税、公安机关联合捣毁制售假发票窝点

【队伍建设和党风廉政建设】市地税局坚持抓好思想建设、干部队伍建设、党风廉政建设和精神文明建设，提高队伍素质。

思想建设。认真学习党的十七届五中全会、中央经济工作会议、省委十届六次全会、全国税务工作会议等重要会议精神，切实把握新形势下的政治和工作方向，把思想和行动统一到上级的决策部署中来。

干部队伍建设。通过公开选拔考试择优录取40名国家公务员，进一步充实基层征管力量。根据领导干部选拔任用的有关法规，通过民主推荐选拔2名主任科员，1名副主任科员，34名基层正股级领导干部和53名基层副股级领导干部。选派3名副科级干部到挂钩帮扶单位挂职锻炼，增进相互交流。实施分层分级培训，全面提高干部队伍素质，全年共组织各类培训80期，参训干部达1.17万人次。同时实施教育培训学分制管理，全年全系统税务干部完成学分达标率为100%。

党风廉政建设。继续健全廉政风险防范和税企廉政联防“两大机制”，认真贯彻落实《税务系统领导班子和领导干部监督管理办法》，严格执行领导干部个人重大事项报告、民主集中制等廉政监督制度，加强内部审计、巡视检查和效能监察等工作，成立内审工作领导小组，着力抓好重点环节、关键问题的建章立制和监督管理工作，进一步理顺岗责体系，合理设置权限，规范工作流程。认真贯彻落实深化作风建设、提高执行力的意见，在基层分局安装视频监控系统，全面加强办事窗口行风建设；组织特邀监察员和纳税人代表召开座谈会，在莞城分局举办首个“地税开放日”活动，积极参与“民声热线”和“阳光热线”电台节目，与社会各界进行直接对话，认真解决群众反映的问题。

精神文明建设。积极开展精神文明创建活动，大岭山分局获“广东省青年文明号”称号，虎门、东坑两分局获“东莞市青年文明号”称号，市局机关团总支获“市级团建示范点”称号，南城分局获“东莞市巾帼文明岗”称号。积极参加社会捐助，全市地税系统干部职工共向西南旱灾、玉树地震灾区和广东扶贫济困日、东莞慈善日等公益活动捐款合共68.65万元。认真开展对口帮扶活动，协助新丰县地税局、始兴县地税局、郁南县地税局、望牛墩镇下漕村等对口帮扶对象解决困难。成功组织举办全市地税系统第三届运动会，继续开展球类、摄影、健美操等文体活动，积极营造和谐向上的地税文化氛围。

（陈群弟）

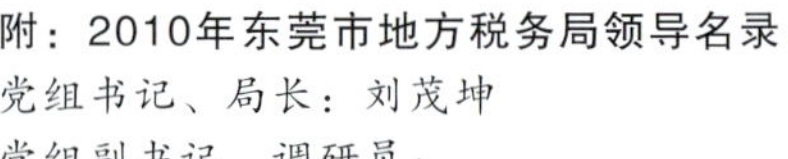

附：2010年东莞市地方税务局领导名录

党组书记、局长：刘茂坤

党组副书记、调研员：

戎惠良（5月到任）

党组成员、副局长：莫灿洪　尹进城

叶　胜

党组成员、纪检组长：黄　真

党组成员、总会计师：黄见洪

党组成员、总经济师：吴锡昌

① 2010年8月23日，市地税局举办廉政文艺专场演出

② 2010年5月23日，市地税局举办第三届地税运动会

金融业

BANKING

- 各项存款显著增长
- 各项贷款逐渐回落
- 跨境人民币结算业务取得突破
- 深莞惠三地金融协调与合作取得实质性进展
- 上市公司增至9家

东莞市中心广场

编辑：胡晓静

银行业

【概况】 2010年，东莞市克服金融危机、实现全面复苏，全市经济保持平稳增长，金融业总体保持平稳发展态势，金融各项指标均保持良好发展势头，主要金融指标再上新台阶。2010年末，全市经营性银行金融机构24家，营业网点1228个，金融从业人员2万余人。

资产负债规模持续扩张。东莞市银行业金融机构资产总额6985.57亿元，比年初增加1122.42亿元，增长19.14%；负债总额6754.07亿元，比年初增加1096.35亿元，增长19.38%；所有者权益231.49亿元，比年初增加27.00亿元，增长13.20%。

各项存款显著增长。2010年，东莞市本外币各项存款余额6077.87亿元，突破6000亿元，比年初增加982.95亿元，增长19.2%，比2009年多增344.51亿元，增速同比提高4.96个百分点。其中，储蓄存款余额3425.89亿元，比年初增加498.56亿元，占新增存款总量的50.7%，比2009年同期多增230.42亿元；企事业单位存款余额1608.53亿元，比年初增加224.47亿元，占新增存款总量的22.8%，比2009年同期少增19.57亿元。

各项贷款逐渐回落。2010年，东莞市本外币各项贷款余额3441.99亿元，比年初增加424.92亿元，增长14.1%，比2009年少增163.63亿元，增速同比回落10.16个百分点。2010年末，东莞市外汇各项贷款余额16.94亿美元，比年初增加3474万美元，增长2.1%，增速较人民币各项贷款低12.58个百分点，比2009年少增8.55亿美元，增速同比大幅下滑108.76个百分点。

2010年，全市银行机构全年实现拨备前利润120.52亿元，比去年增加18.35亿元，同比增长17.59%。年末不良贷款余额46.01亿元，比年初减少10.42亿元，不良率1.34%，比2009年末降低0.53个百分点。

【信贷投放结构】 2010年，东莞市信贷结构在金融危机消退后受政策调控而逐渐回归理性。中小企业、批发和零售业、制造业、租赁和商业服务业是重点。2010年末，东莞市中小企业人民币贷款余额1673.59亿元，比年初增加245.88亿元，增长17.2%；大型企业人民贷款余额478.28亿元，比年初增加116.16亿元，增长32.1%。新增贷款投向批发和零售业110.02亿元，制造业68.62亿元，租赁和商业服务业55.91亿元，三个行业合计占全部新增贷款余额的48.6%。

从贷款期限划分，中长期贷款是增长主力。2010年末，东莞市中长期贷款余额2001.25亿元，比年初增加377.63亿元，占新增贷款余额的88.9%；短期贷款余额1249.77亿元，比年初增加109.84亿元，票据融资余额127.05亿元，比年初减少63.7亿元，二者合计占新增贷款余额的10.9%。中长期贷款一改2009年与短期贷款基本持平增长的势头，2010年增加额远超短期贷款。

从贷款投放主体划分，地方法人金融机构投放较多。2010年末，东莞两家地方法人金融机构（东莞农商行、东莞银行）贷款余额965.28亿元，比年初增加155.58亿元，占全市新增贷款余额的36.6%；国有银行贷款余额1601.79亿元，比年初增加127.36亿元，占全市新增贷款余额的30%；股份制银行贷款余额795.1亿元，比年初增加120.22亿元，占全市新增贷款余额的28.3%。地方法人金融机构在三类机构（国有、股份、地方）中投放最多，存量贷款市场份额比2009年末提升了1.2个百分点。

从贷款利率划分，资金价格呈现普涨趋势。东莞市金融机构2010年各期限档次贷款利率、贴现率和转贴现率均呈上升趋势，均在4季度达到年内高点。其中，6个月以内和5年以上期贷款利率水平在12月分别达到最高点5.5%和6.3%；6个月至1年和3—5年期贷款利率水平分别在11份达到最高点6.2%和6.4%；1—3年期贷款利率水平则在10月达到最高点5.8%；票据贴现和转贴现率均在下半年一路走高至12月的最高点。

【银行业组织机构改革】 2010年，东莞银行在惠州、长沙设立分行，发起设立东莞长安村镇银行和广西灵山泰业村镇银行，跨区域发展速度加快。东莞农商行被列为东莞市第三批上市后备企业，法人治理结构继续完善，发起设立惠州仲恺东盈村镇银行，迈开跨区域发展的步伐。

2010年，平安银行东莞分行、东莞长安村镇银行、华夏银行东莞分行相继开业，招商银行小企业信贷中心东莞分中心和招商银行东莞分行私人银行中心成立，台湾玉山银行在东莞设立代表处。此外，小额贷款公司新增4家，2010年末达到9家。

【支付结算服务体系】 2010年，东莞辖区内大、小额支付系统、全国支票影像系统等各支付结算系统平稳安全运行，现代化支付系统得到推广。2010年末，大额支付系统共发起业务444.64万笔，清算金额4.48万亿元，同比分别增长9.2%和40.8%；收到业务530.73万笔，清算资金4.68万亿元，同比分别增长5.57%和42.60%；小额支付系统发起1044.91万笔，清算资金1109.11亿元，分别同比增长55.14%和98.17%；收到业务978.79万笔，清算资金1315.81亿元，分别同比增长67.80%和95.85%；支票影像交换系统提出支票135.52万笔，金额482.44亿元，同比分别增长26.48%和47.73%；提入支票68.46万笔，金额289.49亿元，同比分别增长57.63%和82.09%。

【亚运会金融服务】 2010年，东莞市高效完成亚运协办城市金融服务筹备及亚运期间金融机构安保维稳、金融信息安全、支付系统运行、现金供应、外汇服务等各项工作，为亚运提供“高效有序、服务周到、品质一流、安全稳定”的金融服务。

【跨境人民币结算业务】 2010年，东莞市完成跨境人民币结算业务量累计1117笔，金额128.74亿元，居全省前列。

中国人民银行东莞市中心支行

【金融调控】 2010年，为加强和完善金融宏观调控，全面、准确地贯彻执行金融调控政策，提高货币政策执行的水平和效率，中国人民银行东莞市中心支行（简称“人民银行东莞中支”）认真贯彻落实金融宏观调控政策，不断创新金融调控手段，维护辖区经济金融平稳运行。

一是切实加强“窗口指导”，有效传导和实施稳健的货币政策，促进地方经济转型升级。人民银行东莞中支根据总行宏观调控的要求，紧密结合东莞辖区经济发展实际情况，通过强化基层央行货币政策执行手段，积极发挥货币传导、风险防范、金融信息三个平台作用，正确把握宏观调控节奏，适时调整，不断提高金融宏观调控的针对性和灵活性，为切实加强窗口指导，出台《关于创新担保方式 支持东莞经济发展

的指导意见》、《关于金融支持物流业发展的指导意见》等一系列执行货币信贷政策的指导意见，由市政府批转至各市直属机关、各金融机构及各镇街相关单位，推动东莞市经济增长和产业结构转型升级。

二是密切关注区域经济金融发展形势，为辖区中小企业融资发展提供便利。以按季撰写《经济金融形势分析报告》、"专事专报"等形式，及时向市政府提供最新金融调控动向、重大金融事件情况。积极推动中小企业信贷担保方式创新、科技金融创新和直接融资创新，出台一系列操作指引，加大对中小企业的融资支持。依托人民银行征信系统，构建全市中小工业企业和加工贸易企业数据库，推进东莞市"10亿元融资支持计划"，增强融资支持计划的实际执行效果，并以政协提案形式建议继续加大对重点中小企业融资的支持力度。在人民银行东莞中支和各方的努力下，中小企业融资取得积极成效，2010年末，全市中小企业贷款余额达1673.59亿元，占全市企业贷款78%。

三是以加强金融风险监测和深化地方金融体制改革为重点，优化金融生态，确保辖区金融稳定。加强与市金融局、统计局、银监分局、证券协会、保险协会的信息共享，构建"大金融"统计监测体系。配合地方政府组建小额贷款公司，并建立利率执行情况日常监测制度，做好密切跟踪和风险监督，维护辖区金融秩序。组织编写《东莞中支金融机构业务准入及监管指南》，密切与地方金融管理部门及证券、保险协会之间的联系，加强辖区金融业调控与管理。

【外汇业务监管】2010年，人民银行东莞中支以推进外汇管理工作改革为突破口，加强有效监管，创新服务手段，有力地促进地方外向型经济发展。一是完善制度建设，为涉外企业的稳定发展提供便利。制定《支持"三来一补"企业转型升级工作方案》、《"三来一补"企业设备转型投资验资询证操作指引》等四类转型业务指引，扫除转型中的政策和操作障碍，为东莞建设"全国加工贸易转型升级试点城市"提供支持。妥善解决台商独资企业在改制过程中的出资问题，推动东莞劲胜塑胶制品有限公司2010年5月成功在A股上市；妥善解决广东银禧科技股份有限公司、东莞虎彩印刷有限公司等上市后备企业的历史遗留问题，加大对东莞企业上市的扶持力度。积极协调海关、税务等部门，努力消除企业设备出资方面的操作障碍，可盘活原值约63亿美元的不作价设备。

二是加强金融机构发展，创新推动外汇服务领域扩张。东莞农村商业银行和东莞银行两家银行代理远期结售汇业务试点工作得到国家外汇局肯定，并将代理行扩展至3家，有力地支持和维护辖区外汇市场发展。积极推动人民币与新台币双向兑换业务试点，辖区中国银行和工商银行获得授权办理人民币与新台币双向兑换业务。

三是强化服务理念，进一步提升外汇服务水平。以创新方式开展"诚信兴商"宣传教育活动，配合上级做好外汇违法信息披露工作。开展对外汇指定银行合规性检查、个人购汇及提钞情况调查等检查工作。全年共立案150宗，发出行政处罚决定书149份，罚款金额358.61万元，涉及违法金额折合17027.55万美元，捣毁地下钱庄2个，缴获赃款人民币约1000万元、港币约30万元，冻结涉案账户资金约人民币70余万元，涉案金额达25亿元人民币，有效地加强对跨境资金流动的监管，外汇执法水平进一步提高。

【辖区金融环境】2010年，人民银行东莞中支从维护辖区金融改革、发展和稳定的大局出发，积极推进金融改革，构建区域金融稳定工作框架，维护辖区金融稳定，促进辖区金融生态环境进一步改善。

一是强化金融合规管理，提升基层央行反洗钱监管效能。组织开展综合执法现场检查，督促金融机构认真执行金融法律，规范金融业务操作。加强空头支票综合治理，落实黑名单制度。合理确定金融机构的反洗钱合规管理等级，不断完善"风险为本"的反洗钱监管工作体系。

二是强化金融执法合作，大力整顿和规范辖区金融秩序。2010年，人民银行东莞中支加强职能部门间反洗钱工作交流，深入探讨合作方式，大力拓展合作对象和办案空间，形成稳定的反洗钱合作平台。拓宽案件线索来源，积极开展反洗钱调查。发现和接收金融机构上报的涉嫌洗钱重大可疑线索16条，开展行政调查13次，调查涉及金融机构51家，涉及犯罪嫌疑人78人，涉及交易账户229个。

三是积极构建中小企业信用体系，不断优化社会信用环境。开展中小企业信用信息档案推广应用，征信体系建设稳步推进，2010年累计建档中小企业27008户，非银行信息采集继续向纵深发展，覆盖面和数量不断拓展，东莞地方性金融机构的征信数据质量有明显提高。空头支票签发数量小幅下降，空头支票结案数量大幅提高，企业重信守法意识不断增强，全年受理空头支票举报材料6584份，比2009年下降4.6%，空头支票处罚结案4610份，较2009年增加52.8%，收到罚款954.42万元，较2009年增加43.4%。2010年企业贷款违约率0.8%，个人信贷违约率1.8%，分别比2009年下降1.27个百分点和1.26个百分点。

【金融服务基础设施和服务体系】大力推动金融服务创新为重点，全面提升

▲ 东莞市中心广场

辖区金融服务质量。人民银行东莞中支加强集中代收付系统的推广应用，与电信、广电传媒、联通、自来水等28家公用事业缴费单位完成签约。向全市推广"乐民"小额电子支付平台和新莞人金融服务IC卡，全省率先实现金融服务IC卡集金融、公共服务等多种功能的一体化。2010年末，全市共发行农民工银行卡3005万张，极大地便利了东莞近千万农民工的金融服务和公共服务。

完善支付清算体系，推动辖区金融服务质量和水平。在确保现代化支付系统安全稳定运行的基础上，人民银行东莞中支组织辖区内银行机构上线运行网上支付跨行清算系统、3A支付网业务等支付清算系统，完成电子商业汇票系统的推广工作，建设运行东莞市乐业专业批发市场多媒体专线网银电子交易与结算系统。

【深莞惠三地金融协调与合作】 2010年，深莞惠三地人民银行在签署《深莞惠金融合作备忘录》的基础上，推动金融机构互设异地分支机构，有力推进珠三角区域金融一体化进程。东莞银行、东莞市农村商业银行先后在深圳、惠州等地互设异地分行、村镇银行，汇丰银行东莞分行在惠州开设支行。积极推动珠三角地区金融服务同城化。开通集中代收付住房公积金跨行还贷委托提取业务，实现公积金在珠三角地区跨地跨行自动还贷。

【人民币反假防线】 2010年，人民银行东莞中支对金融机构反假货币工作开展专项检查，抽样检查全市16家商业银行的45间支行，督促金融机构做好反假货币工作。继续加强反假货币工作各成员单位之间的沟通协调，合力打击假币犯罪活动。2010年末，全市建立反假货币工作站426个。指导商业银行开展反假币培训，并注重提高市民的反假货币意识和水平，深入开展反假知识讲座、现场咨询、派发反假宣传资料等形式多样的反假宣传活动。认真做好假币鉴定和收缴工作，全年开展人民币真假鉴定65次，合计10978张，面值68.5万元；收缴假人民币996177张，面值622.82万元。

【经理国库职能】 2010年，人民银行东莞中支安全高效做好财政拨款、退库工作及出口退税业务。全年共完成财政拨款业务量（含单一账户支付）5.14万笔，金额合计462.46亿元，预算收入退税业务2.74万笔，金额213.86亿元，有力支持地方经济发展。通过开展"国债知识有奖问答赛"、国债知识宣讲等形式，积极开展国债宣传工作。确保"亚运"期间辖区各项业务系统的网络安全，为辖区构建起更加安全便捷的资金清算体系。会同市国税局等单位，成功建立全市预算收入退税系统，并在全省率先实现国库与国税部门一般退税及出口退税无纸化，加快企业退税资金到账速度，为出口型企业提供实质性帮扶。

（彭　玲）

附：2010年中国人民银行东莞市中心支行领导名录

行　长：林　平

副行长：麻文奇　甄润赞

工委会主任：邱　姗

纪委书记：左运光

银行监管

【概况】 2010年，面对更为复杂多变的国内外宏观经济形势，东莞银监分局严格按照银监会、广东银监局2010年工作会议精神，深入贯彻落实科学发展观，紧密联系东莞实际，进一步提升监管方式方法的科学性和有效性，积极引导辖内银行业金融机构切实优化信贷结构，全面加强内控管理，不断深化改革、加快创新，在实现银行业自身安全稳健运行的同时，促进地方经济平稳持续发展。2010年末，东莞市银行业金融机构各项存款余额6077.87亿元，突破6000亿元大关，比年初增加982.95亿元，比年初增长19.29%；各项贷款余额3441.99亿元，比年初增加424.92亿元，比年初增长14.08%；全年拨备前利润120.52亿元，同比增加18.35亿元，同比增长17.95%。

【加强政策引导】 2010年，东莞银监分局密切关注宏观政策和监管政策动态，加强对辖内银行业金融机构的政策引导和风险提示。一是以组织培训、调研走访、现场检查等方式，督促辖内银行业金融机构认真贯彻落实银监会"三个办法一个指引"，积极转变信贷管理和投放模式，提高信贷投放效能。二是在广东银监局的部署和指导下，进一步加强对辖内银行业金融机构政府融资平台贷款的监管。三是要求辖内银行业金融机构结合东莞市实际，认真贯彻落实国家政策，注重把握信贷投放的力度与节奏，切实防止信贷投放出现"冲时点"、"冲规模"、"大起大落"等情况，引导信贷投放在月度之间"平滑增长"，努力防范信贷风险。

【强化合规建设】 2010年，东莞银监分局继续加强合规经营监管，切实提高辖内银行业案件防控和声誉风险处置能力。一是深入开展案件风险排查活动，提升银行业金融机构内控管理水平，有效遏制银行业案件发生，继续保持辖内银行业的发案率为零。二是将推进银行业合规建设与案件治理工作紧密结合，持续巩固并不断扩大案件治理工作成果。三是做好信访维稳工作，为银行业经营发展营造和谐稳定环境。2010年，东莞银监分局共依法、依规、及时处理各类信访事项127项，办结率达100%，充分发挥信访工作对监管工作的助推作用，有效维护辖内银行业和谐稳定发展。

【支持改革创新】 2010年，东莞银监分局支持和指导成立东莞市首家新型农村银行业金融机构东莞长安村镇银行。支持地方法人机构进一步加大向外扩张步伐，提高品牌知名度。东莞银行惠州分行、长沙分行，东莞银行作为主发起人的广西灵山泰业村镇银行及东莞农商行作为主发起人的惠州仲恺东盈村镇银行均于2010年正式开业。支持台湾玉山银行在东莞设立代表处，进一步拓展莞台两地金融合作领域。鼓励和支持内部管理规范、经营情况良好的银行业金融机构入驻东莞。2010年，华夏银行东莞分行正式挂牌开业，这是东莞市近年来引进的第5家股份制商业银行。2010年，东莞市银行业金融机构数量达到26家。

【加强法人监管】 2010年，东莞银监分局继续推动东莞银行跨区经营，鼓励其继续做好上市准备工作。督促东莞银行在实施"走出去"战略时，要重视全行风险状况评估，重视人才培养，重视公司治理结构健全。按照市场化和商业可持续原则，推动东莞农商行改革进一步深化，逐渐向"神形具备"的现代金融企业转变。鼓励和支持东莞信托加大业务创新步伐，加强人才队伍建设，进一步提高产品研发能力、营销能力和核心竞争力。督促东莞长安村镇银行立足本地，实现稳健经营，充分发挥促进地方经济发展和社会主义新农村建设的积极作用。

【完善非现场监管】 2010年，东莞银监分局进一步完善非现场监管手段，逐步建立健全风险动态跟踪体系，基本实现对监管对象的及时监控和动态分析，真正发挥非现场"雷达"预警功能。在对辖内银行业金融机构的非现场监测中，重点加强对新增不良贷款、大额贷款、关联企业贷款、非信贷资产和表外业务风险的监测，一旦发现银行经营出现异动，及时了解情况，提出监管意见。督促辖内有关法人机构做好“信息科技非现场监管系统”的实施应用工作，关注银行业机构亚运期间信息科技风险状况，积极推进信息科技风险监管建设，有力保障辖内银行业金融机构信息系统安全、持续、稳定运行。认真执行监管走访制度，加强与被监管机构的联系和沟通。全年共开展监管走访会谈24次，及时摸清、摸透辖内银行业金融机构的一些风险苗头问题，做到早预防、早整改、早收效。

【强化现场检查】2010年，东莞银监分局继续强化现场检查的针对性和持续性，共组织开展36项现场检查，包括：对东莞农商行《固定资产贷款管理暂行办法》、《项目融资业务指引》执行情况的现场检查；对国有大型银行、股份制商业银行及法人银行机构的贷记卡业务检查；对国有大型银行开展贷款分类偏离度的现场检查；对东莞信托公司开展信政业务、银信业务专项现场检查等。累计投入检查工作量3627人/日，并针对检查中发现的问题，共提出监管意见132条。通过实施以上现场检查项目，不断强化现场检查的针对性，督促辖内机构继续完善风险管控。

【规范行政许可】2010年，东莞银监分局坚持监管与服务并重，不断提升市场准入工作效率，全年共为231家银行机构网点办理迁址、更名、筹建、开业等审批事项，共办理高管人员任职资格审核125人次，共办理金融许可证换领164张次，达到无超范围核准、无超时限审批的要求。

【注重调查研究】2010年，东莞银监分局密切关注辖内经济形势变动，追踪重点问题进行调研分析。形成《2010年第一季度东莞市房地产行业与信贷运行情况分析》、《房地产新政在东莞政策效应初现》等调研信息。加强对突发性事件的快速调查，及时掌握上报有关情况。如在接到辖内部分银行业金融机构反映其贷款客户东莞市大宇家具有限公司倒闭、企业负责人不知去向的报告之后，迅速组成调查组对事件有关情况进行调查，约见相关债权银行督促其积极采取适当风险控制措施及时化解信贷风险，并将事件进展情况及时上报广东银监局及东莞市政府。

【加强内部管理】2010年，东莞银监分局坚持改革创新，较好地完成各项工作任务，各项工作成绩得到上级部门的充分肯定：被评为银监会和广东银监局2009年度信息工作先进单位；被广东银监局评为广州亚运会银行业监管服务先进集体；推动东莞农村信用社改制工作获广东银监局通报表彰；获2008—2009年度广东银监局系统五四红旗团委称号；东莞银监分局监管三科被命名为广东银监局系统青年文明号。（熊　瑜）

附：2010年东莞银监分局领导名录

党委书记、局长：陈云青
党委委员、副局长：王红杏　陈晓勇
党委委员、纪委书记：匡才满
调研员：黄巨文
副调研员：李连锋

【中国农业发展银行东莞市分行】2010年，中国农业发展银行东莞市分行（简称农发行东莞分行）在经济金融形势复杂多变、宏观调控政策频繁出台、信贷政策不断调整、内外部经营压力增大的情况下业务持续稳健发展、管理基础不断巩固。2010年，农发行东莞分行实现贷款余额25.26亿元，比2009年增加214万元；存款余额8948万元；账面利润5504万元，同比增加2806.59万元，增幅104%；人均利润215.17万元，同比增加103.93万元，增幅93.4%。账面利润和人均利润均创建行以来同期最高水平。不良贷款继续为零。

信贷业务。2010年，农发行东莞分行针对2009年粮食供求形势严峻、价格持续走高的情况，坚持处理好支持粮油收储和防控风险的关系，积极支持中储和各级地方储备粮油增储轮换计划，对“包干”轮换贷款预先发放轮换资金，确保粮食企业在价格上涨前收购，降低轮换价差风险。2010年末，农发行东莞分行政策性贷款余额22.54亿元，比年初增加2.20亿元。

推进精细化管理。2010年，农发行东莞分行紧抓内部管理。一是各部室精细管理不断加强。二是进一步完善管理制度化建设。修订《中国农业发展银行东莞市分行精细化管理考核办法（2010年修订）》、制定《加强制度建设和执行力实施意见》，将制度学习、分解和执行纳入日常精细化管理考核范围。三是强化内控体制机制。加大党内外监督力度，做好党风廉政建设和内控建设目标。四是抓好员工队伍建设。开展“银行业内控和案防制度执行年”活动；实施聘用合同管理，与全体在岗固定员工签订聘用合同，实现人事管理由身份管理向岗位管理转变、由行政任用关系向平等协商聘用关系转变。

夯实管理基础。2010年，农发行东莞分行以全面防控风险为目标，以信贷管理为重点，大力推进各项制度和岗位责任落实。农发行东莞分行领导、前后台带头组织学习总行基本制度规范，各部门认真梳理整合相关制度，进一步明确办贷管贷等防控风险合规标准。研究出台《贷款办理层级岗位责任操作指引》，落实办贷管贷14个环节各岗位责任，使制度具体化、标准化，提高可操作性，强化责任，提高信贷执行力。

（叶小云）

附：2010年中国农业发展银行东莞市分行领导名录

行　长：黄建平
副行长：何国坚　朱云标

▲ 东莞大道

【中国工商银行股份有限公司东莞分行】2010年，中国工商银行股份有限公司东莞分行（简称工行东莞分行）积极应对复杂的外部经营环境，实现经营与服务，规模与效益，结构与质量的飞跃发展。2010年末，本外币全部存款余额795.47亿元，比年初增长193.18亿元；本外币各项贷款余额465.54亿元，比年初增长44.95亿元；中间业务收入6.6亿元，同比增长28%；全年实现拨备前利润17.64亿元，拨备后利润20.69亿元，同比分别增长8.64% 和38%；不良贷款余额和不良率保持“双降”，主要风险指标达到历史最高水平。获得省行“2010年度综合贡献奖”、“2010年度杰出贡献奖”等多个奖项，连续11年跻身中国工商银行全国经营30强之列。

改革创新。创新发展思路和担保方式，成功针对华南塑胶城发放重点商品交易市场个人经营贷款，实现个人循环贷款、个人小额贷款、个人理财产品质押贷款等新产品“零”突破。积极拓展小企业“三专”业务、网贷通和工商物业贷，成功办理大朗毛行贷业务；成功办理全国工行系统内第一笔“代理中小企业设备租赁业务”。创新推出“国内信用证项下买卖方融资”及“出口参贷业务”等业务，在推广传统“付汇宝”业务同时，推出掉期付汇理财通、付汇置换通等产品；积极推广国际贸易新政策下的信保融资业务，办理全省系统内第一笔信保融资业务；全年贸易融资累放额是去年的2.2倍，贸易融资利息收入首次过亿元，是去年3倍。创新推出牡丹车贷易、牡丹消费贷业务，扩大业务规模和收益；与财政局合作在全市率先推出“东莞市公务卡”，全力满足社会各界多元化的金融服务需求。

经营转型。投资银行业务突飞猛进，带动公司业务同比增长超过90%。个金业务收入首次突破3亿元大关，个人金融资产流量保持东莞四行第一和系统首位。信用卡存量突破60万张，全年新发卡、信用卡消费交易额、收单总量等指标均位列省内系统第一和东莞四行之

中国工商银行股份有限公司东莞分行

① 2010年12月31日，市委常委、常务副市长冷晓明到中国工商银行东莞分行进行年终决算慰问

② 2010年3月11日，中国工商银行东莞分行联合东莞市财政局举行“东莞市公务卡启动仪式”，进一步深化对全市财政预算单位的金融服务。市委常委、常务副市长冷晓明出席活动

首。个人人民币理财产品、法人理财产品、贵金属业务以及电子银行业务等继续保持领先发展态势。

亚运服务。各项科技、保卫、运行等保障到位，亚运门票代售、品牌形象宣传、特许商品销售等工作顺利开展。第三方“神秘人”检查项目经过试行和改进阶段，趋于成熟，促进员工服务意识和服务质量明显进步。圆满完成各项亚运金融服务任务，实现“业务零差错、服务零投拆、安全零事故”的工作目标，为构建服务长效机制积累宝贵经验。（朱　宇）

附：2010年中国工商银行股份有限公司东莞分行领导名录

行　长：罗健强
副行长：黄少卿　陈淦林　李海华　陈景新　罗　亮
纪委书记：黄桂秋

① 2010年10月29日，中国工商银行东莞分行成功举办“王刚《天下收藏》·引领亚运‘潮流’暨亚运金火炬珠三角首发式”活动

② 2010年11月，中国工商银行是第16届亚运会唯一银行合作伙伴。东莞分行以全新形象迎接亚运会的到来，以外观形象和内部服务双提升做好东莞赛区的各项亚运金融服务

③ 2010年11月17日，中国工商银行东莞分行会展支行服务获得亚运举重冠军的哈萨克斯坦选手并合影

④ 2010年1月31日，中国工商银行东莞分行2000多名干部员工欢聚一堂，举行“工行有我　快乐同行”2010年迎春宴会活动，彰显“共创共健共享”家园文化精神

【中国农业银行股份有限公司东莞分行】2010年，中国农业银行股份有限公司东莞分行（简称农行东莞分行）经营管理成效显著，各项业务实现超越性发展，在省农行综合考核中连续四个季度排名第一，核心指标实现“横向进位，纵向提升”。2010年末，农行东莞分行各项存款增加127亿元，余额突破700亿元；各项贷款增加45亿元，余额突破400亿元；实现中间业务收入6.4亿元；拨备后利润超22亿元；在78项综合指标中，有37项在省农行系统内二级分行中增量排第一。荣获农总行重点城市行改革发展突出成就奖，领导班子荣获省农行授予的“四好领导班子”称号，行长黄腾江荣获全国金融“五一”劳动奖章；被推选为东莞市银行业协会会长单位；荣获东莞市“最受公务员喜爱的金融类消费品牌”称号。

经营转型。2010年，农行东莞分行按加大优质客户、优质项目和优势行业的拓展，贵宾客户有效管户率在全省系统内排名第一。在负债业务上，落实对核心客户、重点客户、基础客户和贵宾客户的营销维护。在资产业务上，坚持有进有退，择优支持优质集团客户，中小企业、国际贸易融资客户。个人贷款方面，除按政策做好住房按揭外，加大非住房贷款拓展力度。在中间业务上。狠抓投行业务、电子银行、信用卡和理财业务的发展，促进中间业务收入的占比提高。

金融服务。2010年，农行东莞分行积极为客户提供便捷、可靠的金融服务。一是加大自助设备投入。积极争取上级行资源倾斜，全年投入2500万元购进ATM、转账电话等自助设备，扩大服务领域，改善用卡环境。自助设备年投放量和拥有量均居同业第一。二是加大网点改造力度，全年共改造网点33个，并加强人员的配置，努力为客户提供满意服务。三是加强文明标准服务导入成果的固化。在农总行“神秘人”网点服务质量评比中，网点规范化服务在全省排第一，全国排第二，树立服务新形象。

内控建设。2010年，农行东莞分行大力促进内控建设。一是提高员工尽责意识，全面落实签订合规责任书。二是提高控制能力。针对操作风险、信贷风险、“三防一保”的风险点，加大问题的整改，并及时做好风险提示。三是提高创新能力。落实抵押品上收，设立放款岗。全年理顺业务流程13项。四是提高执行力。建立内控管理考核机制，将考核结果与年终绩效、岗位等级晋升挂钩。五是提高监管能力。加强在线监测，派驻合规代表和风险经理，完善事后监督中心、清算中心、对账中心、现金中心、档案管理中心、物流配送中心等以及加快视频联网系统的建设。

（王　茜）

附：2010年中国农业银行股份有限公司东莞分行领导名录

行　长：黄腾江
副行长：苏顺绵　林　刚
　　　　熊越胜（9月到任）
　　　　张晓天（9月到任）
调研员：叶国键

中国农业银行股份有限公司东莞分行

① 2010年11月，农行东莞分行在《南方日报》举办的“2010年公务员（东莞）最喜爱的消费品牌”评选活动中，喜获“最喜爱的金融品牌”称号
② 2011年3月3日，农行总行副行长杨琨（前排中）到东莞主持召开中国农业银行2011年客服中心工作会议暨信息化建设专题会议
③ 2011年1月13日，农行东莞分行举行首届“感动东莞农行”颁奖典礼，表彰在2010年中为农行发展做出突出贡献的先进集体和个人
④ 2010年11月28日，农行东莞分行积极开展2010年中国银行业公众教育日宣传咨询活动

【中国银行股份有限公司东莞分行】 2010年，中国银行股份有限公司东莞分行（简称中国银行东莞分行）实现人民币储蓄存款余额354.68亿元，较上年净增5.93亿元；实现人民币企业存款余额为182.66亿元，较上年净增6.34亿元；实现人民币一般公司贷款（含贸易融资）余额222.02亿元，较上年净增3.64亿元；全年完成结算业务量197.29亿美元，同比增长36.32%；实现中间业务净收入5.85亿元，同比增加1.32亿元；实现税后利润12.38亿元，同比增幅为24.48%。

以效益提升为主线统领全局发展。成立由中国银行东莞分行党委直接领导的利润工程规划小组，首次将利润任务分配至各支行；大幅提升利润相关指标在跑赢大市考核中的比重；针对管理干部制定《管理干部核心指标强化考核方案》，确保全行思想认识和行动统一；出台《利润工程十大方案》，指导支行开展工作；坚持发展与管理协调并举。2010年末，实现税后利润12.38亿元，完成省行任务的104.83%，在省行百亿利润中贡献度达11.67%。按省行跑赢大市考核口径，税后利润为13.07亿元，突破13亿大关。

以争先进位为主线推动发展。在对私板块，中国银行东莞分行板块考核得分连续四个季度名列全省第一，全年储蓄存款（含理财还原）新增33.6亿元，新增额居二级分行首位。对私板块中间业务贡献度同比提升0.75个百分点，排名继续居全省第一；在对公板块，成功营销东莞市住房公积金管理中心开立定期账户，获得东莞市财政局非税收入代收行资格，与东莞烟草公司签订战略合作协议并实现烟草代扣开户，成功办理第一笔资金归集业务。积极推动跨境人民币贸易业务，业务量达57.3亿元，居东莞同业第一并远高于全省平均水平。大力拓展同业互存、汇利通等创新型产品，推动中小企业实现创新大发展，全年新增贷款额居全省第一。

以品牌建设为推手活跃企业文化。一是以亚运金融服务为契机，推动服务品牌形象再提升。从硬件、人员配备、业务种类等方面对涉亚网点进行全面改造；大力提升外语专业服务品牌，举办亚运金融英语比赛，选拔、培养一批专业外语人才。二是以打造学习型组织为契机，推动持续发展能力再提升。组织AFP（金融理财师）、理财、公司、结算等各种资格认证考试，教育经费较上年增幅达90.59%，培训覆盖率达到100%。三是以企业文化建设为契机，推动员工凝聚力再提升。坚持“以人为本”，保持队伍和谐稳定，实现公积金、薪酬、补充医疗报销“三个上调”。2010年，中国银行东莞分行成为东莞市“预防职务犯罪先进单位”金融系统唯一获奖单位，蝉联“东莞市公务员最喜爱的金融品牌”、“东莞市反洗钱工作先进单位”等称号，获省、市“巾帼文明岗”、“精神文明建设先进单位”、“档案管理先进单位”等。

（吕　林）

附：2010年中国银行股份有限公司东莞分行领导名录

行　长：刘　劲
副行长：苏胜傍　张丹敏　钟国军　孙路希
纪委书记：夏永元

【广东发展银行东莞分行】 2010年，广东发展银行东莞分行（简称广发东莞分行）有54个营业网点，员工1273人。由广发东莞分行首创的“好融通”融资方案荣获中国银行业协会颁发的“服务小企业及三农十佳特色金融产品”称号；广发东莞分行城中支行、松山湖支行、虎门支行、分行营业部被东莞市银行业协会评为“2010年度东莞市银行业文明规范服务示范单位”；广发信用卡连续两年荣获《南方日报》颁发的“公务员（东莞）最喜爱的信用卡”大奖。

业务发展。2010年末，广发东莞分行本外币各项存款余额367.17亿元，比年初增加44.65亿元；本外币各项贷款余额（含贴现）226.15亿元，比年初增加26.69亿元；实现税后利润4.49亿元，实现中间业务收入1.81亿元。信用卡新增发卡11.63万张，实现中间业务收入1.01亿元；外汇结算量连续三年在35亿美元之上；银行承兑汇票累计发生额80.4亿元，在全市排第二；新增自动柜员机31台，总台数198台。

金融创新。2010年，广发东莞分行创新推出出口退税担保开立银行承兑汇票产品组合业务；新装社区银行“收付通”业务终端84台，总台数216台；与东莞市能源协会及东莞市电力燃料公司合作，创新推出东莞市能源卡。

【强化内控】 2010年，广发东莞分行成立“内部控制与合规委员会”，及时发现、总结业务、管理存在的问题及风险点，做好督促学习和对照整改；开展“内控和案防制度执行年”活动，梳理、汇总与内控案防相关制度；在全行范围内开展合规性教育与宣传，定期发布与银行业务相关的案例分析及银行业务相关法规；完善多份反洗钱规章制度，对辖属网点进行100%反洗钱内控专项检查，不断提升反洗钱业务水平。

网点建设。2010年，广发东莞分行以世博、亚运为契机，继续加大网点建设力度。不断改进和完善营业厅软硬件设施，对部分网点进行新迁或装修，网点规划、形象设计、业务流程等按广发行统一标准进行；紧密围绕世博、亚运金融服务工作，完善如双语标识牌、叫号机、客户评价器等设备；特别编制新填单样本及《小语种翻译手册》，解决语言沟通障碍，为客户提供无障碍交流；举办世博、亚运金融服务知识系列培训；组织员工和安保人员进行“迎亚运、保安全”专题教育活动。

（叶耀伦）

附：2010年广东发展银行股份有限公司东莞分行领导名录

行　长：卢少斌
副行长：朱　超　曾泽夫　黄志军
纪委书记：陈少岳

【中国建设银行股份有限公司东莞市分行】 2010年，中国建设银行股份有限公司东莞市分行（简称建行东莞分行）坚持以科学发展观为指导，以加快发展为主线，以深化改革为动力，全面超额完成年度各项工作任务，经营管理综合考评在系统内排名第一，为全市金融系统中唯一获评“年度中央和省驻莞机关先进单位”的金融企业。

业务发展。2010年，建行东莞分行各项业务保持快速发展：一是超额完成年度利润计划，实现税前利润11.34亿元、拨备前利润12.51亿元。二是中间业务实现跨越式发展，累计中间业务净收入6.7亿元，同比增长1.8亿元，增幅38.2%。市场份额在系统内和东莞四行（工商银行、农业银行、中国银行、建设银行）均排名第一。三是存款新增在省分行系统内实现“四个第一”，全口径存款余额799.7亿元，比年初新增132.7亿元，其中企业存款新增72.9亿元，个人存款新增73.5亿元，全口径存款、一般性存款、企业存款和个人存款新增额均居系统内首位。四是各项贷款新增41.1亿元，贷款余额突破300亿元大关，其中个人贷款新增12.4亿元，四行排名第一，余额108亿元，为省分行系统内首个突破百亿元的二级分支行。五是“压逾促降”成效显著，不良率为0.88%，比年初下降0.42个百分点，首次降至1%以内。

改革创新。2010年，建行东莞分行立足经营管理实际，锐意进行改革创新：一是深入开展经营管理体制机制改革，先后成立对公拓展第六团队、专业市场拓展团队，提升业绩考核与绩效分配的公正度、透明度。二是深化人力资源管理改革，制定《员工晋升管理办法》，开展网点负责人、客户经理和专业技术岗位人员公开竞聘。三是积极推进业务产品创新工作，创新机械设备贷款、公积金跨行支取等业务，由创新带来中间业务收入1.38亿元，节约经营成本1209万元，获省分行年度“创新工作一等奖”。

客户服务。2010年，建行东莞市分行以“迎亚运”为重点，大力提升客户服务水平：一是“四抓”并举，做细做实亚运金融服务。通过抓责任制落实，逐级签订《亚运金融服务和安全营运承诺书》，抓员工服务规范，开展服务技能强化培训，抓执行情况管理，建立网点“迎亚运金融服务”日常工作机制，抓服务管理考核，完善网点服务管理约束机制，为亚运期间当地金融服务的平稳运行做出贡献。二是稳步推进营业网点和自助渠道建设。全年共对12个网点、1个财富管理中心和1个私人银行进行改造建设，投放自助设备累计29台次。三是提升优质客户关系管理水平，制定客户分层管理办法，强化对大众客户的标准化服务，加强高端客户的差别化服务水平。

队伍建设。2010年，建行东莞分行以骨干队伍为抓手，大力提升队伍建设水平：一是加强基层党组织建设，深入开展“创先争优”活动，将党建工作与业务发展紧密结合来，通过思想教育、宣传发动、党员教育、主题活动、支部考核等工作，开展公开承诺、读一本好书、观看电影“第一书记”、走进“井冈山”红色革命根据地教育活动，不断提升党建工作水平。二是强化骨干业务队伍的考核与管理，建立中层干部中长期评价机制和责任追究机制，明确考核内容和问责的具体指标与标准，加强对中层干部的管理、监督和激励，完善“以数字说话、以业绩说话”为导向的考核机制。

企业文化。2010年，建行东莞分行以和谐关爱为主律，营造良好企业文化氛围。一是扎实开展“和谐奋进年”活动。二是建成分行本部职工之家，成立摄影、户外、太极拳、书画和瑜伽等员工业余兴趣小组；组织开展“和谐杯”职工羽毛球赛、“三八”妇女节登山庆祝活动、“六一”亲子游园活动等活动；承办总行第二届羽毛球广东赛区比赛。三是关心员工身心健康，建立起覆盖全分行员工的补充医疗保险制度和免费健康积分疗养活动，为员工解决后顾之忧。

（罗旭林）

附：2010年中国建设银行股份有限公司东莞市分行领导名录

行　长：李洪茂
副行长：周楚良　刘惠芬（2月到任）
　　　　李宝生　李永彤
纪委书记：黄志伟（2月到任）
风险主管：李政文

中国建设银行
China Construction Bank
东莞市分行

坚持以人为本，举行建行东莞市分行本部“新职工之家”落成启用庆典仪式

支持当地外向型经济发展，与市对外贸易经济合作局联合举办外汇产品研讨会

2010年，中国建设银行东莞市分行坚持以科学发展观为指导，以提升服务为主线，以改革创新为动力，推动各项业务实现全面、快速、健康发展，全年经营管理综合考评在省分行系统内排名第一，为全市金融系统中唯一获评“年度中央和省驻莞机关先进单位”的金融企业。

支持地方集群产业发展，与大朗镇人民政府联合举办企业融资服务座谈会

支持当地旧城改造，与虎门镇政府联合举办“三旧”改造产品推介会

中信银行股份有限公司东莞分行

【中信银行股份有限公司东莞分行】2010年，中信银行股份有限公司东莞分行（简称中信银行东莞分行）各项业务继续实现快速发展，一般性存款新增近100亿元，占全市存款增量近10%；各项贷款新增43亿元，占全市贷款增量10%；实现经营利润8.2亿元，较2009年翻一倍；人均利润超过150万元，是全市人均利润水平3倍多；不良贷款率控制在理想范围内，并继续保持开业至今零案件发生。在总行等级行考评中，中信银行东莞分行连续第四年获得"优秀行"称号。2010年，中信银行东莞分行以仅占全市金融机构1/40的员工队伍，创造了占全市1/10的存款和贷款新增规模，实现效益、质量和规模的协调发展。

业务发展。2010年，中信银行东莞分行拓宽主线经营思路，巩固对公业务竞争优势，大力发展零售银行业务，各项业务实现迅猛发展。对公业务方面，对公一般性存款新增72亿元，占全市对公存款新增14%，增量和增幅位居全市26家银行第2位，市场占有率在系统内名列前茅；完成收付汇量30.8亿美元，同比增长95%，增速跑赢大市67个百分点，通过大力推动"跨境三合一"特色产品，有力推动人民币跨境贸易结算业务，全年实现跨境结算16.7亿元，占全市业务额13%，位居股份制银行第一，多次获得人民银行及外管局表扬。零售业务方面，储蓄存款余额达到70亿元，新增24亿元，增量位居股份制银行第一位，市场竞争力进一步提升。

支持中小企业发展。2010年，中信银行东莞分行继续加大对中小企业的支持力度，积极配合市委、市政府10亿元融资计划，加快中小企业联保、种子基金等授信担保方式创新，有效缓解中小企业融资难、担保难问题。创新推出"种子基金"业务，在有效控制风险的前提下实现中小企业授信模式的突破，在人行东莞中心支行公布的中小企业信贷政策导向评估中该行排名位居全市金融机构第一，受到表彰。截至2010年底，中信银行东莞分行中小企业客户授信客户数达到1300多户，较2010年年初增加520多户；其中向东莞市政府重点中小企业名录内380家企业发放贷款118亿元，成为全市加入支持计划企业数量和融资额最多、成效最为显著的银行，得到东莞市政府肯定，获奖励3800万元，占全市奖励资金35%。

金融服务。2010年，中信银行东莞分行努力加强渠道建设和优质服务，不断提升客户服务水平。加快网点布局，新增网点4家，网点总数从2005年直属总行前的3家增至20家，基本完成网点区域布局；按照总行服务品质标准，对网点服务人员礼仪形象、服务行为等方面进行统一和规范，在总行2010年服务品质检查中，中信银行东莞分行80%以上客户业务办理前等候时长均在5分钟以内。在东莞银行业协会开展的"2010年度

东莞分行营业网点

	网点名称	地　址	电　话	传　真
1	分行营业部	南城区鸿福路106号南峰中心大厦1楼	22667898	22667887
2	东城支行	东城区南四环路侧景湖花园大门口右侧	23129302	23129292
3	星河支行	东城区东城东路"星河传说"一号楼	22667889	22667606
4	南城支行	南城区鸿福西路南城商务大厦首层05—07号商铺	22819280	22819278
5	长安支行	长安镇长中路143号	85841188	85841880
6	长安乌沙支行	长安镇乌沙社区环西路同达花园一层商铺	81886438	81886418
7	常平支行	常平镇常平大道星汇中心	83029988	83029989
8	塘厦支行	塘厦镇环市东路1号东港城花园	87283288	87283858
9	北区支行	石碣镇东风路盈翠豪园67—70号铺位	81802388	81802188
10	虎门支行	虎门镇虎门大道中科数码文化城首层1—6号商铺	85013011	85013009
11	厚街支行	厚街镇体育路香榭丽商街A33、35、36、37号商铺	81696689	81696688
12	大朗支行	大朗镇松佛路碧水天源售楼处	82220088	82220086
13	万江支行	万江区万道路阳光海岸一期12栋首层	21660660	21660669
14	石龙支行	石龙镇聚龙湾聚豪华庭首层商铺	81389128	81389022
15	清溪支行	清溪镇行政中心区御路华庭1区101—1铺、101—2铺、102铺	82139183	82139655
16	寮步支行	寮步镇香市路三正世纪豪门豪景苑6栋130铺（悦莱酒店对面）	82815558	82390667
17	凤岗支行	凤岗镇光华街新潮豪园首层	38867878	82613822
18	黄江支行	黄江镇黄江大道138号	82525628	82525607
19	中堂支行	中堂镇振兴路斗朗村莞都可苑1区10号	81209622	81209608
20	大岭山支行	大岭山镇凯东路凯东新城四期101—108商铺	82788388	82186600

东莞银行业文明规范服务示范单位”评选活动中，中信银行东莞分行辖下星河支行、分行营业部和石龙支行三家营业网点获得文明规范服务示范单位荣誉称号。2010年11月28日，中信银行东莞分行参与银行业公众教育服务日活动，在主要网点设立现场宣教及咨询点，派出30多名业务骨干参加现场服务，努力提高公众识别和防范金融风险的能力。

（何熟珍）

附：2009年中信银行股份有限公司东莞分行领导名录

行　长：彭周福

副行长：曲　震　王志雄　翟少安　王保粮

① 2010年11月22日，中信银行东莞分行行长彭周福（右三）等陪同市委书记、市人大常委会主任刘志庚（中）考察银屏山森林公园

② 2010年1月25日，市委书记、市人大常委会主任刘志庚（中），市银监分局局长陈云青（右）由中信银行东莞分行行长彭周福（左）陪同参观中信银行东莞分行贵宾中心并合影留念

③ 中信银行东莞分行举办天才少年高尔夫训练营活动

④ 2010年6月，中信银行东莞分行举行存款超300亿元庆贺晚宴

⑤ 中信银行东莞分行公众教育服务宣教员向客户发放宣传折页

⑥ 中信银行第二届职工乒乓球比赛在东莞举行

【东莞银行股份有限公司】截至2010年，东莞银行股份有限公司（简称东莞银行）下辖1个总行营业部、4家分行（广州分行、深圳分行、惠州分行、长沙分行）、33家直属支行、2家一级支行，75家二级支行，拥有1家子公司（开县泰业村镇银行股份有限公司），有正式员工2292人。

各项业务稳步增长。截至2010年，东莞银行资产总额达1076.61亿元，比年初增加284.52亿元，增长35.9%；各项存款余额为701.56亿元，比年初增加110.28亿元，增长18.7%；贷款余额为397.82亿元，比年初增加72.97亿元，增长22.5%；实现利润总额12.94亿元；不

东莞银行股份有限公司

① 2010年3月8日，东莞银行发起设立的东莞长安村镇银行正式挂牌成立，东莞市委常委、常务副市长冷晓明、人行广州分行副行长徐诺金、广东银监局副局长刘为霖、东莞市金融工作局局长叶浩鹏、人行东莞市中心支行行长林平、东莞银监分局局长陈云青等出席开业典礼

② 2010年12月29日，东莞银行长沙分行开业。广东省人民政府金融工作办公室副主任张晓山，东莞市市委常委、常务副市长冷晓明，东莞银行董事长廖玉林，东莞银行长沙分行行长袁异清为长沙分行主持揭幕仪式

③ 2010年12月29日，东莞银行长沙分行开业，东莞银行行长卢国锋与中南大学党委副书记陶立坚出席“东莞银行大学生康乃馨资助项目”捐助仪式

④ 2010年6月17日，东莞银行发起设立的广西灵山泰业村镇银行开业，钦州市委副书记、市长肖莺子，东莞市人民政府副秘书长朱斌华，灵山县委副书记、县长李从佳等出席开业典礼

① 2010年7月10日，东莞银行举办"投资理财 从'金'开始"投资报告会暨黄金T+D业务启动

② 2010年，东莞银行以专业化作坚实后盾，在区域金融赛场上稳步向前，未来将以赢的信念在新赛场上继续翱翔

良贷款率为1.09%，比年初下降0.48个百分点。

强化内控风险管理。2010年，东莞银行开展授权执行情况自查，对授信业务风险情况进行排查，开展贷款及信用卡风险管理自查、银行卡自查、理财产品销售文本合规性自查等，进一步加大对分支机构经营管理和业务运作的内控管理力度，形成一套权责分明、相互制约、运行有序、适合自身发展的内部控制体系，整体运作平稳、有序。

加快业务创新。2010年，东莞银行开发、改良一系列新产品和服务：提供"玉兰理财"系列产品及中标工程贷款、机械设备按揭贷款、租金账户质押贷款、专利权质押贷款等满足中小企业融资需求的特色业务；顺利推出个人网上银行业务、黄金代理业务等；发展代理基金、代理保险、理财服务。其中，"玉兰理财"系列产品影响力日趋扩大。2010年，东莞银行发行各类理财产品177只，募集金额236亿元，比上年增长103%，全年177只到期产品全部实现预期收益率。2010年，东莞银行在东莞地区推出"理财下乡"系列活动，赢得广泛好评。

稳步推进村镇银行建设。2010年，东莞银行发起设立东莞长安村镇银行及灵山泰业村镇银行，并积极筹建安徽枞阳泰业村镇银行及广东河源东源泰业村镇银行。已开业的村镇银行打开良好工作局面，为农村金融体系提供金融支持。东莞银行不断累积农村金融市场发展经验，实现从地方性银行到全国区域性银行的根本转变。

品牌影响力扩大。2010年，东莞银行冠名赞助CBA广东宏远男子篮球队，设立东莞中学奖学奖教金，为灾区捐款，组建志愿者队伍，举办"感恩之旅"，积极参与社会公益事业，树立良好形象，品牌影响力进一步扩大。2010年，东莞银行在《银行家》杂志公布的2009中国商业银行竞争力评价报告中，列大型城市商业银行竞争力排名前十名；《理财周报》评选东莞银行为"2010年中国十大最佳城市商业银行"。（钟少敏）

附：2010年东莞银行股份有限公司领导名录

董事长：廖玉林
行　长：卢国锋
监事长：王国栋
副行长：张　涛　张孟军　黄晓雯
财务总监：邓奕婷
董事会秘书：谢勇维

【东莞农村商业银行股份有限公司】 2010年末，东莞农商行资产总额1272亿元，比年初增加175亿元，增长15.97%；各项本外币存款余额1117亿元，比年初增加162亿元，增长17.01%；贷款余额633亿元，比年初增加119亿元，增长23.15%；存贷款市场占有率自1996年以来连续15年居东莞市银行业首位。不良贷款比例（按五级分类标准）1.67%，比年初下降0.88个百分点。拨备覆盖率为291.95%，资本充足率达到16.94%，抗风险能力进一步增强。全年实现经营利润22.76亿元，净利润15.62亿元。2010年，东莞农商行共有营业网点519个，其中一级支行33个，二级支行106个，分理处379个，营业网点数占全市银行机构43%，共有从业人员4400多人。

业务创新。一是负债业务产品创新。2010年，东莞农商行共发行理财产品97期，募集金额为170亿元，发行量超过4年发行量总和（2006至2009年理财产品发行量累计127亿元），带动负债业务发展。二是资产业务产品创新。2010年，东莞农商行大力创新企业融资类金融产品：扎根村组经济，针对实力较强、诚信度高、现金流健康的村组经济，采取多样化的担保方式，灵活运用利率杠杆和还款期限等手段，解决集体土地抵押登记难以操作问题；为满足村组经济的需要，创新开发“宅基贷”、“租金贷”等信贷品种，分别获得省联社2010年度信贷产品创新奖一、三等奖；灵活拓展中小企业，创新推广“商标贷”、“办证贷”、“船舶贷”、“设备贷”等创新担保方式的融资产品，切实解决中小企业普遍缺乏固定资产抵押物的困境，帮助中小企业壮大发展；由支持传统“三农”经济向支持农村城镇建设、支持第二、第三产业发展转变，2010年末，东莞农商行涉农贷款余额52.89亿元，占全部贷款余额的8.36%；大力创新个人消费融资类金融产品，将原有“一手楼按揭贷款”、“自由选按揭贷款”、“住房公积金贷款”、“个人信用贷款”以及“综合消费贷款”等多个产品打包整合成“精彩个贷”系列消费贷款产品，并通过合理精简办贷流程，在风险可控情况下适当下移审批权限，缩短审批时间。三是中间业务以及服务方式创新。大力发展网上银行业务；推出贵宾卡“1元增值”服务系列营销活动，整合存款、个贷、银行卡客户资源，开展对中高端客户的综合营销；开通跨境人民币结算业务，稳步拓展代理远期结售汇业务；推出创富金业务；集中力量筹备开展基金代销业务、贷记卡业务。2010年末，东莞农商行零售贷款余额突破100亿元，达到125.5亿元，银行卡发卡量累计达732万张，为东莞市7100多家委托单位、413多万客户提供代理收付业务。

跨区域经营。2010年12月，东莞农商行积极响应中国银监会关于在试点农村地区设立金融机构的号召，在惠州市仲恺高新区作为主发起人发起设立我国注册资本金最大的村镇银行——惠州仲恺东盈村镇银行，标志着东莞农商行成功跨出跨区经营第一步。

履行社会责任。2010年，东莞农商行热心社会公益事业，为青海玉树地震、广东省政府倡导的“扶贫日”等公益活动累计捐款金额超过200万元。积极履行纳税义务，全年缴纳税款6.39亿元，自2007年连续4年跻身广东省纳税百强企业、东莞市纳税十强企业，是东莞市唯一一家连续4年获此荣誉的金融机构。（叶积晃）

附：2010年东莞农村商业银行股份有限公司领导名录

董事长：何沛良
行　长：陈锐强
副行长：肖　光　叶满霖　刘晓东
　　　　林健翔
工会主席：王庆辉

东莞农村商业银行股份有限公司

① 2010年3月10日，东莞农商行举行厚街融资推介会
② 2010年5月28日，东莞市发展利用资本市场工作领导小组对东莞农商行申报东莞市第三批上市后备企业进行现场考察
③ 2010年11月3日，东莞农商行举行电子银行业务推介会
④ 2010年12月17日，东莞农商行作为主发起人发起设立的惠州仲恺东盈村镇银行开业

东莞农村商业银行
DRC Bank

【交通银行股份有限公司东莞分行】2010年，交通银行股份有限公司东莞分行（简称交通银行东莞分行）有营业网点9家，分布在莞城、南城、东城、虎门、长安、厚街、大朗、塘厦、石碣。

业务发展。2010年，交通银行各项业务取得全面发展，境内行本外币全口径存款余额超过3万亿元，市场占比提升到6%，市场竞争力持续增强，存款增长、人均利润、网均利润在工农中建交五大行中排名第一。2010年末，交通银行东莞分行本外币各项存款余额为70亿元，本外币各项贷款余额为40亿元，实现经营利润9225万元，不良贷款余额占比0.58%。

产品创新。2010年，交通银行东莞分行大力支持东莞地铁、城际轨道交通等重大项目，积极介入虎门港物流经济带及松山湖高新科技园区，并加大与地方商会、行业协会、台商投资企业协会、大型企业客户等合作力度，着力支持民营企业和中小企业发展壮大。适时推出"展业通"和"蕴通财富"两项业务，为优质中小企业提供供应链融资，帮助中小企业渡过难关。逐步推出"个人客户私人银行"、"沃德财富"、"交银理财"、"快捷理财"及国际业务"领汇财富"等系列特色服务品牌，彰显交通银行"以财富管理为特色"的品牌内涵。

内控管理。一是强化风险管理，加强授信审查，健全授信管理机制；二是推进财务合规管理，强化财务预算，夯实财务管理基础；三是注重人员业务能力提升，加强会计业务检查，有效防范会计风险；四是加强反洗钱排查，加大不良清收，持续完善风险管理体系；五是积极开展"银行业内控和案防制度执行年"，做好世博与亚运期间的安全保卫工作，确保"零风险，零事故，零投诉"。（姚　远）

附：2010年交通银行股份有限公司东莞分行领导名录

行　长：李永华
副行长：袁俊钊
行长助理：陈进文　李贤才

交通银行，您的财富管理银行

① 2011年3月28日，交通银行董事长胡怀邦拜会市委书记刘志庚

② 2011年1月28日，广东省分行行长阳烽拜会市委书记刘志庚

① 2011年12月17日，交通银行东莞分行与台商投资企业协会签约

② 2010年11月29日，交通银行东莞分行与异地商会签约

③ 2011年2月22日，交通银行东莞分行与工商联签约

④ 2011年1月18日，交通银行东莞分行举行客户答谢会

【招商银行股份有限公司东莞分行】2010年，招商银行股份有限公司东莞分行（简称招商银行东莞分行）提高内涵集约型发展能力，提高资本、信贷、财务、人力、网点资源投入产出比，扎实推进管理变革和经营战略调整，整体经营效益稳步提升。2010年末，全折人民币自营存款余额超220亿元，存款业务市场份额继续提升；全折人民币自营贷款余额超157亿元。

产品创新。招商银行东莞分行充分利用一卡通、一网通、金葵花理财、点金理财、财富账户等系列金融品牌，提供优质金融服务，同时创新推出“好融易”、“助力贷”等新产品。

机构建设。2010年，招商银行东莞分行新建2家网点，全辖网点增至16家。网点覆盖东城、厚街、长安、虎门、南城、常平、大朗、塘厦、万江、石龙、寮步等重点镇街。同年，顺利乔迁至新办公大楼。东莞市第一家私人银行中心——招商银行私人银行（东莞）中心隆重开业，为丰富高端客户服务体系做出示范，网点服务网络进一步扩大，各项服务设施更加完善。（叶晓莞）

附：2010年招商银行股份有限公司东莞分行领导名录

行　长：欧阳忠

副行长：刘冬兰　卢伟文

行长助理：龙志宏

招商银行股份有限公司东莞分行

① 招商银行东莞分行连续第四年获得招商银行系统内“全国优秀分行”称号

② 2011年4月16日，招商银行总行行长马蔚华（左一）为东莞分行行长欧阳忠（左二）颁发奖杯，对东莞分行的工作成绩给予高度肯定

③ 2010年7月28日，招商银行私人银行（东莞）中心开业

④ 2010年7月28日，招商银行东莞分行举行新大楼乔迁庆典

⑤ 招商银行东莞分行新大楼——招银大厦外貌

【中国民生银行东莞支行】中国民生银行东莞支行是中国民生银行的首家异地支行，2008年9月23日正式挂牌营业，现址位于东莞市南城区莞太路与鸿福路交汇处。2010年，中国民生银行东莞支行实现各项存款余额27.4亿元，保持不良贷款为零的优质水平。全年先后获评总行级“平安支行”、广州分行“运营综合管理先进单位”、广东银行业“迎亚运金融服务”示范单位、广东银行业与东莞银行业同时颁发“文明规范服务示范单位”等荣誉称号。

2010年，中国民生银行东莞支行通过组织开展针对东莞村镇经济、五金、服装、毛织、家具木材、食品等多个行业和专业市场的细分调研，深入了解东莞经济环境，充分利用民生银行财富罗盘、商贷通等优势产品，结合调研成果，在众多细分市场上有针对性地为中小企业提供优质金融服务。（丁云森）

附：2010年中国民生银行东莞支行领导名录

行　长：孙伟浩

行长助理：叶　华　陈煜华

中国民生银行东莞支行

① 市委常委、常务副市长冷晓明出席民生银行东莞支行与可口可乐装瓶商生产(东莞)有限公司授信签约仪式

② 民生银行总行监事会主席乔志敏莅临东莞支行指导工作

③ 民生银行东莞支行获评总行级平安支行

【中国邮政储蓄银行有限责任公司东莞分行】 2010年，中国邮政储蓄银行有限责任公司东莞分行（简称邮储银行东莞分行）始终坚持以服务地方经济和东莞人民为己任，强化内部管理，大力推进企业改革发展，积极开展经营创新,不断提升服务能力。

业务发展。2010年，邮储银行东莞分行业务收入实现2.27亿元，年复合增长率为34%，实现“三年翻番”的目标。至2010年11月，邮储银行东莞分行金融板块各项存款突破200亿元大关，当年新增存款突破50亿元。

产品创新。2010年，邮储银行东莞分行不断推进金融创新，积极开展服务功能和金融产品创新活动。一是打造“汇款专家”品牌，实现可随时随地满足客户汇款需求。客户可在全市95个邮政储蓄网点、270余个邮政营业厅、1400多台自助设备上享受一分钟安全到账汇款服务，还可利用手机发送短信即办理账户查询、手机充值、跨行行内转账等亲情汇款业务。同时，通过“商易通”商务汇款业务，企业和个人均可实现代收代付，全方位地满足客户的需求。二是创新推出贷款业务，全力助力小企业创业。推出“小额贷款”、“小企业贷款”业务，为近万家小商户、小企业成功发放贷款，最高贷款额由最初的10万元提升至1000多万元。三是加快发展公司业务，为公共事业提供金融服务。积极拓展企业融资、项目贷款等多元化业务，为公众提供代收代缴各类公共费用服务。

贴心服务。2010年，邮储银行东莞分行全力推动网点服务转型工作。一是完善硬件服务设施。大力推进自助化服务，减少办理业务排队时间。截至2010年，共布设ATM机894台，自动汇款机249台，存款机227台，可提供24小时存取款、汇款服务；加快网点硬件改造升级，通过拓宽营业厅面积、分区规划建设及搬迁工作，营造良好营业环境。二是提升综合服务水平。重点抓好服务质量管理，落实总行网点服务规范，理顺投诉处理机制，推行服务首问责任制，广泛开展服务检查和“双星”、“双创”评选活动，综合服务水平有较大提高。（周 繁）

附：2010年中国邮政储蓄银行有限责任公司东莞分行领导名录

行　长：王毅燕

副行长：黄志广　刘芳敏

【光大银行东莞分行】2009年12月19日，经中国银监会广东监管局批准，光大银行东莞分行在东莞市东城区挂牌成立。2010年，光大银行东莞分行在支持中小企业，推动模式化授信以及全程通、金色链、经营性抵押贷款等方面卓有成效，逐步形成自身发展特色，各项经营管理工作稳步推进，各项经营指标快速发展。

服务地方经济。光大银行东莞分行集中加大对东莞中小企业的融资服务，重点对东莞市八大支柱产业和五大产业集群客户加强授信，先后对东莞建晖纸业有限公司、东莞市东糖集团有限公司、东莞市同舟化工有限公司、广东中成化工股份有限公司等23家中小企业累计投放授信金额13亿元，积极支持优质中小企业发展壮大。

促进业务创新。光大银行东莞分行积极推进模式化经营，以虎门服装行业为试点，成功发展首个联保业务，投放贷款1.5亿元；积极探索与零售连锁企业的合作模式，与东莞市嘉荣超市有限公司等当地零售连锁行业的龙头企业以"1+N"的模式开展合作；大力推动中小企业集合票据业务，东莞市政府同意采用贴息形式进行支持，并在市长办公会的会议纪要中明确由光大银行作为东莞地区首个集合票据的承销商。

夯实零售基础。光大银行东莞分行组织开展广泛的宣传营销活动，采取短信、夹报、投递、户外摆摊等多种形式宣传品牌和业务；积极组织营销代发项目，成功营销苏宁电器、光大证券、来一口食品公司等企业代发工资项目；积极推进个贷业务，发挥综合消费贷款优势，促进个贷迅速增加；大力加强渠道建设，与一大批房地产中介、房地产公司及担保公司开展业务合作，与总对总合作项目下的中硕担保公司开展汽车消费按揭贷款，取得较大突破，在全总行系统排名第二。

开展风险管理工作。光大银行东莞分行加强风险文化建设，树立"人人合规"理念，坚持"两个不做"原则，即风险不能控制的业务坚决不做、合规制度不能覆盖的业务坚决不做；加强授信后管理工作，对已授信项目风险点逐一进行排查，杜绝风险隐患。全年未产生一笔不良。

做好亚运服务和安全保卫工作。光大银行东莞分行扎实推动亚运服务的各项工作，成立亚运期间应急领导小组和服务办公室，落实亚运服务各项工作要求；组织柜员狠抓基础技能训练，加强业务学习，特别是外汇、外币相关业务，进一步优化服务质量和效率；严格落实安全管理要求，高频率清查风险点和漏洞，开展防抢、防爆、反劫持人质、消防等系列预案演练，确保安全稳定，全年保持零案件。（麦丽佳）

附：2010年中国光大银行股份有限公司东莞分行领导名录

行　长：王　康

副行长：刘健斌　程建国　罗乐贤　宋希武

中国光大银行股份有限公司东莞分行

① 广东省委常委、常务副省长肖志恒等省市领导出席中国光大银行东莞分行开业庆典
② 在虎门召开"模式化融资服务推介会"
③ 在广州分行2011年春节文艺汇演上表演
④ 员工培训学校开班典礼

【兴业银行股份有限公司东莞分行】 兴业银行股份有限公司东莞分行于2004年12月经中国银行业监督管理委员会批准筹备，2005年6月开业。2010年末，本外币各项存款114亿元，较上年同期增加14亿元，增幅12%；各项贷款88亿元，较上年同期增加18亿元，增幅20%。

2010年，加强理财产品自主创新，创设天津泰达等项目；适时推出“兴业通”个人经营性贷款，为专业市场营销打开局面；引进优秀培训师，加强对理财师团队的培训，多名员工通过AFP（金融理财师）资质认证，保证理财服务水平；成立贸易融资部，推进供应链金融，成功与格力、美的等优质企业建立联系；针对存量客户，利用“主办行”业务进行全面合作升级，确保银企共赢。针对中小企业融资难问题，专门腾出小企业贷款额度，成立小企业中心给予企业专业性指导。同时紧跟政策调控方向，对企业IPO上市给予高度重视和支持，成功帮助搜于特等优质企业上市。（陈夏丽）

附：2010年兴业银行股份有限公司东莞分行领导名录

行　长：刘永革

副行长：林国华　王朝晖

【浦发银行东莞分行】 2010年，浦发银行东莞分行各项存款余额31亿元，各项贷款余额16亿元（其中对中小企业投放12亿元），投放自动柜员机25台，为客户提供全天候的存取款业务，全年实现利润3500万元。公司银行业务方面，全面整合各项公司银行产品与服务，创新打造公司银行服务品牌——“浦发创富”，满足客户在生产、贸易、投资、理财等各领域的金融需求。个人银行业务方面，推出“轻松理财”品牌，包括个人财富管理、现金流管理、支付管理、投资管理、融资管理、资讯共享等一系列产品和服务。（谭振东）

附：2010年浦发银行东莞支行领导名录

行　长：葛新华

副行长：莫沃林　何锦坤

保险业

【概况】 2010年，东莞市保险业实现保费收入159.72亿元，同比净增44.64亿元，同比增长38.79%。保费规模首次跃居全省地级市首位，占全省（不含深圳，下同）总保费的13%。保险深度3.76%，保险密度2457元（按全市650万人估算），同比增长分别为0.7个百分点和808元。其中，财产险公司实现保费收入46.72亿元，同比净增11.36亿元，增幅达32.13%，高于全省的29%，保费规模占全省的14.55%。人寿险公司实现保费收入113亿元，同比净增33.28亿元，同比增长41.74%，远高于全省的28%，保费规模占全省的12.46%。

截至2010年，东莞市有保险公司38家（新增寿险机构1家），其中财产保险公司18家，人寿保险公司20家。外资或有外资背景的保险公司10家，其中财产险公司2家，人寿险公司8家。有保险中介机构44家（地方法人机构和市级分支机构），其中保险代理公司35家，保险经纪公司4家，保险公估公司5家。保险业经营网点达到500多个，遍布全市32个镇区，实现保险服务全覆盖，形成较为完善的市场体系。有保险专职从业人员2.72万人。（胡绪魁）

【中国人民财产保险股份有限公司东莞市分公司】 2010年，中国人民财产保险股份有限公司东莞市分公司实现保费收入16.2亿元，同比增长30.6%，实收保费16.22亿元，同比增长27.23%。

转变市场策略，清分渠道架构。探索分渠道管理的销售模式，出台多项承保及服务政策，以后端管理支持前端业务发展。车险方面，重点开拓汽修厂渠道业务，放宽高端车的承保准入条件，调整理赔政策，组建车险大项目组，协助营业单位拓展大型车险业务，提高车辆续保率。非车险方面，加快非车险专业团队建设，加强优质大项目的维护、拓展，完成轻轨R2线工程、农电项目、补充医疗项目等重大项目的承保工作。经营单位打破中介依赖后，全力拓展分散性业务，业绩稳步提升。

创新考核体制，激发基层活力。制定《营销人员管理办法》、《营销团队管理办法》、《直销员管理办法》、《内勤人员管理办法》，做到管理有法，考核有章，晋升有据。在管理费用方面，通过“定额补贴＋变动比率”的方式，压缩固定成本，倾斜业务一线。在人员管理方面，通过对业务发展停滞不前的经营单位更换一把手、负责人个人述职、员工评议、增派人员加强班子领导等举措，重新梳理各级机构干部的聘任情况，强化团队建设。在薪酬福利方面，对经营单位班子薪酬进行年薪制改革，成立销售精英俱乐部，对业绩排名靠前的团队长、营销精英进行奖励，真正做到以业绩定薪酬、以贡献论奖励。

优化服务流程，提升服务水平。强化全员服务意识，理顺承保、理赔、财务、“95518”等工作流程，明确规定各环节的工作时效，对社会公开服务承诺，对服务指标进行监控。推广远程定损服务，提高小额赔案的定损效率。成立理赔中心人伤分部，从源头上介入人伤案件处理，提高人伤案件的专业化服务水平。作为第16届亚运会保险合作伙伴，成立保险服务团队，多次进行处置突发事件和赛事各环节衔接演练，以“零事故”、“零投诉”完成亚运会东莞分赛场保险保障任务。

严格内部管控，防范经营风险。注重市场信息收集和分析，调整业务政策，落实风险管控制度。聘请专业公估公司，对在保、新保业务进行风险排查和评估，管控亏损业务，改善业务结构。对代查勘公司进行量化考核，严控现场查勘等重点环节，加大保险反欺诈力度，联合公安、司法机关打击保险欺诈行为，从而防范经营风险，增加经济效益。（何惠知）

附：2010年中国人民财产保险股份有限公司东莞市分公司领导名录

总经理：潘振雄

副总经理：杨松柏　黄健超　梁凯源

工会主席：黄桂伦

【中国太平洋人寿保险股份有限公司东莞分公司】 2010年，中国太平洋人寿保险股份有限公司东莞分公司在东莞地区实现保费收入5.70亿元，承保金额51.70亿元，承保件数4.31万件。（胡绪魁）

【华安财产保险股份有限公司东莞中心支公司】 2010年，华安财产保险股份有限公司东莞中心支公司东莞地区实现保费收入4720.94万元，承保金额170.37亿元，承保件数2.99万件。（胡绪魁）

【新华人寿保险股份有限公司东莞中心支公司】 2010年，新华人寿保险股份有限公司东莞中心支公司东莞地区实现保费收入16.5亿元，承保金额198亿元，承保件数4.10万件。（胡绪魁）

【中国平安财产保险股份有限公司东莞分公司】 2010年，中国平安财产保险股份有限公司东莞分公司东莞地区实现保费收入15.38亿元，承保金额7443亿元，承保件数628.87万件。（胡绪魁）

【友邦保险东莞支公司】 2010年，友邦保险东莞支公司在东莞地区实现保费收入1.55亿元，承保金额75.69亿元，承保件数2.99万件。（胡绪魁）

【中国人寿保险股份有限公司东莞分公司】 中国人寿保险股份有限公司东莞分公司（简称中国人寿东莞分公司）是中国人寿设在东莞的分支机构，拥有内勤员工和营销员队伍3000人，下设虎门营业区、常平营业区、樟木头营业区、石龙营业区、中堂营业区五个综合性营业区，以及城区个险营业区、城区团险营业区、城区银保营业区三个专业性营业区。2010年，中国人寿东莞分公司秉承“成己为人，成人达己”的企业文化，加快业务结构调整，加强公司基础建设，业务保持持续稳定的发展势头，连续七年被列为大中城市重点发展单位。在东莞寿险市场，中国人寿东莞分公司市场份额连续12年位居领先地位。2010年，中国人寿东莞分公司在东莞地区实现总保费收入26.1亿元，同比增长23.87%，承保金额264.17亿元，承保件数174454件。　（李伟佳）

附：2010年中国人寿保险股份有限公司东莞分公司领导名录

党委书记、总经理：林广龙

党委委员、纪委书记、副总经理：张延国

党委委员、工会主席、副总经理：尹创基

① 中国人寿东莞分公司举行"'3·15'我与客户面对面"座谈会

② 中国人寿东莞分公司获评全国文明城市公益宣传活动合作伙伴先进单位

③ 到敬老院慰问

④ 举办2010年羽毛球比赛

⑤ 义务植树活动

⑥ 开展户外拓展训练

2011 东莞年鉴
DONGGUAN YEARBOOK

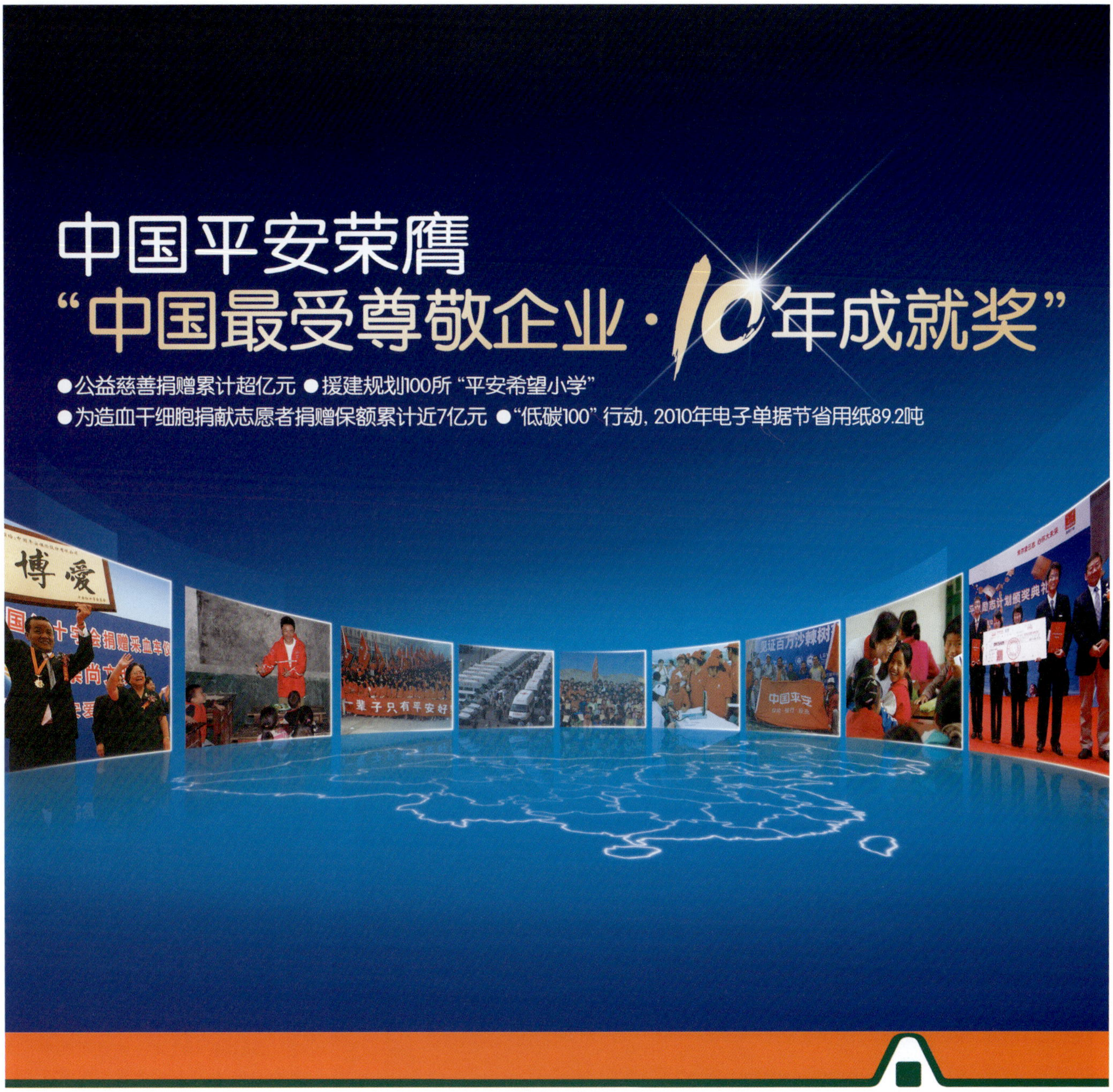

【东莞信托有限公司】2010年，东莞信托有限公司固有资产总额10.04亿元，负债总额6100万元，所有者权益9.43亿元。管理信托资产148亿元，人均管理信托资产2.38亿元。实现利润总额1.87亿元，税后利润1.40亿元，人均创利226万元。

信托资产稳步增长。全年新发行39个信托项目，资金规模96.13亿元。2010年末，公司存续信托项目63个，管理信托资产148亿元，比年初增加26.60亿元，增幅22%。全年实现信托业务收入7.30亿元，同比增长9%。

自营资产稳健增值。结合市场实际，加大信贷投放。2010年末，自营贷款余额4.59亿元，比年初增长45%，实现利息收入5730万元；健全投资管理制度，提高资产管理能力；加强对投资企业管理，拓展新股权投资项目。

建设良好合规文化。召开动员大会，开展案例分析、制度学习、法律法规解读等培训活动，加强合规教育；加快制度梳理，完善制度体系，全年共完善、修订17项内部管理制度；加强事前事中风险控制，完善风控体系；积极配合监管部门的监管评级、现场检查和非现场监管，认真落实监管意见，不断完善内部控制。（冯　杰）

附：2010年东莞信托有限公司领导名录

董事长：何锦成

监事长：王兆鹏

总经理：丁暖容

副总经理：刘绮澜　陈贺健　郑建文

东莞信托有限公司

① 2010年7月13日，东莞信托有限公司赴长安镇举办产品推介会

② 2010年9月4日，东莞信托有限公司举办“品质投资　优质生活”主题客户活动

③ 2010年12月18日，东莞信托有限公司举办客户迎新联谊会，图为董事长何锦成致辞

④ 2010年11月18日，东莞信托有限公司在麻涌镇举行理财说明会暨项目签约仪式，总经理丁暖容（中）与麻涌镇领导出席仪式

⑤ 2010年12月5日，东莞信托有限公司在广州市增城市召开调研会

⑥ 2010年12月27日，东莞信托有限公司召开“巩固提升　谋篇布局”2010年度工作会议

证券业

【概况】2010年末，全市各类证券公司共有开户数82.07万户，比上年增加4.47万户。全市股票成交量累计10978.14亿元，同比减少5.99%；股票总市值911.18亿元，同比增长22.81%；年末保证金余额136.33亿元，比上年下降16.2%；手续费收入累计14.96亿元，同比减少25.09%。

【上市公司】2010年5月，东莞劲胜精密组件股份有限公司在深交所创业板挂牌上市，成为东莞首家在创业板上市的企业。

6月11日，东莞市发展利用资本市场工作领导小组召开评审会，认定三批上市后备企业共11家。东莞上市后备企业增至36家

11月17日，东莞市搜于特服装股份有限公司在深交所中小板成功上市，成为东莞第8家国内上市企业。该企业发行市盈率高达113倍，创下当时中小板最高发行市盈率记录。

12月9日，广东星河生物科技股份有限公司挂牌上市，其发行市盈率高达138陪，成为当时创业板发行市盈率最高的公司，也是A股发行市盈率最高的公司。至此，东莞上市公司增至9家，总量跨入全省前五行列。新增3家上市企业共募集资金30亿，直接融资占比大大提高至6.6%。 （金融工作局）

▲ 2010年11月17日，东莞市搜于特服装股份有限公司（股票简称“搜于特”）于深圳证券交易所挂牌上市

2010年东莞市上市公司

序号	公司名称	股票代码	股票简称	上市地点	上市日期	备注
1	东莞宏远工业区股份有限公司	000573	粤宏远A	深圳	1994年8月15日	
2	东莞发展控股股份有限公司	000828	东莞控股	深圳	1997年6月17日	
3	广东生益科技股份有限公司	600183	生益科技	上海	1998年10月28日	
4	广东众生药业股份有限公司	002317	众生药业	深圳	2009年12月11日	
5	东莞市方达再生资源产业股份有限公司	600656	ST方源	上海	1990年12月19日	2008年7月，广东方达集团重组上海华源制药股份有限公司，注册地由上海迁至东莞
6	广东锦龙发展股份有限公司	000712	锦龙股份	深圳	1997年4月15日	2009年6月，广东锦龙发展股份有限公司注册地由清远迁至东莞
7	东莞劲胜精密组件股份有限公司	300083	劲胜股份	深圳	2010年5月20日	
8	东莞市搜于特服装股份有限公司	002503	搜于特	深圳	2010年11月17日	
9	广东星河生物科技股份有限公司	300143	星河生物	深圳	2010年12月9日	

经济管理

ECONOMIC MANAGEMENT

- “十二五”规划实施
- 《珠三角规划纲要》实施
- 战略性新兴产业培育发展
- 医疗卫生体制改革
- 人口普查
- 医药改革试点工作
- 珠三角价格一体化
- 样板市场建设
- 首届市政府质量奖评审
- 东莞特色食品药品监管机构体系构建
- 安全生产责任考核

常平铁路公园

编辑：施雪芬

发展和改革

【概况】2010年，东莞市发展和改革局以加快转变经济发展方式为主线，以扩大投资为重点，以落实《珠江三角洲地区改革发展规划纲要》为主轴，以加强规划编制实施为保障，全力推动发改工作取得良好业绩，获得“2010年度市直机关先进单位”、“2010年度东莞市重点项目服务保障先进单位”、“东莞市对口支援汶川县映秀镇恢复重建工作先进单位”等称号。2010年，局机关增加项目前期工作科和项目建设协调科，共设13个科（室），在编干部职工60人。

【年度计划编制实施】2010年，市发展和改革局组织编制《东莞市2010年国民经济和社会发展计划》，研究确定全市2010年经济社会发展主要预期目标，提出促进经济平稳较快增长、推动产业优化升级、继续扩大投资、狠抓节能减排、加快区域协调发展、深化体制机制改革、大力发展社会事业、维护社会和谐稳定等8方面的工作任务。围绕年度目标任务，东莞市继续巩固经济回升向好势头，突出加快经济发展方式转变，扎实推进经济社会协调发展，加强宜居生态城市建设，有效促进社会和谐稳定，基本完成市十四届人大五次会议确定的发展目标和工作任务。

【“十二五”规划编制】2010年，市发展和改革局牵头推进全市“十二五”规划编制，组织编制“十二五”规划纲要，协调编制25个“十二五”重点专项规划。出台《东莞市发改局关于开展“十二五”规划编制工作方案》，建立“十二五”重点专项规划工作联系机制，推动各级各类规划加快编制。年初，统筹全市“十二五”规划前期研究课题，于3月底将30项研究成果汇编成《东莞市“十二五”规划前期研究成果汇编》，得到市委书记、市人大常委会主任刘志庚批示肯定。6月，组织召开全市“十二五”规划编制工作会议，全面部署规划编制工作。8月，组织开展11场规划座谈会，全面听取各级各部门和社会各界对“十二五”规划纲要编制的意见和建议，形成《东莞市国民经济和社会发展第十二个五年规划基本思路》，经市政府审定印发至各镇街、市直各单位供规划编制参考。11月，组织召开深莞惠三市“十二五”规划编制工作交流会，与深圳、惠州发改部门就三市规划纲要编制开展交流，强化三市规划衔接。12月，拟定《东莞市国民经济和社会发展第十二个五年规划纲要》（草案），经广泛征求意见后上报市政府审定。组织编制高技术产业发展、服务业发展、能源保障等3个重点专项规划，形成规划初稿。

2010年东莞市经济社会发展的主要预期目标及完成情况

指标名称	计算单位	计划数		实际数	
		绝对数	增长（%）	绝对数	增长（%）
生产总值	亿元		8	4246.25	10.3
全社会固定资产投资	亿元	1247	14	1114.98	1.9
社会消费品零售总额	亿元	1090	14	1108.06	15.9
外贸出口总额	亿美元	579	5	695.98	26.1
实际利用外资	亿美元	27.2	5	27.32	5.3
居民消费价格指数	上年100	103	3	102.8	2.8
城市居民人均可支配收入	元	35338	7	36350	10
农村居民人均纯收入	元	19365	7	20486	13.2

2010年市发改局固定资产投资项目立项汇总

行业类别	数量（个）	投资额	
		投资额（万元）	同比增长（%）
农林牧渔	1	9079	-31.91
水利	3	8485	-20.22
能源交通通讯	30	256142	61.84
工业	45	435923	109.23
房地产业	80	2822215	134.41
文教卫及福利	29	475899	366.06
服务业	17	247154	1.78
厂房设施	99	352544	112.00
市政设施	2	7061	-94.68
机关团体设施	0	0	-100.00
其他行业	31	307365	53.79
合计	337	4921867	101.78

【《珠三角规划纲要》实施】2010年，市发展和改革局牵头制定《东莞市2010年实施〈珠三角规划纲要〉工作计划》、《东莞市实施〈珠三角规划纲要〉实现“四年大发展”工作方案》等文件，提出建设“四年大发展”74项重点项目。按照省实施“五个一体化”规划的要求，牵头推进基础设施一体化规划工作，推动成立专责工作小组，提出东莞市落实工作意见。定期汇总上报东莞市实施《规划纲要》进展情况，撰写全市落实《规划纲要》年度总结，参与举办5期《规划纲要》群众论坛。协助市委市政府做好国家、省督促检查组莅莞检查落实《规划纲要》的各项工作。推进深莞惠紧密合作，参与制定深莞惠三市发展规划编制工作方案、规划一体化合作组织架构方案等文件，协调做好三市党政主要领导联席会议议定事项，拟定《关于商请协调推进深莞惠三市党政联席会议议定事项的函》。组织开展“建立深莞惠（坪清新）产业合作示范区”专题调研，促成三市达成初步共识。

【固定资产投资管理】2010年，市发展和改革局严格执行产业政策、行业规划、土地、环保、技术、安全、节能评估等准入标准，做好固定资产投资项目的审批、核准和备案工作。全年办理固定资产投资项目337项，总投资492.18亿元，其中审批类42项，总投资50.52亿元；核准类137项，总投资362.87亿元；登记备案类158项，总投资78.79亿元。严格核准投资项目的招标范围、招标组织形式和招标方式，全年核准招标项目152项，总投资218.59亿元，其中公开招标123项，投资112.17亿元；邀请招标29项，投资106.42亿元。

【重点建设项目管理】2010年，市发展和改革局（重点办）充分发挥统筹协调作用，牵头制定2010年全市重点建设项目计划、重点预备项目计划和市四套班子挂钩督导重点项目工作方案，组织召开全市投资暨重点项目工作会议及重点项目领导小组全体会议，突出完善工作机制、提升服务水平、强化督促检查等关键环节，全年完成重点项目投资189.5亿元，完成年度计划71.1%，比上年增长82%。修订印发《东莞市重点项目管理办法》，出台《重点项目工作考核表彰试行办法》，起草《重点项目并联审批实施方案》、《重点项目服务保障若干规定》，搭建起全市重点项目管理制度框架。制作重点项目“绿色通道卡”，组织举办为期5天总人数达360多人的重点项目业务培训，编印《东莞市重点项目业务培训教程》和《东莞市重点项目简介》，切实提高重点项目服务水平。牵头开展两次重点项目大规模巡查，巡查项目124项次，促进存在问题的有效解决。实行重点项目一月一通报、一季一分析等制度，全年编发通报、简报20多期。做好省以上批准权限项目的报批工作，推动东莞市轨道交通R2线于12月获国家发改委批复项目可研报告，协调推动散裂中子源项目取得新进展。

【重大问题研究】2010年，市发展和改革局加强经济形势运行监测预测，深入镇街、企业开展调研，按照季度分析全市经济运行、投资运行情况，按月度、季度分析重点项目进展情况，形成分析报告供市委市政府决策参考。围绕“三大经济带”产业发展、电动汽车产业发展、重点项目管理服务、医药卫生体制改革、新莞人积分制入户等热点难点问题开展调查研究，形成《东莞市“三大经济带”产业发展策略研究》、《东莞市新能源汽车产业发展情况报告》、《借鉴成都成功经验　狠抓重点项目工作》、《东莞市人口调控的初步意见》、《展望“十二五”建设新东莞》等一批调研成果，其中2篇在《东莞调研》上发表。

【战略性新兴产业培育发展】2010年，市发展和改革局履行市电动汽车产业发展领导小组办公室的职责，出台《东莞市推动电动汽车关键技术及产业发展实施意见》，召开2010年东莞市电动汽车产业发展专家研讨会，起草《东莞市电动汽车产业发展规划（2010—2020年）》，申报电动汽车省级工程实验室和新能源汽车推广应用示范城市，统筹协调电动汽车产业发展、充电设施规划编制、重大产业项目等重大问题，推动电动汽车产业加快培育发展。组织申报广东省现代产业500强重点培育项目，推动第三代半导体氮化镓基（GaN）衬底材料产业化、LED外延芯片产业化等15个项目纳入省现代产业500强项目。研究提出《东莞市推动海洋综合开发工作思路》，启动编制《东莞市沿海产业带发展规划》，协助培育节能照明、生物医药等战略性新兴产业。

【医药卫生体制改革】2010年，市发展和改革局根据市委市政府决策部署和市深化医药卫生体制改革领导小组的工作安排，认真落实市医改办工作职责，全面推进全市深化医药卫生体制改革。落实全市医改责任，重点推进基本医疗保障制度建设、初步建立国家基本药物制度、健全基层医疗卫生服务体系、促进基本公共卫生服务逐步均等化、公立医院改革试点等五项重点改革。牵头制定出台《东莞市医药卫生体制改革近期重点实施方案（2009—2011年）》、《东莞市国家基本药物制度近期实施方案（2009—2011年）》等政策措施。组织开展公立医院改革试点，牵头研究公立医院改革试点实施方案，选取新涌医院、石龙人民医院、莞城医院、石碣医院等4家公立医院改革试点单位，组织赴陕西神木县、子长县和安徽马鞍山市、芜湖市等医改先行地区开展公立医院改革试点专题调研。上半年，多次组织召开基层座谈会和部门碰头会，会同卫生、财政、社保等部门开展公立医疗机构的财务收支、财政补助情况调研摸底。8月，召开全市深化医药卫生体制改革动员大会，全面启动推进医药卫生体制改革工作。12月，召开全市实施国家基本药物制度工作会议，部署实施基本药物制度各项工作。

【经济体制改革】2010年，市发展和改革局推进简政强镇试点工作，制定《东莞市发展和改革局扩权强镇试点工作实施方案》和《东莞市发展和改革局简政强镇试点工作实施方案（第二批事项）》，将企业投资项目核准等12项事权和粮食管理所下放给石龙、塘厦镇政府，与之签订行政执法委托协议，并推开到11个中心镇。参与全市第四轮行政审批制度改革，清理前置审批事项，研究推进网上审批。参与制定新莞人入户政策，分解下达农民工积分制入户指标，推动1.2万多名新莞人获得入户资格。开展2010年度东莞社会发展水平综合评价，按时将评价情况上报。

【节能减排】2010年，市发展和改革局推进小火电机组关停工作，累计推动经国家发改委核查并签发关停确认单的小火电机组93.4974万千瓦。起草《市发改局固定资产投资项目节能评估和审查工作实施细则》，完成27项固定资产投资项目的节能评估审查。协助开展2009年度节能考核工作，牵头负责对石龙、石碣、石排、茶山4个镇人民政府2009年度节能目标完成情况和节能工作进展情况进行现场核查，形成现场核查意见。

【粮食储备管理】2010年，市发展和改革局制定2010年储备粮轮换工作方案，委托广东华南粮食交易中心公开竞价销售和采购储备粮，完成年度储备粮轮换任务。编制东莞市粮食流通基础设施建设“十二五”规划，加强粮食储备库基础设施建设和旧仓库维修，基本建成麻涌角尾粮库。组织开展粮食库存检查和春秋两季普查工作，加强汛期灾害防御和仓库安全使用，指导全市粮食虫害防治工作，确保粮食储备安全。推进粮油仓储企业规范化管理工作，提高粮油仓储管理水平。

【粮食市场管理】2010年，市发展和改革局牵头制定粮食安全考核责任分解表，草拟《东莞市政府粮食安全责任届满前考核报告》，经市政府上报至省粮食局，配合省政府工作组做好粮食安全责任考核检查工作，得到充分肯定和赞扬。开展粮食产销合作，在东莞举办“2010东莞·益阳第二届粮食产销合作洽谈会”，签订《粮食产销合作协议书》，达成由益阳每年向东莞提供20万吨商品粮的合作意向，两地企业现场签订12份购销合同意向书，合计8.5万吨意向交易量。加强常平、樟木头两个粮食批发市场的市场监测，全年累计报送各类粮情信息96期，为粮食宏观调控提供决策参考。加强粮食流通统计，重点抓好农户及城镇居民粮油收支平衡抽样调查工作，完成全市粮食统计执法大检查工作。制定《东莞市保证粮油市场供应和价格稳定工作方案》和《东莞市粮食应急预案操作手册》、开展粮食市场流通联合执法，确保粮食市场稳定供应。严格执行军粮供应政策，督促军供站与部队签订《2010年食用植物油供应协议》，强化军粮供应质量检查，按时、按质、按量、按品种保证部队粮油供应。

【国民经济动员】 2010年，市发展和改革局结合军事需求任务，走访调查全市动员企业运行现状，检验各项国民经济动员任务落实情况，充实完善国民经济动员预案。开展军队给养应急保障动员潜力调查，及时更新经济动员潜力数据。加强国民经济动员专业保障队伍建设，严格落实人员定岗、物资和设备定位，组织参加专业培训和演练，不定期开展检查，切实提高各专业保障队伍动员能力。组织编制国民经济动员"十二五"规划。

【对口援建映秀】 2010年，市发展和改革局履行对口援建领导小组办公室职责，协调推动映秀镇总投资11.15亿元的55个对口援建项目基本完工，其中："交钥匙"项目36个，总投资6.58亿元；"资金补助"项目19个，总投资4.57亿元，提前一年完成援建总体任务，获评对口援建工作先进单位，两人被评为先进个人。做好"8·14"泥石流灾情汇报和协调工作，协助安排赴映秀部署抢险救灾和善后工作，组织工程技术人员参与抢险救灾，推动泥石流灾害的妥善解决。协助组织召开对口支援汶川县映秀镇恢复重建总结表彰大会，总结援建工作成效，表彰先进单位和先进个人。做好援建信息编写报送、灾后重建志和大事记编纂以及媒体宣传及等各项工作，全年编印援建简报38期，基本完成重建志编纂工作。

【对口援疆】 2010年，市发展和改革局切实履行援疆办工作职责，扎实推进政策制定、规划编制、项目建设、对接交流等各项任务，实现援疆工作开局良好。制定《东莞市对口支援新疆工作方案》，组织召开对口支援新疆工作领导小组第一次工作会议，全面启动对口支援新疆工作。牵头对口援疆规划编制，基本完成《东莞市对口支援新疆总体规划（2011—2015年）》及城乡建设、基础设施、产业发展、公共服务4个专项规划，初步确定2011—2015年援疆项目投资计划。会同财政局制定《东莞市对口支援新疆工作资金管理暂行办法》和《东莞市援疆先行试点项目资金拨付审批程序》，协调推进试点项目建设进度，推动3个试点项目竣工。协助安排市领导、市直有关部门赴新疆开展调研视察、规划编制交流及参加第六届"喀交会"等，协调新闻媒体加强援疆情况报道，配合做好新疆来莞接待及汇报工作。编印对口援疆简报26期，及时报告援疆工作动态。（王永球）

附：2010年东莞市发展和改革局领导名录

局　长：张俊阳

副局长：梁应科　王钊鸿　张晓程　姚铸锐　张友新

纪检组长：刘启宇

总经济师：吴楚焕（6月到任）

▲ 映秀安居房　（周运华　摄）

统计调查

【概况】 东莞市统计局是东莞市政府下属的一个正处级单位，设7个职能科（室）：办公室、法规制度科、综合核算科、经济统计科、人口和社会科技统计科、能源投资统计科、统计信息化管理科（挂计算中心牌子）。下属4个事业单位：市城乡社会经济调查队、市统计普查中心、市统计年鉴编辑部、市统计人员培训中心。市统计局的编制设置为：局机关编制总额31名（其中行政编制27名，后勤服务人员事业编制4名）；城乡调查队事业编制10名，隶属局管理；统计普查中心事业编制10名，直属局管理；统计年鉴编辑部事业编制5名，归口局管理；统计人员培训中心事业编制5名，归口局管理。

国家统计局东莞调查队是国家统计局的派出机构，为正处级单位，既是政府统计调查机构，也是统计执法机构，依法独立行使统计调查、统计监督的职权，独立向国家统计局和广东调查总队上报调查结果，并对上报的调查资料的真实性负责。国家统计局东莞调查队设7个职能科（室）：办公室、综合法规科、农业调查科、住户调查科、价格调查科、工业和投资建筑业调查科、商业服务业调查科，调查队设置信息技术应用科，与市统计局计算中心（站）合署办公。国家统计局东莞调查队事业编制25名。

【常规统计】 2010年，市统计局严格执行《广东省统计数据质量控制办法》，制订各专业数据质量控制办法。制定《东莞市主要统计指标数据质量控制和评估办法》，对主要统计指标数据，建立详细的审核关系和关联指标匹配要求，为相关专业审核和评估数据质量提供依据和方法。着力抓好GDP核算，确保GDP数据与相关专业数据相匹配，加强对镇街GDP数据的审核评估，力求核算结果能客观反映东莞市经济发展成果。顺利推进贸易专业的统计制度改革，限上贸易统计单位增加，数据衔接较为理想。推进工业、固定资产投资专业制度改革，提高相关统计标准。新建部门固定资产投资管理信息统计报表制度。重新与房管局协商房屋销售数据公布机制。在征拆补偿报表制度基础上，整合资源，探索建立起"三旧"改造统计监测制度。完成工业生产价格调查定基改革和农村住户国家点的开户工作，以及大样本抽样和换户工作，进一步完善样本框，提高调查数据质量和样本的代表性。扩大科技年报的统计调查范围。会同市科技局完成2009年度高新技术产品专项调查工作。协助市妇儿工委完成2009年度妇女儿童2个规划统计监测工作。会同市发改局完成2009年度社会发展水平综合评价工作，并代表东莞市在全省社会发展水平综合评价工作会议上作经验介绍。完成年度全市常住人口测算，并核定各镇街常住人口数据。做好劳动工资、劳动情况、部门社会年报、镇街社会年报、社会监测季报等。

企业常规调查。完成规模以下工业样本轮换及调查工作。完成企业景气调查工作，对全市所有样本企业进行了业务培训，全年样本企业问卷按时上报率为100%。完成服务业重点行业轮换及抽样调查，对全市样本企业进行轮换。

城市住户调查。加强访户工作，与调查户建立感情，取得住户支持。加大城市住户调查数据质量评估、监督和检查力度，层层严格把关。进一步加大住户登记账本的自查力度，做到“零差错”。加大辅助调查员业务培训力度，努力提高业务水平。经常慰问调查户和辅助调查员，提高调查户的配合度和积极性，增强调查数据的可靠性。

企业工业品价格调查。切实做好工价调查基础工作，适时对工价调查规格品进行调整更换。采取多项措施提高工价调查数据质量，包括强化统计人员的业务培训，严格坚持数据审核“核准指标，核准口径，核准数据”的“三核准”制度，经常走访或电话了解企业生产经营情况和产品的变化情况等。完成工业生产者价格调查定基改革更换企业产品名录库工作。完成企业主要产品调查任务，查清120家企业定基产品目录和283个主要产品。

全市第二次全国R&D（研究与开发）资源清查相关工作。在完成国家清查任务基础上，从实际工作需要出发，扩大清查范围，加强清查力度。清查企业单位6539个，有开展科技项目的单位873个（其中企业827个），获得一盘比较详尽的R&D资源数据资料。

其他统计调查工作。完成2010年消费者价格指数计算基期更换和增加网络调查点工作，始终坚持“三定一直”（定时、定员、定点直接采访）采价制度，及时提供CPI（消费者物价指数）变动情况。完善固定资产投资价格调查网络点，在原有基础上再增加2家企业、4个重点工程，进一步加强调查数据代表性和数据质量。完成农村改革年报和征拆补偿年报。继续搞好名录库建设维护与使用管理等工作。

【专项调查】 完成各项专项调查。2010年，市统计局高质量完成全市500家规上企业《节后企业用工和订单情况调查》、《东莞市公众对创建宜居城乡工作满意度调查》、《外向型企业经营状况约稿调查》、《广东省组织工作满意度 选人用人公信度 组工干部形象认可度专项调查》、《人民币基准利率上调后相关行业反映情况约稿调查》、《党风廉政建设》、《城市居民家庭收支预期调查》、《减收户调查》和《新莞人基本情况调查》等多项大型专项调查，撰写分析报告，得到各级领导的肯定。

抓好东莞市全国城镇住户基本情况抽查工作。在广东调查总队的调查方案基础上，结合实际制定东莞调查方案，多次召开会议进行细致的工作部署。进行10%抽样回访，确认问卷无误后及时录入，高质量全面完成2240户调查任务，撰写调查报告。

【人口普查】 市统计局把组织实施好全市第六次全国人口普查，作为2010年统计调查工作的重中之重。

健全机构，制定规章。起草《转发省政府转发国务院关于开展第六次全国人口普查的通知》，报请市政府同意后迅速组建起东莞市第六次全国人口普查领导小组，由副市长成洪波担任组长，37个政府有关部门相关领导为成员。领导小组下设办公室，从各成员单位抽调31名掌握普查技术、熟悉相关业务、工作负责的业务骨干，并招聘多名专职工作人员，充实工作队伍。在此基础上，迅速健全镇街人口普查机构队伍，扎实推进村级普查机构组建工作。形成以市、镇、村3级的工作机构为依托，横向到边、纵向到底、覆盖全市的工作网络。先后制定《工作进度》、《成员单位职责分工和工作方式》以及《办公室工作规则》等，明确工作任务和责任分解，规范工作管理和流程，提高工作效率。

扎实做好“两员”选调、招聘和培训，认真完成普查小区划分及边界确定、标绘工作。市人普办制定详细的培训方案，重点抓好对普查法规、普查政策、职业道德、普查方案、摸底方法、普查细则等内容的培训，使东莞市3万多名普查员和普查指导员熟悉人口普查的工作流程、业务知识，掌握入户调查的技巧。在培训方法上采取分级培训，市对各镇街人普办业务培训教员进行培训，然后各镇街人普办再对普查员和普查指导员分批进行培训。为强化普查培训效果和提高普查工作质量，市人普办还对全市600多名村级普查总指导员进行系统的业务培训。实行严格的“两员”持证上岗制度，“两员”经培训和考试合格后，才发给普查指导员证和普查员证，确保普查培训质量。市人普办充分认识普查小区边界的划分及确定是高质量完成第六次人口普查工作的一项重要的基础性工作，也是明确普查员工作范围的唯一依据，严格按照省人普办的要求，全力组织各镇街人普办切实做好相关工作。

有序开展宣传，营造社会氛围。人口普查工作初始就在市统计局网页上开通人口普查专栏，2010年8月，正式开通全市人口普查宣传网站。市电视台、电台、报社等新闻媒体对人口普查工作进行了详细的跟踪报道。在市主干道路口悬挂5幅大型人口普查宣传广告牌，面积约1300平方米，其中最大的一幅面积达550平方米。全市各镇街共计悬挂67个大型广告牌。设计订制3.9万件宣传马甲，派发给每一个普查员和指导员，要求普查员入户调查时必须穿着宣传马甲。同时制作98万个环保购物袋，用于普查员入户登记时赠送，以及开展大型现场咨询活动派发使用。先后举办3场次大型咨询活动，向广大市民宣传人口普查的重大意义和主要内容，回答市民有关人口普查的咨询，进行现场有奖问答，收到良好的宣传效果。全市各镇街人普办同时在各地广场开展咨询活动。现场咨询活动发放40多万份印有“人口普查”相关宣传内容的扇子、环保购物袋、宣传单张、宣传笔筒、纪念胸章等礼品。

严把数据质量关。为确保普查数据的质量，严格按照国家制定的普查方案建立健全本地的普查质量控制制度，成立质量控制小组，对普查各个环节的工作实行严格的质量控制，并贯穿于普查的全过程。普查的质量管理实行一级抓一级，层层把关，明确任务，责任到人，形成一套完整有效的普查质量控制体系，以工作的高标准来确保普查数据的高质量，力求真正做到“村不漏区、区不漏地、地不漏户、户不漏人、人不漏项，户户核实、人人核对、项项无误”。

顺利完成入户登记任务。从2010年11月1—10日，全面完成全市第六次全国人口普查入户登记工作。一是各级领导高度重视。市委书记刘志庚、市长李毓全亲自接受人口普查登记，市人普领导小组组长、副市长成洪波现场视察和指导人口普查入户登记并慰问基层普查员，省人普办主任、省统计局副局长彭启鹏也莅临检查指导人口普查。二是加强督查指导。市人口普查领导小组副组长、市统计局和国家统计局东莞调查队两位主要领导以及市人普办主任等多次率队深入各镇街、社区（村）一线督查人普入户登记工作，有效地推进人口普查基层工作的扎实开展。三是全力完成登记任务。市人普办分成4个小组，分片对各镇街人普办进行巡回工作督查，指导各镇街人普办全力抓紧做好普查登记工作，特别是对出生、死亡人口和户籍人口的摸查登记工作等，要求各镇街人普办将每天的登记数据在次日下班前报市人普办。登记期间，市人普办每天将上报数据对比分析，发现问题及时解决，确保普查摸底工作顺利开展。

【统计服务】 开展"统计优质服务年"建设。2010年，市统计局跟踪监测落实科学发展观、实施规划纲要、节能降耗等省对市考核工作。认真研究落实科学发展观的指标含义和考核标准，加强与上级部门的沟通，查找各项指标扣分的原因和存在问题，提出改进措施，提交的报告受到市委书记、市人大常委会主任刘志庚的肯定和批示。认真分析规划纲要相关指标的扣分原因，根据部分指标由于省的目标值太高而无法实现，反复做好省有关部门的工作，对2010—2012年的目标值提出修改意见。对《规划纲要》中东莞市R&D经费支出占GDP比重的年度分解目标严重脱离东莞市实际情况进行积极汇报。经调整后，东莞市顺利完成实施《规划纲要》年度考核任务的基础进一步加强。配合省对市政府进行的2009年度节能考核工作，提供基础数据、撰写节能自查报告，参与省考核组的现场考核，能源统计基础工作受到考核组肯定，2009年度东莞被确定为"超额完成"等级。参与首次东莞市镇街节能考核工作，为考核提供相关分镇街能耗、第三产业比重等一系列基础数据。联合经信局、发改局发布镇街节能考核结果公报。根据"十一五"节能目标及实际完成进度情况，及时修订2010年年度节能目标，在市人大批准修订2010年年度节能目标后，对镇街的节能目标进行初步核算等。

深入调研撰写高质量的统计调查分析，为宏观决策提供依据。进度分析求新求变，加强时效性。为做好全市的经济形势分析，到镇街和部门开展调研，协调各方力量举行经济分析会，全面分析有关指标的数量关系，大量参考各方资料，反复提炼修正观点，力求作出准确的判断。进度分析材料成为市委、市府分析东莞市经济形势的重要参考材料。根据党政领导和有关部门的需求，加强有关专题资料的整理和提供。内容包括进度、专题、预计、历史、市际、与全省和全国比较等数据和分析材料。先后为市委、市政府每个季度召开全市领导干部大会、全市经济工作会议等重要会议提供材料和核稿工作，提高统计对宏观经济决策的参与度。

打造统计资料品牌，提高统计服务水平。统计资料产品有快报、月报、公报、统计分析报告、摘要、年鉴，以及根据党政领导和部门需要整理编辑的专题资料等。其中宏观经济监测月报、统计公报、统计摘要和统计年鉴已打造成为东莞统计资料的品牌，受到广泛的好评。统计公报翻译成英文，统计年鉴增加指标，充实内容，印刷质量也有提高。编印《东莞社会发展概要（2010）》和《东莞社会科技（2010）》。

统计分析报告的编辑工作进一步加强。截至2010年10月，出版《东莞发展动态》40多期，有多篇文章的观点进入决策层或被多个部门采用。统计调查报告成果得到各级领导的重视和采用。《东莞节后企业用工形势不容乐观》一文获得省委常委、副省长肖志恒批示，《东莞家具行业"招工难"是否预示经营好转》一文得到副省长万庆良批示。《当前农民工反映较强烈的问题和期盼》等3篇文章获得省委、省府两办采用，其中《近期外向型工业企业经营整体良好，六大因素制约着进一步向好》被国家局采用。

改善方式提高效率，为社会各界和企业服务。做好统计信息的报送和为社会公众服务。增加统计信息发布的内容，加强时效性，使东莞统计调查信息网成为发布统计调查信息的权威媒体。热情接待社会公众来电、来访，做好统计信息资料查询服务。协助广大企业申请广东省名牌产品、广东省著名商标，协助办理房地产企业资质等级升级及年审工作等。继续与经信局联合做好全市50家最大企业、30家最大民营企业和50家最大工业企业、30家最大民营工业企业的相关资料核实，配合做好2010—2012年工业龙头企业、商贸龙头企业的资料整理和审核工作，派员参加龙头企业的实地考察。与中小企业局联合制定《东莞市50强民营工业企业和50强民营服务业企业认定暂行办法》，并搜集整理2009年相关企业评审资料。参与东莞市政府质量奖的评审工作，协助提供参评企业的统计资料。

做好量化考核和"市民评机关"等工作。进一步完善东莞市镇街领导班子落实科学发展观工作实绩年度分类考核方案和东莞市村（社区）两委会年度工作量化评比方法。健全市考核镇街有关数据的统计调查采集制度，确保考核实施过程的科学、客观和公正。研究起草镇街领导班子干部以及部门的领导班子及其干部的考核方案。配合有关部门做好"市民评机关"工作等。

【统计法制建设】 2010年，市统计局向全市各镇街印发《东莞市统计法制工作要点》，突出宣传贯彻新《统计法》和《统计违法违纪行为处分规定》，加强镇街、村（社区）统计能力建设。

开展新《统计法》的学习宣传。利用各种媒介开展统计普法宣传，市、镇街新闻媒体报道367次，营造依法统计的良好氛围。发动全市8000多家"三上"企业进行新《统计法》的宣传培训，进行《统计法》法规考试，增强企业统计人员的法治意识。在《东莞普法》报上刊登"新《中华人民共和国统计法》解读"、"统计违法行为的相关处罚规定"和"人口普查—依法普法 如实申报"等宣传专栏，提高公众的统计法律意识。先后向基层统计单位印发1.5万份普法宣传台历、1万个普法宣传环保袋、1万份统计法考试试卷、1万张《统计法》宣传挂图、2万本《统计法》读本。

加强统计能力建设。草拟《关于加强镇街、村（社区）统计能力建设的意见》，报请市政府同意后在全市印发执行。跟进制定镇街、村（社区）统计能力建设检查验收方案，在全市统计执法大检查中对镇街、村（社区）全面开展统计能力建设检查验收工作，严格检验各受检单位的统计管理能力、统计数据生产能力、统计信息化能力、统计法治能力、统计分析研究能力等。通过各镇街自查自纠、市局检查验收和整改总结三阶段工作，全方位提升基层统计能力，从源头上提高全市的统计数据质量。

开展统计执法工作。开展每年一度的统计执法大检查工作，联合市监察局和司法局成立统计执法大检查领导小组，提前向各镇街印发《工作方案》。全面检查各镇街的统计能力建设、统计调查环节专项整治和引进内资统计的执行情况，以及抽中的32个村（居）委会、社区的统计能力建设和农村住户情况，36家规上、商贸、房地产、服务业、工业品价格、固定资产、景气调查等专业的样本企业的原始财务报表，检查情况比较良好。落实广东调查总队的部署，开展统计执法大检查工作，主要认真对照广东调查总队检查实施方案中的每一项内容开展查漏补缺工作，开展自查和交叉检查，侧重检查是否严格执行调查方案，是否有伪造、篡改原始数据和统计资料等，顺利完成检查任务。从检查情况看，各专业没有发现统计违法行为和数据质量问题，受到总队有关专业的认可和好评。

扎实做好其他有关工作。对各镇街布置统计年报和开展业务培训的情况组织专项督查，及时解决年报部署中存在的各种问题。印发《东莞市主要统计指标数据质量评估办法（试行）》，建立数据质量责任追究制度。做好“五五普法”检查验收工作，完成统计执法人员考试换证工作。完善部门统计调查项目审批备案制度等。

【统计改革与发展】 开展“数据质量年”活动。2010年，改革镇街GDP核算制度，采用可比价计算增速，实现与省核算制度的接轨。高起点推进统计调查改革与发展。在征拆补偿报表制度基础上，整合资源，探索建立起“三旧”改造和“十件实事”统计监测制度，及时为党委政府准确反馈城市发展进程情况。与市政府“十件实事”实施部门合作，制定包括综治办、水务局、住建局、人力资源局、经信局、交通局、城建局等7个部门在内的“十件实事”统计监测报表制度。根据上级要求，按照法人在地统计原则完成贸易专业统计改革，将达到限额以上个体经营户纳入限上统计范围。通过改革，全市新增限上法人企业和个体户分别为224和96户，全市限额以上批零住餐单位由2009年的763户增加到1083户，数据据衔接比较理想，得到省局的好评。投资专业年快报合一工作完成。农村住户调查完成换户工作，进一步完善样本框，提高调查数据质量和样本的代表性。新建部门固定资产投资管理信息情况统计报表制度。下发和督促补登新的镇村统计台账，加强镇村农村统计台账建设。完成全市主要农作物物候资料的搜集工作。重新与房管局协商房屋销售数据公布机制等。

加强统计调查数据质量管理。建立规模以上工业年报汇审制度。组织各镇街的工业统计员集中进行统计汇审，将培训久其程序操作和审核年报数据结合在一起，提高针对性和可操作性，有力地提高了工业年报数据质量。

制定各专业数据质量控制办法。对工业、商贸、固定资产投资、能源等专业主要统计指标数据审核和控制制定详细的审核关系和关联指标匹配的要求，为各镇街审核和评估数据质量提供依据和方法。

扩大企业网上直报的范围，减少数据干预。继续巩固规上工业企业直报工作，加强直报企业用户资料的管理，及时为新增企业开通直报账户，指导企业统计员进行网上直报，工业、能源统计报表100%实现网上直报。批零住餐业所有定期报表全面实行网上直报，网上报送率达100%，提高数据收集的效率，增强调查数据的抗干扰能力。

【统计信息化建设】 2010年，市统计局围绕构建统计信息化系统，加强现代信息技术在统计调查工作中的应用。完善统计信息化基础设施和信息化系统的建设。推进市统计调查信息网站系统改造升级和内容改版，更加贴近民众，由被动服务向主动服务转变，由单纯服务领导向服务领导和服务社会公众并重转变。对万维数字化档案网上管理系统、万维网上文件流转管理系统进行更新升级，增加分类检索、支持全文检索工具和安装智能短信组件。启动统计视频会议系统建设的前期准备工作，落实项目配套建设经费、场地以及网络环境的准备工作，对统计信息网进行高清视频会议系统承载测试和评估。

构建安全可靠的统计信息化网络环境。加强计算机和网络维护工作，确保电子政务网络和信息安全。重新部署文件服务器，提升存储的功能，简化网络数据的管理，较大地改善系统的性能，有效防止个人电脑系统瘫痪或病毒爆发，避免因重要数据丢失而造成重大的损失。完善制度，强化保密意识，不断增强做好计算机信息安全的保密能力。

（钟锦漩）

附：2010年东莞市统计局领导名录

局　长：吕琦元

副局长：叶力强　张永艳　冯坚

调研员：李水庭（任至8月）

　　　　陈志田（任至7月）

副调研员：叶应涛　李红生

2010年国家统计局东莞调查队领导名录

队　长：王志勋

副队长：李向阳　梁昶成

物价管理

【概况】 东莞市物价局是东莞市人民政府主管全市价格工作的职能部门，2010年有编制28人，设有办公室、价格管理科、收费管理科、价格检查科、成本调查监测科。下属单位有东莞市物价局价格认证中心，事业编制22人。

【价格变动】 2010年，受复杂多变的国内外经济价格环境、频发的自然灾害以及部分农副产品价格异常波动的影响，东莞市居民消费价格指数呈现温和上升态势，全年累计上升2.8%。

一是价格总水平呈温和上升态势。2010年价格指数除1月小幅下降0.6%外，2—12月呈逐月平稳温和上升走势，全年指数环比升幅相对较大的为5月，升幅为0.5%。

二是主要商品价格总体平稳上升。2010年，东莞市以农产品为主的主要商品价格升多降少，除食用油价格维持平稳外，粮食、肉禽蛋、蔬菜、成品油、瓶装液化气、钢材等价格总体强势上行，同比均有不同程度上升。

三是八大类商品（服务）价格指数以升为主。2010年，构成总指数的八大类商品（服务）价格指数与上年同期相比呈现“七升一降”的格局，按升幅从高到低排列依次为：居住类升5.1%；食品类升4.6%；娱乐教育文化用品及服务类升3.7%；医疗保健和个人用品类升1.9%；烟酒及用品类升1.7%；交通和通讯类升0.4%；家庭设备用品及维修服务类升0.3%。下降的为：衣着类下降2.1%。

【价格调控】 2010年，东莞市全年物价呈上升态势。特别是下半年以来，以农副产品为主的生活必需品价格出现较快上涨，价格总水平逐月攀升，加大城乡居民特别是低收入群体的生活负担。面对严峻的物价形势，从11月开始，国家、省、市相继出台一系列政策措施加强调控，有效抑制物价上涨势头。

稳定价格总水平。2010年，市物价局针对价格异动情况，及时加强对农产品市场的调控监管，出台稳定消费品价格水平的七项措施；根据市场变化和亚运监管的需要，适时增加品种加强价格监测，为市政府、上级物价部门决策和自身监管提供强有力的服务支撑；注意发挥价格信息的引导作用，正面引导经营者、消费者规范市场价格秩序，消

2010年东莞市八大类价格指数变动情况
（以2009年价格为100）

项　目	价格指数（%）	比上年升降幅度（%）
居民消费价格指数	102.8	2.8
食品	104.6	4.6
其中：粮食	104	4
肉禽及其制品	103.6	3.6
油脂	104.9	4.9
蛋	100.8	0.8
鲜菜	112.3	12.3
水产品	104.5	4.5
烟酒及用品	101.7	1.7
衣着	97.9	-2.1
家庭设备用品及维修服务	100.3	0.3
医疗保健和个人用品	101.9	1.9
交通和通信	100.4	0.4
娱乐教育文化用品及服务	103.7	3.7
居住	105.1	5.1
商品零售价格指数	103.2	3.2
工业品出厂价格指数	101.5	1.5

除群众恐慌心理；严格控制提价项目的出台，避免政策性调价与市场自发上涨“双碰头”。在监管调控下，保持价格总水平和价格秩序的基本稳定。

价格监测预测。2010年，市物价局加强对12大类290个品种的常规监测，向省价格监测中心和市政府报送各项各类监测报表508份，价格监测信息及监测情况分析88篇，通过详实数据全面分析和把握市场价格变化，科学预测价格走势，为政府平抑农副产品价格异动和防止价格过快上涨提供决策依据，被省物价局评为全省价格监测工作优秀单位。

加强广州亚运会期间价格监管。2010年，市物价局制定加强亚运期间价格监管工作方案，强化价格监管的责任意识，完善价格监管组织协调机制，规范重要商品和服务价格秩序，突出加强亚运会期间的商住、餐饮、客运等各个环节价格监测工作，亚运期间统一调配使用价格监管力量，指定专人进驻比赛场馆，实行定点监管和服务，确保各项监管工作的落实，保障亚运会期间良好的市场价格秩序。

调整客运票价和加强房地产价格监管。2010年，市物价局贯彻落实新的《汽车运价规则》和《道路运输价格管理规定》，核准45家企业共845条线路上限票价，对26个汽车客运站的票价进行备案。会同市房管局、市财政局制定东莞市市属廉租房住宅小区经济适用房销售中准价为2250元/平方米；整顿房屋中介机构乱收费行为，落实有关廉租房、经济适用房、限价房等价格政策。

加强定调价成本监审。2010年，市物价局开展车用燃气、城市生活污水处理、城市供水、医院自制药物制剂等项目的成本监审，监审金额为69.87亿元，核减不合理成本金额2.66亿元，有效遏制虚假成本费用支出，为科学、合理调定价提供基础数据。

推进“广东价格话语权”工作。2010年，市物价局组织东莞市12家知名品牌企业的信息员参加“广东价格话语权”工作专业培训，协助企业成员单位发布产品价格信息78条。

【价格改革】简政放权工作顺利推进。2010年，市物价局按照市委、市政府的统一部署，积极推进简政强镇工作，将“镇内住宅小区出入证工本费、村级水价、停车场、邮政延伸服务及代办电信业务收费、物业服务收费、民办幼儿园收费”等八项价格审批及备案事项下放给13个中心镇，与中心镇政府签订《行政执法委托协议》，明确委托事权范围和责任，并对中心镇的物价工作人员进行业务培训。

资源环境价格改革稳步推进。2010年，市物价局稳步推进成品油价格改革，配合国家4次调整成品油价格，做到市场供应有序、价格平稳。推进水价改革，调整东江水务公司供水价格，并相应调整由东江水务公司供水的沿线各镇的供水价格；全面推进阶梯水价制度。推进生活垃圾处理收费改革，将居民生活垃圾处理费随水费征收，督促相关单位加大征收力度，提高征收率，促进节约用水。完善垃圾焚烧发电项目收入补偿机制，制定厚街、横沥（二期）垃圾焚烧发电厂处理补偿标准。根据进货成本变化，适时调整民用液化气及车用天然气价格。

推进医药改革试点工作。2010年，市物价局按市医改办的要求，制定东莞市医疗服务和药品价格改革方案；开展取消药品销售加成、设立药事服务费、调整部分医疗技术服务价格、按病种收费等医药价格改革试点工作；根据药品市场成本的变化，重新审核东莞市101种自制（配）药物制剂价格，对31家医院共243种患者自主选择医用耗材价格进行审核备案，维护医院及患者双方的利益。

珠三角价格一体化进程加快。2010年，市物价局认真贯彻落实《珠三角发展规划纲要》，学习推广广佛肇、珠中江年票互认互通经验，推进东莞市与深圳、惠州年票互通工作；协助省物价局在东莞市召开“推进珠三角区域年票互认工作专题研讨会”；推进珠三角地区价格工作交流合作，重点开展对毗邻市间城际交通互联互通、通信价格一体化、旅游门票优惠互认、价格认证互认等的调研工作；协助省物价局在东莞市召开“全省交通客运价格管理工作研讨会”。

【价格和收费管理】清费减负措施全面落实。2010年，市物价局开展涉农、涉企、涉车、涉房、行业协会等收费清理整顿。把《收费许可证》换发新证和收费年审紧密结合起来，严把办证审验关，按照行政事业性和经营服务性收费管理目录，全面审查收费单位收费政策执行情况，特别是国家取消和降低的收费政策落实情况。共审验4000多个收费单位的收费许可证1.2万个，核（换）发收费许可证7000个、收费员证6000个，完成9个镇街80多个收费单位执收情况审查工作。落实减免收费政策，免收流动人口首次领取居住证工本费，免费办理居住证延期手续，免收中小学校舍安全工程涉及的土地复垦费等17项行政事业性收费和政府性基金，对防雷检测费等16项经营服务性收费执行低限标准。减免鲜活农产品运输和销售环节的部分收费。

减轻群众教育负担。2010年，市物价局明确中小学代收费和服务性收费项目和标准，规范公办学校“一费制”以外收费管理，有效防止乱收费行为发生；核定和调整56所民办中小学校的收费标准，并对138所民办幼儿园的收费标准进行审核备案；对横沥、常平等12所镇街的中小学校进行收费检查。

规范物业服务收费。2010年，市物价局按照广东省新的物业服务收费管理办法，联合市房管局，在充分调研和通过网上公开征询意见的基础上，制定并颁发《东莞市物价局、东莞市房产管理局关于物业服务收费管理实施细则》，进一步规范物业服务各项收费，对38家企业物业服务收费标准进行备案，核定7家企业的IC卡工本费标准。

规范有线电视收费。2010年，市物价局对有线数字电视网络公司向用户提供的机顶盒实行政府指导价管理，制定基本型机顶盒（佳彩D168型）最高限价为380元/台，机顶盒IC卡工本费最高限价60元/卡；清理有线电视收费项目，取消移机费、过户手续费、停机开通费，以及模拟电视基本收视维护费；扩大困难群体收费减免范围，增加革命伤残军人和因公致残的人民警察为减免对象。

规范涉农收费。2010年，市物价局对12个镇街涉及农民工、村镇企业、农村义务教育、农民建房、农机监理以及村委会等相关收费行为进行检查，重新制作涉农收费公示牌，免费发送到各村委会张贴，有效推动村（居）收费公示制度的落实。

提高价格服务水平。针对政府和群众关注的价格热点问题，2010年，市物价局将价格服务进万家活动与明码标价工作结合起来，提高服务的主动性，创新开展价格服务进警局、客运站场、港口码头、开发园区、专业市场、宾馆酒店、餐饮行业等活动；着重完善和规范群众关注的机动车停放保管服务收费、机动车维修行业和电器维修服务行业等的明码标价工作，8月和9月在东莞南博学院举办两期市汽车维修行业物价员培训班，培训人数近1000人；对22个镇街的机动车停放保管服务进行全面巡查，核发停车保管服务收费证明570件。

【价格监督检查】 价格执法进一步强化。2010年，市物价局全面加强价格监督检查，整顿规范涉及民生、企业、资源环境等领域的价格秩序，强化市场价格监管，依法查处价格违法行为。全年查处价格违法案件15件，实施经济制裁44.44万元。特别是在亚运期间，全市物价系统上下联动，抽调151人次分片包干，全面加强酒店、餐馆、旅游、交通、停车、租车、液化气供应站、农贸市场（商场）等重点行业价格监管和巡查，做到“价格监管贯穿亚运全过程，价格监督检查全覆盖”，实现场馆内商品价格“零投诉”，场馆外价格投诉少于平时，确保和谐亚运。

开展稳定农副产品价格专项检查。为稳定农副产品价格，减轻城乡居民尤其是中低收入群体的生活负担，2010年下半年，市物价局在全市范围内围绕全面规范市场价格行为、整顿农产品交易价格秩序、整顿规范农产品流通环节、优化农产品生产环境，组织开展市场价格巡查、规范经营者价格行为、整治大型农产品批发市场、整治农产品经营环境、规范集贸市场明码标价、整治运输收费、反价格垄断等十个专项行动，并就部分大型超市、卖场涉及价格欺诈的行为进行专项检查。

【价格认证】 2010年，市物价局价格认证中心进一步完善涉案财产价格核定由“委托鉴定”更改为“公文函件”这一创新服务工作，得到国家、省、市各级认可；创办全省第一个地级市价格认证服务网络平台；开展“价格服务进警局”活动，配合公安机关开展各种专项打击活动，全年承办刑事案件涉案财产价格核定11490宗，涉及金额2.1亿元。

（罗德泉　胡德安）

附：2010年东莞市物价局领导名录
局　长：邓浩全
副局长：陈志超　陈慕齐　邓卫洪

工商行政管理

【工商行政管理工作再创新绩】 2010年，东莞市工商系统新登记各类市场主体96711户，办案17296宗，抽查市场主体114448户，新增中国驰名商标1件、广东省著名商标25件；全市实有各类市场主体518544户，同比增加2.6%。登记台湾居民个体户199户，核准外商投资合伙企业7家，换领和新核发《食品流通许可证》13976份，核准登记发布户外广告2150宗，数量均居全省前列。市工商局被评为“全国工商行政管理系统法制工作先进集体”、“东莞市依法治市工作先进单位”、“东莞市2010年度食品安全工作先进单位”，连续第八年高票当选为“中央、省属驻莞机关先进单位”。在全市“市民评机关”活动中，市工商局在32个窗口部门中名列第二，成为唯一一个跻身前十名的垂直部门。

【“窗口”效能建设】 2010年，市工商局按照“简政强镇”和“一个窗口许可”的要求，全面推行分级登记制度，将委托分局登记的事项放宽到500万元及以下的内资企业法人。继续委托中介机构对全系统34个窗口进行暗访调查，以广东省工商局行政监察业务系统和窗口视频监控系统为依托，对33个工商分局实施电子监察测评。在公布的1—11月东莞市行政审批电子监察绩效月度测评中，市工商局连续11个月排名前三位，其中10月、11月名列第一。

【促进企业转型升级】 2010年，市工商局与市外经贸局就三来一补企业转型问题达成共识，形成会议纪要，解决三资企业筹建期无法经营的矛盾，核准三来一补转型设立登记449户，同比翻了一番，东莞成为全国加工贸易转型升级试点城市，“不停产转型”模式备受各方面好评。全力支持企业做大做强，帮助企业解决融资难题，全市新增冠省名企业284户、免冠行政区域企业8户，916户个体户顺利升级为私营企业；办理股权出质登记181宗、股权出资业务5户、动产抵押登记463宗，帮助企业解决融资达130多亿元。

【商标带动战略】 2010年，市工商局争取市政府支持，以市政府名义颁布实施《关于大力推进商标（品牌）战略的工作意见》，设立市一级的商标战略工作经费，将企业拥有商标权作为开展政府质量奖等所有与财政资金扶持有关的推荐或评定工作的前提条件，首次在全市名牌带动战略工作暨表彰会议上对2009年各镇街的商标注册、驰名著名商标认定情况进行通报。以“自有品牌，引领升级”为主题，开展商标宣传，与东莞日报社合作举办“集商标，赏品牌”读者互动活动，发布户外公益广告7500多平方米，编印《驰名著名商标企业风采录》1万册。做好商标培育工作，对43家广东省著名商标申报企业进行重点培训，其中25件被认定为广东省著名商标，“道滘”成为东莞首个被认定为广东省著名商标的区域品牌。全市新增注册商标10843件，注册总数达45313件，增长31.4%；驰名商标、著名商标分别达到21件、191件，位居全省前列。

【亚运食品安全保障】2010年，东莞市工商局组织为期近4个月的食品安全专项整治，捣毁制假售假窝点16个，抽检食品2080批次，查处食品违法案件77宗，妥善处理“劣质食盐”、“问题大米”、“不合格河粉”等多起媒体曝光事件。做好供亚食品监管工作，驻广东加多宝集团执法人员查验供亚食品813车次，经手发出王老吉凉茶、昆仑山饮用水89.6万箱，驻东莞体育馆、东莞会展国际酒店执法人员监控接收供亚食品40车次，没有出现一宗差错。加强亚运会、亚残会期间应急维稳工作，成立应急备勤队伍，严格落实24小时值班制度，全天候轮班受理投诉举报，健全完善突发事件监测机制，被授予“第16届亚运会东莞分赛区食品安全保障工作荣誉单位”称号。

【样板市场建设】2010年，市政府再次把样板市场建设纳入“十件实事”，提出再建设62个样板市场的目标。作为责任单位，市工商局重新修订建设标准，推行网上通报制度和现场督察制度，加强对各样板市场的服务指导和责任监督。一年来，全市累计投入资金1.27亿元，升级改造样板市场67个，改造面积达17.1万平方米，超额完成市政府下达的任务。由市工商局代拟的《东莞市农贸市场升级改造实施办法》，市政府于11月颁布实施。

【信息化监管手段推广】2010年，市工商局提出“巩固、完善、提高”的思路，抓好“信誉通”的推广应用，重点提高已上线经营户的运行质量。全市有10306户食品经营户成为系统备案单位，基础数据库录入信息334万条，建立电子台账1347万条，食杂店上线备案比例整体上超过70%。自主开发“市场通”系统，建立包括通知公告、索证索票台账管理、预警提示、信用分类监管、商品召回（退市）、食品检测和数据统计等7大功能模块，搭建集贸市场的信息化监管平台。全市已有130个市场上线应用。

【市场监管难点突破】2010年，市工商局将抽查重心向重点行业、主管行业及未抽查过的市场主体倾斜，全系统抽查各类市场主体114448户，其中重点（风险）行业市场主体4910户，占重点行业市场主体总数的99.6%，完成全市795个市场的信用级别认定工作。配合全市扫除“黄赌毒”专项行动，以美容美发和沐足两个主管行业为对象，严查无照、超范围经营、张贴涉黄广告图片等违法违规行为。全系统清理无照沐足51户、超范围经营沐足66户，清理无照美容美发697户，移送公安机关涉黄经营户5户。在全省率先建立整治虚假违法广告联动机制，组织9家省、市媒体签署《拒绝发布虚假违法广告承诺书》，在全省地级市率先建立全自动化的广告监测系统，监测各类广告6330条次。针对无证家教补习机构迅速增多的状况，争取市政府支持，出台会议纪要，明确教育部门作为教育活动机构的登记、监管部门。

【新型案件查办】2010年，市工商局深入治理行业“潜规则”，先后开展工商登记中介、酒类行业、商标印制单位等专项整治行动。一年来，全系统查处各类违法违章案件17296宗，实现行政执法案件“零诉讼”。其中，经检支队查处10多宗仿冒知名商品特有包装装潢及商业贿赂案件，查获仿冒“诸葛酿”白酒及“长城”、“华夏”葡萄酒5万多支。黄江分局查处一特大假冒卷烟存储窝点，查获假烟28762条，涉案金额高达280万元。

【打击传销违法活动】2010年，市工商局以市打传办名义，组织多个成员单位及镇街负责人前往深圳宝安学习打击传销经验，召开全市打击传销工作联席会议，与公安部门出台《联合打击传销违法犯罪活动工作规定》，加大对传销活动的刑事打击力度。一年来，全市刑事拘留传销人员119名、逮捕62名、判刑22名，工商机关立案查处传销案件15宗，查获传销窝点、传销人员数量均较2009年下降超过三成。做好防控工作，采集传销人员身份信息2290条，派发各类宣传资料8万余册，建成城中村“无传销社区”7个，在东莞日报、东莞时报、东莞电视台等东莞主流媒体发布打传新闻50多条次。省打传工作督查考核组继续维持认定东莞市为打击传销工作三类非重点地区。

【“清无”合力增强】2010年，市工商局以市“清无办”名义，首次对成员单位和镇街“清无办”的信息报送、报表统计、案件移交情况进行季度通报。10月底，组织开展全市“清无”工作年终考核，并以“三项制度”为依据，重新调整考核内容和评分标准，加强对镇街贯彻落实“三项制度”（情况通报、案件移交、工作考核）、镇街“清无办”履行协调移交和督促职能的考评。一年来，全市查处取缔无证照经营近3万户，其中工商部门查处取缔9456户。在全省无证无照经营综合治理工作考评中，东莞以99分的成绩名列第一，在考评情况通报中先后5次被广东省工商局表扬。

【消费者权益保护】2010年，市消委会与市第一人民法院建立支持消费者起诉、《调解协议书》司法确认的联动机制，与市邮政局、6个行业协会和10家企业构建消费投诉和解对接机制，加强深莞惠三地消费维权合作，促进三地维权工作一体化进程。一年来，受理消费者投诉2393宗，成功调解2127宗，为消费者挽回经济损失342万元。（袁　洪）

附：2010年东莞市工商行政管理局领导名录

党组书记、局长：袁志强

党组副书记：黎自力

副局长：范燕彬　陈　玺　王争光

陈仕全（兼纪检组长）

▲ 市工商局新办公大楼

质量技术监督

【概况】东莞市质量技术监督局是主管全市标准化、计量、质量及特种设备安全监察工作，行使执法监督职能的省属驻莞机关。2010年，局机关内设办公室、政策法规科、质量科、食品监管科、标准化科、计量科、特种设备科、锅炉科、人事教育科等职能科室，市打假办为市属挂靠单位，稽查分局为市局直属行政单位，下设第一分局（在虎门）、第二分局（在常平）、第三分局（在塘厦），下属4个事业单位，分别是东莞市质量监督检测中心（简称“市质检中心”）、东莞市质量技术监督标准与编码所（简称“市标码所”）、广东省特种设备检测院东莞分院（简称“东莞特检分院”，实行省垂直管理）、广东省计量科学研究院东莞分院（简称“东莞计量分院”，实行省垂直管理）。全系统有803人，其中在编人员271人（局机关公务员100名），聘用人员532人，在编人员中，大专以上学历246人，占91%，硕士、研究生39人；工程师以上职称79人，占事业单位在编人员的45%，其中高级工程师21人。2010年，市质监局被国家人保部、国家质检总局评为先进单位，是广东质监系统唯一获得此殊荣的单位；被市委、市政府评为“中央和省属驻莞机关先进单位”、“食品安全工作先进单位”、“安全生产先进单位”等。

【质量宏观管理】质量强市工作。2010年，市质监局贯彻落实质量强省工作会议精神和《珠三角规划纲要》要求，协调召开市政府质量奖颁奖暨质量强市工作会议，协调联系成立质量强市领导工作小组，扎实开展产品质量、服务质量、工程质量和环境质量工作；推动市政府出台《关于开展质量强市活动的意见》并抓好落实；完成省质监局与市政府签署《推进东莞加快经济发展方式转变促进东莞质监事业科学发展合作备忘录》；制定并落实《东莞市质监局服务加工贸易转型升级工作方案》；质量竞争力指数、工业产品监督抽查合格率等8项指标纳入镇街党政领导班子落实科学发展观工作实绩年度考核，提高地方党委政府质量管理意识。

市政府质量奖。2010年，市质监局组织开展市首届市政府质量奖评审，按照公平、公正、公开的原则，评选出环球石材和志成冠军为首届市政府质量奖获奖企业，政府质量奖评选机制不断完善；以评选首届政府质量奖为契机，宣传和推广卓越绩效模式，推动近20家企

以质取胜，创先争优促发展

① 2010年1月27日，国家质检总局副局长魏传忠（中）莅临东莞指导工作，并参观东莞质量监督检测中心

② 2010年10月15日，省质监局局长赖天生（右）和市委副书记、市长李毓全（左）分别代表省质监局与市政府签署合作备忘录

业导入该模式，邀请质量管理专家对100多名企业管理人员进行绩效管理模式培训，开办重点企业总裁培训班，组织唯美陶瓷、徐记食品、东莞美极等6家企业负责人参加深圳卓越绩效管理高层论坛；鼓励有条件的镇街设立政府质量奖。

名牌带动战略。2010年，市质监局向省名牌评价中心推荐东莞优势产业目录，10个产品列入新评目录，占全省新增产品目录的20%；召开2010年新增省名牌后备企业申报工作会议，动员企业积极申报，2010年有39个产品被评为省名牌产品，其中23个新增、16个复评；组织专家为30多家省名牌产品企业进行培训，推动名牌企业自觉导入卓越绩效管理模式。截至2010年，东莞“中国名牌产品”数由2005年的7个增加到18个，广东省名牌产品数由2005年的53个增加到112个，增加1倍多。

质量状况分析。2010年，市质监局梳理监督抽查结果，根据质量工作开展情况撰写半年、全年质量状况分析报告，根据产品质量定期监督检验情况撰写季度质量状况分析报告，分析专项监督抽查结果，形成LED路灯、儿童用品、学生服等专题质量状况分析报告，对产品是否存在质量安全风险，设备安全是否存在隐患进行分析，及时发现区域性、行业性产品质量、安全问题，为省质监局及市政府的决策提供有力支持。

【技术标准战略】2010年，市质监局办理产品标准备案699个，产品执行标准登记1649个，产品采标152个，地方标准获立项36项，发布国际标准2项、农业地方标准4项、联盟标准11项，新增3家单位负责筹建省技术标准委员会秘书处，新增2个省级现代服务业标准化试点企业，19家企业通过标准化良好行为企业评审，发动勤上光电等企业申报并获批省第一批先进制造业标准化试点，继续开展松山湖标准化示范区和大朗毛织专业镇工作；召开全市技术标准战略工作会议，建立东莞市实施技术标准战略联席会议制度，组织开展省政府1号文宣贯活动，开展4期标准化人才培训，培训质量与标准化管理人才425人次；虎门镇信息传输线缆产业在联盟标准的带动下年产值超过150亿元，占据国内20%以上的份额，成为国内信息传输电子线缆行业的制造基地。东莞企业主导制定2项国际电工委员会标准，标志着中国印制电路技术标准达到国际领先水平，实现东莞主导国际标准制订零的突破。

【服务企业转型升级】2010年，市质监局协助省质监局召开出口转内销企业座谈会，帮助企业尽快适应国内质量、标准等体系要求；落实国家质检总局《关于同意为广东省外商投资加工贸易企业产品出口转内销办理国内市场准入手续提供便利措施的批复》，鼓励符合条件的企业办理；发挥标准信息服务平台作用，为会员处理9235份标准订单，帮助

① 2010年3月，市质监局新任局长罗晓勤（左）与原任局长张活力（右）握手交班

② 2010年10月20日，市质监局局长罗晓勤（左二）带队到企业调研

③ 2010年4月23日，副市长邓志广（中）出席全市技术标准战略工作会议

④ 2010年10月15日，东莞市召开首届政府质量奖颁奖暨质量强市工作会议，市委副书记、市长李毓全（中）在会上作讲话

168家企业建立企业标准体系；成立2个全国首批基层技术性贸易措施服务工作站，发挥TBT（技术性贸易壁垒）预警信息平台作用，服务市企业产品出口；发挥技术优势，帮扶企业提升技术水平，为新奥天然气管道工程提供无损检测服务，对发现的隐患及时指导施工方改进焊接技术，使焊口返修率明显下降。

【能源计量服务】 2010年，市质监局召开全市重点耗能企业能源计量宣贯会，与67家双千节能企业签订《共同推进节能降耗增效工作责任书》，对重点耗能企业进行能源计量培训；把锅炉节能和能源计量列入《东莞市2009年度镇街节能考核工作方案中》，开展检查验收；召开水平衡测试工作会议，推广水平衡测试工作；发布啤酒制造行业取水定额联盟标准，实现年节约工业用水84万吨，有效降低企业成本。

【强化“三个安全”】 生产环节食品质量安全。2010年，市质监局严格生产许可审批和证后监管；全面开展落实企业主体责任宣贯和监督检查，出台一系列规范指导监督检查工作的开展，分类组织企业培训宣贯，监督检查企业1743厂次；开展供世博食品生产企业监管工作；妥善应对一次性发泡塑料餐具、大米产品质量问题等突发性食品安全事件；继续开展豆制品生产加工小作坊专项整治，开展化妆品、地沟油、食用油、密胺餐具、淀粉、一次性塑料饮具、大米、河粉、濑粉生产加工单位、蜜饯获证企业等专项检查。立案查处食品案件246宗，查获食品现货货值138万元，全年食品抽样检验内在质量合格率为86%。

特种设备安全。截至2010年，全市机电类特种设备在用量为69739台（套），承压类特种设备在用量为34507台（段）。突出抓好大型游乐设施、客运索道、简易外控电梯、液化石油气瓶、蒸压釜、存在隐患的小型工业锅炉、电梯维保和起重机械安装环节、路桥施工工地用起重机械安装和使用环节等高风险对象、高风险环节的监管；严格使用登记、施工告知和安装告知，加强现场检查，认真核发使用证，及时处理举报投诉；执法检查和宣贯双管齐下，推动特种设备使用单位落实安全主体责任；推动村（居）安全办落实特种设备安全监管职责，累计培训村（居）安全办工作人员2800多人；推动镇（街）政府履行协调解决重大特种设备安全问题职责；开展春节、“五·一”、“十·一”等重大节假日前后特种设备安全检查。立案查处特种设备违法案件386宗，查封存在严重安全隐患的特种设备639台（套）。

重点工业产品质量安全。2010年，市质监局对7132家企业（含列入省重点监管目录的企业）100%建立档案，加强生产许可证管理，把好工业产品生产许可证发放关，对358家生产许可证获证企业进行现场巡查，召开产品生产许可证工作会议加大宣贯力度，对302家获质量管理体系认证、环境管理体系认证、职业健康安全管理体系认证企业进行检

① 2010年7月2日，市质监局局长罗晓勤（右二）到虎门港检查特种设备安全

② 2010年6月11日，市质监局开展特种设备安全知识进校园活动，走进石碣镇崇焕小学

③ 2010年9月25日，省政府质量奖暨质量月大型现场宣传咨询活动在东莞举行，图为出席活动的领导参与辨别名牌产品真假

④ 2010年12月29日，市质监局执法人员夜查大米生产企业

查；开展全市工业产品质量定期监督检验，对200种产品4000多家企业制定抽检工作计划，抽检4211家企业；对全市人造板、纸制品、汽车配件及16类重点消费品等重点产品开展质量专项整治工作，查处不合格产品货值达150多万元。全年工业产品质量监督抽查合格率为86.17%，比2006年增加近10个百分点。

服务亚运。2010年，市质监局开展供亚运会食品安全保障工作，专门制定工作方案，对3家供应亚运食品生产企业和3家食品相关产品生产企业实行批批检验或风险监测抽样，先后开展12次专项监督检查，抽检产品18批次，合格率100%，同时突出重点，排查隐患，保障东莞赛区生产加工环节食品安全；全面做好亚运特种设备安保工作，专门制定工作方案，确定“核心区”和“周边区”，建立详细、全面的特种设备台账，完成471台电梯、18台锅炉及125台压力容器等全部涉亚特种设备的定期检验工作，开展4轮专项检查，召开3次工作会议，落实隐患整改，狠抓值班值守工作；持续开展“保亚运、促和谐”联合执法打假行动，按照“确保重点，全面防范”的思路，加大对各类制售假冒伪劣商品违法行为的打击力度；开展迎亚运计量专项检查，对承担亚运会交通服务车辆安检工作的4家机动车安检机构、亚运会指定接待酒店和定点医院、亚运场馆周边的百货超市、餐饮企业、农贸市场、加油站、出租车公司等开展计量专项检查。

【市场秩序维护】民生计量。2010年，市质监局联合部门、镇街开展农贸市场计量专项整治，整治农贸市场存在的计量问题；开展农资计量专项检查，检查生产、仓储批发和经销企业64家；开展应节食品（粽子、月饼等）和化妆品的过度包装检查治理，检查31家生产、经销企业的500多种不同规格商品；开展袋装大米净含量计量专项检查，检查大米加工企业42家；加强机动车安检机构监管，与交警部门建立联席会议制度，完成市财政所属5家机动车检测站的市场化改制；加强计量器具监管；处理各类计量投诉130余宗。全年检查商场、超市180多家，立案查处62宗，查获“短斤缺两”瓶装食用油1904瓶。

执法打假。2010年，市质监局统筹全市打假工作，制定全市打假工作方案，组织镇街打假工作考核，出动打假执法人员88176人次，检查售假各类商铺28241间，立案1927宗，查处窝点205个，查获假冒伪劣商品货值4301万元，销毁165批次，货值8488万元，抓获制售假犯罪嫌疑人31人，刑事拘留19人，判刑5人。突出抓好食品和特设设备执法，有步骤地开展重点产品专项整治行动，积极应对突发事件；开展民生计量专项执法行动；加大打假和无证产品查处力度，加大不合格产品后处理力度；开展打击侵犯知识产权和制售假冒伪劣商品专项行动；发挥“12365”举报投诉中心作用，为企业群众排忧解难。全年出动检查人员4457人次，立案查处各类违法案件869宗，端掉窝点6个，移送公安机关追究刑事责任案件2宗，刑拘2人，判刑案件2宗，判刑人数6人。

社会质量安全意识宣贯。2010年，市质监局开展“5·20”世界计量日宣传活动，与媒体合作，连续5天跟踪报道；开展“安全生产月”宣传活动，连续一周组织宣传咨询、培训和执法检查活动；开展“质量月”活动，举办省政府首届质量奖颁奖暨质量月大型现场宣传咨询活动，开展市政府质量奖、名牌产品、质量意识、法律法规宣传宣贯，开展食品、计量、学生服、特种设备专项执法检查，开展实验室开放日等活动；开展世界标准日宣传，为2个全国首批基层技术性贸易措施服务工作站揭牌；突出落实企业主体责任宣贯，开展“质检邀您看企业，食品安全大家行”活动，大力宣贯特种设备使用单位安全主体责任；采用广大市民喜欢的形式广泛宣传乘坐电梯等注意事项，播放质量公益广告；开展12月4日“法制宣传日”活动。派发各类宣传资料4.5万多份，接受市民咨询近5000人次，提供各类免费检测服务200多人次，各类新闻报道近300条（篇）。

【技术支撑】质量检测。2010年，市质监局建成2个国家产品质量检测中心、8个省级产品质量检测站（简称“省站”），建设4个省站，产品检测范围覆盖东莞8大支柱产业，检测能力扩展到1201项；加大服务新兴战略产业力度，获批筹建国家半导体光源产品监督检验中心（广东），LED户外测试场地投入使用；与4个专业镇共建公共检测服务平台；围绕节能减排、低碳环保的主题与台湾前进国际、亚颂、九三学社、中华环保联合会、华南理工大学开展合作；开展科研创新，申报各级科研项目。

标准与编码。2010年，市质监局受理309家企业委托制定536份产品标准，完成297家企业505份产品标准；加强标准信息平台建设，为172家企业登记321个产品执行标准，完成采标152个，建立大朗毛针织专业镇技术标准服务平台，开发食品添加剂查询管理系统；举办省LED服务站揭牌仪式暨广东省LED产业发展论坛；东莞市组织机构代码保有量达26万家，占全省组织机构代码总量的19%，全年办理组织机构代码业务20万多户，把代码办证业务下移到长安镇，开通邮政快递代码证服务；完成条码注册330家企业，续展526家企业，胶片订制6468张，产品编码30家企业692个产品，编码备案51家企业24436个产品，资格认定申办5家，资格认定复审20家。

特种设备检验。2010年，检验特种设备85386台次（不含管道），同比上升16.9%，检验覆盖率97.23%；“三确认”（确认特种设备数量和安全状况、确认作业人员数量和持证情况、确认特种设备安全管理制度建立和实施情况）设备42628台，其中核销设备2990台，存在“重大隐患”的设备446台；继续做好检验质量监督抽查，抽查报告1637份，涉及检验员818人次，无错误报告，缺陷报告32份；正式开展锅炉能效测试工作；开展油罐车油气回收系统密闭性检测，检测油罐车114台。

计量检定/校准。2010年，投入约400万元用于仪器设备购置，新建计量标准9项，向市科技局申报科研项目1项，向市科学技术协会申报2个科普活动和1个学术交流活动；成功研制铷原子频率标准、24通道高频缓冲放大器及电波钟各1台；召开水平衡测试工作会议，推广水平衡测试工作，开展东莞市节能服务机构备案；推广与长安质监站的合作模式，与台商协会签订计量服务协议，与质量协会加强合作，成立计量协会，开拓机动车维修企业、排污企业、卫星导航行程记录仪等重点项目；第二检测基地建设顺利推进，一期项目主体工程基本完工。

质量技术培训。2010年，市质监局开办各类特种设备作业人员培训班262期，培训学员11644人次；在新奥天然气有限公司等9家重点企业开展特种设备作业人员培训；继续推动镇（街）质监站开展辖区内特种设备作业人员的培训；举办8期食品检验员培训班；举办2010年职业技能大赛叉车竞赛项目。

（林祖军）

附：2010年东莞市质量技术监督局领导名录

党组书记、局长：罗晓勤（2月到任）
张活力（任至2月）
党组成员、调研员：曾映民（6月到任）
党组成员、副局长：邓志波　欧健强
林　刚　欧南燕

食品药品监督管理

【概况】2010年，东莞市食品药品监督管理局内设办公室、规划财务科、食品安全监管科、保健食品化妆品监管科、药品安全监管科、药品流通监管科、医疗器械监管科、人事科、监察室、稽查分局、第一分局、第二分局、第三分局、第四分局、第五分局、第六分局等16个科室（分局），下设市级食品药品检验所一个。整个系统在编工作人员119人。

2010年，东莞市食品药品监管局获“第十六届亚运会东莞赛区食品安全保障工作荣誉单位”、“东莞市2010年度食品安全工作先进单位”、“东莞市打假工作先进集体”、“2010年度市直机关党建工作量化考评先进单位”等称号，得到国家局、省政府、市人大常委会及市政府的高度评价。

【东莞特色食品药品监管机构体系构建】2010年，东莞市食品药品监督管理局党组把机构改革作为重中之重，按照《食品安全法》要求和省有关食品药品监管体制改革部署，探索构建具有东莞特色的食品药品监管机构体系。明确将餐饮服务监管职能划归市食品药品监管局，把食品安全综合协调职能划归市卫生局，职能交接工作于2011年1月1日顺利完成。优化片区分局设置，增设城区、水乡、丘陵片区3个分局，使市食品药品监管局片区分局从3个增至6个。

东莞市食品药品监督管理局

①　2010年10月26—28日，全国食品药品快速检测技术交流暨第五届石龙食品药品打假协作会议在东莞市举行。图为国家食品药品监督管理局副局长李继平（右三）在省食品药品监督管理局局长陈元胜（右二）等领导的陪同下到食品药品监督公众开放日活动现场参观

②　2010年6月22日，东莞市人大常委会对全市食品安全工作进行视察。图为市人大常委会副主任张继雄（中）在市食品药品监管局局长陈锡江等的陪同下在东城市场视察

创设基层监管机构，在32个镇街及松山湖、虎门港2个市属园区设立食品药品监督站，并按照“简政强镇”的政策要求，赋予餐饮服务行政许可、日常监督和行政处罚权，协助市食品药品监管局开展药械、保健食品和化妆品的监管，成为全省乃至全国率先在镇街设置食品药品监管实体机构的地区，构架起市局—（片区）分局—（镇街）监督站三级食品药品监管体系。增设食品检验机构，市药品检验所更名为市食品药品检验所，增加食品检验职能和8名编制，增设食品检验室和化妆品检验室，实现检验机构职责与市食品药品监管局职能相匹配。

【亚运食品药品安全保障】 2010年，东莞市食品药品监管局有序组织开展全市亚运食品药品安全保障工作。在食品安全保障方面，牵头制定保障工作方案和应急救援方案；牵头建立各项保障机制；牵头协调农业、工商、质监、卫生等部门落实各项保障措施；牵头组织驻点保障；牵头组织东莞市亚运食品安全事故应急救援演练。在药品安全方面，推动成立市分管领导牵头，经信、卫生等部门参加的市药品安全专项整治协调小组，动员各方力量开展“三品一械”（药品、保健食品、化妆品和医疗器械）清理整治；采取局领导带队、分片区包干形式落实责任，确保清理整治全覆盖；强化含兴奋剂药品和保健食品、化妆品非法添加化学药物的专项整治；重点对亚运比赛场馆、定点酒店、定点医院及其周边地区进行拉网式检查；认真做好亚运专项抽检工作。全系统累

① 2010年12月1日，东莞市食品药品安全宣传月活动启动。图为市人大常委会副主任冯同恩（中），市政协副主席林明枢（右三），虎门镇委书记、镇人大主席吴湛辉（左二），市人民政府副秘书长刘学聪（右二），市食安委副主任、市食品药品监管局局长陈锡江（左一），市委宣传部副调研员袁柱安（右一），共同拉动启动杆，为全市食品药品安全宣传月活动揭幕

② 2010年10月11—12日，省食品药品监管局迎亚运餐饮和药品安全保障工作督查组对东莞市开展亚运餐饮服务食品安全和药品安全监督保障工作进行督查。图为省食品药品监管局副局长马光瑜（右二）在大川药业连锁南城康华药店进行检查

③ 2010年8月5—6日，第三届深莞惠三市药品安全监管工作联席会议在东莞市召开

④ 2010年，市政府明确将餐饮服务食品安全监管职责划归市食品药品监管局后，市食品药品监管局积极做好各项准备工作。图为10月18—22日，市食品药品检验所联合广州市食品工业卫生检测所、东莞市卫生监督所第一次参与食品的现场抽样工作

计出动6530多人次，检查企业7290多家次，抽检1835批（亚运专项抽样400批），做出行政处罚682宗，移送公安部门处理12宗，2人因无证经营药品被移送司法判刑2年，没收违法药械950多箱（件），标值62.6万元。亚运期间，全市未发生一起食品药品安全事件。

【食品安全综合监管】2010年，东莞市食品药品监管局运用市食安办这一平台，力推全市食品安全监管工作全面发展。协调明确部分食品生产经营单位的监管职责以及出租屋、仓库中转食品的监管职责，协调落实职能部门食品安全年度抽检经费和专项抽检经费；筹划国家局、省政府和市人大常委会、市政协对东莞市食品安全监管工作的督查、督导和视察工作；牵头组织食品安全整顿，开展“问题乳及乳制品”、“海南问题豇豆”、“地沟油和不合格一次性筷子”、“问题大米”等专项整治；快速启动食品安全应急响应，牵头处置东莞市较大食物中毒事故；组织开展《食品安全法》实施一周年宣传周活动，全年举办《食品安全法》培训班18期，培训人员上万人次；在东莞电视台黄金时段播出公益广告1500条次，报刊发行10万余份，发送公益短信325万多条；派发宣传资料5万册，营造良好的宣传效果。

【药品、保健食品、化妆品、医疗器械长效监管机制完善】2010年，东莞市食品药品监督管理局推行风险评估制度，突出加强高风险企业、高风险环节、高风险品种和高风险区域的监管。出台贯彻落实国家基本药物制度的具体实施意见，强化基本药物全程监管。推行医疗器械、化妆品生产企业和药品批发企业信用分类管理，落实医疗器械生产企业管理者代表制度。优化销售监管制度，通过落实教育部门职责、建立药监—禁毒—公安三方协作平台、核减经营范围直至吊证、移送公安部门处理、公开曝光等措施，加大对违法销售含可待因复方口服溶液行为的打击力度，查处案件21宗，吊销《药品经营许可证》4家。规范药械不良反应监测，全年收报告2554份。探索开展互联网发布药品信息和交易服务、药品购销票据监管，发布《互联网购药安全警示》2期，对标示域名在东莞市的21家发布虚假信息的网站上报省局关闭。探索稽查打假新模式，制定《行政处罚涉嫌犯罪案件移送工作制度（试行）》，与公安、检察院建立起打假案件移送机制；落实《珠三角七市食品药品监督稽查合作框架协议》，组织召开第二届深莞惠三市药品安全监管工作联席会议，深化区域合作；成功举办一届国家级别的食品药品打假协作论坛。

【食品药品安全宣传月活动】2010年，东莞市食品药品监管局与市委宣传部、市食品安全委员会办公室合作开展主题为“安全饮食用药　共享健康生活”食品药品安全宣传月活动，动员和组织全市各食品药品监管职能单位和镇街政府开展食品药品安全进街道、进社区、进学校、进企业、进机关等活动，开展各种形式的宣传活动；用短信形式向市民发送安全饮食用药信息；通过在食品药品生产经营企业、医院、街道等地张贴宣传海报等形式，提高社会关注度，指导市民合理使用药品。进一步加强食品药品市场整治，加强对食品药品生产、经营和使用单位的监督管理，从源头上保证药品质量；加强稽查力度，对容易出现问题的重点地区、重点环节进行整治，营造人民群众饮食用药安全的良好环境。

【信息化建设】2010年，东莞市食品药品监管局大力推进网络监管平台建设，提升监管效能。建立健全“三品一械”基础数据库和监管数据库；大力推广实施网上审批；探索利用互联网、GPS（全球定位系统）和3G（第三代数字通信）技术对药械实施实时监控；不断加大投入开发稽查打假软件，运用国家局及省局数据，提高稽查打假水平。做好新办公楼智能化和应急平台建设的前期准备。

【技术监督能力建设】2010年，东莞市食品药品监管局不断加大投入，加强技术监督能力建设，强化食品药品技术支撑。在市药检所方面：全年投入建设资金近660万元，创历年之最。其中投资60万元新建1个检验室和2个实验室，投资近400万元采购仪器设备，投资近200万元与省医械所合作开展血液相容性和遗传毒性的检测。高端检测设备—液质联用仪获得市财政240万元的专项拨款，是全省系统首个拥有该设备的地市级药检所；新增保健食品检测项目18项；食品药品检测中心及国家级保健食品、化妆品重点实验室项目得到有力推进。在快检方面：投资40多万元在4个分局建成快检室，投资140多万元购置第二代药品快检车并成功试运行快速检测样品301批次。形成检验所—快检室—快检车的检验检测体系。

【办公基础平台完善】2010年，东莞市食品药品监管局完成办公楼装修招标及设计审图、安全评估、加固工程设计等工作。推进受理大厅升级改造，增设等候咨询区，配备自动取号机、电子叫号显示屏等，方便群众等候和办事。

【《东莞食品药品视窗》创办】2010年，东莞市食品药品监管局创办《东莞食品药品视窗》刊物，传递最新食品药品监管相关法律法规，传递全市食品药品监管工作动态，搭建起监管部门与企业、相对人之间沟通交流的平台，发行范围包括省内外兄弟单位，受到多方好评。

【生物医药产业发展】2010年，东莞市食品药品监管局不断寻求服务生物医药产业发展的切入点和突破口，将监管工作有机融入全市推动产业转型升级的战略部署中。开展服务产业发展等五个专题的战略规划研究，向市政府提交《东莞市健康医药产业调研报告》，提出促进产业发展的15条意见。牵头成立市生物医药产业自主创新联席会议，组织召开全市生物医药产业发展现场会，从政府层面推进生物医药产业发展。组织召开生物医药圆桌会议、生物医药发展与产业升级博士论坛，组织制药企业参加“中国首届创新药物与仿制药研发及评估国际化进程论坛”，从学术层面为企业搭建学习、交流平台。开展跟踪服务，开设绿色通道，贴身服务重点企业，帮助提高质量管理水平，为企业生产创造良好的投资环境。

2010年，全年累计受理各类业务1.44万宗；核准新开办药品、医疗器械、保健食品经营企业1396家；帮助23家企业完善质量考核体系，协助11家企业完成产品注册审批。2010年，全市医药生产企业完成产值约28.48亿元，同比增长22.23%，增速明显高于全市GDP（国内生产总值）增长速度。医药流通企业完成销售62亿元，同比增长16.98%。保健食品、化妆品产业也实现平稳发展，年产值达到28.2亿元。

（曾　新）

附：2010年东莞市食品药品监督管理局领导名录

局　长：陈锡江

党组副书记、调研员：张钰英

副局长：尹锡棋　梁少华　张惠洪　黄　江（兼纪检组长）

党组成员、稽查分局局长：周穗杰

审　计

【概况】2010年，东莞市审计局有在职干部职工59人，其中研究生学历10人，本科学历41人，大专学历6人，获中级以上职称39人。内设办公室、综合法规科、财政金融审计科、经济责任审计一科、经济责任审计二科、固定资产投资审计一科、固定资产投资审计二科、行政事业审计科、经贸审计科、内审指导科。

全年完成审计和审计调查项目53个，查出违规资金6895万元，管理不规范资金328251万元，损失浪费金额1349万元，促进上交财政6817万元，提交专题审计报告、信息66篇。市审计局被评为2010年度市直机关先进单位。

【政策执行效果审计】2010年，市审计局以促进经济平稳较快发展和转变经济增长方式作为审计工作主线，开展对国家服务业发展引导资金、大功率LED照明研发及产业化项目、“科技东莞”、“创业东莞”等10多项政策落实效果的审计，依法揭示和反映个别资金未及时发挥效益、有些项目建设进展缓慢、个别单位多领专项资金等问题，提出审计意见和建议，促进有关部门单位加快对问题的整改，加大政策执行力度，加快项目建设进度，提高资金使用绩效，体现政策效果。

【映秀镇灾后恢复重建跟踪审计】2010年，市审计局切实加强救灾重建审计工作的领导，全力推进汶川灾后恢复重建的后期跟踪审计，揭示一些工程存在预结算编审工作进度慢、工程竣工验收准备工作未及时落实等问题，提出相应的审计建议。市委市政府主要领导在审阅审计报告后作出“完善预结算编审和竣工移交工作”和“加强依法审计，落实问题整改，确保地震灾后恢复重建资金的安全和效益”等指示，更有力地促进有关单位加强对存在问题的整改，加大工程预结算编审的力度，加快工程竣工验收进程。

【预算执行审计】2010年，市审计局按照“行政权力运行到哪里，监督就落实到那里；财政资金运用到哪里，审计就跟进到那里”的要求，统筹全市审计资源，组织对市财政、地税等部门和部分专项资金的预算执行情况审计，查处违规资金6794万元，促进纠正管理不规范资金45217万元，上交财政收入5252万元，完善管理制度和措施12项，严肃财经纪律，规范财政管理，提高预算执行力。

【经济责任审计】2010年，市审计局以领导干部守法、守纪、守规、尽责情况为审计重点，坚持任中和离任审计相结合、镇委书记和镇长“同步审计”相结合，开展对17名领导干部的经济责任审计，重点关注领导干部落实扩内需、惠民生等各项宏观政策情况，揭露和查处未按规定使用专项资金、没按规定进行土地转让、单位债权债务不真实等行为，纠正和理顺管理不规范资金1.5多亿元，帮助被审计单位建立和完善制度10多项，有效提高领导干部的政策执行力，推进权力的源头监督和反腐倡廉建设。

【行政事业和专项资金审计】2010年，市审计局把行政事业及专项经费审计作为推进反腐倡廉建设、预防职务犯罪以及维护保障民生的重点工作，组织开展政府因公出国经费、驻北京联络处等6个部门（项目）的审计和审计调查，依法揭示和反映30多处国有资金（资产）管理不规范、管理制度不健全、组织管理松散等问题，客观分析其原因、危害和影响，提出审计意见和建议，促进有关部门完善内控制度，建立和完善廉政长效机制,规范资金管理，保障国有资金安全和资产保值增值。围绕政府重视、群众关心的热点难点问题和重要事项，开展对社保基金、中小学校舍安全工程、解决中小学教师待遇“两相当”（中小学教师平均工资水平与当地公务员平均工资水平大体相当，农村中小学教师的平均工资水平与城镇中小学教师工资水平大体相当）问题、医院等9项民生资金（项目）的审计，揭示和反映个别专项资金未及时发挥效益、教师待遇经费未落实、医院收费不合规等问题，促进有关部门加快落实相关政策，加强资金项目管理，发挥资金使用效益，维护群众切身利益。

【固定资产投资审计】2010年，市审计局加强对第16届亚运会东莞场馆改造等重点投资项目与专项资金的审计，重点审查项目决策、招投标、预决算、工程质量管理、物资采购和资金使用管理等环节，依法查处多计建设成本、违规招投标、损失浪费等问题，查出管理不规范资金18278万元，损失浪费1036万元，促进建设单位完善制度，加强管理，减少损失浪费，提高资金绩效，推进工程建设领域的廉政建设。

【地方政府性债务审计】2010年，市审计局紧贴形势，开展全市地方政府性债务审计调查，及时揭示财政管理中的薄弱环节和潜在风险，客观看待政府性债务资金管理、使用等情况，深入分析政府性债务的成因和偿债风险，揭露个别镇街有些债务资金未及时使用等问题，提出“规范债务管理、控制增量债务和加强地方政府融资平台公司管理、解决存量债务”等审计意见和建议，促进有关职能部门完善防范政府性债务风险的管理办法，相关镇街针对存在的问题和薄弱环节，认真整改落实，增强防范风险的能力。

【内部审计】2010年，市审计局围绕巩固防范基层风险的基础，加大内审指导监督力度，有效推动内审工作发展，内审工作取得明显成效。一是内审机构进一步健全。全市各镇街都成立专职审计办，全市大部分中央属、省属部门单位和市直部门单位建立专职内审机构，配备专职内审人员，建立和健全审计制度。截至2010年，全市有内审机构448个，配备内审人员1793人，内审机构建设取得重大进展。二是内审业务水平稳步提升。先后举办绩效审计、固定资产投资审计、现场审计实施系统审计（AO）等5期培训班，培训内审人员500多人次，有效提高内审人员的业务技能；开通网络指导平台，开展沟通交流活动，组织内审人员到审计机关“跟班”学习与机关审计人员到基层调研指导，通过审计互动提高技能；组织基层内审机构开展内审工作经验交流与总结，通过心得交流提升水平，有多个内审工作经验材料受到省厅好评，在全省推广。三是内审工作成效明显。全市内审机构完成审计项目2363项，查出违规金额36841万元，查出损失浪费1141万元，促进增收节支11946万元，增加效益1042万元，有效维护财经纪律，完善内控制度，改善经营管理，提高效益，防范风险，内部审计“免疫系统”功能得到进一步发挥。　（朱清荣）

附：2010年东莞市审计局领导名录

局　长：杜沛游

副局长：梁渠森　王汝铭　卢炳辉　何志宇（12月到任）

总审计师：何建东（12月到任）

安全生产

【概况】 2010年，全市各镇街、各部门围绕建设“平安东莞”的要求，深入开展安全生产“三项行动”（安全生产宣传教育、安全生产执法、安全生产治理），扎实推进“三项建设”（法制体制机制建设、保障能力建设、监管队伍建设）。2010年，全市发生各类生产安全事故4910.5宗（半宗按东莞海事局数据报送统计）、死亡574人、受伤5365人、经济损失896.6989万元，与上年同期相比，事故宗数、死亡人数、受伤人数分别下降3.24%、2.21%和3.70%，经济损失上升10.82%，较好地完成全年工作任务和目标，为东莞转型发展提供有力的安全保障。

【安全生产责任考核】 从2010年起，市政府把每两年一次的镇街实地考核改为每年一次，由市安委办牵头组织8个小组，通过听取被考核人的述职报告，同有关人员进行单独谈话、核对安全生产指标数据、抽查档案材料、深入基层实地查看等方式完成对32个镇街的考核工作。同时，以考核为基础，从专项资金中提取161.6万元，对16个先进镇街、104个先进单位、136个先进个人进行现金奖励。

【执法监察】 2010年，结合“两节”、“两会”、“世博”、“亚运”等敏感时期，在危化、消防、道路交通、特种设备建筑施工等重点领域，多部门联合开展安全生产大检查工作、“平安亚运”安全生产保障工作和“打非治违”专项行动，着重督查事故频发、隐患突出、安全生产形势严峻的行业和企业，全面发动、周密安排，使工作真正做到不留盲区、不留死角，最大限度消除各类安全隐患。全年全市检查企业43704家，整改隐患14459处；发出责令整改指令书2189份，整改复查意见书2217份，强制措施决定书264份；责令停产停业整顿198家、关闭10家；行政处罚366次，经济罚款704万元。

【严格市场准入】 2010年，市安全监管局抓好“三同时”（安全设施与主体工程同时设计、同时施工、同时投入生产和使用），对进行危险化学品生产、经营、储存企业，严格论证审查和安全评价，绝不降低门槛、放宽标准，严格控制新上高危项目。全年受理安全生产行政许可629宗。

【安全生产专项整治】 *危险化学品安全专项整治*。2010年，市安全监管部门结合安全生产“三项行动”，推进危险化学品专项治理工作，加强对危险化学品

抓好安全生产监管工作，打造平安幸福东莞

2010年3月10日，国务院安委办督导组莅莞督导亚运场馆筹备情况和安全保障情况

生产经营单位的安全监管，重点检查化工厂、加油站、化工仓储、烟花爆竹经营点等场所的安全状况，严厉打击无证照非法危险化学品生产加工场所。全市检查危险化学品生产企业149家，经营储存单位669家，重大危险源46个，发出整改指令书153份，责令整改隐患422处。

消防安全专项整治。2010年，市公安消防部门贯彻落实新《消防法》，以"三合一"（住宿与生产、经营储存为一体）场所、出租屋、网吧等场所为重点，促进消防安全责任制落实，落实火灾隐患整改，敦促完善灭火和应急疏散预案。市财政对67个经济欠发达村（社区）给予603万元的消防建设专款帮扶。截至2010年，全市有532个村（社区）按"五个一"（一组人员、一套制度、一个固定场所、一套防护装备、一台车辆）标准组建兼职消防队，队员达5366人。

道路交通安全专项整治。2010年，市交警支队围绕道路交通事故预防的工作中心，开展查处酒后驾驶、假牌假证、摩托车等交通秩序整治行动。加强路面检查、源头控制，加强交通基础设施安全隐患检查。全市出动警力506486人次，出动警车161238辆次，查处交通违法602667宗，其中超速29.1万宗、行人和非机动车违法9.3万宗、摩托车违法4.3万宗、电动自行车违法7215宗、酒后驾驶483宗（醉酒140宗），查处故意遮挡、污损号牌2787宗，查获无牌无证机动车8851辆。市交通局制定《东莞市迎

① 2010年2月12日，市委书记、市人大主任刘志庚，市委副书记、市长李毓全等市几套班子领导到万江牌楼基市场、莞城沃尔玛超市、莞城中心小学建设工地、莞城少年宫建设工地、东城世博广场治安执勤点、迎春花市等地检查春节前安全生产工作

② 2010年2月9日，副市长邓志广带队到东莞汽车总站检查春节前安全生产工作

亚运道路危险货物运输隐患排查工作方案》。7—9月，在全市范围内开展道路危险货物运输隐患排查工作，排查危运企业105家，危运车辆2209辆，危运从业人员约4500人，排查率均达到100%，整治隐患187处。

建筑施工安全专项整治。2010年，市住建局对全市在建工程进行8次专项大检查，出动检查人员764人次，检查房屋建筑工程521项，对存在一般安全隐患的工程签发限期整改通知书110份、存在重大安全隐患的工程签发暂时停工通知书94份，按照企业信用动态监管要求实施扣分，同时针对存在安全隐患的工程建立事故隐患台账登记，确定专人定期进行跟踪处理，确保消除隐患，对其中拒不整改的工程企业进行行政处罚。

特种设备安全专项整治。2010年，市质监部门不定期对全市117家特种设备生产单位开展监督检查，切实保障特种设备产品质量；发挥特种设备技术支撑，抓好特种设备检验覆盖率和检验质量，提升检验能力。全年检验特种设备65164台次，检验覆盖率为97.33%。

【安全文化普及】一是突出对领导干部的宣教。2010年8月13日和9月9日，分别邀请中国安科院院长吴宗之和省安全监管局党委副书记苏晓军在市会议大厦举行安全生产报告会和《关于进一步加强企业安全生产工作的通知》的宣讲会，市安委会成员单位分管领导、市镇两级安全监管部门有关工作人员、各村（社

① 2010年3月25日，市安委会召开第一季度例会暨防范重特大事故工作会议

② 2010年10月18日，东莞市安全生产委员会联合东莞市电视台举行2010年东莞市安全生产知识竞赛

③ 副市长邓志广（右二）、市政府副秘书长任新合（左二）、市安监局局长陈建国（右一）、道滘镇镇长贾贵斌（左一）共同启动2010年安全生产月咨询日活动

区）安全办主任以及企业代表约1200人参加宣讲会。二是突出对企业负责人的宣教。举办生产经营单位主要负责人培训班，由财政拨款资助，让企业主要负责人能够免费接受培训。2010年完成45个班次的培训，培训达5000人。通过培训学习，使企业负责人加深对安全生产相关法律法规的认识，增强生产经营单位主要负责人的法律意识和责任意识。三是突出对企业员工的宣教。以"安全生产月"活动为契机，采取现场咨询和深入企业的方式，采取流动展板展出、法律咨询、派发企业员工安全生产法律知识读本、宣传电影巡回放映等多种方式，宣传安全生产法律法规。安全生产宣传服务咨询日当天，全市参加活动的市镇部门456个、参加的人数10万余人、现场派发的资料超过50万份。同时，加强企业员工特种作业培训，提升安全操作技能，全年培训人员29560人。

【安全监管队伍素质建设】 2010年，全市安全监管系统新增编制87个，充实人员力量。举办2期执法业务提高班，对市安全监管局各科室、各安全监管分局445人进行集中学习培训。培训考核内容主要包括法律法规，日常执法监察要点、程序等，提升人员的工作素质和能力。在全市村居100%成立安全办的基础上，市安全监管局投入135万元，分9期对2600多名村（居）安全办工作人员进行全员培训。培训的科目设置结合村（居）业务实际，为安全监管"重心下移、关口前移"奠定良好的人员基础。

【安全生产应急建设】 2010年，市安全监管局推进市应急平台建设工作，出台方案、选定场地、争取经费，进行设计；动员、指导基层镇街认真筹建应急平台，推动企业引进视频监控设备；完善各项应急救援预案，构建横向到边、纵向到底的应急预案体系；组织开展应急演练，2010年东莞市生产安全事故应急救援演练有22个单位、450余人、50多台车辆参演。各级安全监管部门全年组织举行各类应急逃生演练200多场。

【安全生产工作思路创新】 2010年，市政府对危险化学品行业进行统一规划、集中管理战略，出台《关于印发〈东莞市持续改进危险化学品生产、储存、经营产业布局的工作意见〉的通知》，在虎门港、谢岗、大岭山、清溪建立危险化学品重点规划区域，不再受理不设立在专用区域内的危险化学品新建项目申请；继续推进工伤预防，以开设培训班为主线，通过督查、安全监察、强制性整改、宣传教育等措施使工伤发生率大幅度下降。2010年开设培训班11期，培训有关人员约3200人；推进"简政强镇"工作，通过委托的方式，将安全生产17项事权下放至13个镇街安全监管分局，真正做到"关口前移、重心下移"。 （田小兵）

附：2010年东莞市安全生产监督管理局领导名录

党组书记、局长：陈建国
党组成员、副局长：符基英　康仁非　沈善智（10月到任）
党组成员、执法监察支队长：高景荣
党组成员、纪检组长：刘炳照

2010年东莞市生产安全事故

事故类别	事故数（宗）			死亡人数（人）		
	2010年	2009年	同比（%）	2010年	2009年	同比（%）
工矿企业事故	24	30	-20	31	30	3.33
火灾事故	13	6	116.67	15	11	36.36
道路交通事故	4872	5037	-3.28	526	545	-3.49
水上交通事故	1.5	2	-25	2	1	100
合计	4910.5	5075	-3.24	574	587	-2.21

2010年东莞市死亡3人以上事故情况

序号	类别	较大事故名称	发生时间	死亡人数（人）
1	工矿	黄江"9·1"事故	2010.9.1	3
2	工矿	松山湖"12·23"事故	2010.12.23	3
3	火灾	虎门"1·6"事故	2010.1.6	4
4	火灾	中堂"3·13"事故	2010.3.13	3
5	火灾	凤岗"9·2"事故	2010.9.2	3
6	道路交通	黄江"1·1"事故	2010.1.1	4
7	道路交通	谢岗"6·13"事故	2010.6.13	3
8	道路交通	常平"6·27"事故	2010.6.27	3
9	道路交通	中堂"7·16"事故	2010.7.16	4
10	水上交通	望牛墩"4·7"事故	2010.4.7	3

国有资产监督管理

【概况】 2010年，东莞市现有经营的独立核算市属及市属参股企业73家（含集团公司下属企业），其中全资企业54家、国有控股企业11家、国有参股企业8家，市属企业中包括金融类企业4家（东莞银行、东莞证券、东莞信托、华联期货），上市公司2家（东莞控股、生益科技）主要集中在基础设施、公用事业、港口园区、金融证券等重要领域。市属及市属参股企业总资产1711.57亿元，其中国有资产总额735.28亿元，国有净资产188.04亿元，营业收入171.60亿元，总利润37.64亿元，全年上缴税金18.65亿元。

【市属企业做强做优】 参与重点项目建设。2010年，路桥总公司、轨道公司、虎门港集团公司、东江水务公司、电化集团公司等市属企业承担东莞市高速公路、轨道、港口、水厂、电厂等基础设施和公用事业等重点投资建设项目，共投资116亿元。市轨道交通有限公司推进R2线工程建设，完成投资4.4亿元。路桥总公司东莞大道延长线、S120部分路段、东江特大桥、中麻公路大修等16个路桥建设项目相继动工。虎门港集团公司集装箱建设项目累计完成3.44亿元，保税物流中心顺利实现封关运作。电化集团公司与大唐集团、大唐华银正式签署《“上大压小”整合电化发电资源合作协议》，项目投资总额102亿元。

实施产业整合。2010年，电化集团公司关停产能落后的发电项目，通过收缩型资本运作模式引入IGCC（整体煤气化联合循环发电系统）和超超临界洁净煤电项目。东莞市福地电子材料有限公司增资4000万元，并融资1.4亿元重点发展大功率LED芯片及外延片产业，2010年签订销售合同近3亿元。

强化企业资本运作，拓展融资渠道。2010年，东莞证券公司转增资本9.5亿元，注册资本从5.5亿元增加至15亿元。东莞控股公司与东莞信托公司合作，设立“泰信1号”信托计划融资金额1.3亿元，发行短期融资券融资资金5亿元。虎门港集团公司取得银行15.9亿元的授信资金，同时获得中国工商银行20亿元的融资支持。电化集团公司通过长、短期融资券、信托贷款等融资方式累计获得银行18.7亿的授信额度。

创新主业，增强发展活力和核心竞争力。2010年，东莞证券公司推动经纪业务、资产管理业务、投资银行业务，实现IPO（首次公开募股）“零”的突破，完成3个IPO上市项目，推出旗峰1号和旗峰2号两个理财产品。虎门港集团公司拓展保税物流业务，成功引进百业集团、威高等5家大型企业并签订了合

东莞市人民政府国有资产监督管理委员会

2010年3月23日，市委常委、常务副市长冷晓明出席全市国有资产监督管理工作会议

作协议。虎门港澳客运公司2010年先后引进长荣航空、香港快运航空等航空公司的值机服务，将香港国际机场的登机服务前移至上游港口，同时对口岸出入境大堂、预办登机服务大厅进行升级改造，增设标准化航空值机柜台和自动化行李处理线路9条。东莞银行顺利完成了东莞长安村镇银行、灵山泰业村镇银行等农村金融机构的筹建和开业工作。信托公司加大对商业地产信托、PE（市盈率）、镇村集体资产管理等业务的研发，逐步开发标准化、可持续的信托产品，建立稳定的盈利模式。

打造企业品牌，进一步提升品牌效应。2010年，东莞银行冠名广东宏远篮球俱乐部篮球队2010年的CBA赛事，利用体育运动树立健康的品牌，提升企业形象，增加东莞银行品牌的知名度和影响力。虎门港澳客运公司与市一级票务代理商签订“狮子洋飞航”商标许可使用协议书，将商标用于酒店、免费接送巴士上，进一步推广服务品牌。新奥燃气公司规范统一品牌视觉形象，开展多方位宣传。福地纯水公司加强“福地”品牌的推广力度，与东莞市虎门龙威客运有限公司联手，利用与“狮子洋飞航”商标的合作，将“福地”品牌推向港、澳和东南亚。

【国有资产监督管理】 完善企业法人治理结构。2010年，市国资委推进市属企业法人治理结构构建工作，依照《公司法》及《企业国有资产法》，东莞证券有限责任公司、新远高速公司、福地电子材料公司等3家市属企业的法人治理结构搭建工作，成立董事会、监事会、经营班子。

完善议事决策机制，实行民主管理。市属企业进一步完善决策机制，明确内部治理组织的关系，规范议事、决策的流程。信托公司进一步明确管理权限，由总经理对副总经理进行分级授权管理，细化业务审批内容和权限。虎门港集团公司形成了员工参与、专家咨询、管理层决策相结合的决策机制。

加强风险防范，完善财务监督。东莞银行积极推广内部资产转移定价系统、资产负债管理系统，提高对资产流动性、利率及资产配置的管理水平。福地纯水公司引进企业资源计划管理系统，全面推行电算化动态管理，大大节约管理费用和提高资金周转率。松山湖控股有限公司对财务实施动态实时管理，提高财务的统筹管理能力，保证公司资金支出，确保稳定的现金流，提高应变能力。东莞证券公司将内部审计与专项审计相结合，加强事前的风险控制，将监督常规化，有效地防范风险。

加强国有资产监督管理制度建设。2010年，市国资委印发《东莞市市属企业重大事项审核备案制度》、《东莞市市属企业财务报表报送暂行规定》，起草《东莞市市属企业薪酬管理办法》、《东莞市市属企业资产评估管理暂行办法》、《东莞市市属企业资产损失核销管理暂行规定》。市轨道交通有限公司修编规章制度86项，涵盖工程建设、基础管理、人事管理、职务晋升管理等15个方面。信托公司结合自身实际制定《公司授权管理办法》、《监事会对董事、高级管理人员履职评价办法》等制度，强化对董事会、监事会、高级管理层的考核约束。东莞银行重新修订《东莞银行授权管理办法》，强化授权执行力。虎门港集团公司在设备管

2010年1月7日，市国资委召开东莞市市属企业厂务公开暨创建“四好”领导班子工作会议

理、作业流程、安全生产方面制定行政、业务规程近60项。东江水务公司对涵盖公司后勤、生产、工程、技术、企业文化、安全等方面的《东江水务公司管理制度》进行修编完善。

开展“小金库”专项治理工作。按照《关于印发〈广东省国有及国有控股企业“小金库”专项治理工作方案〉的通知》的部署要求，市国资委会同财政局等部门组成重点检查小组并开展专项治理工作。全年组织73家市属企业开展全面的自查自纠和对15家企业进行重点检查，发现有6家企业存在“小金库”情况，涉及金额共697.90万元。“小金库”专项治理工作小组责成这些企业在限定时间内提出补救措施，落实整改。

【产权交易】 2010年，市产权交易中心贯彻执行《企业国有产权转让管理暂行办法》、《东莞市企业产权转让交易规定》、《东莞企业产权交易管理规定》等相关规范性文件，进一步发挥和完善产权交易市场功能、公开产权交易信息、规范产权交易运作，有效地防止产权交易暗箱操作。2010年，市产权交易中心共完成产权（含实物资产）交易37宗，成交额为38757.20万元，比底价27081.90万元增加11675.3万元，增长43%。

【历史遗留问题处理】 组建市资产经营有限公司。2010年5月，市国资委将财贸、经贸、外贸、建设、农委、科技、计委、宣教、商旅等九家资产经营有限公司归并成立东莞市资产经营有限公司，主要承担市属关停企业的清算、注销、债权追收、债务处理、剥离资产处理、资产或经营收益的监管和处理等工作，原先九大资产经营公司与监管市属企业的管理关系划转至市国资委，由市国资委直接履行出资人职责。

市属关停企业“4050”人员经济帮扶工作。2010年4月市国资委向市政府提请《关于建立市属关停企业“4050”人员生活扶助机制的请示》，后经市政府联席会议讨论，同意建立市属关停企业“4050”人员经济扶助机制，向市属关停企业“4050”人员发放社保缴费补贴。全年先后分两批对1025名人员进行资格审核，发放补贴金额共计144.58万元。

市属参股企业退休干部享受财政补贴。2010年，市国资委向市政府请示，落实解决东莞市市属参股企业中国家干部享受市财政退休干部补贴问题。经市党政领导班子联系会议讨论，同意从2010年1月起向通过组织人事部门调入市属参股企业且在2006年12月31日前退休、现仍在册的具有国家干部身份的人员，参照市属企业同等条件的退休干部财政补贴的50%的标准发放财政补贴。截止2010年，已对东莞市南方新型建材有限公司、广东宏远集团药业有限公司、东莞市中兴保鲜设备有限公司等3家市属参股企业33名人员发放了财政补贴。（黄健翔）

附：2010年东莞市人民政府国有资产监督管理委员会领导名录

主　任：梁建新

副主任：陈润技　尹可非　游锦辉

自然科学·社会科学

NATURAL SCIENCE · SOCIAL SCIENCE

- 高新技术产业快速发展
- 公共创新平台和行业技术平台顺利运作
- 专业镇技术创新平台和科技企业孵化器加快发展
- 国际科技交流合作纵深推进
- 科技金融结合试点工作突破性进展

东莞市科学技术博物馆

编辑：黄文挺

科学技术

【概况】2010年，东莞市坚持把依靠科技进步和创新作为推动产业调整升级和加快经济发展方式转变的重要举措，积极组织实施“科技东莞”工程，科技创新工作全面推进，科技创新各项事业呈现良好发展态势。东莞成为国家半导体照明工程高新技术产业化示范基地、国家知识产权示范城市创建市以及广东省LED（半导体）产业基地和绿色照明示范城市，并顺利通过省部产学研示范市验收，松山湖科技产业园区获批为国家级高新技术产业开发区。东莞市科学技术局、知识产权局是全市科技和知识产权工作主管部门，2010年底内设10个科室，下属3个事业单位，局机关在职在编人员39人。

【高新技术产业快速发展】截至2010年，东莞市国家高新技术企业达到335家，工业总产值达1240.6亿元，增长58.5%；全市高新技术产品工业总产值达2326亿元，增长30.7%。特别是重点推动发展LED等战略性新兴产业，培育发展110多家LED企业，年产值超过80亿元，增幅达60%以上。

【科技企业队伍发展壮大】2010年全市新增约600家科技型企业，其中新增91家国家高新技术企业、126家广东省民营科技企业、8家广东省创新百强企业、4家广东省知识产权示范企业、4家广东省知识产权优势企业和4家广东省创新方法推广应用试点企业，并新认定241家东莞市民营科技企业、97家东莞市专利培育企业和47家东莞市专利试点企业。科技创新型企业队伍不断壮大的同时，企业研发能力也得到进一步提升，新增6家省级企业工程中心和13家市级企业工程中心，还获批1家广东省重点实验室和2家广东省重点实验室培训基地，并认定12家东莞市重点实验室。

【科技政策体系继续完善】2010年，东莞市以推动发展科技服务业为重点，制定出台《东莞市加快发展科技服务业实施办法》和《东莞市科技服务机构认定管理办法》及其操作规程；以推动发展LED产业为重点，研究制定《东莞市LED照明应用示范工程补贴暂行办法》、《东莞市促进LED产业发展及应用示范的若干规定》和《东莞市LED产业发展规划（2010—2015年）》；以推进知识产权专利质押融资为重点，制定出台《东莞市科技贷款金融结合试点市科技贷款风险准备金管理暂行办法》和《东莞市专利权质押管理办法》等配套政策。同时在广泛开展调查研究和征询专家意见的基础上，编制完成《东莞

东莞市科学技术局

① 2010年东莞市科学技术奖励大会上，市委副书记、市长李毓全为获东莞市科学技术奖市长奖的单位和个人颁奖
② 市政府召开实施“科技东莞”工程领导小组工作会议

① 2010年东莞国际科技合作周暨第四届中国（东莞）专利周开幕典礼
② 高科技企业生产线
③ 东莞华中科技大学工程研究院研发大楼

市科学和技术发展十二五规划》（送审稿）。

【公共创新平台和行业技术平台顺利运作】 2010年，市科技局以建设发展公共创新平台和行业技术平台为重点，健全区域创新体系。新组建东莞上海大学纳米技术研究院，使全市公共创新平台总数达到10家；东莞电子科技大学电子信息工程研究院竣工，广东电子工业研究院项目通过验收。推动公共创新平台加强与本地产业对接，各平台积极发挥技术优势，联合企业申报200多项省部（省院）产学研结合项目，并孵化各类企业35家。同时，东莞市迈科锂离子电池工业节能技术研究院和东莞市永强专用汽车研究院2个行业技术平台获市政府批准组建，使全市行业技术平台总数达11个。积极推动开展“行业科技创新平台走进松山湖”等活动，探索行业技术平台与公共科技创新平台之间资源共享、合作互惠的模式与途径。在建各行业技术平台进展顺利，五星太阳能技术研究院等3个行业技术平台的镇级财政资助全部到位。

【专业镇技术创新平台和科技企业孵化器加快发展】 2010年，市科技局实行局领导班子成员分片挂钩联系制度，加强对各专业镇技术创新平台的调研与建设指导，大朗、常平、寮步3个专业镇创新技术平台中标粤港关键领域重点突破招标项目；大朗、企石被新认定为广东省技术创新专业镇，使专业镇总数达到15个；石龙镇被批准为国家特色产业基地。加强指导建设科技企业孵化器，新认定东莞市高盛科技园、东莞市软件企业孵化园和常平科技创新中心3家为市级科技企业孵化器。

【科技计划项目承接能力提升】 2010年，全市科技企业和科研机构共承担省级以上科技项目267项，承担经费达2.05亿元，增长40%。其中，获国家和广东省科技型中小企业技术创新基金项目立项62项，获得经费超过3000万元，位列全省第二；6个项目中标广东省粤港关键领域重点突破招标项目，获得1450万元经费资助，在全省排第三；获广东省促进科技服务业发展专项13项，居全省地级市首位；获国家和广东省国际科技合作项目立项5项，经费超千万元，创历史最好成绩。年初广东中镓半导体科技有限公司等东莞3个创新科研团队获得广东省首批创新科研团队项目立项后，年末新增9个项目入围2010年广东省创新科研团队项目专家答辩环节，数量在全省排第二位。同时，市科技局组织实施企业科技贷款贴息、科学技术奖、专利培育企业资助等市级科技和专利项目，共立项829项，资助经费达3.87亿元。特别是调整和改革项目实施方式，集中资源实施重大科技专项和粤港招标东莞专项，立项12个项目，给予近亿元经费资助，平均每个项目资助超过800万元。

【产学研结合工作全面开展】 2010年，市科技局组织150多家科技企业赴北京、西安、长沙等地高校院所及军工科研单位开展产学研交流与洽谈，达成产学研合作意向122项。组织企事业单位承担省部（院）产学研结合项目111项和7650万元科研经费，其中获重大重点项目立项22项和3340万元项目经费，在全省排第三位。实施科技特派员和科技联络员计划，引进101名企业科技特派员，推荐2名科技联络员进驻有关高校，并获认定9个省部企业科技特派员工作站。加强产学研创新联盟建设，指导RFID（射频识别）、卫星导航等省部产学研创新联盟起草行业技术发展路线图，筹建物联网、云计算等省部产学研创新联盟。强化产学研结合示范，松山湖高新技术产业园区、常平镇被广东省科技厅认定为省部产学研结合示范基地；8月20日，

广东省科技厅组织专家组对东莞省部产学研示范市项目进行考核验收。专家组高度评价东莞通过产学研结合方式，提升区域创新能力和产业竞争力的一系列做法和所取得的成绩，一致同意东莞通过验收。

【国际科技交流合作纵深推进】 2010年，东莞市重点拓展与独联体国家的科技合作，组织13家企业参加“白俄罗斯广东科技节”，并组织承办“26名独联体国家专家东莞行”、广东省第二届“百名海外高级专家南粤行”东莞专场等活动。举办2010东莞国际科技合作周暨第四届中国（东莞）专利周，期间组织举办“科技东莞”工程成果展等三大专题展览、中国（东莞）—独联体科技合作专题讲座等三个论坛和国际科技合作项目签约等三场签约活动，吸引3万多人次专业人士参与，签订10项国际科技合作项目和41项产学研合作项目，并有8个优秀工业设计作品现场对接转让。着力提升国际科技合作平台，松山湖科技产业园区、东莞市康达机电工程有限公司被国家科技部认定为“国际科技合作基地”，华坚集团等5家企业被广东省科技厅认定为“广东省国际科技合作基地”。

【科技金融结合试点工作突破性进展】 2010年，市科技局积极开展科技金融结合试点工作，制定省市联动科技贷款风险准备金管理办法和使用细则，并首次组织召开全市科技金融结合工作会议，与东莞银行、建设银行东莞分行等银行签订知识产权质押合作协议，正式启动和实行专利权质押贷款试点，首家企业取得390多万元贷款，取得实质性突破。同时，扎实推进科技企业上市工作，强化分类辅导，组织召开2009年度科技企业上市总结会与2010年科技企业上市工作会议以及国家高新技术企业上市动员培训会等，依托市科创投资研究院评审认定12家企业为第四批重点培育上市后备科技企业，并新增劲胜和星河生物两家科技企业在创业板上市。引导创业投资事业发展，市科技创业投资合伙企业（有限合伙）选定6个项目进行投资，涉及动漫创意、信息数据采集、新能源等领域。

【知识产权工作全面推进】 2010年，全市专利申请量21654件，增长13.3%，其中发明专利3143件，增长97%，占申请总量14.5%，提高6.5%；专利授权量20397件，增长57.9%，其中发明专利442件，增长74%，专利申请和授权量继续在全省排第二位。市科技局提高专利管理水平，制定出台《东莞市知识产权战略纲要（2010—2015年）》、《东莞市企业知识产权管理指引》等。加强专利行政保护，完善相关独立专利行政执法制度，研究制定《东莞市打击侵犯知识产权和制售假冒伪劣商品专项行动实施方案》；召开全市知识产权保护与执法工作会议，对全市“双打”专项行动进行部署；配合广东省知识产权局调处专利纠纷案件14宗，成功调解专利案件7宗；积极筹建知识产权维权援助中心；加强展会知识产权保护，先后在第23、24届厚街（名）家具展和第二届广东外商投资企业产品（内销）博览会等开设知识产权保护服务点。培养企业专利人才，举办3期专利工作者培训班，就专利信息检索、专利行政保护、专利司法保护和企业专利管理与实务等内容进行培训，共培养330名“广东省企业专利工作者”；启动实施“千千百”知识产权人才培训工程，首次把知识产权人才培训班开进校园，培训200多名学员；组织3家代理机构和7家企业参加2010年“百所千企”知识产权服务对接活动。此外，开展“4·26世界知识产权日”系列宣传活动，全年举办“中美知识产权保护实务高层论坛—在全球保护创新资产”、“涉外企业知识产权保护论坛”等约10场专题培训和讲座，3000多人次参加。

【科技项目绩效评价、中期检查和验收规范展开】 2010年，市科技局开展“科技东莞”工程绩效评价。认真对“科技东莞”工程实施以来的资金、项目和效果等情况进行绩效评价，共对23个科技专项进行评价，形成《科技局实施“科技东莞”工程绩效评价报告》；开展财政支出项目自我绩效评价和企业研发投入资助计划项目绩效评价，对14个专项进行自我绩效评价，其中5项评为“优”，7项评为“良”；对2007—2009年度企业研发投入资助计划进行绩效评价，涉及252家资助企业、355个资助项目和34731万元资助金额。开展科技项目中期检查和审计工作，对2008年度粤港招标东莞专项进行中期检查，共检查项目20项，其中按计划进度执行项目18项；对2008年立项的206项高等院校科研机构和医疗卫生单位资助计划项目以及科技型中小企业创新资金项目进行中期检查；配合省审计厅做好2008—2009年度“节能减排与可再生能源”省重大科技专项审计，并协助市审计局做好“科技东莞”工程专项资金2009年度预算执行情况专项审计。组织开展科技项目验收，对医疗卫生项目、科技型中小企业创新资金项目和粤港招标（东莞专项）等218项科技项目进行验收，其中通过验收项目214项，验收不合格项目2项。

【科学技术奖励大会暨推进LED产业发展工作会议召开】 2010年9月16日，2010年东莞市科学技术奖励大会暨推进LED产业发展工作会议召开。国家科技部高新司副司长胡世辉，省科技厅厅长李兴华，市委书记、市人大常委会主任刘志庚，市委副书记、市长李毓全，市政协主席刘树基，市委副书记、政法委书记黄双福，市人大常委会常务副主任张继雄，市委常委、常务副市长冷晓明，市委常委、副市长江凌出席大会。会议总结“科技东莞”取得的成果，对推进LED产业、继续实施“科技东莞”工程、建设创新型东莞做部署，同时奖励96项2010年市科学技术奖项目，其中技术成果类市长奖1项、荣誉类市长奖4项、创新企业奖4项、科技进步奖87项，奖金共计1260万元。会上还举行东莞市被国家科技部授予“国家半导体照明工程高新技术产业化基地”的授牌仪式。同时，东莞市与省科技厅签署《省市共建绿色照明示范城市框架协议》。

【“东莞依靠科技创新加快经济发展方式转变”座谈会在京举办】 2010年2月27日，东莞市人民政府与《科技日报》社联合在北京举办“东莞依靠科技创新加快经济发展方式转变”座谈会，分析总结东莞经济发展模式，特别是近年来强化科技创新驱动经济转型发展的经验。与会部委领导及专家学者们对东莞依靠科技创新加快经济发展方式转变的做法予以高度评价。座谈会引起社会各界高度关注，《人民日报》、《南方日报》、《香港文汇报》、《东莞日报》、央视网、中国新闻网、东莞阳光网等20多家主流媒体对活动进行全面报道。

（柳景岐）

附：2010年东莞市科学技术局（知识产权局）领导名录

局　长：何跃沛
副局长：梁凤鸣　严济荣　吴美良
　　　　沈海邑（9月到任）
纪检组长：吴璇瑜
副调研员：吴贻昀
科技馆馆长：李志明

电子政务

【概况】 2010年3月，根据《关于印发东莞市人民政府机构改革方案实施意见的通知》和《关于印发东莞市电子政务办公室机构编制方案的通知》，市信息化办公室更名为“东莞市电子政务办公室”，直属市委、市政府领导，归口市委办公室管理，内设科室4个，分别是综合科、信息技术科、网络工程科和应用推广科。现有工作人员共24人，其中干部21人，职工3人，设主任1名，副主任2名。

2010年东莞市通过积极推广和应用信息技术，以先进信息技术提高政府效能、服务广大市民，以电子政务带动全市信息化应用水平的稳步提高，促进全市信息化和电子政务建设的科学、协调发展。由市电子政务办和开普互联公司主持的“集约型政务管理与服务统一平台项目”获得全省科技进步奖二等奖。

【召开全市电子政务推进工作会议】 2010年3月18日，东莞市召开全市电子政务推进工作会议，同时组织与会人员到联席会议室参观联席会议无纸化办公建设情况。会议由市委副秘书长、办公室主任潘新潮主持，市委常委、秘书长何嘉琪在会上作重要讲话。会议总结东莞市近年来电子政务工作取得的成绩和存在的问题，对如何进一步推进东莞市电子政务工作作部署，提出“以无纸化为抓手，推进机关办公自动化；以网上审批为突破，推进政府服务网络化；以政府网站为载体，推进政务信息公开化；以‘数字东莞’为目标，推进信息资源共享化”的工作新思路，加强统筹规划和组织协调，确保电子政务建设的高效推进。

【协办2010广州亚运会】 2010年是亚运会举办年，东莞是广州亚运会的协办城市。市电子政务办公室承担起广州亚运会东莞分赛区的信息技术支持工作。从2009年开始承担前期筹备工作，2010年起组建由10多个集成商、3大运营商，以及高校志愿者组成的百人信息技术团队，前期进行大量的通用培训及专业培训，举行多次的仿真演练，制定完善的应急预案，为亚运会举重项目比赛的顺利进行提供核心保障。东莞市在比赛期间实现零故障，圆满完成亚组委交付的任务。

【优化与拓展政务网络】 2010年，东莞市电子政务部门加强对现有网络和系统的优化组合、完善升级，加强安全防范和容灾备份工作，保证全市政务网络的安全稳定运行，完成大朗容灾备份中心的建设工作。通过加强技术手段，提高监控力度，优化处理流程等工作，维护政务网络的安全、稳定运行。继续推动电子政务网的延伸范围，新增接入单位6个，对原有单位进行网络升级3个，总线路达到253条。提高服务水平，打破政府日常办公的时空界限，推广远程接入网络，通过部署动态密码系统，使用户可以使用各种终端，尤其是手机可以移动办公，有2500多用户采用证书或动态密码的方式远程接入政务网。

【完善各平台和系统性能及功能】 2010年，东莞市提高和完善现有电子政务平台和系统的性能和功能，优化平台和系统的结构。加强对服务器、虚拟主机、托管主机的日常管理，通过使用服务器集中管理软件等技术手段，配合相关管理制度，做到对服务器类基础资源的全面掌握和系统化管理；对公众服

▲ 2010年3月18日，东莞市召开全市电子政务推进工作会议

▲ 2010年11月17日，市电子政务办公室工作人员与亚组委领导及志愿者团队在亚运会举重比赛现场留影

务平台的所有应用及托管在电子政务办公室各大机房的主机进行全面的安全检测，探测系统中所存在的漏洞及安全隐患，为建设单位提供修复漏洞的技术支持。优化“中国·东莞”网站群平台及“统一网上行政服务平台”的性能和功能，配套视频点播，升级全文检索系统，完善网上行政审批、网上服务的技术基础，加大应用力度，提高平台和系统的应用效率。做好市民邮箱、公务员邮箱、办公资源网、视频点播系统、电视直播系统、短信平台、中宏网、国研网、综合存储备份系统及各类数据资源系统的日常维护与管理。

【提升全市网上办公水平】 2010年，东莞市加大网上行政办公系统的推广力度。市电子政务办加强与各级部门的沟通，根据各部门提出的要求，完善OA功能，扩大OA的应用范围，OA用户数已达18000多人，单位共260个。积极协助各部门进行电子政务的建设，如为清溪镇开发领导版OA首页、完善OA应用；为大岭山镇政府定制修改公文办理的打印呈批表；为市财政局开发会议登记库、增加办文的功能；为市委办会务科修改公务活动安排库；协助做好“农村党风廉政信息公开平台”的建设实施工作；协助市委办设计与实施联席会议室的无纸化办公改造；参与“市消防通信指挥中心”、“市安全生产应急指挥平台”等项目的技术调研与论证工作。

【开发移动办公一键通项目】 2010年，东莞市移动办公一键通的采购计划经市财政局审核通过，并且VPN（虚拟专用网络）方式接入政务网采用动态密码校验的方式已调通，使得移动办公一键通项目具备可行性。经过与系统开发商以及VPN厂商不断的协调磋商，市电子政务办公室已完成该项目的开发规划及前期筹备工作，进入编码实现阶段，2011年全市网上办公系统用户可实现移动办公，办公不再受场所的限制。

【配合开展干部信息能力提升工程】 2010年3月开始，东莞市进行多期处级领导和镇街副职领导以及各级公务员的“干部信息能力提升工程”的培训和考试工作，在全市范围内实施干部信息能力提升工程，取得较好效果。

（方丽荷）

附：2010年东莞市电子政务办公室领导名录

主　任：刘　杰

副主任：谭永康　香伟文

▲ 东莞市政府门户网站首页

科 协

【概况】 2010年，东莞市科学技术协会（以下简称市科协）机关设有办公室、科普部、学会部（学术交流部）等工作部门，下辖东莞科学馆、东莞科技进修学院、东莞市科技咨询服务中心、东莞市翻译服务中心4个事业单位。至2010年底，市科协所属组织包括49个市直学会（协会、研究会）、32个镇（街）科协、松山湖园区科协、600多家企业科协。

【企业科技服务】 2010年，东莞市科协加大服务企业技术创新的力度。加强对院士专家企业工作站的建站指导，协助东莞泽龙线缆有限公司等5家企业获省科协认定为省院士专家企业工作站；通过项目引导，鼓励中小企业开展技术改造与创新、新技术的引进、新产品开发等项目的评估论证活动，对康达机电工程有限公司的“太阳能和生物质能技术的研究和评估”等102项新技术项目的评估论证活动进行资助；邀请中国旅美科技协会组织会员携电子信息、生物医药二大类高科技成果来莞，与东莞市企业举办项目对接洽谈会；组织市直学会发挥专业技术和人才优势，服务企业技术创新，开展厂会协作18项，开展“金桥工程”推广新技术新成果93项、引进技术经济项目65项;东莞市标准化协会、东莞市自动化学会在为企业提供产品标准信息、起草产品标准并进行标准审查、企业自动化技术改造等方面做了卓有成效的工作；注重开展面向企业需求的科技培训和继续教育，共举办创新思维与创新方法培训、企业科技人员晋升职称公修课培训、企业专利工作者培训、企业科协秘书长培训等各类科技培训班389期次，培训企业科技人员达5万人次。

【科技工作者服务】 2010年，东莞市科协继续帮扶青年科技人才成长。新增6家基层科协承接专业技术职称申报（认定）服务，为近600名基层科技人员晋升职称提供专业服务；扩大青年科技人才成长资助范围，共受理225名科技人员晋升高级专业技术职称、7人参加国内外高层次学术会议和2人出版原创性科技专著的项目资助申请；东莞市博士创业促进会成功推荐和协助11名博士在松山湖园区创办企业。

市科协加大对优秀科技工作者的举荐表彰。推荐李民英获评“全国优秀科技工作者”称号；开展第四届“东莞市优秀科技工作者”评选；协助市组织部门做好专业技术拔尖人才、南粤功勋奖等优秀人才奖项的推荐；推选科技工作者代表参加市人大、政协会议的旁听；评选38篇（项）东莞市优秀科技学术论文、东莞市优秀科技建议和金桥工程。

市科协加强对科技工作者的组织联络。收集全市428名高层次科技人才信息资料，筹建东莞市高层次科技人才信息库；成立中共东莞市科协社团支部委员会，理顺科技社团党建管理体制；新增东莞市自动化学会、质量协会、南博职业技术学院科协、生益科技公司科协等一批基层科协组织。

市科协关注科技工作者健康和权益。优化全市科技人才健康体检资助的申报流程，新增794名科技人员享受免费健康检查；继续完善科普网“主席信箱”、“法律咨询服务平台”的建设，处理科技工作者来函7封，答复科技工作者法律、知识产权咨询79人次。

【科技工作者建言】 2010年，市科协召开科技工作者建言工作专题会议，邀请中山大学教授就科技建言做专题培训，引导各基层科协、广大科技工作者就东莞“十二五”规划、战略性新兴产业和“科技东莞”工程实施绩效等课题开展科技建言，征集期内共收到科技建言44份，摘选了博士刘继云撰写的《创新产业技术研发与产业化的政府资助模式》等8篇优秀建议以专刊的形式呈报市委、市政府相关领导及有关部门参阅。

【学术交流】 2010年，东莞市各级科协组织共开展各类学术论坛、会议281场次，涉及多个产业经济领域及自然科学领域，邀请院士27人次、正高级专家457人次、外籍专家36人次，参与科技人员近6万人次；组织会员撰写各类科技论文3685篇，在国际性会议或刊物上发表13篇，在全国性会议或刊物上发表738篇；重点打造“东莞创新论坛”、“东莞科协学术年会”两大品牌活动，根据东莞市产业、科技人员的专业分布特点，鼓励市直学会与镇街科协、企业科协联合承办“东莞创新论坛”，使学术交流更贴近产业实际、更方便基层科技人员参与，全年26场创新论坛中有9场是专业学会与相关镇街、企业科协联合承办。

【科普阵地建设】 2010年，东莞市科协成功创建麻涌镇大步村村民委员会、万江街道拔蛟窝社区居委会、莞城街道东正社区居委会3个“广东省科普示范社区”，东莞市植物园、东莞市生物技术研究所、东莞市森晖自然博物馆3个“广东省科普教育基地”，厚街镇湖景中学、长安镇第二小学2个“广东省青少年科学教育特色学校”，分别占全省评比总数的10%、33%和7%；成功创建麻涌镇大盛村村民委员会等30个“东莞市科普社区”，大朗创意产业园有限公司等8个“东莞市科普教育基地”；各镇街新建科普宣传栏69个，合计展长580米，张贴科普挂图4130套，5万多张；继续加强对已建科普阵地的指导，分别召开科普特色学校、科普教育基地工作会议，引导共享科普资源，全年市科普教育基地、科普社区、科普特色学校共组织各种科普活动680多场次，参与各类科普活动达120万人次。

【科普活动】 2010年，东莞市科协组织举办各类科普讲座1643场，科普展览726场；举办青少年科普类活动138场，组织学生参加8次全国、省级青少年科技活动，获得全国奖项179个、省级奖项72个；东莞科学馆开展的大型科普专题展、科普系列讲座、科普大篷车等科普活动广受好评；莞城、南城、大岭山等镇街科协根据实际，策划组织形式多样的科普进社区、学校、企业活动；市农业类学会和各镇街农技协开展科技下乡，花卉协会获“全国科普惠农兴村先进单位”，中堂风冲水稻研究所陈志坚获“广东省农村科普示范带头人”称号，分别获国家、省财政20万和5万元的资助。

市科协针对社会热点，贴近民生开展科普活动。年初，中国西南发生特大旱灾，市科协及时会同市水务、环保、教育部门共同举办“珍惜生命之源—水”大型主题科普展览；结合食品安全等社会热点，举办食品安全主题科普展览；根据市民关注的健康、理财问题，开设“健康新生活”系列健康科普讲座，深入社区开展家庭理财系列讲座；在手足口病、登革热、基孔肯雅热流行期间，及时订购相关疾病防治的科普挂图，组织医学会、预防医学会、中医学会、镇街科协等做了大量的宣传工作，普及疾病的科学防治知识。

市科协通过市民喜闻乐见、易于接受的形式，普及科学知识，精心策划“科普乐万家”科普晚会，成功在南城文化广场举行，当晚观看市民达2000余名，收到了较好的效果；通过东莞科普网打造互动性强、更具莞邑特色的科普栏目，通过流动科技馆、科普互动剧巡演、专业英语进车间等科普新形式深入

学校、社区、企业开展活动。

【专题调研】2010年，东莞市科协组织赴先进地区开展专题调研，由科协副主席带队，部分科协常委、委员、机关干部参与，分别赴沈阳、南京学习调研院士工作站创建经验，赴杭州、温州学习调研学会工作，赴台湾学习调研科技社团工作，赴上海、中山学习调研科普及科普志愿者工作，赴无锡、苏州学习调研科技人才服务工作，通过学习调研启迪了思维，在发挥科技人才作用服务东莞产业转型、推动社会化大科普、加快推进院士企业工作站创建等方面形成新的工作计划和方案；组织学会、镇街科协秘书长70余人赴上海、杭州等地科协学习交流，提升基层科协组织的服务意识和服务能力。

【科协组织建设】2010年，市科协根据中国科协章程，结合东莞科技社团的实际，对东莞科协团体会员的会员条件、入会程序、权利和义务等进行规范，制定《东莞市科协团体会员管理办法（试行）》。东莞市质量协会、东莞经济与城市发展研究会根据新修订的管理办法加入科协组织。

市科协加强科普项目的绩效管理，提高财政资金使用效率，组织对全市科普阵地开展绩效评价，制定《东莞市科协系统内部审计工作规定（试行）》，建立健全内部审计制度。（黄　顿）

附：2010年市科协主要领导名录

主　席：冷晓明

专职副主席：连希波　李小兵

社会科学

【概况】2010年，东莞市社会科学界联合会（简称市社科联）所属学会（协会、研究会）25个，设有办公室、学术研究部2个部（室），办有会刊《东莞社科论坛》、社科资讯类刊物《东莞社科资讯》、财经类资料性刊物《经济动态参阅》和领导决策咨询类刊物《东莞市情报告》。

【开展决策咨政课题研究】2010年，东莞市社科联主要开展基础理论与应用、决策咨政和专题调研3类课题共40个课题的研究，推出“东莞经济社会双转型战略深化细化研究”、“建设智慧东莞研究”、“东莞城市精细化管理研究”、“东莞发展战略性新兴产业研究”、“东莞低碳经济发展研究”、“东莞文化名城的定位及建设路径研究”、“东莞简政强镇研究”、“莞港澳台经济技术合作研究”、“东莞文化竞争力研究”、“东莞产业集群与镇域经济合作研究”、“东莞‘三旧’改造研究等重大咨政报告”，其中《建设智慧东莞研究》、《东莞发展战略性新兴产业研究》、《东莞文化名城的定位及建设路径研究》受到市领导、政府部门和学界的高度评价。继续实施社科精品工程，公开出版《2009东莞城市发展报告——金融危机下的产业升级和社会热点》、《思考力——东莞经济社会发展研究2009》专著。

【参加各类学术年会和评奖】2010年12月23日，东莞市社科联组织参加广东省社科联举办的“文化强省建设与哲学社会科学繁荣发展”研讨会暨2010年广东社会科学学术年会。市社科院邓春玉教授撰写的《基于公共文化服务能力提升的广东文化强省建设研究》获得一等奖，并在会上作重点发言。同时，邓春玉教授撰写的《广东文化产业关联效应与产业升级路径研究》和于鹏杰博士撰写的《社会结合与文化传统》获得三等奖，有力地提升了东莞社科研究在省内的影响力和知名度。

【编印系列个性化刊物】2010年，东莞市社科联重视发挥社科理论刊物的舆论阵地作用，不断办好综合性理论刊物《东莞社科论坛》、社科信息资讯类刊物《东莞社科资讯》、财经类资料性刊物《经济动态参阅》、领导决策咨询类刊物《东莞市情报告》4种个性鲜明的刊物。为党政部门、企业团体、社科研究工作者提供各类研究咨询和信息服务。

【构建思想交流平台】2010年，东莞市社科联搭建好社科研究专题情报资料库、社科专家俱乐部、论坛交流会3大专家思想交流平台。利用网络、音像、杂志、单位内部资料等载体，全方位收集学术动态、研究文章、文献资料、统计数据、市情资讯等研究性信息材料，构建社科研究公共信息共享网络。创办“东莞社科专家俱乐部”，定期组织学术交流，进行多层次多学科的交流探讨，共举办8期俱乐部活动。参与主办4期《珠三角规划纲要》群众论坛的策划协调、专家听众组织、听众提问和群众意见梳理等其他工作。召开“宣传推介东莞城市形象、促进高水平崛起”研讨会，推动全市掀起整体宣传推介东莞城市形象高潮。与清溪镇联合主办“转方式　促崛起——清溪发展问策会”，与凤岗镇联合主办“中国客侨文化论坛”，为清溪和凤岗发展建言献策。

【开展社科普及】2010年“东莞市社会科学普及周”与省社科联成立50周年庆典活动以及推进东莞文化名城活动结合起来，以宣传贯彻落实文化名城各项措施为主线，以研讨、宣讲、展览为主要方式，开展系列社科普及活动：一是开展东莞文化名城建设大型宣讲活动。市社科联联合市委宣传部、市文广新局、市委党校、东莞理工学院、东莞理工学院城市学院、东莞职业技术学院的专家组成宣讲团，分赴各镇街进行理论宣讲。二是开展“东莞文化名城建设社科专家大家谈”活动。市社科联在全市社科理论界开展“我为东莞文化名城建设献一言”征文活动，并联合东莞日报、东莞时报、东莞阳光网、文化周末报，开辟“东莞文化名城建设社科专家大家谈”专栏，分批刊登市社科界专家对东莞文化名城建设的深度文章。三是举办“时代文化精神与东莞文化名城建设”高峰论坛。市社科联围绕东莞文化名城建设主线，邀请国家、省、市知名研究文化专家，召开“时代文化精神与东莞文化名城建设”高峰论坛，探讨东莞文化名城建设和社会科学发展的对策。四是开展《中共中央关于制定国民经济和社会发展第十二个五年规划的建议》大型宣讲活动。市社科联联合市委宣传部，组成专家宣讲团分赴32个镇街进行大型宣讲，对中央出台的《中共中央关于制定国民经济和社会发展第十二个五年规划的建议》的主要精神、重点内容、新观点、新提法和新思路等进行深入学习、宣传和贯彻。五是举行岭南特色文化图片展。12月社科普及周期间，以省社科联成立50周年设立广东人文科学普及周为契机，将省里统一印制的一批展现岭南特色文化的图片在东莞图书馆一楼展厅展出，集中展示50年来广东解放思想引领发展、理论推动实践的历史进程和广东社科界取得的丰硕成果。并以此为平台，开展学科建设、社团风采、企业文化的展示与互动，提高公众对社会科学的认识，分享科学知识对提高生活品味的乐趣。（祝俊峰）

附：2010年东莞市社会科学界联合会领导名录

主　席：王思煜

副主席：龙家玘

教育

EDUCATION

- 高考录取率居全省第一位
- 规范学校办学行为
- 教职员公开招聘
- 东莞理工学院获批为教育部首批“卓越工程师教育培养计划”实施院校
- 东莞南博职业技术学院升格为本科院校

东莞市可园中学

基础教育

【教育教学质量提高】2010年，东莞市九年义务教育质量稳步提高。全市参加高中阶段学校招生考试的初中162所，参加考试学生4.38万人，七科文化课平均分495分，合格率达69.97%，优秀率达30.30%。小学毕业自查，语文、数学、英语的优秀率、合格率比上年均有明显提高。在国家和省组织的各类学科竞赛中，共有449人次获奖。中小学生身体素质不断增强，运动竞技水平不断提高，在各级体育竞赛中均取得优异成绩。

高中教育质量持续提升。2010年，东莞市参加高考2.47万人，其中普通类2.11万人，高职类3636人。被全国普通高校录取2.01万人，录取人数占考生数比例为95.4%，在全省21个地级以上市中名列第一位。全市高考成绩"连创佳绩"，实现持续增长，体现在以下几方面：一是重点上线及录取人数持续增长。上重点线2353人，比上年增124人，增幅5.6%，占考生总人数的11.2%，居全省前列。被清华、北大、人大、复旦、浙大等省外知名大学录取87人，比上年增26人，增幅达42.6%。其中被北大、清华录取13人；被中山大学、华

各级领导关怀教育事业发展

① 2010年3月23日，国家教育部副部长陈小娅（前右二）一行5人莅临东莞市视察教育发展情况

② 2010年2月8日，广东省副省长宋海（左四）和省教育厅有关领导莅临东莞市视察职业教育工作，市委书记、市人大常委会主任刘志庚（左六），副市长吴道闻（右一）等陪同视察

③ 2010年1月23日，广东省教育工委书记、教育厅厅长罗伟其（前左二）视察东莞中学松山湖学校、东莞职业技术学院

南理工大学、暨南大学、广东外语外贸大学、华南师范大学5所省内重点院校录取1110人，比上年增118人，增幅达11.9%。二是本科上线及录取人数持续攀升。第二批本科以上上线9878人，比上年增1494人，增长17.8%。第二批本科以上录取1.10万人，本科录取人数占考生数52.3%，比全省高16.7个百分点。三是体艺类高考质量持续提高。体育、音乐、美术三科本科以上上线629人，同比增长6.8%，术科上线和文化课上线同步率不断提升，体艺类高考质量持续提高。四是不同层次的学校持续共同发展。全市有毕业生参加高考的普通中学39所，普通高中类考生2.11万人，总上线1.88万人。五是民办学校呈现良好的发展态势。民办高中应届考生4529人，本科以上上线2285人，占全市本科以上上线人数的23.1%；第三批A线以上上线3156人，占全市上线人数的22.9%。此外，高职类考生上线入围1517人，有653名考生提前参加高职院校对口自主招生考试被高职院校录取。录取总人数2706人，比上年增加915人，增幅达51.1%。

东莞高级中学新疆班133名毕业生参加高考，全部达到教育部划定内高班高考重点和本科录取分数线，均被全国本科院校录取。

2010年，东莞市每万户籍人口升入第一批重点院校人数12人，每万户籍人口升入本科人数54人，每万户籍人口升入大学人数（本、专科合计）104人，三项指标在全省21个地级以上市中均排列第一位。全市户籍人口普通高等院校本、专科在校生6.39万人，比上年增6332人。

【幼儿教育】 2010年，东莞市有幼儿园727所（其中公立集体办园175所，民办园552所），3至6周岁在园（班）幼儿20.84万人，入园（班）率达95.35%，比上年提高0.25%。基本普及三年学前教育，取消学前班，实施6周岁入小学。全

① 2010年5月28日，市委书记、市人大常委会主任刘志庚到机关幼儿园看望孩子，并送去慰问品

② 2010年9月7日，市委书记、市人大常委会主任刘志庚（左一）率队走访、慰问东莞部分退休老教师

③ 2010年5月17—21日，国家汉语国际推广领导小组办公室与英国大使馆文化教育处联合组织的来自英国北爱尔兰的1位教育官员和9位中小学校长组成的"汉语桥——英国中小学校长访华之旅"代表团到东莞市访问

市幼儿园教职工2.12万人，其中园长、教师1.49万人，教师学历达标率99.1%，大专以上学历28.1%。幼儿园园长持证上岗率91%。全市有省市一级幼儿园101所，其中省一级幼儿园10所，新增市一级幼儿园2所。

【九年义务教育】 2010年，东莞市有小学330所，比上年减少7所，小学在校生55.24万人，比上年增加4.12万人，适龄儿童入学率达100%，东莞户籍毕业生升学率达100%。全市有完全中学24所，初级中学45所，九年一贯制学校105所。初中在校生18.79万人，比上年增加5164人，东莞户籍适龄少年入学率100%，辍学率0.22%。

2010年，东莞户籍初中毕业生3.57万人，升入各类高中阶段学校就读的学生3.50万人，升学率97.90%，比上年提高0.8个百分点。

【新莞人子女义务教育】 2010年，东莞市义务教育学校非东莞户籍学生52.86万人，比上年增加5.99万人。非东莞户籍小学生43.26万人，比上年增加4.73万人，其中在公办小学就读的非户籍小学生10.50万人；非东莞户籍初中生9.60万人，比上年增加1.26万人，其中在公办初中就读的非户籍初中生2.10万人。

2010年是实施《东莞市新莞人子女接受义务教育暂行办法》第二年，为更好地解决新莞人子女接受义务教育问题，东莞市以“便民、利民”为原则，进一步降低申请门槛，简化申办手续，同时提前学位公布时间和受理时间。通过积极挖掘公办学位潜力，全市向新莞人子女提供1.30万个学位，比上年增加401个学位。针对新莞人家长获取信息渠道不广的情况，全市印制5万册《2010年东莞市新莞人子女接受义务教育工作宣传手册》，免费提供给有需要的新莞人家长，让新莞人全面了解政策和办理要求。

2010年秋季，全市义务教育阶段公办学校起始年级按照该办法共招收新莞人子女1.48万人，比上年增加873人，其中小学一年级10084人，初中一年级4728人。

【普通高中教育】 2010年，东莞市有普通高中（含完中）40所，比上年减少2所，在校生7.04万人，比上年增加3648人，普通高中在校生与中等职业技术教育在校生的比例约为6：4。在民族教育

① 2010年9月10日，市委副书记、市长李毓全（左二）实地视察麻涌中学新校建设情况，指导全市高中布局调整工作

② 2010年3月30—31日，广东省教育厅、东莞市人民政府主办、东莞市教育局承办的全省社会转型期加强学校心理健康教育工作研讨会在东莞市举行

2010年东莞市普通高考（普通高中类）考试录取情况

年份	普通高中毕业生数	参加高考考生数	入围人数			录取人数			高考录取率（%）	每万户籍人口升大学人数
			总数	其中		总数	其中			
				本科	专科		本科	专科		
2010	20816	21076	18845	9878	8967	20099	11033	9066	95.4	104（在全省地级以上市排列第一）

方面，积极做好东莞高级中学招收新疆内地高中班的组织实施工作，强化管理力度，在资金投入、师资配备等方面提供有力保障，有607名新疆学生入读该校。

【特殊教育】 2010年，东莞市认真落实特殊教育“十一五”规划，着力抓好特殊教育学校管理工作。全市残疾儿童少年在校生501人，适龄残疾儿童入学率98.8%，比上年提高0.02个百分点，适龄残疾少年入学率98.17%，比上年提高0.02个百分点。

【民办教育】 2010年，东莞市坚持“积极鼓励、大力支持、正确引导、依法管理”的方针，推动和规范民办教育的发展。全市经教育行政部门批准开办的民办中小学245所，比上年增加4所，其中小学层次117所，初中10所，九年一贯制学校106所，高级中学2所，完全中学1所，从幼儿园到高中层次的民办学校9所；批准开办的民办幼儿园552所，比上年增加29所。全市民办中小学和民办幼儿园在校生60.61万人，其中，民办中小学44.99万人，民办幼儿园15.62万人。全市共有专门招收新莞人子女的民办中小学校218所。

【青少年学生思想道德建设】 2010年，市教育局扎实开展爱国主义教育，加强校园文化建设和校风建设，深入推进读书活动，举行“我和我的祖国”中小学生名篇佳作朗诵比赛，继续开展书香校园创建活动，5所学校被省授予“书香校园”称号。结合抗战65周年，以广东承办亚运会为契机，开展“争当信使喜迎亚运——广东欢迎您”第五届中小学生书信活动，对青少年学生开展革命传统和中华传统美德、文明礼仪教育，并将当年定为中职学校校风建设年，加强中职学校德育工作。探索高中阶段现代公民教育新形式，举办成人礼活动。举办中小学班主任专业能力大赛和幼儿园教师德育专业能力大赛，加强班主任和幼儿园教师等德育队伍的建设。

【艺术教育】 2010年，市教育局进一步加大学校艺术教育工作管理力度，进一步推进校园文化建设，规范各类文艺活动的组织和管理，营造良好的活动氛围。5月15日举办全市中小学生书法、绘画现场比赛，近300名中小学生报名参加。同时，市教育局与市文广新局、团市委、市妇联联合举办东莞市第七届少儿艺术花会。全市800多所中小学校（幼儿园）1000多个节目参加预赛，有500多个节目参与镇级选拔，157个节目参加全市总决赛。10月份召开全市中小学艺术教育工作会议，总结全市中小学近几年来的艺术教育工作，分析存在的问题，部署下一阶段的工作。12月份选送15个器乐节目参加广东省首届大中小学生器乐比赛活动，其中获得一等奖6个，二等奖5个，三等奖4个。

【心理健康教育】 2010年，东莞市全面推进“心理健康教育促进工程”，促进青少年学生身心健康成长。继续推进教师心理健康教育C证全员培训，同时开展2期骨干教师B证培训班。承办广东省社会转型期加强学校心理健康教育工作研讨会，市内外领导、专家以及一线心理健康教育工作者400多人参加会议，把学校心理健康教育工作推向新台阶。印发《关于进一步加强和改进我市中小学校心理健康教育工作的意见》，进一步完善全市中小学校心理健康教育工作平台建设。举办学生心理健康档案建立工作培训班，统一规范心理健康档案的技术管理。组织41个课题申报广东省中小学心理健康教育“十二五”规划第一批科研课题。参加广东省中等职业学校《心理健康》课优秀教学成果展示活动。开展全市中小学生心理健康状况普查，研究分析我市中小学生心理健康状况，为制定实效性和针对性较强的工作措施提供科学依据。（黄玉珍）

中等职业教育

【概况】 2010年，东莞市有公办中等职业学校19所（含东莞市高级技工学校），民办中等职业学校（含民办技工学校）9所，其中有国家级重点10所，省级重点2所。中职学校招生人数1.97万人（不含省属、跨市中专学校在东莞市招生人数），比上年增加2137人，增长12%；在校生5.05万人（不含在外市中职学校就读学生人数），省级以上重点中职学校在校生人数占整个中职学校在校生人数的62.4%；接收“双转移”学生6559人，比上年增加3845人，增幅达141.7%。

中职学校开设的专业有电子、计算机、会计、金融、服装、毛织、家具、模具、数控技术、汽车、旅游等30多个种类，其中省级重点建设专业有9个。

市教育局制订《东莞市构建广东省职业教育综合改革试验区实施方案》。该方案获得省人民政府批准，即同意东莞市申请建设广东省职业教育综合改革试验区。

开展中职学校与广东省东西两翼和山区市县联合办学，招收学生1200人。采取“2+1”（两年在当地中等职业学校就读、一年在东莞市中等职业学校就读）的教学模式，学生第三年在东莞学习一年专业技能，毕业后留莞就业或创业。在东莞就读的符合条件的一、二年级中职学生全部领取国家助学金每生每年1500元，全市有2.75万名中职学生领取国家助学金，共计3602万元。

2010年，市教育局与市人力资源局联合向市政府提出《关于向我市民办中职学校购买学位的请示》，获得市政府同意。市财政给予来东莞市民办中职学校就读的东西两翼和粤北山区初中毕业生每年3500元学费补助。全市共有8所民办中职学校招收6559名“双转移”学生。

2010年，全市中职学生共有1.63万人考取从业资格证书及技能等级证书，其中获得中级以上技能证书有9763人。全市中职学生的升学就业率达97.60%。（黄玉珍）

成人教育

【概况】2010年，东莞市有成人高等教育机构7所，乡镇成人文化技术学校32所（其中省级示范成校10所，市级示范成校22所），民办教育机构248所。各类成人教育培训量52万人次。

大力发展成人高等学历教育，依托各镇街成校、民办成人教育机构与高等院校合作办学，全市有31所成校、19个民办教育机构分别与36所高校联合举办成人本科、大专函授班，开办专业30多个，在学人数达2.9万人。广泛开展各类成人培训活动，举办各类技能培训、职业资格认证培训、文化艺术类培训、成人高考辅导与自学考试考前辅导培训等。

【成人高考】2010年，东莞市2.02万人参加成人高考报名，其中报考专科起点升本科类8324人，高中起点升本、专科（含脱产）1.19万人，报考人数位于全省前列。全年录取人数1.8万人，录取率89%，其中专科起点升本科类7492人，高中起点升本、专科（含脱产）1.05万人。全市共设东莞中学、市第一中学、市高级中学、东华高级中学等17个考场，678个考室。

【自学考试】2010年，东莞市自学考试报考总人数5.15万人次，比上年增加519人次，增幅1%，报考总科次10.84万科次。两次非学历证书考试累计报考人数1084人，与上年相比增加164人，报考总科次1878科次。毕业生人数2214人，比上年增加611人，其中本科667人，专科1547人。全市104人获得中英合作剑桥高级金融管理证书，200人获得中英合作剑桥高级商务管理证书。自学考试规模实现平稳发展。（黄玉珍）

【东莞市广播电视大学】2010年，东莞市广播电视大学共招生3016人，其中本科434人，专科2582人。开设会计学、工商管理、行政管理、法学、物流管理、英语、学前教育、电子商务等本、专科专业。在校学生7999人，比上年增长9.43%。全年电大本科、专科毕业人数为1782人。

2010年，在凤岗镇新增1个分教点，全市在16个镇街和2个企业设有18个分教点，在横沥、东坑设有两所分校，分教点在校生共4123人，占全校学生总数的51.54%。（易 平）

教育行政

【教育投入】2010年，东莞市教育总投入94.36亿元，比上年增加15.52亿元，增长19.69%。其中，国家财政性投入57.73亿元，比上年增加3.66亿元，增长6.77%。

保障学校教育经费正常投入。根据二级办学教育经费分担的有关规定，2010年，市财政在按核定标准下拨直属学校公用经费等教育经费15.21亿元，并继续加大对镇街教育经费的投入，全年下拨镇街教育补助经费10.96亿元。同时，镇街财政相应投入教育经费26.15亿元，有效保障了学校的正常运作。

不断加大学校校舍建设投入。2010年，东莞市学校基建总投入9.89亿元，全年新建、扩建、改建公民办学校（幼儿园）98所（含跨年度建设学校及幼儿园），竣工建筑面积达35.66万平方米。至2010年底，生均校舍面积小学8.23平方米，中学20.72平方米。

继续完善公办学校教育装备。2010年，市镇财政对全市各类公办学校教育装备总投入1.49亿元，其中投入电教、信息类装备1.37亿元，图书资源类设备916万元。全市各类公办学校教育装备总值达19.36亿元，比上年增加0.75亿元，增长4.03%。

民办教育经费投入持续增长。2010年，民办教育经费总投入30.02亿元，比上年增加9.36亿元，增幅45.3%，民办教育经费占全市教育经费总投入的31.81%。

【教育督导】2010年，东莞市教育优质均衡发展有新的提高。继续加强专项督查，推进规范办学和依法治校工作，加强督导队伍建设，保障全市教育事业稳步健康向前发展。全市有广东省国家级示范性普通高中7所，省、市一级公办学校共248所，公办中小学优质学校比例达89.53%，公办学校优质学位比例达93.14%，省、市一级民办学校22所，四星级民办学校12所，三星级民办学校37所，三星级以上民办中小学比例达29.46%，三星级以上学校学位达17.87%。继续抓好教育强镇复评工作，万江、茶山、洪梅、中堂等4个镇顺利通过“广东省教育强镇”的复评验收。

【规范学校办学行为】2010年，市教育局召开全市中小学校长幼儿园园长会议，对全市中小学、幼儿园落实依法治校，规范学校管理，狠抓政策执行等方面作出部署，促进学校管理与运行的制度化、规范化、程序化。加强监督检查，开展定时专项督查、不定时突击检查和明察暗访，结合群众来信来电举报信息，重点对减轻学生过重课业负担，执行课程标准，提高课堂效率，完善安全管理制度，规范学校饭堂、小卖部管理，落实绩效工资政策，强化学校收支管理等方面进行检查，对存在问题学校，一律督促其认真整改，对违规学校通报批评，有效促进全市中小学、幼儿园的规范发展。

【扶持民办教育】东莞市政府确定从2010年起至2014年，连续5年每年安排1000万元专项资金，设立东莞市民办学校扶持专项资金，用于鼓励和扶持民办学校发展，并对民办学校扶持专项资金的使用范围、使用原则、学校申报条件、申报及评审程序等方面提出明确要求。2010年，东莞市对86所民办学校给予专项资金的扶持和奖励。规范民办教育管理，依法取缔12所无证幼儿园，分流幼儿624人，处理跨层次招生的违规学校3所，共分流不足6周岁幼儿686人，对全市733所民办中小学、幼儿园开展年检，年检合格率为92.4%，并将结果通过媒体和东莞教育网公布，接受群众和社会监督。

【高中布局调整】2010年，“建设一批学校”项目被列为市政府十件实事之一，年度目标是“投入16.8亿，新建扩建16所中学，年内建成6所”，除东莞市卫生学校外，其中15所由市教育局负责。市教育局较好地完成市政府交给的任务，并被市人民政府评为2010年市政府十件实事工作先进单位。截至2010年底，完成6所学校的建设任务，其余9所学校全面开始动工建设。市高中阶段学校布局调整校舍建设工作取得阶段性成果。

【全免费义务教育】2010年东莞市继续落实全免费义务教育政策，做好免费义务教育补助经费的下拨工作。除公办小学、初中少收的杂费和课本资料费按二级办学的有关规定，全部纳入正常经费供给渠道，不另拨款外，2010年，市镇两级财政下拨民办学校免费义务教育补助经费2214.93万元，其中市下拨1797.56万元、镇街财政下拨417.36万元，确保东莞市免费义务教育工作的顺利实施。

【校舍安全工程】2010年，东莞市校舍安全工程完成工程的规划制定，进入校安工程的设计、审图备案、编制预算、财审、招标、实施加固改造阶段，部分校舍改造完工。全市累计开工面积39.84万平方米，其中开工加固面积37.76万平方米、开工重建面积2.08万平方米，占2009—2011年规划总面积124.83万平方米的31.92%。累计全市完成加固和重建校舍面积36.07万平方米，占工程总规划的28.89%。

【增设高等教育办公室、安全管理科】2010年，市教育局增设高等教育办公室、安全管理科。高等教育办公室的职能是协调和服务在莞各高校；协助各高校与市有关部门的沟通联系；协助东莞市政府对东莞市高校进行统筹管理等工作。安全管理科的职能是指导学校校安全保卫、维护稳定和卫生工作，承担普教系统预防未成年人违法犯罪、防范和处理邪教、禁毒教育工作。

【理顺入编】为做好实施事业单位公开招聘人员办法的衔接工作，防止代课教师问题出现反弹，2010年，东莞市加大工作力度，通过组织统一考核，加强档案审查，妥善理顺了符合条件的聘用合同制教师和已备案的试用教师的入编问题，巩固了解决中小学代课教师问题的成果。

【岗位设置和人员聘用】2010年，东莞市教育局根据省有关文件要求，稳妥推进岗位设置和人员聘用的各项工作，扎实做好岗位设置工作方案、实施方案和岗位说明书、岗位聘用等工作。

【教职员公开招聘】2010年，东莞市教育局根据省有关文件精神，制定中小学教师公开招聘工作方案，采用公开考试，择优聘用的招聘办法，遵循公开、平等、竞争、择优的原则，严把教师入口关，确保引进教师的质量，全市普教系统有事业单位（不含民办公助学校）309个，核定编制2.89万名，实有人数2.35万人，设置管理岗位2383个，专业技术岗位2.59万个，工勤岗位561个。

【体育卫生】2010年，市教育局进一步加强全市学校体育卫生工作，切实提高青少年的体质健康水平。分别举办全市中学生羽毛球比赛、中小学生乒乓球比赛、中学生篮球比赛、中学生排球比赛，以及全市中学生田径比赛。12月份，光明中学及第四高级中学男子篮球队参加广东省第一届高中男子篮球联赛暨2010—2011赛季中国高中男子篮球联赛（广东赛区），分别获得第一、第二名。

落实学校卫生和健康教育工作，积极配合卫生防疫部门做好学校流感、手足口病、红眼病、登革热和基孔肯雅热等流行病、传染病的防控工作。举办东莞市中小学校卫生人员培训班，承办全省艾滋病师资培训班。继续开展“口腔保健教育”“青春期健康教育”和“全国健康教育计划”等系列健康教育活动。

【校园安全】2010年，市教育局以创建“平安东莞”、“平安亚运”为抓手，扎实推进学校安全工作，维护学生健康成长。加强安全宣传教育，落实送法到校活动，向全市学校派发安全宣传资料43900余册。落实校园安保设备标准目录和安装视频监控等要求，强化“三防”（人防、物防、技防）建设，实现配备保安人员4800多名，发放各种安保装备19619件套，建立健全技防设施一批。积极开展学生安全出行预警工作、防范学生溺水事故工作、应急疏散演练工作，强化学生安全防范意识。开展安全文明校园创建工作，东莞中学松山湖学校、莞城英文实验学校、望牛墩实验小学等3所学校被评为广东省“安全文明校园”。

【现代教育信息网络管理】2010年，市教育局制定《东莞市中小学校园网管理与应用指导意见》，从校园网规划和建设、安全与保障、应用软件建设、教学资源建设和共享等方面提出意见；完善校园网站ICP备案（已备案167个）和公安备案，并全部签署互联网信息安全管理责任书；网站上广开言路，增设“社情民意”专栏；“东莞教育网”获首届全国教育网站评比“地市级优秀网站”称号；成功组织全市校园网站评比、中小学电脑制作、中小学智能机器人竞赛、教师多媒体教育软件竞赛、FLASH动漫设计大赛等活动；编印“东莞市中小电脑制作活动十周年优秀作品集”，全方位提升全市教师学生的信息技术能力。

【教师队伍】2010年，东莞市普教系统在职在编公办教职工2.42万人，其中，本科学历1.87万人，研究生学历404人，高级职称1726人，中级职称1.21万人。为160名师范类应届毕业生和566名社会申请人办理教师资格认定，为452名毕业生办理转正定级。通过中学高级（正高级）专业资格评审1人，中学高级专业技术资格评审231人，小学高级教师（副高级）专业技术资格评审5人，中级专业技术资格评审1566人，初级专业技术资格评审415人，大中专毕业生初次认定611人。

大力开展业务技能培训。大力推进“三名工程”（名校、名校长、名教师），注重成效，突出重点，积极实施以师德教育和提升教育教学能力为主要内容的中小学校长、教师培训培养工作。完善中小学学科骨干教师培训体系，选出高中、初中、小学和幼儿园骨干教师785人，并开展多形式的培训。开展中小学名师工作室、名校长工作室评选和建设工作，评选出首批中小学名校长工作室10个、名教师工作室30个。加强教育行政管理干部、中小学校长和中层干部培训工作，组织两批教育行政管理干部共90多人赴江苏学习、考察和交流。加强校长队伍建设，选派100多名公民办中小学校长参加各类省级培训，举办第三期小学校长高级研修班。加强学校中层干部的培养，举办初中德育干部、教导主任培训班和小学教导主任培训班。继续实施海外培训计划，选派95名中小学英语骨干教师赴英国和澳大利亚进行6周的强化培训，选派东莞中学黄灿明等7名高中校长赴英培训。加强信息技术培训，继续实施英特尔未来教育培训项目和中小学教师教育技术能力建设项目中级全员培训。

【教育科研】2010年，市教育局落实教育科研课题的规范管理，提升科研队伍水平，注重课题研究的方向、过程和质量，发挥教育科研在推进教育改革与发展中的作用，课题研究为教育教学服务的价值明显增强，教育科研成果的学术价值与实践效益明显提升。5项科研成果获广东省第七届普通教育教学成果奖二等奖；30项成果获2010年广东省教育创新成果奖，获奖数量位居全省前列；6项课题被批准为广东省教育科学“十一五”规划2010年度课题；东莞市“十一五”第六批普教科研课题立项申报共176项，经评审，批准立项课题89项。（黄玉珍）

附：2010年东莞市教育局领导名录

局　长：杨晓棠

副局长：王任槐　黄金海　王旭辉　陈启明　钟建群

纪检组长：黄健勇

东莞理工学院

【概况】东莞理工学校是东莞第一所全日制普通本科院校，省市共建，以市为主，诺贝尔物理学奖获得者杨振宁博士任名誉校长。学校于1990年筹办，1992年4月经国家教委批准成立，2002年3月经教育部批准变更为本科全日制普通高等院校，2006年5月获批成为学士学位授予单位，2008年5月通过教育部本科教学工作水平评估并获良好成绩，2010年6月获批为教育部首批“卓越工程师教育培养计划”实施院校，2010年8月获批为广东省立项建设新增硕士学位授予单位。

学校有两个校区。主校区坐落在东莞松山湖国家高新技术产业开发区内，占地1500亩，办学设施完善，教学实验设备充足，公共服务体系建设日臻完善。建有10个教学实验中心，其中“电工电子实验教学中心”、“计算机科学与技术实验教学中心”是省级实验教学示范中心；教学科研仪器设备资产11679万元；图书馆藏书106万册，中外文现刊2300多种，数字资源11500GB；开通千兆校园网，建立了20000多个信息点；体育场地面积约14万平方米，是国家田径队挂牌基地。莞城校区位于东莞市学院路251号，面积330多亩，交通便利，湖光山色，绿树成荫，环境优美。

学校建立了以工学、管理学为重点，文学、理学、经济学、法学、教育学等多学科协调发展的学科专业体系，设有14个教学机构、30个本科专业，8个专科专业。其中本科层次省内在第二批A线招生，同时面向其他十多个省、自治区招生。2010年录取本科生3182人，2010届毕业生总就业率达98.48%。2010年有普通全日制学生11437人，成人教育学生11449人；东莞理工学院城市学院各

建设特色鲜明的现代大学

① 2010年3月31日，广东省分布式能源系统重点实验室启动仪式在东莞理工学院举行。中科院院士、广东省分布式能源系统重点实验室学术委员会主任、东莞理工学院双聘院士徐建中研究员，广东省人民政府副秘书长、中科院广州分院院长、广东省科学院院长陈勇研究员，广东省科技厅党组书记、厅长李兴华，东莞市人民政府副市长吴道闻，东莞理工学院党委书记周致纳共同启动实验室。东莞理工学院校长、省分布式能源系统重点实验室主任杨晓西博士主持启动仪式（张友炳 摄）

② 2010年3月31日，东莞理工学院与华北电力大学战略合作框架协议签署仪式举行，图为东莞理工学院校长杨晓西教授与华北电力大学副校长杨勇平教授分别代表两校签署协议（张友炳 摄）

类学生9575人。

【党建与思想政治教育】2010年，东莞理工学院党委团结带领全校师生，深入学习十七届四中、五中全会及全国全省教育工作会议精神，深入开展创先争优活动。不断加强思想政治教育工作，5月接受广东省思想政治理论课专家组进校实地评估并获得优良成绩；12月召开党建与思想政治教育工作研讨会，专题研讨师德师风建设。切实加强干部管理和基层党组织建设，举办暑期中层干部学习班，制定干部任用、党务干部考核等办法，全年发展党员736名。深入开展纪律教育学习月活动，加强监督检查，不断推进党风廉政建设。校党委获“市直机关党建工作量化考评先进单位”和“东莞市党建带团建先进单位”称号，“真情承诺，校园先锋”党建品牌获得市直机关“机关党建百佳”称号，5个党支部被评为市直机关“示范党支部”。

【学科建设与科研工作】2010年，东莞理工学院启动学科建设规划，出台学科带头人和学科方向带头人遴选办法。5月，召开第一次学科建设和科研工作会议，聘任第一批学科带头人5名、学科方向带头人（召集人）20名，确定电子科学与技术、化学工程与技术等6个优势学科为校级重点建设学科。学校实验室和科研平台建设取得较大进展，分布式能源系统实验室获批为省级重点实验室建设单位，实现省级重点实验室零的突破，新增市级重点实验室5个；“物联网实验科研平台及实践基地”获批为中央财政专项资金建设项目。加大科研工作力度，到账科研总经费3167万元，新承担各类科研项目120余项，其中为地方经济社会服务而承担的横向课题60余项；获专利授权5件。

【教育教学工作】2010年，东莞理工学院全力加强教育教学工作，着力提升教育质量。继获批为教育部首批61所“卓越工程师教育培养计划”实施院校后，“卓越工程师工程训练综合平台”获批为中央财政专项资金建设项目。电子信息工程专业、机械设计制造及其自动化专业获批为省级特色专业建设点，其中电子信息工程专业还获批为国家级特色专业建设点；获省级教学成果一等奖1项，建成省级精品课程1门。与加拿大麦克马斯特大学合作办学稳步推进，得到教育部、省政府、省教育厅和市委、市

① 推进民主政治，构建和谐校园。图为2010年6月30日，东莞理工学院召开第四届教职工、第四次工会会员代表大会（张友炳 摄）

② 2010年5月14—15日，东莞理工学院第一次学科建设和科研工作会议召开，图为党委书记周致纳为自然科学类承担国家级重大重点项目奖获奖者颁奖（张友炳 摄）

政府的充分肯定与大力支持。

【人才队伍建设】 2010年，东莞理工学院进一步加强队伍建设。以引进和培养高层次人才为重点建设师资队伍。有正高职称教师88人，博士131人，享受国务院政府特殊津贴专家3人。加大对优秀中青年学术骨干、学科带头人和青年教师的培养力度，新增“千百十工程”校级培养对象8人，获批省高等学校高层次人才项目1项。职称评审成绩突出，7人晋升教授，28人晋升副教授。全面启动岗位设置和人员聘用工作，成立专门工作机构，岗位设置方案已获市批复。

【学生工作】 2010年，东莞理工学院不断加强学生工作，学生科技和社会实践活动广泛开展，奖学助学帮困体系不断健全。有3项共33人在“挑战杯”全国大学生创业计划竞赛等国家级比赛中获奖，14项共83人获省级奖项，6个集体项目获得校“杨振宁奖学金”；“三下乡”暑期社会实践活动参与学生达5974人，参与面达70%，第7次受到中宣部、教育部、团中央、全国学联的联合表彰。发放助学贷款484.2万元，奖助学金850余万元。学校志愿活动蓬勃开展，2名师生成为亚运火炬手，590名学生担任亚运志愿者，校志愿服务中心被评为亚运会东莞赛区志愿服务先进集体，蓝天助残志愿服务队荣获东莞市志愿服务银奖。学校被团省委确定为“广东省大学生骨干培养学校培训基地”。

【管理工作与校园建设】 2010年，东莞理工学院继续推进依法治校，提高管理水平。通过查漏补缺、梳理整合，制定或修订干部、人事、教学、学科、科研、学生等方面的规章制度20多个。制定《东莞理工学院“十二五”发展规划编制工作方案》，为“十二五”开好局、起好步打下坚实的基础。学校完善财务管理，加强统筹调控，实行开源节流，推行公务卡支付方式改革，提高办学效益。切实加强民主管理，先后召开第四届教职工、第四次工会会员代表大会和第二次妇女代表大会。校工会获“全国模范职工之家”和市先进集体称号，妇委会获“东莞市妇女工作先进单位”称号。校友会、教育发展基金会工作扎实开展，率先在工商管理学院成立校友分会，首次启动“寻访莞工校友的足迹”大学生志愿者暑期社会实践活动，基金会募捐金额达到7900万元。不断完善校园环境设施，完成教师村给水管道改造和校园主干道景观文化长廊工程项目，启动东莞市学术交流中心报告厅建设和校园建筑外墙改造工程。

【城市学院新校区建设】 2010年，东莞理工学院按照国家教育部26号令要求，稳步开展理顺东莞理工学院城市学院办学机制工作。城市学院新校区建设全面启动，该建设项目被列为2010年东莞市改善民生重点之一和市重点预备项目。新校区占地1200亩，遵循融“山、水、树、人”为一体的规划理念，总规划建筑面积66万平方米，其中第一期规划建筑面积45万平方米。

（肖锦全　陈宝华）

附：2010年东莞理工学院领导名录

党委书记：周致纳

党委副书记、校长：杨晓西

党委副书记：

王江水（任至10月）

党委副书记、纪委书记：黄碧莲

党委副书记：

吕琦元（12月到任）

党委委员、副校长：安少华　邹晓平

戴炳源　李忠红（12月到任副校长）

① “争先创优”，擦亮党建品牌。图为2010年9月2日，东莞理工学院部署在全校党的基层组织和党员中深入开展创先争优活动（张友炳　摄）

② 东莞理工学院积极加强校友与母校的联系，通过形式多样的活动，不断推动校友工作向前发展。图为2010年12月4日，校友会第二届常务理事会（扩大）会议在凤岗镇召开（张友炳　摄）

东莞理工学院城市学院

【教学科研】 2010年，东莞理工学院城市学院坚持以教学为中心，稳步推进“质量工程”的实施，积极申报省教学改革项目2项，教学成果培育项目2项；开展院内课程达标评估工作，评审出一批院级精品课程、重点课程和网络课程等；省级优质课程“思想道德修养与法律基础”课在省教育厅组织的优质课程中期验收中被评为优秀；学院认真做好院级课题的立项和评审，共立项教改项目22项，创新人才培养计划项目18项，大学生创新实验计划项目10项；确定会计、法学、印刷工程、保险4个特色建设专业；全院科研经费近400万元，同比将近翻了一番，既有省级重大专项，又有市级重点项目；在软科学项目上实现了零的突破，获得省级软科学项目和市级软科学重点项目；学院切实加强实践教学基地建设，开展优秀实践基地评选，院外实践基地达到106个。学院举办教师讲课比赛暨院讲席专家遴选工作，选出首批院讲席专家共8人，制定出台《东莞理工学院城市学院讲席专家管理条例（暂行）》，为院优秀教师智力服务东莞社会搭建起另一崭新的平台。

【迎评促建】 2010年，东莞理工学院城市学院成立新增学士学位授权审核迎评促建工作领导小组，抽调精干的人员组成“迎评促建工作办公室”，安排专门的办公场所，从人、财、物等方面给予“迎评促建”工作大力的支持。制订《东莞理工学院城市学院申请新增学士学位授权单位评审佐证材料目录》、《东莞理工学院城市学院系级教学（管理）档案目录》并下发给各相关单位，启动迎评促建的前期工作。

【招生就业】 2010年，东莞理工学院城市学院2B线普通类招生再上新台阶，首次实现第一组志愿全部爆满，受到广东省教育考试院的通报表扬。在校各类学生9575人，其中全日制本科生5141人，专科生4301人，东莞本地户籍学生占学生总数的80%以上。学院充分运用网络招聘与现场招聘多种形式推介毕业生，就业指导工作取得明显成效。在2435名毕业生中，初次就业率为93.68%（其中本科生就业率91.37%，专科生就业率96.11%），总体就业率99.14%（其中本科生就业率99.04%，专科生就业率99.24%）。学院还为2011届毕业生组织了一场规模大、质量高的校园招聘会。

【师资队伍建设】 2010年，东莞理工学院城市学院共引进各类人才34名，其

上水平、创特色、谋发展、树品牌，
建设一流独立学院

东莞理工学院城市学院在建新校区鸟瞰效果图

① 副市长成洪波视察东莞理工学院城市学院政法系社会工作教研室并出席学院社会实践基地“东莞市普惠社会工作服务中心”的揭牌仪式
② 东莞理工学院城市学院与俄罗斯涅福塔商社、铭丰包装制造有限公司合作建立城市学院首个科技特派员工作站
③ 东莞理工学院城市学院在东莞市长安镇召开长安籍学生家长座谈会

中正高职称4人，副高职称3人，硕士以上学历20人，保证了教学工作的顺利开展。全院在册教职员工840人，其中正高职称47人（不含客座教授），副高职称56人；博士学历22人，博士生10人。在专任教师中，拥有硕士以上学历人员占65%，副高以上职称占35.6%。

【校园建设】2010年，东莞理工学院城市学院投资8000万元，总建筑面积达3万平方米的图书信息科技大楼于7月份正式竣工并交付使用，9月份新图书馆正式向全院师生开放，极大地改善了学院的办学条件；年内还完成了4号楼行政办公用房的翻新改造和图书信息大楼办公用房的改建，对全院各部门办公用房进行调整，改善机关各部门、各教学系部的办公条件；完成对后勤员工部分宿舍的翻新改造，改善员工的居住条件和生活环境。

【内部管理】2010年，东莞理工学院城市学院进一步完善各项考核制度，继续开展好对学院领导、中层干部人员的民主测评，对教学、教辅部门目标管理绩效考核，对行政部门的满意度测评和对全体人员的考评工作。继续开展好“机关作风建设月”和“创建文明机关”活动。机关、教辅多个部门设立“一站式”现场服务和网络服务平台，丰富服务内容和方式，提高服务师生的效率和水平。继续营造“以人为本”的和谐氛围、开展各项民主管理工作。定期召开院级领导干部民主生活会；首次开展全院党政干部任职期中述职考核工作。组织来院工作多年，表现优秀的后勤员工和保卫队员代表外出考察学习，学院和谐校园建设取得显著的成绩。

【校园文化】2010年，东莞理工学院城市学院继续打造好文化特色品牌。城市学院大讲堂、大学生科学文化论坛定期开讲，国家发改委顾问国世平教授、中国科学院研究生院副院长卢存岳教授等一批专家学者相继为师生做学术报告。举办大学生科技文化艺术节，学生社团风采展等丰富多彩的校园活动；组织开展丰富教职工文化生活、融洽同事关系

① 奥运会跳水冠军李娜和体操世锦赛团体、吊环双料冠军董震参加东莞理工学院城市学院运动会开幕式，并与学院学生进行交流

② 东莞理工学院城市学院师生在首届东莞市合唱节中获得金奖

③ 投资8000万元，总建筑面积3万平方米的东莞理工学院城市学院图书信息大楼竣工交付使用

的教工排球赛、广播操比赛、校运会等一系列文体活动；创建院管乐团，举办新年音乐会等，使城市学院文化盛宴不仅成为师生关注的焦点，更成为东莞社会文化一道亮丽的风景线。

【党建与思想政治教育】 2010年，东莞理工学院城市学院通过党委中心组（扩大）学习会，学习十七届五中全会的最新精神；继续开展各种廉政建设学习教育活动，组织各党总支和直属支部、全体党员开展“争先创优”活动；学院还获得由市纪委等部门共同举办的东莞市2010年廉政短文短语有奖征集活动优秀组织奖；年内，学院召开2010年党建和思想政治研究会年会；首次前往长安镇召开长安籍学生家长座谈会，聆听学生家长对学院教学管理工作的意见和建议，受到学生家长的一致好评。

（曾少烘）

附：2010年东莞理工学院城市学院领导名录

院　长：安少华
党委书记：朱志德
学术副院长：程发良
党委副书记：朱　冰
行政副院长：张　林
督　学：陈丁堂

东莞南博职业技术学院

【概况】 东莞南博职业技术学院是一所经广东省人民政府批准设立、国家教育部备案的全日制普通高等院校。2010年，设有机电工程系、计算机系、管理系、财经系、应用英语系、艺术系、基础部、思政部、继续教育学院等六系两部一院，涵盖工学、人文学科、社会学科、管理学等多个学科门类，31个专业，38个专业方向，承担国家计划内招生任务，在校学生1万多人。

学院位于东莞市南城区，西邻东莞植物园，北接环城路，东临西平湖，南依西湖乐园，环境幽雅，风景宜人。学院占地面积906亩，总建筑面积40万平方米，其中实验实训面积近7万平方米；图书馆2.4万平方米，有各类图书143万册；教学仪器设备总价值近亿元；实验实训室130多间，多媒体教室40余间，校外实习、就业基地200多家。

【迎评促建】 2010年12月30日，受广东省教育厅委托，以林惠华为组长的专家组一行5人莅临学院进行高等职业院校人才培养工作评估回访。专家组听取学院的评估整改工作报告，考察实验实训条件，与学院领导、中层干部、教师进行

从南博起步，创美好人生

① 在2010年广东高等教育院校（民办）竞争力评选中，南博学院荣列10强单位第二名
② 南博学院召开教学改革研讨会，部署教学改革工作
③ 南博学院和英国威尔士大学签订合作协议
④ 南博学院与台湾和信泰集团签订校企合作协议

深度访谈，对学院自接受评估以来所开展的整改成效给予充分肯定，专家组结合学院的办学特色和发展实际，为学院的建设和发展提出了指导意见。

【升本工作】 2010年，东莞南博职业技术学院顺利接受教育部专家组对学院升格为本科院校的考察。学院升格为本科院校后，将更名为广东科技学院。

根据地方经济发展需求，学院第一批五个本科专业分别为：材料成型及控制工程、汽车服务工程、软件工程、市场营销和英语。

【师资建设】 2010年，东莞南博职业技术学院继续贯彻“积极引进、加强培养”的指导思想，将师资队伍建设作为学院建设的重中之重，大力推进“人才强校”工程。一年来，学院在全国范围内加大人才引进力度，促进学院师资水平提升，为教学工作的顺利开展提供坚实的人才保障。

学院大力实施奖教、奖学、奖研，出台“名师工程”方案，设立“名师奖”，定期对表现卓越的教师予以重奖。

学院对上年度专业带头人、骨干教师任务完成情况进行严格的审核及评分，确定2010年度22名专业带头人（类课程负责人）及74名骨干教师人选，并和各带头人及骨干教师签订任务书。

学院开展评选师德先进活动，对16名入选教师进行表彰，并作为先进典型，开展系列宣传报道；同时，还对指

① 南博学院专业带头人、骨干教师合影
② 2010年上海世博会举办期间，南博学院11名女生被挑选担任世博会广东馆导览员，并出色完成任务。广东省“世博办”领导用“工作积极、热情、认真、服务到位、责任感和使命感强”等话语评价她们的工作，她们为学院，同时也为广东省大学生赢得荣誉
③ 服装设计专业学生举办服装毕业发布会，用亲手设计的服装作品展示学习成果

导职业技能竞赛中的优秀指导教师和在学院讲课、说课等比赛中的获奖教师进行表彰。

学院积极组织教师外出参加各类相关的专业会议及培训项目，提高教师业务能力与水平。组织教师参与企业实践，提高双师技能。共有60余名骨干教师到企业一线实践，提高了教师的专业技能，并为促进校企合作做了扎实的铺垫。

学院召开一系列专题会学习《国家中长期教育改革和发展规划纲要》，邀请专家来学院以“高职专业建设与改革”为主题举办一系列的讲座，邀请国家精品课程评审专家来学院进行精品课程建设培训。

【教学改革】 2010年，东莞南博职业技术学院进一步推进教学改革。学院召开教学改革研讨会，会上对近两年来开展的教学教改工作进行总结，在师资队伍建设和课程建设方面取得突破进展的努力方向，并对人才培养模式、专业建设、课程建设、师资队伍建设及实践教学资源建设提出指导性意见。会议还指出，人才培养质量是学院发展的生命线，要持续进行教学改革，形成特色，打造核心竞争力。

学院出台多项奖学、奖教措施，选拔及塑造教学名师，进一步推动教师考核改革，调整量化指标。对现有制度，进行必要的修正和补充，制定《教学成果奖励办法（2010版）》、《名师奖评选办法（试行）》、《教师外出参加各类教学会议(培训)管理办法》、《新专业申报制度》、《教学工作委员会章程》、《教学指导委员会章程》等文件；修订《教师工作量化考核办法（2010版）》、《关于实训员工作相关问题的规定（试行）》、《专业带头人、骨干教师评选、管理办法（2010版）》、《常规考试工作量认定的通知》、《学术委员会章程》等文件。

学院深入推行和巩固“6+2”课程改革模式，优化学生实践管理，改革学生实习管理办法、实习巡视制度，对部分实训课程进行考核方式改革，部分实训条件较好的课程在期中、期末考试时尝试改革考核方式，以实操、口试、大作业等方式代替传统的笔试。

学院积极组织师生参加各类职业技能大赛，以带动专业、课程的建设与改革，调动学生专业实操的积极性，提高学生的专业技能技巧。学院师生组队参加了多项国家、省、市级技能竞赛，有近60人次获奖

【就业服务】 2010年，东莞南博职业技术学院全力做好就业服务工作，在深入研究学院毕业生实际情况的基础上，继续落实和贯彻目标责任制，深入开展校企合作，努力提高就业质量。

学院举办第三届工商模拟市场、东莞首届高校精英训练营（南博赛区）、首届大学生职业生涯规划大赛等一系列实践活动，较好地锻炼毕业生在就业、创业和求职等方面的能力。为了进一步拓展就业市场，学院举办4次大型“毕业生校园招聘会”，并与一批知名企业联合举办17场校园招聘宣讲会。学院还与和信泰集团开展深度合作，成立鞋艺设计与工艺“和信泰”班，实行订单式人才培养；与东莞发展控股有限公司达成合作就业协议；与光大证券有限公司、中大科技网络有限公司、香港琼斯集团东莞分公司等一批知名企业建立合作关系。此外，学院在就业信息网上发布397家企业的招聘信息，提供有效岗位近12000个，并建立和完善企业资源库。2010届毕业生就业率96.39%，同比增长3.28%，被广东省教育厅评为“广东省普通高校毕业生就业工作先进集体。”

【科研工作】 2010年，东莞南博职业技术学院加大对科研的投入，引导和鼓励教师积极参与科研工作，大力加强应用科学研究和教学研究，使科研更好地为教学服务。科研工作形成了学科带头人、骨干教师承担主要任务，全体教师积极参与的科研体系。学院被中国教育学会授予“‘十一五’科研规划课题研究先进科研单位”称号。学院正式成立科学技术协会，成为东莞市第一所高校科协组织，科协首批共吸收280多名会员，为广大教职员工提供更宽广的交流平台和发展空间。截至2010年，学院国家级、省部级等科研立项课题34项；教师出版教材专著51本，发表论文500篇。

（童月成）

附：2010年东莞南博职业技术学院领导名录

名誉院长：林国梁
院　长：许学强
党委书记、常务副院长：梁瑞雄
党委副书记、常务副院长：黄　弢
党委副书记：刘玉侠
党委委员、副院长：刘志扬
党委委员、副院长：彭纳新
院长助理：周二勇

① 南博学院图书馆
② 举办田径运动会
③ 南博学院全景图

广东医学院

【建立博士站工作】2010年，广东医学院建立博士站工作进展良好，制定《广东医学院“建博”中期检查筹备工作方案》，临床医学学科顺利通过评审获得一级学科硕士点授予权，临床医学调整规划为建博学科，新增一个省级重点实验室“广东省医学分子诊断重点实验室”，与暨南大学合作成立临床医学博士生联合培养基地，成功招收第二批博士后研究人员，确定4位博士后研究人员进站工作。

【科研项目】2010年，广东医学院的项目申报数量平稳增长，其中国家自然科学基金申报数量达到130多项，省科技计划项目申报突破100项，其他各类省级、市厅级项目申报数量都有较高程度的增长。学院获得国家自然科学基金项目资助项目10项，国家973子课题项目3项。省科技计划项目中2项为产学研项目，这也是学院第一次获得产学研资助项目。省卫生厅项目、教育厅项目以及东莞市的项目立项工作都取得了良好成绩。

学院申报科学技术奖8项，获奖5项，其中市一等奖2项、二等奖2项、三等奖1项。申报发明专利4项，授权3项。通过5项成果鉴定。全年共发表科研论文者1256篇，其中被SCI收录的论文55篇。主编或参编著作5部。相对于去年，被SCL收录的论文数量和发表刊物的质量都有一定程度的提高。

10月，第二届国际华人骨质疏松学术会议在医学院东莞校区成功举办，是广东医学院首次举办的国际学术会议，来自30多个国家和地区的100多名学者参加了会议，其中国内著名学者姚新生院士也莅临指导。此次会议扩大了学校的学术影响。全年学院共举办20余场校级学术交流活动，众多国内外著名学者受到邀请。东莞校区科技平台每周都举办学术沙龙，活跃了校内的学术氛围。

学院申报教育部科技创新工作站，教育部专家组到校进行现场考察评估，给予高度的评价。

【教学改革】2010年，广东医学院进一步实施和落实本科教学质量与教学改革工程。在专业建设方面，完成中医学、统计学的申报工作；新增医学影像学为教育部高等学校第六批特色专业建设点；新增医学检验、临床医学、护理学和医学影像学为广东省特色专业建设点。在课程建设方面，完成临床生化与检验、药理学两门课程申报省级精品课程和病理生理学课程申报国家级精品课程。大学英语教学试行分级教学，已经取得较好的效果；对非医学专业试行基础医学概论，组织编写专门教材，进行非医学专业医学基础课程教育教学改革的初步探索。在实验教学方面，加强实验教学中心的建设，新建校级实验教学中心1个，成立公共卫生实验教学中心；完成公共卫生实验教学中心申报建设省级实验教学示范中心的前期工作；成立《高等医药院校医学实验教学系列规划教材》编写指导委员会，以广东医学院为主体，协同重庆医科大学、中山大学等全国33所高等医药院相关专业的167名专家教授共同编写，首批26本。4月份承办高等医药院校医学实验教学系列规划教材编写定稿会，有15所高校的专家参加会议。

【附属松山湖医院建设】2010年底，附属松山湖医院主体大楼、教学行政办公大楼、值班医生宿舍楼全面封顶，医院的供水工程、排水排污工程、道路工程、供电配电、园林景观和绿化工程等招标工作正在进行。

【学生实习】2010年，广东医学院完成28个专业共4300多人的实习任务，安排实习单位260多家，达历史高峰。完成东莞校区见习2万多人次。培育开平市中心医院成为学院非直属附属医院，截至2010年，学院有17家非直属附属医院。

【招生与就业】2010年，广东医学院招生录取工作顺利圆满完成，招收本科生共4507人，总分最高为644分，最低为578分，平均分为594分。全日制研究生招生268人，同比去年增长9.4%，超过全省6%的平均增幅。开办东莞石龙博爱医院同等学力研究生教学点，进一步扩大非全日制研究生教育规模。

2010年，本科毕业生3505人，比上年增长6.5%，再创历史新高。毕业生就业率为88.28%，高于上年同期水平。其中医学类专业除心理医学外，其余专业的毕业生就业率均超过90%。

【助学贷款】2010年，广东医学院助学贷款工作在全省111所高校贷款工作评估考核中排全省第33名，考核“良好”。两校区共设校内固定勤工助学工作岗位1072个，参加人次达3162人次，发放金额63.74万元。学院东莞校区建立3个学生勤工助学服务部，长期为贫困生提供工作岗位。设立临时困难补助基金，用于临时有困难学生的应急补助。共有3774人次得到临时困难补助，补助款达56.53万元。

（黄祖辉　沈玉洁）

附：2010年广东医学院领导名录

党委书记：江文富

党委副书记、院长：周克元

党委副书记：侯小慧　刘东超

副院长：郑学宝　符学三　颜大胜
丁元林　杨云滨

东莞职业技术学院

【完善管理机制】2010年，东莞职业技术学院出台《东莞职业技术学院集中采购管理办法》等60多项管理制度。成立体育运动委员会、招标工作领导小组、数字化校园建设领导小组等10多个组织机构。完成各类接待、会议活动140多次，建立学生记者队伍，编辑和发布校内新闻300多条，编印《东莞职业技术学院》院报8期，在《南方日报》、《东莞日报》和东莞电视台等媒体宣传学院60多次。完成8000多万元预算的编制、分解和调整。实现财务管理信息化，实行AB岗位工作制。

【开展内涵建设】2010年，东莞职业技术学院新增工业设计、动漫设计与制作、印刷技术、酒店管理、雕刻艺术与家具设计5个专业。建成14个实验实训室，编写10多本校本教材，完成14门课程共2601节的实训教学任务，组织学生到新科磁电厂等企业参加实习实训。在国家、省级的技能大赛中，电子工程系、机电工程系和计算机工程系学生都取得好成绩。全年确定6门课程为院级精品课程建设项目，为建立院、省、国家三级精品课程体系奠定基础。通过建立听课制、组织青年教师讲课比赛、开展新老教师“传帮带”活动、举行观摩示范教学和公开教学活动等形式,积极搭建教师交流的平台，提高学院整体教学质量。开设8个自考本科专业和23门专业课程，在读生794名。组织715名学生参加会计从业资格考试，组织300多名学生参加电子类、机械类计算机制图员的培训和鉴定。采购图书3万余册、中文期刊1264种、中文报纸169种、进口报刊41种、中国知网期刊等10多种数字资源，馆藏图书总量75153册，附盘文献光盘5384片。

【增强服务能力】2010年，东莞职业技术学院主持立项的纵向项目共12项，其中国家级课题1项、省级课题4项、市级课题7项。确定2010年院级基金项目45项；确定教学成果奖培育项目10项，教改项目20项。举行博士论坛3场、教授大讲堂6场，编辑出版第一辑《东莞职业技术学院学术论坛》，完成第二辑《东莞职业技术学院学术论坛》的评审工作，组织教师参加东莞市2009—2010年度优秀科技论文评选活动，组织师生参加“2010年东莞国际科技合作周专题展”相关活动。成立校企合作工作委员会，与中海物流、西门子（中国）有限公司、东莞市家具协会等20多家国内外知名企业、行业协会签订了校企合作框架协议。

【推进学生工作】2010年，东莞职业技术学院通过开展“爱我中华”诗歌朗诵、“缅怀革命先烈，弘扬民族精神”主题活动、“情系玉树”募捐活动等途径引导学生热爱祖国，热爱学校，志存高远，努力成才，关爱他人，回报社会。一年来有917名优秀团员被发展为入党积极分子，262名参加党校学习，接受党的教育。通过开展“五·一二心理健康日”系列活动、开设大学生心理健康教育课程、设置心理咨询室等帮助学生解决人际交往、人格发展、自信缺乏等方面的心理问题，提高学生认识自我和适应社会的能力。成立学生社团31个，会员3350人，占全院学生总数的近60%。指导学生创办《管之苑》、《机电之声》和《东职青年报》等刊物。组织34名志愿者服务亚运，学院获得“广州亚运会、亚残会志愿者工作优秀组织单位”、“广州亚运会、亚残会志愿者创先争优主题实践活动先进集体”的“亚运会东莞赛区志愿服务先进集体”称号，有5名学生获得“志愿服务先进个人”称号。全院录取新生3656人，报到率92.9%，位居全省专科院校前列。同时面向山西等八个省（市、区）招生，生源质量明显改善，生源结构不断优化。

【壮大师资队伍】2010年，东莞职业技术学院共组织4次招聘，引进教职工207名，其中具有正高职称4人、副高职称15人、中级职称49人。学院获得“全国高校教师网络培训工作先进集体”荣誉称号。学院编制内拟设岗位总量463个，其中管理岗位93个，占岗位总量的20%；专业技术岗位347个，占岗位总量的75%；工勤技能岗位23个，占岗位总量的5%。

【形成和谐氛围】2010年，东莞职业技术学院组建校卫队。妥善处理3起突发事件，维护了校园的稳定秩序。学院通过设置“教工之家”、组织拓展训练、开办瑜伽培训班和举行女职工趣味运动会等多种形式，丰富教职工的业余文化生活。学院成立工会第一届女职工委员会。学院工会被评为“2010度东莞市工会工作先进单位”。完成医务室、警务室、档案室、金工实训室等10多项工程的改造。在松山湖管委会组织的评比活动中，学院食堂获“优秀食堂”的称号。　（石文斌）

附：2010年东莞职业技术学院领导名录

党委书记：朱益民
副院长：贺定修
副院长：李奎山

广东亚视演艺职业学院

【概况】广东亚视演艺职业学院位于广东省东莞市塘厦镇，是华南地区唯一的一所集电视艺术创作、制作、生产流程所需各专业于一体，兼含其他艺术门类、综合性普通高等艺术职业学院。著名表演艺术家、教育家孙彦军任院长。学院设有4个系：电视演艺系、电视制作系、艺术设计系、音乐系。2010年在校学生1550人。学院经过艰苦努力，先后被评为“十大专业特色民办高校”、广东省民办“竞争力20强高校”、“中国一流民办大学”。院长孙彦军当选为“2010东莞经济十大人物”。

【办学理念】2010年，广东亚视演艺学院坚定地走产学结合的发展道路，始终坚持“成品教学”及特色教学的办学理念，坚持以人为本、和谐发展的思路，坚持人才培养质量第一的教学原则；在就业思想教育中，教育学生贴近市场，专业学习上贴近职业，能力培养上贴近实践。学院与东莞玉兰大剧院联合举办“市民剧场”，演出《英雄与罪犯》等大型经典话剧，引起极大轰动，形成了“话剧冲击广场视听”的效应。学院实行“2+1”教学模式（2年课堂学习、1年定岗实训），安排学生拍摄电视短剧、排演毕业大戏、进行歌舞演出、制作动画短片等，先后排演《雷雨》、《日出》、《原野》等经典话剧、童话剧、魔幻剧40多部，举办《古韵千秋》、《飘香》等专场演出40多场，拍摄《乱世奇才》、《阳光的味道》等电视剧、三维二维动画100多集，成立《长征组歌》合唱团，在东莞市各镇进行演出，取得较好效果。

【专业建设】2010年，广东亚视演艺学院现设有20个专业方向，包括影视表演、影视表演（影视普粤语配音方向）、主持与播音、主持与播音（普粤双语播音方向）、编导、舞蹈表演（舞蹈表演与编导方向）、摄影摄像技术（影视摄影方向、灯光设计方向）、人物形象设计（化妆设计方向、服装设计方向）、电视节目制作、电视节目制作（音响录音技术方向）、装潢艺术设计、影视动画、音乐表演（声乐方向、钢琴方向）、社区管理与服务（文化艺术管理与服务方向、儿童艺术启蒙方向）、人力资源、会计，形成了融汇艺术专业与非艺术专业的综合性艺术院校。

学院还是音响调音师及录音师国家职业资格技能鉴定点、演出经纪人资格证考点和中国舞蹈家协会舞蹈教师培训基地，每年办有相关培训班。

学院出版了由学院教师自己编著的教材：《影视镜头前的表演》、《化装造型与实操技巧》、《实用音响录音技术》、《电视编导基础教程》、《演员的形体训练》。

【师资队伍】2010年，广东亚视演艺学院拥有强大的师资团队，一大批来自中央戏剧学院、北京电影学院、中国国家话剧院、中央电视台、上海戏剧学院、解放军艺术学院、中影集团、长春电影制片厂、八一电影制片厂、中央人民广播电台和各大型电视台等的艺术家、专家教授汇聚在这里。从艺术一线走来的他们，具有丰富的教学经验和艺术实践经验，多次受到省教育厅的肯定和兄弟院校的称赞。

2010年，学院有教职工206人，专职教师103人，副教授及以上职称的占39%，硕士及以上学历的占16%，双师型的占46%。

【学生活动】2010年，广东亚视演艺学院学生活动丰富多彩，定期举办有校园声乐比赛、艺术设计大赛、戏剧小品赛、辩论赛、运动会等。学院还经常走出去参加国内外各类大型比赛，取得优异成绩，参加广东省首届大学生声乐比赛独唱、合唱等二等奖、三等奖，参加广东省大学生电影艺术作品竞赛获影评征文大赛三等奖、“DV短片大赛”优秀奖，参加广东省综治信访维稳中心建设文艺汇演获二等奖。

学院已向省内外输送各类毕（结）业生3500多名。他们用在学院掌握的艺术理论知识与实践技能，活跃在广东珠江三角洲及全国各地的文化艺术领域，为当地的文化艺术事业的发展、繁荣作着积极的贡献。　（傅狮虎）

附：2010年广东亚视演艺职业学院院领导名录

院　长：孙彦军
常务副院长、党总支书记：刘国臻
副院长：孙　冰　徐　宁

东莞理工学校

广东省人大常委会职业教育工作调研组到我校视察

东莞理工学校创建于1985年，占地面积116亩，是一所全日制国家级重点中专学校。学校全日制在校学生3500多人，在编教职工230多人，有副教授、高级讲师、高级工程师70多人，拥有研究生学历或硕士学位的教师30多人，还有一大批实践经验丰富的“双师型”专业教师，师资力量雄厚。学校开设有数控技术、汽车运用与维修、计算机应用与软件、电脑装潢设计与印刷、会计等10多个专业。专业设置贴近市场和社会需求。

根据市政府的规划，东莞理工学校在职教城建设新校区。新校区总规划用地面积约为27万平方米（约405.1亩），政府财政投入5亿元多元，建筑面积为16.33万平方米，其中实训楼建筑面积为3.7万平方米。到2012年，东莞理工学校新校区可以满足7000名全日制中职学生学历教育的需要。

东莞市教育局中等职业教育研究室、东莞市中等职业学校联合办学基地、东莞市中等职业教育实训中心和广东省职业技术教育学会教育技术工作指导委员会都挂靠在东莞理工学校。学校资源优势发挥充分，已成为地区中等职业教育的骨干龙头。

学校地址：东莞市莞城学院路249号　　**邮编：523000**

电　　话：0769-22267137　22200090　　**网址 http://www.dglg.net**

2011年“亚龙杯”全国汽电器职业技能邀请赛获2个一等奖（著名汽修专家朱军与我校师生合影）

2010年宏碁杯英语演讲比赛

数控专业实训

国家职业技能鉴定所
中华人民共和国劳动和社会保障部制

中等职业学校(中专)
国家级重点
中华人民共和国教育部

广东省
文明单位
中共广东省委
广东省人民政府
二〇〇七年十二月

广东省首批现代化示范性中等职业学校试点学校
广东省教育厅
二〇〇五年七月

东莞市莞城中心小学

东莞市莞城中心小学创立于1906年，前身为东莞高等小学堂，经历清代、民国、中华人民共和国三个历史时期。百年沧桑，学校十四次易名，七迁校址，五改学制，四扩分校；二十多任校长，数百名教师和二万名学子薪火相传，创立、继承和发扬优良的学校传统，使之成为东莞历来最具知名度的百年老校。

校园占地面积近30亩，2010年有教学班48个，学生1922人。教职工131人，其中研究生1人，本科84人，小学高级教师及以上职称88人，中共党员45人。

学校拥有全国师德先进个人1人、全国优秀教师10人、全国教育系统"巾帼建功标兵"1人、全国"十佳"小学英语教师1人、省特级教师5人、省劳模3人、省教书育人先进工作者6人、省南粤教坛新秀3人、省南粤优秀教师4人、省优秀班主任4人、省优秀少先队辅导员2人、省三八红旗手、巾帼建功先进个人1人、市巾帼建功先进个人1人，市十大杰出青年教师1人，市优秀教师3人、市优秀班主任1人。

2006年2月18日，广东省副省长佟星（右三）参加莞城中心小学百年校庆

2009年5月31日，市委书记、市人大常委会主任刘志庚（前左）到莞城中心小学与师生共庆"六一"儿童节

2010年9月26日，市委副书记、市长李毓全（前左）到莞城中心小学视察

办学理念：悦纳至正

"悦"与东莞的"莞"心心相印，"悦"不仅是微笑的表情，也是一种胸怀，更是一种乐观向上的心态；"纳"取自东莞市的城市精神"海纳百川，厚德务实"的精髓。"纳"也引自现代国际教育理念"全纳教育"。"悦纳"承载着东莞城市的特质，源自国际先进教育理念。

"至正"源自学校宝物"至正大铜钟"年号，"正"解释为"正当、正确、正好、正直、正气"，在学校教育中视为"正心、正德、正智"；"至"其一可谓"最"，其二可谓"走向、追求、达成"。"至正"即为努力追求最好。

"悦纳至正"的核心价值为既要悦纳，又要至正；只有悦纳，才能至正；由于悦纳，因而至正。

莞城中心小学科技节比赛现场

2010年9月30日，莞城中心小学举办首届东坡悦读节活动展演，校长梁惠权向全校学生介绍东坡悦读节的来历

在教学管理上　学校悦纳教师，鼓励个性；教师悦纳学校，努力工作，共谋至正

在学生管理上　教师悦纳童心，因材施教；学生悦纳教师，悦纳学校，和谐发展

在家校联系上　学校悦纳家长，广纳良言；家长悦纳学校，悦纳教师，共同育人

学校荣誉

广东省一级学校
全国小学语文发展与创新教育课题实验学校
中华经典诗文诵读实验学校
广东省绿色学校
广东省优秀现代技术教育实验学校
广东省综合实践活动课程实验样本学校
广东省英特尔未来教育项目推广示范学校
广东省三八红旗集体
全国巾帼文明岗
首批广东省中小学教师继续教育校本培训示范学校
中国未成年人网脉工程实践基地
广东省德育实践基地
市文明标兵单位
市文化建设先进单位

新校区鸟瞰图

东莞市实验幼儿园

东莞市实验幼儿园创建于1998年，是一所由市教育局直属管理的全日制公立幼儿园。该园教师队伍年轻、学历高、经验丰富、理论水平较高。2010年，专任教师24人，男教师6人，其中大专11人，本科10人，研究生3人；全国模范教师1人，省市优秀教师11人，省市学科带头人5人。

近年来，幼儿园以广东省一级幼儿园为新起点，紧紧围绕“传承优良传统，注重内涵发展，提升办园水平”的目标，牢牢把握“以幼儿发展为本，让每个孩子都享受快乐体验成功”的办园理念，在制度完善、科研工作、课程建设、队伍培养、文化建设等方面进行一系列的探索与实践，教科研课题分别获省市科研成果奖，参与2项省级幼儿园教材的编写，出版专辑7册，获奖发表论文约20篇。幼儿在全国省市书画比赛和少儿艺术花会等各类比赛中屡获殊荣。幼儿园先后被评为全国绿色学校创建活动（第三批）先进学校、广东省特级档案综合管理单位、全国绿色学校校园环境管理项目优秀学校、东莞市文化建设标兵单位、东莞市语言文字规范化示范幼儿园等。

① 市实验幼儿园全景
② 市委书记、市人大常委会主任刘志庚（中间蹲者），市教育局局长杨晓棠（左一）到市实验幼儿园和孩子们欢度“六一”儿童节
③ 国家教育部国际合作与交流司参赞许民（右二），副市长吴道闻（右三），市教育局局长杨晓棠（左一），市理工学院院长杨晓西（左二）到市实验幼儿园参加庆典活动
④ 个性张扬的表演游戏
⑤ 快乐的水浴游戏

文化

CULTURE

- 《东莞市建设文化名城规划纲要（2011—2020）》出台
- “公共电子阅览室建设计划”试点城市
- “我们的节日”系列文化活动

北隅细村社区举办首次书画展

文化广电新闻出版

【概况】2010年，东莞市确立建设“文化名城”的发展目标，全面加强公共文化服务体系建设、文艺精品创作、文化产业发展、文化遗产保护和文化市场监管，取得较好成绩，为加快转型升级、建设幸福东莞提供有力支撑。2010年12月17日出版的《光明日报》在头版头条位置大篇幅报道东莞市从“文化新城”到“文化名城”建设过程中取得的丰硕成果，认为东莞拿出抓经济的势头抓文化,扮演着文化“领跑者”的角色,为全国创造出了“东莞经验”。

【确立文化名城战略】2010年，东莞市针对新形势、新任务，结合文化建设实际，提出了建设文化名城的战略目标。4月至8月，市委宣传部、市委政策研究室、市文广新局、市财政局、市城建规划局、市城市综合管理局、东莞日报社、东莞广播电视台、市委党校、东莞理工学院、市社科联、市文联等12个部门，联合开展大规模的调研活动，形成《关于实施文化名城战略的调研报告》提交给市委、市政府。8月30日，市委、市政府召开全市领导干部会议，专题研

东莞市文化广播电视新闻出版局

① 2010年2月26日，由市委宣传部、市文明办、市文广新局等部门联合主办的“我们的节日”东莞市系列文化活动启动。以“点亮花灯，传递幸福”为主题的东莞市首届洪梅花灯节同时拉开帷幕

② 2010年9月25日，“东莞市第二届收藏文化联展暨中央电视台《寻宝》走进东莞”开幕式在东莞艺展中心举行

③ 2010年9月30日，第二届中国国际影视动漫版权保护和贸易博览会在东莞市举行，国家广电总局副局长李伟，国家版权局副局长阎晓宏，省委常委、常务副省长朱小丹，省委常委、宣传部部长林雄，省人大常委会副主任钟阳胜，省人民政府副省长雷于蓝，省政协副主席徐尚武等领导出席开幕式

④ 2010年8月18日，文化援建映秀“十个一”活动启动暨报告文学作品集《莞香映秀》等作品首发仪式举行

⑤ 2010年4月8—9日，文化部副部长杨志今率调研组考察东莞公共文化服务体系建设。图为杨志今在图书馆考察

究文化名城建设问题。会上，市委书记刘志庚做《高举文化旗帜 坚持开放创新 为建设东莞特色的文化名城而努力奋斗》的重要讲话。讲话顺应时代要求，把握发展大势，科学阐述全市在新时期“为什么要建设文化名城、建设一个什么样的文化名城、怎样建设文化名城”的重大问题，明确提出“把东莞建设成为城市精神充分彰显、人文底蕴日益厚实、公共文化成熟完善、文化产业繁荣发展、文化精品不断涌现，文化事业强、文化产业强、文化影响力强、城市形象好的全国公共文化服务名城、国家历史文化名城、全国现代文化产业名城、岭南文化精品名城”的宏伟目标，同时提出从2011年起市财政连续5年每年安排10亿元用于文化名城建设的政策措施。全市领导干部会议的召开，标志着东莞市实施文化名城战略正式启动。

【出台《东莞市建设文化名城规划纲要（2011—2020）》】 2010年10月28日，市委、市政府正式印发《东莞市建设文化名城规划纲要（2011—2020）》（以下简称《纲要》），全面勾画东莞市未来10年的文化发展蓝图。《纲要》提出，文化名城建设的发展目标是用10年左右时间，力争建成“四个名城”，即全国公共文化服务名城、国家历史文化名城、全国现代文化产业名城和岭南文化精品名城；完善“五大体系”，即社会主义核心价值体系、公共文化服务体系、现代文化产业体系、历史文化名城保护体系和文艺精品创作生产体系；实现由文化新城向文化名城跨越的“六大转变”，即文化形态、文化层次、文化服务、文化格局、文化动力和文化传承上的转变。同时，《纲要》提出，文化名城建设的主要任务是提升公民文化素养、提升公共文化服务能力、加快文化产业发展、创建国家历史文化名城、繁荣文艺精品创作和提高文化传播能力七大任务。此外，《纲要》还提出，文化名城建设的保障措施，包括政策保障、制度保障和人才保障3个方面。《纲要》的出台，在东莞市文化建设史上具有重大意义，是指导和推进全市文化科学发展的纲领性文件。

【印发《东莞市建设文化名城的若干政策（试行）》】 为贯彻落实文化名城战略，2010年10月22日，市人民政府正式印发《东莞市建设文化名城的若干政策（试行）》（以下简称《政策》）。

① 2010年5月18日，“走进东莞文明”活动暨首届可园传统文化节启动仪式在可园博物馆举行

② 2010年4月23日，2010“书香岭南”全民阅读活动——东莞第六届读书节启动仪式在东莞图书馆西侧广场举行

③ 2010年11月13日，由市委宣传部、市文明办、市文广新局组织的东莞市文化暖流进企业活动来到东城，在同沙科技工业园举行“2010越长越红歌唱大赛走进企业”启动仪式

《政策》明确文化名城战略的内容与涵义，确定“从2011年起连续5年由市财政每年安排10亿元用于文化名城建设”，并围绕公共文化服务体系建设、文化产业发展、国家历史文化名城创建、岭南文艺精品高地打造、基础文化设施建设、文化体制改革、文化人才队伍建设等核心工作，制定出台一系列措施。《政策》的颁布，为全市文化名城建设的顺利实施奠定了坚实基础。

【公共文化服务设施建设】 2010年，东莞市积极推进市民艺术中心筹建工作，协调有关部门对建设方案进行深化设计。着力完善图书馆总分馆体系，全市共建成图书馆分馆48家，建成文化信息资源共享工程基层服务点123个。不断加大农家书屋建设力度，全市共建成农家书屋509家，整体覆盖率达到86%，超额完成“十一五”任务。积极加强博物馆建设，袁崇焕纪念园正式纳入市管理，可园博物馆“博溪景苑”完成总体概念设计，鸦片战争博物馆《虎门销烟基本陈列》布展有序开展，南城佛教博物馆、中堂造纸博物馆、望牛墩博物馆建设工作顺利推进。切实做好农村电影公益放映，基本完成农村电影放映设备数字化改造，全年共放映农村公益电影8100多场，全面实现一村一月放映一场电影的服务目标。与此同时，各镇街也加大文化设施建设力度，比如：东坑镇动工建设群艺中心，道滘镇新建文广中心大楼，茶山镇新建文化广电大楼和中心区文化广场，大岭山镇投资建设新文广中心大楼和图书馆，寮步镇启动香市文化建设“八个一”工程，谢岗镇进行文化大楼改造工程。

① 2010年6月12日，“魅力新城，龙腾东江”2010东莞龙舟文化节暨万江“东莞龙舟月”举行，图为“五月初一龙抬头”祭祀及点睛起龙仪式

② 2010年9月20日，深圳、东莞、惠州市在深圳签署《深莞惠三地文化合作协议》

【“公共电子阅览室建设计划”试点城市】 为进一步完善公共文化服务体系，满足人民群众网络文化的基本需求，为未成年人、进城务工人员及广大社会公众提供文明、健康、安全、便利的公益性互联网服务，文化部于“十二五”期间组织实施“公共电子阅览室建设计划”。2010年，东莞市成为“公共电子阅览室”首批试点建设城市之一，并选定莞城、虎门、麻涌、塘厦、常平等5个镇（街）开展试点工作。

【公共文化产品和服务供给】 2010年，东莞市策划推出以“我们的节日”为统一品牌的20余场文化活动，受到广大市民群众的热烈欢迎。成功举办东莞第六届读书节，参与人数达380多万人次。策划开展文化暖流进企业、进社区、进军营等系列活动1100多场，参与观众达100多万人次。组织举办2010年“走进东莞文明”活动，参与人数达45万人次。开设“走进艺术”公益培训班，向市民普及文艺知识，受众超过2万人次。围绕纪念鸦片战争170周年，组织策划《和平颂》音乐盛典，在社会上引起强烈反响。承办首届“优秀新莞人”表彰文艺晚会、亚运会火炬传递仪式和举重比赛期间的文艺表演等活动，受到各界广泛好评。与此同时，各镇街也立足本土特色，举办丰富多彩的文化活动，比如：莞城的“文化周末”系列活动、虎门的“2010虎门文化艺术节”、长安的“长安文化学堂”、常平的第七届“欢乐常平”商贸旅游文化节、东城的第五届文化体育艺术节、大朗的毛织风情节、道滘的美食文化节、厚街的“火红十月 文化厚街”系列活动、高埗的“企业文化艺术节”等。

【“我们的节日”系列文化活动】 2010年，东莞市整合洪梅花灯节、东坑卖身节、茶山茶园游会、东莞龙舟文化月、桥头荷花文化艺术节、望牛墩七夕风情文化节、谢岗登山节、樟木头小香港旅游文化节、凤岗客侨文化节、沙田水文化节、横沥百年牛墟风情节等20多项大型活动，组织举办“我们的节日——东莞市系列文化活动”，并通过整体包装策划，以统一的组织机构、统一的活动标识、统一的信息发布、统一的主题歌曲等进行集中宣传推广，受到广大市民的热烈欢迎，整个活动参与人数超过1000万人次，被人民群众誉为“家门口的文化盛宴”。同时，通过加强整合，全市各地的文化资源实现由分散到聚集转变，组织形式由“各自为阵”向“协同作战”转变，活动的规格档次明显提高，增强系列活动的整体品牌效应，使“我们的节日”系列文化活动成为全市文化名城建设的亮丽名片。

【“走进东莞文明”活动】2010年“走进东莞文明”活动由市委宣传部、市文明办、市文广新局联合主办。活动启动仪式于5月18日在可园博物馆新馆正门广场举行，市有关领导，各界嘉宾，企业、学校、社区代表300余人参加了仪式。“走进东莞文明”活动充分融合“博物馆促进社会和谐”、“文化遗产在我身边”两大主题，以传承历史文明、展示城市文化、丰富市民生活为目标，以各博物馆和文化遗产为依托，深入挖掘东莞丰富的历史文化资源，组织举办展览、讲座、研讨、文艺展演、鉴宝等57项形式多样、内容丰富的精彩活动，参与人数达45万人次，丰富了东莞市民的文化生活，增添城市人文色彩，为塑造和宣传东莞良好城市形象发挥了重要作用。

【东莞第六届读书节】2010年，东莞市第六届读书节围绕“阅读·和谐·发展”的主题，按照巩固全国文明城市创建成果、配合国家历史文化名城创建工作、推进“新莞人工程”的实施、加强学习型城市建设、打造知识传播品牌等目标要求，共计举办各类读书活动497项，其中重点活动22项，参与群众380余万人次，在全社会掀起了读书求知、读书成才、读书明理的热潮。

【创新公共文化服务方式】2010年，东莞市大力提升文化服务的信息化水平，东莞图书馆不断扩充数字资源，为广大读者提供更加丰富、便利的阅读服务；鸦片战争博物馆大力推进数字博物馆建设，围绕藏品数据管理、影像管理、库房管理、展览管理、统计报表5大模块对文物数据进行数字化整理转换，为广大观众参观浏览提供有效平台。积极推进公共文化流动服务，东莞图书馆加强图书流动车建设，增设楼盘小区和企业服务站点，优化服务路线，全年开展流动服务800多次；群众艺术馆充分利用流动演出车，开展了近30次送戏下乡进厂活动；鸦片战争博物馆组织宣教小分队以流动博物馆为载体，在全省范围内开展巡回展演14次。不断加强文化志愿服务体系建设，东莞图书馆、可园博物馆等单位继续面向社会招募文化志愿者，具体参与接待、讲解、导引、辅导等工作，努力实现文化服务的社会化、常态化。

【东莞数字图书馆】东莞数字图书馆由东莞图书馆统筹建设，读者凭总馆或任一分馆的读者证便可在家中、单位以及其他可上网的场所阅读或下载所需资源。东莞数字图书馆自2003年启动之后，数字馆藏不断丰富，截至2010年底，已有电子图书100多万种、电子期刊9000种、论文2500多万篇，多媒体课件2000门，视频资源5000部。

【文化暖流行动】2010年，东莞市文化暖流行动，包括有东莞图书馆流动图书车进社区、进企业；东莞群众艺术馆流动演出车到企业、社区进行演出；鸦片战争博物馆、可园博物馆、东江纵队纪念馆和岭南画院举办的流动展览等活动。期间，举办的东莞市文化暖流系列活动之2010“越唱越红”歌唱大赛走进企业活动，演出队伍先后深入到东城、樟木头等10个镇街的多家企业演出10余场。“文化暖流”流动演出车自2010年1月22日晚在石碣旭丽电子厂启动以来，分别在樟木头、海军沙角部队、虎门军械厂、东莞边防支队等21个镇街和军警单位演出29场，演员人数达到1200人次，吸引了5万多名观众观看演出。

【文艺精品创作】2010年，东莞市成功承办第九届中国艺术节“文华奖”剧目演出和“大地情深——群星奖”音乐决赛，音乐剧《蝶》等多个作品荣获奖项，获奖数量和获奖质量均居全省前列。与此同时，中篇小说《国家订单》获得东莞历史上第一个鲁迅文学奖，儿童文学作品集《公元前的桃花》荣获第八届全国优秀儿童文学奖，莞城文化周末少年合唱团荣获第十届中国国际合唱节比赛金奖，莞城金凤凰老年女声合唱团荣获第十二届中国老年合唱节“红舵杯银奖”，塘厦女声合唱团荣获首届“中华红歌会”黄河杯奖，大岭山之歌合唱团荣获第十届中国合唱节混声组银奖，舞蹈《婆婆·篮子·乐》，无伴奏合唱《猜调》、《月光光》荣获全国中老年艺术大赛金奖。积极推进文艺创作基地建设，筹建成立省音协东莞（塘厦）创作基地和东莞（塘厦）东八音乐创意园区。与北京松雷公司、保利公司合作，联合创编并推出音乐剧《爱上邓丽君》，于2010年12月在香港文化中心首演，成为继音乐剧《蝶》之后，又一部走出去的音乐剧精品。

【承办第九届中国艺术节“文华奖”剧目演出和“大地情深——群星奖”音乐决赛】中国艺术节是国家规格最高、规模最大、影响最广泛的国家级艺术盛会。第九届中国艺术节由文化部和广东省人民政府主办，东莞市为分会场之一。2010年，在“九艺节”上，莞产音乐剧《蝶》从参评“文华奖”的65台精品剧目中脱颖而出，获得“文华大奖特别奖”，实现了东莞文艺创作上的历史性突破；东莞作为九艺节“群星奖”音乐类决赛的会场，获得“突出贡献奖”；“群星奖”参赛作品《绣》、《梦·乡情》、《三个萝卜一个坑》分获“群星奖”舞蹈奖、音乐奖、曲艺奖；“绚丽大舞台——东莞市文化广场千场文艺演出”获“群星奖”项目奖；大岭山镇文广中心副主任杨继春获“群星奖”的“群文之星”称号。在九艺节上，东莞不仅获得众多殊荣，而且圆满完成分会场的工作任务，参演参赛、接待招待、安全保障、宣传造势等各方面的工作都顺利开展、有声有色，充分展示了东莞城市的文化魅力。

【东莞（塘厦）东八音乐创意园区】2010年3月25日，东莞（塘厦）东八音乐创意园区在塘厦镇挂牌成立。该园区是由省音乐家协会支持搭建的音乐创意产业园，园区建立东八音乐网，设立东八音乐排行榜，联合广东卫视成功举办中国·塘厦第四届打工歌曲创作大赛，联合北京松雷制作推出音乐剧《爱上邓丽君》，成功出版文化援建映秀CD音乐专辑《映秀中国》，组织举办中国·塘厦2010越唱越红“三正杯”歌唱大赛，促进了园区知名度和影响力的不断提升。

【文化产业】2010年，东莞市积极发展创意设计、动漫游戏、现代传媒、网络服务等新兴行业，着力推动文化产业从资源驱动转向创意驱动转变，文化产业的核心竞争力得到有效提升。积极推进印刷出版业、广播影视业、演艺娱乐业等优势文化产业转型升级，全年新增印刷企业234家，印刷工业总产值达308亿元；设立“版权服务工作站”，全年共受理著作权登记申请235项；全市有线数字电视用户达150万户，东莞广播电视台广告收入达3.12亿元，全市电影票房达1.17亿元；歌舞娱乐场所超过420家，娱乐行业资产总额突破22.4亿元。成功举办第一届、第二届中国国际影视动漫版权保护和贸易博览会，策划推出东莞市第二届收藏文化联展，为相关行业快速发展提供了有利平台。积极推进文化产业园区建设，松山湖创意产业园区被确定为首个粤港澳创意文化产业实验园区，入驻企业达到35家。加强对永正图书创意产业园的跟踪扶持，支持永正图书出版书籍37种，实现从“销售图书”向“创造图书”的升级转变。

【第二届中国国际影视动漫版权保护和贸易博览会】 2010年9月30日至10月5日，第二届中国国际影视动漫版权保护和贸易博览会在东莞国际会展中心隆重举行。展会规模明显扩大，设置东莞国际会展中心主会场和松山湖分会场，总展览面积达到7万平方米，比首届增加3万平方米。展会共吸引参展企业506家，签约项目125个，签约金额89亿元，成交金额38亿元。展会期间举办开幕式及晚会、版权登记、版权贸易、玩具礼品交易会等近50项特色活动吸引超过60万人次参观。展会期间，设立版权服务工作站，共有22家企业108份作品申请免费登记著作权。同时，展会受到媒体的广泛关注，吸引新华社、中新社、《人民日报》等150多家境内外广播电视、报刊、网络及其他专业媒体的高度关注，各媒体共推出1300多篇相关报道，网络转载、转登近17.5万篇次，各网站浏览超过600万人次。

【第二届收藏文化联展】 2010年9月25日至10月10日，由东莞市文化广电新闻出版局、市政协教科文卫体和文史委员会、东莞日报社等7家单位共同主办的东莞市第二届收藏文化联展在可园博物馆、旗峰山艺术博物馆、东莞艺展中心和森晖古玩城等4个展馆同时举行。其中，东莞艺展中心展出的是东莞当代书画、家具、木雕、根雕等艺术品；可园博物馆主要展示盆景、兰花、钱币；旗峰山艺术博物馆主要展示书画、瓷、玉等艺术品；森晖古玩城展示的主要是奇石、盆景。联展展览面积达1.07万平方米，共展出书画、瓷器、玉器、钱币、奇石、盆景等藏品900余件，吸引参观人数近5万人次。联展期间，央视一套《寻宝》栏目特别派出专家鉴定组对市民的藏品进行免费鉴定，并制作《寻宝—走进东莞》（上、下）大型文化专题节目在央视播出。

【松山湖粤港澳文化创意产业实验园区】 2010年9月30日，广东省首个粤港澳文化创意产业实验园区在东莞市松山湖正式挂牌。园区规划文化创意产业集聚发展区、文化产业公共服务平台区、文化产业休闲旅游配套区、文化产业人才教育培训区和文化产业金融服务区等5大区域，将围绕玩具、鞋业、服装、家具、食品等东莞传统优势产业，大力发展与之相关的文化创意产业，努力打造成为全国动漫产业最佳对接平台和动漫衍生品最大交易中心，成为全国具有影响力和辐射力的文化创意产业集聚区和示范地，成为广东科学发展的示范区和产业升级的引领区。

【文化遗产保护】 2010年，东莞市继续推进第三次全国文物普查，实地调查阶段工作通过省和国家验收。加强文物修缮保护，完成茶山南社云璠公祠、老东园公祠，厚街方氏宗祠、郡驸公祠，虎门礼屏公祠，石排浦心洪圣宫，大岭山殷氏宗祠、叶氏宗祠等文物维修工程。推进文物数据库管理系统建设，完成全部一、二、三级文物的数据采集和光盘刻录工作。积极开展非遗项目申报工作，“木鱼歌”、“赛龙舟”、樟木头麒麟舞等3个项目成功入选国家级第三批非遗名录。推进市级非遗项目的评定工作，正式公布第二批市级非遗项目名录及首批市级非遗项目代表性传承人名单。加强非遗数码平台建设，完成木鱼歌、哭嫁歌、盲佬话、喊惊等多个非遗项目的录音录像整理，编辑出版《东莞非物质文化遗产》丛书。举办“莞风粤韵 年味记忆”非遗体验日活动，吸引1万多名群众积极参与。

【《东莞市非物质文化遗产》丛书出版】 2010年12月，《东莞市非物质文化遗产》一书由中国文联出版社正式出版。该书分上下两册，全面详细地介绍东莞市第一批和第二批非物质文化遗产名录。其中第一批名录中包括民间美术、民间音乐、民间舞蹈、传统戏剧、曲艺、传统手工技艺、杂技与竞技、民俗、生产习俗和消费习俗这10大类的项目共38个；第二批名录包括民间文学、传统音乐、传统手工技艺、传统医药和民俗等5类的项目共34个。每个项目都有配有详细的文字和图片介绍，部分项目还有传承人的情况介绍，资料翔实，内容丰富。

【文化市场监管】 2010年，东莞市出台《关于进一步加强游艺娱乐场所管理的实施意见》，完善文化执法量化考核机制，规范文化执法文书，搭建网络文化执法平台，组织开展“扫黄打非”专项整治、文化市场“清无”专项整治、净化文化市场环境专项整治、网络侵权盗版专项治理等一系列执法行动，全年共出动执法人员9.7万多人次，检查各类文化经营场所8万多间次，处理行政处罚案件1343宗；取缔地下图书批发窝点14个，地下音像批发窝点22个；查处违规经营网吧164间、书店85家、卡拉OK歌舞厅29间，非法安装接收卫星电视节目用户104个；收缴电脑主机4327台、显示器3958台，翻版盗版音像制品88万张，非法书报刊21万多本，非法播放设备2149套，非法卫星接收设备55台，文化市场执法工作取得显著成效。

【事权改革】 2010年12月，东莞市文化广电新闻出版局制定出台《东莞市文化广电新闻出版局推行简政强镇事权改革实施方案》，明确委托事权范围和责任。委托放权的事项共31项，包括19个行政许可项目和12个行政执法项目。同时，积极加强与各镇沟通联系，采取座谈调研、专题培训、对口指导、个案示范和跟班学习等多种方式，协助11个镇建立起完整的工作制度和规范的运作程序，提高其工作人员的业务能力和工作水平，推动简政强镇事权改革顺利实施。

【文化队伍建设】 2010年，东莞市文化广电新闻出版局制定并实施《2010年教育培训工作方案》，开展执法业务培训、疑难案例分析分片研讨、卫星电视广播地面接收设施管理培训、网络执法业务培训、农村电影放映员培训、广播电视系统安全播出和安全生产培训以及社交礼仪培训、交谊舞、粤曲兴趣班等一系列培训活动，参加培训人数超过1200人次。举办“东莞文化论坛”52期，参加人员达1.3万人次。开展纪律教育学习月活动，举办“加强制度教育，构筑拒腐防线”主题讨论会，贯彻落实《廉政准则》专题报告会等，参观市反腐倡廉教育基地等一系列廉政教育活动，增强干部职工的廉政意识。召开以“贯彻落实《党员领导干部廉洁从政若干准则》，切实加强领导干部作风建设”为主题的民主生活会，通过会前学习、征求意见以及开展批评与自我批评，领导班子的党性修养不断增强，工作作风不断改进。 （谢小伟）

附：2010年东莞市文化广电新闻出版局领导名录

党组书记、局长：陈志伟
党组成员、副局长：陈健秋　蔡建勋
董　红　黎寿康
黄培德（2月到任）
党组成员、市版权局专职副局长：
王海明（9月到任）
党组成员、市文化市场综合执法大队大队长：陈志满
党组成员、纪检组长：
黄　辉（9月到任）
副调研员：何环珠　周汉标

东莞广播电视台

【概况】 2010年，东莞广播电视台始终坚持以宣传为中心，坚持正确舆论导向，充分发挥广播、电视、网站三大媒体优势，圆满完成“两会”报道、转变经济发展方式、防止传统发展模式复归、贯彻《珠江三角洲地区改革发展规划纲要》、城市形象宣传、援建映秀、我们的节日、东莞创模、文化名城建设、台博会、外博会、电博会、动漫博览会、广州亚运会等重大宣传任务。全年共播出广播新闻（含《新闻联播》、《新闻简报》）48877条；播出电视新闻32510条；播出《周末访谈》节目49期，时长5205分钟；播出《焦点关注》节目366期，时长7320分钟；被省电台采用广播新闻683条；被省电视台采用电视新闻488条，被中央电视台采用22条；完成外派采访任务101批次。全年共完成2010年春节联欢晚会、亚运火炬传递等大型活动的直（录）播44场；《直播现场》栏目租用卫星1907分钟，完成突发事件现场直播22场，仅6月份就进行了电视直播11场次，其中6月17日1天内完成了3场直播，创造了东莞广播电视台有史以来单月直播次数的最高纪录。

【发展势头强劲】 2010年，东莞广播电视台两个广播频道市场份额上升13%，在众多外来竞争品牌广播中继续保持绝对优势，凭借近7成的市场份额稳居东莞地区各电台排名之首。两个电视频道

东莞广播电视台

① 2010年3月28日，东莞广播电视台五周年庆典在玉兰大剧院举行，省委宣传部副部长、省广电局局长杨健（左三），南方广播影视传媒集团总裁张惠建（左二），东莞市委常委、宣传部部长王道平（右二），东莞市人民政府副市长严小康（左一），东莞广播电视台党组书记、台长黄永贵（右一）等领导上台放飞5把金灿灿的钥匙，象征着开启东莞广电的崭新未来

② 2010年2月3日，东莞广播电视台、东莞广电网络传媒发展股份公司召开2009年度总结表彰大会，市委书记、市人大常委会主任刘志庚出席会议并作讲话，他充分肯定东莞广播电视台取得的成绩，并要求东莞市新闻媒体“把镜头对准百姓，把版面留给群众”

③ 2010年2月21日，市领导刘志庚、李毓全、刘树基、黄双福等一行来到东莞广播电视台，亲切慰问春节期间坚守岗位的工作人员，并送上新年祝福。在广电大楼二楼过道旁的一个电脑屏幕前，刘志庚一行饶有兴致地阅读东莞阳光网发布的即时新闻，对阳光网的新闻采编、发布速度赞不绝口

3月份黄金时段收视率和市场份额分别为5.51%和22.23%，创历史新高；全天平均收视率和市场份额分别为1.6%和17.24%，首次跃居东莞地区所有频道之首。东莞阳光网日最高浏览量突破430万人次，在全国分类网站排名中跃居全省第一、全国前五，目前，东莞阳光网已成为东莞的第四大媒体，东莞对外宣传的重要窗口，以及东莞地区、国内外网民了解东莞的权威信息平台。

【打造广电精品】 2010年，东莞广播电视台积极创新精品生产模式和宣传载体，通过联合摄制、参与摄制、联合发行等多种方式，打造一批具有浓郁本土特色的广电精品，进一步宣传东莞、推介东莞。2010年3月，由东莞广播电视台联合广东电视台等单位摄制国内首部以电视人为题材的电视剧《电视台的故事》在东莞广播电视台首播。这是东莞

① 2010年2月14日，市委常委、宣传部部长王道平一行来到东莞广播电视台，亲切看望慰问春节期间坚守一线的工作人员，并代表市委、市政府向大家送上新春的祝福。图为王道平观看东莞阳光网制作的新年专题

② 2010年9月29日，广东省广播电视网络股份有限公司东莞分公司举行揭牌仪式，东莞广电网络传媒发展股份公司作为东莞广电网络资产的全权代表，全资入股广东省广播电视网络股份有限公司。揭牌仪式现场，省公司党委书记、董事长张健（右一）与东莞广播电视台党组书记、台长黄永贵（左一）还进行有关签字事宜

③ 2010年3月22日，备受瞩目的20集电视连续剧《电视台的故事》首映式暨《追梦》、《舞动精彩》首发式在东莞举行，广东电视台台长曾国欢（右三），东莞广播电视台台长黄永贵（右二）等领导出席。这三部作品作为东莞广播电视台5周年庆典的“贺礼”，一个是艺术再现，两个是真实纪录，向各级领导、广大市民汇报东莞广播电视台5年的成绩

④ 2010年12月，“以优质服务提升客户市场销售力”为主题的“东莞广播电视台2010年上海推介会”举行，广告客户和代理商130余人应邀出席。推介会以东莞市场优势为依托，通过展示东莞广电媒体的魅力和东莞广电人的风采，提升东莞广播电视台优质媒体资源的价值。2010年，东莞广播电视台及下属单位广告经营收入达到3.27亿元，比2009年上升1.63%，实现广告经营持续5年增长的良好发展势头

⑤ 2010年1月，以“健全党建制度，践行有规有矩”、“提升党员素质，践行有分有寸”、“加强党性修养，践行有始有终”、“开展服务活动，践行有情有义”为主要内容的东莞广播电视台党建品牌“广电先锋”通过考核和验收，成为东莞市机关党建百佳品牌之一

⑥ 2010年6月下旬，东莞广播电视台制定《东莞广播电视台员工岗位考核末位培训实施办法》，开展为期半年的培训活动，全台近一成员工接受系统专业培训，有效提高员工的综合素质

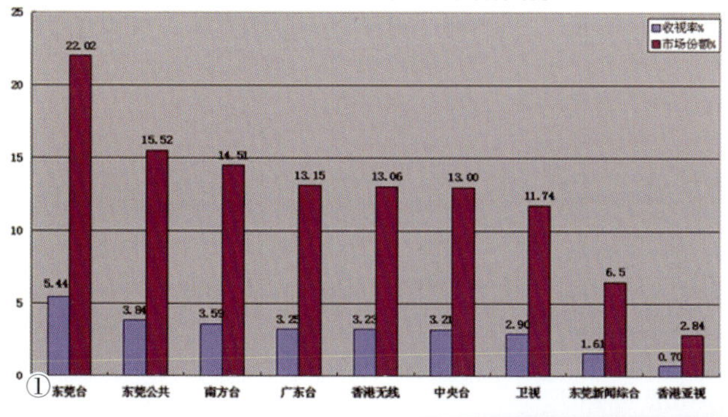

①

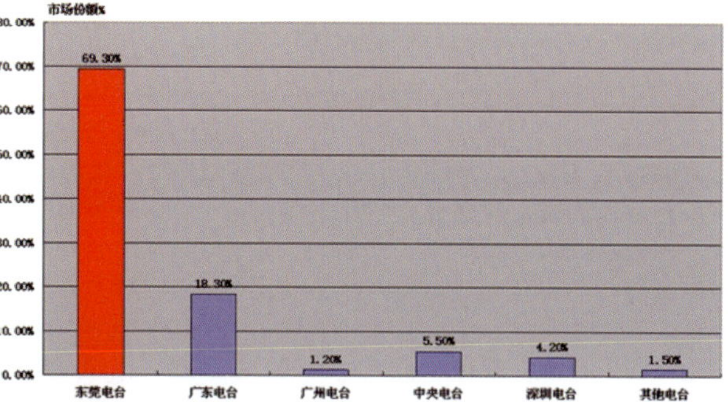

②

③

④

① 2010年3月1日至31日，东莞广播电视台两个电视频道的黄金时段收视率和市场份额再次双双跃居东莞地区所有频道之首；广播频道市场份额上升13%，以近七成听众的绝对优势，蝉联东莞地区收听率榜首

② 2010年，东莞阳光网日均浏览量达400多万次，最高日均浏览量突破430万次，在全国分类网站排名中，稳居全省第一名，位居全国前五名

③ 2010年，东莞广播电视台第一次以出品单位身份拍摄国内首部以电视人为题材的电视连续剧《电视台的故事》，且该剧已被广州、韶关、肇庆等10多个地市电视台购买和播出

④ 2010年12月，东莞广播电视台合作编辑出版的《精彩》杂志获得全国统一刊号并面向全国正式公开发行，这标志着东莞广播电视台的媒体形态更加立体和全面

广播电视台第一次以制片人单位身份拍摄的电视剧。11月29日，由东莞广播电视台参与摄制的首部以90后演艺学院大学生校园生活为题材的25集青春励志剧《阳光的味道》在东莞广播电视台新闻综合频道首播。12月，东莞广播电视台合作编辑出版的《精彩》杂志获得全国统一刊号并面向全国正式公开发行，这标志着东莞广播电视台的媒体形态将更加立体和全面。12月，东莞广播电视台首次出境赴澳门参加“2010澳门国际电影电视节之国际电影电视节目、设备器材展览会”，与国内外、境内外知名影视制作机构“同台献艺”，在展示自身实力的同时也宣传了东莞良好的形象。

【活动策划】 2010年，东莞广播电视台充分发挥广电媒体优势，通过举办、承办一系列大型综艺活动、栏目衍生活动和大型文艺演出活动，不断提高大型活动的组织和制作水平。成功策划组织“春暖花开——东莞市2010年春节联欢晚会”、“五彩飞扬——东莞广播电视台五周年庆典”、“第四届魅力之星选拔大赛”和“精彩童星电视大赛”，为东莞市民献上了精彩难忘的文化盛宴。此外，东莞广播电视台还联合广东电视台等单位，远赴德国、捷克等国开展大型跨国采访活动并摄制专题片《相约多瑙河》，此后在玉兰大剧院成功举办多媒体中外主题音乐会“相约多瑙河”。

【广告经营】 2010年，东莞广播电视台充分发挥三大媒体经营平台优势，充分利用媒体资源，积极创新经营手段，不断拓宽经营渠道，广告经营收入达到32671万元，同比上升1.63%，实现广告经营持续5年增长的良好发展势头；全台广告和经营收入达9.1亿元，比2009年增加6937.72万元，增长8.25%，位居全省前列。

【省网络公司东莞分公司挂牌成立】 2010年9月29日，广东省广播电视网络股份有限公司东莞分公司举行揭牌仪式，东莞广电网络传媒发展股份公司作为东莞广电网络资产的全权代表，全资入股广东省广播电视网络股份有限公司。广东省广播电视网络股份有限公司是由广东省19个地级市广播电视台和南方广播影视传媒集团共同发起省属大型国有文化骨干企业。在此次全省网络资产评估中，东莞网络净资产总额达12.4亿元，占省公司总股本的22.6649%，成为省网络公司最大的股东。

【党建工作】 2010年，东莞广播电视台积极开展第二批“机关党建百佳”创建工作，以“健全党建制度，践行有规有矩”、“提升党员素质，践行有分有寸”、“加强党性修养，践行有始有终”、“开展服务活动，践行有情有义”为主要内容的“广电先锋”党建品牌顺利通过考核和验收，成为东莞市机关党建百佳品牌之一，台机关党委被评为2010年度市直机关党建工作量化考评先进单位。 （郑远龙 凌文通）

附：2010年东莞广播电视台领导名单

台　长：黄永贵
副台长：梁志刚（正处级）
　　　　李树祥　唐和平　李　娜
　　　　刘全凤
总编辑：郑远龙
总工程师：李先翼
台长助理：周秉强

文　联

【文联组织建设】2010年，东莞市文联积极加强镇级文联建设，强化触角延伸，自觉融入、主动介入、准确切入东莞各镇街社会文化发展大局。全市镇街文联队伍快速发展，各文艺家协会队伍迅速壮大。石排、茶山、桥头、麻涌、凤岗、清溪、石龙、高埗、莞城、大岭山、塘厦、沙田、厚街、樟木头、万江、望牛墩、东城、南城、中堂、寮步等20个镇街成立镇级文联。全市12个市级文艺家协会在32个镇街共设分会210个，其中有国家级会员147名、省级会员675名、市级会员2927名、镇街会员超过1.6万名。2010年12月30日，东莞市第七次文代会胜利召开，会议审议并通过市文联第六届委员会工作报告；修改并通过新的《文联章程》；选举产生新一届市文联领导机构，林岳再次当选为市文联主席，宋媛当选为专职副主席，刘影、李志良、李应梅、周汉标、黄泽森、康健、曾小春、詹谷丰当选为兼职副主席。聘请张群炎、黄发、何环珠、李炳球、岑诒立、杨宝霖、邓慕尧、秦长江为顾问委员。大会号召全市广大文艺工作者团结一致，振奋精神，牢记历史使命，以新的精神状态、新的工作作风、新的创作意识，共同促进东莞文艺事业大繁荣大发展，努力开创东莞文学艺术事业发展新局面。

【文艺精品创作】2010年，东莞文艺精品创作取得重大突破。东莞文学艺术院第二届签约的19位作家的作品大多数已经提前完成，有些作家还超额完成了任务，签约创作作品频频进入《人民文学》等重要文学期刊，引起全国文坛的瞩目。签约作家王十月的中篇小说《国家订单》获第五届全国鲁迅文学奖，实现东莞在全国性文学大奖上的零的突破。作家曾小春的作品《公元前的桃花》荣获第八届全国优秀儿童文学奖。

【文艺出版】2010年，东莞文艺期刊《东莞文艺》、《南飞燕》强化活动策划，以活动促发展，2份杂志全年都出满12期，《东莞文艺》还编辑出版2期专刊，充分发挥这2份刊物作为繁荣全市文艺事业重要平台的作用。4月22日举行“2010年中国移动·市文联全年战略合作协议签订仪式”，进一步办好《南飞燕》手机文学版。《东莞文艺》举办“东莞作家看东莞”文学创作活动。市文联承担的《东莞当代文学艺术精品选（2007—2008年度）》编辑工作也已完成。

【文艺批评】2010年，东莞市文联紧紧围绕创作实际切实加强文艺批评工作，不断增强文艺批评的引导性、针对性、实效性，开展一系列的文艺批评活动，不仅对作品和作家、艺术家进行评论，也对文艺现象、文艺思潮等进行一些建设性的探讨。市文联编辑出版了100多万字的《东莞文艺三十年》评论集。1月16日，由中国作协创研部、作家出版社、广东省作协创研部主办，市文联、广东三正集团承办的长篇小说《东江向东方》作品研讨会在塘厦三正半山酒店举行。胡平、雷达、牛玉秋、阎晶明、陈歆耕、汪守德、谢有顺等领导、专家共50多人参加了研讨会，研讨会由中国作协创研部主任胡平主持。市文联还成功举办“新世纪十年：东莞文学的现状与前瞻”高端论坛、书法报第三届全国少儿书画教学高峰论坛、东莞打工文学论坛、网络作家座谈会。全市有30多篇文艺评论文章刊登于《南方文坛》、《读书》、《文艺理论与批评》、《文艺研究》等权威报刊上。

▲春到江南　　（王少坚　摄）

【文学艺术活动】2010年，东莞市文联共举办100多次专业性的文艺节庆、演出、展览、比赛、研讨、培训、采风等各类文艺活动。如，市文联与广东省作家协会联合有关镇街举办广东省“香市杯”青年文学奖和广东省大沙田诗歌奖，协助望牛墩、中堂两镇分别向中国民协申报“中国乞巧文化之乡”和“中国龙舟文化之乡”，协助中国民协、广东省文明办、东莞市委宣传部等成功举办“第二届中国（东莞·中堂）龙舟文化节”。市文联还与樟木头镇策划构建“中国第一作家村”、与桥头镇联合创建东莞作家作品收藏室，举办东莞市第二届个人风采舞蹈大赛、岑诒立从艺六十周年书法作品展等文艺活动。

【人才队伍建设】2010年，东莞市文联吸收一批文艺人才加入各文艺家协会，推荐有创作成果符合条件的文艺人才加入国家级和省级文艺家协会，其中加入国家级文艺家协会27人，加入省级文艺家协会97人。在人才培训和推介方面，市文联推荐6名作家参加鲁迅文学院等单位举办的各类文学创作培训班，推荐10人参加省作协举办的作为文学创作专业技术职称评定的继续教育培训；文学艺术院举办骨干作者培训班，免费培训学员100多人次；各文艺家协会举办各种培训辅导和讲习班60场次，培训学员达到6000多人次。为表彰优秀新莞人文艺人才，激发他们的工作积极性和创造性，开始受理7位新莞人作家、艺术家入户申请，帮助成绩突出的5位新莞人作家、艺术家入户东莞。　　（蔡文学）

附：2010年东莞市文联领导名录

主　席：林　岳

副主席：宋　媛

体育·卫生

SPORTS · HEALTH

亚运会举重比赛现场 （张德全 摄）

编辑：林 清

体育事业

【概况】2010年，东莞市圆满完成“十一五”体育事业专项规划的主要任务，在第13届省运会上取得较好成绩，全力协办第16届亚洲运动会举重赛事。5年来，东莞市体育强市战略挺进，北京奥运、多哈亚运、广州亚运、山东全运、惠州省运5大战役上战果丰硕。健康城市战略铺开，“半小时体育生活圈”建成，基础体育公共服务不断完善。村村有体育健身路径，“个十百千万”工程完成（数个高尔夫球场，数十个综合性体育馆、全民健身广场和田径场，上百个网球场，上千个羽毛球场，上万个篮球场）。实现东莞辖区体育设施100%全覆盖。体育产业稳步发展，个别领域发展迅速。5年举办游泳救生员培训24期，培养救生员1153名，游泳事故发生率逐年显著下降。各类体育培训、体育商业表演渐成气候，广东宏远篮球俱乐部、东莞大朗新世纪篮球俱乐部均将全国篮球联赛主场设在东莞市。东莞市体育彩票销售成绩显著，连续5年创历史新高。

【体育信息服务建设】2010年2月10日，东莞市体育局与中国移动东莞分公司在东莞移动大厦举行战略合作框架协议签订仪式。市体育局局长邹联与东莞移动公司总经理温乃粘签订并交换协议，市政府副市长吴道闻见证签约仪式。东莞体育进入“整合资源，信息服务”的新阶段。

【第13届省运会东莞市体育代表团成立大会召开】2010年3月25日，广东省第13届运动会东莞市体育代表团成立大会在市行政办事中心召开。市委书记、市人大常委会主任刘志庚，市委副书记、市长李毓全等领导出席会议。会上成立广东省第13届运动会东莞市体育代表团，市委书记、市人大常委会主任刘志庚，市委副书记、市长李毓全任名誉团长。市长李毓全发表讲话，鼓励运动员们争创佳绩，为东莞人民带来胜利的好消息。市委书记、市人大常委会主任、代表团名誉团长刘志庚向代表团团长吴道闻授旗。

【广东日之泉足球队在东莞设主场】2010年3月31日，广东日之泉足球队征战2010中甲联赛誓师大会暨东莞主场新闻发布会在东莞报业大厦举行，广东省体育局副局长招少鸣、广东省足球运动管理中心主任柯国洪等出席。广东日之泉足球俱乐部是由东莞日之泉集团与广东省足协在2007年初合作组建的。2010年首次把前4场比赛主场设立在俱乐部总部的所在地东莞。

【石龙镇体育管理服务中心挂牌】2010年4月2日，石龙镇体育管理服务中心正式挂牌。石龙镇体育管理服务中心成立是东莞市简政强镇试点改革主要内容之一。

【全市群众体育工作会议召开】2010年4月23日，全市群体体育工作会议在市体育中心体育场会议室召开，会议集中学习《全民健身条例》，部署2010年全市群众体育工作安排。

【广东东莞银行队第6次夺CBA冠军】2010年4月25日，CBA（中国男子篮球职业联赛）决赛，广东东莞银行（广东宏远）队决赛第五场在东莞市体育中心体育馆以103：94击败新疆队，以总比分4：1的成绩第6次夺得CBA总冠军。中共中央政治局委员、广东省委书记汪洋，副省长林木声，东莞市委书记、市人大常委会主任刘志庚，市委副书记、市长李毓全，国家篮管中心主任信兰成，广东省体育局局长杨迺军等到现场观看球赛，为获奖队伍颁奖并表示热烈祝贺。

【东莞举行亚运志愿者申请人训练营】2010年6月5—6日，第16届亚运会东莞分赛区志愿者申请人训练营在东莞理工学院进行。从1268名申请人中考核选拔出246名亚运会志愿者参加活动。在培训和实践后，最终确定190名志愿者为亚运会举重比赛提供各方面专业服务。

【中国移动宏远无线篮球俱乐部启动】2010年6月27日，“中国移动宏远无线篮球俱乐部启动仪式嘉年华”在东莞体育馆举行。东莞移动和广东宏远集团通过“宏远说客”等线上合作和线下赛事推广等方式向全国推广东莞篮球文化。

【东莞市体育代表团第13届省运会上创佳绩】2010年，广东省第13届运动会在惠州举行，东莞市派出参赛运动员567人参加游泳、射击、举重、田径、赛艇、皮划艇、体操、乒乓球、射箭、击剑、足球、篮球、曲棍球、摔跤、武术（套路、散打）、自行车、羽毛球、跳水、棒球、排球、拳击、跆拳道、柔道、网球共24个项目的比赛。省运会第一个比赛项目射击于5月2日在东莞市体育运动学校和东莞厚街国际飞碟俱乐部举行。东莞体育代表团共获得金牌113.25枚、奖牌239.25枚，名列奖牌榜第五，仅次于广州、深圳、佛山和东道主惠州；总分5473分，名列积分榜第四，仅次于广州、深圳和佛山，并获得体育道德风尚代表团奖和广东省第十三届运动会突出贡献奖。

【珠三角城市体育“十二五”规划座谈会在莞召开】2010年8月16日，珠三角城市体育“十二五”规划座谈会在东莞国际会展酒店召开。广东省体育局局长杨迺军主持会议，珠三角地区各市体育局领导班子参会。

【全市全民健身月活动启动】2010年8月18日，全民健身月活动启动仪式在东莞市体育中心露天篮球场举行。此次全民健身月活动以纪念全国“全民健身日”两周年、迎接亚运会、创造新生活为主题，组织各级社会体育指导员开展全民健身志愿服务活动。全面开展全市国民体质监测活动，成立“东莞市国民体质监测志愿服务队”，为市民提供运动健康咨询。举行一系列的全市性羽毛球赛、网球赛、三人篮球赛、篮球联赛、龙狮大赛等赛事，各镇街也以同一主题开展各类全民参与的体育活动。

【东莞市游泳协会成立】2010年8月27日，东莞市游泳协会成立大会在东莞塘厦举行。东莞市游泳协会有包括全市各界知名人士以及对东莞游泳运动有杰出贡献的人士组成的会员64名。游泳协会的宗旨是有效组织社会力量和推动东莞市游泳运动发展。

【东莞市游泳运动管理中心搬新居】2010年9月，东莞市游泳运动管理中心新基地正式启用，地址位于东城区城牛山管理区钟屋围涡岭工业园旁，总占地16311多平方米，由游泳馆、跳水馆、室外游泳池、训练场以及综合楼5部分组成。11月20日，东莞市游泳运动管理中心被国家体育总局游泳运动管理中心命名为“国家游泳队东莞训练基地”、被广东省体育运动技术学院命名为“广东省游泳队东莞训练基地”。国家体育总局副局长、中国游泳协会主席段世杰到莞为中心举行挂牌仪式。

【2010年全市篮球联赛大朗男、女子双夺冠】2010年东莞市篮球联赛从9月3日至10月26日，分甲、乙、丙3个级别进行，有14个镇街作为赛区承办比赛。32个镇街男、女队共64支队伍参加赛事，最终大朗男子、女子队首次双双获得全市篮球联赛冠军。

【亚运火炬东莞传递】2010年10月17日上午，第16届亚运会火炬正式在东

莞传递，分两段进行，起点是虎门海战博物馆广场，经过历史文化古迹虎门炮台，这一段全长2公里，进行20棒的火炬传递。随后转场在东莞城区举行，途经莞城文化广场—西城楼—凤鸣路—向南路—解放路等，最终在行政中心广场收棒。这个部分全程6公里，进行60棒的火炬传递，有近30万观众前来观看。火炬传递路线独具特色，一是以虎门为起点，以现代化建筑群密集的行政中心为终点，充分反映东莞作为中国近代史开篇和改革开放先行地的特色。二是农民马王跨马传递，反映东莞体育特色。三是港台同胞参与。

【“2010马拉多纳温暖中国行”东莞站活动举行】 2010年11月7日，由中国红十字基金会联合中国足协、中超联赛有限公司联合举办的“2010马拉多纳温暖中国行”东莞站活动在东莞体育馆举行，马拉多纳率领11名阿根廷球员与深圳红钻足球俱乐部在东莞市体育中心体育场举行一场慈善义赛。赛后在体育中心网球馆举行球迷见面会活动。

【第16届亚洲运动会举重比赛东莞协办】 2010年11月13—19日，第16届亚运会举重赛事在东莞体育馆举行。当次亚运会举重比赛共有来自31个国家和地区奥委会的187名运动员参加。经过7天26场激烈比赛，产生15位亚运会冠军，有5个国家和地区获得亚运会金牌，有1人2次打破2项世界纪录，2人3次打破3项亚洲纪录。东莞市作为亚运会协办城市，筹备工作从2007年11月启动，历时近3年，主要包括：以近3000万元对亚运场馆进行改造，组建包括工作人员130名、赛会志愿者210名的场馆运行团队，承担赛事运作任务。

【东莞体育彩票销售再创历史纪录】 2010年东莞市体育彩票销售总额7.62亿，比2009年净增2.3亿元，同比增长近45%，再次创下东莞市体育彩票销售量的新纪录，达到体育彩票销售连续4年增长超过40%的跨越式发展。 （麦惠澎）

附：2010年东莞市体育局领导名录

局　长：邹　联
副局长：詹志斌　朱伟光
党组成员、调研员：方伟民
纪检组长：罗琼燕

卫生事业

【概况】 截至2010年，东莞市经登记注册并领取《医疗机构执业许可证》的医疗机构有2522所，比“十五”（第十个五年计划）期末增长143.9%，其中，医院74所、医院延伸设置的分院20所、社区卫生服务中心（站）388所和门诊部、诊所（含个体诊所）、卫生站、医务室等基层医疗机构1592所。民营医疗机构约占全市医疗机构总数的12.3%，其中有民营医院29所。全市医疗机构床位数19793张，卫生技术人员3.7万人，其中有执业（助理）医师13242人、注册护士14694人，分别比“十五”期末增长65.3%、94.7%、91.8%、127.1%。全市医疗机构总诊疗量5636.5万人次、住院病人74.2万人次，分别比“十五”期末增长51.4%、65.6%。住院病床使用率为88.3%，平均住院日8天。

【医政管理】 2010年，全面推进市重点专科和特色专科创建工作，有36所医院申报，涉及专科项目167项，完成专家现场评审工作。开展临床路径管理试点工作，神经内科、儿科、产科、骨科、普通外科、内分泌科和消化内科等7个专业进行试点。推进单病种质量管理控制工作，急性心肌梗死、心力衰竭、肺炎、脑梗死、髋关节置换术和膝关节置换术、冠状动脉旁路移植术等6个单病种开展质控工作。贯彻落实《医疗技术临床应用管理办法》，加强手术分级管理和植（介）入类医疗服务项目行为规范管理，严格执行二、三类医疗技术的准入和临床应用管理规范，保障医疗安全。开展责任制护理和护士床边工作制，统一使用表格式护理记录，增加护士护理病人时数。建立医院护理风险联网管理系统，实施对医院不良护理事件（或护理质量缺陷）主动报告和风险管理。加强护理管理人员岗位技能培训和专科护理人才培训，选派11名护士长和8名临床护士赴香港进修，邀请港澳台护理专家来莞举办专科护理培训与学术交流活动。建立医院感染暴发报告制度与程序，制定《东莞市农村（社区）基层医疗卫生机构医院感染管理工作指引》，对基层医疗卫生机构医院感染管理人员和医务人员进行培训。配合创建国家环保模范城市考核验收工作，规范全市医院、社区卫生服务机构医疗废物的集中处置管理。加强临床用药和血液安全管理，全年有70149人次自愿无偿献血，无偿献血总量2498万毫升，100%满足全市临床用血需求。加强急诊科建设和院前急救工作，全年受理报警电话数约71.47万次，实际派出救护车辆10.24万台次，救治伤病员8.37万人次。

【疾病预防与控制】 2010年，东莞市无甲类传染病发生，报告乙、丙类法定管理传染病27种57640例，发病率为946.95/10万，死亡率为0.53/10万。实施扩大国家免疫规划，免费接种扩大国家免疫规划疫苗255.1万人次。继续开展麻疹疫苗强化免疫活动，免费接种儿童40.2万人，2010年麻疹病例较2005年下降95.97%。对15岁以下儿童补种乙肝疫苗36.7万人，超额完成广东省下达目标。加强艾滋病防治工作，启动全球基金艾滋病项目，完成艾滋病病毒抗体检测48.9万份，干预各类高危人群26.8万人次，继续开展美沙酮社区维持治疗及抗病毒治疗。开展第五次结核病流行病学调查，免费检查疑似肺结核病人1.2万例，为3922例肺结核病人提供免费结核病治疗与管理。开展全市重性精神病人排查工作，发现有肇事肇祸倾向患者250人，需要送院治疗的46人。逐步建立深入社区的精神卫生防治网络，有13个镇街的精防工作由医院移交到社区卫生服务中心，低保低收入精神病患者在镇街技术指导点就诊1.2万人次。开展各类人群心理评估1.9万人次，接听心理咨询热线电话5397个。

【卫生监督执法】 调整食品安全监管职能，市卫生部门从2010年1月开始停止核发食品生产环节的《食品卫生许可证》，12月31日市卫生局与市食品药品监督管理局的食品安全监管职能正式划转交接。2010年，全面实施公共场所卫生监督量化分级管理，住宿、游泳、沐浴、美容美发及歌舞娱乐场所量化分级管理纳入卫生许可。组织开展全市桑拿服务行业专项整治工作，出动卫生监督员6016人次，监督检查桑拿经营场所1837户次。加强医疗机构校验管理，实施医疗机构违规执业行为记分制度，出动卫生监督员1.1万人次，检查医疗机构2968间次，责令停止执业活动5间，没收药品器械货值2.3万元，罚款56万元。加强医疗广告监管，查处涉及违法发布医疗广告案件47宗。组织开展非医用辐射机构放射防护、有毒有害化学品职业病危害等专项整治工作，对38家哨点企业的作业现场环境进行职业卫生监测，对933名接触苯及苯系物的工作人员进行职业健康检查，预防、控制和消除职业危害，保障从业人员职业健康。

【社区卫生】 2010年，新建社区卫生服务站点33个，即全市建成并投入使用社区卫生服务机构388个。社区卫生服务机构诊疗人次1216.5万人次，约占全市总诊疗人次的21.5%，参保人次均门诊医疗费用为48元。制定《东莞市基本公共卫生服务项目实施方案》和各个子项目的实施方案及相关考核办法，定期组织考核。“六位一体”功能（预防、保健、健康教育、计划生育、医疗、康复）逐步到位，全市社区卫生服务机构累计建立居民健康档案约296.9万份，提供卫生健康保健知识咨询服务162万人次、发放相关资料403.4万份，开展高血压管理4.1万人、糖尿病管理1.7万人、辖区重性精神病患者管理1.2万多人、0—36个月儿童系统管理19.7万人、7岁以下儿童保健47.4万人、妇女保健12.1万人。加强社区卫生服务队伍建设，依托东莞卫生学校举办全科医生和社区护士岗位培训班，累计有626名全科医生、854名社区护士取得全科医学岗位证书。推进中医进社区，各社区卫生服务中心均开展中医门诊、中医康复理疗，基本达到服务中心开展10项、服务站开展4项适宜技术项目的要求。

【妇幼卫生保健】 2010年，东莞市户籍人口婴儿死亡率3.78‰、孕产妇死亡率降至0，分别比“十五”期末下降5.43个千分点和17.95个十万分点。大力实施妇女儿童发展规划，完善妇幼保健服务体系和危重症孕产妇急救网络，把好婚检关、孕检关、筛查关，努力减少出生缺陷和残疾。全市婚前医学检查率23.5%，孕产妇保健管理率98.7%，新生儿筛查率81.3%，7岁以下儿童保健管理率97.2%。启动东莞市妇女增补叶酸预防神经管缺陷项目，有12.7万名待孕妇女免费补服叶酸。对孕产妇住院分娩实施补助，享受生育医疗待遇的东莞市户籍7108人，非东莞市户籍4881人。实施艾滋病母婴传播阻断，为12.1万名孕产妇进行艾滋病病毒抗体检测，对抗体阳性的孕产妇全部及时采取母婴阻断干预措施。

【卫生科研教育】 2010年，组织各医疗卫生单位申报科研项目，获批准立项225项，其中，获广东省卫生厅科研课题11项，广东省中医药管理局科研课题6项，东莞市科技项目208项。是年有22个科技成果获得东莞市科学技术进步奖。加强科研课题后期管理，对到期项目进行结题验收，有130个项目通过验收。发挥市医学会34个学术分会和专业委员会的平台与纽带作用，组织包括国家级、省级在内的各种学术交流活动127场次，交流论文825篇，编写论文集25本。引进和开展医疗新技术新项目471项，市人民医院率先在东莞市开展夫精人工授精技术。开展继续医学教育工作，组织申报国家级、省级继续医学教育项目，获批准举办国家级继续医学教育项目2项、省级继续医学教育项目5项，举办市级继续医学教育项目145期，3.3万名医务人员参加培训。开展医师定期考核工作，2060名医师参加培训及考核，考核成绩合格率97%。

【爱国卫生与健康教育】 2010年，开展以防控手足口病为主题的春季爱国卫生运动和“清洁家园、健康亚运”为主题的秋季爱国卫生运动，加强卫生宣传和健康教育工作，做好环境消毒和除四害（苍蝇、蚊子、老鼠、蟑螂）工作，派发宣传资料600万份，发动市民96万人次，清运垃圾8000多吨，清除卫生死角6500多处，烟熏下水道7.7万米。开展爱国卫生大行动防控蚊媒传染病。全市累计实施外环境消杀面积16.2平方千米，户内喷雾灭蚊4.8万户，杀灭蚊蚴药物2800多公斤，入户清理蚊虫滋生地88万户。深入推进农村改水改厕工作，全市自来水普及率、卫生厕所普及率均达到100%，处于全省领先水平。是年，麻涌、道滘、大岭山、常平、中堂、石排创建为国家卫生镇，至“十一五”期末，创建国家卫生镇21个、省卫生镇28个、省卫生村438个，实现省卫生镇全覆盖。实施医疗卫生系统控烟工作，推进“全国亿万农民健康促进行动”示范镇工作单位建设。

【中医药工作】 2010年，深入贯彻中医药强省工作部署，推进中医医院管理年活动，探索开展中医坐堂医诊所试点工作，加强中医药人员培训，推广中医药适宜技术，启动中医“治未病“工作，基层中医药服务网络进一步完善，各镇（街）医院中医门诊和中药房建设得到加强，中医药科研和中医人才培养工作取得进展，中医药健康保健知识走进社区、深入民心。中医药积极参与应对突发公共卫生事件工作，在治疗甲型H1N1流感、手足口病、登革热和基孔肯雅热等传染病中发挥重要作用。国家中医药管理局确定市中医院何炎燊为全国名老中医药专家传承工作室建设项目专家。

【卫生信息化建设】 2010年，大力推进电子政务建设和政府信息公开工作，完成公共卫生信息系统验收，区域卫生数据交换平台、IC卡管理系统等21个子系统在全市所有医院推广使用，阳光用药电子监控系统在34所公立医院推广使用。30所医院加入到预约挂号平台，通过公众网站、手机短信、手机上网及12580语音服务等途径进行门诊预约挂号，日均放号量达3000多人次。在充分利用市卫生统计信息中心硬件设备的基础上，搭建社区卫生信息化系统硬件支撑平台，推进社区卫生服务信息系统软件开发，健康档案模块成功开发并运行使用。

【卫生行风建设】 2010年，开展形式多样的反腐倡廉、医德医风宣传教育活动，举行纪律教育学习月活动专题报告会，定期向全系统党员领导干部和敏感岗位人员发送纪律教育、预防职务犯罪和普法宣传短信，发送短信1.5万多条，参加各类党风廉政教育活动的医务人员达4.5万多人次。加强医德医风建设，结合执业医师定期考核制度，健全医德考评制度，为每位医务人员建立医德档案，考评结果记入医务人员医德档案，与医务人员的年度考核和奖惩制度挂钩。完善药品阳光采购制度，建立违规企业黑名单及医药购销领域商业贿赂不良记录等制度。全市网上集中阳光采购药品占医院用药总金额的95.6%，采购药品降价幅度为27.4%。进一步健全阳光用药电子监察制度，加强在线跟踪、动态监控和超常预警，对非常态化用药现象及时预警和纠错，开展处方点评工作，规范医务人员用药行为。

【基孔肯雅热防控】 2010年10月1日，万江新村社区发生由输入性病例引起的全国首起基孔肯雅热聚集性疫情，东莞市迅速建立联防联控工作机制，成立领导小组和专家组。全市卫生系统坚持依法科学防控，针对不同疫情阶段及时调整防控策略和措施，加强新闻宣传和健康教育，发动群众清理积水容器、清除蚊虫孳生地，防止疫情的扩散蔓延，确保亚运工作的正常进行。经过1个多月的严密防控，该起聚集性疫情得以平息，无发生危重病例及死亡病例。

【医药卫生体制改革】 2010年，东莞市政府召开全市深化医药卫生体制改革动员大会，印发《东莞市医药卫生体制改革近期重点实施方案（2009—2011年）》，全面实施基本公共卫生服务项目，进一步健全基层医疗卫生服务体系，初步建立基本药物制度，稳步推进公立医院改革试点。在所有社区卫生服务机构全面推行基本药物制度，全部配备和使用国家基本药物（含省增补品种），实行零差率销售，执行基本药物医保报销政策。东莞市作为广东省公立医院改革试点联系市，确定东莞市新涌医院、石龙人民医院、莞城医院、石碣医院等4所医院作为东莞市公立医院改革试点单位。　（程玮斌）

附：2010年东莞市卫生局领导名录

党组书记、局长：管敏政

党组成员、副局长：蔡一平　林卫平　钟耀棠

党组成员、纪检组长：傅丽娟

副调研员：简润棠

东莞康华医院
DONGGUAN KANGHUA HOSPITAL

2011年2月23日，广东省副省长雷于蓝，中联办副主任黎桂康，广东省政协副主席、省卫生厅厅长姚志彬，市委书记刘志庚等省市领导为东莞康华医院获“三级甲等医院”挂牌揭幕

东莞康华医院于2006年11月正式开诊，2011年1月30日经广东省卫生厅批准，成为全国首家最大规模三级甲等民营医院。

东莞康华医院占地563亩，建筑面积32万平方米，规划内设2000张普通病床，100张重症监护病床，63间外科手术室，6间介入导管室，可接待逾万门诊病人，东莞康华医院院长先后由中国工程院院士朱晓东及原北京协和医院院长戚可名担任。第三任院长由广州中医药大学副校长，广东省中医院、广州市中医药大学第二临床医学院、广东省中医药科学院党委书记兼院长吕玉波担任。

东莞康华医院是以心血管、整形美容、肿瘤、骨科、创伤、手外科、儿童医学、神经医学、肾病、血液透析、妇产医学、健康检查、内分泌风湿病等为特色学科的高科技现代化综合医院。拥有大批国内各专业领域的顶尖学术带头人及著名专家，全院享受国务院特殊津贴专家6人，教授30人，博士生、硕士生导师18人，拥有国家级、省部级专业学会委员近30余人。

东莞康华医院秉承“苍生为念厚德载医”的办院宗旨，致力于为民众提供高水平的医疗服务。

2010年11月23日，东莞康华医院“创三甲”动员大会召开

东莞康华医院门诊部

东莞康华医院宽敞舒适的门诊输液室

东莞康华医院全景航拍图

廣東醫學院附屬石龍博爱醫院

AFFILIATED SHILONG BOAI HOSPITAL OF GUANGDONG MEDICAL COLLEGE

石龙博爱医院始建于1958年10月1日，是一所具有一定规模、设备先进、技术力量雄厚、学科齐全，集医疗、预防、保健、康复、教学、科研为一体的国家二级甲等综合性医院和广东医学院的附属医院。近年来，先后被中华全国总工会授予“全国模范职工之家”；被省授予“广东省先进集体”、“先进职工之家”、“五一劳动奖状”、职工职业道德建设“先进单位”、“百家文明医院”、“模范职工之家”、“巾帼文明示范岗”；被市委、市政府授予“先进基层党组织”、“模范集体”、“文明单位”、“先进单位”、“巾帼文明示范岗”；“文化建设标兵单位”、“园林绿化先进单位”，并被定为市（东莞市卫生系统及石龙镇唯一一个）“爱国、守法、诚信、知礼”现代公民教育的10个示范点之一。

全院员工1000多人，其中有高中级技术职称医务人员近200人。医院设一本部和二分院，全院共设开放病床828张，日均门诊量2000余人，日均住院病人500多人。

石龙博爱医院坚持以病人为中心，以质量为核心，全程优质服务为宗旨，继续保持奋勇向上和务实的工作精神，与时俱进，开拓创新，以科学的发展观积极发展和建好医院。还以敢为人先的东莞精神率先在东莞乃至全国基层医院中首家建有国际标准的直升飞机停机坪，为病人生命安全提供了有力的保障。新址设在石龙西湖三路（南）68号“博爱园”中，园内绿树成林、鸟语花香，还有动物园、各款雕塑以及小桥流水、亭台楼阁、曲廊以及荷塘莲池、鱼欢跃跳、鹅鸭成群、悠然自得，景色十分宜人，是一所具有超前意识的充满人性化理念、人与自然和谐相处的初具现代化生态型医院。正承担筹建三级甲等儿童专科医院“东莞市儿童医院”的任务。石龙博爱医院决心鼓足干劲，与时俱进努力将医院办成集团式的医疗实体，以优越的成绩再创新高。同时继续沿着大胆探索、勇于开拓、再创辉煌的方向阔步前进。

石龙博爱医院拥有先进医疗设备、技术力量雄厚的ICU（重症监护）病区

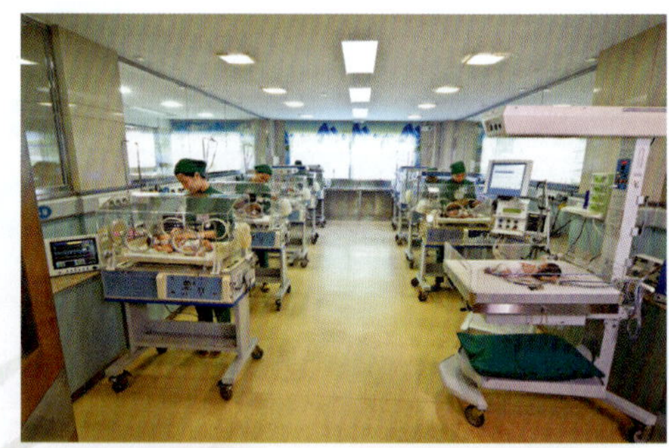
石龙博爱医院拥有先进医疗设备、技术力量雄厚的NICU（新生儿重症监护）病区

2010年6月24-27日，中华医学会第十一届全国儿科危重症学术会议在石龙博爱医院多功能厅举行

2011年1月18日，石龙博爱医院成功举办“唱响红歌谋发展”新年主题晚会，省、市、镇领导和嘉宾与演员合影

东莞市凤岗医院

凤岗医院创建于1958年，是凤岗镇的公立医院。经过50多年的不懈努力，已发展成一所集医疗、教学、科研、预防、保健为一体的二级甲等综合性医院、省高等医学院校教学医院、市文化建设“先进医院”。

凤岗医院占地面积5.5万平方米，建筑面积7.2万平方米，核定床位518张，全院共有职工600余人。医院科室设置齐全，设有急诊科、内科、外科、儿科、妇产科、五官科、口腔等一级临床科室11个，医技科室5个，其他业务科室4个，全院实行电脑网络化管理。

凤岗医院拥有美国“纽邦”呼吸机、英国“百斯”麻醉机、瑞典“金宝”连续性肾脏替代治疗机、螺旋CT、DR、CR、“东芝”乳腺钼靶X光机、彩超、中央监护系统以及“奥林巴斯”电子胃镜、结肠镜、喉镜、纤维支气管镜等多种现代化腔镜，为开展高、精、尖医学项目打下良好基础。

凤岗医院能在腹腔镜下广泛开展胆囊、胃肠、子宫附件等脏器的手术，能开展食管癌、肺癌、甲状腺癌、乳腺癌、结肠癌等癌症的根治术和脊柱前后入路内固定术、全髋关节置换术、断指再植术、拇指再造术、特重型颅脑损伤大骨瓣开颅减压术、颅内肿瘤显微切除术、阴式子宫切除术等大型手术，对早产儿、极低体重儿、新生儿肺透明膜病等危重疑难疾病的处理积累丰富经验，内科开展心梗、脑梗的溶栓和食道心房调搏、起搏器的安装等技术，取得较好疗效。

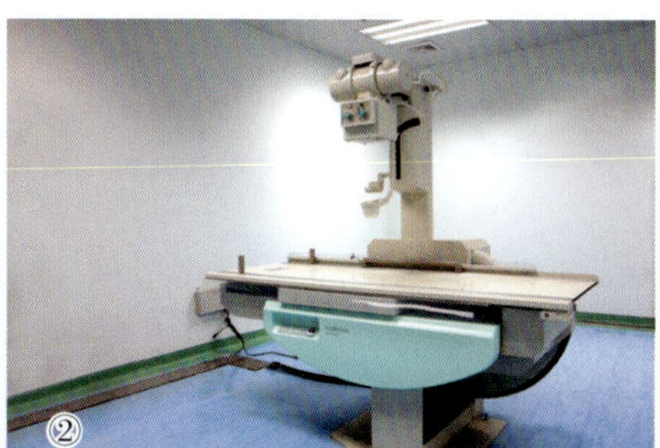
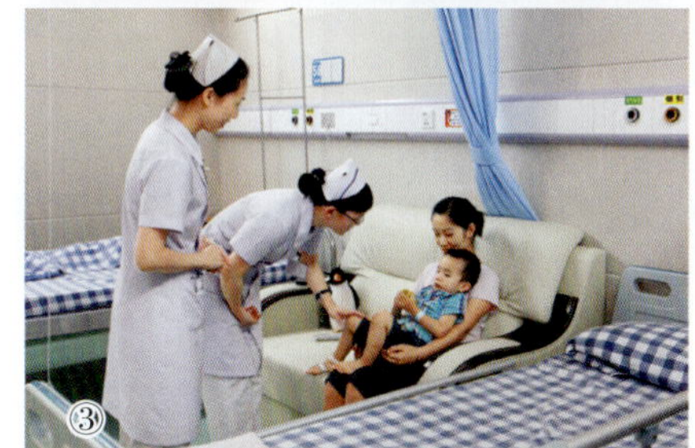
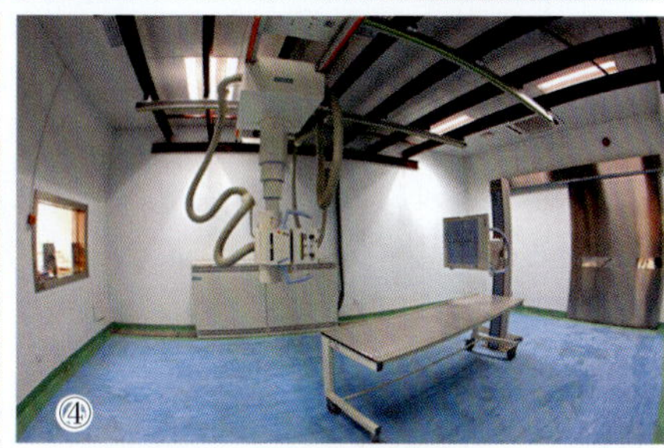
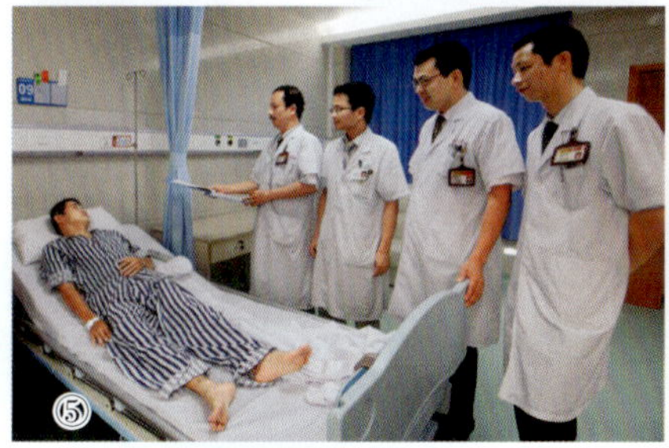
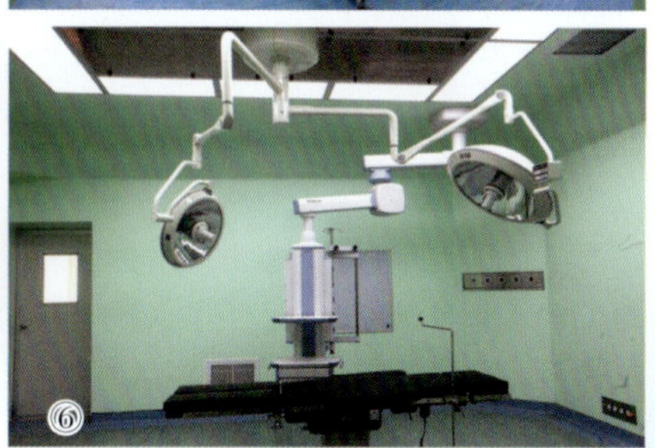

① 凤岗医院新医疗大楼和环境优美的院区
② 日本“岛津”遥控多功能X光机
③ 凤岗医院医护人员热情为患者服务
④ “西门子”直接数字化X射线摄影系统
⑤ 凤岗医院医生仔细询问病情，为患者提供高质量的医疗服务
⑥ 先进的层流手术室
⑦ 凤岗医院外景

地址：东莞市凤岗镇凤平路13号
邮编：523690
总机：82192333
E-MAIL：fghospital@fgxx.com

东莞市卫生监督所

东莞市卫生监督所于2002年12月21日正式挂牌成立，为参照公务员管理的副处级事业单位，归口市卫生局管理。内设机构包括办公室、受理发证科、稽查科、公共卫生监督科、医疗机构监督科、传染病监督科和职业卫生监督科7个科（室），核定编制85人，2010年有在职在编公务员76人。

根据市编委文件规定，该所的主要任务是：组织实施卫生监督计划，依照法律法规开展预防性和经常性卫生监督工作；受市卫生局委托承担对公共卫生、医疗卫生机构的监督，受理卫生许可和执业许可的申请及健康相关产品、医疗广告内容的审核；对卫生行政处罚案件进行调查取证、提出处罚建议、执行处罚决定；参与对危害公共卫生的中毒事故、医疗事故、重大疫情和突发事件的调查处理等。

该所自成立以来，在市卫生局的领导下，认真履行卫生监督执法职责，依法严厉打击各种危害人民群众身体健康和生命安全的违法行为，不断提高依法行政的能力和水平，圆满完成上级交付的各项重大工作任务，为保障全市公共卫生安全，促进经济社会和谐发展做出了应有贡献，同时严把卫生行政许可关，注重加强内涵建设，树立起“公正、便民、勤政、廉政”的良好社会形象。

东莞市卫生监督所先后获“广东省卫生监督先进集体”、“广东省卫生系统法制宣传教育先进集体”、“东莞市先进集体”、“东莞市抗震救灾先进集体”等市级以上重大表彰20多次；受理发证科先后被评为“广东省青年文明号”、“东莞市直机关文明科室”，医疗机构监督科、职业卫生监督科被评为“东莞市青年文明号”。叶向阳获卫生部“全国卫生监督先进个人”表彰，李润深、罗东获广东省人民政府“广东省抗震救灾先进个人”表彰。据统计，全所党员干部获市级以上重大表彰近100人次。

① 2010年7月，中共东莞市卫生监督所第一届总支部委员会成立大会召开

② 2010年7月，东莞市卫生监督所举行“东莞市先进集体”揭牌仪式

③ 2010年11月，东莞市卫生监督所认真做好第16届亚运会东莞分赛区的公共卫生保障工作

④ 2010年6月，卫生部监督局调研组有关领导和专家来莞对职业病防治工作进行调研

⑤ 2010年4月，东莞市卫生监督所干部职工踊跃参加“支援青海玉树抗震　救灾捐赠活动”

社会生活

SOCIAL LIFE

- 开展人口计生综合改革示范市创建活动
- 推进流动人口计生服务管理“一盘棋”区域协作
- 开展新莞人积分制入户
- 少数民族代表当选亚运火炬手

青年集体婚礼

社会保障

【概况】2010年，东莞市社会保障各项事业取得稳步发展，较好地完成了“十一五”收官之年的工作任务。通过成功建立“城乡一体化的社会养老、医疗保险与三位一体的工伤保险体系”的基本框架，实现东莞社保体系建设质的飞跃，率先走出一条极具特色的道路，在全国首先实现“走向统一、覆盖全民”的目标。

从7月1日起将在东莞就业港澳台侨胞纳入社保体系后，社保覆盖面基本扩大到所有群体。通过大力推进扩面征缴工作，各项参保数据得到全面提升。截至2010年底，全市五大险种参保达2350.27万人次，比2009年增加222.41万人次，增长10.45%。其中参加社会养老保险416.75万人，社会基本医疗保险592.27万人，生育保险592.27万人，工伤保险469.08万人，失业保险279.90万人。2010年，全市各项社保基金当期征收140.06亿元，同比增长9.32%。

【社会养老保险】2010年1月1日，东莞市社会保障局通过分类办理、分期投入和还清历史欠账、建立原农（居）民参保人养老金逐年调整机制等方式，将全市符合条件的农保参保人以村（社区）为单位并入职保，整合农保基金和职保基金，正式建立起全市社会养老保险制度。为保证养老保险制度改革后的良性运作，市社会保障局2010年4月16日印发《关于解决社会养老保险制度实施后有关历史遗留问题的通知》，根据市政府的回复，明确了农居民遗漏人员、婚迁人员、本市居民的补缴等问题。

不断提高养老金待遇水平。2010年年初，东莞市社会保障局出台养老金年度调整方案。1月1日起，5.96万名原职保退休人员参与并享受养老金的年度调整，人均调整增加155元，人均增幅10.17%；13.84万原农（居）民退休人员参与并首次享受养老金的年度调整，人均养老金调整增加54.18元，人均增幅16.35%（若与新制度之前相比，经过两次调整，农居民养老金增长了44.78%）。

建立养老保险费率逐年调整机制。经市委市政府同意，将从2011年起，逐年调升社会养老保险的单位费率和划转地方养老保险的单位费率，至2016年，社会养老保险单位费率将达到缴费基数的15%。

践行科学发展　确保人民满意

① 2010年12月30日，全国人大常务委员会委员、中国人民大学教授郑功成（右五）莅临市社保局调研社会保障工作

② 2010年1月7日，人力资源和社会保障部副部长胡晓义（前排中）一行莅临市社保局指导工作

① 2010年1月15日，市委书记、市人大常委会主任刘志庚（左五），市委副书记、市长李毓全（左六）等出席东莞市城乡一体化社会养老保险体系正式建立暨养老金首发仪式

② 2010年7月9日，市社保局局长梁冰（左五）在社保政策宣传活动上与有奖问答获奖者合影

③ 2010年6月1日，市社保局局长梁冰（右二）慰问享受社保待遇人员

④ 2010年市社保局被评为广东省第三届“人民满意的公务员集体”，成为东莞首个获此荣誉的市直机关单位

⑤ 2010年5月26日，市社保系统领导干部到部队院校接受国防教育和军事训练

积极应对停办养老保险退保业务。2009年底《城镇企业职工基本养老保险关系转移接续暂行办法》出台后迅速采取应对举措，确保各项工作的平稳过渡，从2010年1月1日起，全面停办养老保险退保业务。根据《暂行办法》及时更改转移流程，更新了系统程序，保证基本养老关系转移接续工作的顺利开展。2010年累计开出参保缴费凭证的人数为239924人，转出省内市外人数为5259人，转出省外21311人（转出省外的21311人数中，21302人转出统筹资金），转入市内人数为5724人。

【医疗保险】强化医保“保基本”的功能。2010年，东莞市社会保障局进一步强调“定额结算、总量控制”管理制度的严肃性，2010年先后3次召集由相关定点医疗机构参加座谈会，重新明确社保、定点医疗机构、参保人三者之间的责任与义务，“诚信和谐”医保患关系进一步形成。另一方面，加大对基层卫生服务机构发展的支持力度。通过拉大二、三级医院与基层医院待遇差距，提高二、三级医院起付标准，同时下调其支付比例，引导基本医疗下沉到基层卫生服务机构，群众“小病在社区、大病进医院、康复回社区”就医观念逐步形成。两大举措的落实，强化了医保“保基本”功能，有效扭转基金支出增长过快的不利局面。在纪念东莞医疗改革十周年的活动过程中，更是以明确基本保障为目标，全面总结回顾我市医疗改革的历史，总结了经验教训，明确了努力方向，使医保事业继续在健康的道路上发展。

① 2010年9月1日，纪念东莞医疗保险制度改革十周年暨医疗保险学术研讨会举行

② 2010年12月23日，市领导出席全市社保系统“让人民满意”——东莞“社保之夜”主题晚会

③ 2010年8月19日，市社保系统领导干部共建“社保林”，寄情“社保林”，祝愿东莞社保事业与“社保林”共同成为参天大树

编写医保三大目录。2010年，东莞市社会保障局针对新医改的全面铺开，从各个分局抽调业务骨干组成专职工作组，艰苦奋战1个月完成了2011年版《东莞市社会保险药品目录、诊疗项目及医疗服务设施范围》的编写工作。三大目录中，药品目录达到3975种，较原来新增了788种；诊疗项目、医疗服务设施范围等内容也在2000年旧版的基础上，首次作了调整。

两次调整医疗保险待遇结构。2010年1月和7月，东莞市社会保障局两次调整医保待遇结构，调整后，医保最高报销限额达到15万元，住院基本医疗费用的平均支付比例达90%，社区门诊基本医疗费用支付比例为70%。同时，通过提高社区门诊报销比例，适当拉开二、三级医疗机构与基层医院的报销比例差距，达到引导和鼓励参保群众到基层医疗卫生机构就医，促进医疗卫生资源合理配置，提高医疗基金使用效率的目的。2010年年度，在社区卫生服务机构现场结算的人次超过70万/月，次均费用50.8元，仅为医院门诊费用的41%，个人自付仅为16.6元/次，极大地减轻了参保人医疗费用负担。

深化深、莞、惠三地合作。2010年5月1日，东莞市社会保障局在深圳、惠州两地各设立6家定点医院，极大地方便了三地参保人就医看病。

【工伤保险】逐步形成“预防工伤，关爱生命”良好氛围。2010年，东莞市社会保障局加大培训力度，在工伤事故多发行业中抽取事故较多的前80家企业进行了17期（3359人次）的集中授课培训，工伤预防职业健康体检全年累计完成体检1万人。

制定全市首个工伤预防行业标准。2010年，东莞市社会保障局以大岭山家具行业作为试点，聘请专家小组对大岭山镇内一百余家家具企业进行了一次深入的工伤事故调研和评估，并制定全市首个工伤预防行业标准——《大岭山家具行业工伤预防评估细则》实施方案。下一步将对方案进行更深入的分析与完善，并将成功经验在全市进行推广，尽快建立覆盖各种行业的工伤预防标准体系，力争树立全国的工伤预防行业标准。

推动工伤认定与康复工作深入开展。2010年，东莞市社会保障局通过全面整理工伤认定业务，编印《东莞市工伤认定业务办理及自查指南（2010年版）》，工伤认定业务进一步规范化；与香港职业治疗学院在虎门医院联合开办“香港职业治疗学院康复治疗培训基地”，使东莞工伤康复工作逐步走向国际化。2010年完成工伤康复1463人次，在收治的工伤康复出院职工中，近80%的工伤康复职工重返工作岗位。

落实扶持企业发展政策。2010年，经市政府同意，东莞市社会保障局继续落实扶持企业发展的政策措施，阶段性降低工伤保险费率、职工参加社会基本医疗保险的单位费率等。全年累计受益单位涉及9万多家，受益人数接近500万人；共减收工伤和医疗保险费20711.46万元，共为困难企业支付岗位补贴和社会保险补贴465.13万元。

【社保宣传与咨询】创新宣传渠道与模式。在重大主题活动方面做到了宣传手

段的创新。2010年5月11日，东莞市社会保障局联手东莞阳光网通过品牌栏目“阳光会客厅”与网友在线问答；7月9日全市社保系统以“走进校园”、“走进社区”、“走进企事业”及“走进农村”答疑释惑、派发资料等多种形式启动和谐中国民生行——社会保障政策法规主题宣传年暨12333咨询热线开通六周年宣传活动；以东莞阳光网、社保网设置专题界面、制作论文集、纪念画册和纪录片、开展大中专学生医保政策咨询等方式宣传东莞医改十周年和“纪念东莞医疗保险制度改革十周年暨医保学术研讨会”；12月23日，“社保之夜”主题晚会精彩上演，共有《人民日报》、中央人民广播电台等7家中央级媒体和《南方日报》、《广州日报》、《东莞日报》等10余家省市媒体现场报道了晚会盛况。

在日常专题活动方面做到了宣传内容的创新。2010年，东莞市社会保障局更新拜年广告、公交车和候车厅广告的内容，制作宣传单张、宣传活页、宣传伞等多种形式的宣传品500余万份、海报9万份，联合邮政发行《慰问信》并与两所医院联合向退休职工推出优惠体检活动。在各类专题宣传活动中，通过派发宣传资料、编排文艺节目、突出人文关怀等多种方面提炼亮点、大胆创新，广泛营造全社会关注、了解和支持社保工作的良好氛围。

在2010年全市宣传思想工作会议上，东莞市社会保障局获得“2010年度宣传思想工作创新奖”，是2010年东莞市市直机关唯一获得该奖项的机关单位。一年来，累计在各大媒体发布舆情记录2106篇，举办现场政策宣传咨询活动156场（采访），为群众更进一步了解社保政策提供了更为广阔的平台。尤其是2010年8月11日中央电视台《经济半小时》播出的《月度经济观察：消费如何拉动？》给予了东莞社保事业高度的评价，节目中指出：社会保障事业的发展，不仅使东莞市人民群众共享了改革开放成果，还通过民生保障的实现打开了居民消费阀门，为东莞经济从金融危机中迅速复苏提供了强大的助推力。

不断提高咨询服务水平。2010年，12333来电总量达到112.3万余个（人工解答量达到15.3万余个），接待来访人员1.3万余人；共回复各类留言20773条，回复率达到100%；网站上传新闻125条，点击量达到250.5多万次；共处理来访、来电、来信及网上信访案件6109多件，其中来访3569批，涉及3888人次，来信302多宗，信访电话776个，受理社保网局长热线、东莞政府网政府热线案件1462宗，所有案件均已处理结案，结案率100%；妥善处理行政复议、行政诉讼案件302宗；2010年9月7日，市局群众办事大厅和莞城社保分局顺利通过全国（全省）人力资源社会保障系统优质服务窗口评选考察小组的实地检查。

【政务公开】 2010年9月，东莞市社会保障局对《全市社会保障系统实施改进机关作风六项制度工作方案》进行修订和完善，根据工作实际重新明确公开原则、公开内容和公开原则，使制度更具指导性和执行性。在政务公开方面的主要创新做法有：一是实行集中办公。市社会保障局与市社会保险基金管理中心实行两块牌子、两套人员合署办公，提高工作效率。2010年8月将六个业务科室的服务窗口迁至新群众办事大楼办事大厅，实行“一站式”便民服务；二是完善门户网站（网址：dgsi.dg.gov.cn）。设置了新闻浏览、表格下载、业务咨询等多项便民服务功能，加强对市政府信息公开门户网站的后台操作和信息录入，东莞社保手机WAP网站正在试运行并适时推出；三是畅通媒体渠道。2010年以来，配合东莞市养老保险跨省转移办法出台、东莞市建立城乡一体化社会养老保险体系、人保部副部长胡晓义东莞调研、医疗保险报销比例调整等重点工作进行宣传，局长梁冰多次接受中央电视台、新华社等权威媒体的采访，详细介绍了东莞市社保发展的成就和意义；四是编印便民资料。2010年，印制《养老保险》、《工伤预防知识手册》等便民小册子共约500万份、海报9万份；五是探索崭新载体。2010年，市社保局尝试利用电台电视广告、手机短信息、公交车车身及站台灯箱广告等崭新的宣传载体向参保人发布各种社保政务信息；六是规范咨询服务。进一步修订完善《12333工作手册》，举办了全系统的接电业务培训。截止2010年底咨询热线已扩展至30条，配有13名专职人员回答来电咨询，并设立2个咨询台接待来人咨询。

【社保文化品牌】 打造“社保之夜”品牌。2010年，东莞市社会保障局以“社保之夜”为中心，逐步辐射，发展覆盖整个系统的文化平台，具有东莞社保特色的文化品牌基本建立。“社保之夜”活动在人民日报、中央人民广播电台等7家中央级媒体和南方日报、广州日报、东莞日报等10余家省市媒体进行了报道或现场直播，展示了东莞社保人与参保人之间和谐共赢的良好形象。

建设“廉政文化长廊”。2010年，东莞市社会保障局得到省纪委的高度评价，市纪委监察局、市直工委、市预防办于2011年1月5日在市社会保障局召开现场会，号召全市学习社会保障局的先进经验。

主题活动精彩纷呈。2010年，东莞市社会保障局以医疗保险改革十周年、“社保林”认领活动、“我的八小时内外”主题演讲比赛、“纪念建党89周年表彰大会暨主题读书活动颁书仪式”、“迎中秋　送温暖　促和谐——局机关党委创先争优主题实践活动”等重大活动为主线的经常性文化主题活动，在全局上下形成了“谋求社保事业发展、实践让人民满意”的良好氛围。

【社保工作得到群众和上级的认可】 2010年，东莞在社保制度和体系建设方面的超前发展也引起了国内和业界的广泛关注。省委政研室和省委办公厅就此做了专题报送，省委书记汪洋，省委常委、副省长肖志恒给予高度评价和充分肯定，汪洋书记在全省深化体制改革工作会议上指出，东莞面对金融危机，敢于在社会领域先行先试，统筹城乡社保制度，在珠三角地区很有推广价值，有利于《珠三角发展规划纲要》的贯彻落实。肖志恒在省委办公厅的《督查通报》上批示“东莞的做法值得总结推广”。全国政协社会和法制委员会副主任、原劳动和社会保障部副部长王东进2010年5月莅莞调研时指出：“东莞医保模式”无论是模式、体制，还是管理理念，都代表了中国医疗体制改革的发展方向和未来。全国人大常务委员会委员、中国社会保障研究中心主任、中国人民大学教授郑功成在与市社保局进行座谈时指出：东莞两大基本制度（养老与医疗保险）的发展方向是正确的，符合中国社会保障制度的发展要求。

2010年3月29日，东莞市社会保障局获广东省第三届“人民满意公务员集体”荣誉，成为东莞市唯一一个获此殊荣的市直机关单位；12月，市社保局连续第九年获“东莞市直机关先进单位”称号。在“市民评机关”活动连续3年（2008—2010年）排名第一，2008年10月至2010年12月，自与市监察局行政审批电子监察系统对接27个月以来，22次排第一，3次排第二，2次第三。

（陈少锋　陈柳平　兰佳佳）

附：2010年东莞市社会保障局领导名录

局　长：梁　冰

副局长：张亚林　郭荣新　李宝珊　梁绍光

人口和计划生育

【概况】 2010年度（2009年10月1日至2010年9月30日），东莞市户籍人口出生19509人，政策生育率为96.97%，出生率为10.90‰，自然增长率为6.23‰，比省下达东莞市人口计划指标出生率11.5‰和自然增长率6.7‰，分别低0.6和0.47个千分点。全市32个镇（街道）和22个人口计生领导小组成员单位均完成2010年度人口计生工作目标任务。2010年，东莞市获得“广东省人口和计划生育工作先进单位”。

【开展人口计生综合改革示范市创建活动】 2010年1月，市政府印发《东莞市创建人口和计划生育综合改革示范市实施方案》，提出用2年时间把东莞市创建成为“广东省人口和计划生育综合改革示范市”的目标。市委市政府把创建人口计生综合改革示范市工作列为督查督办重点工作之一。在3月30日全市镇街计生办主任工作会议上，对创建示范市工作进行部署。9月20日，市政府专题召开全市人口计生综合改革工作会议，对创建工作再次进行动员，对下步工作提出工作思路。会上印发《东莞市创建人口和计划生育综合改革示范市的指导意见》及“工作指引”，对创建的目标要求、项目内容进行细化量化，并将利益导向、优质服务、宣传教育、流动人口“一盘棋”、层级管理、信息建设、队伍建设和群众组织网络化等8大综合改革项目分解到有一定工作基础和代表性的镇街，至少由4个镇街承担其中一个项目。各镇街积极打造8大改革试点项目，全市形成了你追我赶、创先争优的良好氛围。

【宣传教育】 开展纪念《公开信》专题活动。2010年9月25日，市委宣传部、市人口计生局、市妇联与万江街道办事处联合举办“三十春秋赋华章　和谐计生谱新篇——东莞市纪念《公开信》发表30周年专题晚会”，省人口计生委副主任云斌、副市长吴道闻等领导出席晚会；开展纪念《公开信》发表30周年征文活动，共评选出获奖征文9篇，推荐21篇优秀征文参加国家、省组织的征文活动；6月5日，座客东莞广播电视台“阳光热线”直播节目，以“纪念《公开信》发表30周年 继续抓紧抓好人口计生工作”为专题，与广大听众进行在线交流。

宣传国策营造氛围。2010年1月，省人口文化促进会话剧《那串风铃在响》在东莞市长安、凤岗、东城、莞城、塘厦、石碣、中堂、清溪等8个镇街巡回演出，省人口计生委副主任云斌等领导出席首演式。6月10日，在党校人口理论教育基地报告厅举行人口计生工作形势报告会，省人口计生委副主任江效东作“当前人口计生工作若干热点问题”专题报告，市委党校主体班的学员和全市各镇街分管人口计生工作领导、计生办主任和部分村（社区）计生办主任，共500多人参加报告会。

打造人口文化品牌。2010年，市人口和计划生育局积极推动宣教工作创新发展，由33个生育文化进示范企业发展到100个企业工厂，发挥全市511个文化广场的有利条件，人口文化精品不断涌现。东莞市“人口文化动漫建设”获2010年全省人口计生宣传教育“十佳”创新项目奖，清溪镇“手抄小报传播婚育新风”获2010年全省人口计生宣传教育创新项目奖。

【推进流动人口计生服务管理“一盘棋”区域协作】 2010年，市人口和计划生育局加强与山东菏泽、浙江温州、贵州省仁怀市、湖南嘉禾、江西井冈山、安徽阜阳、福建连江等地的交流，召开流动人口计生服务管理区域协作座谈会；加强泛珠三角区域协作，积极配合流出地做好流动人口个案信息核查、落实节育措施等工作；加强省内区域协作，与清远、韶关、汕尾、湛江、阳江、肇庆、河源、中山等地级市签订《流动人口计划生育服务和管理区域协作协议书》。2月至4月，组织督查考核组，对全市32个镇街的人口出生、计生手术、查环查孕、信息管理、宣传服务、综合治理和依法行政等情况开展督查活动。5月至6月，开展全市流动人口计生服务管理专项活动。

【落实计划生育层级动态管理责任制】 2010年，市人口和计划生育局按照市委市政府挂钩帮扶人口计生工作要求，市领导、镇（街道）党政领导班子成员、市人口计生领导小组成员单位主要领导亲临挂钩镇村（社区）指导人口计生工作；2010年发出《关于进一步完善基层人口计生工作例会制度的意见》，要求各镇街、村（居）委会按照省人口计生委对例会召开时间、会议内容、相关工作要求规定抓好计生例会工作；组织开展人口计生考核督查工作，于4月和10月分别开展2轮人口计生考核督查，同时还在10月对各镇街2010年度人口计生工作开展综合量化考核；加强对评先评优、干部选拔计划生育审查工作，严把计划生育关，落实计划生育“一票否决”制度，2010年，干部晋升计划生育审核263人，个人评优评先计划生育审核53人，单位评优评先计划生育审核758个。2010年，东莞市共有“无政策外多孩出生镇街”26个，占镇街比例81.25%，“无政策外出生村（社区）”384个，占村（社区）比例64.76%，分别比年度目标高1.25和4.76个百分点。

【开展计生优质服务活动】 开展计生阵地建设。2010年，莞城、谢岗、麻涌、桥头、望牛墩等镇街共投入近2000万的资金，按新标准重新建设计生服务所；加强计生药具规范管理提高发放率，制定避孕药具发放、仓储、随访等管理制度，在全市各镇街村（社区）流动人口密集的地方安排免费发放机800多个。

开展文明执法专项活动。2010年7月至9月，市人口和计划生育局开展人口计生系统基层文明执法和优质服务专项活动。10月发出《关于做好亚运期间人口计生宣传安全和信访维稳工作的通知》和《东莞市人口计生系统亚运期间信访维稳工作方案》，各镇街、村居委（社区）认真做好群众来信、来访、电话访、电子访等工作，保证亚运期间人口计生信访工作稳定。

【计生协评估认定工作】 2010年，市人口和计划生育局制定《东莞市基层计生协评估认定工作实施方案》，全市32个镇街计生协全面完成协会换届工作，592个村（社区）协会进行换届，相关制度、活动得到进一步规范，500人以上的企业建会率达到80%以上。

【队伍建设】 开展培训工作。2010年3月，市人口和计划生育局承办省人口计生系统“三百人才”第6期培训班，邀请国家人口计生委科研所、广东医学院和澳大利亚的专家举办3场培训讲座，培训技术人员近200人次；举办全市计生办主任、人口计生系统统计员业务培训班，各镇街计生办正副主任、统计员共120多人参加培训班。4月，举办出租屋及流动人口计生业务知识培训班，各镇街新莞人服务管理中心业务股股长、分管流动人口业务的计生办副主任、统计员100多人参加培训班；计生协会与东莞玛丽亚妇产医院承办的亚太不孕不育技术培训班，各镇街计生协会会员及不孕不育患者共300多人参加培训。5月，举办流动人口动态监测调查工作培训班，各流动人口动态监测调查点所在的镇街统计员、村（社区）调查员近100人参加培训。6月，举办3期全市计划生育药具系统以“基本理论、基本知识、基本技能”为内容的岗位练兵和知识竞赛活动，全市900多名镇村级计生药具管理人员参加学习。在全省计生科技大练兵活动中，东莞市获得团体总分第三名，药师专业总成绩第一，护理、B超、检验总成绩第二的好成绩。

开展“双评”和“下评上”活动。2010年8月，市人口和计划生育局发出《东莞市人口计生系统2010年“双评”和“下评上”活动实施方案》，在全市范围内开展“请新莞人评议计生”和“请农民兄弟姐妹评计生”以及对市人口计生局、市计生服务机构进行“下评上”评议活动，参与配合市“万人评机关”活动。（沈粤文）

附：2010年东莞市人口和计划生育局领导名录

局　长：徐诠清
副局长：曾瑞微　方泽槐
纪检组长：冯学宸

新莞人服务管理

【概况】2010年，《广东省流动人口服务管理条例》、《广东省基本公共服务均等化规划纲要》正式实施，积分制入户工作在全省全面启动，对东莞市新莞人服务管理工作提出了新的要求。东莞市制定了《东莞市积分制入户暂行办法》与《东莞市积分制入户管理实施细则》，截至2010年，通过积分制入户10854人获得入户资格；采用积分制办法，东莞市公办学校新招收义务教育阶段起始年级新莞人子女14812人；评选出第二届“优秀新莞人”189名；全市参加社会保险共2377.1万人次，各险种参保人中新莞人均占大多数；办理流动人员人身意外保险28.4万份，出租屋综合险7.2万份，受保人数超过56.4万人；为新莞人子女免费接种第一类疫苗200多万人次，补种乙肝疫苗20多万剂次；为已婚育龄的新莞人妇女提供计划生育手术服务6387例，提供查环查孕服务16.93万人次；举办“春风行动”专场招聘会50多场，组织企业提供招聘岗位19.6万个，服务求职新莞人12.3万人次；完成新莞人资助性技能培训10.2万人次，划拨培训补助资金120多万元；全市救助管理站共实施新莞人救助7108人次；出台《东莞市减免困难群众殡葬基本服务三项事业性收费实施方案》，为特殊困难新莞人减免殡葬费用42.74万元。

【开展积分制入户】2010年9月，东莞市制定了《东莞市积分制入户暂行办法》与《东莞市积分制入户管理实施细则》，并提出用2年时间，逐步将现行其他入户政策纳入积分制入户管理。截至2010年，全市完成受理审核16246人，经公示取得入户资格10854人。

【开展第二届“优秀新莞人”评选】2010年，第二届“优秀新莞人”评选注重从各行业基层选拔优秀新莞人，采用单位推荐和个人网上自荐社会公开评选两种方式，经过资料审核、评审委员会评定、社会公示，最终产生了189名东莞市“优秀新莞人”，并通过组织集体参观市展览馆、市领导接见、答谢晚宴等方式，进行隆重表彰，扩大评选表彰的社会影响力。

【开展新春关爱系列活动】2010年春节期间，市新莞人服务管理局联合有关部门开展“关爱暖民心·服务筑和谐”新春关爱系列活动，包括“情满莞邑”1000户新莞人困难家庭慰问活动、“红围巾”车站青春暖流行动、“平安回家”赠票活动、协调东莞广电传媒公司为留莞新莞人免费增加近20个有线电视节目等。

【推行社工及志愿者服务】2010年，石排、厚街、清溪3镇街顺利完成关爱新莞人志愿服务者队伍试点工作，并在全市推广；横沥、莞城等5镇街，顺利完成关爱新莞人社工试点。截至2010年，全市已建成关爱新莞人志愿者服务站32个，注册志愿者8109人；20名上岗社工充分发挥专业优势，有针对性地为新莞人提供心理辅导等社会工作领域的服务，探索出“社工+志愿者”的服务模式。

【开展新莞人金融综合服务】2010年，新莞人服务管理局与中国移动东莞分公司、中国银行东莞分行等5家单位签署合作框架协议，并在樟木头率先发行了具备小额支付功能、公交搭乘功能的新版金融服务卡，力争逐步实现信息采集、公共服务信息发布、公共服务申办、金融业务申办及查询、小额支付等一卡通应用服务。

【强化信息采集和共享】2010年，新莞人服务管理局共采集出租屋信息30.2万栋（套），办理及更换出租屋租赁备案登记29.8万份，办证率达99.8%；共录入租住人员信息620万条，结束居住246万条，有效地掌握了出租屋及租住人员底数，为居住证推广、第六次全国人口普查工作开展、积分制入学政策实施提供了有效的数据支撑。

【加快综合服务小区建设】新莞人综合服务小区是优化服务、加快新莞人融入东莞社会的有益尝试。2010年，新莞人服务管理局加快综合小区建设，继续指导镇街新莞人服务管理中心在新莞人集中居住的小区开展新莞人综合服务小区试点，在强化出租屋视频监控、封闭半封闭式管理等管理手段的同时，小区还提供代缴税费、协助办理证照、法律援助、就业中介、免费租住信息发布、图书借阅等服务。截至2010年，南城等16个镇街已建成25个服务小区，万江等17个镇街的18个小区正在建设之中。

【实施出租屋综合整治】2010年，各镇街新莞人和出租屋管理队伍通过日常巡查向职能部门反馈信息20110宗，处理19869宗；扩大出租屋视频监控的覆盖，全市共签订出租屋视频监控系统安装协议2.7万套，安装1.8万套；加快“安全文明出租屋”建设，成功创建并复查“安全文明出租屋”6.8万栋（套），创建率为24%；针对出租屋内的消防、治安等隐患，各镇街组织各类清查行动1302次，出动15.5万人次，排查各类隐患出租屋37767栋（套），督促整改23062栋（套），查封235栋（套），协助公安机关抓获违法犯罪嫌疑人895人，打掉犯罪团伙58个，落实管控“五类人员”3244人，抓获嫌疑人2972人，有效遏制重大刑事案件的发生。（刘芳娜）

附：2010年东莞市新莞人服务管理局领导名录

局　长：伦锦洪
副局长：王国雄　陈晓慧（11月到任）

款共182万多元。

对市内群众遭受台风和特大暴雨的救济工作。2010年，在“5·7”、“6·24”大暴雨和台风“莫兰蒂”、“狮子山”等气象灾害中，全市共向受灾群众280人发放救济款42.4万元。

应急避灾中心和场所建设。2010年，在莞城、东城、南城、万江、长安、沙田、清溪、塘厦、常平、厚街、樟木头、东坑、桥头、高埗、道滘、望牛墩、麻涌等镇街新建17个应急避灾中心。

“防灾减灾日”系列活动。在活动期间，全市各单位共向社会群众派发宣传资料75.24万张，各医疗卫生单位开展应急演练30次，共有1423人次参演，开设群众健康知识讲座188次，起到很好的宣传效果。

全国综合减灾示范社区创建。2010年，东莞市深入开展全国综合减灾示范社区创建活动，不断提高社区防灾减灾能力和应急管理水平。全市共有20个社区被评为全国综合减灾示范社区。

自然灾害人身保障专项资金设立。从2010年起，每年由市财政安排200万元，各镇街每年安排不少于20万元，对因自然灾害导致死亡或伤残的本市户籍人口给予救助，提高防灾抗灾能力和社会救助保障水平。

民　政

【概况】2010年，东莞市共有社会组织1891个（其中社会团体314个，民办非企业单位1577个）；敬老院31间（其中省一级敬老院26间，省二级敬老院5间）；公益性公墓（骨灰楼）8家，经营性公墓（骨灰楼）4家。

【救灾减灾】支援玉树灾区捐赠活动。2010年4月14日，青海玉树发生7.1级大地震。获悉后，全市广泛开展支援地震灾区的社会捐助活动，社会各界踊跃捐款捐物，捐赠善款6311.3万元，全额汇往省慈善会。捐赠物资价值453.243万元，全部送往玉树地震灾区。

支援西南地区抗旱救灾。2010年，为支援西南地区抗旱救灾，全市开展“献出一滴水，帮帮大西南”捐赠饮用水活动，组织各类企业向广西河池市捐

【社会救助】最低生活保障。2010年，东莞市最低生活保障标准400元/人/月，实行差额救助，全市有低保对象13813户、34428人，全年共发放低保金6229.88万元，人均每月补差151元/月。全市有低保（含低保边缘）户在读子女34344人次，全年发放助学金7456.81万元，发放中学生寄宿费686.624万元。

建立低保自然增长机制。2010年，东莞市根据近三年城乡居民可支配收入年平均增长速度，制定城乡居民最低生活保障自然增长补贴机制。从2011年1月开始，正式实施该机制，并依据机制将低保标准提高到每人每月440元，以后每两年调整一次。

实施低保分类施保。从2010年1月1日起，东莞市对低保对象实施分类施

为党和政府分忧　为人民群众解难

① 2010年“八一”期间，市委书记、市人大常委会主任刘志庚（右二）率团走访广州军区，与司令员徐粉林中将、副政委刘良凯中将亲切交谈

② 2010年12月17日，市委副书记、市长李毓全（前排左二）率工作组到南城篁村社区视察民政工作

③ 2010年10月13日，东莞市儿童福利院与市社会福利院合并成立市社会福利中心。图为副市长成洪波（左二）参加市社会福利中心揭牌仪式

④ 2010年3月30日，全市地名导向牌设置工程动工仪式举行

保。全年共向3587名低保对象发放分类补助金40.92万元，有效保障全市特殊困难低保对象的基本生活权益。

开展低保医疗救助。2010年，制定《东莞市最低生活保障对象基本医疗救助暂行办法》，开展市级低保医疗救助34750人次，共2315.44万元，加强对低保家庭就医救助。

春节送温暖活动。2010年，东莞市五套班子领导共34人，分别组成32个春节慰问团分赴全市各镇街慰问低保户和老党员，共向全市34295户困难群众赠送“慰问礼包”价值2743.6万元。

临时救济。2010年，东莞市安排春夏荒救济款和冬令救济款各20万元，向923名困难市民发放临时救济款共130万元，发放休渔期困难渔民补助金217.3万元，及时解决困难群众的临时生活困难。

【社会福利】成立市社会福利中心。2010年，按照“整合资源、提升服务、创新发展”的思路，经东莞市党政领导班子联席会议讨论通过，依据《关于成立市福利中心的批复》，2010年10月13日，市儿童福利院和市社会福利院合并，成立市社会福利中心（副处级）。

收养登记。2010年，全市新增弃婴268名，市社会福利中心共有弃婴790名。共为19名残疾儿童实施了明天计划手术，康复率100%。依法办理了131宗国内收养登记（其中国内公民收养118宗，香港公民收养11宗，台湾公民收养2宗），解除收养关系2宗。

【慈善事业】东莞市“广东扶贫济困日”活动。经国务院批准，广东省委省政府决定：自2010年起，每年6月30日为“广东扶贫济困日”。6月30日，东莞市举办东莞市“广东扶贫济困日”启动仪式，广泛开展慈善募捐活动，全市共接收社会各界捐款1.176亿元。

首届“东莞慈善日”活动。2010年7月27日，东莞市第十四届人大常委会第二十五次会议审议通过市政府《关于提请设立“东莞慈善日”的议案》，同意将每年的10月25日定为“东莞慈善日”。在首个“东莞慈善日”活动期间，全市广泛开展“东莞慈善日”系列活动，积极宣传慈善文化，推进全民关注和参与慈善，鼓动社会各界踊跃捐款，深入基层开展慈善救助活动。在活动中，共有19家民营企业设立专项冠名基金，共接收社会各界捐款（含认捐）1.84亿元，为开展慈善救助活动注入充足的资金。

【老龄工作】居家养老工作。2010年，东莞市政府印发《居家养老服务实施方案》（试行），组织召开全市老龄工作会议暨居家养老服务工作动员大会，对全面铺开居家养老服务工作进行部署。全年新开展居家养老服务工作的16个镇街48个村（社区）完成服务中心（站）的设置、调查统计服务对象和招聘服务员等工作，并组织服务员上门服务。

老年人服务机构建设。2010年，东莞市财政安排“星光计划”资金1685万元，分2批重点加强对全市17个镇街34个社区老年人活动中心建设。向全市31间敬老院下拨常规性补助款155万元，并下拨装修、土建一次性补助资金325万元，对“五保”（保吃、保穿、保烧（燃料）、保教（儿童和少年）、保葬）对象1263人，保障经费908.28万元。草拟《东莞市民办福利机构资助实施方案》，调动社会力量参与社会福利事业发展的积极性。

尊老助老活动。2010年9月8日至10月31日，全市开展“敬老月”系列活动。在中秋节、国庆节、重阳节前后，各镇街开展探访和慰问敬老院老人、百岁老人、空巢老人、五保老人、生活困难老人、老党员活动。组织老年人粤曲表演、文艺汇演、曲艺巡回表演，送戏、送电影、送爱国大片下乡慰问老

① 2010年10月29日，市第十届老年人运动会开幕式在塘厦镇体育馆举行

② 2010年10月25日为首届“东莞慈善日”，期间，东莞市举行一系列慈善活动。图为首届“东莞慈善日”慈善晚会现场

人。举行老年人书法、象棋比赛，老人趣味运动会及健身活动。为老年人组织健康讲座、健康图片展、健康检查和义诊。组织义工和志愿者上门为老人打扫卫生，开展家政服务。

第十届老年人运动会。2010年10月29日，第十届老年人运动会在塘厦镇体育馆开幕。运动会共设17个比赛项目。全市43个代表团、2100多名运动员角逐304个团体、个人名次。

尊老敬老典型评比。2010年“敬老月”活动期间，东莞市开展首届“敬老模范单位”、“孝亲敬老之星”、“快乐寿星”、“村（社区）敬老活动创意奖”评选活动。活动共评出63个“敬老模范单位”、33名“快乐寿星”、80名“孝亲敬老之星”、15个“村（社区）敬老活动最佳创意奖”及18个“村（社区）敬老活动优秀创意奖”。

高龄津贴制度。2010年，东莞市政府办公室印发《东莞市80岁以上高龄老人生活津贴发放方案》，从2010年1月开始，由市镇（街）两级财政拨款，在广东省率先为本地户籍年满80周岁以上老人发放高龄津贴。具体标准为：80至89周岁老人每月100元；90至99周岁老人每月200元；100周岁以上的老人每月300元。高龄津贴的发放惠及全市3.9万多位高龄老人，全年发放津贴4984.64万元。

【福利彩票发行销售】2010年，东莞市通过加强内部管理，建立激励机制，研发销售具有东莞特色新票种（“虎门销烟”刮刮乐），创新彩票玩法，全市福利彩票销售实现“安全运行、健康发展”。2010年共销售福利彩票15.2亿元，净增近6亿元，同比增长62%，并筹集福彩公益金4.39亿元，其中市级留成1.64亿元。销售总额位列全省第三，增长量位列全省第一。

【社区建设】省“六好”平安和谐社区创建。2010年，东莞市积极开展广东省“六好”平安和谐社区创建工作，莞城博厦社区、东城主山社区等41个社区被评为2009年度省“六好”平安和谐社区，全市共有75%的城市社区获得省“六好”平安和谐社区的称号。

特色社区建设。2010年，东莞市根据《东莞市“六好”平安和谐社区示范创建实施方案》，全市选取20个社区为创建点，开展特色示范社区创建活动，为全市社区建设树立典型。

社区服务体系建设。2010年，东莞市指导各城市社区制定《社区服务体系建设实施方案》，草拟《东莞市关于发展社区服务的意见》，细化全市社区服务设施、公共服务平台、社区社会组织、服务人才队伍、服务网络平台建设等方面政策。开展首届“东莞慈善日”社区服务周活动，为政府部门、社会各界搭建服务居民的平台。召开社区服务工作人才培训班，提高基层社区工作者的整体素质。

【基层政权建设】村（居）民自治。2010年，东莞市深入开展以“民主选举、民主决策、民主管理、民主监督”为主要内容的居民自治活动，社区居民自我管理、自我教育、自我服务的意识不断增强。

村级体制改革试点。2010年，东莞市坚持以黄江、厚街为试点，成立市村级体制改革和社区服务体系建设专项调研组，通过召开座谈会、发放调查问卷、出外参观学习、组织专家研讨等方式，深入开展村级体制改革调研，明确全市村级体制改革工作思路。成立全市村级体制改革工作领导小组，负责统筹、规划、部署和协调全市村级体制改革重大事项，指导两试点镇制定具体的改革实施方案。

农村党风廉政信息公开平台建设。2010年，东莞市在推广应用全市社区管理信息系统的基础上，与市纪委、市监察局联合建设“东莞市农村党风廉政信息公开平台”，指导、督促各村（社区）做好财务、村务、党务及人口信息录入工作，促进村务公开形式的信息化、网络化和规范化，保障村（居）民对村（社区）事务的知情权和监督权。

【“双拥”工作】国防教育和双拥宣传。2010年，东莞市充分利用广播电视、报刊、网络新闻、标语灯箱，以及召开座谈会、报告会等形式，广泛深入地开展国防和双拥宣传教育。东莞市委宣传部、市文联、市民政局、市双拥办联合举办“东莞作家看双拥”采风活动，组织一批作家深入军地创作一批融思想性和艺术性于一体的“双拥”题材文学艺术精品，讴歌东莞创建“双拥”模范城所取得的巨大成就，宣传东莞军民鱼水情和双拥先进典型；东莞市文广新局创作的双拥文艺节目相声《第一次》获选参加广东电视台调演播出；东莞军分区举办国防和“双拥”知识竞赛活动，邀请国防大学战略教研部孟祥青教授作国家安全形势专题报告，以及各镇街充分发挥虎门鸦片战争博物馆、大岭山东纵纪念馆和樟木头镇将军馆等爱国主义教育基地的作用，组织机关干部职工、新莞人、学生参观学习；组织经验交流会，由樟木头镇、市经信局、驻大岭山镇高州东岸务工党支部、海军91676部队等单位，就抓好双拥工作作典型发言，激励全市军民奋发向上。截至2010年，全市共举办各种国防教育和“双拥”宣传活动400余场次，接受教育人数23万人。

社会化拥军。2010年，东莞市召开非公组织社会化拥军调研工作协调会，开展非公组织社会化拥军调研。举行争创全国双拥模范城“七连冠”暨非公组织与部队军民共建动员大会，部署各镇街非公组织与部队军民共建工作任务。全市32个镇街的非公组织采取“一对一”、“多对一”的形式，与驻地部队结为共建对子，共签订《军民共建公约》48份，并认真履行公约，积极开展军民共建活动，丰富全市双拥工作内涵。

拥军优属。2010年，全市共投入拥军资金1亿多元，帮助驻军解决信息化建设、训练场地、生活设施、驻军官兵的生活补贴以及地方部队基本支出等经费，支持部队建设项目78个。2010年春节、“八一”期间，全市各级共组织拥军优属慰问团（组）620个，送出慰问金2106万元。东莞市财政拨款210万元，为驻军各部队基层（排或班）订阅《东莞日报》和《东莞时报》，为基层连队购置有线电视机顶盒。各镇街、各单位筹集资金1000多万元，为驻军配送电脑、科技图书和电化教学设施等。虎门、黄江、樟木头等镇帮助驻军举办电工、烹饪、种植等培训班，为部队培训各类专业技术人员763人次；全市大中院校和各镇街中学坚持免费为驻莞部队官兵开办计算机等级考试、军校考试、高科技知识等培训班，共培训官兵2000多人次；东莞市科技局、市经信局、市工商联（总商会）组织民营企业开展送科技、送文化到军营活动，共筹集资金100多万元，为部队基层图书室捐赠各类图书4万多册，捐赠电脑、电视等设备100多台，购买训练生活急需的物资。

拥政爱民。2010年，驻莞部队813名连以上军官坚持结对帮扶驻地贫困家庭的子女完成小学至初中学业，共捐款10万多元。积极为驻地植树造林、美化环境，为群众防病治病、修理家电，为地方节约各项经费150多万元。驻莞部队全力支援亚运，东莞军分区组织举行“莞联—2010”军警民联合演习，提升军地联合应急保障能力；驻莞75234、75235部队参加第16届亚运会和亚残运会开幕式演出；武警边防支队、海军救生中队主动参加亚运安保，承担珠江口水面、

水下安全警戒任务；武警、边防、消防部队全力协助公安部门开展社会治安综合治理、打击违法犯罪等专项行动。消防支队派出官兵参加青海玉树抗震救灾，所在抗震救灾突击队被团省委特别授予第十二届广东青年“五四”奖章集体称号。2010年，驻莞部队累计出动官兵近1万多人次，车辆（机械）4963台次，投入劳动日4000多个，完成土石方50立方米，扑灭火灾27宗，抢救遇险群众86人，抢救各种物资97万吨，植树造林2万棵，清除垃圾28吨，美化街道136公里，为群众防病治病3万人次，帮扶贫困家庭近1000户，资助贫困学生2265人，无偿献血20万毫升，军训学生4万人，协助公安部门抓获各类犯罪嫌疑人2000多名，挽回经济损失近1亿元。

【优抚工作】 优抚对象抚恤生活补助标准。2010年，东莞市再次提高残疾军人抚恤金标准和“三属”（烈士家属、因公牺牲军人遗属、病故军人遗属）、在乡复员军人、带病回乡退伍军人、参战涉核人员的抚恤生活补助标准，生活补助月提幅为70—87元不等。对未纳入省提标的定补优抚对象，则执行东莞市优抚对象抚恤生活补助自然增长机制，在乡一至三级残疾军人月提高50元，五至十级残疾军人月提高30元，“五老”（老干部、老战士、老专家、老教师、老模范）人员月提高20元。截至2010年，全市各类重点优抚对象的抚恤补助标准为370—1427元不等。

优抚对象优待金。2010年，东莞市为3751名重点优抚对象发放抚恤、生活补助金达2208.72万元，发放残疾军人抚恤金、护理费278.9万元。全市1294户义务兵家属均按上一年农村人均纯收入标准予以优待，优待面达100%，户平均优待金13499元，比2009年户平均提高了787元。

重点优抚对象医疗保障。2010年，东莞市落实医院减免政策，规定优惠减免项目费用先由社保部门按社会基本医疗保险有关规定予以报销，再由医疗卫生单位按文件规定的标准落实优惠减免，医院优惠减免的费用由相关医疗卫生单位负担。全年为3731名重点优抚对象缴付社会基本医疗保险费共72.98万元，为195名重点优抚对象发放医疗补助金41.63万元。组织32支“关爱功臣巡回医疗队”，广泛开展为“三属”（烈士家属、因公牺牲军人遗属、病故军人遗属）、残疾军人、在乡复员军人、带病回乡退伍军人等重点优抚对象免费送医送药活动，出动医疗救护车32台，受惠重点优抚对象达2568人，配送药品折合人民币27.24万元。

优抚对象医疗费“一站式”结算。2010年，东莞市印发《东莞市优抚对象医疗费“一站式”结算工作实施方案》，并从2010年12月1日起正式实施优抚对象医疗费“一站式”结算工作。优抚对象在住院医疗终结时，凭《优抚对象抚恤补助登记证》到定点医院服务窗口办理结算。市政府对其医疗费的补助部分与社保报销补偿部分、医疗减免部分、个人自付部分在定点医院实行同步结算。

重点优抚对象慰问。2010年春节、“八一”节期间，东莞市各级党委、政府采取召开座谈会、入户走访、发放慰问品（金）等形式，慰问重点优抚对象。为纪念抗日战争胜利65周年，东莞市委、市政府领导率有关单位领导走访慰问部分抗日老战士，为他们送慰问品和慰问金。

【安置工作】 退役士兵接收安置。2010年，东莞市接收2009年冬季退役士兵540人，其中城镇兵138人、农村兵354人、复员士官33人、转业士官15人。根据《东莞市退役士兵安置办法》，全市共发放城乡退役士兵、复员转业士官安置补助金2903万元，发放待安置期间生活补助金64万元，确保全市实现退役士兵安置率、自谋职业率均达100%。

退役士兵职业技能培训。2010年，东莞市政府全年拨付211万元，免费为退役士兵参加职业技能就业培训。3至5月，东莞市在东莞市南博职业技术学院举办退役士兵考前辅导班，对124名报考高等职业技术院校的退役士兵考生进行文化补习。经过统考，全市共有43名退役士兵考入南博学院就读，共有35名退役士兵入读中等职业技术学校，全市实际入读中、高等职业技术院校的共116人。

2010年，东莞市严格按照军队规定的统一项目、标准，及时、足额地发放离退休费，切实保障军休干部生活待遇。全年接收安置军休干部1名，共有军休干部76名。

军休所虎门服务站。2010年，东莞市军休所虎门服务站正式组建，地处虎门镇人民南路，建筑面积为524平方米。服务站隶属东莞市军休所，为副科级事业单位，配备事业编制工作人员3名，主要负责对居住在虎门片区的军队离、退休干部的管理。

东莞军供站建设。为了更好地推进东莞军供站正规化建设，打造一流军供站，提升东莞军供站保障水平，2010年7月2日，东莞军供站正式升格为副处级单位。

复退军人维权。2010年，东莞市共为365名复退士兵办理军龄视同养老保险的审定工作，接电接访143人次，为退役士兵解决实际困难25起，解答政策疑难213次。

【社会组织登记管理】 2010年，全市新登记社会团体23家，其中行业性的9家，联合性的9家，专业性的4家，学术性的1家；批准设立社会团体分支（代表）机构29家；注销社会团体2家；撤销社会团体1家；新登记民办非企业单位163家，变更业务62宗；注销民办非企业单位10家；撤销民办非企业单位39家。截至2010年，全市登记在册的社会组织1891家，其中社会团体314家；民办非企业单位1577家。全市社会组织结构日趋合理，作用越显突出，已成为建设和谐富强新东莞的一股重要力量。

社会组织人才队伍建设。2010年，东莞市政协委员《关于培育发展社会组织的建议》提案，被列为全市当年重点督办提案之一。为落实好政协提案，提高社会组织的公共服务能力，促进全市行业协会商会依法办会、规范运作和健康发展，东莞市坚持培训与当前国内外政治、经济发展形势相结合，重点围绕《珠江三角洲地区改革发展规划纲要》、社会组织相关政策法规、社会组织等级评估、社会组织专业化人才队伍建设等方面组织社会组织骨干培训，共有98人参加，为从2011年起全市全面推行行业协会商会秘书长（业务骨干）持证上岗制度奠定了基础。

简化社会组织登记手续。2010年，东莞市结合实际，对以下三大公益服务类社会组织降低登记门槛，简化登记手续：开展救助灾害、救济贫困、扶助残疾人等活动的社会组织；为劳动就业、教育培训、科学技术、文化、卫生、体育事业提供资助和公益性服务的社会组织；为环境保护、社会公共设施建设提供资助和公益性服务的社会组织。

执法监察。2010年，东莞市组织行业协会收费专项检查和规范社会团体收费专项治理工作，规范社会组织的服务和收费行为。免费组织《民间非营利组织会计制度》培训班，共有96名财务人员参加培训。按照《民间非营利组织会计制度》对部分社会组织进行财务审计，指导81家无业务主管单位的社会团体开展“小金库”自查自纠工作，选择13家社会团体进行重点检查，进一步加强“小金库”治理。按照《东莞市学生站接送管理办法》的规

定，清理无证学生接送站。全年，办理案件136宗，对3家违法民办非企业给予罚款，对40家累计3年不接受年检的社会组织撤销登记。在全省社会组织执法监察工作会议上，东莞市民间组织管理局作了加强社会组织执法监察经验介绍，得到肯定和推广。

社会组织党组织建设。2010年，东莞市委批准成立中共东莞市社会组织工作委员会和纪工委，市委组织部批复成立中共东莞市民间组织管理局委员会。2010年10月，中共东莞市民间组织管理局委员会召开党员大会，会议通过直选产生了党委和纪委领导班子。

【区划地名管理】 地名导向牌设置。2010年3月，东莞市举行全市地名导向牌设置工程动工仪式，采取招、投标，社会投资的方式，全面启动全市地名导向牌设置工程。

地名文化保护工作。2010年，东莞市积极开展以“千年古县·东莞”宣传为主要内容的地名文化保护工作。组织参加“首届中国千年古县文化遗产精品图片展”，并荣获“首届中国千年古县文化遗产精品图片展优秀奖”。

实施地名日常管理。2010年，东莞市严格按照《广东省地名管理条例》的规定和程序，实施对道路、建筑物的命名（更名）以及其它地名管理工作，确保地名管理工作严格、科学、正规，有效杜绝了重名、不规范命名现象的发生。全年共审批同意88宗建筑物的命名（更名），1005条道路的命名（更名）。

行政界线管理。2010年，东莞市协助省政府就“交椅湾问题”进行考察协调，签订东莞与惠州平安边界创建协议书，进一步落实行政区域界线委托管理维护责任制。督促指导莞城—万江等15条镇界基本完成联检任务，对清溪—塘厦、石排—茶山等部分镇级界线进行了调整核准，确保行政界线和谐稳定。

【社会工作】 2010年，东莞市按照《中共东莞市委 东莞市人民政府关于加快社会工作发展的意见》要求和《东莞市社会工作试点实施方案》部署，在加快社会工作发展方面进行了很多有益的探索和大胆的实践，并取得明显成效。

工作基础。2010年，东莞市及各试点镇街、部门分别成立社会工作领导小组和办事机构，并制定出台一系列规范和保障社会工作发展的制度规定，为开展社会工作提供政策指导和制度保障。按照“立足现实、有序发展”的原则，有重点、有计划地扶持培育了大众、星扬、正阳等7家专业社工机构，同时筹备成立了东莞市社会工作协会。采取吸收引进专业社工人才为主、提升转换现有存量人才为辅的办法，大力加强社会工作人才队伍建设。2010年，东莞市通过社会工作职业水平评价取得职业水平证书的社工人才总数达到700多名。

试点规模。2010年，东莞市将社会工作试点领域和规模扩大到9个市直部门和13个镇街，购买社工岗位服务总数达到360多名，将试点范围逐步扩大到13个新兴领域，将服务对象由部分弱势群体扩大到有需要的市民，将服务内容拓展到重视社区发展、群体增能等宏观社会工作服务，推进社会工作多领域、广覆盖、多元化发展。

工作成效。2010年，全市社工开展小组工作701个，开启个案1617个，个案建档7723个，即时辅导10552次，完成家访及探访16190次，组织志愿者活动788次，取得较好的整体服务效果。

【救助管理】 2010年，东莞市救助管理站共实施救助8219人次。救助服务基础设施建设。2010年，东莞市救助管理站加大力度完善内部救助管理系统，安装视频监控系统，加强站内安防工作；安装电话录音系统，保存重要通话记录，保障当事人权益；在救助区围墙和南大门安装红外监测报警系统，及时发现、阻止受助人员，特别是流浪未成年人爬墙逃跑离站。添置紧急按铃设备，完善观察隔离区设施。

亚运期间救助管理工作。2010年亚运期间，东莞市救助管理站与亚运举重场馆辖区中心广场公安派出所建立救助管理工作关系，抽调专门流动救助车辆，每天派出工作人员加强街头流浪乞讨人员的劝返工作；同时，将应急避灾中心的场所临时改成非正常上访人员分流中心，紧密配合市信访部门认真做好信访分流中心的有关工作。

【婚姻登记管理】 2010年，全市共办理国内结婚登记15712对，国内离婚登记2540对，国内补领结婚证1046对和国内补领离婚证64对；办理涉外、港澳台、华侨结婚登记107对，离婚登记21对，补领结婚证33对。2010年，全市婚姻登记机关规范化建设取得了较大的进展，截至2010年，87%的镇已完成新的婚姻登记场所建设并投入使用。松山湖婚姻登记处于11月17日正式揭牌启用。管辖范围包括寮步、大朗、大岭山、东坑、黄江等5个镇和松山湖产业园区，全市其他镇的居民也可自愿选择到该处办理婚姻登记。

【学生接送站管理】 2010年，东莞市加大学生接送站规范管理力度，先后对莞城、虎门、长安、大岭山、石排等镇街的无牌无证学生接送站进行了清理取缔，累计对42家未办理证件但符合整改条件的学生接送站发出了《限期停止活动通知书》，对11家无牌无证存在安全隐患的接送站依法进行了取缔。全年全市新登记学生接送站39家。

【殡葬管理】 基层骨灰存放设施建设。2010年，东莞市政府出台《东莞市骨灰楼建设“祥安计划”实施方案》，指导各镇有计划兴建公益性骨灰楼的村（社区）完善有关申报手续。2010年，全市有企石镇上截村、望牛墩镇杜屋村、望联村完成规划并办妥有关招标手续，动工兴建村级公益性骨灰楼。

落实殡葬惠民政策。2010年，东莞市政府出台《减免困难群众殡葬基本服务三项事业性收费实施方案》，对全市低保户、五保户、优抚对象、重度残疾人和特殊困难新莞人的殡葬基本服务三项收费实施减免。全年全市共为低保户、五保户、优抚对象、重度残疾人和特殊困难新莞人等减免殡葬费用736657元（新莞人42具，东莞户籍居民120具），其中减免殡葬三项基本费用31685元。

殡葬改革宣传活动。2010年清明节期间，东莞市结合殡改宣传月活动，积极组织开展了一系列以“文明祭扫、平安清明”为主题的宣传活动。通过东莞广播电视台、《东莞日报》等新闻媒体及时向社会各界发布了祭扫路线、交通疏导等信息，引导群众主动错峰祭扫。广泛宣传殡葬改革政策，大力宣扬殡改工作意义，努力营造支持殡葬改革的社会氛围。活动期间，全市共出动巡回宣传车72辆、出动2789辆次，张贴标语15010多条，悬挂横联1259幅，印发宣传资料11553多份，出版宣传栏、墙报、黑板报589期，电视宣传1890次，在全市营造了浓厚的殡改宣传教育氛围。

葬法和葬礼改革。2010年，全市分别实施以“亲近自然，魂归大海，善待亡灵，崇尚文明”为主题的2次海葬活动，累计将142具骨灰撒入大海，参加海葬活动的群众近160人。 （周宪平）

附：2010年东莞市民政局领导名录

局　长：杨东如

副局长：易志兵　郑锦堂　袁佩霞　黄容开

纪检组长：李建武

残疾人工作

【概况】 2010年，东莞市残疾人联合会内设9个部室：办公室、人事监察部、康复部、宣传文体部、教育就业部、组织联络与维权部、信息工作部、残疾人工作部、计划财务部。直属5个事业单位：残疾人劳动就业管理办公室、残疾人康复中心、残疾儿童学前教育中心、残疾人辅助器具服务中心、残疾人托养中心。

【市领导重视残疾人工作】 2010年，市党政领导班子会议和市长办公会议先后7次研究部署残疾人工作，解决实际问题。助残日活动前夕，市委书记刘志庚带领四套班子领导到市残联召开现场办公会，专题研究解决残疾人康复大楼、残疾人福利基金会、残疾人康复实验学校规划调整等难题。市长李毓全、常委何嘉琪、副市长成洪波等市领导，通过听取专题汇报、实地走访等形式，调研和部署残疾人工作。

【残疾人康复教育】 2010年，重点实施白内障复明、精神病防治等康复项目，全面推进残疾人康复服务。全年共投入148.81万元为1184名白内障患者免费施行手术；排查重性精神疾病患者约1.1万人，检出率6.24‰；为2510名困难精神病患者提供免费服药、辅助检查，送院治疗322名发病精神病患者；开展扶残助学活动，为360名困难残疾学生提供教育资助71.25万元；为1450多名残疾人提供康复、教育、托养服务。

【残疾人扶贫救助】 2010年，东莞市残疾人联合会坚持专项补助与特别救助相结合的方式，全年为22039名一至四级困难残疾人进行补助3709.68万元，为106名患重病、大病的困难残疾人提供医疗救助金32万元；安排390万元资金资助1100名残疾人购配辅助器具；完成100户残疾人家庭无障碍改造；为320多名困难残疾儿童提供生活补助；为9217名非低保重度残疾人和精神病患者购买社会基本医疗保险。

【残疾人就业培训】 2010年，举办计算机应用、盲人保健按摩、烹任及面点制作等14个项目的培训班，免费培训残疾人600多名。组织参加第四届广东省残疾人职业技能竞赛，总成绩名列全省第五。采取多途径安排残疾人就业3549人次。

【残疾人文化体育活动】 2010年，新建残疾人文化体育活动场所和训练基地12个，举办专业知识讲座、文艺活动和比赛等10余次，丰富了残疾人业余生活，引导、鼓励残疾人走出家门、参与社会。举办东莞市第二届残疾人艺术风采大赛，80多名视力、肢体、智障残疾人参加舞蹈、歌唱、乐器演奏等比赛；组织60名全市自强模范和优秀残疾人代表参观“生命阳光馆”，让残疾人感受世博文化的魅力。组织140名残疾人运动员参加广东省第六届残运会，获得金牌58枚、银牌30.5枚、铜牌23枚，金牌榜和团体总分分别获得第三，在广州亚残运会上，东莞市运动员贾天雷获得男子100米、4×100米“双料”冠军，并获得了跳远项目第四名。

【残疾人信访维权】 2010年，走访慰问残疾人家庭400多户，接待残疾人及亲属来访352人次，处理来电、来信820人次，全年新办、补办残疾人爱心乘车卡1314张，切实维护了残疾人合法权益。举办东莞市首届自强模范表彰活动，对68名全市自强不息的残疾人以及扶残助残先进集体和个人进行表彰。市长李毓全、常委何嘉琪、副市长成洪波等领导出席表彰活动。与广东狮子会东莞队、红十字会、青年志愿者协会等社会助残力量开展系列助残活动，解决残疾人实际困难和问题。（李旭辉）

附：2010年东莞市残疾人联合会领导名录

理事长：梁应昌

副理事长：陈志忠　黄志良（9月到任）
叶润芳（任至3月）

① 2010年5月11日，市委书记刘志庚在与市残疾儿童学前教育中心儿童互动（陈旭培　摄）
② 2010年5月11日为全国助残日，市委书记刘志庚与残疾儿童玩音乐游戏（陈旭培　摄）
③ 2010年5月17日全国助残日，残疾人向市长李毓全赠送字画（陈旭培　摄）
④ 2010年5月17日全国助残日，市领导翻阅残疾人书籍（陈旭培　摄）

民族宗教

【概况】2010年，东莞市经市民族宗教事务局批准登记的宗教活动场所共有53处。其中，有佛教寺（庵）36个，道教宫观6个，基督教福音堂8个、聚会点2个，天主教堂1个。另有未正式批准登记的伊斯兰教穆斯林临时聚礼点7个。东莞市各种宗教和睦相处，保持宗教领域的稳定与和谐。

【国家民委主任杨晶莅莞调研】2010年4月20日，国家民委主任杨晶带领调研组抵莞，在广东省副省长雷于蓝、省民族宗教委主任陈绿平、东莞市副市长严小康、市民宗局局长张灿炎、市教育局局长杨晓棠等领导的陪同下，对东莞城市民族工作进行调研。调研组一行首先到东莞高级中学实地查看新疆班学生的生活、学习情况。杨晶对其工作给予高度评价，并勉励莘莘学子好好学习，励志成才，报效祖国，建设家乡。随后，调研组又到拉面店与穆斯林代表亲切交谈，询问他们的生活情况。杨晶勉励他们要不断提高自身素质，更好地融入城市，紧密团结在东莞市委、市政府的周围，共建和谐东莞。东莞市市长李毓全热情接待国家民委调研组和省政府、省民族宗教委领导一行，对上级领导长期以来对东莞市城市民族工作的关心和指导表示感谢，并就新形势下东莞市城市民族工作等问题与杨晶和雷于蓝等进行深入交谈。

【民族团结进步模范社区创建活动】2010年8月，东莞市委宣传部、市委统战部和市民宗局根据中央、国家有关部门和省民族宗教委的要求，在全市范围内进一步开展民族团结进步创建活动，并以虎门、长安、东城、万江为试点积极推进民族团结进步模范社区创建工作。

2010年8月31日，东莞市虎门镇举办民族团结进步模范社区创建工作研讨会。市民宗局及虎门镇领导和全镇30个社区分管统战工作的副书记及主管统战工作的支委或居委共50多人参加会议。会后，虎门镇统战办编写《虎门镇开展"民族团结进步模范社区"创建活动方案》，明确活动的目的意义、指导思想、总体目标、时间安排、具体标准和实施方案，并积极按照《方案》要求开展相关工作。

【参加广东省第四届民运会】2010年7月，经东莞市人民政府批准，成立参加广东省第四届少数民族传统体育运动会东莞市代表团，副市长严小康为团长，市政府副秘书长黄福泉、市民族宗教事务局局长张灿炎、市体育局局长邹联为副团长，代表团成员90人。

9月14—20日，广东省第四届少数民族传统体育运动会在韶关市举行，东莞代表团取得团体总分第四名的优异成绩，并荣获"优秀组织奖"、"体育道德风尚奖"，取得比赛成绩和精神文明的双丰收。

【珠三角城市民族工作联席会议在莞召开】2010年10月13日，"维护民族团结，服务广州亚运"专题工作暨珠三角城市民族工作联席会议在东莞召开，广州、深圳、珠海、佛山、东莞、中山、江门、肇庆、惠州等9市民族宗教事务局领导参加，省民族宗教委主任陈绿平出席会议并作重要讲话。副市长李小梅代表市政府主持接待晚宴。

【少数民族代表当选亚运火炬手】2010年10月17日，第16届亚运会圣火传递在东莞成功举行，东莞市外来少数民族代表马吾买日为80名火炬手之一。马吾买日来自青海化隆县，2002年来到东莞，从打工做拉面开始，后自己开拉面店，又创办经营清真牛羊肉的公司，短短数年间就依靠自己的勤奋创业实现脱贫致富。2007年，马吾买日当选东莞市政协委员，开创东莞市乃至广东省非户籍少数民族人员当选政协委员的先河。马吾买日担任亚运火炬手，更是开创东莞市民族领域的一个先例，在广大少数民族群众中引起热烈反响。

【亚运期间穆斯林接待礼仪培训班】2010年10月28日，东莞市民宗局在东莞会展国际大酒店举办"2010年广州亚运期间穆斯林接待礼仪"培训班。酒店中餐部、中厨部、西餐部、西厨部、前厅部、客房部和营销部相关负责人和接待人员以及厨师共80多人参加培训。市民宗局干部针对该酒店的接待特色，从伊斯兰教基本常识、穆斯林接待礼仪方面作专题讲座，内容涉及伊斯兰教基本宗教常识，穆斯林风俗习惯，穆斯林的信仰、饮食、婚俗、服饰、行为禁忌，穆斯林宗教用语，阿拉伯语日常用语，酒店接待礼仪，清真饮食安排、餐饮接待礼仪与用餐礼节，穆斯林宾客房间与清真餐厅布置等多方面。通过培训规范广州亚运会期间酒店对穆斯林宾客接待服务、特别是对饮食提供的要求和标准，提高对穆斯林宾客的接待及服务质量，成功圆满地完成亚运期间的接待任务。

【民族座谈会】2010年1月6日，长安镇司法所（该镇民族宗教事务分管部门）负责人召开长安镇首次少数民族代表人士座谈会。长安镇司法所有关同志、长安镇新疆籍少数民族务工人员相对集中的3家工厂的常务人员和带队干部、长安镇穆斯林临时聚会点负责人参加会议。这是该镇继2009年12月29日召开全镇宗教代表人士座谈会后，落实"长安镇民族宗教界代表人士联系机制"措施的重要表现。

1月14日，东莞市民族宗教事务局召开"2010年度全市少数民族代表人士迎春座谈会"，共商城市民族工作大计。

8月24日，东莞市民族宗教事务局召开"2010年第三季度全市少数民族代表人士座谈会"，共商广州亚运会期间的城市民族工作，并部署开展"促进民族团结，服务广州亚运"系列活动。

【在莞新疆少数民族欢度春节】由于考虑到安全及时间、经济等各种因素，国家要求内地高中新疆班学生每年只能在暑假返乡一次，寒假期间要在学校度过。2010年，东莞高级中学新疆班600多名不能回家的学生在东莞度过了多姿多彩的寒假及春节。学校为他们安排了丰富多彩的活动，如出外购物、包饺子、看电影、拔河比赛、篮球赛、排球赛、魔方游戏比赛、卡拉OK大赛、联欢晚会等。

2010年春节期间，东莞市一些新疆少数民族务工人员较多的企业，如长安镇兴鹏鞋厂等，都按国家有关规定放假，并提供节日活动经费，专门为新疆少数民族安排了各类运动比赛、文艺晚会等丰富多彩的文体娱乐活动，还邀请其他民族的员工参与进来。不同民族的务工人员在喜庆祥和的气氛中度过了一个难忘的虎年春节，展现了各族人民一家亲的和谐画卷。各企业通过这些活动的开展，增进了员工之间的友谊，稳定了员工队伍，提升了企业文化，增强了企业凝聚力，对企业的健康发展具有积极影响。各企业纷纷表示会将其作为企业文化建设的重要组成部分长期坚持下去。

【新疆阿合奇县歌舞团来莞演出并贺柯族青年集体婚礼】2010年6月6—7日，新疆阿合奇县《玛纳斯》歌舞团一行48人在该县政协主席朱马哈德尔的带领下

▲ 2010年6月6日，新疆阿合奇县《玛纳斯》歌舞团在东莞市高埗镇举行文艺演出

分别在东莞市高埗镇高埗影剧院和长安镇乌沙影剧院举行了主题为“中华民族一家亲、五十六个民族一家人”的文艺演出，并贺该县在莞务工柯尔克孜族人员第二届集体婚礼。高埗镇和长安镇政府分别热情接待了歌舞团一行。市民宗局及两镇领导应邀与近千名来自阿合奇县的柯族员工一起观看表演。

6月8日，在莞务工的21对阿合奇县柯族青年在长安镇枫雅轩酒楼举行了在莞阿合奇县柯族青年第二届集体婚礼。市政府副秘书长黄福泉、市文广新局、市新莞人局、市民宗局及长安镇有关领导应邀出席婚礼晚宴。婚宴中，柯族青年载歌载舞，21对柯族新人接受了在场近500名柯族员工及来宾的祝福。婚宴在一片喜庆温馨的气氛中结束。

【穆斯林欢度开斋节、古尔邦节】2010年9月10日是穆斯林的开斋节，市民宗局综合考虑安全等各因素，决定仍然引导穆斯林群众采用2009年分散聚会的方式进行。在莞穆斯林分别在长安、厚街、万江、黄江、常平、塘厦、清溪等7个镇（街）穆斯林临时聚礼点欢度节日。

11月16日、17日是穆斯林的古尔邦节。全市7个聚礼点除清溪聚礼点因面积小穆斯林前往深圳聚礼外，其余6个聚礼点均举行隆重的活动。聚礼人员约有2100人，大部分是青海籍穆斯林。因此次古尔邦节正好在广州亚运期间，故有一些来自孟加拉、索马里等亚、非国家的穆斯林参加活动。市民宗局、公安局、交警、消防等部门的有关人员到现场维持秩序，确保节日在喜庆祥和的氛围中平安顺利举行。11月17日，在工厂集体务工的新疆籍穆斯林分别在各自的工厂举行庆祝活动，各工厂企业都为穆斯林人员提供1天假期，有的企业还拨款赞助，例如长安镇兴鹏鞋厂、大岭山兴昂鞋厂等，都为穆斯林员工举行了大型的集体庆祝活动，并邀请了市民宗局领导参加。东莞市高级中学为新疆班的600余名新疆学生提供了1天假期，并为其举行古尔邦节庆祝晚会。东莞的穆斯林在古尔邦节当天都载歌载舞，欢度佳节。

【宗教界植树活动】2010年3月17日，市民宗局为贯彻落实全省民族宗教系统“三促进一保持”十项行动的要求，组织全市佛教、道教、基督教、天主教和伊斯兰教等各宗教界人士及其信众开展“万人植树护林”活动。约350名各宗教界人士及信众参加活动，在寮步佛灵湖旁种植树木“莞香”1000棵，植树面积近5000平方米，投入资金近100万元。

【创建和谐寺观教堂活动】国家宗教局决定从2009年起，在全国范围内开展创建“和谐寺观教堂”活动，2010年举行首次表彰，以后每三年表彰一次。市民宗局根据省民族宗教委《广东省开展创建和谐寺观教堂活动实施意见》的精神，深入开展创建和谐寺观教堂活动，组织各镇（街）宗教工作干部、宗教教职人员和信教群众学习有关创建活动的精神，通过召开动员会、举办培训班等多种形式开展宣传发动工作。并根据省的有关要求，结合东莞市的实际情况与各宗教人士、信教群众的意见，制定东莞市创建和谐寺观教堂活动方案与评分标准。2010年4—5月，市民宗局贯彻落实省民族宗教委《关于认真做好创建和谐寺观教堂达标考评工作的通知》文件精神，成立考评小组，其成员包括市民宗局干部、镇（街）宗教专职干部、宗教界人士、信教群众等，分成3组，分组对全市53个宗教活动场所进行考核评分。2010年9月，东莞市有42个宗教活动场所获“广东省创建和谐寺观教堂活动第一批达标场所”称号，其中佛教29个，道教4个，基督教9个。

【市民宗局落实简政强镇工作】2010年7月，市民宗局按照市委、市政府“简政强镇”工作的统一部署及要求，以《宗教事务条例》、《广东省宗教事务条例》为依据，将“宗教活动场所登记”、“宗教活动场所内改建或者新建建筑物”等18项事权委托下放到石龙、塘厦2个试点镇。编写《东莞市民族宗教事务局简政强镇试点工作实施方案》及《行政执法委托协议》，刻制业务专用章，并报市简政强镇工作领导小组办公室备案后实施。

【贯彻落实《宗教活动场所财务监督管理办法》】《宗教活动场所财务监督管理办法（试行）》（国家宗教事务局令第7号）于2010年1月11日发布，自2010年3月1日起实施。市民宗局积极贯彻落实，按照《办法》要求制定了东莞市宗教活动场所财务监督管理操作方案，并对全市各宗教活动场所提出了要求意见。又于2010年7月9日，组织15个佛教场所负责人召开贯彻落实《宗教活动场所财务监督管理办法（试行）》学习会议。会上，市民宗局领导向与会人员阐明了贯彻落实该《办法》的重要性和必要性，部署东莞市宗教活动场所贯彻落实该《办法》的要求，讲解财务管理的

▲ 基督教太平福音堂

▲ 琉花寺

▲ 位于莞城中心小学园内建于清代的资福寺舍利塔

实际操作办法，指导各有关场所成立财务管理小组，依法加强宗教活动场所财务监督管理工作。

【宗教人士座谈会】 2010年9月9日，市民宗局在东莞篁胜酒店举行“2010年度全市宗教界上层人士迎国庆贺中秋茶话会”，全市佛教、道教、基督教、天主教各场所负责人参加。市民宗局领导通告上半年宗教活动场所建设的喜人成绩，总结全市宗教活动场所落实《宗教活动场所财务监督管理办法（试行）》的情况，并布置下半年的工作，介绍了亚运期间重点安保工作安排。

【新按立牧师两名】 2010年9月25日，市基督教石龙福音堂及清溪福音堂分别为刘清廉、马雄华举行了牧师按立典礼。省基督教协会梁明牧师、雷玉明牧师及市基督教协会卢翰衢牧师为他们举行了按立仪式。市民宗局副局长胡炳棋出席了典礼并发表讲话表示祝贺，勉励他们继续发扬基督教爱国爱教的优良传统，为建设和谐社会发挥积极作用。至此，东莞市牧师人数达到4名，为东莞市基督教史上最多。

【《广东省宗教事务条例》培训班】《广东省宗教事务管理条例》于2010年1月22日经广东省第十一届人民代表大会常务委员会第十六次会议修订为《广东省宗教事务条例》，2010年3月1日起实施。11月25日，东莞市民宗局召开全市学习贯彻《广东省宗教事务条例》培训班，市公安局国保支队领导及负责同志、32个镇（街）分管宗教工作的领导、相关管理部门和公安分局政保股负责同志、市民宗局干部和52个宗教活动场所负责人共200多人参加了培训。东莞市副市长严小康与会并作动员讲话。广东省民族宗教委副主任杨源兴作辅导报告。

【宗教活动场所建设】 2010年5月23日，东莞资福寺重建奠基庆典在东城同沙生态公园举行，全市佛教界人士和其他兄弟市的大德居士共有3000多人见证这一东莞佛教史上少有的盛况。原省民族宗教委主任、现广东省政协副主席、省妇联主席温兰子，省民族宗教委副主任杨源兴，省佛教协会会长释明生大和尚，东莞市委书记、市人大常委会主任刘志庚，副市长严小康，市政协副主席、市委统战部部长钟淦泉等领导出席典礼，并为资福寺奠基培土。明生大和尚还亲自主法佛教活动仪式。资福寺是东莞市历史上最负盛名的佛教寺院，始建于南汉大宝五年（962年），距今有1048年历史，曾是岭南名寺之一，在广大佛教信众心目中有着崇高的宗教地位。特别是宋朝大文学家苏东坡为资福寺写下《舍利塔铭》等6篇诗文佳作传世，并赠送七彩佛脑舍利，缔结了广为后人称道的殊胜因缘。由于历史变迁，古刹原址现为莞城中心小学。2009年，东莞市佛教协会提出易址重建资福寺的申请，新址定于东城同沙生态公园，经市民宗局同意后报请东莞市政府、广东省民族宗教委批准易址重建。

2010年6月6日，位于东莞市长安镇莲花山的莲花古寺重建奠基庆典举行，市佛教协会会长释自度法师、副会长释了空法师、释觉悟法师和莲花古寺住持释耀渡法师、释耀能法师等主法洒净仪式，长安镇书记欧林高、镇长陈福坤、市民族宗教事务局副局长胡炳棋等领导为莲花古寺奠基培土，300多名信众共同见证这一盛事。长安莲花古寺肇基于明代，距今已有800多年历史，历代有多位高僧驻锡弘法，曾是岭南名寺资福寺之下院，香火鼎盛，称誉一时，在东莞佛教史上有着重要地位。惜抗战期间，毁于战火，仅有小量垣基尚存。解放后，信众自发在原址侧面建起小型二进殿堂，延续香火。2002年，经东莞市民族宗教事务局批准登记开放，为合法宗教活动场所。2010年，市民宗局研究同意并报请省民族宗教委批准重建。

2010年7月15日，东莞市基督教石龙福音堂举行易址重建奠基典礼，广东省基督教协会、石龙镇两套班子及市民宗局领导与600多名信徒参加。基督教石龙福音堂建于1992年。2007年，市基督教两会提出易址重建的申请经市民宗局研究同意后报省民族宗教委获得批准，新址位于石龙镇西湖区城市公园内。

2010年7月31日，樟木头观音寺举行大雄宝殿开工典礼。

2010年9月26日，东莞市基督教莞城福音堂举行易址重建奠基典礼，省民族宗教委副主任杨源兴、市人大常委会副主任李秀冰、市政府副市长严小康，市有关部门领导及省、市基督教两会领导出席，500多名信徒参加。副市长严小康、副主任杨源兴先后发表重要讲话。莞城福音堂始建于清光绪十四年（1888年），是基督教在东莞传播的中枢重地。1981年复堂，是改革开放后东莞恢复宗教活动最早的教堂，也是市区唯一的基督教教堂，是东莞市基督教两会的会址所在地，在东莞基督教史上有着特殊和重要的地位。（林　睿）

附：2010年东莞市民族宗教事务局领导名录

局　长：张灿炎
副局长：胡炳棋

镇街

URBAN AND TOWNSHIP

- 国家火炬计划数码办公室设备特色产业基地落户石龙
- 虎门镇获评广东省镇域经济综合发展力“广东十强”（第一名）
- 中堂镇获“中国龙舟文化之乡”称号
- 望牛墩镇获“中国乞巧文化之乡”称号
- 石碣镇获评“中国绿色名镇”
- 高埗镇城市建设实现跨越式发展
- 首届中国（道滘）美食文化节举行
- 沙田镇成功创建广东省园林城镇
- 长安镇帮扶民营企业升级发展
- 凤岗镇加工贸易转型做法获省市领导肯定
- 塘厦镇发展高尔夫产业
- 桥头镇启动国家级博物馆的规划建设
- 横沥镇举办南方冲压模具联盟行业交流研讨会
- 东坑农业园开园
- 茶山镇获“中国品牌服装制造名镇”称号

南城鸿福路

编辑：林清　李缙文　张德全　刘丹　李俊玉　卢敏

莞城

【概况】 莞城街道位于珠江三角洲东北部、东莞市中北部，处于东莞市区核心，总面积11.17平方公里，下设8个社区。自唐朝至德二年（公元757年）以来已有1250多年历史，古称“到涌”，明洪武十七年（公元1384年）始称“东莞城”，解放前称“莞城镇”，2002年改为“莞城街道”。近年来，莞城街道明确了“改造旧城、工商结合、教育领先、文化推动、管理提升”的基本发展思路，大力发展“文化莞城”战略。

2010年，莞城街道全年生产总值119.65亿元，同比增长10.4%。财政收入5.66亿元，增长9.7%，国税收入15.9亿元，增长35.3%，地税收入17.38亿元，增长4.9%。全年工业总产值101.27亿元，同比增长35.6%。出口6.15亿美元，增长36.9%，进口5.08亿美元，增长24.8%。

2010年，莞城街道获“东莞市镇街领导班子工作量化考核甲类综合总分一等奖”以及“结构效益”、“协调发

改造旧城、工商结合、教育领先、文化推动、管理提升

① 2010年4月8日，国家文化部党组成员、副部长杨志今（中）在市委常委、宣传部部长王道平（右二），莞城街道党委书记、人大联络委主任王检养（左二）的陪同下，参观莞城图书馆智能借还书系统（刘中 摄）

② 2010年4月29日，中国人民大学国际关系学院外交学系主任、礼仪与公共研究中心主任、著名礼仪与公共关系专家、博士生导师金正昆教授，作客“文化周末”大讲坛精华版的“干部学堂”，给莞城干部开展“政务礼仪”讲座（刘中 摄）

展”、“人的发展”、“社会安全”4个单项奖，被评为全市维护稳定和社会治安综合治理工作先进镇街。

【稳增长扩内需】 招商引资成效显著。2010年，莞城街道合同利用外资3634万美元，同比增长297.2%；实际利用外资3330万美元，增长75.1%。共新签外商投资项目9宗，其中包括第一精密模具、东进模具、天思凯模具和日本福寿汽配，投资总额达3142.8万美元，增资项目4宗。

积极扩大内部需求。全力抓好市、区的重点工程项目，同时积极推动民营经济发展，努力促进投资拉动内需，全年固定资产投资总额16.52亿元，下降6.3%，降幅逐步收窄。积极开展“家电下乡”与“家电以旧换新”、商贸节庆、促销等活动，促进居民消费，社会消费品零售总额118.14亿元，增长18.7%。

【深化结构调整】 加快发展现代产业。一是推进创意产业发展。以“东莞市创意产业中心园区”为阵地，集聚以软件、研发设计为主的创意产业，新引进东莞用友公司等14家涵盖研发设计、网络服务、电子测试、IT软件等领域的创意产业企业入驻。二是促进现代信息服务业发展。以成功申报省现代信息服务产业园区为契机，制定了《关于东莞市莞城现代信息服务产业园建设实施方案》，明确工作任务与目标，着力推动现代信息服务业发展。三是积极发展总部经济。全力推进汇峰中心的建设和内部装修，积极开展汇峰中心合作开发、

① 2010年4月22日，省政协副主席汤炳权（左三）、省政协副秘书长杜重年（左一）到莞城外企调研（盛欣　摄）

② 2010年3月29日，团省委副书记、省少工委主任陈宏宇（前左二）视察莞城建设小学少先队建设情况（刘中　摄）

③ 2010年7月8日，广东玉兰装饰材料有限公司牵手广州美术学院，打造国内首个软装艺术创意研究院，广东省科技厅副厅长叶景图（中），莞城街道党委书记、人大联络委主任王检养（右一）等领导揭牌（盛欣　摄）

④ 2010年2月12日，市几套班子考察莞城，莞城街道党委书记、人大联络委主任王检养（前左一）向市委书记、市人大常委会主任刘志庚（前右一），市委副书记、市长李毓全（右三）等领导实地介绍情况（盛欣　摄）

招商策划和完善各项制度等相关工作，为引入总部型企业提供条件。

推动企业升级转型。成立“促进加工贸易企业转型升级服务中心”，力促企业转型升级。一是推动来料加工企业转三资。二是推动企业扩大内销。除4家内销试点企业外，多家企业尝试国内销售业务。三是增强企业研发能力。弘明、天思凯、宏大电器、安舍4家企业新设立了研发机构。

积极推动科技创新。新增国家高新技术企业4家，省民营科技企业6家，市民营科技企业6家。国家、省部产学研合作项目13项，省、市科技奖3项，省、市科研成果11项。2010年，专利申请数为211个，专利授权数为245个，授权量占申请量的116%。

【推动文化惠民】强化“文化周末”系列品牌。以获得文化部创新奖为契机，整合“文化周末”系列工程资源。“文化周末”系列工程不断丰富拓展，“文化周末”晚会坚持“赏学并重”的特色，注重节目的原创性和多元性，影

① 2010年9月26日，市委副书记、市长李毓全（前右二），副市长梁国英（前左二）率各镇街负责人参观莞城少年宫、莞城中心小学等“三旧”改造项目（刘中 摄）
② 2010年5月28日，市委副书记、市长李毓全（右一）在莞城街道党委书记、人大联络委主任王检养（右三）陪同下，向学生赠送书籍，与莞城学子共庆“六一”儿童节（刘中 摄）
③ 2010年3月16日，市委常委、宣传部部长王道平（右四）出席莞城“文化建设标兵街道”挂牌仪式（刘中 摄）
④ 2010年10月15日，市委常委、东莞军分区司令员刘国辉（左二）在莞城街道党委书记、人大联络委主任王检养（左一）的陪同下开展爱国卫生活动（杨沐森 摄）
⑤ 2010年1月13日，日本神奈川县日中友好协会常任理事田中誉士夫一行来莞城参观交流文化建设工作（秦凌 摄）

① 2010年1月11—15日，莞城慰问团赴河池金城江区进行春节慰问（叶智昌　摄）

② 2010年2月23日，莞城中心小学、莞城步步高小学、莞城少年宫三项教育亮点工程举行落成典礼（刘中　摄）

响力不断提升，观众类型不断拓展。少年合唱团以莞城少年宫为基地，充实师资，丰富生源，目前已发展有A、B、C三个班共220名团员，在2010年第十届中国国际合唱节比赛中，以优异的成绩获得少年组金奖第一名。“文化周末”大讲坛、报纸、杂志、培训中心等各项工程定位准确，特色明显。

打造“两馆”精品工程。莞城美术馆以“走精品高端路线，控制展览数量，提高展览质量”为原则，加强与省内外院校和博物馆的合作，举办了“黄宾虹艺术大展”、“学苑书香——广东青年藏书票大展”等19场展览，特别是“黄宾虹艺术大展”在全国引起了广泛关注，被新闻媒体和美术界评为广东“最值得关注的10个展览”之首。莞城图书馆不断加强馆藏书籍建设，艺术文史专业特色不断凸显。充分利用“莞图俱乐部”和“莞图周末开讲”两大活动品牌，为读者提供更优质的公共文化服务。全面启动东莞地方文献保护工程，积极编撰整理《莞城历代诗词选》和《东莞历代著作丛书》。

繁荣基层群众文化。进一步完善了“和阳夜韵”和“凤凰之约”群众文化品牌的表演舞台设施，举办了100多场节日系列文化活动。文艺创作成果丰硕，获得了中国第十二届老年合唱节比赛银奖，在东莞市第七届少儿艺术花会比赛中夺取了四金一铜的好成绩。完成了东正、博厦、莞城科技园三个图书馆的建设，形成了全区图书馆服务网络。

① 2010年12月5日，“携手志愿服务助跑和谐莞城”2010年志愿者万米公益长跑活动（刘中 摄）
② 2010年10月17日，亚运火炬东莞传递最具特色的一棒——李振强骑马穿越西城楼，寓意东莞从近代史开篇向现代开放前沿的跨越（刘中 摄）

【推进素质教育】 深化“学在莞城”品牌，以教师培训、教育科研、校园文化三大重点工作为抓手，全面深入推进素质教育。一是加强师资培训，全区教师获市级以上奖励123人次。二是抓教学科研，全区参与科研人数占在职教师的70%以上。三是通过抓品牌活动、抓大课间活动、抓第二课堂活动、抓校园文化深化素质教育成效，学生参加市级以上各类竞赛和展演活动获奖399人次。同时，全面落实义务教育，共安排282个学位招收新莞人子女入读公办学校。

【优化城市环境】 推进“三旧”改造。完成了辖区“三旧”改造的标图建库工作，其中成片改造24宗，单宗改造6宗。完成了《莞城区“三旧”改造专项规划》的编制工作，并顺利获审批通过。完成了浩宇地块、可园北地块、可园东地块三个问责项目的“三旧”改造方案。同时，加快可湖路、平乐坊路、西城地块、阮涌小学扩建以及运河小学扩建等项目的拆迁进度。

建好重点工程。步步高小学、中心小学、莞城少年宫、可园公交首末站已建成并投入使用，创业文体活动中心、城南派出所室内装修工程，江滨篮球场工程有序推进，平乐坊桥工程已完工。东部工业园莞城园区的江南大道、科海路及填土等建设按计划顺利推进。另外，可湖路、平乐坊路、莞城业余体校、红粉岭路网的建设也在积极筹备中。

抓好环境整治。一是加大环卫整治力度。做好了登革热、基孔肯雅热防控工作，推进了市容环境优美社区创建工作，并完成了博厦、罗沙两个社区的旧村整治，实现了八个社区旧村整治全达标。二是加快内涝整治进度。市桥河排涝泵站工程已全面完工，新苑街、金牛横路、珊洲河、炉街等内涝整治工程按计划推进。三是加强生态环保整治。全面完成辖区3.61公里绿道建设。成立社区环保工作办公室，突出基层环保工作。开展学生接送车辆排气污染专项整治和油气回收综合治理，并大力推进企业清洁生产。四是加大地质灾害隐患整治。加强日常巡查，对在册的蝴蝶山、华利五金市场等5个地质灾害隐患点进行重点监察。

【改善社会民生】 扩大就业服务。共为15284人次落实各项就业扶持政策，开发就业岗位26700多个，为失业人员及就业困难人员提供就业服务12390多人次，服务率达100%。全面实施就业技能培训服务，鼓励户籍劳动力参加各类职业技能培训，参加培训人数达370多人。深入开展“新莞人培训工程”，共组织1950名新莞人参加岗前素质培训。

发展社会事业。一是继续完善社区卫生服务体系。做好社区居民的预防、医疗、保健、康复、健康教育、计划生育技术“六位一体”的基层卫生服务。二是大力推动体育发展。在市游泳锦标赛中夺得团体总分第一、金牌总数第一。在第十三届省运会上，运动员为市代表队贡献了20.25面金牌，822.5分的辉煌战绩，位居各镇街之首。三是充分发挥工青妇等人民团体作用。帮助困难职工渡过难关，关注企业员工生活；开展服务亚运、“社区义务家教”、“关爱新莞人子女志愿服务结对”等志愿服务活动，推动了志愿服务事业进一步发展；开展“爱心父母牵手困境儿童行动”，关注弱势群体生活状况，进一步促进了社会和谐稳定发展。同

① 2010年9月25日，“文化周末”举办庆祝中华人民共和国成立61周年专场演出——“永恒的旋律”盛中国、濑田裕子伉俪演奏音乐会（刘中　摄）

② 2010年8月2日，代表东莞出赛的莞城“文化周末”少年合唱团获第十届中国国际合唱节比赛金奖（杨沐森　摄）

时，计划生育、武装、普法等各项工作扎实推进。

【强化社会保障】一是做好扶贫解困工作。为453户低保家庭发放低保金188.01万元，为218名困难群众发放临时生活救济金32.85万元，为151名困难群众发放医疗救济金47.76万元，为386名贫困学生发放助学金86万元。对155户低收入住房困难家庭，制定合适的住房分配方案，协助部分家庭成功申请入住廉租房和经济适用房。二是做好80周岁以上高龄老人生活津贴发放工作，为3071名符合条件的老人发放高龄津贴387.1万元。三是推动城乡一体养老保险制度在莞城顺利实施，并妥善处理了历史遗留问题。四是开展对外扶贫。积极开展“规划到户，责任到人”工作，制定扶贫项目，投入扶贫项目资金达104.53万元，已有380户2053人实现了脱贫。此外，开展支援青海玉树地震灾区捐款活动，共捐款183万元；在“广东扶贫济困日”和首个“东莞慈善日”期间，分别募集善款300万元和29.5万元。

【维护安全稳定】改善社会治安。通过开展“粤安10”、“曙光”、打击“涉赌涉黄”违法犯罪、禁摩“三无三巩固”等一系列专项行动，加强校园及周边安全防范，整治治安重点地区、服务娱乐场所等，使各类影响性案件得到有效预防和控制。共接违法犯罪警情4202宗，同比下降9%，查处各类“黄赌毒”案件246宗。

狠抓信访维稳。成立综治信访维稳中心，并在8个社区和2个工业园（区）建立综治信访维稳工作站（室）。共受理群众信访349宗，同比下降16.9%。

确保生产安全。深入开展安全生产大检查、危险化学品行业专项整治、应急救援演练、“安全生产月”活动及安全培训，继续保持了全区无重特大安全事故发生。

加强各类社会管理。积极落实各项新莞人服务措施，全力做好“推居”工作，居住证受理率与制证率位居全市前列。抓好食品安全，查获各类不合格食品5450多公斤，并全面开展食品安全样板市场创建工作。整治交通运输市场，打击非法营运黑点和出租车乱停乱放等行为。加强医疗机构、美容美发等场所的卫生检查监督。开展整治城市“六乱”百日行动，实现了基本无流动商贩密集的“黑点”，主要街面基本无流动摊档。大力开展“扫黄打非”和“清无”工作，全力维护文化市场稳定有序。

【增强执政能力】增强干部素质。通过学习，不断提高全区领导干部的理论水平与综合素质。共组织党委中心组专题学习14次，举办了四期“文化周末”大讲坛精华版·干部学堂系列讲座，并分两批组织全区中层领导干部共85人前往复旦大学进行集中学习培训。

强化基层建设。实施了机关中层干部轮岗交流，公选团委书记和6名社区班子成员，选聘6名高校毕业生到社区任职，在各社区建立党代表工作室，新成立中共北隅社区委员会。在杏林春凉茶、万宝至马达等公司新组建了10个非公企业党组织，在广东宏达集团公司党总支部以及罗沙社区非公经济联合党支部中组建了2个网络党支部。选取了大地通讯公司党支部和东莞宾馆党支部作为公推直选的试点对象。通过开展“创先争优”和“三学两比一提升”主题活动，成功创建了27个企业“星级党组织”，进一步激发基层党组织的生机和活力。

改进机关作风。在经贸、计生、国税、地税等部门开展民主评议政风行风工作，促进政风行风建设，切实解决被评议单位存在的突出问题。落实工作责任制，将全年的工作任务、重要决策和部署进行分解立项，明确责任人员，并把落实情况作为年终考核和单位评比的主要依据，有效提高了执行力。

加大反腐力度。依托莞城特有的历史人文景观——却金亭碑，积极打造具有莞城特色的廉政文化品牌。通过创建廉政文化品牌标志和宣传语、组织参观东莞监狱、举办廉政图片展、邀请市纪委领导宣讲《廉政准则》、开展纪律教育月活动等方式，不断加大反腐倡廉宣传教育力度，有效防止职务犯罪。北隅、细村社区成功创建为首批农村基层党风廉政建设示范点。加强政府采购活动的审计监督，有效杜绝了政府采购领域商业贿赂行为的发生。（莫国芬）

附：2010年东莞市莞城街道党委、人大、办事处领导名录

党委书记：王检养

党委副书记：陈志坚（任至9月）
刘林宏（9月到任）
郭志祥

党委委员：张锐均　李少琼　单志雄
王徐坚　尹敬华　叶建华
吴志恩　吴　晓　张彤飚
张俊华

人大联络委员会主任：王检养

人大联络委员会副主任：李少琼

办事处主任：陈志坚（任至9月）
刘林宏（9月到任）

办事处副主任：张锐均　彭　雷
张凯强　梁　丰

① 鸟瞰莞城
② 东莞可园，清代广东四大名园之一，也是岭南园林的代表作（资料图片）
③ 迎恩门城楼，也称西城楼，始建于明代洪武十七年（1384年），是东莞市的标志性建筑（刘中 摄）

2006—2010年莞城主要经济指标

指标 \ 年份	2006	2007	2008	2009	2010
户籍人口（人）	160242	160578	164215	168014	170310
外来暂住人口（人）	77213	82433	71213	64884	68961
面积（平方公里）	14	14	14	11.17	11.17
国内生产总值（万元）	712319	897597	1015311	1054949	1196478
工业总产值当年价（万元）	560704	585167	629635	731721	1012683
农业总产值当年价（万元）					
总用电量（万千瓦时）	48273	51220	55826	47942	53903
全社会固定资产投资总额（万元）	168279	185729	249452	176235	165197
社会消费与零售总额（万元）	528140	665456	908795	995207	1181364
外贸出口总额（万美元）	51306	57597	55125	44896	61458
实际利用外资（万美元）	6903	2620	3374	1989	2415
镇级可支配财政收入（万元）	39050	44592	58708	62678	56626
各项税收总额（万元）	144990	190973	314243	283194	332872
金融机构各项存款余额（万元）	5533437	6011229	6106216	6413744	6836386
城乡居民储蓄存款余额（万元）	1759598	1695886	1917542	2087825	2266112

石龙镇

【概况】 石龙镇位于东莞北部，东江下游北干流和南支流交汇处，北靠广州，相距69公里，南临深圳，相距78公里，毗邻香港。全镇总面积13.83平方公里，总人口14.6万人，其中常住人口6.7万人。辖老城区、西湖区、新城区、红海区四区。辖3个社区居委会，7个农村村委会，23个居民小组。每平方公里的人口密度高达1万多人。

【镇域经济】 2010年，石龙镇完成GDP55亿元，同比增长（下同）9.00%；完成规模以上工业产值169.76亿元，增长39.75%；全社会固定资产投资19.44亿元，增长12.25%；各项税收总额10.50亿元，增长15.80%；镇本级财政收入5.27亿元，增长14.58%。各项人民币存款余额达139.51亿元，增长16.18%。

【支柱产业】 2010年，石龙镇以京瓷美达、柯尼卡美能达、日本电产三协为龙头的电子信息制造业产能增长比较大。京瓷美达办公设备（东莞）有限公司荣获2010年度东莞市实际出口前10名外资企业；以众生药业为代表的医药食品产业内生动力显著增强。众生药业获评为中国驰名商标，被定为东莞市首批总部经济企业和省千家重点企业。成功注册了石龙糖柚皮、石龙麦芽糖、石龙竹器等商标，金燕米粉、李全和麦芽糖被列入第一批“东莞老字号”；以中国外运（东莞）物流中心和国家输配电设备质量监督检验中心为代表的现代服务业发展比较迅速。引入中海运在红海港区设点，开通了黄埔至石龙驳船业务，集装箱吞吐量平均每月达到2800个标准柜。石龙高、中、低压通断试验基地工程二期被纳入东莞市2011年重点建设项目。

【企业帮扶】 2010年，石龙镇按照《石龙镇促进科技创新 推动产业升级转型实施办法（试行）》和镇财政每年的科技创新资金奖励政策，帮扶企业进行科技创新和产业升级，推动工业加快复苏。落实企业研发费税前抵扣等优惠政策，对认定的高新技术企业、民营科技企业，给予重点扶持。鼓励企业设立研发机构，增加研发投入，加快技术改造，开发专利产品。加强政策宣讲和申报辅导，研读管理办法和操作指引，切实利用好科技东莞、创业东莞、转型升级、支持融资等多个10亿元专项资金，从融资、减负、科技、市场、加工贸易转型升级等方面全力帮助企业尤其是中小企业。实施好全市融资担保和贴息政策延期一年及扩大贴息范围和政策普惠面的措施，加快补办土地和房屋地产权，帮助企业盘活资产和抵押贷款，进

打造国际宜居宜商名镇，建设幸福石龙

① 2010年4月2日，省委常委、副省长肖志恒（左一）一行到石龙镇视察

② 2010年11月22日，举行国家火炬计划东莞石龙数码办公设备特色产业基地授牌仪式

③ 2010年3月31日，市委副书记、市长李毓全（前排左三），副市长邓志广到石龙镇扶贫点云浮市云安县调研“双到”工作

④ 2010年7月27日，新疆农三师图木舒克市考察团莅临石龙镇调研考察

⑤ 2010年6月11日，中央编办三司司长靳永龙（右二）莅临石龙镇调研“简政强镇”试点工作

一步缓解融资难题。高度重视向市政府申报制造业纳税大户奖励资金工作，严格执行好市政府对制造业和村集体的房产税、城镇土地使用税实行50%返还措施，为企业单位发展做好服务。

【招商引资】 2010年，石龙镇重点引进和培育了泛蓝科技、创智诚、MISA数码、鎏诚科技等一批科技型、创新型、成长性好的企业。成功推动8家企业办理转型，新签内资项目5宗，协议投资总额3.3亿元；内资增资项目6宗，实际投资总额6.1亿元。新增外资企业5家，增资项目7宗；实际利用外资6866万美元，同比增长54.43%。

【科技创新】 2010年，石龙镇财政安排不少于5000万元作为镇科技创新资金，鼓励企业进行科技创新和产业升级，成效显著。龙基电子和万通实业被评为国家级高新技术企业，泽龙线缆漆包线节能技术得到国家火炬计划重点项目资助。全年新增各类科技项目16个，获省、市科学技术奖6项，获市专利优秀奖1项，获专利授权153项，获广东省农村信息化优秀成果1个，被认定国家重点新产品1个，省高新技术产品17个；获技术

① 2010年11月12日，国际举重联合会主席塔马斯·阿让（左二）参观石龙镇举重博物馆
② 2010年10月21日，全国食品药品快速检测技术交流会暨第五届石龙食品药品打假协作论坛在石龙镇召开
③ 2010年10月15日，石龙中学新校区奠基典礼举行
④ 2010年7月17日，2010年中国建筑文化与人居环境交流研讨会暨第七届易学与建筑文化高层论坛在石龙镇举行
⑤ 2010年12月9日，举行"国家信息化专家咨询委员会石龙调研基地"授牌仪式
⑥ 2010年6月29日，中铁十局石龙火车站迁建工程加快施工动员大会举行

进步资助项目16个，共获得国家、省市资助6000余万元。人民网以《转变经济发展方式看东莞石龙》为题对石龙镇进行直播访谈。

【培育新幼产业】 2010年，石龙镇充分发挥了石龙与穗深港同城化的便利，派驻专职招商工作小组到深圳、广州、香港等大中城市定点招商，成功选定一批容易孵化成功、具有发展潜力的大中型高科技企业，通过帮助扶持等优惠政策吸引其进驻石龙投资设厂，做大作强，为工业发展和培育新的经济增长点做足准备。通过招商引资内外并重引进优质项目。细化招商目录，针对大型项目、产业链缺失项目、产业服务项目，主动组织各种招商活动，突出加强对港澳台、日韩、欧美招商，奖励引资贡献突出的单位和个人。同时，加大力度招引内资，巩固扩大内外资双轮驱动发展格局。

【镇区建设】 交通设施方面：东岸大桥扩建工程于2010年1月18日通车，新老城区往来交通状况明显改善；裕兴路、青林路竣工投入使用，新建了一批交通信号灯和上落站，方便群众出行。建设珠三角绿道3号线石龙段，全长约4公里，在原西湖堤岸公园增设篮球场、停车场、服务驿站等设施。配套设施方面：新城区污水处理厂建成投入运营，生活污水实际处理量为2.17万吨/日，出水水质达一级B标准。实现全镇无线WiFi（无线宽带）热点覆盖。依托东江水景，大力发展房地产业，推出的中央豪门和帝景湾等多个高档楼盘得到市场认可。在全市率先出台《关于进一步发展志愿服务事业的意见》，全镇注册志愿者达8210名，占全镇户籍人口的11.70%，城市文明程度显著提升。

【简政强镇】 2010年，石龙镇深入实施简政强镇改革。先后两次顺利承接35个市直部门下放的共575项事权。签订了有关的《行政执法委托协议书》，接收全部业务专用章。做好市人力资源局石龙分局等6个下放给镇管理单位的人财物接收工作。在用好公务员和事业单位在编人员队伍的基础上，实施聘任聘用制改革和推行正职干部任期制。通过一年的履职，使得市民办事时间大为缩短，行政效率显著提高。

【公共安全】 2010年，石龙镇开展“粤安10”、“创平安、迎亚运”等专项行动，严厉打击恶性犯罪、多发性犯罪和“八类犯罪”，深入清查“黄赌毒”，治安重点地区和突出问题整治全面达标。加大巡逻防控力度，加强校园安保

① 2010年11月22日，举行“华南理工大学东莞市石龙镇联合培养全日制硕士专业学位研究生协议”签字仪式
② 2010年7月16日，人民网以《转变经济发展方式看石龙》为题报道石龙社会经济发展
③ 2010年4月23日，石龙镇举办“全国首个信息化试点城镇石龙E-town”十周年活动

工作，完善学校应急预案和视频监控系统，实现全镇“平安社区（村）”全覆盖。深入开展火灾隐患大排查、大整治专项行动，加强食品药品安全、生产安全和游乐场所安全状况检查，努力遏制重特大安全生产事故发生。大力整治城市“六乱”（乱搭建、乱摆卖、乱张贴、乱拉挂、乱堆放、乱扔吐），严厉打击非法行医和整治噪音污染。深入开展治摩行动，全年共查扣各类违法摩托车3919辆。全年共受理群众信访案件300件，同比下降18.00%。发挥“企业风险预警系统”作用，有效防范处置企业劳资事件。

【社会保障】 2010年，石龙镇全年帮扶户籍失业人员、毕业生和新莞人实现就业共3051人次；累计发放岗位津贴等各类就业补贴372.38万元。扎实推进社会保险扩面工作，努力提高社会保险保障水平。强化新莞人服务，完成130户共250人积分制入户，实行居住证制度。扎实做好廉租房保障和房源储备，完成141户廉租房续期年审。优化计生服务，开展第六次全国人口普查。

【“双到”扶贫】 2010年，石龙镇对口帮扶云浮市云安县白石镇横迳村和云磴村、前锋镇替蓬村三村贫困户共341户1432人。其中，横迳村154户707人，云蹬村111户483人，替蓬村76户242人。从2009年9月至今，扎实工作，取得初步效果。石龙镇经多方筹集资金，共筹得550万元资金大力发展帮扶村基础、经济建设。截至2010年11月，三村已有163户贫困户达到脱贫标准，脱贫率达到48%。

【十五项重点工程】 2010年，石龙镇确定组织实施十五项重点工程：一是新火车站迁建工程。加快新火车站迁建工程推进力度，预计2011年老火车站通车100周年时竣工。二是滨江路首期改造工程。三是东桥扩建工程。四是西湖城市公园首期建设工程。五是镇村联网路改造升级工程。六是山洲围美化工程。七是文体设施建设工程。加快完成石龙中学新校和体育中心方案设计，上半年动工建设。八是中国外运东莞物流中心建设工程。上半年完成物业产权变更，加快经营开发，推进早见成效。九是沙河大桥和红海大桥规划建设工程。加快推进沙河大桥建设，争取2011年6月竣工。做好红海大桥规划立项工作，争取早日动工。十是东江大道畅通工程。正在加紧施工，力争2011年竣工投入使用。十一是信息化推广应用工程。继续推动数字广东推进计划石龙试点工作，对全镇专业市场和经贸流通企业实行信息化管理，推进信息化与工业化融合。十二是安居工程。规划建设“宜居中心”，为低收入家庭、旧城区拆迁户及千人引才工程提供高质量安居中心。继续通过购买、置换二手房等方式，为住房困难户提供廉租房，争取2011年全部完成经济适用房任务。十三是“三旧改造”示范工程。推动宝龙铜管厂和岩棉厂等西湖江边旧厂房和土地改造开发工作，启动石龙旧城区特色美食街改造工程，探索开展国际招标，高标准完成旧城区改造规划工作。十四是新鸿基地产“奕翠园”工程。该项目已签订《合作合同》。十五是加快推进众生药业技改工程项目建设。支持众生打造行业龙头地位。

【文教卫生】 2010年，石龙镇中考平均分大幅超市37分，二中、三中中考成绩携手闯进东莞市镇街学校前五名，小学和幼儿教育取得长足进步，教育的社会满意度显著提高；石龙职工业余学校被中华全国总工会评为首批全国职工教育培训优秀示范点；成功举办“龙腾东江庆端阳”龙舟系列活动，成立石龙镇文学艺术界联合会，出台《石龙镇文化

① 石龙镇交通网络发达 ② 滨江路下穿隧道工程 ③ 沿江而居 ④ 美丽小区

名城建设规划纲要（2011—2020）》，着力打造文化石龙。出台《石龙镇医疗卫生资源整合方案2010—2014》和《石龙镇社区卫生服务站运作管理实施方案》，全面优化医疗卫生资源。加强公共卫生监督防控，未发生蚊媒传染病、H1N1等流行性疫病。

【国家信息化咨询委员会石龙调研基地成立】 石龙镇多年来不断发展，成为国家星火技术密集区、国家电子信息产业基地，石龙的信息化实践为中国的中小城镇的信息化建设提供了可借鉴的经验。2010年，国家信息化咨询委员会通过调查论证，在石龙设立"国家信息化咨询委员会石龙调研基地"，这是该委员会首次在镇一级设立调研基地。

【国家火炬计划数码办公设备特色产业基地】 截至2010年，石龙共有数码办公设备企业及周边配套企业270多家，产值达97.5亿元，占本地工业总产值的81.83%，国家火炬计划特色产业基地正式落户石龙，将对石龙高新技术产业发展产生引导示范作用。（戴晓东）

附：2010年东莞市石龙镇党委、人大、政府领导名录

镇委书记：冼周恩（任至9月）
　　　　　黄贵洪（9月到任）
镇委副书记：黄贵洪（任至9月）
　　　　　　周年友
镇委委员：林汝辉　林　山　陈耀林
　　　　　梁李文　叶进田　袁燕霞
　　　　　阮兆强　赖松波　王敬波
　　　　　刘雄波
镇人大主席：冼周恩（任至12月）
　　　　　　黄贵洪（12月到任）
镇人大副主席：林　山　王润成
镇　长：黄贵洪（任至12月）
　　　　周年友（12月到任）
副镇长：林汝辉　陈智武
　　　　黎明英　陈海翔

2006—2010年石龙镇主要经济指标

指标＼年份	2006	2007	2008	2009	2010
户籍人口（人）	68470	69001	69645	70331	70770
外来暂住人口（人）	78156	81976	78436	63193	56289
面积（平方公里）	13.83	13.83	13.83	13.83	13.83
国内生产总值（万元）	384329	427216	470012	502973	559487
工业总产值当年价（万元）	1563482	1316656	1324893	1244275	1765974
农业总产值当年价（万元）	187	17	12	26	33
总用电量（万千瓦时）	65469	67495	67936	65765	70228
全社会固定资产投资总额（万元）	77906	149472	166400	173226	194445
社会消费品零售总额（万元）	178523	193685	200551	228365	230009
外贸出口总额（万美元）	98543	104971	130354	130670	178576
实际利用外资（万美元）	1220	4269	8204	4446	6866
镇级可支配财政收入（万元）	33781	37397	40318	46016	52727
各项税收总额（万元）	50288	70059	86534	90648	107372
金融机构各项存款余额（万元）	797891	852563	967440	1190569	1390116
城乡居民储蓄存款余额（万元）	618035	622292	754728	808199	905687

石龙全景

虎门镇

【概况】虎门镇位于东莞市西南部，珠江口东岸，下辖30个社区，2010年，有户籍人口12.76万人，外来人口41.81万人。

2010年，虎门镇生产总值达285.2亿元，比2009年增长13.9%；工业总产值619.5亿元，增长12.1%；固定资产投资总额72.28亿元，增长16.4%；各项税收总额43.84亿元，增长21.9%；镇本级可支配财政收入17亿元，增长18.5%；各项人民币存款余额469.54亿元，增长15%，其中城乡居民存款余额359.03亿元，增长12.6%；农村人均纯收入16439元，增长8.3%。2010年，虎门镇获得全国特色景观旅游名镇、“十一五”规划中国综合实力百强镇、广东省镇域经济综合发展力“广东十强”（第一名）、全市工作量化考核综合一等奖等多项荣誉。

打造滨海国际商城　建设和谐幸福虎门

① 2010年11月19日，刘志庚、曾培淦、黎桂康、左印生、刘树基、梁耀文、吴湛辉等领导和嘉宾出席第十五届中国（虎门）国际服装交易会开幕式

② 2010年9月10日，刘树基、蔡勇、薛云伟、邓志广、钟淦泉、吴湛辉等领导共同启动虎门名产品郑州展贸会开幕按钮

③ 2010年2月7日，中联办副主任黎桂康、市政协副主席钟淦泉、镇委书记吴湛辉、黄河集团董事长郑强辉参加东方索菲特酒店试业仪式

【产业升级】提升创新能力。2010年，虎门镇投入7383.67万元，支持企业开展各类研发、重点技术创新和技术改造项目。截至2010年，虎门镇企业申请专利923项，授权专利734项，获国家、省、市科技部门审批立项的技术创新项目34项，新增国家高新技术企业 6家、省民营科技企业5家、市民营科技企业4家、市技术中心1个；协助企业办理科技业务103项，其中组织申报了17项企业研发投入资助项目、8项科技贷款贴息、2项市级企业工程中心认定、12项专利培育企业和5项专利试点企业。

奖励企业。2010年，虎门镇为鼓励企业开展科技创新，推动科技与产业融合，促进科技成果产业化，对获得各级认定的科技企业将实行奖励。对认定为国家创新型企业试点的企业，专项资金一次性给予50万元奖励；对通过国家火炬计划重点高新技术企业认定的企业，专项资金一次性给予30万元奖励；对通过国家高新技术企业认定的企业，专项资金一次性给予10万元奖励；对通过省民营科技企业认定的企业，专项资金一次性给予5万元奖励；对通过市专利试点企业认定的企业，专项资金一次性给予3万元奖励；对通过市民营科技企业或市专利培育企业认定的企业，专项资金一次性给予1万元奖励。

按照《虎门企业总部奖励办法》、《虎门镇科技创新专项奖金管理办法》等产业升级扶持政策，2010年全镇有69家企业总部、优秀科技企业及名牌名标企业获得奖励，总奖金达1940.111万元，其中企业总部奖励金1626.18万元，科技创新资助金271.59万元，企业发展

① 2010年11月29日，虎门镇领导吴湛辉、任洪杰等为虎门电厂通气工程启动推彩

② 2010年12月27日，虎门镇委书记吴湛辉（左二）代表虎门镇在全市表彰大会上领奖

③ 2010年6月2日，镇委书记吴湛辉、镇长任洪杰陪同中国电子信息产业集团领导在了解虎门镇提供的用地情况

① 2010年9月26日，虎门镇6个党支部与乳源县大桥镇6个贫困村党支部结成帮扶对子
② 2010年1月29日，虎门镇领导干部会议召开

资助金42.341万元。

中国电子东莞产业基地落户虎门。2010年11月21日，虎门镇与中国最大的国有IT企业——中国电子信息产业集团有限公司（中国电子或CEC），正式签署建设产业基地的战略框架协议和项目备忘录，该集团首期投资40亿元在虎门镇创建一个集生产、研发、仓储、原材料供应和配送、营销于一体的中国电子东莞产业基地，全部建成投产后年产值可达150亿元。

虎门国际服装机械城开业。2010年7月30日，珠三角最大、东莞首个服装机械专业市场——虎门国际服装机械城隆重开业。该服装机械城的全面运营，为珠三角服装企业提供了一个高效率、低成本的“一站式”展贸与采购平台，填补了虎门乃至珠三角服装产业链的空白，使珠三角服装产业链更为完善。截至2010年，该服装机械城已引进100多个实力商家，包括500多个国内外知名品牌，总体招商率超过90%。

开拓市场。虎门镇积极引导企业拓展内销市场，扩大销售。2010年9月，投入600万元，成功举办了“2010虎门服装、电子信息产品（郑州）展贸会”。该次展贸会，虎门参展企业100多家，河南有100余家企业与虎门企业进行业务对接，意向交易额达38.3亿元，逾1000人次与虎门企业达成加盟或代理的意向，

遍及20多个省市。2010年11月，举办了第十五届中国（虎门）国际服装交易会，意向成交额达46亿元。

【城市升级】全国最大人防工程落户。2010年，虎门镇引进由香港人和商业控股有限公司投资70亿元人民币，兴建总面积70万平方米的全国最大平战结合人防工程。该工程选址在即将动建的滨海大道中段地下，平时作为地下商业街、人行过街通道、停车场及配套设施用房，战时作为二等掩蔽部和战备物资库。

污染源在线监控中心投入运行。2010年7月，虎门镇投资475万元，在全市率先建立的镇级污染源在线监控中心正式投入运行。该在线监控中心能对接入系统的重点污染企业和城市主干道监控点实施24小时不间断监控，能同步自动弹出正在违法排污的画面、记录数据及显示企业的地理位置等信息，数据能保存2个月，容量不足时可增容扩充。该中心每周向社会公布监测数据，监督企业按要求排污，创造宜商宜居的良好环境。

启动“油改气”工程。2010年7月2日，东莞市虎门镇污染源在线监控中心启动暨东莞虎门电厂、信义超薄玻璃（东莞）有限公司“油改气”工程协议签订仪式在虎门镇隆重举行。虎门镇分

① 2010年10月28日，大型音乐盛典《和平颂》在虎门海战馆举行。图为镇委书记吴湛辉致辞
② 欢歌笑语颂和平
③ 涛声琴韵　祈祷和平

① 庄严的升旗仪式
② 滨水人家
③ 宜居之城
④ 绿色虎门

别与虎门电厂、信义超薄玻璃（东莞）有限公司及新奥燃气有限公司签订了相关协议。该仪式的启动标志着虎门镇加强环境保护、建设宜居生态城市又迈出了重要的一步。启动“油改气”工程后，虎门电厂每年将减排二氧化硫4000吨，烟尘50吨；信义超薄玻璃（东莞）有限公司每年将减排二氧化硫1100多吨、烟尘3.75吨。

全面推进“三旧”改造。2010年，虎门镇制定计划，筛选了条件较成熟的152个地块作为“三旧”改造项目推向社会，总面积达45771.8亩，涉及29个社区，带动社会资本投入近400亿元。截至2010年，已有31家企业与虎门镇政府签订了86个地块、面积25937.5亩的改造合作意向书，涉及24个社区，镇财政投入“三旧”改造资金300万元，吸引意向开发企业投入资金1230万元。

大力开展“五整治”工作。2010年，虎门镇29个社区累计投资5440.7万元，实施旧村整治项目6575宗。累计清理养殖场219个，清理生猪56614头，完成了总任务的65%；端掉隐蔽私宰窝点近30处，查扣销毁私宰肉约1.2万多公斤。整治河涌、河堤及水库48宗，整治田、林、路及闲置地208宗。同时指导社区进行田、林、路及闲置地进行绿化整治，新增绿化面积56.8万平方米。

【综治维稳】综治信访维稳中心投入运作。2010年，虎门镇投入1600万元，建成综治信访维稳中心并投入运作，构建了统一受理群众诉求和调处矛盾纠纷的工作平台，形成了“大综治、大调解”的工作格局。

全面清查“黄赌毒”。2010年，虎门镇成立扫除“黄赌毒”清查打击统一行动指挥部，由一名镇委副书记任总指挥，多部门联动，组织对全镇辖区内展开拉网式、地毯式清查。截至2010年，出动公安民警、治安员、党政干部等力量2000多人次，共清查出租屋、店铺、旅业、卡拉ＯＫ、桑拿沐足等1143间，查封涉黄发廊14间；查处涉“黄赌毒”治安案件30起，抓获88人。

完善校园安全防范机制。2010年，虎门镇建立校园巡逻制度，加强对重点学校、重点时段的巡逻警戒，派出警务、治保人员对虎门中学、虎门三中、中心小学、中心幼儿园等学校、幼儿园进行治安巡逻和交通疏导，同时按每200名师生配备1名安保人员的标准，为公办学校和镇办幼儿园配足安保人员，督促社区办幼儿园和民办学校、幼儿园按标准配齐安保人员，并为全镇学校、幼儿园的门卫等安保人员配备橡胶警棍、防刀刺手套等安保器械。

【惠普民生】巩固教育强镇地位。2010年，虎门镇颁布了《东莞市虎门镇中长期教育事业发展规划纲要》及实施方案，全面部署了全镇未来五年的教育改革和发展工作。2010年，虎门镇投入384.03万元，完成了小捷滘等5所公办小学的撤并和怀德小学新校的选址、立项工作；投入2600多万元，完成了公办学校校舍的补强加固工程；投入360多万元专款，完善了公办学校消防设施及配套设备；新办了2所民办幼儿园，筹办了3所民办学校。

重金奖教奖学。2010年8月30日，虎门镇隆重召开教育工作会议暨2010年教师节庆祝表彰大会。大会颁发2009—2010学年奖学奖教金共594多万元。其中，普通高考奖学奖教金150.4万元，职高高考奖学奖教金4.3万元，中考奖学奖教金340.098万元，小学毕业考核奖学奖教金32.0564万元，教育科研奖金67.39万元。

增加毕业生见习基地。2010年，虎门镇创建毕业生网络交流互动平台，向毕业生发出3100多条岗位招聘信息，畅通毕业生就业创业信息渠道。相继在虎门高培服装培训学校、中名电子有限公司、广发证券、银辉玩具厂等4个企业增加了本地生源高校毕业生见习基地，增加见习岗位100个。共有50名本地生源高校毕业生参加，其中20名见习毕业生见习后直接就业。

普及深化社会保障。2010年，虎门镇为506户1326人发放低保金256.52万元；为54名低保大学生、113名低保边缘户大学生发放助学金61.88万元；为80岁老人发放高龄津贴累计141.38万元，累计发放老年人乘车卡19.7万多张。

发展医疗卫生事业。2010年，虎门镇的23个卫生服务站全部建成投入使用，并完成了公共卫生大楼的建设。截至2010年，虎门镇被命名“市卫生村”以上的社区共有25个，创建率达到86%。

抓好扶贫济困。2010年，虎门镇创新扶贫方法，落实各项措施，对扶贫对象乳源县大桥镇加强帮扶，推动“双到”（规划到户，责任到人）工作深入发展。虎门镇领导干部及民营商会共捐资299万元，用于解决大桥镇石角塘、岩口、均容、武丰、塘华、新谷等6个贫困村基础设施建设和贫困户生活问题。

推进就业帮扶。2010年，虎门镇积极推广“村民车间”的就业安置形式，开展了48期电子接装、服装缝纫等培训班，对4499名企业新莞人进行了相关专业培训服务。共为11753人次提供各类就业服务。认真开展劳资矛盾隐患排查研判，依法开展劳动争议仲裁工作，29个社区劳动服务站成功处理劳资纠纷2968宗，涉及人数5700多人；受理劳动仲裁案件300多宗，涉及金额近100万元。

东引运河改造升级。2010年3月3日，虎门镇东引运河虎门城区段行升级改造工程动工建设。该工程投入1.26亿元，按50年一遇的防洪标准建设，起点位于虎门威远桥下，终点至广济河口，全长3.42公里，在河面较宽且人流量较大的地段每隔300—500米设置亲水平台，便于市民滨水观景。

优化交通环境。2010年，虎门镇为提高镇区重要交通节点和进出站公交车的通行能力，减少上下班时段道路阻塞现象，美化虎门城市形象，共投入1300多万元，对交通分流设施、交通标志和交通标线进行全面整治和优化；投入330多万元对镇内陈旧、损坏、设置不合理、指路不正确等现象的交通标志、八角悬臂杆进行撤除和更新，并重新增设指路牌、分道牌、禁令标志牌、旅游指示标志牌等；投入180多万元整治和优化虎门全镇灯控设施。另外，虎门还对中心区及周边的停车场进行规范和规划，对停车位收费进行监管。

【文化名城建设】编制文化规划。2010年，虎门镇投入35万元编制《虎门镇建设文化名城规划纲要（2011-2020）》，并出台了文物保护管理、体育比赛奖励、文化工作量化考核、非物质文化遗产保护与管理、公共文明指数测评、文化扶持与奖励、文化社团扶持奖励，设立社区文化站、建设图书馆之镇、体育工作指南等办法、方案，从规划、政策与措施上保障虎门文化体育事业大发展、大繁荣。

举行纪念鸦片战争170周年音乐盛典。2010年10月28日，虎门镇与市委宣传部、市文广新局共同主办的纪念鸦片战争170周年大型音乐盛典晚会在虎门海战博物馆广场隆重举行。晚会以“和平颂”为主题，主要展现中华民族自1840年以来不屈不挠英勇抗击外国列强侵略的历史、奋勇抗争的爱国主义精神；展现新中国成立以后，全国人民奋发图强走向伟大民族复兴的宏伟画卷；展现改革开放三十年东莞及虎门的巨大变化和取得的辉煌成就，为文化名城建设奠定基础。晚会共投入600万元，其中市投入100万元，虎门镇投入500万元，由国内最大、最具权威性的演出机构保利演出公司承办。晚会定位为国家级音乐盛典，集权威性、专业性为一体，将为东莞乃至全国树立一个新的演出标版。虎门镇组织了4800人观看晚会。

举办“勿忘国耻——纪念鸦片战争170周年全国书画展”。2010年，虎门镇投入180万元，举办“勿忘国耻——纪念鸦片战争170周年全国书画展”，并收藏了201件作品，作为爱国主义教育素材，永久珍藏。这批书画作品的作者包括中国书协主席张海、中国书协党组书记赵长青、中国书协驻会副主席张飙、中国书法家协会副主席吴东民等100多位名家。

《虎门镇志》出版。2010年12月16日，虎门镇的第一部通志——《东莞市虎门镇志》正式出版并举行了首发式，该镇志共120万字，收集图片300多张，包括序言、凡例、概述、大事记、23篇专志，以及附录、人物索引、表格索引、编纂始末等内容，以宏大开阔的视野与丰富翔实的资料，系统记载了虎门的自然与社会的历史和现状，重点记述改革开放以来至2000年虎门经济和社会的发展变化。该书首次印刷10000册。

【喜迎亚运】2010年，虎门镇作为第16届亚运会火炬传递活动东莞站首站，高度重视亚运会筹备工作，多渠道、多角度精心做好各项工作迎亚运。

优化交通保顺畅。10月，虎门镇投入2000多万元，在镇中心区内对大货车、工程车、危险化学品运输车、大客车等四类车辆实施限行或禁行；对虎门镇公汽公司100台公交车辆进行更新；对另外86台公交车辆进行全面翻新，以全新的面貌投入营运；对镇内300客运车辆的广告进行规范、更新。

整治环境保形象。10月，虎门镇投入2000多万元，购置清扫车、洒水车等一批环卫设备；增加1097名社区环卫工人；清理卫生死角共4000多处、“牛皮癣”8000多处，并对传递路线经过的鸦片战争古战场遗址、海战博物馆、虎门古威远炮台、虎门大桥等著名景点进行装饰，彰显虎门厚重的人文历史和崭新的城市新面貌。

火炬演练保顺利。9月，虎门镇成功开展了一次亚运火炬传递演练，对火炬传递安保工作方案进行实战检验，对组织指挥、部门协调、警力配置、执勤规范等各环节进行检验和完善。镇委、镇府机关工作人员、单位、社区、学校及企业代表等8000余人参加了火炬传递演练活动。

反恐演习保平安。10月，虎门镇从虎门公安分局抽调20%警力充实一线，开展武装大巡逻，加强党政机关、学校、标志性建筑、虎门大桥、沙角电厂和威远油库等重点场所巡逻防控工作。举行了虎门镇处置“劫持人质”反恐实战演练，共出动公安干警、交警、武警及治安队员220人，其中特警队员15名；共有1000多人现场观摩了演练。

全民参与促和谐。10月，虎门镇在全镇招募了200名火炬传递活动志愿者，其中在各企业中选拔出30名，对其进行礼仪、接待等专业培训后参与火炬传递东莞站虎门段的志愿服务工作；举行“迎亚运社区文化巡回演出”，组织各社区及社区所在企业派出文艺爱好者参加，为新莞人融入社区文化活动提供文化阵地；从全镇各重点企业选出800名员工代表，组织观看纪念鸦片战争170周年、为亚运会营造文化氛围的大型音乐盛典晚会“和平颂”。

（陈先礼　梁高鸿）

附：2010年东莞市虎门镇党委、大人、政府领导名录

镇委书记：吴湛辉
镇委副书记：任洪杰　梁文荣
镇委委员：陈锦波　卢伟尧　黄桂莲
　　　　　郑敏华　方广茂　刘劲智
　　　　　叶浩钿　李鼎如　邹芳芳
　　　　　李三牢　何庆华
镇人大主席：吴湛辉
镇人大副主席：陈锦波　唐明生
镇　长：任洪杰
副镇长：卢伟尧　祁耀权　潘继军
　　　　林超明

2006—2010年虎门镇主要经济指标

指标＼年份	2006	2007	2008	2009	2010
户籍人口（人）	121212	122666	124232	126120	127556
外来暂住人口（人）	520546	487400	450333	426320	418140
面积（平方公里）	178	178	178.5	178.5	178.5
国内生产总值（万元）	1484531	1828884	2147651	2437582	2852000
工业总产值当年价（万元）	2881815	4583417	4936550	5091660	6195024
农业总产值当年价（万元）	22413	20068	25122	26360	29890
总用电量（万千瓦时）	331438	365450	359566	352310	390844
全社会固定资产投资总额（万元）	530076	599725	567682	621084	722791
社会消费与零售总额（万元）	685939	788829	855300	1038334	1248077
外贸出口总额（万美元）	193249	260978	257371	193234	227099
实际利用外资（万美元）	20392	8273	9849	10595	11390
镇级可支配财政收入（万元）	96469	110965	118800	143368	169952
各项税收总额（万元）	308232	317618	387200	359742	438385
金融机构各项存款余额（万元）	2973974	3159848	3695492	4084004	4695398
城乡居民储蓄存款余额（万元）	2327020	2429775	2895356	3213867	3590249

中国服装品牌孵化基地—虎门富民时装城

富民是虎门的商贸龙头企业，对虎门服装业的崛起和市场繁荣产生了深远的影响，创造了良好的经济效益，社会效益，先后被中国商业联合会评为“中国商业名牌企业”、“中国商业服务名牌企业”。2004年，获广东省著名商标。2008年，以297名入选中国服务业企业500强。

富民时装城是富民旗下的核心市场，多次被评为“中国十大服装批发市场”，2007年12月，在人民大会堂，被全国市场联盟授予“1978—2008市场改变中国”杰出贡献奖。2010年被评为“中国服装品牌孵化基地”。从1993年11月开业迄今，一直是国内最有活力、最有影响的服装批发市场之一，客源分布世界各地，也是全国货流量、客流量最密集的市场之一。十七年来，富民时装城培养了众多的商家和服装品牌，被誉为“品牌孵化器”、“民营企业家的摇篮”。虎门最具影响的一批服装品牌和企业，均出自富民时装城。

时下，虎门正全力推进滨海国际商城建设，新一轮大发展已经来临。因势利导，把握良机，富民已步入一个科学发展、产业升级的新纪元。

富民网址：www.fumin.com

富民系列市场：

富民时装城　电话：(0769)85106881
富民鞋业皮具城　电话：(0769)85189966
富民服装商务中心　电话：(0769)81515099
富民小商品内衣批发市场　电话：(0769)85512168
富民农副产品批发市场　电话：(0769)85116195
虎门第二市场　电话：(0769)85516144
富民布料市场　电话：(0769)85111243

富民服装商务中心

富民布料市场

富民鞋业皮具城

富民农副产品批发市场

东 城

【概况】东城街道位于东莞市中部，面积110平方公里，辖23个社区和2个国营林场，总人口约54万，其中户籍人口约8.76万，常住人口约24.34万人，外来人口约21万。2010年，东城街道完成生产总值230亿元，同比增长16%；规模以上工业总产值286亿元，同比增长29%；各项税收约46.8亿元，同比增长13.8%；街道三级集体总收入达23.6亿元，同比增长10%，其中，街道本级可支配财政收入达13.8亿元，同比增长15.2%。辖区共有15个社区可支配收入总额超过3000万元，有12个社区两级净资产超过2亿元。

2010年，东城街道镇级领导班子工作实绩量化考核综合总分在全市32个镇街中排名第二，并获得经济发展、结构效益、可持续发展、社会发展、社会安全等5个单项奖。同时，街道机关各办、各部门共获得市级以上党委政府和主管部门表彰约140项。

【转型升级】2010年，东城街道不断强化企业服务，优化产业结构，全年经济发展提质增量。引进先进制造业企业13家，促进33家来料加工企业成功转型，全区高新技术产品出口7.5亿美元，同比增长120%；通过城市改造更新，成功引进台湾仓储式商场大麦客商贸有限公司，进一步丰富城市商业业态；成功举办第六届广东国际啤酒节，吸引游客60万人次，带动饮食娱乐、物流商贸的发展；全年合同引进外资达26.6亿港元，同比增长518%；引进商贸服务业资金16亿港元，占引进外资总额的60%；实际利用外资10.1亿港元，同比增长17%；外贸进出口总额36亿美元，比上年增长57%，是东城实施外贸运行以来的最高值；三大产业比例从2005年的0.04：44.43：55.53调整至0.02：38.15：61.83，第三产业比例上升6.3个百分点，产业转型升级成效逐步显现。

【科技创新】2010年，东城街道立足推进产业升级，大力实施“科技东城”工程，积极完善以企业为主体的技术创新体系，推动企业发展自主技术和自有品牌。全年用于发展科技事业的资金达7263万元，占全年财政总支出的5.33%。新增国家、省、市高新技术企业35家，新增市级以上创新研发平台4个，新增上市后备企业2家。设立外资企业研发机构9个，引进产学研项目11个，签约金额1.1亿元。新增申请专利3283项，已授权专利3603项，创建成为科技（知识产权）试点示范镇街。截至2010年，东城共有科技型企业250多家，覆盖化工、电子信息、装备制造、生物医药等行

东城——东莞城市封面

2010年2月26日，中共中央政治局委员、广东省委书记汪洋（前排右）在市委书记、市人大常委会主任刘志庚（前排左）的陪同下视察东城同沙生态公园建设情况

业，其中，罗门哈斯、科威医疗器械、万士达液晶等龙头企业不断发展壮大，科研实力强大，成为东城产业集群发展的先进代表。

【城市建设】2010年，东城街道深入推进实施中心区“东扩、南接、北拓、中优”战略，继续加大改造和建设力度，进一步优化城市环境，完善城市功能。稳步推进重点工程建设，2009年启动的20项重点工程已有3项基本完工，6项进展顺利，其余11项正在办理前期建设手续；基本完成下桥河内涝整治、绿道建设主体工程，顺利推进运河景观整治、资福寺重建、横岭新村安置小区、峡口安置小区等项目工程建设，积极配合东莞R2线轨道交通建设工程在东城段率先动工建设。不断完善基础设施建设，投入8000多万元用于新建和改造道路7条，总长7.5公里；投入水利资金6300多万元，完成防灾减灾工程15宗，建设指标名列全市第四；投入近2000万元，推进一批市政工程，新建绿道绿化面积达22万平方米，完成莞长路绿化改造达7万平方米；房地产项目稳步发展，开盘销售房地产项目16个，销售面积34.7万平方米，销售合同金额36亿元。

【“三旧”改造】2010年，东城街道充分利用东莞市出台的一系列“三旧”（旧城镇、旧厂房、旧村庄）改造土地管理办法，不断创新工作思路，大力推动“三旧”（旧城镇、旧厂房、旧村庄）改造。建立改造土地数据库79个，涉及土地面积约2万亩，启动“三旧”（旧城镇、旧厂房、旧村庄）改造地块15个，面积约5000亩；实施拆迁项目18个，拆除旧村旧厂面积13.3万平方米，补偿用地面积9.7万平方米，补偿金额达3.2亿元。在全市土地利用计划考核中，东城街道荣获“三旧”（旧城镇、旧厂房、旧村庄）改造奖。其中，讯通旧厂改造项目成功举行动工庆典，成为全市第一个动工建设的“三旧”改造项目，标志着东莞“三旧”改造将从前期入册、项目报批及规划阶段正式转入落地建设阶段。

【平安东城】2010年，东城街道以提高群众安全感、幸福感为根本出发点，不断创新社会公共管理方式，营造和谐稳定的社会环境，社会安全指数全市排名第一。全面强化治安防控，开展治安专项整治行动20多次，圆满完成广州亚运

①　2010年12月17日，东城街道转型升级工作亮点——东莞大麦客商都举行动工仪式。图为国台办主任王毅，中国国民党副主席蒋孝严、副秘书长张荣恭，省委常委周镇宏，市委常委、副市长江凌等嘉宾参观“大麦客”商都建设
②　2010年10月21日，省委常委、政法委书记梁伟发在市委副书记、政法委书记黄双福，市委常委、公安局局长崔建，东城街道党委书记、人大联络委主任黄少文的陪同下参观东城街道综治信访维稳中心，并对2010年东城综治维稳工作所取得的成绩表示充分肯定
③　2010年5月23日，广东省政协副主席、省妇联主席温兰子（前排中）在市委书记、市人大常委会主任刘志庚（前排左），副市长严小康（前排右）的陪同下出席东城街道资福寺重建奠基大典
④　2010年9月28日，市委副书记、市长李毓全（右一）参加东城街道领导干部大接访活动

安全保卫任务；抓好严打整治，强力除恶灭罪，打掉各类犯罪团伙44个，严厉打击“黄赌毒”社会丑恶现象，共查处“黄赌毒”案件709宗；妥善处置群体性事件8宗，破获各类刑事案件991宗；持续开展交通整治专项行动，全年辖区交通事故和损失等各项指标全面下降；不断加大科技强警力度，共安装视频监控系统2300多套，街道再次荣获“全市维护稳定和社会治安综合治理工作先进镇街”荣誉称号。

【安全生产】 2010年，东城街道积极组织开展街道安全生产大检查，加大隐患整改力度，发现并整改安全生产隐患5000多处，全年无重大安全生产事故发生；投入1500万元，进一步夯实消防基础建设，确定二、三级消防安全重点单位403家，全年火灾事故减少至5起，没有发生人员伤亡。

【信访维稳】 2010年，东城街道健全信访工作长效机制，妥善化解信访矛盾。落实信访案件领导包案督办制，全年共受理来信、来访、投诉等案件460宗，同比下降15%，越级到市的集体上访案件14宗，同比下降36%；积极开展领导接访活动，主动深入基层开展矛盾纠纷大排查，发现民间纠纷194宗，成功调处191宗，妥善解决一批基层热点难点问题；健全欠薪监控月报告制度、劳资隐患周排查制度，为1008人次追回欠薪170万元，有力维护了劳动者的合法权益。

【教育文化】 2010年，东城街道加大对教育文化事业的财政投入，积极推进精神文明建设，全年正常教育经费支出达1.68亿元，投入2600多万元完成东城一中和中心幼儿园的改造；全区教育系统共获市以上各类文体奖励62项，东城初级中学、东城一中分别获得市教育质量一等奖，东城中心幼儿园、金色未来幼儿园接受了省一级幼儿园的评估验收；积极开展迎接全国文明城市公共文明指数测评，有效提升街道整体文明素质；大力实施“文化名城”战略，成立东城文学艺术界联合会，提升了文化综合实力；成功打造东莞市儿童剧场，文化品牌创建迈出坚实步伐；成功举办第六届广东国际啤酒节、文化体育艺术节、东城读书节等系列文体活动，极大丰富了群众的精神文化生活，被市评为“宣传思想工作、公民道德教育先进镇街”。

【医疗卫生】 2010年，东城街道投入800多万元，不断提高社区卫生服务水平。财政拨款360多万元，为1.6万名50岁以上本地户籍老人实施免费健康体检，建立健康档案；积极开展“全国亿万农民健康促进行动”，先后通过市级和省级示范区的验收；积极做好艾滋病、甲型H1N1流感、基孔肯雅热等健康疾病的防控工作，全面保障广大群众健康安全。

【社会民生】 2010年，东城街道坚持以

① 2010年6月21日，东城街道举行机关党代表工作室启动仪式。图为市委常委、常务副市长冷晓明（左四），东城街道党委书记、人大联络委主任黄少文（左五）及东城街道有关领导干部参加启动仪式

② 2010年8月31日，东莞市妇联白玉兰家庭服务中心在东城街道东泰社区举行启动仪式。图为广东省妇联巡视员杨洁芝（左三），市委常委、组织部部长庞国梅（右三），市妇联主席黄慧红（右二），东城街道党委书记、人大联络委主任黄少文（左二）等领导嘉宾出席启动仪式

③ 2010年8月18日，东莞市文化援建映秀报告文学作品集《莞香映秀》首发式在东城文化中心举行。图为市委常委、宣传部部长王道平（左），东城街道党委副书记、办事处主任卢润江（右）共同为首发式揭幕

④ 2010年3月16日，东城街道举行获“东莞市文化建设标兵街道”称号挂牌仪式。图为副市长严小康（左四），东城街道党委书记、人大联络委主任黄少文（右三），东城街道党委副书记、办事处主任卢润江（左三）等共同揭牌

⑤ 2010年2月2日，东城街道举行综治信访维稳中心挂牌仪式。图为东城街道党委书记、人大联络委主任黄少文（左二），东城街道党委副书记、办事处主任卢润江（右二）及东城街道有关领导共同揭牌

①

②

③

④

⑤

保障和改善民生为目的，着力提升公共服务水平。积极帮扶基层加快发展，共帮扶补助社区7335万元；共收缴社会保险基金5.6亿元，支付各项保障待遇1.1亿元；注重困难群体生活保障，发放各种生活补助378万元；积极推动扶贫向善事业，落实新丰县7个村的扶贫资金450多万元，发展帮扶项目21个，并在“广东扶贫日”，“东莞慈善日”等活动中筹得扶贫款680万元；积极开展双拥活动，对街道符合条件的61位参战退伍军人，每人每月给予370元的补助；认真落实居住证推行工作，受理居住登记近21.2万人，发行居住证18.4万份；通过积分制，为667名新莞人办理了入户手续。

【就业创业】 2010年，东城街道积极推广“村民车间”和“妇女车间”就业模式，帮助本地居民实现就业，解决就业难问题，核发公共就业补贴750多万元；不断提高群众劳动就业技能，举办各类技能培训班120多期，培训本地居民、外来员工以及专业技术人员1.2万人次；组织高校毕业生参加就业创业培训，积极转变大学生就业观念，大学生就业率提高到97.4%。

【计生和妇联工作】 2010年，东城街道不断加大人口计生监管和督查力度，积极开展计划生育优质技术服务，“四术”（结扎、上环、刮宫、引产）户存量逐步减少，综合治理成效显著，较好地完成了市下达的任务；政策生育率达97.1%，被市评为“人口和计生工作先进镇街”。举行“三八”妇女节100周年纪念晚会，表彰100户平安和谐家庭，创办白玉兰家庭服务中心；隆重召开东城区妇女第十一次代表大会，选举产生新一届妇联领导班子。

【干部队伍建设】 2010年，东城街道以提高干部行政办事效率为目标，狠抓干部队伍建设。积极打造学习型党组织，不断健全干部学习培训制度，全年共组织3700多人次参加各类理论培训，党员干部的政治理论水平得到进一步提高；不断拓宽引才途径，以优厚的条件，面向全国招聘21名专业技术人才，接收人才入户133人；以东城街道被市定为“提高选人用人公信度示范单位”为契机，严格规范选人用人制度，全年共考察干部31人次，票决干部38人次，任前公示拟提任干部18人次。

【党建工作】 2010年，东城街道狠抓党风政风建设，不断完善廉政监督，制定《东城区政府采购管理办法》、《关于规范财政资金支出审核的通知》等文件，进一步规范财政管理制度；全面履行审计监督职能，审计总资产2.5亿元，全年未发现领导干部个人违纪行为；继续加强党风廉政建设，创建了榴花公园等三个“廉政文化教育基地”，不断增强党员干部的廉洁意识教育，查处一批违法违纪案件；加大“两新”（新经济组织、新社会组织）组织党组织组建力度，全年新建“两新”（新经济组织、新社会组织）组织8个，创建“星级党组织”26个，挂牌成立党代表工作室24个；全面铺开创先争优活动，全街道169个基层党组织中，有90%以上的党员干部进行了服务承诺，在征地拆迁、亚运维稳、结对帮扶等重点工作中发挥了模范作用。（张小凯　袁沛霖）

附：2010年东莞市东城街道党委、人大、办事处领导名录

党委书记：黄少文
党委副书记：卢润江　袁国超
　　钱爱勤（任至4月）
党委委员：陈柱杰　周日佳　谢润根
　　钟朝佳　冯锦新　邓勐彪
　　潘　健　徐建文　吴沛林
　　袁秀娟
人大联络委主任：黄少文
人大联络委副主任：
　　钱爱勤（任至4月）　陈柱杰
　　李润明
办事处主任：卢润江
办事处副主任：周日佳　刘尹波
　　陈　协　张小凯（6月到任）

2006—2010年东城主要经济指标

指标＼年份	2006	2007	2008	2009	2010
户籍人口（人）	66733	70773	77104	83605	87657
外来暂住人口（人）	265000	266638	209857	190032	209983
面积（平方公里）	110	110	110	110	110
国内生产总值（万元）	1323694	1628719	1892571	1989067	2309506
工业总产值当年价（万元）	2063611	2464603	2511786	2498450	3148708
农业总产值当年价（万元）	1267	1576	2328	2162	2327
总用电量（万千瓦时）	226905	246710	231910	166402	256029
全社会固定资产投资总额（万元）	332383	382300	286701	495611	526388
社会消费品零售总额（万元）	632500	727400	836510	961987	1106285
外贸出口总额（万美元）	136689	164106	170393	157413	218834
实际利用外资（万美元）	12121	16553	20969	12845	12978
镇级可支配财政收入（万元）	76411	86766	107766	120067	138353
各项税收总额（万元）	245922	384575	418611	440100	468433
金融机构各项存款余额（万元）	4176106	4643242	4951643	3849488	4816053
城乡居民储蓄存款余额（万元）	1788021	1849150	1996967	2188415	2611030

① 2010年9月28日，第六届广东国际啤酒节开幕。图为省市有关领导嘉宾为啤酒节举行开酒仪式

② 2010年12月23日，东莞第一个动工建设的"三旧"改造项目——主山讯通旧厂"三旧"改造项目启动

③ 2010年11月9日，东城街道第十一次妇女代表大会召开，市妇联主席黄慧红、副主席卢英，东城街道党委书记、人大联络委主任黄少文，东城街道党委副书记、办事处主任卢润江等领导出席大会

④ 2010年6月23日，东城街道召开科技表彰大会

⑤ 2010年11月24日，东城街道第六届文化体育艺术节开幕

⑥ 2010年3月3日，东城街道在东城文化广场举办"喜迎百年三八，共建和谐东城"文艺晚会

① 生态东城　② 商贸东城　③ 魅力东城　④ 宜居东城

万　江

【概况】 万江街道位于广东省东莞市西部，地处粤港澳经济走廊，邻近珠江入海口，面积48.5平方公里，下辖28个社区居委会，共133个居民小组。截至2010年，全街道户籍人口76826人，外来暂住人口61928人。全年完成生产总值68.89亿元，同比增长10.18%；各项工商税收累计9.89亿元，同比增长9.3%；本级常规性可支配财政收入5.4亿元，同比增长7.63%；全社会固定资产投资总额22.8亿元，其中民营经济固定资产投资总额15.37亿元；城乡居民储蓄存款余额83.31亿元，同比增长14.83%；社会消费品零售总额32.91亿元，同比增长14.95%；三大产业比例为0.52∶39.45∶60.03。

2010年，万江街道获得“全国妇女健身示范站点”、“市维护稳定和社会治安综合治理工作先进镇街”、“市科技工作先进镇街”、“市宣传思想工作先进街道”、“市人口和计划生育工作先进镇街”、“市推动民营经济发展工作先进单位”、“市党建带团建工作先进单位”等荣誉称号。

【产业结构】 2010年，万江街道以转型为抓手，积极创新发展模式，突出转变发展方式，切实推动产业结构优化升级，三大产业比例实现为0.52∶39.45∶60.03。招商引资持续加强。新成立的有限公司、独资或合伙企业等性质注册的民营企业共900家，其中引进投资额在100万元以上的内资企业19家，总投资金额1.7亿元；大力鼓励企业增资扩产，全年增资的外资企业有8家，全年新签外商投资项目10宗。企业转型持续加快。全年推动10家来料加工企业转变形态，共有98家企业进入东莞市重点加工贸易企业名录和重点中小型企业名录，有58家企业成功申请获得银行的贷款支持，融资额达41.1亿元人民币。工业发展持续提速。全街道规模以上工业总产值94.7亿元，同比增长（可比价）11.11%，其中民营经济工业总产值为38.97亿元，同比增长11.71%。部分优势行业保持较快增长，电器机械及仪器仪表制造业15.65亿元，同比增长29.50%；纺织服装鞋业帽制造业9.06亿元，同比增长17.14%。商贸发展持续提升。大力实施“商贸万江”工程，积极完善《万江街道商业网点规划》，着力推动“新华南MALL·生活城”商圈的发展。全年新增注册登记工商户3182户，

活力万江　滨水绿城

① 2010年2月6日，省委常委、副省长肖志恒在市委书记、市人大常委会主任刘志庚的陪同下到万江中玲制衣公司视察

② 2010年12月5日，市委常委、组织部部长庞国梅，市委常委、宣传部部长王道平，副市长梁国英，副市长严小康莅临万江参加畅游绿道启动仪式

③ 2010年8月24日，万江举行千昱发小商品城签约仪式

同比增长9.42%。

【自主创新】2010年，万江街道紧紧围绕市委、市政府“实施科技东莞工程，建设创新型城市”的战略目标，深入推进“科技万江”工程，增强自主创新能力。科技企业发展增快。全年新增国家高新技术企业6家，省民营科技企业7家，市民营科技企业11家。截至2010年，全街道共有国家高新技术企业12家，省民营科技企业41家、市民营科技企业102家。科技创新能力增强。全年新增7家专利培育企业、2家专利试点企业，1个专利优秀奖。专利授权量545件，同比增长44.56%，其中发明专利19个，同比增长216%。新产品获国家级认定1个，省级2个。科技研发投入增大。新增2家省级工程技术研究开发中心，1家市级工程技术研究开发中心。截至2010年，万江街道103家科技型企业全年用于研发的投入达2.50亿元。承担科技项目增多。全年共承担国家科技项目1个，省级科技项目20个，市级科技项目19个，数量居全市前列。特别是省级科技项目，同比增长18%，其中有3个项目获得了市重大科技专项。

【城市建设】2010年，万江街道坚持环境取胜战略，不断完善城市发展规划，推进重点工程建设，强化城市功能，改善城市环境。积极完善城市规划。重点编制了万江滨水景观总体规划，加快推进了东江大道延伸段、阳光海岸等四项滨水工程和万龙片、金丰片滨水绿环建设工程，完成西区基础设施规划。积极推进重点工程。加快华南国际电子交易中心项目、兴隆钢材市场二期、新万江中学建设进度；加快玫瑰庄园等房地产项目进度；推进金丰路、新城大道和行政中心路网等城市干道建设；大力推进水利防灾减灾工程建设，积极加快绿道网建设、截污管网工程等项目建设，建成总长8.12公里的珠三角2号、3号线万江段。积极优化城市环境。全力配合市做好创模迎检工作，组织开展“节能减排，全民行动”等主题宣传活动。抓好“三旧”改造工作，制定了“三旧”改造规划方案和年度实施计划并取得初步成效。抓好城市“六乱”整治工作，不断加强市容环境卫生、城市绿化等管理，共查处及教育纠正“六乱”行为9345宗。抓好河涌治理和水质净化工作，调整水利建设规划，开展河涌清淤等工作，优化居住环境。

【社会和谐】2010年，万江街道着力加强社会管理，妥善化解矛盾纠纷，维护社会安定。着力推进社会治安综合治理。深入开展“粤安10”、“扫黄禁赌”、“创平安、迎亚运”等社会治安专项行动，严厉打击入室盗窃、抢劫抢夺等犯罪行为，有效维护社会治安稳定，刑事破案率同比提高7.35个百分点。着力推进安全防范监督工作。妥善处理“10·16”爆炸事件，深入开展消防安全和安全生产等专项整治，排查整改一批安全隐患，全面加强了安全生产隐患排查和小区物业管理。大力开展食品安全检查，检查食品经营户1426

① 2010年3月9日，市委常委、宣传部部长王道平出席万江获评“广东省文明单位”暨市“文明镇街”挂牌仪式

② 2010年12月3日，万江街道党委书记陈志超等领导视察万江中学建设情况

③ 2010年6月13日，万江举办第六次全国人口普查现场咨询活动

户次，查处非法食品经营场所126户。在国家、省和市有关领导和专家的正确指导下，积极做好基孔肯雅热疫情防控工作，全面战胜了基孔肯雅热疫情。着力推进信访矛盾纠纷调解。积极开展重信重访问题专项治理和领导干部下访活动，全街道来访宗数较去年同期减少6.56%，信访案件办结率逐年上升。强化劳资纠纷处置，累计发生劳资纠纷宗数同比减少16%，欠薪逃匿宗数同比减少38%。着力推进人口计划生育工作。继续以稳定低生育水平、提高出生人口素质为目标，认真落实计划生育目标责任制。全街道计划生育率达98.26%，人口出生率为2.26‰，同比减少0.22个千分点，较好地完成了市下达的2010年度人口与计划生育各项任务。着力推进全国人口普查工作。认真开展第六次全国人口普查工作，组织全区1100多名普查员进行业务培训、入户摸底和普查登记、处理普查数据等工作，取得阶段性成果。

【民生改善】 2010年，万江街道积极推进各项民生工作，人民群众幸福感不断提升。就业工作扎实推进。积极开展本地居民和新莞人培训工作，分53期对3846名本地人和新莞人进行技能提升培训。建立15个“万江街道青年就业见习训练基地”，成立20个本地人车间，举办10多场免费大型专题现场就业招聘会，全年解决本地居民就业共1658人，新增失业人员数下降44.18%。社会保障不断完善。全年社会保障和就业支出同比增长20.36%，医疗卫生支出同比增长7.99%。继续完善医疗保障服务工作，推进住房保障，为符合条件的低收入住房困难家庭提供帮助。群众生活丰富多彩。成功举办“2010年万江龙舟文化艺术节”等大型活动，万江“东莞龙舟月”项目成功申报为国家级非物质文化

① 2010年9月28日，副市长吴道闻到万江开展“大接访”活动
② 2010年6月24日，万江召开“广东扶贫济困日”活动动员大会
③ 2010年1月29日，副市长成洪波慰问万江退伍老军人、五保户
④ 2010年9月2日，副市长李小梅到万江慰问退伍军人

遗产；大力推进了"文化三城"建设，完善了东莞饮食风俗博物馆建设，推动了东莞市第三批"农家书屋"建设，举办第六届万江街道读书系列活动。教育事业蓬勃发展。不断推进学校的硬件、软件建设，教育事业支出同比增长2.16%。不断推进素质教育，普通高考和高职类高考再创辉煌，万江街道中考、万江中学、翰林学校的普通高考和万江二中高职类高考均取得较好成绩。

【党的建设】 2010年，万江街道建成启用机关和28个社区的党代表工作室，为市、街道两级党代表履行职责、发挥作用打造了新平台。积极创建"特色党建社区"活动，拔蛟窝和牌楼基社区成功创建为首批市"特色党建示范区"。加强领导干部党纪政纪法纪教育，落实党风廉政建设考核制度，深化正反面典型教育，不断强化党员干部作风建设。加大干部培训力度，举办了为期2个月的万江街道干部经济管理培训班，大力开展了社区"两委"干部学历提升工程，积极实施了万江街道干部信息能力提升工程等举措。不断深化干部人事制度改革，健全干部选拔任用机制，推动了全街道干部选拔任用工作的健康发展。

（杨丽君）

附：2010年东莞市万江街道党委、人大、办事处领导名录

党委书记：陈志超
党委副书记：吴志刚　颜伟儿
党委委员：王耀明　邹顺高　陈榴基
　　　　　周建卫　张汝春　叶爱青
　　　　　黄向阳　何日亮　莫国庆
人大联络委员会主任：陈志超
人大联络委员会副主任：邹顺高
　　　　　　　　　　　袁换兰
办事处主任：吴志刚
办事处副主任：王耀明　黄顺明
　　　　　　　刘沛林

① 2010年2月12日，市委书记、市人大常委会主任刘志庚到万江检查春节布置工作
② 2010年1月22日，万江举行上甲体育公园首期场馆落成启用仪式
③ 2010年6月12日，举行东莞龙舟文化节暨万江"东莞龙舟月"启动仪式
④ 2010年万江龙舟文化节龙舟竞渡盛况

① 2010年6月17日，副市长梁国英出席万江党代表工作室成立启动仪式
② 2010年3月18日，市委常委、纪委书记甄瑞潮为拔蛟窝社区获评首批“基层党政廉政建设示范点”挂牌
③ 2010年6月30日，万江街道党委举办“七一”表彰大会暨建党八十九周年文艺晚会
④ 2010年10月22日，市人大常委会副主任张继雄率市人大代表参观视察牌楼基社区

2006—2010年万江主要经济指标

指标＼年份	2006	2007	2008	2009	2010
户籍人口（人）	70968	71935	73482	75404	76826
外来暂住人口（人）	94886	76112	90673	84867	61928
面积（平方公里）	50.5	50.5	50.5	48.5	48.5
国内生产总值（万元）	445936	526818	601662	611916	688921
工业总产值当年价（万元）	572106	806638	948601	886000	1160559
农业总产值当年价（万元）	5769	5208	5919	6065	6093
总用电量（万千瓦时）	99464	108868	107938	107257	119324
全社会固定资产投资总额（万元）	171292	201234	263088	297823	228008
社会消费品零售总额（万元）	79188	93678	218646	221620	319865
外贸出口总额（万美元）	31535	35633	36700	26201	31068
实际利用外资（万美元）	1441	1603	3096	3618	1537
镇级可支配财政收入（万元）	36583	47002	47494	50204	54033
各项税收总额（万元）	58253	81411	89317	90481	98898
金融机构各项存款余额（万元）	661839	751877	902768	1020666	1250488
城乡居民储蓄存款余额（万元）	481781	506358	651829	725482	833149

南　城

【概况】南城旧称篁村。2010年，辖区面积56.6平方公里，下辖17个社区居委会，户籍人口7.2万，新莞人约21.7万。南城地处东莞市新城市中心区，地理位置优越，处于穗港经济走廊中间。广深高速公路、莞太大道、东莞大道、南城科技大道纵贯全境，市区数条环城路横越辖区，交通条件极为发达。

2010年，南城街道完成生产总值213.5亿元，可比价计算同比增长13%；各项税收总额49亿元，增长21.76%，全街道三大产业比重调整为0.05：30.65：69.3，产业结构更加优化。2010年，南城街道连续第7年被评为镇（街）工作量化考核综合总分一等奖。还先后获得全国精神文明建设工作先进单位、全国文物工作先进县（区）、全国城市体育先进社区、广东省平安建设先进镇（街）、广东省文明单位、亚运安保先进单位等称号。

南城街道有诺基亚、雀巢咖啡、沃尔玛等世界500强企业13家和国家高新技术企业26家，总量位居全市第一。中国银行、中国工商银行、中国建设银行、中国农业银行、汇丰银行（中国）有限公司、星展银行（中国）有限公司、兴业银行、招商银行、平安银行、华厦银行、中信银行、中国民生银行、上海浦东发展银行、玉山银行、富邦银行、美国友邦保险有限公司、中国平安保险股份有限公司等诸多金融机构东莞总部也聚集在南城。

【总部经济】2010年，南城街道成功吸引招商银行、平安银行、华夏银行、玉山银行等金融机构以及众多民营企业总部迁入南城。中域电讯、南信实业入选东莞市首批16家总部企业。

【商贸服务业】2010年，南城街道社会消费品零售116.7亿元，增长27.33%。辖区商业业态日益丰富，鸿福商圈商业档次不断提高，吉之岛、沃尔玛、屈臣氏、嘉禾影城、冰星滑冰场等知名商家纷纷进驻第一国际、城市风景街，南城成为全市首个同时拥有2家沃尔玛和2家家乐福大型超市的镇街。精心打造东莞美食节、欢乐消费节、迎春购物节等大型商贸活动，实现拉动各类消费达12亿元，成功打响“快乐消费，购在南城”品牌。总面积达7万平方米的珠三角小商品城（即东莞国际商贸城）正式开业，东莞市首个台湾名品区进驻落户，共引进900家日用品商家。

【科技创新】2010年，南城街道新增国家高新技术企业6家，总量跃居全市第一；新增国家、省、市科技立项74项，

南城——东莞城市会客厅

2010年2月22日，市委书记，市人大常委会主任刘志庚率全市党政干部到南城调研

获得科技资助经费5600万元。辖区7家企业获得东莞市科学技术奖，其中宏威蓝光光盘项目荣获技术成果类市长奖。完善科技扶持奖励政策，将“科技南城”资金提高到每年1亿元。全力协助宏威公司建设1600亩硅薄膜太阳能电池生产基地，入选全省第一批战略性新兴产业基地。“腾笼换鸟”打造3.4万平方米的高盛科技园，引进近50家中小科技企业和科研服务机构，被认定为“东莞市科技企业孵化器”，发展势头良好。

【文化建设】2010年，南城街道充分发挥千万元文化扶持基金的作用，推动各项文化事业、文化产业大发展。艺展中心全年承办全市收藏文化联展、葡萄酒文化艺术联展等各类展览150多场，总营业额超过3000万元，产业聚集效应初现，成功挂牌“东莞市创意产业园区”，成为东莞市文化产业新名片。实施“文化惠民”工程，投入10多万元开展“送戏下乡”活动，全年放映电影204场；蚝岗遗址博物馆全年免费接待参观者超过12000人次；成功举办“印象南城”作品展、莞港少儿美术作品展、南城读书节、诗歌文化日等20多项文化活动，极大地丰富了群众精神文化生活。原创文艺作品《进了这家门就是这家人》勇夺全国小品展演最高奖。

【城市建设】2010年，南城街道加快14项重点工程建设进度，高盛科技园、白马成熟社区、珠三角小商品城等3项工程顺利竣工，宏图科技办事中心、天安数码城、南城医院综合楼、国家羽毛球队训练基地等工程动工建设。全年完成

①

②

① 艺展中心开业庆典
② 艺展中心
③ 诺基亚生产线

③

大小区属重点工程24项，投资总额1亿多元；在建工程6项，投资总额2.2亿元。完成雀巢片区内涝整治等6宗水利防灾减灾工程，有效缓解雨季“水浸街”问题。

【“三旧”改造】2010年，南城街道抢抓良好的政策机遇，统筹推进“三旧”改造工作，编制完成南城“三旧”改造专项规划，确定43个片区共7200多亩改造面积。重点加快胜和、亨美、西平坡头等3个试点片区的改造项目，成立3个“三旧”改造工作指挥部，深入社区走访调研，做通群众思想工作，加快制订拆迁补偿标准。截至2010年，胜和、亨美片区单元规划和改造方案已修改完毕并进行公示，亨美片区拆迁安置楼项目已纳入东莞市审批“绿色通道”。

【城乡环境】2010年，南城街道投入2600万元推进绿道网建设，12公里绿道现已全线贯通，高标准完成两个功能完善的沿线驿站和标识系统建设，完善城市功能，拓展城市绿色空间。继续扶持成熟社区建设，加大对社区道路环境改造升级的财政补贴力度，街道财政全年补贴金额超过1300万元，完成白马文化广场、水濂新农贸市场、大雁塘旧村整治等工程，社区形象更加靓丽。新建红棉路、生态路、蚝旺路等9条道路，改善群众出行条件，进一步优化投资环境。加强生态环境保护，水濂山森林公园被评为“广东省森林生态旅游示范基地”。

【宜居社区】2010年，南城街道周溪社

① 蚝岗遗址博物馆
② 阳光六校新貌
③ 新城市中心区

区借鉴学习武汉市百步亭社区创建和谐社区的经验，切实推进社区环境升级和提高居民文明素质，成功创造了旧村改造的“周溪模式”，受到各级领导的充分肯定和居民群众的一致好评。一是坚持交通优先。投入约1200万元对辖区9条主、次干道升级改造，优化社区路网，改善道路通行条件，极大方便了居民日常出行。二是坚持环境取胜。投入500多万元深入开展社区环境整治、绿化美化等工程，投入200多万元拆迁11间残旧民房，增加公共绿地和空间，投入400多万元建成周溪居民会所，不断改善人居环境。截至2010年，社区配有警务区、办事中心、图书馆、市一级学校阳光四小、周溪居民会所、幼儿园、老人活动中心以及5个休闲小公园、5个灯光篮球场和7幢公寓楼等完善的社区公共服务设施。三是坚持文明争先。投入340多万元打造300米长的文化长廊，作为展示社区700多年历史文化的新平台，增强社区群众的归属感。此外，社区居民自发成立了12支志愿者服务队，服务群众、奉献社区，形成了“我为人人，人人为我”的社区志愿服务文化。社区还通过曲艺社、舞蹈队、书画社、足球队等基层文体社团发动群众开展各类文体活动，引导社区居民以高雅艺术活跃文化生活，使居民整体素质大大提高，社区风气为之一新。

【民营经济】 2010年，南城街道辖区规模以上民营工业总产值47.8亿元，同比增长36.13%；民营企业税收9亿元，增长43%，占各项税收总额的20%。民营企业登记户数7641户，注册资金175亿元，分别比上年末增长18.8%和11.9%。民营

① 东莞大道
② 现代化路网
③ 活力南城

企业综合竞争力明显增强，宏远集团、中域电讯入选广东民营百强企业榜。

【外源型经济】2010年，南城街道外贸进出口总额56亿美元，同比增长41.9%；新签外商项目26宗，增资项目14宗，合同利用外资金额（含增资）7859万美元，同比增长147.37%;实际利用外资6755万美元，同比增长10.43%。以加工贸易转型优化存量，共帮助7家来料加工企业成功转为三资或民营企业；大力帮扶企业拓展国内市场，全区外资企业内销总额87亿元，同比增长43.5%，占内外销总额的38%。

【村组经济】2010年，南城街道积极扶持村组两级加快发展，加强土地统筹利用，强化集体经济管理，严格控制集体开支和福利分红。按年度统计口径，社区一级集体经济可支配收入（扣除土地转让收入）4亿元，同比增长38.01%；资产总额55亿元，增长11.14%。小组一级集体经济可支配收入（扣除土地转让收入）1.6亿元，增长1.38%；资产总额18.3亿元，增长28.06%。

【城市综合治理】2010年，南城街道大力推广“门前三包”责任制，与4000多家商户签订协议书，强化齐抓共管意识，共创良好城市环境。加大城管执法力度，深入整治城市“六乱”，全年查处乱摆卖3271宗、乱拉挂589宗、乱张贴22宗、乱堆放65宗、乱搭建101宗、占道经营303宗。深化环境卫生整治，全年环境卫生大检查排名全市第一，新增市容环境优美社区7个。加强市政基础设施管养，完成森林湖路等10条道路的路灯节能改造工程。

【社会治安】2010年，南城街道投入治安经费1.5亿元，保持严打高压态势，重拳打击恶性犯罪和多发性犯罪，大力整治“黄赌毒”现象，全面开展“双无”达标创建活动。全年刑事案件发案数1608宗，同比下降18.2%，刑事案件破案数1027宗，增长22.8%，抓获犯罪嫌疑人369人，缴获老虎机120台，查处涉黄涉赌场所8间。加大巡逻防控力度，加强校园安保工作，扩大视频监控覆盖面，新增治安监控视频101个，新增平安社区5个。

【综治维稳】2010年，南城街道落实领导干部包案和大接访制度，全面清理重信重访案件，扎实做好世博会、亚运会等敏感节点的信访工作，依法妥善解决群众的合理诉求。全年受理群众信访案件279件次，同比下降15.7%；调解各类矛盾纠纷173宗，调解成功率100%。新建社区、企业综治工作站（室）22个，有力提升基层维稳能力。

【平安亚运】2010年，第16届广州亚运会举重赛事安排在位于南城的市体育中心篮球馆举行。南城街道举全街道之力，以公安分局为主力军，联合综治、信访、交通、消防、武装、经贸、市政等部门，各司其职、各尽其力、各负其责，全力做好亚运安保各项工作，保证了亚运会举重赛事运行安全有序，得到了省、市领导的充分肯定。街道武装部被广东省军区评为“亚运安保先进单位”。

【安全生产】2010年，南城街道深入开展消防隐患、危险化学品和建筑安全等专项整治，检查各类场所、企业22713家，查处整改安全生产隐患3767处。全年无较大以上安全事故或重大火灾事故发生。加强食品药品质量监管，投入450万元建成食品安全样板市场2个，确保群众用药安全、饮食放心。健全应急管理机制，成立综合应急救援大队，提高突发事件处置水平。

【医疗卫生】2010年，南城街道投入近76万元为辖区3800多名老年人进行免费

① 辉煌的乐章
② 水濂山——疑是银河落九天
③ 宜居社区——周溪
④ 美丽的御花苑
⑤ 村妇英姿

健康体检，并建立个人健康档案，及时跟踪随访。继续实施社区医疗救济基金制度，全年共发放医疗补贴106.5万元，救助群众看病住院105人次。完善社区卫生服务体系，新建社区卫生服务站3个，全年社区门诊量同比增长44%。积极防控登革热、基孔肯雅热等传染病。

【计划生育】 2010年，南城街道户籍人口总数为71991人，已婚育龄妇女17252人，出生1115人，政策生育率为96.95%，出生率为16.16‰，自然增长率为13.48‰，两无社区创建率为64.7%，较好地完成了市下达的各项任务，实现预期目标。积极引导群众转变生育观念，认真落实奖励扶助政策，使计生贫困家庭真正得到实惠。

【教育·体育】 教育方面，2010年，南城街道全面完善教学设施，提升教师整体素质，打造"学在南城"品牌。截至2010年，全街道共有特级教师2名，市学科带头人7名；全街道学生参加各类能力竞赛获国家级、省级奖励共123项。创新开展"暑期发展性训练营"系列活动，提升学生社会实践能力。南博职业技术学院实现"专升本"。体育方面，宏远男篮第六次夺取全国篮球职业联赛冠军，南城少年足球队为东莞市代表团首夺省运会男足冠军，阳光中心小学体操队参加省运会获得2金2银1铜的佳绩，国家羽毛球队在南城设立冬训基地。广泛开展南城体育节、社区篮球联赛、青少年体育培训班等群众体育活动，促进全民健身运动。全年新增市体育先进社区4个。

【劳动·社保】 劳动方面，2010年，南城街道大力鼓励本地居民就业，出台"3040"人员工资差额补助政策，全年共向2772人次发放就业补贴约113万元。全街道"村民车间"增至8个，帮助157名居民成功就业。认真开展"就业服务日"活动，全年共推荐545名失业人员再就业。积极做好毕业生就业跟踪服务，本地毕业生就业率100%。深入实施就业技能培训，全年免费培训本地居民和新莞人超过3600人次。社保方面，街道、社区两级补缴近900万元推进农职保并轨，建立城乡一体的养老保险体系。截至2010年，全街道共10895名居民参保，按不同类别每月可领取200至667元的养老金。认真开展"一保五难"救济工作，全年向171名低保户发放最低生活保障金约34.2万元。积极开展社工试点工作，篁村社区推行居家养老服务成效显著。做好残疾人康复、就业服务，发放各类残疾人补助慰问金100多万元。

【党建工作】 2010年，南城街道组织中层以上领导干部到上海复旦大学学习培训，提升科学执政能力。积极创建学习型党组织，认真参加全市领导干部专题培训班，举办3期南城学习论坛，组织7名社区两委参加学历提升计划，更新优化知识结构。大力开展创先争优活动，设立15个党代表工作室，听取社情民意，密切党群关系。突出抓好胜和、周溪社区的"特色党建示范区"创建工作，做强做足优势特色。举办首届"两新"（新经济组织、新社会组织）组织党员文化节，成功组建首个网络党支部，新建"两新"党组织8个。

（熊肖芳）

附：2010年东莞市南城街道党委、人大、办事处领导名录

党委书记：钱　超
党委副书记：陈志坚（10月到任）
刘林宏（任至10月）
苏　东
党委委员：邱　刚　张小燕　张耀平
吕庆鸿　叶洪辉　陈创建
马小其　潘立新　刘丽芬
魏向民
人大联络委员会主任：钱　超
人大联络委员会副主任：张小燕
张永红
办事处主任：陈志坚（10月到任）
刘林宏（任至10月）
办事处副主任：邱　刚
麦允谦（挂任南雄市副市长）
黎福庆　张建良

2006—2010年南城主要经济指标

指标＼年份	2006	2007	2008	2009	2010
户籍人口（人）	55126	58037	62089	68166	71991
外来暂住人口（人）	102327	127494	152836	141752	130877
面积（平方公里）	59	59	59	56.6	56.62
国内生产总值（万元）	1229016	1425257	1632407	1841809	2135136
工业总产值当年价（万元）	1372946	1623951	1844095	1973471	2481241
农业总产值当年价（万元）	3958	4028	3238	2565	2437
总用电量（万千瓦时）	76262	82840	85997	88056	95732
全社会固定资产投资总额（万元）	887237	793273	715807	1016134	659114
社会消费品零售总额（万元）	348581	390411	775522	916209	1166657
外贸出口总额（万美元）	80085	91229	130746	141587	212243
实际利用外资（万美元）	10831	12601	4877	6117	6755
镇级可支配财政收入（万元）	124320	238752	237893	129219	154062
各项税收总额（万元）	214052	294449	351649	403738	491596
金融机构各项存款余额（万元）	2801772	3369221	4382924	7028632	9162540
城乡居民储蓄存款余额（万元）	954021	1012860	1469005	1858000	2233097

中堂镇

【概况】 中堂镇位于东莞市西北部，距广州市区46公里，距东莞市区12公里。全镇面积60平方公里，下辖20个村（社区），2010年常住人口12.19万人，其中户籍人口7.38万人。拥有等级公路248公里，107国道、北王公路、广深高速公路贯穿镇内，广园快速干线、五环路接驳镇内交通网。2010年，全镇完成生产总值77.14亿元，同比增长11.3%；工农业总产值193.04亿元，增长13.5%；工商税收总额9.37亿元，增长16.6%；镇本级财政收入5.58亿元，增长10.9%；全镇完成全社会固定资产投资19.62亿元，增长8.1%；社会消费品零售总额12.29亿元，增长15.2%；出口总额2.93亿美元，增长10.6%；各项人民币存款余额83.49亿元，增长16.9%；农民人均纯收入12698元，增长8.1%。获2010年度东莞市镇级工作量化考核综合总分一等奖和“维护稳定和社会治安综合治理先进镇”、“中国龙舟文化之乡”、“国家卫生镇”、“全国亿万农民健康促进行动广东省示范镇”等称号。

【调整产业结构】 2010年，中堂镇坚持把调整产业结构作为核心任务，推进经济发展方式有效转变。以再生纸品产业集群被省评定为第五批“省级产业集群升级示范区”为契机，加快纸品产业增资扩产和升级发展。促成总投资1.5亿元的东莞市轩潼纸业有限公司、1亿元的中堂国际纸业城、5100万元东莞市莞桦纸品有限公司等投资规模较大的企业落户中堂镇。推动银洲纸业等一批造纸企业增资扩产、技术改造，有力促进纸品产业集约集聚、升级发展。明确企业主体责任，强化重点企业监管，加快对高耗能、高污染企业的治理改造，淘汰落后产能，推广清洁生产，协助造纸行业签订取水定额联盟标准，降低造纸耗水量，打造“绿色纸品强镇”。培育专业市场、运输物流、金融商贸、房地产业等新兴行业，促成纸品批发市场、鱼珠木材市场的规划和发展，加快建造服务“珠三角”的大型物流集散基地。加快制定现代农业生态园的发展规划，完善功能分区，科学规划布局，全面加快生态园招商发展。成功引进富盈公馆、居益公馆、华悦名苑等商住商业项目，推进酒店业发展，引进“奥威斯”酒店项目，加快鸿富、东汇等星级酒店建设，促进产业结构优化升级。推进科技中堂

加快转型升级　建设幸福和谐中堂

2010年12月17日，国务院台湾事务办公室主任王毅（前中）、中央驻香港联络办公室副主任黎桂康（前右）等领导出席东莞台商子弟学校十周年校庆活动

建设，深化产学研合作，扶持“两自”企业发展，获评国家级高新技术企业3家、省级民营科技企业3家。

【发展民营经济】2010年，中堂镇引进内资项目31宗，计划投资14.31亿元，增长72.9%。工商登记在册民营企业2293家，总注册资金35.3亿元，完成规模以上民营经济工业总产值69.95亿元，占全镇工业总产值41.7%；民营经济税收总额3.56亿元，占全镇税收总额38%；民营经济完成固定资产投资15.99亿元，占全镇固定资产投资81.5%。全年累计新增民营企业495家，累计新增注册资本2.66亿元。推荐5家企业作为名牌产品后备企业，争创名牌名标。先后推荐130家企业进入市融资支持名录。

【创建宜居城乡】2010年，中堂镇进一步完善基础设施，加强环境整治，创建宜居城乡。建成槎滘大桥右幅新桥、下芦大桥新桥；推进北王路绿化、107国道蕉利段景观整治。全面完成8个欠发达村老化水管改造；抓好镇村联网路、水乡片500千伏变电站、水利防灾减灾、堤路结合、水闸排站等工程建设。深入开展环境卫生专项整治行动，逐步推广市场化保洁运作模式；实施绿化、美化工程，大力整治内河涌环境，深入开展创建国家卫生镇活动。制定全镇15个片区24个地块的“三旧”（旧城镇、旧厂房、旧村庄）改造专项规划、年度实施计划及标图建库工作，并通过市的审核。年度计划实施的4个片区改造方案已送市审批。

【促进社会稳定】2010年，中堂镇落实维稳综治责任，促进社会稳定有序。

加强治安综合治理。大力开展“粤

① 2010年10月26日，市委副书记、市长李毓全（左二）到中堂镇调研
② 2010年3月23日，市政协主席刘树基（前左一）视察中堂镇综治信访维稳中心
③ 2010年12月8日，水乡片2010年第二次督导工作现场会在中堂镇召开，市委常委、市纪委书记甄瑞潮（左四），副市长梁国英（左五）以及市国土局等部门有关人员参加会议
④ 2010年5月26日，市委常委、宣传部部长王道平（前中）到中堂镇调研水利及“三防”工程建设
⑤ 2010年3月2日，副市长成洪波（右三）出席中堂镇中堂村“平安社区”挂牌仪式

安10”、扫黄禁赌、打击软性毒品等专项整治行动，严厉打击恶性犯罪和多发性犯罪，社会治安重点整治工作顺利通过市的验收。作为市的试点开展“大巡警”工作，有效完善防控体系。出色完成亚运安保辖区防控任务，为亚运顺利举办营造良好环境。全镇20个村（社区）均创建成平安社区，刑事案件破案率同比提高11.7个百分点。

加强安全防范工作。深入推进危险化学品、消防安全、建筑安全、食品药品安全等专项整治，有效排查“三小”场所、出租屋等场所，消除各类安全隐患。

加强矛盾纠纷调解。完善镇综治信访维稳中心建设，新建村（企）综治工作站（室）40个，组建镇、村、组、企4级义务调解队伍。加强劳动执法监察和劳资关系调解，防止劳资纠纷、欠薪逃匿事件发生。落实领导接访包案和带案下访等制度，信访总量下降46.4%，纠纷调处成功率达98.1%。

加强市政交通管理。强化城管综合执法，深入整治城市“六乱”，加强市政设施、环卫绿化等管理养护。改善群众出行环境，完善公交车站候车亭、交通路线图的设置等，方便群众出行。

【落实民生实事】2010年，中堂镇强化财政保障，逐项狠抓落实，基本完成年度确立的十件民生实事。

提高社会保障水平。镇财政投入728万元为全镇户籍人口购买重大疾病保险，帮助因病身故、医疗住院、患重大疾病群众获赔836.6万元，避免因病致贫。向全镇1.1万名60岁以上长者每人发放300元中秋节慰问金。开展“广东扶贫济困日”和首届“东莞慈善日”有关活动，采用“一帮一”、“多帮一”等形式帮扶特困户。认真做好市外扶贫工作，对接帮扶的新兴县禹岗村和楼下村年集体经济收入分别实现7.6万元和9.28万元，同比翻了3.6番和3.8番，已脱贫人口数占贫困户人口总数的66.8%，贫困户年人均纯收入约3900元，同比去年预计增长90%。同时做好残疾人康复、教育、就业服务。根据市的安排，两次调整医疗保险待遇，最高支付额提至15万元，职工和农（居）民退休金分别增长10.2%和44.8%。

做好就业培训和服务。由镇财政出资定向培训本土造纸技术人才，实现本土人才培养与纸品产业长远发展双促进。加强就业创业服务，提高最低工资标准，推广“村民车间”模式，继续实施免费技能培训、工资差额补贴、

① 2010年5月12日，镇委书记、镇人大主席袁东平（左二），镇委副书记、镇长黎志辉（左一）出席中堂镇社区法官工作室启动仪式
② 2010年3月12日，中堂镇全体领导班子成员参加植树活动
③ 2010年10月14日，中信银行东莞中堂支行开业

① 2010年4月15日，中堂镇举行支援玉树地震灾区捐赠活动
② 2010年3月17日，中堂镇获"东莞市文化建设先进镇"称号
③ 2010年8月31日，召开中堂镇创建"全国亿万农民健康促进行动"东莞市示范镇考核鉴定会

岗位津贴等政策，全年共培训劳动力1000多人次，市镇两级共发放就业补贴2137万元，户籍应届高校毕业生就业率达98.3%，城镇登记失业率控制在0.5%内。

繁荣文化教育事业。组织开展各类文化系列活动，举办"第二届中国（东莞·中堂）龙舟文化节"，获"广东省龙舟文化之乡"和"中国龙舟文化之乡"称号。中考、高考全面丰收，通过省教育强镇复评。

推动医疗、体育事业发展。完善社区卫生服务体系建设，建成启用"1中心9站点"的社区卫生服务体系，解决群众"看病贵"问题。广泛开展群众体育运动，篮球、广场舞、游泳等多个项目取得优异成绩。

【改进工作作风】 2010年，中堂镇狠抓政府自身建设，将抓作风建设与抓城市建设、抓民生实事、抓社会稳定等工作结合起来，强化各级领导干部、各部门各单位的宗旨意识和效能意识，进一步转变观念，增强本领，改进作风，提升效能，勤政为民。

政务效能有效优化。充分发挥行政服务中心和综治信访维稳中心等部门的服务功能，为群众、企业提供热情周到帮助。做好政务公开工作，有效保障群众的知情权、参与权和监督权。

干部素质有效提升。分批组织中层以上干部外出培训学习。组织农村后备干部参加市、镇大培训，全年累计组织参加各类培训班40多期。狠抓督察制度落实，每月定期督查和通报，有效推进镇委、镇政府重要部署、重点工作落实。

廉政建设不断加强。落实党风廉政建设责任制和责任追究制，规范重大事项申报，廉政建设进一步加强。对50名村（社区）两委干部进行任期经济责任审计。规范政府招投标，做好工程决算审计工作，严格人、财、物管理，从制度上预防腐败。

【创建"全国亿万农民健康促进行动"广东省示范镇】 2010年，中堂镇继续严格按照《全国亿万农民健康促进行动规划》的有关要求，坚持"政府领导、部门协调、科学指导、社会参与、点面结合、以点为主"的原则，将"行动规划"与各部门、各村（社区）的实际工作紧密结合，创新模式，狠抓落实，扎实开展工作，共制作宣传喷画300余平方米，印制和免费派发健康教育宣传册子29款共约15万份，制作宣传展架57款；开展各种讲座35次，义诊咨询活动80余次，参与其中的医务人员1000余人次。并结合健康直通车免费体检活动在村（社区）、工厂中展示宣传。同时，组织医院、计生、妇联、农业等部门深入社区、工厂、学校开展多种形式的健康教育和健康促进活动，取得明显成效。12月，成功创建成为"全国亿万农民健康促进行动"广东省示范镇。

【举办第二届中国（东莞·中堂）龙舟文化节】 2010年6月23日，第二届中国（东莞·中堂）龙舟文化节开幕。本次龙舟文化节由中国民协、广东省文明办、东莞市委宣传部等11个部门联合主办。中国文联副主席刘兰芳，中国民协

分党组书记、驻会副主席罗杨，广东省文联党组书记、专职副主席白洁，东莞市政协主席刘树基出席开幕式。6月24日，进行龙舟巡游、龙舟竞渡活动。6月25日，进行广场舞表演、龙舟文化图片展、《中堂龙舟景》一书首发式以及中国龙舟文化论坛等活动。

【下芦大桥抢险工程竣工通车】 2010年12月31日，中堂镇举行下芦大桥抢险工程竣工通车典礼。新桥总投资5701.3万元，建设规模7536.61平方米，采用公路一级设计荷载，设计洪水位为100年一遇，采用四级通航标准，全桥桩基础均按嵌岩桩设计，全长350.54米，宽22米，双向四车道，比原两车道旧桥增宽11.05米。新大桥的建成将有效解决该镇“下马四”3个村的2万多名村民生活生产和多家企业运营需要，有效缓解周边各道路的运输压力。 （徐建平）

附：2010年东莞市中堂镇党委、人大、政府领导名录

镇委书记：袁东平

镇委副书记：黎志辉 黎玉岗

镇委委员：罗耀东 莫汉成 刘巨文 丁志洪 郭陈明 吴炽谦 黎兰芳 刘建东 黎建波 何 成

镇人大主席：袁东平

镇人大副主席：莫汉成 廖志祥

镇 长：黎志辉

副镇长：罗耀东 周国志 李德良 陈俭良

① 2010年6月23日，中堂镇获评中国龙舟文化之乡

② 2010年2月5日，中堂镇举行2010新春文艺晚会

③ 2010年12月31日，中堂镇委书记、镇人大主席袁东平（中），市交通运输局副局长周金岱（左二），东莞航道局局长陈天锦（右二），东莞海事局副局长欧阳锦强（右一），镇委副书记、镇长黎志辉（左一）出席中堂镇下芦大桥抢险工程竣工通车典礼

① 中堂镇潢涌工业区
② 中堂沿江景观

2006—2010年中堂镇主要经济指标

指标＼年份	2006	2007	2008	2009	2010
户籍人口（人）	72102	72289	72631	73138	73756
外来暂住人口（人）	64436	64541	55495	53812	48145
面积（平方公里）	60	60	60	60	60
国内生产总值（万元）	507968	588085	659949	662727	771405
工业总产值当年价（万元）	1357735	1575380	1705636	1539282	1917862
农业总产值当年价（万元）	9321	10633	11878	12175	12504
总用电量（万千瓦时）（用电网电）	95019	105778	114494	109900	131490
全社会固定资产投资总额（万元）	192215	218861	162007	181538	196167
社会消费品零售总额（万元）	63198	76172	92116	106625	122853
外贸出口总额（万美元）	24328	27117	28438	26512	29317
实际利用外资（万美元）	4958	2270	4577	1668	2087
镇级可支配财政收入（万元）	27600	34393	42139	50262	55757
各项税收总额（万元）	62593	81831	84777	80296	93636
金融机构各项存款余额（万元）	512498	605947	659159	714301	834866
其中：城乡居民储蓄存款余额（万元）	367259	398635	470779	494051	574883

望牛墩镇

【概况】望牛墩镇位于东莞市西北部，东江下游，土地肥沃，气候适宜，素有“鱼米之乡”的美誉。全镇总面积31.57平方公里，下辖21个村和1个社区，总人口约10万人，其中户籍人口4.5万人。望牛墩是全国综合实力千强镇，先后获“广东省教育强镇”、“广东省民间艺术乞巧之乡”、“广东省卫生镇”、“东莞市文化建设达标镇”、“中国乞巧文化之乡”、“广东镇域经济综合发展力百强镇”等称号，形成了“七夕乞巧”、“龙舟竞渡”、“粤剧”3大文化品牌。

2010年，全镇累计实现生产总值35.65亿元，增长23.5%；工业总产值74.3亿元，增长25.4%；镇本级可支配财政收入3.38亿元，增长10.62%；各项税收总额5.38亿元，增长63.2%；进出口总额2.8亿美元，增长19.5%；实际利用外资2254万美元，增长20.5%；社会消费品零售总额3.1亿元，增长23.2%；村级可支配收入7176万元，增长12%；

宜居水城、幸福家园——中国七夕文化名镇望牛墩

① 省委、省政府送温暖慰问团赴望牛墩镇佳鸿机械制造有限公司慰问
② 省委、省政府送温暖慰问团赴望牛墩中学慰问

农村人均纯收入9288元，增长7.3%。望牛墩镇被市委、市政府授予“党管武装工作先进单位”、“人口和计划生育先进单位”，并获“结构效益单项奖”、“协调发展单项奖”、“社会安全单项奖”、“市直主管部门满意度评价单项奖”等奖项。

【结构调整】 望牛墩镇坚持将产业结构调整和转型升级作为提升竞争力的重点，把2010年作为“项目推动年”，制定了重点项目问责机制，对57项镇村重点项目进行跟踪督导，以优质项目落地加快产业转型升级。

突出帮扶企业。加强用工、用电和融资等服务，协助38家企业融资贷款2.1亿元，帮扶6家来料加工企业转为“三资”企业，推动11家加工贸易企业拓展内销市场，企业内销总额达17亿元，增长39%，协助企业获市内销奖励资金150万元。

突出自主创新。发放130多万元奖励科技名牌和纳税大户等先进企业，全镇共有省级以上著名商标、名牌产品5个，国家高新技术企业1家，省、市民营科技企业28家。

突出招大引强。加强对已统筹土地资源的集约利用，制定引进重大及关键投资项目奖励办法，对引进的重大及关键项目最高给予1000万元的奖励。全年累计引进项目49宗，协议投资总额超30亿元。

【城镇建设】 2010年，望牛墩镇启动全镇城市规划设计工作，基本完成《望牛墩2010—2020年总体规划修编》，完成中心区控规调整和科技产业园片区、新

① 市委副书记、市长李毓全（中）到望牛墩镇调研
② 市委常委、纪委书记甄瑞潮（左二）视察望牛墩镇综治信访维稳中心
③ 市委常委、组织部长庞国梅（前中）到望牛墩镇调研

联片区、下合片区、五涌及下漕片区、轨道站点及周边地区控规的编制计划，以及望牛墩镇“三旧改造”专项规划及防洪排涝规划，开展《望牛墩2010—2020年土地利用规划修编》。

加快重点工程建设。累计投入近12亿元，完成镇北环路、东兴路升级改造省域绿道望牛墩段、镇中路“穿衣戴帽”和望溪河七夕文化长廊工程建设，基本完成镇中心区及12条欠发达村的自来水管更换；启动北环工业大道、上合路、古塔路等道路建设；完成中国七夕文化博物馆、新医院、赤滘和朱平沙农民公寓等重点工程的规划设计；推进水利防灾减灾工程的扫尾工作，共完成堤防达标加固工程10项，水闸工程8项；全面完成望洪污水处理厂截污主管网的建设，全镇基础设施日趋完善。

加强城市综合管理。全面启动创建国家卫生镇工作，全镇实现省卫生村全覆盖，新增“市容环境优美村（社区）”11个，成功创建“东莞市绿色社区”2个，“东莞市绿色学校”1家。加大文化市场监管力度，开展印刷行业、印刷品广告、文化市场、校园整治、打击网络侵权等多项专项治理行动。加强环境执法监察和污染企业监管，完成72家企业环保验收工作，协助10家医疗卫生机构完善环保手续，督促5家造纸厂完成烟气脱硫设施建设、7家企业完成锅炉

① 升级改造后的北环公路
② 望牛墩大道
③ 望牛墩镇滨江体育公园
④ 群英会乡村体育酒店
⑤ 望牛墩镇首个农民公寓——赤滘村农民公寓
⑥ “穿衣戴帽”后的望洪公路夜景

①

②

③

④

⑤

⑥

脱硫设施建设。

【社会管理】 2010年，望牛墩镇深入开展“粤安10”、“曙光”、“创平安、迎亚运”等专项行动，组建治安联防大队，对全镇477名治安队员进行收编管理，成功创建15个平安社区。全年共立各类刑事案件398宗，同比下降6.7%，破案267宗，破案率上升8%，继续保持命案全破的良好势头。

强化安全生产监管。扎实开展“安全生产年”活动，对危险化学品、消防安全、道路交通、水上安全、建筑施工、特种设备、燃气安全等重点行业和领域进行深入排查。成立镇食品药品监督站，积极加强药品监管、动物检疫、果蔬农残检测和动植物防疫监控，创建食品安全样板市场2个。

强化交通安全整治。大力查处酒后驾驶、超限超载等违章行为，全年共开展5轮“治摩”统一行动，出动执法力量近5000人次，查处涉摩违法违规行为513宗，各类交通事故宗数、死亡人数分别下降9.1%和12.5%。

强化矛盾纠纷调解。全年投入4149万元治安维稳经费，新建改建一批综治维稳基础设施，健全领导干部包案、矛盾纠纷排查调处、8项社会要情周报和治安要情日报等制度，各类矛盾得到有力协调化解，信访形势稳定。加强劳动监

① 望牛墩镇委书记、镇人大主席胡浩举（中）慰问贫困户
② 望牛墩镇赴挂钩联系点乳源县游溪镇开展市外“双到”扶贫
③ 望牛墩镇开展玉树地震灾区捐款
④ 望牛墩镇积极推动“平安社区”创建
⑤ 望牛墩镇启动“国家卫生镇”创建
⑥ 望牛墩镇经济社会发展战略研讨会召开

①

②

③

④

⑤

⑥

察，为1079名企业员工追回工资335万元；受理各类劳动争议案件69宗，结案66宗，为劳动者追回经济补偿金及工资等约57.1万元。

【民计民生】2010年，望牛墩镇累计提供就业岗位8000多个，成功解决734名户籍人员就业，为企业解决用工约3000人次；累计发放工资定额补贴900多万元。

继续完善社会保障。深入推进农职保并轨工作，为群众购买政策性农（居）民住房保险，投入414万元继续为全镇户籍人口购买30种重大疾病商业保险，全年共获重大疾病保险赔付440万元。加强困难人群的生活保障，累计发放最低生活保障金472.8万元，发放各类助学金112万元，发放残疾人生活补助金、各类抚恤金466.9万元。

尽心尽力扶危济困。制定镇市内扶贫帮困“双到”工作方案，组织全镇领导干部对镇内有劳动能力的116户困难户开展“一对一”帮扶；累计投入46万元，开展乳源县游溪镇中联村、冷水歧村“双到”扶贫工作；开展首个“广东扶贫济困日”、“东莞慈善日”活动，共获各类捐赠488.9万元；发动社会力量为青海玉树地震灾区捐款51万元。

【机关效能】2010年，望牛墩镇坚持以效能提升，优化发展环境。

强化干部素质。制定机关事业单位干部职工在职学历进修财政补助意见及村两委干部学历提升方案，累计举办城市学习论坛11期，组织镇村领导干部赴新加坡、浙江大学及省市内外先进地区考察学习，全面活化干部思维、提高干部素质，提升机关效能。

强化制度建设。完善重点工作督导、招商引资奖励、促进全民就业、干部学历培训补助等多项规章制度，深化政务、村务、财务公开，简化办事程序；推进政府采购，全年共组织采购8宗，资金节约率达14.6%；规范招投标工作，全年完成工程招标20宗，下浮率达12.3%。

强化财务管理。厉行勤俭节约原则，推行部门预算及收支两条线管理，加强村级重大事项审查，规范建设工程预结算审核，全年共完成工程预算审核59宗，结算审核10宗，共核减金额229.2万元。

【七夕风情文化节】2010年，望牛墩镇响应省委建设文化强省、市委打造文化名城部署，全力打造七夕文化品牌，成功举办首届中国（东莞·望牛墩）七夕风情文化节，七夕贡案获“两金一银”好成绩，被授予“中国乞巧文化之乡”称号，被评为东莞市“我们的节日”特色奖，七夕贡案《仙凡缘》入选第十届中国民间文艺“山花奖”，文化节主题歌《浪漫千年》获“中国节·传统节庆歌曲创作大赛”银奖，被省市等上级部门授予年度文化特别贡献奖、创新奖，成功将七夕文化推向全国。同时，制定“实施七夕文化名镇建设规划纲要”，正式拉开打造七夕文化名镇的序幕。

（梁丽英　魏桂钦）

附：2010年望牛墩镇党委、人大、政府领导名录

镇委书记：胡浩举
镇委副书记：叶孔新　梁寿如
镇委委员：李志雄　谭树棠　谭叙棉
　　　　　黄德洪　罗志海　卢广新
　　　　　袁雪明　杨翰卿
镇人大主席：胡浩举
镇人大副主席：谭树棠　梁远全
镇　长：叶孔新
副镇长：李志雄　伦宝明　周近有

① 获评“东莞市文化建设达标镇”
② 望牛墩镇获“中国乞巧文化之乡”称号
③ 举办中国七夕文化论坛

① 2010年8月16日，首届全国七夕风情文化节开幕式
② 2010年8月16日，首届全国七夕风情文化节开幕式启动仪式
③ 望牛墩三大文化品牌之一——粤剧黄金周
④ 精巧的七夕贡案展品

2006—2010年望牛墩镇主要经济指标

指标 \ 年份	2006	2007	2008	2009	2010
户籍人口（人）	44219	44643	45006	45475	45881
外来暂住人口（人）	45623	46217	38452	37873	32670
面积（平方公里）	31.57	31.57	31.57	31.57	31.57
国内生产总值（万元）	158000	194750	234123	288697	356540
工业总产值当年价（万元）	369391	454942	529371	592153	742650
农业总产值当年价（万元）	5549	5431	5312	5236	5448
总用电量（万千瓦时）	45662	50348	52531	58063	61681
全社会固定资产投资总额（万元）	60726	85000	95939	117136	117184
社会消费品零售总额（万元）	14848	18112	21485	25483	31382
外贸出口总额（万美元）	9944	11754	15022	14230	19012
实际利用外资（万美元）	5302	1507	2315	2371	2254
镇级可支配财政收入（万元）	15044	21610	28739	30595	33845
各项税收总额（万元）	15886	23978	30306	33077	53985
金融机构各项存款余额（万元）	228848	246160	303286	349813	395863
城乡居民储蓄存款余额（万元）	172784	185086	227871	245156	281740

麻涌镇

【概况】 麻涌镇位于东莞西北部，全镇总面积91平方公里，常住人口11.8万人，下辖13个村，2个社区，是省政府确定的省中心镇。2010年，全镇完成生产总值110.9亿元，实现工业总产值475亿元，完成税收总额17.4亿元（其中，再生资源增值税退税和代虎门港征收8845万元），镇本级财政收入5.6亿元，全社会固定资产投资总额28.5亿元。

【经济发展】 2010年，麻涌镇由引大向引优扶优转变，实施登门招商选资洽谈，促进优质项目增资扩产。全年合同利用外资1.07亿美元，实际利用外资2.55亿美元，实际利用外资全市排名第一；外贸进出口总额36.3亿美元，同比增长30%，其中出口16.4亿美元，增长37.7%；合同引进内资13亿元，增长16%；实际利用内资6亿元，增长858%。同时完善商业规划，实施商贸工程，完成“香飘四季”特色食街的招商工作，筹备五星级酒店建设以及引进五矿物流市场，第三产业增加值增速全市排名第四。

【产业结构】 2010年，麻涌镇进一步调整产业结构，完成经济发展方式的有效转变。企业引进先进技术、优化生产模式、拓展内销市场，4家来料加工企业实现转型，9家加工贸易企业拓展内销市场，2家企业由代工生产转变为原始设计制造商，新增3个企业研发机构。协助企业申报项目、建立研发平台，引导企业投入技改资金15亿元，实现新组建省、市企业技术中心4个，新增科技企业9家，申报科技项目45个、获资助资金3100多万元；新增专利试点企业1家、专利培育企业2家，专利授权量138件，新增广东省名牌产品1个，广东省著名商标1个。全年推动产学研对接8次，落实产学研合作意向项目20多项，帮助企业引进了一批高科技项目和高层次人才。全镇80%以上的新产品、新技术通过产学研联合完成，有效地调动企业与科研机构合作的积极性，推动产学研良性互动。加强政策宣传和企业人员培训，全年举办科技培训讲座5期。用好民营企业“111工程”培训平台，培训民营企业家100多人次。

【城镇建设】 2010年，麻涌镇完成中心区北组团、大盛片区、河西片区及河东片区局部地块的控规编制及报批工作，初步形成层次分明、相互衔接、相融互补的城乡规划体系。全年累计投资

打造经济强镇　建设幸福麻涌

① 2010年2月3日，市委书记、市人大常委会主任刘志庚（右二）率市春节慰问团到麻涌镇慰问，并先后看望麻四村低保户、生活困难老党员以及麻涌敬老院老人

② 2010年9月10日，市委副书记、市长李毓全（右五），副市长吴道闻（右三）视察新麻涌中学建设工作

③ 2010年3月15日，市委常委、组织部部长庞国梅（中）带领市委组织部有关干部职工到麻涌镇参加植树活动。镇领导班子成员及镇机关、单位副职以上干部近200人参加活动

① 2010年12月17日，市委常委、副市长江凌（左一）到麻涌镇马士基公司调研

② 2010年1月21日，市委常委、市公安局局长崔建（前排中）来到市十四届人大五次会议麻涌代表团，与代表们一起讨论《政府工作报告》以及麻涌发展

③ 2010年3月10日，麻涌镇举行文明镇挂牌仪式，市委常委、宣传部部长王道平（右二），镇委书记、镇人大主席邓流文（左二），镇委副书记、镇长莫伟权（右一）等市镇领导出席仪式并揭牌

④ 2010年12月21日，市委常委、宣传部长王道平（左三）与麻涌镇领导到罗定市调研“双到”工作

⑤ 岭南水乡，宜居麻涌

① 2010年11月12日，副市长李小梅（右一）率由市人力资源局、公安局、社保局等部门组成的工作组到麻涌镇督导新莞人积分制入户工作
② 2010年10月18日，副市长梁国英（左三）与镇领导一起骑自行车体验绿道
③ 2010年5月25日，副市长成洪波（右二）到麻涌镇调研消防安全工作

2.5亿元，新增公路里程11.6公里，改建公路4.7公里。西环路、八达路建成通车，中麻公路大修改造工程和沿河西路景观改造工程全面完成，东环路、东太路等一批项目不断推进。社区卫生服务中心、麻涌派出所和交警大楼竣工并投入使用，新麻涌中学、麻涌一中二期扩建工程等设施全部建成。此外，完成全长15.5公里的绿道网建设任务，建成一批湿地景观、小公园等生态景点。完成绿化种植面积超过4万平方米；关停3家违规废油加工、仓储企业，大力整治违规煤场，要求10吨以上锅炉安装脱硫装置，全年处罚环境违法企业18家；深入推进节能减排，5家企业通过市级清洁生产审核验收，6个项目列入省节能专项资金项目计划，8家企业获市节能专项资金；2010年考核期间，每万元GDP能耗同比下降17.5%，比市下达的目标多出近13个百分点。

【财务管理】 2010年，麻涌镇建立财政、税务部门定期沟通协调制度，逐步完善财务报表报告制度，加强债务与融资分析，严格预算约束，坚持压一般保重点，合理安排资金使用。制定《麻涌镇扶持设施农业发展实施办法》，扶持农业规模化、科技化生产。进一步规范农村集体财务活动，完成15个村（社区）和14个组级审计工作。落实重大事项审查制度，开展重大事项审查128宗，呈审款项总额2.7亿元，全部通过审查。加强支农资金使用的监督和管理，督促指导各村（社区）用好支农资金。

【民生实事】 2010年，麻涌镇解决群

众关心的热点难点问题，提升公共服务质量。投入600万元为户籍人口购买补充医疗保险；为困难群众发放临时物价补贴，为80岁以上老人发放高龄津贴，落实城乡一体的养老保险体系；投入近900万元促进创业就业，惠及人数5107人，同比增加2093人；累计举办各类培训班51期，培训户籍失业人员1836人，促成1215名培训人员实现就业；成立“村民车间（班组）”27个，安置本地户籍劳动力1071名；免费培训新莞人约700人次。实施奖教、奖学、助学方案，对困难学生进行帮扶，提高教学积极性。普通高考升本科、大专超额完成市下达任务。深化香飘四季文化内涵，开展“香飘四季”读书节、文化艺术节及运动会等系列主题活动。扶持发展群众性体育运动，推动全民健身。开展“广东扶贫济困日”和“东莞慈善日”活动。规范低保管理工作，实行动态管理、民主审批等制度，共发放各类保障金超1600万元。投入510多万元实施住房保障工程，完成310户危房改造，超额完成市下达的任务。（梁泽鹏）

附：2010年东莞市麻涌镇党委、人大、政府领导名录

党委书记：邓流文
党委副书记：莫伟权　袁政军
党委委员：陈旭林　薛幼东　赖剑云
　　　　　郭佳荣　杜学民　黎德庆
　　　　　何云航　伦楚能　吴晓峰
镇人大主席：邓流文
镇人大副主席：薛幼东　钟镇威
镇　长：莫伟权
副镇长：陈旭林　陈文龙
　　　　祝永欣　卢炽华

① 2010年8月17日晚，麻涌镇委书记、镇人大主席邓流文（右）以党代表身份与基层党员群众座谈
② 2010年10月27日，镇领导为麻涌二桥开工奠基
③ 麻涌镇举办“香飘四季”书画展
④ 麻涌绿道一景

①

②

③

④

① 华南地区汽车进出口的重要口岸——新沙汽车滚装码头
② 2010年4月17日，华南最大的散货船"凯斯"轮在麻涌成功下水
③ 2010年6月27日，麻涌龙舟节盛况

2006—2010年麻涌镇主要经济指标

指标＼年份	2006	2007	2008	2009	2010
户籍人口（人）	70346	70861	71260	71809	72332
外来暂住人口（人）	40907	43996	42877	32805	34798
面积（平方公里）	84	91	91	91	91.14
国内生产总值（万元）	476606	610000	756029	932351	1109110
工业总产值当年价（万元）	2249438	2910000	4185160	3738708	4759140
农业总产值当年价（万元）	13062	10760	13385	14262	14284
总用电量（万千瓦时）	164827	264460	81563	92288	116520
全社会固定资产投资总额（万元）	213903	228900	225389	238321	284849
社会消费品零售总额（万元）	64113	44644	51430	48935	73891
外贸出口总额（万美元）	65461	108620	123232	119095	164013
实际利用外资（万美元）	20359	20845	22989	24114	25469
镇级可支配财政收入（万元）	27578	34097	44936	49852	55622
各项税收总额（万元）	82036	88185	120512	141902	165502
金融机构各项存款余额（万元）	402673	570781	595487	567709	728228
城乡居民储蓄存款余额（万元）	211418	226378	280718	302623	355550

石碣镇

【概况】石碣镇位于东莞市北部，地处广深走廊之间，总面积36平方公里，下辖14个村和1个社区，户籍人口4万多人，外来暂住人口逾20万人。2010年，全镇生产总值128亿元，同比（下同）增长16.97%；工业总产值392亿元，增长32.27%；税收总额15亿元，增长28.29%；镇本级财政收入4.7亿元，增长17.1%。镇、村、村民小组三级集体总资产74亿元，增长0.81%，其中镇本级总资产达35亿元，增长0.62%，村级总资产达25.6亿元，增长1.92%。在东莞市2010年度总结表彰大会上，石碣镇获镇（街）工作量化考核综合总分一等奖、结构效益单项奖、维护稳定和社会治安综合治理工作先进镇等24个集体奖项。

石碣——江滨花园式电子信息产业名镇

① 2010年3月25日，共青团中央书记处书记贺军科带领调研组，在团省委副书记陈小锋，团市委副书记叶淦奎，镇委书记、镇人大主席刘始团等陪同到石碣镇参观调研

② 2010年3月2日，国家计生委副主任江帆率国家人口和计生委检查工作组，在省政府副秘书长、人口计生委主任张枫，副市长李小梅，镇委书记、镇人大主席刘始团，镇委副书记、镇长王炜东等陪同到石碣镇检查人口和计划生育工作

① 2010年1月19日，广东省精神文明建设表彰暨未成年人思想道德建设工作会议在省政府礼堂召开，中共中央政治局委员、省委书记汪洋，省委常委、宣传部部长林雄等出席大会。图为镇委书记、镇人大主席刘始团代表石碣镇上台领“广东省文明镇”奖牌
② 2010年3月4日，省妇联副主席杨建珍，市委书记、市人大常委会主任刘志庚等领导出席东莞市举行纪念“三八”国际劳动妇女节100周年暨表彰大会，并为获奖单位及个人颁奖
③ 2010年11月18日，广东省军区副司令员倪善学在市委常委、东莞军分区司令员刘国辉等陪同下，到石碣镇慰问在江龙桥环穗检查站工作的亚运安保执勤官兵

【获“中国绿色名镇”和“广东省园林城镇”】2010年，石碣镇制定环保规划，落实环保法规，完善基础设施，抓好生态保护，建设生态新城，发展循环经济，打造文化和生态品牌，获得“中国绿色名镇”、“国家级生态镇”等称号。围绕关注民生、共享绿色的总体目标，依托东江水乡风貌的独特优势，加大园林绿化的建设投入，建设公园、广场、风景区、景观带，提升植物品种配

置水平，开展大规模的绿化美化活动，获得省住房和城乡建设厅授予的“广东省园林城镇”称号。

【转型升级】 2010年，石碣镇积极调结构促转型，产业发展更加协调。第一、第二、第三产业比例为0.23∶67.06∶32.71，经济发展质量和企业竞争力稳步提升。一是内、外源经济协调发展。外源型经济稳步提升，2010年，新签利用外资协议10宗，台达、达创、东聚等重点企业都相继增资扩产；合同利用外资2000万美元，增长112.99%；实际利用外资5135万美元，增长9.53%；全镇外贸进出口达55亿美元，增长35.26%；43家来料加工企业不停产转变形态，完成市下达指标的130%。内源型经济持续壮大，全镇共

① 2010年8月4日，省委常委、组织部部长李玉妹等，在市委书记、市人大常委会主任刘志庚，市委常委、组织部部长庞国梅，镇委书记、镇人大主席刘始团，镇委副书记、镇长王炜东等陪同到石碣镇视察，就“两新”组织党建工作进行调研

② 2010年4月29日，省环保厅副厅长陈敏，市委常委、纪委书记甄瑞潮，市环保局局长袁绍东，镇委书记、镇人大主席刘始团，镇委副书记、镇长王炜东等领导参加石碣镇获“全国环境优美镇”授牌仪式

③ 2010年8月13日，市委副书记、市长李毓全在镇委副书记、镇长王炜东，镇委委员、副镇长叶仲球，镇委委员叶景良等陪同到石碣镇台达电子厂调研

① 2010年12月13日，市委常委、副市长江凌及石碣镇领导设宴欢迎台达集团董事长郑崇华及公司高层等到访石碣

② 2010年11月16日，市委常委、副市长江凌，镇委书记、镇人大主席刘始团，镇委副书记、镇长王炜东，五洲电路集团董事长蔡志浩等出席石碣镇与五洲电路集团有限公司举行投资10亿元发展HDI电路板项目签约仪式

③ 2010年11月26日，袁崇焕中学举行建校10周年庆典。市政协副主席刘发枝，市政府副秘书长金行中，镇委书记、镇人大主席刘始团，镇委副书记、镇长王炜东等镇领导参加活动

④ 2010年8月20日，东莞市外商投资企业协会石碣分会成立。市政协副主席刘发枝，市外经贸局副局长方见波，市外商投资协会会长朱国基，外商投资协会石碣分会会长洪启辉，镇委书记、镇人大主席刘始团，镇委副书记、镇长王炜东等领导出席仪式

有个体私营工商牌照企业11374家，比去年增加165家；规模以上民营经济工业总产值达28亿元，增长28.81%；民营经济实现税收4亿元，占全镇总税收的27.32%，明盛能源、盈聚电子、富盈房地产等3家民营企业的税收超千万。内资引进工作成效显著，全镇新签内资引进项目19宗，增资项目9宗，与五洲电路集团签订投资10亿元建HDI电路板项目协议，已完成投入8亿元。房地产业成倍增长，固定资产投资总额达11亿元。二是内销市场稳步拓展。大力帮助企业扩大内销，力推莞货北上拓展内销业务，组织台达、东聚、力音、恒星光电等大型企业参加国内的大型展览会、推介会，内销总额达26.79亿元。三是电子产业集群得到巩固。积极协助有潜力的大企业申报市工业龙头企业，台达电子和莫仕连接器2家企业被认定为东莞市工业龙头企业。石碣镇的电子产业集群被认定为“广东省产业集群升级示范区”。电源供应器、键盘、鼠标、集线器、路由器、电容、电阻等电子产品出口量位居世界前列。四是品牌发展战略积极推进。全面实施非公企业创建名牌名标工程，盈聚电子获省名牌产品。鼓励企业自主创新，协助企业成功申报市以上扶持资金近3000万元。五是产学研合作成效显著。专门搭建首个省专业镇产学研综合信息平台—“石碣产学研技术创新网”，收集50多项企业技术需求及20多家国内重点高校的科研成果，建成专业镇产学研合作供需数据库。全镇共有产学研合作企业16家，研发企业108家。六是产业转移园加速发展。不断完善东莞石碣（兴宁）产业转移工业园配套设施，吸引更多的大企业落户园区，云山汽车、联康药业等重点项目相继建成投产。进园企业达35家，投资总额达28.5亿元。

【城镇建设】 2010年，石碣镇以建设成江滨花园式电子信息产业名镇和东莞靓丽的“北大门”为目标，把城镇建设作

① 2010年12月4日，东莞市南方舞蹈职业技术学校举行揭牌仪式。中国舞蹈家协会副主席、分党组书记冯双白，文化部、中国职业艺术教育学会、中国舞蹈家协会、中国舞蹈杂志社以及各地艺术学院的领导、专家，副市长吴道闻，市政协副主席刘发枝，镇委书记、镇人大主席刘始团，镇委副书记、镇长王炜东等镇领导出席

② 2010年11月11日，市委常委、东莞军分区司令员刘国辉，在镇委书记、镇人大主席刘始团，镇委委员、人大副主席刘锦松等陪同到石碣镇检查亚运安保工作

为新一轮发展的重点。以总规为依据，逐步推进控规编制工作，提高控制性详细规划覆盖率；完成全镇“三旧”改造专项规划及年度实施计划，基本完成石碣镇市政排水、治污、燃气等专项规划编制，城市功能规划更趋合理。用足用活3年的“三旧”改造政策，稳步推进南堤水南段旧村旧厂拆迁改造，唐洪食街、石碣旧村等4个单元规划和改造方案已报批并准备启动；投入千万元大力整治排涝设施，内涝问题得到有效改善；完成滨江中路升级改造和祈福公园牌坊修建，推进市信息职业技术学校代建工程、新风路电力管道工程、110千伏板横、板屋改造线路等工程建设；加快完善截污主干管网工程，提前启动西梁路等一批截污次支管网工程建设。在全市率先成立机动车排气污染监督站，总量减排任务连续3年全面达标，重点污染企业得到有效监控。

【社会管理】 2010年，石碣镇坚持把综治维稳作为第一责任，强化公共安全管理和矛盾排查调解，维护社会和谐稳定。强力整治社会治安，推进“治摩”工作，开展打击“黄赌毒”专项行动，严厉打击各类违法犯罪行为。2010年，全镇发生刑事案件1386件，破获698宗，侦破率上升38.5%，命案破案率达100%。强化社会监控网络建设，安装视频监控系统115个，覆盖到全镇。加强流动人口服务管理，做好居住证办理和积分制入户工作，制发居住证近12万份，300多人成功通过积分制落户石碣。扎实做好信访维稳，实时办结上访案件，受理群众信访总量下降15%。健全三级矛盾排查机制，全年共排查调处社会矛盾42宗，调处成功率达100%。提升劳动仲裁速度和质量，全年成功调解劳资纠纷295宗，裁决172宗，实际裁决调解金额1531万元。健全公共就业服务，在招工市场首推设立定点招聘会，加大力度清理“黑中介”，共查处“黑中介”12家。继续深入开展“安全生产年”活动，加强对重点行业、企业、区域危险源的防范和整治，首创安全生产月现场整治会制度，大力曝光安全生产工作不到位企业，共出动检查人员6000多人次，检查企业1800多家，涉及特种作业人员830多人，全力整改安全隐患2000多处。连续3年没发生重大安全生产事故，安全生产工作连续3年获市委市政府表彰奖励。加强产品质量和食品安全管理，强化质量技术监督和物价监督，加强特种设备监管；严厉查处制售假冒伪劣产品行为，全年共查处无证照经营628户；切实加强供港蔬菜安全和质量监管，成功创建上一村市场和沙腰市场2个食品安全样板市场，市场食品安全度进一步增强。

【教育发展】 2010年，石碣镇加大教育投入，自2008—2010年共投入2.6亿元，年均增长2.23%。教育质量逐步提高，小学素质教育和幼儿教育进一步巩固，中高考成绩稳步提升。教育工作取得新突破，镇教育办、袁崇焕中学、石碣中学首次迈进市先进教育教学工作单位行列。投入400多万强化教学楼安全的加固和改造。加大民办教育扶持力度，全面实施公办和民办学校结对教学帮扶，促进公办和民办教育均衡发展。解决新莞人子女上学难问题，帮助500多名新莞人子女入读公办学校。加大成校、职校、南方舞蹈学校等职业教育学校投入建设力度，职教水平得到较大提高。

【文化事业】 2010年，石碣镇大力发展文化事业，不断净化文化市场。实施文化名镇建设，配合市升级改造袁崇焕纪念园。成功举办“2010年石碣镇第六届读书节”、“2010年石碣镇龙舟大赛”、“印象石碣”等大型文化体育活动。开展“讲文明、树新风，迎亚运、当好东道主”主题教育实践活动。加强文化遗产保护，收集、整理非物质文化

遗产62件和梁家村振文楼（雕楼）等一批文物。大力整顿文化市场，深入开展“扫黄打非”、“风暴行动”、“校园周边文化市场整治”等专项行动，全面清理“黑网吧”、“黑影吧”、“黑K吧”，不断净化文化市场环境。

【医疗卫生】 2010年，石碣镇积极推进石碣医院医改工作。社区医疗“一个中心、十三个站”配套全面完善。全面落实流感、基孔肯雅热等突发疫情的防控工作，公共卫生保障和重大疫情的防控能力增强。大力打击非法医闹、黑律师，全面规范医疗市场管理，加强对违规执业的卫生站、诊所的整治力度，共查处医疗机构65间，责令整改37间。

【社会民生】 2010年，石碣镇大力推进城乡一体化养老保险制度，大幅提高农居民养老待遇。两次调整医保待遇，最高支付额提至15万元。开展“广东扶贫济困日”和首届“东莞慈善日”活动，募集捐款550万元。扎实推进帮扶工作，派出工作组长驻罗定市蕃滨镇，实施11个帮扶项目，投入帮扶资金近500万元。

（雷成虎）

附：2010年东莞市石碣镇党委、人大、政府领导名录

镇委书记：刘始团
镇委副书记：王炜东
　　黎灿辉（6月挂任罗定市副市长）
镇委委员：叶仲球　刘锦松　周明贵
　　黄子成　叶景良　袁灿怀
　　袁莉雯　詹耀东　龚良宝
　　何志伟
镇人大主席：刘始团
镇人大副主席：刘锦松　钟灿桥
镇　长：王炜东
副镇长：叶仲球　梁锡坚　叶浩平
　　唐满全　刘建俊

① 2010年4月13日，市人大常委会副主任吕兢，副市长李小梅，市海洋与渔业局局长张月忠，镇委书记、镇人大主席刘始团，镇委副书记、镇长王炜东等市镇领导出席在石碣镇举行的东莞市江河渔业资源增殖放流活动，并为“东江石碣放生点”揭幕

② 2010年2月5日，市委常委、宣传部部长王道平，市人大常委会副主任冯同恩，副市长严小康，市政协秘书长梁近东，市人大教科文卫华侨委员会主任谭素红，市政协教科文卫体和文史委员会主任丁林枝，市文广新局局长陈志伟，镇委书记、镇人大主席刘始团等市镇领导参加袁崇焕纪念园交接暨挂牌仪式

③ 2010年10月23日，市委常委、宣传部部长王道平，市人大常委会副主任冯同恩，副市长吴道闻，市政协副主席刘发枝，省科技厅副厅长叶景图，市教育局局长杨晓棠，镇委书记、镇人大主席刘始团，镇委副书记、镇长王炜东等市镇领导出席东莞市信息职业技术学校奠基仪式

④ 2010年3月9日，市委常委、宣传部部长王道平，市委宣传部副部长叶泽驹、胡毅峰，市文广新局局长陈志伟，市电视台台长黄永贵，市文联主席林岳，镇委书记、镇人大主席刘始团，镇委副书记、镇长王炜东等市镇领导为石碣镇获“广东省文明镇”揭牌

⑤ 2010年10月23日，市委常委、宣传部部长王道平，市人大副主任冯同恩，副市长吴道闻，市政协副主席刘发枝，省科技厅副厅长叶景图，市教育局局长杨晓棠，镇委书记、镇人大主席刘始团，镇委副书记、镇长王炜东等市镇领导出席石碣中学建校45周年华诞庆典活动

①

②

③

④

⑤

① 2010年6月29日，石碣镇2010年龙舟大赛在东江南支流举办。市政协主席刘树基，市委常委、宣传部部长王道平，市人大常委会副主任李秀冰，副市长严小康，市政协副主席刘发枝等市领导，镇委书记、镇人大主席刘始团，镇委副书记、镇长王炜东等领导，广西罗城县和广东省兴宁市、罗定市等有关领导出席活动

② 2010年9月29日，镇委书记、镇人大主席刘始团，镇委副书记、镇长王炜东率镇党政代表团赴罗定市替滨镇考察扶贫工作

③ 石碣镇东江美景

2006—2010年石碣镇主要经济指标

指标＼年份	2006	2007	2008	2009	2010
户籍人口（人）	41325	41999	42608	43333	43887
外来暂住人口（人）	182251	181295	172095	113228	100760
面积（平方公里）	36	36	36	36	36
国内生产总值（万元）	868731	994532	1082524	1094432	1280125
工业生产总值当年价（万元）	3254079	3729291	3596901	2966737	3924126
农业总产值当年价（万元）	4173	4023	4086	3971	4405
总用电量（万千瓦时）	163752	166303	152880	141371	155976
全社会固定资产投资总额（万元）	208122	198147	185872	154243	168655
社会消费品零售总额（万元）	132759	154000	169948	176888	177018
外贸出口总额（万美元）	409960	494913	389853	256812	336334
实际利用外资（万美元）	4337	2909	4272	4688	5135
镇级可支配财政收入（万元）	33949	37641	39005	40184	47054
各项税收总额（万元）	83434	110256	139348	115563	148252
金融机构各项存款余额（万元）	892964	989304	1143627	1293160	1360772
城乡居民储蓄存款余额（万元）	610736	644756	784860	846502	937744

高埗镇

【概况】 高埗镇位于东莞市的北部，紧临市中心区，是一个新兴的现代化工业商贸物流城镇。面积34平方公里，常住人口15.76万，户籍人口3.78万，下辖18个村和1个社区。地理地缘优势明显，水陆交通便利，东江支流三面环绕，形成“四横四纵”的现代化交通网络，直接接驳莞深高速、广惠高速、莞增高速及广园快速，实现与广州、深圳、惠州及周边镇街的无缝对接，构筑起“半小时经济圈”。2010年，全镇生产总值69.75亿元，同比（下同）增长14.5%；各项税收总额8.5亿元，增长29%，其中国税5.93亿元，增长28.4%，地税2.56亿元，增长30.4%；镇本级可支配财政收入3.91亿元，增长9.2%；全社会固定资产

打造江滨新城，建设幸福高埗

① 2010年12月18日，中宣部副部长、国务院新闻办主任王晨（左二）一行在市委常委、宣传部部长王道平（左三）陪同下，到东莞唯美陶瓷博物馆视察

② 2011年2月16日，商务部副部长蒋耀平（前排左二）到东莞视察高埗裕元制造厂

③ 2010年10月27日，省人力资源和社会保障厅副厅长杨红山（前排左三）到华宏眼镜厂检查工作

投资18.76亿元，增长31.2%；总用电量13.34亿千瓦时，增长13.9%，总供水量3066万立方米，增长3.6%；合同利用外资2746万美元，实际利用外资5608万美元，增长7.8%；出口总值12.87亿美元，增长23.6%；金融机构各项存款余额69.6亿元，增长11.9%。

【产业升级】 2010年，高埗镇把结构调整作为加快转变经济发展方式的重点，着力推动产业转型，提升发展质量和效益。一是落实政策扶持。实施“科技高埗”工程，17家企业29个项目获得资助约80万元。抓好市科技项目申报，19家企业25个项目获省市扶持900多万元。解决融资问题，为67家重点中小工业企业及6家重点商贸和信息技术服务业企业落实贷款12.58亿元。借“三旧”（旧城镇、旧厂房、旧村庄）改造之机，协助裕元、华宏、建宏、富崎等企业解决土地办证和理顺权属问题。二是推动节能环保。完成东保纸业、强安造纸、振兴造纸的脱硫设施，脱硫率达90%以上。6家市重点耗能企业通过市考核。超额完成市下达“十一五”期间单位生产总值能源消耗下降21%的任务。三是提升转型服务。推动企业增资扩产，共有15家企业增资1864万美元。推动来料加工企业转型，共有10家来料加工企业成功转型。加强内销业务辅导，共有内销业务企业67家，内销金额2.13亿美元，增长29.8%。四是引导创优品牌。鼓励企业发展高新技术，新增国家高新技术企业1家、省民营科技企业4家、市民营科技企业2家。鼓励企业增设研发机构，共有3家企业设立研发机构。五是实施三产带动。发展房地产业，占地1000亩的“新世纪颐龙湾”房地产项目，完成一期24幢别墅并开放样板房。占地300亩的“光大·江与城”房地产项目正征地拆迁工作。兆成商贸大楼完成主体工程4层。下江城工业区员工宿舍已完成建筑面积7万平方米，其中4幢高层已封顶。发展现代物流业，占地200亩的水果批发市场已办理有关手续，冷冻仓储、企业产品展示展销中心等专业物流市场正调整用地。

【城市建设】 2010年，高埗镇以敢为人先的气魄抓城建，完善城市功能和优化发展环境，以城市建设的全面进步促进全镇的跨越发展。一是确立城市地标。投资1亿元建成研发中心，提升城市形象，促进便民利民。投资5700万元建成高埗广场，为市民提供休闲娱乐、体育健身的好去处。投资1300多万元建成广场北路和花园路，提升新区交通承载

①

②

③

① 2010年8月13日，市委副书记、市长李毓全（右三）到高埗镇裕元制造厂调研

② 2010年12月5日，市委常委、组织部部长庞国梅（左三），市委常委、宣传部部长王道平（左二），副市长严小康（左四）与高埗镇镇委书记、镇人大主席李柏林（左一）共同启动“牵手芊芊，情定莞邑”集体婚礼活动

③ 2011年1月8日，市领导刘树基、黄双福、甄瑞潮、冯同恩、梁国英、张玉其与高埗镇镇委书记、镇人大主席李柏林，高埗镇镇委副书记、镇长黄耀成一起出席高埗镇30项重点工程庆典活动并剪彩

④ 2010年1月13日，市委常委、宣传部部长王道平（中）于市委十二届六次全会结束后，参加高埗镇分组讨论会

⑤ 2010年12月8日，副市长梁国英（前排右一）到高埗镇视察污水处理厂

⑥ 2010年10月11日，副市长吴道闻（左二）到高埗镇检查工作

⑦ 2010年5月25日，副市长成洪波（右二）到高埗镇检查消防工作

④

⑤

⑥

⑦

① 2010年12月30日，高埗镇召开2010年度总结表彰大会
② 2010年12月15日，高埗镇召开第十届妇女代表大会
③ 高埗镇领导班子共商强镇发展之路
④ 2011年1月8日，高埗镇举办“新世纪颐龙湾，携手共创活力新城”2011新年文艺晚会

① 2011年1月1日，高埗镇举行"锦绣大地"万人迎春长跑活动
② 2010年4月7日，高埗镇组织机关青年参加"农耕体验日"活动
③ 升级改造后的三塘路
④ 升级改造后的莞潢南路

力和疏导力。二是优化路网架构。进一步完善的路网建设，投资4.18亿元，完成高龙路、三塘路、振兴路、莞潢路升级改造工程、振兴中桥重建工程和北王路辅道工程。完成三塘路水乡输变电配套22万伏线路工程和中心路、高埗大道北、振兴路、高龙路等道路的10千伏电缆敷设工程，共敷设电缆7万多米。加快东江梨川大桥建设，市政府增加投资5000多万元，确定高埗立交工程方案。投资超亿元的环城路与莞潢路立交连接工程方案已确定。投资2000万元的沿江路亲水公园段休闲绿道改造工程已完成初步方案。三是完善城市功能。投资5300多万元建成挂影洲高埗泵站。投资1000多万元改造老化水管7万多米，受益用户约3300户。22万伏低涌变电站已签订征地合同。宝莲加油站已进入建设阶段。四是开展"三旧"改造。启动下江城片区、高城商业街、卓世地块、下江城汽修厂和洗沙旧村5个改造项目，已全部完成改造方案的编制及上报工作。五是加强城市管理。投入2200多万元，深入实施"大环卫"（将全镇的环卫清扫保洁、垃圾收集及运输处理，采用BOT模式进行市场化管理）管理模式，卫生水平明显提升。投入2200多万元对高埗大道、高龙路、北王路的绿化进行升级改造，全镇绿化覆盖率为37.7%。坚持治管同步，注重长效，不断完善拆除违章建筑快速反应和处置机制。开展畜禽养殖业污染整治、医疗废物和医疗废水污染整治等专项整治工作，进一步改善环境质量。

【社会管理】2010年，高埗镇以坚持不懈的毅力抓管理，创新社会管理方法，强化社会管理力度，逐渐形成管理科学化、沟通信息化和服务社会化的高效社会管理体系。一是狠抓综治维稳。开展打黑除恶及扫黄禁赌等专项整治工作，增加治安投入1500多万元，防控效果逐步显现。全镇共立刑事案件831宗，破获403宗，打掉团伙32个，刑事拘留215人。投资300多万元建成综治信访维稳中心大楼。共受理群众来信、来访、来电、232宗，办结227宗，办结率为97.8%。加强劳动监察执法，开展工资支付执法大检查和劳动合同签订情况检查等行动。受理劳动争议仲裁案件196宗，下降14%，为2300多名员工追回工资经济补偿等1500多万元。二是狠抓安全管理。层层签订安全生产目标管理责任书。定期不定期开展安全生产大检查，全年无发生重特大安全生产事故。落实履行消防安全责任，健全消防队伍机构建设，开展消防安全大行动，及时解决

① 高埗镇研发中心　② 新高埗医院　③ 挂影洲围高埗泵站　④ 高埗广场

消防安全隐患。全年共出警191次，扑灭火灾69起，挽回财产损失286万元。开展食品安全综合整治，规范生猪肉品管理，确保全镇群众肉食安全。投入110多万元，将冼沙综合市场创建为市食品安全样板市场。狠抓交通安全，全力排查和整治交通事故“黑点”，对中心路和创兴路交会路口、高埗大道西联小学路段和沿江北路等路段进行整治。大力发展“交通信号指挥灯”系统，完善道路交通建设的软硬件设施。三是狠抓计生工作。加强人口与计划生育管理，深入开展计生政策宣传活动，实现户籍人口和流动人口科学管理。全年登记户籍人口出生415人，出生率为11.03‰，政策

生育率为97.83%，被市评为2010年度人口和计划生育工作先进镇街。

【社会保障】2010年，高埗镇狠抓民生，切实解决关系群众切身利益的问题，不断加大改善民生和社会事业发展力度。健全社保救济体系，开展扶贫济困送温暖活动，共发放各类慰问金、救助金、助学金等1100万元。积极开展省市扶贫开发“双到”（规划到户、责任到户）工作，投入220万元对乳源县大布镇钨连村、英明村和夹水村等3条村进行帮扶。扩大社会保险覆盖面，全镇共参保72.66万人次，共核付基本养老、社区门诊医疗、住院医疗、工伤保险等各种待遇1亿多元。健全就业服务网络，落实就业各项政策，全年共为5000多人次提供免费就业服务，促进600多人实现就业。落实各项就业补贴、免息小额贷款670多万元。举办免费招聘活动19场，增设村民车间3个。举办技能培训班37期，培训2935人次。健全公交服务网络，实施公交优先工程，投入136万元，增加和更新8辆公交汽车。优化公交服务，公交车延长服务时间至晚上十点半，户籍老年人和残疾人可免费乘车，户籍学生可享受半价乘车优惠。

【农村发展】2010年，高埗镇推进农村土地统筹经营，大力发展观光农业、休闲农业和生态农业；加强农村集体资产管理，落实责任追究、重大事项审查、合同管理、土地款管理四项制度，打造惩防并举的集体资产管理新格局；落实农村帮扶政策，管好用好市财政对村公共管理支出财政补助，缓解村公共管理支出压力；帮助欠发达村用好市300万元贴息贷款，增强造血能力。2010年，村、组两级可支配收入2.43亿元，增长7.3%，纯收入1.52亿元，增长10.4%。农民人均纯收入13505元，增长8.4%。冼沙村、保安围村、高埗村荣获市2010年度村组可支配常规性收入总额超3000万元奖。

【文教卫事业】2010年，高埗镇全力打造“东江文化”，举办各级各类文化系列活动，建成第三批4个“农家书屋”，满足广大群众的文化需求。“冼沙鱼丸”被列入市非物质性文化遗产。推动中国建筑陶瓷博物馆和高埗大桥包装成东莞经典旅游路线的景点之一。整合教育资源，促进公、民办教育质量均衡提升，弘正学校创建为市三星级民办学校。完善成人学校办学条件，开设本、专科学历进修班7个，在学人数244人。投入5800多万元实施市第五高级中学扩建工程，已进入建设阶段。投资1亿多元建成高埗新医院，于7月20日投入使用。投资120万元增加高埗、卢溪、低涌3个社区卫生服务站，12月底投入使用。

（林　郁）

附：2010年高埗镇党委、人大、政府领导名录

镇委书记：李柏林
镇委副书记：黄耀成　黄锦昌
镇委委员：杨石光　熊才安　黄钱发
　　莫献来　杜伟洪　莫桂华
　　罗有通　郑晓微　苏惠英
镇人大主席：李柏林
镇人大副主席：熊才安　李祥根
镇　长：黄耀成
副镇长：杨石光　廖淑英　陈树有
　　刘志坚

① 千桌盆菜宴　② 双桥辉映　③ 夜色高埗流光溢彩

① 市第五高级中学扩建工程鸟瞰（效果图）
② 新世纪颐龙湾商住小区（效果图）

2006—2010年高埗镇主要经济指标

指标　　　　年份	2006	2007	2008	2009	2010
户籍人口（人）	36873	37209	37409	37648	37832
外来暂住人口（人）	92261	101217	136527	128976	129189
面积（平方公里）	34	34	34	34	34
国内生产总值（万元）	451928	549859	653120	609392	697532
工业总产值当年价（万元）	1077656	1132853	1457325	1295187	1571067
农业总产值当年价（万元）	11132	10875	12360	10633	6350
总用电量（万千瓦时）	118494	129089	130017	117113	133411
全社会固定资产投资总额（万元）	139793	149894	113368	139659	187570
社会消费品零售总额（万元）	118539	138349	159350	160960	216067
外贸出口总额（万美元）	113145	119756	134837	104081	128663
实际利用外资（万美元）	6534	7351	7076	5203	5608
镇级可支配财政收入（万元）	24991	29665	32929	35842	39141
各项税收总额（万元）	48387	59387	78015	65857	83324
金融机构各项存款余额（万元）	410665	471213	552798	621829	695656
城乡居民储蓄存款余额（万元）	296471	322875	409584	432531	502032

洪梅镇

【概况】洪梅镇地处东莞市西北部，紧靠虎门港立沙岛、新沙港，全镇总面积33.2平方公里，辖9个村和1个社区，2010年户籍人口2.19万人，外来暂住人口约4.6万人，是广东教育强镇、广东省卫生镇、市文化建设达标镇；全镇实现生产总值34亿元，同比（下同）增长34.4%；工业总产值151亿元，增长45.2%，其中规模以上工业总产值149亿元，增长46.1%；各项税收总额4.2亿元，增长13.1%；可支配财政收入2.3亿元，增长6.9%；社会消费品零售总额10亿元，增长22%。

【招商引资】2010年，洪梅镇明确产业发展导向，充分调动各方抓好内、外资引进工作的积极性。全镇利用外资项目13宗，合同利用外资7637万美元，增长189.9%，实际利用外资1.01亿美元，合同利用外资和实际利用外资均高于全市平均水平。引进内资项目协议金额10.28亿元，实际投资4.64亿元，其中落实投资1000万元以上的优质内资项目4宗。加快重点基础设施和优质产业项目建设，全社会固定资产投资总额12.3亿元、增长11.8%，推进富之源、理文、龙星、津工、华而富等优质企业增资扩产，启动总面积407亩的4个“三旧”（旧城镇、旧厂房、旧村庄）改造项目，创力片区和粤源片区的编制计划通过规划局审批。

努力建设“交通枢纽城镇、产业服务城镇、宜居生态城镇”

① 2011年3月23日，市委书记、市人大常委会主任刘志庚在洪梅镇委书记吴淑萍、镇长周玉佳等陪同下到日资企业东莞佑能工具有限公司视察

② 2010年6月13日，市委常委、纪委书记甄瑞潮出席洪梅镇机关党代表工作室启动仪式

① 2010年9月9日，洪梅镇举办“庆祝第26个教师节暨教育基金募捐文艺晚会”，镇委书记吴淑萍代表镇委、镇政府接受东莞市新世纪集团董事长梁志斌代表捐建价值1000万元的洪梅中学综合楼

② 2010年5月24日，广东省规模最大的SPAR嘉荣配送中心正式启用。图为镇委书记、镇人大主席吴淑萍及镇全体班子成员参观配送中心仓库

③ 2010年5月，洪梅镇婚姻登记处被评为“全国婚姻登记规范化单位”，镇委副书记、镇长周玉佳祝贺首对登记夫妇

④ 2010年8月3日，洪梅镇委书记、镇人大主席吴淑萍到洪梅公安分局办事窗口检查指导工作

【转型升级】 2010年，洪梅镇继续抓好扶优扶强，先后推荐56家企业进入市融资支持名录，帮扶企业累计获得贷款24.8亿元；动员大众农科、粤港等7家科技企业获得各类资助141.86万元；成功推动4家来料加工企业转三资企业，推动出口、内销增长，全镇外贸进出口总值15.95亿美元，增长49.7%，增速排名全市第4位，其中出口总值2.44亿美元，增长21.5%；促成10家外资企业拓展内销，全镇三资企业内销额达7.45亿美元，增长42.4%，占三资企业产品销售的59.1%。推动3家外资企业引进先进设备技术，4家企业实现从OEM转为ODM，3家企业设立研发机构。天龙化工设立首个“全国服装印花材料研发基地”。富之源、晔联跻身全市工业民营企业50强。新增高新科技企业2家，市民营科技企业1家，省名牌产品1个。

【统筹镇村发展】 2010年，洪梅镇坚持实施镇村协调发展战略，加大镇村统筹发展力度，积极扶持村级加快发展。完善基础设施。完成全镇10个村（居）的旧村整治工作，居民、梅沙、尧均、乌沙、金鳌沙五个村成功创建市“优美村（社区）”。全面铺开村际联网路建设，至2010年已通过市审批的村级联网路共15条，长约15公里，其中建成投入使用的有黎涌路、桥东路。完成欠发达村老化水管改造工程，铺设水管176.72公里。继续加强水利防灾减灾工程建设，完成乌沙大围、凼涌海堤坝、洪屋涡大高沙堤围工程。规划建设9座排涝站，其中夏汇、黎洲角站已基本完工。扶持农村经济发展。实现土地流转1784亩，推进农地规模经营。落实支农惠农政策，共发放种粮、农机补贴62.85万元。规划设计标准农田建设试点，加强农业技术指导和培训，开展农地环境监测工作，促进农业健康发展。落实公共管理支出补助、生态补偿、扶贫贷款贴

① 2010年8月，洪梅镇创先争优“党员干部走进农户”活动全面铺开
② 2010年10月13日，洪梅镇开展小学课堂教学分析教研活动
③ 2010年6月14日，洪梅镇举行龙舟趁景活动

息等政策措施，对镇村统筹土地的村给予土地款预付支持，对农村经济管理运作情况实行审查监督，促进村级经济健康发展。2010年全镇村组两级经营总收入5309万元，集体纯收入2331万元。资产负债率为31.3%，下降2.3%。农村人均纯收入9524元，增长7.6%。

【城镇建设】2010年，洪梅镇全面加快在建工程项目进度，改善城市环境。委托中规院开展全镇发展概念、总规修编及城市设计编制工作已有初步成果，邀请专家制定全镇“十二五”发展规划，科学谋划未来发展路向。积极配合开展穗莞深城际轨道建设，穗莞深城际轨道在洪梅镇辖区范围长约7公里，已建设桥墩2公里。推动镇区联网路建设，5号路中的洪金路、桥东路延伸段、洪梅大道南延伸段已完成升级改造并投入运行，洪金路南延伸段完成总工程量40%；6号路已纳入疏港大道延长线工程，包括粤晖大桥、东海大桥在内均由市交通局负责组织建设，建设方案已报市审批。体育中心游泳场及二期场馆、敬老院和旧幼儿园改造、省绿道网等重点工程已基本完成。望洪截污主干管网工程已全线贯通，正规划建设截污次支管网工程。投入486万元完成10座垃圾压缩中转站升级改造，投入74万元完善桥东路延长线绿化，投入42万元添置环卫设施，拆除、加固危房13栋。完善中心区环卫保洁市场化管理，持续开展规范户外广告、整治城市“六乱”（乱搭建、乱堆放、乱摆卖、乱拉挂、乱张贴、乱扔吐）、除“四害”（苍蝇、蚊子、老鼠、蟑螂）工作和爱国卫生运动，有效防控蚊媒传染病。强化企业减排整改，对全镇30多家重点污染企业及9个排污口进行地毯式检查，严肃查处偷排、漏排行为，加强畜禽养殖业监管，切实加大环境保护力度。推进闲置地处置工作，加强用地管理，提高用地效率。

【社会管理】2010年，洪梅镇强化公共安全管理和矛盾排查调解，维护全镇安定有序的社会局面。组织开展“粤安10”、打击“黄赌毒”、“创平安、迎亚运”等一系列专项行动。成功创建“无地下赌档、无赌博游戏机”达标镇。尹涌、夏汇两个村通过“平安村（社区）”验收，全镇“平安村（社区）”创建率达100%。投入100万元建设校园监控设施，加强学校警力巡逻，确保校园安全。启用镇综治信访维稳中心，建成村、企业综治站（室）14个，推进综治、公安、劳动多部门工作联

① 2011第二届洪梅花灯节
② 高10米、宽8米，被誉为“岭南第一灯”的洪梅花灯节主题灯
③ 东莞洪梅，朝气蓬勃（汇景酒店、洪屋涡水道、海滨长廊）

动。全镇共受理群众上访461宗，办结448宗，办结率97%。开展季度及节假日前安全大检查5次，发出整改通知书85份，排查隐患108处。取缔非法经营危险化学品黑窝点7处。推进安全生产及应急救援指挥平台建设，先后制定镇级应急预案15个，开展应急演练和救护培训。

【民生实事】2010年，洪梅镇以改善民生作为工作的出发点和落脚点，加大对民生事业的支出比例，2010年十件民生实事，除洪梅新医院推进较慢外，其余9项已基本完成。优先发展教育。投入350万元建成中小学网络教学平台。成立洪梅“教育基金”，多方筹集到善款、实物资助近2200万元。成立学科教研组，开展教研活动27场，培训教师517人次。顺利通过“省教育强镇”复评。促进群众就业。先后设立“村民车间”17个，成功推荐590人就业。落实各项就业补贴金额共738.43万元，其中发放“回乡就业岗位津贴”74.8万元。举办户籍职业技能培训班8期，培训户籍劳动力361人，举办新莞人技能提升培训班两期，培训新莞人210人。加强社会保障。镇村投入3700多万推动农保与职保并轨。投入191.4万元为全镇2万多名村（居）民购买30种重大疾病保险。共发放各类低保补助354.18万元，残疾人专项补助金77.22万元，80周岁以上户籍老人生活津贴59.64万元，赠送“慰问礼包”共74.72万元。投入164万元为62户困难家庭修葺住房，向118户困难家庭发放住房租赁补贴24.66万元。开展“双到”扶贫。投入124万元对口帮扶云浮市两个贫困村，实施修路、建厂房等266宗帮扶项目。落实市内“双到”（规划到户、责任到人）扶贫工作，加大对困难村的扶持力度，促进各村协调发展。成立“洪梅慈善会”，开展首个“广东扶贫济困日”、“东莞慈善日”活动，募集慈善捐款350万元。弘扬水乡文化。成功举办第二届洪梅花灯节，打响“洪梅花灯”文化活动品牌。实施“文化惠民”工程，推动各村篮球场建设，完善体育中心、图书馆设施。举办迎春、龙舟、第六届读书节、“正腾杯”及“庆三·八”篮球赛等一系列群众喜闻乐见的文体活动，成立洪梅音乐协会、舞蹈协会，丰富群众文化生活。加强医疗卫生、人口计生、新莞人入户等服务。健全公共卫生服务体系，洪屋涡、梅沙两个社区卫生服务站实行24小时工作制度。顺利开展第六次全国人口普查，优化计生服务，计划生育率达96.64%，人口自然增长率为5.27‰。加强婚姻登记管理，洪梅镇婚姻登记处被国家民政部评为“全国婚姻

① 洪梅镇中心全景
② 洪梅中心幼儿园
③ 洪梅体育中心

登记规范化单位”。推动社区建设，洪梅社区被省民政厅评为“广东省六好平安和谐社区”。抓好新莞人服务工作，发放居住证2.83万张，入户新莞人91人，选出市“优秀新莞人”3名，加大出租屋管理力度，营造关爱新莞人的良好氛围。（伦美娃）

附：2010年东莞市洪梅镇党委、人大、政府领导名录

镇委书记：吴淑萍
镇委副书记：周玉佳
镇委委员：刘学东　谭志强　莫宇东
　　　　　陈宏发　郭　旺　陈艳芬
　　　　　李耀文　梁裕英　麦沛坚
镇人大主席：吴淑萍
镇人大副主席：谭志强　钟燕华
镇　长：周玉佳
副镇长：莫宇东　王　晖　叶广文

① 嘉荣spar物流配送中心
② 洪屋涡样板市场
③ 洪梅镇雍景豪园小区
④ 洪梅车站
⑤ 长荣高尔夫球场

2006—2010年洪梅镇主要经济指标

指标＼年份	2006	2007	2008	2009	2010
户籍人口（人）	20952	21134	21289	21592	21963
外来暂住人口（人）	29285	30143	33318	26408	24050
面积（平方公里）	33.2	33.2	33.2	33.2	33.2
国内生产总值（万元）	124952	165566	206785	252875	340229
工业总产值当年价（万元）	322143	502017	829932	1038945	1519078
农业总产值当年价（万元）	4059	4409	8285	8011	8853
总用电量（万千瓦时）	38720	41038	41949	46272	52489
全社会固定资产投资总额（万元）	115352	129294	134592	110193	123218
社会消费品零售总额（万元）	50988	60176	70356	82408	100708
外贸出口总额（万美元）	19676	21654	22711	20782	24405
实际利用外资（万美元）	13993	17447	20407	9996	10145
镇级可支配财政收入（万元）	14459	17001	18860	21541	23020
各项税收总额（万元）	17482	22381	27190	37137	41747
金融机构各项存款余额（万元）	116194	122638	152798	182227	255573
城乡居民储蓄存款余额（万元）	73890	80730	100525	111857	142493

道滘镇

【概况】 道滘镇位于东莞市西部、穗深经济走廊中部，毗邻东莞市区，广深高速公路横穿镇区，设有大型的互通立交出入口。北距广州30公里，南距香港90公里，东距东莞市区5公里。全镇总面积54平方公里，下辖13个村和1个社区，户籍人口5.58万人，外来暂住人口8.58万人。2010年，全镇生产总值51.57亿元，同比（下同）增长12.2%；工业总产值121亿元，增长34.3%；镇本级可支配财政收入5亿元，增长3.5%；社会消费品零售总额7.70亿元，增长31.4%；金融机构各项存款余额64.07亿元，增长23.5%，其中城乡居民储蓄存款余额43.12亿元，增长14.8%；各项税收总额8.36亿元，增长32.5%，其中国税分局征收额6.17亿元，增长41.2%，地税分局征收额2.19亿元，增长12.9%。

【产业升级】 2010年，道滘镇加大招商引资、扶持企业、鼓励创新的力度，推动企业转型升级。一是提升招商引资质量。开展上门招商、会展招商、专业招商，促成“大麦客”等优质项目落户。2010年，全镇共引进内资15宗，协议投资金额1.86亿元，实际投资金额9180万元，增长8.1%；新签外资项目14宗（含增资2宗），协议利用外资3130万美元，增长7.5%；实际利用外资金额1242万美元，增长9.2%；外贸出口金额356亿美元，增长10.8%。二是鼓励企业自主创新。实施“科技道滘”工程和“名牌带动”战略，市镇共投入奖励资金800万元，鼓励企业开展科技开发、技术改造、节能减排。协助东莞诺华家具有限公司、东莞市汇雅实业有限公司等2家企业申报省名牌产品和著名商标，帮助素艺玩具有限公司等3家外资企业创立自主品牌，推动东莞银禧高分子材料研究院等产学研平台上马建设，均兴金属制品有限公司等5家企业建立研发机构。2010年，全镇新增省民营科技企业3家，新增市民营科技企业6家，新增专利申请361件、授权366件，1家企业成功获得国家高新技术企业，1家企业获得市专利试点企业。三是扶持企业发展壮大。落实扶持企业发展的政策措施，协助协益电子厂等12家来料加工企业成功转型“三资”或民营企业，卫仕皮具等6家企业补办土地使用证和房屋产权证，帮助搜于特、洲亮、广华等企业解决了增资扩产用地问题，搜于特公司并于2010年11月17日，成功登陆深圳证券交易所中小企业板，成为道滘镇首家、东莞第八家上市公司。推动五芳斋华南生产基地顺利

现代和谐水乡新城——道滘

① 2010年5月27日，市委书记、市人大常委会主任刘志庚（左四），市委副书记、市长李毓全（右四），市委副书记、政法委书记黄双福（左三）等领导出席道滘镇30项重点工程项目启动暨东莞国际健康产业城奠基仪式

② 2010年12月13日，市委副书记、市长李毓全（右一），副市长梁国英（右三），市城管局、规划局等部门负责人莅临道滘镇视察绿道工程

③ 2010年11月17日，东莞市搜于特服装股份有限公司在深圳证券交易所中小板挂牌交易。图为市委常委、常务副市长冷晓明（中），市经信局局长冼周恩（左三），市经信局副局长、中小企业局局长黄怡（左一），镇领导陈灼林（左二）、贾贵斌（右二）以及搜于特服装股份有限公司负责人参加敲钟仪式

投产。落实内销激励政策，帮助外资企业与国内采购商对接，开拓国内市场。2010年，全镇外资企业实现内销1969万美元，增长16.3%。落实市融资贴息及税费减免政策，帮助25家企业贷款3.25亿元，减免制造业企业及村集体堤围防护费、房产税、土地使用税、基础设施配套费等1050万元，全力帮助企业做大做强。

【特色经济】 2010年，道滘镇围绕“以特色调结构，以特色促转型”的工作思路，突出发展食品产业、商贸产业和都市农业，致力培育道滘产业特色。一是重力发展食品产业。深入实施“食品工业名镇”战略，启动《食品产业发展规划》编制工作，规划建设食品工业园，为食品产业集聚发展提供规划引导及载

① 2010年3月18日，市委常委、纪委书记甄瑞潮（右二），道滘镇委书记陈灼林（左二）等为北永村获“东莞市基层党风廉政建设示范点”揭牌

② 2010年6月18日，市委常委、市公安局局长崔建（中）为道滘镇机关党代表工作室进行揭牌，并现场接访党员群众

③ 2010年8月27日，市委常委、副市长江凌（右三）与市台湾事务局局长游匡正、副局长陈锡辉，市台商协会会长叶春荣一行实地考察“大麦客”项目选址

① 2010年8月19日，全市农村公路管理养护体制改革工作会议在道滘镇召开，副市长邓志广出席会议，并在镇领导陪同下为道滘镇道路养护管理所揭牌
② 2010年8月12—14日，道滘镇人民政府携食品企业团参加香港美食博览会。图为市经信局有关领导在镇领导陈灼林、贾贵斌等陪同下莅临道滘镇展位参观
③ 2010年5月13日，道滘镇与广东省食品工业协会签约《共同推动道滘食品产业发展战略框架协议》。图为道滘镇委副书记、镇长贾贵斌与中国食品工业协会副会长、广东食品行业协会长张俊修签署协议

体支持。成立米粉行业协会，加强米粉行业统筹力度。完成“品味道滘”CI品牌策划，组织“道滘”商标申报省著名商标，逐步推广使用“品味道滘”CI标识。二是繁荣发展商贸产业。推进镇中心区“退二进三”工作，完成大新工业区“三旧”改造（旧城镇、旧厂房、旧村庄）试点项目的单元规划。督促畔月湾、锦秀居、广华中心、耀盈广场等房地产项目加强营销管理，力促江月湾商住楼、五福里等一批已落户房地产项目启动建设。同时，加强对文一茶叶市场、汇丰玉石珠宝市场等专业市场的发展引导，激活物流业发展。三是加快发展都市农业。引导九曲、大鱼沙、小河等生态绿线区域发展现代农业项目。推进标准农田建设，落实315万元支农专项资金，共推进标准农田3617亩。加快济丰农业产业园、蒲鱼沙标准农田等现代农业项目建设，至2010年济丰农业产业园已完成一期工程。

【农村发展】2010年，道滘镇加大农村统筹力度，大力扶持村组发展，强化土地统筹整合，成功以招拍挂形式出让绿福酒楼对面3.8万平方米地块。成立济川实业投资股份有限公司，做好盘活村组集体闲置资金准备，为新一轮农村发展打好基础。改善后进村组的生产生活条件，镇村共投入近1300万元对镇中心区及南丫村老化水管进行更换，同时镇另外补助323万元帮助3条市扶贫村完成老化水管更换工作。2010年村组两级集体总资产19.4亿元，同比增长3.8%；资产负债率21.5%；村组两级集体可支配收入3.1亿元，其中村组两级集体实现经营纯收入1.24亿元，同比增长3.2%。

① 2010年9月8日，副市长李小梅（左二）率市委办、市委政研室、市农业局、市财政局、市民政局等有关人员一行来到道滘镇督导扶贫帮困工作，并由镇委副书记、镇长贾贵斌（右一）陪同慰问困难户

② 2010年11月29日，道滘镇委书记、镇人大主席陈灼林（右）和各帮扶干部到帮扶对象家中调查了解帮扶情况

③ 2010年4月22日，道滘镇委副书记、镇长贾贵斌代表道滘镇政府与市台商协会会长叶春荣签订东莞“大麦客”项目意向合作书

④ 2010年6月23日，道滘镇召开第二季度道滘分片现场办公会议。图为镇委书记陈灼林，镇委副书记、镇长贾贵斌等领导班子成员以及各相关部门、村委会负责人参加会议

⑤ 2010年12月，道滘镇大岭丫村委会作为全市村（社区）“两委”换届选举先行试点，完成换届选举任务

【城镇建设】2010年，道滘镇围绕打造“滨水、生态、宜居”特色城市的建设要求，大力提高城市规划、建设、管理水平，提升城市品位及形象。一方面，按照“东居、西特、南工、北农、中商”的功能布局，启动“一城五区”总体城市设计，完善全镇总体规划修编，做好昌平、南阁等片区控制性详细规划，推进全镇防洪排涝专项规划、燃气专项规划、截污管网次支管网前期设计等工作。完成“三旧”改造专项规划编制，确定全镇61宗7200多亩改造范围，推进大新工业区、北永旧队部等试点地块的单元规划编制及改造方案设计。二方面，深入推进创建国家卫生镇的工作，实现省卫生村全覆盖，并成功创建国家卫生镇。加大企业闲置环保设施、偷排、超标排等行为的整治力度，大力打击烟囱冒黑烟现象，较好地完成上级下达的节能减排任务；顺利完成污水处理厂主体工程及截污主干管网工程量的95%。加强市容市貌、户外广告、占道经营、停车秩序、出租车营运等专项整治。增设“粤晖园至市文化广场”旅游公车专线，进一步改善公共交通服务水平。三方面，配合加快东莞大道延长线、沿江高速、莞惠城际轨道等市属重点工程，顺利完成绿道网建设任务，全镇城市建设全面提速，城市功能日趋完善。

【社会民生】2010年，道滘镇坚持以民为本，着力改善民生，解决好人民群众最关心、最直接、最现实的问题，努力让全体民众共享发展成果。大力促进群众就业创业，深化推行“村民车间”就业管理模式，全年增设4个“村民车间”，全镇设立“村民车间”累计达26个，安置本地劳动力842人。积极开展职业技能培训和推荐就业工作，培训329人，推荐2512人次成功就业；做好应届大学毕业生就业招聘工作，落实347名毕业大学生实现就业，选派28名大学毕业生充实到镇府部门和各村（社区）工作，全镇大学毕业生就业率达97.7%。积极推进文化事业发展，大力举办送戏下乡、粤剧黄金周等系列文化活动。推动现代文明市民工程建设，举办城市暖流行动等活动。推进教育事业发展，扎实推进东莞市卫生学校、东莞市中大第二外国语学校动工和中心小学、小河小学

① 2010年1月18—19日，道滘镇扶贫组先后到云浮市新兴县的太平镇和六祖镇开展扶贫慰问活动。图为道滘镇委副书记、镇长贾贵斌（左）为扶贫村代表送上慰问金

② 2010年3月29—30日，道滘镇扶贫组赴云浮市新兴县开展“规划到户、责任到人”扶贫开发工作。图为道滘镇委书记、镇人大主席陈灼林（左）与困难户亲切交谈

③ 2010年3月5日，道滘镇举办庆祝“三八妇女节”100周年文艺晚会

扩建等学校建设，投入380万对道滘中学进行升级改造。设立教师全员培训经费等教育专项资金，每年投入50万元对教师进行全员培训，致力提升教学水平。开展“知行《弟子规》，学做有德人”德育实践活动和“阳光体育运动”，大力推广“一校一特色”模式，全方位提升教育质量。2010年，全镇高考成绩优异，济川中学大幅度超额完成市下达任务，道滘职高成绩名列全市前茅。大力推行《道滘镇农（居）民补充医疗救助实施办法》，帮助困难群众234人次，发放救助金143万元。继续抓好低保户、困难家庭等社会弱势群体的救济帮扶，发放低保金、低保学生助学金等社会抚恤及救助支出1100万元。扎实开展好“社会保险扩面”工作，全面启动全镇城乡一体社会养老保险体系和医疗保险体系建设，大力推进住房公积金存缴扩面工作，进一步提高社会保障水平。完善公共卫生服务体系，进一步加强道滘医院和“一中心七站点”卫生服务体系建设。积极开展落村免费体检活动，提供上门医疗随访跟踪服务，建立健全健康档案3000个。切实加强甲型H1N1流感、手足口病、红眼病、登革热、基孔肯尼亚热等疾病防控工作。加快发展体育事业，健全基层体育组织网络，加快公共体育设施建设，新增全民健身工程3处。举办游泳锦标赛、系列篮球赛等体育竞赛活动，引进培育毽球、射箭、击剑等新型体育竞技项目，从中挖掘和选拔体育后备人才。积极组织运动员参加省市各类体育竞赛，在国内外、省、市各类比赛共获得金牌65枚、银牌79枚、铜牌52枚的优异成绩，被省、市政府分别授予“广东省群众体育先进镇”和“省运会突出贡献奖”。

【首届中国（道滘）美食文化节】 2010年，道滘镇依托传统美食资源及食品产业优势，确立打造“全国食品工业名镇、美食名镇、食品专业镇”的特色产业发展定位，致力培育“品味道滘”品牌，使之成为广东省著名商标。于6月13— 17日，举办主题为“畅游东莞，品味道滘”首届中国（道滘）美食文化节。活动以荟萃人间美味佳肴，展示各地饮食文化品位，倡导文明健康的饮食理念，引领饮食文化潮流为目标，涵盖开幕式、美食展销、文化表演、龙舟趁景、闭幕式等五大部分。首届中国（道滘）美食文化节，吸引市内外50多万人次游客前来参观，累计食品销售总额达1亿多元，签订订货协议1.5亿元

【扶贫工作】 2010年，道滘镇认真开展市外“双到”扶贫工作，投入帮扶资金337万元，全面铺开产业扶贫、就业帮扶、低保帮扶、危房改造、读书补助等帮扶项目，“双到”扶贫工作取得阶段性成效。云浮新兴县对口帮扶贫困户已有104户达到脱贫标准，脱贫率达50%。积极开展市内“双到”扶贫工作，安排273名镇村干部与本镇贫困户进行结对帮扶，加强市委办等市有关单位与大鱼沙、九曲、大罗沙等三条市欠发达村的结对帮扶，落实城建、外经、经贸等线结对帮扶蔡白、小河、昌平等后进村，全力扶持后进村组发展，帮助低保困难户脱贫。

【社会管理】 2010年，道滘镇深化实施“平安道滘”工程，强化社会治安综合治理，围绕“创平安、迎亚运”的中心工作，深入开展治安突出问题专项整治。全年共受理治安案件707宗，查处707宗；立刑事案件688宗，破284宗。

推进“平安社区”创建和社区防控网络建设，南城、厚德、小河、大罗沙等4个村通过平安社区创建工作验收，全镇共建成封闭半封闭式小区58个。强化安全生产管理，开展危化企业、皮革皮具行业、造纸行业、纺织服装行业等行业专项检查。全年镇村累计检查各类企业4300多家次，发现并整改安全和火灾隐患3200多处，有效杜绝重特大安全事故发生。加强食品安全管理，全力查处假冒伪劣食品，共取缔无照食品经营户6户，查扣并销毁散装白酒、假盐等假冒和过期霉变食品一批，有效保障群众的食品安全。加强防灾减灾设施建设，完成56项水利防灾工程，加快推进5项补充工程，大力整治占用防洪堤面行为，有效提高防灾减灾能力。强化矛盾纠纷排查调处，完成14个村（社区）、5个企业综治站（室）的建设，全年调处信访案件399宗，办结384宗；查处企业拖欠工资19宗，为劳动者追回工资397万元。

【启动30项重点工程】 2010年，道滘镇落实市委、市政府的工作部署，结合自身实际，突出以项目带动经济，以项目优化结构，以项目促进发展，在大项目引进建设上全力攻坚，启动30项重点工程建设。工程总投入32亿元，包括民生工程项目6项、城市基础设施工程项目10项、保增长工程项目14项，内容涵盖“三旧”改造、总部经济、现代农业、教育研发、交通设施、商贸房地产等多个领域。30项重点工程的启动，为道滘城市升级、产业转型、经济社会发展注入新的强大动力。 （卢润志）

附：2010年东莞市道滘镇党委、人大、政府领导名录

镇委书记：陈灼林
镇委副书记：贾贵斌　黄启光
镇委委员：蔡树辉　卢林明　陆宝军
　　赖锡池　刘转南　卢泽新
　　丁金诺　赖华锋　钟克仔
　　邹应溪
　　胡汉平（11月到任）
镇人大主席：陈灼林
镇人大副主席：蔡树辉　卢和平
镇　长：贾贵斌
副镇长：卢林明　卢耀辉　叶润森
　　叶志刚

① 2010年6月13—17日，道滘镇举办首届中国（道滘）美食文化节。图为开幕式
② 图为首届中国（道滘）美食文化节中热情的外国参展商
③ 2010年3月28日，华南五芳斋食品产业园竣工投产庆典仪式举行

① 2010年9月1日，道滘镇首个“东莞妇女书屋”在卫仕皮具有限公司挂牌成立

② 2010年9月17日，道滘镇机关单位和各村（社区）的党员群众及中学生团员代表骑行畅游绿道，倡导低碳生活

2006—2010年道滘镇主要经济指标

指标＼年份	2006	2007	2008	2009	2010
户籍人口（人）	54694	55112	55493	55635	55842
外来暂住人口（人）	86126	88148	85365	75937	85833
面积（平方公里）	54	54	54	54	54
国内生产总值（万元）	316410	379865	441029	449115	515731
工业总产值当年价（万元）	695763	869393	919023	901433	1210628
农业总产值当年价（万元）	9423	10346	11777	13659	13948
总用电量（万千瓦时）	100635	120125	110624	104837	125724
全社会固定资产投资总额（万元）	67300	131591	139468	106584	117897
社会消费品零售总额（万元）	45690	46736	51587	58584	77023
外贸出口总额（万美元）	33878	37605	40010	34822	38588
实际利用外资（万美元）	4231	4234	2973	1547	1242
镇级可支配财政收入（万元）	20629	30666	48128	48323	50046
各项税收总额（万元）	47138	63698	70016	63135	83687
金融机构各项存款余额（万元）	365525	406394	470452	518720	640791
城乡居民储蓄存款余额（万元）	282296	290851	354480	375379	431256

厚街镇

【概况】 厚街镇位于珠江三角洲东岸，穗港经济走廊中段，北连东莞市区，南邻虎门港，东倚大岭山，西南毗连沙田，西北与道滘、洪梅等隔河相望。广深高速公路、S256省道及规划中的穗莞深城际轨道、环莞快速路、东莞市域轨道交通R2线、番莞高速等纵贯全镇，广深港客运专线新东莞站坐落其中。全镇总面积126.15平方公里，户籍人口9.7万，外来暂住人口34万。2010年完成国内生产总值198.14亿元，增长14.38%；完成工业总产值462.1亿元，增长31.97%。全镇进出口总额78.44亿美元，增长24.09%，其中出口总额50.72亿美元，增长22.34%；实际利用外资金额1.21亿美元，增长22.21%。完成税收24.55亿元，增长24.87%，其中镇本级可支配财政收入9.35亿元，增长18.28%。全社会固定资产投资37.8亿元，增长13.45%；12月末金融机构各项人民币存款余额293.8亿元；社会消费品零售总额67.8亿元，增长15.28%。农村集体经济进一步增强，全镇23个村中，15个村组两级可支配财政收入总额超3000万元，13个村组两级净资产超2亿元；农村人均收入达15393元，增长5%。2010年，厚街镇获市协调发展单项奖、市维护稳定和社会治安综合治理工作先进镇街、市2010年度食品安全工作先进单位、党管武装先进单位。

【推进转型升级】 2010年，厚街镇深入推进产业结构调整和转型升级，明确外资、民营企业准入“门槛”，严把用地、合同、招商、审批等7个关，内资引进实现增量增质，引进天虹商场、天铖科技、欧莱溅射材公司等优质内资项目16宗，协议投资2.5亿元。投入科技与经济发展资金1926万元，扶持企业创新发展；组织召开近10次家具业、鞋业等传统产业转型升级研讨会，引导企业自主品牌化、精益化、高端化创新发展。12家企业申报市科技研发资助，申请资金2404万元；3家外资企业成功申报内设研发机构，骅国电子获得市第三批市级企业技术中心认定；家具设计院和金河田入选市首批工业设计示范基地（企业）。2010年，全镇通过省级科技成果鉴定的科研项目9个，通过市级科技成果鉴定7个，共有2家企业获省民营科技企业。巩固和发挥机电、家具、鞋业等三大主导产业聚集优势，积极培育汽车电子产业集群，强化机电制造业品牌化发展，鞋业产业集群顺利通省产业集群升级示范区的年度考核，并被市确立为市传统产业转型升级试点行业。大力推进总部经济建设，烟草物流总部已在项目选址和合作模式上取得突破性进展。

【优化外资结构】 2010年，厚街镇加快促进外资企业向新领域、新技术转型

创新社会管理，营造和谐幸福厚街

2010年6月18日，省长黄华华到厚街镇参观第二届广东外商投资企业产品（内销）博览会（外博会）

① 2010年6月17日，副省长万庆良到厚街镇督导外博会筹备工作
② 2010年6月1日，市长李毓全到厚街镇调研消防试点工作

发展。推动38家重点耗能企业以及伟易达电子、绿洲鞋业、诠盛电器等12家重点排污企业加快技术和设备更新改造；推动龙记环保公司和高校科研机构联合开发新型节能环保LED路灯，并逐步推广；引导泰科电子、绿洲鞋业、三星电子等7家企业被省认定为“广东省直通车服务重点企业”。推进外经贸5个“1000”专项工作，推动50家加工贸易企业提升生产力水平。全年共有18家外资企业引进先进设备，7家外资企业申请内设研发机构，25家企业从OEM向ODM生产模式转变。举办来料加工企业转变形态专题讲座，促进企业发展形态由“生产车间”向“企业总部”的战略性转变，引导来料加工企业由“非法人企业”向“法人企业”转变，全年共有76家来料加工企业转变形态。

【发展民营经济】 2010年，厚街镇积极发展民营企业，指导企业申请国家、省、市各类专项资金。南兴、金河田、兆生、金叶珠宝等企业申请市专项资金，三友联众、愉丰制衣、永益食品等企业申请新增增值税奖励计划，50多家企业取得市、镇财政科技项目资助4106万元。推动金叶、金龙、慕思、城市之窗、南兴和三友联众等6家企业获评市50强民营工业企业，励骏入选市50强民营服务业企业；金叶、金河田、远梦等3家民营企业被认定为2010—2012年东莞市工业龙头企业。组织银企融资推介会专场，拓展民营企业融资和担保渠道；中小企业和加工贸易企业累计获得融资贷款563宗计67.19亿元，其中民企获得融资贷款524宗计61亿元。先后组织民营企业家到清溪镇和韶关产业转移工业园考察，到阳西县参加商务活动，商汇集团与阳西县签订了1000亩的海田综合开发意向书，盛和伟业签订温泉项目开发意向书；组织重点民营企业参加开罗2010中国商品贸易交流会等国内外展销会或

① 2010年1月4日，厚街镇综治信访维稳中心挂牌成立，市委副书记黄双福出席揭牌仪式

② 2010年6月18日，第二届广东外商投资企业产品（内销）博览会在厚街镇开幕

交易会，协助企业及其产品打入国内外市场。2010年，厚街镇拥有个体工商户2.77万户、私营企业4718家，民企税收12.15亿元，占全镇税收总额50%；规模以上民营经济工业产值103.9亿元，增长16.17%。

【发展服务业】 2010年，厚街镇形成投资多元化、旗舰型商贸中心与繁华商业街点线结合的商业新格局，并逐步向专业化、高端化发展。会展业突破发展，全年共举办包括外博会在内的展会17个，展出面积80万平方米。外博会、名家具展、国际模具展、名鞋展、车博会等品牌展会被认定为东莞市重点商贸企业（项目）十大展会；成功协助办好第二届外博会，外博会宣布永久落户厚街。酒店业规范发展，积极筹办厚街酒店管理学院，推动《酒家酒店分等定级规定》的国家标准在餐饮企业日常管理中的应用；全面统筹14家获得“国家级酒家酒店”的企业年审工作，厚街喜来登酒店获中国十佳城市商务酒店，厚街国际大酒店获评全国年度最佳商务酒店。商贸业优质发展，加快建设华南国际电子交易中心、兴业国际家具之都、濠畔三期、南峰二期等重点项目，祥鸿农批专业市场建成营业，成功引进天虹商场，兴业夹板市场和嘉华酒店被认定为2010—2012年东莞市商贸龙头企业。

【城市建设】 2010年，厚街镇针对新的交通格局变化，重新定位城市发展方向，加快推进项目建设和“三旧”改造，掀起第二次城市化浪潮。实施城市总体规划。完善各项控制性详细规划的编制和送审工作，会展、东部、北部、桥头、沙溪、白濠6个片区控规通过市审批；行政体育文化区内体育馆和体育公园方案设计和扩初设计基本完成，市民中心、文化中心进入深化中标方案阶段。推进重点工程建设。2010年共有48个项目纳入镇重点项目建设，其中新动工项目9个，续建项目39个；东环路、祥鸿农批中心、沙塘污水处理厂等15项已完工，占项目总数的31%；已动工建设15项，占项目总数的31%。全年累计完成投资约10.2亿元，带动实现全镇固定资产投资37.81亿元。全面展开“三旧”（旧城镇、旧厂房、旧村庄）改造。全镇纳入“三旧”改造项目共86宗、涉用土地面积9679.6亩，已完成征地9宗共737.5亩。落实城市管理工作。投入近7100万元加大城市维护，投入1.26亿元加大城市基础设施建设，投入3700多万元优化环境保护，加强污染治理，推进绿化工程。加强市政设施管理，开展美化家园活动，实施社区、单位、庭院绿化美化工程，共建园林家园；优先发展公交，调整公汽现行线路、站点，优化公交线路网。狠抓环境卫生整治工作，厚街、珊美、汀山、新塘、白濠和竹溪社区6个村（社区）荣获市市容环境优美村（社区）荣誉称号。深入开展总量控制、节能减排工作，全镇每万元生产总值耗电、耗水和每亿元生产总值耗地分

厚街中心区一景（王启华　摄）

别下降23.8%、17.3%和4.67%，每平方公里土地产出生产总值增长4.92%，获市政府节能先进奖。

【社会治安】2010年，厚街镇围绕“平安亚运，平安厚街”目标，全面推进社会治安重点整治年，构建大综治格局。一是强化责任。落实镇、村及各单位“一把手”综治维稳责任，明确镇分管领导主要责任和村治保主任直接责任，实行捆绑式层层责任制。二是强化防治。完善社会治安监控系统，完成三期视频监控工程建设，设置监控点140个。推进派出所电脑报警二级平台建设，打造全镇视频监控联网平台。强化重点地区整治，落实每月开展不少于2次检查行动的工作制度，全年共开展大规模清查整治行动32次，出动警力3万多人次，强力切块整治20个治安重点地区和30个治安问题突出部位，有效改善社会治安环境。深入推进“治摩”工作，组织开展大规模“治摩”整治行动25次，共查扣各类非法车辆9797辆，被评为全市“治摩”工作“三无三巩固”达标镇。三是强化打击。召开厚街镇社会治安动员暨武装巡游大会，全力开展粤安10、雷霆10、创平安迎亚运、平安亚运十大行动等一系列专项行动，保持严打高压态势。全镇共立刑事案件2382宗，破1083宗，破案率为40.9%，破案率同比上升9.8个百分点。四是强化调处。成立镇综治信访维稳中心，大力推进一个中心服务群众、一个平台整合资源、一个流程调解到底、一个机制监督落实的运行机制。2010年，综治信访维稳中心共受理案件581宗，办结551宗，办结率为94.8%。实行诉调对接，率先与市第二人民法院建立司法协作体系，构建常态化、制度化的司法协作体系。

【安全生产】2010年，厚街镇被确定为省创新社会消防管理试点先行镇和市综合应急救援队伍建设试点镇。借此契机，厚街镇全力推进防火墙工程。在全市率先实施政府领导包片挂点制度，建立消防安全重点单位管理系统，将各村辖区内的“三小”场所、出租屋、工厂企业消防监管工作落实到人。组建12支专业应急救援队和23支村级应急救援队，实施社会消防工作网格式管理。投资280万元建成全国首个镇级消防教育培训基地，首创参观、体验、学习、教育一站式消防教育培训模式。着力夯实消防基础设施，投入230多万元，增置生命探测仪、等离子切割器等64种救援器材装备；建立指挥调度中心，并引入最新的DS应急救援平台。与此同时，深入开展“安全生产年”活动，加强对危险性较大工程和危险源的监督管理。全年共检查公共娱乐场所、高层和地下建筑、车站、学校等重点场所342间，发现消防安全隐患385处，当场整改362处。检查各村（社区）“三小”场所、出租屋950间次，整改火灾隐患1200多处，查封2间。全年未出现重大安全事故，被评为2010年度安全生产先进镇街。

【民生工程】2010年，厚街镇扎实推进民富民乐工程。一是抓好就业培训工作。落实“创业东莞”工程、劳动权益保障、新莞人就业服务3大工作。开办全额资助性技能培训班10期，参训户籍人口355人；实行社区公共就业岗位属地安置，有效安置户籍失业人员到企业村民车间、农贸市场、环卫绿化等就业岗位；设立村民车间15个，安置就业600多人；全镇各级公共就业服务机构开展推荐就业服务580人次，实现成功就业174人。二是发展医疗卫生事业。加强社区医疗卫生建设，新增社区卫生服务站2间，改建社区卫生服务站3间，基本实现社区卫生服务全覆盖。完善医疗保障制度，提高医保待遇，对参加社会基本医疗保险满3年以上的年内最高支付限额从10万元提高到15万元，社区门诊基本医疗费用统筹基金支付比例由60%提高到70%。三是抓好文化教育事业。累计投入1.1亿元，改善教育和科研基地环境，完善教育教学设备，调整教育资源配置，提升厚街教育品牌；加快推进厚街职业技术学校新校区、广东创新职业学院建设和厚街中学扩建工程，积极申报酒店职业学院；大力扶持民办教育，新增民办学校3所。积极开展以广场文化、镇村文化为主的群众性文体活动60多项次；方氏宗祠、郡附公祠通过省文物维修验收专家组现场验收。四是抓好社会保障工作。全镇农（居）民退休人员的人均养老金从每月231元提高到每月331元。完善民政救助机制，全年用于社会救助、救济及社会福利各项主要支出共2198万元。积极解决困难群众子女读书难问题，向677名低保家庭在读子女发放助学金171.9万元；对全镇现有的50名五保户均实行市、镇统筹供养；投入216.9万元解决困难家庭住房问题，为41户困难边缘户进行危房改造。五是办好民生实事。投入1600万元改造自来水旧管

① 厚街加州阳光住宅小区（罗志高　摄）
② 基层文艺表演（欧明炽　摄）
③ 厚街镇体育公园休闲之夜（欧明炽　摄）

网，新建、改造西元路、永泰路等21项管网工程。加强“菜篮子”工程建设，推动12个A级农贸市场创建样板市场，引导汀山、珊美、涌口辖区的4个农贸市场按照市食品安全样板市场的标准进行升级改造。加强新莞人服务工作，积极开展新莞人金融服务卡推广试点工作和积分制入户工作，全镇受理积分制入户申请460人，累计接受咨询并意向申请340人。

【集体经济】 2010年，厚街镇按照“重招商、细管理、减支出、保增长”的总体要求，加大集体经济管理力度，增强经济发展活力。加强村组资产财务管理，完善新增借款管理、土地基金管理、股份分红款管理等制度，制定关于防止村组突击增加股东预分红款、进一步加强农村集体资产转让管理等办法。着力压减村组非生产性开支，加强债务管理，加大应收款追收力度，促进农村集体经济健康稳定发展。2010年，共有三屯村等5个村获市经济单项前50名村（社区）奖，赤岭等15个村获市村组可支配常规性收入总额超3000万奖，溪头村等6个村获村级两委会工作量化评比结果综合总分前50名奖，三屯村等13个村获市村组两级净资产超2亿元奖。实行村组工作人员和治安队员定编管理。率先探索建立政务服务中心，实行公共管理职能分离；22个村已撤销村委会，挂牌成为了社区居委会，陈屋、汀山等村合并组级经济、统筹村级核算工作顺利推进。（王锦霞）

附：2010年东莞市厚街镇党委、人大、政府领导名录

镇委书记：黎惠勤
镇委副书记：陈仲球　王敬才
镇委委员：熊仕权　方德佳　欧顺畴　林伟忠　陈福华　王健文　袁润堆　李慧芬　曾庆云　林景畅　王树生
镇人大主席：黎惠勤
镇人大副主席：方德佳　李育材
镇　长：陈仲球
副镇长：欧顺畴　方活力　刘创胜　陈锐雄

厚街中心区夜景（方耀森　摄）

2006—2010年厚街镇主要经济指标

指标 \ 年份	2006	2007	2008	2009	2010
户籍人口（人）	93829	94428	95055	95975	96939
外来暂住人口（人）	391455	324665	292967	324740	341344
面积（平方公里）	126.15	126.15	126.15	126	126.15
国内生产总值（万元）	1206395	1431481	1608690	1695963	1981416
工业总产值当年价（万元）	2670098	3000677	3717300	2860885	4621028
农业总产值当年价（万元）	11760	12755	14934	14689	15516
总用电量（万千瓦时）	320813	336641	329671	282486	327126
全社会固定资产投资总额（万元）	245323	286340	300802	333264	378074
社会消费品零售总额（万元）	319130	361366	419920	483205	678036
外贸出口总额（万美元）	333421	409996	461755	414546	507157
实际利用外资（万美元）	7321	8093	19432	9917	12120
镇级可支配财政收入（万元）	61217	72159	77820	79103	93565
各项税收总额（万元）	154568	184903	211445	196626	245523
金融机构各项存款余额（万元）	1755751	1920244	2256745	2567309	2937956
城乡居民储蓄存款余额（万元）	1314894	1392020	1725009	1894020	2143817

沙田镇

【概况】 沙田镇位于东莞市西南部、珠江三角洲狮子洋东岸和东江南支流出海口交汇处，拥有28公里黄金海岸线，具备深水港的建港条件，是虎门港的主港区。全镇面积107平方公里（含水域），下辖16个村和2个社区，是全国龙舟之乡、中国港口物流重镇、广东省教育强镇、广东省卫生镇、广东省园林城镇。2010年，户籍人口4.07万人，外来暂住人口约6.59万人。全镇实现生产总值78.99亿元，同比（下同）增长14.57%；镇财政总收入4.41亿元，增长6.94%；各项税收总额8.22亿元，增长22.97%；各项存款余额86.97亿元，增长19.5%；各项贷款余额34.81亿元，增长30.98%；社会消费品零售总额8.77亿元，增长4.1%；农民人均纯收入9670元，增长7.5%。获东莞市2010年度镇（街）工作量化考核综合总分一等奖等6项荣誉。

【经济发展】 2010年，沙田镇着力调结构，实现经济平稳发展。招商引资深入推进。成立招商办，统筹整合空置厂房和土地，完善招商机制，改变招商策略，围绕重点产业开展招商。全年合同利用外资18宗，合同利用外资金额1999万美元，增长60.3%。企业转型步伐加快。外资企业实现内销总额7.78亿美元，增长63.2%；3家加工贸易企业由“原始设备制造商”向“原始设计制造商”转变，4家企业设立研发机构，6家“三来一补”企业转为“三资”企业；新增省民营科技企业3家，市民营科技企业1家。民营商贸繁荣发展。新注册民营企业270家，注册资金3.52亿元；新注册个体工商户984户，注册资金3600万元；滨海中心商业街、世纪豪庭五星级酒店投入使用。集体经济稳步壮大。健全镇村两级统筹发展机制，实施市内“双到”扶贫（规划到户、责任到人），成立农资办，加强农村集体资产管理，加大欠款追收力度，促进农村集体经济健康发展。2010年，村级总收入1.44亿元，同比增长3%，有6个村收入超1000万元。

【城镇建设】 2010年，沙田镇着力优化环境，提升滨海城市形象。完成全镇总体规划和南部片区等控制性详细规划，规划设计滨水商务区，抓好与省市重要交通要道、虎门港、虎门镇、厚街镇的规划协调工作。启动33项重点工程项目建设，其中环保路升级改造、福禄沙污水处理厂一期、环湖南路及景观等9项重点工程竣工，完成3项水利防灾减灾工程。全面加强城市园林绿化建设和环境综合治理，成功创建“广东省园林城镇”；累计投入2500多万元，完成对杨公洲、先锋、福禄沙和稔洲村旧村整治；推动6个村创建成为东莞市“市容环境优美村”。完成“三旧”改造专项规划及年度实施计划编制，杨公洲鸿湖改造地块已完成拆迁工作，正办理立项手续，横流、阇西等改造项目正有序推进。做好土地统筹和拆迁安置工作，全年共完成虎门港16260亩土地的统筹工作，签订拆迁协议书1556户，拆迁63户，立沙新区一期工程已建成，二期工程正在装修，三期工程正进行填土和方案规划。共完成穗莞深城轨等省市镇属重点工程征地214亩，拆迁120户。

【就业创业】 2010年，沙田镇加大就业创业扶持力度，提高群众就业创业水平。完善服务平台，设立“企业招聘街”，举办“就业服务日”专场招聘会，搭建劳资供需平台。创新就业模式，设立“村民车间”，成立“高校毕业生班组”，设立“青年就业见习基

水韵沙田·港口新城

2010年6月3日，沙田镇召开“千名干部访农户，凝心聚力促发展”主题活动动员大会

地”；成立大泥村社区综合服务中心，实现养老服务与再就业工程相结合。积极推荐就业，共为309人办理求职登记，453人办理失业登记，在网上发布有效信息3684条，推荐就业240多人次。实施培训工程，举办计算机操作员、中式烹调师、会计、家政服务等培训班13期，培训村民448人；举办16期新莞人培训班，培训新莞人1551人。规范劳动市场，建立网络管理制度，加大企业普法宣传力度，开展多项专项检查，对存在问题的企业责令限期整改。全年共发放就业创业各类补贴1200多万元，新增安置户籍劳动力300多人，促成218名高校应届毕业生全部就业。

【扶贫保障】2010年，沙田镇着力惠民生，建立健全社会保障体系。全力解决“一保五难”问题，共发放低保保障金401.8万元，发放低保家庭在读子女助学金和中学寄宿生生活补助金共234.2万元，发放困难家庭医疗救济金共3多万元，发放渔业用油油价补贴和减船补助2200多万元。加强扶贫救济工作，开展送温暖系列活动，为低保户、五保户、残疾人发放各类慰问金、五保金、礼品卷共100多万元；开展赴新丰县沙田镇、遥田镇“双到”帮扶工作，开展29个帮扶项目，每年帮扶总额100万元；响应“广东扶贫济困日”和“东莞慈善日”活动精神，共募捐善款425万元，并为青海玉树灾区募捐善款102万元和物资一批。扎实开展“双拥”和优抚安置工作，共为61名优抚对象发放优抚金25万元；为退役士兵发放一次性自谋职业补助金和生活补助金58万元。落实社会保险制度，完成农职保并轨工作，建立城乡一体的社会基本养老保险体系；完善社区卫生服务体系，不断优化医疗服务

① 2010年8月20日，“广东省大沙田诗歌奖”签约仪式在沙田镇举行，此奖项将永久落户沙田

② 2010年11月3日，沙田镇邀请凤凰卫视知名主持人胡一虎和曾子墨主持“我们的节日——2010年沙田水文化节”大型水上原生态实景表演开幕式

③ 2010年11月3日，沙田镇举办“我们的节日——2010年沙田水文化节”大型水上原生态实景表演

环境。

【文教卫生】2010年，沙田镇成功举办第一届水文化节和大型水上激光烟花晚会；建成沙田水文化展览馆，全面展示沙田水文化魅力；组织开展龙舟巡游、自行车公开赛、羽毛球公开赛等群众性文体活动；传承和发扬疍家传统文化，推进咸水歌创作培训基地建设，邀请中央电视台拍摄疍家婚俗专题片《水上吉普赛人》，沙田疍家水上婚礼习俗被列入市第二批非物质文化遗产；设立"广东省大沙田诗歌奖"，成立文化艺术联合会，组织编写反映沙田奋斗史的报告文学，开办"文化沙田"网页，举办了第六届读书节。做好教育强镇复评各项工作，进一步完善教学设施，广荣中学改建已完成施工图设计、预算编制和财政审核，即将进行改建施工，沙田新一小工程已进入外墙装修阶段；大力实施素质教育，教学质量稳步提高；支持民办教育发展，积极发展学前教育、职业教育、成人教育和社区教育，推进教育优质均衡发展。同时，抓好卫生防疫工作，落实各项防控措施，健全卫生服务机构运作机制，有效防控甲型H1N1流感、登革热和基孔肯雅热。

【社会治安】2010年，沙田镇着力加强管理，维护社会和谐稳定，获得全市维护稳定和社会治安综合治理先进镇。加强综治信访维稳工作，挂牌成立沙田巡回法庭，奠基建设沙田法庭，健全矛盾纠纷排查调处机制，开展领导接访活动和下访活动，对重大节假日、全国"两会"、上海世博、广州亚运期间等重点时段，召开专题会议传达部署，落实维稳预警防控措施，确保社会和谐稳定。加强社会治安综合治理，严厉打击恶性和多发性犯罪，实现社会治安状况明显好转，全年共破刑事案件387宗，打掉各

① 2011年2月23日，沙田镇举行获评"广东省园林城镇"挂牌仪式
② 2010年12月14日，省园林城镇检查组对沙田镇创建"广东省园林城镇"工作进行考核验收
③ 2010年9月20日，沙田镇委副书记、镇长钟浩滔（左六）等镇领导率队检查沙田镇创建"广东省园林城镇"迎检路线，确保各项硬件设施达到创建标准

① 2010年6月3日，沙田镇委书记、镇人大主席陈志明（中）深入基层，与农户亲切交谈

② 2010年9月，在"领导干部大接访"活动中，镇委书记、镇人大主席陈志明（右二）等领导热情接待来访群众

③ 2010年7月，东莞市沙田镇在对口帮扶的韶关新丰县沙田镇和遥田镇投资100万元，启动19个项目，帮助两镇贫困户早日脱贫

④ 2010年12月16日，市第二人民法院与沙田镇共建司法协作体系暨沙田巡回法庭揭牌

⑤ 2010年3月25日，沙田镇召开市领导包镇督导平安社区与综治信访维稳中心建设工作会议

类犯罪团伙38个；深化"治摩"工作，依法扣留摩托车、电动车553辆；规范文化市场秩序，清理"黑网吧"13家；加强新莞人和出租屋服务管理，组织开展新莞人关爱系列活动，做好新莞人子女申请入读镇属公办学校工作；加强出租屋管理，抓好出租屋清查整顿和1017栋"安全文明出租屋"复查工作，推行统包统租管理模式；推进"平安社区"建设，推动横流等9个村（社区）创建为市"平安社区（村）"，扎实推进杨公洲、西大坦、先锋、福禄沙等4个村创建工作。

【公共安全管理】 2010年，沙田镇开展危险化学品、工伤事故频发企业、渡口渡船等多项整治行动和安全生产月活动，共检查企业326家，发现问题547处，基本整改完毕；加强食品安全监管，以创建"广东省食品安全示范镇"为契机，全面加强食品安全监管，创建3个食品安全样板市场，开展食盐安全、商贸领域安全、校园食堂等多项食品安全专项检查行动，收缴假冒伪劣商品一批，无害化处理问题猪肉、蔬菜一批；加强"三防"工作，对全镇堤围、水闸等水利设施进行巡检，及时解决水利工程建设问题，实现安全度汛；做好应急管理工作，举办全镇应急救护培训班，进一步完善预案，加强应急演练，健全应急管理体系。

【成功创建广东省园林城镇】 自2005年提出"发展港口经济、建设江滨城市、构建和谐沙田"的发展定位之后，沙田镇努力探索一条具有沙田特色的城镇园林绿化建设新路子。5年来共投入30多亿元资金推进城市建设；突出江滨风情、水乡韵味和文化底蕴三个特色，把海的浩瀚、水的灵气与水文化情怀，贯穿于城市规划理念以及建筑设计理念；实施景观保护工程、绿化建设工程、园林建设工程、生态建设工程四个工程，每年用于园林绿化的资金不少于财政总收入的5%，筹资达1.67亿元开展城市园林绿化建设；强化组织保障、制度保障、资金保障、人才保障和舆论保障五个保障。2010年，沙田镇通过省住房和

① 世纪豪庭大酒店
② 2010年11月7日，沙田镇首家五星级酒店，虎门港后方重要的服务配套场所——世纪豪庭大酒店举行开业典礼
③ 2011年2月3日，沙田镇举办春节大型水上激光音乐烟花晚会
④ 2010年11月7日，沙田镇举办传统疍家水上婚礼

城乡建设厅广东省园林城镇考核验收，一座环境优美、创新创业的宜居幸福新城已粗具雏形。

【首届水文化节】 2010年11月3—9日，沙田镇举办2010沙田水文化节，并纳入东莞市“我们的节日”系列活动。首届水文化节以“相约狮子洋畔，共享水韵风采”为主题，包括开幕式暨大型水上实景表演、水上疍家集体婚礼、咸水歌比赛、海鲜美食节、广东省大沙田诗歌奖颁奖典礼暨闭幕式晚会、摄影书法作品展、疍家文化展、文化讲坛、企业文化周、校园文化周等一系列活动，集中展示沙田独特的水文化魅力，打响了沙田水文化品牌。

【首家五星级酒店试业】 世纪豪庭大酒店位于沙田镇阇西村，港口大道沙田段与沿河路交汇处，是沙田镇首家五星级酒店，由东莞市成隆实业投资有限公司斥资近3亿元兴建，总用地面积约2万平方米，总建筑面积约5万平方米。酒店分为主楼和副楼，并通过空中走廊相连接，其中主楼26层（高118米），副楼12层。 （罗新强 宋帝雄）

附：2010年沙田镇党委、人大、政府领导名录

镇委书记：陈志明
镇委副书记：钟浩滔 黄丽香
镇委委员：刘振邦 梁满棠 陈金水 赵植槐 何福明 陈继业 陈成枝 翟丽娟 袁 攀
镇人大主席：陈志明
镇人大副主席：梁满棠 王 珠
镇 长：钟浩滔
副镇长：陈金水 蔡北星 梁 全 梁治平

① 绿意盎然的沙田镇综合办事大楼
② 新建成使用的福禄沙污水处理厂
③ 美丽繁华的沙田镇中心区
④ 沙田——动感之城
⑤ 沙田镇改造升级后的明珠路

2006—2010年沙田镇主要经济指标

指标 \ 年份	2006	2007	2008	2009	2010
户籍人口（人）	38444	38833	39362	40149	40697
外来暂住人口（人）	79190	85120	85278	68777	65890
面积（平方公里）	107（含水域）	107（含水域）	107（含水域）	107（含水域）	107（含水域）
国内生产总值（万元）	442784	515106	588063	614073（现价口径）	789913
工业总产值当年价（万元）	1165893	1343458	1374626	1450727	1880795
农业总产值当年价（万元）	25065	22919	25266	25629	25753
总用电量（万千瓦时）	76233	89022	88010	92370	105815
全社会固定资产投资总额（万元）	120287	152103	182523	216753	203184
社会消费品零售总额（万元）	61789	72571	79828	84274	87729
实际利用外资（万美元）	48758	66118	67629	65273	3105
镇级财政总收入（万元）	11055	5396（新口径）	8528（新口径）	6417（新口径）	44093
各项税收总额（万元）	32835	44274	44915	41230	82215
金融机构各项存款余额（万元）	49059	76244	77519	70504	869695
城乡居民储蓄存款余额（万元）	397699	505064	616067	727804	430431
外贸出口总额（万美元）	226773	259539	349542	383528	79514

长安镇

【概况】 长安镇地处东莞市南端，东邻深圳市，南临珠江口，西连虎门港，北倚莲花山，G107国道、S358省道、广深高速贯通全镇，是广州、东莞与深圳交通往来的南大门。全镇陆地面积97.87平方公里，辖13个社区，常住户籍人口4.3万多人，外来非户籍人口66.42万人，旅港同胞3万多人。2010年，全镇完成生产总值237.1亿元，同比（下同）增长13.8%；工业总产值583.46亿元，增长27.9%；企业出口总额64.99亿美元，增长30.1%；税收39.2亿元，增长28.8%；各项存款余额420.6亿元，增长21.5%；镇、社区、居民小组三级集体资产总额188.3亿元，增长5.6%；社会消费品零售总额45.3亿元，增长10.2%。荣获“广东省实施南粤锦绣工程文化先进县”、“全国亿万农民健康促进行动广东省示范镇”等荣誉。

【外贸经济】 2010年，长安镇对外合作交流更加密切，招商引资工作深入开展，成效良好。新签外资项目71宗，新签金额1.05亿美元；外资增资项目243宗，增资金额2.12亿美元，增长14%；实际利用外资2.9亿美元，增长2.8%。积极帮助东莞劲胜精密组件股份有限公司成功上市创业板，并将环球石材集团有限公司定为上市后备企业，着力帮扶和推动其上市；促进102家外企扩大内销份额，内销金额162.46亿元，增长41.2%。成功举办“第十届中国（长安）国际机械五金模具展览会”、“第三届中国（长安）国际饰品配件及加工机械展览会”、“第五届东莞（长安）国际模具技术及设备展览会”；组织企业参加“欧洲国际模具展”、“第十四届中国东西部合作与投资贸易洽谈会”和“第十三届中国国际模具展”等国内外重要经贸展会，促进长安外贸经济的全面发展。

【民营经济】 2010年，长安镇积极落实各项措施，帮扶民营企业升级发展。镇财政拨款720万元重奖名标名企，向35家民企拨出产业升级专项资金500万元；由镇组团并发动企业前往湖北宜都、广西河池、陕西华阴等外省市招工，有效缓解企业用工难问题。在镇委、镇政府的大力扶持和推动下，民营经济规模不断壮大，投资100万元以上的民营企业达到1182家；注册资金11.3亿元，增长15.8%；实际投资44.5亿元，增长15.3%；全镇拥有外贸进出口经营权的民营企业达到500家。万里马、威妮华饰

长安——一个让所有梦想都开花的地方

2010年6月25日，广东省委常委、宣传部部长林雄，在东莞市委常委、常务副市长冷晓明和长安镇镇委书记欧林高、镇长陈福坤等的陪同下到东阳光集团公司调研

①

②

③

④

① 2010年11月26日，广东省副省长佟星，东莞市委书记刘志庚、市长李毓全，长安镇委书记欧林高等领导参观第十届中国（长安）国际机械五金模具展览会

② 2010年10月27日，长安镇镇委书记欧林高率队到乳源瑶族自治县大桥镇塘洞村开展首批“一帮一”结对帮扶活动，欧林高将110万元帮扶资金交到该村负责人手中，标志着塘洞·长安新村的一期建设揭开序幕。

③ 2010年12月13日，长安万科中心奠基

④ 2010年11月12日，总投资2.4亿元的长安体育公园二期工程——长安体育馆奠基

品等知名民企启动总部搬迁计划，落户长安。

【科技创新】 2010年，长安镇扎实有序推进振安模具检测服务中心、众源城创新技术平台建设；开始编制冲压、注塑、汽车等3类模具零部件联盟标准；推动东阳光公司开发团队入选广东省首批引进创新科研团队。2010年成功申报国家、省级科技项目26个，新增国家高新企业4家、省级工程中心1个、省民营科技企业5家、市民营科技企业9家。实现高新技术产业产值285亿元，占工业总产值的48.8%；专利授权量2290件，增加近3倍。继续加快转型升级步伐，出台奖励办法鼓励来料加工企业就地不停产转“三资”，全年完成转型项目102宗。

【城市建设】 2010年，长安镇完成《长安镇综合交通及近期改善实施规划》，编制镇中心北区、涌头社区等5个地块控规并通过市审批，启动镇中心区及莲湖路以北地块城市设计工作。建设完成长怡东路、“绿道”、C线供水管、锦厦围仔和涌头排涝站等基础工程；动工建设五金模具科研和检测中心大楼、体育馆、S358省道景观改造、职业中学扩建等工程，并完成青少年活动中心、城市展览馆、实验小学的设计和选址工作。对镇中心区6个主要路口进行升级改造，修复路面及人行道8000平方米；优化调整24条镇内公交线路。加强建设工程质量安全监督，积极排查危房和危险公共建筑；严格工程报建，查处一批违章建筑；办出第一张补办房产证，完成一批已建房屋备案；查处一批违法用地项目，全部限令停工；督促有关单位对相

① 长安镇12个社区党总支升格为社区党委，至此全镇13个社区全部完成党组织升级工作
② 2010年3月8日，东莞首家村镇银行——东莞长安村镇银行挂牌开业
③ 2010年11月16日，东莞第六水厂C线供水管道（松山湖——长安）正式通水

① 2010年5月8日，由中央电视台财经频道主办、长安镇政府协办的“新转变 中国行——珠三角经济发展问策会”在长安莲花山庄举行。全国政协常委、著名经济学家厉以宁等来自政府、企业和经济学界的嘉宾参加问策会

② 第十届中国（长安）国际机械五金模具展览会会场

③ 2010年11月7日，长安镇举行迎亚运万人签名活动

关闲置土地尽快动工建设。

【环保节能】 2010年，长安镇深入推进环境保护工作，完成环保专业基地项目前期报批，积极筹建三洲水质净化厂二期工程；整治一批污染源企业，有效控制污染物排放；加强环保审批和“三同时”(新建、改建、扩建项目的安全设施必须与主体工程同时设计、同时施工、同时投入生产和使用)管理，审批项目1061个，其中拒批9个，补办“三同时”验收项目315个；推进林业资源培育保护，完成集体林权改革；坚持整治城市“六乱”，实施国庆假期人性管理流动摊档。节能减排取得新进展，路灯节能改造范围不断扩大，增装节能灯具1万多套；日均处理污水12万吨，实际削减化学需氧量5906吨，同比新增削减量1598.7吨，完成年度任务的137%。

【社会治安】 2010年，长安镇继续保持严打高压态势，深入整治治安重点区域和行业，积极做好上海世博会、广州亚运会期间的维稳安保工作，全力打击各类违法犯罪活动，刑事案件破案率同比提高13.6%；大力扫除黄赌毒，查处涉黄涉赌涉毒案件一批；重视“网上作战”，网上破案405宗，同比提高11%；加强校园保卫，校园视频监控点增至75个，校园治安岗增至83个；升级封闭、半封闭小区监控设备，提高技防水平；不断巩固“治摩”成果，镇中心区基本实现“三无”（即无摩托车上路、无摩托车搭客营运、无电动自行车上路）；霄边、锦厦、厦岗、厦边4社区成功创建为全市第四批平安社区。积极发挥综治信访维稳联动作用，做好世博、亚运等重要时期信访工作，深入开展矛盾纠纷排查调处，全年信访总量下降35%，群体性事件下降60%，办结率96%；加强劳动监察和劳动争议调解，劳资纠纷突发事件和欠薪逃匿案件分别下降52%和53%。高效完成民兵整组、训练、兵役登记及年度征兵工作。

【公共安全】 2010年，长安镇组建镇综合应急救援队伍，启动避灾中心建设；深入开展人员密集场所、危险品企业、出租屋和“三小”场所专项整治，安全生产事故宗数、死亡人数同比分别下降10%和9%；加强农产品检测，成功创建2个食品样板市场；以长青街为试点创建食品安全示范街；重拳整治医疗食品市场，查处和取缔一批无证诊所和无证食品经营场所；成功创建成为“全国亿万农民健康促进行动”省、市示范镇，至2010年底共建成1个社区卫生服务中心和28个社区卫生服务站的卫生服务网络，

① 环境优美的乌沙陈屋
② 美丽富饶的长安镇

实现社区群众步行15分钟即可获得社区卫生服务的目标。

【民生事业】2010年，长安镇认真做好社会救助和救灾救济工作，落实拥军优属政策，向各类困难群体、退伍军人和军属发放各类补助款近700万元；向青海玉树地震灾区、西南旱灾地区及“广东扶贫济困日”等活动捐赠善款共计970多万元；向乳源、巴马、中堂等市内外贫困地区捐赠扶贫资金695万元，帮扶公共项目24个、贫困户项目1279个。大力实施《长安镇扶持居民就业创业试行办法》，发放各种就业补贴336万元，设立4个村民车间，解决了139名村民就业；为1.72万名新莞人、146名户籍居民提供技能培训；将农保并入职保，正式建立城乡统一社会养老保险制度，参保人数达45.78万。将长盛社区组建成为新型社区，并将其纳入财政预算单位，确保了新型社区正常运转；推行积分入户政策，包括随迁家属在内的835名新莞人获得积分入户资格；抓好人口普查，并已进入数据汇总阶段。计生工作取得新进展，全年政策生育率98%，较好完成市下达的指标任务。

【文化教育】2010年，长安镇文体事业繁荣发展，出台《长安镇建设文化名镇规划纲要（2011—2020年）》，推动文化事业向更高层次迈进；成功举办“长安骄子计划”和读书节，“长安文化学堂”和“健康暑假”等文体活动深受欢迎；获“广东省实施《南粤锦绣工程》文化先进县”和“市文化新城建设标兵单位”称号；加强文化市场监管，整治查处无证经营、违规经营文化场所314家。教育工作取得新突破，“名校长工作室”和“名师工作室”挂牌运作；注重教育均衡发展，开展民办学校达标创优活动，为新莞人子女提供635个义务教育阶段公办学位；长安实验中学中考成绩连续第五年名列全市前茅；全镇高考每万名户籍人口升入大学比例位居全市第一，科技类比赛获奖数占全市1/5，居全市之首。

【党建群团】2010年，长安镇党建工作深入开展，在全市率先建立14个党代表工作室，在各社区成立党委；不断加强党员队伍建设，发展对象250多名；组织镇机关中层以上干部到香港理工大学培训。面向社会公开招考，择优录用12名大学毕业生充实到有关单位。创建了24家星级“两新”党组织。廉政建设不断加强，锦厦、厦岗成功创建为全市第二批基层党风廉政建设示范点；抓好领导干部本人及其亲属财产登记上报；完成第四届社区干部任期经济责任审计，开展农民公寓专项财政检查；严格工程项目预结算审核，审核96宗，核减1.07亿元。群团工作深入开展，新发展基层工会85家，发展工会会员2.1万人，镇总工会向困难职工发放慰问金和慰问品18万多元；各级工会参与调处劳资纠纷400多宗。承办广东青年纪念五四运动91周年主题晚会；深入开展青年志愿者服务活动和“青年文明号”创建工作。积极维护妇女儿童合法权益，启动“关爱女性健康百万基金”扶助计划，为新莞人贫困妇女进行免费体检，受惠对象3000多人；开展各种文体活动和维权咨询等活动。（肖艾平）

附：2010年长安镇党委、人大、政府领导名录

镇委书记：欧林高
镇委副书记：陈福坤　孙景森
镇委委员：郭炳基　陈卫江　王志明　陈伟文　谢伟昌　李福笑　李冠洲　蔡向春　孙海波　黄国权
镇人大主席：欧林高
镇人大副主席：陈林发
镇　长：陈福坤
副镇长：郭炳基　孙沛文　麦锦彪　李初雄

2006—2010年长安镇主要经济指标

指标＼年份	2006	2007	2008	2009	2010
户籍人口（人）	39427	40187	41234	42469	43697
外来暂住人口（人）	466071	451457	360986	552800	664230
面积（平方公里）	83.4	83.4	83.4	83.4	97.87
国内生产总值（万元）	1522236	1764272	2020980	2083662	2371479
工业总产值当年价（万元）	4027232	4448336	5009932	4562212	5834559
农业总产值当年价（万元）	13427	13663	10963	7220	7594
总用电量（万千瓦时）	469506	497691	504909	473889	540192
全社会固定资产投资总额（万元）	501005	481259	500017	500546	505136
社会消费品零售总额（万元）	212000	288315	356698	411073	453302
外贸出口总额（万美元）	463400	547235	626166	499579	649950
实际利用外资（万美元）	47100	49173	37163	28409	29237
镇级可支配财政收入（万元）	105412	117297	114080	123864	131282
各项税收总额（万元）	200482	237081	270360	304655	392401
金融机构各项存款余额（万元）	2255222	2445321	2905799	3303173	4205946
城乡居民储蓄存款余额（万元）	1588161	1665527	2084900	2263195	2753845

寮步镇

【概况】 寮步镇是广东省中心镇，毗邻东莞市区，面积71平方公里，辖10个社区、20个村，常住人口约41.8万人，其中户籍人口6.85万人。寮步镇交通便利，G94高速、市区环城路、松山湖大道、S357省道、石大路、东部快速路、生态园大道以及在建的莞惠城际轨道交通在此交汇，形成了以寮步为中心的东莞半小时经济生活圈。2010年，全镇完成生产总值133.5亿元，同比增长19.2%；规模以上工业总产值376.3亿元，同比增长30.5%；各项税收总额20.7亿元，同比增长25.4%；镇本级财政可支配收入8.7亿元，同比增长10%；汽车销售总额达85亿元，同比增长25.3%；外贸出口总额53.7亿美元，全市排名第三；实际利用国内外资金26.1亿元，全市排名第二。

寮步镇是全国综合实力百强镇、中国电子信息产业名镇、国家电子信息产业基地、中国汽车销售名镇。2010年顺利通过国家卫生镇、广东省教育强镇复评；获评为中国绿色名镇、广东省“双提升”示范镇、广东省园林镇、东莞市文化建设先进镇；连续第六年获全市镇（街）量化考核综合总分一等奖，在二类镇街中排名第一；获得了经济发展、社会发展和人的发展单项奖等奖项。

【建设现代绿色新香市】2010年，寮步镇以城市化建设为龙头，打造东莞城市新区、现代产业新区和文化休闲新区，全面提升产业层次、城市建设、文化建设、社会管理和执政能力建设水平，加快融入东莞大市区一体化发展。莞惠城际轨道交通、东莞篮球中心、中医院新院、市第六中学、东莞理工学院城市学院新校区等一批省市重点工程项目顺利推进，佛灵湖生态公园、香市动物园、香市公园、香市影视城、城市展览馆、环佛灵湖绿道、香堤绿道等一批文化和生态休闲项目相继建成，寮步的城市基础设施建设和功能配套设施不断完善，被市

实施“一城三区”发展战略 加快建设现代绿色新香市

① 2010年10月29日，中共中央政治局委员、国务院副总理张德江在省委常委、常务副省长朱小丹，省委常委、秘书长徐少华陪同下，莅临寮步镇永强汽车制造有限公司考察中小企业发展情况，市领导刘志庚、冷晓明、邓志广，镇领导何绍田等陪同考察

② 2010年1月23日，中共中央政治局委员、省委书记汪洋在省委常委、副省长肖志恒，市领导刘志庚、李小梅，寮步镇领导何绍田的陪同下，在爱铭数码电子有限公司进行专题调研，了解企业技能人才的工作和生活情况

③ 2010年9月2日，副省长刘昆在市领导江凌和镇领导何绍田、罗军文的的陪同下，到铨讯电子和三星电机有限公司调研寮步镇加工贸易转型升级情况

④ 2010年6月7日，市委书记刘志庚（中）在寮步镇委书记何绍田、镇长罗军文陪同下，视察寮步镇绿道等重点工程建设

⑤ 2010年8月16日，市委副书记、市长李毓全带队慰问寮步镇台资企业，鼓励企业加快转型升级

规划为东莞中央生态休闲区。

【产业转型升级】 2010年，寮步镇实施提升传统制造业和培育新兴产业"双轮驱动"战略，着力做好"稳定、引进、优化、提升"四篇文章，促进产业升级，三大产业比例从上年的0.1：52.5：47.4调整为0.1：51.5：48.4。

培育新兴产业。寮步镇召开工业经济暨新兴产业发展工作会议，出台关于发展新兴产业、现代服务业和文化休闲旅游业的三个实施方案，确定发展高端新型电子信息、电动汽车、半导体照明（LED）、太阳能光伏产业、以生产性服务业为主的现代服务业项目以及旅游文化等46个重点项目名单，明确寮步镇"十二五"期间产业发展的方向和重点，努力培育新的经济增长点。

帮扶企业发展。寮步镇继续深入开展"千人扶千企"活动，落实各级政府帮扶企业发展的政策措施，引导和帮助企业获得市"5个10亿元"和镇"12个1000万元"帮扶资金4337.6万元；成功推动41家来料加工企业转为"三资"或民营企业；寮步企业信息服务平台帮助1752家企业发布近10万种产品信息和2000多条技工及管理人才岗位招聘信息；协助238家企业开展内销，内销总额达35.5亿元，同比增长36.1%；开展银企

① 2010年12月17日，国台办主任王毅、省台办主任陈国兴一行在铨讯电子厂调研

② 2010年3月25日，省加工贸易转型升级工作现场会在寮步镇伟易达公司召开，副省长万庆良率省直及中央直属驻粤有关单位负责人就东莞市加工贸易企业在转型升级中遇到的问题予以现场解决。省政府副秘书长刘晓捷、市领导江凌、寮步镇领导何绍田、罗军文和市、镇相关部门负责人、企业代表参加现场会

③ 2010年3月3日，寮步镇举行企业家新春茶话会暨余明阳"品牌战略"讲座

④ 2010年7月9日，寮步镇委书记何绍田、镇长罗军文率领镇党政代表团赴深圳华强文化科技集团参观考察，学习该集团"文化+科技"的发展模式及其成功发展的经验

⑤ 2010年11月3日，科技部授予康达机电工程有限公司"国家科技合作基地"称号

⑥ 2010年11月28日，寮步镇举行高级人才联谊会成立典礼暨第一届全体会员大会，联谊会为寮步镇企业高级人才提供良好的交流平台

⑦ 2010年3月16日，东莞市人力资源局寮步分局举行挂牌仪式

⑧ 2010年5月8日，国家统计局副局长张为民到寮步横坑社区调研第六次全国人口普查综合试点工作

对接活动，帮助268家企业获得银行授信融资11.6亿元。全年新增3家市级行业龙头企业，总数达到5家，其中3家入选市工业龙头企业，2家入选市商贸龙头企业。

推进项目落地。寮步镇全年引进新签投资项目64个，合同利用外资1.13亿美元，同比增长10.4%，其中增资项目34个，占新签投资项目的53%。特发信息、峻凌电子、振东医药、天锐香料等一批重大产业项目顺利动工，投资1.3亿元的东莞联合二手车市场举行开工奠基仪式，是东莞最大的二手车交易市场。

【科技创新】2010年，寮步镇召开第三次科技创新表彰大会，发放科技创新奖励金644.6万元，47家科技创新优秀企业获奖。全年累计投入6000多万元，鼓励企业开展技术创新、品牌建设和人才引进。其中科技创新投入3291万元，承担市以上各类科技计划项目56项；推动8家企业设立技术研发中心，13家企业由贴牌生产向委托设计生产转变；新增国家高新技术企业4家，总数达15家；新增省级民营科技企业23家、市级民营科技企业9家；新增专利授权641件。高新技术产品出口总额19.63亿美元，全市排名第五。寮步光电数码专业镇技术创新服务平台项目获2010年度广东省粤港关键领域重点突破项目招标立项支持，获项目资助经费200万元。康达机电有限公司被国家科技部评为全市首个企业“国际科技合作基地”，被人力资源和社会保障

① 2010年，寮步镇加快实施“一城三区”发展战略，建设现代绿色新香市，规划建设长约8公里的环佛灵湖绿道和万亩莞香林示范基地

② 2010年3月28日，第二届中国县镇绿色发展论坛在北京人民大会堂举行，寮步镇获“中国绿色名镇”称号

③ 2010年8月28日，寮步镇首届香市旅游文化节开幕

④ 2010年8月28日，寮步镇首届香市旅游文化节开幕，为期3天的中国（寮步）首届沉香文化艺术博览会共吸引国内外游客达30万人次

⑤ 2010年8月28日，寮步镇举行香市动物园开业庆典

⑥ 2010年8月28日，首部以莞香文化为题材的电视剧《莞香铭》举行新闻发布会

① 2010年1月15日，寮步镇召开"千千访千家"动员大会

② 2010年1月26日，寮步镇2000多名干部群众参加迎春慈善长跑活动，为困难群众募集善款

③ 2010年4月，寮步镇委书记何绍田、镇长罗军文率党政领导班子成员及民营商会企业家代表到韶关市乳源县的游溪镇、桂头镇开展对口扶贫活动，分别向对口帮扶的4个贫困村捐赠扶贫资金，帮助当地困难群众脱贫致富

④ 2010年11月23日，寮步镇举行"全国妇联基层组织建设示范镇"挂牌仪式，市委常委、组织部部长庞国梅，市妇联副主席安玉红等领导出席会议

⑤ 2010年9月6日，寮步镇与省作协、市文联联合举办首届广东省"香市杯"青年文学大奖赛，有35篇（部）优秀作品获奖

⑥ 2010年12月28日，寮步镇文学艺术界联合会暨东莞市作家协会寮步分会成立并举行挂牌仪式

部批准设立寮步镇首个博士后科研工作站。民营经济自主创新能力明显增强。

【城市建设管理】 2010年，寮步镇坚持以科学规划为导向，加快推进城市化建设，完善城市经营管理，打造幸福宜居城市。

完善城市规划。寮步镇站在融入珠三角一体化和东莞大市区发展的高度，高标准、高起点、高品位对城市总体规划进行修编，明确发展定位。修编后的《寮步镇城市总体规划（2010—

2020）》获市规划委员会审议通过。完成15项片区控制性详细规划的编制工作，其中横坑、华南工业城等7项片区控规经市规划委员会审议批准实施，良平片区南、中心城区南等8项片区控规报市审查。开展城市路网和绿道网综合规划，规划体系进一步完善。

抓好重点工程。寮步镇全面启动30项重点工程项目建设，积极配合推进省、市重点工程建设，不断完善城市基础设施和功能配套。香市动物园一期、香市公园一期、香市影视城、香市农业生态园、环佛灵湖绿道、香堤绿道一期、社会工作服务中心大楼等重点工程顺利完成；莞惠城际轨道交通、东莞市篮球中心、第六高级中学、东莞理工学院城市学院新院、生态园大道、第17号镇际联网路、香市科技产业园、牙香街复原改造、香市经贸大厦、凫山安置小区、上底安置小区、寮步墟香江公园、城市门户公园、香市人才公寓等一批重点项目顺利推进。

推进“三旧”改造。寮步镇编制《寮步镇“三旧”改造专项规划》和单元规划，出台《寮步镇鼓励“三旧”改造暂行办法》等系列政策文件，启动“三旧”（旧城镇、旧村庄、旧厂房）改造试点工作，积极引导社会资金参与“三旧”改造，提升城市发展空间，推动城市升级。全年启动6宗“三旧”改造项目，改造面积近1000亩，引入社会资金近20亿元，其中亭子边、瓷片厂、西溪和牛杨片区等4宗成片改造项目纳入市政府问责项目。

优化人居环境。寮步镇大力促进城乡生态环境建设，实施“公园化寮步”战略，规划建设40座城市生态公园和社区休闲公园。启动整山治水造绿工程，完成林相改造1600亩，万亩莞香林累计种植莞香树达4000亩；累计完成截污管网铺设28.15公里，约占总工程量的75%；投入近2亿元用于第五批共28宗水利防灾减灾工程建设和征地补偿，提高全镇防灾减灾能力。2010年，寮步镇获“中国绿色名镇”、“广东省园林城镇”等荣誉称号，申报国家级生态乡镇通过省评估验收，新增5个“省卫生村（社区）”和10个“东莞市市容环境优美村（社区）”。生态文明和人居环境不断提升。

【建设文化名镇】香市文化。2010年，寮步镇召开建设文化名镇工作会议，确立建设香市特色的文化名镇发展战略，出台《寮步镇建设文化名镇规划纲要（2011—2020年）》以及11项配套政策。举办首届广东省“香市杯”青年文学大奖赛，出版《香市溯源》、《香市博览》等10部莞香文化系列丛书，在全镇中小学实施莞香文化教育普及工程，举办首届中国香文化论坛，电视剧《莞香铭》完成剧本改编和演员遴选工作，提升了香市文化的影响力。

文化休闲。寮步镇承办2010年度东莞市旅游文化节开幕式，成功举办首届香市旅游文化节、中国（寮步）沉香文化艺术博览会，累计吸纳游客近200万人次。引进2家香文化展销企业。香市动物园正式开业，日均接待游客达5000人次。规划建设汽车文化乐园，举办广东省汽车漂移大赛寮步站比赛，吸引近三万游客以及省内外汽车爱好者。香市影视城已完成建设并向市民开放，累计接待游客40万人次。

文化惠民。寮步镇深入推进文化惠民系列工程，投入近2亿元建设和完善镇村文化广场、图书馆、香市讲堂等公共文化设施。全镇18个村（社区）建有村级文化广场或公园，20个村（社区）建有图书阅览室和农家书屋。成立东莞市作家协会寮步分会和寮步镇文学艺术联合会。组织开展文化进社区、文化进企业等各类群众性文艺活动70多场次。

人才工作。寮步镇成立高级人才联谊会，吸纳首批会员168人，搭建良好的人才交流平台，为寮步经济、社会、文化建设建言献策。面向清华大学等国内十大名校公开招录18名硕士研究生担任镇的政策研究员，面向普通高校毕业生招录10名本科以上学历的机关工作人员和10名大学生村官，人才结构进一步优化。香市讲堂正式启用，举办了8期知识讲座。

【简政强镇改革】2010年，寮步镇实施简政强镇改革，强化社会管理和公共服务，打造服务型政府，增强发展活力。进一步规范政府机构设置，市编办核定的行政事业单位由原来的28个精简为15个。加大干部培训力度，全年共举办各类讲座和培训班15期，共计40个班次，培训各级干部4040人次，分两批组织160名中层干部到武汉大学进行封闭式培训学习，提升发展能力。开展单位部门“小金库”的专项治理和重点检查，加强对政府和村级集体经济采购以及工程招投标的管理。建立和完善工作问责制、考评制、督查制、帮扶协调制和时间倒逼制，加强作风建设，狠抓工作落实，提升干部的执行力。

【社会事业】抓好三件民生实事。2010年，寮步镇通过广泛征求社会意见，将发展教育、医疗卫生、改善公共交通作为重点抓好的三件民生实事。顺利通过广东省教育强镇复评，制定“三年三个亿”的教育投入计划，规划建设东莞第一个镇级教育园区，投入1亿元教育基础设施专项资金，改善8所镇办中小学办学条件，新增两所市级三星民办学校。高考、中考创下历史最好成绩，其中高考成绩在市同类学校中名列第一。完善社区医疗服务网点，新建8个社区卫生服务站，累计建成16个社区卫生服务站。成功创建全国亿万农民健康促进行动广东省示范镇，顺利通过国家卫生镇复评。东莞市医院协会民营医院分会在寮步同济光华医院成立。基本完成镇内道路网接驳工程建设，合理调整镇内公交线路，改善公交服务质量，新增投放60辆公共的士，满足群众日常出行需求。

促进就业创业。寮步镇继续加大就业创业帮扶力度，累计推广建立“村民车间”20个。挂牌成立寮步人力资源分局。推荐户籍人员就业3000多人次，开展职业技能培训1541人次，落实各项培训就业补贴1217.9万元，其中市财政992.2万元、镇财政225.7万元。为自主创业人员提供小额担保贷款44万元。

完善社会保障。寮步镇全面提升各项社会保障待遇水平，其中养老保险退休金由原来的每人每月1060元调整为1190元；失业保险待遇由原来每人每月708元调整为768元；推广社工试点，深化扶贫助困工作，做好低保调查、上报和资金统筹，发放各类低保救助金380.3万元，困难群众保障率达100%。继续开展“千千访千家”活动，慰问困难家庭和群众，派发慰问金100多万元。

【农村经济发展】2010年，寮步镇村两级集体总资产达60.7亿元，同比增长5.5%；集体经济总收入6.5亿元，同比增长8.9%，农民人均收入16437元，增长30%；村组集体经营纯收入3.2亿元，增长14.6%；村组两级当年积累亏损同比减少457万元，收不抵支的村组同比减少4个。

农村帮扶。寮步镇召开农村分片现场办公会，强化部门服务基层的意识，协调解决40多个农村发展中的困难和问题。镇财政继续安排3600万元，用于补贴农村（社区）公共管理经费，将原来由村（社区）负担的村（居）民社保费用全部调整为由镇财政负担；村（社区）环卫保洁费负担比例由原来的镇村4：6调整为镇村5：5负担，减轻农村集体经济负担，促进农村经济健康发展。

资产管理。寮步镇开展第四届农村（社区）干部任期经济责任审计，严格实行农村办公经费包干、片长审核制，严格控制一般性开支及股东分红，村组两级一般性开支同比下降11.2%，股东分红占经营纯收入的比重同比减少7.1%。

扶贫开发。寮步镇召开扶贫开发工作会议，传达贯彻省、市“规划到户、责任到人”扶贫开发工作现场会精神，推动扶贫开发工作深入开展。累计投入资金280.8万元，从基础设施、文化教育等七个方面，对口帮扶韶关市乳源县4个扶贫村。进一步完善扶持镇内经济欠发达村的措施，实行“二帮一”帮扶（一个发达村和一家经济实力强的企业对口帮扶一个欠发达村），改善经济欠发达村的基础设施，为欠发达村更换老化自来水管和实施道路硬底化提供30%的财政补贴资金。

【社会管理】2010年，寮步镇根据上级统一部署，围绕“平安世博、平安亚运”的总体目标，深入开展“粤安10”、扫黄禁赌“曙光一号”、“曙光二号”、校园安全防范整治、“创平安、迎亚运”等重点打击和平安亚运“十大行动”等专项行动，开展社会治安综合治理，全面落实各项维稳治安防控打击措施。镇财政共投入综治经费7950.1万元，各村（社区）增加治安经费700多万元，用于强化治安队伍建设、完善治安视频监控系统和封闭式小区管理等。社会治安进一步好转，社会和谐稳定。开展校园周边安全环境排查整治，强化消防安全“四个能力”建设（检查消除火灾隐患的能力、扑救初级火灾的能力、组织疏散逃生能力、消防宣传教育能力），深入开展安全生产监督检查，以及道路交通安全专项整治，突出抓好食品安全执法，营造和谐安定的社会环境。被评为全市维护稳定和社会治安综合治理工作先进镇。

在第六次全国人口普查中，全镇1800多名普查指导员和普查员，逐户上门开展人口普查登记，流动人口信息管理录入率达100%，准确率达100%。广东省第六次全国人口普查试点工作会议在寮步镇召开。推行居住证和新莞人积分制入户工作，共受理新莞人居住证办理登记申请170749人次，发放居住证12.9万张，为首批512名符合积分条件的新莞人办理入户手续。成功创建“全国妇联基层组织建设示范镇”。

【党建工作】2010年，寮步镇全面推进党的基层组织建设，成立31个党代表工作室，由全镇160名市、镇党代表轮流驻室，共接待党员、群众558人次，收到意见和建议785条，解决实际问题326件，充分发挥党代表与党员群众的沟通桥梁作用。加大“两新”（新经济组织和新社会组织）党组织的组建力度，创新党组织的设置方式，探索建立青年志愿者等3个网络党支部，规范和完善35个流动党员管理服务中心（站）的运作管理，更好地贴近和服务流动党员。深入开展“创先争优”活动，开展“党建特色示范区”、“星级党组织”创建活动。加强反腐倡廉工作，健全党风廉政建设责任制考核，落实责任追究制度，镇党委与46个镇属企事业单位和30个村（社区）签订《党风廉政建设责任书》，216名“双委”干部和294名村民小组干部分别签订廉政承诺书。（刘勋良）

附：2010年东莞市寮步镇党委、人大、政府领导名录

镇委书记：何绍田
镇委副书记：罗军文　谢杨锦
镇委委员：黄浩全　刘一强　黄富新　尹汉源　韩胜海　黄镇源　刘沛声　韩巧轩　尹淦林　陈庆松
镇人大主席：何绍田
镇人大副主席：黄浩全　游建林
镇　长：罗军文
副镇长：刘一强　刘松泰　韩巨登　尹广军

2006—2010年寮步镇主要经济指标

指标＼年份	2006	2007	2008	2009	2010
户籍人口（人）	64112	65034	65898	67223	68524
外来暂住人口（人）	191866	188368	178391	174277	418578
面积（平方公里）	79	79	71.15	71	71
国内生产总值（万元）	740656	887553	1025730	1120641	1335015
工业总产值当年价（万元）	2323964	2473432	3060494	3098979	3762734
农业总产值当年价（万元）	2810	2365	4313	3165	4115
总用电量（万千瓦时）	160866	180013	189268	189748	219715
全社会固定资产投资总额（万元）	181180	243885	277000	223012	241274
社会消费品零售总额（万元）	628700	750000	862000	972500	1020929
外贸出口总额（万美元）	242110	339051	432072	382227	537093
实际利用外资（万美元）	16222	16557	16920	9609	9775
镇级可支配财政收入（万元）	40946	61230	69020	79610	87284
各项税收总额（万元）	95576	123766	160191	165236	207707
金融机构各项存款余额（万元）	711004	788658	938400	1151694	1395674
城乡居民储蓄存款余额（万元）	486849	538309	650185	728578	969146

大岭山镇

【概况】大岭山镇位于东莞市中南部，地处东莞新城市中心——松山湖科技产业园——同沙生态旅游区"三位一体"的中间，总面积110平方公里（包含松山湖征地部分），下辖24个村（社区），常住人口16.17万人，其中户籍人口4.45万人。大岭山镇是广东东江纵队发源地，是有名的革命老区、莞香产地、荔枝之乡，是全国工业卫星镇、全国千强镇，先后被评为"中国家具出口第一镇"、"中国家具出口重镇"、"国家级生态乡镇"、"广东省教育强镇"、"广东省卫生镇"、"广东绿色名镇"、"广东省生态示范镇"。2010年，大岭山镇又先后成功创建"中国绿色名镇"、"国家卫生镇"，连续第3年获得全市镇级领导班子量化考核总分一等奖，连续第7年获得"市维稳工作先进镇街"称号，获得可持续发展单项奖、协调发展单项奖、人的发展单项奖、党管武装先进单位、人口和计划生育工作先进单位等25个奖项。

2010年，大岭山镇完成国内生产总值112.2亿元，同比增长（下同）14.9%；工农业总产值233亿元，增长12.2%；工商税收总额15.0亿元，增长28.7%；镇本级可支配财政收入7.7亿元，增长9.6%；固定资产投资总额32.6亿元，增长9%；社会消费品零售总额39亿元，增长23.7%；各项银行存款余额103.2亿元，增长17.2%；镇村组三级集

弘扬革命老区精神　共建幸福美好家园

① 2010年，大岭山镇连续第3年获得全市镇级领导班子量化考核总分一等奖。图为大岭山镇委书记梁荣业（前排中）上台领奖

② 2010年1月31日，市委常委、常务副市长冷晓明（前排左五），市委常委、市委秘书长何嘉琪（前排左三）等市领导莅临大岭山镇，为总投资3.2亿元的大岭山富宝工业园奠基

③ 2010年4月8日，市委常委、副市长江凌（左二）莅临大岭山镇就重点企业项目建设调研

① 2010年4月29日—5月10日，大岭山镇在玉兰大剧院举办精品家具（沙发）典藏展。图为启动仪式

② 2010年，大岭山镇获得中国家具业最高设计奖——“金斧”奖大赛的举办权。图为大赛启动仪式

③ 2010年，大岭山镇成功创建国家卫生镇。图为镇委书记梁荣业（前排中）在接受颁牌

④ 2010年3月28日，大岭山镇委副书记、镇长黄庆辉（前排右二）在北京人民大会堂领取“中国绿色名镇”牌匾

2010年12月20日，大岭山镇生态湿地公园动工建设

体总资产59.8亿元，增长6.4%；农村人均纯收入13792元，增长8%。

【招商引资】2010年，大岭山镇出台《村（社区）引进投资项目奖励实施办法》、《引进重大及关键投资项目奖励办法》，全镇新签、增资外资项目26宗，其中500万美元以上项目2宗；利用300万元以上内资项目15宗，协议投资金额17.2亿元，实际投资金额6.8亿元，分别增长126.1%和78.1%，其中协议投资超亿元的项目6宗。总投资5亿元的金立手机工业园、总投资3.2亿元的富宝工业园动工建设。

【提升家具产业】2010年，大岭山镇加快产业结构调整步伐，以“汉尊沙发”进驻世博会为契机，先后举办大岭山精品家具（沙发）典藏展、“大岭山家具之夜”音乐会等大型活动；中国家具业最高奖“金斧奖”设计大赛、中国家具行业职业技能培训基地成功落户大岭山镇；中国家具图书馆和家具研发、设计等一批公共服务平台正加快建设中；创建广东省家具产学研创新联盟，家具企业自创品牌从国际金融危机发生时的28个增加到115个，家具内销金额从11亿元增加到22亿元，“大岭山家具”区域品牌知名度得到大幅提升。

【自主创新】2010年，大岭山镇把自主创新作为转型发展的核心推动力，深入实施“科技大岭山工程”和“名牌带动战略”，编制和印发《经贸科技项目业务申报手册》，共动员组织30多家企业申报国家、省、市科技项目和计划20个，获得各类资助资金1302.4万元，新设立研发机构5家，新增专利项目908项、增长56.3%，获授权专利881项、增长36.6%。推动大宝化工获得“中国驰名商标”称号，实现驰名商标零的突破；新增省名牌产品1个、省著名商标1个，省、市民营科技企业4家，全镇各类科技、名牌称号企业共65家，拥有名牌名标的数量列全市第9位。

【加工贸易转型】2010年，大岭山镇积极推动来料加工企业转变经营形态，支持企业引进先进技术、设立研发机构、优化生产模式、拓展内销市场，不断提升生产力水平。成功推动26家来料加工企业转为三资（民营）企业，完成进度排名全市第一；拓展内销市场102家，排名全市第一；引进先进设备15宗，由OEM向ODM转变13家，均排名全市第六。先后组织50多家企业参加台博会、外博会等内销展会，企业拓展内销成效显著，全年外资企业内销总额5.2亿美元，增长47.5%。

【第三产业】2010年，大岭山镇完成2010—2020年商业网点规划，大力发展房地产业、汽车服务业、商贸零售业、餐饮娱乐业等，第三产业对全镇经济的拉动力不断增强。房地产业良性发展，推动一批房地产项目开发建设，商品房销售金额增长16.3%。商贸服务业优化发展，市重点项目信立农批大宗农产品电子交易平台投入使用，安信一汽丰田4S店、中信银行大岭山支行等正式开业。全年实现社会消费品零售总额39亿元，增长23.7%。

【统筹土地开发】2010年，大岭山镇倡导镇村“统筹开发、利益共享”的发展模式，加快理顺各类土地关系，实施统一规划、统一开发，为新一轮发展提供用地保障。开展全镇“工业地图”普查工作，掌握全镇工业分布状况，整合闲置厂房、废旧厂房，提高土地利用效率。推进全镇存量建设用地摸底工作，

① 2010年10月，大岭山镇交警指挥中心投入使用
② 2010年12月，大岭山消防指挥中心投入使用
③ 2010年底，大岭山社保分局大楼投入使用

共摸清存量土地60宗、面积约146.3公顷，为缓解“有项目无地用，有地无项目用”的结构型矛盾奠定坚实的基础。

【帮扶农村发展】2010年，大岭山镇加大对村一级的扶持力度，全年镇财政投入农村帮扶资金1.94亿元，为历年之最，其中用于扶持农村基础设施建设6200万元、社会管理2900万元、教育医疗7417万元、社会保障2894万元，有效减轻农村经济负担。加强农村集体资产管理，出台相关办法措施，完善村级土地收入款项管理、集体应收款追收、合同管理、工程建设管理、投资工程招标行为、农村委派财务人员考核六大制度。全年共审查农村重大事项59宗、土地款使用86宗，呈审金额超1.7亿元，确保农村集体资产增值保值。

【城市建设】规划修编。2010年，大岭山镇进一步完善镇村控制性详细规划以及路网、绿道网、绿地系统、环卫设施等专项规划，新增2个片区控制性规划通过市审批。稳步推动成熟社区建设，选取农场、水朗、矮岭冚作为试点，分类指导规划设计工作。

重点工程。大岭山镇全年投入3.5亿元用于重点项目建设，已完成中兴路、横镇路、杨屋大道等7宗道路升级改造项目，基本完成永安墓园道路、鸡翅岭路等4宗道路建设项目。交警指挥中心、消防指挥中心、社保分局大楼、老人活动中心、敬老院等工程已全面交付使用，大岭山图书馆、大岭山派出所、法庭大楼等主体工程已基本完成建设。启动同沙生态湿地公园、大岭山大道西建设和大岭山公园升级改造，建成杨屋新陂河扩建工程二期、科技工业园排洪整治工程等水利防灾减灾工程6宗，建成全镇截污次支管网13公里，启动同沙水库水污染综合整治工程。

环境整治。大岭山镇以创建“国家卫生镇”为牵引，全面推进环境卫生整治，投入6700多万元实施统筹村（社区）环境卫生整治工作的6个方案，建成6座垃圾压缩转运站，清理美化农村卫生死角943处，将33座公厕和除“四害”工作推向市场化管理，添置村（社区）主次干道果皮箱895个，实现全镇主次干道机械化洒水作业全覆盖。加强城市综合管理，持续整治城市“六乱”，规范户外广告牌设置，强化市政设施巡查维护，铺开生活垃圾随水收费工作。加强环境执法监察和污染企业监管，推进机动车尾气和养殖业反弹等专项整治。全镇23个村（社区）均完成旧村整治任务，新增9条村成功创建“市容环境优美村（社区）”。

“三旧”改造。大岭山镇加大“三旧”（旧城镇、旧村庄、旧厂房）改造力度，编制五年专项规划和年度实施计划，建立改造土地数据库56个，涉及土地面积约8996亩；确立总面积7375.5亩的32个“三旧”改造项目，其中完成10个项目的单元规划和改造方案，总改造面积1328.5亩，均已达到启动要求。

【社会管理】社会治安。2010年，大岭山镇加大社会治安的投入力度，先后建立治安指挥中心，改（扩）建98个治安岗亭，构建“一区三纵三横五口”的防范网络，启动大岭山派出所等基础设施建设。持续开展“打黑除恶”、“粤安10”、“扫除黄赌毒”、“治摩禁电”、“迎亚运、保平安”等专项整治工作，采取八项措施加强校园安全防范，严厉打击违法犯罪，全年共破刑事案件396宗、破案率上升27.3%，实现平安社区全覆盖，全镇社会治安形势更加明显好转。

安全生产。大岭山镇充实消防隐患

① 2010年，大岭山镇投入200多万元帮助61户住房困难家庭解决“住房难”问题。图为镇委书记梁荣业、镇长黄庆辉为农家贴对联

② 2010年8月23日，大岭山镇举办大学生入学欢送会。图为镇委书记梁荣业、镇长黄庆辉等镇领导为优秀考生颁发奖学金

整治办和防火巡查队力量，强化消防安全，查处整改隐患4280多处；开展质量监督检查专项行动，加强食品药品质量监管，新建食品安全样板市场1个；加强危险化学品源头管理，组建综合应急救援大队，全镇设立应急避灾场所46个；深入推进交通隐患点段整治，严查超速驾驶、酒后驾驶，完善道路护栏设施和人行过街系统，全镇各类安全生产事故下降16.6%，没有发生较大以上安全生产事故、群体性食物中毒事件。

综治维稳。大岭山镇推进村、企业信访维稳工作站（室）建设，建成村（企业）综治信访维稳工作站（室）26个，加强综治、法庭、公安多部门工作联动；落实领导接访包案和带案下访等制度，开展镇领导班子大接访活动，镇主要领导带头接访群众、帮助群众解决各种问题，全镇共受理群众上访327宗，办结325宗、办结率99.4%；加强劳动执法监察和劳资纠纷调解，落实企业欠薪逃匿由业主垫付工资等规定，全年欠薪逃匿事件下降27.2%。

【教育事业】2010年，大岭山镇落实“奖教奖学”、“提高教师素质”和“扶持民办教育”三项工程，中心幼儿园成功创建省一级幼儿园，盛基小学成功创建市三星级民办学校，新增1间幼儿园，高考户籍考生考取大专以上的有483人，其中本科211人、重点本科38人，万人升大率在全市的排名从上年的第15位提升到第7位。发放奖助学金102.8万元，全镇“尊师重教”氛围浓厚。

【文化建设】2010年，大岭山镇精心组织开展各类文化活动，成功举办第二届运动会，大岭山之歌合唱团获第十届中国合唱节混声组银奖，歌曲《梦·乡情》获第九届中国艺术节“群星奖”音乐奖、《山里的妹子》获第二届八省优秀客家山歌邀请赛表演银奖；组织第一届“美德之星”评选活动，开展文明户和文明家庭评选活动，2010年大岭山镇公共文明水平排全市第十名。

【就业创业】2010年，大岭山镇继续完善出台扶持就业、创业的政策，通过电视台等媒体公开宣传就业、创业的典型，在全社会营造就业、创业的良好氛围；继续加大扶持大学生就业创业的力度，公开招聘27名大学生到政府机关和农村基层任职，镇财政继续对到企业工作的230名大中专毕业生发放工资补贴128.3万元；继续加强培训，拓宽群众就业渠道，全年共培训群众（新莞人）6202人次，累计创建村民车间12个，解决群众就业709人；继续深入开展暑期创业实践活动，组织在校学生开展模拟创业、创业培训班等活动，为在校学生今后就业、创业打基础、做准备。

【社会保障】2010年，大岭山镇推进社保惠民，镇村共投入2849万元推进城乡一体化养老保险体系建设，全镇社保基金征缴额3.7亿元，待遇支付1.1亿元，其中农（居）民养老金2436.4万元，增长30%。完善医疗保障，投入450万元为全镇居民购买重大疾病和身故保险，共办理理赔243宗、理赔金473.8万元；新增马蹄岗村、大岭村社区医疗服务点，提升全镇社区医疗服务水平。完善住房保障，投入200多万元集中解决68户困难家庭住房问题，并举办集体新居乔迁仪式。落实纯二女户结扎奖励政策，共向22户家庭发放奖励金110万元。

【扶贫帮困】2010年，大岭山镇推进市外“双到”扶贫，累计投入资金571.2万元，帮助罗定市两镇4村发展生产、脱贫奔康，实施铁陆小学改造等45宗帮扶项

① 2010年，大岭山镇成功举办第二届运动会。图为运动会开幕式

② 2010年10月，大岭山之歌合唱团参加第十届中国合唱节暨第二届星海国际合唱节，获混声组银奖

目，已有460户贫困户实现脱贫，脱贫率达51.8%。启动市内“双到”扶贫，对全镇71户有劳动能力的低保户进行登记造册，实施结对帮扶。开展首个“广东扶贫济困日”、“东莞慈善日”活动，募集社会各界慈善捐款超过350万元。推进济困扶民，全年共发放低保补助金119.4万元、困难家庭子女助学金170.1万元、残疾人专项补助金106.6万元，实现弱势群体保障全覆盖。

【关爱新莞人】2010年，大岭山镇落实积分制入户和居住证制度，280名新莞人获得积分入户资格，为11.2万名新莞人办理居住证。新招收510名新莞人子女入读公办学校，设立民办学校扶持专项资金，促进新莞人子女接受更优质教育。连续第5年举办“十佳新莞人”表彰活动，大力开展“城市暖流”行动，激发新莞人热爱大岭山、建设大岭山的豪情。

【党建工作】2010年，大岭山镇组建24个党代表工作室，广泛听取群众的意见和建议。开展“特色党建示范区”创建活动，建立大岭山党建网，组建7个“两新”组织党支部。选派12名后备干部到农村任支委，招考6名大学生担任村官，新发展党员88人、党员转正155人，增强基层组织活力。对各村（社区）两委干部进行届中考察评估，全面掌握农村领导班子和干部队伍两年来的工作实绩，增强农村干部认真履职的责任感和紧迫感。

【队伍建设】2010年，大岭山镇定期举办“大岭山学习论坛”，加强党员干部政策法规、业务知识的培训；组织镇村领导干部，赴西南、西北四市和周边镇街学习考察，拓宽视野；邀请市委、市府5名副秘书长和1名科长，举办6期公文写作培训班、培训青年干部1500余人次；组织中层干部100多人，分2批赴香港中文大学参加专题培训学习；包括镇领导班子在内的全体干部职工，已经全部通过市委组织部组织的计算机技能培训考试。通过举办一系列的培训、考察、实践活动，全镇干部队伍的素质得到了大大提升。　（姚双华）

附：2010年大岭山镇党委、人大、政府领导名录

镇委书记：梁荣业
镇委副书记：黄庆辉　陈锦波
镇委委员：陈锦波　欧阳振球　李凤婵　李新平　李伟平　黄志峰　黄兆良　何德祺　蔡培光　李容新　莫伟光
镇人大主席：梁荣业
镇人大副主席：李凤婵　蔡容稳
镇　长：黄庆辉
副镇长：欧阳振球　叶美高　李　元　吴美娇

2006—2010年大岭山镇主要经济指标

指标＼年份	2006	2007	2008	2009	2010
户籍人口（人）	41202	41941	42580	43642	44481
外来暂住人口（人）	213813	212960	196209	125722	117216
面积（平方公里）	95	95	95	95	95
国内生产总值(万元）	682403	829945	960138	975717	1121769
工业总产值当年价（万元）	1610688	1948822	2262029	2071821	2428720
农业总产值当年价（万元）	3063	2962	3884	4071	4638
总用电量（万千瓦时）	138703	149928	150688	145699	169086
全社会固定资产投资总额（万元）	219132	230271	271931	299124	326038
社会消费与零售总额（万元）	148080	196058	255268	315256	389971
外贸出口总额（万美元）	166151	195868	185719	183038	217776
实际利用外资（万美元）	9947	10970	15396	10636	11274
镇级可支配财政收入（万元）	43190	60235	66902	70502	77270
各项税收总额（万元）	74330	94151	110989	116655	150110
金融机构各项存款余额（万元）	661142	710760	832629	880373	1022520
城市居民储蓄存款余额（万元）	446873	484984	586891	622434	743551

大朗镇

【概况】大朗镇是广东省中心镇，位于东莞市中南部，面积118平方公里，辖28个社区（村）。2010年末户籍人口7万，外来暂住人口24万人。大朗素有"中国荔枝之乡"美誉，是"中国羊毛衫名镇"、"中国电子信息产业名镇"、"国家卫生镇"、"省文明镇"、"省教育强镇"、"省体育先进镇"、"省专业镇技术创新试点单位"、"省现代信息服务业专业镇""省民族民间艺术之乡（醒狮）"。

2010年，全镇生产总值135亿元，增长13.7%；工业总产值291亿元，增长28.2%；出口总额16.1亿元，增长28%；年末全镇机构各项存款余额182亿元，增长22%；社会消费品零售总额28.3亿元，增长18.6%；全镇财政收入18.8亿元，增长21.5%。

【产业结构优化】2010年，大朗镇坚定不移转方式，脚踏实地促转型，全镇经济实力迈上新台阶，产业结构更加优化，产业竞争力进一步提升。

企业结构不断优化。全镇有工业企业5000多家，既有大量的成长型中小企业，又有三星等世界500强投资企业。规模以上工业企业340家，比2009年增加50家，实现产值250亿元，占全镇工业总产值的86%；年产值超亿元的工业企业35家，实现产值137亿元，占全镇工业总产值的47%。全镇新注册企业1001户，净增企业649户，新注册资金12.2亿元，其中内资6.8亿元，占56%，投资主体实现由外资为主向内资为主转变。

毛织产业加快转型。全镇规模以上毛织企业工业总产值81亿元，增长51%，毛织品出口总额增长36.3%。毛织贸易中心成为东莞市首批认定的4个"东莞工厂直销中心"之一。以信息化改造提升毛织业成效明显，全镇企业使用数控织机数超过1万台。引进飞宇、银河、成杰、欧大纬等数控织机生产企业，共有11家数控织机企业在大朗设厂生产，年产数控织机6000多台；93个国内外数控织机品牌商在大朗设立销售机构。成功举办第八届中国（大朗）毛织服装设

率先转型升级　建设民富镇强幸福大朗

① 2010年3月26日，大朗镇镇委书记、镇人大主席尹景辉获评2009纺织行业年度创新人物

② 2010年11月22日，大朗镇镇委书记、镇人大主席尹景辉获评"全国纺织集群发展突出贡献奖"

③ 2010年10月30日，"影响·中国2010中国纺织服装品牌影响力传媒大奖（毛衫类）"颁奖典礼在大朗镇举行，大朗镇获颁"中国毛衫产业集群推动奖"

④ 2011年1月9日，广东省委、省政府在大朗镇召开全省专业镇转型升级现场会，汪洋、黄华华等省主要领导出席会议并充分肯定大朗创新发展的做法

计大赛和第三届中国（大朗）毛织服装网上设计大赛。组织7家企业参加全国毛针织服装名优精品推荐活动。大朗镇被中国纺织工业协会授予“中国毛衫产业集群推动奖”，两次在人民大会堂介绍经验。尹景辉被中国纺织工业协会授予“2009纺织行业年度创新人物”和“全国纺织产业集群发展突出贡献工作者”称号。

电子信息产业加快发展。全镇有1400多家企业从事电子信息行业的生产、销售、服务；生产加工的国际知名品牌电子信息产品40多种，规模以上电子信息行业总产值95.5亿元，同比增长33%。华科电子有限公司被列为全市高端集成电路元器件生产基地，在大朗设立地区总部；永兴电子科技有限公司被列为全市LED研发生产基地。“数字大朗”建设有效推进，中国电信东莞互联网数据中心落户大朗；大朗网年访问量700多万人次；有1.3万家经济主体在阿里巴巴、环球资源网等网站开展电子商务。

装备制造业产业链延长。全镇有装备制造业企业1300多家，涉及数控机床、自动化机械、精密模具、注塑辅助设备等领域；规模以上装备制造业工业总产值112.6亿元，同比增长39%。半导体照明、新材料、新能源等战略性新兴产业加快发展；艾尔发自动化机械有限

① 车载GPS龙头企业——远峰科技有限公司
② 先进的电脑织机
③ 世界塑料辅机行业龙头企业——信易电热机械有限公司
④ 世界精密电子元器件行业龙头企业——华科电子有限公司
⑤ 液晶显示器行业龙头企业——飞尔液晶显示器有限公司
⑥ 投资近1亿元的东莞市政务容灾机房落户大朗

①

②

③

④

⑤

⑥

公司被指定参与制定全省注塑机专用机械手行业标准。

现代服务业蓬勃发展。全镇有综合性商场18家，营业面积9.6万平方米，有银行、保险、证券等金融机构40家，金融网点52个，有酒店旅馆100多家，其中五星级酒店1家，四星级酒店3家。天虹集团投资近2亿元在大朗建成华南物流配送中心，大朗（国际）物流中心进驻物流企业70多家，日货运量达4100多吨，按省一级标准设计建设的大朗汽车客运总站日发送旅客1万多人次。镇物业管理公司稳步发展，物业管理面积达到15万平方米。东莞标检、信宝电子产品检测、赛宝软件评测中心等5家检验检测机构累计引进设备400多台套，提供国家实验室认可检测服务160多项。

创意产业兴起。大朗创意产业园于

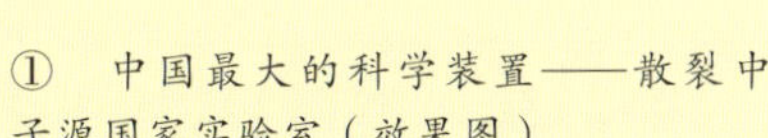

① 中国最大的科学装置——散裂中子源国家实验室（效果图）
② 大朗现代信息服务创意产业园
③ 大朗农商行大厦
④ 大朗汽车客运站

2008年11月被东莞市政府批准为市级创意产业园区。其中，现代信息服务产业园是大朗镇发展现代信息服务业、推动两化融合的重要载体，一期由占地2.7公顷的旧厂房改造而成，已与多家科研院所开展8项产学研合作，已有3家机构和53家中小型网络和软件企业进驻；毛织服装时尚设计创意区总投资5000多万元，着力打造集研发、设计、展示、交流和销售等多项功能于一身的高端资源集聚区，2010年已引进5家院校，落实10多家本地优势企业进驻。大朗获评“广东省现代信息服务业技术创新专业镇”。

【科技创新】 大朗镇设立“创新型大朗”工程专项资金，镇财政每年投入2000万元，连续五年共投入1亿元，支持企业提高自主创新能力。2010年，全镇共有国家高新技术企业9家，省、市民营科技企业74家，市专利培育企业14家，市专利试点企业9家，市上市后备企业1家，省、市工程技术研究开发中心5个，企业博士后工作站1个，省级名牌名标15个。专利申请量325件，专利授权量384件，总数达1935件，获科技资助经费

① 大朗食街
② 大朗中心小学（新校）
③ 大朗荔香湿地公园
④ 大朗图书馆
⑤ 大朗长盛片区新貌

①

②

③

④

⑤

2864.4万元。

【第九届"织交会"】 2010年10月30日—11月2日，第九届中国（大朗）国际毛织产品交易会（简称"织交会"）在大朗举办。展会共设展位3806个（以9平方米标准展位计），分特装区、成衣区、机械区三大展区，展品包括毛针织服装、毛织机械、电脑设计软件、纱线及纤维、毛织服装辅料及配件，覆盖整个毛织产业链。四天会期，与中国流行色协会联合举办2011/12秋冬中国（大朗）毛针织服装流行趋势发布会，承办"英伟杯"第八届中国（大朗）毛织服装设计大赛决赛，举办影响·中国2010中国纺织服装品牌影响力传媒大奖(毛衫类)颁奖盛典、数控织机智能应用研讨会、德国斯托尔（STOLL)最新毛织技术研讨会暨潮流趋势时装表演以及"北京百荣世贸商城与大朗毛织企业专场对接会"、"中国超市联合采购交易联席会议与大朗毛织企业对接会"等10多项活动，共吸引专业客商近15万人次参观采购，接待专业采购团达到109个，数控织机意向成交12866台，中国超市联合采购交易联席会议与大朗毛织企业进行专场对接的现场意向成交额近8000万元。

【散裂中子源项目】 中国散裂中子源项目是国家在"十一五"期间启动建设的迄今为止全国规模最大的科学装置，2008年9月由国家发展改革委批准立项，落户大朗镇水平村。项目规划用地1000亩，首期用地400亩，建设周期6.5年，总投资约22亿元，将于2017年前后建成。2010年开展征地拆迁、"七通一平"建设、项目周边道路设计和改造、优化周边环境、配合成立散裂中子源工程指挥部等工作，1000亩用地的征地补偿工作顺利完成，项目一期的场坪及地基处理工程已完成85%，边坡支护工程已完成45%；"七通一平"顺利推进，完成投资额2.42亿元，是年度计划投资的110%。与中科院高能所达成协议，规划建设民用核技术产业园。

【城市建设】 2010年，大朗镇延续按照"借势松山湖，对接松山湖，融入大市区，打造八大经济板块"的城市发展战略，着力通过再造城市空间，改善城市形象，优化城市功能，提升城市品位，增强城市集聚和配置各种资源要素的能力，加快以城市升级带动产业升级，城乡面貌发生新变化。

城市集聚力和承载力增强。创新城市规划建设管理体制机制，控规编制实现镇内建设用地全覆盖，完成长盛核心区和银朗核心区城市设计。基础设施逐步完善，有110千伏级变电站3座、220千伏级变电站1座，自来水厂年供水量9000万吨以上，大朗松山湖南部污水处理厂日处理污水10万吨。房地产业快速兴起，全年拍卖5块经营性用地，24.73公顷，深物业等知名企业前来竞拍，成交金额5.3亿元，对比底价增长40%。大朗碧桂园、东方银座开盘，富盈商业中心动工建设。新农村建设走在全市前列，长塘、求富路、佛新、宝陂、校椅围等农民公寓建成入住，共67幢，2022套；

① 日出大朗　② 五星级帝豪花园酒店　③ 求富路花园

求富路花园配套逐步完善，建成有特色的村史馆和社区图书馆。富有荔乡特色的珠三角绿道5号线大朗段建成使用，荔香湿地公园、凤山农科园等公共设施进一步完善，全镇绿地养护面积达54万平方米。市镇重点工程项目建设加快推进，在建道路改造工程共投资1.9亿元，中心小学周边道路、杨新路、水新路一期、富通路一期等道路改造工程建成使用；富华路改造升级完成60%；积极配合做好莞惠城际铁路大朗段建设；水新路二期、金朗路、长盛路、富洋路等前期筹备工作正加紧进行；原艺术幼儿园综合整治工程完工。

城市管理逐步完善。大朗镇成功创建松佛路为“城管执法示范路”；全面整治无证照生产经营食品、非法行医、占道经营、违章广告、噪音扰民等行为，全年共教育改正1382宗，立案83宗；健全长富社区服务管理机制，强化人才引进服务，共为1310名人才办理入户；长塘、求富路、长富等社区参评全省宜居社区；已建房屋补办房地产权手续工作顺利开展，全年成功补办房地产权证19宗，成功补办土地权利证书2宗。查处违法建筑4宗，违法用地面积0.6公顷，完成复耕复绿13宗，面积14.48公顷。

【综治信访维稳】 2010年，大朗镇深入推进社会综合治理，加强矛盾化解，促进社会公平，保持社会和谐稳定。

强化综治信访维稳。大朗镇完善综治维稳中心建设，深入开展领导干部大接访活动，加强世博、亚运期间矛盾排查调处，社会大局保持和谐稳定。“大朗网络问政平台”成为镇委、镇政府密切联系群众的重要平台，全年收到信件5027封，同比增加30%，办结率98%，与此同时，信访案件总量和人数大幅减少，分别下降20.6%和19%。打击严重暴力犯罪成效显著，全年破获刑事案件621宗。开展“黄赌毒”整治，全年查处老虎机、六合彩等涉赌案件323宗，侦破贩毒案件22宗。

① 2010年5月3日，大朗镇举行第三届青年集体婚礼，33对新人牵手同行走进爱的拱门

② 2010年5月7日，大朗镇镇委书记、镇人大主席尹景辉与300多名青年面对面谈理想

③ 2010年5月11日，大朗镇举行《东莞市大朗镇志》首发仪式

④ 2010年12月31日，广东省首部镇街综合年鉴《东莞大朗镇年鉴》首发仪式在大朗镇行政服务中心举行

⑤ 2010年7月4日，驻穗15国领事来到大朗品尝荔枝

①

②

③

④

⑤

⑥

⑦

① 2010年9月6日，第五届亚洲品牌小姐大赛中国区总决赛在帝豪花园酒店举行

② 2010年 7月16日，大朗举行东莞理工学院、长富社区志愿服务共建基地启动仪式。

③ 2010年，大朗男、女子篮球队首次获东莞市篮球联赛双冠军

④ CBA新世纪烈豹主力球员邱彪上篮瞬间

⑤ 畅游大朗绿道

⑥ 醒狮舞动

⑦ 荔枝丰收

⑧ 精彩的舞蹈演出

⑧

抓好安全生产工作。大朗镇坚持重心下移，进一步健全镇、村、企业（家庭）三级安全监管体系，全面开展“三小”场所、出租屋安全隐患综合整治，全年出动2000多人次，开展4次大检查及4次联合检查，检查各类生产经营单位3155间次，发出各类文书978份，提出整改意见8500多条，排查整改各类隐患近4000处，关停、取缔65间。

提高应急处理能力。加强应急技能培训，举办应急专题讲座，健全应急预警联动机制，妥善处理“1.22”东道物流公司倒闭等应急事件，积极应对“狮子山”等台风灾害，将各种影响和损失降到了最低。

【社会民生】2010年，大朗镇坚持把改善民生作为落实科学发展观的出发点和落脚点，不断加大民生事业投入，推动群众生活质量提升，促进社会和谐稳定。

教育事业取得新进步。在基本实现“两个先进”目标的基础上，继续加大投入，优化资源配置，强化教育管理，教育质量稳步提升。中考再创佳绩，平均分比上年高出12分；高考成绩突出，两人考上北京大学，上第三批B线以上完成率创历史新高，万人升大学比例跃居全市第5位。

社区医疗卫生体系全面建立。坚持公益性原则，实行基本药物零差价政策，着力解决群众“看病难、看病贵”问题。全面加强社区卫生服务中心和14个服务站的管理，社区医疗15分钟服务圈基本形成，社区卫生服务实现全覆盖。投资2亿元的大朗医院住院大楼基本建成。

文化体育事业实现较大突破。坚持把文化摆在突出位置，大力创建文化强镇。深入开展城市形象宣传活动，确立“大气爽朗、温馨和谐”的大朗人文精神；全方位的文化传播体系不断完善，大朗网、大朗电视台、《大朗周刊》、《大朗快讯》等媒体辐射范围越来越广；图书馆服务体系逐步完善。宣传工作不断创新，《大朗镇志》、《大朗年鉴》顺利发行，一批反映大朗建设成果的宣传册、宣传片陆续推出。篮球名片不断擦亮，新世纪球队排名前列，大朗主场上座率持续提高，成为全国上座率最高的主场之一，大朗男女篮球队在东莞市篮球联赛中双双夺冠，男子勇夺四连冠，女子首次杀进决赛，并成功夺冠，开创了新的历史记录。

劳动就业及社会保障成效明显。推动就业创业，应届户籍大学毕业生全部顺利就业；建成户籍劳动力资源库，建成15个“本地人就业车间”，安置635名户籍劳动力就业；对近700名“摩的”司机进行增驾小汽车培训，继续帮助“摩的”司机转型就业。做好养老保险工作，农村养老保险率、被征地农民参保率均为100%。征收社会保险基金总额达3.4亿元，同比增长22%。多渠道增加居民收入，城乡居民存款余额增长20%，农村人均收入增长5%。

扶贫开发工作顺利推进。开展玉树地震灾区捐赠、“广东扶贫济困日”、慈善“一日捐”等活动，筹集捐款825万元；扶贫开发“规划到户、责任到人”工作成效显著，共筹集350多万元，帮扶乳源乳城镇3个村建设14个扶贫项目。

【党建工作】2010年，成立镇社会组织工委，加强对社会组织党建工作的领导。全镇发展党员77人，其中35岁以下党员63名，大专以上63人。党建工作信息化深入推进，建成全市首家镇一级党建网，最高单日访问量达1500人次；设立现代信息服务产业园网络党支部；与专业软件公司合作自主研发网络版党员干部管理信息化系统，在28个社区（村）、80个单位安装使用；建立健全手机学习平台，《大朗党讯》全年发出40期，《党的常识问答》发出39期。在全镇设立29个党代表工作室，共接访党员群众107人，反映的问题、建议或意见108条，办结率100%。组织全镇农村、社区、企业等90多个党组织340多名党员和入党积极分子参加市委党校“周日党课”的专题学习。求富路社区党支部被评为市“特色党建示范区”（全市18个之一），迈科党支部被命名为市“五星级党组织”，新世纪长盛等6个党支部被命名为市“四星级党组织”。

（刘贺斌）

附：2010年东莞市大朗镇党委、人大、政府领导名录

镇委书记：尹景辉

镇委副书记：谢锦波　祁沛全　游耀波

镇委委员：尹景辉　谢锦波　祁沛全　游耀波　林熙仿　黄锦发　傅振华　陈根照　陈慧娟　骆伟东（任至7月）　叶惠明　叶桂平　韩暖渠　夏建中　叶淑帆　周浩森（11月到任）

镇人大主席：尹景辉

镇人大副主席：傅振华　陈志芬

镇　长：谢锦波

副镇长：黄锦发　李创业　傅秩恩　叶效怀　覃　春

2010年10月30日，第九届中国（大朗）国际毛织产品交易会开幕

① 第九届大朗织交会现场

② 中国（大朗）毛针织服装流行趋势发布会

③ 大朗职中设立萌草园毛织设计工作室

2006—2010年大朗镇主要经济指标

指标＼年份	2006	2007	2008	2009	2010
户籍人口（人）	66015	67069	68134	69239	70192
外来暂住人口（人）	182190	200019	190280	175068	240697
面积（平方公里）	118	118	118	118	118
国内生产总值（万元）	850356	1025864	1105810	1160519	1352689
工业总产值当年价（万元）	1780198	2175420	2504013	2271015	2911766
农业总产值当年价（万元）	3170	4462	1881	2141	2333
总用电量（万千瓦时）	157109	170802	170974	175774	205043
全社会固定资产投资总额（万元）	362082	304445	283995	383551	391952
社会消费与零售总额（万元）	188271	226905	274102	340818	404381
出口总额（万美元）	72412	94569	100495	126296	161076
实际利用外资（新口径、万美元）	5899	7454	9039	7766	11442
镇级可支配财政收入（万元）	39538	47316	56433	59843	64159
各项税收总额（万元）	76721	103266	110364	115274	146624
金融机构各项存款余额（万元）	933965	1004732	1228426	1492965	1822039
城乡居民储蓄存款余额（万元）	753166	795611	988068	1105716	1325695

黄江镇

【概况】 黄江镇位于东莞市东南部，2010年，总面积98平方公里，辖3个社区、11个村，户籍人口2.45万人，外来暂住人口约20万人。全年实现国内生产总值88.3亿元，同比增长11%；各项税收10.78亿元，同比增长20.95%；镇级可支配财政收入5.4亿元，增长3.8%；实际利用外资24.4亿元（含市外、国内资金及境外资金），居全市第三名。外贸进出口总额73亿美元，增长15.3%，居全市第五名；其中进口30亿美元、出口43亿美元，分别同比增长22.3%和10.9%；高新技术产品出口总额33亿美元，增长12.8%，总额居全市第一。金融机构年末各项存款余额96亿元，同比增长11%，其中城乡居民存款余额70亿元，增长11%。获市政府可持续发展单项奖、维护稳定和社会治安综合治理先进镇等荣誉。

【产业结构调整】 2010年，黄江镇把加快转变经济发展方式作为全年工作主线，取得突出的成效，全镇行业发展结构变动指数位居全市第五。全镇新签利用外资协议33宗，同比增加19宗，增长135.7%；合同利用外资总额7167万美元、实际利用外资8731万美元，分别增长22.66%和13.68%。新增投资额300万元以上的内资企业16家，其中超亿元的有3家；协议投资总额53.56亿元、实际投资总额16.47亿元，同比分别增长226%和650%。组织企业参加外博会、沃尔玛对接会、电博会等，大力开拓内销市场。全年推动53家企业内销业务有所增长，外资企业内销总额约30亿元。全年推动34家来料加工企业转三资企业、8家来料加工企业转民营企业。黄江镇扶持技嘉电子有限公司转型升级经验获得省委书记汪洋高度肯定，批示要求“大力推广这样的典型”。组建专门的服务小组对重点工业项目建设进行全程跟踪服务，以现场协调办公形式解决难题。切实加快重点工业项目落地，全年26项重点工业项目已投产的有8家，已开工建设的有7家，其余11宗正在加紧筹建中。

【环境建设】 2010年，黄江镇扎实推进基础设施建设。将路网工程作为66项重点工程的重中之重，加力推进项目建设。其中社贝路、手机城联网路、黄河路、长江路、珠江路、东江路均已完工。黄江大道西延线完成全部工程量97%，进入收尾工作。其他路网正抓紧建设。投资7640万元建设8宗水利防灾减灾工程，已完工的有5项。完成了中心区周边6.9万米下水道清淤整治工程。新黄

“宜工、宜商、宜居、宜旅”生态新黄江

① 2010年9月1日，副市长梁国英（左一）陪同省住房和城乡建设厅厅长房庆方（左二）到黄江镇视察
② 2010年9月10日，市委书记、市人大常委会主任刘志庚（左三），副市长梁国英（左四）到黄江镇督导绿道网建设
③ 2010年8月2日，市委副书记、市长李毓全（右一）到黄江镇指导绿道建设

① 2010年7月9日，副市长严小康（左一）到黄江镇调研文化建设工作

② 黄江镇镇委书记、镇人大主席杨礼权（左一）现场督导绿道网建设

③ 黄江镇镇委副书记、镇长钱伟忠（左一）慰问敬老院老人

④ 2010年3月，黄江镇举行“慈善敬老”马拉松比赛

⑤ 黄江镇规划的新中心区（效果图）

① 宝山芙蓉寺
② 风景秀丽的黄牛埔水库
③ 黄江绿道黄猄坑段
④ 黄江绿道黄牛埔水库段

江医院正在办理招投标相关手续，新黄江中学正在加紧筹建中。三新社区农民公寓已获得市政府批准建设，正在办理规划报建手续。截污主干管工程完成了全部工程量99%。采用BOT形式建设12座垃圾压缩站，实现垃圾运输全覆盖。投入1800多万元，改善绿化、美化、造景工程。扎实推进绿道网建设。珠三角绿道黄江段全长28公里，为全市最长、任务最重、困难最多的一个镇。黄江镇做到精心设计，严格施工，科学管理，确保了工程质量和进度，受到市主要领导和群众的好评。扎实推进“三旧”改造。完成编制全镇“三旧”改造规划并获市政府同意批准实施，启动12项3150亩“三旧”改造项目，其中田美金湖郦城、上群花园、旧供销社、雄昌厂4个项目进展较快，已报市审批。

【社会管理】 2010年，黄江镇把综治维稳作为第一责任，强化公共安全管理和矛盾排查调解，维护安定有序的社会局面。加强治安综合治理。保持高压态势，严厉打击恶性犯罪和多发性犯罪，大力开展扫黄、禁赌等专项行动，深入整治治安重点区域和行业。加大巡逻防控力度，加强校园安保工作。全年破获刑事案件265宗，查处治安案件1197起。加强安全防范工作。推进社区（村）消防队伍建设，田美消防站工程已经完成，梅塘消防站正在筹建中。深入开展火灾隐患重点地区、“三小”场所和出租屋、公众聚集场所、危险化学品等专项整治行动，出动检查人员1343人次，检查企业698家次。加强食品安全整治和农产品质量安全检测，努力推动食品安全样板市场建设。投入40万元，做好甲流、基孔肯雅热等重大流行病的防治。强化交通安全管理，巩固“治摩禁电”成果，大力查处酒后驾驶等违法违章行为，全年共查处各类交通违法行为52460宗，暂扣机动车2704辆，查扣搭客人力三轮车274辆，辖区道路交通事故四项指数稳中有降。加强矛盾纠纷调解。成立综治信访维稳中心，开展“基层大接访”活动，落实领导包案处理信访积案制度。完善民事纠纷解决机制，举办7期调解员培训班，切实发挥14个社区、8家企业调解委员会的调解作用，共接访各类矛盾纠纷案件382宗，调处成功372宗，调处率95%。组织开展矛盾纠纷排查5次，排查出矛盾纠纷8宗，成功调处4宗；妥善处理群体性事件5宗。

【民生事业】 2010年，黄江镇财政用于民生事业支出1.74亿元，各项社会事业得到进一步发展，人民幸福指数进一步提高。切实繁荣文化教育事业。全年镇财政对教育投入达1.17亿元。对全镇校舍进行安全检测，并铺开加固、重建工作。实施“三名”（名校、名校长、名教师）工程，提高教师素质，建立和完善学校管理量化考核方案，扎实推进课堂教学改革，涌现了一批德艺双馨的名师，教学理论研究和教学改革实践成效显著，教师职业幸福感增强。2010年中考有113名学生被录取。加大扶持民办教育的力度，保障教育公平。成功举办第二届广场集体舞比赛、廉政诗歌朗诵晚会等一系列文艺演出，丰富群众文娱生活。文艺下乡、图书下乡、流动电影放映持续开展。切实提高保障水平。

抓医疗保障。镇村两级投入174万元，为全镇2万多村（居）民购买重大疾病、意外身故和疾病身故保险，有107户家庭受惠，获理赔金额197.5万元。抓就业保障。继续推广“村民车间”做法，设立11个村民车间，安排255名本地户籍劳动力就业。抓交通保障。新投放公共的士50辆，使全镇公共的士增加到145辆。新增公交线路2条，合理调整优化全镇10条线路，解决群众出行问题。抓扶贫济困。将160户429名低保对象全部纳入社会保障，全年共支付低保金78.6万元，为低保户家庭学生发放助学金36.7万元、寄宿费11.18万元。投入110多万元发放春节、中秋困难群众慰问金及慰问品，发放春夏荒临时救济金11.3万元。切实推进卫生、体育等事业全面发展。打造慈善敬老“马拉松”长跑、业余乒乓球联赛等传统体育文化品牌。黄江自行车队代表东莞参加省运会，获得了3枚金牌的好成绩，10名队员入选省自行车队，2名队员入选省曲棍球队。全镇一中心八站点社区卫生服务设施全部投入使用，全年就诊人数逾35万人次。建立慢性病人及产妇跟踪随访制度，为55周岁以上户籍人员开展免费体检。全年深入社区、企业开展卫生健康知识讲座92场。切实抓好人口和计生工作。统筹解决人口问题，努力稳定低生育水平，不断建立和完善人口计生工作长效机制，提高村（社区）计生优质服务和综合治理工作水平，全镇户籍人口计划生育率为97.13%，流动人口计划生育率为94.4%。完成第六次全国人口普查工作。

【村级体制改革】 2010年，黄江镇积极稳妥地深化各项改革。坚持先行先试，锐意改革创新，政府行政效能和公共事业活力不断提升。深化村级管理体制改革。村级体制改革试点工作稳步推进，拟将全镇11个村、3个社区合并为7个居民委员会，同时设立7个社区政务服务中心承担农村基层行政职能。11个村均顺利通过表决。深化机关作风建设。加强廉政建设和执行力建设，落实政务信息公开制度，实施干部培训，继续开展行风评议活动，完善督查工作制度，每季度召开一次全镇督查工作会议，建立

① 黄江绿道美景　② 市民畅游黄江绿道　③ 黄江绿道亲水平台

① 黄牛埔森林公园入口广场
② 清泉水库风景
③ 大屏嶂森林公园黄江入口

山清水碧的黄江镇

黄江镇政务监督系统，开展“三纪教育月”活动，机关作风和队伍素质进一步优化。深化区域合作发展。全镇为支援玉树县地震等捐款684.4万元，安排280万元专项资金帮扶韶关乳源县，组织1000多名干部职工到乳源走访慰问结对帮扶对象，拨款50万元帮扶广西环江县。安排362名干部对镇内156户低保户进行“多帮一”结对帮扶，援助资金18.6万元，解决生产生活困难问题120宗。

【绿道网建设】 2010年4月初，黄江镇开始征地建设绿道网，黄江绿道属珠三角绿道网5号段，位于黄江镇南部片区，西连大朗，南接深圳光明新区，全长26.8公里（不含大屏嶂森林公园黄江镇地界范围内的7.14公里绿道），10月底基本建设完成，总投资约2亿元（含征地款及沿途配套景点建设费）。黄江绿道全程绕山环水，途经黄京坑水库、清泉水库休闲度假区、镇新中心区水景广场、黄牛埔森林公园、大屏嶂森林公园、打鼓山水库、石狗公水库，连接黄江镇内的青山绿水，充分展现生态城镇特色，着力打造“山水黄江”品牌。

（刘丰华）

附：2010年东莞市黄江镇党委、人大、政府领导名录

镇委书记：杨礼权
镇委副书记：钱伟忠　袁俊森
镇委委员：袁俊森　黄伟伦　李权昆
黄映秀　黄兆棠　谭浩强
李日宏　温泉华　莫永康
刘志达
镇人大主席：杨礼权
镇人大副主席：李权昆
叶凤莲（专职）
镇　长：钱伟忠
副镇长：黄伟伦　蔡耀芬　任沛东
袁柱波

2006—2010年黄江镇主要经济指标

指标＼年份	2006	2007	2008	2009	2010
户籍人口（人）	21741	22372	23144	24079	24700
外来暂住人口（人）	214523	209716	200000	200000	200000
面积（平方公里）	98	98	98	98	98
国内生产总值（万元）	448031	553600	713119	768073	890200
工业总产值当年价（万元）	1244828	1518260	1672166	419897	493492
农业总产值当年价（万元）	\	\	1122	720	745
总用电量（万千瓦时）	99132	107335	129207	140386	159909
全社会固定资产投资总额（万元）	114590	219222	216509	234778	251963
社会消费与零售总额（万元）	66092	119639	138405	156362	180699
外贸出口总额（万美元）	268700	379489	359643	399238	421300
实际利用外资（万美元）	18530	8884	17947	7896	12756
镇级可支配财政收入（万元）	41545	45077	45912	48715	54000
各项税收总额（万元）	67559	76436	84875	89092	108072
金融机构各项存款余额（万元）	544213	658217	759068	876372	960000
城乡居民储蓄存款余额（万元）	381633	460821	568969	619018	755117

樟木头镇

【概况】2010年，樟木头镇紧紧围绕建设“新樟城”目标任务，走“以旅游促环境优化，以环境带百业兴旺”的经济发展崛起之路，成功引进总投资近百亿元东莞保利生态城项目建设，培育打造旅游产业、健康产业、动漫产业成效显著，不断提升扩大双拥文化、“中国作家第一村”、将军文化、感恩文化、客家文化、生态文化等政治、文化影响力，各项社会事业管理创新成效显著，投资软硬环境吸引力显著增强，社会大局和谐稳定。镇主要经济指标均实现双位数以上增长：完成生产总值预计59亿元，同比增长11.8%；常规性可支配财政收入4.4亿元，同比增长14.4%；税收总额7.2亿元，同比增长19.8%；工业总产值99亿元，同比增长20.2%；合同利用外资4065万美元，同比增长131.5%；实际利用外资5564万美元，同比增长36.7%；民营经济企业注册资金15亿元，同比增长32.8%；金融机构各项存款93.8亿元，同比增长14.6%；社会消费品零售总额24亿元，同比增长15.2%。

【转变经济发展方式】2010年，樟木头镇把加快转变经济发展方式作为全年工作主线，把产业结构调整作为提升竞争力的重点，着力培育、推动新兴产业的发展。随着东莞保利生态城、深圳陆台丰慧动漫电影制作基地、加多宝集团“王老吉”等大型项目落户，经济发展的投资带动力日趋强化。

启动生态城建设。在樟木头林场的大力支持下，以林场50平方公里用地划归镇行政区域为契机，深度挖掘生态资源，推动南城新区开发，计划用6年时间、引资近100亿元建设总占地26.6平方公里“东莞保利生态城”，成为樟木头镇乃至全市转变经济发展方式，提升城市化水平，打造旅游目的地的重点项目。

培育产业园。启动园区规划建设，铺开征果征地拆迁工作，加快办理完善用地手续，详细制定《打造健康产业工作方案》，通过登门拜访引进企业、扶持推动现有医疗器械生产企业进园发展，促成投资3000万元的艺美达“医疗制品器材制造工业城”项目进驻及总投资2.5亿元的广东佳泰制药厂签订合作意向，健康产业园规划先行，项目支撑有力，已初见雏形。

优化投资环境。深入开展“感恩商家，帮扶企业”活动，从增资扩产、转

樟木头——打造“国际旅游生态城”

① 2010年12月13日，市委书记、市人大常委会主任刘志庚（前排右二）视察樟木头镇将军馆

② 2010年12月13日，市委书记、市人大常委会主任刘志庚（前排中）到樟木头镇视察指导“三旧”改造工作，听取樟木头镇委书记、镇人大主席李满堂（前排左）和镇委副书记、镇长罗伟伦（前排右）的汇报

③ 2011年1月14日，市委副书记、市长李毓全（左二），副市长成洪波（左三）到樟木头镇视察安全生产工作

④ 2010年2月9日，广州军区副政委兼南海舰队政委黄嘉祥中将（右二）一行视察樟木头镇

① 2010年11月30日，“东莞保利生态城”项目正式签约，启动“东莞保利生态城”百年大业

② 2010年12月3日，深圳陆台丰慧动漫电影制作基地落户樟木头镇，培育打造动漫产业

③ 2010年11月25日，“凉茶行业第一大品牌”——加多宝（王老吉）集团正式签约落户樟木头镇

型升级、开拓内销、技术创新、解决实际问题等五个方面提供“定企、定点、定人、定责”跟踪服务，帮助企业解决难题300多宗，全力协助小猪班纳筹备上市，解决味千拉面二期项目建设问题，协助获得市财政融资贴息扶持企业8家、获得省、市科技项目及科技进步奖10项，新增国家、省、市高新技术企业10家，拓展内销市场企业28家。

跻身动漫产业。瞄准动漫产业巨大的市场商机和文化影响力，经过不懈努力成功引进深圳陆台丰慧投资公司动漫电影制作基地项目及文化创意产业项目，以动漫电影《大城小狗》作为首部落户力作，全面开展动漫领域创作，推动樟木头镇文化创意产业的发展。

【城市建设提速】2010年，樟木头镇从“软”、“硬”环境两方面着手，全面落实“城市化提速年”各项任务指标，进一步优化宜居环境、提升城市功能。

抓好基础设施建设。配合省、市做好广惠城际轨道交通及从莞高速建设，启动10项道路规划建设，完成11条新建及改造道路，截污主干管网工程全面竣工，污水处理厂顺利通过环保验收，废旧石场整治复绿工程正式开展。

整治城乡环境。开展户外广告专项整治、建筑物外立面清洁及主干道闲置地围墙综合整治，完善夜景灯光工程、道路护栏设施，完成8条主要道路绿化改造及“两河”污染源清理，顺利收编环卫工作，成功创建省卫生村2个、“市容环境优美社区”5个，稳步推进垃圾填埋场3C技术改造。

推进“三旧”改造。重点推进圩镇旧圩片区、塑胶市场四期、旧先威厂片区、林场旧区、罗屋村的三旧（旧城镇、旧厂房、旧村庄）改造工作，完成

① 2010年1月20日，樟木头镇健康产业园奠基
② 2010年9月29日，樟木头塑胶市场四期奠基
③ 2011年1月20日，樟木头镇领导为樟木头电子城二期扩建工程奠基培土
④ 2010年11月9日，樟罗社区罗屋“旧村改造”为樟木头镇“三旧”改造工作拉开序幕

37个项目登记备案及专项规划、标图建库。顺利突破罗屋村改造项目，基本完成拆迁工作并进行怡安街延长线施工。

优化城市软件建设。推动“无线樟城”便民工程。启动全镇无线信息网络覆盖工程建设，全面推广发行“樟城百事通卡”。推动城市文明建设。精心组织开展首届“樟木头好人”道德模范评选、第二届“万人相亲大会”，征集城市口号、城市形象标志和城市歌曲，逐步开展垃圾分类试点工作，“现代市民塑造工程”进展顺利，获得东莞迎接全国公共文明指数测评第八名。推动窗口行业树立文明城市形象。建立“民意回应日”机制，完成政务网改版，新增在线访谈栏目，在全镇各行政服务窗口设立“文明导示系统”，通过暗访督查，进行服务意见反馈，使为民办事窗口对外形象大为提升。

【加强维稳综治】2010年，樟木头镇把维稳综治摆在突出位置，不断加大社会管理力度，维护社会大局和谐稳定，圆满完成平安亚运、旅游节、塑博会期间和清溪垃圾焚烧处理厂建设问题等维稳综治工作。

加强社会治安综合治理。围绕“平安樟城”的总体目标，多层次构筑“平安工程”防控体系，积极开展“曙光行动”、“创平安，迎亚运”、“禁摩”、“禁电”等专项行动，坚持不懈打击“两抢一盗”（抢劫、抢夺、盗窃）、“拐卖妇女儿童”、“黄赌毒”等犯罪行为，出色地完成各项治安工作任务，为全镇经济发展、社会稳定和人民群众安居乐业创造了良好的社会环境。全镇刑事案件发案数755宗，同比下降9.3%，“两抢一盗”发案数171宗，同比下降47%，破案率为42%，比全市破案率高出8%，“平安社区”、“平安公交”、“平安医院”、“平安校园”、“平安企业”五大平安工程成效显著，社会治安朝着实现根本性好转的目标稳步迈进。

加强信访工作。出台《进一步加强新时期信访工作的决定》，为新时期全镇开展信访工作打下良好的基础。进一步完善综治信访维稳中心建设，全面落实新莞人居住证制度，全面贯彻领导接访、上门探访、带案下访、基层巡访和矛盾纠纷排查制度，在“书记个人手机信息”、“镇长信箱”、“政府信箱”的基础上，增设“民意征集”、“信访咨询”两大信访渠道，及时有效处理群众投诉信息146宗。全年发生矛盾纠纷253起，同比下降3%，调解成功率高达98%；集体上访15批，同比下降17%。

加强安全生产、消防安全及食品安全工作。深入推进“安全日”活动，大力开展安全生产教育培训，举办安全生产文艺晚会，落实安全生产大检查，不断加强基层安全办建设，充分发挥化危企业应急监控平台作用，全年工矿商贸安全生产事故实现零死亡，确保全镇在大好形势下及重要时期安全生产形势的稳定。认真吸取“1·13”较大火灾事故教训，妥善处理善后工作，全面迅速提高消防安全整治标准及消防安全知识覆盖面，加强消防安全应急演练，全面整治各类消防安全隐患。交通安全持续改善。公安、交警、交通等部门联合深入开展打击非法营运、酒后驾驶等专项行动，非法营运现象得到有效遏制，交通秩序明显改善，全镇交通事故死亡人数连续八年下降。食品安全工作扎实推进，经贸办全面推进“食品安全示范食堂”、“农贸样板市场”建设，严格开展肉制品、“地沟油”、豆制品、乳制品、大米和酒类打假等专项整治。

【发展社会事业】2010年，樟木头镇坚

① 2010年5月21日，“无线樟城”项目启动，推动樟木头无线信息化技术运用

② 2010年12月21日，樟木头镇启动樟城“百事通”，加快数字化樟城建设

③ 樟木头镇加强社会治安综合治理

① 2010年9月28日，“中国作家第一村”在樟木头镇挂牌成立，轰动中国文坛

② 樟木头镇组建“中国双拥艺术团”，焕发“双拥”文化时代光彩，图为2010年12月31日，市、镇领导参加艺术团成立暨首演晚会

③ 樟木头镇举办“将军馆发展推进会”，弘扬将军文化、尚武文化，促进“双拥”工作

④ 樟木头镇党政领导组织中国双拥艺术团赴大西北慰问演出

天一城购物广场

① 樟木头麒麟扬威上海世博会和广州亚运会
② 集购物休闲娱乐于一体的“天一商城”正式开业
③ 樟木头镇着力打造“观音绿”荔枝品牌，图为“观音绿”获得首届金荔枝奖一等奖

持把发展成果惠及民生，镇财政用于民生事业支出1.38亿元，同比增长11%，医疗、教育、就业、社会保障等各项民生工程亮点纷呈，成效突出，受到全镇广大人民群众普遍赞颂。

就业创业。进一步完善13个“村民车间”、1个“青年车间”及2个大学生就业基地，成功帮助1300多名群众解决就业，创新打造“创业种子工程”营造良好的创业氛围。创业就业办、人力资源分局、组织人事办、经贸办、民营科技办、各社区多渠道搭建平台、优化服务，推进全镇就业率再创97.3%的新高。

扶贫帮困。全年共发放优抚对象抚恤补助金、退伍军人自谋职业金等140多万元，最低生活保障金95.7万元，边缘户、低保户助学金85.5万元。实施城乡一体社会养老保险体系，创新开展居家养老服务工作，奖励百岁老人，提升老年人福利。积极开展扶贫开发“双到”工作，从项目发展、拉动就业、完善基建、改善民生等各方面全方位帮扶韶关市乳源县一六镇脱贫发展，累计投入199.4万元，成功扶持开发西瓜产业项目，带动430户贫困户脱贫，人均收入增长28.5%，县扶贫开发的成功经验被省级刊物《广东党建》报道和推广。

教育工作。大力实施科教兴镇战略，积极营造重教兴学的良好社会氛围；创设各种形式和载体狠抓师德师风建设，促进队伍素质整体提升；深化教育改革，注重内涵发展，推进素质教育，全镇基础教育质量稳步提高；着力加强民办学校管理，通过创星级民校、绿色学校提高民办教育整体水平，保持星级学校数量全市最多，顺利完成市第八高级中学工程建设进度。教育工作年度综合考评获全市第四名，全镇户籍人口升大学比例连续八年递增，全面巩固广东省教育强镇的优势地位。

文化建设。顺势成立的“中国作家第一村”轰动中国文坛，发挥将军馆作用，培育将军文化，组建中国双拥艺术团让双拥文化焕发时代光彩，唱响“有滋有味客家菜，有情有义客家人”的人文品牌，麒麟英姿展现在世博会、亚运会，“四大文化”推动有力，塑造独具特色的樟城人文精神，实现以文化提升软实力、凝聚力和感召力。

房地产业稳健前行。积极争取市政府出台扶持解决房地产历史遗留问题政策，全年办理问题楼盘房产证71套，累计办理259套，随着保利生态城的签约，房地产业的促进作用显著，全年房地产投资8.2亿元，同比增长142.8%；销售金额12亿元，同比增长95.8%，二手楼交易活跃，达3581套，约占全市13.1%，交易金额6.24亿元。

旅游业培育。通过打造“十大旅游产品”，推动特色旅游印象和人文精髓，优化提升旅游服务，成功举办第七届小香港旅游文化节，全年接待游客逾200万人次，带动旅游消费20多亿元。

商贸物流业。集购物休闲娱乐于一体的“天一商城”开业，吸引300多家品牌商家进驻，聚集了大量的人气财气商气；恢复举办第四届粤港台国际塑博会，塑胶市场四期、电子城二期相继奠基建设，鞋材市场已完成招商，进一步巩固了物流重镇的市场地位。

医疗卫生。成功创建“全民低成本健康”试点镇，大力推广“便携式诊疗仪”，使常规化验、心电图、测血压等18项检查项目成本从300元下降到30元，大大缓解群众“看病贵，看病难”问题。积极开展“全国亿万农民健康促进行动”，完善社区医疗建设，提升“家庭医生”社区医疗服务水平，为全镇14.3万常住居民建立基本健康档案，为2.4万户籍居民建立电子健康档案，让群众真正享受到更加方便、安全、放心、有效、价廉的现代新型医疗服务，获得市重点科研立项，惠及群众、港澳台同胞16.7万人，人均医疗费用支出16.5元，同比下降5.9元。

社区和谐稳定。充分发挥三个促进社区发展工作组的作用，定期召开经济工作会议，实施“一村一策”经济社会发展规划，开设社区集体资产管理论坛，共同破解发展难题，统筹利用市补助欠发达社区免息贷款，完成2.2公里老化水管改造工程，协助社区进行土地置换盘活闲置资产，共追收应收未收欠款2258万元，有效缓解资金缺口问题。顺利完成林权制度改革，推动打造“观音绿”荔枝品牌，惠及村民大增收。

【党建成效显著】2010年，樟木头镇坚持将党的自身建设摆在突出位置，以更加务实、更加高效的作风，促进机关效能的提升，推动各项工作全面落实。

着力开展抓学习、抓执行力、抓工作效果“三抓”活动，全年共举办两期公文写作培训班，培训171名新进公职人员；举办7期大型专题培训讲座，培训党员干部1500多人次；构建党员远程教育工作平台，大力推进学习型党组织建设。全面提升行政办事效率、执行力和工作效果，使政府公信力全面提升，对外影响力和美誉度进一步增强，人民群众对各单位作风满意率达100%。

围绕“加快转变经济发展方式”、“扶贫双到”工作、维护社会稳定建设和谐社会、转变工作作风抓落实、建设学习型党（总）支部、做好当前各项重点工作”六个方面开展创先争优活动，并延伸开展全镇党员“为人民群众办一件好事实事，向基层党支部提一个好建议”的“两个一”活动。全镇115个基层党组织召开学习会议193次、收到建议1190条，为群众办实事、好事2688件。

通过创新建设“1个阵地，3支队伍，4项措施”的“1+3+4”模式，打造富有樟木头镇特色的党代表工作室，进一步加强与基层党员群众的沟通联系，拓宽社情民意反映渠道，充分发挥党代表的桥梁纽带、参谋助手和约束监督作用。全镇共成立10个党代表工作室，共接待群众121名，收集意见建议118条，协调解决群众实际问题127个，走访慰问群众261人次。

试行推动镇党委、政府机关内设3个综合性办公室、7个局和纪检监察办公室的新改革，通过培训和规范程序，用足用活、有效对接542项下放事权，进一步提升政府行政效能和服务质量；重点推进事业单位改革，建立合同用人机制、公平竞争机制、绩效评价机制、分配激励机制、人员退出机制、监督管理机制等六项制度确保改革顺利进行。

（蔡俊彬）

附：2010年樟木头镇党委、人大、政府领导名录

镇委书记：李满堂

镇委副书记：罗伟伦　赵智佳

镇委委员：蔡传胜　赖远强　徐鸿飞　黄美青　张燕琼　蔡伟明　张　健　詹振锋　苏景旺　黄育辉

镇人大主席：李满堂

镇人大副主席：赖远强　卢志贤

镇　长：罗伟伦

副镇长：蔡传胜　蔡献军　蔡建彬　罗水发

2006—2010年樟木头镇主要经济指标

指标 \ 年份	2006	2007	2008	2009	2010
户籍人口（人）	24272	25041	26071	26835	27434
外来暂住人口（人）	141318	135810	127390	113253	112860
年末土地面积（平方公里）	66	66	119	119	119
全年生产总值（万元）	389730	453787	497577	524759	550388
工业总产值（当年价格）（万元）	784448	890609	989481	819999	999043
农业总产值（当年价格）（万元）	1017	991	604	741	793
总用电量（含企业自有机组发电）（万千瓦时）	88288	91460	76390	82898	91847
总用水量（万吨）	131243	110048	90170	93019	1321
全社会固定资产投资总额（万元）	164959	172558	186109	212138	159966
社会消费品零售总额（万元）	55389	80485	82185	74156	330520
实际利用外资（万美元）	3669	3342	5359	4070	5579
镇级可支配财政收入（万元）	57139	57285	47931	38265	43794
各项税收总额（万元）	42088	63885	62633	60170	72120
金融机构各项存款余额（万元）	597512	656230	788812	844491	979395
#城乡居民储蓄存款余额（万元）	466100	492589	641044	664447	767445

风岗镇

【概况】 凤岗镇地处东莞市东南端，东、南、西三面与深圳市接壤，全镇总面积82.5平方公里，下辖11个村民委员会和1个居民委员会。2010年，全镇户籍人口24245人，常住人口318971人。近2万华人华侨分布世界36个国家和地区，是广东省著名的侨乡，首个镇级全国象棋之乡；先后获得"国家卫生镇"、"广东省教育强镇"、"广东省文明镇"、"东莞市文化建设标兵镇"等称号。

2010年，全镇完成生产总值117亿元，同比增长12.96%（可比价）；完成规模以上工业总产值168亿元，同比增长23.8%；实现财政收入6亿元，同比增长15.47%；各项税收总额15.69亿元，同比增长25.12%;各项存款余额139.64亿元，比年初增长14.86%；社会固定资产投资总额31亿元，同比增长22.5%；社会消费品零售总额22.2亿元，同比增长

加快转型升级　建设幸福凤岗

① 2010年4月14日，广东省委常委、政法委书记、公安厅厅长梁伟发视察凤岗镇综治信访维稳工作
② 2010年6月2日，广东省外经贸厅厅长梁耀文一行来到凤岗镇，重点调研加工贸易企业转型升级

10.21%。

【产业结构调整和转型升级】2010年，凤岗镇把调整产业结构作为核心任务，制定实施《凤岗镇“七个十”重点企业扶持暂行办法》、重点扶持企业挂点服务政策，打造“一站式服务”平台，利用加工贸易政策调整与经济环境转变的倒逼机制，推进经济发展方式有效转变，转型升级迈出坚实步伐。全年推动来料加工企业转型122家，累计有170家来料加工企业成功转型。凤岗镇加工贸易转型做法受到上级领导的肯定，广东省委书记汪洋、东莞市委书记刘志庚先后作出批示，要求大力推广凤岗加工贸易转型经验。实施“腾笼换鸟”战略，成功引进包括都市丽人、兆驰电子、米亚科技、中信安、广源物流园等一大批大型企业项目，其中都市丽人投资额超2亿元，纳税达3000多万元。

【外源型经济】2010年，凤岗镇新签项目42宗，新签协议外资1.1亿美元，合同利用外资（新口径）2.49亿美元，实际

① 2010年4月8日，东莞市委书记、人大常委会主任刘志庚到凤岗镇调研城市建设情况

② 2010年10月22日，东莞市委副书记、市长李毓全深入凤岗镇，调研企业转型升级、发展特色产业等情况

③ 2010年5月19日，凤岗镇第十五届人民代表大会第六次会议召开，会议依法补选产生新的镇人大主席、镇长，朱国和、李海文分别以全票当选。图为新任凤岗镇委书记朱国和（右二）当选凤岗镇人大主席

利用外资1.34亿美元；企业增资项目29宗，增资总额1.39亿美元。

【内源型经济】 2010年，凤岗镇有个体、民营企业13122家，其中个体11074家，同比增长5.7%；民营企业2048家，同比增长34.8%，包括具有进出口经营权的民营企业243家。全镇有省级民营科技企业4家、市级民营科技企业14家，有7家企业申报10多个科技项目。截至2010年，申请并获得市融资帮助的企业有58家，其中重点工业企业50家、重点商贸企业8家。

【村组经济】 2010年，凤岗镇村组两级集体总资产64.1亿元，同比增长6.96%；村组两级集体净资产总额52.9亿元，同比增长4.49%。村组经营总收入6.2亿元，同比增长3.04%；村组纯收入4.25亿元，同比增长10.12%。

【第三产业】 房地产业。2010年，凤岗镇完成房地产投资15.6亿元，同比增长22%；销售商品房3213套，销售面积31.1万平方米，销售金额23亿元，同比增长53.3%；房地产业上缴企业所得税1779.7万元，同比增长118.46%。

酒店娱乐业。2010年，凤岗镇抓好各大酒店扩建和筹建工作。总投资30多亿元、规划用地面积13.3万平方米的奥威斯酒店办理土地证，其中19号楼开工建设。商会酒店、怡安酒店二期、南天酒店等数家星级酒店的筹建进展顺利。

商贸物流业。2010年，凤岗镇依托雁田车检场和深圳平湖公铁联运枢纽，推动广源物流城和凤岗物流园两园联动发展，着力发展现代物流业。截至2010年，在凤岗注册的大型物流企业有3个，分别是凤岗物流园、东莞市广源物流城有限公司和东莞市金天达物流有限公司。大力扶持十大重点商贸投资项目之一的广源物流城建设。

【城市建设】 重点工程。2010年，总投资3.2亿元的新华侨医院及雁田派出所、油甘埔派出所和交警大楼等建成使用。总投资25亿元的“一河两岸”工程进展顺利，竹塘桥至黄洞桥之间的道路和景观工程完工；黄洞桥至金凤凰桥之间的道路和景观进入施工阶段；总投资1.5亿元的竹塘桥污水处理厂截污主干管工程全部完成；总投资1亿元的龙凤大道完成90%的工程量；总投资约4000万元的雁田污水处理厂配套截污干管工程完成总进度的75%。启动南门山森林公园和碧湖森林公园两大森林公园建设，城市生态环境和形象全面提升。

城市管理。2010年，凤岗镇积极推进城管进村及城市管理综合执法重心下移，构建“大城管”格局。更加注重精细化管理，实施城管执法队伍驻村统一管理。重点整治城市“六乱”（乱扔吐、乱堆放、乱拉挂、乱张贴、乱搭建、乱摆卖）行为，全年整治城市“六乱”3342宗，营造整洁、有序、优美的城市环境。落实镇村属地管理责任制，

① 2010年12月27日，全市2010年度总结表彰大会在市体育馆召开，凤岗镇获得“实际利用外资额第一名”等26个奖项。图为凤岗镇委书记、人大主席朱国和（右二）领取“2010年镇级领导班子落实科学发展观工作量化考核综合总分一等奖”牌匾

② 凤岗镇镇委副书记、镇长李海文（图中）领取“2010年全市维护稳定和社会治安综合治理工作先进镇街”牌匾

③ 2010年12月3日，凤岗镇与江苏宜兴两地政府在嘉辉婚纱城龙凤山庄影视基地，签署《文化产业区域联盟备忘录》，以此促进华南、华东两地经济文化互动交流

① 2010年10月24日，2010（中国·凤岗）客侨文化节在嘉辉婚纱城开幕，文化节以“客侨传薪火，文化起宏图”为主题，推出百对新人客侨集体婚礼、八省优秀客家山歌邀请赛、象棋车轮大战、客侨原创诗歌赛、客侨风情摄影展等在全国乃至世界具有广泛影响的活动，进一步弘扬凤岗镇客侨文化品牌和象棋文化品牌，推动婚庆文化产业发展

② 2010年10月23日，由广东省珠江文化研究会、东莞市社会科学界联合会、凤岗镇人民政府联合主办的第二届客侨文化论坛在嘉辉会酒店举行，来自全国各地的24位专家学者汇聚一堂，就凤岗打造“客侨文化名镇”、传承和发扬文化特色建言献策

大力整治违法建筑。开展已建房屋补办产权手续登记备案工作，完成所有台账备案3797宗，总占地面积317万平方米，总建筑面积906万平方米。

市政建设。2010年，凤岗镇投入1000万元，购置40辆空调大巴车，新增6条公交线路，新增20多个公交站台，基本保障群众步行500米以内能够坐上公交车；投入2023万元推进环卫、绿化市场化，新增绿化面积3.93万平方米；投入300多万元完善交通信号灯与电子警察系统。开展亚运会环赛区交通安保管控圈交通整治专项行动55次，开展各类交通整治行动344次，查处各类交通违法5.7万宗。

“三旧”改造。2010年，凤岗镇完成“三旧”（旧城镇、旧厂房、旧村庄）改造专项规划，确定“三旧”改造项目67宗，改造用地面积8259亩。启动7个共58万平方米改造项目的开发，其中镇中心区的4个改造项目拆迁补偿工作顺利进行。

【综治维稳】2010年，凤岗镇严厉打击违法犯罪，先后开展“粤安10”、“雷霆”治安整治、校园及周边地区治安整治、“创平安、迎亚运”、扫除“黄赌毒”等专项行动。全年接报违法犯罪警情5378宗，刑事立案1502宗，刑事案件破650宗，破案宗数增长27.95%；打掉

各类犯罪团伙67个，查处治安案件878宗，人民群众安全感进一步增强。大力创建平安社区，全镇12个村（居）创建市平安社区全部达标，创建率达100%。在全镇12个村（居）成立综治维稳工作站，构建“小事不出村、大事不出镇、矛盾不上交”的调处网络；开展“基层大接访”活动，有效解决群众诉求，全年受理群众诉求1327宗3205人次，成功调处1303宗，成功率达98.2%。加大劳动监察力度，追发劳动者工资1985万元。强化劳动仲裁，调解处理案件775宗，仲裁接案260宗，立案前调解成功515宗，仲裁裁决194宗。

【安全生产管理】 2010年，凤岗镇积极开展安全生产隐患大排查、大整治行动，落实包片包干领导责任，全面查漏补缺，排查和整改一批安全隐患。出动执法监察人员1595人次，检查企业660多家，发现隐患389处，发出整改指令书36份。投入200万元组建消防巡查服务队和兼职消防队，有效实现各类场所消防安全的“无缝化”管理，建成以消防大队为依托的镇综合应急救援大队。进一步规范危险化学品的安全管理。制定应急救援预案，开展应急救援演练，提升应急救援保障能力。开展产品质量和食品安全专项整治。进一步健全肉品流通跟踪监管信息平台和“信誉通”食品监管电子化平台，食品信息化系统进一步完善。

【社会保障】 2010年，凤岗镇投入2886万元医疗资金，让村民及新莞人在家门口享受到便捷、实惠的社区医疗服务，实现“15分钟健康圈”，全年就诊人数超41.55万人次。将市定400元人均月收入的低保标准提高到600元，共64户183人受惠。镇财政分6年拨付1670多万元，用于城乡一体社会养老保险，共6195人受惠。对镇内60岁以上的老人，镇财政每年每人给予600元生活补助，有2523人

① 凤岗镇雁田村凤凰山高尔夫球场
② 凤岗镇一景
③ 凤岗镇城市面貌焕然一新

受惠。每年投入100万元，专项用于本地困难群众救助，最大限度减少“因病致贫”、“因病返贫”现象。

【促进村民就业】 2010年，凤岗镇大力推广“村民车间”，累计设立13间村民车间，安置本地劳动力181人，累计帮扶安置300多人次。定期与各村（居）沟通协调，积极引导和做好村民就业创业事宜，发放263.7万元就业补贴，推荐劳动就业585人次，实现就业230人次。

【文化】 2010年，凤岗镇成功举办2010（中国·凤岗）客侨文化节、第二届客侨文化论坛等一系列活动，向全国乃至世界集中推介凤岗镇客侨文化，扩大“客侨文化”品牌的影响力和辐射力；“客侨文化”被列入首批25个“珠江文化星座”之一。成功举办第四届“杨官璘杯”全国象棋公开赛，进一步打响“象棋文化”品牌。每年投入100万元对外宣传和推广婚庆文化，积极打造“中国婚庆第一镇”，累计接待新人超过3.5万对，产值超过2000多万元。与江苏宜兴共同签署《文化产业区域联盟备忘》，促进华南华东两地经济文化互动交流。

【教育】 2010年，凤岗镇进一步推进教育内涵式发展，全镇教育质量明显提升，每万户籍人口大学升学率在全市排名第11位。设立教育奖励基金，由镇每年出资110万元，各村（居）筹集90万元，进行奖教奖学助学。华侨中学教学质量稳步提高，2010年中考取得良好成绩，第一批次录取率达54.6%，被东莞中学录取的有5人，获得东莞市初中教育质量奖，成为山区片唯一获此奖项的学校。

【卫生】 2010年，凤岗镇顺利完成新华侨医院搬迁工作，平安顺畅转运住院病人238人次。深入开展平安医院创建活动，提高医疗服务质量，重点抓好手足口病、甲型H1N1流感、基孔肯雅热、登革热等传染性疾病的防控及宣教措施，开展秋冬季甲型H1N1流感疫苗预防接种工作。全镇“一中心12站点”社区卫生服务体系全部投入使用，提供社区转诊服务3.55万人次，连续两年获得市社区卫生服务一等奖。

【党建工作】 2010年，凤岗镇贯彻落实先进基层党组织“五个好”（领导班子好、党员队伍好、工作机制好、工作业绩好、群众反映好）、优秀共产党员“五带头”（带头学习提高、带头争创佳绩、带头服务群众、带头遵纪守法、带头弘扬正气）标准，设立党代表工作室13个，77名市、镇两级党代表分别安排驻各个党代表室，接见群众386人次，提出意见建议157个，回复解决119个。新成立“两新”（新经济组织、新社会组织）党组织4个，截至2010年，全镇有“两新”党组织72个，“两新”组织党员989名；新建“两新”团组织104家。成功创建15个“星级党组织”，其中创建“三星级”党组织10个，“四星级”党组织3个，“五星级”党组织2个。

（林汉筠）

附：2010年东莞市凤岗镇党委、人大、政府领导名录

镇委书记：任焕林（任至4月）
　　　　　朱国和（4月到任）
镇委副书记：李海文
　　　　　　张拔海（4月到任）
镇委委员：杨志钦　张伟胜　巫惠平
　　　　　张凌峰　邓金祥　黎锦波
　　　　　罗永光　张永雄　曾爱红
　　　　　张瑞波（任至2月）
　　　　　廖玉开（2月到任）
镇人大主席：任焕林（任至5月）
　　　　　　朱国和（5月到任）
镇人大副主席：张瑞波（任至2月）
　　　　　　　杨志钦（2月到任）
　　　　　　　王孟德
镇　长：朱国和（任至4月）
　　　　李海文（4月到任）
副镇长：张伟胜　罗永林　陈志鹏
　　　　张新伟

2006—2010年凤岗镇主要经济指标

指标 \ 年份	2006	2007	2008	2009	2010
户籍人口（人）	21182	21649	22338	23362	24245
外来暂住人口（人）	202313	152860	142116	141798	132568
面积（平方公里）	82.5	82.5	82.5	82.5	82.5
国内生产总值（万元）	636032	756328	900584	1013446	1170248
工业总产值当年价（万元）	1341192	1664355	1629787	1561632	2069531
农业总产值当年（万元）	3512	3509	3423	2140	2222
总用电量（万千瓦时）	142859	161893	163420	167916	205623
全社会固定资产投资总额（万元）	192677	225584	168851	253779	310244
社会消费品零售总额（万元）	117845	140622	178304	201466	222052
外贸出口总额（万美元）	154692	205017	201207	159953	183624
实际利用外资（万美元）	6807	7708	9022	10369	13367
镇级可支配财政收入（万元）	34490	45323	50109	52001	60044
各项税收总额（万元）	74296	97258	123877	125419	156927
金融机构各项存款余额（万元）	830853	924601	1078965	1215656	1396353
城乡居民储蓄存款余额（万元）	576692	602462	721104	786894	933126

塘厦镇

【概况】 塘厦镇位于东莞市东南部，东连清溪镇，西邻黄江镇，北接樟木头镇，南与凤岗镇和深圳市观澜街道接壤，地处广州—深圳—香港经济大走廊的黄金地段，莞深高速、龙林高速、东深公路、京九铁路贯穿而过，是东莞市东南部的交通枢纽。全镇总面积128平方公里，下辖21个社区，户籍人口4.6万人，外来人口35.1万人。2010年，全镇实现国内生产总值194.8亿元，比上年增长11.45%；各项税收总额29.63亿元，比上年增长27.3%；镇级可支配财政收入11.39亿元，比上年增长17.6%；全社会消费品零售总额48.5亿元；金融机构各项存款余额231.74亿元，比上年末增长24.7%；城乡居民存款余额143.42亿元，比上年末增长21.3%；社区居民人均纯收入18007元，比上年增长7.2%。

【项目投资】 2010年，塘厦镇加强招商引资，完善科苑城信息产业园配套设施，加快凤凰工业园建设步伐，利用塘厦外经网等新平台，重点引进福群科技（东莞）有限公司、东莞福迈包装印刷有限公司、奥克斯通讯科技工业园等优

加快转变发展方式，建设“富强、和谐、美丽”塘厦

① 2010年9月13日，广东省人大常委会主任欧广源一行视察石马河污染整治情况

② 2010年11月25日，东莞市委书记刘志庚参观2010中国（塘厦）国际高尔夫运动博览会

① 2010年12月28日，东莞市委副书记、市长李毓全视察大屏嶂森林公园
② 2010年12月17日，何嘉琪、叶锦河等市镇领导到韶关市新丰县开展“双到”（规划到户，责任到人）扶贫调研工作
③ 2010年9月28日，塘厦镇委书记叶锦河与来访群众面对面交流，现场协调解决群众反映问题

质项目，全年新签合同利用外资1.73亿美元，实际利用外资1.5亿美元，比上年增长18.1%。大力促进东莞市坚朗五金制品有限公司、东莞市力王电池有限公司等企业增资扩产，推动现有企业做强做大，全年外资企业增资5993万美元，民营企业增资1.84亿元人民币。加大公共投入，完成桥清路、四黎路、东深公路跨线桥等路网工程，继续抓好塘厦大道、环市北路、高尔夫大道升级改造工程，切实推进湖景北路、龙林辅道等道路建设工程，动工建设110千伏泰安变电站、220千伏角布变电站和莆心站输变电工程，完成139公里供水管网改造。

【帮扶企业】2010年，塘厦镇优化政府服务，完善部门操作流程，正式实施重点企业办事绿色通道制度。加快协助企业补办土地使用证和房屋产权证。缓解资金压力，对“三资”企业（中外合资经营企业、中外合作经营企业、外商独资经营企业）综合服务费继续减免收取1年；加强与金融机构的沟通联系，帮助224家中小企业落实融资17.7亿元，解决企业资金紧缺问题。组织企业赴湛江、湖南郴州等地区招工，举办“春风行动”现场招聘会、东莞市校企合作洽谈会，完善用工平台，解决招工难题。完善人才政策，严格实施积分制入户有关规定，出台《塘厦镇有突出贡献新莞人子女入读义务教育阶段公办学校暂行办法》。

【拓展市场】 2010年，塘厦镇完成105家扩大内销重点企业筛选名录，组织32家企业申请69个展位，参加第二届广东外商投资企业产品（内销）博览会等推介活动。全年外资企业内销75亿元，比上年增长42%。拓展国外市场，协助企业申请出口“高速通道”服务，引导民营企业开展加工贸易进出口业务，全年出口总额达到36亿美元，比上年增长16%。

【企业转型】 2010年，塘厦镇发挥塘厦外商协会、台商会、民营商会、浙商会的桥梁作用，推动113家来料加工企业不停产转为“三资”企业（中外合资经营企业、中外合作经营企业、外商独资经营企业）或民营企业，完成总量在甲类镇街排名第一。推动广东省星河生物科技股份有限公司成功上市。鼓励自主研发，投入科技发展资金3960万元，鼓励企业优化技术，推动广东升威电子制品（东莞）有限公司、东莞丰裕电机有限公司等科技企业设立研发机构，全镇新增外资企业研发机构8家，累计有国家高新技术企业12家、省民营科技企业15家、市民营科技企业31家、科技型企业近600家。鼓励自创品牌，新增授权专利数623项，比上年增长1倍；广东志成冠军集团有限公司获得“首届东莞市政府质量奖”；新增13家外资企业自创品牌，全镇具有自主品牌的外资企业70多家。落实节能减排，拒批环保不合格项目35宗，淘汰“两高一低”（高耗能、高污染、低水平）企业16家，推动160家企业通过环保“三同时”（同时设计、同时施工、同时投产使用）验收，每万元GDP耗水、每万元税收耗电分别下降5.4%和1.04%。发展现代服务业，兴业银行塘厦分行挂牌成立，明和五金机械模具城和电子批发商贸城动工建设，盈锋广场和沃尔玛商场进驻塘厦。

【高尔夫产业】 2010年，塘厦镇成功举办“2010中国（塘厦）国际高尔夫运动用品博览会”。成立高尔夫运动用品行业协会，积极筹建高尔夫运动用品专业市场、高尔夫公众球场、高尔夫运动学院和青少年培训基地，进一步做大做全集研发、生产、销售、运动、培训、消

① 2010年12月3日，塘厦镇委书记叶锦河代表塘厦镇领取“国际生态安全示范镇”牌匾

② 2010年11月25日，在2010中国（塘厦）国际高尔夫运动用品博览会开幕式上，中国商业联合会名誉会长何济海向塘厦镇委书记叶锦河颁授“中国高尔夫产业基地”牌匾

③ 2010年5月28日，塘厦镇委书记叶锦河从国家住房和城乡建设部副部长仇保兴手中接过“国家园林城镇”牌匾

① 2010年5月26日，东莞市公安局塘厦分局大楼举行启用仪式

② 2010年8月23日，东莞市高尔夫运动用品行业协会在塘厦镇成立

③ 2010年11月23日，塘厦镇举行高尔夫运动用品博览会网上展会上线仪式

④ 2010年10月27日，塘厦镇举行广东省水电三局"花园街北改造"项目拆迁动工仪式

⑤ 2010年3月25日，塘厦镇举行广东省音乐家协会东莞（塘厦）创作基地暨"东八区"音乐创意园区挂牌仪式

费于一体的高尔夫产业链。全镇高尔夫用品制造和销售企业累计130多家，其中规模以上企业43家，高尔夫产业实现产值19.25亿元，同比增长36.3%。

【"三旧"改造】 2010年，塘厦镇完成《"三旧"改造专项规划及年度实施计划》，规划改造总面积884.87公顷，其中启动7个改造项目共72公顷。选定科苑城、林村社区、沙湖社区作为"三旧"（旧城镇、旧厂房、旧村庄）改造不同发展模式的试点。其中，林村社区与明和国际集团公司签订协议，一期投资1.5亿元建设明和电子广场，二期投资2.5亿元建设明和五金机械模具城；沙湖试点农民公寓制定土地征收和房屋拆迁补偿方案，完成用地确权手续、户籍调查以及图纸设计、施工准备等前期工作。同时，抓好招商引资和群众安置，制定《塘厦镇工业用地征收及地上建筑物拆迁补偿方案》，并加快建设振兴围拆迁安置小区。以列入东莞市政府"三旧"改造行政问责考核的7个项目为重点，带动全镇15个拆迁改造项目稳步推进，并将三局大院、三局花园街北、明和电子市场、迎宾大道延长线、128旧厂改造、大坪东和旧厂、桥陇佳畅旧厂等7个"三

① 2010年11月27日，世界零售业巨头沃尔玛超市入驻塘厦
② 2010年3月8日，塘厦镇举行东莞市公安消防支队塘厦中队进驻仪式
③ 2010年1月29日，塘厦镇人民政府与东莞市坚朗五金制品有限公司举行总部园区项目签约仪式
④ 2010年5月21日，塘厦镇人民政府在2010广东东莞（北京）投资推介会上与奥克斯集团签订投资框架协议
⑤ 2010年1月12日，塘厦镇人民政府与东莞市外经贸局举行事权下放授权仪式

旧”改造项目的改造方案与单元规划上报市有关部门，完成塘厦镇列入市政府2010年启动的“三旧”问责项目。

【城市环境】2010年，塘厦镇以“三旧”改造为契机，加大环境保护和污染防治力度。加强“六乱”（乱扔吐、乱堆放、乱拉挂、乱张贴、乱搭建、乱摆卖）整治，制定“门前三包”（包卫生、包绿化、包秩序）工作试点方案。多措并举整治石潭埔垃圾填埋场，显著改善场内及周边环境。莲湖、莆心湖等9个社区获“环境优美社区”称号。强化应急污染事故防范与处理，全面提高市民的生态文明意识，获得“国家园林城镇”和“国际生态安全示范镇”称号。

【公共管理】2010年，塘厦镇持续开展“铁拳”、“粤安10”等专项行动，确保亚运期间镇内社会治安大局稳定；严厉打击暴力恶性犯罪和多发性犯罪，全年侦破刑事案件1217宗，同比上升16.5%，打掉各类犯罪团伙108个；加大路面巡逻密度，提高见警率，增加治安视频监控点，不断提高群众安全感；深入开展创建“平安公交”、“平安社区”工作，成功创建振兴围、石潭埔、大坪等9个“平安社区”。全面开展扫黄禁赌工作，严格落实责任追究制，积极探索建立长效机制，开展“曙光”系列打击涉赌涉黄违法犯罪活动专项行动，全年共查处涉赌案件975宗，涉黄案件129宗，进一步净化社会风气。整治安全隐患，突出抓好危险化学品、特种设备、“三小”（小商铺、小作坊、小娱乐场所）场所、人员密集场所等整治行动，确保全年无发生重特大安全事故。加强食品监管，深入推动8个食品安全样板市场创建，制定食品安全应急预案，建立肉食品监管制度；联合开展春季农资打假专项整治行动，启动农产品标识管理试点工作。建成综治信访维稳中心办公大楼，完成21个社区综治信访维稳工作站和科苑城、新太阳城工业区等13个综治信访维稳工作室的建设；落实领导接访包案制度，受理各类矛盾纠纷1272件，调处成功率达97.3%。加强应急管理，开展应急物资普查，建立应急物资储备库；加强镇政府应急值班室建设，完善应急预测预警系统，推动各社区实行专人应急值守。

【社会保障】2010年，塘厦镇举办大中专毕业生就业指导培训班、供需见面会和“就业服务日”、“再就业援助月”等活动，建立16个村民车间，安置属地就业困难人员383人，促进就业创业；继续实施新莞人培训工程，举办各类培训班105期。提高医疗水平，基本完成塘厦医院新院土建工程；推进5个中医项目试点工作，逐步把中医门诊打造成塘厦镇社区卫生服务机构的特色品牌；认真抓好甲型H1N1流感、基孔肯雅热等疫情防

① 2010年6月28日，塘厦镇举行“广东扶贫济困日”募捐活动捐赠仪式

② 2010年12月29日，塘厦镇举行广东预备役高炮师防化营洗消连快速动员集结演练

③ 2010年10月10日，塘厦镇与德国高陶努斯及韦特奥大区教育交流活动

④ 2010年3月23日，塘厦镇举行气象灾害应急知识宣传活动

控工作。严格落实计划生育，全镇政策生育率97.36 %，被评为“2010年度人口计划生育先进单位”。深化户籍改革，实行积分制入户和居住证制度，首批审核通过537名新莞人入户塘厦。解决内涝隐患，投资1900万元建成花园街地下排水系统管道，有效解决旧中心区30公顷区域的内涝问题。抓好扶贫济困，在节庆假日慰问走访困难群众、失业人员、孤寡老人，认真做好低保金、低保基本医疗补助和临时救济动态发放等工作；落实“双到”（规划到户、责任到人）扶贫，对口帮扶韶关新丰县梅坑镇和黄磜镇共7个村1057户贫困户。

【文教事业】 2010年，塘厦镇投资1.1亿元建成塘厦镇中心小学新校区并投入使用；推动科翔小学、扬帆幼儿园创建成为市四星级民办学校和市一级幼儿园；抓好教师队伍建设，评选出首届塘厦名师35名，进一步提升师资力量。编制文化产业发展规划，重点突出原创音乐、油画创作等地方特色；成立省音乐家协会东莞（塘厦）创作基地、“东八区”音乐创意园区；开展“越唱越红”歌唱大赛、廉政相声小品表演大赛、打工歌曲创作大赛等文化品牌活动；推出音乐剧《爱上邓丽君》、音乐专辑《映秀中国》等文化创作精品。10月13日，东莞市塘厦镇文学艺术界联合会成立。

【行政效能】 2010年，塘厦镇积极配合，全面承接市直部门分批下放的575项管理权限，接收新下放市直部门派出机构的人、财、物，进一步增强管理功能；主动作为，制定《塘厦镇简政强镇试点实施方案》，完成“六办四局”（党政人大办公室、政法办公室、组织人事办公室、宣教文体办公室、卫生和人口计划生育办公室、农村社区办公室、经济和科技信息局、对外贸易经济合作局、规划建设局、社会事务局）的机构设置和人员调配，联合相关市直部门举办多方式、多层次业务培训，规范行使下放事权，行政效能明显提升。认

真实施机关作风六项制度，对民营科技办、国税分局、地税分局等5个单位开展行风评议，进一步增强行政人员尤其是窗口部门的服务意识，提高办事效率。贯彻落实《全面推进依法行政实施纲要》，建立行政执法人员数据库，加强对行政规范性文件起草、审核与备案工作，推进政务信息公开，认真开展好全省依法治镇联系点工作，顺利通过市“五五”普法工作检查组检查验收。

【党建工作】 2010年，塘厦镇深入开展“创先争优”活动，先后组织3000多人次收看《暖川》、《第一书记》等专题片，召开《沈浩日记》专题学习会223场；大力创建“特色党建示范区”，协助林村、平山社区创建为“市级第一批特色党建示范区”；开好领导班子民主生活会，发挥民主生活会学习、总结和提高的作用；设立党代表工作室21个、驻室党代表141人；规范发展新党员100人，全镇党员结构进一步优化；深入推动组织关系转接和党员档案管理的规范化，做好党员的日常管理服务工作；配合做好全镇在册366名离退休干部的管理服务工作；制定年度培训计划，实施基层党员干部“学历提升”计划，建设远程教育终端收点22个。

【广东文联艺术馆艺术交流基地成立】

① 2010年2月28日，塘厦镇举行百狮起舞贺元宵活动
② 2010年1月12日，广东文联艺术馆艺术交流基地在塘厦城市展示馆挂牌成立，当日多名艺术家现场挥毫
③ 2010年12月16日，《爱上邓丽君》在塘厦演艺馆首演
④ 2010年5月10日，塘厦演艺馆上演第九届中国艺术节剧目、著名京剧《下鲁城》

2010年1月12日，广东文联艺术馆艺术交流基地在塘厦城市展示馆挂牌成立。该基地以“繁荣基层文化艺术创作，促进岭南文化艺术交流”为宗旨，组织开展“书画名家现场挥毫”活动2场，以及各类文化艺术研究、培训、创作、展览和交流活动10多场，为活跃塘厦文化艺术氛围、培养优秀文化艺术人才作出积极贡献。

【东莞市公安消防支队塘厦中队进驻塘厦】 2010年3月8日，东莞市公安消防支队塘厦中队在塘厦消防大队院内举行进驻仪式。这将进一步壮大塘厦镇消防安全队伍的发展规模、中坚力量，增强塘厦镇防火灭火、抢险救援的应战能力。

【塘厦镇人民政府法制办公室成立】 2010年4月19日，塘厦镇成立法制办公室，主要负责镇内政策性文件、具体行政行为的审核和上报备案以及执法证件的使用管理，承办行政诉讼、行政赔偿和行政复议案件，具体承担依法行政、政务公开和行政执法监督等工作。

【广东省星河生物科技股份有限公司在创业板成功上市】 2010年12月9日，广东省星河生物科技股份有限公司成功在深交所创业板上市，这是塘厦镇第一家上市企业，是东莞市第九家国内上市公司，也是第二家在企业版上市的公司。该企业的成功上市，打破塘厦镇民营企业“零上市”的局面。

【塘厦镇食品药品监督站挂牌成立】 根据东莞市机构编制委员会《关于各镇（街道）及市属园区设立食品药品监督站的通知》要求，塘厦镇食品药品监督站于2010年12月30日正式挂牌成立。该站暂时隶属塘厦镇经济科技信息局，为直属镇管事业单位，人、财、物归塘厦镇人民政府管理，业务上受东莞市食品药品监督管理局指导。主要负责塘厦镇内经营场所使用面积在2000平方米以下（含2000平方米）的餐馆、快餐店、小吃店、饮品店、企业食堂、学校食堂、机关单位食堂和建筑工地食堂等餐饮服务单位的《餐饮服务许可证》行政许可、日常监管、行政执法及其食物中毒事故调查处理工作；根据东莞市食品药品监督管理局的委托，协助开展辖区内餐饮服务、药品、医疗器械、保健食品、化妆品日常监管工作，接受东莞市食品药品监督管理局的业务指导和绩效考核，受食品药品监督管理部门监督。

（刘碧峰）

附：2010年东莞市塘厦镇党委、人大、政府领导名录

镇委书记：叶锦河

镇委副书记：方灿芬　崔伟奇

镇委委员：罗金玉　郑兆鹏　刘兆福　赵如发　郭锦河　李杰雄　卢海祥　叶浩昌　黄北强　黄国文　李茂云

镇人大主席：叶锦河

镇人大副主席：罗金玉　黄耀光

镇　长：方灿芬

副镇长：郑兆鹏　罗万新　黄秀英　杨晓斌

2006—2010年塘厦镇主要经济指标

指标 \ 年份	2006	2007	2008	2009	2010
户籍人口（人）	39326	41144	42493	44079	45569
外来暂住人口（人）	345792	327898	358672	341625	351027
面积（平方公里）	128	128	128	128	128
国内生产总值（万元）	1186644	1365736	1602945	1713803	1948397
工业总产值当年价（万元）	4011109	4317582	4048202	3638208	4700968
农业总产值当年价（万元）	12479	11081	14251	16244	22153
总用电量（万千瓦时）	269195	285753	277086	270126	313145
全社会固定资产投资总额（万元）	256875	281278	240907	311096	271924
社会消费品零售总额（万元）	256871	324171	347673	403752	485027
外贸出口总额（万美元）	319895	402730	393853	316226	367782
实际利用外资（万美元）	18916	15121	9283	12716	15021
镇级可支配财政收入（万元）	76021	85000	90930	97842	113876
各项税收总额（万元）	140213	208366	249299	232709	296313
金融机构各项存款余额（万元）	1142504	1353134	1545860	1858270	2317356
城乡居民储蓄存款余额（万元）	743554	817766	1022482	1182491	1434245

谢岗镇

【概况】2010年,谢岗镇经济发展继续回暖。围绕产业结构调整和转型升级这一主线，突出保增长、促转型、优环境、重管理、惠民生、强作风等中心工作，实现经济社会各项事业平稳较快发展。全年完成生产总值35.8亿元，同比增长18%；规模以上工业总产值55.8亿元，同比增长41.4%；固定资产投资总额8.6亿元，同比增长20.1%；各项税收总额3.5亿元，同比增长33.3%；镇区本级财政收入3.1亿元，同比增长12.2%；合同利用外资4906万美元，同比增长8.1%；社会消费品零售总额8.6亿元，同比增长13.8%。2010年，谢岗镇获评全市依法治市先进单位。

【力推产业结构调整】2010年，谢岗镇继续减免部分收费项目，争取政策、资金帮助企业解困，累计减免企业各项费用443万元，争取各类扶持资金103万元；力促企业转型升级，帮助26家企业成功转为三资企业；扎实推动科技创新，累计投入科技专项资金400多万元，协助企业申报各项科技项目13宗。

【园区建设稳步推进】2010年，乐园工业园控制性详细规划顺利通过，基础设施建设稳步推进，并开展招商引资工

抓机遇促转型，建生态宜居新城

① 2010年6月29日，东莞市委常委、常务副市长冷晓明（左二）到谢岗镇洲磊公司视察LED产业

② 2010年5月26日，东莞市委常委、市公安局局长崔建（右二）到谢岗镇检查公安工作

③ 2010年6月29日，东莞市副市长梁国英（左）莅临谢岗镇指导工作

④ 2010年5月26日，东莞市副市长邓志广（中）到谢岗镇调研

⑤ 2010年4月1日，东莞市副市长严小康（右二）视察谢岗镇文化建设情况

① 2010年9月17日，东莞·谢岗登山节启动
② 2010年9月19日，银瓶杯·山地自行车公开赛鸣枪开赛
③ 2010年9月20日，东莞·谢岗登山节文艺晚会现场
④ 谢岗文化大楼
⑤ 谢岗镇中心区鸟瞰图

作；继续完善银湖工业区的道路、绿化、供水供电等配套设施建设，园区综合服务大楼配套项目在建设中；完成北部现代农业产业园片区总体发展规划，大厚湖水产养殖基地第一期600亩的鱼塘改造和道路、水渠工程建设动工，成功引进“广东绿卡”等省知名农业龙头企业落户园区，东莞市东供水果专业合作社投资农产品配送中心项目确定；《东莞市银瓶山森林公园谢岗片、清溪片二期建设项目计划书》编制完成并报东莞市政府审批。

【招商引资成效明显】2010年，谢岗镇调整招商引资思路，重点抓好以产业链为纽带的招商工作，通过以商引商等方式重点引进产业链上下游关联企业、配套企业，做大做强产业链，初步在银湖工业园形成以钨珍为龙头的手机配件产业企业集群。主动外出招商，先后组队赴韩国、台湾开展系列招商活动，成功引进善募康等一批韩、台企业。加大招大引强力度，成功引进投资52亿元的华能天然气热电联产重点项目。大力推动企业增资扩产，全年企业增资达2882万美元。全年实际利用外资4906万美元，消化厂房面积约14万平方米。

【第三产业发展良好】2010年，谢岗镇房地产业稳步发展，富盈山水花城二期成功推出市场，杏花村二期、东惠广场三期、永江国际公馆等楼盘建设前期准备工作完成。酒店服务业有新进展，新

① 山水花城商住小区
② 谢岗夜景
③ 谢岗镇港资企业——创富眼镜有限公司
④ 谢岗镇外资企业——美利龙餐厨具有限公司

都会璜玛酒店顺利开业，银瓶山国际度假酒店完善各项相关手续并开始装修。商贸业日益繁荣，泰发路商业街初具规模，花园大道饮食街、赵林曹乐五金街已具雏形。

【基础设施建设全面铺开】2010年，谢岗镇继续抓好主干路网建设，城北大道、广场南路建设工程顺利铺开，30号路下穿京九铁路立交工程完工，银丰路和环城路（东段）完成招投标工作并开始进场，厚龙路开展方案设计工作，协助城际轨道、博深高速基本完成征地和拆迁工作并进场施工，西气东输二线及省天然气管网谢岗段路由、分输站基本确定，东莞门站（新奥燃气）办理选址意见书。

【“三旧”改造拉开序幕】2010年，谢岗镇完成“三旧”（旧城镇、旧厂房、旧村庄）改造专项规划，确立6个片区、用地面积约37万平方米的改造项目完成片区单元规划，璜玛酒店项目基本完成，相关征地拆迁赔偿指引制定。

【扶持村组均衡发展】2010年，谢岗镇对欠发达村从政策、资金等层面给予扶持；争取金融机构支持，协助村组转贷降息减负。全年协助贫困村化解银行债务400万元，为3个经联社减免利息244.4万元，为11个村争取上级扶持资金1150万元。

【镇村统筹共享收益】2010年，谢岗镇统筹整合镇村土地、厂房等资源，创新“镇统筹、村承接”发展道路，让镇村两级共享项目投资收益。其中钨珍第四期工业厂房建设初试由镇村股份制联合承接，按股份共享收益，首开镇村统筹模式先例，年收益率达10%。

【强化社会管理】2010年，谢岗镇社会治安明显好转。认真开展“端窝1号”、“粤安10”、“打击老虎机”、“扫除黄赌毒”、“创平安，迎亚运”等专项行动，严厉打击各类刑事犯罪活动；全镇刑事案件立案251宗，破获148宗，破案率为59%。全面加强治安管理，受理治安案件385宗，查处224宗。信访维稳成绩明显。全面推进村级综治信访维稳工作站建设，成功创建“平安社区”5个，实现“平安社区”全覆盖；落实领导包案和大接访制度，深入开展不稳定因素排查和矛盾纠纷排查调处行动，接待群众来访20批次、165人次，同比分别下降50%和29%，纠纷调处成功率达97.6%；加强劳动执法监察和劳资关系调解，劳资突发事件、欠薪逃匿案件分别下降10%和70%；扎实做好亚运安保维稳工作，确保亚运期间和谐稳定。安全生产保持平稳。不断完善镇、村、企业三级消防安全责任网络，实行镇党政班子成员分片挂点督导消防安全管理制度；积极开展安全生产宣传教育，开展全镇范围内消防安全大排查、大整治专项行动，检查企业588家、“三小”（小商铺、小作坊、小娱乐场所）场所2806家、出租屋2503户，整改隐患1647处；狠抓食品安全工作，先后开展整治私屠滥宰、地沟油、豆制品、乳及乳制品等专项行动。城市管理井然有序。加大城市“六乱”（乱扔吐、乱堆放、乱

① 谢岗镇中心小学 ② 谢岗中学一景 ③ 谢岗镇政府办公大楼

① 杏花村住宅小区　② 新都会璜玛酒店　③ 谢岗镇全景　④ 远眺银瓶山

拉挂、乱张贴、乱搭建、乱摆卖）行为整治力度，试行“五统一分”（由政府统筹规划分类摆卖场地、统一实行登记申报准入制度、统一实行市场化管理、统一制定分类收费标准、统一规范违规管理，分由属地政府组织实施）模式，设置75个档点规范管理镇中心区流动商贩；大力整治乱停乱放行为，重新规划镇中心区的道路标志牌及临时停车位，使镇中心区临时停放车位达1000多个；严格查处违法用地、违法建筑行为；加强对出租屋的管理，做好出租屋视频监控系统推广工作；大力整治交通秩序，严厉打击酒后驾驶交通违法行为。

【扎实做好民生事业】2010年，谢岗镇切实做好就业创业工作。全年发放就业补贴126万元；积极开展“就业服务日”活动，服务778人次；建立13个“村民车间”，提供326个就业岗位；开展下岗失业人员和农村富余劳动力职业技能培训，培训292人次；开展新莞人培训工作，举办13期新莞人培训班，完成培训1506人次。切实加强社会保障事业。全年投入138万元补助低保家庭；出台《关于帮扶我镇困难家庭学生读书的意见》，为874名户籍学生发放各项补助约233万元；开展“广东扶贫济困日”和“东莞慈善日”活动，筹集善款350万元用于扶贫帮困；全面落实优抚政策，为优抚对象发放优抚经费21万元；保障贫困残疾人的基本生活，为困难残疾人发放60多万元低保救助金；解决低收入群众住房困难问题，拨付资金205万元，解决住房困难总户数384户，总建筑面积达2.95万平方米。切实加大扶贫帮困力度。扎实做好市外“双到”（规划到户、责任到人）扶贫工作，筹集47万元资金对挂点扶贫的南雄市全安镇陂头村和澜河镇上矽村224户贫困户实施帮扶，帮助96人和2个村成功脱贫；开展镇内“双到”扶贫，对全镇210户有劳动能力的低保困难户结对帮扶。切实繁荣文化教育事业。成功举办第七届登山节和第二届自行车比赛；投资600多万元对文化大楼进行改造；出台建设文化名城实施方案；继续加大教育投入，总投资1000万元的谢岗小学新教学楼工程进场施工；加大奖教奖学力度，教育事业取得新业绩，2010年中考成绩600分以上学生有44人，高分段比率人数居山区片前列。切实推进医疗体育发展。加快医疗卫生基础设施建设，谢岗新医院工程前期工作基本完成；大力开展各项体育活动，2010年谢岗镇被国家体育总局授予“全国群众体育先进单位”称号。切实加强计生人口工作。2010年获得市“人口和计划生育工作先进镇街”、“流动人口计划生育服务管理工作先进单位”、“无政策外多孩出生镇街”等称号。切实深化新莞人服务工作。大力开展新莞人入户工作，共101人（含随迁）通过审核入户；积极推行居住证制度，办理居住证4.7万多张；做好新莞人子女入读公办学校工作，安排400个新莞人子女入读公办中小学校。

【推进机关作风建设】2010年，谢岗镇加大干部交流轮岗力度，试行干部“超龄改非”（超过年龄不再担任领导职务）制度，全年有6名干部“改非”；出台《谢岗镇事业单位津贴补贴实施方案》等措施，推进薪酬制度改革；制定《谢岗镇事业单位岗位设置实施方案》等文件，深化人事制度改革，实现事业单位人事制度从身份管理到岗位管理的根本转变；开展“提高执行能力，狠抓工作落实”作风建设月活动，推行领导挂点督导重点工作，建立重点工程进度通报制等制度，狠抓落实，着力提高机关部门的执行力和行政效能。

（刘文锋）

附：2010年东莞市谢岗镇党委、人大、政府领导名录

镇委书记：尹照容
镇委副书记：万卓培 罗树华
镇委委员：罗满桥 王居乐 蒋共超 何智斌 王笑媚 李学畴 罗佑发 黎志庆 罗裕强
镇人大主席：尹照容
镇人大副主席：王居乐 赵灿文
镇 长：万卓培
副镇长：罗满桥 黄润波 谢伟平

2006—2010年谢岗镇主要经济指标

指标 \ 年份	2006	2007	2008	2009	2010
户籍人口（人）	19496	19816	19947	20177	20441
外来暂住人口（人）	69098	68303	70051	56013	44025
面积（平方公里）	103	103	103	103	91
国内生产总值（万元）	189317	223961	246370	294969	358653
工业总产值当年价（万元）	343286	412355	438523	495531	758697
农业总产值当年价（万元）	9710	10260	15715	16293	13950
总用电量（万千瓦时）	53513	58974	58296	55300	66888
全社会固定资产投资总额（万元）	91230	109594	63561	71238	85586
社会消费品零售总额（万元）	65218	67406	66735	75465	85895
外贸出口总额（万美元）	23601	29950	34388	32191	45567
实际利用外资（万美元）	2478	3250	3942	4062	5022
镇级可支配财政收入（万元）	16155	19750	24273	27543	30808
各项税收总额（万元）	13579	16450	23536	26555	35398
金融机构各项存款余额（万元）	222625	238707	275937	324139	388859
城乡居民储蓄存款余额（万元）	163435	167081	210749	228236	276067

清溪镇

【概况】 清溪镇位于东莞市东南部，毗邻惠州市和深圳市。面积143平方公里，下辖20个村委会和1个社区居委会。2010年末，全镇户籍人口约3.57万人，常住人口约30万人。2010年，清溪镇坚定不移地推动经济社会在平稳发展的基础上加快转型，实现经济回升向好发展，各项事业全面进步，人民生活不断改善，社会大局和谐稳定。在全市各镇街领导班子工作实绩分类考核中，清溪镇继续获得一等奖。

【经济发展】 2010年，清溪镇实施刺激经济增长的政策措施，促进经济回暖复苏，保持平稳较快增长。全年全镇实现生产总值156.2亿元，同比增长12.1%；工业总产值450亿元，同比增长18.5%；镇级财政收入6.3亿元，同比增长8.5%；各项税收总额15.6亿元，同比

建设环境优美、幸福和谐新清溪

① 2010年5月3日，广东省副省长佟星一行到清溪森林公园调研

② 2010年6月2日，广东省外经贸厅厅长梁耀文调研企业转型升级情况

增长27.9%。实施大项目带动战略，积极引进高新科技企业、龙头品牌企业、辐射带动性强的企业，新签外商投资项目48宗，合同利用外资1.9亿美元；外资企业加工贸易直接出口总值57.5亿美元，同比增长15.5%。深化农村股份制改革，加强集体资产管理，促进农村集体经济平稳、健康和持续发展，村组两级总资产、净资产、总收入分别为32.2亿元、20.2亿元、4.8亿元，同比分别增长6.2%、7.8%、10.3%。

【转型升级】 2010年，清溪镇深入实施科技清溪工程，鼓励企业以高新技术、专利技术打造企业品牌。发放专项资金459万元，协助企业申报市级以上各类科技计划项目73项，成功推动一批来料加工企业转型，促进多家企业增资扩产。立足深莞惠一体化发展格局，引导企业向制造、物流、营销、旅游、文化等多元化经营，强化企业发展的适应性和可持续性。制定并完善《东莞市清溪镇旅游发展规划》，积极培育清溪湖、生态农业产业园、森林公园等生态旅游产业，大力抓好旅游景点建设、公共交通网络建设、水利和环境设施建设，带动酒店、房地产等现代服务产业发展。大力鼓励、引导、支持清溪民营企业发展第三产业，财富会所、风采大酒店、盛和新都会商业区等相继成为第三产业新军，三大产业结构比例优化调整为0.38：66.08：33.54。

【城市管理】 2010年，清溪镇积极推进“三旧”（旧城镇、旧厂房、旧村庄）改造，大力建设博物图书馆、清溪敬老院等重点工程，切实打造宜居环境。不断强化城市功能，大力推进生态环境建设、路网工程建设和城市配套设施建设，全镇14座压缩式垃圾转运站全部完工，其中9座投入正常运行，垃圾密闭运输率达90%以上。着力抓好环境综合整治，完善城市管理机制，全力实施治污、治乱、净化、绿化、美化、亮化工程，实现城市面貌的较大改观和人居环

① 清溪森林公园开园
② 清溪大桥竣工通车
③ 行政中心区
④ 农民公寓

① 清溪全景
② 宜居清溪

境的全面提升。2010年，随着罗马、松岗、重河等11个村的创建工作通过验收考核，全镇21个村（居）全部达到“市容环境优美村（社区）”标准。

【农村工作】 2010年，清溪镇根据各村发展状况，制定有所倾斜的扶持发展措施，通过财政补贴维修、补贴租金、统租等方式，统筹集体厂房“招优选资”（在引进优质企业的基础上，综合考虑企业的规模、对环境影响等因素，选择相应的地点落实建设），增加村组集体收益，落实资金帮扶、担保贷款、减免费用等措施，推动村组集体经济更好发展。全面落实责任追究、重大事项审查、合同管理、土地款管理等集体资产管理制度，优化资产结构，资产负债率为37.3%，比年初下降0.9%；两级物业出租率升至99.4%；农村集体经济总体超过2008年水平。完善领导班子挂点联系制度，深化调研督导，召开全镇农村分片工作会议，全面了解农村基层的实际情况及发展难题，收集并解决农村热点难点问题37项，切实扶助各村在逆境中求发展。

【社会民生】 2010年，清溪镇继续促进全民就业创业，全面落实各项就业创业优惠政策，深入推广“村民车间”用工模式，鼓励大中专毕业生下车间、下基层，学技术练本领，提高村民就业创业积极性。截至2010年，建立“村民车间”17间，安排321名村民就业，发放各种就业补助、奖励及贷款408万元，应届高校毕业生就业率达100%。继续推进多层次、保基本、可持续、广覆盖的社会保障体系建设，推动社保、医保城乡一体化，征缴各类社保基金4.2亿元。继续完善社会救助服务，扶持发展社会慈善事业，认真开展“广东扶贫济困日”和首届“东莞慈善日”活动，发放各种社会福利及救济金531万元。继续关爱服务

① 永成电器制品厂有限公司
② 青湖工业园区
③ 电脑生产线
④ 高新科技产品

新莞人，积极开展首届“优秀新莞人”评选活动，认真做好新莞人积分制入户等工作，向182名新莞人发放入户通知书。扎实推进党代表工作室制度，设立22个党代表工作室，接见党员群众161人，收集意见建议138条，协助解决实际问题95件，开展走访慰问221人次。

【维稳综治】 2010年，清溪镇深入开展各项专项整治行动，坚持推进科技强警工程，着力抓好社会治安综合治理。全年侦破刑事案件614宗，抓获违法犯罪人员1106人；侦破命案11宗，破案率达100%。狠抓矛盾纠纷排除调处，充分发挥综治信访维稳中心的职能作用，全面提升接访和息访效率，引导群众依法合理维权，全年受理案件235宗，办结214宗，办结率为90%。严抓安全防控，强化安全监管，突出抓好全镇水利防灾减灾体系建设、学校周边等重点领域安全防控和食品药品安全监管。成立清溪镇综合应急救援大队，全面提升应急救援能力。2010年，清溪镇继续被市评为“维护稳定和社会治安综合治理先进镇街”。

【文化教育】 2010年，清溪镇大力实施“全民读书工程”，完善和扩大“流动图书馆”、“送书下基层”等学习服务体系，积极打造“网上购书看书平台”，提高公共文化服务质量。积极推进社区文化建设，以企业文化和家庭文化建设为重点，提供科技培训、资讯速递、健康讲座等服务，并在硬件设施比较成熟的片区建立培训基地，免费为群众授课，培养文化事业后备人才。成立文学艺术界联合会，积极打造文化艺术精品，不断丰富和活跃群众文化生活。不断加强基础教育、职业教育和社区教育，通过充分整合教育资源、建设多元化培训基地、正确引导社会团体科学教育等途径，全面提高市民综合素质和创新创业能力。认真办理新莞人子女入学各项工作，全年为新莞人子女入读公办学校接受义务教育提供4579个学位。

【政府建设】 2010年，清溪镇切实加强政府机关作风建设，深入整治行业风气，大力推进行风评议工作，积极解决被评议单位存在的影响科学发展的突出问题；深入开展“市民评机关”活动，坚持办好“阳光热线”，全年收到“阳光热线”投诉及建议47宗，回复率100%。切实提高干部队伍素质，组织政府百名中层干部到苏州大学培训，提升综合素质和能力；举办全镇办公室系统业务培训班，提高工作人员的业务水平；加大干部交流轮岗力度，组织新提拔干部到维稳中心锻炼，增强调解矛盾纠纷的能力；继续实行机关干部联村制度，从机关单位选派21名干部到农村担任驻村工作联络员，增强青年干部基层工作能力。切实推进依法行政建设，完善重大决策的程序和规则，建立公众参与、专家论证和政府决策相结合的行政决策机制；改版政府门户网站，规范政务公开栏目，提高政府信息公开的完整性和时效性。

【《东莞市清溪镇志》出版】 2010年11月29日，《东莞市清溪镇志》正式出版发行。该书自2003年起，历时7年多完成，共21篇85万字，全面、系统地记载清溪镇的自然与社会、政治与经济、历史与现状，充分展示客家古镇的传统文化和现代制造业重镇的焕然新姿，生

① 清溪镇第二届运动会
② 清溪镇第五届麒麟舞大赛
③ 慈善募捐长跑活动
④ 元宵巡游

动再现清溪人民艰苦卓绝的前进足迹和可歌可泣的奋斗历程，体现浓郁的地方特色和鲜明的时代精神，是一部集思想性、科学性、资料性和权威性于一体的重要地情文献，为各界人士认识清溪、研究清溪提供翔实的镇情资料，具有特殊的历史价值、文化价值和学术价值。

【清溪镇第二届运动会】 2010年9月28日至10月28日，清溪镇第二届运动会举行，共设田径等19个大项、128个小项比赛项目。有42个代表团的4000多名运动员参加比赛，其中包括1200多名新莞人。产生286枚金牌，进一步推动《全民健身计划纲要》的落实，增强人民群众体质。（尹家荣）

附：2010年东莞市清溪镇党委、人大、政府领导名录

镇委书记：陈浩林
镇委副书记：黄沛林　殷子胜
镇委委员：谭全河　张喜民　蔡家树　罗建军　杨文峰　殷雪林　李子标　林超明　姚伟民　黄托坤
镇人大主席：陈浩林
镇人大副主席：张喜民　李伟雄
镇　长：黄沛林
副镇长：谭全河　王润成　杨俊丽　尹德明

① 清溪森林公园
② 清溪森林公园爆石景观
③ 禾雀花开
④ 优美的自然生态环境

2006—2010年清溪镇主要经济指标

年份 指标	2006	2007	2008	2009	2010年
户籍人口（人）	33749	34193	34679	35209	35682
外来暂住人口（人）	315416	318728	253800	220700	133927
面积（平方公里）	140	140	140	143	143
生产总值（万元）	1128054	1304335	1438000	1383000	1561503
工业总产值当年价（万元）	3760282	4180567	4334690	3893227	4502909
农业总产值当年价（万元）	10695	8815	7515	5410	9119
总用电量（万千瓦时）	214792	227288	217652	200401	232463
全社会固定资产投资总额（万元）	197713	204204	156600	194506	219724
社会消费与零售总额（万元）	127633	150183	172197	191270	276625
外贸出口总额（万美元）	390175	582282	608106	483000	575103
实际利用外资（万美元）	18983	14756	17861	10216	12688
镇级可支配财政收入（万元）	41520	49171	56570	50467	60191
各项税收总额（万元）	76041	106909	147231	121829	155687
金融机构各项存款余额（万元）	718328	760971	889684	1030992	1241391
城乡居民储蓄存款余额（万元）	495695	518290	640066	706006	846646

常平镇

【概况】　常平镇位于东莞市东部，地处穗港经济走廊中段。全镇面积108平方公里，下辖32个村（社区），户籍人口7.3万，总人口近40万。常平是大京九铁路、广梅汕铁路、广深铁路的交汇处，是全国唯一设有2个大型火车站和1个国家一类铁路口岸的镇，两个火车站日停靠列车344趟，年进出旅客近2000万人次。2010年全镇生产总值169亿元，同比增长10.43%；规模以上工业总产值296亿元，增长22.04%；出口总额36亿美元，增长20%；各项税收总额19.44亿元，增长7.18%。可支配财政收入9.46亿元，增长6.17%；金融机构存款余额230亿元，增长13.87%；因经济实力名列京九沿线县（市）前茅，常平素有“京九第一镇”之誉。

【扶持企业发展】　2010年，常平镇落实多项措施帮扶企业，巩固回升向好势头。一是细化扶企措施。完善“一厂一策”，重点服务全镇118家重点外资企业，明确分工，责任到人，实行全天候

① 2010年12月21日，东莞市外商投资企业协会常平分会成立，全国政协港澳台侨委员会副主任蔡东士，全国政协常委、中联办副主任黎桂康，市委常委、常务副市长冷晓明，副市长邓志广，常平镇委书记、镇人大主席陈桂明等出席典礼

② 常平镇获评“国家卫生镇”

③ 2010年12月28日，常平民营工业协会举行成立庆典，市委常委、组织部部长庞国梅，副市长邓志广，省中小企业局局长张文献等省市领导参加庆典活动

①

②

③

① 2011年2月17日，第八届“欢乐常平”商贸旅游文化节在常平镇举行

② 2010年5月，第九届中国艺术节部分演出剧目在常平镇上演

跟踪服务。重点帮助解决出口前40名企业解决出口通关、资金信贷、生产组织和人员培训等实际困难。多渠道为企业搭建招工平台，切实解决企业“招工难”问题。二是帮扶企业挖掘市场。发动和组织企业参展第二届“外博会”等各类展销会，帮扶企业与大型商家、电子商务平台对接，拓宽企业内销渠道。协助京九城设立“东莞玩具工厂直销中心”试点专业市场，吸引了包括龙昌、新光、银辉、奥迪等200多家玩具厂商入驻。三是促进企业增资扩产。成立招商办，加强招商引资，一手抓优质项目引进，一手促现有企业增资扩产。2010年，全镇外资新签项目（新引进项目）22宗（不包括来料转三资），同比增加2宗，引资金额1948万美元。增资扩产项目（新口径）48宗，增资金额4431万美元，同比增长169.69%。内资招商方面，引进了投资总额达15亿元的美吉特购物公园项目。

【产业结构调整】 2010年，常平镇以转变经济发展方式为重心，加快了产业结构调整步伐。一是促进新兴产业集群发展。制定了《光电产业集群建设工作方案》，以常平成为广东省第四批光电

① 常平镇区一景 ② 东莞火车站片区 ③ 常平镇中心区

产业集群升级示范区为契机，完善“四个中心、三个平台、两个园区、一个目标”建设，打响“常平光电”区域品牌，推动光电产业在常平集群发展。二是扶持培育龙头企业。组织经贸、外经、科技等部门，开展了重点扶持50家企业发展，重点培育10个战略性新兴产业项目、10个传统优势产业项目、10个现代服务业项目、10个先进制造业项目以及10家有潜力的科技企业的各项工作。三是大力推进科技创新。完善科技常平各项政策、镇科创中心配套设施建设，大力开展产学研对接活动，推动“两自”企业发展。2010年，常平镇获得国家级科技项目立项5项、省级科技项目立项28项、市级科技项目立项25项，新增国家高新技术企业2家，新增省级高新技术产品11个，新增专利申请664件，专利授权641件，分别同比增长17%和32%。

【基础设施建设】 2010年，常平镇投入2.86亿元加快推进城乡建设，完善城市功能，优化城乡环境。一是扎实推进道路交通建设。投入8600万元新建和改造市政道路9条，建成道路总里程9公里，路网建设进一步完善。加快推进了东莞东站升级改造、莞惠城际轨道、从莞高速等一批重大项目建设。二是扎实推进水利工程建设。投入8081万元推进屋厦桥排站、元江元排站、桥沥水堤围工程、仁和水堤围及排站等11项水利防灾减灾工程建设，其中新桥排站、龙底排站已基本完工，内涝情况进一步缓解。三是扎实推进环境建设。完成东、西部污水处理厂的建设，新建环常路（刁朗路至王氏港建路段）、环常路半岛酒店至聚富路段等一批绿化工程，新增绿化面积5.8万平方米。四是扎实推进“三旧”改造。启动了全镇“三旧”改造专项规划，选取板石约100亩的旧村和金美村2块合共267亩的旧工业厂房作为成片改造示范点，累计上报改造面积3800多亩，已开展改造土地1928亩，全镇“三旧”改造工作有序开展。

【社会综合管理】 2010年，常平镇不断加强和创新社会管理，切实维护社会安定有序。一是抓牢治安整治。通过打、防、管、控、建等多措并举，深入开展整治治安重点场所、打击黄赌毒等专项行动，严厉打击了各类违法犯罪行为，全年共破刑事案件829宗、查处治安案件1653宗、打掉犯罪团伙42个、抓获犯罪嫌疑人637人，有效地净化了社会风气。二是抓牢安全整治。持续地开展消防安全、交通安全、出租屋安全、食品安全等综合治理，全年普查整改了“三小”场所和出租屋4.1万多间次，查处各类交通违法行为13977宗，检查各类生产经营单位4320家，查处不合格食品23304公斤，有效地消除了各类安全隐患。三是抓牢信访化解。建立了以人为本的信访机制，深入开展镇领导大接访活动，全年共办结信访案件634宗，办结率超过95%，有效地排解了社会矛盾。

【社会事业发展】 2010年，常平镇切

实保障和改善民生，让人民群众得到更多实惠。一是社会保障不断完善。投入1787万元，稳步推进农保职保并轨工作，发放帮扶就业资金843万元，完成技能培训6146人次，帮扶1801人实现就业。二是扶贫帮困有效开展。制定了《关于镇内扶贫帮困“责任到人责任到单位”工作的实施意见》，向6条欠发达村补助了120万元，为260户低保户和424户低保边缘户发放低保金126.5万元。大力开展了首届“东莞慈善日”、“广东扶贫济困日”、“支援玉树地震灾区募捐”等慈善活动，筹集捐款800多万元。扎实做好扶贫“双到”工作。三是教育事业持续提升。中考、高考成绩明显上升，2所初中总平均分超市平均分10.26分，高考上线人数比上年增长5%。四是医疗事业稳步推进。推进了常安医院等大型民营医疗机构建设，不断完善社区卫生服务体系建设，21个社区卫生医疗机构累计门诊结算20多万人次，为本镇户籍居民建立健康档案3万份。五是文化事业繁荣发展。办好了第七届“欢乐常平”商贸旅游文化节、第五届企业文化建设文艺汇演和“九艺节”等活动演出，推动文化事业繁荣发展。此外，全力推进计生、农业、武装、侨联、残联、体育等各项社会事业，取得了长足进步。（周伟焕）

附：2010年东莞市常平镇党委、人大、政府领导名录

镇委书记：梁海卫（任至10月）
陈桂明（10月到任）
镇委副书记：陈满新　周少华
镇委委员：任卓效　张　冲　叶润娣
周锡英　袁庆华　赵东阐
陈庆贵　孙　捷　黄景鹏
殷河满
周国柱（11月到任）
镇人大主席：梁海卫（任至11月）
陈桂明（11月到任）
镇人大副主席：任卓效　陈松峰
镇　长：陈满新
副镇长：张　冲　任绍平
黄伟荣　袁派瑜

2006—2010年常平镇主要经济指标

指标＼年份	2006	2007	2008	2009	2010年
户籍人口（人）	68986	69942	71167	72481	73738
外来暂住人口（人）	367419	272378	252377	142572	201978
面积（平方公里）	108	108	108	108	108
国内生产总值（万元）	1110313	1286408	1443478	1516942	1686376
工业总产值当年价（万元）	2391675	2745143	3063427	2943467	3807948
农业总产值当年价（万元）	10493	11477	9363	18352	18213
总用电量（万千瓦时）	252627	266970	237500	232874	264291
全社会固定资产投资总额（万元）	279334	328270	262804	291248	299417
社会消费与零售总额（万元）	323672	395039	472213	537743	633463
外贸出口总额（万美元）	236248	285483	330316	294643	353498
实际利用外资（万美元）	15475	18261	16541	10250	6365
镇级可支配财政收入（万元）	68224	81676	88110	89126	94628
各项税收总额（万元）	140978	167749	170304	181394	194419
金融机构各项存款余额（万元）	1400671	1529338	1754828	2015465	2265647
城乡居民储蓄存款余额（万元）	1010040	1061346	1294271	1412442	1695848

常平镇木榆村委会

木榆村辖区面积2.8平方公里，位于常平镇镇中心区，毗邻东莞火车站及常平汽车总站，地理位置得天独厚，交通便利，人流、物流畅旺。辖区拥有1个大型的农产品交易市场，30家工厂企业，10多家商务酒店及房地产企业。

2010年底全村户籍人口2067人，外来人口1万多人，村组两级集体总资产达2.57亿元，在东莞市“村组两级净资产超2亿元”排第80名，集体经营总收入5459万元，排全市第55名。

木榆村在积极搞好经济建设的同时，大力推进体育文化建设，每年积极参加镇政府组织的春节篮球赛及元宵文艺汇演，屡创佳绩。2010年木榆村篮球队代表东莞市参加“广东省首届万村农民篮球赛”并获得亚军。

在未来的产业升级转型中，木榆村将充分利用优越的地理位置东莞火车站、东莞汽车总站的辐射，逐渐推动经济向商务、娱乐等第三产业的转型，推动集体经济扩大、农民增收。

常平镇委书记、镇人大主席陈桂明到木榆村调研

常平镇领导张冲到木榆村委会企业调研

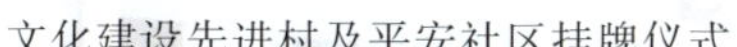

文化建设先进村及平安社区挂牌仪式

获广东省首届万村农民篮球赛亚军

木榆市场开业

元宵巡游

桥头镇

【概况】 桥头镇位于东莞市东北部，全镇面积56平方公里，下辖17个村（社区），总人口16.7万，其中户籍人口3.6万。地处穗、深、港经济走廊之间，距京九铁路、广深铁路和广梅汕铁路交汇处东莞站8公里；镇区东北部有广惠高速公路、东部快速干线与广州、东莞市区相连，西南部有莞佛高速、潮莞高速与珠三角环线、京港澳高速互联相接，1小时车程可到香港、广州、深圳等机场和葵涌、盐田、黄埔等港口。境内有闻名中外、供水香港的东深供水工程。是“广东省中心镇”、“广东省教育强镇”、“广东省重点工业卫星镇”、“广东省旅游特色镇”、“广东省荷花文化艺术之乡”、“国家卫生镇”、“全国综合实力千强镇”、“中国荷花名镇”、“中国民间文化艺术（荷文化艺术）之乡”。

桥头镇拥有内资、外资企业1000多家，已初步形成电子信息、五金塑胶、彩印包装等产业集群为主体的现代产业体系。2010年，全镇实现国内生产总值59.3亿元，同比增长8.5%；完成工业总产值115亿元，增长17.5%；各项税收收

桥　头　镇

① 2010年6月23日，市委书记、市人大常委会主任刘志庚出席第七届桥头荷花文化艺术节开幕式
② 市委副书记、市长李毓全，副市长梁国英到桥头调研

① 第七届桥头荷花艺术节现场
② 莫家拳表演

入6.6亿元，增长18.5%；农村集体总收入2.93亿元，增长4.13%；全社会固定资产投资总额11.8亿元，增长22.1%；金融机构各项存款余额72亿元，增长17.9%。镇级可支配财政收入40533万元，增长10.9%；全社会消费品零售总额32亿元，增长10%；农村居民人均纯收入13816元，增长8.3%。

【招商引资】 2010年，桥头进一步落实招商引资奖励措施，主动走出去招商，先后组织考察团赴台、日、韩等地，拜访外资企业的总部，推介桥头投资环境，取得了显著成效，全年新签外资项目32宗，同比增加12宗；合同利用外资5357万美元，增长59.8%，实际吸收外资金额3236万美元，完成空置厂房招商面积21.7万平方米。并坚持内外资并举，全年引进内资企业5家，协议投资额2.06亿元。同时，继续帮扶企业发展，进一步落实镇村干部联系走访企业制度，认真贯彻上级各项帮扶企业政策，加强对企业用工、用电、融资等保障和服务，企业经营明显好转。此外，加快重点项目建设，落实党政领导挂钩督导项目，积极做好重点项目统筹协调、跟踪服务、督查督办等工作，完成了长江机械、邓屋鸿泰园、宝洋压铸、美盈森二期、多美图二期等项目的用地审批；大型企业泰克威公司、雄达通公司、美盈森公司一期等工程项目基本建成，并完成牛浦农业示范园基建和招商工作。

【产业升级】 桥头镇始终把产业结构调整和升级作为落实科学发展观最核心的任务，积极稳妥推进产业转型，加强加工贸易企业转型升级服务，落实上级各项帮扶企业转型政策，2010年，协助39家来料加工企业不停产转为“三资”企业，协助30家加工贸易企业从“贴牌生产”转为“设计生产”，协助8家外资企业建立研发机构，推动了质量效益同步提升。同时，继续扩大内需，深入实施以旧换新、家电下乡等商贸促进工程，培养和引导旅游文化等消费，促进了社会消费。并积极协助企业搭建内销平台，组织企业参加国内外大型展销会，推动52家加工贸易企业与销售商对接，企业内销市场份额不断扩大，全镇“三资”企业内销金额16.3亿元，同比增长58.8%。

【自主创新】 2010年，桥头镇加大对优质企业和重点中小企业的培育力度，协助17家企业申请研发投入、科技贷款贴息、专利培育企业、专利试点企业等资助，协助10家民企申报国家、省级和市级民营科技企业，全年企业获得各项科技资助资金640.85万元。并着力培育科技成长型企业，确立8家企业为创名牌名标重点培育企业，组织4家企业申报省著名商标；大力发展高新技术产业，加快发展文化衍生品设计生产、高端电子信息、绿色环保包装业等战略性新兴产业。同时，推进节能减排，加强节能监管，建立21家重点监管企业档案，举办7场节能产品展销会，推广各种高效节能产品，“十一五”期间，单位GDP能耗年均下降5%，基本完成“十一五”节能目标。

【规划建设】 为完善城市配套功能，优化城乡环境，不断提升城市形象和品位，2010年，桥头镇抓好交通工程建设，轨道交通R3线延伸到桥头、番莞高速延长线经过桥头，省道S120桥头段升级改造工程全面动工。纬四路、经三路、李屋路等村际联网道路工程进入施工阶段，友谊路、宏达三路、宏达四路的升级改造顺利完成。桥头新汽车客运站落成，公共交通网络进一步完善。为抓好防灾减灾工程，建成旧石马河排涝站，完成龙屈排涝站工程、牛埔防洪堤工程、东太湖堤围加高除险工程、牛头窝防洪堤工程及桥头常平交界水利工程的施工设计和招投标工作，项目征地拆迁扎实开展，工程进展顺利。与此同时，积极抓好"三旧"改造工作，制定"三旧"改造规划方案和土地征收补偿标准实施方案，完成松景片区、华尔登片区、风扇厂片区、春日电子厂片区的规划编制工作，旧厂房和旧住宅的征收工作正有序进行，招商取得新进展；启动政府储备土地工作，虎尾岭、田新保荣厂先后纳入镇村联合储备范围。此外，抓好环保生态工程，完成小海河水体修复试点工程的工程立项、方案设计和监督招标等工作。污水处理厂正式运行启用，截污主干管网管道全面完成铺设。

【社会管理】 2010年，桥头镇坚持专项治理与加强防控相结合，强化公共安全管理和矛盾排查调解，保持高压态势，严厉打击各类违法犯罪，大力开展扫除"黄赌毒"、"粤安10"等专项行动，扎实做好"平安亚运"的各项工作。并加大巡逻防控力度，强化出租屋和流动人口管理，加强视频监控系统建设，继续巩固治摩禁电成果，维护了安定有序的社会局面，2010年全镇刑事案件比上年下降2%，破案率上升8.4%。同时，全面落实安全生产责任制，加大安全生产执法和检查整治力度，强化危险化学品管理，开展安全生产宣传教育和应急预案演练，全面完成了16个村（社区）的消防队组建工作，深入开展消防安全、交通安全、校园安全、食品安全、"三小"场所等专项整治,查处整改安全生产隐患547处，全镇安全生产事故宗数比上年下降15.3%。

【综治维稳】 2010年，桥头镇积极发挥综治维稳中心的作用，加大对各类矛盾纠纷的排查和调处力度，积极开展清理涉法涉诉信访积案活动，有效化解了一批群众关注的热点难点问题，全年共受理各类矛盾纠纷2689宗，接待来访群众5771人次，成功调解案件2670宗，调解率达99.6%。同时，加强企业用工监察和劳资纠纷调解，全年处理劳动争议案件2488件，调解率为90%。并大力整治畜禽养殖业、机动车尾气以及污染企业；加强农贸市场治理，共投入500多万元，成功创建了新城市场、迳联市场两个样板市场；加强综合执法，深入整治违法用地、违法建筑行为，扎实推进城市美化、绿化、亮化工作，进一步提升了城市形象。

【民生实事】 为促进社会和谐，提升群众生活质量，2010年桥头镇高度关注民生，抓好新莞人岗前教育和农村劳动力技能培训工作，切实促进就业创业，全年共培训户籍人口和新莞人2214人次。积极落实就业补助政策，全年共协助997人申领工资差额补助，协助364人申领"岗位成才"奖励和"企业岗位津贴"。搭建就业平台，先后举办6场就业招聘会，为385家企业招聘员工4874人，

① 桥东工业园
② 垂柳下的美景
③ 山水新城——桥头

本地生源高校毕业生就业率达99.2%。同时，切实完善医疗体系，继续实行镇村两级负担，为全镇参加农（居）民养老保险的户籍人口购买重大疾病医疗保险。完善社区卫生服务体系，加大社卫设备和人员投入，推进银湖、莲城等站点建设，解决好群众“看病难、看病贵”的问题。切实加强住房保障，完善住房租赁服务和监管。加快危旧房改造，完成40户住房租赁补贴和13户房屋修葺工作，帮助住房困难群体改善居住环境。启动了石水口村低收入家庭安置房建设。并切实开展扶贫济困，加大对东江村帮扶力度，在资金、土地等方面给予扶持。此外，积极帮扶广西南丹、新丰遥田等单位，开展市内扶贫“双到”工作，发动社会各界向西南干旱地区、玉树灾区捐款，启动“广东扶贫济困日”活动和首届“东莞慈善日”活动，积极发展慈善事业。

【文化建设】　2010年，桥头镇加快文化名镇建设，制订《桥头镇建设文化名镇规划纲要》。积极完善文化设施，推进镇村图书馆、博物馆、文化广场的建设，完成15所“农家书屋”的建设，建成了耀邦家具博物馆和志坚奇石展览馆，启动国家级荷花博物馆的规划建设；开展“文化暖流”进企业和“荷风莲韵”文化季活动，深入各村（社区）、企业开展文艺下乡、电影下乡、送书下乡等活动。同时，加快打造文化品牌，成功举办第七届桥头荷花文化艺术节，期间举办了荷花展、书画展、旅游形象大使选拔、佳偶天成交友会等系列文艺活动，共吸引了省内外及港澳台地区游客45万人次。并举办首届“赏冬荷、品羊肉美食嘉年华”活动，整合美食资源，培育特色冬荷，促进荷花文化与美食文化的融合发展。此外，加快文化产业发展，举办桥头荷花文化产业发展战略研讨会，推出“等你，在桥头”宣传口号。推广桥头文化品牌产品，继续推动荷文化衍生品的设计生产，引进文化企业，创立“莲花根子”服装系列品牌。

【教育事业】　为加快发展教育事业，2010年桥头镇积极实施奖教奖学，投入90多万元，对优秀师生进行表彰，营造崇文重教的良好氛围。完善教学配套设施，狠抓教育管理和教研教改工作，教学质量明显提升，小学毕业考核合格率和优秀率均超过省市一级学校的要求，中考平均分较去年提高了6分，高考超额完成市下达的任务。加强职业教育和民办学校管理，稳妥解决了一批新莞人子女读书难问题。

【作风建设】　为进一步转变政府职能，2010年桥头镇着力整合行政办事中心窗口功能，完善“一站式”服务，提高行政效率。积极争取市的支持，开展现场办公，协调解决重点项目在筹建过程遇到的问题。抓好政府网站建设，扩大政府监督渠道，进一步提升政府服务效能。不断规范约束制度，完善政府采购、工程招投标以及合同管理等，强化预算管理，优化支出结构。同时，深化农村集体资产管理，加大农村资金使用的审批和审计力度，深入推进农村财务管理、财务“双代管”、会计委派等管理制度，严控超比例分配，严格控制贷款或集资分红，增强农村经济发展后劲。并落实党风廉政责任制，开展反腐倡廉警示教育，着力解决干部队伍在勤政廉政方面存在的突出问题。加大公共监督力度，继续推进政务、村务公开，积极开展自评自纠、政风行风评议和镇长约请人大代表活动，主动接受人大和社会监督，打造务实、高效、阳光政务环境。　　（刘庆华）

附：东莞市桥头镇委、人大、政府领导名录

镇委书记：莫厚良

镇委副书记：翟耀东　欧阳官友

镇委委员：莫满森　莫树培　谭连合　何健铭　刘学新　张树坚　莫志华　邓志辉　朱晓敏

镇人大主席：莫厚良

镇人大副主席：莫满森　邓德安（3月到任）

镇　长：翟耀东

副镇长：莫树培　邓任洪　曾婉玲　陈进昌

2006—2010年桥头镇主要经济指标

指标＼年份	2006	2007	2008	2009	2010
户籍人口（人）	34331	34669	35140	35569	35887
外来暂住人口（人）	100576	95699	78904	60891	130887
面积（平方公里）	56	56	56	56	56
国内生产总值（万元）	378124	445065	507000	535233	593138
工业总产值（万元）	839000	979261	963942	960050	1110336
农业总产值（万元）	3226	3410	6983	6057	9809
总用电量（万千瓦时）	105734	114115	121042	113423	127799
全社会固定资产投资总额（万元）	154749	151200	85315	97000	126566
社会消费与零售总额（万元）	119000	164328	207049	240690	319182
外贸出口总额（万美元）	83800	85600	132766	221823	153052
实际利用外资（万美元）	5487	5760	6636	5468	3063
镇级可支配财政收入（万元）	27600	29515	35380	38343	40533
各项税收总额（万元）	27000	36312	49667	53661	64461
金融机构各项存款余额（万元）	366000	424983	459483	561835	721245
城乡居民储蓄存款余额（万元）	290000	342152	365266	453921	578266

桥头镇邓屋村

桥头镇邓屋村委会办公大楼

桥头镇邓屋村位于桥头镇中心的西北面，面积2.66平方公里，常住人口1863人，外来员工2万多人，民风淳朴，交通便利，水电设施完善，通讯网络发达，是理想的投资创业、宜居社区。

邓屋村的经济蓬勃发展，实力不断增强。截至2010年，全村拥有外资企业20多家，分别来自香港、台湾地区和日本、韩国等国家，经营的项目包括电子、汽车零配件、五金、玩具、化工、制衣、毛织等等，拥有三个配套设施完善、投资环境优美的工业发展基地。2010年全村的工农业总产值为4.33亿元，工农业总收入为3579万元，经济利润为1473万元，人均收入13029元，集体净资产为1.63亿元。

邓屋村的科技文化教育发达，文化氛围浓郁，环境优美，社会和谐。辖区内有桥头镇第四小学、北京师范大学东莞石竹附属学校，为群众提供优质学位。群众文化生活丰富多彩，建有一个占地3.5万平方米的邓屋文化广场、图书馆和村史馆，为社区文化和社区教育提供活动空间与活动载体。是“市文明村”、“广东省卫生村”

工厂区

文化阵地

商业街

邓屋文化广场和图书馆

横沥镇

【概况】横沥镇位于东莞市东部。全镇面积50平方公里，下辖16个村，1个社区，户籍人口3.6万人，外来暂住人口9.4万人。2010年，全镇生产总值62.5亿元，同比增长16%；工业总产值121亿元，增长20.1%，规模以上工业产值93.7亿元，增长23.3%；镇本级可支配财政收入4.24亿元，增长4.8%；国、地两税收入总额7.33亿元，增长34.6%；零星税源收入4530万元，增长37.2%；社会消费品零售总额15.2亿元，增长15.6%；固定资产投资11亿元，增长25.5%；外贸出口总额12.8亿美元，增长35%。2010年，先后获全市“加工贸易转型升级先进奖”、“外贸进出口先进奖”和“公共交通发展先进镇街”、“维护稳定和社会治安综合治理先进镇街”等称号。同时，横沥百年牛墟风情节获市“我们的节日”组委会“最具产业潜力”奖。

【招商引资】2010年，横沥镇引进内、外资共3亿美元，其中外资1.7亿美元，

加快转型升级，打造模具名镇

① 2010年4月15日，市委书记、市人大常委会主任刘志庚（前中）到横沥镇参观第三届模具展览会
② 市委书记、市人大常委会主任刘志庚（前中）到横沥重点企业走访调研

内资8.9亿元，超过500万美元项目17宗，项目平均投资额250万美元；全年实际利用内、外资超过2亿美元；模具、光电产业投资占新增投资的61.4%；100家内、外资企业累计增资2.89亿元。

【模具产业】 2010年，横沥镇模具产值达到40亿元，同比增长26.9%。南方冲压模具联盟8家企业落户桃子园，投资总额超过8亿元，园区集能、产业集聚效应得到充分体现；模具城二期完成投资4000多万元，模具机械配件品牌街和6幢大型厂房基本完工，模具城平台建设加速推进；成功举办第三、四届“广东东莞模具制造·机械展览会”，组织25家企业参加国内外专业展，进一步提升“横沥模具”的知名度。

【企业转型】 2010年，横沥镇推动55家来料加工企业就地不停产转为“三资”企业，外资企业内销总额34亿元。12家企业引进先进设备，6家企业设立研发中心；企业累计获得国家、省、市奖励93项，获得配套资金657万元。全镇拥有国家高新技术企业4家，省级名牌产品企业1家，省著名商标4个，省民营科技企业10家，市级民营科技企业33家，市专利培育企业6家，自有品牌企业50多家。

【工程建设】 2010年，横沥镇重点协调好水边、新四等村，保障职教城项目落地，完成372万方的填土工程；配合做好东莞生态园的收地交地、东江与水库联网供水工程施工、从莞高速的选线征地等工作；桃子园首期厂房、新汽车总站、新横沥中学、文广中心等工程先后纳入市绿色通道，加快建设落实进度，其中桃子园16万平方米厂房、新汽车总站、综治信访维稳中心大楼竣工交付使用；协调田坑村统筹用地近20公顷，完成田坑高新产业园“三通一平”建设，引进资金9000万美元，镇村统筹优势得到体现；完成新城路的升级改造，启

① 2010年12月17日，市委常委、常务副市长冷晓明（左四）到横沥镇调研模具产业发展情况
② 2010年10月13日，市委常委、组织部部长庞国梅（前右三）到横沥镇参加模具展览会
③ 2010年1月6日，市委常委、宣传部部长王道平（左二）到横沥镇调研宣传文化工作

① 2010年6月8日，举行2010年落户横沥的大项目签约仪式
② 第四届模具展览会开幕现场
③ 现场签约仪式

动水边路、中山路、桃园路等道路升级改造，新铺设桃园一路、三路，全镇路网设施更加完善；通过科学的调研论证，制定《横沥镇“三旧”改造专项规划》；启动半仙山旧工业区、神山灯光夜市、横沥中学、体育馆周边的改造功能规划和项目招商；基本完成第一、二批防灾减灾工程的验收，推进田头、六甲、月塘、山厦等水利工程建设；污水处理厂主体完工，截污管网完成79%。

【城镇管理】 2010年，横沥镇巩固“国家卫生镇”创建成果，开展节能减排和环境保护工作，引导全镇共同参与“创模”行动，绿色环保、共创宜居成为市民共识；投入320多万元，完成花园路、东风路等5条道路的维护升级，对镇内852个沙井盖进行升级；投入270万元，实施7项内涝整治工程；实施随水征收垃圾处理费工作；开展“创优”活动，石涌、张坑获“东莞市市容环境优美村”称号。

【社会治安】 2010年，横沥镇大力打击“黄赌毒”，开展“粤安10”和“创平安，迎亚运”等专项行动，严厉打击各类违法犯罪活动，加大巡逻防控力度，强化出租屋和流动人口管理，加强视频监控系统建设。全镇刑事案件破案率50.1%，同比提高3个百分点。同时进一步抓好“治摩”、“禁电”工作，巩固综合整治成果。

【安全维稳】 2010年，横沥镇成立综治信访维稳中心和17个村（社区）综治工作站，健全相关工作机制，实现综治维稳网络全覆盖。开展领导接访和工作组下访，排查和解决40宗矛盾纠纷；受理“镇长热线”159件次，受理来信来访共104件次，问题得到及时跟踪解决；加强应急管理工作，进一步完善镇政府总值班室建设；加强村级安全办建设，完善安全监管巡防机制；坚持开展安全日活动，全面落实安全生产责任制，加大安全生产执法和检查整治力度，火灾事故、交通事故、工伤事故得到有效遏制。

【就业创业】 2010年，横沥镇将帮扶群众就业，提高就业收入放在突出位置。利用“村民车间”、“青年车间”平台和“春风行动”招聘活动，帮扶新增就

① 4月15日，2010年第三届广东东莞模具制造机械展览会开幕
② 模具展览会现场
③ 2010年首届南方冲压模具联盟行业交流研讨会在横沥镇举办

业500多人，继续推进模具人才培训和大中专毕业生补贴就业，应届毕业生就业率达到98.5%，全镇就业率达到93.2%；开展6期职业技能培训班，累计培训272人次；市、镇财政全年发放“4050”群众就业补贴820多万元，应届毕业生就业补贴120万元，岗位成才奖励77.8万元。

【扶贫济困】 2010年，横沥镇成立横沥慈善分会，募集善款1098万元，当年发放救济款40.3万元；扎实开展困难帮扶，发放低保家庭保障金181.5万元，残疾人专项补助金129万元，发放低保户、低保边缘户和困难家庭子女助学金343.5万元，落实干部结对帮扶资金21万元；完成64户住房困难户的房屋改造建设；开展“双到”对口帮扶，社会各界踊跃参与“广东扶贫济困日”和“东莞慈善日”活动。

【文教·体育】 2010年，围绕全市“文化名城”建设的要求，制定《横沥建设文化名城规划纲要（2011—2020年）》；成功举办2010“横沥百年牛墟风情节”；举办第六届读书节活动，组织35期“快乐周末”和204场电影下乡活动，建成17个“农家书屋”；加强教师队伍的业务培训和师德建设，促进教育质量的提升；3所公办学校就读新莞人子女达2100多人，民办教育逐步规范；横沥镇获得广东省体育节活动优秀组织奖；在第13届省运会上，横沥镇乒乓球运动员获得金银铜牌各1枚。

【基层党建】 2010年，横沥镇156个基层党组织，2349名党员参加争先创优活动。开展“特色党建示范区”创建活动，打造“星级党组织”；抓好“两新”组织党建，保证党建工作的全覆

盖；加强农村干部建设，选配优秀人才充实基层队伍。培训入党积极分子150多人，133人加入党组织；设立党代表工作室18个，听取群众的意见和建议，帮助解决实际问题。

【作风建设】 2010年，横沥镇大力推进依法行政，建设服务型政府，着力整合行政办事中心窗口功能，完善“一站式”服务，行政效率得到进一步提升；进一步拓宽人大参政议政渠道，配合人大组织了5次人大视察活动，推进依法治镇工作；落实党风廉政责任制，开展反腐倡廉警示教育，着力解决干部队伍在勤政廉政方面存在的突出问题；加大公共监督的力度，继续推进政务、村务公开，开展自评自纠、政风行风评议和镇长约请人大代表活动，对4个职能部门进行了行风评议，扩大政府监督渠道，进一步提升政府服务能力。 （叶福田）

附：2010年横沥镇党委、人大、政府领导名录

镇委书记：谭全安

镇委副书记：刘国康（9月到任）
杨永存（任至9月）
叶可阳

镇委委员：陈细钿 香兆明 叶浩宁
谢建玲 梁新钦 朱柱明
李志军 谢发枝 何善通
陈志坚

镇人大主席：谭全安

镇人大副主席：香兆明 张翕明

镇　长：刘国康（10月到任）
杨永存（任至10月）

副镇长：陈细钿 黄志明 丁永盛
朱仲平

① 2010年11月6日，举办横沥百年牛墟风情节
② 横沥牛墟风情节文艺演出
③ 横沥牛墟风情节巡游
④ 桃子园高新产业园（规划图）

① 横沥百年牛墟风情节绘画彩牛
② 横沥百年牛墟风情节标志
③ 风情节吉祥物——阿牛

2006—2010年横沥镇主要经济指标

指标＼年份	2006	2007	2008	2009	2010
户籍人口（人）	35149	35507	35823	36284	36760
外来暂住人口（人）	146915	138072	123141	103502	94048
面积（平方公里）	50	50	50	50	50
国内生产总值（万元）	373304	443014	522130	538610	624788
工业总产值当年价（万元）	676829	815933	914312	962260	1212538
农业总产值当年价（万元）	11392	7273	11922	10668	6748
总用电量（万千瓦时）	95539	105016	104349	102224	119845
全社会固定资产投资总额（万元）	49071	71036	75288	87423	109761
社会消费与零售总额（万元）	76067	89652	105099	122651	152151
外贸出口总额（万美元）	54569	83706	110357	95009	128323
实际利用外资（万美元）	5422	5601	7028	8136	8625
镇级可支配财政收入（万元）	24100	34926	36922	40429	42368
各项税收总额（万元）	38081	49237	57048	54458	78913
金融机构各项存款余额（万元）	543342	541503	619643	655971	724335
城乡居民储蓄存款余额（万元）	317636	337480	430973	484782	569499

东坑镇

【概况】东坑镇位于东莞市中部，毗邻松山湖科技产业园、东莞生态园和东莞火车站。全镇总面积23.7平方公里，户籍人口3万人，外来暂住人口12万人，下辖14个村，2个社区。2010年，实现生产总值46亿元，同比增长16%；工业总产值133亿元，增长44%；镇本级财政收入4.8亿元，增长17%；税收总额5亿，增长27%；镇本级总资产24亿元，增长17%；外贸出口14亿美元，增长52%；农村人均纯收入1.87万元，增长10%；固定资产投资总额11亿元，增长26%；合同利用外资首次突破1亿美元大关，增幅全市排名第一；各项主要经济指标，追平或者大幅超越2008年金融危机前的最高水平。获“市依法治市先进单位”、“市敬老模范单位”、“市宣传思想工作先进镇”等称号。

建设幸福新东坑　实现科学新发展

① 2010年6月9日，市委书记、市人大常委会主任刘志庚（前右二）参加东坑镇角社村农民公寓的奠基仪式
② 市委书记、市人大常委会主任刘志庚和东坑镇委书记、镇人大主席黄为国等为角社村农民公寓奠基
③ 副市长李小梅、原市政协主席袁李松等参加东坑农业园签约仪式
④ 2010年1月28日，市委常委、副市长江凌，副市长严小康等到东坑镇参加2010年迎春酒会
⑤ 2010年3月17日，市委常委、宣传部部长王道平参加2010年东坑“卖身节”
⑥ 东坑镇镇长张耀洪与农业园金开喜董事长黄有清代表双方签约

【转型发展】2010年，东坑镇把加快转变经济发展方式作为发展主线来抓，切实防止传统发展模式复归。突出亿企推动，鼓励大企业在设立总部，植根东坑发展，对“富港”等龙头企业，在资源配置、后勤服务、社会保障上给予大力扶持，“富港”增资9000万美元，已成为全市10个100亿元企业的示范点之一；“中德电缆”二期增资2.3亿元。突出科技创新，鼓励企业引进先进技术和生产设备，引导企业设立研发机构，成功推动41家企业提升生产力水平，推动8家企业由贴牌加工转向自主研发；推动6家企业设立研发机构，新增省民营科技企业2家，市民营科技企业7家，专利申请量名列全市第10名，名牌名标创建稳步提升。

【结构调整】2010年，东坑镇大力推动企业转型升级，提升产业发展水平。强化选商选资，立足“富港”等大型龙头企业以及电子信息、服装等现有产业基础，围绕缺失的产业链条，重点引进产业关联度高、集群化、科技型的优质项

① 2010年建好的鹰岭公园
② 东坑农业园开园典礼盛况
③ 东坑农业园
④ 鸟瞰东坑农业园

目，扩大产业规模，形成产业集聚。去年共引进投资项目56宗，共消化空置厂房达43万平方米，重点引进了“泰卓光电”、“迅扬电子”、“韩国知友”、“力创电子”、“超煤环保”、“亿智糖果”等优质企业。强化企业转型，落实专人跟进引导，召开企业转型座谈会，分析政策走向，引导企业积极利用优惠政策，加快转型步伐，全年共推动31家来料加工企业升级转型，其中22家转为“三资”企业，9家转为民营企业。强化企业内销，积极鼓励企业参加各种展览会，拓宽内销渠道，大力开展内销业务，全年共推动50家企业开展内销，内销总额达13.5亿元，同比增长23%。

【镇村建设】2010年，东坑镇坚持把镇村基础设施建设作为转方式、调结构、惠民生的重要抓手。着力抓好重点工程建设，累计投入9.7亿元，全面推进社医大楼、电大分校、医院住院楼、10个环境区、绿道、路网等重点项目建设，其中区域绿道东坑段已全面竣工，并成功通过市的检查验收，东坑农业园已成功开园，污水处理厂主体工程已完工并投入运行，东坑电大分校教学楼已落成，16条道路改造工程快速有序推进。着力抓好“三旧”（旧城镇、旧厂房、旧村庄）改造，确定25个“三旧”改造地块，完成《东坑镇“三旧”改造专项规划及年度实施计划（2010-2020）》，并同步开展8个改造项目的改造方案。着力加强城市管理，成立城市建设管理执法联动工作小组和村建管办，对违法违章问题进行联合查处，切实加大执法力度，全年共查处、整改违章抢建、在建行为40多宗。

【综治维稳】2010年，东坑镇落实稳定第一责任，维护社会和谐稳定。全力集中整治“黄赌毒”，建立长效管理机制，全年共查处各类“黄赌毒”案件181宗，依法处理各类违法人员585人次，深入开展“粤安”系列整治、百日排查、“治摩禁电”等专项行动，重点打击“两抢一盗”、涉黑涉恶、涉枪、涉恐等各类违法犯罪活动，全年刑事案件破案数同比提高23%，“双抢”立案数同比下降13%。建立21个村（社区）及大型企业（工业园区）综治信访维稳工作站（室），创建15个“平安社区（村）”。

【安全生产】2010年，东坑镇围绕安全

① 东坑镇不断完善康乐设施，为广大人民提供休闲娱乐运动场所
② 东坑镇一景

生产责任落实，加强安全生产监督管理，开展排查整治，强化监管，严格考核；开展道路交通运输、危险化学品、烟花爆竹、建筑施工、特种设备、“三小场所”及人员密集场所消防安全等专项整治行动，发挥村“安全办”的监管巡查作用，加强监督管理；开展全民安全生产宣传教育活动，提高广大群众的安全自我保护意识和防范安全事故的能力。

【教育·文化】2010年，东坑镇加快中心幼儿园、新中学等建设进度，处理好公办教育和民办教育、义务教育和职业教育、学前教育和基础教育的关系，促进各类教育均衡发展，探索“订单式”培训、“车间进校”、“企业课堂”等办学模式，壮大职业教育。抓好镇图书馆扩容升级、农家书屋建设，完善鹰岭公园“乐韵亭”等文化设施；做好“卖身节”文章，深化“木鱼歌”品牌，筹建东坑木鱼歌创作拓展基地，唱响本土文化。

【就业创业】2010年，东坑镇开展就业创业教育活动，加强对村民岗位培训、技能提升，推动群众主动就业，帮扶大学生充分就业、自主创业；发挥农业园的平台作用，促进人员就业；继续开展职业技能培训，提升不同群体的就业技能，促进就业增长；鼓励应届大学毕业生创新创业，到企业就业及自主创业，针对高校毕业生制定“两优惠两支持”的扶持措施，改善创业条件，成立大学生创业扶持基金，重点用于支持有创业能力的高校毕业生自主创业，帮助解决大学生创业中面临的困难。全年共解决群众就业658人次，落实各项就业补贴375万元。

【东坑农业园开园】2010年，作为全市首批六个农业园之一的东坑农业园已开园，总规划面积3077亩，基础建设总投资超过1亿元，并引入东莞市金开喜集团公司作为园区的经营主体之一，打造成为集优质果菜种植、农业科普教育、高新技术研发、设施农业推广于一体的现代农业生态园区，并努力建设成为全市精细农业的样板和莞台农业合作试验示范。东坑镇将农业园作为支撑产业转型升级的一个支点，进行全面建设，已投入1000多万元建设749亩鱼塘标准化和1009亩农田标准化，完善园区的农田林网建设，修复生态，改善环境。已建成名优特产农田近200亩，重点种植阴菜、冬瓜、白菜，着力打造“东坑三宝”（阴菜、冬瓜干、菜干）的规模化生产销售链条。

【民俗风情展新颜】以岭南农耕文化为载体的农历二月初二“卖身节”，传承真东坑镇传统节庆文化。2010年“卖身节”的主题为“民俗风情大荟萃，二月初二展新颜”，活动共分为“人文篇”、“活力篇”、“和谐篇”三大篇章，体现“劳动最光荣”、“劳动创造价值”的“卖身节”精神。以“卖身节”活动为载体，搭建招工平台，缓解“招工难”问题。通过活动向广大群众树立宜居创业、和谐活力的崭新形象。

（秦智微）

附：2010年东坑镇党委、人大、政府领导名录

镇委书记：黄为国
镇委副书记：张耀洪　梁轼文
镇委委员：李树容　卢浩华　苏灿辉
黄醒光　黄晨光　刘晓冬
梁伟侬　苏庆中　李进强
镇人大主席：黄为国
镇人大副主席：李树容　苏佛养
镇　长：张耀洪
副镇长：卢浩华　丁炜涛　卢柏波

2006—2010年东坑镇主要经济指标

指标＼年份	2006	2007	2008	2009	2010
户籍人口（人）	29369	29590	29788	29803	29932
外来暂住人口（人）	71393	60927	59104	68027	115500
面积（平方公里）	23.8	23.8	23.8	23.8	23.7
国内生产总值（万元）	301747	329458	380365	410454	459962
工业总产值当年价（万元）	703532	775542	896645	879125	1330455
农业总产值当年价（万元）	10083	7781	7283	3762	2870
总用电量（万千瓦时）	74215	76324	73074	69358	79618
全社会固定资产投资总额（万元）	40338	47103	65855	87590	110282
社会消费品零售总额（万元）	34644	39963	56589	46805	84875
外贸出口总额（万美元）	81933	120052	131531	94047	142518
实际利用外资（万美元）	8200	8364	8384	3326	5198
镇级可支配财政收入（万元）	20789	25982	35049	41362	48245
各项税收总额（万元）	29114	32254	42105	39277	49935
金融机构各项存款余额（万元）	319036	333604	401330	451617	518500
城乡居民储蓄存款余额（万元）	230835	248981	304779	336069	384164

① 市、镇领共同启动2010年东坑“卖身节”开幕典礼

② 东坑“卖身节”盛大游行

① 东坑镇2010迎春酒会签约仪式
② 举办2010年东坑镇投资企业迎春酒会暨项目签约仪式
③ 新的绿道投入使用
④ 远眺东坑

企石镇

【概况】 企石镇位于东莞市东北部，东江中下游南岸，面积58.29平方公里，辖19个行政村和1个社区，总人口7.76万人，其中户籍人口4.18万人。镇内生态环境优越，基础设施完善，广深高速、广惠高速、东部快速、常虎高速、东江大道及省道S120等多条干线公路从镇内及周边经过。

2010年，企石镇实现生产总值37.39亿元，比上年增长15.5%；工业总产值88.1亿元，增长51.9%；规模以上工业总产值67.5亿元，增长57.0%；第三产业增加值14.3亿元，增长0.9%；各项税收总额4.3亿元，增长20%；镇级可支配财政收入2.6亿元，增长8.33%；村级可支配收入1.7亿元，增长6.25%。经济增长三大动力持续增强，全社会固定资产投资5.7亿元，增长11.3%；外贸出口总值6.47亿美元，增长44.8%；社会消费品零

加快发展光电产业　推动企石转型升级

① 广东省省长黄华华（前左）在企石镇东莞市中镓半导体公司调研引进科技创新团队的情况（王道辉　摄）

② 广东省省长黄华华（左六）与中科院院士甘子钊（左五）等合影（王道辉　摄）

① 市委书记、市人大常委会主任刘志庚（前右三）在企石镇调研（王道辉 摄）
② 市委书记、市人大常委会主任刘志庚（右二）在东莞市中镓半导体科技公司调研（王道辉 摄）
③ 市委书记、市人大常委会主任刘志庚（前左）书记在企石镇霞朗村调研农民公寓规划建设情况（王道辉 摄）
④ 市委副书记、市长李毓全（左）在企石镇江边村调研（王道辉 摄）
⑤ 市人大常委会副主任冯同恩（前左）、副市长吴道闻（前左二）在企石镇督办东莞市第七高级中学建设工程相关问题（王道辉 摄）

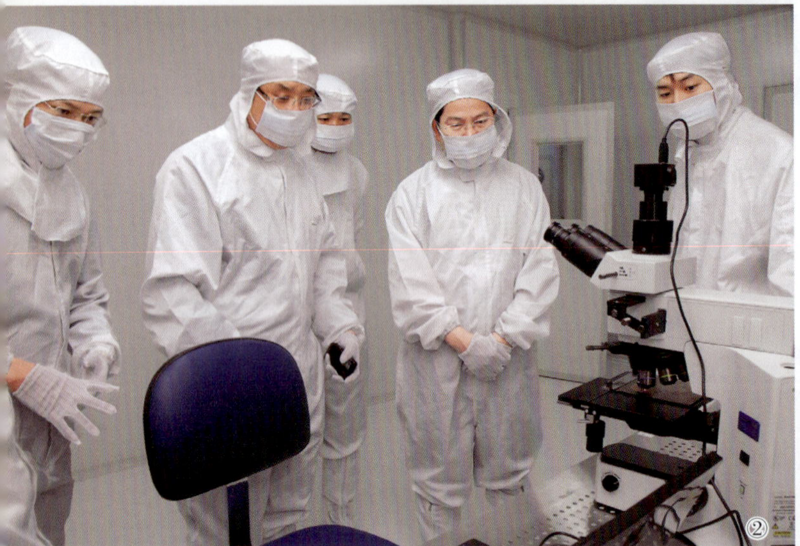

① 市委常委、副市长江陵（前右）到东莞市中镓半导体科技公司公司调研（王道辉　摄）

② 2010光电企业（企石）峰会暨海峡两岸宽能隙半导体研讨会在企石镇举行（利建平　摄）

③ 在2010光电企业（企石）峰会上，东莞市八方贸易公司和武汉市辅仁科技公司合作成立“东莞辅仁光电科技有限公司”，共同开发高功率激光光学元件项目（利建平　摄）

④ 在2010光电企业（企石）峰会上，企石镇被省科技厅授予“广东省技术创新专业镇（光电产业）”牌匾（利建平　摄）

⑤ 2010年1月11日，东莞市青年企业家协会企石分会成立，市青年企业家协会向企石分会会长姚国英颁发牌匾（王道辉　摄）

⑥ 影响中国——第二届中国钢结构产业高峰论坛钢结构峰论坛在企石镇举行（利建平　摄）

售总额8.3亿元，增长8.2%。

【产业发展与转型升级】 2010年，企石镇成功举办第四届光电产业高峰论坛和第二届全国钢结构产业高峰论坛。宏威数码集团落户该镇南城园区；东莞市八方贸易公司和武汉市辅仁科技公司合作成立“东莞辅仁光电科技有限公司”，共同开发高功率激光光学元件项目；若美电子厂一期工程建成并投入使用。

是年，企石镇新兴产业项目的数量、规模及创新能力大幅提升，共新签外资项目16宗，新签协议金额1658万美元，新认定国家高新科技企业5家，省、

① 副市长吴道闻（前左二）在企石镇考察东莞市第七高级中学选址情况（王道辉 摄）
② 副市长严小康（右二）在企石镇调研江边古村落保护及建设情况（王道辉 摄）
③ 副市长吴道闻（左二）、市妇联主席王慧红等在企石镇与东莞捷迅公司员工做游戏（王道辉 摄）
④ 企石镇江南小学落成并投入使用，镇委书记麦广钦、镇长邓辉等为该校揭牌（王道辉 摄）
⑤ 企石镇92名困境儿童与爱心父母在东江体育长廊温馨见面。由市妇联主席王慧红（右）带队的市妇联“爱心父母”代表与困境儿童一起以“美丽的企石，我的家”为主题绘画、放生鱼苗（王道辉 摄）
⑥ 一年一度的企石镇黄大仙诞活动，吸引数万群众参与（王道辉 摄）

市民营科技企业10家，新认定广东省名牌产品2个，成立“西安交大美信电子研究院”、“广东工业大学欣光源固态照明技术研究院”。全镇科研机构9家，其中东莞中镓半导体公司引进的以中国科学院甘子钊院士为首的科技创新团队，在广东省科技创新团队评比中名列第二，获得省、市奖励扶持资金7500万元，成为东莞市3个获奖项目中奖励资金最多的一个项目，省委副书记、省长黄华华、市委书记、市人大常委会主任刘志庚等曾到该公司调研指导。在省经信委公布的全省第一批战略新兴产业骨干企业和培育企业名单中，企石镇的东莞市中镓半导体科技有限公司榜上有名。

① 市委常委、东莞军分区司令员刘国辉（右二），市财政局局长詹文光（右）在博夏村农贸市场了解村民就业和市场销售情况（王道辉 摄）
② 副市长梁国英（左二）在企石镇江边村查看自来水管网改造工程实施情况（王道辉 摄）
③ 副市长梁国英（中）在企石镇督导绿道规划、建设情况（王道辉 摄）
④ 副市长李小梅（右二）调研企石镇霞朗排灌工程建设情况（王道辉 摄）
⑤ 副市长成洪波（中）在企石镇清湖村调研村级消防工作（王道辉 摄）
⑥ 市财政局局长詹文光（右）慰问企石镇博夏村扶贫对象（王道辉 摄）

该镇相继获得“广东省技术创新专业镇（光电产业）”、“广东省战略性新兴产业——太阳能薄膜生产基地”等称号。传统优势产业加速转型升级，全年共有20家来料加工企业转“三资”或民营企业，总数达29家；45家加工贸易企业转内销，内销总额达8587万美元，均超额完成市下达的目标任务。三大产业的比重由2005年的1.5：50.7：47.8，调整为2010年的0.5：61.1：38.4。企石行业发展结构变动指数全市排名第四。

【引进创新科研团队】2010年，东莞市中镓半导体有限公司宽禁带半导体研究中心团队入选全省引进的首批12个创新科研团队行列。该研发团队的带头人甘子钊是著名物理学家、中国科学院院士。团队为一个由14名老中青学者相结合的科研团队，主要研究方向为氮化物材料生长和器件研究，包括自支撑氮化镓衬底材料、同质外延器件、半导体芯片、高亮度大功率LED技术、器件验证研究以及蓝光激光器的研究等，拥有具有自主知识产权的氮化镓（GaN）基激光器的制造技术。在国内首次实现光泵浦下波长为410纳米（nm）的氮化镓（GaN）基多量子阱激光器受激发射。

6月28日，广东省委副书记、省长黄华华在省政府秘书长徐尚武，东莞市委常委、常务副市长冷晓明等陪同下，到东莞市中镓半导体科技有限公司研发中心，了解科研团队的工作情况。

【规划城乡功能布局】2010年，企石镇总体规划、镇土地利用总体规划正式实施，功能布局更加清晰，部分片区控制性详细规划通过审批，商业网点、“三旧”（旧城镇、旧厂房、旧村庄）改造等专项规划相继出台，全镇规划体系基本健全，城乡布局、功能定位基本明确。东江豪门一期竣工开盘；东引河堤除险加固工程已完成工程总量的90%；企石污水处理厂、十二丫排涝站、霞朗排涝站已完成土建施工，正在进行机电设备安装；新江路改造市政工程可施工段已建成投入使用；江南大道、环镇路、湖泉路改造建设分别已完成工程总量的65%、25%、40%；龙江东江大桥奠基建设；东平东江大桥已进入“编制工可阶段”。“三旧”改造已启动霞朗村旧村地块和广东佳彩数码科技有限公司两个试点。

此外，完成省绿道网3号支线企石段工程，建成12座连体式垃圾转运站、2座独立公厕等环卫配套设施；全镇13个村实现清扫保洁市场化；生活垃圾无害化处理率达100%。

【推进各项民生工程】2010年，企石镇社会事业大步推进。东莞市第七高级中学已完成实验楼、教学楼、宿舍楼等项目的基础承台、打桩工作，工程进度与市的要求相符；省道S120企石段改造升级正在进行路基及排水设施工程建设，已完成工程总量的70%；从莞高速企石段征地拆迁工程已完成全路段红线内外的丈量工作。江南小学建成投入使用。中心小学改造升级教学楼主体建设完成。

全年共举办就业技能培训28期，培训人数达1137人，16家企业开设“村民车间”、“村民流水线”，帮扶760

人实现就业再就业，落实小额创业贷款、企业一线大中专毕业生岗位津贴和“4050”就业困难人员工资差额补助。城乡居民收入稳步增加，农民人均纯收入达10252元，比上年增长3.3%；人均生产总值4.47万元，增长17.5%。改造农村老化供水管网164.5公里，铺设中压燃气管网12公里，改造泥砖房、危房40多套；对全镇老年人、残疾人实施免费公交，落实公交补贴政策；镇村医疗网点及配套设施进一步完善，加强对甲型H1N1流感、手足口病、登革热等重大疫病的防控；实施食品药品放心工程，严厉打击私宰生猪和各类制假售假行为，确保人民群众身体健康。

社会保障体系建设进一步推进，实现职保与农保并轨，城乡一体化社会养老保险体系正式建立，全镇各类社会保险参保总人数达17.2 万人；社办企业职工购买养老保险等遗留问题得到解决。145名新莞人落户企石镇，465名新莞人子女入读公办学校。

广东省第二批古村落企石镇江边古村落保护建设工程已完成江边公园景观工程建设；东山四面岗公园建成投入使用；文化综合大楼装修工程启动实施。东江金海岸体育长廊被中华全国妇女联合会正式命名为首批“全国妇女健身示范站点”。黄大仙庙会、千年秋枫文化节等大型文化活动品牌的知名度和影响力不断扩大。

【干部培训与党建】 2010年，企石镇实施“抓班子、带队伍、导民风”工程，全年共举办党员干部学习论坛、专题学习会、各类培训班50多场次，累计培训党员干部1500多人次；解决一批工作时间长、业绩表现好的镇机关和事业单位工作人员的入编问题，招录一批大学毕业生到村挂职、任职，全镇党员干部队伍整体素质不断提升，服务意识和能力不断增强；新成立3个“非公”党组织、2个“社会”党组织，全镇“两新”党组织总数达43个，成立党代表工作室21个，基层党组织的覆盖面不断扩大，凝聚力和战斗力不断增强。党风廉政建设责任制，建立健全政务、财务、村务管理相关制度得到进一步地落实，规范农村集体资产管理，严格加强农村财务审计，推进“阳光财务”工程。

【落实跨地区扶贫开发】 2010年，企石镇落实跨地区的扶贫开发“规划到户，责任到人”工作，派出镇、村、单位领导干部308人与新丰县马头镇上湾村、湾田村的308户贫困户进行“一对一”结对帮扶，着力改善困难群众的生产生活条件，大力改善被帮扶村基础设施，加强生产性投入，努力促进村集体和贫困户脱贫致富。2010年共落实金银花种植、乳鸽养殖、电子器件手工装配等多个帮扶项目，投入帮扶资金200多万元，扶贫开发工作取得了阶段性成效。

（王道辉）

附：2010年东莞市企石镇党委、人大、政府领导名录

镇委书记：麦广钦

镇委副书记：邓　辉　张仲林

镇委委员：黄玉婵　姚灿光　张佛祥　袁兆桂　温志均　梁耀权　刘丽权　黄振忠

镇人大主席：麦广钦

镇人大副主席：黄玉婵　姚赜培

镇　长：邓　辉

副镇长：姚灿光　麦阳柱　杨永成

2006—2010年企石镇主要经济指标

指标 \ 年份	2006	2007	2008	2009	2010
户籍人口（人）	40101	40514	40926	41346	41830
外来暂住人口（人）	57075	58263	59152	46854	36727
面积（平方公里）	59	59	59	58.2	58.29
国内生产总值（万元）	241735	283431	294399	318197	373899
工业总产值当年价（万元）	413406	543500	558089	560969	885023
农业总产值当年价（万元）	4935	3803	4583	3138	5376
总用电量（万千瓦时）	64503	64338	63029	62449	71391
全社会固定资产投资总额（万元）	50623	50888	58422	50877	56643
社会消费品零售总额（万元）	63022	69865	77735	81665	83592
外贸出口总额（万美元）	29677	36592	35197	42009	64693
实际利用外资（万美元）	3445	2052	2425	2853	2673
镇级可支配财政收入（万元）	16655	22780	24993	23806	26006
各项税收总额（万元）	21311	27582	35574	34929	42649
金融机构各项存款余额（万元）	272222	293154	374267	398386	485141
城乡居民储蓄存款余额（万元）	216023	227163	256214	283701	367920

石排镇

【概况】 石排镇位于东莞市东北部，东江中下游南岸，江岸线14.5公里，距东莞市区20公里、广州50公里、深圳70公里，北面与惠州市博罗县隔江相望。全镇面积56平方公里，下辖18个行政村和1个社区，户籍人口4万余人，外来暂住人口10万余人。

2010年，石排镇实现国内生产总值50.77亿元，同比增长13.2%；实现规模以上工业总产值59.35亿元，增长24%；镇本级可支配财政收入为3.67亿元，增长1.7%；工商税收总额4.83亿元，增加11.8%；农民人均纯收入1.31万元，增长8%；社会消费品零售总额13.33亿元，增长10.7%；年末各项存款余额69.84亿元，增长12.7%。

【加快城镇建设】 2010年，石排镇完善城市规划布局，大力投入基础设施建

齐给力 抢机遇 保结果

① 2010年2月3日，市政协主席刘树基（左）于春节期间慰问石排镇老党员和低保对象

② 2010年4月7日，副市长李小梅（前左），石排镇委副书记、镇长简任昌一行，到石排镇太和社区检查老化水管改造工作情况

设，全方位推进“三旧”（旧城镇、旧厂房、旧村庄）改造，加快城镇建设，使城镇形象更加靓丽。审批通过塘尾片区控规、石崇现代制造业中心片区石崇组团控规，完成镇中心区控规调整，完善环卫、电力、电信、给水、排水、燃气等一批市政专项规划。完成珠三角区域绿道3、5号线石排段、石崇企业服务咨询中心、省计量院第二检测基地、工业大道、石崇横路等重点工程；启动田寮观赏鱼养殖基地和中坑新农贸市场；配合启动省道S120石排段改造升级；协助从莞高速、东莞生态园等市属重点工程建设。此外，已完成镇自来水公司给水厂工程、新中心幼儿园等一批重点项目的各项前期筹备工作。编制《石排镇“三旧”改造工作方案》，上报改造地块2宗，合计8公顷。以城市管理品牌创建工作为抓手，深入推进环境卫生综合治理，实现“市容环境优美村”全覆盖，成功创建“国家卫生镇”。加大污染整治力度，污水主干管网如期完工，次支管网也如期完成前期设计，提升泵站正进行桩基施工。

【扶持村组发展】 2010年，石排镇落实村组发展扶持资金，全年共使用244万元扶持资金解决村组发展资金短缺难题。出台实施《石排镇推进三农工作发展实施意见》，重点向年收入有望超亿元村提供贴息贷款。开展18个股份经联社、63个股份经济社任期经济责任审计，对其机构情况、资产负债、收入支出、公益福利分配、干部报酬、重大经济事项等方面进行详细审查，全年共审查重大事项480宗，呈审金额5亿元，土地统筹款100%设立专户管理，全镇村组两级集

① 2010年5月12日，著名经济学家茅于轼在“中国镇学习论坛”发表题为“平等自由交换创造财富”的演讲
② 2010年10月25日，中国镇首届城市管理节开幕仪式暨庆祝广东省第十七届环卫工人节总结表彰大型文艺晚会，市城市综合管理局、市城市管理综合执法局有关领导和石排镇领导班子成员出席
③ 2010年7月16日，东莞市领导及石排镇领导班子成员出席在台北举办的“感恩老客户，结识新客户”答谢晚宴

① 2009年12月25日，石排镇领导班子成员赴香港交流考察，同香港中联办交流合影

② 2010年5月21日，石排镇领导班子成员参加2010年东莞（北京）投资推介会活动

③ 2010年4月28日，石排镇委书记、镇人大主席翟崇碧与获得“全国劳动模范”称号的石排企业家罗汝安亲切交谈

④ 2010年2月2日，石排镇举行2010年“团团圆圆庆新春”慰问新莞人活动，图为石排镇委书记、镇人大主席翟崇碧与新莞人代表一起唱歌

⑤ 2010年11月2日，石排镇2010年第二、三季度村组工作日。图为石排镇委书记、镇人大主席翟崇碧到东坑富港电子厂参观

⑥ 2010年2月11日，石排镇委书记、镇人大主席翟崇碧到东莞市精丽制罐有限公司慰问春节期间留厂员工

① 2010年9月9日，在石排公园出入口广场，举行石排镇“创平安、迎亚运”暨第三届体育文化艺术科技节安保工作武装巡游誓师大会

② 2010年1月15日，东莞市城乡一体化社会养老保险体系正式建立暨石排镇养老金首发仪式

③ 2010年10月17日，中国镇第三届体育文化艺术科技节闭幕式晚会

④ 2010年6月17日，石排镇田寮村端午节龙舟景活动

体总资产25.92亿元，同比增长5.1%。采取措施增加村组收入，推动村组实施“零空置”等工程。2010年，村组两级集体总收入2.9亿元，增长7%；村组固定资产总值19.78亿元，增长10%；农村人均纯收入1.32万元，增长8%。

【引导产业升级】 2010年，石排镇安排1000万元企业转型升级专项资金，引导38家来料加工企业不停产转型为“三资”企业，转型企业数量同比增长216.7%。与香港生产力促进局、广东工业大学等机构院所建立帮扶企业转型升级合作关系，推动30多家优质企业进行技术升级和管理创新。全镇有省级以上高新技术企业4家，省、市级民营科技企业52家，承接市级以上科技项目63个，为企业争取市级以上科技资金1950万元，新增专利授权452项，新增省著名商标1件，省著名商标累计达到10个。此外，房地产业稳健发展，东苑花园顺利开盘。全年房地产交易额达2.88亿元，同比增长42%。完善“一中心十支点”商业布局，促成华润万家、苏宁电器等商贸企业落户石排。餐饮业日具规模，引进竹苑海鲜酒楼等本土大型餐饮企业，实现规模以上餐饮企业营业额2714万元，同比增长17%。

【完善社会管理】 2010年，石排镇想方设法促和谐，使社会管理体系更加完善。

保治安。深入开展“曙光”、铲除“黑毒赌黄”等专项行动，严厉打击“两抢一盗”（抢劫、抢夺、盗窃）等违法犯罪行为，全年共立刑事案件519宗，破案342宗，破案率65.9%，成功破获“1·11”抢劫杀人案、“6·10”盗窃汽车团伙案等一批大案要案。查扣非法上路摩托车、电动自行车2187辆。加大巡逻防控力度，加强校园安保工作，安装2047个出租屋视频装置，新增8个平安社区。

保安全。推进“三小”（小商铺、小作坊、小娱乐场所）场所、出租屋专项整治，全年共责令整改“三小”场所239家，取缔关闭35家，发现并整治出租屋隐患335处，全年没有发生一起重特大消防安全事故。狠抓无证照经营、交通安全、安全生产、产品质量和食品药品安全等专项整治，成功创建4个零无证照经营村，交通事故宗数同比下降7.61%，全年没有发生特大安全生产事故、群体性食物中毒事件。

保稳定。完善企业倒闭风险预警机制，严厉打击欠薪逃匿行为，劳动信访宗数同比下降18.2%，欠薪逃匿劳资纠纷同比下降38.5%，全年没有发生一宗因劳资纠纷引发的群体性事件。整治市场经济秩序，加大打击传销力度，全年无恶性传销事件发生。开展“领导班子基层大接访”活动，全年共受理群众信访案件104宗，办结102宗，办结率98%。

【民生实事】教育文化事业。石排镇自2008年启动普通高中免费教育，至2010年8月，已有5021人次享受普通高中免费教育，共发放免费教育补贴753.15万元；有1108人次享受幼儿园免费教育，共发放免费教育补贴148.1万元。从2010年9月1日起，石排镇户籍适龄在校幼儿园到大学生都能享受免费教育。落实市打造“文化名城”号召，编制《石排镇文化旅游产业发展概念性策划》，举办第三届体育文化艺术科技节、东莞作家走进中国镇、中国镇学习论坛等系列文化活动，打响“岭南中国星”等文化品牌。

扶贫帮困。2010年，石排镇持续开展镇内扶贫帮困，共投入保障资金818万元，慰问困难群众1430人，发放优抚安置金84万元，解决住房困难户16户，并投入160万元完成敬老院改造升级。认真开展省首个扶贫济困日和市首个慈善日活动，共募集捐款350万元。

医疗、养老保障。出台农（居）民重大疾病专项补助金制度，共计63人申请补助金89万元；开放新增4家社区医疗卫生服务站,形成“一中心十四站”的社区医疗服务体系，日均门诊量达915人次；建立城乡一体社会养老保险体系，3453人的养老金人均每月增加125元，增幅达47.88%。

劳动就业。全年新创建26个“村民就业车间”，7个“充分就业（零失业）村”，帮助856名本地劳动力实现就业、再就业。全面落实毕业生就业，举办公益性招聘会32场，全镇225名应届大学毕业生实现就业221名，就业率达98.2%。

关爱新莞人。全面完成推居工作；继续实行新莞人子女就读公办学校优惠政策，安排478个公办学位供新莞人子女就学；推行新莞人积分制入户，213名新莞人成为石排户籍人口；开行9趟新莞人返乡专列、近100趟专车，惠及1.75万人次新莞人。此外，还实施了户籍人口免费乘坐镇内公汽的做法。

【中国镇首届城市管理节】“中国镇首届城市管理节”作为石排镇一个创新活动，是提高全民城市管理意识，推动全镇城市管理工作向纵深发展的有效载体。2010年，首届城市管理节系列活动围绕“城市管理齐参与，美好家园携手创”这一主题，先后开展中国镇首届城市管理节开幕仪式暨庆祝广东省第十七届环卫工人节总结表彰大型文艺晚会、“无环卫工人日”活动等12大项，共21小项活动，累计共吸引市内外及其他省市共2万多人次参与。通过举办城市管理的系列活动，对于提高城市管理标准和质量，提升石排的知名度和美誉度，营造浓厚的城市管理氛围起到促进作用。

（邱 敬）

附：2010年石排镇党委、人大、政府领导名录

镇委书记：翟崇碧
镇委副书记：简任昌 王旭深
镇委委员：陈伟楚 梁暖光 香灼培
姚灿光 黄沛成 陆奕彪
王永权 杨永佳
镇人大主席：翟崇碧
镇人大副主席：梁暖光 袁达胜
镇 长：简任昌
常务副镇长：陈伟楚
副镇长：李谢权 邓柱洪 刘丽红

2006—2010年石排镇主要经济指标

指标 \ 年份	2006年	2007年	2008年	2009年	2010年	2010年比2009年增长（%）
户籍人口（人）	40767	41277	41772	42193	42811	1.5
外来暂住人口（人）	86778	95456	96458	92178	92799	0.7
面积（平方千米）	56	56	56	56	56	—
国内生产总值（万元）	294006	360806	417073	438939	507685	13.2
工业总产值当年价（万元）	513263	668547	713411	713561	895506	21.1
农业总产值当年价（万元）	8909	9425	10018	10116	10597	4.7
总用电量（万千瓦时）	93041	98164	98493	94567	109237	15.5
全社会固定资产投资总额（万元）	145662	377977	227786	187225	174179	-7
社会消费零售总额（万元）	88277	97338	109311	120384	133354	10.7
出口总额（万美元）	36739	44476	52452	42086	52718	25.3
实际利用外资（万美元）	3653	4968	5974	5370	5722	6.6
镇级可支配财政收入（万元）	28096	40156	45300	36078	36685	1.7
工商税收总额（万元）	30493	41463	43744	43170	48281	11.8
金融机构各项存款余额（万元）	409334	449883	534875	619567	698407	12.7
城乡居民储蓄存款余额（万元）	288976	311700	403738	457329	523225	14.4

茶山镇

【概况】茶山镇位于东莞市北部、东江南岸。全镇面积56平方公里，下辖18个村（社区），户籍人口4.46万人，外来暂住人口7.73万人。

2010年，全镇完成生产总值71亿元，同比增长14.5%；工业总产值163.8亿元，增长30.8%；各项税收总额7.98亿元，增长14%；镇本级财政收入4.42亿元，增长10.2%；镇本级资产总额33.59亿元，增长139.9%。茶山镇获“中国品牌服装制造名镇”称号；在全市镇街领导班子落实科学发展观工作实绩量化考核中，获得丙类镇综合总分一等奖。

【招商引资】2010年，茶山镇采取主动招商与以商引商相结合、自行招商与委托招商相结合等一系列措施，先后走访日立化成、世擎光电等企业38家，邀请日立金属、特新企业等37家企业到茶

调结构促发展　建新城惠民生

① 2011年3月31日，市委书记、市人大常委会主任刘志庚（左三）到茶山镇日资企业调研
② 2010年5月11日，市委副书记、市长李毓全（右一）到茶山镇调研绿道规划建设工作

中国品牌服装制造名镇

CHINA FAMOUS TOWN IN BRANDED GARMENT

中国·茶山

CHASHAN · CHINA

① 2010年12月28日，茶山镇委书记、镇人大主席卢少雄（右）从中国服装协会专职副会长冯德虎（左）手中接过全国唯一的“中国品牌服装制造名镇”牌匾

② 2011年3月28日，茶山镇组团参加中国国际服装服饰博览会。茶山镇委书记、镇人大主席卢少雄（右四）陪同中国纺织工业协会会长杜钰洲（左五），中国服装协会常务副会长陈大鹏（右三）等参观茶山展区

③ 2010年12月2日，茶山镇组织服装企业参加东莞品牌服装服饰（合肥）展销会。茶山镇委副书记、镇长黄少峰（左二）陪同副市长邓志广(左四）参观茶山展区

山考察，促成日立蓄电池、东鸿兴业、健益五金等多家企业增资扩产，有效提升外资利用水平。全年新签外资项目22宗，增长37.5%，合同利用外资5096万美元,增长13.8%；实际利用外资6801万美元，增长7.4%；全年进出口总额9.76亿美元，增长39%。

【转型升级】 2010年，茶山镇进一步完善“窗口式办公”，推进全程式代理服务，推动企业转型升级，完成进度排全市第13名。泛达玩具、日翔电子等22家来料加工企业完成转型，兆全饰品等6家企业的转型手续正在办理中，骏升玩具、顺丰制衣等5家企业展开前期筹备工作；协助企业利用阿里巴巴、“外博会”等商贸平台拓宽内销市场，外资企业内销总额41亿元，增长33.3%；鼓励提升企业核心竞争力，协助东鸿兴业、中瀛涂料等6家企业设立研发机构。

【产业动态】 2010年，茶山镇与市质量监督检测中心签约，共同组建茶山食品检测中心；与华南理工大学、华美职业技能培训中心签约，合作组建茶山食品研发中心和培训中心；先后组织食品企业参加中国（宁波）食品博览会、春季全国糖酒商品交易会、广州烘焙食品展览会、中国（漯河）食品博览会等大型展会，加强食品行业之间的交流与合作。编制《茶山服装产业发展白皮书》，明确产业发展的目标；成立东莞市首个镇级纺织服装行业协会分会，构筑政企沟通平台，为服装企业提供更优质、更全面的服务；先后组织企业赴纽约参加第11届中国国际纺织品服装贸易展览会、赴北京参观2010中国国际服装服饰博览会、参展“东莞品牌服装服饰（合肥）展销会”，并在广州TIT纺织服装创意园，主办了“2010广东时装周—茶山镇品牌服装发布会”。

【品牌与创新】 2010年，茶山镇充分利用“科技茶山”工程1000万元的专项资金，鼓励企业争创名牌名标，对获得名牌名标的5家企业借贷的1000万元，提供全额贴息。全镇拥有自主品牌39个，名牌名标23个，其中中国名牌产品1个，广东省名牌产品4个，广东省著名商标5件；投资3800万元，加快茶山生产力促进中心建设，为企业提供信息技术、质量检测、人才培训等服务，中心大楼已进入内部设计装修和各种仪器设备的采购阶段；拨款171万元，奖励获得省市科技项目和技改技创的企业，全镇新增高新技术企业3家，省民营科技企业5家，市级民营科技企业7家，市级专利试点企业1家，市专利培育企业3家。

【村级经济】 2010年，茶山镇优化村组投资环境，加大农村基础设施投入力度，升级改造卢溪路、茶南路等6条村级道路，帮助欠发达村改造老化水管，优化农村投资环境。加强农村集体资产管理，开展村委会主要负责人任期经济责任审计和组一级常规审计，审计资产总额17.9亿元；对全镇16个经联社、71个经济社开展财务大检查2次，保障农村集体经济平稳运行。

【节能减排】 2010年，茶山镇严格落实责任，加强重点能耗企业监管，引导企业节能生产，集约利用土地，严控耗地招商，有效降低单位GDP能耗，每万元GDP能耗计划完成率104.9%，排全市第3名。

【商贸中心区建设】 2010年，茶山镇投入470万元，推进商贸中心区路网工程建设，完成2条主干道及其支干道的路基基础铺设；投入1120万元，建成占地2.7万平方米的茶花广场；投入1891万元，完成文化广播电视大楼主体工程建设；投资5600万元的多功能体育馆已完成工程招投标工作；挂拍土地3宗，成交金额5890万元；商会大厦、水质检测综合楼等工程奠基。

【基础设施建设】 2010年，茶山镇加快环保基础设施建设，累计完成截污主干管网20.4千米，占工程总量的99.1%，截污管网覆盖石大路、安泰路、环城路等10多条主次干道；新增截流设备8个，各提升泵站基本达到运行条件；投入426万元完成尾水排放管道820米，累计完成总量的93.7%；投入246万元，新建垃圾压缩转运站2座，公厕4座；投资100万元，完成超横路一期、茶南路和卢元路的LED路灯安装工程，安装路灯497盏；投资646万元，改造供水管道49公里；投资9420万元，新建及改造供电线路19回，新建环网线路17条；投入700万元，完成珠三角绿道网东莞茶山段建设；茶山圩、超朗、京山3个示范点完成项目创建23项；全力配合东莞生态园收地工作，100%完成空地收地；配合运河综合整治，拆除建筑物面积2.8万平方米，占总拆迁面积67%；配合东莞新火车站、轻轨R2线站的征地拆迁工作，16公顷的用地已全部完成征收；配合新石大路大修工程，完成拆迁7.7万平方米，占总量的95%。此外，加快镇内路网建设，完成超东路、超横路一期、东岳路的升级改造；基本完成茶南路、塘下路、卢元路的升级改造；推进镇街联网14号路一期工程、超横路二期、15号路下穿广深铁路立交工程；启动15号路一期、茶中路工程；推进卢元路二期的征地拆迁、方案设计及手续办理等相关工作。

【“三旧”改造】 2010年，茶山镇编制《茶山镇“三旧”改造专项规划及年度实施计划》，确定成片改造18处和单宗改造79宗，改造面积180公顷。启动新火车站站前广场地块、东岳公园周边地块、茶山公汽地块、环城路住宅楼地块等改造项目4个，改造面积52.4公顷。其中，环城路地块的“和谐家园”商住小区建设基本完工。东岳公园周边地块的珀乐广场项目启动。此外，东莞国药投资兴建的彩虹广场改造项目奠基。（注：“三旧”指旧城镇、旧厂房、旧村庄）

【城镇规划】 2010年，茶山镇加快编制城镇建设规划，完成《东莞市茶山镇总体规划（2008—2020）》编制工作，并报送市规划局审查；完成圆头山片区和上元—茶山片区的控制性详细规划，并顺利通过市控规委员会的评审；铁路沿线、工业园二期、京山、塘角、南社等5个片区的控规正在编制。

【综治维稳】 2010年，茶山镇推动警力下沉，提高路面见警率，基层警力达到总警力86%；投入1500万元，建成公安分局新办公大楼。严厉打击恶性犯罪和多发性犯罪，大力开展扫黄、禁赌等专项行动，深入整治治安重点区域和行业，促进社会治安持续好转，被评为全市维护稳定和社会治安综合治理工作先进镇。全年共抓获犯罪嫌疑人150人，打掉犯罪团伙11个，抓获团伙成员43人，命案破案率达100%。完成镇综治信访维稳中心建设，17个村（居）综治信访维稳工作站和6个企业综治信访维稳工作室全部启用。加大信访案件督查督办力度，落实领导接访包案及“四访”制度，全年没有发生大规模集体越级上访事件。加强劳动执法和劳资关系调解，成功调解率达99%。

【安全生产、食品安全与交通管理】 2010年，茶山镇强化安全责任落实，签订安全生产责任书40份；开展安全培训，举办各类安全培训班9期，培训人员657人；强化隐患排查整治，深入开展危险化学品、“三小”（小商铺、小作

① 2010年5月8日，市委常委、宣传部部长王道平（右六），副市长严小康（左五），茶山镇委书记卢少雄（右五）等领导共同启动“茶园游会”仪式

② 茶园游会游行队伍

③ 2010年5月8日，停办60余年后重现的文化盛事——“茶园游会”开幕。民间文艺巡游表演、民俗文化展演、茶园印象摄影大赛、“劳动者之歌”歌唱大赛决赛、茶山论道及道教文化展、茶园听戏等，让群众尽情享受节日的欢乐

①

②

③

① 茶山绿道
② 2011年2月17日，“幸福茶山，和谐家园”元宵晚会

坊、小娱乐场所）场所、出租屋、建筑安全等专项整治，有效排查和消除安全隐患，全镇无重特大安全事故发生。狠抓食品安全监管，开展乳制品、“地沟油”、豆制品、肉食品等专项整治行动26次，取缔多家无证（照）经营店，销毁私宰肉一批；投入500万元，开展食品安全样板市场创建工作，超朗、南社两个食品安全样板市场得到市检查验收组的一致好评；亚运期间，组织华美食品、圣心食品等企业为广州亚运会、亚残会供应食品，获食品安全亚运行活动突出贡献奖。推进“治摩”专项行动，严厉查处酒后驾驶、超员超速及机动车涉牌涉证等严重交通违法行为，全镇没有发生特大事故和群死群伤恶性事故。

【就业创业】2010年，茶山镇加强就业服务，开展集中岗位推荐、企业现场招聘、职业指导等活动，为438人次的户籍劳动力提供免费推荐就业服务，帮助150人次成功就业，居民就业率99.3%；推进“新莞人培训工程”，组织开展各类就业培训班，为2584人次提供免费和资助性技能培训；深入落实“创业东莞”工程，为户籍劳动力申请各类就业补贴、津贴及奖励共1000万元；推广“村民车间”模式，在卢边、增埗等5个村设立“村民车间”，帮助129名户籍就业困难人员实现就业。

【教育事业】2010年，茶山镇坚持教育优先发展，全年共投入7982万元发展教育事业；制定教师住房津贴实施方案，努力改善教师待遇；妥善解决代课教师问题，26名公办学校代课教师转为合同教师；解决新莞人子女入学问题，接受313名新莞人子女入读公办中小学校，免

收非本市户籍借读生书杂费196万元。认真做好迎接省教育强镇复评工作，并顺利通过省的复评验收。设立100万元专项经费，启动“强师工程”培训计划，全面铺开大规模教师培训工作，开展各类培训共33场次，4200人次参加培训。2010年高考，茶山中学和嘉玛学校被全国普通高校录取学生410人；全镇每万户籍升大学104人，居全市第12位。

【社会保障】 2010年，茶山镇建立城乡一体社会养老保险体系，职保和农（居）民退休金分别增长10.8%和20.4%；扩大社保涵盖范围，全镇总参保数达32万人次；提高医疗保障待遇，最高支付额提至15万元，全镇各项待遇支付金额达6000万元。投入低保金92万元，全镇低保户保障率100%；开展“广东扶贫济困日”、“东莞慈善日”活动。强化住房保障工作，投入151万元，解决26户家庭住房难问题；开展60岁以上户籍老人免费体检活动，为4200名老人免费体检；做好残疾人康复、教育、就业服务，26名残疾人成功就业。

① 茶山新貌
② 宜居茶山

此外，动员400多名党员干部，对口帮扶郁南县大方镇大塘村、上福村和历洞镇内翰村“两镇三村”420户贫困户、1627人。基本形成“一村一策，一户一法”的具体帮扶措施。

【文化·体育】2010年，茶山镇加快文化基础设施建设，新建农家书屋2家，村级文化广场3个；帮助中国圣心糕点博物馆成功创建成为国家3A级旅游景区；启动水文化博物馆建设；打造“南社人家”艺术创作基地，引进“周树坚艺术馆——南社分馆”和“茶山公仔”南社创作中心——万兆泉工作室，举办周树坚个人艺术展，催生“茶山福宝”等一批工艺作品；举办停办60年的“茶园游会”，吸引各地群众和游客10多万人次；深入开展“文化暖流”、科学知识普及、艺术培训等活动，丰富群众文化生活。发展体育事业，开展全民健身活动，设立田径和击剑等2个体育网点，新增居委会、塘角村、横江村等3个“体育先进社区”。

【医疗卫生】2010年，茶山镇优化社区卫生服务网点布局，新设茶山社区卫生服务站点，为群众提供方便快捷的社区卫生服务。狠抓疾病预防控制，接种甲流疫苗1.4万份，清理杂草地、积水地600多万平方米，有效防控甲型H1N1流感、登革热、基孔肯雅热，全镇没有出现聚集性病例；举办健康讲座27次，义诊咨询15次，发放各类宣传资料19.5万份；启用茶山医院新住院大楼，编制床位增加200张，诊疗科目增加19个。

【茶园游会】“茶园游会”是茶山在东岳大帝寿诞（农历三月廿八）前三天举行，以东岳大帝出巡为主，结合民俗文化表演等内容的祈福送福活动，已停办60年。2010年5月8日至10日（农历三月二十五日至二十七日），茶山镇整合传承发扬道教文化的东岳庙、南社明清古村落、中国圣心糕点博物馆等历史文化资源，举办“我们的节日”东莞市系列文化活动之茶山“茶园游会”活动。“茶园游会”的主题是“福满茶山、祥和家园”，内容包括启动仪式及演出、民间文艺巡游表演、民俗文化展演、茶园印象摄影大赛、茶山名优产品汇展、“劳动者之歌”歌唱大赛决赛、茶山论道及道教文化展、茶园听戏等。

【再获国字号名镇称号】2010年11月22日，茶山镇被中国纺织工业协会和中国服装协会认定为“中国品牌服装制造名镇”，并在人民大会堂接受授牌，成为全国唯一一个获此称号的镇。这也是茶山镇在2008年获得“中国食品名镇”后，再一次获国家级名镇称号。全镇拥有雄业、慧美、兔仔唛、永联、应达等服装企业560多家，Ck、Tommy等大批国外知名品牌以及361°等国内品牌服装在茶山服装企业生产，创建了硕士猫、雀太郎、兔仔唛、格尔·马非、千姿柔等自主品牌。（张昭峰）

附：2010年东莞市茶山镇党委、人大、政府领导名录

镇委书记：卢少雄
镇委副书记：黄少峰　陈永光
镇委委员：卢任昌　汤锡祥　袁邦湖　李中文　黎晃厚　吴剑洪　张拔海（任至5月）　刘巧莲
镇人大主席：卢少雄
镇人大副主席：汤锡祥　谢锦滔
镇　长：黄少峰
副镇长：卢任昌　钟偲仔　麦柱强　陈荏畴　张立鹤

2006—2010年茶山镇主要经济指标

指标＼年份	2006	2007	2008	2009	2010
户籍人口（人）	43320	43692	44050	44401	44639
外来暂住人口（人）	138095	105100	73841	76048	77380
面积（平方公里）	56	56	56	56	56
国内生产总值（万元）	391273	475681	578241	620174	710237
工业总产值当年价（万元）	866062	1135487	1201331	1252214	1638034
农业总产值当年价（万元）	5776	6407	8730	7713	4878
总用电量（万千瓦时）	103910	118063	114935	114743	128337
全社会固定资产投资总额（万元）	169208	196877	175269	175391	173325
社会消费品零售总额（万元）	87527	99387	113351	128744	162570
外贸出口总额（万美元）	40757	47283	46598	39599	54455
实际利用外资（万美元）	8658	6915	8788.77	6330	6801
镇级可支配财政收入（万元）	28523	33903	36547	40174	44297
各项税收总额（万元）	45588	57133	68053	70053	79876
金融机构各项存款余额（万元）	551708	584862	709357	743269	870723
城乡居民储蓄存款余额（万元）	360668	390596	495217	530999	625931

人物

FIGURES

■ 获国家部委以上和省委、省政府、省总工会表彰先进个人

■ 竞技运动成绩

■ 高级专业技术资格人员

■ 东莞最具影响力优秀共产党员

■ 革命烈士

■ 逝世人物

莞城西城楼大街

编辑：李文蔚

2010年获国家部委以上表彰先进个人

获奖项目	获奖者	工作单位	授予单位	授予时间
全国医药卫生系统先进个人	潘伟彪	石龙人民医院	中华人民共和国卫生部、国家食品药品监督管理局、国家中医药管理局	2010年1月
全国医药卫生系统先进个人	刘　彪	虎门医院	中华人民共和国卫生部、国家食品药品监督管理局、国家中医药管理局	2010年1月
全国整治酒后驾驶违法行为专项行动先进个人	李效南	东莞市公安局交通警察支队塘厦大队	公安部	2010年2月
第一次全国污染源普查先进个人	莫坚强	市种子管理站	国务院第一次全国污染普查领导小组办公室、国家环保部、国家统计局、国家农业部	2010年3月
第一次全国污染源普查先进个人	温贤诚	市动物疾病预防控制中心	国务院第一次全国污染普查领导小组办公室、国家环保部、国家统计局、国家农业部	2010年3月
第一次全国污染源普查先进个人	叶慧芬	东莞市环境保护局	国务院第一次全国污染普查领导小组办公室、国家环保部、国家统计局、国家农业部	2010年3月
第一次全国污染源普查先进个人	香杰新	东莞市环境保护局	国务院第一次全国污染普查领导小组办公室、国家环保部、国家统计局、国家农业部	2010年3月
第一次全国污染源普查先进个人	李　娴	东莞市环境保护局	国务院第一次全国污染普查领导小组办公室、国家环保部、国家统计局、国家农业部	2010年3月
第一次全国污染源普查先进个人	刘可旋	东莞市环境保护局	国务院第一次全国污染普查领导小组办公室、国家环保部、国家统计局、国家农业部	2010年3月
第一次全国污染源普查工作先进个人	陈坚森	南城环保分局	国务院第一次全国污染普查领导小组办公室、国家环保部、国家统计局、国家农业部	2010年3月
2010年全国劳动模范	朱芳雨	广东宏远篮球俱乐部有限公司	国务院	2010年4月
2010年全国劳动模范	罗汝安	东莞市安业水族养殖有限公司	国务院	2010年4月
2010年全国劳动模范	谢惠仪	中国移动通信集团广东有限公司东莞分公司	国务院	2010年4月
2010年全国劳动模范	董　铁	东莞市公安局刑事警察支队一大队	国务院	2010年4月
2010年全国劳动模范	赵活擎	东莞中学	国务院	2010年4月
全国优秀共青团员	柳卓君	东莞理工学院学生处	共青团中央	2010年4月
全国青海玉树抗震救灾先进个人	刘卫军、马列、赖晓东、沈启贤	东莞市公安消防支队	公安部消防局	2010年6月
全国党史系统先进工作者	陈立平	中共东莞市委党史研究室	国家人力资源和社会保障部、中共中央党史研究室	2010年7月
全国卫生援藏工作先进个人	涂　昌	石龙人民医院	中华人民共和国卫生部	2010年9月
全国消防宣传先进工作者	潘　瑛	东莞市公安消防支队	公安部消防局	2010年10月
亚运安保先进个人	崔勇、刘云、朱东生、沈启贤、韦建帮	东莞市公安消防支队	公安部消防局	2010年12月
全国工会系统“五五”普法先进个人	李仲文	东莞市东江水务有限公司	全国总工会	2010年12月
全国工会系统“五五”普法先进个人	覃桂德	大朗镇总工会	全国总工会	2010年12月

2010年获省委、省政府、省总工会表彰先进个人

获奖项目	获奖者	工作单位	授予单位	授予时间
全省科技进步奖二等奖	许能战	东莞市电子政务办公室	广东省人民政府	2010年3月
全省科技进步奖二等奖	吴伟斌	东莞市电子政务办公室	广东省人民政府	2010年3月
全省科技进步奖二等奖	陈　钊	东莞市电子政务办公室	广东省人民政府	2010年3月

续上表

获奖项目	获奖者	工作单位	授予单位	授予时间
全省科技进步奖二等奖	方广铨	东莞市电子政务办公室	广东省人民政府	2010年3月
广东省五一劳动奖章	赵磨胜	塘厦镇畜牧兽医站	广东省总工会	2010年4月
广东省五一劳动奖章	祁沛枝	东莞市东江水务有限公司	广东省委、省政府	2010年4月
省优秀职工之友	谭全安	横沥镇人民政府	广东省总工会	2010年5月
中学特级教师	李锦宏	横沥中学	广东省人民政府	2010年9月
广东省依法治省工作先进个人	叶柳东	东莞市中级人民法院	广东省委	2010年10月
依法治省先进个人	袁　琳	塘厦司法所	广东省委	2010年10月
广东省职业技术教育工作先进个人	袁庆南	东莞市高级技工学校	广东省人民政府	2010年11月
2009年度广东省节能先进个人	郭瑾雯	东莞市环境保护局	广东省人民政府	2010年12月
亚运安保先进个人	高树武	东莞市公安消防支队	广东省人民政府	2010年12月

2010年竞技运动成绩

项　目	姓　名	性别	时　间	地点	比赛名称	小项	名次	输送镇区
（世界、亚洲重要比赛）								
乒乓球	徐　洁	女	2010年11月	瑞典	2010国际乒乓球公开赛	女子单打	1	横沥
篮球	朱芳雨	男	2010年11月	广州	第十六届亚运会	男子篮球	1	南城
篮球	王仕鹏	男	2010年11月	广州	第十六届亚运会	男子篮球	1	南城
篮球	周　鹏	男	2010年11月	广州	第十六届亚运会	男子篮球	1	南城
自由式摔跤	黎笑媚	女	2010年3月	南京	女子摔跤世界杯	48KG	1	石排
激流	黎应峰	男	2010年5月	贵州下司	第六届亚洲皮划艇激流回旋锦标赛	双人艇	2	虎门
（全国重要比赛）								
花样游泳	黄巧榆	女	2010年1月	武汉	全国花样游泳游泳锦标赛	集体自由自选	1	道滘
现代五项	郭建力	男	2010年7月	四川	全国现代五项锦标赛	团体	1	麻涌
现代五项	刘宝莹	女	2010年7月	四川	全国现代五项锦标赛	接力	1	麻涌
自由式摔跤	黎笑媚	女	2010年11月	许昌	全国冠军赛	48KG	1	石排
武术	杜昊滢	女	2010年8月	上海	全国武术冠军赛	女子甲组太极拳第一	1	长安
武术	隋瀚娇	女	2010年8月	上海	全国武术冠军赛	女子乙组长拳第一	1	长安
举重	李绍兴	男	2010年8月	长沙	全国高水平后备人才举重锦标赛	少年组	1	石龙
花样游泳	黄巧榆	女	2010年5月	武汉	全国花样游泳游泳冠军赛	集体技术自选	2	道滘
现代五项	梁志强	男	2010年7月	南京	全国现代五项冠军总决赛	男子团体	2	洪梅
现代五项	郭建力	男	2010年7月	四川	全国现代五项锦标赛	接力	2	麻涌
乒乓球	徐　洁	女	2010年11月	广州	2010亚洲运动会热身赛	女子双打	2	横沥
曲棍球	孙国壮	男	2010年9月	大连	全国青年曲棍球联赛	团体	2	黄江
曲棍球	陈宜甲	男	2010年9月	大连	全国青年曲棍球联赛	团体	2	黄江
自由式摔跤	黎笑媚	女	2010年6月	太原	全国锦标赛	48KG	2	石排
激流回旋	黎应峰	男	2010年9月	日照	2010年中国水上运动锦标赛双人艇	双人艇	2	虎门
武术	王晓慧	女	2010年8月	上海	全国武术冠军赛	女子乙组太极拳第二	2	长安
武术	隋瀚娇	女	2010年9月	上海	全国武术冠军赛	女子乙组剑·枪第二	2	长安
举重	吴淑泰	男	2010年8月	长沙	全国高水平后备人才举重锦标赛	青年组	2	石龙
举重	李可华	男	2010年8月	长沙	全国高水平后备人才举重锦标赛	青年组	2	石龙
举重	唐标强	男	2010年8月	长沙	全国高水平后备人才举重锦标赛	青年组	2	石龙
现代五项	梁志强	男	2010年7月	南京	全国现代五项冠军总决赛	男子接力	3	洪梅
现代五项	郭建力	男	2010年7月	四川	全国现代五项锦标赛	个人	3	麻涌
曲棍球	孙国壮	男	2010年5月	甘肃	全国冠军赛	团体	3	黄江

续上表

项　目	姓　名	性别	时　间	地点	比赛名称	小项	名次	输送镇区
曲棍球	陈宜甲	男	2010年5月	甘肃	全国冠军赛	团体	3	黄江
武术	杜昊滢	女	2010年8月	上海	全国武术冠军赛	女子甲组太极剑第三	3	长安
武术	杨富华	男	2010年8月	上海	全国武术冠军赛	男子甲组南刀·棍第三	3	长安
武术	杨富华	男	2010年8月	上海	全国武术冠军赛	男子甲组南拳第三	3	长安
武术	张照燕	女	2010年8月	上海	全国武术冠军赛	女子乙组太极拳第三	3	长安
武术	闫利伟	男	2010年8月	上海	全国武术冠军赛	男子乙组长拳第三	3	长安
举重	谢安海	男	2010年8月	长沙	全国高水平后备人才举重锦标赛	少年组	3	石龙

2010年高级专业技术资格人员名单

一、副高级（共614人，含2009年27人）

卫生系列专业（共279人，含2009年1人）：

丁森华　梁忠明　古国平　罗畅然　钟开位　邵　伟
谢亚利　赵朔虹　曹伟钊　曾丽萍　林　康　麦海棠
叶卫国　曾文谊　杨学群　罗素云　王德胜　黄秀丽
贾金荣　刘国军　周　蓉　陈春明　陈映雪　周　丰
李军政　郑县庭　邓郁芬　廖海石　刘新建　杨凤娥
康喜讯　万世恒　邹文舟　张应洪　曾永宜　于晓秋
杨东茹　王林成　钟　晖　黄海燕　柯颖川　张清科
彭剑虹　李　强　侯淑芳　王　虹　曾　勇　廖　敦
张　懿　袁华英　陈　婕　江颖茹　刘丽梅　李畅居
许　萍　廖庆辉　李建斌　左卫红　王瑞姣　刘云娣
刘红秀　刘群香　罗笑卿　何　怡　徐婉芳　夏建丽
张慧弘　董立斌　苏丽艳　王碧霞　华秀兰　王爱桃
刘玉华　刘秋香　柏　智　梁翠霞　蓝清香　叶青丽
陈素容　李文敏　刘　喻　冉雪莲　何淑贞　吕慧玲
杨艳明　李　婵　温燕云　李鹤梅　林银妹　梁晶晶
潘小划　杨卫东　樊启佑　叶柱均　袁满海　陈昌达
皮红泉　黎圣生　高文静　梅松春　杨第一　黄志森
郑光军　林婉媚　陈沛华　唐瑞璠　林文武　王向东
徐敏涛　邓福友　李丽霞　刘才堂　陈奕鹏　倪新颖
邓怀东　余伟宏　张继民　陈早庆　李靖宇　钟　亮
梁欢庆　苟中坤　罗国耀　焦智勇　苏清华　王金泉
李　鹏　徐春华　黄伟浪　丁新民　吴光任　钟克宣
陈圣海　莫国友　邓月佳　聂　茹　李宏辉　张庆林
李开林　余占洪　黎明华　张　婷　邓景球　刘建新
赖瑾瑜　赵小泉　张　玮　黎松波　肖利华　罗道升
陆　军　李伟阳　梁润林　黄建春　江勇豪　赖能胜
郑义亮　杨乾坤　黎　源　陈　健　王广斌　黄陈海
郑庆棠　俞武生　游志坚　郑惊雷　黄焕典　谢华良
岑晓红　赵　湛　陈劲松　姜惠芳　陈　杰　李思勇
姚月成　姜椿法　曾宪辉　蔡芳钦　陈铁军　马颖蓝
张群泽　杨群峰　苏玉玲　刘汉坤　叶炯标　罗明初
戴江平　吴定苏　苏华丰　黄荣炳　左振军　李叶娥
罗　伟　何承荣　赵英雄　邱卫东　刘俊杰　李鸿超
熊祖员　王　云　赵　江　傅　宴　曹永新　姚一鸣
张　鹏　邱信葵　曹红敏　许衍硕　黄容旺　尹艮女
李远华　曾学文　吴记平　李盘石　袁　飞　刘冬生
孔宪和　谢国烈　葛海娇　李碧光　温惠芬　符　丽
黄艳芳　徐文娟　黄月佳　刘　洁　莫峥嵘　余丽丽
黄春柳　邝日红　张春花　王　伟　黄小兰　徐友岚
徐玉卿　刘庆元　吕琦玲　袁　嫦　陈秀友　黄海敏
黄自娟　吴　丽　陈春萍　罗红梅　何庆凤　晏爱珍
刘耐荣　谢秋燕　钟婉洪　谢容玲　钟　玲　余钻控
胡秀琴　邵秀娇　邓婉娣　范雪金　郑碧玉　黄永红
彭　婷　黎凤娟　朱清有　吴绮丽　刘　群　黄娇平
张静玉　张志娟　赖小玲　尹冬梅　叶锦荷　王冬梅
陈梅娇　李广南　张素芬　谢见欢　罗海凤　刘爱兴
周丽娟　卢小芹　柳青（2009年）

医药专业（共2人）：

刘清养　余　度

党校教师专业（共1人）：

王　薇

化工工程技术专业（共5人）：

曾毓群　张柏清　黎钦源　何岳山　谭永东

农业科学研究专业（共1人）：

黄小凤

文学创作专业（共1人）：

刘定富

会计专业（共4人）：

李偶群　李澄群　何转玲　童　萍

路桥　航运专业（共4人）：

刘夏利　余和存　廖碧波　徐世亮

水利工程技术专业（共13人，含2009年5人）：

陈忠军　熊美仙　朱金海　肖　萍　卢李波　温悦华
王　勇　蔡超华　许燕莲（2009年）
张月胜（2009年）　黄俊宇（2009年）
谭学军（2009年）　刘武军（2009年）

轻工工程技术专业（共1人）：

吴胜红

海洋与渔业专业（共2人，含2009年1人）：

杨立平　何　蔚（2009年）

群众文化专业（共3人）：

刘　雅　申明鹤　陈文成

图书资料专业（共5人，含2009年1人）：

祁建民　陈本峰　陈松喜　曹桂平　王小兰（2009年）

测绘、国土专业（共2人）：

陈明辉　何荣淦

文物博物专业（共2人）：

王红星　谢　滨

技工学校高级讲师、高级实习指导教师专业（共3人）：

李建红　李雪英　陈　标

环境保护工程技术专业（共1人）：

钟丽琼

机电工程技术专业（共5人）：

林楚斌　梁建成　刘征良　曾祥呈　方沛明

建筑工程技术专业（共32人，含2009年3人）：

吴敬军　朱永盛　张浩强　邓玉昆　谭歆瀚　黎志辉
陈　忠　郑诗圣　董润清　彭云飞　王志群　陈　勇
蔺爱景　徐伟峰　黄志明　浦恩洪　邓伟瑜　尹国超
赖合意　肖智勇　乔利华　胡　冰　许江华　唐惠朝
尹育新　余战胜　沈群山　胡志兵　杜秀荣
陈小虎（2009年）　胡征美（2009年）
李慧兰（2009年）

小学高级教师（副高级）专业（共5人）：

阮美好　刘启陶　文　庆　谢门才　何白石

中专学校教师高级专业（共2人）：

张景文　刘海燕

中师、教师进修学校专业（共2人）：

吴少敏　周跃平

中学高级教师专业（共223人）：

孙雪莲　郑越爱　高秀芬　黄晓莲　敖迎娟　冯松学
冷文龙　袁凤琼　邱颜冠　谭春兰　叶　慧　张　胜
李春雨　周仁冠　杨永社　谢志生　刘秀娟　文万波
李惠萍　梁世文　樊红文　顾　凯　魏　丽　刘洁梅
康飞跃　黄小羽　梁经伟　徐国琴　袁定军　陈毅根
黄　伟　沈西智　江　波　徐桂芳　冯志恒　王卫东
许戈奇　徐　波　张玫黎　欧晓荣　魏益文　潘久香
曾世红　梁灿光　王淑敏　石　琴　宋森平　叶彩霞
杨建新　李宏庆　何润明　张凤妮　刘求添　欧阳志猛
王有良　胡东青　叶　茗　庄克穗　孙丽琴　李园香
嵇小环　史克农　刘思明　刘　巍　吴青峰　杨新梅
钟晃棉　朱汉平　周日新　白丽娥　熊　燕　陈　慧
熊德智　陈小韫　唐桂春　王小武　赵丽兰　郑文贵
黄小玲　刘清英　刘新亮　谭载仙　黎新本　宫　侠
曾胜根　罗永良　李龙生　樊友春　李文珍　熊祖慧
刘家玲　孙国华　庞淑珍　黄应康　杨文红　何媛红
曹定钦　陈满丽　王　捷　朱小云　严雨梅　李妙云
刘　睿　李红霞　李　想　谢满雄　罗建华　肖金花
谢雪瑛　施　展　侯志梅　黄小芳　罗庭晖　田素梅
唐晓燕　朱裕芳　曹新晃　黄朝清　张筱萍　秦晓明
谭金海　夏文凯　罗国驰　高　远　李以艺　张文华
胡宝廷　蔡映红　钟顺英　张俊容　卢绍平　梁齐飞
郑　六　周丽妙　陈　静　杨爱文　张　斌　万慧平
陈朝晖　郭瑞先　冯丽玲　黄儿娇　黄超亮　唐东琴
谭绍锋　杨垣红　袁月明　黄崇燕　陈鸿儒　杨　波
王月珍　彭　丹　周俊华　杨灿辉　纪　军　梁西华
李宪雷　吴　山　罗锦辉　刘文斌　刘建锋　邵瑞果
李　兵　赵　敏　魏能新　林坚定　鲁少国　周盛龙
周兆荣　梁世俭　陈庆祥　杜永保　胡文季　张春琴
万　瑛　万芳翠　张金良　刘冬娜　余琼芳　詹添全
黄春宇　卢国棉　周　志　张艳梅　黎罗柱　温　君
张启生　张　华　杨天碧　陈华毅　李勇强　余超文
何惠平　钟广春　史炳辉　黄少旭　周　波　黄亮全
王　璐　迟晓东　叶小雄　朱灿辉　吴　忧　罗育明
罗振雄　颜　虹　熊　飞　冷元玉　姜祥瑜　占太鹏
雷焕平　吴卫正　黄春华　黄小勇　赵志贤　张民柱
张瑞群　方伟军　梁雄友　刘春萍　陈文雅　刘　亮
吴更芳

高等学校教师（共17人，含2009年16人）：

全裕吉　陈建新（2009年）　任　斌（2009年）
孙志超（2009年）　徐永钊（2009年）
张智聪（2009年）　于　波（2009年）
李　环（2009年）　韩中节（2009年）
邹　琼（2009年）　曾洪鑫（2009年）
姜　辉（2009年）　琚丹红（2009年）
赵维佺（2009年）　王永东（2009年）
李广明（2009年）　于　波（2009年）

二、正高级（共93人，含2009年5人）

医药专业（共1人）：

李　洁

农业科学研究专业（共1人）：

尹金华

文学创作专业（共1人）：

曾小春

新闻专业（共2人）：

刘述康　姚清江

群众文化专业（共1人）：

刘　影

图书资料专业（共1人）：

杜燕翔

文物博物专业（共1人）：

娄欣利

公证员专业（共1人）：

陈胜民

中学正高级教师专业（共1人）：

刘志敏

高等学校教师专业（共6人，含2009年5人）：

张　敏　段雄春（2009年）　李忠红（2009年）
胡耀华（2009年）　王　斌（2009年）
徐勇军（2009年）

卫生系列专业（共77人）：

黄斌学　陈　凯　黄全发　华　莉　黄国彬　李惠忠
刘红梅　邹　敏　王乃平　衣秀芹　张咏梅　李　琳
刘娇兰　曾胜兰　黄玉玲　周安莲　章　芸　王明波
程　淑　莫丽芳　张妮娜　陈仲勤　叶恒君　张新广
谭丽君　杨　林　黄彬友　程　群　徐小凤　程楚云
吴锦波　李小兰　钟秋生　王玉博　李建美　周巧宇
李晓兰　魏茂富　张丽华　刘彦慧　车家林　郭子玉
全守波　丁　宁　梁浩标　黄雄飞　邢发枢　李　杰
李杰峰　吉赵勇　黄石川　张若愚　杜　巍　曾昕明
王永霞　周志球　高学忠　梅月志　梅志忠　周善存
吴耀辉　朱宣德　吕　键　刘少波　冯敬东　刘　央
杨秀洁　谭　琦　陈毅斌　邓　涛　张丽华　刘捷安
柳　娟　蔡任军　刘玉华　李发武　吴邦富

（人力资源局供稿）

东莞最具影响力优秀共产党员名单（90名）

一、老领导（14名）

林　若　广东省委原书记、原东莞县委书记
方　苞　广东省委原常委、广东省人大常委会原副主任、原东莞县委副书记
李近维　广东省人大常委会原副主任、东莞市委原书记
郑锦滔　东莞市人民政府原市长
叶　耀　东莞市人民政府原市长
洪　钢　东莞市人大常委会原主任
王贺畴　东莞市人大常委会原主任
陈　矛　东莞市政协原主席
李汉松　东莞市人大常委会原主任、东莞市政协原主席
袁李松　东莞市政协原主席
杜奕宽　东莞市政协原主席
祝裕辉　原东莞市（县级）人大常委会主任
袁卫民　原东莞县人民政府县长
钟月高　原东莞县政协主席

二、老革命（24名）

祁　烽　广东省政协原副主席
袁　康　原旅大警备区司令部参谋长
王　河　原东莞县妇联主任
罗慧贻　东莞市人大常委会原副主任
叶　仁　东莞市人大常委会原副主任
黄　彬　东莞市人大常委会原副主任
邹德光　东莞市政协原副主席
张容根　东莞市政协原副主席
郑宝祥　原东莞市（县级）人大常委会副主任
邝耀水　原东莞县水利局副局长
杜　娟　国务院侨办直属机关党委原副书记
黄　克　广州军区后勤部直属供应部原政治委员
王永祥　广东省政协原常委
杜　创　东莞市公安局原调研员
陈文慧　广东省教育厅仪器设备中心原副主任
梁　练　原东莞县政协副主席
熊庆新　原东纵太平地区党支部书记
方　东　原东莞县委宣传部副部长
傅芝荣　东莞市政协原常委
郑　平　原东莞县妇联主任
卢　当　原东江纵队副指导员
谢　坚　原东江纵队副指导员
李兆来　原东江纵队自卫队中队长
罗　木　原东江纵队指导员

三、老先进、杰出英才（52名）

黎满金　原石龙电池厂职工
郭金木　原渔业公社民兵连长
王善明　原厚街大塘农业合作社民兵连长
莫刘基　东莞市人民医院原院长
陈　桥　原东莞轻工业品进出口总公司总经理
邓耀辉　凤岗镇雁田村原党总支部书记
魏彩珠　石龙人民医院原副院长
谭灿辉　虎门镇自来水公司原总经理
王钧圻　东莞公路总站厚街班工人
孙仲林　大朗镇文化站原站长
吴广球　东莞虎门医院原院长
黎树根　中堂镇潢涌村原党支部书记
陈润锡　原石龙镇烟花厂长、党支部书记
朱伟泉　沙角发电总厂管阀班原班长
杨东娣　樟木头镇计生办原主任
尹月仙　长安镇党委原委员
余玉清　广东联发毛纺织有限公司原副总经理
万暖枝　万江街道小享社区原党支部书记
陈为豪　原东莞师范学校高级教师
叶炳基　石碣镇党委原书记
蔡伟友　樟木头镇政府原副镇长
蔡爱英　石碣镇中心小学原教导主任
陈东华　原东莞市收容教育所所长
高北伦　东莞市监察局原副局长
刘发枝　东莞市政协原副主席
尹玉萍　东莞市殡葬管理所原所长
莫沛玲　桥头镇大洲社区原党总支书记
钟任昌　寮步镇横坑社区原党支部书记
张柏年　凤岗镇油甘埔村原党总支书记
陈炳坤　沙田镇义沙村原党支部书记
张旭森　虎门镇龙眼社区原党支部书记
王润棠　长安镇上角社区原党支部书记
张晃深　企石镇霞朗村原党支部书记
何炎燊　东莞市中医院原院长
陈　林　广东宏远集团有限公司董事长
苏惠坤　东莞市国家税务局东坑分局原局长
黎锦辉　东莞市政协原秘书长
叶沛涛　东莞市教育局原局长
梁　强　东城职业中学原党支部书记
周　弟　原新湾镇先锋管理区党支部书记
王李全　石排镇埔心村原党支部书记
朱　富　万江街道滘联社区原党支部书记
吴也成　东莞东糖实业集团原董事长
徐丰彩　丰远电器有限公司原总经理
姚允杰　原东莞市人造革厂高级工程师
仲兆恒　解放军第4801工厂虎门军械修理厂原厂长
杨宝霖　东莞中学特级教师
岑诒立　原东莞市文化局副局长
何立民　东莞中学原校长
朱根伟　石龙镇党委原书记
丁镜群　原东莞县邮电局局长
肖灼全　原福民发展有限公司总经理

（刘念宇）

2010年东莞经济十大人物

姓名	单位	职务
叶春荣	东莞市台商投资企业协会	名誉会长
胡近泰	东莞市嘉荣超市有限公司	董事长
邓宇鹏	东莞理工学院	社会发展研究院副院长、教授
陈林	广东宏远集团有限公司	董事长
尹成枝	广东现代国际会展中心	总经理
孙彦军	广东亚视演艺职业学院	院长
张运勇	东莞证券有限责任公司	总裁
梁麟	龙昌国际控股有限公司	主席
林江	中山大学	岭南学院财政税务系主任、教授、博士生导师
陈友斌	东莞微模式软件有限公司	总裁

首届东莞十大慈善人物

姓名	单 位
侯庆虎	东莞愉景集团公司
梁耀辉	奥威斯集团公司
麦彦桐	广东鸿发集团公司
王锦辉	香港金城营造集团公司
张坤	退休
叶惠全	中惠熙元集团公司
陈润光	广东光大集团公司
莫浩棠	广东三正集团公司
张佛恩	龙泉集团公司
陈林	广东宏远集团有限公司

（刘念宇）

革命烈士

【张运福】 男，1988年3月18日出生，广东省东莞市清溪镇松岗西村人，2009年12月入伍，生前系四川省甘孜军分区独立营战士，上等兵军衔。2010年12月5日，在扑灭四川省道孚县“12·5”山地灌丛草地火灾中牺牲。同年12月6日，中国人民解放军总政治部批准为革命烈士。

【钟桂龙】 男，1988年3月1日出生，广东省东莞市清溪镇谢坑五村人，2009年12月入伍，生前系四川省甘孜军分区独立营战士，上等兵军衔。2010年12月5日，在扑灭四川省道孚县“12·5”山地灌丛草地火灾中牺牲。同年12月6日，中国人民解放军总政治部批准为革命烈士。

逝世人物

【陈镜开】 （1935.12—2010.12），东莞市石龙镇人。中学毕业后，在广州健身房打杂。1954年冬，陈镜开进入“八一”举重队。由于训练刻苦，被推荐到国家队。1956年6月7日，陈镜开在上海参加中苏举重友谊赛，以133公斤的成绩打破美国运动员温奇保持的132.5公斤的最轻量级挺举世界纪录，成为中华人民共和国第一个打破体育运动世界纪录的运动员。同年11月，陈镜开又连续以135公斤、135.5公斤的成绩两次打破世界纪录。

1957年8月，在莫斯科国际青年运动会上，陈镜开以“杠铃底下找人”的以命相搏的勇气和决心，举起140公斤，再次刷新世界纪录。国际举重和健身联合会很快发文承认包括1956年在上海创造的世界纪录。1958—1964年，陈镜开又先后5次打破挺举世界纪录，成为中国打破世界纪录最多的运动员。在担任国家队教练期间，陈镜开培养出陈满林等一批打破世界纪录的运动员。“文化大革命”开始后，举重运动被定为“欧美残忍的运动项目，使人体变畸形”而一度消寂，陈镜开被贬为一家工厂的钳工。1973年，举重运动得以正名。同年9月，陈镜开任广东省体委副主任，并先后担任省举协主席、中国举协主席、省体总副主席。第二、三、四、五届全国人大代表。亚洲举重联合会终身名誉主席。1996年2月退休。

陈镜开1956年获评为中国第一批运动健将。1959年起，连续5次获国家体育荣誉勋章，被解放军总政治部记一等功一次，国家体委记特等功一次，一等功一次。1980年，国际举重联合会授予他金质奖章。1987年获国际奥委会奥林匹克银质奖章，成为中国运动员中获此殊荣的第一人。1988年获亚洲举重联合会金质奖章和最高功勋金质勋章。1989年被评为“中华人民共和国成立40年杰出运动员”。1994年获国际健美联合会金质勋章。被选为世界举重名人馆成员。期间，还获国家举重联合会金质奖章和最高荣誉铜质奖牌。3次被评为杰出运动员。1999年被评为“新中国体育50星”之一，并是“新中国体坛45英杰”的一员。

2010年12月6日，在广州去世。

社会经济统计资料

SOCIAL AND ECONOMIC STATISTICS

- 国民经济和社会发展统计公报
- 国民经济和社会发展主要指标
- 全国、珠三角十二市（区）、长三角十六市主要经济指标

高埗镇

编辑：潘朝明

2010年东莞市国民经济和社会发展统计公报

东莞市统计局　　国家统计局东莞调查队

2010年，东莞人民在市委、市政府的坚强领导下，以科学发展观统领全局，全面实施《珠三角地区改革发展规划纲要（2008—2020年）》，突出以转变发展方式为主线，继续稳增长，加力调结构，积极优环境，全面强管理，继续巩固应对国际金融危机取得的成果,国民经济发展逐步摆脱了金融危机带来的影响，呈现出经济平稳较快增长，社会事业不断进步的格局。

一、经济发展

经济总量

初步核算，2010年东莞市生产总值（GDP）4246.25亿元，按可比价格计算，比上年增长10.3%。其中第一产业增加值16.64亿元，增长1.9%；第二产业增加值2183.18亿元，增长16.8%；第三产业增加值2046.43亿元，增长3.9%。三大产业比例为0.4：51.4：48.2。在第三产业中，交通运输、仓储和邮政业增长6.9%，批发和零售业增长9.1%，住宿和餐饮业增长0.9%，金融业增长4.5%，房地产业下降1.1%，其他服务业增长3.4%。

全年来源于东莞的财政收入785.10亿元，比上年增长25.1%。其中市财政一般预算收入277.84亿元，增长20.2%。在市财政一般预算收入中，增值税62.63亿元，增长17.2%；营业税45.87亿元，增长2.6%；企业所得税24.80亿元，增长40.3%；个人所得税11.04亿元，增长26.5%；城市维护建设税11.38亿元，增长23.6%；房产税9.27亿元，增长22.3%；契税18.70亿元，增长18.7%。全年全市工商税收总额688.72亿元，比上年增长25.8%。其中国税439.44亿元，增长29.8%；地税249.29亿元，增长19.3%。全年地方一般财政支出308.61亿元，比上年增长32.7%。其中，一般公共服务支出16.77亿元，公共安全支出28.86亿元，教育支出41.30亿元，科学技术支出8.60亿元，文化体育与传媒支出3.66亿元，社会保障和就业支出19.05亿元，医疗卫生支出3.21亿元，环境保护支出12.26亿元，城乡社区事务支出3.19亿元，农林水事务支出9.86亿元，交通运输支出26.17亿元。

2005－2010年地区生产总值及增长速度

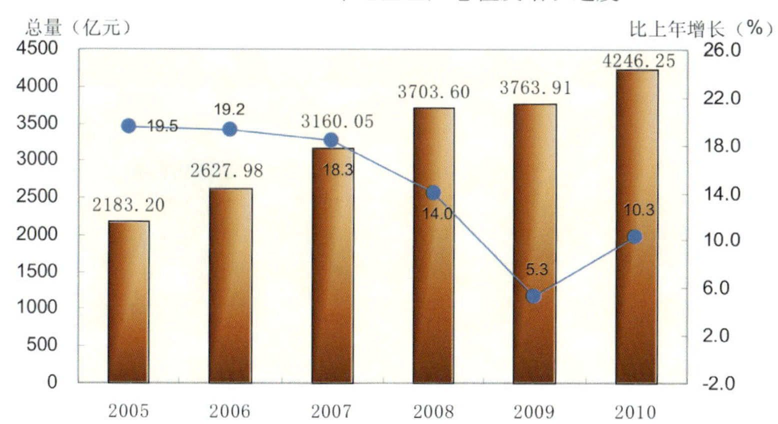

所有制构成

初步核算，在全市生产总值中，公有制经济增加值1095.53亿元，比上年增长6.3%，占25.8%；民营经济增加值1536.47亿元，增长13.1%，占36.2%；外资经济增加值1614.25亿元，增长9.4%，占38.0%。

在全市规模以上工业增加值中，国有控股工业增加值122.14亿元，比上年增长9.0%；集体工业增加值68.93亿元，增长9.1%；外商投资工业增加值584.09亿元，增长22.3%；港澳台投资工业增加值799.90亿元，增长16.6%。私营工业增加值192.19亿元，增长18.9%。

在固定资产投资总额中，国有经济投资162.84亿元，占固定资产投资总额的比重为14.6%；集体经济投资148.23亿元，占13.3%；民营经济投资450.85亿元，占40.4%；外商及港澳台投资223.89亿元，占20.1%。

在限额以上批发零售贸易业零售额中，内资企业实现零售额425.92亿元，比上年增长26.3%，占贸易业零售额的比重为90.0%。其中，国有企业占2.5%，集体企业占4.1%，有限责任公司占33.0%，股份有限公司占13.9%，私营企业占34.2%；外商及港澳台投资企业实现零售额40.34亿元，增长24.3%，占9.8%；个体户实现零售额0.94亿元，占0.2%。

在出口总额中，国有企业出口额110.27亿美元，比上年下降0.9%；三资企业出口额442.62亿美元，增长32.3%；集体企业出口额14.16亿美元，增长50.8%。

体制改革与转型升级

深化简政强镇事权改革，依法下放33个行政机关的542项管理事项及权限给

11个中心镇和3个市属园区；深化行政审批制度改革，调整了审批事项232项；深化户籍制度改革，实行积分制入户和居住证制度，近1.2万名新莞人获得积分入户资格；编制实施《东莞市医药卫生体制改革近期重点实施方案（2009—2011年）》，初步拟定公立医院改革试点工作实施方案，推动全市医药卫生体制改革取得积极进展。

加快加工贸易转型升级，支持企业引进先进技术、优化生产模式、拓展内销市场。全年共受理1250家来料加工企业转型，新增外资企业研发机构150个。认定现代产业体系“四个30项目”、商贸流通业“四个十大项目”、民营工业50强、服务业50强和首批总部企业等，实施重点扶持。推动3家企业成功上市。加快发展战略性新兴产业，薄膜太阳能光伏和物联网2个基地被列为全省战略性新兴产业基地。

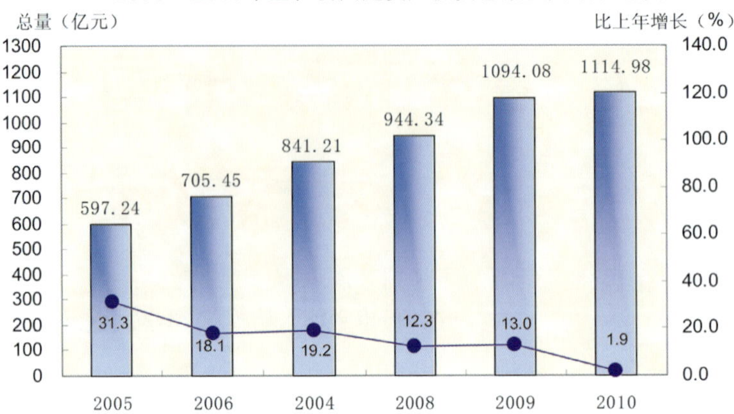

注：从2009年起全社会固定资产投资总额数包含跨区项目金额，2009年增速按同口径计算，比上年增长13.0%。

固定资产投资

全年全社会固定资产投资1114.98亿元，比上年增长1.9%。

在固定资产投资总额中，新建713.12亿元，比上年下降1.0%；扩建73.58亿元，下降9.4%；改建和技术改造投资112.03亿元，增长33.4%；房地产开发投资298.99亿元，增长7.7%。从产业投向看，投资集中在二、三产业。第二产业投资407.9亿元，占36.6%，其中制造业投资338.75亿元；第三产业投资706.89亿元，占63.4%。

2010年分行业固定资产投资额情况

单位：万元

行　业	投资额	增长%
总计	11149822	1.9
农、林、牧、渔业	1922	-68.7
制造业	3387524	0.6
电力、燃气及水的生产和供应业	687134	15.4
建筑业	4051	157.4
交通运输、仓储和邮政业	1240268	-1.8
信息传输、计算机服务和软件业	200850	-3.1
批发和零售业	201106	23.3
住宿和饮食业	109330	-51.5
金融业	26286	133.8
房地产业	3646832	3.3
租赁和商务服务业	66834	-55.6
科研、技术服务和地质勘查业	93236	87.8
水利、环境和公共设施管理业	793687	2.3
居民服务和其他服务业	29535	48.2
教育	221760	57.9
卫生、社会保障和社会福利业	145102	-31.7
文化、体育和娱乐业	122797	64.4
公共管理和社会组织	171241	18.7

价格

全年居民消费价格总水平比上年上涨2.8%。其中居住类价格上涨5.1%，娱乐教育文化用品及服务类价格上涨3.7%，食品类价格上涨4.6%，医疗保健和个人用品类价格上涨1.9%，烟酒及用品类价格上涨1.7%，交通和通信类价格上涨0.4%，家庭设备用品及维修服务类价格上涨0.3%，衣着类价格下降2.1%。商品零售价格上涨3.2%。工业品出厂价格上涨2.6%。

农业

全年全市完成农业总产值28.31亿元，按可比价计算，比上年增长3.3%。其中种植业产值14.82亿元，下降1.6%，占总产值的52.3%；林业产值0.29亿元，增长14.7%，占1.0%；牧业产值5.55亿元，增长13.1%，占19.6%；渔业产值6.80亿元，增长5.7%，占24.0%。全年粮食种植面积4.19万亩，粮食产量1.25万吨；水产品产量7.63万吨，增长4.1%；蔬菜产量39.29万吨，下降1.8%；生猪出栏数33.64万头，增长19.8%；家禽出栏数746.21万只，下降0.8%。

全年新增省级农业龙头企业1家、市级农业龙头企业1家、新增农民专业合作组织4家。年末全市共有20家农业龙头企业和29家农民专业合作组织，其中省级以上龙头企业7家、国家级2家。年末全市共有广东省名牌产品（农业类）28个、无公害农产品49个、绿色食品44个、有机食品9个。

工业

全年全市规模以上工业增加值

2005—2010年居民消费价格涨跌幅度

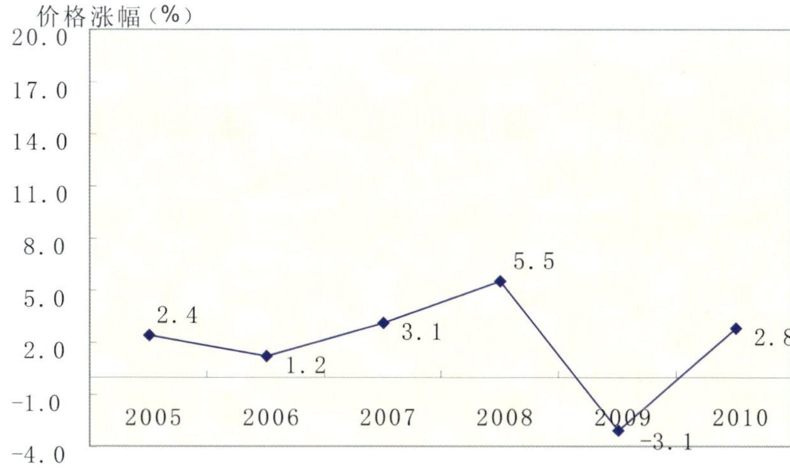

2010年价格变动情况

类　别	价格指数（%）	比上年升降幅度（%）
居民消费价格指数	102.8	2.8
食品	104.6	4.6
其中：粮食	104.0	4.0
肉禽及其制品	103.6	3.6
油脂	104.9	4.9
蛋	100.8	0.8
鲜菜	114.5	14.5
水产品	104.5	4.5
烟酒及用品	101.7	1.7
衣着	97.9	-2.1
家庭设备用品及服务	100.3	0.3
医疗保健及个人用品	101.9	1.9
交通和通信	100.4	0.4
娱乐教育文化用品及服务	103.7	3.7
居住	105.1	5.1
商品零售价格指数	103.2	3.2
工业品出厂价格指数	102.6	2.6

1812.86亿元，增长19.0%。其中，重工业增加值960.81亿元，增长20.1%，所占比重为53.0%；轻工业增加值852.05亿元，增长17.8%，占47.0%。大中型工业企业增加值1265.95亿元，占规模以上工业增加值的69.8%。规模以上工业实现利润总额274.87亿元，比上年增长66.3%；资产负债率为60.94%；工业经济综合效益指数为132.63，比上年上升15.43个点。

全年规模以上八大支柱产业增加值1100.12亿元，比上年增长20.0%。其中通信设备、计算机及其他电子设备制造业增加值426.68亿元，增长22.5%。规模以上电子信息制造业增加值668.92亿元，增长22.6%；实现利润总额87.71亿元，增长89.94%。

建筑业

全年全市建筑业增加值82.37亿元，比上年下降2.9%。

建筑企业完成产值115.58亿元，比上年增长16.7%；施工面积709.91万平方米，下降2.8%；竣工面积306.9万平方米，下降10.8%。建筑企业按产值计算的全员劳动生产率为22.6万元/人，比上年增长23.5%。

交通运输、仓储和邮政业

全年全市交通运输、仓储和邮政业增加值86.51亿元，比上年增长6.9%。

年末全市境内公路通车里程（含乡村道路）4750.99公里，公路密度192.74公里/百平方公里。其中等级公路4673.04公里，密度189.58公里/百平方公里；高速公路216.74公里，密度8.79公里/百平方公里。年末全市机动车保有量134.75万辆，比上年增长6.2%。其中汽车保有量92.08万辆，增长15.7%。公路货物运输7640万吨，公路货物周转量51.08亿吨公里；水路货物运输1672万吨，水路货物周转量57.95亿吨公里。全年公路运输完成旅客客运量7.74亿人，旅客周转量128.87亿人公里；水路运输31万人，旅客周转量2017万人公里。全年港口旅客吞吐量30.62万人，港口货物吞吐量5657.29万吨。

全年完成邮电业务收入157.93亿元，比上年增长1.0%。其中电信业务收入149.81亿元，增长0.4%；移动业务收入106.58亿元，增长5.2%；邮政业务收入8.12亿元，增长13.6%。全年发送信函4507万件，增长5.4%；邮政特快专递627万件，增长12.6%；全年邮政汇款汇出金额280.51亿元，增长26.2%。

国内贸易

全年全市批发和零售业增加值406.84亿元，比上年增长9.1%；住宿和餐饮业增加值147.82亿元，增长0.9%。

全年全市社会消费品零售总额1108.06亿元，比上年增长15.9%，扣除物价因素影响，实际增长12.3%。分行业看，批发零售贸易业零售额1005.53亿元，增长16.6%；住宿餐饮业零售额102.53亿元，增长9.1%。

在限额以上贸易业中，五金、电料类零售额增长36.3%；家用电器和音像器材类增长32.6%；汽车类增长30.1%；食品、饮料、烟酒类增长18.7%；日用品类增长16.9%；服装鞋帽、针、纺织品类增长6.9%。

全年批发零售贸易业实现商品销售总额1957.18亿元，比上年增长23.7%。

2010年规模以上工业主要产品产量

产品名称	计量单位	产　量	比上年增长%
电子元件	万只	91845707.91	34.5
机制纸及纸板	吨	9331823.42	10.5
瓷质砖	平方米	20873228.66	8.0
发电量	万千瓦时	3563821.51	4.4
家具	件	73902146.42	18.0
服装	万件	140556.06	7.5
玩具	千元	8279161.78	16.5
钢化玻璃	平方米	7081445.50	4.7
模具	套	303389.13	57.6
不锈钢日用制品	吨	45888.71	24.2
皮革鞋靴	万双	43061.65	16.5
电话单机	部	48092167.00	25.3
组合音响	台	36368747.59	41.5
印制电路板	平方米	18011668.38	34.4
彩色电视机	台	5358975.00	9.3
金属切削工具	万件	1949.04	47.0
电力电缆	千米	383829.09	70.6
布	万米	15794.13	20.7
表	只	21675597.00	58.7
化学纤维	吨	11178.40	37.9
光电子器件	万只	1030151.59	41.8
印刷专用设备	吨	9456.80	34.5
移动通信手持机（手机）	台	19952986.00	71.2
电工仪器仪表	台	5320941.00	44.5
塑料加工专用设备	台	38860.91	87.0
家用电风扇	台	20813012.00	3.2
显示器	台	1573415.00	-3.6

金融业

全年全市金融业增加值165.44亿元，比上年增长4.5%。

全年新增各类金融机构7家。年末全市有各类金融机构83家，其中银行类机构26家，证券期货类机构20家，保险类机构37家。

年末全市金融机构各项人民币存款余额5943.39亿元，比年初增长19.2%。其中企业存款余额1521.56亿元，增长15.2%；财政性存款余额46.58亿元,下降11.2%。各项人民币贷款余额3329.82亿元，比年初增长14.7%。在个人消费贷款余额中，个人住房按揭贷款余额704.63亿元，增长16.1%；个人汽车消费贷款余额20.71亿元，下降13.9%。全年金融机构现金收入9867.57亿元，现金支出10084.22亿元，收支相抵现金净投放216.65亿元。年末全市金融机构不良贷款率比年初下降0.52个百分点。

年末全市各类证券公司共有开户数82.07万户，比上年增加4.47万户。全年股票总成交额10989.84亿元，比上年下降5.9%。年末保证金余额136.33亿元，比上年下降16.2%。

年末全市有各类保险公司38家；保险中介机构44家，比上年增加13家。保险从业人员2.7万人。全年保费收入159.72亿元，比上年增长38.8%。其中财产险保费收入46.72亿元，增长32.1%；人寿险保费收入113亿元，增长41.7%。全年保险赔款与给付金额35亿元，其中财产险赔款21.8亿元，综合赔付率为46.7%。人寿险赔款与给付13.2亿元。

房地产业

全年全市房地产业增加值288.36亿元，比上年下降1.1%。

全年完成房地产开发投资298.99亿元，比上年增长7.7%。商品房施工面积2060.54万平方米，下降11.7%；竣工面积296.59万平方米，下降4.4%；销售面积511.25万平方米，下降14.8%，其中商品住宅销售面积469.9万平方米，下降18.8%。全年商品房销售额373.77亿元，增长5.9%，其中商品住宅销售额334.15亿元，下降0.03%。

民营经济

年末全市民营单位登记注册户数49.28万户，比上年末增长3.1%。其中私营企业增长较快，达到8.87万户，增长19.4%；个体工商户40.24万户，下降0.2%。全年规模以上民营工业完成总产值1195.19亿元，增长21.4%；民营经济完成固定资产投资450.85亿元，增长4.5%；民营经济消费品零售额929.83亿元，增长15.9%；民营经济缴税总额261.05亿元，增长31.9%。

区域经济

年末全市32个镇街本级总资产1070.18亿元，净资产703.70亿元，分别比上年增长10.5%和10.3%；年末全市村组两级集体总资产1230.91亿元，增长4.7%；净资产942.29亿元，增长5.3%；全年镇街本级可支配收入217.42亿元（包含土地和物业转让收入），增长14.2%。当年可支配财政收入超10亿元的镇街有6个。可支配收入（扣除土地物业转让纯收入）超1亿元的村有20个；超5千万的村有69个；超1千万的村有419个。

突出加快园区开发建设。松山湖成功晋升国家级高新区，台湾高科技园开园，粤港澳文化创意产业实验园在莞落户。虎门港泊位码头建设加快，保税物流中心投入运行，对台直航航线正式通航。东莞生态园基础设施建设加快，生态修复初见成效，首次对外公开招商。长安新区用海申报、规划编制等工作扎实推进。

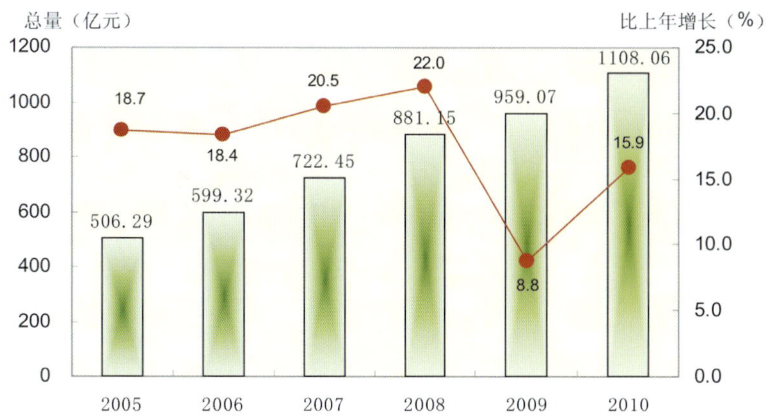

2010年主要商品出口情况

单位：万美元

商品名称	金　额	比上年增长%
自动数据处理设备及其部件	528199	25.0
服装及衣着附件	389784	38.7
自动数据处理设备的零件	333050	24.8
鞋类	309561	26.0
家具及其零件	320917	32.3
静止式变流器	359806	55.5
游戏机	84546	-53.7
有线电话机（包括无绳电话机）	164438	10.8
纺织纱线、织物及制品	152070	11.2
数字式相机	160842	26.5
电视、收音机及无线电讯设备的零附件	161166	27.9
玩具	163174	32.9
旅行用品及箱包	156455	36.8
电线和电缆	152169	40.8
电视机（包括整套散件）	96536	-5.3
通断保护电路装置及零件	133965	29.2
塑料制品	113700	25.1
录、放像机	132369	57.3
手持或车载无线电话机	96899	21.2

二、对外开放

对外贸易

全年全市进出口总额1213.38亿美元，比上年增长28.8%。其中进口总额517.40亿美元，增长32.7%；出口总额695.98亿美元，增长26.1%。

按贸易方式分，一般贸易出口95.41亿美元，比上年增长66.9%；加工贸易出口590.16亿美元，增长21.0%；其他出口10.40亿美元，增长55.4%。

按出口的国家和地区分，对亚洲出口354.36亿美元，比上年增长29.6%；对欧洲出口121.37亿美元，增长26.0%；对北美洲出口189.88亿美元，增长20.4%；对拉丁美洲出口17.50亿美元，增长32.1%；对大洋洲出口8.60亿美元，增长5.9%。

全年机电产品出口494.83亿美元，比上年增长24.1%，占出口总额的比重为71.1%。高新技术产品出口241.95亿美元，增长23.0%，占34.8%。

吸收外资

按新口径统计，全年全市新签外商直接投资项目869宗，合同外资金额25.97亿美元，比上年增长60.7%。实际利用外资27.32亿美元，增长5.3%。全市新签投资总额超1000万美元的项目46宗，增加19宗；新签第三产业项目合同外资金额3.60亿美元，占全市的13.8%。外商投资进入商贸领域加快。全市新签批发和零售业项目有109宗，合同吸收外资2.07亿美元，增长66.5%，占第三产业吸收外资的57.5%。

旅游

年末全市有星级酒店97家。其中五星级酒店22家，四星级酒店25家，三星级酒店35家，二星级酒店14家，一星级酒店1家。全市有旅行社54家，其中国际旅行社9家，国内旅行社41家，其他4家。全年接待国际及港澳台旅游入境人数327.4万人次，比上年增长14.5%。其中入境外国人108.69万人次，增长4.3%；港澳台同胞218.71万人次，增长20.3%。国际旅游外汇收入6.76亿美元，增长30.6%。全年接待国内旅游人数1923.83万人次，增长9.9%。旅游总收入191.32亿元，增长26.3%。

全年东莞组团外出旅游人数153.8万人次，比上年增长21.0%。其中，国内旅游人数139.09万人次，增长21.5%；出境旅游人数14.71万人次，增长16.3%。

三、城市建设

城市绿化

年末全市建成区土地面积798.48平方公里，公共设施用地面积61.31平方公里。全市林业用地面积91.0万亩，森林覆盖率为36.7%，林地绿化率为98.7%；城市建成区绿地率为41.16%，绿化覆盖率为44.31%；全市已建成公园广场1004个，面积11130公顷。

公用事业

年末全市有公交线路96条，公交运营车辆1443辆。全年市内公共汽车旅客客运量2.31亿人次。

全市自来水日供水能力达到700万立方米，全年自来水供水总量16.56亿立

2010年分行业利用外资及其增长速度

单位：万美元

行业名称	合同外资金额	比上年增长%	实际利用外资	比上年增长%
总计	259740	60.7	273171	5.3
农、林、牧、渔业	1010	7699.2	62	77.1
制造业	222761	62.7	241618	3.2
其中：纺织业	12908	136.5	7225	-10.4
纺织服装、鞋、帽制造业	13120	277.7	9137	-21.0
家具制造业	1825	-44.5	6155	-9.8
普通机械制造业	6530	118.1	7541	6.1
专用设备制造业	19263	209.2	15589	17.4
电气机械及器材制造业	20868	66.2	25260	47.9
电子及通信设备制造业	66565	80.0	60796	-3.6
金属制品业	10391	16.0	10371	24.5
塑料制品业	17764	55.5	14007	21.4
文教体育用品制造业	4873	27.8	8439	-22.5
造纸及纸制品业	8057	269.1	21188	-12.4
其他制造业	40597	4.5	55910	7.0
信息、计算机服务和软件业	782	232.8	109	-80.9
批发和零售业	20655	66.5	13271	74.7

方米。年末供水管道总长度16268.01公里。全年全社会用电量562亿千瓦时，增长13.4%。其中工业用电435.57亿千瓦时，增长15.8%；照明用电107.07亿千瓦时，增长5.9%。年末全市液化石油气家庭用户87.09万户，天然气家庭用户14.60万户。全年液化石油气供应量34.46万吨，天然气供气量2.96亿立方米。

信息化

2010年信息化综合指数为74.6%。年末全市普通固定电话225.64万户，比上年增加19.08万户；移动电话用户1632.90万户，增加223.61万户，其中充值卡用户1452.01万户，增加180.86万户。全年长途电话通话时长188.43亿分钟，其中对国际及港澳台电话通话时长3.08亿分钟。年末互联网用户153.92万户，比上年增加35.90万户；宽带接入用户150.08万户，增加35.87万户。

四、社会事业

科技

全年新增省级产业集群升级示范区2个、国家高新技术企业91家、省民营科技企业126家、省级以上技术工程中心14个、企业博士后科研工作站5个、省级以上名牌名标56个，参与制订各类技术标准37项，获批省创新科研团队3个。预计全市高新技术产业产值2579.1亿元，比上年增长19.1%。

全年专利申请量21654件、授权量20397件，分别比上年增长13.3%和57.9%。其中发明专利申请量3143件，授权量442件；实用新型申请量7677件，授权量7529件；外观设计申请量10834件，授权量12426件。

教育

全市共有幼儿园727所，比上年增加47所，其中公立集体办园169所，民办园558所。共有省、市一级幼儿园101所。3—6周岁在园（班）幼儿共20.84万人，入园（班）率达95.15%，比上年提高0.05个百分点。

全市共有小学330所，比上年减少7所；在校学生55.24万人；适龄儿童入学率达100%，本市户籍毕业生升学率达100%。全市有初中150所，初中在校学生18.79万人，户籍适龄少年入学率为100%，辍学率为0.22%，毕业生升学率为97.9%。

全市高中阶段学校有66所（含民办学校18所），在校学生11.79万人（含技校），其中普通高中（含完中）40所，在校学生7.04万人，中职学校26所（含技工学校1所），在校学生4.75万人（含技校）。本市户籍初中毕业生35744人，升入各类高中阶段学校就读的学生34985人，其中普通高中21155人，中职学校13830人。本市户籍学生高中阶段毛入学率为94.9%，比上年提高1.3个百分点。

全市有成人高等教育机构1所、镇街成人文化技术学校32所、民办成人非学历教育机构231个，各类成人教育年培训量达52万多人次。

全市有普通高等院校5所。其中本科院校2所，专科院校3所。在校学生3.83万人。全年普通高等院校共招收本科、专科学生1.27万人。毕业生8105人。

2010年全市参加高考总人数24712人，其中普通类21076人，高职类3636人。在普通类考生中，上重点线2353人，比上年增加124人；上本科线9878人，增加1494人。

文化

年末全市有群众艺术馆1个，文化站33个，公共图书馆505个，博物馆30个，

2005-2010年城市居民人均可支配收入及其增长速度

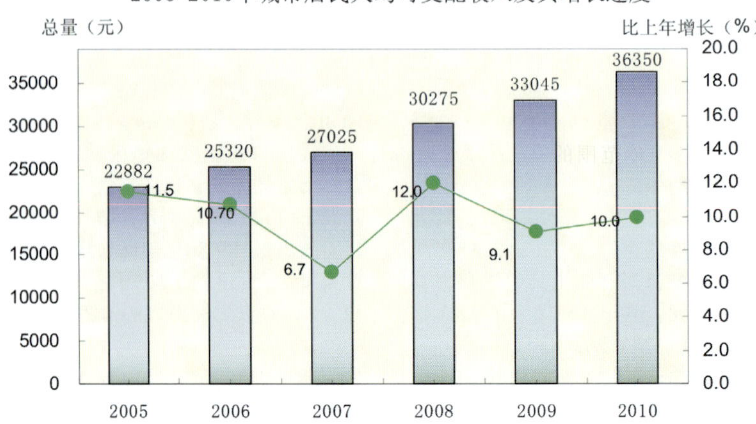

文化广场511个，艺术表演场所63个，电影放映单位46个，网吧1053间，公共文化设施建筑面积1160.5万平方米。全市有公共广播节目57套，公共电视节目49套。广播、电视综合覆盖率均达到100%。有线电视“村村通”工程继续推进，全市覆盖率达100%。全年共出版报纸8229.5万份，各类杂志刊物132.38万册（含内部刊物），图书7.56万册，《东莞日报》发行量4562.5万份，电影放映11.52万场次，观众387.74万人次。

卫生

年末全市有医疗机构2229个，其中门诊、诊所、卫生站、医务室、社区卫生服务等基层医疗机构2151个，卫生技术人员37487人，医院病床19980张。全市建成并投入使用的社区卫生服务中心388个，覆盖了全市300多个村（社区）。全年诊疗总人数上升11.9%。

体育

全年东莞运动员共获得50枚金牌（省级以上）、56枚银牌、46枚铜牌。其中夺得国际赛金牌4枚，银牌2枚；夺得全国赛金牌6枚，银牌12枚,铜牌10枚；夺得广东省赛金牌40枚、银牌42枚、铜牌36枚。

全年举办市级综合和单项比赛16次，参加人数1.43万人次；举办镇街级单项比赛578次，参加人数65.62万人次。全市有体育彩票发行网点880个，销售总额7.62亿元，体彩公益金0.13亿元。

社会福利与救助

年末全市有敬老院35个，敬老院供养老人894人。全年社会救济人数3.65万人。城市居民最低生活保障支出2018.3万元，社会救济福利费用4448.6万元，自然灾害救济费用139.4万元。全市纳入“五保户”对象有1263人，“五保户”费用支出1535.73万元。32个镇街全部建立了社会保障网络，纳入街道级最低生活保障范围的有1595户共3629人，纳入镇级最低生活保障范围的有12218户共30799人。

社会稳定

严厉打击恶性和多发性犯罪，大力开展扫黄禁赌等专项行动，深入整治治安重点区域和行业，加强巡逻防控与校园安保。新建省“六好”平安和谐社区41个，市平安社区218个，全年刑事案件破案宗数增长29.9%。深入推进危险化学品、“三小”场所、出租屋、建筑安全、食品药品质量等专项整治，开展创新消防管理试点，落实挂牌督办任务，排查和整改了一批安全隐患。新建镇街应急避灾中心17个，建成食品安全样板市场67个。全市各类安全事故宗数、死亡人数分别下降3.2%和1.4%。完成镇街综治信访维稳中心和村（社区）综治工作站的建设，落实领导接访包案和带案下访等制度，群众信访总量下降23.4%，纠纷调处成功率达93%。加强劳动执法监察和劳资关系调解，劳资突发事件、欠薪逃匿案件分别下降3.4%和37%。

安全生产

全年全市共发生各类生产事故4910宗，比上年下降3.2%；死亡574人，受伤5365人，分别下降1.4%和3.6%；直接经济损失896.7万元，上升12.6%。其中，道路交通事故4872宗，下降3.3%；造成死亡526人，受伤5355人，分别下降3.5%和3.7%。亿元地区生产总值生产安全事故死亡率为0.135，工矿商贸10万人生产安全事故死亡率为0.62，道路交通万车死亡率为3.93。

资源和环境保护

全年雨日天数202天，全年日照时数1699.7小时，平均气温22.4摄氏度，相对湿度73%。全年降水量2165.9毫米。

年末全市有森林公园17个，生态公益林37.63万亩，林木积蓄量255.82万立方米，林木总生长量15.52万立方米。全年完成造林1829.05公顷，种植乡土阔叶树135.9万株；全市参与义务植树人数85.32万人，种植树木329万株；共投入1695.9万元创建林业生态文明村，完成110.9公里的道路补绿和84.2公顷的闲置地增绿。

全年空气污染指数平均值为56，空气质量优良天数占97.8%。全年投入1.2亿元，建成樟村水质净化厂污泥初级处置项目，日处理污泥500吨。投入3.9亿元基本建成污泥处理厂黄江项目。全市新规划的34项污水处理工程建成33座，截污主干管道完成86%工程量。

五、人民生活

人口

年末全市户籍人口181.77万人。全年出生人口1.95万人，出生率为10.90‰；死亡人口8367人，死亡率为4.67‰；人口自然增长率为6.23‰。

居民收入

2010年全市职工年平均工资16108元，比上年增长 11.7%。城镇在岗职工年平均工资46576元，增长9.4%。城市居民人均可支配收入36350元，农村居民人均纯收入20486元，分别比上年增长10.0%和13.2%。

2010年城市居民收支情况

指　标	金额（元）	比上年增长（%）
城市居民人均可支配收入	36350	10.0
#工资性收入	26860	13.2
财产性收入	4889	16.1
转移性收入	3541	14.4
城市居民人均消费性支出	25733	6.0
食品	8733	9.5
衣着	1706	14.3
居住	2089	-6.4
家庭设备用品及服务	1771	9.6
医疗保健	1294	-7.6
交通和通信	5925	8.6
教育文化娱乐服务	3443	3.5
其他商品和服务	773	-0.5

居民消费

全年城市居民人均消费性支出25733元，比上年增长6.0%。其中食品消费支出8733元，增长9.5%；衣着消费支出1706元，增长14.3%；居住消费支出2089元，下降6.4%；家庭设备用品及服务支出1771元，增长9.6%；医疗保健支出1294元，下降7.6%；交通和通信支出5925元，增长8.6%；教育文化娱乐服务支出3443元，增长3.5%；其他商品和服务支出773元，下降0.5%。城市居民家庭恩格尔系数为33.9%。在农民生活消费现金支出中，食品消费支出占37.5%，衣着消费支出占5.2%，居住消费支出占15.6%，家庭设备用品及服务支出占4.2%，医疗保健支出占4.7%，交通通讯支出占17.9%，文教娱乐用品及服务支出占9.4%，其他商品和服务消费支出占5.5%。

年末平均每百户城市居民家庭耐用消费品拥有量：家用空调259台，组合音响68套，移动电话267部，家用电脑129台，淋浴热水器134台，家用汽车68辆。年末城市居民人均住房建筑面积58.58平方米。平均每百户农村居民家庭耐用消费品拥有量：彩电164台，摩托车87辆，洗衣机106台，淋浴热水器132台，移动电话268部，影碟机71台，家用空调218台，家用电脑104台，家用汽车57辆。

居民储蓄

年末全市城乡居民人民币储蓄存款余额3386.85亿元，比年初增加500.41亿元。其中，定期储蓄存款余额1354.23亿元，增加88.66亿元；活期储蓄存款余额2032.62亿元，增加411.75亿元。

社会保障

年末全市参加职工基本养老保险421.84万人，基本医疗保险592.27万人，失业保险279.90万人，工伤保险469.08万人，地方养老保险371.01万人。全年社会保险基金总收入154.41亿元，保险基金总支出65.05亿元，年末保险基金累计余额413.71亿元。

国民经济和社会发展中存在的主要困难和问题是：经济回升基础仍不牢固，结构调整力度仍需加大，企业总体技术水平和自主创新能力有待进一步提升。土地、能源等资源制约突出，污染治理与环境保护力度仍需加大。改善民生任务繁重。

注：

1. 本公报数为初步统计数，最后统计数据以《东莞统计年鉴-2011》为准。

2. 地区生产总值、各行业增加值、农业总产值绝对数按当年价格计算，增长速度按可比价格计算。

3. 2010年人口普查结果需等国家和省批复，统计公报暂不公布常住人口数据。

4. 全市职工年平均工资的调查范围为东莞市辖区内除农户以外各类经济实体，具体包括：①辖区内中央、省、市属各类企业、事业、机关单位；②各镇街办企业；③村及村以下办企业；④私营企业和个体工商户。

城镇在岗职工年平均工资的调查范围包括：①东莞市辖区内中央、省、市属全部独立核算的企业、事业、机关单位；②莞城、石龙、虎门3个镇街范围内镇街属单位（不包括莞城、石龙、虎门3个镇街以下及其他镇街的单位、全市的私营单位和个体工商户）。

以上两个指标的调查范围不同，调查结果不同，请勿误用。

5. 农村居民人均纯收入采用农村住户抽样调查口径。

6. 阅读本公报时，请注意统计指标的时间、口径和计算方法等。

2005-2010年农民人均纯收入及其增长速度

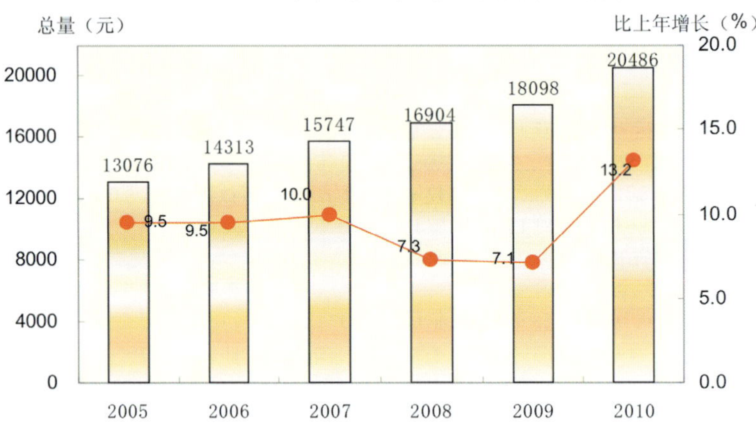

2005—2010年城乡居民储蓄存款余额及其增长速度

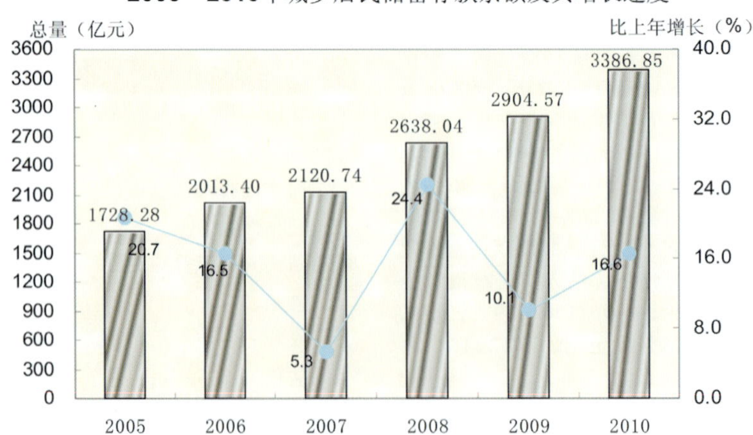

国民经济和社会发展主要指标

指　标	单位	2010年	2009年	2010年比2009年增长（%）
一、人口与劳动力				
年末常住人口	万人		635.00	
年末户籍户数	万户	53.05	52.12	1.8
#非农业户	万户	27.08	24.05	12.6
年末户籍人口	万人	181.77	178.73	1.7
#非农业人口	万人	92.09	81.46	13.0
外来暂住人口	万人	411.47	429.96	-4.3
年末全社会从业人员	万人			#DIV/0!
年末户籍从业人员	万人			#DIV/0!
二、经济总量				
地区生产总值	亿元	4246.25	3763.91	10.3
第一产业	亿元	16.64	14.79	1.9
第二产业	亿元	2183.18	1823.08	16.8
#工业	亿元	2100.82	1741.53	17.7
第三产业	亿元	2046.43	1926.04	3.9
三、农业				
年末耕地面积	万亩	57.84	51.66	12.0
农林牧渔业总产值	亿元	28.31	25.31	11.9
粮食播种面积	万亩	4.19	4.16	0.7
粮食总产量	万吨	1.25	1.19	5.0
蔬菜播种面积	万亩	30.06	30.63	-1.9
蔬菜总产量	万吨	39.29	40.03	-1.8
水果面积	万亩	17.05	17.73	-3.8
水果总产量	万吨	7.55	9.15	-17.5
禽畜总肉量	万吨	2.88	2.55	12.9
水产品产量	万吨	7.63	7.33	4.1
四、工业				
工业企业数	个	38273	30117	17.4
工业增加值	亿元	2234.22	1811.68	17.7
规模以上工业企业主要指标				
工业企业数	个	5807	5839	-0.5
工业增加值	亿元	1812.86	1452.65	19.0
资产总额	亿元	6039.05	5304.14	13.9
负债总额	亿元	3680.43	3210.52	14.6
利税总额	亿元	385.63	259.25	48.8
#利润总额	亿元	274.87	165.27	66.3
资金利税率	%	6.39	4.89	1.50
产值利税率	%	5.00	4.21	0.79
五、固定资产投资				

注：1. 2010年地区生产总值为初步核算数，绝对值按当年价计算，增长速度按可比价计算。
2. 农业总产值、工业增加值绝对值按当年价计算，增长速度按可比价计算。
3. 规模以上工业企业是指年主营业务收入2000万元及以上的工业法人企业，下同。

续上表

指　标	单位	2010年	2009年	2010年比2009年增长（%）
全社会固定资产投资总额	亿元	1114.98	1094.08	1.9
房地产开发	亿元	298.99	277.66	7.7
商品房销售面积	万平方米	511.25	600.27	-14.8
商品房销售额	亿元	373.77	353.00	5.9
六、运输与邮电				
公路通车里程	公里	4751	4713	0.8
#高速公路	公里	217	207	4.8
机动车辆保有量	万辆	134.75	126.91	6.2
旅客周转量	亿人公里	129.07	105.35	22.5
货物周转量	亿吨公里	109.03	101.65	7.3
港口货物吞吐量	万吨	5657	3530	60.3
邮电业务收入（新口径）	亿元	157.93	156.31	1.0
邮政汇款汇出总额	亿元	280.51	222.24	26.2
程控电话用户数（不含小灵通）	万户	298.04	272.03	9.6
小灵通	万户	34.37	106.37	-67.7
移动电话用户数	万户	1607.60	1409.29	14.1
互联网用户	万户	153.92	118.02	30.4
七、国内贸易与物价				
社会消费品零售总额	亿元	1108.06	956.25	15.9
商品零售价格总指数	上年=100	103.2	95.3	3.2
居民消费价格总指数	上年=100	102.8	96.9	2.8
工业品出厂价格指数	上年=100	102.6	96.8	2.6
八、对外经济贸易				
进出口总额（海关口径）	亿美元	1213.38	941.55	28.9
进口额	亿美元	517.40	389.86	32.7
出口额	亿美元	695.98	551.68	26.1
利用外资项目（新口径）	宗	1486	1063	39.8
新签项目	宗	869	579	50.1
增资项目	宗	617	484	27.5
合同外资金额（新口径）	亿美元	25.97	16.16	60.7
实际利用外资(新口径）	亿美元	27.32	25.94	5.3
九、供用电				
总供电量	亿千瓦时	556.89	488.85	13.9
总售电量	亿千瓦时	543.66	478.19	13.7
#工业用电	亿千瓦时	435.57	376.10	15.8
十、财政、税收、金融				
来源于东莞的财政收入	亿元	785.10	627.81	25.1
财政总收入	亿元	654.11	540.31	21.1
#中央财政收入	亿元	293.91	239.39	22.8
省级财政收入	亿元	82.35	69.77	18.0
市财政一般预算收入	亿元	277.84	231.16	20.2
市财政一般预算支出	亿元	308.61	232.62	32.7
工商税收总额	亿元	688.72	547.51	25.8
#国税（不含关税）	亿元	439.44	338.47	29.8

注：公路通车里程含专用公路和村道。

续上表

指　标	单位	2010年	2009年	2010年比2009年增长（%）
地税	亿元	249.29	209.04	19.3
各项人民币存款余额	亿元	5943.39	4986.61	19.2
#城乡居民储蓄存款余额	亿元	3386.85	2904.57	17.3
各项人民币贷款余额	亿元	3329.82	2903.80	14.7
各项本外币存款余额	亿元	6077.87	5094.92	19.3
#城乡居民储蓄存款余额	亿元	3425.89	2945.59	17.0
各项本外币贷款余额	亿元	3441.99	3017.07	14.1
十一、人民生活				
城镇在岗职工年平均工资	元	46576	42585	9.4
全市职工年平均工资	元	16108	14416	11.7
城市居民人均可支配收入	元	36350	33045	10.0
城市居民人均消费性支出	元	25733	24270	6.0
农民人均纯收入	元	20486	18098	13.2
十二、工商注册登记情况				
年末工商注册登记户数	户	518544	505521	2.6
#国有企业	户	1058	1141	-7.3
集体企业	户	2164	2899	-25.4
股份合作企业	户	5	535	-99.1
公司	户	9165	7886	16.2
外商投资企业	户	10113	11309	-10.6
三来一补企业	户	4906	5748	-14.7
私营企业	户	88650	74229	19.4
个体户	户	402405	403284	-0.2
农民专业合作社	户	31	19	63.2
年末工商注册资金				
#国有企业	亿元	11.39	12.53	-9.1
集体企业	亿元	54.82	60.04	-8.7
股份合作企业	亿元	0.02	0.02	5.3
公司	亿元	484.88	302.66	60.2
外商投资企业	亿美元	302.62	288.04	5.1
私营企业	亿元	1093.16	935.64	16.8
个体户	亿元	89.18	89.17	
其他	亿元	0.63	0.99	-36.4
十三、镇村组三级资产负债及各项收入				
资产总额	亿元	2301.10	2144.10	7.3
负债总额	亿元	655.10	610.70	7.3
净资产总额	亿元	1646.00	1533.40	7.3
可支配纯收入	亿元	406.60	357.80	13.6
#常规性收入	亿元	361.10	334.10	8.1
十四、社会保险				
参加各类社会保险人次数	万人次	2726.37	2397.83	13.7
社会保险基金总收入	亿元	154.41	120.13	28.5
社会保险基金总支出	亿元	65.05	64.53	0.8

注：1. 存贷款余额累计增长为比年初增长。
2. 公司包含有限责任公司和无限责任公司。

续上表

指　标	单位	2010年	2009年	2010年比2009年增长（%）
十五、教育、文化、卫生				
在校学生数				
普通高等学校	人	38293	33992	12.7
中等职业技术学校	人	47531	46538	2.1
普通中学	人	258276	249464	3.5
小学	人	552377	511160	8.1
学龄儿童入学率	%	100.00	100.00	
小学毕业生升学率	%	100.00	100.00	
初中毕业生升学率	%	97.90	97.00	0.9
高中毕业生升学率	%	95.10	87.50	8.7
高考省线入围人数	人	13761	12569	9.5
各种报纸发行量	万份	8230	8426	-2.3
各种图书出版印数	万册	7.56	4.61	64.0
各种杂志出版印数	万册	132	168	-21.3
卫生机构病床床位数	张	19980	18080	10.5
卫生技术人员数	人	37487	35766	4.8
# 医生	人	13214	12884	2.6

注：在校学生数含新莞人在读子女。

全国主要年份主要经济指标

指标名称	单位	1995年	2000年	2005年	2010年
年末总人口	万人	121121	126583	130756	133972
国内生产总值	亿元	60794	99215	184937	397983
工业增加值	亿元	24951	40034	77231	160030
全社会固定资产投资总额	亿元	20019	32918	88774	278140
社会消费品零售总额	亿元	20620	34153	67177	156998
出口总额（海关口径）	亿美元	1488	2492	7620	15779
实际利用外商直接投资	亿美元	375	407	603	1057
财政收入	亿元	6242	13395	31649	83080
财政支出	亿元	6824	15887	33930	89575
金融机构各项本外币存款余额	亿元	45956	135484	300209	733382
# 城乡居民人民币储蓄存款余额	亿元	29662	64332	141051	303302
金融机构各项本外币贷款余额	亿元	44627	99371	206838	509226
居民消费价格总指数	上年＝100	117.1	100.4	101.8	103.3
城市居民人均年可支配收入	元	4283	6280	10493	19109
城市居民人均年消费性支出	元	3538	4998	7943	13471
农民人均纯收入	元	1578	2253	3255	5919

2010年长三角十六市年度主要经济指标

市　别	地区生产总值（亿元）	比上年增长（%）	地方财政收入（亿元）	比上年增长（%）	出口额（亿美元）	比上年增长（%）	社会消费品零售总额（亿元）	比上年增长（%）
上 海 市	16872.42	9.9	2873.58	13.1	1807.84	27.4	6036.86	17.5
南 京 市	5010.36	13.1	518.80	19.4	248.85	34.8	2267.77	18.5

续上表

市　别	地区生产总值（亿元）	比上年增长（%）	地方财政收入（亿元）	比上年增长（%）	出口额（亿美元）	比上年增长（%）	社会消费品零售总额（亿元）	比上年增长（%）
苏州市	9168.91	13.2	900.55	20.9	1531.08	34.2	2407.89	18.8
无锡市	5758.00	13.1	511.89	23.1	362.72	39.5	1809.08	18.6
常州市	2976.68	13.1	286.18	32.6	155.58	43.2	1044.73	18.5
镇江市	1956.64	13.3	138.10	36.0	47.51	34.2	559.52	18.9
南通市	3417.88	13.0	290.81	46.1	141.07	26.2	1268.32	18.7
扬州市	2207.99	13.4	167.78	31.0	60.57	50.9	719.50	18.7
泰州市	2002.58	13.5	170.80	23.2	58.77	39.4	550.29	19.0
杭州市	5945.82	12.0	671.34	28.9	353.37	30.0	2146.08	19.9
宁波市	5125.82	12.4	530.93	22.7	519.67	34.5	1704.51	19.2
嘉兴市	2296.00	13.7	176.83	24.8	160.41	30.0	799.36	18.9
湖州市	1301.56	12.1	97.27	21.6	58.61	43.8	516.09	18.3
绍兴市	2782.74	11.0	193.23	20.4	210.89	33.8	852.89	19.1
舟山市	633.45	11.1	61.04	25.1	69.37	85.5	212.54	18.0
台州市	2415.12	13.1	164.88	21.2	139.63	38.7	960.45	18.0

2010年珠三角十二市（区）年度主要经济指标

指标 \ 市别	东莞市	广州市	深圳市	珠海市	佛山市	惠州市	肇庆市	江门市	中山市	番禺区	顺德区	南海区
地区生产总值（亿元）	4246.25	10604.48	9510.91	1202.58	5651.52	1729.89	1065.90	1550.37	1826.32	1051.06	1935.57	1796.58
比上年增长（%）	10.3	13.0	12.0	12.8	14.3	18.0	17.1	14.3	13.5	15.5	14.5	14.5
全社会固定资产投资总额（亿元）	1114.98	3263.57	1944.70	501.55	1719.63	894.02	625.21	631.77	660.37	335.59	392.75	541.46
比上年增长（%）	1.9	22.7	13.8	22.2	16.9	17.8	35.1	28.4	21.0	30.1	14.6	14.0
社会消费品零售总额（亿元）	1108.06	4500.28	3000.76	486.03	1687.13	582.53	332.89	655.86	648.11	628.40	539.71	545.50
比上年增长（%）	15.9	24.8	17.2	20.5	20.1	19.0	21.1	17.0	18.2	28.6	19.3	19.8
出口总额（亿美元）	695.98	483.80	2041.84	208.62	330.39	202.33	25.97	104.10	225.05	89.26	144.31	83.93
比上年增长（%）	26.1	29.3	26.1	17.3	34.4	18.0	27.9	31.0	26.9	24.1	30.1	37.7
地方财政一般预算收入（亿元）	277.84	871.73	1106.82	124.53	305.96	131.22	76.80	104.29	139.38	63.17	106.75	102.66
比上年增长（%）	20.2	24.1	25.7	22.8	20.1	29.3	37.4	24.7	26.2	24.1	19.6	19.6
税收总额（亿元）	688.72	2902.04	2989.86	338.84	809.81	466.79	105.21	234.02	291.49	154.71	261.81	267.41
比上年增长（%）	25.8	23.4	24.3	28.0	21.1	33.9	26.0	20.7	19.9	4.4	15.2	25.4
居民消费价格总指数(%)	102.8	103.2	103.5	103.0	103.1	103.2	102.8	103.2	103.0		103.3	103.2
比上年增长（%）	2.8	3.2	3.5	3.0	3.1	3.2	2.8	3.2	3.0		3.3	3.2
总用电量（亿千瓦时）	543.66	625.90	655.46	102.26	463.08	192.46	105.08	165.21	187.05	83.15	131.08	171.16
比上年增长（%）	13.7	10.4	13.4	11.5	11.1	16.1	19.5	16.4	15.8	10.4	14.3	9.1

注：广州市数值包括番禺区；佛山市数值包括顺德区、南海区。

文件选录

SELECTION OF DOCUMENTS

中共东莞市委文件选录

文 件 名	文 号
1．中共东莞市委关于贯彻中央和省委加强和改进新形势下党的建设《决定》和《实施意见》的意见	东委发〔2010〕3号
2．中共东莞市委、东莞市人民政府关于进一步加强和改进共青团和青年工作的意见	东委发〔2010〕4号
3．关于印发《东莞市2010年依法治市工作要点》的通知	东委发〔2010〕5号
4．中共东莞市委、东莞市人民政府关于进一步加强安全生产工作的意见	东委发〔2010〕6号
5．中共东莞市委、东莞市人民政府关于市内扶贫帮困“责任到单位责任到人”工作的实施意见	东委发〔2010〕7号
6．中共东莞市委、东莞市人民政府关于进一步加强新莞人服务管理工作的意见	东委发〔2010〕8号
7．转发省委、省政府关于加快外经贸战略转型提升国际竞争力决定的通知	东委发〔2010〕9号
8．中共东莞市委关于进一步做好干部交流工作的意见	东委发〔2010〕10号
9．转发省委关于认真学习贯彻胡锦涛总书记在深圳经济特区建立30周年庆祝大会上的重要讲话精神的通知	东委发〔2010〕11号
10．中共东莞市委、东莞市人民政府关于印发《东莞市建设文化名城规划纲要（2011—2020年）》的通知	东委发〔2010〕12号
11．中共东莞市委关于加强社会组织党建工作的意见	东委发〔2010〕13号
12．中共东莞市委、东莞市人民政府关于表彰2010年度全市先进单位的决定	东委发〔2010〕14号

东莞市人大常委会文件选录

文 件 名	文 号
1．东莞市第十四届人民代表大会常务委员会公号（第五号）——《东莞市推动产业结构调整和转型升级实施“三旧”改造土地管理暂行办法》	东常〔2009〕3号
2．东莞市第十四届人民代表大会常务委员会公号（第六号）——政府机构改革后重新任命13位局长	东常〔2009〕11号
3．东莞市人民代表大会常务委员会关于补选市第十四届人民代表大会代表的决定	东常〔2009〕12号
4．东莞市第十四届人民代表大会常务委员会公号（第七号）	东常〔2009〕13号
5．东莞市人民代表大会常务委员会关于接受部分同志辞去市第十四届人大常委会委员、市第十四届人大代表职务请求的决定	东常〔2009〕14号
6．东莞市人民代表大会常务委员会关于补选市第十四届人民代表大会代表的决定	东常〔2009〕15号
7．东莞市第十四届人民代表大会常务委员会关于表彰优秀代表议案、建议和先进承办单位的决定	东常〔2009〕18号

东莞市人民政府文件选录

文件名	文号
1. 关于印发《关于加快推进我市法治政府建设的意见》的通知	东府〔2010〕2号
2. 关于印发《东莞市新莞人子女接受义务教育暂行办法》的通知	东府〔2010〕5号
3. 《关于认定东莞市第一批总部企业的决定》	东府〔2010〕8号
4. 关于印发《东莞市鼓励莞籍专业人才学历进修补助资金管理试行办法》的通知	东府〔2010〕32号
5. 关于印发《东莞市知识产权战略纲要（2010—2015年）》的通知	东府〔2010〕39号
6. 关于印发《东莞市机关事业单位聘员管理试行办法》的通知	东府〔2010〕40号
7. 关于印发《东莞市规范行政处罚自由裁量权工作实施方案》的通知	东府〔2010〕55号
8. 《关于认定2010—2012年东莞市工业商贸龙头企业的决定》	东府〔2010〕60号
9. 关于印发《东莞市对口支援新疆工作方案》的通知	东府〔2010〕61号
10. 关于印发《东莞市医药卫生体制改革近期重点实施方案（2009—2011年）》的通知	东府〔2010〕71号
11. 《关于开展质量强市活动的意见》	东府〔2010〕81号
12. 关于印发《东莞市积分制入户暂行办法》和《东莞市积分制入户管理实施细则》的通知	东府〔2010〕84号
13. 关于印发《东莞市建设文化名城的若干政策（试行）》的通知	东府〔2010〕93号
14. 关于印发《东莞市重点项目建设工作考评表彰试行办法》的通知	东府〔2010〕98号
15. 《关于进一步加强我市地方政府债务管理意见的通知》	东府〔2010〕109号
16. 《东莞市重大行政决策程序规定》	东莞市人民政府令第116号
17. 《东莞市公园管理办法》	东莞市人民政府令第118号
18. 《东莞市人民政府第四轮行政审批事项调整目录》	东莞市人民政府令第119号
19. 关于印发《东莞市最低生活保障对象医疗救助暂行办法》的通知	东府办〔2010〕6号
20. 关于印发《东莞市加快发展科技服务业实施办法》的通知	东府办〔2010〕7号
21. 关于印发《东莞市农村公路管理养护体系改革工作方案》的通知	东府办〔2010〕15号
22. 关于印发《东莞市引进创新创业领军人才暂行办法》的通知	东府办〔2010〕16号
23. 关于印发《2010年外经贸五个“1000”专项工作实施方案》的通知	东府办〔2010〕41号
24. 关于印发《东莞市80周岁以上高龄老人生活津贴发放方案》的通知	东府办〔2010〕46号
25. 关于印发《促进“东莞老字号”企业发展实施意见》的通知	东府办〔2010〕62号
26. 关于印发《东莞市民办学校扶持专项资金使用管理办法（试行）》的通知	东府办〔2010〕70号
27. 关于印发《东莞市居家养老服务实施方案（试行）》的通知	东府办〔2010〕72号
28. 《关于进一步完善工程项目前期手续“绿色通道”操作办法的通知》	东府办〔2010〕85号
29. 关于印发《东莞市培育企业上市操作规程》的通知	东府办〔2010〕90号
30、关于印发《东莞市宜居城乡建设工作实施方案》的通知	东府办〔2010〕94号
31. 关于印发《东莞市加强人文关怀改善用工环境工作方案》的通知	东府办〔2010〕115号
32. 关于印发《东莞市专业批发市场发展规划（2010—2020）》的通知	东府办〔2010〕136号
33. 关于印发《东莞市关于加快培育和发展大企业（集团）实施方案》的通知	东府办〔2010〕167号

（编辑：刘丹）

索 引

说 明

1. 本索引采用主题分析法编制，主题词按汉语拼音字母顺序排列。
2. 篇目未作索引，分目采用黑体字，条目采用宋体字，表格采用楷体字。
3. 主题词后的数字表示内容所在页码，数字后的a、b、c分别表示该页码的左、中、右栏。

A

B

C

D

E

F

G

H

J

K

P

Q

R

S

T